U0622132

清華大學志

1911—2010

第二卷

陈　旭　贺美英　张再兴　主编

清华大学出版社
北　京

内 容 简 介

《清华大学志（1911—2010）》回顾了清华大学从1911年建校至2010年的百年历程，上自1911年4月清华学堂建立，适当追溯到1905年“庚子赔款”退款办学的经过，下至2010年12月，忠实地记录了清华大学在每个阶段的发展进程。本书以志为主体，设章、节、目三个层次，文字采用记叙体，横分门类，纵写历史与现状，并辅以图表。前有《总述》，略述学校历史梗概；后加有附录，回顾百年校庆盛典。

本书为研究者提供了一份翔实可靠的宝贵资料，可作为国内外高校校史研究的参考。

图书在版编目(CIP)数据

清华大学志：1911—2010 / 陈旭，贺美英，张再兴主编．—北京：清华大学出版社，2018
ISBN 978-7-302-49042-5

Ⅰ．①清…　Ⅱ．①陈…　②贺…　③张…　Ⅲ．①清华大学-校史-1911—2010　Ⅳ．①G649.281

中国版本图书馆CIP数据核字(2017)第292623号

责任编辑：李艳青
封面设计：王红卫　朴香善　刘星池
责任校对：王荣静　王凤芝
责任印制：李红英

出版发行：清华大学出版社
网　　址：http://www.tup.com.cn，http://www.wqbook.com
地　　址：北京清华大学学研大厦A座　　**邮　　编：**100084
社 总 机：010-62770175　　**邮　　购：**010-62786544
投稿与读者服务：010-62776969，c-service@tup.tsinghua.edu.cn
质量反馈：010-62772015，zhiliang@tup.tsinghua.edu.cn
印 装 者：三河市铭诚印务有限公司
经　　销：全国新华书店
开　　本：210mm×297mm　　**印　张：**193　　**字　　数：**4877千字
版　　次：2018年4月第1版　　**印　　次：**2018年4月第1次印刷
印　　数：1～1500
定　　价：1680.00元（全四册）

产品编号：061976-01

总目录

第一卷

第二卷

第三卷

第四卷

第二卷目录

第九章

人力资源

第一节　概　述

一、1911 年—1948 年

清华学校初期，1912 年度有教职工 207 人，其中教师 33 人（含美国教师 18 人），职员 31 人，工人 143 人。

1925 年清华学校设立大学部和国学研究院，教职工为 413 人，其中教师 59 人，职员 90 人，工人 264 人。

1928 年改为国立清华大学后，教职工人数有进一步增加。1932 年，学校评议会通过《国立清华大学教师及待遇规程》。这一时期，清华教师比前一时期无论从数量上与水平上都有很大提高，职工人数也大为增加。1936 学年度，全校教职工 677 人，其中教师 227 人（其中教授 96 人，多数是留学美国的），职员 133 人，工人 317 人。

1937 年，清华原有教师除一部分离职外，大部分随校南迁，与北京大学、南开大学合组长沙临时大学，临大共有教职工 437 人，其中教师 223 人，职员 108 人，工人 106 人。而由清华聘任的教职员共 175 人，其中教师 136 人，职员 39 人。临大迁昆明改名国立西南联合大学后，1943 年西南联大本部共有教职工 825 人，其中教师 401 人，职员 203 人，工人 221 人。清华聘任的教职工，除参加西南联大服务的以外，还有驻昆明清华大学办事处和清华特种研究所的教职工，总共有 338 人，其中教师 228 人，职员 69 人，工人 41 人。

1946 年清华复员北平后有教职工 744 人，其中教师 349 人，职员 198 人，工人 197 人，后来有所增加，至 1948 学年度，有教职工 1 159 人，其中教师 427 人，职员 235 人，工人 497 人。

二、1949 年—1976 年

1948 年 12 月清华园解放。据 1949 年 1 月份工资清册，当时在校领工资的有教职工 1 029 人，其中教师 323 人，职员 196 人，工人 510 人。

1952 年全国院系调整，将清华文学院、法学院、理学院（除少量数学、物理、化学教师外）、航空学院的教师 200 余人调整出清华，有北京大学工学院、燕京大学工学院等单位的教师调入清华。1952 年 12 月，清华本部共有教职工 1 456 人（不含尚未从清华分出的航空学院、钢铁学院的 190 人），其中教师 479 人，职员 296 人，工人 681 人。此后，教职工队伍有了较快的发展。

1952 年 11 月蒋南翔任校长后，十分重视教职工队伍建设，提出了许多关于教职工队伍建设的创造性思想。

一是提出“师资队伍是办好学校的关键”。1953 年刚到校不久，就提出“目前最大的困难是师资缺乏”，要“大力培养师资”，“培养师资必须政治业务并重，数量质量兼顾，理论与实际结合”。后来又多次引用梅贻琦“所谓大学者，非谓有大楼之谓也，有大师之谓也”的讲话，并指出教师“是学校中最宝贵的财富”，“108 将（学校当时有教授、副教授 100 多人）是学校的稳定因素”，强调发挥教师的主导作用。

二是提出“两种人会师”。即党员教师要努力钻研业务，提高学术水平，成为教授；同时要帮助非党员教授、副教授提高政治思想觉悟，吸收其中合乎条件的人入党。

三是提出“团结百分之百”和“各按步伐、共同前进”。他多次强调要“团结全体教师”，“团结百分之一百，不管党内党外，年老年青，我们希望所有全体教师，能互相帮助，互相团结”。强调对教师政治上、业务上、身体上的要求，要“各按步伐，共同前进”，“根据自己的实际情况出发”。

四是提出“办好学校要依靠教师、职工两支队伍”。他形象地把学校比喻为一辆前进的马车，教师和职工分别是“两个车轮”，只有两个车轮同时等速转动，学校才能沿着预定的方向快速前进。他多次强调“我们提倡重教重职，两个车轮相辅而行，缺一不可”。

五是提出“政治业务两个肩膀挑担子。”他多次强调“无论是教师和职工，都要有政治业务两方面的要求，都要学会政治业务两个肩膀挑担子。”他首创建立了政治辅导员制度，锻炼了一批既搞业务又做学生思想政治工作的“双肩挑”青年干部。他们毕业以后，在各条战线上成为骨干。

在蒋南翔担任校长的 14 年时间里，培养了一支具有清华特色的又红又专、新老结合、勤奋肯干的教职工队伍。到 1964 年，教职工为 5 565.5 人（学生政治辅导员每一人算 0.5 个编制），其中教师 2 226 人，职员 700 人，实验技术人员 649 人，工人 1 718 人，其他（医务人员、学生政治辅导员等）272.5 人。

1966 年“文化大革命”开始后，学校陷于混乱，1968 年，工人、解放军毛泽东思想宣传队进校。1970 年，留校 828 名本校毕业生，当时称为“新工人”。1976 年教职工为 9 141 人，其中教师 3 756 人，职员 722 人，实验技术人员 492 人，工人 3 863 人，其他 308 人。

三、1977 年—2010 年

1977 年 4 月刘达任校长，1978 年开始进行教职工队伍的调整，促进人员的合理流动，改善教职工队伍结构。1978 年至 1983 年 6 年内调出 2 000 余人，主要是青年工人、部分复员军人和“文革”后期留校的青年教师。学校制定了控制编制的一些规定及鼓励人员合理流动的措施，实行“出 2 进 1”（各下属单位调出 2 人才允许调进 1 人）。1983 年，教职工人数下降到 7 814 人，其中教师 3 560 人，职员 556 人，实验技术人员 739 人，工人 2 608 人，其他 351 人。1986 年安置建设征地农转工（农转非）902 人。随后，在定编的基础上，制定了岗位责任制，贯彻执行了专业技术职务聘任制，采取调整与补充相结合的动态控制编制的方法，使教职工队伍的结构不断得到调整和改善。

1991 年，学校“八五”事业规划中提出“稳定规模，调整结构，抓好骨干，加强管理，增强活力，提高效率”的要求，努力建设一支又红又专、结构合理、优化精干、充满活力的教职工队伍。特别是采取措施创造条件使中青年骨干尽快成长。学校加快了校内管理改革的步伐，建立奖勤罚懒的激励机制，实行校内津贴制度。1992 年，又区别教学、科研、产业、后勤等不同工作的性质和特点，实行“分流管理”，对不同性质的工作实行不同的管理办法。到1993年，全校教职工7 913人（包含附属中小学338人），其中教师3 370人（含教学及科研系列人员），工程及实验技术人员1 283人，行政职员484人，工人1 848人，其他928人。教师占全体教职工总数（不含附属中、小学、幼教人员）的比例为44.5%。

1993年学校明确提出了建设世界一流大学的阶段目标后，1994年提出进一步深化人事制度改革，优化队伍结构，建设结构合理、高效精干教师队伍的若干举措。包括压缩编制，完善固定编制与流动编制相结合的管理体制，认真实行聘任制和合同制，健全人才交流中心职能，深化分流管理，强化优秀青年学术骨干队伍建设等。1997年底的事业编制人员6 951人，其中教师3 578人，非事业编制人数2 357人，另有博士后在站185人。

1998年学校落实“985工程”，进一步加强队伍建设，优化队伍结构。1998年底的事业编制人员6 806人，其中教师3 534人。另有博士后199人，非事业编制2 717人，农转工680人。

1999年中央工艺美术学院并入清华大学，增加477人。到2000年底全校事业编制人数7 146人，其中教师3 119人。另有博士后332人，非事业编制3 159人，农转工638人。

2002年学校深化人事制度改革，实行人员分类管理，按岗位职责划分教师职务系列，试行教育职员制度，部分从事管理工作的专业技术人员转为教育职员系列，使得教育职员的人数增加。到2002年底全校教职工总数为7 064人，其中教师2 823人，工程及实验技术人员1 190人，职员934人，工人1 269人，其他848人。

2003年信息产业部属北京酒仙桥医院和北京玉泉医院划拨给清华大学作为附属医院，有在职医护人员1 348人（附属医院作为独立法人单位，不包含在教职工统计数字中）。

2003年底全校教职工5 988人（不含企编、内退和博士后），其中教师2 789人，工程及实验技术人员743人，职员897人，工人736人，其他823人。另有博士后957人，非事业编制4 792人，农转工387人。

2005年学校为进一步优化人力资源，开始进行全校非事业编制人员聘用情况调研，截至2005年6月底，全校共使用非事业编制工作人员5 831人，其中校企业编制500人，集体编制172人，合同编制人员4 042人，退休返聘人员702人，劳务人员415人。2007年6月14日2006—2007学年度第26次校务会议，通过《非事业编制人员管理办法》。2007年8月人才交流中心完成非事业编制人员管理信息系统的开发工作。2007年12月学校独立法人单位主要包括事业法人、机关法人、社团法人和企业法人四类。根据不完全统计，全校独立法人单位非事业编制人员共计7 496人，在校连续工作10年以上的1 464人，已签订无固定期限合同的315人。

到2010年底，全校教职工6 001人（不含企编、内退和博士后），其中教师3 036人，工程及实验技术人员780人，职员788人，工人634人，其他专业技术763人。另有博士后1 233人，劳动合同制人员4 592人，在职农转工311人。

学校历年教职工人数统计见表9-1-1。

表9-1-1　1912年—2010年学校教职工人数统计

年度	教师	实验技术人员	职员	工人	其他	共计	备　注
1912	33（18）		31	143		207	教师括号内为美籍教员数
1913	39（20）		35				
1914	43（16）		42				
1915	49（17）		42				

续表

年度	教师	实验技术人员	职员	工人	其他	共计	备　注
1916	49（15）		44				
1917	52（12）		45				
1918	54（14）		48				
1919	56（17）		62	251		369	
1920	65		54				
1921	59		54	230 余		340 余	
1922	67						
1923	60		62				
1924	57		69	298		424	
1925	59		90	264		413	
1926	89		82				
1927	98		83	297		478	
1928	91		79				
1929	118		84				
1930	157		83				
1931	171		85				
1932	185		97				
1933	203		102				
1934	213		123				
1935	228		184				
1936	227		133	317		677	
1937	223（136）		108（39）	106		437（175）	括号内为清华聘任人数，其他为西南联大人数
1938	338（197）		143（76）				
1939	398（192）		172（75）				
1940	394（191）		174（58）	217	785		
1941	412（225）		210（65）				
1942	389（223）		199（62）				
1943	401（228）		203（69）	221（41）		825（338）	
1944	381（213）		174（57）				
1945	375（206）		173（57）	203		751	
1946	349		198	197		744	
1947	381		201	380		962	
1948-09	427		235	497		1 159	
1949-01	323		196	510		1 029	
1949-12	346		188	449		983	

续表

年度	教师	实验技术人员	职员	工人	其他	共计	备　注
1950	399		178	437		1 014	
1951-09	452		222	480		1 154	
1952-07	443		225	540		1 208	
1952-12	479		296	681		1 456	
1953-11	588	64	262	592	66	1 572	
1954-10	683	83	282	592	66	1 706	
1955-09	822	213	288	546	71	1 940	
1956	1 227	333	537	1 098	108	3 303	
1957	1 230	338	487	1 119	117	3 291	
1958	1 390	278	593	1 824	159	4 244	含附属学校
1959	1 575	418	843	2 086	165	5 087	
1960	1 823	661	973	2 860	234	6 551	
1961	2 005	704 *	782	1 387	311	5 189	*含实验技工
1962	2 151	555	655	1 685	212.5	5 258.5	
1963	2 157	580	683	1 711	215	5 346	
1964	2 226	649	700	1 718	272.5	5 565.5	
1965	2 475					5 818	
1966						6 066	
1967						5 781	
1968-02						5 927	
1969-04	2 549	630	822	1 851	118	5 970	
1970	2 527	621	707	3 271 *	168	7 294	*工人中含800多名新教师
1971-05	2 586	634	719	3 852 *	189	7 980	
1972	3 473 *	604	737	3 521	258	8 593	*800多名新教师计入教师中
1973	3 483	545	713	3 422	242	8 405	
1974	3 628	502	712	3 571	264	8 677	
1975	3 672	496	712	3 606	300	8 786	
1976	3 756	492	722	3 863	308	9 141	
1977-05	3 871	488	716	3 850	309	9 234	
1977-12						9 403	
1978-03	3 899			3 917		9 389	
1979	3 775	424	652	3 046	276	8 173	
1980-09	3 723	507	643	3 007	226	8 106	
1981-09	3 665	490	658	2 902	278	7 993	

续表

年度	教师	实验技术人员	职员	工人	其他	共计	备　注
1982	3 622	532	572	2 834	368	7 928	
1983	3 560	739	556	2 608	351	7 814	
1984	3 643	767	723	2 477	381	7 991	
1985	3 624	848	723	2 405	379	7 979	
1986	3 613	927	727	2 357	399	8 023	
1987	3 485	1 092	561	2 323	785	8 246	
1988	3 589	1 158	561	2 315	773	8 396	
1989	3 529	1 153	526	2 237	791	8 236	
1990	3 459	1 190	491	2 176	765	8 081	
1991	3 292	1 225	457	2 112	802	7 888	
1992	3 327	1 265	487	1 930	736	7 745	
1993	3 370	1 283	484	1 848	928	7 913	含附属中小学
1994	3 893	1 279	440	1 771	404	7 787	
1995	3 807	1 285	454	1 620	336	7 502	
1996	3 692	1 255	461	1 573	240	7 221	
1997	3 578	1 225	493	1 453	202	6 951	
1998	3 534	1 175	480	1 369	248	6 806	
1999	3 317	1 136	464	1 319	465	6 701	
2000	3 119	1 190	529	1 350	958	7 146	中央工艺美院并入
2001	3 062	1 197	543	1 295	985	7 082	
2002	2 823	1 190	934	1 269	848	7 064	职员制度改革
2003	2 878	1 193	1 011	1 198	820	7 100	
2004	2 969	1 044	1 038	1 113	891	7 055	
2005	2 902	1 032	1 026	1 002	955	6 917	
2006	2 857	1 053	1 019	929	875	6 733	
2007	2 789	743	897	736	823	5 988	不含企编内退
2008	2 829	763	881	703	825	6 001	
2009	2 923	778	837	665	792	5 995	
2010	3 036	780	788	634	763	6 001	

说明：年度，解放前一般为学年度初，解放后一般为年末；从1993年开始，未包括附属中小学人员；从1984年始，教师数包含教师系列及科学研究系列本科毕业以上人员，实验技术人员包括实验及工程技术人员，职员仅指行政管理专职人员，不含教师兼任及财会人员。从2002年开始，实施教育职员管理制度，部分从事管理工作的专业技术人员转为教育职员系列。

1993年底全校教职工人数（按单位、职别及性别）统计见表9-1-2。2010年底全校教职工人数统计见表9-1-3。

表 9-1-2　1993 年底清华大学教职工人数统计

单　位	合计	其中女性	教　师					工程及实验技术人员							职员	工　人			其他专业技术人员
			教授	副教授	讲师	助教	未定职	高工	高实	工程师	实验师	助工	技术员	未定职		高技师	技师	其他	
合计	7 913	2 923	701	1 396	786	372	115	182	70	434	187	274	90	46	484	4	48	1 796	928
其中女性	2 923	2 923	87	387	219	116	24	50	10	174	103	117	38	27	256			575	740
建筑学院	128	42	25	23	21	15	3	2	1	6		4		1	9			7	11
土木系	144	32	21	36	21	9	2	1	4	8	4	9	3	4	5			12	5
水电系	193	60	35	50	15	16	1	7	8	17	3	10	2	1	9		1	13	5
环境系	90	30	12	24	13	8	1	1	2	10	2	3	1		6			4	3
机械系	166	40	29	40	29	5	3		4	17	1	8	2	2	6	1		13	6
精仪系	347	123	34	96	52	21	8	5	3	20	15	8	6	7	9		3	53	7
热能系	223	61	35	54	18	6	7	8	5	16	4	9	4	1	8		1	43	4
汽车系	89	21	14	17	16	7			5	12	1	4	1	1	3	1		5	2
电机系	234	73	36	64	30	11	6	6	3	15	10	10	5	2	16		2	15	3
电子系	274	75	45	88	30	19	6	10	4	17	7	11	3	1	12		1	16	4
计算机系	280	107	33	69	33	20	3	9	1	32	19	9		1	16		1	29	5
自动化系	244	83	34	72	31	23	4	6	3	11	6	8	5	2	11		1	22	5
工物系	127	38	19	33	19	10	1	4	1	6	5	7			9	1		10	2
力学系	224	59	43	64	23	11	1	5	5	17	11	7	3	2	7			21	4
化工系	159	46	26	49	24	7	9	3	4	9	3	2	3		9		1	8	2
材料系	124	34	21	33	12	5	3	1	3	12	6	4	2	1	7			12	2

续表

单位	合计	其中女性	教师					工程及实验技术人员							职员	工人			其他专业技术人员
			教授	副教授	讲师	助教	未定职	高工	高实	工程师	实验师	助工	技术员	未定职		高技师	技师	其他	
数学系	119	30	22	43	30	6	3	1		1	3			1	7				2
物理系	210	66	32	55	32	22	1	3	3	13	11	11	1		7		1	14	4
化学系	146	58	16	49	22	10	4	4	3	8	3	9	7		5			4	2
生物系	64	26	11	12	9	3		3		3	7	6		1	2			2	5
经管学院	101	37	14	31	24	11	2			1	1	1			6			1	9
社科系	82	38	14	25	27	5									6			1	4
中文系	24	9	2	9	4	4									2				3
外语系	121	81	10	27	38	26	3			1	1		1		5			5	4
体育部	71	22	7	16	28	5	4					1			3			6	1
电教中心	38	16		2	1			4		4	3	7			4			6	7
计算中心	81	32	3	10	4	10	4	6		21	2	10	1		4			5	1
图书馆	167	123	1	3	2		3	2		5	3	7	2	2	4			8	125
核研院	683	183	44	136	77	42	10	14	4	34	24	19	7	4	22		3	215	28
微电子所	153	50	18	33	10	14	3	5	1	11	4	6	11	1	4		3	26	3
教研所	10	5	1	2	3										2				2
文研所	18	8	1	4	8	1									2				2
机械厂	206	55	4	7	3	1		5		10	2	8			9		6	148	3
设备厂	112	27			2	2	2	8		8	1	7			3	1	5	70	3

续表

单位	合计	其中女性	教师					工程及实验技术人员							职员	工人			其他专业技术人员
			教授	副教授	讲师	助教	未定职	高工	高实	工程师	实验师	助工	技术员	未定职		高技师	技师	其他	
印刷厂	89	40						1				1			5		1	80	1
电工厂	2									1								1	
纪委会	8	2		4	1	1									2				
组织部	7	5	2	2	1					1					1				
宣传部	30	11	1	5	10	2									6		1	3	2
学生处	34	11	1	4	10	6	3			1		2	1		6				
保卫部	75	7		2	1	1	1	1				1		1	35			32	
工会	11	6	1	1	1										5			1	2
党办校办	34	18	5	9	2					1		2		2	13				
外办	37	17		8	3					2	1				4			18	1
教务处	25	13	1	7	4		1				1	2	1		7				1
研究生处	28	12	5	9	6	2	1								5				
继续办	24	14	1	6	3	1	1	1		1		1			4			1	4
科研处	34	20	4	10	4					3	3	1		1	6				2
人事处	24	14	3	7	2	1		1		1		1			6				2
离退休处	7	3	1	1	1										3			1	
财务处	41	30	1	1	3		1	2										1	32
审计室	4	2		2															2

续表

单位	合计	其中女性	教师					工程及实验技术人员							职员	工人			其他专业技术人员
			教授	副教授	讲师	助教	未定职	高工	高实	工程师	实验师	助工	技术员	未定职		高技师	技师	其他	
设备公司	42	14		3	1					7	2	3	2		6			14	4
产管处	8	3		1				3							2				2
行政处	319	168	1	5	2					2	2	4	5	1	26			212	59
饮食中心	250	84												1	15			222	12
基建处	73	20	1	2				2	1	1	1	6	3	1	6		2	41	6
修缮处	348	71		1				2		6	4	3		2	24		14	283	9
设计院	101	48	4	5	1	1	5	25	1	33	1	17		1	4			1	2
档案馆	24	12		3	2		1	1		1		3			3			1	9
劳动办	3	2		1															2
房管处	26	10		2	1						3	1	3		8			5	3
街道办	39	13		1		1			1	1	2	1			16		1	11	4
出版社	90	51	2	5	3		1			3	1	3	3		6			20	43
软件中心	51	10	2	6	1			10		11	2	12			3			3	1
校医院	181	148			1								2		2			18	158
附中	156	96	1		2					1					9			23	120
第二附中	84	61								1		3			4			5	71
附小	98	84													1			3	94
紫光集团	48	10	2	7	5		3	10		10	2	2		1	2			2	2
CIMS站	6	3			4	1				1									

表 9-1-3　2010 年底清华大学教职工人数统计

单位	合计	其中女性	教师							工程及实验技术人员										其他专业技术人员	职员	工人
			教授	研究员	副教授	副研	讲师	助研	助教	研究员	高工	高实	工程师	实验师	助工	助实	技术员	实验员	未定			
合计	6 001	1 997	1 006	248	785	472	236	275	14	12	307	81	326	29	22	1	1	1		763	788	634
其中女性	1 997	1 997	116	25	229	87	88	50	8	2	107	27	131	7	5					546	473	96
建筑学院	128	29	36	4	42	2	13	5			8	1	3	1	1					4	2	6
土木系	85	19	27	1	21	5	7				7	3	5	2	1						4	2
水利系	102	23	27	10	19	9	2	8			6	5	5	3	1						4	3
环境学院	84	26	26	8	9	21	1	5			6	1	2							1	4	
机械系	85	12	25	5	19	10		7			3	3	6		1						4	2
精仪系	186	42	31	21	26	37	2	35			3	6	10	2	1					1	7	4
热能系	90	22	19	11	10	14		11			6	4	5								5	5
汽车系	76	10	18	2	7	19		4			9	4	2								7	4
工业工程系	32	8	6		14	1	5	1			2										3	
信息学院	4	4																			4	
电机系	127	25	32	4	30	10	1	14			8	2	14	1						1	8	2
电子系	130	22	38	9	29	14		20			4	3	4	1							6	2
计算机系	124	28	36	2	30	17	2	15			4	4	10								4	
自动化系	115	30	35	7	27	10	6	3			6	2	9								8	2

续表

单位	合计	其中女性	教师							工程及实验技术人员										其他专业技术人员	职员	工人
			教授	研究员	副教授	副研	讲师	助研	助教	研究员	高工	高实	工程师	实验师	助工	助实	技术员	实验员	未定			
航院	112	25	40	2	28	10	1	7			8	2	6	1							5	2
工物系	114	19	17	11	6	32		21			11	3	4								5	4
化工系	75	19	20	14	11	16		1			4		3								6	
材料系	82	23	22	8	8	13	1				14	1	7	1							5	2
电教中心	20	8			2						3		7							1	3	4
计算中心	43	16				3					13	1	21		3						1	1
核研院	396	94	2	48		85		68		3	48	2	55	4	2					3	11	65
微电子所	96	18	6	9	4	26	1	11			8	1	13	5							5	7
网络中心	47	16		5		10		7			5	3	11	2							4	
宇航中心	11	2			1	6					1	1	2									
训练中心	53	13	2		4		1				5	4	3							1	1	32
软件学院	34	10	7	2	12	3	2	2													6	
信研院	44	5	2	5	1	21		10			2	1	1								1	
信息国家实验室	2		1	1																		
低碳能源实验室	2	1				1		1														
数学系	78	14	33		29		10				2										4	

续表

单位	合计	其中女性	教师							工程及实验技术人员										其他专业技术人员	职员	工人
			教授	研究员	副教授	副研	讲师	助研	助教	研究员	高工	高实	工程师	实验师	助工	助实	技术员	实验员	未定			
物理系	118	32	47	5	20	6	4				8	4	11		1						10	2
化学系	96	32	32	4	7	16	3			3	10	4	10								5	2
生命学院	75	28	31	6	5	7	1	3		1	6	2	8								5	
地球科学中心	9		4			3		1													1	
交叉信息研究院	7	2	2				4	1														
高研院	19	4	8	2		8															1	
数学科学中心	4		1		2		1															
医学院	79	31	21	14	6	13	1	5			4	1	7	1						1	5	
经管学院	168	62	48		65		36				1		3							5	10	
公管学院	49	12	18	2	5	8	6	3												1	6	
人文社科学院	171	52	85	4	47	3	12	2					1							4	13	
外文系	99	71	24		49		16		1			1	2							1	4	1
法学院	62	15	28		21		4						1							3	5	
新闻学院	27	9	12		8		3				1										3	
马克思主义学院	37	11	17		13		4														3	
体育部	61	21	10		32		14	1	2												1	1

续表

单位	合计	其中女性	教师							工程及实验技术人员										其他专业技术人员	职员	工人
			教授	研究员	副教授	副研	讲师	助研	助教	研究员	高工	高实	工程师	实验师	助工	助实	技术员	实验员	未定			
艺教中心	13	7	3		3		4		1												2	
美术学院	274	78	60	4	93		40		2		4	1	3	1	1	1				6	47	11
教研院	23	10	5	1	5	1	3	1			1		3		1					1	1	
深圳研究生院	35	7	15	4	4	1	2													3	6	
图书馆	152	121	1	1		1						1	5		2					132	5	4
纪委办监察室	9	4	1																		8	
组织部	9	4	1	1			2														5	
宣传部	22	9	2			1								1						1	16	1
统战部	4	2																			4	
学生处	41	16			1	2	14	1	8												15	
保卫部	49	7																			35	14
工会	7	4			1															1	5	
党办校办	32	15	4		1		1														26	
国际处	29	20	3		1															1	24	
教务处	41	28	4			1						1								1	34	
研究生院	42	21	5		2		5	1													29	

续表

单位	合计	其中女性	教师							工程及实验技术人员										其他专业技术人员	职员	工人
			教授	研究员	副教授	副研	讲师	助研	助教	研究员	高工	高实	工程师	实验师	助工	助实	技术员	实验员	未定			
科研院	56	27	3	4		3														3	43	
人事处	27	18	1	3																	23	
离退休处	6	3			2																4	
财务处	15	11		1																12	2	
审计室	6	4		1									1							2	2	
实验室处	20	8									1				1					1	14	3
基建处	29	9									8		12		1					1	2	5
档案馆	12	6																		8	4	
房管处	17	7	1																		16	
基金会	7	2								1											5	1
教培处	6	5																			6	
信息办	1																				1	
经资办	2	1									1										1	
核算中心	45	38											1							33	11	
后勤核算中心	11	8																		8	3	
校友会	5	4																		1	4	

续表

单位	合计	其中女性	教师							工程及实验技术人员										其他专业技术人员	职员	工人
			教授	研究员	副教授	副研	讲师	助研	助教	研究员	高工	高实	工程师	实验师	助工	助实	技术员	实验员	未定			
校史研究室	5	3	1																		4	
总务办	12	4																			11	1
饮食中心	134	29																			18	116
修缮中心	143	14									1	1	4		1						13	123
接待中心	50	16																		1	11	38
物业中心	49	20									1				1						21	26
正大公司	9	3									1		1								4	3
美院后勤	30	8											1							1	7	21
实业公司	24	3											1							2	1	20
北京研究院	9	2			1	1					1										6	
深圳研究院	5			2		2															1	
浙江研究院	2																				2	
河北研究院	8	1			2		1														5	
清尚设计院	25	5									7		6	1				1		2	7	1
清华控股	16	3								1	2		2							6	3	2
紫光集团	16	2								1	6		4							4		1

续表

单位	合计	其中女性	教师							工程及实验技术人员										其他专业技术人员	职员	工人
			教授	研究员	副教授	副研	讲师	助研	助教	研究员	高工	高实	工程师	实验师	助工	助实	技术员	实验员	未定			
科技园	6												2							2	1	1
通力公司	53	15									2	1	4		1					2	5	38
同方公司	53	9									14		18							8	3	10
诚志股份	9	1								1	1	1	2							2	1	1
设计院	41	8								1	28	6	1							4	1	
出版社	44	18																		29	7	8
继教学院	29	14									2									3	20	4
街道办	58	40																		28	17	13
校医院	142	114																		138	1	3
附中	201	121											1				1			190	3	6
附小	82	61																		80	1	1
临床医院	7	4																		3	4	
学报部	1	1																		1		
人才中心	31	9											3	2	2					14	7	3
第一附属医院	1																				1	
第二附属医院	1																			1		

第二节 人力资源管理

一、管理机构设置

解放前，学校未设专门人事管理机构，教职员由校长聘任。1944 年 6 月，西南联大常委会根据国民政府教育部的通知要求“指定较高级职员一人负责主办人事工作”，请总务长郑天挺负责主办联大人事工作，此前还指定总务处职员一人负责办理人事登记等工作。

解放后，1951 年 5 月 4 日成立人事室。1955 年 2 月，校行政会议决定，人事室下设行政干部科、教学干部科、档案科，1956 年 8 月增设学生科。1956 年 8 月，学校决定人事室改为人事处。1957 年 11 月，校务委员会决定，人事处的教学干部科和行政干部科合并为干部科。

“文革”期间，1970 年 1 月革委会成立，其政工组下设人事组，并管理人事档案室。1973 年 7 月，校党委、校革委会下设人事处，其中设教工人事科、学生人事科、劳动工资科、档案科。

1977 年后，人事处设人事科、学生科、劳资科、档案科。后又增设离休退休干部管理办公室、职工教育科。1985 年初，将教务处的师资科划归人事处。1985 年 7 月，离退休干部办公室撤销（另成立离退休干部处），10 月职工教育科撤销（另成立职工教育和附属学校处）。

1986 年 9 月学校成立“清华大学劳动服务公司”，采用集体所有制方式管理农转工。1989 年 12 月改名为“劳动服务管理办公室”（简称“劳动办”）。

1988 年为促进人才在校内外的合理流动，并为待聘人员选择工作、发挥潜力创造条件，经 1988—1989 学年度第 13 次校务会议通过，决定成立人才交流服务中心。1989 年 3 月校务会议通过，人才交流服务中心改名为“人才交流中心”。

1991 年学生科同时履行毕业生分配办公室的职能，1991 年档案科划入档案馆。1993 年外事办公室撤销时其所属出国科归入人事处，学生科和毕业生分配办公室由人事处调归学生处，该年人事处下设：人事科、师资科、劳资科、出国科，同年博士后管理职能从研究生院调到人事处成立了博士后管理办公室。师资科同时履行专业技术职务评审办公室、人才引进与选培办公室的职能。各院系设有人事科，在校人事处指导下开展工作。

1994 年 9 月，经 1994—1995 学年度第 2 次校务会议通过《关于深化人事制度改革的若干措施》第三项第 7 条规定：“健全校人才交流中心职能，使其能起到促进人才交流的积极作用”。1994 年 12 月经 1994—1995 学年度第 5 次校务会议通过《关于年终考核与聘任工作的几点意见》第二项第 5 条规定：“校人才交流服务中心正式开展工作，各系未聘人员可按条例上交人才交流服务中心”。1995 年正式接收各单位转来的待岗人员。1997 年增加了科研合同制人员的合同管理工作。

1995 年学校恢复外事处，出国科调回到外事处。其中教职工和学生因私出境手续由人事处负责办理。2003 年国家放开了因私出境的政策，9 月起这项工作取消。

1998 年 11 月学校全面启动校机关改革，校机关调整为 19 个部、处，人事处为其中之一。撤销劳动办、博士后管理办公室，劳动办并入人事处，博管办并入师资办。人事处下设：师资办公室（含博士后管理办公室，同时履行人才引进办、专业技术职务聘任办公室职能）、计划调配科、劳资科、职工科、办公室。人才交流中心挂靠人事处。劳服办划归人才交流中心领导。博士后管理办公室逐步作为独立科室运行。机构改革后各院系合并科室，不再单设人事科，在综合办公室有兼管人事的职员。人才交流中心的职能增加，除为校内待岗转岗人员提供信息、咨询、培训、转岗等服务和日常管理外，还承担了协助博士后配偶和引进人才配偶联系工作，为外地来京务工人员办理有关手续，以及校内合同制研究人员的招聘、聘用和管理等工作。

自 2001 年 5 月份学校对新进校的实验技术人员和文秘人员试行人事代理制度，由人才交流中心（即国家人事部全国人才流动中心清华工作站）代管其人事档案。

2003 年 4 月，为加强高层次人才的引进，推动相关学科向世界一流水平发展，经 2002—2003 学年度第 9 次校务会议讨论通过，决定成立人才资源开发办公室，挂靠人事处，由处长兼任办公室主任，另设专职副主任。初期的职能是掌握各院系对高层次人才的需求情况和国内外各领域的人才信息，做好人才的联络、评价、引进的前期工作。2006 年有关“百人计划”评审、长江学者推荐工作；留学回国、国内调入、博士后出站等专业技术人员引进审批工作由师资办转到人才资源开发办公室。

2008 年后人力资源管理的机构为：人事处下设计划调配科、劳资科、职工科、师资办公室、博士后管理办公室、处办公室。人才资源开发办公室、人才交流中心挂靠人事处。

二、编制管理与聘用制度

（一）编制管理

1937 年 5 月 27 日，校评议会通过校务会议拟定各系部所须管理事务人员类别员额标准，学校各行政部分职员 104 人，各系职员 15 人，共 119 人。

1942 年，国民政府教育部下达《大学及独立学院教员人数暂行标准》《专科以上学校普通职员人数暂行标准》，后又下达各学校“工役人数最高标准”。1943 年西南联合大学呈教育部编制人数 661 人，其中教员 427 人（西南联大本部教员 358 人，清华特种研究所研究人员 53 人，南开商科研究所经济学部教员 16 人），职员 234 人（其中西南联大本部 172 人，北大昆明办事处 5 人，清华昆明办事处及特种研究所 53 人，南开昆明办事处 4 人）。教育部表示“大致尚合，准予备查”，后又通知“准用 631 人”。

1946 年，清华根据国民政府教育部的有关文件规定，对学校编制规定为：教授、副教授、专任讲师 196 人，教员、助教 164 人，余额 20 人，合计 380 人；行政部门职员 102 人，各院系职员 46 人，余额 12 人，合计 160 人；校警、校工、各种工匠 132 人；全校合计 672 人。

解放后，学校的编制纳入国家的劳动工资计划。1954 年，高等教育部通知清华大学校本部（不含附属单位）教职工与学生的比例为 1∶3.06，教职工年终控制数为 1 795 人。1955 年，高等教育部颁发《全国高等学校人员编制控制数的通知》，规定了不同规模学校的教职工人数与学生数的比例，还规定了教学人员、教辅人员、行政人员、工勤人员与学生数的比例。规定清华大学本部教职工与学生数的比例为1∶3.80，教职工年底达到数为1 788人。以后，随着校办工厂和科研机构的发展，除校本部的教学、教辅、行政、工勤人员编制外，增加了专职科研人员和校办工厂人员的编制。1958年至1960年，校办厂人员和工勤人员有较多增加，1961年至1963年作了调整和精简，至1964年，教育部下达清华教职工编制数5 633人，实际编制人数5 565.5人，其中校本部4 445.5人［教学人员1 968人，教辅人员692人，行政人员752.5人（注：学生政治辅导员每人按0.5个编制计算），工勤人员1 033人］，科研机构人员588人，校办厂人员404人，附属机构及其他人员128人。此外，另有附属中、小学教职工191人。校本部教职工与学生之比为1∶2.7，校本部教师人数与学生人数之比为1∶6.09。

“文革”中，学校编制工作被打乱，教职工人数，特别是工人人数增加很多。1976年教职工人数为9 141人，而在校学生为9 226人。

1978年以后，根据中央关于讲求经济效果的方针和精简的指示及教育部关于保证需要、紧缩编制的指示精神，学校实行严格控制编制，调整教职工队伍结构，促进人员合理流动。1982年教育部下达清华大学教职工计划数为8 452人。1983年教职工人数减为7 814人（不含附属中小学373人）。从1983年开始，学校进一步加强定编管理，根据教学工作量及科研生产编制分配办法核定各系、所、单位人员余缺情况，对各单位的进人名额，按照现有人员余缺情况实行不同比例的控制，对超编单位的超编人员实行合理收费，对于缺编单位，发给缺编人员费作为超工作量酬金。

根据中共中央、国务院发出的关于冻结机关、事业单位编制的指示，中华人民共和国人事部人中编函〔1990〕65号《关于国家教育委员会所属事业单位机构编制的批复》中确认：“14. 清华大学，事业编制8 386人。其中校本部5 079人；专职科研人员1 600人；实验实习工厂638人，含经费自理人员214人；附属单位1 069人，含经费实行差额补贴人员70人、经费自理人员305人。”至此，清华大学的事业编制数为8 386人。

国家教育委员会教直〔1991〕16号《印发〈关于核定国家教委直属高等学校近期人员编制的意见〉的通知》：“下达你校近期即1992年底以前的事业人员编制总控制数为8 346人”。附件《关于核定国家教委直属高等学校近期人员编制的意见》中指出：“事业编制包括校本部人员、专职科研人员、实验实习工厂人员和学校直属事业单位人员。”“企业编制是指按我委规定核定的主要从事科技产业开发的校属企业人员。”“学校的集体所有制人员（不包括集体所有制单位中的全民所有制人员）均不应列入学校事业编制或企业编制，也不列入定编的范围。”

根据国家教委1991年下达的控制编制数为8 346人的要求，结合校内管理改革方案，到1991年学校在调整队伍结构、控制人员编制和提高办学效益等方面取得初步成效，通过了《清华大学核定各单位近期人员编制实施办法》，按照保证重点，兼顾一般，保证一线，压缩二线，按满工作量核定编制的原则，严格控制编制定员，建立与完善固定编制与流动编制（包括助教博士生、博士后、离退休人员回聘、临时工等）相结合，事业编制与企业编制相结合的队伍结构，在定编的基础上，完善全员聘任制、合同制。这里所说的企业编制是按国家教委有关规定成立的校属企业所录用人员，企业编制人员档案由学校管理，所有工资待遇及离退休养老保险由企业承担发给。满工作量的标准是指每个教学编制人员一年应当完成1 800小时教学工作量，即每年52周，减去节假日7周，每周业务工作5天，每天8小时计算，其他人员按相应办法核算。经过这次定编，到1993年底，学校实有在编人员7 575人，另有附属中小学人员338人，加上计算编制的助教博士生的助教编制194人（三个助教博士生算一个助教编制），合计在编为

8 107 人。校本部教职工数与学生折算人数之比为 1∶3.36，校本部教师人数与学生折算人数之比为 1∶7.1。此外，当年的流动人员还有：离退休回聘人员 705 人，临时工 2 006 人。

1994 年学校提出进一步压缩事业编制，实行固定编制与流动编制相结合的管理体制，调整了超缺编费标准和科研编制费标准，强化院系自我约束机制。

1999 年中央工艺美术学院并入清华大学，北京市机构编制委员会办公室京编办事〔1999〕131 号《关于核定中央工艺美术学院内设机构和人员编制的函》："同意核定中央工艺美术学院内设机构 26 个，事业编制 610 名，其中处级领导职数 83 名。"至此，清华大学事业编制为 8 996 人。

2002 年教育部和信息产业部就北京酒仙桥医院和北京玉泉医院划拨给清华大学作为附属医院达成协议，教育部和北京市卫生局均批复同意变更所属关系。原北京酒仙桥医院事业编制 1 220 人，北京玉泉医院事业编制 630 人（见中央机构编制委员会办公室中编办〔1993〕45 号《关于电子工业部所属事业单位机构编制的批复》）。2003 年 1 月，中央机构编制委员会办公室中央编办复字〔2003〕16 号《关于教育部所属高等学校机构编制的批复》，同意北京酒仙桥医院和北京玉泉医院并入清华大学，并确定合并后的清华大学编制数为 10 846 人。2003 年 4 月 11 日，《教育部关于下达部属高等学校机构编制的通知》（教人〔2003〕4 号）下达清华大学机构编制为：事业编制 10 846 名，其中 519 名经费自理。其中清华大学酒仙桥医院事业编制 1 220 名，清华大学玉泉医院事业编制 630 名。

学校历次编制变化情况见表 9-2-1。

表 9-2-1　学校历次编制变化情况

年份	编制控制数（人）	数量变化原因
1954	1 795	教育部下达的年终控制数
1955	1 788	教育部下达《全国高等学校人员编制控制数的通知》
1964	5 633	教育部下达控制数
1982	8 452	教育部下达控制数
1990	8 386	人事部人中编函〔1990〕65 号《关于国家教育委员会所属事业单位机构编制的批复》
1991	8 346	国家教育委员会教直〔1991〕16 号《印发〈关于核定国家教委直属高等学校近期人员编制的意见〉的通知》下达的编制控制数
1999	8 996	北京市机构编制委员会京编办事〔1999〕131 号《关于核定中央工艺美术学院内设机构和人员编制的函》，中央工艺美术学院并入清华大学
2003	10 846	《教育部关于下达部属高等学校机构编制的通知》（教人〔2003〕4 号），北京酒仙桥医院和北京玉泉医院并入清华大学

（二）聘用制度改革

清华学校时期，教员由校长聘任，聘期一般为一年。国立清华大学时期，大学教授、合聘教授、讲师及专任讲师之聘任须经聘任委员会之同意，聘期一般为一年，而教授第三次以后为每次二年。

1949 年后学校在上级主管部门下达的事业编制范围内聘用教职员工，学校没有规定聘用人员的聘用期限，事实上是终身聘用制度。

1988 年校务会议通过《清华大学关于部分新增干部实行“聘用制”的暂行规定》，开始对新进校人员试行合同聘任制度，由用人单位与本人签订聘任合同。1991 年校务会议通过了《清华大学聘任制实施办法（试行）》和《清华大学工人聘用合同制实施办法（试行）》《清华大学关于教职工对“聘任合同”违约的处理规定》，明确了教职工实行校内任职岗位聘任制和工人聘用合同制，并且规定了聘任原则、受聘人员的基本条件、双方的权利义务及违约责任等。1992 年校务会议通过《清华大学关于教职工队伍人员补充实行公开招聘的办法》，规定新进校的教职工一律签订聘任合同书，聘期 3～5 年。合同的规定，在一定程度上带有对教职工约束的成分，其主要目的是为了稳定队伍。但未规定教职工不能胜任工作如何处理，合同期满后如何处理等。事实上，合同期满后，只要本人不提出调离学校，便与从未签订聘任合同的教职工一样都变成了终身制。

1994 年学校提出，聘任合同期限一般为 3 年，合同中明确规定，合同期满后，根据双向选择的原则进行续聘或终止合同；对合同即将届满的人员要进行重点考核，每年要有一定比例的人员不再续聘，实行末位淘汰；同时出台了教师“非升即走”和“非升即转”的政策，其目的是优化教师队伍结构。1995 年校务会议通过了《清华大学关于对“聘任合同”违约的处理规定》及 1996 年通过的《清华大学关于完善聘任制的若干规定》，进一步明确了合同聘任、“非升即走”等原则，强调合同的终止或解除意味着教职工与学校解除聘用关系。有少量不适宜做教师的人员因此而调离学校，一定程度上优化了教师队伍，但上述措施基本上仍属于末位淘汰的机制。

1999 年开始，学校进一步实行了有固定期限与无固定期限相结合的聘用制度。有固定期限的合同根据不同情况采取弹性期限，聘期为半年至 3 年。首期合同为固定期限合同，一般为 3 年。对初、中级职务人员的聘用一般为有固定期限聘用，副高级以上人员经过 1～2 个聘期后实行无固定期限聘用。继续强化了教师“非升即走”的政策，规定初级职务最长 6 年，中级职务最长 9 年，若不能晋升高一级职务则不再续聘。至此，对教职工试行聘用制的机制已经初步建立起来。

为了进一步推进聘用制度改革，2001 年 5 月开始，对新进校的实验技术人员和行政管理人员试行人事代理制度，并逐步将此制度推广到教师以外的所有新进校人员。对各类人员的聘用合同书作了多次修改，明确填写新聘和续聘人员的岗位职责和工作内容。尝试在报纸等公共媒体上发布公开招聘信息，举办招聘会等招聘模式，延揽人才，2005 年开始建设清华大学人员招聘系统并投入使用，该招聘系统采用网上交互式的信息录入和传递，节省了大量的数据处理时间，使招聘过程和招聘信息的整理更加规范。2007 年 6 月，校务会议通过了《清华大学公开招聘人员暂行规定》，进一步规范了公开招聘的范围、条件、程序及待遇，明确了回避制度与违纪处理原则。

三、专业技术职务聘任

清华学校时期，教员由校长聘任，在聘书上写明任职部门与职务，聘任期限、薪金数额、每周授课时间，聘期一般为一年。

国立清华大学时期，按照《国立清华大学教师服务及待遇规程》（1932 年 5 月校评议会通过，1934 年 6 月重印）规定，“教授、专任讲师、教员及助教，为本大学专任教师，合聘教授及讲师，为非专任教师”，还规定教授及合聘教授须具有下列三项资格之一：“（甲）三年研究院工作或具有博士学位及有在大学授课二年或在研究机关研究二年，或执行专门职业二年之经验者。

（乙）于所任之学科，有学术创作或发明者。（丙）曾任大学或同等学校教授或讲师，或在研究机关研究或执行专门职业共六年，具有特殊成绩者。”并规定“本大学教授、合聘教授、讲师及专任讲师之聘任须经聘任委员会之同意”，聘期一般为一年，而教授第三次以后为每次二年。1939年7月修订的《国立清华大学教师服务及待遇规程》中，增设了副教授职别。

1940年10月，国民政府教育部公布《大学及独立学院教员资格审查暂行规程》，规定各校已聘任与准备聘任之教师均须“呈部审核”，由教育部的“学术审议委员会”审查，核定其等级（分教授、副教授、讲师、助教四级），并发给审查合格证明书，各校须“依教育部审查合格之等级聘任”。西南联大遵部令送审。1941年教育部实行部聘教授制度，挑选一些资望较高、任教十年以上的教授由教育部直接聘任，每一学科设一人为部聘教授，由教育部分派轮流赴各校讲学，以“辅导全国各院校对于该学科之教学与研究事项”。西南联大1942年第一批有8名经学校举荐被教育部批准为部聘教授（其中清华4名，北大4名。全国共30名），1945年联大又有2名入选部聘教授。

解放后，1949年9月第23次校务委员会通过，并报请华北高教委员会批准的清华大学《专任教师聘任暂行办法》，对专任教师（教授、副教授、讲师、教员、助教）的任职、升迁标准做了规定。1950年8月教育部颁布的《高等学校暂行规程》规定，“大学及专门学院教师，分为教授、副教授、讲师、助教四级”。

1952年晋升教授2人，副教授23人，讲师41人。1954年至1957年共晋升副教授6人，讲师176人。1960年2月经国务院批准下发教育部《关于高等学校教师职务名称及其确定与提升办法的暂行规定》，规定“高等学校教师职务名称定为：教授、副教授、讲师、助教四级”，规定了高等学校教师在思想政治、道德品质等方面共同的基本条件，并分别对助教、讲师、副教授、教授的确定与提升所必须具备的学历、资历、学识水平和能力以及工作成绩与贡献等作了具体规定。据此，从1960年至1962年，学校提升教授21人、副教授99人、讲师381人。1964年提升实验工程师4人，提升实验技术员58人。1965年提升讲师494人。

“文革”中，教师职称提升工作中断。

1978年3月，国务院批转教育部《关于高等学校恢复和提升教师职务问题的请示报告》提出：原来确定和提升的教授、副教授、讲师、助教，一律有效，恢复职称，并新规定可以越级提升教授、副教授。同年4月经北京市人民政府批准学校提升了18名教授。1979年至1983年提升了66名教授、607名副教授、18名副研究员、15名高级工程师、3名副主任医师、6名副研究馆员、2 136名讲师、113名助理研究员、257名工程师、73名主治医师（含主管药师、主管护师）、6名会计师。

1983年，根据中共中央办公厅、国务院办公厅《关于整顿职称评定工作的通知》，职称评定工作暂停。1984年底，经过对职称工作的复查验收，教育部选定清华大学等校作为职称改革试点学校，改革过去的职称评定制度，实行教师专业职务聘任制。1985年1月成立校学衔委员会，校长高景德任主任。根据学校教学科研等任务，确定各级教师职务（教授、副教授、讲师、助教）的合理比例，由教育部逐年下达高级职务晋升指标，由校学衔委员会进行评定任职资格后，由行政聘任。过程是由教师个人申报，请校内外同行专家评审，各学科评议组讨论通过后，报学校学衔委员会确定任聘资格，学校行政颁发聘书。从1985年初起，学校拟定了试点实施意见，建立了校系学科评审组织，确定了合理结构比例和各单位聘任限额，分批进行了教授（含研究员）及副教授（含副研究员、高级工程师）的评审。1985年8月，国家教委批准清华大学学衔委员会（后改为教师职务评审委员会，后又改为专业职务评审委员会）有权授予助教、讲师、副教授、教授学衔（后改为相应职务的任职资格）。从 1984 年至 1986 年，评审和聘任了教授 100 人，研究员 8 人，副教授 584 人，副研究员 128 人，高级工程师 59 人。1986 年 10 月，试点工作经国家教委、中央职称改革办公室等上级领导部门验收合格。

1987 年 1 月，学校通过了根据国家教委《高等学校教师职务试行条例》制定的《清华大学教师职务聘任条例》，规定以教学工作为主的教师，按教学系列聘任职务；以科学研究为主的教师，按科研系列聘任职务；以实验技术或工程技术工作为主的教师，按实验技术或工程技术系列聘任职务；以其他专业技术工作为主的教师按其他相应的专业技术系列聘任职务。学校在进行教师职务聘任的同时，还进行了高校教师以外各专业技术人员的职务聘任。至 1993 年，除教师系列外，还有科学研究、工程技术、实验技术、图书资料、出版编辑、卫生技术（初、中级）、会计（初、中级）等系列（卫生及财会高级职称由学校报国家教委评审）。学校制定的《清华大学聘任专业技术人员的暂行规定》，还对受聘、未聘、不应聘人员的工资等待遇作了规定。此后，学校的专业技术聘任工作进入经常化，每年评审晋升一次，从 1987 年至 1993 年，共晋升正高级职务 743 人，其中教授 567 人，研究员 164 人，编审 5 人，研究馆员 4 人，主任医师 3 人。晋升副高级 1 726 人，其中副教授 962 人，副研究员 401 人，高级工程师 196 人，高级实验师 79 人，高级会计师 3 人，副主任医师 33 人，副研究馆员 30 人，副编审 21 人，副译审 1 人。为促进中青年教师更快成长，学校根据国家人事部关于 40 岁以下评聘教授，35 岁以下评聘副教授不受名额限制的精神，每年都从晋升高级职务的名额中，留出少数指标用来给在教学、科研等战线上做出突出成绩、相对年轻的教师，规定 50 岁以下择优晋升正高级职务、40 岁以下择优晋升副高级职务，名额由学校单列。从 1985 年至 1993 年，先后晋升 50 岁以下正高级职务 124 人。

1993 年，学校根据中央职称改革小组文件，结合学校实际情况，规范本校职务评审标准，制定了《清华大学申请教授（研究员）职务必须具备的条件（试行）》，规定："申请教授（研究员）职务者，应在本学科具有广博、坚实的理论基础和专业基础，具有丰富的实践经验，能及时掌握本门学科国内外发展动态，并对国内或国内外本门学科领域的发展产生较大的影响。应承担了 5 年以上（按学校规定允许提前择优晋升者除外）的副教授职务工作，考核成绩优良，1954 年 1 月 1 日后出生的教师原则上应具备硕士以上学位，能运用第二外语进行专业阅读。"除上述条件外，还必须具备或者"在教学上学术造诣较高，是某一学科领域教学的带头人或骨干，并对该领域教材的建设、人才培养、教书育人工作做出了较大贡献"。或者"在科研方面取得具有较大的科学价值、并达到国内先进水平以上的重大成果，是该学科的学术带头人或学术骨干"。并具体规定了主讲基础课或专业课、主编出版教材、在核心刊物上发表论文、获得国家级或省部级奖励等的数量要求。同时也规定了在实验室建设、科学技术推广、重大工程、科技产业、管理工作、教育研究等方面的教师申请正高级职务必须具备的条件。

由于上级主管部门下达的教授名额有限，学校既要为青年教师提供发展空间，又要解决好历史遗留问题，学校遵循"新人新办法，老人老办法"的原则，采取了不同的举措。

自 1986 年开始学校就采取特批的办法，晋升了一些青年教授。1990 年开始为 50 岁以下教师晋升教授名额单列，1996 年降为 45 岁以下。1993 年 40 岁以下的教授仅有 16 人，到 1998 年 40 岁以下达到 80 人，占正高职务的比例从 2.3%上升为 10%。鉴于年轻教师逐渐壮大成为晋升教授的主体，1999 年取消了破格晋升名额单列的渠道。

自 1986 年开始有个别临近退休的教师晋升教授，1990 年给 58 岁以上即将退休的副教授一次申请教授的机会，由学校集中评审，名额单列。2002 年将申报年龄改为 57 岁以上，2006 年最后一年实行这项政策。通过“即退”渠道晋升的教授年满 60 岁必须退休。

1999 年开始，为淡化职称、任职资格的概念，强化职务聘任制，对新聘专业技术职务取消了任职资格证书，代之为有明确聘期的专业技术职务聘书，聘任年限与合同聘用期限同步。学校专业技术职务评审委员会改为专业技术职务聘任委员会。

2002 年开始，改革了教授、副教授的聘任评审程序，重点抓了两个环节。一是校外同行专家隐名评审；二是院系教授会议审议。学校聘请校内著名教授组成教授提名委员会审议全部推荐、评审材料，以无记名投票的方式对教授人选进行提名。

2003 年开始，推出了规范教师队伍，按岗位职责聘任教师职务的改革。把教师队伍分为教学-科研系列、教学系列、科研系列。对教学-科研系列的教师提出每年必须至少承担两门课，同时必须从事高水平的科研工作。同时推出了“长久职位”的概念，经过若干聘期，教学科研系列的教师可以签订长期聘任合同，以稳定高水平人才队伍，为他们提供宽松的学术环境。

2001 年清华大学成立医学院，2003 年原信息产业部属酒仙桥医院、玉泉医院划归清华大学成为第一、第二附属医院，2003 年学校开始进行医药卫生各系列的专业技术职务评审。

2006 年学校开始实行教师高级职务岗位按照“按需设岗，公开招聘，限额推荐，等额评审”的原则向校内外公开招聘。主要流程是：7 月开始网上公布招聘信息，10 月接受申报。院系按照公布岗位数，经过教授会议评审，择优推荐确定外审名单并上报申请材料，经校外同行专家隐名评审后，院系聘任领导小组确定推荐名单（不超过公布岗位数）上报申请人所有材料，学校召开教授提名委员会审议材料、听取正高级职务申请人答辩并投票推荐，最后由学校专业技术职务聘任委员会审批聘任。在公开招聘名额外学校还设置 3～5 个正高级特殊岗位，用于聘任 40 岁以下杰出的优秀青年人才。

2006 年开始实行教授（研究员）职务隔年申报制度，即在院系教授会议答辩过的申请人，如未晋升，第三年才可以再次申请。

2008 年学校为促进流动实行“即走即升”的政策，同时开始对部分非事业编制人员评审专业技术职务任职资格。学校决定专业技术职务聘任委员会同时履行专业技术职务评审委员会的职能，作为评审任职资格的批准机构。

1952 年至 1965 年学校历年晋升职称人数统计见表 9-2-2；1978 年至 1993 年晋升职称人数统计见表 9-2-3；1994 年至 2010 年历年聘任专业技术职务人数统计见表 9-2-4。

表 9-2-2　1952 年—1965 年学校晋升中级以上职称人数统计

年　度	1952	1954	1955	1956	1957	1960	1961	1962	1964	1965
教授	2				1		21			
副教授	23				6		99			
讲师	41	79	44	53		327		54		494
实验工程师									4	

表 9-2-3　1978 年—1993 年学校晋升职称人数统计

年　度		1978	1979	1980	1981	1982	1983	1984	1985	1986	1987	1988	1989	1990	1991	1992	1993
正高级	教授	18		36			30	18	56	26	58	105	67	76	58	99	104
	研究员							1	5	2	9	28	12	18	21	35	41
	编审										1		1			1	2
	研究馆员										1			1		1	1
	主任医师										1				1		1
副高级	副教授		423			17	167		370	214	137	229	108	115	97	143	133
	副研究员						18		76	52	46	83	66	54	43	57	52
	高级工程师			4			11		32	27	49	50	27	20	12	14	24
	高级实验师										13	16	4	10	9	13	14
	高级会计师										3						
	副研究馆员						6				7	3	3	2	5	5	5
	副主任医师					2	1				11	5		8	3	2	4
	副编审										6	3	4	3	2	2	1
	副译审										1						
中级	讲师		1 199	176	144	19	598		26	86	37	245	35	145	157	134	159
	教员		6		2												
	助理研究员			28	2		83			8	8	66	2	34	33	93	29
	工程师		136		14	73	34			39	57	93		72	53	62	45
	实验师										85	67	1	40	9	6	6
	会计师						6				17	25		15	4	1	4
	馆员										21	13		10	18	6	11
	编辑										5	7		2	3	3	
	技编																1

续表

年度		1978	1979	1980	1981	1982	1983	1984	1985	1986	1987	1988	1989	1990	1991	1992	1993
中级	一级校工											1					
	主治医师				44		26				10	15		4	3		3
	主管药师				1							1		1		2	
	主管护师						2				6	6		5	6	2	
	主管技师										2	4					
	主管检验师													1			
初级	助教		907	121	106	177	59		298	6	255	238	110	97	109	143	156
	研究实习员					14	8		32		25	35	16	23	33	23	22
	助理工程师				4	162	14		30		291	71	33	53	48	70	81
	技术员		198	2	83						77	33	42	14	18	46	31
	助理馆员			8	4	4					42	20	6	1	18	15	18
	资料员			31	1												
	管理员				4	1					44	7	5	7	1	2	3
	助理编辑					2	1				7	3	2	1	1	2	4
	助技编辑																3
	二级校对															1	1
	三级校对												1		1		
	设计员												3		2		
	助理会计师										48	23	5	12	19	1	17
	会计员										50	15	20	3	5		1
	医师			82		1	2				10						2
	护师						1				14		2				
	药师										6	3			1		

续表

年度		1978	1979	1980	1981	1982	1983	1984	1985	1986	1987	1988	1989	1990	1991	1992	1993
初级	技师					1					2						
	医士			27									2				
	护士											3			1		4
	药士											2			2		
	检验士																1
	技士																1
	合计	18	2 869	515	409	473	1 067	19	925	460	1 462	1 518	577	847	796	984	985

表 9-2-4　1994 年—2010 年学校新聘任专业技术职务人数统计

年度		1994	1995	1996	1997	1998	1999	2000	2001	2002	2003	2004	2005	2006	2007	2008	2009	2010
正高级	教授	80	89	82	97	100	79	69	71	56	79	75	81	53	45	43	38	40
	研究员	46	30	34	31	35	35	26	35	48	47	49	46	43	20	22	15	16
	编审	1	2	2	1	2	2	1	2	1	1	1	1	1	1		1	0
	研究馆员	2		1	2		1	1	1	2	1			1		1	0	1
	主任医师		2	1	2		1						1	1			3	4
副高级	副教授	92	68	80	89	91	82	92	77	55	62	50	59	54	56	59	67	62
	副研究员	43	38	47	26	29	31	32	22	50	66	60	63	57	52	49	34	43
	高级工程师	12	14	17	14	21	25	18	19	23	16	24	27	28	26	32	27	23
	高级实验师	16	11	13	12	22	16	19	20	17	11	8	4	6	4	1	3	0
	高级会计师	0	1	1				2		1		5						0
	副研究馆员	3	3	2	5	6	4	2	2	6	3	2	3	3	3	3	2	2
	副主任医师	8	8	3	8	6	3	3	4	5	4	2		2	3	2	14	16
	副编审	0	2	1	1	3	2	1	4	2	2	3	3	3	3	3	3	0

续表

年度		1994	1995	1996	1997	1998	1999	2000	2001	2002	2003	2004	2005	2006	2007	2008	2009	2010
中级	讲师	102	78	118	87	83	82	65	47	35	28	15	19	9	28	20	39	41
	助理研究员	29	30	33	20	21	18	23	46	42	59	42	26	33	35	12	28	28
	工程师	41	33	50	55	55	53	42	43	34	31	28	52	29	43	35	15	14
	实验师	6	2	1	6	6	3	4	2	4	2	1	2	5			0	0
	会计师	6	8	2	9	5		3	3	5	1	5	5	1	1	2	0	3
	馆员	10	7	10	7	6	9	10	8	7	6	2	4	6	6	7	2	3
	编辑	3	3	8	5	6	7	5	5	4	5	8	3	2	1		2	0
	医务合计	10	13	8	7	8	2	6	7	2		1	1	3	4	2	54	57
初级	助教	136	70	65	71	50	51	7	17	10	4		3	2	1	4	9	4
	研究实习员	19	17	9	18	6	17	4	31	13	12	5	1					0
	助理工程师	48	67	89	49	39	37	14	49	43	37	30	38	29	8	12	6	1
	技术员	34	22	25	6	1	11		1	1	1							0
	助理馆员	6	9	4	10	2	8	1	3	5	3	3	2	4	2	3	4	0
	助理编辑	4	3	2	3	5	8	1	4	4	8		1					0
	助理会计师	2	4	4	9	2	5		5	3	3	4	2	2		1		0
	会计员		3			1	1	1			1							0
	医务合计	2		7	18	3	1	3	1				1	2	1	1	19	56
合计		761	637	719	668	614	594	455	529	478	493	423	448	379	343	314	385	414

四、工资和社会保险

清华大学建校以来，教职工的工资制度、工资构成经历了复杂的演变过程，在基本工资的基础上逐步增加了各类津贴、补贴及奖金，工资待遇水平稳步提高。此外，随着我国社会保障体系的建立和完善，学校教职工也依法参加了社会保险。

（一）基本工资

清华学校时期，美国教员月薪160多美元，西学部的中国教员月薪最高120银元（合60美元），国学部的教师月薪几十银元。职员月薪最低的10余银元，高的60～70银元。工人月薪一般7～9银元，技术工人最高十几银元。成立大学部后，1926年学校制定的“教师薪金增加简明表”中规定月薪为：正教授300～500元，教授（分3级）150～400元，教员100～200元，助教50～100元；并规定职员（分4等）月薪为50～400元。

国立清华大学时期，1932年以前，教授月薪为160～360元。1932年《国立清华大学教师服务及待遇规程》规定，教授月薪为300～400元，有特殊学术贡献者，可超过此限，最高500元，专任讲师月薪为160～280元，教员月薪为120～200元，助教月薪80～140元。1936年教师月工资平均234.8元。职员中，主任月薪220～360元，事务员60～200元，助理40～100元，书记25～60元，练习生16～25元。1936年职员平均月工资68.4元。工人中，据1936年6月记载，工人月工资：电灯机匠为10.5～61元，校工为7～26.4元，园丁为10.5～23.3元，路工为10.5～24元，长工为9～11元，校警为10.5～23元，工人平均月工资16.3元。

全面抗日战争时期，从1937年9月份起，教师薪金降为7成（以50元为基数，余额按7折发给）。1939年7月，修正的《国立清华大学教师服务及待遇规程》对教授、专任讲师、教员、助教的薪俸规定同1932年的，增加副教授的薪俸规定为280～360元。由于物价上涨，从1940年1月起，教师薪金改按十足发给。1940年8月，教育部《大学及独立学院教员聘任待遇暂行规程》规定：教授320～600元，副教授240～360元，讲师140～260元，助教80～100元。联大1940年度改订新聘教师起薪标准为：教授360元，副教授340元，专任讲师220元，教员140元，助教100元。职员月薪，主任240～360元，干事160～280元，事务员80～200元，助理员65～120元，试用助理员60元，书记50～80元，试用书记45元，练习生40～60元，试用练习生35元。但自1940年起，物价暴涨，1941年12月6日，西南联大教授会致常委会转教育部，称“自暑假以来，物价又复飞涨，比于战前多高至三十倍以上”，“同人等薪津平均每月不及六百元，以物价增长三十倍计，其购买力只等于战前之十七八元，平均五口之家何以自存”，“唯望每月薪津得依生活指数及战前十分之一二”，“总期其购买力能及战前之五十元，俾仰事俯蓄，免于饥寒”。到1943年下半年，战前月薪350元的教授，这时拿到的薪津，只合战前8元3角。政府发给一点生活补助费，如平价米贷金、学术研究费（1943年教授每人500元）、久任教员奖金、教员奖助金等，但杯水车薪，无济于事。为适应法币贬值、物价上涨的情况，政府规定实际发放的薪金为底薪（按教职工的不同级别规定）乘以加成倍数，再加上生活补助费基本数。1944年8月，联大改订教职员薪额表（底薪）：教授430～600元，副教授290～450元，专任讲师210～320元，教员140～240元，助教120～200元；职员中主任280～500元，事务员100～260元，助理员75～140元，书记60～100元，练习生40～60元。到1946年3月，教育部通知昆明生活补助费基本数为 5 万元，加成倍数为 150 倍。

复员后，1946 年 10 月，第一次评议会通过本校教职员待遇标准，与 1944 年 8 月联大时期的教职员薪额表基本相同。1946 年 10 月，生活补助费基本数 17 万元，加成 1 100 倍，底薪 600 元的教授，实领薪金 83 万元，可买 23 袋面粉（每袋 44 斤）有余，底薪 170 元的助教，领薪金 35.7 万元，可买 10 袋面粉有余。1947 年物价又陡涨，到 5 月上旬，底薪 600 元的教授实领薪金 142 万元，不够买 10 袋面粉。1947 年，本校教师 51 人、职员 18 人，获得国民政府颁发的久任教职员奖金，即发给在校继续服务满 10 年的教师一个月薪金（按 1946 年 12 月薪金标准）。同年 11 月有 44 位教授改定薪额，由每月 600 元升至 610～630 元。1948 年 1 月，国民政府公布公教人员待遇调整办法，按照 3 个月调整一次生活指数发薪，以底薪中 30 元为基数照生活指数算给，超过 30 元部分以十分之一照生活指数支给。1 月—3 月份生活指数为 11.5 万倍，底薪 600 元的教授领薪 1 000.5 万元，不够买 5 袋面粉，实际收入合抗战前十六七元。北平生活指数 5 月份为 36 万倍，6 月份为 82.5 万倍。1948 年度，教师的职务薪额（底薪）为：每月教授 460～640 元，副教授 350～500 元，专任讲师 250～360 元，教员 190～275 元，助教 150～210 元；职员每月职务薪额为：校长 740 元，主任 480～520 元，组员 195～410 元，助理 110～175 元，书记 85～135 元，练习生 75～105 元；工警月饷额为：技工 15～38 元，校工 10～19 元，校警 15～17 元。1948 年 8 月，国民政府发行金圆券，规定金圆券一元换法币 300 万元。规定职务薪额以 40 元为基本数，超出 40 元部分至 300 元以内按十分之二折算，300 元以上按十分之一折算，再加上以上三部分的 45%，俸薪额为 600 元的教授，折领金圆券 176.9 元。

解放后，1949 年元月份教职员工资，按 1948 年 11 月份原薪所得，以 11 月份北平社会局统计的小米平均价折成小米斤数，教授 871.7～985.2 斤，副教授 802.4～897 斤，专任讲师 707.8～808.7 斤，教员 633.2～739.2 斤，助教 581.7～657.4 斤，职员 487.2～909.6 斤，以元月核定米价折发现款。此外，每人加上 1948 年 11 月份公教人员的实物配给部分（面粉一袋，煤球 200 斤），折合小米 90 斤发实物。从 1949 年 5 月份起，学校依据北平市军管会文化接管委员会下发的《北平专科以上学校教职员工薪给暂行标准》，制定了教职员的支薪计分评定临时办法，评定教职员的工资（月薪为每月多少斤小米）：教授 875～1 300 斤，副教授 825～1 080 斤，专任讲师 630～850 斤，教员 570～800 斤，助教 400～680 斤；校医 455～800 斤，主任、秘书 685～735 斤，组员 400～600 斤，助理 380～515 斤，书记 325～435 斤，练习生 265～390 斤；技工 260～440 斤，熟练工 240～320 斤，校工 180～270 斤，校警 200～260 斤，徒工 120～180 斤。1950 年 3 月中央人民政府教育部对《北平专科以上学校教职员工薪津暂行标准》进行了修订。1951 年，部分人员调整工资，教师 214 人（占教师总数 435 人的 49%）增加小米 11 805 斤，人均月增 55 斤小米，职员 67 人增加小米 2 360 斤，人均月增 35.22 斤，工人 205 人增加小米 9 050 斤，人均月增 44.15 斤。1952 年，月薪改为每月多少工资分（按粮、布、油、盐、煤多种实物价格综合折算）。据 1952 年 4 月统计，教授 426～659 分，副教授 405～489 分，讲师 304～405 分，教员 205～329 分，助教 203～312 分；科长或主任 347～367 分，科员、办事员 223～327 分，助理、书记 127～258 分；技工 122～228 分，校工 76～193 分，校警 91～198 分。1952 年 7 月起调整工资，教师平均月增 59 分，职员平均月增 49 分，医务人员平均月增 56 分，工警平均月增 39 分。1954 年调整工资，除普遍按新标准增加工资外，教师中有 262 人晋级，其中教授 9 人，副教授 4 人，讲师 100 人，助教 149 人。1955 年 7 月起，根据国家规定全部改行货币工资制，一个工资分折 0.22 元人民币，教授工资折

165.88～232.23 元，当年还有 258 名教职工晋级。

1956 年，根据《国务院关于工资改革的决定》和高教部的通知，从 4 月起实行新的工资标准。全校教职工调整工资，2 013 人增加工资额 27 243 元，人均月增 13.53 元，增幅 20.35％。调整后，教授 207～345 元，副教授 149.5～207 元，讲师 89.5～149.5 元，助教 62～106 元。职员：处级以上 124～368 元，正副科长 87.5～138 元，其他职员 43～110.5 元；实验员、资料员 37～103.5 元；工人：技工 40.1～107.1 元，厨工 33.5～80.5 元，工友 33～49 元，徒工 23～31 元。各类人员的月平均工资为：教授 266.82 元，副教授 190.89 元，讲师 122.23 元，教员 161.1 元，助教 73.45 元；职员 78.26 元，卫生技术人员 94.46 元，教辅人员 56.2 元；行政工友 36.61 元，厨工 48.42 元，行政技工 61.92 元，技工 71.78 元，徒工 25.53 元，全部工人平均 51.97 元。1959 年，部分教职工 808 人调整工资，月增资8 854元，人均增 10.96 元。1960 年，教师 645 人升级，人均增 10.69 元，职工 900 多人升级。1963 年，1 798名教职工升级（占总数 4 970 人的 36.2％），月增资额 13 773 元，人均增 7.66 元。

“文革”十年中正常调资工作停止，以致大批年青教师工资长期停留在 56 元/月，大批青工工资停留在 40.1 元/月。1971 年根据国务院文件，三级工以下及相似工资的人员一般升了一级工资（级差不足 5 元的升 5 元）。“文革”后，根据国家规定，1977 年 40％的教职工晋升一级工资，1979 年 49％的教职工晋升了工资。根据清华具体安排，部分中青年教师 1977 年、1979 年连续升了两级，副教授以上个别升级。1982 年，全校教职工中，除行政 10 级以上及其他相当行政 10 级以上人员外，普遍晋升了一级工资，部分教师（1960 年前大学本科毕业并参加工作、工资相当行政 20 级及其以下的，1966 年前大学本科毕业并参加工作、工资相当行政 21 级及其以下的）晋升了两级工资。

1985 年，学校遵照国家有关工资改革的文件规定，执行以职务工资为主要内容的结构工资制，工资分为基础工资、职务工资、工龄工资三部分。每月基础工资加职务工资，教授为 160～280 元（原工资超过此数的保留），副教授为 122～160 元，讲师为 97～131 元，助教 76～113 元。工龄津贴为每年工龄 0.5 元。全校教职工人均月增资 22.48 元，平均工资为 107.6 元。1986 年，根据劳动人事部劳人薪〔1986〕96 号文件精神：“重点解决专业技术人员中的工资问题，适当解决 1985 年工资改革中部分工作人员存在的突出问题”，全校教职工中有 3 000 余人调整了工资；根据国家有关文件精神，学校决定并报国家教委批准，对在完成学校各项任务中有显著成绩的 17 名教职工，自 1986 年 12 月起每人晋升一级工资。1988 年，根据上级关于解决部分中年专业技术人员工资问题精神，全校有 1 407 名中年专业技术人员（重点是担任中级技术职务的人员）提高了一级工资。与此同时，学校自筹资金，以浮动工资形式，适当调整了部分行政人员和工人的工资。职工中浮动升级的有 789 人。1989 年，全校工人经过考试或考核有 1 485 人晋升了浮动工资。1990 年，根据国发〔1989〕82 号文件批转的《1989 年调整国家机关事业单位工作人员工资的实施方案》，全校在职人员除每人普调一级工资之外，有 6 500 人升了第二级工资，803 名退（离）休人员全部调了一级工资。与此同时，学校经国家教委批准，利用部分自筹资金调整校内浮动工资，全校有 3 708 人向上浮动了一级工资，有 644 人由于在各条战线上作出突出成绩获得奖励浮动升级。

1993 年，根据《国务院关于机关和事业单位工作人员工资制度改革问题的通知》，从当年 10 月起，全校教职工实施新的工资制度。教师的职务工资为：教授 390～720 元，副教授 275～555 元，讲师 205～435 元，助教 165～253 元。津贴部分按工资构成中占 30％计算，由学校制定考核办法，按各人工作成绩评定等级发放。教师的月平均工资，教授（及相应职务）由 356 元上升到 708 元，副教授由 284 元上升到 475 元，讲师由 233 元上升到 344 元，助教由 185 元上升到 286 元。职员的月平均工资，正处级由 290 元上升到 474 元，正科级由 242 元上升到 350 元，科员由 195 元上升到 261 元。工人的月平均工资由 209 元上升到 298 元。

以 1993 年工资改革确定的工资结构和工资标准为基础，1997 年 7 月、1999 年 7 月、2001 年 1 月、2001 年 10 月以及 2003 年 7 月，学校根据国家有关文件先后五次上调了职务工资的标准，同时结合学校的实际情况相应上调了活工资津贴的标准。其中，1997 年 7 月，根据人发〔1997〕89 号文件，学校上调了各类人员的职务工资标准，调整后，教师的月职务工资为：教授 404～884 元，副教授 289～769 元，讲师 219～629 元，助教 179～467 元；1999 年 7 月，根据国办发〔1999〕78 号文件，学校上调了各类人员的职务工资标准，调整后，教师的月职务工资为：教授 544～1024 元，副教授 401～961 元，讲师 312～722 元，助教 260～548 元；2001 年 1 月，根据国办发〔2001〕14 号文件，学校上调了各类人员的职务工资标准，调整后，教师的月职务工资为：教授 668～1 288 元，副教授 498～1 048 元，讲师 388～828 元，助教 323～553 元；2001 年 10 月，根据国办发〔2001〕70 号文件，学校上调了各类人员的职务工资标准，调整后，教师的月职务工资为：教授 785～1 555 元，副教授 576～1 243 元，讲师 438～953 元，助教 363～737 元；2003 年 7 月，根据国办发〔2003〕93 号文件，学校上调了各类人员的职务工资标准，调整后，教师的月职务工资为：教授 880～1 650 元，副教授 643～1 310 元，讲师 481～996 元，助教 392～662 元。此外，根据人薪发〔1995〕150 号文件，自 1995 年起，凡连续两年年度考核结果为合格及以上等次的教职工，均晋升了一个职务工资档次。

2006 年，根据人事部、财政部《事业单位工作人员收入分配制度改革方案》等有关文件，从当年 7 月起全校教职工实施新的岗位绩效工资制度，岗位绩效工资由岗位工资、薪级工资、绩效工资和津贴补贴四部分组成。岗位工资主要体现工作人员所聘岗位的职责和要求，专业技术岗位设置 13 个等级（工资标准 550～2 800 元），管理岗位设置 10 个等级（工资标准 550～2 750 元），工勤技能岗位分为技术工岗位 5 个等级（工资标准 545～830 元）和普通工岗位（工资标准 540 元）。薪级工资主要体现工作人员的工作表现和资历，对专业技术人员和管理人员设置 65 个薪级（工资标准 80～2 600 元），对工人设置 40 个薪级（工资标准 70～915 元）。绩效工资主要体现工作人员的实绩和贡献，津贴补贴指艰苦边远地区津贴和特殊岗位津贴补贴。2006 年底，学校依据国家工改政策，将全校教职工的薪级工资按照职务、任职年限、套改年限等条件套入新的标准，岗位工资按照职务分别套入最低档，经过此次套改，全校专业技术人员平均增资 511 元，管理人员平均增资 412 元，工勤人员平均增资 302 元。2007 年学校在工资套改的基础上进一步实施了岗位设置管理制度，对学校各类各级岗位的上岗条件做出了规定，2007 年底首次岗位聘用完成后，专业技术人员中有 3 031 人提高了岗位等级，人均增资 150 元。根据 2006 年收入分配改革确定的工资增长机制，凡上一年度工作考核为合格及以上等次的教职工从次年 1 月起晋升一级薪级工资；岗位聘用也每年根据岗位的总体情况进行适当调整。

1949 年至 2010 年学校教职工工资总额及月平均工资统计见表 9-2-5，1995 年至 2010 年各年末教职工平均工资统计见表 9-2-6，1995 年、2000 年、2005 年及 2010 年各年年末教职工各级职务平均工资统计见表 9-2-7、表 9-2-8、表 9-2-9、表 9-2-10。

表 9-2-5　1949 年—2010 年学校教职工工资总额、月平均工资统计

年　度	工资总额（元）	平均额（元/（人・月））	年度	工资总额（元）	平均额（元/（人・月））
1949-06	516 227（斤小米）	454.02（斤小米）	1983	7 338 484	78.16
1950-09	486 658（斤小米）	463.48（斤小米）	1984	9 200 921	97.45
1952-12		242（工资分）	1985	9 678 175	101.23
1954	526 3427（工资分）	256（工资分）	1986	12 273 340	129.69
1955(上半年)	2 788 417（工资分）	259（工资分）	1987	12 820 443	132.12
1956	2 040 556	73.80	1988	16 730 765	174.17
1957	2 573 831	71.21	1989	20 588 952	213.14
1958	2 694 835	65.09	1990	22 144 312	228.98
1959	3 504 065	55.44	1991	21 779 506	229.85
1960	4 500 949	53.71	1992	37 359 149	393.18
1961-12	364 846	62.41	1993	59 130 923	480.41
1962(上半年)	2 060 493	61.26	1994	83 269 000	670
1963	4 124 265	62.85	1995	81 933 000	740
1964	4 267 784	63.45	1996	87 228 000	802
1965	4 441 807	62.72	1997	120 724 000	1 140
1966	4 415 272	60.68	1998	132 381 000	1 217
1970	4 341 313	52.63	1999	156 382 790	1 383
1971	5 180 080	54.96	2000	251 886 000	2 222
1972	5 931 087	55.54	2001	320 468 000	2 443
1973	5 971 386	57.31	2002	327 718 000	2 637
1974	5 954 055	57.82	2003	453 913 000	2 971
1975	6 026 375	57.21	2004	606 633 000	3 618
1976	6 159 026	56.29	2005	690 423 000	4 323
1977	6 152 435	54.94	2006	831 959 000	5 090
1978	6 686 226	59.06	2007	892 421 000	5 474
1979	6 723 323	65.35	2008	1 169 701 000	7 181
1980	7 754 440	79.66	2009	1 216 915 000	7 471
1981	6 220 959	64.91	2010	1 418 581 000	7 744
1982	7 698 900	81.19			

说明：工资总额包括全校（含第一、二附属医院）各类工作人员的基本工资、津贴、补贴及奖金。

表 9-2-6　1995 年—2010 年各年年末学校教职工平均工资统计　　元 /（人・月）

年度	基本工资	津贴、补贴	合计	年度	基本工资	津贴、补贴	合计
1995	382	170	552	2003	1 052	900	1 952
1996	418	239	657	2004	1 120	1 258	2 378
1997	476	354	830	2005	1 176	1 299	2 475
1998	477	464	941	2006	1 159	1 291	2 450
1999	641	463	1 104	2007	1 599	1 275	2 874
2000	735	525	1 260	2008	1 605	1 785	3 390
2001	1 015	647	1 662	2009	1 624	1 817	3 441
2002	1 018	643	1 661	2010	1 642	1 835	3 477

说明：此表统计事业编制教职工的基本工资和部分津贴、补贴，不含岗位津贴、附加津贴及奖金。

表 9-2-7　1995 年年末学校教职工各级职务平均工资统计　　元 /（人・月）

职务类别	基本工资			津贴、补贴			合计
	职务工资	活工资	小　计	职务津贴	业绩津贴	小　计	
正高级	463	220	683	170	95	265	948
副高级	311	144	455	120	92	212	667
中　级	235	101	336	73	80	153	489
助教级	188	79	267	53	70	123	390
技术员级	158	67	225	38	63	101	326
专业平均	289	131	420	101	85	186	606
副校级	412	269	681	173	90	263	944
正处级	295	165	460	117	95	212	672
副处级	260	122	382	91	86	177	559
正科级	233	108	341	78	84	162	503
副科级	212	81	293	70	68	138	431
科员级	180	81	261	55	69	124	385
办事员级	160	54	214	37	49	86	300
职员平均	225	105	330	76	80	156	486
高技师	357	159	516	118	98	216	732
工技师	298	128	426	94	86	180	606
高级工	255	108	363	74	74	148	511
中级工	196	84	280	61	71	132	412
初级工	154	59	213	42	58	100	313
普通工	184	79	263	57	65	122	385
工人平均	208	88	296	63	69	132	428
见习人员	196	0	196	24	35	59	255
总平均	264	118	382	90	80	170	552

表 9-2-8 2000 年年末学校教职工各级职务平均工资统计 元 / （人·月）

职务类别	基本工资				津贴、补贴				合计
	职务工资	活工资	其他工资	小计	职务津贴	业绩津贴	校内补贴	小计	
正高级	684	293	182	1 159	230	126	305	661	1 820
副高级	478	205	115	798	160	126	285	571	1 369
中 级	373	159	99	631	102	116	263	481	1 112
助理级	306	130	89	525	77	106	250	433	958
技术员级	281	120	95	496	75	100	253	428	924
专业平均	472	202	122	796	148	121	279	548	1 343
正局级	711	305	133	1 149	252	126	315	693	1 842
副局级	661	284	187	1 132	248	126	304	678	1 810
正处级	488	210	107	805	179	126	285	590	1 394
三级职员	443	190	114	747	150	126	276	552	1 299
副处级	409	175	120	704	132	126	275	533	1 238
四级职员	378	162	92	632	109	117	264	490	1 123
副科级	360	154	81	595	100	117	260	477	1 073
五级职员	316	132	83	531	88	104	246	438	968
六级职员	254	109	85	448	45	99	255	399	847
职员平均	382	163	95	640	115	116	264	495	1 135
高技师	421	181	119	721	138	126	275	539	1 259
工技师	436	187	90	713	122	117	260	499	1 211
高级工	369	158	94	621	104	108	260	472	1 093
中级工	304	130	86	520	90	107	252	449	969
初级工	258	110	76	444	71	97	247	415	859
普通工	299	127	91	517	92	106	250	448	965
工人平均	337	144	90	571	97	107	256	460	1 031
未定级	307	22	81	410	52	50	244	346	756
总平均	436	186	113	735	135	117	273	525	1 260

表 9-2-9 2005 年年末学校教职工各级职务平均工资统计 元 / （人·月）

职务类别	基本工资				津贴、补贴				合计
	职务工资	活工资	其他工资	小计	职务补贴	校内津贴	其他补贴	小计	
正高级	1 155	494	128	1 777	1 487	160	70	1 717	3 494
副高级	780	332	100	1 213	1231	119	70	1 420	2 633
中 级	594	253	89	935	954	80	70	1103	2 038
助理级	481	206	86	772	817	50	70	937	1 709
技术员级	481	206	77	763	820	50	70	940	1 703

续表

职务类别	基本工资				津贴、补贴				合计
	职务工资	活工资	其他工资	小计	职务补贴	校内津贴	其他补贴	小计	
专业平均	816	348	104	1 268	1 200	115	70	1 385	2 653
副部级	1 518	651	210	2 379	1 770	200	70	2 040	4 419
副局级	1 402	601	115	2 118	1 490	160	70	1 720	3 838
正处级	904	387	105	1 395	1 240	120	70	1 430	2 825
副处级、三级职员	683	293	93	1 069	1 130	104	70	1 305	2 374
正科级、四级职员	641	275	80	996	960	80	70	1 110	2 106
副科级	622	267	80	969	885	70	70	1 025	1 994
五级职员	506	217	70	793	820	50	70	940	1 733
六级职员	403	173	70	646	820	50	70	940	1 586
研究员	1 056	453	117	1 626	1 492	160	70	1 722	3 348
副研究员	829	355	96	1 281	1 240	120	70	1 430	2 711
高级职员	750	321	90	1 161	1 100	100	70	1 270	2 431
中一级职员	635	271	81	987	958	80	70	1 108	2 095
中二级职员	542	232	81	855	886	70	70	1 026	1 881
初一级职员	511	219	72	803	822	50	70	942	1 745
初二级职员	464	199	73	735	820	50	70	940	1 675
职员平均	680	291	86	1 057	1 028	89	70	1 187	2 244
高技师	725	311	90	1 125	1 100	100	70	1 270	2 395
工技师	629	270	80	979	915	70	70	1 055	2 034
高级工	558	239	82	879	866	70	70	1 006	1 885
中级工	474	200	76	751	805	49	69	923	1 674
初级工	427	183	75	685	820	50	70	940	1 625
普通工	469	193	79	740	771	48	66	885	1 625
工人平均	533	227	80	840	848	63	69	980	1 820
未定级	499	0	70	569	690	40	70	800	1 369
总平均	756	322	98	1 176	1 125	104	70	1 299	2 475

表 9-2-10　2010 年年末学校教职工各级职务平均工资统计　　元 /（人・月）

职务类别	基本工资				津贴、补贴				合计
	岗位工资	薪级工资	其他工资	小计	职务补贴	校内津贴	其他补贴	小计	
正高级	1 648	1 072	1	2 721	2 051	161	261	2 473	5 194
副高级	1 014	643	10	1 667	1 647	120	195	1 962	3 629
中　级	753	455	17	1 225	1 254	80	350	1 684	2 909

续表

职务类别	基本工资				津贴、补贴				合计
	岗位工资	薪级工资	其他工资	小计	职务补贴	校内津贴	其他补贴	小计	
助理级	597	378	39	1 014	1 012	49	184	1 245	2 259
技术员级	550	411	12	973	1 030	50	143	1 223	2 196
专业平均	1 092	693	10	1 795	1 616	116	258	1 990	3 785
副部级	2 130	1 064	0	3 194	2 330	200	280	2 810	6 004
正处级	1 045	966	0	2 011	1 650	120	170	1 940	3 951
副处级	850	520	0	1 370	1 510	100	247	1 857	3 227
正科级	720	648	0	1 368	1 260	80	150	1 490	2 858
副科级	640	738	0	1 378	1 185	70	150	1 405	2 783
研究员	1 538	992	0	2 530	2 053	161	185	2 399	4 929
副研究员	1 051	752	4	1 807	1 650	120	165	1 935	3 742
六级职员	837	654	0	1 491	1 488	99	157	1 744	3 235
七级职员	720	575	1	1 296	1 260	80	150	1 490	2 786
八级职员	640	382	0	1 022	1 185	70	150	1 405	2 427
九级职员	590	445	2	1 037	1 030	50	144	1 224	2 261
十级职员	550	404	0	954	1 030	50	140	1 220	2 174
职员平均	804	603	2	1 409	1 364	89	157	1 610	3 019
高技师	830	862	0	1 692	1 510	100	160	1 770	3 462
工技师	690	691	3	1 384	1 215	70	150	1 435	2 819
高级工	614	540	3	1 157	1073	70	150	1 293	2 450
中级工	566	403	2	971	1 014	49	142	1 205	2 176
初级工	545	394	3	942	1 030	50	142	1 222	2 164
普通工	536	410	2	948	1 020	50	142	1 212	2 160
工人平均	594	496	3	1 093	1 061	62	147	1 270	2 363
未定级	685	0	69	754	900	40	140	1 080	1 834
总平均	981	652	9	1 642	1 502	105	228	1 835	3 477

（二）津贴、补贴

1. 政府特殊津贴

根据人事部关于政府特殊津贴的有关规定，1991 年，学校 104 名教授（研究员）享受政府特殊津贴，每人每月 100 元。1992 年 10 月，又有 327 名高级职务的专家学者享受政府特殊津贴，其中每月 100 元的 166 名，每月 50 元的 161 名。1993 年，又有 248 名高级职务的专家学者享受政府特殊津贴，其中每月 100 元的 122 名，每月 50 元的 226 名。另外，在 1992 年每月享受 50 元的 161 人中有 80 人提升为 100 元。

自 1995 年起，新批准政府特殊津贴人员的津贴改为一次性发放，标准为 5 000 元，而 1995 年以前批准的享受政府特殊津贴人员的津贴继续按月发放，每人每月 100 元。自 2001 年起，政府特殊津贴一次性发放的标准提高为 10 000 元，2004 年再次提高为 20 000 元。根据人社部发〔2008〕88 号文件，自 2009 年 1 月起，1995 年以前批准的享受政府特殊津贴人员的津贴标准提高到每人每月 600 元。到 2010 年底全校获得人事部批准的享受政府特殊津贴人员有 883 人。

2. 提租补贴

根据国管房改字〔1999〕267 号、313 号文件精神，由于公有住房提高租金标准，自 2000 年 4 月起，全校教职工开始增发“提租补贴”，月补贴标准为正高级 115 元，副高级 95 元，中级 80 元，初级及以下 70 元。

3. 校内各类津贴、补贴

1980 年 1 月，学校根据教育部批复北京大学、清华大学试行奖励的文件，制定《清华大学经济管理试行办法总则》，规定从 1980 年 1 月 1 日起建立清华大学基金，主要来源为预算外净收入，分为校建设基金、校奖励基金、系（处）建设基金、系（处）奖励基金。奖励基金用于学校规定范围内的奖金和集体福利。奖金设有综合基本奖、单项超额奖及各项优异成果奖、先进工作者和先进集体奖等。综合奖一般每月 5 元，以后逐年有所提高。1988 年开始实行行政岗位奖酬金。

1991 年 12 月，学校通过了《清华大学校内津贴实施方案》，规定将部分工资外收入纳入校内津贴中，校内津贴要坚持按劳分配，多劳多得，鼓励先进的原则。校内津贴由职务津贴与业绩津贴两部分组成。职务津贴按所聘任的职务、任职岗位及上岗时间来确定，它主要体现其业务水平、工作能力和担负责任的大小。业绩津贴主要依据本人表现、完成任务的数量与质量以及对学校贡献大小来确定。职务津贴与业绩津贴标准分值见表 9-2-11。

表 9-2-11　校内津贴标准分值

	职　务	级　别						
		一	二	三	四	五	六	七
职务津贴标准分值	教授、校级	8	10	12	14	16	18	…
	副教授、处级、高级技师	7	8	9	10	12	14	…
	讲师、科级、技师、高级工	5	6	7	8	9	10	…
	助教、科员、中级工	4	5	6	7	8	9	…
	技术员、办事员、初级工	2	3	4	5	6	7	…

	职　务	一	二	三	四
业绩津贴标准分值	高级职务	12	9	5	0
	中级职务、副处、正科、技师	11	8	4	0
	助教、副科、中级与高级工	10	7	3	0
	技术员、科员及其以下、初级工	9	6	3	0

说明：表中所列数字均为津贴分，其每 1 分值的大小将随学校财力的变化而变化，1992 年每 1 分值为 5 元。

1993 年 1 月和 1995 年 7 月，先后两次调整了校内津贴的分值，从每分 5 元上调到 7 元，后又上调到 9 元，同时调整了职务津贴。1997 年 10 月，上调了校内职务津贴和业绩津贴的标准分，1998 年 10 月，上调了职务津贴档次和业绩津贴标准分。

1996 年 10 月，学校通过了《关于教职工实行校内补贴的决定》，规定在职教职工每人每月领取 70 元的校内补贴，1997 年 1 月校内补贴标准上调为每人每月 150 元，1998 年 10 月校内补贴标准再次上调为每人每月 210 元。

2000 年 12 月，学校通过了《清华大学关于教职工实行职务补贴的通知》，规定全校在职教职工从 2000 年 10 月 1 日起实行职务补贴，专业技术人员的补贴标准为正高级职务人员每人每月 95 元，副高级职务人员每人每月 75 元，中级职务和初级职务人员分别为每人每月 55 元和 45 元，管理人员和工人也按职务等级划分了不同的补贴标准。2001 年 3 月，学校通过了《清华大学关于调整教职工职务补贴标准的实施意见》，规定参照北京市对事业单位工作人员发放职务补贴的办法，自 2001 年 1 月起调整教职工各职务人员的职务补贴标准，专业技术人员每人每月 380～595 元，管理人员每人每月 380～680 元，工人每人每月 380～455 元，同时取消教职工现有的校内职务津贴、校内业绩津贴和校内补贴（含 2000 年 10 月增加的职务补贴）。此后，参照北京市事业单位工作人员职务补贴标准的调整，学校先后于 2001 年 12 月、2002 年 12 月、2003 年 10 月、2004 年 1 月、2007 年 7 月和 2008 年 1 月六次上调了职务补贴标准，历次职务补贴调整后的标准见表 9-2-12。

表 9-2-12　学校职务补贴标准

元

人员类别		2001 年 1 月	2001 年 12 月	2002 年 12 月	2003 年 10 月	2004 年 1 月	2008 年 1 月
专业技术人员	正高级	595	680	830	1 110	1 490	2 050
	副高级	510	570	690	910	1 240	1 650
	中级	400	440	530	690	960	1 260
	初级	380	410	480	600	820	1 030
管理人员	副部级	680	785	970	1 320	1 770	2 330
	正局级	630	720	880	1 180	1 590	2 150
	副局级	570	645	785	1 045	1 415	1 975
	正处级	510	570	690	910	1 240	1 650
	副处级	455	505	610	800	1 100	1 510
	正科级	400	440	530	690	960	1 260
	副科级	390	425	505	645	885	1 185
	科员及以下	380	410	480	600	820	1 030
工人	高技师	455	505	610	800	1 100	1 510
	工技师	390	425	515	675	915	1 215
	高级工	390	425	505	645	865	1 075
	中级、初级工、普通工	380	410	480	600	820	1 030
未定级人员		350	370	430	510	690	900

学校自 1994 年秋季开始实行教学岗位聘任制，1997 年秋季进一步加强了教学岗位聘任制的实施力度，校聘关键教学岗位包括主讲教授岗位、骨干讲员岗位以及课程负责人岗位，在科研、学科及管理方面也增设了校聘岗位，包括校聘重点科研岗位、学科负责人岗位及校聘关键管理岗位，校聘岗位均按照一定的条件由学校直接聘任，严格考核，同时发放校聘关键岗位津贴。

1999 年学校开始实行新一轮岗位聘任和校内岗位津贴制度，在 1997 年确定的校聘关键岗位基础上，增设责任教授岗位、各院（系）负责学生思想工作的管理岗位以及“百名引进人才”岗位，其中责任教授的职责是组织和担当所在学科的教学、科研工作，是该领域的学科带头人，校聘岗位之外由院系设置重点岗位和一般岗位。校内岗位津贴共分 9 级，津贴标准最低为每年 3 000 元，最高为每年 50 000 元，校聘关键岗位的津贴等级为 5～9 级，院（系）聘重点岗位为 3～7 级，一般岗位为 1～2 级，岗位津贴分级标准（万元/年）为：1 级 0.3；2 级 0.5；3 级 0.8；4 级 1.2；5 级 1.7；6 级 2.3；7 级 3.0；8 级 4.0；9 级 5.0。

经过 1999 年的岗位聘任，全校 4 033 名教职工聘任上岗（含博士后，不含附中、附小、校医院），人均岗位津贴每年 1.74 万元，其中校聘关键岗位 974 人（含责任教授 282 人、主讲教授 122 人、骨干讲员 251 人、科研岗位 191 人、管理岗位 113、学科顾问 7 人、百名引进人才岗位 8 人），校聘关键岗位人均岗位津贴每年 3.50 万元。2004 年 9 月，增设了工程实验技术校设关键岗位，首批上岗 37 人。

2001 年 3 月，学校通过了《清华大学关于教职工增加校内津贴的实施意见》，规定自 2001 年 1 月起在职教职工增加校内津贴，专业技术人员正高级每人每月 160 元，副高级每人每月 120 元，中级每人每月 80 元，初级每人每月 50 元，管理人员和工人的校内津贴也按职务制定了相应的标准。

2002 年 3 月，学校通过了《清华大学经济管理办法补充规定》，规定增设校内附加津贴，对科研经费收入、科研事业收入和教育事业专项收入积极分配政策予以调整，以加大院（系）对本单位收入分配的宏观调控自主权。按照该项规定筹集的附加津贴全部由院（系）统一掌握，使用方案报学校人事处核准，由学校统一发放。2002 年有 2 944 人领取附加津贴，平均额度为每人每月 979 元，2010 年有2 614人领取附加津贴，平均额度为每人每月 1 802 元。

2004 年 3 月，学校通过了《关于设立教学附加津贴的实施细则》，规定从 2003 至 2004 学年度开始设立教学附加津贴，用于支持承担全校较多基础课和公共课的院系以及教学评估优秀的院系，对教学一线的教师给予讲课补贴。教学附加津贴包括公共基础课程教学补贴和教学评估奖励津贴。其中，公共基础课程教学补贴 2004 年总额为 171 万元，2005 年总额为 246 万元，2006 年总额为 298 万元，2007 年总额为 389 万元，2008 年总额为 415 万元，2009 年总额为 420 万元，2010 年总额为 473 万元。

2008 年，学校发布《关于设立青年教师专项津贴有关事宜的通知》，规定自 2009 年 1 月起开始设立青年教师专项津贴，对于在各院（系）、所、中心工作，年龄在 35 岁（含）以下，第一聘任合同期内的具有初级、中级、副高级职务的教师，按照每人每月 1 000 元的标准发放津贴，以鼓励青年教师做好教学科研工作。2008 年，青年教师当中近 300 人享受该项津贴，全年发放 342 万元。

2009 年，学校发布《清华大学关于实行岗位绩效奖励制度的指导意见》，决定自 2009 年 1 月起开始实行“岗位绩效奖励制度”。岗位绩效奖励是基于教职工工作实绩和贡献的报酬，实行该项制度遵循“按劳分配、优劳优酬；强化激励、突出重点；科学考评、动态调整；学校指导、院系自主”的原则，奖励分配向高层次人才倾斜、向教学倾斜、向骨干青年教师倾斜。2009 年 7 月，岗位绩效奖励金首次发放，此后，每年根据绩效考核结果，由学校调整对各单位的奖励额度，由单位调整教职工个人的奖励额度。

1999 年至 2010 年学校岗位津贴、附加津贴、岗位绩效奖励总额及人均额度统计见表 9-2-13。

表 9-2-13 1999 年—2010 年学校岗位津贴、附加津贴、岗位绩效奖励总额及人均额度统计

年份	岗位津贴			附加津贴			岗位绩效奖励		
	人数	总额（万元）	人均（元/月）	人数	总额（万元）	人均（元/月）	人数	总额（万元）	人均（元/年）
1999	4 010	2 806	1 749						
2000	4 403	7 585	1 723						
2001	4 567	7 833	1 715						
2002	4 665	7 846	1 682	2 944	2 882	979			
2003	4 849	8 188	1 689	3 386	4 072	1 002			
2004	5 071	8 724	1 721	3 468	4 499	1 081			
2005	5 183	8 882	1 714	3 198	4 524	1 179			
2006	5 155	8 871	1 721	3 245	5 197	1 335			
2007	4 424	8 143	1 841	2 914	4 838	1 384			
2008	4 399	8 171	1 856	2 802	5 083	1 512			
2009	4 429	8 398	1 896	3 314	5 185	1 304	4 349	5 022	11 548
2010	4 447	8 388	1 886	2 614	5 654	1 802	4 451	5 229	11 747

说明：岗位津贴自 1999 年 9 月起每年发放 10 个月，附加津贴自 2002 年 3 月起每年发放 12 个月，岗位绩效奖励自 2009 年起每年发放一次，因每月发放人数有变化，表中人数是指当年享受岗位津贴、附加津贴、岗位绩效奖励的年平均人数。

（三）社会保险

1. 养老保险

根据国务院国发〔1986〕77 号文件、北京市人民政府京政发〔1986〕126 号文件、北京市劳动局、人事局等单位发布的市劳险字〔1987〕640 号文件，以及京人工〔1987〕37 号《关于国家机关和全民所有制事业单位缴纳劳动合同制工人退休养老基金有关问题的通知》的规定，学校于 1988 年 9 月 5 日和北京市海淀区退休基金统筹办公室签订了《北京市收缴劳动合同制工人退休养老基金协议书》（以下简称《协议书》），该协议自 1986 年 10 月 1 日起执行，从此正式拉开了学校社会保险工作的序幕。

按照国家有关规定，自 1987 年起，学校在部分事业编制的工人中实行劳动合同制，称为“事业编制劳动合同制工人”。按照《协议书》的约定，从 1988 年 11 月开始为事业编制劳动合同制工人按月缴纳退休养老基金；对于《协议书》签订之前入校的事业编制劳动合同制工人，则一次性补缴了其入校后至 1988 年 10 月期间的退休养老基金，金额总计 37 188 元。事业编制劳动合同制工人是学校最早参加养老保险的职工，1988 年的总人数为 125 人，依据当时的规定，职工本人按照基本工资的 3％缴纳退休养老基金，单位按事业编制劳动合同制工人工资总额的 15％缴纳退休养老基金。

1991 年至 1992 年，国家出台了一系列养老保险制度改革的政策，决定自 1992 年 10 月起建立和实施基本养老保险制度。根据《国务院关于企业职工养老保险制度改革的决定》（国发〔1991〕33 号）、北京市《关于企业职工个人缴纳基本养老保险费有关问题的通知》（京劳险发字〔1992〕703 号）等文件精神，机关事业单位的劳动合同制工人应参加基本养老保险，职工个人按

本人上一年月平均工资总额的2%缴费，单位按参保职工工资总额的18%缴费。我校按照国家和北京市的规定调整了参保职工的缴费基数和缴费比例，同时按照要求认真填写、保存《职工养老保险手册》，并按时交付职工核查盖章（签字）。

按照职工养老保险制度的有关规定，在机关事业单位，除事业编制劳动合同制工人外，单位招收录用的非事业编制人员也应当自1992年10月起参加基本养老保险，我校自1996年底开始为具有城镇户口的合同制职工缴纳养老保险。按照北京市社会保险政策，自1999年6月1日起，农民合同制职工可以按照专门的规定参加养老保险，2001年又出台了《北京市农民工养老保险暂行办法》，按照这些政策，学校非事业编制人员中的农民工也陆续开始参加养老保险。2001年以前，非事业编制人员的社会保险主要由职工所在的二级单位负责管理。为加强非事业编制人员的社会保险管理，2001年，学校以"清华大学人才交流中心"为户名开设了社会保险账户，自2001年7月起，经由该账户为非事业编制人员中的农民工和城镇临时职工缴纳养老保险，而事业编制劳动合同制工人的社会保险经由"清华大学"社会保险账户缴纳。2005年3月，"清华大学人才交流中心"社会保险账户并入"清华大学"社会保险账户，学校对全校各类教职工的社会保险进行统一管理。

1992年以来，北京市分别在1994年、1999年、2001年和2003年对职工基本养老保险的缴费比例进行了四次调整，自2003年1月起，单位缴费比例为20%，职工个人缴费比例为8%，学校参加养老保险的事业编制劳动合同制工人以及非事业编制人员均按北京市规定及时调整了缴费比例。2010年12月，学校参加基本养老保险的教职工总人数达到4 248人，其中含事业编制劳动合同制工人152人。各年度养老保险参保情况见表9-2-14。

表9-2-14　各年度养老保险参保情况

缴费年月	缴费人次	单位		个人		缴费合计（元）
		缴费比例（%）	缴费金额（元）	缴费比例（%）	缴费金额（元）	
1986-10—1986-12	375	15	3 546.00	3	627.00	4 173.00
1987-01—1987-12	1 692	15	15 943.00	3	2 822.00	18 765.00
1988-01—1988-12	1 716	15	15 437.00	3	2 733.00	18 170.00
1989-01—1989-12	1 464	15	15 897.00	3	2 812.00	18 709.00
1990-01—1990-12	1 536	15	22 569.00	3	3 992.00	26 561.00
1991-01—1991-12	1 728	15	31 129.00	3	3 467.00	34 596.00
1992-01—1992-12	1 908	15	52 905.00	3	4 228.00	57 133.00
1993-01—1993-12	2 040	18	68 856.00	2	7 656.00	76 512.00
1994-01—1994-12	1 908	18	71 420.00	2	7 936.00	79 356.00
1995-01—1995-12	1 872	19	106 704.00	5	28 080.00	134 784.00
1996-01—1996-03	489	19	33 448.00	5	8 802.00	42 250.00
1996-04—1996-12	1 467	19	117 066.00	5	30 807.00	147 873.00
1997-01—1997-12	2 148	19	261 194.00	5	65 517.00	326 711.00
1998-01—1998-12	2 172	19	306 616.00	5	80 710.00	387 326.00
1999-01—1999-12	2 184	19	358 843.00	6	113 319.00	472 162.00

续表

缴费年月	缴费人次	单位		个人		缴费合计（元）
		缴费比例（%）	缴费金额（元）	缴费比例（%）	缴费金额（元）	
2000-01—2000-12	2 052	19	498 617.50	6	119 668.20	618 285.70
2001-01—2001-06	1 008	19	256 061.78	7	68 939.71	325 001.49
2001-07—2001-12	4 236	19	604 865.30	7	162 848.35	767 713.65
2002-01—2002-12	10 620	19	1 295 267.05	7	477 203.65	1 772 470.70
2003-01—2003-03	4 952	20	323 816.76	8	219 093.28	542 910.04
2003-04—2004-03	21 204	20	2 140 991.44	8	1 086 178.82	3 227 170.26
2004-04—2005-03	25 392	20	4 566 971.80	8	1 826 788.72	6 393 760.52
2005-04—2005-12	23 395	20	4 969 676.20	8	1 987 870.48	6 957 546.68
2006-01—2006-03	8 306	20	1 802 576.00	8	721 030.40	2 523 606.40
2006-04—2007-03	35 519	20	8 846 268.80	8	3 538 507.52	12 384 776.32
2007-04—2007-12	30 092	20	8 479 218.60	8	3 391 692.44	11 870 911.04
2008-01—2008-12	41 945	20	14 110 992.40	8	5 182 934.85	19 293 927.25
2009-01—2009-12	46 401	20	18 647 365.60	8	7 458 946.24	26 106 311.84
2010-01—2010-12	50 448	20	24 281 002.60	8	9 712 401.04	33 993 403.64

2. 失业保险

学校自 1988 年 12 月开始为事业编制劳动合同制工人按月缴纳待业保险金，并于 1988 年 12 月一次性补缴了自 1986 年 10 月至 1988 年 11 月期间的待业保险金共计 2 031.51 元，1988 年参加失业保险的事业编制劳动合同制工人共计 125 人。根据国家和北京市相关规定，待业保险金由单位按照参保职工月标准工资总额的 1%缴纳，职工个人不缴费；1994 年 6 月，北京市失业保险政策调整，单位按参保职工工资总额的 1%缴费，职工个人按每人每月 2 元的标准缴费。

1999 年国家颁布了《失业保险条例》（国务院令第 258 号），北京劳动局等单位联合颁布了《关于事业单位参加失业保险有关问题的通知》（京劳就发〔1999〕75 号）。学校按国家和北京市规定进行了失业保险登记，自 1999 年 11 月开始为全校事业编制人员按月缴纳失业保险费，并一次性补缴了事业编制人员 1999 年 1 月至 10 月期间的失业保险费，失业保险的单位缴费比例为 1.5%，职工个人缴费比例为 0.5%（农村户口职工个人不缴费）。2000 年，参加失业保险的事业编制人员共 5 595 人，企业编制人员由各校属企业缴纳失业保险，非事业编制人员一般为各校办企业所用，也由各企业为其缴纳失业保险。

自 2001 年 7 月起，经由“清华大学人才交流中心”社会保险账户为非事业编制人员缴纳失业保险费，自 2005 年 3 月起，该账户并入“清华大学”社会保险账户。

自 2009 年 1 月起，北京市调整失业保险缴费比例，单位缴费比例为 1%，个人缴费比例为 0.2%（农村户口职工个人不缴费）。

2010 年 12 月，学校参加失业保险的教职工总人数达到 10 317 人。各年度失业保险参保情况见表 9-2-15。

表 9-2-15　各年度失业保险参保情况

缴费年月	缴费人次	单位		个人		缴费合计（元）
		缴费比例（%）	缴费金额（元）	缴费比例（%）	缴费金额（元）	
1989-01—1989-12	1 464	1	835.20	0	0.00	835.20
1990-01—1990-12	1 536	1	1 051.00	0	0.00	1 051.00
1991-01—1991-12	1 716	1	1 255.00	0	0.00	1 255.00
1992-01—1992-12	1 956	1	1 488.00	0	0.00	1 488.00
1993-01—1993-12	1 920	1	1 478.00	0	0.00	1 478.00
1994-01—1994-05	800	1	2 844.00	0	0.00	2 844.00
1994-06—1994-12	1 120	1	3 981.60	2 元/(人·月)	2 240.00	6 221.60
1995-01—1995-12	1 908	1	10 492.00	2 元/(人·月)	3 816.00	14 308.00
1996-01—1996-03	489	1	3 244.50	2 元/(人·月)	978.00	4 222.50
1996-04—1996-12	1 467	1	9 733.50	2 元/(人·月)	2 934.00	12 667.50
1997-01—1997-12	2 052	1	16 091.00	2 元/(人·月)	4 104.00	20 195.00
1998-01—1998-12	2 016	1	18 624.48	2 元/(人·月)	4 032.00	22 656.48
1999-01—1999-10	1 820	1	21 081.67	2 元/(人·月)	3 640.00	24 721.67
1999-11—1999-12	10 494	1.50	182 280.78	0.50	60 760.26	243 041.04
2000-01—2000-12	64 371	1.50	1 166 402.52	0.50	388 800.84	1555 203.36
2001-01—2001-06	32 091	1.50	627 699.96	0.50	209 233.32	836 933.28
2001-07—2001-12	37 002	1.50	765 041.70	0.50	248 366.90	1 013 408.60
2002-01—2002-12	76 152	1.50	1 712 918.76	0.50	565 057.92	2 277 976.68
2003-01—2003-03	23 387	1.50	484 073.94	0.50	139 573.98	623 647.92
2003-04—2004-03	95304	1.50	2 138 432.44	0.50	674 167.60	2 812 600.04
2004-04—2005-03	100 068	1.50	2 298 287.33	0.50	730 772.74	3 029 060.06
2005-04—2005-12	76 194	1.50	1 763 560.05	0.50	587 853.35	2 351 413.40
2006-01—2006-03	24 928	1.50	573 607.64	0.50	181 642.79	755 250.43
2006-04—2007-03	100 852	1.50	2 432 711.65	0.50	771 835.46	3 204 547.11
2007-04—2007-12	77 755	1.50	1 937 144.06	0.50	611 965.53	2 549 109.59
2008-01—2008-12	109 536	1.50	3 345 966.12	0.50	1 061 862.03	4 407 828.15
2009-01—2009-12	111 473	1	2 568 748.12	0.20	488 437.15	3 057 185.27
2010-01—2010-12	117 122	1	3 026 354.26	0.20	581 278.47	3 607 632.73

3. 医疗保险

根据 2001 年 4 月 1 日起开始施行的《北京市基本医疗保险规定》（北京市人民政府〔2001〕第 68 号令）的要求，自 2003 年 8 月开始，通过“清华大学人才交流中心”社会保险账户为具有城镇户口的非事业编制人员缴纳医疗保险，自 2005 年 3 月起，该账户并入“清华大学”社会保险账户。

按照北京市规定，具有城镇户口的在职人员以职工本人上一年度月平均工资作为当年的缴费基数（并有上下限方面的规定），单位缴费比例为10%，个人缴费比例为2%另加3元；退休人员每月只缴纳3元大额医疗互助费。

2005年4月，根据《关于基本医疗保险参保范围等有关问题的通知》（京劳社医发〔2004〕185号）的有关规定，破产企业原清华大学风光仪器厂的240名退休人员和6名在职人员加入了基本医疗保险。

根据2004年9月1日起开始施行的《北京市外地农民工参加基本医疗保险暂行办法》（京劳社办发〔2004〕101号）的要求，学校自2005年4月开始为非事业编制人员中的外地农民工缴纳基本医疗保险。

根据2005年8月1日起开始施行的《关于加快本市农民工参加工伤保险和医疗保险有关问题的通知》（京劳社办发〔2005〕99号）的要求，学校自2005年8月开始为非事业编制人员中的本市农民工缴纳基本医疗保险。农民工参加基本医疗保险的缴费基数和缴费比例按北京市有关规定执行。

2010年12月，学校参加医疗保险的在职教职工总人数达到4 348人。各年度医疗保险参保情况见表9-2-16。

表9-2-16　各年度学校医疗保险参保情况

缴费年月	缴费人次	单位			个人			缴费合计（元）
		城镇人员缴费比例（%）	农民工缴费比例（%）	缴费金额（元）	城镇人员缴费比例	农民工缴费比例（%）	缴费金额（元）	
2003-08—2003-12	648	10	-	102 440.60	2%+3元	-	22 432.12	124 872.72
2004-01—2004-12	6 645	10	2	1 073 711.00	2%+3元	0	234 677.30	1 308 388.30
2005-01—2005-12	28 119	10	2	2 752 585.00	2%+3元	0	539 049.26	3 291 634.26
2006-01—2006-12	37 590	10	2	4 382 232.22	2%+3元	0	858 272.94	5 240 505.16
2007-01—2007-12	40 364	10	2	5 528 201.40	2%+3元	0	1 095 855.38	6 624 056.78
2008-01—2008-12	47 215	10	2	6 739 542.00	2%+3元	0	1 829 495.00	8 569 037.00
2009-01—2009-12	47 429	10	1	9 337 140.00	2%+3元	0	1 897 761.00	11 234 901.00
2010-01—2010-12	48 774	10	1	11 105 035.00	2%+3元	0	2 261 507.00	13 366 542.00

4. 工伤保险

根据《关于全面启动事业单位参加工伤保险有关事项的通知》（京劳社工发〔2007〕34号）的规定，学校从2007年4月起开始为事业编制和非事业编制的在职教职工缴纳工伤保险。若参保教职工因工作原因受到事故伤害或患职业病，经工伤认定后，可享受相关的工伤保险待遇，其中经鉴定丧失劳动能力的，按照伤残等级享受相应的伤残待遇。

工伤保险费用由用人单位缴纳，职工个人不缴纳，单位缴费比例按照北京市统一规定执行。2007年4月至2008年12月期间，工伤保险的单位缴费比例为0.5%，自2009年1月起下调为0.4%。

2010年12月，各年度工伤保险缴费及待遇情况见表9-2-17。

表9-2-17 各年度工伤保险参保及待遇情况

缴费年月	缴费人次	缴费比例（%）	单位缴费金额（元）	发生工伤人数	申领待遇金额（元）
2007-04—2007-12	77 755	0.5	623 865.00	3	200 911.19
2008-01—2008-12	109 536	0.5	1 218 613.00	3	16 943.67
2009-01—2009-12	111 473	0.4	1 117 883.00	7	13 901.64
2010-01—2010-12	117 122	0.4	1 303 322.00	12	668 582.26

五、主要规章制度

1.《校役通守条规》，载《清华一览》（1919年），共30条。

2.《教员请假规则》，载《清华一览》（1920年），分病假、事假。

3.《职员书记请假规则》，载《清华一览》（1920年），分例假、病假、休息假。

4.《本国教职员游学规则》，《清华周刊》第214期（1921年4月1日）报导。

5.《外国教员任用规则》《国文部教员任用规则》《西文部本国教员任用规则》《军乐队教员、体育部帮教、武术教员等任用规则》《职员书记任用规则》，《清华周刊》第214期（1921年4月1日）报导。

6.《校工衰老退休给恤办法》，首次载1929年2月1日《国立清华大学校刊》第39期，1930年6月和1932年6月改订。

7.《专任教授休假条例》，1930年6月16日通过。

8.《国立清华大学教师服务及待遇规程》，1932年5月评议会通过，1934年6月重印，分总则、资格、聘约、薪俸、教授兼课及兼事、请假、休假共7章62条，1939年7月12日第2次评议会修正，1947年5月又修正。

9.《职员服务规程》，1937年2月24日修正通过。

10.《长沙临时大学教职员聘任、薪俸和到校日期的规定》，1937年11月17日制定。

11.《本校教职员致送聘约办法》，1938年8月9日制定。

12.《本校教职员工不得夫妇同时在本校任职》，1938年5月21日；《教职员配偶在本校任职规定》，1941年11月13日制定。

13.《国立西南联合大学人事登记办法》。

14.《国立西南联合大学教授校外兼课规则》，1939年3月14日制定。

15.《教职员请假规定》，1945年8月29日制定。

16.《国立清华大学职员服务及待遇规程》，1947年12月18日评议会通过。

17.《专任教师聘任暂行办法》，1949年第23次校务委员会通过，1953年7月3日校务会议修订。

18.《清华大学实施高等学校教师工作日及教学工作量暂行办法》，1954年8月27日1953—1954学年度第34次校务行政扩大会议通过。

19.《清华大学关于聘任、录用、调动干部条例》，1954—1955学年度第6次校务会议通过；

《清华大学教职工任用、调动和各级干部任免的暂行规定》，1962 年 5 月 25 日。

20.《清华大学教职工处分暂行规定》，1962 年 5 月 25 日。

21.《清华大学教师考勤、请假制度暂行规定》，1962—1963 学年度第 11 次校务会议通过。

22.《清华大学助教提升讲师标准》，1963 年制定。

23.《清华大学实验技术管理人员职务名称及其确定与提升办法的暂行规定》，1964 年《清华公报》第 10 期。

24.《清华大学关于离休退休工作的暂行规定》，1986 年 12 月制定。

25.《清华大学教师聘任制条例》，1987 年 1 月制定，包括实行教师聘任制的目的、基本原则、教师从事的各种专业技术职务的主要职责、聘任办法、聘任工作的考核与检查 5 项。

26.《清华大学聘任专业技术人员的暂行规定》，1987 年 1 月制定。

27.《清华大学技术工人考核及浮动升级试行办法》，1988 年 7 月制定。

28.《清华大学关于部分新增干部实行聘用制的暂行规定》，1988 年 12 月制定。

29.《清华大学关于在技术工人中进行技术职务聘任制的试行办法》，1989 年 3 月制定。

30.《清华大学教职工考勤办法及各类假期规定》，1989 年 11 月制定。

31.《清华大学贯彻执行国务院关于教授、副教授以及相应职务的高级专家退（离）休年龄的规定》，1990 年 10 月制定。

32.《清华大学深化校内管理改革方案》，1991 年 12 月制定。

33.《选拔和培养跨世纪学术带头人及全面提高教师队伍水平的若干措施》，1993 年 10 月制定。

34.《清华大学教职工工资制度改革实施办法》，1993 年 12 月制定。

35.《清华大学关于贯彻执行〈全民所有制事业单位辞退专业技术人员和管理人员暂行规定〉的实施意见》，1994 年 9 月制定。

36.《人才交流服务中心管理条例》，1994 年 9 月制定。

37.《关于深化人事制度改革的若干措施》，1994 年 9 月制定。

38.《关于加速跨世纪优秀青年学术骨干成长的若干措施》，1994 年 9 月制定。

39.《清华大学职员职级方案》，1994 年 9 月制定。

40.《清华大学关于完善聘任制的若干规定》，1996 年 12 月制定。

41.《关于调整部分校聘关键岗位津贴的办法》，1997 年 9 月制定。

42.《清华大学关于教职工因病提前退休和退职的暂行管理办法》，1998 年 3 月制定。

43.《清华大学“讲席教授”试行条例》，2001 年 2 月制定。

44.《关于聘请校外专家为兼职教授的规定》，2000 年 3 月制定。

45.《关于完善教师职务聘任制的实施办法》，2002 年 9 月制定。

46.《关于完善教育职员制度的实施办法》，2002 年 9 月制定。

47.《清华大学关于教师校外兼职活动的若干规定（试行）》，2003 年 6 月制定。

48.《清华大学关于教职工在职进修的管理办法》，2004 年 5 月制定。

49.《清华大学关于教职工考勤及各类假期的规定》，2005 年 7 月制定。

50.《清华大学关于实施收入分配制度改革有关事宜的通知》，2006 年 10 月制定。

51.《清华大学教职工行政纪律处分规定》，2007 年 3 月制定。

52.《清华大学公开招聘人员暂行规定》，2007 年 6 月制定。

53.《清华大学博士后管理规定》，2007 年 6 月制定。

54.《清华大学贯彻执行高等学校岗位设置管理指导意见的实施意见》，2007 年 10 月制定。

55.《清华大学非事业编制人员人事管理办法》，2007 年 11 月制定。

56.《清华大学关于加强“十一五”期间人才引进工作的意见》，2006 年 12 月制定。

57.《清华大学教育职员职级设置与聘任办法》，2007 年 10 月制定，2009 年 11 月修订。

58.《清华大学高层次人才队伍建设计划实施办法》，2007 年 12 月制定。

59.《关于设立青年教师专项津贴有关事宜的通知》，2008 年 4 月制定。

60.《清华大学关于实行岗位绩效奖励制度的指导意见》，2009 年 5 月制定。

61.《清华大学非事业编制教育职员职级任职资格评审办法（试行）》，2009 年 9 月制定。

第三节　教　师

一、规模发展与队伍建设

（一）1911 年—1948 年

清华学校（学堂）初期，教师 30 多人，一律称为教员，其中美国教员 10 多人。

1925 年，清华学校设立大学部和国学研究院，学校设置了研究教授、教授、讲师、教员、助教等职别。1925 年秋有教师 59 人，其中教授 42 人，讲师 10 人，助教 7 人。教授中有研究院研究教授王国维、梁启超、陈寅恪、赵元任 4 人，有为大学部开课的教授 10 人。

1928 年改为国立清华大学时，教师增加到 91 人，其中教授 58 人。此后教师有较多增加，有一批名师，如朱自清、叶企孙、陈桢、冯友兰、陈岱孙、顾毓琇、王文显、吴宓、吴有训、赵忠尧、周培源、张子高、熊庆来、袁复礼、张奚若、闻一多、马约翰、陈达、戴芳澜、金岳霖、施嘉炀、庄前鼎、刘仙洲、章名涛等。1936 年，教师 227 人，其中教授 96 人（占 42.2%），专任讲师 9 人，讲师 21 人，教员 18 人，助教 72 人，其他 11 人。

1931 年，梅贻琦任校长，12 月 3 日，他在全校大会上发表的就职演说中说：“一个大学之所以为大学，全在于有没有好教授。”首次提出“大学者，非谓有大楼之谓也，有大师之谓也”。后来又多次提出“师资为大学第一要素，吾人知之甚切，故亦图之至急”。

1937 年，清华增设了副教授职别。西南联大时期，由清华、北大、南开三校教师组成。各校教师除接受联大的聘书外，同时还分别接受各校的聘书，仅有少数教师只由联大聘请。1943 年，西南联大共有教师 401 人，其中教授 156 人，副教授 15 人，专任讲师 21 人，讲师 10 人，助教（含教员）199 人。清华聘任参加西南联大服务的教师 162 人，其中教授 85 人，副教授 4 人，讲师 4 人，教员 16 人，助教 53 人；另清华聘任特种研究所的教师 66 人，其中教授 20 人，讲师 2

人，教员 13 人，助教 31 人；两处合计，清华共聘任教师 228 人，其中教授 105 人，副教授 4 人，讲师 6 人，教员 29 人，助教 84 人。

抗战期间，1941 年，国民政府教育部实行“部聘教授”制度，挑选一些资望较高、任教 10 年以上的教授由教育部直接聘任，1942 年 8 月西南联大有 8 位教授第一批当选“部聘教授”（全国共 30 人），其中清华有吴宓、吴有训、庄前鼎、陈寅恪，北大有汤用彤、饶毓泰、曾昭抡、张景钺，聘期 5 年，1945 年 2 月教育部又增聘刘仙洲、冯友兰为部聘教授。

清华复员后，1946 年有教师 349 人。1948 年增至 427 人，其中教授 139 人，副教授 20 人，讲师 45 人，教员 64 人，助教 149 人，其他 10 人。1948 年 3 月清华教授华罗庚、叶企孙、陈桢、戴芳澜、汤佩松、金岳霖、冯友兰、陈寅恪、梁思成、陈达等 10 人入选中央研究院院士。

在教师不断增加的同时，学校十分重视教师的进修提高。主要采取学术休假的方式到国外或国内进修。具体政策大致经历了以下变化。

清华学校时期，有教员在本校连续服务 5 年可享受出国休假研究一年的制度。如马约翰 1919 年、1925 年两次到美国春田大学进修，写出《体育的迁移价值》等论文，梅贻琦 1921 年到美国芝加哥大学进修，获机械工程硕士学位。

国立清华大学时期，继续执行以上出国休假研究制度，1930 年《专任教授休假条例》规定，“在休假期间，赴欧美研究者，除支本薪外，由本大学给予来往川费，各美金 520 元。此外给予在外研究费，每月美金 100 元”。1937 年前先后出国休假的教授 70 人。如叶企孙 1930 年去德国哥根廷大学、柏林大学进修，朱自清 1931 年赴法、德、荷、瑞士、意大利五国研究，熊庆来 1932 年赴法国巴黎研究深造并获理科博士学位，冯友兰 1933 年到英、法、瑞士、德、苏、捷六国讲学考察，1934 年至 1936 年张奚若、杨武之、黄子卿、施嘉炀、萨本栋、郑之蕃、李继侗、陈达、陈桢、蔡方荫等出国休假研究，周培源 1936 年参加了美国普林斯顿高等学术研究院爱因斯坦创办的关于相对论理论的研讨班进修。专任讲师、教员和助教在校连续服务 5 年后，成绩优异者，可享受出国休假研究一年的待遇，学校可支给学费，并按半数支给经费及研究费（但不再支薪）。1937 年前由学校资送出国的讲师、助教有 16 人。华罗庚 1936 年经熊庆来推荐申请得到英庚款基金资助赴英国剑桥大学深造，发表了《论高斯的完整三角和估计问题》和关于“塔内问题”的研究成果，国际数学界称为“华氏定理”。

1934 年 6 月重印的《国立清华大学教师服务及待遇规程》中有国内休假研究的规定，即“本大学教授如按着本规程连续服务满 5 年而本大学愿续聘其任教者，得休假一年，如不兼事支半薪，或休假半年如不兼事支全薪”，“在休假期内，留国研究者，得支全薪；如赴远地调查者，其旅费得提出详细预算，经评议会核定支付，但其总数，不得过 500 元”。1937 学年度停止休假研究办法。1939 学年度恢复了国内休假研究办法，但每年教授休假以 10 名为限，专任讲师、教员、助教以 5 名为限。旅费经评议会核准后得酌量增加，但总额不得过 1 000 元。1939 年，闻一多休假，写有《中国上古文学史研究报告》，同年冯景兰休假赴川西康东一带调查研究，1940 年后有朱自清、章名涛、浦江青、金岳霖、戴世光等国内休假研究。

西南联大时期，清华 1937 年、1938 年度停止休假研究制度，1939 年度恢复国内休假研究，但准许一部分教授以国内研究待遇出国研究，并允许专任讲师、教员、助教申请留美奖学金。这一时期，清华教师先后有 15 人出国研究。孟昭英、李谟炽、陈梦家等赴美研究，沈有鼎、孙毓棠等赴英研究。由学校资助夏翔 1941 年赴美国春田大学深造，获硕士学位（1943 年）；钟士模 1943 年赴美国麻省理工学院深造，获科学博士学位（1947 年）。1941 年 5 月，国民政府教育部统一规定各校教师的休假进修办法，规定在校专任教授满 7 年以上成绩卓著者，可离校在国内考察研究半年或一年，联大先后有 4 人由部批准休假。1943 年，教育部又规定休假进修教授选派出国研究办法，由教育部津贴出国费用，联大有一人由教育部津贴出国（全国 10 人）。1944 年，教育部停止执行国内外休假办法。1945 年抗战胜利后，国民政府曾送一批教授出国研究，联大选送刘仙洲、任之恭（清华），张景钺（北大），杨石先（南开）出国研究。

复员以后，1946 年度休假停止一年，1947 年度恢复休假，1947 年至 1948 年两年评议会批准 17 名教授出国休假研究，有庄前鼎、刘崇乐、余瑞璜、王德荣、董树屏等，批准 8 名专任讲师、教员、助教出国休假研究。

（二）1949 年—1976 年

1948 年 12 月清华园解放，1949 年 1 月在校领工资的有教师 323 人，其中教授 108 人，副教授 12 人，专任讲师 15 人，半时讲师 4 人，兼任讲师 4 人，教员 50 人，助教 124 人，半时助教 6 人。到 1952 年 7 月院系调整前有教师 443 人，其中教授 139 人，副教授 44 人，讲师 98 人，助教 162 人。院系调整中清华保留了工学院的教师和理学院的少数数学、物理、化学教师，1952 年 12 月，清华校本部共有教师 479 人（不含尚未分出的钢铁学院、航空学院的教师 139 人），其中教授 61 人，副教授 50 人，讲师 90 人，助教 276 人，其他 2 人。

1952 年院系调整后，教师队伍有很大发展。1965 年底有教师 2 475 人，其中教授 76 人，副教授 126 人，讲师 956 人，教员 29 人，助教 1 288 人。从 1952 年到 1960 年，先后有苏联、民主德国、捷克专家 68 人来校指导帮助工作和讲学。从 1955 年至 1957 年，清华教授钱伟长、刘仙洲、张维、张光斗、孟昭英、黄文熙、章名涛、梁思成、吴仲华等 9 人被选聘为中国科学院学部委员。从 1956 年开始，学校陆续设置了电子计算机、自动控制、核物理、反应堆、计算数学、塑料等新技术专业，成长了一批新技术专业的教师。

在教师进修提高方面发生了以下变化。

清华教授仍保留学术休假制度，1949 年、1950 年休假的有陈定民、陈达、余冠英、李辑祥、王竹溪、金岳霖等，休假教授进行著书立说和参加社会实践。

20 世纪 50 年代为适应学习苏联的要求，教师中普遍进修学习俄语。据 1952 年统计，参加学习俄语的教师 184 人，占教师总数 432 人的 42.6%。当时还派出一些教师到外校或在清华脱产进修，如 1954 学年度上学期送哈尔滨工业大学等校进修（听苏联专家课）的教师有 25 人，1957 年全校在国内脱产进修的教师有 47 人（其中赴外校 38 人，在清华力学班、自动化班等处进修 9 人）。1956 年，中央提出向科学进军的号召以后，学校组织教师制订进修提高的计划。从 1959 年起，一些教师做在职研究生，到 1966 年，全校共有 66 名教师进行了在职研究生学习。另外，从 1962 年起恢复教授轮休制度，在一年轮休中，免除一切教学、科研、行政工作，集中时间著书立说、开展个人的进修或研究工作。刘仙洲、梁思成、张子高、章名涛、施嘉炀、杨式德等先后轮休研究。除脱离工作岗位进修外，学校提倡在岗学习，在战斗中成长，根据工作需要每学期选修一门课程或一门实验，由各系各教研组自行安排。

“文革”中，不少教师被送到江西鲤鱼洲农场“接受再教育”。1971 年 5 月全校教师 2 586 人中，有 953 人在江西农场，占 37%；全校教授、副教授 189 人中，有 92 人在江西农场，占 49%。

1972 年，根据国务院总理周恩来提出的加强理论研究、重视基础课教学等指示，学校采取措施为 1970 年留校的 800 多名新教师补习数学、物理、外语及技术基础、专业课，规定为 1964 年入学的每人安排 1 000 小时补课，为 1965 年入学的每人安排 1 600 小时补课，每周 12～20 小时，全校每周共同学习时间为星期六全天及星期二、三两个晚上，在 2～3 年内完成。同时还试办固体物理、激光、催化、物质结构四个研究班，招收 40 人（均为清华 1970 年留校的新教师）。这些措施在 1973 年 10 月至 1974 年 1 月的“三个月运动”中，被军宣队负责人迟群批判为“右倾回潮”，把主持这项工作的党委副书记何东昌打成“资产阶级复辟势力代表人物”，研究班遭停办。

（三）1977 年—2010 年

1978 年党的十一届三中全会以后，在党和国家改革开放、尊重知识、尊重人才的方针指导下，教师中掀起了学习进修的热潮。学校为教师开设了英语、计算机语言等课程，有 95％以上的教师参加了学习，在教师中普及了计算机应用，提高了英语水平。有许多教师还听了概率与数理统计、数值分析等研究生课程，提高了数学水平。1978 年学校恢复了固体物理、激光、催化、物质结构四个研究班，有 43 名青年教师恢复学习，并于 1982 年左右获清华第一批硕士学位。此外对 1970 年留校的全部青年教师进行业务培训。其中相当大部分还做了在职研究生，并获得了硕士学位。从 1978 年开始陆续派出教师到海外留学、进修和合作研究，提升了教师的学术水平。

学校采取措施，调整改善教师队伍的结构，1978 年先后提升了一批教授、副教授。

从 1978 年至 1983 年，调出了 200 多名“文革”后期留校的青年教师，选留和接收了 300 多名本科和研究生毕业生。随后又实行教师的定编，建立健全岗位责任制。1984 年起，进行职称制度改革，每年定期进行教师职称晋升评聘工作。并注意逐步选拔优秀中青年骨干，提高了教师中教授、副教授和有博士、硕士学位的比重。1993 年，教师 3 370 人，其中教授 701 人，副教授 1 396人，讲师 786 人，助教 372 人，其他 115 人，教授、副教授合计 2 097 人，占教师总数的 62.2％。教师中有研究生学历的占 39.5％，其中有博士学位的为 12.4％。此外，学校还实行固定编制与流动编制相结合的用人制度，教师队伍中除定编的专任教师外，还包括计入编制的助教博士生及不占编制的博士后、访问学者、科研协作人员、离退休回聘教师等流动人员。1993 年有助教博士生折合流动教师编制 194 人。从 1980 年中国科学院恢复学部委员选举制度到 1993 年，清华教授汪家鼎、吴良镛、王补宣、潘际銮、高景德、钱宁、常逈、黄克智、李志坚、周炳琨、卢强、李衍达、赵玉芬、王大中等 14 人当选中国科学院学部委员。

1992 年，学校实行新的学术休假制度，副教授以上在校工作满 4 年，可安排半年学术休假，从事学术论著、学术交流、工程实践、教材编写等进修提高（包括出国进修做访问学者）。学术休假期间，工资待遇不变。对于年青教师，视工作需要及本人表现，经批准，可进行在职攻读研究生学位。

1994 年后在教师队伍建设方面采取了一系列改革举措，调整结构，优化教师队伍。逐步形成了结构优化、素质精良的教师队伍。教职工人数由 1994 年的 7 787 人，下降到 1999 年的 6 345 人，减少了 14％，即 1 086 人，教师比例始终占 52％左右。从 1997 年开始，学校逐步规范教师的概念，在统计意义上只有在院系中心从事教学科研工作的才可以计算为教师。1997 年为 2 835 人，占教职工的 43％，在增加了美院的情况下，2000 年为 2 800 人，占教职工的 41％。院系中心的教师队伍占教职工的比例下降了 2％，教师队伍进一步精干优化。到 2005 年教师数 2 797 人，占教职工的 43％。

在 1993—1994 学年度第三次校务会议（1993 年 10 月 22 日）通过的《选拔和培养跨世纪学术带头人及全面提高教师队伍水平的若干措施》的基础上，1994—1995 学年度第二次校务会议

（1994 年 9 月 22 日）通过了《关于加速跨世纪优秀青年学术骨干成长的若干措施》。学校成立了“人才引进与选培领导小组”。研究和制定引进海内外优秀人才及加速校内优秀中青年学术骨干成长的政策、规划和工作计划；落实各种形式、各种渠道的海内外优秀人才的引进工作；落实学校有关加强青年学术骨干队伍建设的具体措施。

此后陆续出台了一系列政策措施，全方位加强了学术骨干队伍建设。在青年教师培养方面有以下举措：

1995 年设立“学术新人奖”。“学术新人奖”是清华大学青年教师的最高学术奖，评选“学术新人”奖活动是学校遴选跨世纪青年学术带头人的重要措施。每年评选 10 人左右，每位“学术新人奖”获得者，获奖 10 万人民币的经费支持，其中 1 万元为奖金。到 2010 年共选拔 164 人，涌现了一批青年学术带头人和学术骨干。

1997 年设立“青年教师教学优秀奖”。通过院系推荐、专家听课等措施，选拔培养青年教学骨干。每年评选 15 人左右，学校给获奖者一次性奖励金，并拨给 2 万～5 万元的科研启动费，支持他们在科研方面发展。到 2010 年共评选 161 人，形成了青年教师教学骨干队伍，有的还成长为教学名师。

除了以上重点培养的两项奖励，为了加强对青年教师的培养，1999 年 10 月 10 日，1999—2000 学年度第 4 次校务会议讨论通过了“‘人才支持计划’专项经费使用与管理办法”，同时启动“骨干人才支持计划”和“骨干人才派出计划”。先后有 600 余人受到资助。自 2007 年开始，支持计划用于为新到校工作的教师无条件地提供启动经费。学校派出计划派出了一批优秀青年教师到国外一流大学进修教学和研究工作，自 2006 年起又与国家留学基金委的“1：1”配套项目相结合，每年派出 30 人左右。

学校广泛利用社会捐赠设立了多项教师奖励，如为了鼓励青年教师团结合作，自 1996 年利用校外捐款设立了“青年教师优秀群体奖”，共奖励优秀群体 58 个。为了鼓励不同院系的青年教师的沟通和了解，1996—2002 年，以人事处为主，组织了 43 次青年学术沙龙，即以青年教授为主体的周末聚会，使他们从相互认识到了解，增加学术合作的机会。学校以沙龙的形式向他们征求对学校发展和重大改革举措的建议，增强青年教授的参与意识。2010 年 6 月新一轮青年学术沙龙活动拉开序幕，进入新阶段。

1998 年，学校落实“985 计划”，推出了一系列人才引进和智力引进的举措，设立了人才基金，加大了对青年骨干的支持和派出进修的资助，重点推出人才引进的举措，加大对引进人才的支持力度。主要举措有：

1998 年 9 月 1 日，1997—1998 学年度第 15 次校务会议通过“清华大学‘百名人才引进计划’实施办法”和“清华大学‘高级访问学者计划’实施办法”（“百名高访学者计划”），“双百人才计划”正式实施。

1998 年开始实施“百名人才引进”计划，对引进对象在学术上要求达到国内同领域的前 3 名的水平。学校为百人入选者提供高达 200 万元的经费支持，三室套房和 1 万～3 万元的安家费。到 2010 年底通过“百人计划”共引进 87 名学术带头人，学校根据个人特点创造条件使他们迅速适应环境，发挥才干。他们的加盟，加强了传统学科的力量，为人文社会学科、生命科学等新建院系的发展起了重要作用。其中有 5 人当选为两院院士，42 人是长江学者。

作为“智力引进”的重要举措，1998 年开始实施“百名高访学者计划”，为愿为清华作贡献但不能调入清华的优秀人才提供合作的渠道。学校提供了 80 套住房，配备了家具和电器，要求国内高访学者必须具有教授职务，海外高访者要求具有助理教授以上职务。到2010年底，已有390余人高访完成了访问，80%以上是海外学者。该计划与教育部的“春晖计划”相配合，取得了良好的效益。

教育部于1998年实施的“长江学者奖励计划”，为杰出青年学者回国工作或为国服务创造了有利条件。1999年3月3日，“长江学者奖励计划”第一批特聘教授评审结果揭晓，清华共有5名教师入选。

为了提高智力引进人才的层次，2001年2月14日，经2000—2001学年度第11次校务会议讨论通过“清华大学‘讲席教授’试行条例”，设立“讲席教授基金”，招聘世界著名学者来校执教。到2010年共有30余个团组百余名国外世界一流专家学者到学校从事教学科研工作，为提升学校教学科研水平和学科建设发挥了重要作用，成为学校与一流学者交流的渠道。讲席教授制度也成为一些学者全时加盟清华大学的桥梁。

学校2006—2007学年度第5次常委（扩大）会讨论通过了《清华大学关于加强“十一五”期间人才引进工作的意见》，2007—2008学年度第8次校务会议讨论通过了《清华大学高层次人才队伍建设计划实施办法》。坚持引进和培养相结合的方针，为进一步加大对海外杰出教授、副教授的引进力度，进一步加强对校内有潜力的青年教师、承担国家重大科研项目的学术团队中的中青年领军人才的支持，实施杰出教授引进支持计划、基础研究青年人才支持计划和中青年领军人才支持计划。

2008年12月，中共中央办公厅转发《中央人才工作协调小组关于实施海外高层次人才引进计划的意见》（简称“千人计划”）。学校根据国家“千人计划”的要求设立了“海外高层次人才创新创业基地”，结合国家有关政策，在体制和机制上采取一系列政策措施，加强高层次人才的引进。到2010年底学校5批申报的“千人计划”候选人被批准入选者38人。其中有王力军、张奇伟等24位教授已经签订工作合同到校工作。

二、教师队伍结构

（一）职务结构

学校历年教师职别分布见表9-3-1、表9-3-2；几个典型年度教师职别结构见图9-3-1、表9-3-3。

表9-3-1　1912年—1993年学校教师职别分布

年度	教授	副教授	讲师	教员	助教	其他	合计	备　注
1912				33（18）			33	括号内为美籍教员人数
1913				39（20）			39	
1914				43（16）			43	
1915				49（17）			49	
1916				49（15）			49	
1917				52（12）			52	
1918				54（14）			54	
1919				56（17）			56	

续表

年度	教授	副教授	讲师	教员	助教	其他	合计	备　注
1920				65			65	
1921				59			59	
1922				67			67	
1923				60			60	
1924				57			57	
1925	42			10	7		59	
1926	64		4	9	12		89	
1927	63		15	10	10		98	
1928	58		14	4	15		91	
1929	66		23	7	22		118	
1930	73		36	14	24	10	157	
1931	74		42	7	32	16	171	
1932	82		47	12	37	7	185	
1933	81		47	18	54	3	203	
1934	85		42	17	65	4	213	
1935	95		33	20	71	9	228	
1936	96		30	18	72	11	227	
1937	128（75）	6	14（10）	18（13）	57（38）		223（136）	不加括号的为联大人数，括号内为清华聘任人数
1938	168（91）	20（11）	19（4）	26（23）	105（68）		338（197）	
1939	178（92）	27（10）	26（5）	29（19）	129（66）		389（192）	
1940	169（91）	23（13）	37（7）	29（15）	136（65）		394（191）	
1941	166（96）	31（17）	28（3）	37（24）	150（85）		412（225）	
1942	165（106）	14（4）	34（4）	32（14）	144（95）		389（223）	
1943	156（105）	15（4）	31（6）	199（113）			401（228）	
1944	155（101）	7（1）	34（3）	185（108）			381（213）	
1945	160（105）	8（2）	39（8）	37（21）	120（70）	11	375（206）	
1946	126	12	46	49	114	2	349	
1947	136	11	38	59	134	3	381	
1948-09	139	20	45	64	149	10	427	
1949-01	108	12	15	50	124	14	323	
1949-12	115	16	24	48	143		346	
1950	127	25	33	58	156		399	
1951-09	139	47	103	163			452	
1952-07	139	44	98	162			443	
1952-12	61	50	90	276		2	479	不含钢院90、航院49

续表

<table>
<tr><th>年度</th><th>教授</th><th>副教授</th><th>讲师</th><th>教员</th><th>助教</th><th>其他</th><th>合计</th><th>备 注</th></tr>
<tr><td>1953-11</td><td>55</td><td>48</td><td>80</td><td colspan="2">388</td><td>17</td><td>588</td><td></td></tr>
<tr><td>1954-10</td><td>53</td><td>46</td><td>83</td><td colspan="3">501</td><td>683</td><td></td></tr>
<tr><td>1955-09</td><td>54</td><td>48</td><td>156</td><td colspan="3">564</td><td>822</td><td></td></tr>
<tr><td>1956</td><td>59</td><td>49</td><td>198</td><td>11</td><td>900</td><td>10</td><td>1 227</td><td></td></tr>
<tr><td>1957</td><td>54</td><td>47</td><td>252</td><td>22</td><td>848</td><td>7</td><td>1 230</td><td></td></tr>
<tr><td>1958</td><td>54</td><td>41</td><td>224</td><td>35</td><td>1 030</td><td>6</td><td>1 390</td><td></td></tr>
<tr><td>1959</td><td>54</td><td>48</td><td>202</td><td>38</td><td>1 227</td><td>6</td><td>1 575</td><td></td></tr>
<tr><td>1960</td><td>60</td><td>49</td><td>503</td><td>26</td><td>1 185</td><td></td><td>1 823</td><td></td></tr>
<tr><td>1961</td><td>77</td><td>118</td><td>421</td><td>16</td><td>1 373</td><td></td><td>2 005</td><td></td></tr>
<tr><td>1962</td><td>74</td><td>119</td><td>469</td><td>27</td><td>1 435</td><td>27</td><td>2 151</td><td></td></tr>
<tr><td>1963</td><td>74</td><td>120</td><td>451</td><td>27</td><td>1 460</td><td>25</td><td>2 157</td><td></td></tr>
<tr><td>1964</td><td>72</td><td>119</td><td>449</td><td>27</td><td>1 534</td><td>25</td><td>2 226</td><td></td></tr>
<tr><td>1965</td><td>76</td><td>126</td><td>956</td><td>29</td><td>1 288</td><td></td><td>2 475</td><td></td></tr>
<tr><td>1969-04</td><td></td><td></td><td></td><td></td><td></td><td></td><td>2 549</td><td></td></tr>
<tr><td>1970</td><td>190</td><td>936</td><td colspan="4">1 401</td><td>2 527</td><td rowspan="2">未计入 800 多名新教师</td></tr>
<tr><td>1971-05</td><td>189</td><td>941</td><td colspan="4">1 456</td><td>2 586</td></tr>
<tr><td>1972</td><td colspan="2">190</td><td>943</td><td colspan="2">1 481</td><td>859</td><td>3 473</td><td></td></tr>
<tr><td>1973</td><td colspan="2">190</td><td>935</td><td colspan="3">2 358</td><td>3 483</td><td></td></tr>
<tr><td>1974</td><td colspan="2">187</td><td>921</td><td colspan="3">2 520</td><td>3 628</td><td></td></tr>
<tr><td>1975</td><td colspan="2">185</td><td>912</td><td colspan="3">2 575</td><td>3 672</td><td></td></tr>
<tr><td>1976</td><td colspan="2">171</td><td>901</td><td colspan="3">2 684</td><td>3 756</td><td></td></tr>
<tr><td>1977-05</td><td colspan="2">163</td><td>896</td><td colspan="3">2 812</td><td>3 871</td><td></td></tr>
<tr><td>1978-03</td><td>50</td><td>118</td><td>899</td><td colspan="3">2 832</td><td>3 899</td><td></td></tr>
<tr><td>1979</td><td>70</td><td>514</td><td>1 636</td><td>19</td><td colspan="2">1 536</td><td>3 775</td><td></td></tr>
<tr><td>1980-09</td><td>109</td><td>484</td><td>1 635</td><td>27</td><td colspan="2">1 468</td><td>3 723</td><td></td></tr>
<tr><td>1981-09</td><td>109</td><td>481</td><td>1 907</td><td>14</td><td>752</td><td>402</td><td>3 665</td><td></td></tr>
<tr><td>1982</td><td>108</td><td>491</td><td>1 857</td><td>10</td><td>845</td><td>311</td><td>3 622</td><td></td></tr>
<tr><td>1983</td><td>105</td><td>668</td><td>2 299</td><td>8</td><td>221</td><td>259</td><td>3 560</td><td></td></tr>
<tr><td>1984</td><td>104</td><td>661</td><td>2 258</td><td>7</td><td>212</td><td>401</td><td>3 643</td><td></td></tr>
<tr><td>1985</td><td>211</td><td>938</td><td>1 788</td><td>7</td><td>523</td><td>157</td><td>3 624</td><td></td></tr>
<tr><td>1986</td><td>211</td><td>1 105</td><td>1 555</td><td>2</td><td>391</td><td>349</td><td>3 613</td><td></td></tr>
<tr><td>1987</td><td>248</td><td>1 150</td><td>1 293</td><td></td><td>551</td><td>243</td><td>3 485</td><td></td></tr>
<tr><td>1988</td><td>364</td><td>1 316</td><td>1 236</td><td></td><td>327</td><td>346</td><td>3 589</td><td></td></tr>
<tr><td>1989</td><td>412</td><td>1 369</td><td>979</td><td></td><td>419</td><td>350</td><td>3 529</td><td></td></tr>
<tr><td>1990</td><td>523</td><td>1 417</td><td>931</td><td></td><td>445</td><td>143</td><td>3 459</td><td></td></tr>
</table>

续表

年度	教授	副教授	讲师	教员	助教	其他	合计	备　注
1991	522	1 381	920		299	170	3 292	
1992	616	1 270	879		383	179	3 327	
1993	701	1 396	786		372	115	3 370	

说明：年度，解放前一般为学年度初，解放后一般为年末；1984 年以后的教师统计数包含教学系列及科学研究系列中相应职称的人员。

表 9-3-2　1994 年—2010 年学校教师职别分布

年度	正高级	副高级	中　级	初　级	其　他	合　计
1994	749	1 557				3 893
1995	777	1 493	1 005	458	74	3 807
1996	809	1 433	1 006	386	58	3 692
1997	822（739）	1 374（1 146）	996	346	40	3 578（2 835）
1998	932（841）	1 343（1 085）	981（669）	269（173）	34	3 559（2 782）
1999	929（844）	1 320（1 085）	851（662）	203（160）	14（8）	3 317（2 759）
2000	1 005（931）	1 212（1 090）	737（649）	138（114）	27（16）	3 119（2 800）
2001	1 022（938）	1 185（1 051）	729（633）	117（93）	9（8）	3 062（2 723）
2002	1 020（961）	1 070（1 025）	663（621）	68（57）	2（2）	2 823（2 666）
2003	1 070（1 005）	1 087（1 042）	674（626）	45（38）	2（1）	2 878（2 712）
2004	1 167（1 086）	1 091（1 041）	682（628）	27（25）	2（2）	2 969（2 782）
2005	1 182（1 128）	1 070（1 040）	622（601）	28（28）		2 902（2 797）
2006	1 172（1 106）	1 061（1 026）	608（594）	16（16）		2 857（2 742）
2007	1 142（1 084）	1 078（1 048）	562（552）	7（7）		2 789（2 691）
2008	1 172（1 115）	1 125（1 098）	525（512）	7（6）		2 829（2 731）
2009	1 211（1 158）	1 186（1 164）	514（493）	12（7）		2 923（2 822）
2010	1 254（1 214）	1 257（1 235）	511（486）	14（6）		3 036（2 941）

说明：教师各级职务包括研究系列。1997 年起括弧内数字表示院系所中心教师数。

表 9-3-3　典型年度学校教师职别结构

年份	教授（%）	副教授（%）	讲师（%）	助教及其他（%）
1936	42.3	0	13.2	44.5
1945	42.7	2.1	10.4	44.8
1948	32.6	4.7	10.5	52.2
1952	31.4	9.9	22.1	36.6
1965	3.1	5.1	38.6	53.2
1983	2.9	18.8	64.6	13.7
1993	20.8	41.4	23.3	14.5
1995	20.4	39.2	26.4	14.0
2000	32.2	38.9	23.6	5.3

续表

年份	教授（%）	副教授（%）	讲师（%）	助教及其他（%）
2005	40.7	36.9	21.4	1.0
2010	41.3	41.4	16.8	0.5

（二）年龄结构

教师年龄结构统计见表 9-3-4、表 9-3-5。

表 9-3-4　1993 年以前几个年度学校教师各年龄层人数统计

年份	统计范围	30 岁以下	31～35 岁	36～40 岁	41～45 岁	46～50 岁	51～55 岁	56～60 岁	≥61 岁	不详	合计
1936	教师	96	47	33	17	12	2		1	19	227
	教授	7	29	28	16	9	1		1	5	96
1944-12	教师	153	72	48	44	37	11	2	1	14	382
	教授		26	37	40	37	11	1		5	157
1952-07	教授		7	32	41	26	24		9		139
1964-10	教师	1 048	784	166	71	38	18	5	8		2 138
1985-12	教师	393	104	658	345	1 039	731	188	143	23	3 624
	教授					13	53	48	97		211
1990-12	教师	792	181	86	545	300	880	569	106		3 459
	教授			3	15	17	162	238	88		523
1993-12	教师	892	303	149	83	581	450	781	131		3 370
	教授	1	5	10	6	67	93	397	122		701

表 9-3-5　几个典型年度学校教师各级职务的年龄结构

2000 年底

	总数	≤30 岁	31～40 岁	41～45 岁	46～50 岁	51～60 岁	≥61 岁	平均年龄（岁）
教　师	3 120	468	1 151	252	151	794	303	43.4
正高级	1 005	0	134	94	57	417	303	54.2
副高级	1 212	26	606	131	85	364	0	43.1
中　级	737	287	403	27	9	11	0	32.7
初　级	138	129	8	0	0	1	0	27.2
其　他	28	27	0	0	0	1	0	24.7
博　士	1 063	160	611	135	51	83	23	38.4

2005 年底

	总数	≤30 岁	31～40 岁	41～45 岁	46～50 岁	51～60 岁	≥61 岁	平均年龄（岁）
教　师	2 902	215	1 121	585	263	559	159	43.5
正高级	1 182	1	138	274	164	446	159	51.8
副高级	1 070	17	581	276	91	105		40.6

续表

	总数	≤30 岁	31～40 岁	41～45 岁	46～50 岁	51～60 岁	≥61 岁	平均年龄（岁）
中　级	622	177	398	33	8	6		33.2
初　级	26	19	4	2		1		30.6
其　他	2	1				1		42.0
博　士	1 647	138	786	404	162	125	32	40.0

2010 年底

	总数	≤30 岁	31～40 岁	41～45 岁	46～50 岁	51～60 岁	≥61 岁	平均年龄（岁）
教　师	3 036	159	1 132	523	589	413	220	43.78
正高级	1 254	1	105	260	358	310	220	51.08
副高级	1 257	20	676	247	218	96		40.85
中　级	511	125	350	16	13	7		33.54
初　级	14	13	1					27.29
博　士	2 358	138	1 030	433	450	246	61	41.64

1993 年教师及其他大学本科毕业以上人员年龄结构见图 9-3-1，2000 年教师年龄结构见图 9-3-2，2010 年教师年龄结构见图 9-3-3。

（三）学历结构

几个年度中教师学历结构见表 9-3-6，解放前多为在国外留学获得的博士或硕士学位。解放后至 1979 年国家未实行学位制度。1980 年国家开始实行学位制度后，教师中获得博士、硕士学位的人数逐年增加。

表 9-3-6　学校教师中各学历人数统计

年份	研究生毕业			大学毕业	其他	不详	合计	备　　注
	博士	硕士	未获学位					
1926	9	21	1	21	11	26	89	
1936-10	32	44	3	104	2	42	227	
1944-12	69	46	27	211	7	22	382	为西南联大教师
1952-07	59	56	12	287	12	17	443	
1985-12	78	408	291	2 661	186		3 624	
1990-12	216	626	303	2 162	152		3 459	
1993-12	410	856	192	1 823	89		3 370	
1997-12	714	1 032	123	1 709			3 578	
2000-12	1 063	858	98	1 100			3 119	
2005-12	1 647	722		522	11		2 902	
2010-12	2 358	428		244	6		3 036	

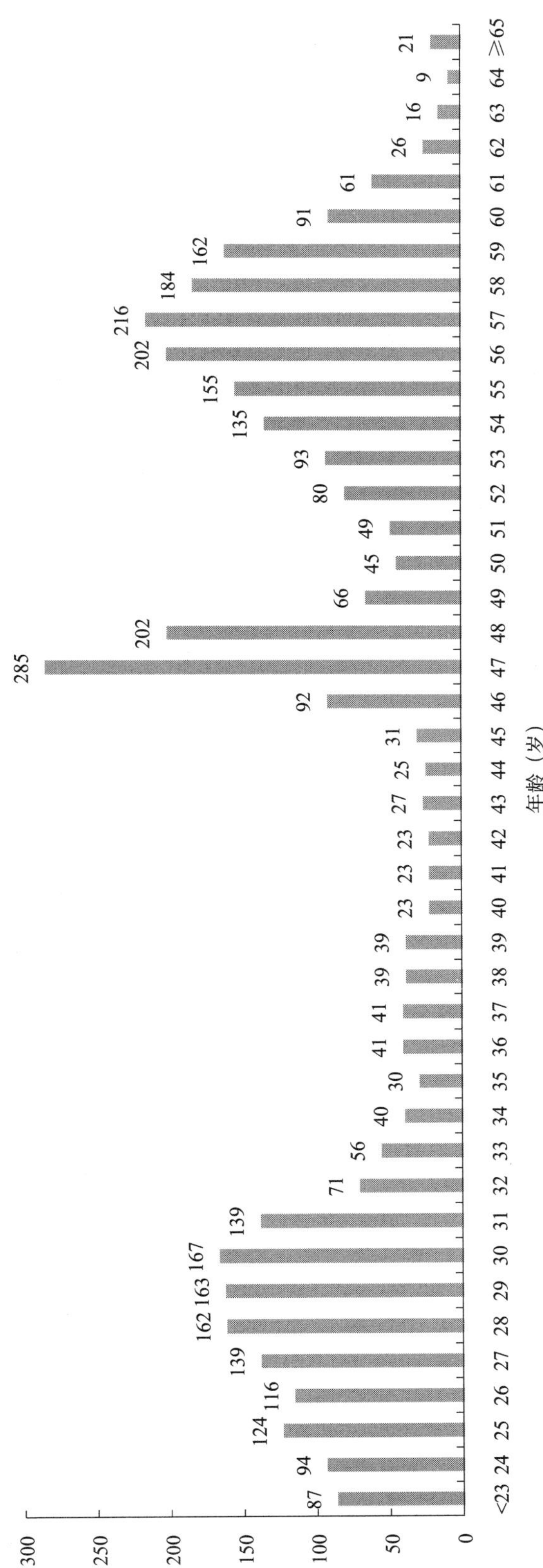

图9-3-1　1993年学校教师及其他大学本科毕业以上人员年龄结构（总人数为3 890人）

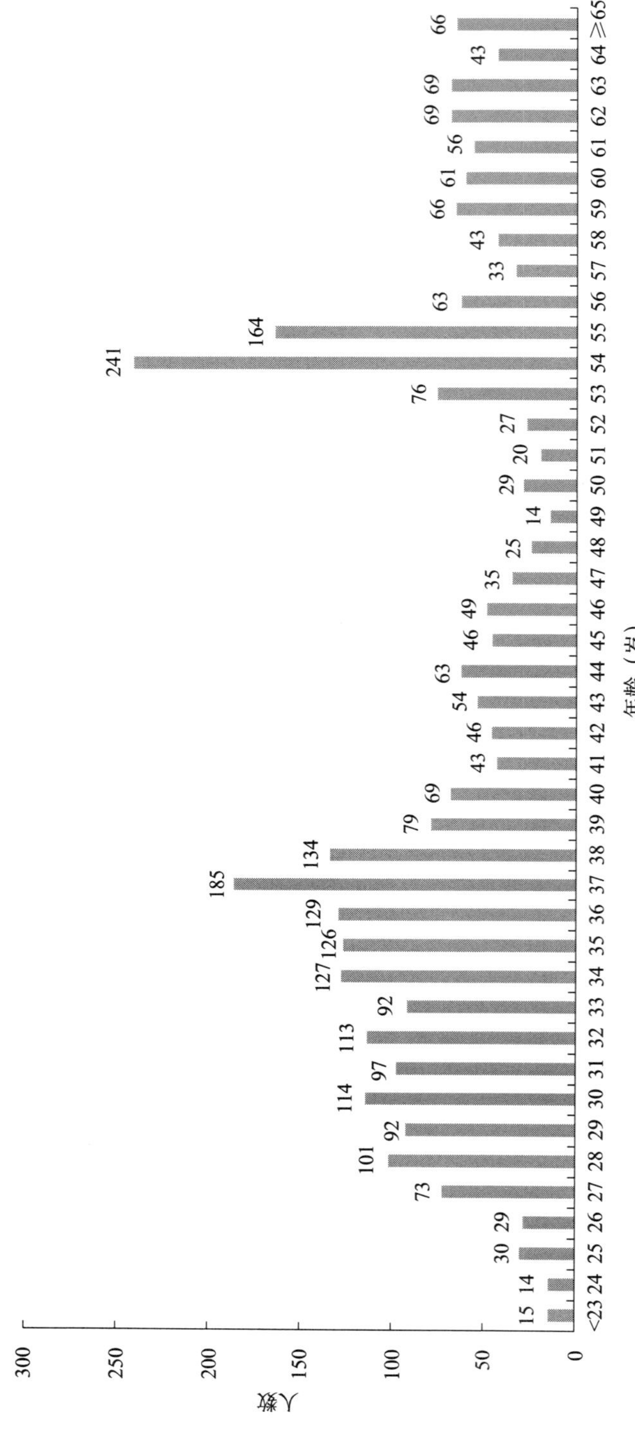

图9-3-2　2000年学校教师年龄结构（总人数为3 120人）

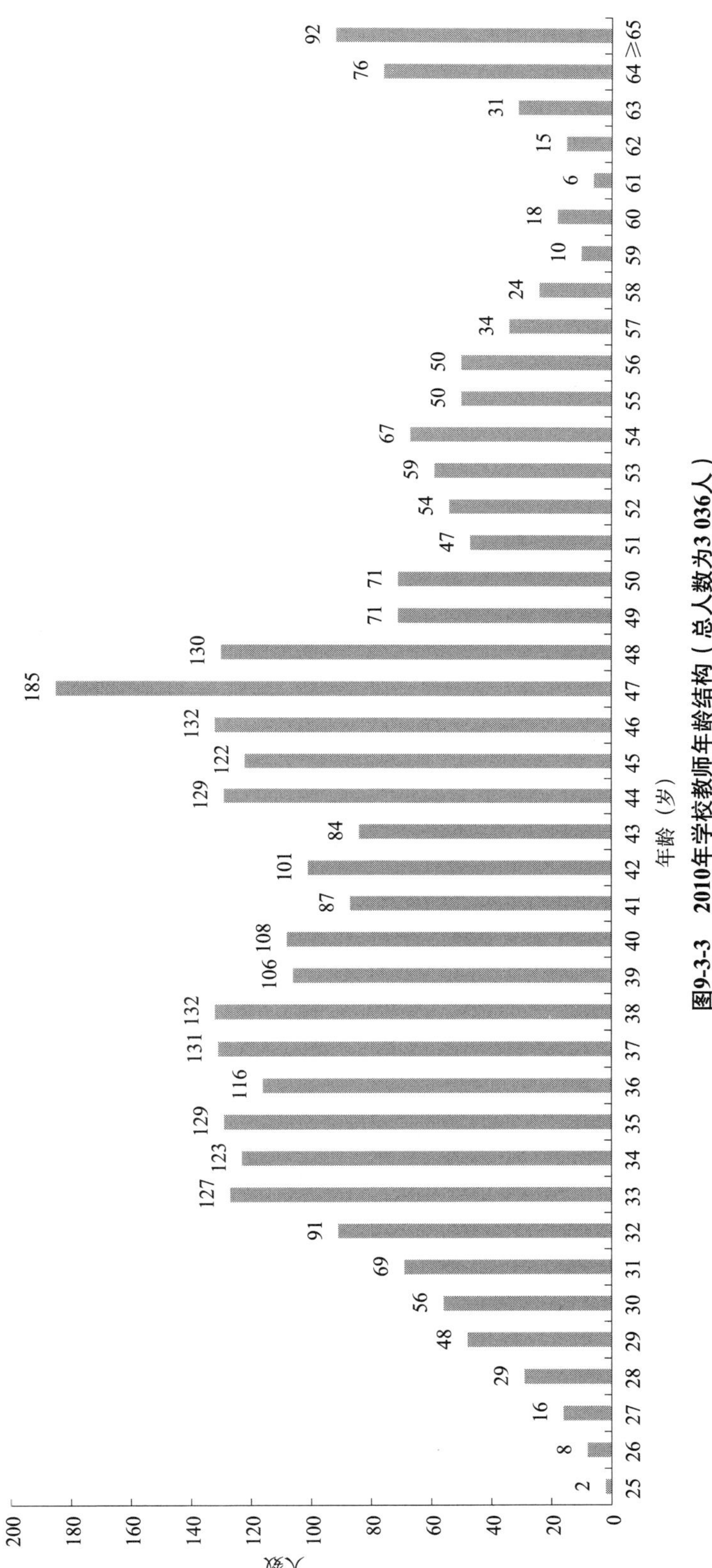

图9-3-3　2010年学校教师年龄结构（总人数为3 036人）

（四）学缘结构

改革开放以后，教师队伍的补充渠道多元化，来自其他高校和留学回国的比例不断增加。几个典型年度的教师学缘结构见表 9-3-7。

表 9-3-7　几个典型年度学校教师学缘结构

年　份	1995		2000		2005		2010	
全体教师中清华本科毕业人数及比例	2 531	66%	1 569	51.2%	1 205	41.5%	1 169	38.5%
45 岁以下教师人数及比例			1 871		1 921		1 814	
清华本科毕业			728	38.9%	743	38.7%	789	43.5%
清华硕士毕业			433	23.1%	460	23.9%	396	21.8%
清华博士毕业			396	21.2%	596	31.0%	881	48.6%
国外博士毕业			183	9.8%	237	12.3%	296	16.3%
至少有一个学位不是清华授予的			1 210	64.7%	1 288	67.0%	1 149	63.3%
至少有一个学位是清华授予的			982	52.5%	1 021	53.1%	1 129	62.2%
45 岁以下博士人数及比例			906		1 328		1 601	
清华本、硕、博士			235	25.9%	388	29.2%	586	36.6%
清华博士			396	43.7%	596	44.9%	881	55.0%
国外博士			183	20.2%	237	17.8%	296	18.5%
国内外校博士			327	36.1%	499	37.3%	424	26.5%

（五）性别分布

教师队伍中女性的人数情况见表 9-3-8 和表 9-3-9。

三、教师所在单位分布情况

各个时期有代表性的年度的教师分布状况为：

1936 学年度各院系教师统计见表 9-3-10，1945 学年度西南联合大学各院系教师统计见表 9-3-11，1948 学年度各院系教师统计见表 9-3-12，1952 年 7 月各院系教师统计见表 9-3-13，1956 年底各系教师统计见表 9-3-14，1965 年底各系处教师统计见表 9-3-15，1971 年 5 月在各系处教师统计见表 9-3-16，1984 年底各系各单位教师统计见表 9-3-17，1993 年底各院系教师统计见表 9-3-18（参见表 9-1-2）。2000 年、2005 年、2010 年底院系、所、中心教师分布见表 9-3-19、表 9-3-20、表 9-3-21。

表 9-3-8　1936 年—1993 年典型年度学校教师性别统计

年份	教授			副教授			讲师			教员			助教			其他			共计			备注
	男	女	合计	男	女	合计	男	女	合计	男	女	合计	男	女	合计	男	女	合计	男	女	合计	
1936			96						30			18			72			11			227	女性不详
1944	154	1	155	7		7	34		34				160	25	185				355	26	381	西南联大
1948	138	1	139	20		20	42	3	45	59	5	64	141	8	149	9	1	10	409	18	427	
1951	141	3	144	44	4	48	96	4	100		2	2	156	17	173				437	30	467	
1965	74	1	75	114	10	124	413	68	481	26	9	35	1 394	364	1 758	15	13	28	2 036	465	2 501	10 月统计
1985	206	5	211	763	159	922	1 157	631	1 788				350	168	518	141	44	185	2 617	1 007	3 624	年底统计
1990	483	40	523	1 013	404	1 417	649	282	931				341	104	445	102	41	143	2 588	871	3 459	年底统计
1993	614	87	701	1 009	387	1 396	567	219	786				256	116	372	91	24	115	2 537	883	3 370	年底统计

表 9-3-9　1994 年后几个典型年度学校教师性别统计

年份	正高			副高			中级			初级			其他			共计			备注
	男	女	合计	男	女	合计	男	女	合计	男	女	合计	男	女	合计	男	女	合计	
1995	659	116	775	1 029	418	1 447	685	366	1 051	295	163	458	51	25	76	2 719	1 088	3 807	
2000	875	131	1 006	891	319	1 210	508	231	739	96	42	138	24	3	27	2 394	726	3 120	
2005	1 030	152	1 182	804	266	1 070	458	164	622	18	8	26	1	1	2	2 311	591	2 902	
2010	1 113	141	1 254	941	316	1 257	373	138	511	6	8	14				2 433	603	3 036	

表 9-3-10　1936 学年度学校各院系教师统计（1936-10）

院	系	教授	专任讲师	讲师	教员	助教	其他	合计
文学院	中国文学系	6.5	1	2	2	2		13.5
	外国语文系	12	1	2	4	2		21
	哲学系	4	0.5	1		3		8.5
	历史学系	5.5	2.5	2	1	3		14
	社会学系	4		1		3		8
理学院	物理学系	6.5			1	5		12.5
	化学系	5		1	1	7		14
	算学系	5			1	3	2	11
	地学系	5	1		1	4		11
	生物学系	4	1	1		5	3	14
	心理学系	2				3	1	6
法学院	政治学系	7		1		3		11
	经济学系	5		6		2		13
工学院	土木工程学系	9		2		7		18
	机械工程学系	7	1	1		8		17
	电机工程学系	5.5			3	3		11.5
农业研究所		2			1	7		10
体育部		1	1		3	1		6
军事训练部							4	4
其他				1		1	1	3
合计		96	9	21	18	72	11	227

说明：0.5 为合聘教师。

表 9-3-11　1945 学年度西南联合大学各院系教师统计（1945-09）

院	系	教授	副教授	专任讲师	讲师	教员	助教	其他	合计
文学院	中国文学系	14		4		5	2		25
	外国语文系	15	2	6		8	4		35
	哲学心理学系	12		6			1		19
	历史学系	11		1			5		17
理学院	数学系	9		4		3	5		21
	物理学系	10		1		1	9	3	24
	化学系	7		1	1	1	12	1	23
	生物学系	8		2		2	8	2	22
	地质地理气象学系	11		1		2	9	2	25
法商学院	法律学系	5			1		3		9
	政治学系	7					1	1	9
	经济学系	9			2	1	6		18

续表

院	系	教授	副教授	专任讲师	讲师	教员	助教	其他	合计
法商学院	社会学系	3			1		2		6
	商学系	2							2
工学院	土木工程学系	9					8		17
	机械工程学系	6	2		2	3	7		20
	电机工程学系	3	1	1	1		9		15
	航空工程学系	3					5		8
	化学工程学系	2	1				5		8
	电讯专修科	1				1	4		6
	算学科					1	2		3
师范学院	教育学系	8				2	4		14
	专修科	1	1	3		2	1	1	9
先修班						2	6	1	9
体育部		1	1	1		3	2		8
常委会		3							3
联大合计		160	8	31	8	37	120	11	375
清华特种研究所		17			1	10	23		51

表 9-3-12　1948 学年度学校各院系教师统计

院	系	教授	副教授	专任讲师	讲师	教员	助教	其他	合计
文学院	中国文学系	7		1	3	4	8		23
	外国语文系	11	1	8	5	6	10	1	42
	哲学系	6	1		2			2	11
	历史学系	7				2	1	2	12
	人类学系	1		1		1			3
理学院	数学系	5	1	1		9	8	1	25
	物理学系	8		1		3	11		23
	化学系	5	2				10		17
	生物学系	5		1	1	1	6		14
	地学系	7		1		2	7		17
	气象学系	2			1	1	3		7
	心理学系	5				1	3		9
法学院	法律学系	3	1		3		2		9
	政治学系	5	2				2		9
	经济学系	8			1	3	2		14
	社会学系	5	2			3	2		12

续表

院	系	教授	副教授	专任讲师	讲师	教员	助教	其他	合计
工学院	土木工程学系	10	1	1	2	2	14		30
	机械工程学系	12	1	2		8	12		35
	电机工程学系	6	3		1	5	11		26
	航空工程学系	5		1		1	7		14
	化学工程学系	3	1	1		2	6		13
	建筑工程学系	2	1	1	1	1	6		12
农学院	农艺学系	4	1		2	2	6		15
	植物病理学系	1	1			2	2		6
	昆虫学系	2				1	4		7
	农业化学系	2	1				3	1	7
	农业工程学系								
体育部		2		3		4	2		11
音乐室							1	3	4
合计		139	20	23	22	64	149	10	427

表 9-3-13　1952 年 7 月学校各院系教师统计

院	系	教授	副教授	讲师	助教	合计
文学院	中国文学系	6	3	4	1	14
	外国语文系	13	7	6	5	31
	哲学系	8		1		9
	历史学系	6	1	2	1	10
理学院	数学系	6	2	13	7	28
	物理学系	7	1	7	16	31
	化学系	5	1	3	11	20
	生物学系	5		2	6	13
	地质学系	5	1		10	16
	地理组	2	1	4	2	9
	气象学系	1	1	2	2	6
	心理学系	4	1		2	7
法学院	政治学系	6		2	1	9
	经济学系	5	1	6	3	15
	社会学系	5	5	3	1	14
航空学院		12	6	7	15	40
工学院	土木工程学系	10	3	7	13	33
	机械工程学系	12	2	7	15	36
	电机工程学系	8	1	7	15	31

续表

院	系	教授	副教授	讲师	助教	合计
工学院	化学工程学系	5	3	2	12	22
	营建工程系	3	4	5	5	17
	采矿系	2			2	4
	水利工程系				1	1
	水力发电系				1	1
新民主主义大课		1			3	4
华语班				2	4	6
体育部		2		5	6	13
音乐室				1	2	3
合计		139	44	98	162	443

表 9-3-14　1956 年底学校各系教师统计

系及单位		教授	副教授	讲师	教员	助教	其他	合计
教学单位	机械制造系	6	4	29		151		190
	动力机械系	3	5	6	2	57		73
	电机工程系	10	5	18	2	87	1	123
	无线电工程系	4	3	9		57	1	74
	土木工程系	9	7	21		58		95
	水利工程系	6		16		32		54
	建筑系	5	7	18		32	1	63
	工程物理系	1		3		35	4	43
	力学教研组	1	2	6		41		50
	数学教研组		3	15		47		65
	物理教研组	2	3	10		53	1	69
	化学教研组			7		24		31
	俄文教研组	1	5	4	6	66		82
	政治课教研组			3	1	38		42
	体育教研组	2	4	5		18		29
	音乐室		1	2		1		4
	教学单位合计	50	49	172	11	797	8	1 087
行政单位						5	2	7
编外		9	49	26		98		133
合计		59		198	11	900	10	1 227

表 9-3-15　1965 年底学校各系处教师统计

系　　处	教授	副教授	讲师	教员	助教	合计
土木建筑系	17	28	110	5	84	244
水利工程系	9	6	61	1	51	128
动力机械系	6	5	75	1	58	145
精密仪器及机械制造系	4	8	86		72	170
冶金系	3	6	66		52	127
电机工程系	11	16	75		65	167
无线电电子学系	2	11	62		133	208
自动控制系	1	4	25	2	90	122
工程物理系	2	3	47		82	134
工程化学系	3	3	33		118	157
工程力学数学系	2	7	37	1	80	127
基础课	8	16	159	10	181	374
体育教研组	3	6	10	5	21	45
政治课			29		44	73
音乐室		2	2	1		5
试化厂			13		99	112
党委各部门			20	2	15	37
校办	4		3		1	8
教务处		2	6		2	10
科学处	1	1	11		9	22
人事处			4		6	10
行政生活处		1	9	1	9	20
图书馆		1				1
第一科			2			2
校团委			4		14	18
技校			1			1
校史组			4		1	5
新清华编辑部			2		1	3
合计	76	126	956	29	1 288	2 475

表 9-3-16　1971 年 5 月学校各系处教师统计

单　　位		教授、副教授	讲师	助教	合计
校内	机械系	5	43	55	103
	试化厂	5	35	142	182
	汽车厂	5	56	59	120
	电子厂	6	50	178	234

续表

单　　位		教授、副教授	讲师	助教	合计
校内	自动化系	2	22	36	60
	电力工程系	9	42	28	79
	化学工程系	8	19	89	116
	工程力学系	2	12	33	47
	建筑工程系	20	54	58	132
	水利工程系		6	5	11
	基础课	10	84	110	204
	政治课教研组	3	13	59	75
	机关		10	19	29
	校务组	3	2	9	14
	图书馆	1	1		2
	幼儿园		3		3
	印刷厂			2	2
	修建队			2	2
	合计	79	452	884	1 415
校外	江西农场	92	416	445	953
	四川分校	7	34	71	112
	水利系三门峡基地	11	39	56	106
共计		189	941	1 456	2 586

说明：总数未包括1970年留校的800多名新教师。

表 9-3-17　1984年底学校各系各单位教师统计

系　　别	教授	副教授	讲师	教员	助教	其他	合计
建筑工程系	7	36	47		2	15	107
土木、环境系	14	37	93	2	12	19	177
水利工程系	11	38	95			15	159
机械工程系	6	37	79		10	11	143
精仪系	4	57	168		9	13	251
热能、汽车系	9	43	114		10	12	188
电机工程系	11	41	96		9	18	175
无线电电子学系	1	33	168		10	18	230
微电子所	1	12	48			2	63
计算机系	1	18	127		12	31	189
自动化系	4	30	121		13	5	173
工程物理系	1	14	82		2	9	108
生物系	1	3	19		2	7	32

续表

系　别	教授	副教授	讲师	教员	助教	其他	合计
化学与化学工程系	2	42	187	2	12	18	263
工程力学系	7	45	105		2	11	170
经济管理系	1	10	35	1	7	21	75
应用数学系	7	22	58		5	24	116
外语系	1	32	43	1	13	13	103
现代应用物理系	5	41	99		6	24	175
社会科学系	1	15	38		7	12	73
体育教研组	4	9	30		13	8	64
校办厂		5	23		1	4	33
核能所	2	13	198		19	23	255
其他单位	3	28	185	1	36	68	321
合计	104	661	2 258	7	212	401	3 643

表 9-3-18　1993 年学校院系、所、中心教师分布

单　位	教授	研究员	副教授	副研	中级	初级	其他	合计
建筑学院	24	1	20	3	21	15	3	87
土木系	20	1	27	8	21	9	2	88
水利系	24	11	39	10	15	16	1	116
环境系	12		22	2	13	8	1	58
机械系	28	1	38	2	28	5	3	105
精仪系	28	6	73	23	51	21	8	210
热能系	27	8	43	11	18	6	7	120
汽车系	14		16	1	16	7	0	54
电机系	33	3	63	1	30	11	6	147
电子系	44	1	59	28	30	19	6	187
计算机系	30	3	59	8	32	20	3	155
自动化系	30	4	66	5	31	23	4	163
工物系	12	7	18	14	19	10	1	81
力学系	39	4	59	4	23	11	1	141
化工系	24	2	40	9	24	7	9	115
材料系	20	1	29	4	12	5	3	74
数学系	22		42	1	30	6	3	104
物理系	28	4	51	3	32	22	1	141
化学系	13	3	34	15	22	10	4	101
生物系	8	3	10	2	9	3	0	35
经济管理学院	14		30	1	24	11	2	82

续表

单　　位	教授	研究员	副教授	副研	中级	初级	其他	合计
社会科学系	14		25		27	5	0	71
中国语言文学系	2		8	1	4	4	0	19
外语系	10		26	1	38	26	3	104
体育教研室	7		16		28	5	4	60
电教中心			1	1	1	0	0	3
计算中心	2	1	6	4	4	10	4	31
核研院	1	42	2	134	77	42	10	308
微电子所	4	14	4	27	10	13	3	75
教育所		1		2	3	0	0	6
思想文化研究所		1	3	1	8	1	0	14
图书馆	1		1	2	0	0	3	7
机械厂	2	2	6		3	1	0	14
设备厂					2	2	2	6
印刷厂					0	0	0	0
纪委			2	2	1	1	0	6
组织部	1	1	2		1	0	0	5
宣传部		1	4	1	9	2	0	17
统战部	1		2	2	10	5	3	23
保卫部			1	1	1	1	1	5
工会		1	1		1	0	0	3
党办校办	1	4	4	5	2	0	0	16
国际处			3	5	3	0	0	11
教务处	1		4	3	4	0	1	13
研究生院	3	2	5	4	6	2	1	23
继教学院		1	4	2	3	1	1	12
科研院	2	2	3	7	4	0	0	18
人事处	1	2	1	6	2	1	0	13
离退休处		1		1	1	0	0	3
财务处		1			2	0	1	4
审计室				2	0	0	0	2
实验室处			2	1	1	0	0	4
清华控股公司			1		0	0	0	1
行政处	1		3	2	1	0	0	7
基建处		1		2	0	0	0	3
修缮中心				1	0	0	0	1

续表

单　　位	教授	研究员	副教授	副研	中级	初级	其他	合计
建筑设计院	3	1	2		1	1	5	13
档案馆			1	1	2	0	1	5
劳服办				1	0	0	0	1
房管处				2	1	0	0	3
街道办				1	0	1	0	2
出版社	2		2	2	3	0	1	10
同方公司	1	1	2	2	1	0	0	7
校医院					1	0	0	1
附中	1				1	0	0	2
校办产业系统		2	1	6	5	0	3	17
总计	555	145	986	390	773	369	115	3 333

表 9-3-19　2000 年学校院系所中心教师分布

单　　位	教授	研究员	副教授	副研究员	中级	初级	合计	其中博士学历
建筑学院	32	1	34	3	26	0	96	30
土木系	26	1	25	2	14	1	69	31
水利系	25	10	21	8	14	7	85	41
环境系	19		21	7	9	0	56	34
机械系	22	2	32	2	13	1	72	44
精仪系	32	14	52	18	43	2	161	67
热能系	25	3	22	7	15	3	75	36
汽车系	11		13	1	12	2	39	24
电机系	34	2	43	3	25	6	113	44
电子系	46	9	37	13	29	6	140	39
计算机系	41	2	41	5	22	3	114	44
自动化系	37	7	46	11	26	5	132	53
工物系	12	11	13	12	16	5	69	23
力学系	45		34	5	12	0	96	55
化工系	27	5	32	5	10	4	83	36
材料系	30		21	2	5	2	60	38
数学系	36		34	1	9	0	80	47
物理系	42	8	24	6	15	8	103	47
化学系	26	7	25	10	12	0	80	35
生物系	23	1	11	3	4	2	44	24
经管学院	28	1	35	3	44	4	115	49
公管学院	4	2	7	2	8	4	27	11

续表

单　　位	教授	研究员	副教授	副研究员	中级	初级	合计	其中博士学历
人文学院	48	5	64	8	47	5	177	63
外语系	15		32		44	6	97	9
法学院	16	2	8	1	7	1	35	12
体育部	4		24		22	3	53	5
电教中心	1			1	2	2	6	1
计算中心	1	2	3	4	4	4	18	2
美术学院	37		80		66	18	201	7
核研院	1	67	1	89	58	18	234	49
微电子所	3	19	5	14	8	6	55	17
网络中心		2	3	1	7	2	15	4
总计	749	183	843	247	648	130	2 800	1 021

说明：本表仅统计学校教学科研单位，不包括管理及服务部门。

表 9-3-20　2005 年学校院系所中心教师分布

单　　位	教授	研究员	副教授	副研究员	中级	初级	合计	其中博士学历
建筑学院	36	4	31	3	21		95	45
土木系	34	1	14	5	10		64	43
水利系	26	11	15	12	13	4	81	57
环境系	21	4	13	15	8		61	47
机械系	24	5	21	4	10		64	49
精仪系	31	19	28	29	30	1	138	83
热能系	28	9	12	14	6		69	44
汽车系	13	3	13	8	8		45	34
工业系	5		11	1	3		20	16
电机系	34	6	22	7	29		98	60
信息学院			1				1	1
电子系	43	14	26	10	29	1	123	60
计算机系	39	6	21	18	23		107	64
自动化系	39	10	30	14	16	1	110	59
微电子所	6	17	2	20	20		65	37
软件学院	5	3	8	1	3		20	16
信研院	2	4	4	17	6	4	37	24
信息实验室					4		4	3
航院	35	1	25	5	8		74	60
工物系	19	9	5	18	17		68	40
化工系	23	12	15	10	8		68	46

续表

单　位	教授	研究员	副教授	副研究员	中级	初级	合计	其中博士学历
材料系	33	7	10	12	2	1	65	52
数学系	38		30		10		78	65
物理系	46	2	24	7	12		91	55
化学系	26	11	13	8	10		68	50
生物系	26	3	6	5	3		43	31
高研中心	6	2		1	6		15	15
周培源数学中心		1					1	1
经管学院	38	1	48	1	42		130	81
公管学院	13	2	7	4	7		33	23
人文学院	58	4	49	3	16	2	132	77
外语系	21		40		32		93	20
教育研究所	4		5		1		10	7
马研中心	6		8		1		15	7
艺教中心	4		4		3		11	1
法学院	22	2	15		12	1	52	31
新闻学院	10		7		4		21	14
美术学院	52	4	81	2	57	4	200	19
医学院	14	2	3	6	3		28	18
医研院	2		2	2			6	5
体育部	7	1	29		12	6	55	8
核研院	1	55		69	78	3	206	111
宇航中心			1	2	4		7	6
网络中心		3	2	6	14		25	12
总计	890	238	701	339	601	28	2 797	1 597

说明：以上教师数据中含在系所中心工作的具有教师系列职务的19名企业编制人员。本表仅统计学校教学科研单位，不包括管理及服务部门。

表 9-3-21　2010 年 12 月学校院系所中心教师结构

单　位		教授	研究员	副教授	副研究员	中级	初级及其他	合计	其中博士学历
建筑学院		36	4	42	2	18		102	80
土水学院	土木系	27	1	21	5	7		61	54
	水利系	27	10	19	9	10		75	65
	小计	54	11	40	14	17	0	136	119
机械学院	机械系	25	5	19	10	7		66	58
	精仪系	31	21	26	37	37		152	126
	热能系	19	11	10	14	11		65	59

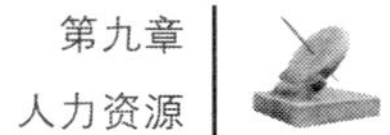

续表

单　　位		教授	研究员	副教授	副研究员	中级	初级及其他	合计	其中博士学历
机械学院	汽车系	18	2	7	19	4		50	43
	工业工程系	6	0	14	1	6		27	27
	训练中心	2	0	4	0	1		7	4
	小计	101	39	80	81	66	0	367	317
信息学院	电子系	38	9	29	14	20		110	89
	计算机系	36	2	30	17	17		102	87
	自动化系	35	7	27	10	9		88	71
	微电子所	6	9	4	26	12		57	52
	软件学院	7	2	12	3	4		28	25
	信研院	2	5	1	21	10		39	34
	信息实验室	1	1		0	0		2	2
	小计	125	35	103	91	72	0	426	360
航院		40	2	28	10	8		88	81
环境学院		26	8	9	21	6		70	64
电机系		32	4	30	10	15		91	77
工物系		17	11	6	32	21		87	79
化工系		20	14	11	16	1		62	53
材料系		22	8	8	13	1		52	46
核研院		2	48		85	68		203	163
宇航中心			0	1	6	0		7	7
低碳能源实验室			0		1	1		2	2
网络中心			5		10	7		22	16
电教中心			0	2	0	0		2	2
计算中心			0		3	0		3	
理学院	数学系	33	0	29	0	10		72	70
	物理系	47	5	20	6	4		82	64
	化学系	32	4	7	16	3		62	55
	地球科学中心	4	0		3	1		8	8
	数学科学中心	1	0	2	0	1		4	4
	小计	117	9	58	25	19	0	228	201
生命科学学院		31	6	5	7	4		53	48
高研院		8	2		8	0		18	18
交叉信息院		2	0		0	5		7	7
医学院		21	14	6	13	6		60	55
经管学院		48	0	65	0	36		149	131

续表

单　位	教授	研究员	副教授	副研究员	中级	初级及其他	合计	其中博士学历
公管学院	18	2	5	8	9		42	39
马克思主义学院	17	0	13	0	4		34	21
人文社科学院	85	4	47	3	14		153	117
外文系	24	0	49	0	16	1	90	41
艺教中心	3	0	3	0	4	1	11	2
教研院	5	1	5	1	4		16	15
法学院	28	0	21	0	4		53	41
新闻学院	12	0	8	0	3		23	19
美术学院	60	4	93	0	40	2	199	52
体育部	10	0	32	0	15	2	59	11
深圳研究生院	15	4	4	1	2		26	17
总计	979	235	774	461	486	6	2 941	2 301

说明：本表仅统计学校教学科研单位，不包括管理及服务部门。

四、教授名录

教授名录以在本校首次任教授的年度（1953 年前为学年度）为序，括号内为首次任教授的单位（少数加了以后任教授的单位，见单位简记）。教授名录包括教授、研究员、研究馆员、编审、主任医师等系列的正高级技术职务人员。

1925 年、1926 年

王国维（国）　梁启超（国）　赵元任（国）　陈寅恪（国）　孟宪承（中）
朱自清（中）　钱基博（中）　左　霈（中）　朱　洪（中）　汪鸾翔（中）
吴　在（中）　李奎耀（中）　陈鲁成（中）　杨树达（中）　戴元龄（中）
盛梦琴（外）　朱传霖（外）　吴可读（外）　吴　宓（外）　王文显（外）
施美士（外）　陈福田（外）　黄中定（外）　黄学勤（外）　温　德（外）
张杰民（外）　翟孟生（外）　楼光来（外）　谭　唐（外）　谭唐夫人（外）
金岳霖（哲）　刘崇鋐（史）　陆懋德（史）　麻　伦（史）　熊庆来（数）
郑之蕃（数）　叶企孙（物）　梅贻琦（物）　杨光弼（化）　梁传玲（化）
高崇熙（化）　赵学海（化）　陈　桢（生）　刘崇乐（生）　钱崇澍（生）
朱君毅（心）　邱　椿（心）　唐　钺（心）　余日宣（政）　刘师舜（政）
郑　麐（政）　钱端升（政）　朱彬元（经）　蔡竞平（经）　陈　达（社）
周永德（土）　笪远纶（土）　潘文焕（土）　钱昌祚（土）　罗邦杰（土）
虞振镛（农）　周景福（农）　曹霖生（体）　郝更生（体）　马约翰（体）
林美德（音）　海门斯（音）　袁复礼（其他）

1927 年

毕　莲（外）　孔繁霱（史）　朱希祖（史）　方光圻（物）　沈镇南（化）
寿振璜（生）　苏尚骥（政）　杨光泩（政）　刘驷业（经）　陈岱孙（经）

杜光祖（土）　吴毓骧（土）

1928 年

杨振声（中）　张　煦（中）　艾　克（外）　常安尔（外）　裴　鲁（外）
杨丙辰（外）　温源宁（外）　何林一（外）　邓以蛰（哲）　冯友兰（哲）
罗家伦（史）　孙　镛（数）　吴有训（物）　萨本栋（物）　谢　惠（化）
吴韫珍（生）　翁文灏（地）　葛利普（地）　吴之椿（政）　浦薛凤（政）
胡元义（政）　王化成（政）　陈鸣一（经）　蔡可选（经）　施嘉炀（土水）
孙瑞林（土）　李建勋（其他）

1929 年

黄　节（中）　刘文典（中）　瑞恰慈（外）　叶公超（外）　常浩德（外）
石坦安（外）　蒋廷黻（史）　原田淑人（史）　李　济（社）　杨武之（数）
周培源（物）　张子高（化）　黄子卿（化）　萨本铁（化）　卢恩绪（土）
李继侗（生）　王绳祖（地）　张奚若（政）　莱　特（政）　胡道维（政）
周炳琳（经）　萧　蘧（经）　范　锜（党义）　李　冈（医）

1930 年

钱稻孙（外）　苏冰心（外）　葛其婉（外）　傅尚霖（社）　史禄国（社）
李运华（化）　黄国璋（地）　周先庚（心）　孙国华（心）　叶　麐（心）
许　鉴（土）　张润田（土）　王裕光（土）　钟春雍（土）　陈锦涛（经）
傅增湘（研）　托诺夫（音）　古普克（音）　溥西园（音）　吴鸣岐（医）

1931 年

郑振铎（中）　华兰德（外）　张申府（哲）　噶邦福（史）　吴景超（社）
赵忠尧（物）　谢家荣（地）　赵人儁（经）　余肇池（经）　蔡方荫（土）
张泽熙（土）　陶葆楷（土环）

1932 年

闻一多（中）　俞平伯（中）　郭斌和（外）　雷海宗（史）　高钧德（地）
冯景兰（地）　萧公权（政）　黄宪儒（经）　燕树棠（法）　庄前鼎（机）
王士倬（机）　刘仙洲（机）　顾毓琇（电）　章名涛（电）　祝振纲（医）

1933 年

张印堂（地）　斯行健（地）　沈乃正（政）　张乙铭（土）　倪　俊（电）

1934 年

潘光旦（社）　曾远荣（数）　任之恭（物电）　赵凤喈（政）　张　任（土水）
李辑祥（机）　李郁荣（电）　戴芳澜（农）　刘崇乐（农）

1935 年

王　力（中）　李景汉（社）　维　纳（数电）　哈达玛（数）　赵访熊（数）
张润田（土）　张大煜（化）　洪　绂（地）　张席禔（地）　陈之迈（政）
殷祖澜（机）　史久荣（机）　殷文友（机）　赵友民（电）

1936 年

陈　铨（外）　吴达元（外）　沈有鼎（哲）　张荫麟（哲史）　霍秉权（物）
彭光钦（生）　赵以炳（生）　洪　绅（土）　吴柳生（土）　李谟炽（土）

汪一彪（机）　冯桂连（机航）　华敦德（机）

1937 年、1938 年

括弧内 T、P、N 表示除了西南联大发给聘书外，还分别由清华大学、北京大学、南开大学发给教授聘书。

浦江清（联中 T）　罗常培（联中 P）　罗　庸（联中 P）　魏建功（联中 P）
钱锺书（联外 T）　陈　嘉（联外 T）　杨业治（联外 T）　莫泮芹（联外 P）
冯承植（联外 P）　黄国聪（联外 P）　潘家洵（联外 P）　燕卜荪（联外 P）
刘泽荣（联外 P）　安浦生（联外 P）　傅恩龄（联外 N）　柳无忌（联外 N）
闻家驷（联外）　汤用彤（联哲 P）　贺　麟（联哲 P）　冯文潜（联哲 N）
王信忠（联史 T）　邵循正（联史 T）　毛　准（联史 P）　姚从吾（联史 P）
郑天挺（联史 P）　钱　穆（联史 P）　陈受颐（联史 P）　皮名举（联史 N）
蔡维藩（联史 N）　陈省身（联数 T）　华罗庚（联数 T）　江泽涵（联数 P）
申又枨（联数 P）　程毓淮（联数 P）　姜立夫（联数 N）　刘晋年（联数 N）
蒋硕民（联数 N）　张希陆（联数 N）　王竹溪（联物 T）　孟昭英（无 T）
饶毓泰（联物 P）　朱物华（联物 P）　郑华炽（联物 P）　吴大猷（联物 P）
张青莲（联化 T）　苏国祯（联化 T）　曾昭抡（联化 P）　孙承谔（联化 P）
刘云浦（联化 P）　钱思亮（联化 P）　朱汝华（联化 P）　杨石先（联化 N）
邱宗岳（联化 N）　张景钺（联生 P）　沈嘉瑞（联生 P）　许　骧（联生 P）
李宪之（联地 T）　孙云铸（联地 P）　王　烈（联地 P）　谭锡畴（联地 P）
张忠绂（联政 P）　崔书琴（联政 P）　张佛泉（联政 P）　张德昌（联经 T）
伍启元（联经 T）　赵　抟（联经 P）　周作仁（联经 P）　秦　瓒（联经 P）
戴修瓒（联法 P）　陈瑾昆（联法 P）　李祖荫（联法 P）　蔡枢衡（联法 P）
罗文干（联法 P）　张企泰（联法 P）　章　剑（联法 P）　丁　佶（联商 N）
李卓敏（联商 N）　陈序经（联商 N）　陈永龄（联土）　覃修典（联土 T）
张有龄（联土 T）　杨铭鼎（联土 T）　陈继善（联机 T）　孟广喆（联机 N）
张友熙（联电 N）　叶　楷（无 T）　秦大钧（航 T）　方　毅（航 T）
张克忠（联化工 N）　高长庚（联化工 N）　谢明山（联化工 N）　俞大绂（农 T）
陆近仁（农 T）　汤佩松（农 T）　樊际昌（联师 P）　罗廷光（联师 P）
陈雪屏（联师 P）　吴俊升（联师 P）　黄钰生（联师 N）　查良钊（联师）
陆志韦（联师）　曾作忠（联师）　陈友松（联师）　邱　椿（联师 P）
徐继组（联师）　蒋梦麟（联校 P）　张伯苓（联校 N）　既　真（联师）
刘伯蕃（联 N）　罗凯岚（联 N）　李笔渔（联 N）

1939 年

唐　兰（联中 P）　谢文通（联外 P）　林文铮（联外）　郑　昕（联哲 P）
张文裕（联物 N）　殷宏章（联生 P）　林　超（联地 T）　赵九章（联地 T）
王恒升（联地 P）　邵循恪（联政 T）　罗隆基（联政 P）　费　青（联法 P）
戴世光（联经 T）　杨西孟（联经 P）　林维英（联商 N）　王龙甫（联土 T）
衣复得（联土 T）　张闻骏（联机 T）　周承佑（联机 T）　张有生（联机 T）
毛启爽（联电 T）　张钟俊（联电 T）　陈宗善（联电 T）　朱兰成（联电 T）

周惠久（联航 T）　王德荣（联航 T）　林同骅（航 T）　潘尚贞（联化工 N）
余瑞璜（金物 T）　范绪筠（无 T）　许浈阳（联师）　田培林（联师）
孟宪承（联师）　陈永龄（联土）　闻家驷（联外）　苏国桢（联化）

1940 年

朱光潜（联外 P）　李宝堂（联外 T）　陈　康（联哲 P）　向　达（联史 P）
王　庸（联史）　许　宝（联数 P）　沈　同（联生 T）　杜增瑞（联生 T）
米　士（联地 P）　鲍觉民（联经 N）　龚祥瑞（联政 T）　徐叔渔（联机 T）
倪中芳（联师）　杨善基（联师）　凌达扬（联师）　金希武（航机精 T）
娄成后（农 T）　胡昌骐（联师）　林文铮（联外）　张荫麟（联师）

1941 年

陈定民（联外 T）　洪　谦（联外）　敦福堂（联哲 T）　吴泽霖（联社 T）
马仕俊（联物 P）　李庆远（联地 P）　芮　休（联法 P）　李士彤（联法 P）
董维翰（联电 T）　许玉赞（联航 T）　何君超（联师）　杜元载（联师）
彭仲铎（联师）　徐继祖（联师）　胡　毅（联师）

1942 年

游国恩（联中 P）　黄炯华（联外）　赵诏熊（联外 T）　王宪钧（联哲 T）
王维诚（联哲 N）　吴　晗（联史 T）　李树青（联社 T）　陶云逵（联社）
钟道铭（联地）　潘尚贞（联化）　李庆海（联土 T）　张昌华（联土 T）
阎振兴（联土 T）　王师羲（联机 T）　刘德慕（联机 T）　童大埙（联机 T）
王遵明（金机 T）　马大猷（联电 T）　李锦安（联航 T）　周荫阿（联电）
汪懋祖（联师）

1943 年

胡　毅（联外 T）　袁家骅（联师外 P）　白　英（联外）　吴素萱（联生 P）
王赣愚（联政 N）　马质夫（联法 P）　吴学蔺（联机 T）　曾叔岳（联机 T）
范崇武（联电 T）　范绪箕（航 T）　宁　榥（联航 T）　岳　毅（航 T）
丁履德（联航 T）　沈从文（联师）　周覃祓（联商社）

1944 年

许维遹（联中 T）　陈梦家（联中 T）　孙毓棠（联史 T）　陶绍渊（联地）
褚士荃（联机 T）　钱钟韩（联电 T）　王宏基（联航 T）　陈国符（联化）

1945 年

余冠英（联师中 T）　张清常（联师 N）　傅斯年（联史 P）　费孝通（联社 T）
刘恢先（联土 T）　陈国符（联化工）　萧涤非（联师）

1946 年

盛澄华（外）　段学复（数）　孟宪民（地）　杨遵仪（地）
甘介侯（政）　唐　钺（联心）　刘大中（经）　王克勤（法）
谭葆泰（土）　夏震寰（土水）　陆士嘉（水航）　储钟瑞（联土）
郑兆珍（水）　梁思成（建）　钱伟长（机）　黄　眉（电）
杨津基（电）　韩德章（农）　张肖虎（音）　戴世佺（音）

刘毅孙（医）

1947 年

周一良（外史）　马祖圣（化）　崔之兰（生）　陶洁卿（经）
陈　廪（法）　于振鹏（法政）　李丕济（土水）　储钟瑞（土）
张　维（机力）　董树屏（机）　盛澄华（外）　卢嘉锡（化）
严仁荫（化）　李惠林（生）　王成组（地）　翟　楚（法）
施铨元（化工）　屠守锷（航）　沈　元（航）　刘致平（建）
沈　隽（农）　姚锦新（音）　夏　翔（体）

1948 年

李广田（中）　罗念生（外）　曹联亚（外）　任　华（哲）
钱三强（物）　曾炳钧（政）　刘毓棠（政）　陈樑生（土水）
曹国惠（机）　强明伦（机）　孟少农（机）　钟士模（电自）
曹本熹（化工）　陈新民（化工）　赵锡霖（化工）　许振英（农）
叶和才（农）　孙国华（心）　燕树棠（法）　于家驹（经）
陆士嘉（航）　顾培慕（航）　沈　琰（化）　李兢雄（农）

1949 年

吴组缃（中）　吕叔湘（中）　钱锺书（外）　华罗庚（数）
彭桓武（物）　葛庭燧（物）　赵德洁（政）　于振鹏（政）
王亚南（经）　姚嘉椿（经）　余肇池（经）　张光斗（土水）
金希武（机）　闵乃大（电）　林徽因（建）

1950 年

闵嗣鹤（数）　程民德（数）　孙绍先（电）　常　迵（电自）
武　迟（化工）　侯祥麟（化工）　林　超（地）　何　基（史）
卢焕云（矿）

1951 年

罗大纲（外）　李绍鹏（外）　李毓珍（外）　田宝齐（外）
张岱年（哲）　王　逊（哲建）　洪朝生（物）　冯新德（化）
陈体强（政）　高　庄（建）　宋镜瀛（机汽）　林士锷（航）
徐迺祚（航）　黄逢昌（航）　马恩春（航）　王洪星（航）
梁炳文（航）　程本蕃（航）　燕春台（矿）　恽魁宏（化工）

1952 年

傅　鹰（石）　张　锦（石）　王　檠（石）　甘怀新（石）
白家祉（石）　朱亚杰（石）　赵正之（建）　金　涛（土图）
陶葆楷（土）　李颂琛（土）　杨曾艺（土）　杨式德（土）
黄万里（水）　陈士骅（校）　李酉山（机）　曹继贤（机）
邹致圻（机精）　杜庆华（机力）　王宗淦（电）　陈克元（电）
艾维超（电）　余谦六（电）　程　式（电）　谢祖培（医）
邹明德（外）　刘弄潮（社科）　史国衡（社图）

1953 年

戴志昂（建）　王之英（建）　关广志（建）　张　典（土）
王兆霖（土热）　吴国璋（无）

1955 年

陈祖东（土水）　吴仲华（动）　何增禄（物）　王明贞（物）
徐璋本（物）

1956 年

黄文熙（水）　高景德（电）

1957 年

谢毓章（物）　周华章（电）　汪家鼎（工物化工）

1959 年

程耀椿（化工）

1960 年

徐日新（化工）

1961 年

莫宗江（建）　汪　坦（建）　吴良镛（建）　施士升（土）
王国周（土）　籍孝广（土）　顾夏声（土环）　王继明（土环）
许保玖（土环）　郭世康（冶）　郑林庆（精）　王补宣（动热）
耿耀西（动热）　方崇智（动自）　童诗白（电自）　李恒德（工物材）
张福范（力）　刘绍唐（物）　徐亦庄（物）　栾汝书（数）
王英杰（体）

1973 年

钱　宁（水）

1978 年

龙驭球（土）　张宪宏（水）　潘际銮（机）　陈南平（机材）
程　宏（热）　冯俊凯（热）　萧达川（电）　唐统一（电）
吴佑寿（无）　李志坚（无微）　张　礼（工物物）　黄克智（力）
滕　藤（化工）　周　昕（化生）　孙念增（数）　李克群（数）
朱永赡（核）　郑维敏（自经）

1980 年

周卜颐（建）　张守仪（建）　王炜钰（建）　张昌龄（建）
陈致忠（土）　刘翰生（土）　黄　熊（土）　张良铎（土）
王传志（土）　李国鼎（土环）　余常昭（水）　刘光廷（水）
王祖唐（机）　于震宗（机）　梁晋文（精）　严普强（精）
章燕申（精）　吴增菲（热经）　徐大宏（热）　王先冲（电）
宗孔德（电）　金　兰（计）　王和祥（力）　钟一谔（力）
罗远祥（力）　万嘉璜（力）　江作昭（化工材）　李成林（化工材）
李　欧（数）　迟宗陶（数）　马　良（数）　王建华（数）
李相崇（外）　吕应中（核）　杨道崇（体）　王维屏（体）

1982 年

王　洲

1983 年

朱畅中（建）　蔡君馥（建）　李道增（建）　汪国瑜（建）
陈肇元（土）　滕智明（土）　沈聚敏（土）　陈仲颐（水）
梅祖彦（水）　黄惠松（机）　金国藩（精）　张伯鹏（精）
倪维斗（热）　林　灏（热）　余志生（汽）　蒋孝煜（汽）
张仁豫（电）　张宝霖（电）　杨弃疾（无）　陆大绘（无）
陆家和（无）　师克宽（自）　王照林（力）　夏学江（物）
张泽瑜（物）　何成钧（物）　宋心琦（化）　萧树铁（数）
张鸣华（数）　翟家钧（体）

1984 年

傅国伟（环）　柳百成（机）　俞新陆（机）　温诗铸（精）
李天铎（热）　张克潜（无）　冯重熙（无）　王经瑾（工物）
应纯同（工物）　沈孟育（力）　过增元（力）　戴福隆（力）
郑兆昌（力）　周其庠（化工）　李以圭（化工）　陈丙珍（化工）
张培林（物）　孙洪洲（物）　王大中（核）　刘桂生（社科）

1985 年

关肇邺（建）　车世光（建）　朱自煊（建）　华宜玉（建）
陈　聃（土）　卢　谦（土）　过镇海（土）　刘元鹤（土）
李著璟（土）　王占生（环）　黄铭荣（环）　董曾南（水）
张　仁（水）　惠遇甲（水）　陈兴华（水）　任家烈（机）
曹起骧（机）　刘家浚（机）　唐祥云（机材）　韩至骏（精）
唐锡宽（精）　吴宗泽（精）　沈　钊（精）　鲁钟琪（热）
徐旭常（热）　任泽霈（热）　罗棣菴（热）　彦启森（热）
吴维韩（电）　杨福生（电）　陈丕璋（电）　蔡宣三（电）
周炳琨（无）　茅于海（无）　南德恒（微）　卢开澄（计）
张　钹（计）　吴　麒（自）　李衍达（自）　顾廉楚（自图）
屈建石（工物）　范毓殿（工物材）　张兆顺（力）　徐秉业（力）
席葆树（力）　谢志成（力）　周力行（力）　袁乃驹（化工）
苏健民（化工）　吴建銧（化工材）　张孝文（化工材）　邝宇平（物）
刘乃泉（物）　张三慧（物）　诸国祯（物）　赵南明（生）
李庆扬（数）　胡显承（数）　傅家骥（经）　邱大雄（核）
马昌文（核）　何兆武（文）

1986 年

刘鸿滨（建）　高亦兰（建）　裘宗濂（土）　丁金粟（水）
施熙灿（水）　周维垣（水）　张人豪（机）　陈伯蠡（机）
王民强（精）　周礼杲（电）　戚庆成（电）　白秀庭（电）
马世雄（无）　徐葭生（微）　李三立（计）　方棣堂（计）

朱家维（计）	边肇祺（自）	韩曾晋（自）	梁尤能（工物）
赵鸿宾（工物）	方萃长（力）	金　涌（化工）	熊家炯（物）
郑用熙（化）	蒲富全（数）	陆　慈（外）	吴国是（化）
陆祖荫（生）			

1987 年

胡允敬（建）	辜传诲（建）	周维权（建）	吴焕加（建）
童林旭（土）	包世华（土）	钱　易（环）	谷兆祺（水）
林汝长（水）	惠士博（水）	费祥俊（水）	方鸿生（机材）
石光源（精）	王先逵（精）	许隆文（精）	蒋滋康（热）
叶大钧（热）	沈幼庭（热）	敦瑞堂（热）	黄世霖（汽）
管迪华（汽）	蔡祖安（汽）	韩英铎（电）	陈允康（电）
相年德（电）	钱家骊（电）	杨秉寿（电）	郑逢时（电）
周荣光（电）	朱雪龙（无）	葛成辉（无）	何　炜（无）
刘润生（无）	高葆新（无）	岳震五（微）	钱佩信（微）
杨之廉（微）	张建人（微）	林行良（计）	王尔乾（计）
唐泽圣（计）	夏绍玮（自）	吕　林（自）	蒋智翔（力）
余寿文（力）	王勖成（力）	官　飞（力）	吴明德（力）
段占庭（化工）	童景山（化工）	柳百新（材）	刘　芸（化）
区耀华（生）	韩厚德（数）	蔡大用（数）	龚光鲁（数）
吴　琼（外）	叶焕庭（经）	潘家轺（经）	贾　观（社科）
董　铎（核）	薛大知（核）	吴宗鑫（核）	曹宝源（体）
林伯榕（体）	朱成功（图）	胡道元（其他）	钱　逊（文）
李卓宝（教）	庞家驹（其他）	王钟惠（医）	

1988 年

李德耀（建）	徐伯安（建）	李承祚（建）	王乃壮（建）
吕俊华（建）	胡绍学（建）	陈志华（建）	罗福午（土）
冯乃谦（土）	刘西拉（土）	瞿履谦（土）	庄崖屏（土）
李少甫（土）	江见鲸（土）	韩守询（土）	胡纪萃（环）
井文涌（环）	陈志义（环）	曾昭扬（水）	丁则裕（水）
王树人（水）	张楚汉（水）	廖　松（水）	周景星（水）
冬俊瑞（水）	沈之良（水）	雷志栋（水）	何方殿（机）
苏　毅（机）	张家骏（机）	吴德海（机）	何德誉（机）
陈丙森（机）	徐端颐（精）	李达成（精）	池去病（精）
冯铁荪（精）	周积义（精）	张济川（精）	殷纯永（精）
顾启泰（精）	卢道江（精）	周兆英（精）	朱明善（热）
钱振为（汽）	刘惟信（汽）	焦树建（热）	杜建寰（热）
徐秀清（热）	陈启民（热）	赵荣义（热）	张绪祎（热）
王维俭（电）	卢　强（电）	陈寿孙（电）	倪以信（电）
朱德恒（电）	孙树勤（电）	马信山（电）	王作英（无）

殷志强（无）	廖延彪（无）	钱亚生（无）	董在望（无）
李叔梁（无）	陈兆龙（微）	王鼎兴（计）	洪先龙（计）
周远清（计）	林尧瑞（计）	吴　澄（自）	许道荣（自）
王家桢（自）	茅於杭（自）	阎平凡（自）	郑学坚（自）
阎　石（自）	王　森（自）	胡大璞（工物）	刘桂林（工物）
聂玉光（工物）	傅维镳（力）	朱之墀（力）	陆明万（力）
朱文浩（力）	贾书惠（力）	何衍宗（力）	孙以实（化工）
蒋维钧（化工）	费维扬（化工）	沈忠耀（化工）	关振铎（材）
李龙土（材）	陈振刚（材）	顾秉林（物）	秦明华（物）
陈飏延（物）	王克礼（物）	赵静安（物）	张孔时（物）
李恭亮（物）	陈泽民（物）	李如生（化）	廖松生（化）
邓　勃（化）	孙扬名（化）	赵玉芬（化）	郑昌学（生）
刘祖同（生）	马振华（数）	胡露犀（数）	汪掬方（数）
盛祥耀（数）	萧家琛（外）	史光筠（外）	程慕胜（外）
吴古华（外）	赵纯均（经）	谢文蕙（经）	李端敏（经）
朱育和（社科）	高达声（社科）	杨树先（社科）	林　泰（社科）
罗经宇（核）	徐元辉（核）	安继刚（核）	冯志一（核）
江丕权（教）	方惠坚（校）	吕　森（校）	马祖耀（校）

1989 年

赵炳时（建）	楼庆西（建）	支秉琛（土）	方鄂华（土）
杨德麟（土）	佟一哲（土）	郑金床（土）	程声通（环）
裴觉民（水）	林翔岳（水）	濮家骝（水）	吴浚郊（机）
颜永年（机）	刘　庄（机）	叶庆荣（机）	高钟毓（精）
金之垣（精）	薛实福（精）	冯冠平（精）	吕崇德（热）
容文盛（热）	伦景光（汽）	陆际清（汽）	张节容（电）
江辑光（电）	宫　莲（电）	王仲鸿（电）	范崇澄（无）
彭应宁（无）	姚　彦（无）	郑君里（无）	尹达衡（无）
王天爵（微）	李瑞伟（微）	苏伯珙（计）	徐光佑（计）
陈其明（计）	陈禹六（自）	徐用懋（自）	冯元琨（自）
任守榘（自）	杨　卫（力）	黄　炎（力）	郑思梁（力）
姚振汉（力）	张如一（力）	罗征培（工物）	张增民（化工）
刘德山（化工）	俞芷青（化工）	仝健民（材）	陶　琨（材）
苗赫濯（材）	韩丽英（物）	丁慎训（物）	牟绪程（物）
张　玫（物）	李兴中（物）	王良御（化）	刘　庄（化）
施妙根（数）	谭泽光（数）	施学瑜（数）	袁传宽（数）
徐国华（经）	赵家和（经）	董新保（经）	黄美来（社科）
李润海（社科）	林家桂（核）	云桂春（核）	郭人俊（核）
高祖瑛（核）	吴元强（核）	陈蒂侨（体）	金问楷（产）
凌瑞骥（产）	尤婉英（产）	冯子良（图）	陈克强（其他）

1990 年

冯钟平（建） 詹庆旋（建） 秦佑国（建） 陶全心（土）
蒋展鹏（环） 郝吉明（环） 张训时（水） 高莲士（水）
府仁寿（水） 白天申（机） 汪复兴（机） 徐济民（机）
朱允明（机） 邬敏贤（精） 黄靖远（精） 童秉枢（精）
花国梁（精） 黄少昌（精） 蔡复之（精） 王维城（热）
陈佐一（热） 曹伯林（热） 杨瑞昌（热） 李元哲（热）
赵六奇（汽） 刘 峥（汽） 薛家麒（电） 李发海（电）
容观澳（电） 刁颐民（电） 王世缨（电） 林行刚（无）
高以智（无） 林德云（无） 彭吉虎（无） 冯一云（无）
陈天鑫（微） 石秉学（微） 石纯一（计） 黄昌宁（计）
史美林（计） 房家国（计） 孙家广（计） 蒋维杜（计）
熊光楞（自） 郑大钟（自） 吴秋峰（自） 胡东成（自）
戴忠达（自） 郑福裕（工物） 金兆熊（工物） 范钦珊（力）
潘文全（力） 薛明德（力） 杨宗发（力） 董亚民（力）
戴猷元（化工） 曹竹安（化工） 曾宪舜（化工） 崔秉懿（化工）
周志刚（材） 马莒生（材） 潘金生（材） 林郁正（物）
赵 钧（物） 崔砚生（物） 朱嘉麟（物） 丁俊华（物）
沈子威（生） 周海梦（生） 程振起（生） 俞正光（数）
陈天权（数） 戚鸣皋（数） 孙复初（外） 方 琰（外）
王承继（经） 黎诣远（经） 魏宏森（社科） 徐葆耕（中）
张达芳（核） 郑文祥（核） 田杰谟（核） 杨自觉（核）
吴洪麟（核） 何培炯（核） 刘华轩（体） 杨津光（校）
张慕葎（校） 王积康（校） 罗延秀（校） 张万昌（产）
许纯儒（产） 徐莹光（其他） 黎 达（其他） 宋鸿国（图）

1991 年

王炳麟（建） 林爱梅（建） 栗德祥（建） 匡文起（土）
廉慧珍（土） 袁 驷（土） 王鲁生（土） 王綦正（水）
李广信（水） 王桂仙（水） 张受天（水） 鹿安理（机）
包芳涵（机） 郭和德（机） 区智明（机） 韦文林（精）
林敬煌（精） 周汉安（精） 金元生（精） 毛健雄（热）
江 亿（热） 胡震岗（热） 朱东起（电） 王伯翰（电）
陈昌渔（电） 关志成（电） 白 净（电） 郭奕理（无）
王贻良（无） 冯正和（无） 曾烈光（无） 庄同增（微）
周育诚（微） 陈弘毅（微） 王爱英（计） 吴文虎（计）
孙增圻（计） 郑纬民（计） 石定机（计） 金以慧（自）
解学书（自） 高 龙（自） 金国芬（自） 傅瑞峰（工物）
陈 熙（力） 李方泽（力） 岑章志（力） 罗学富（力）
雷良恒（化工） 沈静珠（化工） 房德中（化工） 黄 勇（材）

张效忠（材）	胡玉民（物）	尚仁成（物）	郭奕玲（物）
桂伟燮（物）	陈皓明（物）	洪啸吟（化）	朱起鸣（化）
隋森芳（生）	张日清（生）	胡冠章（数）	陈景良（数）
王　铎（数）	陈圣信（外）	刘美珣（社科）	寇世琪（社科）
张正权（中）	钟大辛（核）	吴少融（核）	戴为智（核）
何建坤（核）	胡贵增（体）	陶　森（校）	侯世昌（校）
谢照唐（产）	周广元（产）	张希良（医）	李家枢（其他）

1992 年

林贤光（建）	郑光中（建）	李晋奎（建）	田学哲（建）
张家璋（建）	薛恩伦（建）	崔景浩（土）	朱金铨（土）
郑国忠（土）	俞　珂（环）	张兰生（环）	杨志华（环）
高建铭（水）	李玉樑（水）	王燕生（水）	吴玉林（水）
吴媚玲（水）	王士强（水）	姜不居（机）	吴志强（机）
陈武柱（机）	马喜腾（机）	田　燕（机）	郑明新（机）
彭福荫（精）	高政一（精）	孙培懋（精）	申永胜（精）
金德闻（精）	徐世朴（精）	张正松（精）	孙锡九（热）
张慰钧（热）	徐向东（热）	赵士杭（热）	蔡启林（热）
郭少平（汽）	沈祖京（汽）	沈善德（电）	王承煦（电）
丁海曙（电）	王鸿明（电）	郭永基（电）	高上凯（电）
胡元德（电）	李德杰（无）	萧华庭（无）	丁晓青（无）
杨行峻（无）	应根裕（无）	杨为理（无）	江剑平（无）
罗　毅（无）	周润德（微）	贾松良（微）	袁曾任（计）
张公忠（计）	吴企渊（计）	贾培发（计）	夏　莹（计）
徐文立（自）	夏　凯（自）	李清泉（自）	褚家晋（自）
杨家本（自）	刘松盛（自）	张贤达（自）	贾宝山（工物）
王晶宇（工物）	钱永庚（工物）	钱绍圣（工物）	王德武（工物）
冯忠潜（工物）	刘宝琛（力）	傅承诵（力）	刘先龙（力）
林文漪（力）	杨慧珠（力）	沈　熊（力）	顾毓沁（力）
王　正（力）	傅正泰（力）	郑泉水（力）	周　啸（化工）
陆九芳（化工）	李　洲（化工）	陈　智（化工）	张桂甲（化工）
陈鹤鸣（材）	崔福斋（材）	李建保（材）	江尧忠（材）
吕允文（材）	黄贺生（物）	许崇桂（物）	陈学俊（物）
徐　湛（物）	文克玲（物）	周铁英（物）	曹立礼（化）
廖沐真（化）	秦建侯（化）	陈邦和（化）	刘进元（生）
张秀芳（生）	李大法（数）	瞿崇垲（数）	唐　云（数）
赵静鹏（外）	黄士增（外）	吴贵生（经）	李子奈（经）
林功实（经）	刘冀生（经）	刘元亮（社科）	曾晓萱（社科）
丁厚德（社科）	葛兆光（中）	马远乐（核）	汪泰钧（核）
叶璲生（核）	邱学良（核）	奚树人（核）	吕应运（核）

刘儒义（体）	黄圣伦（校）	沈　梁（校）	郑燕康（校）
黄安邦（校）	杨家庆（校）	张宏涛（校）	贺美英（校）
金德年（校）	傅水根（产）	胡沛华（产）	郑人杰（产）
袁　镔（产）	安树兰（图）	赵锦蓉（其他）	

1993 年

赵大壮（建）	单德启（建）	陈保荣（建）	郭黛姮（建）
秦　权（土）	史其信（土）	赵光仪（土）	张晓健（环）
姚耀武（水）	王光纶（水）	杨诗秀（水）	王可钦（水）
王兴奎（水）	王　宙（水）	陈稚聪（水）	杨若琼（水）
姚汝祥（水）	曾大本（机）	陈森灿（机）	施克仁（机）
孟凡中（机）	曾　攀（机）	黄纯颖（精）	于德潜（精）
王旭蕴（精）	沈乐年（精）	严瑛白（精）	陈大融（精）
胡元中（精）	李春江（精）	林兆庄（热）	吴占松（热）
李兰馨（热）	薛殿华（热）	施德强（热）	岳光溪（热）
徐忠净（热）	孙大立（汽）	王绍銥（汽）	沈以鸿（电）
黄炜纲（电）	赵良炳（电）	朱泽煌（电）	黄益庄（电）
王赞基（电）	王祥珩（电）	张伯明（电）	顾永昌（电）
甄汉生（无）	曹志刚（无）	查良镇（无）	彭江得（无）
诸昌清（无）	张雪霞（无）	李　星（无）	吴国威（无）
顾祖毅（微）	曹培栋（微）	朱　钧（微）	刘理天（微）
严蔚敏（计）	何克忠（计）	钟玉琢（计）	吴建平（计）
张尧学（计）	汤志忠（计）	周立柱（计）	王桂增（自）
王文渊（自）	杨素行（自）	肖田元（自）	周俊人（自）
何世忠（自）	李鹤轩（自）	朱善君（自）	丁文镜（力）
章光华（力）	孙庆平（力）	符　松（力）	周春田（力）
李德葆（力）	苏铭德（力）	王学芳（力）	李　旭（力）
蔡敏学（力）	李植华（工物）	张静懿（工物）	蒋同远（工物）
曹栋兴（工物）	郭松涛（工物）	章开琏（工物）	康克军（工物）
李　松（化）	李文治（材）	梁开明（材）	白新桂（材）
何元金（物）	史斌星（物）	田嘉禾（物）	朱鹤年（物）
童德春（物）	王诚泰（物）	赵朔嫣（物）	薛芳渝（化）
王致勇（化）	宁永成（化）	蔡丽英（化）	曾耀辉（生）
姜启源（数）	陆金甫（数）	张贤科（数）	汪礼瑞（外）
张良平（外）	蒋隆国（外）	周序鸿（外）	姜彦福（经）
侯炳辉（经）	曾道先（经）	姚慧华（社科）	李崇富（社科）
范德清（社科）	孙惠爱（社科）	张振声（核）	王泽民（核）
王永庆（核）	焦荣洲（核）	杜光庭（核）	顾树华（核）
何树延（核）	徐景明（核）	陈永麒（核）	佟允宪（核）
庄　谨（核）	郑秀瑗（体）	尹嘉瑞（体）	李凤玲（校）

刘敏文（校） 汪广仁（校） 孙继铭（校） 刘亶仁（校）
白洪烈（产） 黄慎仪（产） 吴立信（产） 冯白云（图）
孙小苍（医） 苗日新（其他） 徐培忠（其他） 李幼哲（其他）

1994 年

凤存荣（建） 孙凤岐（建） 钱稼茹（土） 王际芝（土）
张铜生（土） 陈长植（水） 吕贤弼（水） 沈　英（水）
王光谦（水） 萧佐庭（水） 席德立（环） 张瑞武（环）
田芝瑞（机） 陈　强（机） 盛　达（机） 童本行（机）
钟约先（机） 朱宝亮（机） 曹　芒（精） 傅尚新（精）
贾惠波（精） 李庆祥（精） 尤　政（精） 滕云鹤（精）
陈昌和（热） 金茂庐（热） 秦瑞平（热） 王存诚（热）
陆致成（热） 徐石安（汽） 黄立培（电机） 梁毓厚（电机）
罗承沐（电机） 谈克雄（电机） 王心丰（电机） 张麟征（电机）
陈戈林（电子） 陈丕瑾（电子） 霍玉晶（电子） 秦　士（电子）
唐　昆（电子） 薛祖庆（电子） 张汉一（电子） 朱正中（电子）
龚　克（电子） 蔡莲红（计） 陆玉昌（计） 吕文超（计）
沈美明（计） 李春文（自） 李芳芸（自） 王诗宓（自）
萧德云（自） 孙建华（自） 赵南元（自） 丁占鳌（力）
金观昌（力） 刘信声（力） 邵　敏（力） 赵文华（力）
朱德忠（力） 朱克勤（力） 陈弟恭（工物） 沈祖培（工物）
肖承德（工物） 赵兆颐（工物） 丁富新（化工） 李有润（化工）
李总成（化工） 于　建（化工） 桂治轮（材） 王英华（材）
张中太（材） 周和平（材） 步尚全（数） 关　治（数）
居余马（数） 林元烈（数） 陈迎棠（物） 邓新元（物）
高乃飞（物） 李师群（物） 钱启予（物） 许祥源（物）
郭建生（物） 丁廷桢（化） 高鸿锦（化） 胡鑫尧（化）
罗国安（化） 姚乃燕（化） 张克铉（化） 鲍世铨（生）
陈　剑（经） 张金水（经） 罗绍彦（经） 胡伟希（人文）
罗振声（人文） 孙殷望（人文） 王耀山（人文） 蔡乐苏（人文）
宋秦年（人文） 侯成源（外） 李兴复（外） 陈兆康（体）
承　欢（图） 黄祥瑞（核） 刘原中（核） 孟昭利（核）
施永长（核） 宋崇立（核） 徐　勇（核） 张源芳（核）
张作义（核） 蒋　志（微） 朱正涌（微） 胡显章（校）
王筱颖（校） 宋烈侠（校） 吴荫芳（校） 钱锡康（校）
张　益（校） 张本正（校） 严继昌（校） 崔国文（校）
陈兆玲（档） 郝亚民（其他） 钱素英（其他） 王民阜（其他）
张兆琪（其他）
调入：曾云波（数） 李　丽（物） 蓝棣之（人文）

1995 年

高冀生（建） 刘凤兰（建） 曾昭奋（建） 过静君（土）

王娴明（土）　彭守拙（水）　翁文斌（水）　周建军（水）
周雪漪（水）　何　强（环）　聂永丰（环）　程荫芊（机）
方慧珍（机）　杨友堂（精）　张书练（精）　赵立人（精）
罗振璧（精）　姚　健（精）　汪劲松（精）　韩礼钟（热）
彭晓峰（热）　曾瑞良（热）　郑洽余（热）　石兆玉（热）
陈君燕（热）　胡师金（汽）　陈雪青（电机）　姜建国（电机）
金启玫（电机）　姚若萍（电机）　张菊鹏（电机）　叶大田（电机）
陈长彦（电子）　洪兴楠（电子）　乐光啟（电子）　沈学英（电子）
石长生（电子）　吴伯瑜（电子）　谢世钟（电子）　俞　昌（电子）
林学訚（计）　谢树煜（计）　薛宏熙（计）　杨　品（计）
周之英（计）　陈崇端（自）　郭尚来（自）　郭仲伟（自）
孙崇正（自）　翁　樟（自）　吴年宇（自）　徐博文（自）
杨士元（自）　张宝芬（自）　胡桅林（力）　李万琼（力）
任文敏（力）　许宏庆（力）　周辛庚（力）　王保国（力）
程保荣（力）　陈　英（工物）　陆嘉珍（工物）　邵贝贝（工物）
张育曼（工物）　卓韵裳（工物）　丛进阳（化工）　张德隆（化工）
顾守仁（材）　刘英杰（材）　顾丽珍（数）　张元德（数）
曹必松（物）　陈惟蓉（物）　方家光（物）　高炳坤（物）
林琴如（物）　徐四大（物）　白广美（化）　郭金梁（化）
李隆弟（化）　郁鉴源（化）　谢佐平（生）　周玉祥（生）
孙礼照（经）　王永县（经）　吴　峨（经）　杨　炘（经）
金丽华（人文）　张云台（人文）　王　忆（外）　吴永麟（外）
刘世偕（其他）　俞盘祥（其他）　郑小筠（人文）　胡熙恩（核）
解正国（核）　经荥清（核）　马栩泉（核）　梅启智（核）
孟祥提（核）　彭木彰（核）　施仲齐（核）　徐世江（核）
张朝宗（核）　张成群（核）　张良驹（核）　郜德荣（核）
申　明（微）　叶宏开（校）　瞿振元（校）　虞石民（校）
吴敏生（校）　李有道（校）　庄惟敏（其他）　陈秉中（校）
白永毅（校）　曲德林（校）　潘真微（其他）　刁会光（产）
陆懋荣（产）　姚素蒨（校医）　王燕敏（校医）
调入：吴国桢（物）　秦　晖（人文）　张铭新（人文）　刘建明（新闻）

1996 年

沈三陵（建）　刘洪玉（土）　吴佩刚（土）　朱　嫣（土）
雷钟和（土）　王洪瑾（水）　吴之明（水）　杨美卿（水）
张　超（水）　瞿伦富（水）　贺克斌（环）　高志栋（机）
王莲芳（机）　李德华（机）　唐国翌（机）　丁天怀（精）
冯之敬（精）　李克兰（精）　吴正毅（精）　张　昆（精）
田　芊（精）　何光新（热）　杨献勇（热）　肖曰嵘（热）
赵庆珠（热）　连小珉（汽）　孟嗣宗（汽）　袁大宏（汽）

韩　旻（电机）　李永东（电机）　罗　铸（电机）　赵　伟（电机）
胡广书（电机）　王　京（电子）　李国定（电子）　李宗谦（电子）
田立生（电子）　吴家庆（电子）　杨知行（电子）　李　伟（计）
王克宏（计）　王泽毅（计）　周嘉玉（计）　高黛陵（自）
季　梁（自）　荣　钢（自）　钟宜生（自）　沈被娜（自）
樊友三（力）　何积范（力）　刘秋生（力）　吴建基（力）
吴翘哲（力）　魏义祥（工物）　张志康（工物）　高光华（化工）
刘茂林（化工）　王光润（化工）　魏　飞（化工）　白新德（材）
李力军（材）　潘　峰（材）　夏宗宁（材）　陈　魁（数）
林翠琴（数）　章梅荣（数）　范守善（物）　华基美（物）
马万云（物）　吴美娟（物）　李晋鲁（化）　徐功骅（化）
张复实（化）　陈应华（生）　刘　强（生）　徐育敏（生）
陈章武（经）　沈瑞芸（经）　宋逢明（经）　夏冬林（经）
冯虞章（人文）　高敦复（人文）　孙宝寅（人文）　熊澄宇（人文）
吴　倬（人文）　陈华海（人文）　曾粤庆（外）　王培勇（体）
郑继圣（体）　孙　平（图）　包福毅（核）　方　栋（核）
李金才（核）　李仲三（核）　秦振亚（核）　孙玉良（核）
田嘉夫（核）　貊大卫（核）　江崇廓（核）　靳东明（微）
魏少军（微）　余志平（微）　张再兴（校）　袁德宁（校）
郭物鸣（校）　金善锟（校）　王景厚（校）　吴庚生（校）
黄　智（校）　刘文渊（校）　朱爱菁（校）　庄丽君（校）
蔡鸿程（其他）　曹淑贞（其他）　包裕昆（其他）　严　宁（产）
张　剑（产）　荣泳霖（产）　崔耀兰（校医）
调入：吕振华（汽）　邵贝恩（自）　王书宁（自）　朱　静（材）
　　　胡庚申（外）　李一勤（生）　戴尧仁（生）　吴庆余（生）

1997 年

彭培根（建）　文国玮（建）　羊　嫆（建）　俞靖芝（建）
郭彦林（土）　刘晶波（土）　任爱珠（土）　王作垣（土）
叶知满（土）　覃维祖（土）　金　峰（水）　李永祥（水）
李玉柱（水）　张　庄（水）　赖敏儿（水）　陈乃祥（水）
卜　城（环）　黄　霞（环）　都　东（机）　黄天佑（机）
李春立（机）　张人佶（机）　方仲彦（精）　雷田玉（精）
潘龙法（精）　王东生（精）　张玉峰（精）　郑　力（精）
姜培学（热）　李定凯（热）　岑幻霞（热）　李隆年（电机）
梁曦东（电机）　孙元章（电机）　杨学昌（电机）　张济世（电机）
周双喜（电机）　李普成（电子）　刘宝琴（电子）　山秀明（电子）
汪　蕙（电子）　章毓晋（电子）　王志华（电子）　林孝康（电）
巴林凤（计）　胡起秀（计）　齐国光（计）　唐　龙（计）
王家廞（计）　杨长贵（计）　阳宪惠（自）　余孟尝（自）

张曾科（自） 周东华（自） 戴诗亮（力） 方岱宁（力）
李　苹（力） 李志信（力） 孙学伟（力） 谢大吉（力）
薛克宗（力） 张怀瑾（力） 王　波（力） 金永杰（工物）
张存镇（工物） 庄人遴（工物） 何小荣（化工） 潘智存（化工）
汪昆华（化工） 马春来（材） 潘　伟（材） 张济忠（材）
葛余博（数） 胡金德（数） 刘坤林（数） 郑建华（数）
邓景康（物） 田德芳（物） 王　青（物） 张连芳（物）
朱胜江（物） 刘金尧（化） 徐寿颐（化） 袁书玉（化）
曹小平（化） 陈国强（生） 王希成（生） 陈小悦（经）
曲文新（经） 张　德（经） 樊富珉（人文） 胡天赐（人文）
冷德诚（人文） 夏宝兴（人文） 曾国屏（人文） 赵丽明（人文）
罗立胜（外） 马俊英（体） 侯竹筠（图） 杨雅民（图）
吴开华（图） 戴遐明（核） 公锡泰（核） 胡永明（核）
黄芳芝（核） 刘以思（核） 唐春和（核） 张　纯（核）
周惠忠（核） 周嘉贞（核） 姜胜耀（核） 郭懋沁（微）
沈延钊（微） 羊性滋（微） 杜文涛（其他） 李学农（其他）
严绍华（产） 毕文淦（校） 陈玉新（校） 陈林成（校）
白光义（校） 徐远超（校） 成　洁（校） 孙道祥（校）
曹涵棻（其他） 刘明奎（其他） 刘明华（其他） 雷玉兰（校医）
郭有恒（产） 乌振生（产） 尹应武（产）
调入：文志英（数） 庄鹏飞（物） 李家明（物） 程　京（生）
饶子和（生） 黄国营（人文） 崔建远（人文） 高其才（人文）
马俊驹（人文） 曹南屏（人文） 刘书林（人文） 于　芬（体）

1998 年

陈衍庆（建） 尹　稚（建） 朱文一（建） 邹瑚莹（建）
王志浩（土） 朱宏亮（土） 陈永灿（水） 谢森传（水）
张富德（水） 曹树良（水） 钱涵欣（水） 谢树南（水）
王曾璇（水） 施汉昌（环） 王志石（环） 余　刚（环）
袁光钰（环） 祝万鹏（环） 陈吉宁（环） 李言祥（机）
梁　吉（机） 刘文今（机） 陈　恳（精） 段广洪（精）
陆润民（精） 毛文炜（精） 汤全安（精） 曾理江（精）
赵长德（精） 姜学智（热） 雷树业（热） 袁　新（热）
朱颖心（热） 许为全（热） 欧阳明高（汽） 夏群生（汽）
何丽静（电机） 马维新（电机） 唐庆玉（电机） 夏　清（电机）
蓝　宁（电机） 瞿文龙（电机） 查开德（电子） 梅顺良（电子）
钱建中（电子） 王德生（电子） 杨华中（电子） 应启珩（电子）
周祖成（电子） 戴一奇（计） 黄汉文（计） 马少平（计）
秦开怀（计） 王　诚（计） 赵致格（计） 郭木河（计）

范玉顺（自） 李九龄（自） 刘祖照（自） 王　雄（自）
刘文煌（自） 赵正旭（自） 蔡乾煌（力） 刘馥清（力）
王希麟（力） 张　健（力） 陈伯显（工物） 高文焕（工物）
王汝赡（工物） 邢振华（工物） 胡献华（化工） 刘　铮（化工）
汪展文（化工） 王晓工（化工） 赵安赤（化工） 顾家琳（材）
周　济（材） 陈宝林（数） 韩云瑞（数） 李海中（数）
刘宝碇（数） 马　力（数） 余　桂（数） 陈信义（物）
龙桂鲁（物） 余加莉（物） 陈培榕（化） 李艳梅（化）
刘密新（化） 王芹珠（化） 武增华（化） 昌增益（生）
孙之荣（生） 张荣庆（生） 周广业（生） 陈国青（经）
程佳惠（经） 吴　栋（经） 赵　平（经） 薛　澜（21 世纪）
于　安（人文） 曹南燕（人文） 宋焕成（人文） 李树勤（人文）
曹　莉（外） 李瑞芳（外） 沈培华（其他） 王行言（其他）
徐时新（其他） 单文志（核） 李德重（核） 李怀萱（核）
刘德顺（核） 苏庆善（核） 孙永广（核） 吴秋林（核）
姚梅生（核） 周立业（核） 陈培毅（微） 孙义和（微）
王　勇（微） 张树红（微） 张凤莲（其他） 戴德慈（其他）
叶瑞芳（其他） 焦金生（其他） 承宪康（校） 王　兵（校）
丁英烈（校） 陈华凯（校） 裴兆宏（校） 孙宝荣（校）
陈　刚（校） 温以德（产）

调入：张建民（水） 巩马理（精） 应明生（计） 刘　庆（材）
徐柏庆（化） 杨傅子（化） 张新荣（化） 孟安明（生）
魏　杰（经） 武康平（经） 于永达（公） 李伯重（人文）
王至元（人文） 高鸿钧（人文） 王保树（人文） 王亚新（人文）
张明楷（人文） 战宪斌（人文）

1999 年

邓雪娴（建） 吕　舟（建） 毛其智（建） 卢有杰（土）
聂建国（土） 宋二祥（土） 阎培渝（土） 才君眉（水）
贺五洲（水） 李庆斌（水） 李仲奎（水） 陆正禹（环）
王　伟（环） 朱张校（机） 张晓萍（机） 孔宪梅（精）
孟明辰（精） 孟永钢（精） 王伯雄（精） 徐家球（精）
叶雄英（精） 张学学（热） 张寅平（热） 狄洪发（热）
陈全世（汽） 宋　健（汽） 陆文娟（电机） 邱阿瑞（电机）
赵争鸣（电机） 闵　勇（电机） 杜秉初（电子） 冯振明（电子）
刘小明（电子） 刘序明（电子） 马樟萼（电子） 孟宪元（电子）
牛志升（电子） 李艳和（电子） 边计年（计） 陈修环（计）
刘　斌（计） 史嘉权（计） 杨士强（计） 陈玉健（计）
慕春棣（自） 张乃尧（自） 李俊峰（力） 梁新刚（力）
宋耀祖（力） 李泉凤（工物） 张小章（工物） 臧希年（工物）

陈翠仙（化）	谢续明（化）	周荣琪（化）	朱慎林（化）
冯庆玲（材）	沈万慈（材）	章晓中（材）	张文征（材）
白峰杉（数）	王祐民（数）	张友金（数）	倪　军（物）
吴念乐（物）	高　虹（物）	郭继华（物）	张广铭（高研）
陈德朴（化）	吴华武（化）	杨增家（化）	蔡国平（生）
华如兴（经）	蓝伯雄（经）	刘丽文（经）	仝允桓（经）
施祖麟（21 世纪）	孙明君（人文）	吴娅茹（人文）	赵甲明（人文）
何福胜（人文）	吕中舌（人文）	王彦花（人文）	王孙禺（人文）
张　威（体）	周长炎（体）	石　磊（其他）	博金海（核）
金光宇（核）	刘继国（核）	万春荣（核）	吴天宝（核）
于素花（核）	张阿玲（核）	钟文发（核）	周志伟（核）
朱钧国（核）	郭聚豪（核）	陈志良（微）	齐家月（微）
吴正立（微）	陈　希（校）	刘　颖（校）	陈克金（校）
范瑞鹤（校）	汤叔禹（校医）	杨存荣（校）	包铁竹（校）
张旭旭（校）	刘凤阁（其他）	吴香榍（其他）	施迎难（其他）
尹芳平（其他）	张广铭（高研）	李新友（产）	卢紫珊（产）
陆　达（产）			

调入：

张红武（水）	胡洪营（环）	赵大庆（机）	李立峰（精）
姚　强（热）	范子杰（汽）	孙卫东（电子）	吴子牛（力）
蒲以康（工物）	刘德华（化工）	白秉哲（材）	南策文（材）
唐梓洲（数）	郑志勇（数）	肖　杰（数）	王崇愚（物）
李亚栋（化）	沈德忠（化）	杜力军（生）	李志文（经）
于增彪（经）	李　强（人文）	刘　兵（人文）	刘　石（人文）
彭　林（人文）	万俊人（人文）	吴　彤（人文）	邹广文（人文）
李希光（人文）	尹　鸿（人文）	曹德本（人文）	杨永林（外）
刘世生（外）	罗选民（外）	章　程（法）	杨振宁（高研）

中央工艺美术学院并入清华大学时在职教授名单：

王家树　常沙娜　袁运甫　乔十光　陈汉民　奚静之　袁杰英　张德山　李德利　张世礼
梁世英　李永平　余秉楠　刘永明　宋　涤　杨永善　刘巨德　杜大恺　柳冠中　王明旨
张绮曼　张　錩　李凤崧　罗真如　黄　林　高中羽　杨淑萍　王小飞　钟蜀珩　潘吾华
白　山　邱百平　罗　越　王国伦　陈进海　王玉良　陈雅丹　李砚祖

2000 年

左　川（建）	张　杰（建）	吴唯佳（建）	徐卫国（建）
石永久（土）	郭玉顺（土）	季如进（土）	马吉明（水）
许洪元（水）	胡和平（水）	翟大潜（水）	李广贺（环）
白庆中（环）	李先耀（机）	熊守美（机）	林　亨（机）
雒建斌（精）	褚福磊（精）	刘兴占（精）	徐毓娴（精）
吕泽华（热）	何　榕（热）	李　政（热）	王建昕（汽）
徐国政（电机）	袁建生（电机）	王新新（电机）	陆建华（电子）

娄彩云（电子）	姚敏玉（电子）	雷有华（电子）	邓志东（计）
张素琴（计）	戴梅萼（计）	张长水（自）	王俊杰（自）
周　彤（自）	杜继宏（自）	曾　实（工物）	张化一（工物）
施惠基（力）	庄　茁（力）	骆广生（化）	王金福（化）
冯嘉猷（材）	韦　丹（材）	苏　宁（数）	简怀玉（数）
刘晓遇（数）	赵永刚（物）	段文晖（物）	薛　平（物）
邱　勇（化）	朱文涛（化）	陶家洵（化）	段明星（生）
卢家仪（经）	金占明（经）	傅　军（公）	刘庆龙（人文）
丁　夏（人文）	范　红（外）	许建平（外）	施天涛（法）
王晨光（法）	姜爱蓉（图）	张奉杉（美）	孙德珊（美）
鲁晓波（美）	郑曙阳（美）	李当歧（美）	何　洁（美）
王培波（美）	包　林（美）	徐小琳（核）	周世新（核）
姜长印（核）	居怀明（核）	韦志洪（核）	毛宗强（核）
郭志萍（核）	张建洲（核）	田立林（微）	杨肇敏（微）
韩景阳（校）	孙　哲（校）	金锡华（校）	季元振（其他）
张启明（校）	王仁康（其他）	罗建北（产）	苗齐田（产）
调入：王贵祥（建）	张智慧（土）	沈珠江（水）	李克强（汽）
林　闯（计）	黄德先（自）	杨　耕（自）	琚诒光（力）
何也熙（工物）	王晓琳（化工）	邢新会（化工）	李　强（化工）
冯克勤（数）	王怀玉（物）	朱邦芬（物）	莫宇翔（物）
刘玉良（物）	陈难先（物）	李惕碚（物）	石高全（化）
胡鞍钢（公）	殷存毅（公）	卢　风（人文）	罗　钢（人文）
解志熙（人文）	蔡继明（人文）	阎学通（人文）	肖　红（人文）
孙立平（人文）	王晓朝（人文）	蔡曙山（人文）	郭于华（人文）
王　宁（外）	朱慈蕴（法）	车丕照（法）	傅廷中（法）
李象群（美）	陈丹青（美）	梁恩忠（其他）	郝　丽（医）

2001 年

王　路（建）	张复合（建）	金笠铭（建）	陆化普（土）
辛克贵（土）	叶列平（土）	那向谦（土）	方红卫（水）
聂孟喜（水）	杨　强（水）	麦家煊（水）	王洪涛（环）
文湘华（环）	吴爱萍（机）	姚可夫（机）	卢清萍（机）
王永梁（精）	余兴龙（精）	章恩耀（精）	刘朝儒（精）
毛乐山（精）	史　琳（热）	卢青春（汽）	吴　甦（工业）
崔文进（电机）	何金良（电机）	蒋晓华（电机）	童陆园（电机）
王士敏（电机）	刘　加（电子）	任　勇（电子）	王秀坛（电子）
王一超（电子）	高文焕（电子）	史月艳（电子）	温冬婵（计）
朱小燕（计）	孙茂松（计）	马群生（计）	苑春法（计）
柴跃廷（自）	张大力（自）	唐竞新（自）	施　工（工物）
刘慧银（工物）	魏仁杰（工物）	冯西桥（力）	黄东涛（力）

孙镇华（力）	陈　健（化工）	李继定（化工）	杨基础（化工）
胡　平（化工）	田民波（材）	翁　端（材）	康飞宇（材）
邓海金（材）	卢旭光（数）	何坚勇（数）	刘凤英（物）
马　辉（物）	沈光球（化）	唐应武（化）	朱永法（化）
王义明（化）	公衍道（生）	陈国权（经）	郝振平（经）
雷家肃（经）	王　名（公）	王中忱（人文）	萧　巍（人文）
崔保国（人文）	景　军（人文）	寇廷耀（人文）	崔　刚（外）
李碧嘉（外）	许章润（法）	王映雪（其他）	刘蜀仁（图）
张夫也（美）	赵　萌（美）	杭　间（美）	卢新华（美）
陈瑞林（美）	王文然（核）	于溯源（核）	仲朔平（核）
周　羽（核）	石铭德（核）	张宝清（核）	贺祥庆（微）
李永明（微）	卢达溶（产）	范　新（产）	马二恩（产）
林鄂华（产）	孙茂新（校）	徐振明（校）	杨晓延（校）
马宝民（其他）	宫　力（其他）	金文织（其他）	李家强（其他）
李荣先（其他）	应锦薇（其他）		

调入：

余锡平（水）	杨昌喜（精）	朴　英（热）	王德峥（化工）
林章凛（化工）	袁　俊（材）	贾仲孝（数）	印林生（数）
周　坚（数）	李　津（数）	罗永章（生）	林家翘（物）
翁征宇（物）	王以华（经）	刘　勇（人文）	楚树龙（公）
王晓毅（人文）	谢思炜（人文）	仇　军（体）	陈池瑜（美）
代大权（美）	曾成钢（美）	王　太（其他）	裴端卿（医学）

2002 年

吕富珣（建）	毛　锋（建）	袁　莹（建）	方东平（土）
李永德（土）	张建平（土）	董　聪（土）	韩文亮（水）
江春波（水）	王忠静（水）	徐康富（环）	张天柱（环）
周中平（环）	陈国学（机）	李培杰（机）	王昆林（机）
董景新（精）	何庆声（精）	王　慧（精）	罗　锐（热）
陈建业（电机）	李福祺（电机）	李芙英（电机）	刘卫东（电机）
陈雅琴（电子）	朱守真（电机）	樊平毅（电子）	罗淑云（电子）
杨　健（电子）	廖庆敏（电子）	胡事民（计）	林福宗（计）
史元春（计）	赵雁南（计）	汪东升（计）	华成英（自）
张学工（自）	张　毅（自）	任革学（力）	谢惠民（力）
张冠忠（力）	程建平（工物）	郭庆丰（化工）	王亭杰（化工）
王运东（化工）	陈秀云（材）	谢志鹏（材）	张政军（材）
王飞燕（数）	谢金星（数）	张贺春（数）	刘耀明（物）
王军民（化）	尉志武（化）	姜旭平（经）	朱武祥（经）
王有强（公）	苏　竣（公）	李　彬（人文）	李正风（人文）
廖名春（人文）	肖广岭（人文）	肖　鹰（人文）	艾四林（人文）
范文芳（外）	冯　峰（外）	刘芝琳（外）	李兆杰（法）

李　彬（新闻）　王健华（新闻）　陈伟强（体）　武祥村（其他）
肖　燕（图）　赵　熊（图）　杜宏祺（美）　马怡西（美）
尚　刚（美）　田　青（美）　吴冠英（美）　严　扬（美）
薄涵亮（核）　查美生（核）　陈　靖（核）　马玉清（核）
王建龙（核）　王瑞偏（核）　张亚军（核）　左开芬（核）
王家英（核）　向采兰（微）　许　军（微）　王　林（校）
孙宇华（校）　刘文焕（校）　周　蕊（校）　周　立（校）
刘　贵（校）　刘裕品（校）　范文斌（继）　王利群（其他）
侯建群（其他）　吴耀东（其他）　张立新（其他）　王黎明（其他）
陈福明（其他）　王锡清（产）　陈大年（产）　梅　萌（产）
调入：安雪晖（水）　王思敬（水）　蔡宁生（热）　孙恒虎（热）
李敬锋（材）　程　曜（物）　楼宇庆（物）　张双南（物）
华瑞茂（化）　李广涛（化）　胡跃飞（化）　丁　怡（生）
周　兵（生）　陈争平（人文）　汪　晖（人文）　王小盾（人文）
史静寰（人文）　王　路（人文）　陈永国（外）　何美欢（法）
冯立昇（图）　王洪亮（美）　孙玉敏（美）　吕敬人（美）
王　敏（美）　王铁牛（美）　王革华（核）　岑光涛（医）
安　巍（医）　左焕琮（医学）　刘湘军（医学）　林国恩（软）

2003 年

李先庭（建）　王丽方（建）　杨　锐（建）　马智亮（土）
王守清（土）　吴炜煜（土）　邵学军（水）　王恩志（水）
张思聪（水）　陈吕军（环）　傅立新（环）　单际国（机）
王克争（机）　庄大明（机）　李路明（机）　何树荣（精）
季林红（精）　李学志（精）　李　岩（精）　齐国生（精）
路新春（精）　周　凯（精）　祁海鹰（热）　段远源（热）
张扬军（汽）　李一兵（汽）　赵晓波（工业）　刘文华（电机）
梅生伟（电机）　沈永林（电机）　苏鹏声（电机）　徐　云（电机）
崔慧娟（电子）　苏光大（电子）　王希勤（电子）　徐士良（电子）
赵华凤（电子）　艾海舟（计）　孙富春（计）　田金兰（计）
叶　榛（计）　朱纪洪（计）　崔德光（自）　孙梅生（自）
唐光荣（自）　赵千川（自）　周　杰（自）　崔桂香（力）
刘应华（力）　汤荣铭（力）　张　雄（力）　包成玉（工物）
李君利（工物）　刘以农（工物）　胡山鹰（化工）　林爱光（化工）
孙登文（化工）　余立新（化工）　安　迪（材）　陈克新（材）
姜忠良（材）　王晓慧（材）　陈金文（数）　陆　璇（数）
许甫华（数）　李　复（物）　阮　东（物）　张留碗（物）
巨　勇（化）　石鸿昌（化）　童爱军（化）　陈秉正（经）
陈　晓（经）　朱宝宪（经）　杨燕绥（公）　龙登高（人文）
唐少杰（人文）　张美兰（人文）　张小军（人文）　童燕萍（外）

王振民（法） 陆　地（新闻） 孔祥云（马） 沈锡臣（计）
蔡　军（美） 陈　辉（美） 高沛明（美） 李　燕（美）
林乐成（美） 陆志成（美） 魏小明（美） 贾海军（核）
梁俊福（核） 曲静原（核） 王　捷（核） 杨　冰（核）
王秋萍（核） 张泉荣（核） 任天令（微） 王水弟（微）
戴吾三（图） 王广志（医学） 王　钊（医学） 王建民（软）
张华堂（校） 史宗恺（校） 赵如发（校） 唐德玲（校）
赵纯善（校） 徐井宏（产） 张喜民（产） 戴福根（产）
张学政（产） 张锡辉（其他） 缪立新（其他） 李崇荣（其他）
胡苏薇（其他） 王俊怡（华信） 赵学增（华信） 谭学瑞（玉泉）
调入：周　青（汽） 黄翊东（电子） 王生进（电子） 管晓宏（自）
范维澄（工物） 于荣海（材） 安　迪（材） 张卫平（物）
王治强（化） 张　希（化） 吴嘉炜（生） 王志新（生）
李学勤（人文） 刘江永（人文） 刘　临（美） 魏小明（美）
郑　艺（美） 许献洪（核） 钱大宏（微） 刘伟强（其他）
覃　征（软） 王兴军（信研） 李　军（信研）

2004 年

单　军（建） 王　诂（建） 许懋彦（建） 张惠英（土）
张　君（土） 钟宏志（土） 吴保生（水） 杨铁笙（水）
张丙印（水） 李金惠（环） 左剑恶（环） 荆　涛（机）
马庆贤（机） 王振家（机） 李　勇（精） 王立平（精）
杨惠英（精） 杨小庆（精） 叶蓓华（精） 林喜荣（精）
柯道友（热） 李俊明（热） 张金换（汽） 董新洲（电机）
汪晓光（电机） 王树民（电机） 周远翔（电机） 何　芸（电子）
王　蔷（电子） 周世东（电子） 佘京兆（电子） 陈群秀（计）
杨广文（计） 殷人昆（计） 范全义（自） 罗予频（自）
孙政顺（自） 张　莹（自） 何　枫（航） 殷雅俊（航）
李元景（工物） 唐传祥（工物） 王悦敏（工物） 郭宝华（化）
王　涛（化） 杨金龙（材） 杨志刚（材） 华　苏（数）
邢文训（数） 杨晓京（数） 陈振鹏（物） 余京智（物）
吴　健（高研） 贺德华（化） 潘伟雄（化） 王如骥（化）
屠萍官（生） 黄京华（经） 廖　理（经） 徐瑜青（经）
韩廷春（公） 高淑娟（人文） 裴晓梅（人文） 张玲霞（人文）
张绪山（人文） 王宪明（人文） 张祖英（人文） 李　越（人文）
封宗信（外） 黎　宏（法） 颜天民（体） 常大伟（美）
杜红宇（美） 华健心（美） 王建中（美） 郑　宁（美）
邓长生（核） 李　富（核） 厉日竹（核） 王建晨（核）
吴莘馨（核） 肖宏伶（核） 徐　光（核） 严玉顺（核）
王纪民（微） 王　燕（微） 杨家海（其） 王天禧（产）

邱显清（校） 张　佐（校） 梁永明（校） 杨振斌（校）
白守仁（校） 葛　仲（校） 李令全（校） 李月梅（校）
邓　卫（校） 潘安平（其他） 路新瀛（其他） 焦　虹（其他）
张雅欧（其他） 李淑红（校） 辛　暖（其他） 杨宝华（产）
程渝荣（产） 庄　宁（产） 陈兆武（产） 高小榕（医学）
蒋宇扬（深生） 向　东（软） 郑　方（信研） 张东亚（华信）
调入：李晓东（建） 杨大文（水） 蒋洪德（热） 朱　民（热）
杨　林（电子） 袁睿翕（自） 何红建（工物） 唐劲天（工物）
袁宏永（工物） 冯　琦（数） 林金明（化） 李景虹（化）
刘　栋（生） 谢道昕（生） 李　蓬（生） 罗　弘（生）
潘宪明（生） 姚期智（高研） 李稻葵（经） 白重恩（经）
崔之元（公） 齐　晔（公） 张国刚（人文） 刘北成（人文）
王中江（人文） 何茂春（人文） 刘欣欣（人文） 贾兵兵（法）
郭镇之（新闻） 韩冬雪（马） 解　安（马研） 王宏剑（美）
谢维和（校） 万国华（医） 吴清玉（医学）
刘　辉（医学）注：学校已于2006年解除教授职务与聘任合同。
耿同超（玉泉） 马彦彦（玉泉） 张宗明（玉泉） 刘破资（玉泉）

2005年

纪怀禄（建） 谭纵波（建） 窦春鹏（建） 张玉良（土）
曹德成（水） 段云岭（水） 强茂山（水） 刘　翔（环）
吴伯杰（机） 钟敏霖（机） 吴运新（机） 崔瑞祯（精）
贾维溥（精） 邵天敏（精） 田　凌（精） 王玉坤（精）
魏喜新（精） 许纪旻（精） 闫　平（精） 蒋东翔（热）
吕俊复（热） 唐多元（热） 吴学安（热） 裴普成（汽）
谢起成（汽） 饶培伦（工业） 康重庆（电机） 李志康（电机）
孙宏斌（电机） 徐福媛（电机） 李凤亭（电子） 孙成城（电子）
郑小平（电子） 朱明方（电子） 陈　旭（电子） 蔡懿慈（计）
黄连生（计） 李　芬（计） 徐明伟（计） 曹玉金（自）
陈慧蓉（自） 戴琼海（自） 宋靖雁（自） 王宏宝（自）
王锦标（自） 李喜德（航） 钟北京（航） 陈怀璧（工物）
杜彦从（工物） 王国力（工物） 王　侃（工物） 沈金玉（化工）
于养信（化工） 李友国（材） 刘　伟（材） 汪长安（材）
刘庆华（数） 王小群（数） 杨顶辉（数） 郭　永（物）
王凤林（物） 郁伟中（物） 冯玉萍（化） 王立铎（化）
席婵娟（化） 高　建（经） 宁向东（经） 谢德仁（经）
巫永平（公） 方朝晖（人文） 李刚军（人文） 李　虹（人文）
王启龙（人文） 何红梅（外） 张文霞（外） 韩世远（法）
周光权（法） 陈小平（体） 孙葆洁（体） 程建钢（其他）
朱汉城（艺） 李正安（美） 茹爱林（美） 宋立民（美）

唐　薇（美）	彦　东（美）	常华健（核）	董玉杰（核）
林登彩（核）	王欣昌（核）	吴志芳（核）	杨志军（核）
叶裕才（核）	张　斌（核）	张希良（核）	邹彦文（核）
林惠旺（微）	李鸿儒（产）	嵇世山（校）	杨淑华（校）
张凤昌（校）	高策理（校）	郭大成（校）	林　华（其他）
黄　维（其他）	张秋玲（其他）	孙　远（医）	宋　军（产）
薛保兴（产）	龙大伟（产）	邢婉丽（医学）	常智杰（医学）
李林法（医学）	顾　明（软）	许希斌（信研）	黄超联（华信）
陈国强（玉泉）			
调入：杨旭东（建）	韩林海（土）	李焯芬（水）	顾春伟（热）
成　波（汽）	张　兴（航）	郑钢铁（航）	陈少敏（工物）
薛其坤（物）	吴洪开（化）	吴　畏（生）	聂华桐（高研）
王小云（高研）	雍稳安（高研）	罗家德（人文）	司久岳（新闻）
李十中（核）	刘国松（医学）	孙方霖（医学）	仲伟民（其他）
管德林（华信）	李胜文（华信）	支志雄（软）	宋　健（信研）

2006 年

党安荣（建）	周燕珉（建）	时旭东（土）	王元清（土）
张永良（水）	单立志（环）	刘文君（环）	汪诚文（环）
吴晓磊（环）	朱志明（机）	闫双景（机）	董永贵（精）
王　佳（精）	徐　峰（精）	叶佩青（精）	李立勤（热）
由长福（热）	帅石金（汽）	郭静波（电机）	侯国屏（电机）
姜齐荣（电机）	刘廷文（电机）	王家森（电机）	陈明华（电子）
杜正伟（电子）	胡思正（电子）	乐正友（电子）	谭耀麟（电子）
周淑华（电子）	张英香（电子）	舒继武（计）	高晋占（自）
陆文凯（自）	钱利民（自）	宋士吉（自）	王　普（自）
张福义（自）	陈　民（航）	任玉新（航）	王锡瑞（航）
陈志强（工物）	阚成友（化工）	武庆兰（材）	岳振星（材）
邹文明（数）	安　宇（物）	刘长洪（物）	路峻岭（物）
邱新平（化）	孙素琴（化）	李　飞（经）	钱小军（经）
孟庆国（公）	贝淡宁（人文）	江铭虎（人文）	张利华（人文）
张　威（外）	李　庆（体）	高　瑄（图）	戴顺智（美）
史习平（美）	苏　丹（美）	祝重寿（美）	陈文颖（核）
刘青山（核）	刘造起（核）	王培清（核）	张佑杰（核）
赵　刚（核）	赵　雷（核）	高志强（微）	岳瑞峰（微）
袁本涛（人文）	毕　军（其他）	黎维彬（其他）	马瑛珺（其他）
王殿军（其他）	郭建丽（校医）	李志强（产）	刘　刚（产）
杨春武（产）	罗贵明（软）	雍俊海（软）	宗俊峰（校）
唐　杰（校）	黄建华（校）	李　明（校）	傅秀芬（校）
吴振宇（校）	宫兴林（校）	霍秀英（其他）	董文川（华信）

乔　华（华信）

调入：	顾朝林（建）	冯　铃（计）	黄全义（工物）	姚家燕（数）
	贾金锋（物）	王向斌（物）	李保界（生）	刘玉乐（生）
	潘俊敏（生）	钱颖一（经）	王一江（经）	杨百寅（经）
	俞　樵（公）	余凌云（法）	刘敬东（马）	周浩明（美）
	张晓东（医学）			

2007 年

程　远（建）	张　利（建）	张　红（土）	倪广恒（水）
李俊华（环）	邹贵生（机）	王　雪（精）	阎绍泽（精）
张　嵘（精）	朱　煜（精）	王正伟（热）	侯之超（汽）
柴建云（电机）	曾　嵘（电机）	葛　宁（电子）	冯建华（计）
赵有健（计）	刘　民（自）	叶　昊（自）	陆秋海（航）
许春晓（航）	李荐民（工物）	程　易（化工）	盖国胜（材）
胡家信（数）	朱　彬（数）	陈　宇（物）	李群庆（物）
吕　嵘（物）	寇会忠（化）	王　训（化）	胡左浩（经）
刘玲玲（经）	谢　伟（经）	沈　原（人文）	史志钦（人文）
田　薇（人文）	何宏华（外）	张建伟（法）	金兼斌（新闻）
王雯姝（马）	张　冰（体）	李静杰（美）	李　薇（美）
唐绪祥（美）	董建令（核）	唐亚平（核）	向新程（核）
张力生（核）	刘泽文（微）	刘　颖（其他）	田进涛（华信）
郑春华（华信）	姚丹亚（信研）	邓丽曼（校）	吉俊民（校）
王　岩（校）			

调入：	王兆印（水）	王玉明（精）	江伟华（电机）	张志军（电子）
	梁　斌（自）	程　农（自）	张　辉（工物）	王亚愚（物）
	李　隽（化）	刘　磊（化）	施一公（生）	李宏彬（经）
	张海明（人文）	孙　哲（人文）	陈　炜（微）	颜　宁（医学）
	陈正光（华信）	常鹏飞（玉泉）	魏继航（玉泉）	

2008 年

石文星（建）	宋晔皓（建）	赵红蕊（土）	茅泽育（水）
于玉贞（水）	何　苗（环）	张彭义（环）	张　弓（机）
刘向锋（精）	郁鼎文（精）	朱　荣（精）	张衍国（热）
张俊智（汽）	李志忠（工业）	陈水明（电机）	张　利（电子）
张旭东（电子）	陈文光（计）	李涓子（计）	王　凌（自）
王天舒（航）	姚学锋（航）	张　丽（工物）	向　兰（化工）
林元华（材）	郭玉霞（数）	黄忠亿（数）	姜开利（物）
付　华（化）	李兆陇（化）	陈涛涛（经）	吴维库（经）
彭宗超（公）	彭国翔（人文）	孙　凤（人文）	张　勇（人文）
隽雪艳（外）	申卫星（法）	韦正翔（马）	杨　毅（图）
李　睦（美）	马　泉（美）	邹　文（美）	江　锋（核）

梁彤祥（核） 杨明德（核） 张征明（核） 王喆垚（微）
刘彦生（其他） 贾志东（深生） 王蒲生（深生） 吴振一（产）
邢春晓（信研） 赵庆刚（校） 李　焰（校） 郭　樑（校）
耿进朝（华信） 王世杰（玉泉）
调入：王凯军（环） 徐　冰（环） 任　静（热） 温江涛（计）
郑丽丽（航） 高海啸（生） 帅志刚（化学） 王浩文（航）
赵劲松（化） 张大鹏（生） 侯旭东（人文） 刘精明（人文）
郭庆光（新闻） 陈昌凤（新闻） 林　健（教） 刘　静（医学）
葛惟昆（物） 王力军（物） 陶庆华（生） 俞　立（生）
文　一（经） 王庆新（公） 罗博思（人文） 彭凯平（人文）
史傅德（人文） 邓　伟（美） 张林琦（医学） 凌至培（玉泉）

2009 年

付　林（建） 朱育帆（建） 石　京（土） 傅旭东（水）
徐千军（水） 蒋建国（环） 王　慧（环） 林　峰（机）
朱宏伟（机） 陈非凡（精） 冯平法（精） 田　煜（精）
禚玉群（热） 田光宇（汽） 张　伟（工） 沈　沉（电机）
陆明泉（电子） 任丰原（计） 徐　恪（计） 李　梢（自）
邹红星（自） 方　菲（航） 刘　彬（航） 周　明（航）
李玉兰（工物） 周明胜（工物） 唐黎明（化工） 唐子龙（材）
陆　玫（数） 叶　俊（数） 孙家林（物） 崔爱莉（化）
丁明玉（化） 王跃宣（交叉） 杨之曙（经） 朱玉杰（经）
韩立新（人文） 彭　刚（人文） 杨小璐（外） 李　旺（法）
史安斌（新闻） 欧阳军喜（马） 赵　青（体） 苏　华（美）
张　敢（美） 周尚仪（美） 黄志勇（核） 石　磊（核）
赵　璇（核） 段海新（网） 李双寿（训） 朱建平（华信）
陈春玲（玉泉） 李小勇（玉泉） 赵　明（信研） 张文雪（校）
吴剑平（校） 郑永平（校） 高　斌（校） 胡海峰（校）
调入：李树华（建） 宋永华（电机） 王昭诚（电子） 陈长青（航院）
韦　杰（工物） 黄　弘（工物） 宫　鹏（物） 戴宏杰（物）
尤　力（物） 危　岩（化） 刘冬生（化） 王梅祥（化）
罗敏敏（生） 柴继杰（生） 张首晟（高研） 文小刚（高研）
鞠建东（经） 赵平安（人文） 曹　峰（人文） 黄裕生（人文）
赵日新（人文） 刘　禾（人文） 张小劲（人文） 陈　来（人文）
刘　东（人文） 景跃进（人文） 林来梵（法） 郑尚元（法）
肖贵清（马） 钱　鹤（微） 刘玉玺（微） 吴　励（医学）
袁　彪（华信） 李小梅（华信） 戴铁英（玉泉） 张奇伟（信息实）

2010 年

边兰春（建） 贾　珺（建） 黄跃飞（水） 王　虹（水）
段　雷（环） 王　灿（环） 沈厚发（机） 韩福柱（精）

孙利群（精） 王晓浩（精） 张 海（热） 李建秋（汽）
黄松岭（电机） 张贵新（电机） 孙长征（电子） 袁 坚（电子）
武永卫（计） 尹 霞（计） 彭黎辉（自） 邱信明（航）
岑 松（航） 刘亚强（工物） 王保国（化） 蔡 强（材）
杨 瑛（数） 陈 曦（物） 魏永革（化） 潘 勋（生）
张贵友（生） 杨 斌（经） 杨德林（经） 朱 岩（经）
邓国胜（公） 刘国忠（人文） 王天夫（人文） 杨 舰（人文）
王婉莹（外） 余石屹（外） 王明远（法） 王峰明（马）
高 全（体） 林 佳（图） 冯元元（艺） 贾京生（美）
李莉婷（美） 张歌明（美） 赵 健（美） 段茂盛（核）
郭吉林（核） 黄晓津（核） 徐盛明（核） 李树国（微）
李曼丽（教） 王继龙（网） 管运涛（深生） 潘克梫（校医）
李洪银（华信） 夏影丽（华信） 冯 璞（玉泉） 叶晓俊（软）
杜汇良（校） 王守军（校） 范宝龙（校） 龙奋杰（校）
朱 赤（校）

调入：解跃峰（环） 王 毅（环） 周集中（环） 孙 伟（机）
李 默（机） 融亦鸣（精） 罗忠敬（热） 李佳峰（汽）
张剑波（汽） 徐正元（电子） 杨 帆（电子） 王子栋（自）
GREY HASIN FRANCOIS DE CHARMOY（航） 陶嘉琳（物）
王宏伟（生） 林光辉（地） 罗 勇（地） 王 斌（地）
段路明（交叉） 潘日新（数） M. Forster（人文） 李守奎（人文）
王 成（外） 冯 象（法） 苏亦工（法） 吴潜涛（马）
韩敬伟（美） 屠基元（核） 沈 沁（医学） 李兆平（医学）
沈晓骅（医学） 王小勤（医学） 张敬仁（医学） 苑 纯（医学）
高凤莉（临） 史天健（人文） 陈步星（华信）

五、院士名录

从 1955 年至 2009 年，清华大学教授当选为中国科学院院士（学部委员）、中国工程院院士名录见表 9-3-22、表 9-3-23。

表 9-3-22 清华大学教授当选中国科学院院士名录

姓 名	当选年份	所 在 学 部	学 科 专 长	备 注
钱伟长	1955	数学物理学部	力学与数学	1982 年调离
刘仙洲	1955	技术科学部	机械工程	1975 年去世
张 维	1955	技术科学部	力学、结构工程	2001 年去世
张光斗	1955	技术科学部	水利水电工程	
孟昭英	1955	技术科学部	电子学、物理学	1995 年去世
黄文熙	1955	技术科学部	水工结构与岩土工程	2001 年去世

续表

姓　名	当选年份	所在学部	学科专长	备　注
章名涛	1955	技术科学部	电机工程	1985 年去世
梁思成	1955	技术科学部	建筑学	1972 年去世
吴仲华	1957	技术科学部	工程热物理	1962 年调离
汪家鼎	1980	化学部	化学工程	2009 年去世
王补宣	1980	技术科学部	工程热物理	
吴良镛	1980	技术科学部	建筑与城市规划	
钱　宁	1980	技术科学部	泥沙运动及河床演变	1986 年去世
高景德	1980	技术科学部	电机工程	1996 年去世
潘际銮	1980	技术科学部	焊接	
常　迵	1980	技术科学部	无线电、信号处理与模式识别	1991 年去世
李家明	1991	数学物理学部	原子分子理论	
赵玉芬	1991	化学部	有机化学	
黄克智	1991	技术科学部	固体力学	
李志坚	1991	技术科学部	半导体物理、微电子学	
周炳琨	1991	技术科学部	激光与光电技术	
卢　强	1991	技术科学部	自动控制、电力系统	
李衍达	1991	技术科学部	信息处理及智能控制	
王大中	1993	技术科学部	核工程与安全	
王崇愚	1993	技术科学部	金属缺陷电子结构与材料设计	
林家翘	1994	外籍院士	流体力学、应用数学、天体物理	
杨振宁	1994	外籍院士	粒子物理学、统计力学和凝聚态物理	
张　钹	1995	技术科学部	计算机应用	
朱　静	1995	技术科学部	材料科学微观结构及其表征	
沈珠江	1995	技术科学部	岩土工程	2006 年去世
陈难先	1997	数学物理学部	凝聚态物理	
李惕碚	1997	数学物理学部	高能天体物理	
王志新	1997	生物学部	生物化学、生物物理学	
过增元	1997	技术科学部	工程热物理	
温诗铸	1999	技术科学部	机械学	
顾秉林	1999	技术科学部	凝聚态物理与计算材料学	
张楚汉	2001	技术科学部	水工结构工程与抗震	
柳百新	2001	技术科学部	材料物理与化学	
邝宇平	2003	数学物理学部	理论物理	
朱邦芬	2003	数学物理学部	凝聚态物理	
费维扬	2003	化学部	化学工程	

续表

姓　名	当选年份	所 在 学 部	学 科 专 长	备　注
饶子和	2003	生物学部	生物物理学与结构生物学	
杨　卫	2003	技术科学部	固体力学	2005 年调离
范守善	2003	技术科学部	材料物理与化学	
姚期智	2004	外籍院士	理论计算机科学	
薛其坤	2005	技术科学部	凝聚态物理、材料物理和纳米科学	
张　希	2007	化学部	高分子化学和物理	
孟安明	2007	生命科学与医学学部	发育生物学	
隋森芳	2009	生命科学与医学学部	生物物理	
王光谦	2009	技术科学部	水力学	

表 9-3-23　清华大学教授当选中国工程院院士名录

姓　名	当选年份	所 在 学 部	学 科 专 长	备　注
金国藩	1994	信息与电子工程学部	光学工程	
李恒德	1994	化工、冶金与材料工程学部	核材料和金属物理	
沈德忠	1994	化工、冶金与材料工程学部	人工晶体	
张光斗 *	1994	能源与矿业工程学部	水利水电工程	
张　维 *	1994	土木、水利与建筑工程学部	力学、结构工程	2001 年去世
钱　易	1994	农业、轻纺与环境工程学部	水污染防治技术及机理	
吴佑寿	1995	信息与电子工程学部	信号与信息处理、通信与电子系统	
李三立	1995	信息与电子工程学部	微机、局部网络、RISC 和并行处理	
吴　澄	1995	信息与电子工程学部	自动化	
朱永赡	1995	化工、冶金与材料工程学部	核燃料后处理	
顾夏声	1995	农业、轻纺与环境工程学部	水处理	
王思敬	1995	能源与矿业工程学部	环境地质与岩石力学	
徐旭常	1995	能源与矿业工程学部	热能工程	
韩英铎	1995	能源与矿业工程学部	电力系统及其自动化	
吴良镛 *	1995	土木、水利与建筑工程学部	建筑学与城市规划	
关肇邺	1995	土木、水利与建筑工程学部	建筑设计与理论	
龙驭球	1995	土木、水利与建筑工程学部	土木工程和结构力学	
杜庆华	1997	机械与运载工程学部	应用力学	2006 年去世
金　涌	1997	化工、冶金与材料工程学部	化学反应工程	
李龙土	1997	化工、冶金与材料工程学部	功能陶瓷	
陈肇元	1997	土木、水利与建筑工程学部	土木工程	
柳百成	1999	机械与运载工程学部	铸造工艺与设备	
孙家广	1999	信息与电子工程学部	计算机软件及应用	
蒋洪德	1999	能源与矿业工程学部	叶轮机械与动力工程	

续表

姓　名	当选年份	所在学部	学科专长	备　注
倪维斗	1999	能源与矿业工程学部	动力机械工程	
李道增	1999	土木、水利与建筑工程学部	建筑设计方法与理论	
范维澄	2001	能源与矿业工程学部	安全科学技术	
江　亿	2001	土木、水利与建筑工程学部	人工环境工程	
王玉明	2003	机械与运载工程学部	流体密封工程	
李焯芬	2003	能源与矿业工程学部	岩土工程与工程地质	
陈丙珍	2005	化工、冶金与材料工程学部	过程系统工程	
安继刚	2005	能源与矿业工程学部	核技术应用	
雷志栋	2007	土木、水利与建筑工程学部	水资源	
郝吉明	2005	农业、轻纺与环境工程学部	大气污染及其控制	
岳光溪	2009	能源与矿业工程学部	清洁煤燃烧	
程　京	2009	医药卫生学部	生物芯片	

注：名字加 * 者已是中国科学院院士。

六、国务院学位委员会委员及学科评议组成员

历届国务院学位委员会委员见表 9-3-24。

表 9-3-24　历届国务院学位委员会委员

届　次	时　间	姓　名
第一届	1980-12—1988-10	张光斗（1983-03 任副主任）张　维　高景德
第二届	1988-10—1995-03	张光斗（副主任）　高景德　潘际銮
第三届	1995-03—1999-01	王大中　李衍达
第四届	1999-01—2003-05	王大中　李衍达
第五届	2003-05—2008-04	顾秉林　孙家广
第六届	2008-04—	顾秉林　孙家广

历届国务院学科评议组成员见表 9-3-25 至表 9-3-30。

表 9-3-25　第一届国务院学科评议组成员（1981-06—1985-02）

姓　名	学科门类	学科评议组名称	学科专长	备　注
赵访熊 *	理学	数学	计算数学	
张　维 *	工学	力学	工程力学、结构工程	
钱伟长	工学	力学	力学与数学	1982 年调离
郑林庆	工学	机械制造、仪器仪表	摩擦、磨损	
梁晋文	工学	机械制造、仪器仪表	互换性原理、光学仪器设计、仪器测试技术	

续表

姓　名	学科门类	学科评议组名称	学 科 专 长	备　注
李恒德	工学	冶金金属材料及热加工	金属材料	
潘际銮	工学	冶金金属材料及热加工	焊接	
王补宣	工学	动力机械及工程热物理	热工、传热传质学、工程热力学	
高景德 *	工学	电机、电力	电机及电力系统过渡过程	
吴佑寿 *	工学	电子学与通信	无线电通信	
李志坚	工学	电子学与通信	半导体物理与器件	1983 年增补
金　兰 *	工学	计算机科学与技术	计算机系统结构与设计	
常　迵 *	工学	自动化	无线电工程	
吴良镛	工学	土建、水利、测量	建筑及城市规划	
张光斗	工学	土建、水利、测量	水工及水力发电	
钱　宁	工学	土建、水利、测量	泥沙运动及河床演变	
汪家鼎 *	工学	化工、非金属材料	化学工程、分离工程	
吕应中	工学	原子能	反应堆工程	1983 年增补

注：标 * 者为该评议组召集人。

表 9-3-26　第二届国务院学科评议组成员（1985-02—1991-12）

姓　名	学科门类	学科评议组名称	学 科 专 长	备　注
萧树铁	理学	数学	应用数学	
徐亦庄	理学	物理学	原子、分子和激光物理	
黄克智 *	工学	力学	固体力学	
郑林庆	工学	机械制造	摩擦学	
梁晋文	工学	仪器仪表	互换性原理、光学仪器设计、仪器测试技术	
严普强	工学	仪器仪表	精密机械仪器、测试技术	
潘际銮 *	工学	冶金、金属材料及热加工	焊接	
李恒德	工学	冶金、金属材料及热加工	金属物理、核材料	
王补宣 *	工学	动力机械及工程热物理	热工、传热传质学、热力学	
高景德 *	工学	电机、电力	电机、电力系统过渡过程	
吴佑寿 *	工学	电子学与通信	通信、信号处理	
李志坚	工学	电子学与通信	半导体物理与器件、微电子学	
金　兰 *	工学	计算机科学与技术	计算机系统结构与设计	
常　迵	工学	自动化	信息科学与工程、模式识别与智能控制	
朱镕基 *	工学	管理工程	工业管理工程	兼职教授
傅家骥	工学	管理工程	工业经济、技术经济	
刘光廷	工学	土建、水利、测绘	水工结构工程	
吴良镛	工学	土建、水利、测绘	建筑及城市规划	
陈肇元	工学	土建、水利、测绘	结构工程、抗爆工程	
汪家鼎 *	工学	化学工程和工业化学	化学工程	
滕　藤	工学	化学工程和工业化学	应用化学	兼职教授

续表

姓　名	学科门类	学科评议组名称	学 科 专 长	备　注
江作昭	工学	非金属材料	无机非金属材料、高温结构陶瓷	
吕应中 *	工学	原子能科学与技术	反应堆工程与安全	
应纯同	工学	原子能科学与技术	同位素分离	
张　仃	艺术学	艺术学	绘画艺术研究	

注：标 * 者为该评议组召集人。

表 9-3-27　第三届国务院学科评议组成员（1991-12—1997-04）

姓名	学科门类	学科评议组名称	学 科 专 长	备　注
陈天权	理学	数学	数学物理	
顾秉林	理学	物理学	凝聚态物理	
黄克智 *	工学	力学	固体力学	
蒋孝煜	工学	机械工程	汽车设计	
李达成	工学	仪器仪表	近代光学在计量中的应用	
严普强	工学	仪器仪表	精密仪器及机械	
潘际銮 *	工学	材料科学与工程（I）	焊接工艺设备及自动化	
曹起骧	工学	材料科学与工程（I）	金属塑性加工工艺	
张孝文 *	工学	材料科学与工程（II）	无机非金属材料	
王补宣 *	工学	动力工程及工程热物理	工程热物理、热工	
过增元	工学	动力工程及工程热物理	传热、热流体、热等离子体	
高景德 *	工学	电工	电机及电力系统	
卢　强	工学	电工	电力系统分析与控制	
吴佑寿 *	工学	电子学与通信	信号与信息处理、数字通信	
李志坚	工学	电子学与通信	半导体物理与微电子学	
李三立 *	工学	计算机科学与技术	计算机系统结构、微机系统	
李衍达 *	工学	自动控制	信息处理、电子学	
傅家骥	工学	管理科学与工程	技术经济	
李道增	工学	土建、水利、测绘（I）	建筑设计	
陈肇元	工学	土建、水利、测绘（I）	防护结构	
刘光廷 *	工学	土建、水利、测绘（II）	水工结构	
金　涌	工学	化学工程和工业化学	化学反应工程	
滕　藤	工学	化学工程和工业化学	应用化学	兼职教授
王大中 *	工学	原子能科学与技术	反应堆工程与安全	
应纯同	工学	原子能科学与技术	同位素分离、气体输送理论	
常沙娜	艺术学	艺术学	装饰图案设计	

注：标 * 者为该评议组召集人。

表 9-3-28　第四届国务院学科评议组成员（1997-04—2003-05）

姓　名	学科门类	学科评议组名称	学 科 专 长	备　注
杨永善	文学	艺术学	设计艺术学	
文志英	理学	数学	应用数学	

续表

姓　名	学科门类	学科评议组名称	学 科 专 长	备　注
冯克勤	理学	数学	基础数学	
顾秉林 *	理学	物理学、天文学	凝聚态物理	
李家明	理学	物理学、天文学	原子分子物理	
赵玉芬	理学	化学	有机化学	
赵南明	理学	生物学（Ⅰ）	生物物理学	
黄克智 *	工学	力学	固体力学	
陈大融	工学	机械工程	机械设计及理论	
李达成	工学	光学工程、仪器科学与技术	光学工程	
朱　静 *	工学	材料科学与工程（Ⅱ）	材料学	
过增元 *	工学	动力工程及工程热物理	工程热物理	
卢　强 *	工学	电气工程	电力系统及其自动化	
彭应宁	工学	信息与通信工程	通信与电子系统	
李志坚 *	工学	电子科学与技术	半导体器件与微电子学	
李三立 *	工学	计算机科学与技术	计算机组织与系统结构	
李衍达 *	工学	控制科学与工程	模式识别与智能控制	
秦佑国	工学	建筑学	建筑科学技术	
陈肇元 *	工学	土木工程	结构工程	
刘光廷 *	工学	水利、测绘	水利工程	
金　涌 *	工学	化学工程与技术	化学工程	
王大中 *	工学	核科学与技术	核能科学与工程	
应纯同	工学	核科学与技术	核技术及应用	
宋崇立	工学	核科学与技术	核能科学与工程	
钱　易 *	工学	环境科学与工程	环境工程	
白　净	工学	生物医学工程	生物医学工程	
赵纯均 *	管理学	工商管理	企业管理	

注：标 * 者为该评议组召集人。

表 9-3-29　第五届国务院学科评议组成员（2003-05—2008-12）

姓　名	学科门类	学科评议组名称	学 科 专 长	备　注
杨永善	文学	艺术学	设计艺术学	
文志英	理学	数学	应用数学	
顾秉林 *	理学	物理学、天文学	凝聚态物理	
李家明	理学	物理学、天文学	原子分子物理	
赵玉芬	理学	化学	有机化学	
周海梦	理学	生物学（Ⅰ）	生物物理学	
杨　卫 *	工学	力学	固体力学	

续表

姓　名	学科门类	学科评议组名称	学 科 专 长	备　注
陈大融	工学	机械工程	机械设计及理论	
王伯雄	工学	光学工程、仪器科学与技术	光学工程	
朱　静 *	工学	材料科学与工程（Ⅱ）	材料学	
过增元 *	工学	动力工程及工程热物理	工程热物理	
卢　强 *	工学	电气工程	电力系统及其自动化	
彭应宁	工学	信息与通信工程	通信与电子系统	
余志平	工学	电子科学与技术	微电子学与固体电子学	
孙家广	工学	计算机科学与技术	计算机软件与理论	
李衍达 *	工学	控制科学与工程	模式识别与智能控制	
秦佑国	工学	建筑学	建筑科学技术	
袁　驷	工学	土木工程	结构工程	
王光谦	工学	水利、测绘	水力学及河流动力学	
金　涌 *	工学	化学工程与技术	化学工程	
王大中 *	工学	核科学与技术	核能科学与工程	
钱　易 *	工学	环境科学与工程	环境工程	
白　净	工学	生物医学工程	生物医学工程	
赵纯均 *	管理学	工商管理	企业管理	

注：标 * 者为该评议组召集人。

表 9-3-30　第六届国务院学科评议组成员（2008-12—　）

姓　名	学科门类	学科评议组名称	学 科 专 长	备　注
李　强 *	法学	社会学	社会学	
郭庆光	文学	新闻传播学	新闻学	
郑曙旸	文学	艺术学	设计艺术学	
李伯重	历史学	历史学	专门史	
文志英	理学	数学	应用数学	
顾秉林 *	理学	物理学、天文学	凝聚态物理	
朱邦芬	理学	物理学、天文学	凝聚态物理	
张　希	理学	化学	高分子化学与物理	
孟安明	理学	生物学	发育生物学	
郑泉水	工学	力学	固体力学	
汪劲松	工学	机械工程	机械制造及其自动化	
尤　政	工学	光学工程、仪器科学与技术	精密仪器及机械	
南策文	工学	材料科学与工程	材料学	
姚　强	工学	动力工程及工程热物理	热能工程	
张伯明	工学	电气工程	电力系统及其自动化	

续表

姓　名	学科门类	学科评议组名称	学 科 专 长	备　注
孙家广	工学	计算机科学与技术	计算机软件与理论	
孙茂松	工学	计算机科学与技术	计算机应用技术	
周东华	工学	控制科学与工程	控制理论与控制工程	
罗　毅 *	工学	电子科学与技术	物理电子学	
陆建华 *	工学	信息与通信工程	通信与信息系统	
朱文一 *	工学	建筑学	建筑设计及其理论	
袁　驷 *	工学	土木工程	结构工程	
王光谦 *	工学	水利工程	水力学及河流动力学	
骆广生	工学	化学工程与技术	化学工程	
张作义 *	工学	核科学与技术	核能科学与工程	
郝吉明 *	工学	环境科学与工程	环境工程	
白　净 *	工学	生物医学工程	生物医学工程	
仝允桓	管理学	工商管理	技术经济及管理	

注：标 * 者为该评议组召集人。

七、国家级、部委级各类个人奖励获得者名录

（一）国家级有突出贡献的中青年专家

李道增（1984）　陈肇元（1984）　倪维斗（1984）　滕　藤（1984）
李志坚（1984）　李学勤（1984）　茅于海（1986）　席葆树（1986）
陈天权（1986）　王大中（1986）　徐旭常（1988）　朱家维（1988）
王经瑾（1988）　方鸿生（1988）　洪先龙（1990）　李衍达（1990）
金　涌（1990）　赵南明（1990）　李润海（1990）　林家桂（1990）
姚　彦（1992）　金兆熊（1992）　段占庭（1992）　吴宗鑫（1992）
杨　卫（1992）　吴　澄（1994）　戴猷元（1994）　孙恒虎（1994）
关志成（1996）　顾秉林（1996）　郑文祥（1996）　吴建平（1996）
王保树（1996）　孙家广（1998）　范守善（1998）　郑泉水（1998）
李　星（1998）

（二）国家级教学名师奖

2003 年　范钦珊　袁　驷　李砚祖　申永胜　吴庆余
2006 年　郝吉明　傅水根
2007 年　钱　易　柳冠中　华成英
2008 年　陈信义
2009 年　李艳梅　孙宏斌

（三）何梁何利科学与技术进步奖、创新奖获得者

1994 年 王大中 吴 澄 **1995 年** 吴良镛
1996 年 张光斗 徐旭常 **1997 年** 汪家鼎
1998 年 李恒德 王补宣 **1999 年** 朱永赌 张仁豫
2000 年 李志坚 潘际銮 **2001 年** 黄克智
2002 年 顾秉林 李家明 温诗铸 **2003 年** 周炳琨 饶子和
2004 年 杜庆华 朱 静 **2006 年** 李惕碚 薛其坤
2007 年 陈难先 孟安明 吴佑寿
2008 年 陈晔光 吴建平 程 京（创新奖） 欧阳明高（创新奖）
2009 年 张孝文 罗永章（创新奖） **2010 年** 张伯明

（四）长江学者名录

“长江学者奖励计划”特聘教授（＊为调入）

1998 年 张作义 郝吉明 汪劲松 姚 强 杨 卫 孙恒虎＊ 张 希＊ 蔡宁生＊
1999 年 袁 驷 王光谦 曾 攀 尤 政 李立峰 郑泉水 罗 毅 吴建平 魏 飞 南策文 饶子和 程 京 陈应华 韩征和 管晓宏＊
2000 年 孙元章 彭晓峰 袁 俊 陈晔光 白 净 康克军 翁征宇 符 松
2001 年 李亚栋 应明生 聂建国 吴子牛 余锡平 罗永章 孟安明 齐 晔＊
2002 年 裴端卿 方岱宁 雒建斌 楼宇庆
2004 年 薛其坤＊ 李 隽 李 蓬 黄翊东 张政军 欧阳明高 李稻葵
2005 年 张广铭 刘国松 谢道昕 王小云 杨旭东 景 军 陈国青
2006 年 周 坚 王亚愚 徐柏庆 孙方霖 冯 铃 邱 勇 姜培学 白重恩 张国刚
2007 年 张友金 张双南 石高全 周 济 张林琦 贺克斌 胡事民 陈 炜 张 辉 李 政 陈 剑 万俊人
2008 年 陈永灿 段文晖 冯西桥 黄 霞 李敬峰 李克强 林金明 陆建华 帅志刚 汪 晖 薛 澜 郑丽丽 周东华
2009 年 王晓慧 何金良 梅生伟 李庆斌 路新春 杨百寅 李景虹 骆广生 李宏彬 柴继杰 潘俊敏 王向斌 戴琼海 王建龙

“长江学者奖励计划”讲座教授

1999 年 文小刚 张首晟 张寿武
2000 年 高华建
2001 年 王中林 金 石 李东海 钟 毅
2002 年 华泰立

2004 年	黄永刚	韩　涛	杨伟涛	尤　力	张奇伟	李　明	戴宏杰
2005 年	郗小星	黄焕中	杨培东	吴　瑛	李安国	姜　涛	陈一苇
	卢云峰	Saich					
2006 年	陆锦标	利　民	王小勤	施一公	秦泗钊	马　恩	王绍光
2007 年	林希虹	马晓龙	薛　定	王　瑶	刘　闯		
2008 年	蔡维德	常瑞华	陈志武	高海燕	黄一农	李德润	李　琳
	赵建良	祝京旭					
2009 年	彭　晖	祝介平	汪自强	傅晓明	张　阳		

注：2003 年、2010 年没有评审。

（五）国家杰出青年科学基金获得者名录（* 为调入）

1994 年	李建保	杨　卫	王兆印 *	胡鞍钢 *	王志新 *		
1995 年	白　净	罗　毅	王光谦	袁　驷	郑泉水	吴庆余 *	孙恒虎 *
1996 年	李　星	彭晓峰	郑志勇 *	潘宪明 *			
1997 年	符　松	魏　飞	吴建平	昌增益	池汝安	应明生 *	张　希 *
	薛其坤 *	王梅祥 *					
1998 年	刘　庆	陈　剑	孙元章	曾　攀	程　京	孙庆平	南策文 *
	肖　杰 *						
1999 年	陈国青	王晓工	曾理江	庄鹏飞	周建军	唐梓洲	冯　琦 *
2000 年	张友金	方岱宁	吴子牛	李亚栋	孟安明	陈应华	姜培学
	梁曦东	聂建国	雒建斌	杨华中	周东华	余锡平 *	印林生 *
	胡跃飞 *	顾朝林 *					
2001 年	张广铭	徐柏庆	陈晔光	李立峰	薛　澜	刘　强	琚诒光
	李景虹 *	林金明 *					
2002 年	高原宁	陈国强	罗永章	张政军	石高全	段远源	李庆斌
	胡事民						
2003 年	章梅荣	龙桂鲁	段文晖	邱　勇	潘　峰	李敬锋	姜胜耀
	王建龙	方红卫	赵晓波	刘　静 *	贾金锋 *		
2004 年	周　坚	吴嘉炜	周　济	赵永刚	褚福磊	何金良	刘宝碇
	向　东	韩林海 *	帅志刚 *	陈常青 *			
2005 年	冯西桥	李　隽	骆广生	谢道昕	于荣海	孟永钢	梅生伟
	陆建华	戴琼海	王小云 *	罗敏敏 *			
2006 年	谢惠民	翁征宇	何红建	贺克斌	张学工	孙方霖	周　兵
	王晓慧	余　刚	刘　斌	雍俊海	周　彤	孙富春	陈国权
	白重恩						
2007 年	张双南	王　训	刘玉乐	杨顶辉	张寅平	黄　霞	王向斌
	杨百寅	刘冬生 *					
2008 年	李艳梅	张林琦	姜开利	路新春	胡洪营	施一公	
2009 年	王亚愚	唐传祥	许春晓	朱永法	李　蓬	潘俊敏	杨　强

舒继武　牛志升　王小群

2010 年　陈曦　邹文明　李广涛　柴继杰　林元华　孙宏斌　杨大文
郑小平　刘民　刘玉玺　任天令　李宏彬

（六）国家自然科学基金委创新研究群体奖（*为群体学术带头人）

2001 年　杨卫*　郑泉水　方岱宁　高华健　冯西桥　方菲　黄克智
余寿文　庄茁　孙庆平　黄永刚

2002 年　王光谦*　周建军　王兴奎　张红武　王兆印　方红卫　吴保生
邵学军　钟德钰　李丹勋　黄裕婕　饶子和*　周海梦　陈应华
孟安明　余冰宾　刘一苇　庞海　谢莉萍　钟毅　徐明群
高福

2003 年　应明生*　胡事民　张钹　马少平　孙茂松　邓志东　朱小燕
孙富春　李三江　冯元　孙晓明　陈剑*　陈国青　刘丽文
陈国权　黄京华　谢滨　李明志　朱岩　孙静　刘红岩
段云　黄朔　朱涛

2006 年　南策文*　李敬锋　周济　王晓慧　李龙土　岳振星　林元华
汪长安　褚祥诚　沈志坚

2007 年　薛其坤*　贾金锋　段文晖　张广铭　赵永刚　张留碗　刘长洪
倪军　陈曦　姜开利　雒建斌*　汪劲松　褚福磊　孟永钢
路新春　邵天敏　巩马理　胡元中　陈大融　温诗铸　周东华*
戴琼海　周彤　张学工　张毅　张长水　周杰　袁睿翕
赵千川　刘民　李梢　叶昊

2009 年　李亚栋*　徐柏庆　李隽　王训　朱永法　寇会忠　彭卿
魏永革　邱新平　曹化强　陈晔光*　孟安明　吴畏　陶庆华
闫永彬　张淑平　贾顺姬　杨淑艳　叶中德

2010 年　施一公*　颜宁　王佳伟　龚海鹏　王廷亮　罗雪春　王丰
吴迪　梅子青　殷平　陆建华*　杨知行　王京　杨华中
牛志升　樊平毅　周世东　宋健　葛宁　金德鹏

（七）中国青年科学家奖获得者

1993 年　赵玉芬　**1994 年**　杨卫　王志新　**1996 年**　郑泉水

（八）“新世纪百千万人才工程”国家级人选（第一、二层入选名单）

（*为调入）

1995、1996 年　袁驷　白净　杨卫　郑泉水　汪劲松　罗毅
江亿　王光谦　李建保　吴建平　张希*　韩林海*

1998 年　贺克斌　吴庆余　郑志勇*

1999 年　彭晓峰　李星　程京　贾仲孝*

2004 年　陈国强　符松　李亚栋　南策文　杨华中　曾攀　王梅祥*

2006 年　应明生　尤政　孟安明　张作义　李稻葵　周东华　史琳

帅志刚＊

2007 年 王小云 陈晔光 肖 杰 白重恩 黄翊东 张政军 余锡平

2009 年 姜培学 胡事民 周 坚 邱 勇 艾四林 孙方霖

（九）教育部优秀人才奖

"高等学校优秀青年教师教学科研奖励计划"入选者

1999 年 陈吉宁 郑 力 李俊峰 刘 斌 李艳梅

2000 年 陈永灿 邓志东 孟安明 崔建远

2001 年 都 东 段远源 尉志武 章梅荣 鲁晓波

2002 年 陈国强 杭 间 金 峰 万俊人

"跨世纪优秀人才基金"获得者

1993 年 刘进元 罗 毅 白 净

1994 年 杨 卫 李 星 李建保 张 希 孙恒虎

1995 年 王兴奎 陈国强 贺克斌

1996 年 康克军 吴建平 吕振华

1997 年 方岱宁 魏 飞

1998 年 余 刚 肖 杰 胡跃飞 李 强

1999 年 潘 峰 刘 斌 李俊峰 雒建斌 周东华

2000 年 冯西桥 简怀玉 孟安明 倪 军 徐柏庆 吴 彤

2001 年 段文晖 邱 勇 路新春

2002 年 陈 靖 姜胜耀 杨昌喜 袁建生 周 彤 朱永法

2003 年 褚福磊 方红卫 董 聪 刘湘军

"新世纪优秀人才支持计划"入选者

2004 年

步尚全 张明楷 艾四林 曹化强 段 雷 丰德军 冯立昇 郭 永
李 彬 李静杰 李泉林 李 珍 刘应华 刘 铮 任天令 史 琳
史元春 孙富春 孙 静 唐传祥 汪长安 王晓浩 吴 健 熊守美
杨志刚 雍俊海 袁宏永 张彭义 张 雄 张学工 张永良 赵千川
周远翔

2005 年

陈 民 陈少敏 陈志强 封宗信 付 华 何永勇 胡山鹰 赖文生
李 政 李俊华 李先庭 李志忠 刘 伟 邱耿钰 任丰原 舒继武
孙宏斌 王建民 王喆垚 巫永平 谢 伟 谢惠民 熊沈蜀 许章润
杨 健 于溯源 曾 嵘 张长水 周 杰 周世东 邹广文

2006 年

褚祥诚 付志勇 高 建 韩世远 蒋宇扬 李 富 李路明 林 峰
刘 民 刘文华 刘文君 柳 强 陆文凯 吕俊复 尚松浩 孙明君
王 训 翁文国 吴 畏 谢 丹 徐明伟 于养信 张留碗 朱 荣
邹文明

2007 年

岑 松 陈明华 邓述波 胡黎明 姜开利 姜齐荣 金兼斌 康重庆

寇会忠　李　梢　林元华　潘长勇　骞伟中　田　煜　王建勇　肖　鹰
邢婉丽　闫永彬　由长福　余凌云　张　敢　张丽宏　张绪山　张扬军
张有宏　赵　彬　赵海燕　陈梅红　彭小忠　王健伟

2008 年

曹军威　陈文颖　池保勇　樊健生　付　林　高　喆　侯旭东　黄跃飞
黎　宏　刘　彬　刘长松　刘辛军　彭　卿　彭宗超　沈　沉　王　慧
王建强　魏建和　吴　琼　徐　恪　颜　宁　于慧敏　曾　飞　张　伟
郑国光　周　刚　朱宏伟

2009 年

毕　军　陈　曦　程　易　冯　雪　洪　波　黄正宏　蒋建国　李建秋
李水清　李正风　刘　磊　祁　海　史安斌　陶庆华　王　凌　王　馨
韦进全　徐　心　杨冬江　杨茂君　杨永恒　尹　浩　翟　荟　赵景山
余利岩　张金兰

2010 年

陈岸瑛　陈　峰　陈海昕　陈宏伟　崔　勇　冯　骅　何永红　李　春
李玉和　李　震　刘　波　陆新征　生安锋　汪家道　王进廷　王书肖
王新泉　王　志　杨之曙　殷柳国　于　荣　张建胜

（十）入选“千人计划”聘任上岗名单

国家“千人计划”实施后，清华大学申报 5 批，入选 38 人，2010 年底陆续签约聘任上岗的教授有 25 人，名单如下：

环境系：解跃峰　周集中　　水利系：林斌良
精仪系：融亦鸣　　机械系：孙　伟　李　默　　汽车系：李佳峰
电机系：宋永华　　信息国家实验室：张奇伟　　电子系：徐正元
自动化系：王子栋　　物理系：王力军　尤　力　　化学系：危　岩
心理系：彭凯平　　高研院：文小刚　张首晟　　核研院：屠基元
生命科学学院：罗永章　　经管学院：文　一
医学院：施一公　李兆平　吴　励　王小勤　苑　纯

八、校级人才计划入选者名录

（一）学术新人奖名单

1995 年　袁　驷　王光谦　贺克斌　陈　强　汪劲松　吴建平　康克军　符　松　郑泉水
杨慧珠　步尚全　葛兆光　张作义　庄惟敏　马万云　江　亿
1996 年　曾　攀　彭晓峰　连小珉　赵　伟　王　京　李　伟　魏　飞　潘　峰　章梅荣
蔡乐苏
1997 年　金　峰　梁曦东　王志华　李春文　李　琳　郑建华　邓景康　孙玉良　魏少军
1998 年　朱文一　黄　霞　都　东　尤　政　欧阳明高　周东华　刘宝碇　龙桂鲁　姜胜耀
1999 年　聂建国　夏　清　张建民　马少平　郑　力　唐国翌　梁新刚　王书宁　薛　澜
2000 年　石永久　赵争鸣　李庆斌　李言祥　巩马理　张　健　潘　伟　张小章　张明楷

倪　军　何　洁

2001 年　尹　稚　陆化普　袁建生　陆建华　章晓中　段文晖　周立业　解志熙

2002 年　杨　强　牛志升　孙富春　王金福　周　济　李海中　张留碗　赵永刚　陈国权　许章润　包　林　任天令

2003 年　张寅平　史　琳　刘德华　郭　永　华瑞茂　朱武祥　汪　晖　曾成钢　李希光　于溯源

2004 年　袁宏永　王晓慧　王小群　席婵娟　陈　晓　江铭虎　周光权　高小榕

2005 年　尚松浩　熊守美　孙宏斌　舒继武　张学工　刘应华　杨志刚　邹文明　谢德仁　张绪山　王振民　李　富

2006 年　王立平　吕俊复　岑　松　姜开利　王　训　吴　健　孟庆国　申卫星　吴志芳　谢　丹

2007 年　张　利　饶　辉　李俊华　闫永彬　饶培伦　戚学民　康重庆　方晓风　潘长勇　陈文颖　唐黎明

2008 年　韦进全　田　煜　冯　雪　赵千川　唐传祥　陈　曦　彭　卿　彭国翔　劳东燕　邓国胜

2009 年　刘辛军　李建秋　邱信明　王　凌　池保勇　李正操　刘　磊　彭　刚　颜　宁

2010 年　赵　彬　柳　强　陈　巍　唐　杰　杜　伟　孙晓明　薛　健　易延友　陈　楠　杨星团

（二）青年教师教学优秀奖名单

见第三章表 3-8-9。

（三）列入“百名人才引进计划”聘任教授名单

1999 年　程　京　孟安明　刘　庆　南策文　文志英　唐梓洲　应明生　姚　强　李亚栋　肖　杰　郑志勇　王兆印　张红武　陈吉宁　李立峰　吴子牛　尹　鸿　李　强　万俊人　李伯重　胡洪营　朱邦芬　何红建　石高全

2000 年　蒲以康　莫宇翔　陈晔光　刘玉良　陈丹青　余锡平　杨昌喜　邢新会　高原宁　罗永章　李克强　琚诒光　韩征和　翁征宇　袁　俊

2001 年　印林生　胡鞍钢　安雪晖　程　曜　林章凛　裴端卿　胡跃飞　蔡宁生

2002 年　孙恒虎　张卫平　朱超原　何家英　楼宇庆　周　兵　刘湘军　李广涛　张　希

2003 年　于荣海　李　军　吴嘉炜　管晓宏　黄翊东　李景虹　周　青　齐　晔　张国刚

2004 年　白重恩　李稻葵　李晓东　杨大文　林金明　崔之元　李　蓬　袁睿翕　谢道昕　刘　栋　李　隽

2005 年　顾春伟　薛其坤　刘国松　王小云　韩林海　杨旭东　吴洪开　雍稳安　刘　静　孙方霖

2006 年　王向斌　李保界　贾金锋　陈　炜　冯　铃　刘玉乐

2007 年　江伟华　张　辉　梁　斌　张志军　帅志刚　王亚愚

2008 年　郑丽丽　温江涛　钱　鹤　高海啸

2009 年　刘冬生　陈常青　杨　帆

2010 年 方 方 张剑波 周 明 廖洪恩

（四）清华大学突出贡献奖获奖人员名单

2004 年学校决定设立“清华大学突出贡献奖”，对在人才培养和学校发展中作出突出贡献者的特别奖励，每两年评选一次，每次不超过 3 名。获得奖励的人员名单如下：

2004 年 黄克智 金兆熊

2006 年 吴良镛 赵南明

2009 年 钱 易 赵纯均

九、外聘教师

（一）兼任（兼职）教授名录

1930 年 顾颉刚（研） 翁文灏（地）

1931 年 傅增湘（研）

1934 年 李仪祉（土）

1938 年 陆伯慈（联政） 林维英（联商） 傅斯年（联史） 吴可读（联外）

1941 年 洪 绂（联师）

1948 年 瑞斐德（社）

1949 年

杨 晦（中） 艾 青（中） 燕卜荪（外） 沙夫钱果（外） 杨季康（外）
孙瑞芹（外） 王淦昌（物） 张龙翔（化） 杨曾威（地） 孙敬之（地）
周廷儒（地） 赵锡禹（经） 宁嘉凤（经） 姚嘉椿（经） 王竹亭（土）
胡 筠（电）

1950 年

蒋荫恩（中） 朱庆永（史） 陈家康（史） 侯仁之（史建） 黄新民（化）
张景钺（生） 吴素萱（生） 张肇骞（生） 侯学煜（地） 涂长望（气）
郭大力（经） 李续纲（政） 应尚才（机） 吴华庆（建）

1951 年

吴新谋（数） 马杏垣（地） 赵九章（气） 孙定国（政） 王国祯（经）
李景汉（社）

1952 年

钱三强（物） 彭桓武（物） 陈 立（矿） 韩嘉朴（矿） 童光熙（矿）
刘宝忠（矿） 华凤诹（矿） 翁心源（矿） 王纲道（矿） 于崇文（动）
茅於恭（动） 林鸿荪（力） 徐缅唐（水） 裴烈钧（物） 黄逢昌（数）
刘景芳（数） 卢克君（石） 冯景兰（石） 阿谢甫柯夫（建）

1953 年 林乐义（建） 沈奎绪（建）

1954 年 张 镈（建） 卓洛塔廖夫（水）

1957 年

王　迁（无）　胡汉泉（无）　斯佩尔（土）　米尔德（无）　奥本恼斯（电）
萨　宁（工物）　季诺维耶夫（机）

1958 年　梅杜纳（动）

1959 年

伏洛比约夫（工物）　格鲁全（工物）　马特维也夫（工物）　古　宾（水）

1960 年　郎　格（无）

1962 年　吴仲华（动）

1978 年　任之恭（物）

1979 年　林家翘（数）

1982 年　田长霖（力）

1983 年（含 1979 年至 1983 年）

吴仲伟（土）　林秉南（水）　许协庆（水）　蔡其巩（机）　林宗棠（机）
王承书（工物）　唐敖庆（化工）　冯新德（化工）　杨光华（化工）　徐光宪（化工）
邹承鲁（化工）　彭少逸（化工）　卞荫贵（力）　吴承康（力）　越民义（数）
曾肯成（数）　秦元勋（数）　蒲富恪（数）　万哲先（数）　陈希孺（数）
黄绪德（数）　张志三（物）　李荫远（物）　郝柏林（物）　何祚庥（物）
程开甲（物）　杨福愉（生）　李卓敏（经）　傅京孙（自）

1984 年

朱镕基（经）　李政道（物）　周光召（物）　闵建蜀（经）　蒲慕明（生）
马　洪（经）　陈岱孙（经）　袁宝华（经）　吴俊扬（经）　廖季立（经）
徐礼璋（经）

1985 年

王慧炯（核）　李伯溪（核）　徐家福（计）　朱良漪（精自）　曲格平（环）
李铁映（无）　张岱年（文）　何镇强（建）　王守武（精微）　潘家铮（水）
沈根才（电）　唐稚松（计）　刘广均（工物）　席德明（工物）　赖祖武（工物）
连培生（工物）　师昌绪（工物材）　张涵信（力）　李沛滋（力）　滕　藤（化工）
李家明（物）　于　渌（物）　李方华（化）　廖山涛（数）　严家安（数）
周毓麟（数）　林克椿（生）　阎隆飞（生）　刘树森（生）　王佐良（外）
马　宾（经）　潘承烈（经）　蒋一苇（经）　刘鸿儒（经）　方　堃（音）
葛守仁（微）　G. H. Sato（生）　郭彦弘（建）　黄立夫（生）　黄焕常（力）
林少宫（经）

1986 年

胡聿贤（土）　胡庆昌（土）　张蔚榛（水）　邱长清（热）　朱　瑾（热）
周山涛（热）　宋　健（自）　李德平（工物）　王大珩（物）　谢　羲（物）
汪燮卿（化）　徐广智（化）　傅璇琮（中）　罗见龙（中）　王耀先（中）
李　新（社科）　薛谋洪（社科）　苏　星（社科）　邢贲思（社科）　黄枬森（社科）
龚育之（社科）　王　浩（文）　J. H. Hamilton（物）　荒田吉明（机）
黄汝常（环）　刘君若（外）　R. L. Byer（无）　黑川纪章（建）

P. Zaremba（建）

1987 年

王铁梦（土）　何孝俅（水）　娄溥礼（水）　丁衡高（精）　程民德（自）
林同炎（土）　丘成桐（数）　厉鼎毅（无）　H. Frewer（核）　B. L. Vallee（生）
曹祖宁（化工）　陈敬熊（无）　刘国光（经）　曹尔阶（经）

1988 年

周干峙（建）　汤礼智（土）　邱昌涛（电）　鲁绍曾（工物）　张万欣（化工）
曾汉民（化工）　严东生（材）　金　声（化）　陈念贻（化）　毕大川（核）
G. Hoeng（经）　田增英（材）　F. Mayinger（热）　杨文偕（热）

1989 年

刘小石（建）　林志群（建）　吴达志（建）　沈荣熹（土）　马俊如（力）
王两铭（力）　赵忠贤（物）　叶佩弦（物）　王鼎盛（物）　唐有祺（化）
韩继业（数）　严士健（数）　房维中（经）　桂世镛（经）　沙　叶（经）
陈惠发（土）　J. D. Dow（物）　谈自忠（自）　P. J. Pahl（土）　横山亮次（生）
阿历克山德罗夫（电）　赵利国（建）

1990 年

毛庆勤（精）　陈乃兴（热）　杨友龙（经）　黄美来（社科）　陈漠星（电）
张树庭（生）　D. Jaron（电）

1991 年

陈俊勇（土）　唐九华（精）　范宏才（精）　王见仁（汽）　徐　鉥（工物）
戴贵亮（工物）　沈孝宙（生）　张岂之（文）　张恭庆（数）　汪德熙（核）
末松安晴（无）　王世全（数）　李天岩（数）　小野义一朗（汽）　胡正明（微）
野口正一（计）

1992 年

熊　明（建）　张锦秋（建）　傅熹年（建）　万兆惠（水）　周万盛（机）
蔡睿贤（热）　陈如明（无）　周远清（计）　曲广吉（力）　刘乃泉（物）
于维栋（社科）　陆学艺（社科）　华觉民（图）　R. Shulten（核）　F. N. Fett（热）
D. E. Bently（热）　K. R. G. Hein（热）　H. Nikel（核）　R. Dutton（微）

1993 年

许溶烈（土）　程　懋（土）　杨嗣信（土）　陈　震（土）　罗　玲（土）
杨叔子（精）　陈清泰（汽）　郇惠乐（汽）　赵希正（电）　孙恒虎（力）
张坤民（化工环）　张　泽（材）　赵凯华（物）　葛庭燧（物）　许征帆（社科）
钱理群（中）　李学勤（中）　牟钟鉴（文）　赵仁恺（核）　谢绍雄（核）
何东昌（校）　章梓雄（水）　何毓琦（自）　郝思雄（工物）　E. Schrufer（自）
沙曾鲁（核）

1994 年

王建明（汽）　华建敏（经）　何　景（水）　陆佑楣（水）　章继高（机）
陆　光（电机）　周孝信（电机）　陈　陈（电机）　谢家麟（工物）　罗学富（力）
李季伦（化工）　徐　僖（化工）　邓寿鹏（物）　翟中和（生）　乌家培（经）

姜均露（经） 江春泽（经） 陈肇雄（人文） 方克立（人文） 胡壮麟（外）
陆延昌（热/电机） 赵凤岐（人文） 李　琮（人文） 王洛林（人文）
田麦久（体） 韩　骥（建） 马国馨（建） 程庆国（土） 姚福生（热）
林孔兴（电机） 丁道齐（电机） 戴汝为（计） 汪成为（计） 杨天行（计）
陈　新（工物） 洪景丰（力） 闵恩泽（化工） 戴相龙（经） 王岐山（经）
吴敬琏（经） 项怀诚（经） 徐联仓（经） 赵新先（经） 周小川（经）
金冲及（人文） 王　尧（人文） 齐世荣（人文） 刘洪潮（人文） 张岱年（人文）
黄楠森（人文） 邬沧萍（人文）

1995 年

朱高峰（电子） 金怡濂（计） 张效祥（计） 左铁镛（材） 高春林（人文）
段里仁（土） 白春礼（精） 路甬祥（精） 张存浩（物） 楼南泉（物）
吴培亨（物） 许崇德（人文） 胡聿贤（核） 梁应辰（水） 陈祖煜（水）
窦国仁（水） 刘　颖（水） 尹双增（水） 刘鸿亮（环） 甘师俊（环）
徐滨士（机） 张武城（精） 翁宇庆（材） 汪永铨（人文） 闵维方（人文）
陈柏生（人文） 曾俊伟（法） 段瑞春（法） 梁慧星（法） 刘海年（法）
曾宪义（法） 魏振瀛（法） 王著谦（法） 沈宗灵（法） 陈光中（法）
石定寰（核）

1996 年

魏大中（建） 杜钰洲（建） 费　麟（建） 邹德慈（建） 范立础（土）
葛修润（土） 江欢成（土） 全永燊（土） 项海帆（土） 董哲仁（水）
邱大洪（水） 黄尚廉（精） 于文虎（热） 黄其励（热/电机） 顾学道（电子）
方守贤（工物） 周展麟（工物） 刘海燕（化工） 堵丁柱（数） 马志明（数）
袁亚湘（数） 朱起鹤（物） 王忠烈（物） 欧阳钟灿（化） 薛群基（化）
冯淑萍（经） 杨纪琬（经） 汪建熙（经） 梁小民（经） 顾明远（人文）
钱中文（人文） 何其莘（外） 江　枫（外） 怀力田（核） 谢鉴衡（水）
马洪琪（水） 张津生（水） 周小谦（电机） 周纯富（自） 戴根华（力）
甘子钊（物） 徐颂陶（人文）

1997 年

戴秉国（人文） 杨洁篪（人文） 王缉思（人文） 王荩卿（人文） 魏鸣一（人文）
陈　砾（人文） 于永达（人文） 钱七虎（土） 朱伯芳（水） 陈厚群（水）
汪恕诚（水） 聂梅生（环） 郑健超（电机） 王殿甫（电子） 郑志鹏（工物）
叶铭汉（工物） 许祥源（物） 曹培生（化） 李泊溪（公） 马俊如（公）
金周英（公） 唐家璇（人文） 黄毓麟（人文） 仲呈祥（人文） 李新彦（人文）
曾文星（核） 马青云（核） 胡昭广（公） 苏是嵋（土） 赵克功（精）
焦亿安（热） 濮继龙（工物） 黄志澄（力） 孙玉发（力） 秦　晓（经）
王美岳（公） 陈小功（人文） 梅兆荣（人文） 徐　焰（人文） 刘润清（外）
周流溪（外） 伍绍祖（体） 刘　吉（体） 马　一（核）
谢桂华（研究生院）

1998 年

胡启立（微）　陈　军（土）　宋天虎（机）　关　桥（机）　汪南豪（热）
梁春广（电子）　陆建勋（电子）　童秉纲（航）　范如玉（工物）　王乃彦（工物）
李惕碚（工物）　陈希孺（数）　万哲先（数）　蔡爱莉（物）　马龙生（物）
汪尔康（化学）　吴述尧（人文）　李肇星（人文）　陈德恭（人文）　曾俊伟（人文）
张　普（人文）　金德湘（人文）　陈　健（人文）　黄震华（外）　钱积惠（核）
欧阳世翕（材）　庄　毅（公）　解振华（环）　高　文（计）　李　未（计）
杨芙清（计）　康　飚（自）　张仁和（物）　蒋黔贵（人文）　汪　晖（人文）
杨奎松（人文）　龙永图（人文）　罗志田（人文）　徐　泓（人文）　万永祥（人文）
沈四宝（法）　王家福（法）　朱恩涛（法）　黄　田（精）

1999 年

程振华（土）　周锡元（土）　陈述彭（土）　王家柱（水）　周仲荣（机）
樊世英（热）　柳冠中（汽）　顾国彪（电机）　曾培炎（信息）　韦乐平（电子）
邬贺铨（电子）　毛用泽（工物）　潘自强（工物）　凌国灿（力）　叶恒强（材）
贾仲孝（数）　王缉慈（公）　吴忠泽（公）　倪健民（公）　杨纪珂（公）
周　弘（人文）　陆南泉（人文）　王逸舟（人文）　申　丹（外）　罗豪才（法）
郑成思（法）　李凤玲（热/电机）　李子彬（深）　张高丽（深）　唐孝炎（环）
张尧学（计）　郭　雷（自）　马颂德（自）　孙优贤（自）　曲德林（化工）
匡廷云（生）　吴晓灵（经）　邵立勤（公）　汪道涵（人文）　赵启正（人文）
林戊荪（人文）　刘震涛（人文）　桂诗春（外）　何自然（外）　庄绎传（外）
高西庆（法）　谢新观（电教）

2000 年

栾恩杰（航）　夏国洪（航）　李　劲（电子）　董石麟（土）　徐有邻（土）
杨秀敏（水）　林　皋（水）　刘燕华（环）　郭重庆（精）　周勤之（精）
林来兴（精）　侯朝焕（电子）　庄逢甘（航）　刘国治（工物）　樊明武（工物）
毕克允（材）　李大潜（数）　吴崇试（物）　曾谨言（物）　朱宗涵（生）
徐荣凯（经/公）　成思危（经）　张为国（经）　李剑阁（人文/经）　徐昆明（公）
朱丽兰（人文）　李荣融（人文）　叶　澜（人文）　陈昌曙（人文）　方汉奇（人文）
罗国杰（人文）　苏　格（人文）　陶德麟（人文）　顾海良（人文）　郑杭生（人文）
郑永廷（人文）　陈　来（人文）　杨　义（人文）　汪光焘（总务办）

2001 年

张文栋（精）　钟秉林（精）　何国任（热）　徐大懋（热）　牛憨笨（电子）
张　翔（计）　魏庆福（自）　张国伍（自）　杜百川（自）　陈永寿（物）
郭树权（物）　沈文庆（物）　孙昌璞（物）　朱鹤孙（化）　白春礼（化）
吴树青（人文）　沈世钊（土）　管晓宏（自）　戴元本（物）　杜祥琬（物）
黄朝商（物）　何家成（公）　李　健（公）　王　益（公）　丁兴富（电教）
吕述望（微）　张超然（水）　丁桂凤（医学）　雷道年（医）　许增禄（医学）
李德仁（土）　马宗晋（土）　郑尚敏（精）　陆宏钧（计）　张大鹏（自）
胡思得（工物）　汪致远（工物）　祁力群（数）　李祝霞（物）　万梅香（化）

秦荣生（经）	董京泉（人文）	卓新平（人文）	周　林（深研院）	

2002 年

刘　宁（水）	吴振华（精）	华泽钊（热）	蒋洪德（热）	李文健（热）
徐建中（热/汽）	陈清泉（汽）	李国杰（计）	何新贵（计）	崔尔杰（航）
陈森玉（工物）	张钟华（物）	刘买利（物）	姚守拙（化）	梁栋材（生）
王炳照（人文）	金一鸣（人文）	赵敦华（人文）	陆谷孙（外）	谢世楞（水）
钟　掘（精）	朱荣昌（航）	赖源河（法）	李伯虎（软）	王田苗（软）
李德毅（软）				

2003 年

刘武君（建）	赖　明（土）	张世文（精）	吕志伟（精）	李立坤（精）
王正国（汽）	杨兆升（自）	高玉臣（航）	杜国盛（化工）	张先恩（化工）
李福利（物）	梅凤翔（物）	裴寿镛（物）	张永德（物）	刘云圻（化）
钱逸泰（化）	朱士俊（公）	蒋正华（公）	许善达（公）	宋林飞（人文）
徐　炳（法）	周其凤（核）	郑厚植（微）	徐匡迪（公）	马伟明（电机）
楼继伟（经）	王　浩（水）	高红卫（精）	徐更光（工物）	郑晓瑛（物）
杨天石（人文）	曹建明（法）	张文显（法）	郑成良（法）	熊光楷（航）

2004 年

马　凯（经）	陈　元（经）	李仁臣（新闻）	陆小华（新闻）	孙玉胜（新闻）
张西明（新闻）	赵启正（新闻）	周锡生（新闻）	朱英璜（新闻）	陈一坚（航）
刘兴洲（航）	马兴瑞（航）	周　远（航）	庄逢辰（航）	朱道本（化）
李鹏程（水）	倪光南（计）	黄美纯（物）	董志凯（人文）	詹福瑞（人文）
刘正光（土）	张青林（土）	杜善义（航）		

2005 年

耿荣生（机）	衣宝廉（汽）	李崇富（马）	王天义（马）	俞可平（马）
李安国（电子）	陈善广（航）	孙　聪（航）	魏　钢（航）	卢德馨（物）
方滨兴（计）	白以龙（航）	陈洪渊（化）	荣毅超（精）	贡华章（经）
沈联涛（经）	杨裕生（核）	柴家科（医学）	陈香美（医学）	丛玉隆（医学）
董宝玮（医学）	付小兵（医学）	盖鲁粤（医学）	高长青（医学）	侯树勋（医学）
黄志强（医学）	李　荣（医学）	李小鹰（医学）	刘又宁（医学）	卢世璧（医学）
潘长玉（医学）	秦银河（医学）	盛志勇（医学）	王鲁宁（医学）	王士雯（医学）
王　岩（医学）	杨伟炎（医学）	姚咏明（医学）	周定标（医学）	陈左宁（计）
吴宏鑫（自）	唐少强（高）	徐善衍（人文）		

2006 年

阮雪榆（机）	孙柏林（自）	辜胜阻（公）	靳辉明（马）	李　灿（化）
朱之鑫（公）	信春鹰（法）	陈明宪（土）	蔡吉人文（计）	戴　浩（计）
冯登国（计）	闻海虎（物）	叶玉如（生）	洪　虎（经）	马蔚华（经）
郝　跃（微）				

2007 年

辛　毅（航）	薛海中（航）	乙晓光（航）	陈念念（工物）	何学秋（工物）

雷增光（工物） 罗荣怀（精） 杨　伟（精） 金　海（计） 邱定蕃（核）
叶培建（航） 张乃通（航） 李静海（化工） 谢伏瞻（经） 林顺潮（医学）
彭智培（医学） 赵家良（医学） 杨奇逊（电机） 李立浧（电机） 程时杰（电机）
欧阳晓平（工物）王群书（工物） 林国强（化） 杨玉良（化） 程津培（化）

2008 年

俞梦孙（航） 张福森（法） 卢秉恒（精） 谭建荣（精） 耿福明（热）
刘吉臻（热） 杨保华（自） 由俊生（航） 王　毅（人文） 刘大椿（人文）
袁贵仁（人文） 杨国荣（人文） 叶　朗（人文） 徐　航（医学） 王世明（电子）
陈　卫（信息） 高卢麟（法） 高金吉（精） 胡小唐（精） 于　全（航）
余贻鑫（电机） 张钟华（电机） 袁懋振（电机） 杨　震（医学） 柴天佑（自）
刘尚合（工物） 周远清（人文） 吴启迪（人文）

2009 年

隋亚刚（土） 唐任远（电机） 陈清泉（电机） 李　定（工） 支志明（化）
刘应力（公） 顾海良（马） 张国祚（马） 何　友（电子） 陈　刚（建）
单霁翔（建） 陆　力（热） 姜建清（经） 张光裕（人）
张曙光（高速铁路技术研究中心） 赵红卫（工） 田　伟（医） 王满宜（医）
张　洪（医） 田光磊（医） 蒋协远（医学院兼职副教授）
贺　良（医学院兼职副教授） 郭　源（医学院兼职副教授）
牛晓辉（医学院兼职副教授） 刘　波（医学院兼职副教授）
冯　华（医学院兼职副教授） 孟兆祯（建） 贾春旺（法） 仇保兴（建）
沈国荣（电机） 钱永刚（航） 刘尔琦（航） 赵沁平（教育研究院）
王晓初（教育研究院）

2010 年

黄　卫（土） 陈云华（水） 胡问鸣（精） 张　泽（物） 郭树清（经）
刘士余（经） 马建堂（经） 许宪春（经） 孙学玉（公） 柳斌杰（新闻）
朱　虹（新闻） 谢国明（新闻） 王晓初（网络中心） 陈　力（医）
秦顺全（土） 陈予恕（精） 包为民（精） 姚富强（航） 张月姣（法）
高之国（法） 沈德咏（法）

说明：年份为本校首次聘任其兼任教授的学年度（1953 年后为年度）；括号内为首次担任兼任教授的单位，简记同教授名录后的说明；兼任教授的名义有：名誉教授、名誉导师、教授（名誉职）、客座教授、兼任教授、借聘教授、专家（教授）等；凡曾任过兼任教授后调入本校的未再列入。1994 年起，仅指国内学者在本校兼职的教授。

（二）双聘教授名录

1993 年 蒲富恪（物） 刘桂生（人文） 王叔文（人文） 蒋新松（自）
沈德忠（化）

1994 年 张岂之（人文） 刘广钧（工物）

1995 年 张锦秋（建） 潘家铮（水） 胡仁宇（物） 李学勤（人文）
薛谋洪（人文）

1996年	彭少逸（化）	胡鞍钢（21研究院）		
1997年	黄国营（人文）	文志英（数）		
1998年	王　钊（水）	刘西拉（土）	范敬宜（新闻）	
1999年	苏肇冰（高研）	朱作言（生）	郭孔辉（汽）	沈珠江（水）
2000年	吕　敏（工物）	佟振合（化）	陈立泉（化）	
2001年	曹　镛（化）	陈小悦（经）	谢维和	李季伦（化工）
	高从堦（化工）	胡四一（水）		
2002年	韩其为（水）	周显初（应数中心）	佘振苏（应数中心）	欧阳钟灿（高研）
	林正浩（信息）	项　楚（人文）		
2003年	欧阳平凯（化工）	于　渌（高研）	郑健超（深圳研究生院）	
	贺福初（生）	管晓宏（自）	王奎禄（工物）	朱凤蓉（工物）
	范如玉（工物）	曹雪涛（医学）	赵鸣武（医学）	陈明哲（医学）
	范少光（医学）			
2004年	陆佑楣（水）	袁隆平（深圳研究生院）		
	姚新生（深圳研究生院）	孔祥复（深圳研究生院）		
	辛世文（深圳研究生院）	何　佳（深圳研究生院）		
	冷希圣（华信）	戴汝平（华信）	管德林（华信）	曹泽毅（玉泉）
	叶启彬（玉泉）	吴立文（玉泉）	董宝玮（玉泉）	王晓东（生）
	王永志（航）	马兴瑞（航）		
2005年	张育林（航）	胡思得（工物）	彭先觉（工物）	沈向洋（高研）
	郭百宁（高研）	李德仁（航）	朱英璜（新闻）	何其莘（外）
	武　哲（航）	顾逸东（工物）	韩志超（化工）	胡家勇（人文）
2006年	杨　卫（航）	张大鹏（深圳研究生院）		葛昌纯（航）
	李善同（公）	韩敬伟（美）	龚　克（信息）	李　天（航）
	饶子和（生物）	刘　静（医学）		
2007年	邹德慈（建）	倪以信（深圳研究生院）		王　浩（水）
	沈国舫（环）	赵　华（工）		
2008年	钱绍武（美）	黄河清（美）	李立浧（电机）	张尧学（信息学院）
	何美欢（法）	陈云岗（美）	桑国卫（医）	王启龙（人）
	刘　宁（水）	杨裕生（核）	周国泰（航）	陈善广（航）
	曲德林（人）			
2009年	刘行伟（航）	王群书（工）	徐冠华（地学中心）	王　斌（地学中心）
	刘国治（工）	欧阳晓平（工）	张国祚（马）	赵　煦（航）
	张　勤（核）			
2010年	汪劲松（精）	陈　赣（汽）	赵福全（汽）	陈念念（工）
	翁宇庆（材）	瞿晓铧（材）	冯　远（美）	相建海（深）
	李　捷（马）	王忠诚（医）		

说明：双聘教授是指人事关系未转入清华但在院系担任实质性教学、科研或管理工作的高层次人才。年份为本校首次聘任其双聘教授的年度，括号内为首次担任双聘教授的单位，简记同教授名录后的说明。

(三)讲席教授名录

讲席教授名录见表 9-3-31。

表 9-3-31 讲席教授名录

序号	聘任单位	讲席教授姓名	原单位及任职	教授数	在校工作时间(年份)	在校工作领域或任职
1	工业工程系	Gavriel Salvendy	美国普渡大学教授,美国工程院院士	1	2001—2010	工业工程系系主任
2	自动化系	何毓琦	美国哈佛大学讲座教授,美国工程院院士,中国科学院、中国工程院外籍院士	6	2001—2010	智能与网络化系统研究中心
3	经管学院	钱颖一	美国 UC Berkeley 教授	15	2002—2005	经济学
4		姚大卫	美国 Columbia University 讲席教授	5	2002—2005	管理科学与工程
5		王　江	美国 MIT 讲席教授	10	2002—2005	金融学
6		谢劲红	美国佛罗里达大学教授		2007—2010	市场营销
7	计算机系	黄煦涛	美国伊利诺伊大学教授,美国国家工程院院士,中国工程院外籍院士	9	2002—2005	人机交互理论与技术
8	环境系	Perry L. McCarty	美国斯坦福大学教授,美国工程院院士	4	2002—2006	
9	生物系	王小凡	美国杜克大学教授	5	2002—2009	人才引进、学科规划与建设、学生培养、科研协作
10	计算机系	姚期智	美国普林斯顿大学教授,美国国家科学院院士,2000 年图灵奖获得者	10	2003—2010	理论计算机科学教学科研
11	数学中心	冯元桢	美国加利福尼亚圣迭戈大学(UCSD)教授,美国工程院院士、美国科学院院士、中科院外籍院士	7	2003—2006	应用数学,生物医学工程
12	物理系	谈自忠	圣路易斯华盛顿大学教授,美国工程院院士	5	2003—2006	
13	数学系	法国巴黎第十一大学教授 Jean-Marc Fontaine and Jacques Peyriere 续聘 Patrice Le Calvez 和 Yves Le Jan		11～17	2003—2010	数论与代数几何,分形几何与几何测度论
14	建筑学院	劳瑞·欧林	美国宾夕法尼亚大学教授,美国艺术与科学院院士	3	2003—2007	景观学系系主任,教学

续表

序号	聘任单位	讲席教授姓名	原单位及任职	教授数	在校工作时间（年份）	在校工作领域或任职
15	核研院	G. Schweitzer 续聘 G. H. Lohnert	瑞士联邦工学院教授，瑞士技术科学院院士	9	2003—2010	反应堆工程和安全科研教学
16	物理系	潘建伟	德国海德堡大学物理所教授	5～10	2004—2008	原子系综实验室和量子通信实验室
17	数学系	方述诚	美国北卡罗来纳州立大学教授，美国工业工程院院士	12	2003—2008	运筹和工业工程领域教学
18	高研中心	方　闻	美国普林斯顿大学荣休教授，中国台湾“中央研究院”院士		2004-03-25	
19	化工系	Jakob de Swaan Arons	荷兰代尔夫特大学教授，荷兰皇家科学院院士（KNAW）	11	2005—2008	化工热力学，可持续发展的分析与评估
20	数学系	曹怀东	美国里海大学 Everett Pitcher 讲座教授	2	2005—2008	
21	计算机系	Frans Kaashoek	美国麻省理工学院教授，美国工程院院士	14	2007—2011	计算机系统结构
22	信息学院	Michael S. Waterman	美国南加州大学	5	2007—2011	生物信息学与系统生物学
23	医学院	苑　纯	美国华盛顿大学放射系正教授，生物分子影像中心主任	3	2008—2011	磁共振影像
24	软件学院	Joseph Sifakis	2007 年图灵奖获得者，法国 CNRS 研究总监	11	2008—2011	软件理论
25	电子系	P. R. Kumar	美国工程院院士，IEEE 成员，现任美国伊利诺伊大学香槟分校电子与计算机工程系教授	11	2009—2012	无线通信
26	数学系	林芳华 金　石 林希虹	美国纽约大学库朗研究所讲座教授，美国艺术与科学学院院士；美国威斯康星大学（麦迪逊）数学系教授，系主任；哈佛大学生物统计系教授	17	2009—2012	应用数学
27	信息学院	Michael Merzenich	美国加州大学旧金山分校教授，美国科学院院士，著名神经科学家	8	2009—2012	神经与认知计算
28	土水学院	Roger Flanagan	英国雷丁大学教授，中国建筑工程总公司专家委员会委员	6	2010—2013	建设管理

续表

序号	聘任单位	讲席教授姓名	原单位及任职	教授数	在校工作时间（年份）	在校工作领域或任职
29	信息学院	黄铠（Kai Hwang）	美国南加州大学教授，IEEE 成员	5	2010—2013	Ⅳ（分布式计算与应用）
30	地球系统科学研究中心	张明华	纽约大学石溪分校教授，大气与海洋学院代院长	5	2010—2013	地学学科

第四节　工程实验技术人员、职员、工人及其他工作人员

一、工程实验技术人员

1952 年院系调整以前，实验技术人员等列入职员中。后来理工科院系有少数实验人员。1931 年，物理系有仪器管理员 1 人，生物系有 1 名绘图员。到 1936 年，全校共有 11 人（仪器、实验室、工场管理员 4 人，绘图员 3 人，气象台助理 3 人，技士 1 人）。西南联大时期，1943 年 7 月 27 日联大报国民政府教育部，有技术人员 51 人。

1952 年院系调整前，有实验人员 26 人。此后，随着学校实验室的发展，实验技术人员队伍有很大发展。1956 年有实验人员 333 人，其中实验员 226 人，技术员 11 人，练习生 96 人；1964 年有实验技术与图书管理人员 548 人（其中 1964 年提升实验工程师 4 人），其中有教学编制的实验员 412 人，科研编制的实验员 110 人，技术员 22 人。

1978 年后，学校实验室有了更大的发展。学校对实验技术人员队伍进行调整和改善结构，组织技术业务培训，建立岗位责任制，实行专业技术职务聘任制，队伍数量有较大发展，队伍素质有明显提高。

一支稳定、干练的实验室队伍是做好实验室工作的必要条件，学校一贯重视实验室队伍建设。1979 年，学校根据教育部教政字〔1979〕003 号文件通知进行了实验技术人员职称提升工作。11 月 29 日，经 1979—1980 学年度第 4 次校长工作会议批准，提升 136 名工程师和 198 名技术员。这是继 1963 年后的又一次实验技术系列的职称评定，对稳定实验室队伍有积极作用。1980 年 12 月 22 日，北京市高教局批准清华大学晋升三位高级工程师：蒋景华、何家兴和俞受稷，这在校内影响很大，是对教师长期在实验室工作的肯定。1982 年，学校在实验室技术人员中又晋升了 68 名工程师和 6 名助理工程师。此后职称工作暂时冻结，随着教师职称工作恢复，实验技术职称工作也于 1986 年恢复。

20 世纪 80 年代以后，为提高实验室工作人员的业务水平和履行岗位职责的能力，学校开办了数字电子技术、应用电子学、电子测量技术、BASIC 语言、微机原理及应用、英语阅读、电子仪器维修等培训班，实验室技术人员的业务素质进一步提高。

1987 年又根据国家实验技术、专业技术职称的规定，开始评聘了高级实验师、实验师。到 1993 年，共有工程及实验技术人员 1 283 人，其中高级工程师 182 人，高级实验师 70 人，工程师 434 人，实验师 187 人，助理工程师 274 人，技术员 90 人，未定职 46 人。1981 年后工程及实验技术人员历年职别统计见表 9-4-1。1993 年工程及实验技术人员的单位分布见表 9-1-2。

此外，学校鼓励教师参加实验室工作，对于长期在实验室工作的教师，可申报教师职务，还建立起固定技术队伍与流动实验技术队伍相结合的机制，规定青年教师晋升讲师必须有一定的实验室工作量，研究生培养计划也要求有一定的实验室工作量，这些流动实验技术队伍对做好实验室工作发挥了较好作用。

1997 年人事处利用社会捐赠设立“清华之友—优秀实验技术人员奖”，由实验室设备处负责评选，共奖励 5 批实验技术人员。2005 年为了鼓励实验技术人员专心于实验室建设与管理，刻苦钻研实验技术，教书育人，服务育人，为教学、科研服务，为我国的教育事业做出贡献，经 2004—2005 学年度第 4 次实验室工作委员会会议审议通过《清华大学优秀实验技术人员奖评选办法》（2005 年 4 月 1 日）。优秀实验技术人员奖每两年评选一次，奖励名额不超过 20 个。评选结合学校的年终业绩考核评审。学校为获奖者颁发清华大学优秀实验技术人员奖励证书及奖金。奖励专职从事实验室工作三年以上，在实验室建设与管理工作中积极进取、踏实工作，在工作岗位上做出突出贡献的实验技术人员、技术工人和教师。从 1997 年到 2010 年已评选 8 届，共有 161 人获奖，极大地鼓舞了实验室一线工作人员。

为了适应信息时代计算机和网络的发展，提高实验技术人员计算机的使用水平，提高网络应用和开发能力，学校在 1999 年组织了计算机应用培训班，培训班包括计算机基础应用和网络应用两类。使实验技术人员都能跟上计算机软件不断更新的节奏，学会用最新软件处理数据和文件；充分利用校园网络资源，提高实验技术人员业务素质。

为了进一步提高实验技术人员阅读英文文献的能力，提高获取信息的水平和能力，提高他们实验教学水平及科技攻关的能力，以及适应国际交流的需要，自 1997 年起学校举办了几种英语培训班，包括初、中、高级班和口语班，分别采用不同的教材，适应不同水平的学员的需要。中级班是针对晋升高级工程师所需要的外语水平考试开办的，高级班和口语班的对象是已经具有高级职称的实验技术人员，提高他们英语阅读速度、写作能力及其与国外来访者交流的能力，培养高水平的实验技术人才。

为了使实验技术骨干进一步受到全面的、系统的教育，提高实验技术队伍的学历层次和学术水平，培养高水平的实验技术人才。学校决定举办实验技术人员研究生课程进修班。进修班的培养采取“宽进严出”方式，即入学不组织考试，经过资格审查、审批入学。通过两年的学习，部分课程学习成绩合格，发给单科结业证；所有研究生课程修完并通过考试，发给研究生课程进修班结业证；修完全部课程，成绩良好，且通过教育部统一组织的工程硕士班的入学考试，完成毕业论文并通过答辩者，发给工程硕士学位证书。学校 2000 年 7 月开设的机械电子工程专业研究生课程进修班，从实验技术人员中招生 34 名。2003 年 2 月，31 名学员获得学校研究生课程进修班结业证书。至 2005 年，34 名学员全部获得结业证书，其中 21 名学员通过入学考试和论文答辩，获得工程硕士学位。2003 年 1 月开设了计算机技术研究生课程进修班，招收 45 人，其中 15 人通过了研究生入学考试，25 人获得进修班结业证。经过研究生课程进修班学习的实验技术人员业务能力和全面素质有很大提高。

为稳定实验室骨干，吸引优秀人才充实工程实验人员队伍，加强工程实验技术队伍建设，2003年清华大学开展实验技术队伍定编工作，在此基础上，2004年9月学校研究决定，进一步完善工程实验技术人员岗位聘任，并在学校实验室中的实验教学、大型仪器设备管理与面向全校的公共服务方面设置校设关键岗位。校岗位聘任领导小组通过《关于完善工程实验技术人员岗位聘任和设立关键岗位津贴的实施办法》，鼓励院（系）实验教学平台建设和公共服务平台建设，整合实验室资源，促进实验室装备建设管理以及相关技术研究与开发，充分发挥实验室作为实践课堂的作用，充分发挥大型仪器设备的作用，提高实验教学和公共服务水平。支持科研的发展和学科的综合交叉，促进科研平台建设和高水平设备的研制。按照核定编制的10%～15%在教学实验室和大型仪器公共服务实验室设立了60个校设关键岗。岗位数由人事处下达，实验室与设备处组织院系按年度考核，每期3年，可连聘。一批技术精湛、管理能力突出、在实验教学和测试服务中发挥骨干作用的优秀实验技术人员应聘上岗，带动了队伍的提高。

工程实验技术岗位总数按2003年实验室编制数的90%核定。关键岗位数根据岗位评价和需要确定，但总数一般不超过实验室相关编制数的20%。在建制实验室设立实验教学关键岗位。资源集中、实验教学任务饱满的实验室优先考虑。在大型仪器设备集中的实验室设立大型仪器设备管理关键岗位。在公共服务类型的实验室设立公共服务关键岗位。以前在科研骨干关键岗位中设立的公共服务岗位转入实验室公共服务岗位。工程实验技术关键岗位数由各单位申报，实验室处报实验室工作委员会审核，经学校岗位聘任领导小组审批后，由人事处下达到各单位。2004年10月21日，完成了实验技术校设关键岗位的首批聘任工作，第一批上岗37人，其中有教师7人，博士5人，硕士7人。

2005年，清华大学正式设立工程实验技术系列研究员职务，2007年分析中心孙素琴、2008年基础化学实验教学中心李兆陇先后晋升实验技术系列研究员，在全校实验技术队伍中产生了较大的影响。

2007年，清华大学设立“实验室创新基金”，主要面向教学实验室，立项资助技术研究、实验教学项目开发、实验室信息化管理等工作，2008年验收，39个项目效果良好。此项工作得到学校各方面支持，已实现制度化，在院系产生广泛影响。2009年底，电子系设立“实验教学专项基金”，以促进本系的科研成果向实验教学内容的转化，加强科研与教学的结合。

2009年底在自动化系、物理系、精仪系、环境系开展实验技术人员分层次全员设岗的试点工作，进一步明晰队伍层次结构，划清队伍范围，落实岗位职责与考核指标，在人员招聘、工资待遇、考核与晋升等方面赋予院系更多的自主权，并对关键岗位上的高层次技术人员给予更多的政策支持，继续坚持抓核心技术队伍，带动实验技术队伍整体水平的提高。

学校实验技术人员历年人数统计见表9-1-1。1978年后工程实验技术人员职别统计见表9-4-1。

表 9-4-1 1978年后学校工程实验技术人员职别统计

年度	研究员级 高级工程师	高级 工程师	高级 实验师	工程师	实验师	助理 工程师	技术员	其他	合计
1979									424
1980									507
1981		3		137		190	160		490
1982		3		211		168	95	55	532

续表

年度	研究员级高级工程师	高级工程师	高级实验师	工程师	实验师	助理工程师	技术员	其他	合计
1983		16		235		172	86	230	739
1984		15		239		166	86	261	767
1985		36		242		192	81	297	848
1986		59		281		189	81	317	927
1987		102	13	311	85	390	87	104	1 092
1988		131	29	376	150	238	95	139	1 158
1989		140	32	357	150	296	93	85	1 153
1990		152	40	404	189	244	119	42	1 190
1991		161	48	425	193	217	114	67	1 225
1992		165	59	450	194	223	129	45	1 265
1993		182	70	434	187	274	90	46	1 283
1994		178	85	435	182	226	86	33	1 225
1995		167	79	424	170	218	86	25	1 169
1996		166	77	426	153	208	49	15	1 094
1997		162	73	438	138	189	27	7	1 034
1998		161	79	414	122	171	13	4	964
1999		170	69	396	107	132	6	6	886
2000		188	82	405	95	102	4	12	888
2001		199	91	383	82	86	3	12	856
2002		196	83	372	73	92	3	12	831
2003		221	102	317	53	65	3	9	770
2004	1	231	97	315	51	66	3	4	768
2005	5	244	91	325	40	69	3	5	782
2006	8	243	89	317	36	74	2	4	773
2007	6	249	86	326	31	54	2	5	759
2008	9	266	82	333	31	40	2		763
2009	10	287	85	329	31	34	2		778
2010	12	307	81	326	29	23	2		780

二、职员

（一）规模与结构

清华学校（学堂）初期，职员有 30 多人，除校长、副校长之外，设有教务长（由教员兼）、庶务长各一人，有管理员、文案员、庶务员、会计员、医员若干，并“配设书记、司事”。

1925 年开始向改办大学过渡，学校注册部、庶务部、会计部、图书馆、医院、同学干事部、课外作业部、学监部，以及大学部、研究院各设主任，并设事务员、助理员、书记若干人，职员人数共为 90 人。1928 年改为国立清华大学后，职员人数有了较大发展，除校级部门外，各院系也有少数职员，至 1936 年，全校职员 133 人，其中主任以上 6 人，秘书 1 人，事务员 21 人，助理（含试用助理）38 人，书记（含试用书记）48 人，其他 19 人。

抗战期间，西南联大在 1943 年有职员 203 人。据 1942 年统计，职员 199 人中，常委 3 人，主任 8 人，秘书、干事各 3 人，事务员 30 人，助理 39 人，书记 52 人，练习生 27 人，其他 34 人。其中由清华聘任在西南联大服务的职员 9 人，另外，清华驻昆明办事处有职员 20 人，特种研究所有职员 33 人，共 62 人。在西南联大职员的职别中，增加了干事、练习生。

1946 年复员后，职员职别中的事务员改为组员，职员人数有了较多的增加，1948 年有职员 235 人，其中校长 1 人，主任 6 人，秘书 5 人，组员 31 人，助理 60 人，书记 70 人，练习生 22 人，其他 40 人。1948 年 12 月清华园解放，1949 年 1 月，当时在校领工资的职员有 196 人。

1952 年院系调整前有职员 225 人，其中主任 4 人，组员 38 人，助理 71 人，书记 80 人，练习生 9 人，其他 23 人。院系调整后，1952 年 12 月，清华校本部有职员 296 人（不包括尚未分出的钢铁学院、航空学院的 37 人）。1953 年以后，随着学校规模的发展和学生人数的大量增加，在校长蒋南翔“重教重职”，“两个车轮相辅而行”的方针指导下，职员队伍有了很大的发展。1956 年职员有 537 人，其中正副校长 2 人，正副教务长、总务长 5 人，主任 9 人，科长 60 人，一般职员 445 人，技术员 16 人。1964 年底职员发展到 700 人，其中校行政 442 人，各系 161 人，科研机构、校办厂及其他 97 人。

“文革”中，校机关被打散，不少职员与教师一起被送到江西鲤鱼洲农场劳动。

1978 年后，学校采取措施，调整改善职员队伍结构，控制编制，制定岗位责任制，实行聘任制。在财务人员、医务人员中实行专业技术职务聘任制，评定了财会、医务系列高、中、初级技术职称。1986 年后还在职员中评定了正处级调研员、副处级调研员、主任科员、副主任科员。至 1993 年有行政职员和财务人员 672 人，其中财务人员 188 人（含高级会计师 2 人，会计师 54 人）。据 1992 年对行政管理人员 619 人（含教师兼任）统计，有校长、副校长及副局级以上 16 人，处长及相当职务 66 人，副处长及相当职务 71 人，科长、主任科员 194 人，副科长、副主任科员 104 人，科员、办事员 168 人。行政人员中兼任专业技术职务的 132 人，其中相当教授 8 人，相当副教授 61 人，相当讲师 63 人。

学校历年全校职员数见表 9-1-1，职员职别统计见表 9-4-2。

1993 年学校 672 名行政职员和财务人员中，学历分布为：大专以上 273 人，中专毕业 87 人，高中毕业 139 人，其他 173 人；年龄分布为：61 岁以上 13 人，56～60 岁 61 人，51～55 岁 97 人，46～50 岁 112 人，41～45 岁 89 人，36～40 岁 135 人，31～35 岁 43 人，26～30 岁 77 人，25 岁以下 45 人。1993 年职员的单位分布见表 9-1-2。

表 9-4-2　职员职别统计

<table>
<tr><td rowspan="2">1921 年</td><td>职务名称</td><td>校长
副校长</td><td>教务长
庶务长
斋务长</td><td>主任</td><td>文案员
教务员
庶务员</td><td>办事员</td><td>书记</td><td>打字员</td><td>其他</td><td></td><td></td><td>合计</td><td rowspan="4">教师兼任的未计入</td></tr>
<tr><td>人数</td><td>2</td><td>2</td><td>5</td><td>14</td><td>17</td><td>5</td><td>2</td><td>7</td><td></td><td></td><td>54</td></tr>
<tr><td rowspan="2">1936 年</td><td>职务名称</td><td>校长</td><td>教务长
秘书长</td><td>主任</td><td>秘书</td><td>事务员</td><td>助理</td><td>书记</td><td>其他</td><td></td><td></td><td>133</td></tr>
<tr><td>人数</td><td>1</td><td>1</td><td>4</td><td>1</td><td>21</td><td>38</td><td>48</td><td>19</td><td></td><td></td><td></td></tr>
</table>

续表

1942 年	职务名称	常委	教务长 总务长 训导长	主任	秘书	干事	事务员	助理	书记	练习生	其他	合计	西南联大职员数
	人数	3		8	3	3	30	39	52	27	34	199	
1948 年	职务名称	校长	教务长 秘书长	主任	秘书	组员	助理	书记	练习生	其他		合计	教师兼任的未计入
	人数	1		6	5	31	60	70	22	40		235	
1952 年 7 月	人数			4		38	71	80	9	23		225	
1956 年	职务名称	校长 副校长	教务长 总务长	主任	科长	科员 办事员	其他					合计	包括部分教师担任行政工作的
	人数	2	5	9	60	445	16					537	
1992 年	职务名称	校长副校长及副局以上		处长及相当职务	副处长及相当职务	科长主任科员及相当职务	副科长副主任科员及相当职务	科员办事员及其他				合计	
	人数	16		66	71	194	104	168				619	

1994 年以后，随着老职员的退休，学校新补充了大学本科以上的人员进入职员队伍，使职员队伍的学历、年龄、职级分布等结构趋于合理，分布参见表 9-4-3。

表 9-4-3　1994 年后职员职级及年龄统计

年度	总数	研究员	副研究员	五级职员	六级职员	七级职员	八级职员	九级职员	30 岁以下	31～40 岁	41～50 岁	51 岁及以上	硕士及以上	本科	大专	其他
1995	454				32	311								4	191	
2000	530				72	302		128	12	120	256	142		35	238	
2005	1 026	55	107		124	456	97	123	138	272	338	278	280	299	172	275
2008	881	46	93	8	138	411	84	82	100	264	171	243	327	241	116	112
2010	788	42	100	9	153	354	70	55	48	261	302	177	324	226	101	137

（二）职级制度

学校管理人员的职级经历了行政职务级别、事业单位六级职员制、本校七级职员制和人事部教育部十级职员制度几个阶段：

1. 1986 年—1993 年实行行政职务制度

为提高教育管理水平，建设一支符合“四化”条件的、稳定的管理干部队伍，根据中发〔1983〕9 号文件精神，参照国家机关行政职务设置原则，结合学校特点，并报请国家教委原则同意，从 1986 年起，在学校党政管理干部中，除各级领导职务外，设置正、副处级调研员，正、副科级调研员（正、副主任科员），科员、办事员职务。

正副处、科级调研员，在工作上受同级和上级行政负责人的领导。其职责是：协助同级领导进行管理工作；就本单位业务工作，从事综合性或专题性的调查研究，提出意见和建议，完成领导交办的任务。

聘任部分行政职务的工作步骤为：各单位领导在认真研究的基础上提出推荐意见；由学校成立的处级调研员、科级调研员评审小组严格按照任职条件进行评审；按干部管理权限办理任命手续，行政部门的处级调研员由校长工作会议任命，科级调研员由人事处任命，党群团体的处级调研员由党委常委会任命，科级调研员由组织部任命。

自 1986 年 12 月至 1992 年，学校共任命正处级调研员 36 名，副处级调研员 94 名；正科级调研员 240 名，副科级调研员 227 名，每年任命人数见表 9-4-4。

表 9-4-4　1986 年—1992 年学校处、科级调研员任命人数统计

年度	正处级调研员	副处级调研员	正科级调研员	副科级调研员	年度	正处级调研员	副处级调研员	正科级调研员	副科级调研员
1986	8	10			1990	2	11	63	27
1987	14	27			1991	1	6	30	10
1988	7	11	72	88	1992		7	23	8
1989	4	22	52	94	共计	36	94	240	227

2. 1994 年—2001 年学校执行事业单位六级职员制度

随着国家人事制度的改革，作为教育部试点单位，按照人事部事业单位六级职员制度的规定，学校 1994 年开始执行六级职员制度。职员名称为一至六级职员，其中一至三级职员为高级职员，四级职员为中级职员，五级、六级职员为初级职员。

经过培训、考核、评审并报学校行政职级领导小组批准，19 名原副处级人员确定为三级职员，5 名晋升为三级职员；212 名正科级、49 名原副科级人员确定为四级职员，22 名任科员四年以上人员晋升为四级职员；71 名科员确定为五级职员，47 名办事员级人员晋升为五级职员。其中原正副处级确定三级、晋升三级职员的组织工作主要由组织部完成。

1994 年至 2001 年学校职级晋升/确定情况见表 9-4-5。

表 9-4-5　1994 年—2001 年学校职级晋升/确定情况

年度	晋升/确定三级职员	晋升/确定四级职员	晋升/确定五级职员	年度	晋升三级职员	晋升/确定四级职员	晋升五级职员
1994	5/19	22/49＋212	47/71	1998	10	7/1	1
1995	7/4	18/37	23/0	1999	10	11/0	3
1996	8/1	18/9	7/0	2000	10	23/0	7
1997	10/0	9/5	16/0	2001	9	30/0	2

说明：具有本科、研究生学历的职员原来进入专业技术职务系列，2000 年开始聘任职员职级。

3. 2002 年—2006 年实行七级职员制度

按照学校人事制度改革的整体思路，根据分类管理的原则，在规范教师队伍的同时，提出实施本校七级职员制度。2002 年 10 月首次聘任后，共有 934 人进入教育职员系列，另有 41 名专业技术人员纳入职员管理。年底另有 388 名职员升聘高一级职级。截至 2002 年底，具有高级职务人员（包括研究员、副研究员和高级职员）总共 245 人，占教育职员总数的 26.23%；中级职务人员（包括中一级职员和中二级职员）总共 529 人，占教育职员总数的 56.64%；初级职务人员（包括初一级职员和初二级职员）共 160 人，占总数的 17.13%。

学校自行设计的七级职员制度和原专业技术职务系列和六级职员职级系列的对应关系见表 9-4-6。

表 9-4-6 学校七级职员制度设计方案

七级教育职员制度	与专业技术职务系列和六级职级系列对应关系		清华大学教育职员工资标准
	专业技术职务	六级职员职级	
教育管理研究员	正高级		执行专业技术系列正高级职务工资标准
教育管理副研究员	副高级		执行专业技术系列副高级职务工资标准
高级职员		三级副处	执行原事业单位职员系列三级职员工资标准
中一级职员	讲师级	四级正科	执行专业技术系列中级职务工资标准
中二级职员		四级副科	执行原事业单位职员系列四级职员工资调整后的标准
初一级职员	助教级	五级职员	执行专业技术系列助理级工资标准
初二级职员	技术员级	六级职员	执行专业技术系列技术员工资标准

2002 年起，中级及以下的职员不再评专业技术职称，并且工资待遇与同职务专业人员持平，建立了有效的激励机制。一支专业化、职业化的职员队伍初步形成。

2004 年至 2006 年，为鼓励长期在管理服务岗位上工作的职员爱岗敬业，学校对少部分具有丰富实践经验、工作业绩突出的高级职员经过评定可以享受高级实验师待遇。共聘任 10 人。

2006 年开始，学校教育职员研究员职务的申请实行隔年申报制度。

2002 年至 2006 年，学校实行七级职员制度的职级晋升情况（年底总数）见表 9-4-7。

表 9-4-7 学校七级职员制度的职级晋升情况

年度	研究员	副研究员	高级职员/高实待遇高级职员	中一级	中二级	初一级
2002	10	7	15/0	266	41	4
2003	6	14	20/0	45	44	6
2004	12	7	27/3	27	44	7
2005	10	3	23/4	35	39	4
2006	10	7	24/3	35	37	1

4. 与人事部十级职员制度接轨

2007 年根据《关于高等学校岗位设置管理的指导意见》（国人部发〔2007〕59 号）和《教育部直属高等学校岗位设置管理暂行办法》（教人〔2007〕4 号）文件精神，按照《清华大学贯彻执行高等学校岗位设置管理指导意见的实施意见》的相关规定，2007—2008 学年度教育职员聘任委员会第一次会议讨论通过了《清华大学教育职员职级设置与聘任办法》。

在人事部设置的十级职员管理岗位的框架下，学校现有的职员职级制度与国家的管理岗位职员职级体系接轨。教育职员职级设置为 9 个职员等级，即二级职员至十级职员。四级及以上职员职级按照干部人事管理权限由教育部确定，五级至十级职员职级由学校统一组织评聘。原七级职级与现九级职级的对应关系是：高级职员对应六级职员，中一级职员对应七级职员，中二级职员对应八级职员，初一级职员对应九级职员，初二级职员对应十级职员。今后学校使用人事部、教育部统一规范的职级名称，不再使用高级职员、中一级职员、中二级职员、初一级职员、初二级职员名称。停止执行《清华大学关于解决部分高级职员待遇问题的规定》的相关政策。

根据高等学校管理的特点和本校实际管理工作的需要，按照从严控制、规范管理的原则，在六级职员以上设置教育管理副研究员，在五级职员和教育管理副研究员之上设教育管理研究员。

在接轨过程中完成了 757 人管理岗位职级的核对和确认以及教育职员研究员和副研究员 145 人的岗位分级工作。

自 2007 年开始按新的职级体系开展职级确定和晋升工作。学校评聘研究员、副研究员和五至十级共 8 个职级，如有特殊需要，另由教育部审批四级及以上职级。

2007 年至 2010 年，学校实行教育部职员制度的职级晋升情况见表 9-4-8。

表 9-4-8　2007 年—2010 年学校实行教育部职员制度的职级晋升情况

年度	研究员	副研究员	五级职员	六级职员	七级职员	八级职员	九级职员
2007	3	5		22	19	15	7
2008	3	1		21	29	33	1
2009	5	3		28	21	21	1
2010	5	6	2	25	20	12	

说明：2008 年针对原美院、第一二附院享受正处待遇的专业技术职务副高级、高政师和六级职员聘任五级职员 18 人，2010 年针对校内后勤享受正处待遇的现职正处级六级职员特批聘任五级职员 2 人，未列入表中。

（三）职员培训

20 世纪 50 年代学校组织职员与实验人员参加夜大学、电视大学的学习及结合工作的培训。1956 年 1 月校委会通过《关于实验员、练习生培养工作上的几点决定》，具体规定了实验员和练习生的职责、学习制度和培养目标。如要求中等技术学校毕业的实验员，培养成具有夜大学毕业的水平，能全面掌握技术，配合科研的实验工程师。1963 年 4 月，职工业余教育委员会在大礼堂召开包括职工业余大学班、电视大学班、行政处干部班和业余学校的全体学员大会，向 181 位学员颁发了单科结业证书，表扬了 63 位优秀学员和 65 位优良学员。

1979 年至 1985 年，学校根据工作急需举办了财会、秘书、档案、预算等短训班，组织部分职工参加本校夜校部和职工中专部、电视大学、中央党校干部函授班、高等教育自学考试等学习，至 1985 年，有 74 名职工获得大专毕业证书。

1984 年至 1985 年，本校夜校部和职工中专部共招收学员 215 人，参加电视大学中文教学班（以校系机关干部为主）、法律专业教学班（以治安保卫人员为主）、党政干部专修科和中央党校函授班等学习的职工有 8 个专业的 377 人，根据学校需要送到外单位培训的有 5 个专业的 60 余人。

1985 年至 1986 年，参加本校夜大学学习的职工有 100 余人，本校职工中专部在校生有 106 人（大部分是本校职工），参加电视大学党政干部专修科档案、文秘、法律、图书 5 个专业学习的职工有 224 人，参加中央党校函授班（政治、经济两个专业）学习的职工有 34 人，参加职工教育各层次学习的学校职工约 600 余人（21 个专业）。另有到校外夜大、函大、中专学习的职工约 100 人（学校职工已有 70 余人取得夜大学毕业文凭）。

1986 年至 1987 年，学校组织财会人员参加北京市举办的财会人员专业考试。夜大学计算机软件与机械制造两专业 56 名学员和职工中专部电子技术和机械与电工两专业 37 名学员毕业。参加电大在清华办党政专修科教学班学习的 22 名职工毕业，该班获北京广播电视大学授予的优秀班集体称号。夜大学 3 个专业招生 117 名，职工中专部招收机电专业 21 名。参加电大教学班学习的约 200 名。学校职工到校外学习的约 120 名。

从 1994 年至 2002 年，为实现学校建设世界一流大学的目标，在着重加强管理人员队伍建设的背景下，根据《清华大学职员职级方案》申请中、高级职员，需具备大专或本科毕业以上的学历，部分人员还须进行资格考试，并规定，“资格考试前，可先进行培训”。结合新的职员职级方案，从 1994 年到 2002 年，开始了职员新一轮培训。

这一阶段的职员培训，主要包括两部分：一是根据职员职级晋升前资格考试的要求，从 1994 年开始，结合业务工作进行的系列培训；二是根据对中、高级职员任职资格的要求，从 1996 年下半年开始至 2000 年，进行系统的教育管理培训。

结合业务工作的系列培训。根据职员职级晋升前资格考试的要求，为达到提高职员业务工作能力的目的，从 1994 年开始，学校先后举办了以提高职员的文字表达、计算机应用和外语能力为主的各种培训，1995 年 9 月又组织了业务工作法规培训。这一系列的培训均由学校统一规划，统一组织，统一考核。其中业务工作法规培训，在学校统一规划下，采取按系统分口培训的方式，分别组织两办、本科生教务、研究生教务、科研、人事、保卫、后勤等七个培训班。并开设公共课，有计划地安排有关部处重点介绍各自情况，以达到对学校工作的宏观了解。1994 年至 2002 年，学校每年组织以上四类培训共 38 次，参加培训人员达 3 505 人次。结合业务工作的系列培训所开设的课程包括五大类、五十多门，分别为文字表达能力类（2 门）、计算机应用能力类（9 门）、外语能力类（4 门）、业务工作法规类（7 个系统，48 门）、其他（2 门）。

教育管理培训根据《清华大学职员职级方案》，申请高级职员（三级职员）需具备大学本科及以上学历，申请中级职员（四级职员）需具有大学专科及以上学历，逐级晋升。为解决学历条件不足的问题，1996 年 6 月 24 日，经校长办公会议讨论通过了《关于开展第二轮职员培训的意见》，计划将 1967 年至 1980 年参加工作的职员，作为第二轮职员培训的重点，意见中规定，无本科学历的四级职员晋升三级职员须获得高级班结业证书，无大专学历的初级职员晋升中级职员须获得中级班结业证书，明确把培训考核结果作为晋升职级和聘任上岗的重要依据。第二轮职员培训分别开设了教育管理高级班、教育管理中级班，学制均为 2 年，实际上课学时分别为 596 学时和 544 学时，结业论文为 100 学时。

1996 年至 2000 年的第二轮职员培训，共举办了三期高级班，二期中级班，先后有 274 人参加，117 名高级班学员和 87 名中级班学员完成培训计划结业。培训坚持实用性、系统性的原则，参照教育管理专业本、专科生的课程设置，高、中级班分别要求完成 13 门课程、600 学时和 11 门课程、460 学时的学习任务。在接受全面系统培训的同时，注重学以致用的实用性，把知识转化为职员工作的能力。在培训班的第四个学期设置了结业论文环节，要求学员运用所学的理论知识和方法，结合本职工作，独立完成，以综合考察学员对知识的掌握，培养、训练学员理论联系实际的作风和解决实际问题的能力。

根据教育部《高等学校职员制度暂行规定》和2002年清华大学《关于完善教育职员制度的实施办法》的有关精神，学校建立并实施了以全面提高职员综合素质为目标的教育职员培训制度。从2003年至今，根据《关于教育职员岗位培训的通知》，结合教育职员制度的实施，职员培训进入了全面提高职员综合素质全员培训的新阶段。

学校高、中、初各级教育职员及纳入教育职员管理的人员均可免费在职参加培训。培训内容分为公共课程和部门业务两部分，部门业务培训由学校相关部处制订培训计划，按工作系统分口组织。公共课程的培训，由学校人事处统一安排。部门业务培训由相关部门负责。

教育职员每年可享受20学时的免费公共课程的在职学习，职员完成培训的情况记入培训档案并纳入岗位职责，作为年度考核的内容和新一轮岗位聘任的条件。

2003年秋季学期至2010年秋季学期，公共课程培训共开设了5大类、68门课程，分别是理论类、技能类、素质类、沟通减压类和赏析类。其中理论类19门、技能类22门、素质类13门、沟通减压类7门和赏析类8门。每学期开设8门左右课程，同时，有针对性地对新进校职员开设了4门必修课。2005年3月，人事处和计算中心共同研发的“教育职员网上选课查询系统”正式投入使用。2007年新增业务培训查询模块。2003年以来，公共课程开设了68门，累计举办153个培训班，共12 400多人次参加了培训，得到了职员的广泛支持和热烈响应。

（四）职员奖励

为鼓励广大职员树立爱岗敬业，自觉为教学科研服务的精神，学校1998年至2000年设立清华大学职员工作先进奖，包括一等奖和二等奖两个等级，一等奖奖励金为1 000元/人，二等奖奖励金为600元/人。每年20个名额。三年来共有65人获奖，其中16人获得一等奖，49人获得二等奖。

2002年实施七级职员制度以来，2003年学校设立教育职员“爱岗敬业奖”。2003年至2007年该奖项的奖励基金得到了万杰集团孙启玉董事长在清华大学设立“清华之友—万杰集团孙启玉教育管理贡献奖”奖励基金的资助。奖励基金每年15万元人民币，每年表彰3～5个先进集体和20名先进个人。个人奖奖励金5 000元/人，集体奖奖励金为10 000元/人。截至2007年，共表彰了27个先进单位和100名先进个人。对教育职员队伍的建设和发展起到了非常好的激励作用。2008年学校暂停职员“爱岗敬业奖”集体奖的评选，继续保留个人奖的评选，5 000元/人奖励金由学校筹集。2008年至2010年共表彰60名爱岗敬业的职员。

三、工人

（一）规模与结构

清华学校（学堂）初期，工人有勤杂工、清洁工、园丁、电灯工、守卫队、巡警、木工等，1912年有工人143人。工人在校内处于最低地位，被称为“校役”。1919年《清华一览》刊登的《校役通守条规》规定，“各仆役”必须穿“号衣”，“挂号牌”，“以便识别”，工资也最低。1925年成立大学部时有工人264人，其中校役113人，园丁31人，清道夫36人，长工18人，工匠5人，电灯匠24人，巡警37人。1928年改为国立清华大学后，工人不再称校役，改称校工，但工人的地位并无多大改变，校方还一度规定在每月发放工资时，“校工必须在大礼堂前排队听候发放”。至1936年，有工人317人，其中校工143人，园丁13人，路工32人，长工26人，电灯机匠 55 人，校警 48 人。

西南联大时期，工人都是从当地招收的。1943 年 6 月，西南联大本部有工警 221 人，另清华办事处及特种研究所有工人 41 人。校本部 221 人中，校警 41 人，传达 4 人，清洁夫 9 人，水夫 24 人，厨夫 12 人，其他工人 131 人，在清华办事处及研究所 41 人中，传达 6 人，清洁夫 3 人，水夫 12 人，厨夫 6 人，其他工人 14 人。1940 年校工因生活不能维持，曾一度罢工，要求增加工资。

1946 年复员后，学校工警定额 132 人，其中校警 30 人、技工 22 人，园丁 10 人，校工 70 人。年底增至 197 人。1947 年 3 月增至 327 人，其中校警 45 人，技工 56 人，学徒 19 人，农工 13 人，校工 194 人。年底增至 380 人。1948 年 8 月，增至 497 人，其中技工 97 人，校警 43 人，工徒 34 人，助手 23 人，大工 17 人，校工、小工 283 人。清华园解放时，1949 年 1 月在校领工资的工人有 510 名，其中技工 130 名，助手 23 名，校工 314 名，校警 43 名。解放后，工人地位发生了根本变化。

1952 年院系调整时学校有工人 540 人，其中普通工 246 人，技工 122 人，徒工 11 人，校警 59 人，熟练工 26 人，炊事员 76 人。院系调整后，工人人数增加很快，1956 年有工人 1 098 人。1958 年贯彻党的教育方针，实行教育与生产劳动相结合，工人人数有更多增加，招收了一大批复员转业军人，1960 年有工人 2 860 人。此后，国家调整经济，减少城镇人口，学校根据国家动员 1958 年后参加工作的农村人口返回农村的政策，1961 年至 1963 年共精减了约 2 000 名工人（主要是复员军人），1961 年有工人1 387人。1964 年有工人 1 718 人，其中实验、科研技工 365 人，校办厂工人 352 人，行政技工 407 人，普通工 312 人，炊事员 282 人。

“文革”期间，实行厂带专业，在学校大办工厂，增加了许多工人，1973 年 1 月有工人 3 426 人，其中校办厂工人 1 144 人，非校办厂工人 2 282 人，1976 年有工人 3 863 人。

1978 年后，学校调整和改善工人队伍结构。在中共北京市委和劳动部门的大力支持下，向市属厂矿企业输送了 1 200 多名青年技工，妥善安排了 500 多名家不在北京的复员军人回家乡工作。1983 年工人减为 2 608 人，1985 年为 2 405 人，其中实验室工人 247 人，校办厂工人 536 人，行政工人 1 273 人，炊事员 301 人，其他 48 人。1986 年根据国务院的规定，学校执行合同工制度。1993 年工人为1 848人，其中合同制工人为 169 人。学校还对工人强化了技术培训，建立了考工晋级制度。1988 年 7 月制定了《清华大学技术工人考核及工资浮动升级试行办法》。1988 年，国家教委批准清华进行评定工人技师、高级工人技师的试点工作，从 1988 年至 1993 年共评定高级工人技师 16 人，工人技师 107 人。1993 年在编 1 848 名工人中，有高级技师 5 人，工人技师 52 人，高级工 363 人，中级工 681 人，初级工 228 人，普通工 519 人。随着学校深化后勤改革，逐步实行后勤服务的社会化，在编工人人数减少，增加了临时工。另外，为了解决学校教职工家属的就业问题，经北京市政府批准，1977 年 12 月建立了集体所有制的风光仪器厂，招收了 400 多名大集体工人，其中 100 多名从事仪器生产，其余 300 多名在学校幼儿园等后勤部门工作，至 1993 年底，大部分已退休，尚余 50 余名工人。1986 年由于基建征地，安排了 901 名农转工（大集体）。

1994 年后，学校事业编制工人只在后勤等关键岗位有少量补充，而且以骨干技术工人为主，后勤等单位的工人用工模式主要以聘用合同制临时工人为主。到 2010 年事业编制工人人数按照自然减员总数减少到 634 人。

学校工人工作类别统计见表 9-4-9，1993 年工人工种统计见表 9-4-10，1993 年工人的单位分布见表 9-1-2。1993 年后工人队伍结构见表 9-4-11。

表 9-4-9　学校工人工作类别统计

年份	工作类别及人数										
1922-04	类别	校役	园丁	清道夫	木匠	汽车夫	电灯匠	装订	巡警	厨役	合计
	人数	83	15	16	2	1	16	1	27	70 余	230 余
1925	类别	校役	园丁	水夫及清道夫	长工	工匠	电灯匠	巡警			
	人数	113	31	36	18	5	24	37			264
1936	类别	校工	园丁	路工	长工	电灯匠	校警				
	人数	143	13	32	26	55	48				317
1943	类别	传达	清洁夫	水夫	厨夫	其他工人	校警				
	西南联大校本部	4	9	24	12	131	41				221
	清华办事处及研究所	6	3	12	6	14					41
1948	类别	校工	技工	校警	助手	大工	工徒				
	人数	283	97	43	23	17	34				497
1952	类别	普通工	技工	徒工	校警	熟练工	炊事员				
	人数	246	122	11	59	26	76				540
1956	人数	453	581	40	24						1 098
1960	人数	1 140	1 247	250			211	12			2 860
1964	类别	实验技工	科研技工	校办厂工	行政技工	普通工	炊事员				
	人数	175	190	352	407	312	282				1 718
1973-01	类别	实验技工	校办工厂	水暖工	炊事员	勤杂工	其他工人				
	人数	194	1 144	122	420	133	1413				3 426
1978	类别	实验室工人	校办厂	行政工人	试化厂	绵阳分校	以工代干				
	人数	233	1 237	1 341	704	362	40				3 917
1985	类别	实验室工人	校办厂工人	行政工人	炊事员	其他					
	人数	247	536	1 273	301	48					2 405
1993	类别	机工	电工	司机	炊事员	水暖工	土建工	实验工	其他工		
	人数	261	227	158	205	76	101	55	765		1 848

表 9-4-10　1993 年学校工人工种统计

工种	行政及实验室	校办厂	合计	工种	行政及实验室	校办厂	合计
车工	38	51	89	电子工种		7	7
钳工	29	34	63	仪器制造		5	5
刨工	2	11	13	化工工种		1	1
铣工	4	10	14	水暖工	76		76
磨工	7	10	17	电话工	12		12
焊工	21	7	28	炊事员	197	8	207
铸工	3	23	26	保育员	18		18
锻工		5	5	司机	146	12	158
其他金工	3	3	6	锅炉工	3		3
电工	179	48	227	其他土建工	32	6	38
瓦工	28		28	印刷技工	31	45	76
木工	31	4	35	其他工	522	95	617
实验技工	54	1	55	徒工			
仪表电子工	11	15	26	合计	1 447	401	1 848

表 9-4-11　1993 年后学校工人队伍结构变化

年度	合计	高技师	技师	高级工	中级工	初级工	普通工
1993	1848	5	52	363	681	228	519
1995	1620	7	50	438	625	159	341
2000	1335	4	35	665	300	85	246
2005	1002	9	49	602	182	33	127
2010	634	4	42	431	96	17	44

（二）技术等级

1979 年至 1986 年，经考试考核，报北京市劳动局批准，学校发给 1 173 名相应级别的工人技术等级证书。1986 年至 1987 年，有 85 人获得北京市劳动局、高教局联合签发的六级工等级证书，54 人获北京市劳动局承认的二级和三级厨师称号。1988 年 7 月学校制定《清华大学技术工人考核及工资浮动升级试行办法》，成立了工人技术考核委员会。1988 年 9 月至 1989 年 9 月，组织对各工种技术工人进行理论、操作考试，对非技术工人进行考核按比例浮动升级，全校有 1 485 人晋升了浮动工资，其中考试优秀者 130 人晋升二级浮动工资，4 人晋升三级浮动工资。1990 年上半年，有 3 名工人获北京市技术能手称号。1992 年，有应知应会双通过 265 人，晋升了工级。1992 年至 1993 年，经国家教委在京单位工人技术考核委员会考核，有 571 人获技术工人等级证书（高级 225 人，中级 245 人，初级 101 人）。

1988 年，国家教委批准学校进行评审工人技师、高级工人技师的试点工作，学校成立了工人技师评审委员会，从高级工中首次评审并聘任了 55 名工人技师。1989 年 3 月，学校制定了《清华大学关于在技术工人中进行技术职务聘任制的试行办法》，并于 10 月进行首批高级工人技师评审工作，有5人被评定为高级工人技师。从1988年至2009年，共有28人被评为高级工人技师，178人被评为工人技师。1988年至2009年，工人晋升技师、高级技师统计见表9-4-12。

表 9-4-12　1988 年—2009 年学校工人晋升高级技师、技师统计

年度	高级工人技师		工人技师
	人数	名　　单	
1988			55
1989	5	建筑学院唐武元（模型工），机械系阎炳义（焊工），热能系张雅明（钳工），修缮中心刘鸿文（水暖工），通力公司董介平（铸工）	3
1990	5	核研院韩占英（钳工），训练中心徐同安（铸工），汽车系张执玉（车工），工物系金葆桐（钳工），通力公司邵树发（车工）	25
1991	4	精仪系刘志义（钳工），电机系陈星麓（车工），工物系孙敬清（车工），机械厂胡铭增（钳工）	11
1992			4
1993	2	电机系董德康（电工），自动化系徐延融（电子装接工）	9
1995	2	水利系李世卿（钳工），修缮中心赵志成（电工）	6
1997	1	修缮处陈宝珍（木工）	11
1999	3	材料系衷待群（磨损技工），力学系杨岱强（铣工），美术学院王坚	10
2001	3	核研院李宗林（刨工），训练中心张开存（车工）、张立强（钳工）	13
2003	2	修缮处崔锡成（水暖工），核研院苏升民（电工）	12
2004			3
2005	1	汽车系陈伏虎（维修电工）	7
2007			4
2009			5

为了贯彻落实劳动部《关于贯彻〈工人考核条例〉的通知》精神，国家教委于1991年1月成立了在京单位工人技术考核委员会，成立了七个专业考评组，即机械冷加工、机械热加工、电工电子、土木园林、汽车驾驶与维修、印刷、烹饪考评组。决定自1993年1月起开展在京单位工人技术培训考核工作。考核的工种分布在上述七个考评组。技术等级考核分为技术业务理论及实际操作技能两部分。考核主要是本等级考核，按照工资等级和技工工龄双达标的方法确定报考的技术等级，分为初、中、高三个技术等级，针对高校的特点，设置了《教学辅导技术工人考核办法》和《实验室技术工人考核办法》。清华大学承担了机械冷加工、机械热加工、土木园林、汽车驾驶与维修四个考评组的工作。

1994年国家教委工考委工作的指导思想是：在1993年本等级考核工作的基础上，结合工资改革，解决1993年工人本等级考核的遗留问题，同时组织正常升级和小工种的考核。

1995年、1996年、1998年、2000年组织了技术工人等级考核工作，并且从1998年开始，工考组曾组织过的工种不再组织本等级考核，仅组织升级考核。2001年工人技术等级考核开始下发劳动部的职业资格证书，人事部的技术等级证书停止下发。教育部决定取消原工人技术等级考核委员会以及下设七个考评组。建议参加国家机关工人考核委员会组织的工人技术等级考核。学校工人技术等级培训及考核情况见表9-4-13。

表 9-4-13　学校工人技术等级培训及考核情况

年度	参加培训人数	通过考核人数	年度	参加培训人数	通过考核人数
1996—1997	467	394	2005	59	44
1998	581		2006	91	78
1998—1999	440	361	2007	62	45
2001	353	280	2008	57	38
2002	32	26	2009	26	21
2003	75	65	2010	20	13
2004	5	5			

学校各年聘任高、中、初级工人情况见表 9-4-14。

表 9-4-14　学校各年聘任高、中、初级工人数量

年度	高级工	中级工	初级工	合计	年度	高级工	中级工	初级工	合计
1993	225	245	101	571	2004	30	2	5	37
1994	155	130	29	314	2005	25	8	1	34
1996	270	84	37	391	2006	85	15	8	108
1998	160	147	54	361	2007	34	2	8	44
2001	197	73	10	280	2008	21	14	6	41
2002	14	22	9	45	2009	16	1	6	23
2003	47	19	13	79	2010	6	3		9

（三）工人培训及其他

1. 职工文化补习

1913 年，清华青年会举办校役夜校。1915 年 9 月，学校与青年会试办校役（包括仆役、庖人及巡警）教育。1916 年 10 月校役夜课学校由梅贻琦、虞振镛、戴梦松与青年会社会服务部办理，设志愿班与演讲班，志愿读书者入志愿班，每周学课 3 小时。演讲班每周听演讲一次。1925 年 2 月，校工夜校设国文、算术、英文三门课，由学生会办理。复员后仍由学生会主持办工友夜校，为校内工友教识字、教文化。

解放后，1949 年 11 月学校成立职工业余学校，设初小班、高小班，学员 80 余人，设专职干部一人，教师由职员兼任。1953 年设初中班。1954 年有学员 500 余人，1956 年有学员 1 000 余人。从 1953 年至 1957 年，扫除文盲 468 人。至 1959 年底，高小毕业 152 人，初中结业 40 余人，高中结业 50 余人。1966 年前，有千名职工在业余学校学习，业余学校有 7 名专职教师和 1 名职员。胡健、周昆玉曾任职工业余学校校长。

“文革”中职工业余学校停办。

1978 年 1 月，校党委批准校工会筹备组负责恢复职工业余学校工作。5 月开出初中数学班。9 月职工业余学校正式恢复，至 1979 年 9 月，先后开设初中和高中数学、物理、语文、英语等课程，先后有 900 多名职工利用晚上时间参加学习，有 225 人学完一门课，49 人学完两门课。有 38

名青工考入北京电视大学数学班学习。1979 年 9 月，职工业余学校表彰了 66 名优秀学员。

1982 年 6 月 3 日，根据中共中央《关于加强职工教育工作的决定》和教育部、北京市关于青年职工文化技术补课通知的精神，校务会议通过了《清华大学关于职工文化补课的规定》。1982 年 8 月，组织 1 000 余名青工进行初中文化考试，每人应考数学、语文、物理（或化学）、历史（或地理）四门，已在业余学校学习结业的免考。之后，业余学校对未通过的编班上课，学校共有 27 个班，每周利用四个晚上和星期六上午上课。从 1982 年 8 月至 1985 年 1 月，有 924 名青年职工在职工业余学校进行初中文化补习获得通过。1985 年 12 月，校工会召开青年职工文化补课总结大会，有 59 名学员受到表扬。职工业余学校先后配备专职教师 7 名，职员 1 名。1983 年 5 月，刘泰兼任职工业余学校校长。

1985—1986 学年度继续开设初中、高中数学、语文、物理、化学和哲学等课程，参加学习的人数为 300 余人次。累计已经对 1 200 余名青工进行了初中文化补课，基本上完成了国家规定的补课任务。1986 年 4 月，职工业余学校改由职工教育和附属学校处领导。

1986—1987 学年度职工业余学校高中班进一步发展，开设政治、历史、地理等课程，参加学习的有 390 人次。

1987—1988 学年度，经过对农转工 400 余人的文化摸底考试后，组织了 153 人的初中语文补课班。另有 90 名青年职工接受高中文化教育。

1988—1992 学年度，工会每年举办青年职工高中复习班，青年职工共有四五百人参加学习。

2. 技术培训

1979 年至 1986 年，对全校技术工人普遍进行了一次技术培训，约 1 500 人次参加。经过对全校 60 多个工种的技术工人进行本等级的培训和应知应会的考试、考核，有 1 173 名考试考核合格，报北京市劳动局批准，发给相应级别的工人技术等级证书。

1986 年至 1987 年，组织 100 余名三、四级技术工人参加北京市技术比赛，其中 85 人通过理论考试和实验操作比赛，获得北京市劳动局、高教局联合签发的六级工等级证书。组织 100 余名炊事员进行短期培训，经考核有 54 人获北京市劳动局承认的二级或三级厨师称号。

1988 年 7 月，学校制定《清华大学技术工人考核及工资浮动升级试行办法》后，自 1988 年 9 月至 1989 年 9 月，全校共组织各工种 1 300 人进行了理论操作考试。1989 年初学校成立培训中心，1989—1990 学年度，举办 41 个技术工人基础理论培训班，有 1 246 人次参加学习，其中 688 人次获单科结业证书；1990—1991 学年度，举办初、中、高三个等级的工人技术理论培训班 23 个，19 个工种的 823 人次参加学习，551 人次获单科结业证书；1991 年，组织技术工人各工种的应会考试，报名考工的有 113 个工种共 1 250 人。1991—1992 学年度办 29 个培训班（高级工 7 个班、中级工 17 个班、初级工 5 个班），767 人次参加，其中 617 人次获单科结业证书，还组织 26 个工种各工级应会考试，600 人参加（高级工 149 人，中级工 277 人，初级工 174 人），有 494 人（占 82.3%）通过，其中应知应会双通过 265 人。1992 年至 1993 年，根据国家教委教人司〔1992〕602 号文件，由国家教委在京单位工人技术考核委员会组织七个专业（工种）考评组，组织对工人进行培训和考工，1993 年 7 月进行了理论考试。

教育部工考委组织的工人技术等级培训和考核工作从 1993 年一直持续到 2001 年，之后以参加国家机关工考委组织培训和考核为主。同时结合学校发展的需要，1994 年以后，学校举办各类工人技术培训班。新技术类有：AUTOCAD 机械制图、特种加工（有关线切割、电火花、激光、超声波加工等）、数控加工、电子技术、供暖系统煤改气、烹饪技术、Pro/ENGINEER、电工新技术。计算机类：Excel电子表格制作、计算机基础知识与应用、Photoshop图像处理、视频节目制作、网络应用等。讲座类：汽车知识、人像摄影、营养与健康等。

3. 其他

为推进学校工人学习钻研技术，提高工人的技术水平，1999年学校组织车工、钳工和焊工的技术比赛，共有43人参加，共有19人获奖。2000年之后，后勤的饮食中心、物业中心陆续结合中心工作开展过系列技术比武活动，饮食中心还参加过2004年第五届和2008年第六届全国烹饪大赛，获得过团体金奖和个人金奖（黄大伟和武玉荣）的好成绩。

1988年成立工人技师协会，到2009年为第七届。技师协会组织一系列的参观交流活动。参观了我校供电枢纽——11万伏变电站、密云工业开发区的同方威视和同方人工环境两大企业的生产基地、美术学院、顺义现代汽车和燕京啤酒厂、天津技术开发区等，结合工作定期组织交流研讨会。如组织烹饪技术交流会等。

（三）农转工人员

农转工人员，是指因国家重点工程建设和国家机关、军事单位、城市企事业单位进行建设征用农村集体所有土地，被征地单位的土地被全部征用或者部分被征用后剩余的耕地按农业人口平均不足5分地，造成的农村多余劳动力，经市人民政府批准，由农业户口转为非农业户口，并符合转工条件的人员。（见1993年10月北京市政府《北京市建设征地农转工人员安置办法》）

1986年安置建设征地（东门外）农转工902人。1999年底农转工人员总数818人，其中退休人员180人；在职人员638人。2001年，北京科苑物业管理公司安置的建设征地（大石桥）农转工57人转入劳动服务管理办公室管理。2002年底，农转工总人数868人，其中在职人员547人、内退人员72人、退休人员249人。

2004年底农转工总人数862人，其中在职人员475人、内退人员100人、退休人员287人。在2004年对农转工人员情况进行调研的基础上，学校明确了对农转工人员在校内按事业编制管理的思路，并决定逐步把农转工人员纳入公费医疗体系。2005年1月，落实了由校医院负责农转工人员医疗费报销工作的具体办法，减少了工作环节，进一步理顺了工作关系。

2007年10月在职和退休农转工工资统一纳入学校工资册之后，2008年1月起，在职农转工的工资正式由学校统一发放。

2007年12月人才中心、劳资科对362名农转工人员进行住房补贴申请的审核确认，并提供咨询服务，协助房管处完成农转工第一批住房补贴的发放。到2008年底陆续完成了770名农转工人员住房补贴的发放。

2010年12月底，农转工总数842人，其中在职人员311人，内退人员58人，退休人员473人（其中参加社会保险，在社保中心领取养老金的退休人员18人）。

四、合同制人员

（一）合同制人员的聘用

根据国家关于临时工的有关规定，清华大学各单位在事业编制以外，根据实际工作需要聘用

了临时工。临时工是与固定工相对而言的。使用临时工是我国用人制度的一种形式，是国家机关及企事业单位的重要人力资源补充。固定工制度是我国传统劳动人事制度的核心内容。所谓固定工是指经国家各级劳动人事部门正式分配、安排和批准招收录用，在全民所有制或城镇集体所有制单位中工作，并未规定工作期限的人员。随着经济与社会的发展，固定工制度的弊端逐渐暴露。从1955年开始，国务院要求企事业单位停止招用新职工，并建立编制和定员制度。同时，为了满足事业发展需要，提出了在固定工之外使用临时工的问题。为了加强临时工管理，1965年发布了《国务院关于改进对临时工的使用和管理的暂行规定》，规定企业、事业单位因生产、工作需要，必须从社会上招用职工时，凡是临时性、季节性的工作，都应当使用临时工；已经使用固定工的临时性工作，应当逐步地改用临时工。学校根据国家关于临时工的有关规定，聘用临时工，并不断加强对临时工的管理。学校各单位使用临时工，均须报学校批准。

1993年为了提高效率，加强临时工管理，学校人事处开始按年度审批临时工的数额，临时工工资经费由相关经费列支，各单位定期上报使用临时工的情况。1995年《劳动法》实施后，用人单位招用的一切劳动者都具有平等的地位和权利，均须签订劳动合同。临时工的概念在法律上已不存在，取而代之的是劳动合同制人员。1997年，学校聘用的合同制人员已经达到2 357人，截至2007年底，全校合同制人员共有4 792人。

2007年6月国家颁布《中华人民共和国劳动合同法》（2008年1月1日起施行），2007年11月学校公布经2006—2007学年度第26次校务会议审议通过的《非事业编制人员人事管理办法》，规范了对非事业编制人员的管理。

2008年3月，人才交流中心经过比较和资质审查，确定由中企基业（北京）管理顾问有限责任公司实行劳务派遣。经多次讨论，最后修改确定了《劳务派遣协议》和《劳动合同书》以及具体的办事流程。先后有36人以劳务派遣的形式到体育部、接待中心、饮食中心、化工系等用人单位工作。

2010年12月底，全校共聘用劳动合同制人员4 592人，劳务协议894人，其他602人，计6 088人。2010年底学校合同制人员聘用情况见表9-4-15。

表 9-4-15　2010年底学校合同制人员分布

岗位类别	本地城镇	本地农村	外埠城镇	外埠农村	合计
教学	38		32		70
科研	391	16	493	40	940
工勤	255	60	153	1 301	1 769
教辅	198	2	169	47	416
行政	449	4	313	45	811
其他	276	7	197	106	586
合计	1 607	89	1 357	1 539	4 592

1997年，人事处、科技处、财务处制定《关于在科技工作中聘用合同制人员的管理办法（试行）》，设立了科研合同制人员这一用人形式，目的是在不增加校内固定科研编制数的情况下，通过科研人员外延解决科研人力的投入问题。科研合同制由各单位根据科研任务需要招聘，报人才交流中心办理聘用手续，劳动合同期限一般为6个月至3年，科研合同制人员的工资从课题经费中支付，工作2年以上的，人才交流中心可以委托有关机构为其代评专业技术职务任职资格。随

着学校各项事业的发展，科研合同制人员和其他合同制人员的数量稳步增长。到 2005 年，学校各单位共聘用科研合同制人员 1 337 人。此后，科研合同制人员逐步按照一般合同制人员进行管理。

为了进一步加强科研人员队伍建设，优化科研人员配置，促进学校科研事业发展，学校 2008—2009 学年度第 7 次校务会议讨论通过了《清华大学项目研究人员劳动人事管理办法（试行）》，设立了项目研究人员这一用人形式。项目研究人员是指学校各单位根据完成国家科技计划项目等重要科研项目的需要，所聘用的、主要从事科研技术工作的非事业编制骨干人员，不包括从事科研技术工作的其他劳务人员。项目研究人员由各单位根据国家科技计划项目等科研任务的需要聘用，由学校项目研究人员聘用工作领导小组审批，签订以完成某项科研工作任务为期限的劳动合同书；项目研究人员的薪酬包括岗位工资、薪级工资、绩效工资和福利补贴四部分，所需的人员经费，从相关经费中支付；经用人单位同意及其人事档案所在单位委托，项目研究人员可申请参加学校研究系列和工程技术系列的专业技术职务任职资格的评审；学校为聘用的项目研究人员发放校园卡。

（二）劳动合同

1995 年《劳动法》规定，劳动合同是劳动者与用人单位确立劳动关系、明确双方权利和义务的协议，建立劳动关系应当订立劳动合同。根据《劳动法》的规定以及学校的实际情况，劳动合同由各单位与合同制人员签订，劳动合同的内容由各单位与合同制人员协商约定，劳动合同版本由各单位自行拟订，全校没有统一的劳动合同版本。2006 年 12 月，人才交流中心制定了《劳动合同书》标准文本，并起草了《劳动合同书》使用说明和相关附件，要求各单位使用标准的劳动合同书。2008 年《劳动合同法》开始实施，为了维护学校和劳动者双方的合法权益，学校进一步加强了劳动合同管理。从 2008 年开始，学校分别制定了固定期限劳动合同书（A 类），适用于用人单位与合同制人员建立劳动关系约定合同终止时间的情形；以完成一定工作任务为期限的劳动合同书（B 类），适用于用人单位与合同制人员约定以某项任务的完成为合同期限的情形；非全日制从业人员劳动合同书（C 类），适用于合同制人员每天工作时间不超过 4 小时，每周工作时间累计不超过 24 小时并且以小时计酬为主的情形；无固定期限劳动合同书（D 类），适用于用人单位与合同制人员约定合同无确定终止时间的情形；劳务协议书（E 类），适用于用人单位与退休人员、停薪留职人员、超过法定退休年龄人员等不具备劳动法律关系主体资格的人员约定劳务关系的情形。各单位聘用的合同制人员须签订学校统一的劳动合同书，劳动合同的签订主体包括所在单位、劳动者以及人才交流中心，劳动合同书只有经人才交流中心加盖印章后才能生效。劳动合同的解除、终止、续签等手续均报人才交流中心办理。2009 年，为做好项目研究人员的聘用和聘用应届毕业生做科研助理工作，增加了项目研究人员的劳动合同书（B1 类）和应届毕业生参与科研项目研究工作的服务协议（B2 类）两类合同书。

2010 年底学校劳动合同签订情况见表 9-4-16。

表 9-4-16　2010 年底学校劳动合同类型分布

单位名称	在职人数	按合同类型人员数					
		A	B	B1	B2	C	D
院系	2 294	1 404	618	83	22	154	13
其他直属	50	49	0	0	0	1	0
校机关	262	250	5	0	0	1	6

续表

单位名称	在职人数	按合同类型人员数					
		A	B	B1	B2	C	D
后勤	1 589	1 390	2	0	0	196	1
附属单位	397	378	13	0	0	1	5
总计	4 592	3 471	638	83	22	353	25

说明：表中合同类型 A：固定期限合同；B：任务期限合同；B1：项目研究人员合同；B2：科研助理服务协议；C：非全日制人员合同；D：无固定期限合同。

（三）工资待遇

学校合同制人员按规定享受工资等福利待遇。合同制人员的工资原则上由各单位根据岗位情况、合同制人员的工作表现等情况决定，所需经费一般由各单位解决。1999 年，《关于部分单位聘用合同制人员若干规定》规定对部分经费困难，且所聘用的合同制人员主要从事教学、教辅和公共服务性质的工作单位，其定编范围内的合同制人员学校按照下列标准给予经费支持：试用期内合同制人员初级职务的人员 500 元/月，中级及以上职务的 600 元/月；试用期后，初级职务的人员 1 000 元/月，中级职务的 1 200 元/月，副高级职务人员 1 600 元/月。2001 年，学校《关于调整合同制人员薪酬的通知》对合同制人员的薪酬标准进行了调整。

2002 年 12 月 24 日，为鼓励基层单位“缺编”运行，缓解正式编制紧张的压力，人事处和财务处制定了校拨经费合同制人员的管理办法，即在学校核定的各单位事业编制控制数内，学校支付合同制工作人员的基本工资；用人单位根据所聘岗位职责和本人工作业绩支付其津贴、奖金等其他工资收入。人事处批准校拨经费人员的数量和具体人员的工资等级，用人单位先按月垫付，人才中心依据批准的名单记录统计学校需拨付单位的经费，经人事处核准后由财务处拨发。《清华大学关于聘用合同制工作人员工资、保险待遇的实施意见》规范了“校拨经费”合同制人员的工资待遇。起点工资确定原则为：

（1）对于无专业技术职务的人员，其起点工资按学历确定：中专及其以下毕业生 600 元/月；大专毕业生 700 元/月；本科毕业生 800 元/月；硕士毕业生 900 元/月；博士毕业生 1 140 元/月；

（2）对于具有专业技术职务（含其他相当职务、职级）的人员，起点工资按职务等级确定：技术员级 700 元/月；助理级职务 800 元/月；中级职务 1 000 元/月；副高级职务 1 280 元/月；正高级职务 1 500 元/月；

（3）对于同时具有学历和专业技术职务的人员，确定其起点工资时按照就高的原则，依据学历或者专业技术职务确定起点工资。

晋级办法：每年依据考核结果对合同制人员的工资进行调整，考核合格及其以上者，可以晋升一个工资档次。

学校合同制人员基本工资等级见表 9-4-17。学校拨付合同制人员经费情况见表 9-4-18。

表 9-4-17　学校基本工资等级

等级	1	2	3	4	5	6	7
标准（元）	600	650	700	750	800	850	900
等级	8	9	10	11	12	13	14
标准（元）	950	1 000	1 070	1 140	1 210	1 280	1 350

续表

等级	15	16	17	18	19	20	21
标准（元）	1 420	1 500	1 600	1 700	1 800	1 900	2 000

表 9-4-18　学校拨经费情况

年份	单位数	人数	经费总额（元）	年份	单位数	人数	经费总额（元）
2001	20	74	831 595	2006	31	136	1 854 399
2002	28	102	847 340	2007	32	131	1 668 038
2003	29	118	947 180	2008	32	131	1 457 068
2004	30	122	1 310 478	2009	29	114	1 595 674
2005	30	114	1 281 100	2010	29	116	1 682 692

合同制人员的工资待遇主要遵从以下原则：第一，分配模式：学校对合同制人员实行以协议工资制为主，其他分配方式为补充的灵活多样的分配模式。校内各单位根据本单位的工作性质与岗位特点制定合同制人员工资分配办法，主要包括分配原则、工资标准、绩效考核、经费渠道、日常管理等内容，其中最低工资不得低于北京市规定的最低工资标准。第二，经费来源：学校聘用的合同制人员所需工资经费由学校和用人单位共同负担：在学校核定的事业编制内，院（系）在教学辅助、管理服务岗位及公共服务部门聘用的编外人员，学校承担其基本工资，每年按中级专业技术人员国家工资的平均水平核定；校机关聘用的在学校核定范围内的编外人员所需工资经费由学校承担。根据岗位需要，如果聘用硕士及以上学历的编外人员，每年按七级职员的平均工资水平核定工资总额；如果聘用本科及以下学历的编外人员，每年按九级职员的平均工资水平核定工资总额；其他编外人员的工资经费由用人单位自筹解决。校拨经费的合同制人员的工资总额由人事处核定。第三，发放方式：合同制人员工资发放实行实名制，并通过银行代发系统发放，对于未在学校人才交流中心登记备案的人员不得发放工资。

（四）住房公积金

为了进一步规范合同制人员管理，提高合同制人员的福利待遇，经学校同意从 2004 年开始，人才交流中心开设了住房公积金缴存账户，为合同制人员办理住房公积金相关手续。办理人数如下：2004 年 32 个单位共 320 人；2005 年 39 个单位共 447 人；2006 年 38 个单位共 771 人，2007 年 44 个单位 1 078 人；2008 年，58 个单位 1 435 人；2009 年，69 个单位 2 224 人；2010 年，75 个单位 2 479 人。2006 年封存公积金账户 173 人（含封存后转出销户 16 人），按北京住房公积金管理办公室的要求，为 796 名合同制人员申办了“住房公积金联名卡”。

（五）档案管理

为了解决部分合同制人员的档案接收和存放问题，同时也为了争取进京落户指标，1998 年学校人才交流中心与人事部全国人才流动中心签订了协议，申请开设了档案集体户。随着档案管理社会化程度的不断提高，同时也为了规避劳动人事风险，从 2006 年开始，学校逐步将合同制人员档案由集体户转为个人存档。2006 年转出和转为个人存档 103 份，集体户中尚存档案 363 份。2007 年底，合同制人员在集体户中尚存档案 322 份。2008 年，合同制人员的集体户中的档案全部转为个人存档，学校办理了集体户销户手续。

第五节　博士后研究人员

1983 年 3 月和 1984 年 5 月，李政道先生曾两次给国家领导人写信，建议在我国建立博士后科研流动站，实行博士后制度。1985 年 7 月，国务院正式批准在我国实行博士后制度。1985 年 11 月清华 7 个博士后科研流动站（以下简称流动站）成为全国首批设站学科，1986 年 3 月首批 8 名博士后进站，拉开了清华大学博士后的历史。博士后规模迅速发展，至 2009 年底我校已经有 37 个流动站，当时不仅覆盖了全校理工科全部学科，还包含人文社会科学等 13 个学科。我校每年博士后招收人数和在站博士后人数都一直居全国高校首位，截至 2010 年底共招收博士后5 447 人，约占全国总招收人数的 1/16。在站博士后人数 2008 年 9 月起首次超过 1 000 人。博士后作为学校科学研究的生力军、教师补充的后备队伍，已成为我校发展不可缺少的一支力量。

一、学校博士后工作发展简况

1986 年学校指定博士后管理工作由研究生院培养科专人负责。

1986 年 10 月，1986—1987 年度第二次校长工作会议通过《清华大学博士后研究人员管理工作暂行规定（试行）》。1988 年 10 月，1988—1989 年度第一次校务会议，通过《清华大学博士后研究人员管理办法细则》。1990 年 10 月《清华大学博士后研究人员管理办法实施细则（试行）》（综合了《博士后管理工作暂行规定和管理办法细则》）开始实行。

1993 年，博士后管理工作转入人事处师资科。1994 年 9 月，经学校批准成立校博士后管理工作领导小组，由副校长杨家庆任组长、副校长何建坤任副组长，成员分别由外办、研究生院、科技处、房管处、人事处负责人担任；学校批准成立清华大学博士后管理办公室，挂靠人事处。

1994 年 5 月起，由全国博士后管委会为出站博士后人员统一印制和签发“博士后证书”；1996 年清华大学开始实行博士后中期考核。

1998 年，清华大学博士后管理办公室（联合北京 4 所高校）发起并举办的首届全国高校博士后管理工作研讨会在清华大学举行。共有 19 个学校作为会员单位参加，其中有 6 个常务理事单位，清华为会长单位。至 2010 年，已经召开 13 次会议，会员单位增加到 45 个。

1998 年，学校成立博士后联谊会。博士后联谊会是由清华大学在站博士后自愿组成的群众性团体，在中国博士后科学基金会、清华博士后管理办公室的指导下开展具体工作。

从 1989 年学校开始招收首名自筹经费博士后，形成了国家资助、导师自筹经费招收博士后的双轨制。

1999 年学校校务会议研究决定，自 2000 年 1 月开始全面推进博士后管理制度改革，博士后招收由双轨制改为单轨制；修订了《清华大学博士后研究人员经费管理办法》，博士后合作导师招收博士后应向学校交纳日常经费每人每年1万元；博士后的工资实行月薪制；对博士后的进站、在站、出站等制定了一系列的考核指标体系。

1999年12月，“清华-中大集团博士后基金”签约仪式在学校蒙民伟楼举行，中大集团是江苏省的民营企业，决定向清华大学捐资200万元作为博士后基金（分10年捐赠，每年20万元），2000年至2005年共资助了6年，2007年终止。

2002年4月，首届清华博士后校庆大会在蒙民伟楼多功能厅隆重召开，博士后集体返校举行庆祝母校91周年华诞活动。为庆祝本次清华大学博士后校庆活动，中国博士后制度的倡导者、诺贝尔物理学奖获得者李政道先生为清华博士后题词：“清水滋润学府，华木擎起辉煌，博采科学精华，士当为国争先，后辈定能居上。”

2003年11月开始试行《关于招收校内博士后试行办法（试行）》，以选留我校的应届优秀博士毕业生从事博士后研究工作，2010年8月停止本校博士毕业生作校内博士后。

自2004年4月起，新进站的博士后医疗纳入学校事业编制教职工医疗管理体系，博士后享受公费医疗待遇。

2004年7月1日修订了《清华大学博士后研究人员经费管理办法》，博士后合作导师招收博士后应向学校交纳日常经费每人每年1.5万元。

2004年11月实行了重新修订的博士后中期、期满出站考核办法。

自2000年起学校博管办和博士后联谊会不定期组织博士后地方科技行活动。2004年起学校博管办和博士后联谊会定期开展多种形式的学术交流活动。为帮助在站博士后拓宽就业渠道，校博管办自2004年起每年定期举办清华大学博士后就业引荐会。

2005年全国博士后管委会办公室组织全国博士后科研流动站和工作站的综合评估，清华大学参评的24个流动站全部合格，其中18个流动站评估结果为优秀，并且有4个流动站被评为全国优秀博士后科研流动站，它们是：水利工程、动力工程及工程热物理、管理科学与工程、计算机科学与技术。

2005年10月24日下午，在学校大礼堂举行了“清华大学博士后20年庆祝大会”，中国博士后制度的倡导者、诺贝尔物理学奖获得者李政道先生应邀出席了庆祝大会。会议由常务副校长何建坤教授主持，顾秉林校长作了重要讲话。

2006年12月，结合国家人事部文件精神和学校实际，进行了博士后工资制度的改革，博士后实行岗位绩效工资制度。自2007年10月起，为新进站博士后建立了住房公积金账户，2007年12月为全体在站博士后建立了住房公积金账户。

2007年3月修订了《清华大学博士后研究人员经费管理办法（试行）》，博士后合作导师招收博士后应向学校交纳日常经费每人每年2万元。同年6月，学校制定了《清华大学博士后管理规定》并经校务会讨论通过，并修订了《清华大学博士后管理规定实施细则》，实施了“二期博士后”政策。

2008年学校专业技术职务评审工作中，首次启动了二期或二站博士后在站期间参加学校的专业技术职务评审工作（试行）。

2010年3月国家启动了第二次全国博士后科研流动站和工作站的综合评估工作，清华大学参加评估的流动站共25个，在2010年11月28日国家人力资源和社会保障部组织召开的“全国博士后工作会议暨博士后制度25周年座谈会”上，宣读了评估结果，清华大学有16个流动站被评为全国优秀博士后科研流动站，高居全国参评流动站设站单位之首。这16个流动站是：材料科学与工程、电气工程、电子科学与技术、动力工程及工程热物理、管理科学与工程、核科学与技术、环境科学与工程、机械工程、计算机科学与技术、建筑学、控制科学与工程、力学、生物学、水利工程、土木工程、信息与通信工程。学校于2010年12月15日召开了“全校博士后工作会议暨纪念博士后制度25周年工作交流会”，会上对这16个博士后流动站进行了表彰。

2010年7月15日召开了“首届清华大学博士后创新讲坛”，邀请政界、学术界以及商界取得卓越成就的清华博士后校友作报告，与在站博士后分享他们的成功经历和心得。

2010年12月26日正式成立“清华大学博士后校友会”，在博士后校友会成立大会筹备组第一次会议上，确定了第一届博士后校友会常务理事会成员名单和召开成立大会的时间为2011年3月26日。

二、博士后科研流动站与博士后的规模

(一) 博士后科研流动站设立情况

1985年至2009年清华大学博士后科研流动站设立情况见表9-5-1。

表 9-5-1　1985 年—2009 年清华大学博士后科研流动站设立情况

设立年月	流动站名称	数量
1985-11	力学、电子学与通信、化学工程与工业化学、电工、土木、水利、自动控制、金属材料	7
1988-07	动力工程及工程热物理、仪器仪表、计算机科学与技术	3
1989-02	材料科学与工程（无机非金属和金属材料合并）、物理学	2
1991-06	机械工程、管理科学与工程、原子能科学与技术	3
1995-02	数学、建筑学	2
1999-03	生物学、电子科学与工程、工商管理、光学工程、环境科学与工程、生物医学工程、土木工程	7
2001-03	化学	1
2003-10	哲学、应用经济学、艺术学	3
2007-08	公共管理、中国语言文学、历史学、社会学、新闻传播学、法学、马克思主义理论	7
2009-09	理论经济学、外国语言文学、体育学	3
合计		37

说明：1989年，无机非金属与金属材料合并成材料科学与工程博士后流动站，故合计减少1个。

(二) 招收博士后以来的基本数据

截至2010年底，在站博士后1 233人，自1986年起累计招收博士后5 447人，在站博士后人数和累计招收博士后人数居全国高校首位。表9-5-2为设立博士后流动站以来各年招收（进站）博士后情况；表9-5-3为1986年至2010年学校博士后在站人数情况；表9-5-4为2008年至2010年出站博士后科研成果统计。

表 9-5-2　1986 年—2010 年学校博士后招收人数（进站）情况

年份	招收总人数	国家资助名额	自筹经费	留学回国	校内博士后	企业联合	外籍
1986	8	5	0	3			
1987	7	1	0	6			
1988	14	5	0	9			
1989	25	19	1	5			
1990	31	27	2	2			
1991	39	32	4	2			1
1992	43	25	7	11			
1993	54	35	8	10			1
1994	62	35	17	10			
1995	87	29	39	18		1	
1996	89	36	36	11		6	
1997	89	38	37	14		0	
1998	113	38	63	6		6	
1999	162	28	115	10		8	1
2000	226	40	206	10		9	1
2001	251	42	218	7		23	3
2002	323	42	270	20		29	4
2003	395	43	350	7		35	3
2004	449	44	356	11	31	50	1
2005	405	49	329	14	24	36	2
2006	429	49	343	7	35	38	6
2007	488	54＋5	387	15	27	52	7
2008	531	56	425	21	31	48	6
2009	562	58	459	21	18	59	5
2010	565	58＋1	474	21	5	57	8
合计	5 447	894	4 146	271	171	457	49

表 9-5-3　1986 年—2010 年学校博士后在站人数情况

年份	在站总人数	国家资助名额	自筹经费	留学回国	校内博士后	企业联合	外籍
1986	7	5		2			
1987	13	5		8			
1988	21	7		14			
1989	40	23	1	16			
1990	55	45	2	8			
1991	67	58	5	3			1
1992	84	59	11	13			1
1993	94	59	15	19			1
1994	119	71	26	21			1
1995	148	62	56	28		1	1
1996	167	62	72	26		7	
1997	167	67	68	26		6	
1998	199	70	102	19		8	

续表

年份	在站总人数	国家资助名额	自筹经费	留学回国	校内博士后	企业联合	外籍
1999	274	67	176	16		14	1
2000	376	337		17		21	1
2001	452	444		15		35	3
2002	580	491		29		55	5
2003	729	623		29		71	6
2004	871	712		28	31	96	4
2005	867	684		25	55	99	4
2006	854	685		18	57	85	9
2007	956	761		22	62	98	13
2008	1 061	850		36	59	104	12
2009	1 191	965		46	52	114	14
2010	1 233	1 029		44	20	126	14

说明：2000 年起，博士后招收实行单轨制，“国家资助”与“自筹”不再分列。

表 9-5-4　2008 年—2010 年学校出站博士后科研成果统计

单位	出站人数	完成项目总数	完成科研经费（万元）	发表论文（篇）	被收录论文 SCI（篇）	被收录论文 EI（篇）	被收录论文 SSCI（篇）	被收录论文 CSSCI（篇）	申请专利（项）
2008	365	1 130	18 530.49	2 084	397	403	175	15	173
	人均	3.1	50.77	5.71	1.09	1.1	0.48	0.04	0.47
2009	349	1 060	26 250.82	1 580	298	366	196	3	212
	人均	3.04	75.22	4.53	0.85	1.05	0.56	0.01	0.61
2010	460	1 411	44 979.85	2 035	400	415	12	277	317
	人均	3.07	97.78	4.42	0.87	0.9	0.03	0.6	0.69

说明：本表“出站人数”不含企业博士后和退站人员。

（三）中国博士后科学基金资助获得情况

中国博士后科学基金面上资助于 1986 年启动，每年分两批申请，截至 2010 年共 48 批；特别资助于 2008 年启动，每年申请一次，资助额度为 10 万元/人。

2008 年学校倡导院系积极转变思路，博士后招收工作从过去的“等”转变为积极主动，通过多方渠道加强招收宣传。学校博管办组织有关院系博士后管理人员，赴外省市参加高校毕业生就业洽谈会。

自 2001 年至 2010 年学校获得中国博士后科学基金面上资助情况见表 9-5-5。

表 9-5-5　2001 年—2010 年学校获得中国博士后科学基金面上资助情况

年份	2001	2002	2003	2004	2005	2006	2007	2008	2009	2010
人数	74	94	156	189	165	206	163	203	252	208

三、优秀博士后评选与表彰

（一）全国优秀博士后评选

全国博管会、中国博士后科学基金会自 1994 年起设立“国氏”博士后奖励基金，至 2000 年此奖项每年评选一次（1999 年中断），并于 2000 年改名为“中国优秀博士后”奖。2005 年 10 月再次评选，学校推荐并入选的出站博士后共 3 人，同年全国博管会对全部获奖者重新审定，学校推荐并获得奖励的全国优秀博士后共计 9 人。2006 年至今停止评选。获奖名单见表 9-5-6。

表 9-5-6　清华大学获得奖励的全国优秀博士后名单

序号	姓名	在站单位	评选年度	在站时间
1	孙庆平	材料系	1994	1989-08—1991-11
2	魏　飞	化工系	1996	1990-12—1992-11
3	聂建国	土木系	1997	1992-11—1994-11
4	张扬军	水利系	2000	1995-04—1996-12
5	李俊峰	力学系	2001	1993-12—1995-12
6	王永良	电子系	2001	1994-06—1996-12
7	欧阳明高	汽车系	2005	1993-12—1995-06
8	尤　政	精仪系	2005	1990-12—1992-12
9	宋永华	电机系	2005	1989-06—1991-03

（二）清华大学优秀博士后评选

自 1997 年起学校开始评选“清华大学优秀博士后”，至 2010 年共评选 133 人。1997 年至 2009 年奖励金由深圳华为电子技术有限公司提供，每年 2 万元，2009 年停止资助。

第六节　离退休人员

一、概述

1929 年 2 月，学校制定《校工衰老退休给恤办法》，规定在校执役超过 10 年、15 年、20 年者，一次发给四个月、五个月、六个月工资。1940 年，国民政府教育部公布《学校教职员养老及恤金条例》，规定了对符合条件的教职员退职后按照最后月俸和在职年数每年发给养老金的标准及办法。

解放后，1951 年，政务院公布的劳动保险条例，对职员的退休条件作了规定，符合条件者由本人申请经学校申报教育部批准后得以退休。1954 年，学校制定了《清华大学职工退休退职暂行办法》，规定对符合退休条件者，退休后按其在校工龄长短逐月发给按本人工资一定百分比的退休养老金。从 1954 年至 1966 年，学校共退休 84 人。“文革”中，从 1970 年至 1972 年退休退职 46 人。1973 年至 1976 年退休 267 人。

1978 年后，根据《国务院关于安置老弱病残干部的暂行办法》（1976 年 6 月）、《国务院关于工人退休退职的暂行办法》、《中共中央关于建立老干部退休制度的决定》（1982 年 2 月）等文件，学校退休工作逐步走向经常化。

1990 年 10 月，学校制定的《清华大学贯彻执行国务院关于教授、副教授以及相应职务的高级专家退（离）休年龄的规定》，对于少数高级专家因工作需要适当延长退（离）休年龄。如在聘女性副高级专家可延长到 60 岁；个别确因工作需要的在聘副高级专家可延长 1～2 年；博士生导师及确因工作需要的正高级专家可延长 1～3 年，个别可延长到 65 岁；对学术造诣深、国内外有重要影响的、确因工作特殊需要的正高级专家可延长到 70 岁，对杰出高级专家可暂不离退休。

1983 年 5 月，劳动人事部印发的《国务院关于老干部离职休养规定中具体问题的处理意见》中指出：“在东北和个别老解放区，1948 年底以前享受当地人民政府制定的薪金制待遇的干部也可以享受离休待遇。”据此，学校 1984 年向教育部请示提出：“清华大学 1948 年 12 月中旬解放；北平市军管会文化接管委员会 1948 年 12 月下旬即开始接管工作，1948 年 12 月份教职工的工资虽然由旧国库支付，但实际上应理解为是‘经人民政府认可的其他薪金待遇’。因此我们认为清华大学 1948 年 12 月解放时在校工作的教职员基本上符合劳人老（1982）10 号文件和劳人老（1983 年）20 号文件精神，一般应享受离休待遇。”该请示经教育部批准后执行，学校为这部分教职员陆续办理离休手续。

从 1979 年至 1985 年，学校共离退休 538 人。从 1986 年至 1993 年共离退休 1 594 人。从 1994 年至 2010 年共退休 4 406 人。到 2010 年底，全校共有离退休人员 5 739 人。离退休人员中，具有高级职称的人数，1987 年为 115 人（占离退休人员总数的 26.6%），1993 年为 641 人（占离退休人员总数的 37.4%），2010 年为 2 167 人（占离退休人员总数的 38.8 %）。离休干部中，截至抗战胜利参加革命的共 37 人。

1986 年至 1993 年离退休人数统计见表 9-6-1，1994 年至 2006 年每年离退休人员情况统计见表 9-6-2，2007 年至 2010 年每年离退休人员情况统计见表 9-6-3，1986 年、1993 年离退休干部人数统计见表 9-6-4，2010 年离退休人员情况统计见表 9-6-5。

抗战前及抗日战争时期学校参加革命的离休干部名单见表 9-6-6。

表 9-6-1　1986 年—1993 年清华大学离退休人数统计

年份	当年办理离休、退休人数				当年实有离休、退休人数				说　明
	离休干部	退休干部	退休工人	合计	离休干部	退休干部	退休工人	合计	
1986	34	87		121	154	135		289	当年退休工人由街道管理，未计入合计

续表

年份	当年办理离休、退休人数				当年实有离休、退休人数				说　明
	离休干部	退休干部	退休工人	合计	离休干部	退休干部	退休工人	合计	
1987	34	84	24	142	188	218	24	430	
1988	42	86	58	186	225	304	84	613	
1989	23	87	41	151	246	390	126	762	
1990	32	88	57	177	272	472	186	930	
1991	36	155	65	256	303	620	252	1 175	
1992	30	176	66	272	322	789	318	1 429	
1993	15	226	48	289	333	1009	369	1 711	

表 9-6-2　1994 年—2006 年清华大学离退休人员职务、学历及类别情况

年度	合计	高教、科研、工程和实验等技术系列人员										其他专技	职员	工人	实有离退休人员
		总数	学　历				职　务								
			博士	硕士	本科	其他	正高	副高	中级	初级	其他				
1994	290	170	1	20	118	31	74	77	17	2		37	25	58	2 001
1995	378	210	2	20	148	40	89	90	24	5	2	47	20	101	2 357
1996	353	200	4	16	132	48	81	89	28	2		44	25	84	2 690
1997	350	220	6	6	162	46	116	75	26	2	1	39	27	64	3 020
1998	300	169	5	7	109	48	82	58	26	2	1	35	27	69	3 285
1999	269	166	4	13	108	41	98	55	13			33	23	47	3 551
2000	232	148	3	10	107	28	71	53	22	1	1	37	22	25	3 741
2001	249	149	2	20	102	25	95	37	17			40	17	43	4 198
2002	223	140	1	15	100	24	84	40	15	1		28	20	35	4 369
2003	208	110	4	11	74	21	77	22	11			20	25	53	4 536
2004	229	86	2	8	54	22	49	28	9			17	45	81	4 724
2005	303	139	6	11	94	28	82	42	14		1	24	37	103	4 975
2006	290	172	7	28	117	20	104	55	12	1		17	30	71	5 223

表 9-6-3　2007 年—2010 年清华大学离退休人员职务、学历及类别情况

年度	合计	教师系列人员							工程实验系列人员							其他专业技术人员	职员	工人	实有离退休人员
		总数	学　历			职　务			总数	学　历			职　务						
			博士	硕士	本科	正高	副高	中级		博士	硕士	本科	副高	中级	初级				
2007	242	100	7	21	72	84	16		31		3	12	18	10		23	45	43	5 423
2008	133	45	4	18	23	42	3		10			4	8	2		11	39	28	5 504
2009	165	48	8	16	23	46	2		13				7	6		28	40	36	5 601
2010	192	59	9	16	23	51	7	1	15			3	10	4	1	32	57	29	5 739

说明：表中学历、职务分类数据与总数之差为其他人员，表中未列出。

表 9-6-4　1986 年、1993 年清华大学离退休干部人数统计

年份	级别		合计	性别		政治面目			参加革命工作时间				年龄					职务							说明
				男	女	共产党员	民主党派	群众	抗战前	抗日战争时期	解放战争时期	新中国成立后	90以上	80～90	70～79	60～69	55～59	党政干部	教授	副教授	科技人员	中小学教师	医务人员	职员	
1986	离休干部	司局级待遇	29	26	3	14	8	7	1	3	25				18	11		4	18	6			1		该年退休工人由街道管理，不计入合计
		处级待遇	97	66	31	37	5	55		14	83			8	15	58	16	71		2	10	7	7		
		一般干部	28	17	11	7	1	20		3	25		1	2	7	14	4	22			1	5			
		合计	154	109	45	58	14	82	1	20	133		1	10	40	83	20	97	18	8	11	12	8		
	退休干部		135	52	83	15	11	109			42	93		1	12	84	38	1	10	18	11	19	19	57	
	共计		289	161	128	73	25	191			175			11	52	167	58	98	28	26	22	31	27		
1993	离休干部	司局级待遇	107	96	11	58	5	44		6	99	2		9	52	46		16	73	16	1			1	退休工人369人，共计1 711人
		处级待遇	190	126	64	124	2	64		20	170		2	7	36	142	3	30	2	27	30	9		92	
		一般干部	36	22	14	14	1	21		4	32			1	13	22			1		2	6		27	
		合计	333	244	89	196	8	129		30	301	2	2	17	101	210	3	46	76	43	33	15		120	
	退休干部		1 009	449	560	407	13	589			76	933		3	46	561	399	82	152	370	218	85		102	
	共计		1 342	693	649	603	21	718			377	935		20	147	771	402	128	228	413	252	100		222	

表 9-6-5　2010 年清华大学离退休人员情况统计

类别		合计	教师系列人员									工程实验系列人员									其他专技	职员	工人
			总数	学历				职务				总数	学历				职务						
				博士	硕士	本科	其他	正高	副高	中级	其他		博士	硕士	本科	其他	正高	副高	中级	其他			
合计		5 739	2 271	76	289	1 647	259	1 454	713	95	9	715		10	185	520	6	372	311	26	741	760	1 252
性别	男	3 037	1 587	72	246	1 107	162	1 157	398	28	4	387		6	119	262	5	250	125	7	126	316	621
	女	2 702	684	4	43	540	97	297	315	67	5	328		4	66	258	1	122	186	19	615	444	631
年龄分布（岁）	55 以下	149	4	3		1			2	2		4			1	3			2	2	6	33	102
	55～59	496	6			1	5		3	3		40			4	36		12	24	4	84	125	241
	60～69	1 847	535	32	115	367	21	386	132	15	2	292		7	68	217	6	152	125	9	301	287	432
	70～79	2 729	1 454	37	129	1 144	144	928	471	51	4	355		3	109	243		199	146	10	277	219	424
	80～89	472	245	4	42	124	75	120	99	23	3	23			3	20		9	13	1	67	84	53
	89 以上	46	27		3	10	14	20	6	1		1				1			1		6	12	

表 9-6-6　清华大学抗战前及抗日战争时期参加革命的离休干部

序号	姓名	性别	出生日期	参加革命时间	享受待遇	备　注
1	刘弄潮	男	1905 年 5 月	1925 年	局级	1988 年 11 月 8 日去世
2	徐静贞	女	1916 年 12 月	1936 年 2 月	局级	1990 年 2 月 1 日去世
3	刁志德	男	1916 年 10 月	1937 年	处级	1991 年 8 月 19 日去世
4	苗天喜	男	1921 年 6 月	1938 年 1 月	处级	2003 年 11 月 27 日去世
5	胡　健	男	1920 年 2 月	1938 年 1 月	局级	2000 年 9 月 23 日去世
6	李　椽	男	1922 年 5 月	1938 年 2 月	局级	1990 年 2 月 5 日去世
7	张修身	男	1918 年 11 月	1938 年 4 月	处级	2004 年 8 月 17 日去世
8	周昆玉	女	1920 年 5 月	1938 年 9 月	局级	
9	郭寿增	男	1914 年 8 月	1939 年 1 月		2006 年 5 月 4 日去世
10	李秀儒	男	1920 年 10 月	1939 年		
11	李云岭	男	1928 年 4 月	1939 年 8 月	处级	1995 年 12 月 15 日去世
12	孙树勋	男	1918 年 10 月	1939 年 8 月	处级	2003 年 1 月 5 日去世
13	宋玉芬	女	1926 年 3 月	1939 年 9 月	局级	
14	李　何	男	1925 年 9 月	1940 年 1 月	处级	2010 年 5 月 9 日去世
15	韩银山	男	1927 年 9 月	1940 年 2 月	处级	
16	阳　品	男	1923 年 9 月	1940 年 10 月	局级	
17	李玉庄	男	1926 年 1 月	1941 年 7 月	处级	
18	周玉芝	女	1920 年 7 月	1941 年 8 月	处级	2007 年 5 月 8 日去世
19	佟培基	男	1920 年 11 月	1941 年 10 月	处级	2008 年 12 月 12 日去世
20	苗春喜	男	1925 年 12 月	1943 年 2 月	处级	2010 年 12 月 25 日去世
21	张春辉	男	1922 年 8 月	1943 年 7 月		2008 年 5 月 16 日去世
22	文士武	男	1925 年 12 月	1944 年 1 月	处级	1992 年 9 月 17 日去世
23	张长庆	男	1926 年 9 月	1944 年	处级	1992 年 1 月 23 日去世
24	孙启元	女	1928 年 9 月	1944 年 4 月	处级	
25	陈锦屏	男	1929 年 3 月	1944 年 5 月	处级	2003 年 10 月 18 日去世
26	苏佑臣	男	1928 年 11 月	1944 年 6 月	处级	
27	李林荣	女	1927 年 1 月	1944 年 8 月	处级	
28	陈婉贞	女	1925 年 2 月	1945 年 3 月	处级	
29	贾万明	男	1929 年 3 月	1945 年 3 月		2008 年 2 月 17 日去世
30	张振水	男	1929 年 8 月	1945 年 3 月	处级	
31	张　文	男	1928 年 3 月	1945 年 4 月	处级	
32	陈　英	男	1921 年 10 月	1945 年 5 月	局级	2010 年 11 月 29 日去世
33	赵　毅	男	1927 年 7 月	1945 年 6 月	处级	2010 年 9 月 6 日去世
34	张绪潭	男	1928 年 8 月	1945 年 7 月	局级	
35	赵永安	男	1920 年 1 月	1945 年 7 月	处级	2009 年 3 月 6 日去世
36	李从生	男	1924 年 5 月	1945 年 7 月	处级	
37	雷世东	男	1929 年 10 月	1945 年 8 月	处级	

二、离退休人员服务与管理

（一）管理体制

1966年前，离退休人员由学校人事部门兼管。之后，根据北京市规定，教职工离退休后，人事关系和组织关系转入清华园所属街道办事处或原籍住地街道办事处，经费由民政部门拨发。

1979年，依据《国务院关于安置老弱病残干部的暂行规定》文件精神（1978年6月），学校人事处成立离休退休干部管理办公室，退（离）休人员的人事关系和组织关系仍在原单位；1979年以前已经离退休的人员仍由街道办事处管理，但离休人员改由学校管理。

1985年1月，学校成立离退休干部处，负责离退休干部的管理与服务，1986年1月，离退休干部处改名为老干部处。1987年开始，由街道管理的退休工人改为人事处兼管。1986年12月，学校制定《清华大学关于离休退休干部管理工作的暂行规定》，确定“离休退休干部工作由校、系（厂、所、部、处）两级管理”的基本管理体制。1992年4月，学校决定将老干部处改名为离退休人员处，统一管理离退休干部与工人（原归街道管理的退休人员除外）的工作。2000年3月23日，学校决定将离退休人员处更名为离退休工作处。2001年1月，学校党委决定设立离退休工作部。2003年3月，学校出台的《清华大学贯彻“北京市老干部工作领导责任制”实施细则》，进一步明确离退休工作实行校、系两级管理体制，学校设立离退休工作领导小组，设立党委离退休工作部和离退休工作处，各系级单位相应成立离退休工作领导小组，并明确了分工与职责。

（二）落实离退休人员政治生活待遇

1. 政治待遇方面

学校执行中共中央《关于建立老干部退休制度的决定》中的规定，老干部离休退休后基本政治待遇不变，即除去行使管理职责的权力以外，其他政治待遇不变。

2003年初，北京市委、市政府重新修订并印发了《北京市老干部工作领导责任制》，学校结合实际制定了《校、系两级落实离退休工作领导责任制的实施细则》，层层落实。校系两级领导每年向离退休人员通报一至两次学校改革、发展和建设的情况，并认真听取老同志的意见和建议。不断加强离退休教职工思想政治建设和党支部建设，在离退休教职工党支部中全面推进党员联系群众责任制。采取多种形式组织离退休教职工学习党的方针、路线、政策。学校离退休干部可按对同级在职干部规定的范围阅读文件。遇到重要活动或重要决策，学校都邀请离退休干部代表参与，倾听他们的意见。学校及各院系建立了在重大节日、生病住院以及有特殊困难时走访慰问制度。

2. 生活待遇方面

（1）离退休金及相关补贴

按国家规定离退休费与校内补贴一起，由人事处、财务处负责按月发放。离休干部护理费、交通费等其他补贴，由学校根据国家相关规定发放。

离休干部可按现行旅差费标准，报销一次探访费用。本人可持回原籍（国内）探视父母、子女或到原来长期坚持革命斗争过的地区探望、访问一次的来往车船费单据，到离退休工作处审批，到学校财务处报销，由学校差旅费中列支。

（2）离退休基金

1991—1992学年度第8次校务会议决定建立校内退（离）休基金制度，从1993年4月开始实行。基金的筹集由在编教职工个人和学校共同筹集，个人筹集数额为工资（包括国家工资和校内津贴）的3%。按月从工资中扣除，学校同时投入月工资的2%。退（离）休基金，按中国人民银行公布的利率分档计算复利。凡参加退（离）休基金的教职工退（离）休时，将本人及学校所投入的基金的本利之和一次全部发给个人。该基金于2006年底取消。

（3）涌泉基金

2006年，学校为离退休教职工设立"涌泉基金"，并制定了《清华大学涌泉基金使用管理办法》（清校发〔2006〕58号），将每年基金的收益用于离退休教职工的资助。2007年12月，学校离退休工作领导小组、涌泉基金管理委员会通过了涌泉基金使用原则和方案。一是受益面大原则，让广大离退休教职工都感受到学校的关心；二是重点突出原则，加大对家庭经济困难离退休教职工的帮扶力度；三是积极引导原则，通过支持活动，丰富离退休教职工精神文化生活，促进身心健康；四是可持续性原则。2008年1月，根据清华大学涌泉基金管理委员会的决定，成立涌泉基金资助工作小组，涌泉基金正式开始运作，在节日慰问、困难补助、对离退休教职工活动支持、关心高龄离退休教职工、为老服务项目等方面发挥了积极的作用。

学校特别关心家庭经济困难的离退休教职工。从2004年起，学校就设立了离退休教职工特困补助基金，由校工会、人事处、离退休工作处一并开展相关工作。2007年年底，学校开始通过涌泉基金每年两次开展对离退休教职工的困难补助工作。

（三）党支部建设与思想政治工作方面

2000年，党委根据上级精神，结合学校实际，制定了《关于加强和改进离退休党员思想政治工作的意见》，经党委常委会通过后执行。《意见》提出，为了便于离退休党员开展适合他们特点的党组织活动，各单位党委、直属总支可根据本单位党员人数情况，单独设立离退休党支部，或设立离退休党小组。为加强离退休人员工作的指导，学校党委决定成立党委离退休工作部，与离退休工作处合署办公，指导各单位党委、直属总支开展离退休党员、离退休人员的工作。各系（院、所）党委、直属总支要派一名副书记兼管离退休人员党的工作。

离退休工作部加强对各单位离退休工作和党支部工作的指导。建立了定期工作会议和离退休党支部工作研讨会制度，党支部干部的思想理论水平和工作能力不断提高。根据2010年底的统计，全校共建立离退休人员党支部70个（包括两个附属医院），大约涵盖了全校三分之二的离退休教职工党员。2005年，全校开展保持共产党员先进性教育活动以后，各离退休教职工党支部推广物业管理中心离退休教职工党支部的经验，建立和落实"党员联系群众责任制"，充分发挥党支部的战斗堡垒作用和党员的先锋模范作用，广泛联系群众，以实现凝聚群众、共同奋斗的目标。

在工作中，离退休工作部根据不同人群的特点组织各有特色的活动，开展深入细致的思想工作。关心退休干部的思想和生活，坚持每年邀请离退休的中层以上的干部参加学校情况通报会。每年春秋季两次组织抗日战争时期参加革命的老干部参观疗养。曾组织参加过抗美援朝战争的干部到朝鲜参观访问。从2003年开始，组织退休的处级以上干部参观学校学科建设和校园建设。2005年后，采取校内参观和校外参观相结合方式。

2001年，离退休工作处创办了《清园春华》刊物作为离退休同志进行思想教育和交流的平台。2003 年，又把刊物由原来的不定期出版改为每月出版一期，一直坚持到现在。2004 年在校党委主管领导和党委宣传部的支持下，离退休工作处与学校电视台合作开办了以离退休同志为主要受众的《清园春华》专题电视节目。由于学校党委思想重视，组织落实，措施得力，方法对路，工作有针对性和开创性。2006 年，学校离退休人员党支部建设和思想政治工作荣获了北京市委教育工委授予的“北京高等学校党的建设和思想政治工作优秀成果”三等奖。

（四）离退休教职工活动中心建设与文体活动

1985 年 1 月，离退休干部处在照澜院 16 号院办公，建立了活动室。而后，活动室很快从一个院扩为两个院，建筑面积为 240 平方米。2000 年 8 月，增加了 20 号院两间北屋，使活动室累计建筑面积为 300 平方米。2003 年 4 月，学校将南楼粮店改扩建成离退休教职工活动中心。2004 年 9 月，学校老年活动中心（熊知行楼）正式投入使用，其建筑面积为 2 400 平方米，加上原有的活动场、室和社区及院系各单位的活动室，总面积有 6 720 多平方米。

从 1985 年开始，学校在老同志合唱小组的基础上组织成立了老干部合唱队（现称为老教师合唱团）。此后，又建立了门球队、健康学习班三支队伍。1999 年国际老年人年前后，离退休教职工兴趣队得到迅速发展，先后成立游泳、台球、风筝俱乐部、柔力球、休闲健身舞、马列学习小组、京剧队等七个队。国际老年人年后，兴趣队更加蓬勃发展，乒乓球队、艺苑社、舞蹈队、关爱老年事业健康之家、健身操队、模特队、竹板舞队、太极队、书画研究会等相继成立。2005 年以来，兴趣队积极稳妥地进入了稳健的成熟期，数量有增有减，稳健发展、扎实前行。到 2010 年底，共计有 22 个兴趣队，参与人员为 1 664 人次。

离退休工作处还开展了台球、太极拳、健身操、棋牌等适合老同志的健身活动，并举办养生保健、时事政策、青少年教育及政治理论学习等各种讲座，搭建老有所教平台。学校还组织离退休教职工开展各类专项比赛以及开展书画、摄影、手工艺作品展。每年下半年，学校举办离退休教职工趣味运动会。2006 年 10 月 18 日举办了清华大学离退休教职工首届趣味运动会，共吸引了 35 个单位的近千名运动员报名参加了 15 个项目的比赛。

为进一步加强离退休教职工思想建设和制度建设，学校每两年举行一次的离退休教职工兴趣队研讨会。2005 年 12 月 21 日至 22 日，首届兴趣队工作研讨交流会在河北霸州召开。通过研讨会，不断完善离退休教职工制度建设，加强兴趣队队伍建设，促进兴趣队可持续发展。

（五）老有所为，发挥余热

离退休人员不仅是宝贵的财富，更是巨大的人才资源。学校离退休人员队伍中具有高级专业技术职称的人数约占一半，这是一个特殊的人才群体。学校和各院系采取一定的灵活措施，对身体健康的科研或教学的骨干，适当延长退休时间或退休后返聘，留住老龄人才，让他们继续发挥作用。他们有的担任教学督导，有的著书立说，有的继续活跃在教学第一线，授课、指导青年教师或培养研究生，有的仍然承担重大科研项目，取得重大成果，为学校一流大学建设再做贡献。电机系离休干部王先冲教授的“低频电磁场三维边值问题的分析计算方法研究”获国家自然科学四等奖，水利系离休干部夏震寰教授编写出版了《现代水力学》专著。1989 年，热能系董树屏、机械系王祖唐、电机系王先冲、数学系孙念增四位离休干部、教授荣获国家教委系统“老有所为精英奖”。还有一些教师退休以后应聘到民办学校当校长，如原教务处长陈智教授 1999 年退休后担任广东顺德职业技术学院院长、原经济管理学院董新保教授

2001 年退休后担任北京科技经营管理学院院长、原土木工程系教授王作垣退休后 2005 年创办了北京百年农工子弟职业学校并自任校长，他们都在为我国民办教育事业的发展继续贡献自己的力量。

为了推动老有所为活动的开展，学校从 1992 年开始设立“老有所为先进个人”奖，每年评选 15 名左右在这方面做出显著成绩的离退休人员进行表彰。到 2010 年老有所为先进个人表彰人数共 194 人（221 人次）。

为更好地发挥离退休教师的知识优势和技术优势，1992 年 9 月，学校批准成立“北京清华华新科技咨询中心”（简称“华新中心”）。华新中心是一个校办企业，法人代表由清华大学校长任命，离退休工作处处长兼任法定代表人。中心成立 17 年来，有近千位老同志通过中心这个平台承接科研和开发项目、推广技术成果、为企业提供科技咨询或管理决策咨询，年平均项目约 50 项，最高的 2006 年达到 109 项。同时，华新中心也为学校开展离退休工作提供了一定的经费支持。2009 年 5 月，华新中心按学校相关政策开始撤销清算。

（六）在离退休回聘副教授中确认教授

教育部下达到学校的教授名额数量有限，既要解决老教师晋升问题，又要为学科发展大力提拔青年教师。有不少老教师具有相当的学术水平和学术贡献，由于名额有限，他们以副教授职务退休。为使这些教师在退休后更好地发挥余热，1992 年 5 月校务会议通过了《试行“退休教授”的实施办法》，确定了进行该项工作的原则和办法。在该办法中规定，已经退休而且在返聘的副教授，“符合学校关于教授任职条件，履行相应职责，在德、能、勤、绩诸方面表现优秀者”，可以申请参评。该办法明确规定，批准为“退休教授”的人员，其离退休待遇不变。一经批准，学校发给相应证件（到人事处换取注明教授和退休时间的工作证）。今后如不再回聘，本人可继续使用“退休教授”身份对外交往。

1992 年至 1996 年期间，学校由离退休人员处组织进行了确认“退休教授”的工作，每年一次，共进行了五次，前后在离退休的副教授中确认了 198 名教授，名单如下：

1992 年 7 月

唐益韶　朱钧珍　来晋炎　李荣湘　戚筱俊　黄继汤　马倩如　安志义　罗志昌　俞海清
李以盛　潘隐萱　王华俭　王　烈　彭秉璞　刘秀瀛　王天宰　齐卉荃　刘鑫森　赵国虎
刘鄂培　杨庆午　张春辉　高云鹏

1993 年 7 月

宋泽方　江爱川　田先明　李锦坤　王清友　董长德　刘兆昌　谢　冰　吴肇基　方嘉秋
靳怀义　陈克成　葛中民　叶季生　陈宏芳　高维山　吉嘉琴　钟国成　於静芬　黄维琼
晏思贤　刘光庭　梅忠德　唐纪明　张祖千　羊涤生　刘平梅　蒋毅君　熊敦士　翁锡眉
石伯平　夏镇英　孙敦恒　孙建刚　竺士敏

1994 年 7 月

周逸湖　李钰年　甘绍禧　赵文蔚　赵敬亭　谢维蓟　刘天雄　俞毓馨　余笃武　王则豪
魏从武　黄亭亭　苏振武　张淑英　曹卢霖　朱聘冠　倪佑民　徐伯雄　文学宓　柳西玲
谢新民　韩洪樵　潘国昌　廖史书　周昌炽　陆淑兰　王以炳　李镇敌　赵立生　毕兆年
熊大箐　王绍忠　徐心坦

1995 年 11 月

叶　歆　陈敏中　李未显　宋根培　刘存礼　林家骝　任邦弼　卢颂峰　项海筹　才德蓉
叶柏生　李修曾　孔宪清　蔡世芳　周明宝　王昌长　张纬钹　高玉明　蔡思明　孙昌龄
李大义　魏平田　朱祖成　吴嘉贞　高春满　杨瑞林　李文汉　易余萍　沈慧君　虞　昊
张慎德　罗　兰　过浩川　肖立齐　辛仁轩　冯九河　郭尚才　龚国尚　郭　杰　周家懿
张希伦　张　荣　贺崇龄　宋子和　李传信　解沛基　张绪潭　张思敬　叶茂煦　陈希哲
曲长芝　桂立明　白文敏

1996 年 12 月

陈浩凯　赵若鹏　刘永明　田立言　方洁灵　孔玉瑛　王中孚　严鸢飞　张连第　李平林
马润田　柯玄龄　陈奎元　汤亚美　魏洪波　张元骥　姚敏言　潘孝梅　李树青　吕映芝
刘中仁　沈观林　吕荣侠　刘　谦　梁国珍　汪国柄　向义和　安洪溪　戴炳富　詹尔震
黄淑琳　顾鋆文　任其荣　徐志昌　肖宏才　龚闻礼　张继盛　桂裕宗　孙全康　何全来
汤弘寿　吴国良　刘　泰　刘希珠　李笑美　章崇清　吕维纯　钟厚生　郭桂兰　杨启述
于鸿森　沈振基　冯庆延

（七）关心下一代工作委员会工作

进入改革开放新时期，在加强青少年思想政治教育的新形势下，全国各地离退休老干部老同志组织起来开展关心、教育下一代的活动兴盛发展。1991 年 9 月 9 日，清华大学正式成立了关心下一代工作委员会（关工委），成为高校中最早组建的关工委之一。学校关工委是在校党委领导下，以离退休老同志为主体、有现职干部参加的群众性工作组织；主要任务是组织、指导老同志配合学校，全面贯彻党的教育方针，着力对学生及青年教工进行思想政治教育，全面关心青少年健康成长，为人才培养的中心工作服务。20 年来，学校关工委的领导班子一直由学校现职领导和老领导、学生工作部门和离退休工作部门两方面干部构成，委员组成主要为一批富有教育经验、热情奉献、具有各方面优势特长的老同志，并且包括宣传、组织、工会等相关职能部门的负责人。历届关工委领导分别为：第一届会长张思敬（1991 年—1996 年），第二届会长黄圣伦（1996 年—2002 年），第三届会长胡显章（2002 年—2007 年），第四届会长张再兴（2007 年—　）。关工委设秘书处，挂靠在离退休工作部（处），离退休工作部（处）长兼任秘书长。

20 年来，校关工委在校党委的领导下，坚持“围绕中心、配合补充，因地制宜、量力而为，立足基层、注重实效”的工作方针；坚持关工委老同志委员发挥骨干作用与院系基层老同志广泛参与相结合，不断壮大工作力量；坚持发挥优势作用与加强自身建设相促进，推动工作持续发展，做出了富有实效的成绩。

一是全方位参与学生党建工作的各个环节，长期坚持，形成重点，有效地加强了学校的党建工作力量。包括老干部老同志担任“党的知识概论课”的教员，受聘院系党建组织员承担学生党员发展工作，为学生党员骨干培训、辅导员培训讲课指导、传授经验，开展离退休教职工党支部与学生党支部的“老少”共建等，在学生党建工作发挥了重要的优势补充作用。

二是经常性参加学生主题教育活动，积极配合，形成传统，引导青年学生“爱国、成才、奉献”的进步方向。在结合形势政策教育中心内容和学生思想实际开展的历次全校学生主题教育活动中，深入学生班集体，参加学习讨论、点评党团日活动，开展书写青年寄语等活动。老同志参加革命、建设的丰富阅历和思想政治进步成长的切身体会，为青年学生坚定理想信念、增强社会责任感和历史使命感，形成了生动的影响作用。

三是着力指导学生理论社团活动，持之以恒，形成特色，努力建设培养青年马克思主义者的重要阵地。关工委的老同志一直担任学校两大学生理论社团“求是学会”和“马克思主义学习研究协会（TMS 协会）”的指导教师，帮助协会制定学习计划、深入学习小组辅导、大会讲授专题报告、指导理论学习知识竞赛等，老同志组成的学马列小组，还和理论社团的骨干开展专题学习交流，拓展深化社团指导工作的成效。

四是深入开展学校优良传统与大学文化精神研究和宣传教育，在资政办学、文化育人的工作中贡献力量。长期以来，学校一批资深老同志潜心编写校史系史、人才培养的专题史，以及学校党组织的发展史、革命烈士和杰出校友传记等，深入研究清华文化精神，总结分析优秀人才的成长规律。他们带着研究成果在新生入学教育、文化素质教育讲座、党校课程、青年干部和教工培训中开展广泛的宣传教育。

五是积极参加“新生导引项目”和教学调研、督导等工作，为教育教学的改革发展增添力量。2008 年起，学校实施“新生导引项目”，强化新生适应大学生活的具体指导。至今，老同志已有 59 人次担任项目导师，在主题班会、参观实践、个别谈心、问题辅导等环节活动中开展指导工作，取得了明显的成效。长期以来，一大批老干部、老教师担任学校教学顾问、参加教师培训、指导教学基本功比赛、开展教学督导等，为学校教育教学的改革发展作出了贡献。

六是校内外结合，开展帮困助学、成才辅导，关心青少年健康成长，涌现了一批先进典型。郑用熙夫妇 16 年募资助学 700 多万余元，投身希望工程；姬振华同志 10 年为革命老区收集教学器材物资、支教助学；谷兆祺夫妇从小学到大学连续资助 10 多名学生；王作垣为农民工子弟创办免费就业培训学校；蒋新官先后到全国各地 40 多所中学作青年学生成才讲座等等。

学校关工委工作取得了显著成绩，多次受到上级部门的表彰。中央政治局委员、中组部部长李源潮同志充分肯定学校关工委参与学生党建工作，他批示：“清华大学发动老党员参与学生党建工作的经验很好，可以在各有条件的高校推广。”20 年来，先后有 3 位老同志受到全国先进个人的表彰，6 人次受到全国教育系统先进个人的表彰，16 人次受到北京教育系统先进个人的表彰，老同志党建组织员队伍受到全国和北京教育系统的先进集体表彰。

截至 2010 年，清华大学关心下一代工作委员会历年获表彰人员名单如下：

“全国老干部先进个人”：

郑用熙（2004 年）

“全国关心下一代工作先进个人”：

邢家鲤（1991 年）　宋秦年（2010 年）

“全国教育系统关心下一代先进个人”：

邢家鲤（1995 年、2007 年）　郑用熙（1999 年）　宋秦年（2003 年）　钱锡康（2007 年）

“北京教育系统关心下一代先进工作者”：

宋秦年（2003 年）　钱锡康（2006 年）　姬振华（2006 年）　郑用熙（2010 年）

“北京教育系统关心下一代优秀党建工作者”：

王鲁生（2007 年）　冯虞章（2007 年）　宋秦年（2007 年）　林　泰（2007 年）

凌瑞骥（2007 年）　钱锡康（2007 年）　黄圣伦（2007 年）

第七节　人大代表、政协委员

一、全国人民代表大会代表

第一届（1954-09—1959-04）

蒋南翔　梁思成　刘仙洲　马约翰　钱伟长　陈舜瑶（女）

第二届（1959-04—1964-12）

蒋南翔　梁思成　刘仙洲　马约翰

第三届（1964-12—1975-01）

蒋南翔　梁思成（常委）　刘仙洲　马约翰　张光斗　王炜钰（女）　高景德　赵访熊　黄文熙　何东昌　张　维　雷圭元

第四届（1975-01—1978-12）

刘仙洲　迟　群　夏震寰　钱伟长　韩光明　王世敏（女）　王炜钰（女）　谢静宜（女，常委）

第五届（1978-02—1983-06）

王炜钰（女）　刘　达　何东昌

第六届（1983-06—1988-03）

刘　达（常委）

第七届（1988-03—1993-03）

陈丙珍（女）　钱　易（女）　梅祖彦　傅克诚（女）　常沙娜（女）

第八届（1993-03—1998-03）

钱　易（女，常委）　韦文林　方惠坚　陈丙珍（女）　梅祖彦　常沙娜（女）

第九届（1998-03—2003-03）

钱　易（女，常委）　陈难先（常委）　常沙娜（女，常委）　王维城　韦文林　杨慧珠（女）　沈静珠（女）　陈丙珍（女）　罗棣菴　肖　红　沈珠江

第十届（2003-03—2008-03）

王维城（常委）　陈难先（常委）　袁　驷（常委）　杨慧珠（女）　肖　红　陈丙珍（女）　周建军　钱　易（女）

第十一届（2008-03—　）

袁　驷（常委）　李家明　杨慧珠（女）　周光权　周建军　谢维和

二、中国人民政治协商会议全国委员会委员

第一届（1949-09—1954-12）

蒋南翔（常委） 张奚若（常委） 吴 晗 钱三强

第二届（1954-12—1959-04）

王遵明 黄文熙

第三届（1959-04—1964-12）

梁思成（常委） 王遵明 黄文熙 张子高

第四届（1964-12—1978-02）

王遵明 张子高 陆 慈（女） 章名涛

第五届（1978-02—1983-06）

钱伟长（常委） 王遵明 张光斗 陆 慈（女） 赵访熊 章名涛 雷圭元

第六届（1983-06—1988-03）

张光斗（常委） 王 洲 王遵明 张 维 陆 慈（女） 陈仲颐（常委） 赵访熊 陶葆楷 梅祖彦 章名涛 雷圭元

第七届（1988-03—1993-03）

张光斗（常委） 王 洲 张 维 陆 慈（女） 陈仲颐（常委） 赵玉芬（女） 倪以信（女） 高景德 谢志成 白雪石 吴冠中

第八届（1993-03—1998-03）

卢 强（常委） 陈仲颐（常委） 高景德（常委） 王 洲 刘西拉 郑大钟 郑君里 赵玉芬（女） 倪以信（女） 谢志成 白雪石 吴冠中 李家明

第九届（1998-03—2003-03）

卢 强（常委） 刘西拉（常委） 吴国祯（常委） 吴冠中（常委） 王崇愚 沈德忠 王光谦 王 洲 白雪石 李家明 李 燕 吴宗鑫 蔡继明 张红武 陈仲颐 郑君里 赵玉芬（女） 袁运甫

第十届（2003-03—2008-03）

王大中（常委） 王光谦（常委） 卢 强（常委） 吴国祯（常委） 吴冠中（常委） 欧阳明高（常委） 王 名 王志新 白雪石 邢新会 李建保 李家明 李 燕 沈德忠 张红武 赵玉芬（女） 贺美英（女） 章梅荣 谢维和 蔡继明

第十一届（2008-03— ）

王光谦（常委） 王梅祥（常委） 吴国祯（常委） 欧阳明高（常委） 顾秉林（常委） 王 名 王志新 白雪石 邢新会 朴 英（女） 李稻葵 吴冠中 沈德忠 张红武 罗永章（增补） 孟安明 曾成钢 蔡继明

三、北京市人民代表大会代表

第一届（1954-08—1957-01）

李西山 林 泰 林徽因（女） 施嘉炀 张 任 陈士骅 蒋南翔 钱伟长 梁思成

第二届（1957-01—1958-08）

朱荫章　庄前鼎　陈士骅　夏宗宁（女）　张　任　钱伟长　梁思成　夏　翔　李酉山　雷圭元

第三届（1958-08—1962-06）

陆大绘　高　沂　张　任　李酉山　夏　翔　梁思成　谭浩强　庄前鼎　雷圭元

第四届（1962-06—1964-09）

陆大绘　高　沂　张　任　曾　点（女）　韩淑秀（女）　梁思成　陈士骅　夏　翔　庄前鼎　李酉山　雷圭元

第五届（1964-09—1966-05）

陆大绘　高　沂　张　任　张福森　韩淑秀（女）　陈士骅　夏　翔　李酉山　雷圭元

第六届

由于“文化大革命”，北京市第六届人民代表大会没有召开，但仍计届次。

第七届（1977-11—1983-03）

王炜钰（女）　王家华　刘　达　吴佑寿　何东昌　张　维　林家桂（女）　赵访熊　胡　珍　钱　宁

第八届（1983-03—1988-01）

王炜钰（女）　王经瑾　李　欧　宋　军　陈仲颐　赵访熊

第九届（1988-01—1993-01）

于　彤　王炜钰（女）　王经瑾　李　欧　金国芬（女）

第十届（1993-01—1998-01）

王经瑾　王维城　杨　岳　杨家庆　沈乐年　沈振基　沈静珠（女）　蓝棣之

第十一届（1998-01—2003-01）

王大中（副主任）　王维城（副主任）　何建坤　沈静珠（女）　沈振基　庞瑞媛（女）

第十二届（2003-01—2008-01）

王维城（副主任）　何建坤（常委）　王大中　王丽方（女）　李象群　黄　霞（女）

第十三届（2008-01—　）

陈吉宁（常委）　王丽方（女）　王振民　史宗恺　李象群　李稻葵

四、中国人民政治协商会议北京市委员会委员

第一届（1955-04—1959-09）

梁思成（副主席）　滕　藤　金　涛

第二届（1959-09—1962-12）

梁思成（副主席）　李辑祥（常委）　夏　翔（常委）　施嘉炀　金希武　李德耀（女）　金　涛　来晋炎

第三届（1962-12—1965-09）

梁思成（副主席）　夏　翔（常委）　李辑祥（常委）　金希武　施嘉炀　李德耀（女）　来晋炎　金　涛　陈竹隐（女）　俞纪美

第四届（1965-09—）

夏　翔（副主席）　陈士骅　金希武　施嘉炀　李辑祥（常委）　陶葆楷　杨式德　金　涛

陈竹隐（女）　李德耀（女）　张福森

第五届（1977-11—1983-03）

夏　翔（副主席）　张光斗（1979-12 任副主席）　施嘉炀（常委）　王振通　杨津基
张　任　陈竹隐（女）　金希武　孟昭英　栾汝书　陶葆楷　黄文熙　铙慰慈（女）
雷圭元　张秋海　陈叔亮

第六届（1983-03—1988-01）

张光斗（副主席）　夏　翔（副主席）　施嘉炀（常委）　钱　易（女，常委）
常　迥（常委）　尤婉英（女）　陈竹隐（女）　金国芬（女）　孟昭英　栾汝书　黄万里
黄文熙　黄铭荣　梅祖彦　饶慰慈（女）　谢志成　张秋海　陈叔亮

第七届（1988-01—1993-01）

陈仲颐（副主席）　夏　翔（副主席）　郑维敏（常委）　钱　易（女，常委）
尤婉英（女）　文学宓　刘桂生　余志平　沈静珠（女）　张绪祎　黄万里　黄铭荣
程慕胜（女）　谢志成　颜慧真（女）　温练昌

第八届（1993-01—1998-01）

陈仲颐（副主席）　钱　易（女，副主席）　张绪祎（常委）　尤婉英（女）　刘桂生
张人佶　陆淑兰（女）　林文漪（女）　罗棣菴　金国芬（女）　胡东成　柳百新
程慕胜（女）　虞石民　温练昌　张绮曼（女）

第九届（1998-01—2003-01）

钱　易（女，副主席）　沈乐年（常委）　张绪祎（常委）　刘建明　李　燕　张绮曼（女）
杨慧珠（女）　张人佶　陆淑兰（女）　罗国安　胡东成　柳百新　唐　昆　程慕胜（女）
虞石民　范子杰　曹　刚　施祖麟

第十届（2003-01—2008-01）

陈难先（副主席）　朴　英（女，常委）　周建军（常委）　施天涛（常委）　施祖麟（常委）
巨　勇　卢　风　史静寰（女）　何福胜　罗国安　胡东成　柳百新　黄贺生　曹　刚

第十一届（2008-01—　）

巨　勇（常委）　邢文训（常委）　巫永平（常委）　何福胜（常委）　卢　风　史静寰（女）
江　亿　吕振华　刘以农　李兆杰　张文征（女）　金　纳（女）　唐　杰

第八节　先进集体和先进个人

从 1953 年开始，学校在全校职工中进行评选先进工作者（校级）和优良工作者（系级）。1954 年 3 月 11 日，学校召开教职工优良工作者会议。史国衡总务长致开幕词，刘仙洲第一副校

长宣布表彰先进工作者名单（10 名）。大会还表彰了 190 名教职工优良工作者。校领导向受表彰的同志发了奖。蒋南翔校长作了重要讲话，校工会副主席俞时模致闭幕词。《新清华》发表题为《把优良工作者会议决议变为全校教职工的实际行动》的社论。至 1956 年，每年在教职工中开展评选先进工作者和优良工作者活动，召开专门会议进行表彰。1958 年、1959 年，在全校教师、职工中评选、表彰先进集体和“五条战线积极分子”。学校决定每年表彰先进人物和先进集体定为一项制度，在工会代表大会上进行表彰。1960 年在全校师生员工中评选、表彰技术革新及科学研究积极分子。1961 年、1962 年，在教职工中开展评选先进集体、先进工作者（校级）和优良工作者（系级）活动，先进集体以校务委员会名义、先进工作者以校工会委员会名义，在校工会会员代表大会上进行表彰。1963 年评选“五好教研组”（政治思想好、教育质量好、完成任务好、队伍成长好、四个作风好）、“四好实验室”（先进的思想作风、先进的管理工作、先进的教学质量、先进的科学技术），在校工会九届二次会议上进行表彰。1964 年在生产职工和食堂职工中，评选“五好工人”（政治思想好、完成任务好、遵守纪律好、经常学习好、团结互助好）、“五好单位”和“五好食堂”（政治思想工作好、生产计划完成好、生产管理好、生活管理好、工作作风好），分别在校工会和行政联合召开的生产职工代表会议和食堂职工代表会议上进行表彰。在历次表彰会上都交流了先进经验。

1978 年，学校恢复表彰先进的制度，每年都组织全校教职工在进行年终总结的基础上，评选先进集体和先进工作者（分校、系两级），校级在每年三四月份召开的校工会会员代表大会上以清华大学名义进行表彰，自 1986 年起，学校开始实行党委领导下的教职工代表大会制度（简称教代会）后，校级先进集体和先进工作者都在每年春季召开的教代会上以清华大学名义进行表彰。系级以各系、各单位名义在本系、本单位教职工大会上进行表彰。1980 年 3 月，在校工会召开的十届二次全体代表会议上，通过了《进一步开展“为四化，争五好”活动》的倡议书，号召全校教职工向先进学习，把比、学、赶、帮、超的群众活动经常地、广泛地开展起来，努力把本职工作做好，完成和超额完成各项工作任务（集体五好：①政治工作好；②完成任务好；③民主管理好；④团结协作好；⑤纪律作风好。个人五好：①政治表现好；②完成任务好；③学习业务好；④团结互助好；⑤纪律作风好）。在校、系召开的表彰大会上，均交流了先进事迹和先进经验，并在校刊和工会的刊物上进行了宣传。校、系评选、表彰先进的具体工作及宣传工作由校、系工会负责（表彰统计数见表 9-8-1）。

1994 年以后，学校进一步加强对先进集体及个人的表彰宣传力度。从 1995 年起由离退休处牵头增加了对离退休后返聘有突出成绩的教职工评选“老有所为”先进个人的工作；从 2004 年起，在教师中评选“清华大学突出贡献奖”，每次 1～2 人；另外每年由工会牵头，组织有主要职能部门和部分院系负责人参加的专家评审组进行讨论推荐“校级先进集体及个人”；从 2006 年起，对报名参加评选的先进集体实行逐个进行答辩的形式进行评选，使得评选先进的工作更加公开透明，更加扎实深入。先进集体和先进个人被评出后，学校利用多种媒体进行宣传，他们的事迹鼓舞和激励着更多的师生。

在学校表彰先进的基础上，选送由全国和北京市领导机关表彰的教职工先进集体、先进个人（绝大部分为由工会系统上报，不包括优秀工会积极分子和先进工会集体）。（表彰名单见表 9-8-2、表 9-8-3 及其后所附名单。）

表 9-8-1　学校历年表彰先进集体数、先进个人人数

年份	先进集体数（个次）	先进工作者人数（人次）	“老有所为”先进个人（人次）	年份	先进集体数（个次）	先进工作者人数（人次）	“老有所为”先进个人（人次）
1953		10		1991	15	95	
1954		12		1992	14	98	
1955		18		1993	16	89	
1956		21		1994	18	92	
1958	21	64（五条战线积极分子）		1995	19	85	11
1959	46	139（五条战线积极分子）		1996	19	83	
1960—1961	39	161		1997	19	75	15
1964	5 个五好教研组　2 个四好实验室			1998	20	77	10
1978	45	47		1999	19	78	10
1979	28	62		2000	20	84	10
1980	40	61		2001	20	81	15
1981	37	73		2002	20	84	15
1982	43	81		2003	22	92	15
1983	44	81		2004	20	90	16
1984	43	94		2005	18	92	15
1985	48	93		2006	19	87	15
1986	14	87		2007	19	89	15
1987	14	95		2008	21	94	15
1988	12	100		2009	23	85	15
1989	14	95		2010	22	72	15
1990	14	102		合计	892	3 218	207

表 9-8-2　清华大学受上级表彰先进集体名单

荣 誉 称 号	被授予单位及时间
全国先进集体	清华大学（1960）　微型汽车设计工作队（1960） 核能技术设计研究院（荣获“全国五一劳动奖状”）（1992）
全国先进班组	社会科学系中国革命史教研组（荣获“全国五一劳动奖状”）（1986） 精密仪器与机械学系工程图学与计算机辅助设计教研组（荣获“全国五一劳动奖状”）（1992）
全国教育系统民主管理先进单位	清华大学（1999）
全国职工体育先进单位、全国教育系统先进集体	清华大学（1998） 工程物理系（2007）
校务公开先进单位	清华大学（2001）　清华大学（2002）

续表

荣誉称号	被授予单位及时间
北京高校职工体育运动贡献奖	清华大学（2002）
北京市模范集体	无线电电子学系403工程组（1984） 精密仪器系机械制造专业教学改革试点组（1984） 工程力学系固体力学教研组（1995） 大型集装箱检查系统产业化项目组（2000） 新闻与传播学院（2005） 工程物理系（2007）
北京市模范班组	机械厂金工实习教学组（1989）
北京市先进集体	冶金系焊接教研组（1960） 农机学院汽车拖拉机专业（1960） 电机工程系冶金装备自动化小组（1960） 自动控制系电子模拟计算机小组（1960） 水利工程系平谷水利化设计组（1960） 工程化学系理论化学小组（1960） 体育教研组（1960） 行政处供应科炊具供应小组（1960） 校卫队巡逻班（1960） 胜因院家属食堂（1960） 家属服务站（1960） 化学与化学工程系学生工作组（1982） 基础课教学研究部力学教研组教学组（1982） 校务处幼儿园（1982）
出席北京市教育和文化、卫生、体育等方面社会主义建设先进单位（1960年授予）	水利系密云水库设计代表组 水利系青石岭水库设计组 水利系电测仪器室 土木系黏土水泥研究组 土木系建筑材料试验室 土木系北京铸锻件厂结构设计组 建筑系中央科学技术馆建筑设计组 建筑系建校建筑组 建筑系工会部门委员会 机械制造系焊接教研组及焊接车间 机械制造系工会体育代表队 电机系电力系统工作组 自动控制系电子模拟计算机工作组 电机系自动控制系工会工作委员会 无线电系305教研组 无线电系电真空专业职工 动力系微型汽车毕业设计工作组 工程物理系打字室 工程力学数学系量测实验室金工间 程序控制机床工作组 物理实验室及附设工间 哲学教研组 体育教研组 化学教研组 理论力学及材料力学教研组机械教学组 俄文教研组语法词汇教材科学研究组 校卫队巡逻班 行政事务科汽车房 出版科 出版科棱形字架研究组 幼儿园全托小一班 膳食科学生第三食堂 校医院护理二组 科学生产处实验室科仓库组 图书馆采编科 校工会举重代表队 校工会服务队 美院十大建筑美术组 美院工厂管理科地毯组
出席北京市工业、交通运输、基本建设、财贸方面社会主义建设先进集体	电工厂（1960年） 设备工厂（1960年）
北京市先进班组（荣获“北京市五一劳动奖状”）	社会科学系中国革命史教研组（1986）
北京市文明单位	现代应用物理系工会委员会（1985）
首都劳动奖状获得者（集体）	电子工程系线路与系统教研组（1991） 环境科学与工程饮用水安全研究所（2008）
北京市“三八”号劳动竞赛先进集体	校医院内科病房（1992）
北京市教育系统先进集体	建筑系民用建筑设计教研组（1983） 机械工程系锻压实验室（1983） 精密仪器系制图教研组机械类教学组（1983） 无线电电子学系403工程科研组（1983） 现代应用物理系近代物理实验室（1983） 社会科学系中国革命史教研组（1983） 工程物理系学生工作组（1983） 核能技术研究所901反应堆余热供暖运行实验组（1983） 图书馆计算机组（1983） 机械厂铸工车间教学组（1983） 设备仪器厂电子班（1983） 基建处水暖运行科供暖队（1983） 行政生活处第六食堂（1983）

续表

荣誉称号	被授予单位及时间
北京市高教系统教书育人、服务育人先进集体	水利工程系水力学教研组任课教师集体（1986） 社会科学系中国革命史教研组（1986） 校医院内科病房（1986） 现代应用物理系物理教研组工科普通物理实验教学组（1987） 自动化系模式识别与智能控制博士点指导小组（1987） 热能工程系工程热力学教学小组（1988） 机械厂机工车间车工教学小组（1988）
北京市职工体育先进单位	清华大学（1979—2000）
北京市“五好”集体	印刷厂装订车间（1964） 设备工厂车工小组（1964） 综合机械厂锻压车间（1964） 自动控制系电子焊接调整工段（1964） 机械制造系9003车间机修组（1964）
北京市职工爱国立功竞赛先进集体	机械工程系板报组（1990） 电子工程系线路与系统教研组（1990） 工程力学系理论力学教研组（1990）
北京市“教育创新优秀集体”	现代生命科学实验教学中心（2005）
“教学、科研、管理创新”先进集体	美术学院中华世纪坛大型浮雕壁画创作组（2001）
北京市教育创新工程先进单位	清华大学（2003）
全国五一劳动奖状	清华大学（2003） 环境科学与工程系饮用水安全研究所（2008）
首都劳动奖状	环境科学与工程系饮用水安全研究所（2008）
全国职工创新示范岗	建筑学院设计系列课教师组
北京市师德建设先进集体	清华大学工会（2006）
北京市高校教代会提案工作先进单位	清华大学（2006）
北京市“工人先锋号”	饮食中心（2008）
北京市奥运立功“工人先锋号”	修缮中心电管科（2008）
北京市“抗震救灾重建家园工人先锋号”	土木水利学院（2008）
“首都教育先锋”先进集体	结构力学教研组（2008）
北京奥运会、残运会文明观众、啦啦队工作优秀组织单位	清华大学工会（2008）
北京市模范集体	环境系（2010）

说明：本表不含工会工作表彰。

表 9-8-3　清华大学教职工受上级表彰名单

荣誉称号	先进个人姓名及表彰时间	授予荣誉称号机关
全国先进生产者	张光斗　钟士模（1956）　康克军（2005）	国务院
全国先进工作者	张子高（1960）　王大中（1989）　吴良镛（1995） 康克军（2005）	国务院
全国劳动模范	李志坚（1979）　梁尤能（2000）	国务院
全国教育系统劳动模范	常　迥（1986）　席葆树（1989）　胡东成（1991）	国家教委
人民教师奖章	黄克智（1993）　方惠坚（1995）	全国教育工会
全国教育系统“巾帼建功”标兵	赵玉芬（1992）　钱　易（1993）　白　净（1995） 成　洁（1998）	国家教委
全国“五一劳动奖章”	潘际銮（1984）　钱　宁（1986）　王大中（1987） 王经瑾（1991）　吕崇德（1997）　金　涌（1998） 吴宗鑫（2001）　杨　卫（2002）	全国总工会
全国“三八”红旗手	陈翠仙（1979）　莫荷华（1979）　蔡君馥（1983） 赵国湘（1983）　林家桂（1988）　倪以信（1991） 赵玉芬（1992）　李艳梅（2010）　常沙娜（1982）	全国妇联
全国模范教师	符　松（1998）　徐元辉（2001）　袁　驷（2004） 邱　勇（2007）	国家教委
全国优秀教师	童诗白（1989）　陈仲颐（1989）　吴佑寿（1989） 任泽霈（1989）　席葆树（1989）　井文涌（1989） 李瑞伟（1989）　滕智明（1991）　刘美珣（1991） 黄克智（1993）　杨　卫（1993）　吴　澄（1993） 高亦兰（1993）　季如进（1993）　郑君里（1995） 萧树铁（1995）　金　涌（1995）　李如生（1995） 李　刚（2007）	国家教委 人事部 全国教育工会
全国优秀教育工作者	惠宪钧（1989）　吴淑荣（1989）　汪朝阳（1989） 杜汇良（2009）	同上
全国先进科技工作者（出席全国科学大会）	徐葭生（1978）	
全国知识型职工先进个人	刘文今（2006）	全国总工会
北京市特等劳动模范	潘际銮（1984）	北京市人民政府
北京市劳动模范	郭存厚（1952、1956 调入清华）　李志坚（1982） 王经瑾（1982）　何克忠（1982）　胡　珍（1982） 钱　宁（1984）　许纯儒（1984）　张三慧（1984） 薛芳渝（1984）　樊春起（1984）　王大中（1989） 夏学江（1989）　陈　希（1989）　刘洪文（1989）	北京市人民政府
北京市先进工作者	吴良镛（1995）　黄克智（1995）　朱育和（1995） 康克军（2000）　赵南明（2000）　吴建平（2005） 陈吉宁（2005）　朱邦芬（2010）　王振民（2010）	北京市人民政府
首都楷模	王大中（1999）	北京市总工会
北京市人民教师奖	符　松（1999）	北京市人民政府

续表

荣誉称号	先进个人姓名及表彰时间	授予荣誉称号机关
北京市人民教师提名奖	张晓健（2008）	北京市人民政府
“首都劳动奖章”（北京市“五一”劳动奖章）	钱　宁（1986）　王大中（1987）　刘淑琴（1987） 方鸿生（1988）　万邦儒（1988）　刘　泰（1988） 王经瑾（1991）　闫炳义（1992）　吕崇德（1993） 赵　淳（1996）　吴文虎（1999）　吴宗鑫（2000） 杨　卫（2001）　贺美英（2002）　康克军（2003） 邱　勇（2006）　刘文今（2007）	北京市总工会
北京市十大杰出教师（荣获北京市人民教师奖）	杨　卫（1992）	北京市人民政府
北京市“三八”红旗手	方一梅（1979）　蔡君馥（1983）　赵国湘（1983） 于淑兰（1983）　金恩英（1983）　俞银银（1983） 林家桂（1988）　支秉琛（1989）　钱雪英（1989） 沈静珠（1989）　王学芳（1992）	北京市妇联
北京市厂务公开民主管理工作先进个人	陈吉宁（2009）	北京高等学校校务公开工作领导小组
北京市高校全心全意依靠教职工办好学校的校长书记	贺美英（1997）　王大中（2001）　顾秉林（2007）	北京市教育工会
北京市普教系统全心全意依靠教职工办好学校的校长	赵　颖（2008）	北京市教育工会
全国优秀工会之友	陈　希（2008）	全国总工会
北京市教育工会优秀教职工之友	张绪潭（1988）　张慕葏（1988）　黄圣伦（1990、1993） 孙继铭（1993）　方惠坚（1995）　张再兴（2006）	北京市教育工会
全国师德先进个人	吴文虎（2001）　袁　驷（2004）	全国教育工会
北京市优秀教职工之友	张绪潭（1988）　张慕葏（1988）　黄圣伦（1991） 胡显章（1994）　贺美英（1997）　何建坤（2000）	北京市总工会
奥运立功首都劳动奖章	梁永明（2008）	
全国思想政治教育先进工作者	杜汇良（2009）	

说明：本表不含工会工作表彰。

1956 年出席北京市先进生产者代表会议代表名单（5 名）：

张光斗　钟士模　赵访熊　张伯鹏　闫炳义

1960 年出席全国文教、卫生、体育和新闻方面社会主义建设先进集体、先进工作者代表大会（群英会）代表名单（3 名）：

高　沂（先进集体代表）　蔡祖安（先进集体代表）　张子高（先进工作者）
雷圭元（先进集体代表）

1960 年出席北京市工交、基建、财贸方面社会主义建设先进集体及先进生产（工作）者代表大会代表名单（7 名）：

蔡景泉　王茂林　薛振山　杨德山　艾　平（女）　孙树林　冯宝玉

1960 年出席北京市教育和文化、卫生、体育社会主义建设先进单位和先进工作者代表大会代表名单（含调入共 118 名）

张光斗	张　任	李西山	邹致圻	董树屏	钟士模
李辑祥	王英杰	顾夏声	李恒德	刘绍唐	吴增菲
黄报青	沈　钊	吕应中	薛　华（女）	杨诗秀（女）	陈君燕（女）
冯乃谦	殷一和	任家烈	金德闻（女）	张芳榴	徐大宏
宋玉芬（女）	张克潜	李德鲁（女）	李庆扬	张　玫（女）	王大中
许纯儒	李维梓（女）	史斌星	黄士增	张孟威（女）	陈逴刍
孙祥泰	郑国卿（女）	陆景炎	王长柏	赵荣久	吴正玉（女）
袁大宏	王　铭	刘文昌	于国成	张　忠	张敬清
焦　祥	梁淑珍（女）	李学荣	全绍志	王硕生	鲁嗣信（女）
陈舜琴（女）	傅　眉（女）	田文蕙（女）	何惠莲（女）	劳一活	王学惠（女）
郭美英（女）	吕春全	唐绍明	孙　都	陈希哲	陈浩凯
万邦儒	陶　森（女）	陈圣信（女）	王文兰（女）	顾廉楚	朱亚尔
张　益	胡大昕	谭浩强	曾　点（女）	刘先龙	吕应三
张宪宏	罗福午	王炜钰（女）	徐伯安	黄纯颖（女）	高景德
王继中	杨津基	陆大绘	姚　季（女）	蔡祖安	代尔珠
党广悦	高绪之（女）	王汉臣	袁伏生	董永生	达松华
王克政	孙长山	李文祥	唐绍贞（女）	祖德祥	刘　彬（女）
李发祥	金希武	张子高	马约翰	黄寅宾	陆　慈（女）
薄德福	周家慤	谢庆印	雷圭元	张　毅	常沙娜
陈和鼎	翟树成	朱　训	高志伸		

北京市优秀教师

（授予荣誉称号机关：北京市人民政府文教办、高教局、教育工会）

1989 年（26 名）

井文涌	陈仲颐	童诗白	谢志成	席葆树	谢衍庆
刘西拉	陈伯蠡	高政一	任泽霈	陈　刚	张克潜
应纯同	金　涌	李子奈	康静安	周　蕊（女）	丁慎训
黄　勇	李瑞伟	吴佑寿	孙家广	刘儒义	贾　观
谭　毅	吴　勤（女）				

1991 年（31 名）

关肇邺	滕智明	陆正禹	濮家骝	吴德海	范荫乔
陆致诚	陆际清（女）	薛家麒	尹达衡	张　钹	胡东成
施　工	雷良恒	王照林	承毓涵	刘冀生	陈泽民
姚乃燕	赵南明	刘美珣（女）	程慕胜（女）	李建保	王俊华
吴宗鑫	马远乐	蒋　志	杨建宇	杨津光	郑小筠（女）
王行言					

1993 年（32 名）

高亦兰（女）	季如进	董曾南	王余生	张晓健	周广业

罗立胜　张人豪　马贵龙　段秋生　连小珉　王鸿明
朱雪龙　贾培发　屈建石　李端敏（女）　周润德　吴　澄
徐文立　马莒生（女）　黄克智　杨　卫　姜启源　林郁正
郁鉴源　朱育和　李觉聪（女）　苗日新　郑文祥　邵怀悦
黎　达　黄慎仪（女）

1995 年（32 名）

李玉柱　杜文涛　钟约先　雷田玉　张艳春　宋　健（汽）
诸昌清（女）　郑君里　王鼎兴　孙崇正　王鸿宾　薛明德（女）
金　涌　柳百新　萧树铁　陈　魁　李如生　徐育敏（女）
徐葆耕　黄淑琳（女）　徐元辉　江　锋　田立林　牟绪程
庄丽君（女）　闫桂芝（女）　孙宝荣　刘敏文（女）　傅水根　张本正
王文元　叶立芳（女）

1997 年（33 名）

袁　驷　马智亮　杨诗秀（女）　李振瑜　何方殿　邬敏贤（女）
朱颖心（女）　王建昕　曹建中　冯振明　王志华　吴建平
王　雄　符　松　李以圭　李　琳　李　明　陈泽民
陈信义　周　蕊（女）　赵南明　吴　栋　李瑞芳（女）　刘理天
安继刚　承宪康　顾思海　刘全友　侯竹筠（女）　徐重远
邢桂珍（女）　崔秀荣（女）　卢贤丰

北京市优秀教师

（授予荣誉称号机关：北京市委教育工委、市教委、市人事局、市财政局、市劳动与社会保障局、市教育工会）

2004 年（14 名）

姜启源　李俊峰　郑曙旸　吴　甦　赵纯均　秦佑国
杨知行　庄鹏飞　胡广书　于溯源　刘　铮　张新荣
陆文娟　王桂增

2006 年（15 名）

石永久　刘文君　朱克勤　杨华中　华成英　郑纬民
魏　飞　田民波　王殿军　吴贵生　车丕照　田　青
王有强　李希光　王建龙

2009 年（13 名）

李艳梅（女）　黄　霞（女）　史　琳（女）　骆广生　唐传祥　周立柱
欧阳明高　黎　宏　徐文立　段文晖　白重恩　刘北成
帅松林

北京市优秀教育工作者

（授予荣誉称号机关：北京市政府文教办、高教局、教育工会）

1989 年（5 名）

董　铎　齐惠成　吴裕良　惠宪钧　吴淑荣（女）

1991 年（5 名）

杨天民　成　洁（女）　张万银　陈克金　甄喜忠

1993 年（3 名）

胡献华（女）　宋烈侠（女）　杨兴华

1995 年（3 名）

方惠坚　李慎岭　陈　燕（女）

1997 年（2 名）

李幼哲　于瑞勇

北京市优秀教育工作者

（授予荣誉称号机关：北京市教育工委、市教委、市人事局、市财政司、市劳动与社会保障局、市教育工会）

2004 年（1 名）　王赞基

2006 年（1 名）　杨存荣（女）

2009 年（1 名）　白永毅（女）

北京市高教系统师德先进个人

（授予荣誉称号机关：北京市教育工会）

1997 年（4 名）　谢志成　范崇澄　吴秋峰　王　侃

北京市师德标兵

（授予荣誉称号机关、北京市教育工会）

2006 年（1 名）　刘文今

2008 年（1 名）　阎学通

2010 年（1 名）　史　琳（女）

北京市师德先进个人

（授予荣誉称号机关：北京市教育工会）

2001 年（3 名）　刘书林　牛志升　梁曦东

2010 年（1 名）　段远源

2006 年（4 名）　张建民　王瑞芝（女）　王建民　王丽星

2008 年（4 名）　安雪晖　黄　霞（女）　胡事民　朱文涛

2010 年（4 名）　朱克勤　杨士强　崔旭龙　苏旦丽（女）

北京市优秀青年教师

（授予荣誉称号机关：北京市委教育工委、市政府文教办、教育工会）

1991 年（3 名）　李家强　殷雅俊　陈　旭（女）

1993 年（3 名）　陆建华　黄曙光　周立业

1995 年（3 名）　叶列平　张　坚　曹振水

1997 年（3 名）　朱志刚　潘　峰　陈冬青

北京市教育系统先进工作者

（授予荣誉称号机关：北京市高教局、教育局、成人教育局、劳动局、教育工会）

1983 年（30 名）

王先冲　常　迥　李　欧　翟家钧　韩守询　惠士博

焦树建	王天爵	席葆树	董在望	张兆祺（女）	庄人遴
艾宪贞（女）	史其信	左　川（女）	刘美珣（女）	杜松彭	陈　弥（女）
万邦儒	冯志一	王运辉	王兴信	白　怡（女）	刘崇珉
张振宗	谢庆印	方文治	樊春起	刘永宽	崔良臣

北京市高教系统教书育人、服务育人先进工作者

（授予荣誉称号机关：北京市委教育工作部、高教局、教育工会）

1986 年（21 名）

常　迥	汪家鼎	孙念增	王先冲	马世雄	傅家骥
高政一	王文鉴	郁鉴源	羊　嫆（女）	黄慎仪（女）	谢　玲（女）
吴敏生	杨小庆（女）	张怀瑾（女）	陈弟恭	赵庆刚	周仲平（女）
仰效友	董　德	吕莹莹（女）			

1987 年（20 名）

秦佑国	谷兆祺	王祖唐	徐世朴	陈赛玲（女）	应嘉年（女）
卢开澄	李九龄（女）	王英华（女）	刘裕品	范钦珊	李子奈
周耀耀（女）	过浩川	吴秋林	周良洛	魏洁敏（女）	戴双春
焦　祥	翁天锡				

1988 年（20 名）

顾夏声	刘桂生	周　蕊（女）	张宇宙	高亦兰（女）	汤亚美（女）
郑爱苾（女）	林翠琴（女）	王　奇（女）	罗耒芬（女）	张艳清（女）	王伯雄
李艳和	杜彦从（女）	黎诣远	徐冬燕（女）	甄喜忠	窦玉琴（女）
邹　骥	常来禧				

北京市科技明星（1 名）

（授予荣誉称号机关：北京市总工会）

杨　卫（1997）

北京市职工“迎亚运、创一流、增效益”爱国立功竞赛标兵

（授予荣誉称号机关：北京市总工会）

1990 年（5 名）

王余生	陈学众	庄　灵（女）	王景厚	陈　祥

北京市职工“革新、献计、创效益”爱国立功竞赛标兵

（授予荣誉称号机关：北京市总工会）

1991 年（19 名）

林贤光	吴佩刚	郝吉明	任裕民	任家烈	沈乐年
龚　克	曾宪舜	蔡敏学	刘晓遇（女）	潘金生	陈永麒
孙道祥	汤满贞（女）	李志文（女）	王爱莲（女）	刘承运	田俊德
杨丽如（女）					

北京市职工爱国立功竞赛标兵

（授予荣誉称号机关：北京市总工会）

1992 年（10 名）

金茂庐	童秉枢	韩景阳（女）	苏升民	王英惠（女）	海本静

卢延斌　杨敬华　徐阿炳　董　德

1993 年（9 名）

高政一　江辑光　徐秉业　王行言　白永毅（女）　钱锡康
张素琴（女）　张兆兰（女）　刘敏文（女）

1994 年（15 名）

刘永明　吴　麒　梁国珍（女）　方　琰（女）　金丽华（女）　朱仙元
赵满成　姚振汉　郭永基　吴文虎　高炳坤　徐远超
刘国光　杨守波　任家烈

1995 年（12 名）

李树勤　施　工　李艳梅（女）　罗立胜　傅家骥　徐冬燕（女）
葛元庆　尹芳平（女）　史宗恺　李世卿　陈宝珍　王桂玲（女）

1996 年（12 名）

尤　政　刘淑芝（女）　郑　芳　艾四林　唐德玲（女）　邓新元
刘　颖（女）　朱雪龙　姜　宏（女）　尚新民　梁国英　吴永红

1997 年（9 名）

王　侃　吴秋峰　范崇澄　杨淑华（女）　孙宝荣　付锦霞（女）
曹　钢　樊冠群　马银兰（女）

1998 年（10 名）

王映雪（女）　牟绪程　吴德海　饶子和　孙家广　康克军
曲　云（女）　蒋巨成　孙荣甫　崔健远

1999 年（9 名）

詹庆旋　马信山　张晓健　徐端颐　王光谦　陈玉新
赵庆刚　陈克金　袁运甫

北京市教育创新标兵
（授予荣誉称号机关：北京市总工会）

2000 年（8 名）

谭泽光　董在望　高上凯　李玉柱　高钟毓　徐元辉
刘涛雄　王志华

2001 年（8 名）

刘朝儒　卢达溶　杨　卫　周立柱　潘　峰　安继刚
张华堂　崔素芹（女）

2002 年（10 名）

孙增圻　王雯姝（女）　庄鹏飞　彭应宁　郑泉水　吴　澄
吴德海　黄　霞（女）　陈皓明　樊春起

2003 年（12 名）

张　雄　夏群生　张夫也　胡洪营　仝允桓　郑　力
吉俊民　汪　蕙（女）　程　京　罗　毅　戴猷元　代书成

2004 年（13 名）

贾惠波　张文霞（女）　高云峰　秦佑国　罗淑云（女）　孟安明
吴建平　洪麦恩　金善锟　许庆红　阎　忠　吴运新
胡显章

2005 年（12 名）

杨知行　郑浩峻　傅水根　赵满成　王　岩　白峰杉
巩马理　蔡乐苏　王锡瑞　邱　勇　赵争鸣　王殿军

2006 年（12 名）

赵　伟　张贤科　郑纬民　孙家广　岳光溪　周　济
庄　茁　隋森芳　樊富珉（女）　张　勇　祁金利　朱　赤

2007 年（15 名）

李一兵　樊春起　李　军　张春生　朱小梅（女）　李　珍（女）
王光谦　王有强　胡事民　张　希　唐传祥　冯　鹏
朱桂萍（女）　谌卫军　黄清华（女）

“迎奥运　讲文明　树新风”首都文明职工

（授予荣誉称号机关：北京市总工会）

2007 年（21 名）

蔡永生　陈海林（女）　黄天祥　瞿福平　李京峰　柳杰艳（女）
马智亮　潘伟雄　齐晓红（女）　施迎难（女）　王亚利　吴金希
向志海　许　斌　薛芳渝　郭　泓（女）　叶尔强　张海戈
张　晶（女）　张　颖（女）　左　梅（女）

奥运立功标兵

（授予荣誉称号机关：北京市总工会）

2008 年（4 名）

王　兰（女）　王景祥　黄晓霞（女）　南　彬（女）

北京市“孟二冬式优秀教师”

（授予荣誉称号机关：北京市教育工会）

2007 年（1 名）

张晓健

“首都教育先锋”先进个人

（授予荣誉称号机关：北京市教育工会）

2008 年（11 名）

骆广生　张　红　申卫星　艾海舟　陈昌和　南策文
李亚栋　韦思键　许立冬　董　力（女）　聂风华

“首都教育先锋”科技创新标兵

（授予荣誉称号机关：北京市教育工会）

2008 年（1 名）

罗永章

“首都教育先锋”管理创新标兵
（授予荣誉称号机关：北京市教育工会）

2008 年（1 名）

梁永明

从事教育工作 30 年以上教职工表彰

1985 年 2 月，学校在大礼堂隆重召开从事教育工作 30 年以上教职工表彰大会，由张绪潭主持，高景德校长讲话，党委书记李传信等校领导出席，并向 1 278 名从教 30 年以上教职工颁发了证书和纪念章。从此，学校将此项表彰活动作为制度确定下来，于每年教师节由本系、本单位举行庆贺 30 年教龄座谈会，总结交流工作经验，颁发证书、纪念章和纪念品。至 2010 年底，学校表彰从事教育工作 30 年教职工共计 5 904 人。历年受表彰人数见表 9-8-4。

表 9-8-4　清华大学历年表彰从事教育工作 30 年教职工人数统计

年份	人数	年份	人数	年份	人数	年份	人数
1985	1 278	1992	171	1999	7	2006	105
1986	410	1993	149	2000	730	2007	67
1987	87	1994	221	2001	341	2008	90
1988	431	1995	306	2002	30	2009	86
1989	420	1996	30	2003	24	2010	141
1990	307	1997	25	2004	145	合计	5 904
1991	178	1998	10	2005	115		

第十章

实验室与设备

第一节　实验室发展概述

清华大学的主要负责人有一个共识：没有高水平的实验室，就培养不出高水平的人才，就出不了高水平的科学研究成果。从建校初期，学校就非常重视实验室的建设。

一、1911年—1949年

清华学校时期，购置仪器的费用达33万余元。经过历年的添置，仪器设备较为充实。例如生物实验室的显微镜有20余架，学生上实验课，可以一人一套仪器进行实验。1927年，清华学校大学部共设有8个实验室和1个工艺实习场所，仪器设备可供大学一、二年级学生实验用，各实验室的仪器设备在当时国内各校中是比较先进和齐全的。

1928年，清华学校改办为国立清华大学。国立清华大学《校务进行计划大纲》规定：清华大学的经费，固定每年为120万元，每年的图书仪器购置费，至少占总预算额的20%。在当时动荡的国内外环境中，国立清华大学保持了相对稳定的发展，在实验室建设方面有不少开创性工作。例如，1932年建立我国第一个核物理实验室。同年还购进50毫克镭，用于科学试验。1933年以后，随着理工科的发展，实验室及设备有较大扩充。每年至少有14万元的仪器设备费，特殊需要时还有特别设备费供开支。1936年，国立清华大学共有43个实验室，大都是用当时最先进的仪器装备起来的。如物理系有普通物理、热学、光学、电学、近代物理等5个实验室和X射线、无线电、光学、磁性等研究室。仪器中α、β线静电计可进行放射性物质现象的研究。1936年校庆前夕自行研制成国内第一个5英尺航空风洞，又在南昌建15英尺当时世界上最大的风洞之一，比加州理工学院的风洞要大50%，标志着中国航空由仿制走向自己研发。可惜在1938年3月风洞即将完成之际，遭日机轰炸被破坏。土木系的水力实验室是仿照德国类似实验室建造的，其中水力机械等方面的设备，与当时美国一般大学相比也不逊色，被称为“中国第一水工试验所”。机械系的热力工程实验室，有一个200千瓦的小型火力发电厂，这在当时也是难得的。有良好的物质条件作保证，学校对实验教学和实验研究非常重视，要求非常严格，因此学生可以受到良好的实验训练。

1937年7月7日，抗日战争全面爆发，国立清华大学南迁。西南联合大学时期，清华、北大、南开三校教师汇集，教师力量大为加强。但由于战争的影响，三校大部分图书和仪器设备未能迁至昆明，而且校舍缺乏而简陋，办学经费极缺，购置仪器设备不易，仅有的30个实验室里仪器设备都极度缺乏，有时实验课还因敌机轰炸而停开。在这种条件下，学生所受实验训练远不如以前，实验方面的科学研究较难进行。

1938 年至 1946 年，日军在侵占清华园的八年中，清华大学的实验室遭到洗劫和破坏，家具设备损失达 90%以上，各系馆内部多半已空无一物，设备全部被拆除，机械设备被运至南口修理厂供日军修理军械之用，沦陷期间未来得及运出的仪器全部荡然无存。

抗战期间，清华大学除参加西南联大教学行政工作外，还设立清华大学研究院与 5 个特种研究所，在简陋的实验室中开展国家迫切需要的研究。如航空研究所在昆明建成当时国内唯一可用的五英尺航空风洞，国民政府航空委员会各飞机厂的所有新机模型，都交给清华航空研究所实验。无线电研究所曾研制出中国的第一个电子管。农业研究所在抗战结束后发展成为农学院。

抗日战争胜利后。清华大学师生于 1946 年 8 月至 10 月间全部回到北平清华园。由于在沦陷期间损失严重，复员修建费实际支出达 34 亿元（法币）。

这一时期，国民党政府因进行内战，拨给清华大学的各项经费极少，根本不足以应付日常教学与科学研究工作的需要。清华大学从庚子赔款退款利息中得到七八十万美元，大部分用于添置图书和仪器设备，一些实验室得以恢复，并新建了几个实验室。1948 年，理学院和工学院的实验室总计有 44 个，其中理学院 26 个，工学院 18 个。

二、1949 年—1976 年

从 1949 年至 1952 年全国高等学校院系调整前夕，清华大学实验室基本上保持原状，即全校共有 44 个实验室。

1952 年 6 月至 10 月进行的院系调整中，清华大学的实验室从 44 个减少为 16 个。理学院各实验室，除物理系的普通物理实验室和化学系的普通化学实验室仍留在清华大学外，其余实验室都并入了北京大学。工学院的航空工程系及其实验室并入了北京航空学院，化学工程系及其实验室并入了北京石油学院，农学院各系及其实验室并入了北京农业大学。实验室房屋使用面积为 8 000平方米，仪器设备总值约 250 万元，实验技术人员几十人。

院系调整后，清华大学向多科性工业大学的方向发展。按课程设立实验室，同时在实验室中也适当开展一些科学研究工作。1953 年至 1957 年，学校兴建了水力枢纽、新水利馆、铸工实验室、压力加工实验室、焊接金相实验室、土木施工实验室、汽车实验室、高压实验室等建筑及实验室。到 1957 年底，清华大学共有 66 个实验室。实验室的房屋使用面积为 4.5 万平方米，仪器设备总值为 1 200 万元，实验室工作人员 473 人（其中实验室技术人员 206 人，技术工人 111 人，练习生 94 人）。

经过第一个五年计划（1953—1957）的建设，清华大学实验室的面貌发生了很大变化，不少实验室已经跃升至苏联高校同类实验室的先进水平。教学实验由演示型转变为操作型。教学实验的内容得到很大的充实和提高，一般都有实验指示书。教师和实验技术人员经常研究教学方法，有效地提高了学生的实际动手能力和实验水平。有些实验室也适当地开展了一些科学研究工作。如焊接实验室研究了电渣焊、熔剂切割等国际上的最新技术。

1958 年贯彻教育与生产劳动相结合的教育方针，这激起了全校师生员工极大的教改热情，正在开展的勤工俭学活动更加热火朝天，广大师生纷纷投入建厂、建实验室的劳动。

1959 年 3 月，全校开展了以实验室为重点的反浪费、反本位的检查。1960 年学校着重抓了经济管理工作。1961 年 2 月至 7 月，学校开展了物资清查工作。1962 年 2 月至 8 月，学校开展清仓核资工作。

在第一个五年计划期间（1953—1957）陆续招收了数百名中专、高中生当实验员，有些实验室还加强了技术工人队伍建设，到 1964 年，队伍规模达 558 人。这批人过去统称“教辅人员”，1962 年，清华实行“实验工程师”制度，确认其中一些有技术和技能人员为工程技术人员，享受相应的待遇，实验室专职技术队伍逐步形成。这项制度的实施对加强实验室的管理和提高科学实验的工作效率起到了重要作用。

1965 年，一些重大科研项目相继完成。如试验化工厂（200 号）的原子能反应堆和自控系的快速通用电子计算机等都已完成。6104 型质谱探漏仪、铸钢堆焊双金属锤锻模横块的制造方法、ZD—30 型真空电子束焊接设备等三项，被国家科委列为国家发明记录，其中前两项分获一、二等奖。与此同时，实验技术队伍迅速成长。

从 1952 年 10 月院系调整到 1964 年，随着国家建设和清华大学学校建设的蓬勃发展，清华大学实验室建设也有了飞速的发展。实验室的数目由 16 个增加到 85 个，实验室房屋使用面积由 0.80 万平方米增加到 5.4 万平方米，仪器设备总值由 250 万元增加到 3 570 万元，在实验室工作的教师由几十人增加到 658 人，实验技术人员和实验室工人由几十人增加到 558 人（见表 10-1-1）。

表 10-1-1　1952 年—1974 年清华大学实验室情况

年份	实验室个数	房屋使用面积（万平方米）	工作人员数					仪器设备总值（万元）
			合计	教师	实验技术人员	实验室工人	其他	
1952-10	16	0.8	几十					约 250
1953	35	1.75						约 500
1955	38		157		51		练习生 33	
1956	47							
1957	66	4.5	473		206	111	练习生 94	1 200
1959	95	5.1	1 308		197	291	复转军人 637 其他 183	2 280
1960—1962	81	4.3	547		330	109	108	2 593
1963	81	5.1	771		471			4 638
1964	85	5.4	1 241	658	558		25	3 570
1965	83	5.4	1 023	465	558			3 738
1974	65		500 多		180			约 1 800

1966 年 6 月开始的“文化大革命”，使学校工作陷于停顿，实验室遭到了严重破坏。“文革”中武斗期间，很多实验室被糟蹋得面目全非。科学馆屋顶被烧毁，有的实验室成为制造长矛、炸药的场所，仪器设备丢失损坏。1974 年实验室减至 65 个（不含绵阳分校和 200 号的实验室）。这个时期实验室主要按专业设置，一般一个专业有一个实验室。

据 1977 年 8 月实验室科的调查统计：从 1966 年 6 月至 1977 年 4 月，清华大学仪器设备损失约 1 800 余万元（约占原仪器设备总值的一半），实验室家具丢失 10 000 多件，实验室工作人员从 1 100 多人减少到 500 多人，其中实验技术人员从 480 人减少到 180 人，有三分之一的实验室需要重建。

三、1977年—1996年

1979年4月，校党委专题研究了全校实验室工作，制定了1979年至1981年三年建设规划。同时，学校向各实验室提出了整顿的任务和验收的四条标准：①实验室领导班子要健全，岗位责任制要明确；②要有相应的实验室管理制度；③实验室整齐、清洁、有序；④最好有适当的创收。各系各实验室在自检合格的基础上，再申报学校验收。验收通过后方能认可该实验室的建制。1979年6月初，学校召开了实验室工作干部会，推动了整顿验收工作。绝大多数实验室都在1980年底以前一次通过验收。这对清华大学实验室的恢复和发展起了奠基作用。

20世纪80年代初，实验室管理工作逐步加强，随着实验装备的现代化，实验室管理体制也在进行改革。1986年10月8日，1986—1987学年度第3次校长工作会议通过了《清华大学实验室工作条例》，《条例》规定："全校实验室实行统一领导、分级管理的体制。实验室分为校管、系管、教研组（室）管实验室。"制定了有关管理办法。

清华大学是世界银行贷款第一个大学发展项目受益学校之一，1981年11月中国政府与世界银行签字生效并开始执行，分配给清华大学的贷款总金额为1 479万美元，其中1 300万美元用于购买设备。贷款设备多为成套、精密、贵重的大型设备，成为相关学科仪器设备中的骨干设备。

"七五"（1986—1990）以来，学校在原有基础上，利用世界银行贷款，充实和兴建了计算中心、分析中心、电教中心、强度与振动中心等为全校服务的中心实验室，实行"分析基金"制度，对大型仪器"专管共用"，有力地促进了全校科研工作和人才培养。据1996年的统计，分析基金实拨37.5万元，促进100多台大型仪器设备开放服务。

在蓬勃开展科研工作的基础上，学校在国家计委、科委、教委等上级主管部门的支持下，相继建成了摩擦学、智能技术与系统、集成光电子学、化学工程、生物膜与膜生物工程等5个国家重点实验室，还建成了结构工程与振动、生命有机磷、微波与数字通信、激光单原子探测等4个开放研究室和北京市精细陶瓷高技术实验室等。它们在基础研究、应用基础研究和研究生培养上日益发挥重要作用。

为发挥仪器设备的更大效益，加强横向联系，促进学术交流，在国家教委、中科院、国家科委的支持下，清华大学、北京大学、北京理工大学、中国科学院、北京理化分析测试中心等单位，于1987年11月联合组成"北京中关村地区联合分析测试中心"，共有57台大型精密仪器向全国开放，其中清华大学的仪器有14台。这14台仪器在1987年至1993年间共完成来自社会的课题1 000余项，大大提高了仪器使用效率。

学校的实验室管理工作始终紧紧围绕着发挥实验室技术优势，提高效益，为人才培养服务进行。为了有效地调动全校实验室教职工的积极性，使实验室工作能围绕人才培养的中心任务，充实整合实验室资源，加强技术队伍建设，加强科学管理，注重提高效益，1989年12月校务会议决定，在全校开展"一级实验室"的评估并设立"实验技术成果奖"。两项工作对推动实验室建设，保持和提高技术队伍水平起到了很好的作用。

一支稳定、干练的实验室队伍是做好实验室工作的必要条件，学校一贯重视实验室队伍建设。1979年，学校根据教育部教政字〔1979〕003号文件通知进行了实验技术人员职称提升工作。11月29日，经1979—1980学年度第4次校长工作会议批准，提升136名工程师和198名技术员。这次实验技术系列的职称评定，对稳定实验室队伍有积极作用。1980年12月22日，北京市高教局批准清华大学晋升三位高级工程师，这在校内影响很大，是对教师长期在实验室工作的肯定。1982 年，学校在实验室技术人员中又晋升了 68 名工程师和 6 名助理工程师。

20 世纪 80 年代以后，为提高实验室工作人员的业务水平和履行岗位职责的能力，学校开办了数字电子技术、应用电子学、电子测量技术、BASIC 语言、微机原理及应用、英语阅读、电子仪器维修等培训班，实验室技术人员的素质进一步提高。

国家教委委托学校主办杂志《实验技术与管理》（季刊），1984 年 10 月创刊，每年按计划出版。1987 年 4 月在原有杂志的基础上，又出版了一份《大学实验室通讯》报纸（双月刊）。这一报一刊的质量逐步提高，发行量增加，对全国高校实验技术水平的提高和实验室建设及管理改革起了推动作用。

改革开放以来，清华大学逐步由多科性工科大学向综合性大学转变，实验室建设工作也在不断发展，学校注重实验室条件建设和资源整合，实验室的规模不断加大。据 1992—1993 学年度统计，全校有实验室 146 个，有国家重点实验室 5 个，开放研究实验室 4 个，北京市高技术实验室 1 个；全校实验室房屋使用面积约 9.15 万平方米；实验室仪器设备约 2.9 万台（件），价值近 2.9 亿元；在实验室工作的人员 968 人，其中教师 338 人，实验技术人员 450 人，工人 149 人，其他人员 31 人，学年度实验室开出 2 137 个实验，实验人时数达 312 万（见表 10-1-2）。与 1979 年相比，实验室数量、实验室面积、仪器设备价值以及实验人时数（1980 年数据）都有很大提高。

表 10-1-2 1979 年—1996 年清华大学实验室情况

年份	实验室个数	房屋使用面积（万平方米）	开设实验数			承担科研课题个数	承担社会服务项目个数	工作人员数					仪器设备总值（亿元）
			开设实验课门数	开设实验个数	总计实验人时数（万）			合计	教师	实验技术人员	实验室工人	其他	
1979	87	5.8		682				1 302	711	279	298	14	0.472
1980	87	5.3		1 005	120			1 467	818	343	286	20	0.847
1981	86	5.5		1 062	120			1 555	862	330	309	24	0.822
1982	84	7.3		1 409	112	487		2 081	1 245	363	440	33	
1983	95	7.5		1 733	143	532	522	2 020	1 170	429	389	32	0.93
1984	95	7.5	272	1 453		532	522	2 019	1 170	436	389	24	1.29
1985	95	7.7	479	2 288		293	293	2 085	1 274	426	327	58	1.50
1986	135	7.8	530	2 401		728	248	1 601	800	519	262	20	1.60
1987	140	8.2	567	2 277	253	1 015	255	1 572	694	541	298	39	1.73
1988	140	8.7	624	2 655	310	1 048	373	1 691	802	578	276	35	1.90
1989	140	8.8	621	2 602	296	1 228	431	1 493	689	564	201	39	2.4
1990	141	8.7	650	2 689	334	1 246	483	1 554	708	586	225	35	2.4
1991	141	8.8	690	2 840	334	1 301	585	1 486	629	613	209	35	2.4
1992	144	9.0	706	2 859	326	1 377	614	1 453	645	571	201	36	

续表

年份	实验室个数	房屋使用面积（万平方米）	开设实验数			承担科研课题个数	承担社会服务项目个数	工作人员数					仪器设备总值（亿元）
			开设实验课门数	开设实验个数	总计实验人时数（万）			合计	教师	实验技术人员	实验室工人	其他	
1993	146	9.2		2 137	312	1 361	349	968	338	450	149	31	2.9
1994	144	9.2		1 582	207	966	56	1 673	953	543	140	37	
1995	138	9.3		1 612	265	1 004	589	1 292	624	514	124	30	
1996	139	9.3		1 598	242	1 120	614	1 199	584	477	112	26	3.5

说明：① 1979 年至 1986 年工作人员数按人头算。② 1987 年至 1993 年工作人员数按工作量折算。

四、1997 年—2010 年

随着“211 工程”“985 工程”的实施，学科建设突飞猛进，学校在实验室数量增加的同时，更加注重内涵建设，实验室的条件、能力和管理水平得到持续提升。围绕人才培养的根本任务凝练建设理念，突出专业特点，重视技术队伍，加强资源开放与共享，成为清华大学这一时期开展实验室建设和管理的特点。

到 1998 年，全校有实验室 140 个，有国家重点实验室 13 个，国家专业实验室 2 个，国家教委开放研究实验室 5 个，北京市高技术实验室 1 个，全校实验室房屋使用面积约 9.5 万平方米；实验室仪器设备价值约 4.8 亿元；在实验室工作的人员 1 173 人，其中教师 603 人，实验技术人员 446 人，工人 102 人，其他人员 22 人。学年度实验人时数达 386 万。与 1993 年相比，各项指标又有长足发展。

为了鼓励实验技术人员专心于实验室建设与管理，刻苦钻研实验技术，为清华大学的实验室工作做出贡献，1997 年面向实验室一线的实验技术人员设立“清华大学优秀实验技术人员”奖。该奖每两年评选一次，每次有 20 名人员获奖。至 2009 年已评选 7 届，共 140 人次先后获奖，极大地鼓舞了实验室一线工作人员。

1997 年—2010 年清华大学实验室情况见表 10-1-3。

表 10-1-3　1997 年—2010 年清华大学实验室情况

年份	实验室个数	房屋使用面积（万平方米）	开设实验数			承担科研课题个数	承担社会服务项目个数	工作人员数					仪器设备总值（亿元）
			开设实验课门数	开设实验个数	总计实验人时数（万）			合计	教师	实验技术人员	实验室工人	其他	
1997	143	9.5		2 539	413	1 492	0	1 196	602	462	107	25	3.9
1998	140	9.5		3 252	386	1 469	211	1 173	603	446	102	22	4.8

续表

年份	实验室个数	房屋使用面积（万平方米）	开设实验数			承担科研课题个数	承担社会服务项目个数	工作人员数					仪器设备总值（亿元）
			开设实验课门数	开设实验个数	总计实验人时数（万）			合计	教师	实验技术人员	实验室工人	其他	
1999	139	9.8		3 196	434	1 655	136	1 152	609	429	95	19	5.4
2000	134	10		3 000	537	1 697	71	941	451	398	84	8	7
2001	148	11		3 059	859	1 961	135	1 006	488	413	88	17	8.5
2002	162	11.2		2 771	831	2 072	68	1 009	503	402	80	24	10.1
2003	166	11.3		2 214	1 398	2 398	821	1 610	1 054	396	73	87	12
2004	171	11.9		2 110	2 893	3 441	862	1 865	1 333	410	70	52	13.6
2005	171	12.5		2 092	2 690	3 865	855	1 896	1 366	431	61	38	14.9
2006*	—	—	—	—	—	—	—	—	—	—	—	—	16.8
2007	152	15		1 504	167	2 497	972	1 846	541	568		120	17.5
2008	151	16.3		1 536	176	2 601	1 013	2 273	652	624		125	20
2009	156	17.4		2 066	352	3 260	1 260	2 187	729	505		149	23.9
2010	154	17.6		2 023	283	3 885	1 505	2 366	810	563		144	27.1

注：* 2006 年以前按年度统计。2006 年教育部修改指标体系，改为按学年度统计，当年未要求统计。2007 年以后按新标准填报。

（一）教学实验室建设

1997 年北京市开展基础课教学实验室合格评估，至 2001 年，清华大学先后有 15 个教学实验室通过评估（见表 10-1-4）。

表 10-1-4　1997 年—2001 年清华大学基础课合格实验室清单

序号	实验室名称	所属院系	通过评估年份
1	计算机开放实验室	计算中心	1997
2	应用电子学及电工学实验室	电机系	1997
3	建筑材料实验室	土木系	1998
4	计算机辅助设计教学中心实验室	精仪系	1998
5	基本电工实验室	电机系	1998
6	化工原理实验室	化工系	1999
7	机械创新设计实验室	精仪系	1999
8	水力学实验室	水利系	2000
9	光学及长度计量实验室	精仪系	2000
10	普通物理实验室	物理系	2000
11	近代物理实验室	物理系	2000

续表

序号	实验室名称	所属院系	通过评估年份
12	基础化学教学实验室	化学系	2000
13	现代生命科学教学实验室	生物系	2000
14	金属工艺学实验室	基础工业训练中心	2000
15	强度与振动中心实验室	力学系	2001

1999 年清华大学从“985 工程”一期中筹资约 1 亿元开展教学基地建设，一批基础课教学实验室的面貌得到很大改观。当年，学校整合电机系、电子系、自动化系的实验教学资源，组建电工电子学实验教学中心。化学系、生物系也分别整合各自系内的资源，建立实验教学中心。学校组织计算机系、电机系、计算中心的计算机教学实验室共同开展计算机教学基地建设，为今后跨院系组合建设实验教学中心创造了条件。

2005 年 5 月 12 日，教育部发布教高〔2005〕8 号通知，开展实验教学示范中心建设与评审工作，这是教育部质量工程建设中的重要内容（质量工程总投入 25 亿元，其中对 501 个示范中心投入 2.5 亿元，占 10%）。清华大学组成领导、管理机构，组织校内研讨，积极响应。以整合实验教学资源，加强技术队伍建设和实验室管理，为学生培养提供更加优越的环境条件为目标，调整校内一级实验室评估指标体系。以教学实验室为对象，以继续推动专业基础课、专业课教学实验室的建设、整合为重点，至 2008 年，整合新建 12 个实验教学中心。并与创建示范中心工作相结合，开展新一轮的一级实验室评估。截至 2010 年底，清华大学共拥有国家级实验教学示范中心 9 个，总数列全国高校第一；北京市高等学校实验教学示范中心 13 个，总数列北京高校第一；清华大学一级实验室 19 个（见表 10-1-5）。

表 10-1-5　2005 年—2010 年清华大学获称号的教学实验室

序号	实验室名称	所属院系	获国家级实验教学示范中心称号时间	获北京市高等学校实验教学示范中心称号时间	获清华大学一级实验室称号时间	整合建设时间
1	现代生命科学实验教学中心	生物系	2005	2005	2005	1999
2	实验物理教学中心	物理系	2006	2005	2005	2001
3	基础工业训练中心	独立建制	2006	2006	2006	1996
4	电工电子学实验教学中心	信息学院		2006	2006	1999
5	基础化学实验教学中心	化学系		2006	2006	1999
6	力学实验教学中	力学系、水利系、土木系	2007	2007	2007	2007
7	计算机实验教学中心	计算机系、电机系、计算中心	2007	2007	2007	2006
8	自动化实验教学中心	自动化系		2007	2007	2006
9	机械工程实验教学中心	精仪系、汽车系	2008	2008	2008	2007
10	电气工程实验教学中心	电机系	2008	2008	2008	2008
11	艺术与设计实验教学中心	美术学院	2009	2008	2008	2007

续表

序号	实验室名称	所属院系	获国家级实验教学示范中心称号时间	获北京市高等学校实验教学示范中心称号时间	获清华大学一级实验室称号时间	整合建设时间
12	环境科学与工程实验实践教学中心	环境系	2009	2009	2009	2008
13	材料科学与工程实验教学中心	材料系			2008	1999
14	机械工程系实验教学中心	机械系			2008	2000
15	化工实验教学中心	化工系			2008	2008
16	新闻传播学实验教学中心	新闻学院			2008	2008
17	电子工程实验教学中心	电子系			2008	2008
18	动力工程及工程热物理实验教学中心	热能系		2010	2009	2008
19	建筑学实验教学中心	建筑学院			2009	2009

（二）科研条件平台建设

清华大学在“211 工程”“985 工程”的实施过程中重视科研条件平台建设，始终坚持将学科建设经费中的70%以上投入仪器设备建设的原则，各类实验室的科研条件水平提高很快，形成了一批高水准的科研条件平台，其中仪器设备科研条件平台的建设取得很大的发展。

截至 2010 年底，“211 工程”和“985 工程”建设形成的在用仪器设备总数 4.86 万件，占全校在用仪器设备总数的 27.3%；总金额 13.38 亿元，占 37.4%。其中，单价 40 万元以上的在用大型仪器设备中，用“211 工程”和“985 工程”经费购置的仪器设备总数 487 台件，占全校单价 40 万元以上的在用仪器设备总数的 43.3%；总金额 5.94 亿元，占 46.3%。“211 工程”和“985 工程”经费已成为我校仪器设备条件的主要来源之一，尤其是在大型精密贵重仪器设备建设方面，发挥了核心作用。

为加强生命科学和医学学科的建设，2008 年 12 月 2 日，经 2008—2009 学年度第 1 次实验室工作委员会会议审议通过，设立生物医学测试中心，为校级公共服务实验室，该实验室主要配置生命科学和医学研究所需的通用大型仪器设备，面向全校提供分析测试服务。至 2010 年底，建设投资约 0.8 亿元。以生物医学测试中心的建设为标志，明确了在学校层面规划建设一批校级科研条件平台的指导思想。2010 年底形成校级科研条件平台建设方案，规划“985 工程”经费 3 亿元，用于校级科研条件平台建设。规划、论证及建设工作由实验室与设备处统筹。建设规划见表 10-1-6。

表 10-1-6　校级科研条件平台建设规划

序号	名　　称	依托院系	校拨经费（万元）	其他经费（万元）	备　　注
1	北京电子显微镜中心	材料研究院	1 650	科技部 1 230 北京市 300	2008 年投入运行（“985”三期预支）
2	磁共振影像实验室	医学院	2 250		2010 年投入运行

续表

序号	名　称	依托院系	校拨经费（万元）	其他经费（万元）	备　注
3	高性能计算平台	信息技术国家实验室（筹）	3 000		2011-09 试运行
4	电磁实验室	电子系、电机系	2 500	两系自筹 2 500	
5	经济社会数据平台	经管学院、人文学院	3 000		
6	药物筛选（发现）平台	医研院生物医学测试中心	2 000		
7	分析中心	化学系	3 000		
8	材料中心（逸夫楼+电镜室）	材料院	3 000		
9	暗物质实验室	工物系	3 000		
10	实验室开放基金	实验室处	2 100		
11	仪器维修费	实验室处	1 500		
12	机动费		3 000		
总计			30 000	4 030	

表 10-1-6 中第 2 项为投资 2 250 万元购置 3T 磁共振影像设备，建设影像实验室，一方面开展磁共振影像技术研究，另一方面作为学校的公共测试平台，为全校提供测试服务；第 3 项为投资 3 000 万元建设一个峰值运算速度为 100T 的集群计算机，依托信息技术国家实验室（筹）平台部运行管理，为全校提供计算服务；第 4 项为投资 2 500 万元，与电子系、电机系（两系共同出资 2 500 万元）共建电磁实验室，其一半时间用于为校内外提供测试服务，一半时间用于电子系、电机系科研工作。

学校集中一部分经费，以大型、超大型仪器设备和设施为重点，依托高水平学术团队建设独立建制、集中管理、开放共享的校级科研条件平台，在学校相关政策的支持下面向全校开放服务，使众多学科普遍受惠，充分发挥学校的有限投资的效益，成为清华大学“985 工程”三期学科建设的一个重要特征。

国家级仪器中心建设是在国家层面上整合资源、重点投入、推动高水平科研资源开放共享的重要措施，由科技部主持。2006 年 12 月 6 日，科技部投资 400 万元，清华大学投资 450 万元建设的北京电子能谱中心揭牌，2008 年 10 月 15 日，科技部投资 1 250 万元，北京市科委投资 300 万元，清华大学投资 1 650 万元建设的北京电子显微镜中心揭牌，使学校拥有 2 个国家级仪器中心（截至 2010 年底，全国 14 个，其中 3 个在高校），既促进了学校资源的对外开放，也促进了学校自身的仪器设备共享体系的建设。

2004 年后，在“211 工程”“985 工程”二期的支持下，一部分院系集中学科建设经费构建面向本院系主要学科方向的学科研究平台和学科公共测试平台，并努力整合已有资源，开展共享服务。例如，电机系集中“211 工程”“985 工程”二期的全部经费，面向 3 个二级学科建设了 3 个公共研究平台，由系集中管理，为相应学科服务，成效突出。环境系集中经费建设本系的公共测试平台，统一规划，集中管理，配置高档大型专业仪器，更好地满足科研需求，大幅度提高了平台仪器的使用效益。生物系整合离心机等一批通用工具类设备，建设集中管理的公共制备室，降低管理成本，减少重复购置。这些院系的成功尝试为各院系建设学科研究平台、学科测试平台等共享平台提供了有益的参考。

为配合学校和院系的科研条件平台建设，学校在管理工作中也采取了一系列措施。2006年开发应用仪器设备购置审批信息系统，规范和优化流程，并加强招标组织工作，提高大型仪器购置管理的效率。2008年成立仪器设备校级评审专家组，成员实行席位制，由分析中心、材料中心、生物医学测试中心和北京电子显微镜中心、北京电子能谱中心主任担任，协助主管副校长对全校的大型仪器建设提案和购置计划进行审议，强化大型、超大型仪器设备的顶层规划，保证大型仪器的合理配置。2008年开始对单价40万元以上、用于教学科研的大型仪器设备全面实施年度效益评价，为学校提供大型仪器设备使用及效益的详细数据。2009年学校进一步明确，学校全额出资的校级仪器条件平台建设项目、学校与院系共同出资的仪器条件平台建设项目以及其他各种单价大于1 000万元的超大型仪器条件平台建设项目由实验室与设备处负责，按照初期充分开展用户调研、进行可行性分析，中期组成建设规划小组开展规划、落实建设方案、开展招标采购，后期实施开放共享管理的流程实施规范化管理，更好地支持平台建设，促进资源共享。至2009年，清华大学科研条件平台建设逐步实现了建设方式、论证方式、管理方式和效益评价方式的转变。

2007年在学校多方面的共同支持下，基础工业训练中心卢达溶教授等人提议的“实验室科研探究”课程正式设立。该课程将散布于20多个院系的实验室中彼此相对独立的80多个课程单元组合在一起，面向本科低年级学生提供基于广泛科研资源和人文资源的认知训练，是整合科研资源为教学服务的一次突破性的尝试，在促进实验室开放，更好地为人才培养服务方面开创了一条新的途径。2009年该课程被评为国家级和北京市级精品课程。

第二节　实验室设置

一、1936年实验室情况

1936年，国立清华大学共有43个实验室，实验室名称及其所属院系见表10-2-1。

表10-2-1　1936年国立清华大学实验室

院系（实验室数）		实验室名称
理学院	物理学系（5个）	普通物理、热学、光学、电学、近代物理实验室
	化学系（13个）	普通化学及定性分析、普通有机化学、无机化学、定量分析、有机分析、电气分析、气体分析、燃烧分析、电化学、理论化学、工业化学、胶质化学、生物化学实验室
	生物学系（9个）	普通生物学、植物分类学、植物形体学、植物生理学、植物解剖学、无脊椎动物学、比较解剖学实验室、体素学胚胎学实物室、动物生理学实验室
	心理学系（2个）	普通心理学、动物实验室

续表

院系（实验室数）		实验室名称
工学院	土木工程学系（4个）	道路工程、卫生工程、水力、材料实验室
	机械工程学系（2个）	热力工程、飞机实验室
	电机工程学系（8个）	电机、高压、电机制造、电报、电话及自动电话、无线电、真空管制造、无线电收发机实验室

二、1948 年实验室情况

1948 年，国立清华大学理学院和工学院的实验室共计有 44 个，其中理学院 26 个，工学院 18 个，实验室名称及其所属院系见表 10-2-2。

表 10-2-2　1948 年国立清华大学实验室

院系（实验室数）		实验室名称
理学院	物理学系（5个）	普通物理、电磁学、光学、近代物理、无线电实验室
	化学系（7个）	普通化学、定性分析、定量分析、工业分析、有机化学、物理化学、有机分析实验室
	生物学系（4个）	植物分类、植物形态、动物生理、生理化学实验室
	地学系（5个）	矿物、岩石、普通地质、矿床、历史地质及古生物实验室
	气象学系（3个）	观测、天气学、气象仪器实验室
	心理学系（2个）	普通心理学、实验心理学实验室
工学院	土木工程学系（6个）	水力、工程材料、道路工程、卫生工程、土壤、测量仪器实验室
	机械工程学系（4个）	热力、金属、汽车实验室、实习工厂（木工、机工、锻工、铸工）
	电机工程学系（4个）	直流电机、交流电机、电话电报、高压实验室
	航空工程学系（2个）	流体力学、发动机实验室
	化学工程学系（2个）	化工原理、工业化学实验室

三、1952 年院系调整后实验室情况

1952 年院系调整后全校有 16 个实验室，实验室名称及其所属院系见表 10-2-3。

表 10-2-3　1952 年清华大学实验室

系、教研组（实验室数）	实验室名称
机械制造系（2个）	金属学实验室、实习工厂（木工、机工、锻工和铸工）
动力机械系（2个）	热工、汽车实验室
土木工程系（5个）	工程材料、道路工程、卫生工程、土壤、测量实验室
水利工程系（1个）	水力实验室
电机工程系（3个）	电路、电机、高压实验室
无线电工程系（1个）	无线电基础实验室
公共教研组（2个）	普通物理、普通化学实验室

四、1964 年实验室情况

1964 年，清华大学共有 85 个实验室，实验室名称及其所属院系见表 10-2-4。

表 10-2-4　1964 年清华大学实验室

系（实验室数）	实验室名称
机械制造系（6 个）	程控机床、金属切削、机械原理及零件、公差、陀螺（810）、光学（820）实验室
冶金系（4 个）	金属学、铸工、压力加工、焊接实验室
动力机械系（6 个）	热工、热工量测及自动化、燃烧、燃汽轮、锅炉实验室、实验电站（已有相当规模，但校务会议未正式通过）
农业机械系（3 个）	汽车、内燃机、农机及拖拉机实验室
电机工程系（9 个）	电工、基本电工、工业电子学、高压、电机、电磁自动装置、工业企业电气化、发电及输配电、电力系统实验室
土木建筑工程系（9 个）	测量、结构力学、建筑材料、土木施工、工程结构、给排水、防核爆炸（0303）、暖气通风、建筑物理实验室
水利工程系（7 个）	水力学、土力学及工程地质、水工电测量、水工结构、防爆抗爆（930）、水能利用、水力机械实验室
基础课（6 个）	普通物理、普通化学、理论力学、材料力学实验室、数学实习室、外语电化教学
工程物理系（6 个）	核电子学（210—1）、核物理（210—2）、加速器（210—3）、辐射计量与防护（210—4）、同位素分离（220）、核材料（230）实验室
工程化学系（11 个）	核燃料前处理工艺（110）、核燃料前处理分析（110）、核燃料后处理（120）、轻同位素分离工艺（130）、轻同位素分离分析（130）、物理化学、化工原理、高分子及有机化学、高分子物理成型加工实验室、核燃料前处理车间（810）、聚四氟乙烯（701）
	实验室工程力学数学系（5 个）流体力学（610）、固体力学（620）、计算数学（630）、热物理（640）、一般力学（650）实验室
自动控制系（6 个）	导航（510）、自动化元件（520）、控制原理（530）、计算机（550）、核能生产利用（570）、电子管计算机（911）实验室
无线电系（7 个）	半导体（310）、电真空（330）、微波管（340）、雷达（350）、通信（360）、无线电基础（370）、天线（390）实验室

说明：实验室名称后括弧内为实验室代号。

五、1979 年实验室情况

1979 年，清华大学有 87 个实验室，实验室名称及其所属院系见表 10-2-5。

表 10-2-5　1979 年清华大学实验室

系（实验室数）	实验室名称
建筑工程系（8 个）	测量、建筑材料、环境工程、工程结构、地下结构、建筑物理、建筑视觉艺术、核工业环境工程实验室
水利工程系（8 个）	土力学、水力学、水土结构、泥沙、水力机械、水电站、农田水利、电测量实验室

续表

系（实验室数）	实验室名称
机械工程系（5 个）	铸工、锻压、焊接、金属材料、金属学实验室
精密仪器系（6 个）	金属切削、机床数控技术、光学及长度计量、机械学、制图、陀螺导航仪器及自动控制实验室
热能工程系（6 个）	热能、燃气轮机、内燃机、汽车、热工、空气调节工程实验室
电机工程系（7 个）	电力系统、高压、电机、基本电工、电工计量、气体放电、应用电子学及电工学实验室
无线电电子学系（10 个）	电子物理与器件、真空技术与物理、电子材料与工艺、激光物理与技术、信号检测与处理、通信、图像信息、信息处理、线路、微波工程与天线实验室
计算机工程与科学系（7 个）	智能模拟和智能控制、电子计算机、计算机程序系统、计算机外部设备、半导体、计算中心实验室、计算机辅助设计中心
自动化系（5 个）	工业自动化、工业仪表及自动化、热工计量、电子学、系统模拟实验室
工程物理系（7 个）	核电子学、核物理、重同位素分离、核材料物理、反应堆、加速器、固体物理实验室
化学工程系（8 个）	高分子、非金属材料、化学工程、催化动力学、放射化学及放射化工、物理化学、有机化学实验室、仪器分析中心
工程力学系（5 个）	流体力学、流体传动与控制、固体力学、热物理实验室、计算机室
基础教学研究部（5 个）	物理、化学、力学、电化教育、语言实验室

六、1993 年实验室情况

1993 年，清华大学共有实验室 146 个，实验室名称及其所属院系见表 10-2-6。

表 10-2-6　1992 年 9 月—1993 年 8 月清华大学实验室

院、系（实验室数）	实验室名称
建筑学院（2 个）	视觉艺术、建筑物理
土木工程系（3 个）	工程结构、测量、建筑材料
水利水电工程系（8 个）	水力学、水工结构、泥沙、土力学、流体机械、水资源、水电站、水电系计算机室
环境工程系（2 个）	环境工程、核工业环境工程
机械工程系（5 个）	金属学、铸工、锻压、焊接、无损检测
精仪系（12 个）	摩擦学、图学及辅助设计、机械电子学、微细工程、机械设计、机械原理、光学与长度计量、导航与自动控制、数控技术、机器人、机械制造工程、精密仪器量测
热能工程系（6 个）	热工学、液态金属技术、热工测试、热能工程、燃气轮机、供热风与空调
汽车工程系（2 个）	汽车、内燃机
电机系（10 个）	应用电子学及电工学、微机硬件及应用、电力系统、基本电工、电机、高电压、高压电器、气体放电与等离子体、电工计量室、生物医学工程与仪器

续表

院、系（实验室数）	实验室名称
电子工程系（13个）	集成光电子学、专用电路联合、线路与系统、信息系统与计算机、信息与图像处理、物理电子学、真空技术与物理、通信、信号检测与处理、图像信息、微波工程与天线、激光物理与技术、电子与光学测量
计算机系（9个）	智能技术与系统、计算机辅助设计、计算机系统、计算机系统及应用、微型机、计算机智能控制、计算机信息处理、程序系统、计算机设计自动化
自动化系（8个）	电子学、智能信息处理、系统仿真、工业自动化、自动检测及仪表、过程控制、热工计量、自动控制理论
工程物理系（5个）	应用物理、物理分离、工物系计算机室、反应堆物理及热工、近代物理电子学
工程力学系（7个）	强度与振动中心、流体力学、力学系计算机应用、生物力学、工程热物理、流体工程、流体声学与湍流
化学工程系（9个）	萃取分离、化工原理、化工系计算机应用、高分子、化工分离、反应工程、环化与核化、化工热力学、生物化工食品化工
材料系（3个）	金属材料、材料科学、无机非金属材料
数学系（1个）	数学系计算机室
物理系（8个）	普通物理、近代物理、物理演示、核物理、激光单原子探测、加速器、固体物理、激光物理与光谱
化学系（7个）	分析中心、普通化学、有机化学、物理化学、结构化学、应用化学、一碳化工
生物系（4个）	生物科学与技术、生物物理、普通生物学、生物化学
经管学院（1个）	管理信息
外语系（1个）	外语教学
电教中心（1个）	电教中心
计算中心（1个）	计算中心
核研院（13个）	核电站模拟培训中心、核低温供热、计算中心、萃取、反应堆综合利用、应用核技术、热工水力学、新材料、半导体器件与中频、发光粉研制、环境技术应用、精细陶瓷、稠油热采
微电子所（2个）	微电子学研究、微电子学教学
材料所（1个）	材料中心
机械厂（1个）	金属工艺学
设备实验室处（1个）	仪器设备维修检测室

七、1998 年实验室情况

1998 年，清华大学共有实验室 140 个，实验室名称及其所属院系见表 10-2-7。

表 10-2-7　1998 年 9 月—1999 年 3 月清华大学实验室

院、系（实验室数）	实验室名称
建筑学院（2个）	建筑物理、视觉艺术
土木工程系（3个）	工程结构、测量、建筑材料

续表

院、系（实验室数）	实验室名称
水利水电工程系（6个）	水力学、水工结构、泥沙、土力学、水资源、水电站
环境科学与工程系（2个）	环境工程、固体废物处理与核工业环境工程
机械工程系（5个）	金属学、铸造、锻压、焊接、无损检测
精密仪器与机械学系（11个）	摩擦学、图学及辅助设计、机械电子学、微细工程、机械创新设计、光学及长度计量、导航与自动控制、制造工程、精密测试技术及仪器、精密仪器量测、计算机辅助设计教学中心
热能工程系（7个）	热工学、热工测试、热能工程、燃气轮机、供热通风与空调、流体机械、液态金属技术
汽车工程系（3个）	汽车、内燃机、汽车安全与节能
电机工程与应用电子技术系（10个）	应用电子学及电工学、电力系统、基本电工、电机、高压、电气设备及智能化、气体放电与等离子体、电工计量、微机硬件及应用、生物医学工程与仪器
电子工程系（11个）	集成光电子学、线路与系统、信息系统与计算机、物理电子学、真空技术与物理、通信、信号检测与处理、图像信息、微波工程与天线、激光物理与技术、电子基础教学
计算机科学与技术系（9个）	智能技术与系统、计算机辅助设计、计算机系统、计算机并行处理、微型机、计算机智能控制、计算机信息处理、计算机软件、计算机设计自动化
自动化系（8个）	电子学、智能信息处理、自动化系教学中心、工业自动化、自动检测及仪表、过程控制、自动控制理论、热工计量室
工程物理系（6个）	物理分离、微机与智能仪器、近代物理电子学、加速器、辐射物理与反应堆物理、粒子技术与辐射成像
工程力学系（4个）	强度与振动中心、工程力学、破坏力学研究、工程热物理
化学工程系（8个）	萃取分离、化工原理、高分子、化工分离、反应工程、化工热力学、生物化工及食品化工、应用化学
材料科学与工程系（3个）	金属材料、材料科学、无机非金属材料
数学科学系（1个）	计算
现代应用物理系（7个）	普通物理、近代物理、物理演示、核物理、固体物理、激光物理和光谱、激光单原子探测
化学系（9个）	分析中心、普通化学、有机化学、物理化学、结构化学、应用化学、药物化学、一碳化工、生命有机磷化学
生物科学与技术系（4个）	生物科学与技术、生物物理、普通生物学、生物化学
经济管理学院（1个）	管理信息系统
外语系（1个）	外语教学
直属（1个）	电教中心
计算机与信息管理中心（1个）	计算中心
核能技术设计研究院（13个）	核电站模拟培训中心、核低温供热、计算中心、萃取、反应堆综合利用、应用核技术、热工水力学、新材料、半导体器件中频技术、核化学化工、环境技术应用、精细陶瓷、稠油热采
微电子学研究所（2个）	微电子学研究、微电子学教学
材料科学与工程研究院（1个）	材料中心
机械厂（1个）	金属工艺学

八、2001 年实验室情况

1999 年中央工艺美院并入清华大学，2001 年美术学院的实验室进入学校实验室建制。由于教研室撤销，学校实验室的管理体制从校、系、教研室三级管理调整为以校、系两级管理为主的管理体制，实验室有较大的调整。2001 年 12 月 14 日，经 2001—2002 学年度第 6 次校务会议批准，全校实验室的数量为 166 个。实验室名称及其所属院系见表 10-2-8。

表 10-2-8　2000 年 9 月—2001 年 8 月清华大学实验室

院、系（实验室数）	实验室名称
建筑学院（4 个）	建筑物理、供热通风与空调、人居环境模拟、人居环境信息
土木工程系（3 个）	工程结构、测量、建筑材料
水利水电工程系（5 个）	水力学、水工结构、泥沙、土力学、水资源
环境科学与工程系（2 个）	环境工程、固体废物处理与核工业环境工程
机械工程系（3 个）	材料加工技术、材料加工工程及自动化、机械工程系教学中心
精密仪器与机械学系（11 个）	摩擦学、机械电子学、微细工程、机械创新设计、光学及长度计量、导航与自动控制、制造工程、精密测试技术及仪器、精密仪器量测、计算机辅助设计教学中心、微系统及控制技术
热能工程系（6 个）	热工学、热工测试、热能工程、燃气轮机、流体机械、液态金属技术
汽车工程系（2 个）	汽车安全与节能、汽车
电机工程与应用电子技术系（11 个）	电力系统、高电压、电气设备及智能化、电机、气体放电与等离子体、电工计量、生物医学工程与仪器、微机硬件及应用、电气工程自动化教学、应用电子学及电工学、基本电工
信息科学技术学院（1 个）	电工电子学教学实验中心
电子工程系（12 个）	集成光电子学、线路与系统、物理电子学、通信、图像信息、激光物理与技术、信息系统与计算机、真空技术与物理、信号检测与处理、微波工程与天线、电子基础教学、集成电子系统设计
计算机科学与技术系（8 个）	智能技术与系统、计算机智能控制、高性能计算、软件、计算机网络、人机交互与媒体集成、CAD 软件、计算机科学与技术系教学
自动化系（11 个）	运动控制、宽带网数字媒体技术、自动检测技术、电子技术、过程控制、信息处理、系统工程、仿真与虚拟制造、网络化制造、自动化系教学中心、热工计量室
工程物理系（6 个）	粒子技术与辐射成像、物理分离、微机与智能仪器、近代物理电子学、加速器、辐射物理与反应堆物理
工程力学系（5 个）	强度与振动中心、破坏力学研究、流体力学、工程热物理、3E 能源
化学工程系（9 个）	萃取分离、高分子、化工分离、化工原理、生物化工及食品化工、应用化学、化工热力学、反应工程、膜技术和工程
材料科学与工程系（3 个）	先进材料、无机非金属材料、材料科学与工程教学
材料科学与工程研究院（1 个）	材料科学与工程研究院中心

续表

院、系（实验室数）	实验室名称
数学科学系（1个）	计算
物理系（9个）	普通物理、原子分子纳米科学、量子信息与测量、新材料模拟设计、近代物理、物理演示、高能物理与核物理、凝聚态物理与声学、近代光学
化学系（9个）	分析中心、基础化学教学、一碳化学与化工、生命有机磷化学、无机化学、有机化学、物理化学、有机光电子、应用化学
生物科学与技术系（4个）	生物科学与技术、生物物理、蛋白质科学、现代生命科学教学
经济管理学院（1个）	管理信息系统
公共管理学院（1个）	电子政务
外语系（1个）	外语教学
法学院（2个）	法学院网络中心教学、模拟法庭
电教中心（1个）	电教中心
计算机与信息管理中心（1个）	计算中心
美术学院（17个）	陶瓷工艺、摄影、漆工艺、工业模型、印染、织绣、服装工艺、服装工艺（成教）、金属工艺、雕塑、工艺模型、玻璃工艺、远程教育、网络中心、动画与多媒体、版画、材料与构造
核能技术设计研究院（13个）	核电站模拟培训中心、核低温供热、计算机网络管理、萃取、反应堆综合利用、应用核技术、热工水力学、新材料、半导体器件中频技术、核化学化工、环境技术应用、精细陶瓷、稠油热采
微电子学研究所（2个）	微电子学研究、微电子学教学
基础工业训练中心（1个）	金属工艺学

九、2010年实验室情况

2010年，清华大学共有实验室154个，实验室名称及其所属院系见表10-2-9。

表10-2-9　2009年9月—2010年8月清华大学实验室

院、系（实验室数）	实验室名称
建筑学院（4个）	建筑物理、供热通风与空调、人居环境模拟、人居环境信息
土木工程系（4个）	工程结构、测量、建筑材料、力学计算与仿真
水利水电工程系（5个）	水力学、水工结构、泥沙、土力学、水资源
环境科学与工程系（3个）	环境工程、固体废物处理与核工业环境工程、环境科学与工程实验实践教学中心
机械工程系（3个）	材料加工技术、材料加工工程及自动化、机械工程系教学中心
精密仪器与机械学系（9个）	摩擦学、机械创新设计、光学及长度计量、制造工程、精密测试技术及仪器、计算机辅助设计教学中心、微米纳米技术研究、仪器科学与技术、测控技术实验教学
热能工程系（6个）	动力工程及工程热物理实验教学中心、热工测试、热能工程、燃气轮机、流体机械、液态金属技术

续表

院、系（实验室数）	实验室名称
汽车工程系（2个）	汽车安全与节能、汽车
工业工程系（3个）	数字化企业与仿真、人因工程、物流工程
电机工程与应用电子技术系（9个）	电力系统、高电压、电气设备及智能化、电机、气体放电与等离子体、电工与热工计量、计算机基础及应用、电气工程实验教学中心、电力电子与电机控制
信息科学技术学院（1个）	电工电子学教学实验中心
电子工程系（11个）	集成光电子学、线路与系统、物理电子学、通信、图像信息、激光物理与技术、信息系统与计算机、信号检测与处理、微波工程与天线、电子工程教学中心、集成电子系统设计
计算机科学与技术系（7个）	智能技术与系统、计算机智能控制、高性能计算、软件、计算机网络、人机交互与媒体集成、计算机科学与技术系教学
自动化系（8个）	自动化实验教学中心、宽带网数字媒体技术、电子技术、流程工业综合自动化、信息处理、系统工程、仿真与虚拟制造、网络化制造
工程物理系（8个）	粒子技术与辐射成像、物理分离、核工程与技术实验教学中心、近代物理电子学、加速器、辐射物理与反应堆物理、等离子体科学与聚变、公共安全
航天航空学院（5个）	强度与振动中心、固体力学与材料力学、动力学与理论力学、流体力学、工程热物理
化学工程系（7个）	高分子、化工实验教学中心、生物化工及食品化工、应用化学、化工热力学、反应工程、膜技术和工程
材料科学与工程系（3个）	先进材料、无机非金属材料、材料科学与工程教学
材料科学与工程研究院（1个）	材料科学与工程研究院中心
数学科学系（1个）	计算
物理系（4个）	实验物理教学中心、原子分子纳米科学、量子信息与测量、凝聚态物理与声学
化学系（6个）	有机光电子与分子工程、生命有机磷及化学生物学、分析中心、基础化学实验教学中心、无机化学、功能晶体与薄膜
生物科学与技术系（10个）	生物物理与结构生物学、蛋白质科学、生物化学与分子生物学、细胞与发育生物学、生物技术、海洋生物技术、中药、现代生命科学实验教学中心、基因组研究、系统生物学
经济管理学院（1个）	经济管理实践与实验教学中心
公共管理学院（1个）	电子政务
新闻与传播学院（1个）	新闻传播学实验教学中心
人文社会科学学院（1个）	文科信息中心
外语系（1个）	外语教学
法学院（2个）	法学院网络中心教学、模拟法庭
电化教育中心（1个）	电教中心
体育教研部（1个）	人体运动科学
计算机与信息管理中心（1个）	计算中心

续表

院、系（实验室数）	实验室名称
美术学院（1个）	艺术与设计实验教学中心
核能技术设计研究院（12个）	核电站模拟培训中心、核低温供热、萃取、反应堆综合利用、应用核技术、热工水力学、新材料、半导体器件中频技术、核化学化工、环境技术应用、精细陶瓷、稠油热采
微电子学研究所（2个）	微电子学研究、微电子学教学
基础工业训练中心（2个）	金属工艺学、电子工艺学
医学院（5个）	生物医学工程与仪器、基因组研究（与生物系共建）、中药（与生物系共建）、医学系统生物学、生物物理与结构生物学（与生物系共建）
生命科学与医学研究院（1个）	生物医学测试中心
软件学院/应用技术学院（1个）	软件实验室

说明：除表中所列实验室之外，深圳研究生院有10个实验室：电力系统国家重点实验室深圳研究实验室，广东省化学生物学重点实验室，教育部计算机网络工程与技术研究中心深圳分中心实验室，国家杂交水稻工程技术研究中心清华分中心实验室，光盘国家工程研究中心深圳分中心实验室，深圳市物流工程与仿真重点实验室，深圳市宽带网多媒体重点实验室，IT新技术实验室，清洁生产实验室，健康科学与技术实验室。

第三节　实验室管理

一、管理机构演变

学校早期规模较小，学校没有专门的实验室和仪器设备管理机构，庶务科在其中发挥了比较大的作用。1934年制定的《国立清华大学购置物品及付款办法》规定："除图书以外的其他物品的购置均由庶务科办理，付款事项均由会计科办理。"其中对仪器设备及实验材料的规定是"概由需用部分自行开单交庶务科购置，径送需用部分收用"。实验室及其仪器设备的管理更多地依靠所在院系。

清华大学从1952年起成立设备科，负责学校设备的计划、采购、供应和实验室设备的统计管理。1953年为适应设备外协加工的需要，成立设备加工小组，1955年设备加工小组由设备科分出，成立设备厂。

1956年暑假成立实验室科，属科学研究处领导，负责实验室建设与管理、物资供应与管理。

1963年学校为加强行政管理工作，成立行政处。原实验室科改名为设备科，隶属行政处领导。将原实验室科中分管实验室管理工作的人员调到科研生产处，成立实验室科。

"文革"开始后称设备科为设备组，属当时革委会校务组领导。1975年学校将设备组与物资供应站合并，仍称设备组。

1977 年恢复设备科建制，属财务设备处领导。1979 年，设备科并入生产处，改称生产设备处。同年，成立财产管理科，设在财务设备处内，全校固定资产账、卡重新设计制作，1981 年划归生产设备处，与设备科合并。1983 年 1 月，学校决定将原属科研处的实验室科和原属生产设备处的设备科合并成设备实验室处，下设实验室科、设备管理科、国内物资科、进口物资科、综合科等机构。

为加强实验室建设与管理，1984 年 5 月 31 日，经 1983—1984 学年度第 14 次校长工作会议决定，成立清华大学实验技术工作委员会，主任潘际銮。1989 年 4 月 13 日，经 1988—1989 学年度第 27 次校务会议决定，成立清华大学实验室工作委员会，主任梁尤能。1992 年 5 月 21 日成立清华大学国有资产管理委员会，梁尤能任主任。同时成立国有资产管理办公室，挂靠在设备实验室处。

1993 年 2 月 5 日，学校撤销设备实验室处，将实验室科划归科技处，设备管理科、国有资产管理办公室划归房地产管理处，其余成立“清华设备器材供应服务公司”。

1996 年 9 月 12 日，1995—1996 学年度第 17 次校务会批准设立实验室与设备处，将分属科技处的实验室科和房地产管理处的设备管理科、国有资产管理办公室划归实验室与设备处。1999 年 3 月，特种设备安全管理等 6 项技术安全管理工作职能由保卫处转到实验室与设备处，由实验室科安排专人负责。同年 5 月，实验室与设备处在实验室科内增设技术安全办公室，承担实验室安全工作，在工作内容中增加实验室安全检查、化学废液处理、营养保健等工作。2002 年 4 月 29 日，学校正式批准设立技术安全办公室，科级建制，负责全校实验室安全及特种设备安全管理工作。

1961 年在学校第一科（主管全校保密、安全）内设立放射性防护室（以下简称防护室），管理全校放射性实验室及相关工作。“文革”期间，防护室主要功能瘫痪，但防护室工作人员仍在坚持管理校源库，没有发生丢失和损坏放射源的情况。1987 至 1988 年第 11 次校长工作会议讨论决定恢复放射性防护室，挂靠在工物系，工物系一位副主任指导防护室工作，并派一位教师出任防护室常务副主任，由保卫处一名副处长任防护室主任。2000 年，防护室划归实验室与设备处管理，由实验室与设备处处长任防护室主任。2006 年 7 月 6 日，经 2005—2006 学年度第 24 次校务会议讨论通过，放射性防护室更名为辐射防护办公室，负责全校的放射性防护和电磁辐射防护等工作，其体制和管理方式不变。

2002 年 9 月，经学校批准，清华同方股份有限公司将“清华设备器材供应服务公司”的供应服务职能划归实验室与设备处，其在职人员中 1993 年以前原属设备实验室处的人员 12 人回到实验室与设备处，在处内设立“清华大学设备器材供应服务部”，下设供应大厅、暂管库和化学品库，属经营性事业单位，独立核算，自负盈亏，事业编制人员工资返还。2008 年 12 月，学校决定撤销供应大厅、暂管库，人员合并到试剂化学品部，主要开展化学品供应工作。

2005 年 1 月 21 日，教育部下达教高函〔2005〕1 号，转发《国家发展改革委关于“十五”“211 工程”高等学校仪器设备和优质资源共享系统建设可行性研究报告的批复》（发改社会〔2004〕2927 号，2004 年 12 月 17 日），设立“高等学校仪器设备与优质资源共享系统”项目管理中心，挂靠在清华大学实验室与设备处。

2010 年底，实验室与设备处下设 4 个行政管理科室——实验室科、设备科、国有资产管理办公室、技术安全办公室，设 1 个供应服务机构——试剂化学品部，另外，对辐射防护办公室实施行政领导。

二、管理规章制度建设

学校在实验室工作中一贯重视建章立制，规范管理工作。1934 年制定《国立清华大学购置物品及付款办法》，对仪器设备和实验材料购置作出规定。1935 年制定《国立清华大学签订普通建筑及购置物品合同办法》，进一步加强管理。同年还制定了《国立清华大学出租载重汽车办法》，对学校公车出租作出规定。

随着学校规模的不断扩大，实验室管理的办法措施不断延伸，1946 年复员后学校制定了《本校财产调查登录办法草案修正稿》《物料采购保管领用办法》等制度，机械系、电机系等单位还先后制定《机械系实习厂规定》《机械工程学系热工试验室通则》《机械系实验规则》《电机工程学系器材损坏赔偿暂行规程》（1949 年 11 月 3 日）、《汽车保养使用暂行规程》（1947 年 1 月 14 日）等。

解放后，国家对高校实验室工作十分重视，1961 年发布了《高等学校实验室仪器设备管理办法（草案）》和《直属高等学校工厂生产管理办法（草案）》。清华大学随后制定了一系列与实验室工作相关的规章制度。1961 年科学处实验室科起草《清华大学实验室工作试行办法》（1961—1962 年度第 14 次校务委员会原则通过，第 8 次校务行政会议修改定稿），随后实验室科及其他部门又陆续制定了《清华大学仪器设备损坏丢失赔偿办法（草案）》（1962 年 9 月 12 日），《设备仪器帐管理办法（草稿）》（1962 年），《关于实验室主任及财产管理员的规定（草案）》（1962 年），《关于教学设备仪器校内借用的规定（草案）》（1962 年），《实验室器材、设备建账办法（草案）》（1962 年），《清华大学实验技术人员职务名称及其确定与提升办法的暂行规定》（经 1963—1964 年度第 8 次校务会议修改通过），《关于安全事故汇报处理的几项暂行规定》（1962 年 12 月 21 日，第一科），《仪器设备校内互相借用办法》（1963 年 6 月），《精密仪器借用简则》（1963 年），《清华大学实验室接受委托任务收费暂行办法》（1963 年）。

1974 年科学研究处设备管理组提出“关于加强仪器设备验收工作的报告”，提出对大型仪器，特别是进口国的大型仪器加强验收管理，防范损失。

改革开放后，学校进一步制定和修订了一大批与实验室工作相关的规定。1980 年 4 月，学校公布了《清华大学经济管理试行办法》《固定资产管理办法》和《库存物资管理办法》。

1986 年 10 月 8 日，1986—1987 学年度第 3 次校长工作会议通过了《清华大学实验室工作条例》《物资供应工作条例》《校管仪器设备管理办法》和《实验室安全工作规定》。

1989 年 12 月 14 日，1989—1990 学年度第 12 次校务会议通过《清华大学实验技术成果奖的申报和评定办法（试行）》和《清华大学学生实验室建设贡献奖实施办法》。2005 年 4 月 1 日，2004—2005 学年度第 4 次实验室工作委员会会议修订并将其分别更名为《清华大学实验技术成果奖评选办法》和《清华大学学生实验室建设贡献奖评选办法》。

按照国家教委的部署，1990 年学校开展了物资清理整顿工作。根据这次物资清理整顿中发现的问题，12 月 30 日 1990—1991 学年度第 10 次校务会议校务会议通过了重新修订的四个管理条例和办法，即《清华大学固定资产管理条例》《清华大学仪器设备管理办法》《清华大学低值、易耗品管理办法》《清华大学仓库管理办法》。1992 年 11 月 1991—1992 学年度第 19 次校务会议通过了《清华大学国有资产管理办法》。

1996 年重建实验室与设备处后，为加强和规范管理工作，陆续制定和修订了一系列规章制度。

为适应学校实验室开放基金大幅度增加后的管理要求，1997—1998 学年度第 4 次校务会审议通过了新的《清华大学实验室开放基金管理办法》《清华大学大型仪器设备使用效益奖评审办法》，2006 年 5 月 17 日，2005—2006 学年度第 2 次实验室工作委员会会议对两个办法进行了修订。

2005 年 4 月 1 日，2004—2005 学年度第 4 次实验室工作委员会会议审议通过了《清华大学技术安全管理规定》《清华大学特种设备安全管理办法》，并对《清华大学实验室工作规定》《清华大学一级实验室评估办法》《清华大学放射性防护管理规定》《清华大学仪器设备购置管理办法》等一系列办法进行了修订。

2007 年 1 月 30 日，2006—2007 学年度第 1 次实验室工作委员会会议审议通过《清华大学实验室创新基金管理办法（试行）》。

2009 年 11 月 10 日，2009—2010 学年度第 6 次校务会议讨论通过《清华大学生物实验室安全管理规定》。

2009 年 12 月 9 日，实验室与设备处、保卫处、监察室、人事处共同发布实施《清华大学公用机动车管理暂行办法》（此前经 2009—2010 学年度第 1 次实验室工作委员会会议审议通过）。

三、实验室管理工作研究

1961 年 6 月 7 日至 14 日，学校召开了第一次实验室工作会议。何东昌同志在报告中回顾了过去实验室工作的成绩和存在的问题，着重说明了关于管好用好实验室的几个认识上的问题。他提出实验室的任务应该是：一方面加强理论与实际的联系，给学生打好牢固的基本训练的功底，为毕业设计和以后从事生产及科学研究做好充分准备；一方面直接为科研和生产服务。因此，实验室工作的质量应该能够反映生产和科学研究工作的严格要求。而当前提高质量的关键是建立一支又红又专的实验室队伍，要加强技术管理。会上，电机系、工物系、土建系、无线电系和动力系等分别介绍了在学生作风教育、经济管理、建立责任制和精密仪器管理等方面的经验。学校组织参观了管理较好的电子学实验室和基本电工实验室。

1963 年 7 月 10 日至 12 日召开了第二次实验室工作会议。教育部杨秀峰部长出席了会议，何东昌同志代表学校作了工作报告。他说："1958 年以来，由于贯彻了党的教育方针，清华实验室规模有了相当大的发展，技术上有了进一步的更新，专职队伍的骨干力量有了一定加强，管理水平和科学技术水平有了一定提高，全校大多数实验室已经进入了一个提高管理水平和提高工作质量为主的时期。"蒋南翔校长作了题为《没有实验室水平，就没有学校科学技术的水平》的讲话。

1986 年 6 月 12 日至 10 月 14 日，学校召开了第三次实验室工作会议。校党委书记李传信、副校长方惠坚到会讲话，教务长梁尤能作了《清华大学实验室工作报告》。这次会议历时 4 个月，着重解决几方面的问题：①提高对实验室和实验室工作重要性的认识；②加强实验室管理，提高科学实验水平，促进开放服务；③重视实验队伍的建设，把优秀人才充实到实验室的关键岗位。会议期间召开了 4 次专题讨论会：①聘任制问题；②大型仪器设备的管理及使用效益问题；③全校计算机房的开放服务问题；④实验教学改革问题。10 月 14 日，学校第三次实验室工作会议在主楼后厅举行总结表彰大会，国家教委副主任刘忠德讲了话，高景德校长作了总结报告。他说："我们要办成第一流的大学，必须有一大批第一流的实验室。不仅要有好的仪器设备，更主要的是要有世界先进水平的教学实验和科研工作。"张思敬副校长宣读了 16 个先进集体和 51 名先进个人名单，并由校领导颁发了奖状。

1992 年 1 月 6 日，学校召开了第四次实验室工作会议，梁尤能副校长作了题为《加强建设，深化改革，提高实验室的水平和效益》的工作报告。这次会议的任务是：总结工作，表彰先进，交流经验，制定措施，推动实验室管理改革的深化；促进“八五”期间实验室工作任务的落实，进一步提高学校实验室的水平和效益。会上表彰了工程结构实验室等 27 个实验室工作先进集体和 48 个实验室工作先进个人。工程结构实验室等 5 个一级实验室交流了先进经验。张孝文校长在会上讲了话。

1996 年恢复实验室与设备处以来，每年都要围绕教学实验室建设与改革、仪器设备开放共享、技术队伍建设以及实验室安全工作等内容召开专题会议，学校层面的工作研讨逐渐形成惯例。实验室工作会及专题讨论会对研究和解决问题、统一思想认识、组织各方面力量推动实验室发展起到很好的作用。

1998 年，为适应学校仪器设备快速增长的形势，开展校内外调研，设计开发并于 1999 年应用基于网络的仪器设备管理信息系统，改革管理方式，形成各级管理人员共同管理和利用仪器设备数据的局面，大幅度提高了工作效率和数据准确性，在国内高校中产生广泛影响。2006 年对全校家具实施条目化管理，进一步提高了精细化管理的水平。

随着学校的建设发展和院系管理体制的改革，实验室专业过于细分、规模小、资源和技术队伍分散、管理和服务效益不高等问题日益突出。通过广泛的交流研讨，整合实验室资源，建设开放共享的教学、科研大平台的思想逐渐成为学校和许多院系的共识。

2005 年后，学校总结 1996 年以来教学实验室建设的经验，提出以实验教学中心建设为导向，加强教学实验室的整合建设，尤其是专业教学实验室的整合建设，形成合理规模，凝聚实验室队伍，提高运行管理和资源共享的效率，适应系管教学的管理体制的要求，使得实验教学课程成为一个体系，能够在一个统一的平台上协调安排，给实验教学改革以好的条件支撑、管理支撑。此外，根据长期形成的课程体系的要求积极开展跨院系的整合，建立管委会协调机制，使各实验室共同建设发展。在此期间，基本完成了实验教学中心的整合建设工作，取得一批成果（见表 10-1-5）。

科学事业的发展对高精尖仪器需求的不断提高，学校很难全部满足各种个性需求。在“985 工程”二期建设中，学校逐渐形成集中一部分经费大幅度加强校级科研条件平台的思路，并在“985 工程”三期中实施。工作中突出共享观念，强调顶层设计、分类规划、分层次建设与管理，并利用开放基金等政策促进校级科研条件平台的开放服务。2007 年至 2010 年先后组织开展了 9 个校级科研条件平台规划建设（表 10-1-6），电机系、环境系、化工系、微电子所等院系建设一批主要面向本学科服务的院系级公共研究平台，发挥了学科支撑作用。

学校还十分重视研究科研资源为社会服务的途径和方法，从 20 世纪 80 年代中期开始就积极组织学校的大型精密贵重仪器参加中关村科技协作网、教育部仪器设备共享系统、科技部仪器设备共享协作网、首都科技条件平台等机构和组织，向兄弟院校和全社会开放，充分发挥效益，承担社会责任。

2007 年面向实验技术队伍建设，实施“清华大学实验室创新基金项目”，并于 2008 年完成首批项目的验收，在鼓励高水平实验技术人员开展技术研究，提高业务水平方面显示出十分积极的作用。

四、实验室奖励制度的实施

1964 年，学校大力开展争做“五好教研组”和“四好实验室”的活动。在学校举行的第九届第二次工会代表大会上，学校表扬了5个“五好教研组”和2个“四好实验室”。“四好实验室”是基本电工实验室和金相实验室。“四好实验室”的“四好”是：先进的思想作风，先进的管理工作，先进的教学质量，先进的科学技术。

1986年10月，北京市高教局召开了北京市高校实验室工作会议，表彰了清华大学的锻压、热工测试、分析中心和核物理等实验室和水利系设备组等先进集体，并表彰了席葆树、邓泰林、李辉和黄哲林等实验室工作的先进个人。

1986年11月，在青岛召开了全国高等学校实验室管理研究会成立大会暨首届学术报告会。清华大学力学系席葆树作为全国高校实验室工作先进个人受到大会的表彰。国家教委副主任刘忠德提出了实验室工作要着重解决的问题是：进一步提高实验教学水平；进一步开放实验室；加强实验室队伍的建设。

为了充分发挥实验室的育人作用，吸引和鼓励学生投身实验室，在实际工作中学习科学知识和方法，培养科学作风，增强动手能力和创新意识，并鼓励学生在学习、实践过程中为实验室建设和实验教学发展作出贡献，1989年设立“清华大学学生实验室建设贡献奖”。1989年12月公布了首届学生奖获奖名单，此后每年评选，到2010年共开展21届，评选出获奖项目1 167项，其中一等奖148项，二等奖438项，三等奖582项。本科生、研究生共2 269人次受到表彰。

1989年12月14日，1989—1990学年度第12次校务会议决定，在全校开展一级实验室的评估，并在部分实验室试行。1991年6月24日1990—1991学年度第22次校务会议通过5个实验室为清华大学一级实验室：土木工程系工程结构实验室、水利水电工程系水力学实验室、精密仪器与机械学系摩擦学实验室、电子工程系线路与系统实验室、化学工程系化工原理实验室。1992年12月31日，经1992—1993学年度第10次校务会议通过，自动化系过程控制实验室、化学工程系生物化工与食品化工实验室、工程力学系强度与振动中心实验室强度分室、核能技术设计研究院热工水力学实验室为清华大学一级实验室。

2005年结合教育部实验教学示范中心评审工作，调整一级实验室评估办法，重新开展一级实验室评估及复评工作。至2009年，先后有19个教学实验室被评为清华大学一级实验室。各实验室获奖情况见表10-1-5。至2009年，先后有41个实验室获得过一级实验室称号。

1990年实施《清华大学实验技术成果奖的申报和评定办法（试行）》。1990年9月召开了首届实验技术成果奖颁奖会，有81个项目获奖，其中一等奖9项，二等奖34项，三等奖38项。此项工作每两年一次，持续开展。至2010年初，已进行了10届“实验技术成果奖”的评选工作。

学校实验室技术成果奖统计见表10-3-1。

表10-3-1　学校实验技术成果奖统计

序　　号	公布时间	获 奖 等 级			合计
		一等奖	二等奖	三等奖	
第一届	1990-09	9	34	38	81
第二届	1992-12	9	20	33	62
第三届	1994-12	5	13	22	40
第四届	1996-06	5	16	20	41
第五届	1998-07	6	16	20	42
第六届	2000-03	7	24	23	54

续表

序　　号	公布时间	获奖等级			合计
		一等奖	二等奖	三等奖	
第七届	2002-06	8	18	26	52
第八届	2004-07	9	19	37	65
第九届	2006-05	7	21	20	48
第十届	2008-05	8	18	21	47
第十一届	2010-06	8	19	33	60

1991 年 10 月 22 日至 25 日，国家教委在清华大学召开第二次全国高等学校实验室工作会议。清华大学土木工程系工程结构实验室荣获全国高等学校实验室工作先进集体，化学工程系雷良恒和核能技术设计研究院张有贵两同志荣获全国高等学校实验室工作先进个人。同时国家教委表彰学校物资清理整顿工作的先进集体 7 个和先进个人 5 人。

第四节　仪器设备建设与管理

一、概况

仪器设备是学校教学、科研、生产、后勤工作的重要物质保障。随着学校的规模逐步扩大，清华大学的仪器设备也在不断增加、更新。

据 1938 年的一项统计，1937 年学校拥有的仪器设备总值为 10 105 000 元，其中行政设备价值4 831 000元，教学仪器设备价值 5 274 000 元。这些仪器设备大多在日军占领期间损失，只有 200 件箱设备辗转运到云南，在西南联大期间使用。

清华园解放时旧清华工学院留下 18 个实验室，仪器设备总值约 20 亿元（解放前后的旧币）。

1952 年院系调整，清华大学成为多科性工业大学，仪器设备总值约 25 亿元（旧币）。

1953 年第一个五年计划开始，全校仪器设备总值约 500 万元（新币）。在此期间，除国产仪器、解放前遗留下来的欧美制造的仪器外，开始陆续进口了东欧社会主义国家生产的仪器设备，进口设备以苏联、捷克、民主德国制造的为主。到 1957 年设备总值已达 1 200 万元。

1958 年学校开展勤工俭学，教育与生产劳动相结合，建立了教学、科研、生产“三联基地”。此时仪器设备的数量大幅度增加，加之学校自己生产车床、研制程控铣床、自制仪器设备等，到 1959 年全校仪器设备总值约 2 280 万元。

学校在 1962 年 2 月至 8 月开展清仓核资，各单位摸清了家底，健全了账册，实验室的面貌有了改观。1962 年全校仪器设备的总件数达 50 830 件，价值 4 481 万元，其中实验室设备 2 593 万元，单价在1万元以上的设备达418件。此后，对老旧仪器设备进行了更新淘汰处理。

到1965年，全校仪器设备39 366件，价值4 727万元，其中教学、科研仪器3 738万元。

1966年开始“文化大革命”，教学、科研无法正常进行。仪器设备流失严重，从1966年至1977年，仪器设备损失约1 800余万元。

1979年至1981年全国进行了一次全面清产核资。1979年6月至1980年3月，根据教育部安排，学校开展清产核资工作，基本上摸清了家底，全校固定资产为1.6亿元，其中仪器设备34 071件，总值9 102万元。校、系（处、厂）、实验室（车间、科室）三级重新建立了固定资产账，补填固定资产卡，此后对老旧设备进行了处理。全校统一实行了仪器设备总编号、总分类。落实了校、系、室三级财产管理员，推行岗位责任制，初步建立了物资管理队伍。制定了《固定资产管理办法》、《库存物资管理办法》等，为学校物资管理工作奠定了基础。学校被列为教育部第一个验收试点单位。

1981年起，世界银行贷款第一个大学发展项目工作开始实施。1984年起给国家重点实验室（摩擦学、联合化工、人工智能、集成光电子、生物膜及膜生物工程5个）又投资409万美元。这几年仪器设备从国外引进的规模在学校发展历史上是空前的，大量引进仪器设备对学校教学、科研两个中心的建设起了重要作用，大大缩小了学校实验基地装备与世界发达国家之间的差距。分析中心、计算中心、强度与振动中心、图像中心、计算机辅助设计中心等实验室的装备和工作已达国内领先，为国家培养了高质量的建设人才，并完成了一大批具有国际和国内先进水平的科研任务，同时积极面向社会开放，部分设备在国家攻关项目及一些重点项目中起了关键作用。

1985年，全校仪器设备48 732件，价值16 087万元。引进设备增加，在学校仪器设备中，进口与国产的价值比达到6∶4，件数比为2∶8，进口设备以美国和日本的为主。

随着市场经济的发展，学校内相继出现合资、联营、股份制企业，部分机构转换机制成为经营性单位，这种情况给物资管理工作带来了新问题。根据国家教委部署和学校安排，1990年开展了物资清理整顿工作，重新修订了《清华大学固定资产管理办法》等4个管理条例和办法，整顿了管理队伍。通过清理整顿，全校固定资产58 732万元，仪器设备47 977件，价值30 224万元。在清理整顿过程中，将40—60年代的1万多台件质量较差的设备转为“退役设备”，这些设备占设备总数的25%，而价值仅占3%左右。国家教委充分肯定了学校物资清理整顿工作所取得的成绩，组织全国高校对清华大学示范验收并召开现场交流会议。

1993年，根据国务院清产核资领导小组和国家教委的统一部署，学校开展国有资产清查登记工作，主要内容包括：财产清查、所有权界定、产权登记、整改建制等。经清查核实后，全校国有资产总值为116 538万元，其中固定资产70 137万元，流动资产41 877万元，专项资产4 504万元，其他资产19万元。固定资产中仪器设备36 688件，价值34 063万元。根据国家科委文件精神，“863”项目在清华大学的4 785万元的财产产权属国家科委。这次清查工作的内容、范围比历史上清产核资工作更广泛，包括了固定资产（房屋、土地、仪器设备、图书、家具等）、专项资产（基建投资未完项目和往来款项）、流动资产（库存材料、产成品、货币资金等）、无形资产（专有技术、专利权、版权、商标等）。通过这次清查工作，增强了全校教职工国有资产产权观念，核实了各单位占用国有资产价值总量，将应归国家所有的财产纳入国有资产管理轨道。

1998年、2005年两次对全校仪器设备进行清查，查清家底，处理历史遗留问题，理顺管理工作。截至2005年底，全校固定资产总值288 903万元，其中：房屋、土地价值73 678万元；仪器设备共118 310台件，价值200 330万元；图书348.5万册，价值10 894万元。按价值计算，仪器设备中 80%以上是 1998 年以后购置的。2005 年的清查中为 11.8 万台件仪器设备更换了条码标签，大幅度提高了检查工作的效率。当年销账共计 9 801 台件，原值 1.32 亿元。

2007 年组织开展全校机动车专项清查，妥善解决了一批遗留问题。建立机动车管理暂行办法和管理流程，以制度保持长效管理，为学校防范管理风险。

截至 2010 年 12 月 31 日，全校仪器设备总数 18.49 万台件，总价值 36.6 亿元。自 1977 年以来全校在账仪器设备总价值的历年统计见图 10-4-1。

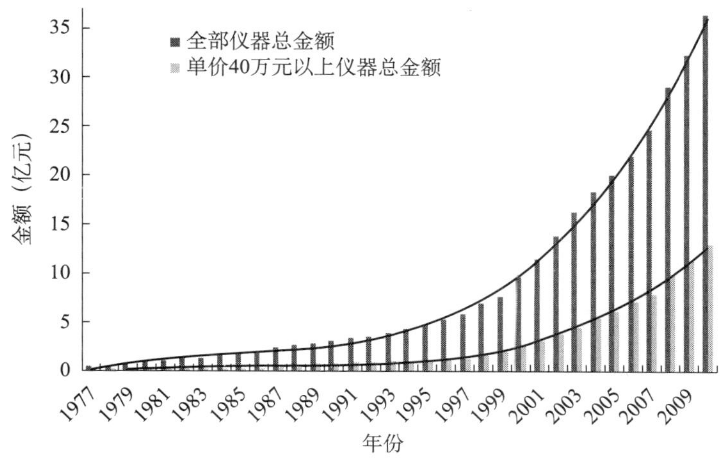

图 10-4-1　清华大学在账仪器设备金额增长情况（截至 2010 年 12 月 31 日）

学校在发展过程中不断淘汰报废多余废旧的设备和器材。20 世纪 60 年代初设备科设专人负责全校多余仪器设备器材的对校外调剂处理。从 1968 年起，在设备科设回收调剂仓库。1980 年至 1992 年 13 年间共回收物资 2 874 万元（原值），其中校内调剂利用 633 万元，对外调剂处理回收残值70 万元。随着学校教学科研规模的不断扩大，仪器设备淘汰和对外调剂的规模也不断增长。2009 年、2010 年连续两年报废销账的仪器设备原值均接近亿元。在淘汰处理工作中集中回收，分类处理，并采取公开拍卖的方式，注重维护学校利益。此外还注重发挥废旧仪器设备的作用，2000 年以来，每年都要组织向贫困地区的中小学捐赠有使用价值的仪器、办公设备和家具多批次。

二、世界银行贷款大学发展项目

清华大学是世界银行贷款中国第一个大学发展项目受益学校之一，分配给学校的贷款总金额为1 479万美元。本项目于 1981 年 6 月 1 日完成项目评估，1981 年 11 月中国政府与世界银行签字生效并开始执行，于 1985 年 6 月底关闭，1986 年 6 月底结束。

根据 1981 年的评估报告，本项目原定目标为三部分：

（1）提高师资和校舍的利用率，制订研究生计划，以增加毕业生人数并扩大研究规模；

（2）充实教学和研究计划，提高师资水平，并使实验室设备和设施达到现代化的要求，借此提高毕业生质量和研究工作的水平；

（3）改进案卷保存和财会管理，以加强大学一级的管理。

实际执行的结果表明，本项目在清华大学是成功的，效益是明显的，达到原定的目标，对学校的发展起了重要作用。

（一）贷款设备

使用贷款引进的仪器设备共 542 台（套），1 300 万美元，占贷款总额的 87.9%，国内配套费（1 084.5 万元）的 61.2%用于购买仪器设备。引进的仪器设备台（套）数占全校在用仪器设备的 2%，但金额却占全校设备总值的 25%。这些引进的设备多为成套、精密、贵重仪器，在国际上较为先进，成为相关学科现有仪器设备中的骨干设备，是培养学生和提高科学研究工作水平的重要工具。

贷款设备集中用于建设五个重点学科实验室：计算中心、应用化学与化学工程实验室、电子学实验室、工程力学实验室、电力系统与热能利用实验室。这五个重点学科实验室的设备投资金额占全部设备贷款的 72.7%。设备贷款其余部分用于加强八门基础课的教学实验和一部分专业课教学实验。贷款引进设备达到了重点突出、照顾全面、加强教学的目的。

学校 10 万美元以上仪器设备清单见表 10-4-1。

表 10-4-1　学校世行贷款第一个大学发展项目 10 万美元以上设备清单

设备名称	型号或 主要规格	生产国别	厂　　家	单价 （万美元）	存放实验室
色质联用仪	4 510	美	菲尼根-玛特公司	24.2	分析中心
电子顺磁共振波谱仪	ER200D—SRC	联邦德国	BRUKER	21	分析中心
激光拉曼光谱仪	SPEX1403	美	SPEX 公司	18.7	分析中心
透射电镜	H—800	日	日立公司	25	分析中心
C80 热流式量热计	C80	法	Setaram 公司	10	
计算机	DPS—8/52	美	Honeywell	170	计算中心
脉冲傅氏变换核磁共振谱仪	JNM—FX—90Q	日	JEOL	14.5	分析中心
傅里叶变换红外光谱仪	170SX	美	Nicolet	18.9	分析中心
电液拉扭疲劳试验机		英		25	强度中心
激光多普勒风速仪	9100—B	美		11.8	强度中心
图像处理系统	ARIES—Ⅱ VAX 11/750	加拿大	PIPIX 公司	65	图像中心
图像处理系统	Model—75	美	IS 公司	19.2	图像中心
红外热像仪	AGA780SW	瑞典	AGA 公司	13.2	热能系
CAD 系统	32/2750	美	GOULD. CO	61.5	CAD 中心
多处理仿真系统	32/6780	美		76	电机系
多用途计算机系统		美		42	核能所
多通道热线热膜风速仪	1051	美	TSI	13	
科学仿真实验系统	S/20	日	Tokyo Bfoki	12.9	

（二）人员培训

贷款中的 9.7%（144 万美元）用于派遣人员出国培训。选派了 20 名青年教师出国攻读学位，139 名中年教师作为访问学者出国学习工作，30 名教师出国短期（半年以下）培训。派出的教师都是教学和科学研究工作的骨干，把教师队伍里中年与青年、长期与短期的进修培养统筹安排，对提高学校师资水平和保证贷款设备正常运行起了重要作用。

（三）专家讲学

使用贷款聘请了38位外籍专家来校短期讲学，为相关系的研究生、教师作了专题讲座或课程讲授，讲授内容反映了该学科的最新进展、专家本人的研究成果和教学经验，对学校的教学、研究工作都是非常有益的。

（四）购买图书

贷款金额的2.4%（35万美元）用于购买进口图书，按原计划主要是购买一些近期图书、期刊、大学教材和博士论文集，以配合原有藏书使用。

（五）实验环境条件

为了发挥贷款设备的效益，也为了改善实验室环境条件，自1981年起学校改建扩建实验室面积计有12929平方米，耗资人民币421万元，改扩建的实验室中有8 100平方米装备了空气调节和防尘设施。其中包括要求条件很高的实验室，例如计算中心要求温度20℃±1℃，湿度60%±2%。全校实验室不论是面积和条件都有了明显的改善。

三、设备管理与效益

（一）仪器设备管理

1956年设备科设专人管理固定资产，建立设备账卡，由实验室填写一式两份固定资产卡片。固定资产的起点：一般设备为20元，教学科研设备为100元。学校固定资产管理系统的建设开始起步。

1962年根据教育部规定将学校固定资产按十大类划分，并着手编写分类明细目录。

20世纪70年代初期，固定资产的账和卡片格式简化。

1979年学校进行清产核资，对全校固定资产账、卡重新设计制作。成立了财产管理科，设在财务设备处内，行政后勤方面的固定资产由行政生活处的供应科管理。1981年全校教学、科研、生产、行政、后勤的固定资产管理全部归口到生产设备处的设备科，统一管理。行政后勤方面的固定资产起点改为40元，教学、科研、生产设备的起点仍为100元。

1983年成立设备实验室处，下设设备管理科，负责全校固定资产的管理，全校教学、科研、后勤的仪器设备固定资产起点统一为100元。学校分设总账、分户账（按系、实验室）、分类账（按国家教育部固定资产16大类），系（厂、处、部）、实验室（科、车间）分设明细账，即全校5套账。全校形成了校、系、实验室三级管理体系。

1984年根据学校具体情况，将固定资产（仪器设备部分）的起点定为200元，全校100～200元（不包括200元）的设备1.2万件，占总件数的24%，价值171万元，占总价值1.3%，从固定资产账上撤出，转入低值设备账。

为提高仪器设备管理工作的效率，1981年开始，学校进行计算机管理仪器设备的准备工作，抓管理制度、入账、调拨、报废等环节，抓基础管理。1983年开始，对全校5万多台件设备，每台20多项共100多万个数据进行规范整理。全校仪器设备按购置年份大排队，重新编号。按国家教委统一要求，仪器设备按16大类重新分类。经过两年多准备，1985年，全校仪器设备数据开始输入计算机。经过两年多的输入、调试，1987年计算机管理仪器设备系统正式使用，所用系统为北京化工学院仪器设备管理系统。仪器设备数据实现计算机管理，大幅度提高了数据查询和统计工作的效率。1988年2月以后，每年以软盘形式向国家教委传送仪器设备数据，建筑、土木、机械、精仪、自动化、电子等许多系级单位也开始使用该仪器设备管理系统，通过软盘传递数据，与学校的管理系统实现数据同步，使学校的设备管理进入了一个新阶段。由于设备管理工作取得一定的成绩，1981年被教育部评为全国高校清产核资先进集体，1988年、1989年、1990年连续三年被评为全国高校系统设备统计先进集体。

1993年2月5日，学校机关改革，撤销设备实验室处，国有资产管理办公室划归房地产管理处。国有资产管理办公室负责全校资产管理，包括资产的清查、界定、评估、登记、监督、投资、收益、处理、考核；同时具体负责固定资产仪器设备的账物卡及报废、报损、调拨、回收处理等。

1993年国有资产清查登记时，根据财政部的规定和学校具体情况，固定资产仪器设备的起点统一定为500元，1997年调整为800元，并沿用至今。

1997年后，随着“211工程”和“985工程”的实施，学校固定资产规模快速增长，账卡管理中的手工工作量成倍增加。为优化工作流程，实现仪器设备数据全过程计算机管理，让院系全面参与数据管理工作，使学校、院系、实验室各级机构充分共享仪器设备信息，提高工作效率，于1999年开发应用基于网络的仪器设备管理系统。2005年将家具纳入管理系统。这些措施使学校资产管理水平不断提高，服务能力迅速增强。

（二）仪器设备效益

1. 提高仪器设备的使用效益

为了提高学校仪器设备的使用效益，充分发挥大型仪器设备的作用，在原有管理的基础上，从1980年7月开始，首先对全校各公用计算机房实行“凭票上机，定额管理，超额奖励”的办法，计算机的使用效率大大提高。1979年除建筑系外，各系配备了学校生产的DJS130计算机，由于该机没有分时功能，每次只能1～2人上机。1980年虽然从教育部调拨一台日本产M150计算机，同时购买了少量微机，但也满足不了教学、科研的需要。学校采用机时定额管理，100系列机每月提供有效机时100小时，微机每台每月提供120小时。试行超额奖励的办法第一年，全校各计算机房提供64 500多个有效使用机时，平均每台月提供145机时，后来逐步达到平均每台月提供160机时。1982年至1988年又多次修改办法，逐渐提高计算机使用机时，提高了教学、科研的质量，学生计算机能力普遍提高。微机原理、计算机语言、基础课和专业课的作业、课程设计、毕业设计、研究生论文已普遍使用计算机进行计算分析，许多专业还开设计算机控制、数据采集、信息与图像处理课程，CAD、CAI、CAM等迅速发展。

1988年全校12台小型机提供机时24.6万小时，其中教学用16.6万小时，占总上机数67.5%。本科生7 026人、研究生714人在小型机上机，加之遍布各系的微机，学生在校期间实际上机超过200小时。经调查研究，学校计算机已经普及，发放机票、定额管理、超额有奖的办法已不适应学校的发展。从1988年7月1日起，修改和完善原有计算机管理办法，学校不再发放计算机超额机时奖，改为每月通过《信息通报》向全校公布主要计算机的使用情况。

经过几年计算机机时的统计公布，使校领导和有关部门掌握了学校计算机的使用情况，软件中心的M760、人工智能实验室的ELXSI6400计算机使用率较低，1991年校领导决定将人工智能实验室的 ELXSI6400 计算机调至计算中心。

1971 年全校计算机 12 台；1980 年 35 台；1986 年 537 台；1990 年 1 453 台，价值 6 144 万元；1993 年全校计算机达 3 894 台，价值 1.061 亿元，占设备总价值的 27%。

为了加强对大型设备的管理，1982 年从全校 5 万多台件设备中精选出 93 台件价值 2 075 万元的精密贵重设备作为“清华大学校管设备”，随着世行贷款设备的增加，原有设备的性能下降等原因，1987 年校管设备调整到 277 台，价值 5 831 万元。1991 年调整到 480 台件，12 669 万元。1986 年 10 月 8 日，1986—1987 学年度第三次校长工作会议通过了《清华大学校管仪器设备管理办法》，校管仪器设备必须做到账、物、卡相符，技术资料齐全，正规使用、运行、维护、记录等要求，校管设备要面向全校协作共用，专管共用。

从 1984 年起，第一批世界银行贷款 542 台设备陆续到货，学校组织力量逐台验收，严格检查，组织了几十次大型设备技术讲座，现场操作表演，摄制了介绍大型设备的录像教育片，印发使用手册等，介绍大型设备的性能和在校内分布的情况。从 1984 年第 1 季度开始，每季度向全校公布大型设备的使用情况。大型设备由 86 台逐渐扩大到 191 台，公布的内容包括使用机时、上机人数、样品数、主要成果等。从 1987 年至 1992 年，共编辑出版了 7 期《清华大学大型仪器设备使用成果摘编》，并在 1985 年至 1992 年 6 次共评选出 221 台先进设备，其中特等奖 1 台，一等奖 21 台，二等奖 66 台，三等奖 133 台。材料所的 X 衍射仪因多次被评为一等奖，在 1992 年被评为特等奖。

1990 年全校校管设备 445 台，使用机时 62 万多小时，其中学生用机 40 多万小时，平均每台使用1 300多小时，全年使用 1 000 小时以上的设备 216 台，新开发的功能 272 个，在教学、科研、社会服务等方面作出了显著成绩。

2010 年有单价 40 万元及以上、用于教学、科研的大型仪器设备共 905 台，分布在 42 个院系单位。其中 757 台仪器设备接受效益评价，其年平均机时为 1 133 小时，其中年使用机时超过 800 小时的仪器设备 429 台，占 56.7%。

2. 设立校内设备开放基金，参加中关村地区联合分析测试中心，实现设备资源共享

为了探索提高大型仪器设备的使用效益，1983 年高景德校长向设备实验室处推荐了中科院《大型精密仪器设备占用费收费试行办法》。1985 年 12 月由科研处、教务处、研究生处、设备处等联合筹集资金，设立分析基金。1986 年 3 月 19 日经学校批准成立清华大学分析研究学术委员会，管理此项基金。1986 年学校拨款 12 万元，首批资助了 72 个课题。1986 年下半年，在分析基金的基础上，设立了强度与振动基金，1987 年又增加了计算机辅助设计 CAD 开放基金、信息与图像处理基金、计算中心的功能开发基金，基金总额每年为 40 万元（其中财务处 20 万元，科研、教务、研究生、设备处各 5 万元），支持 48 台大型设备对全校开放。基金支持范围：80%左右为上机费，其他少部分用于直接消耗费、资料复印费等。1992 年形成开放仪器设备服务网，扩大到 80 台设备（价值 4 080 万元）对全校开放。从 1986 年至 1992 年 7 年中，利用校内基金资助了 1 408个课题，提供约 21.7 万机时，批准的课题覆盖了 20 多个系所。全校绝大多数专业中有 2 300 多人受益。在 1986 年开放实践的基础上，1987 年开始申请基金需交纳 10%左右的自筹经费。由于设立了校内设备开放基金，促进了仪器设备对外开放，提高了机时利用率，仪器设备的开放服务量大约增加了 3～4 倍，机时利用率提高 50%～60%，很多设备的年机时超过了 1 000 小时，分析中心及材料所的几台设备年机时达到1 800小时以上。开放设备基金虽然只占开放设备总值的 1.5%，却起到了四两拨千斤的作用。开放基金的设立，在校内形成资源共享的新局面，促

进跨系、跨学科的研究合作。

清华大学实验室开放基金的设立得到国家科委的肯定，1987 年国家科委组织的“大型设备科学管理”软课题研究推广介绍了清华的经验，并由中科院、国家教委和北京市科委联合组织了大型分析测试仪器对外开放的横向联合体——中关村地区联合分析测试中心。该中心由科学院的 8 个所、清华大学、北京大学、北京理工大学以及北京理化测试中心 12 个单位的 57 台件、价值 4 000余万元的设备组成。清华分析中心 6 台、材料所 3 台，材料系、化工系、精仪系、微电子所、核研院各 1 台，共 14 台设备（占中心总数的 24.5%）参加了该中心。14 台设备价值 1 300 万元（占中心总价值的 32.5%）。

从 1988 年至 1992 年 5 年中，学校共接受来自黑龙江、新疆、青海、上海等全国 25 个省、自治区、直辖市的 936 个课题，对外服务近 2 万个机时，收测试费约 128 万元。

参加中关村地区联合分析测试中心后，学校 14 台设备不但承担了校内教学、科研任务，同时对全国开放，大大地提高了使用效率，实现了跨部门、跨学科的技术与仪器资源共享，为没有同类仪器单位的科研工作创造了使用高档分析测试仪器的条件，支持了一批重点科研课题，取得了一批高水平的科研成果，有力地支持了一批国家自然科学基金项目、“863 计划”和重大项目等，产生较好的社会效益与经济效益。

为了充分利用中关村地区联合分析测试中心的技术设备资源，从 1988 年至 1992 年 5 年间，积极组织师生申请中关村基金，5 年中学校有 487 项课题得到了资助，其中绝大部分是一些缺少经费的基础研究和应用基础研究课题。

1999 年，学校利用“985 工程”一期的支持，撤销 40 万元的分析基金和 60 万元的维修基金，设立“实验室开放基金”，由学校每年投入 600 万元。自 1998 年来，纳入开放基金资助体系的大型仪器设备规模逐年扩大，截至 2010 年底，体系内已拥有通用性较强、在校内有广泛需求的大型仪器设备 297 台，总价值 2.3 亿元。

实验室开放基金大幅增加后，从支持基础研究和国家重大科研项目的角度出发，实行双轨制，即对“973 项目”和自然科学基金重点、重大项目资助 70%，其他项目资助 50%，其余部分用户自筹。随着学校科研规模的持续增长，分析测试的需求也迅速增长，2005 年起，年度申请资助总额已超过 600 万元。考虑到基金资助的国家基础研究和重大科研项目的金额已超过资助总额的 50%，基金向基础研究和国家重大科研项目倾斜的引导作用已不明显，2006 年经校务会议决定，第一，对使用办法进行调整，取消双轨制，各种项目的资助比例均为 50%。第二，对资助对象实行额度限制，以保证基金的受益面和公益性。第三，为鼓励机组间适度竞争，提高服务水平，将仪器按类分组，方便用户在同类仪器中自由选择仪器机组。基金的申请、审批、使用、总结等各项工作都在信息系统中进行，过程对用户、机组和管理人员都能公开透明。

1996 年至 2010 年学校开放基金申请与资助情况见表 10-4-2。

表 10-4-2　1996 年—2010 年学校开放基金申请与资助情况

申请时间	申请人数	用户申请		专家组批准		运行拨付机组	
		自筹（万元）	资助（万元）	自筹（万元）	资助（万元）	自筹（万元）	资助（万元）
1996				10.3	33	10.3	33
1997		79.4		14	31.9	14	31.9
1998		89.5			40.0		40.0

续表

申请时间	申请人数	用户申请		专家组批准		运行拨付机组	
		自筹（万元）	资助（万元）	自筹（万元）	资助（万元）	自筹（万元）	资助（万元）
1999				189.4	196.7	189.4	196.7
2000 上半年				59.8	91.2	59.8	91.2
2000 下半年				48.9	69.5	48.9	69.5
2001 上半年				92	143.4	92	143.4
2001 下半年				95.1	201.9	95.1	201.9
2002 上半年				129.7	281.6	129.7	281.6
2002 下半年				140.8	185.5	140.8	185.5
2003 上半年	233			182	341.8	182	341.8
2003 下半年	237			191	297.7	191	297.7
2004 上半年				113.6	199.4	113.6	199.4
2004 下半年	193			124.2	220.5	124.2	220.5
2005 上半年	177			159	246	68.7	113.4
2005 下半年	238			259	408	135.4	220.2
2006 上半年	204	254	254	236.9	236.9	143	220
2006 下半年	255	301	306	229.8	226.8	221	283
2007 上半年	190	417	423	220	220	202.8	206
2007 下半年	215	329	340	217.9	211	204.4	211.3
2008 上半年	185	327	332	253.2	241.8	202.8	204.4
2008 下半年	233	498	498	301.6	287.2	242.7	248.8
2009 上半年	219	406	401	284.3	272.1	232.2	221.3
2009 下半年	244	598	583	344.1	329	277.9	273.4
2010 上半年	228	521	512	350.3	334.4	219.2	198.1
2010 下半年	241	538	540	369.5	354.6	371.6	341.8

说明：1999 年至 2005 年申请量比较小，绝大多数申请都能得到满足，因此表中没有统计用户申请情况。2006 年以后开放基金额度已无法满足用户需求，每次审批都要进行严格限制。

始于 1985 年的分析基金（实验室开放基金）政策经过 20 多年的长期实践，调动了教师申请基金使用大型仪器的积极性，调动了大型仪器机组加强服务，获取运行维护费，增加个人收入的积极性，一批通用性较强的大型仪器设备的使用效益大幅度提高，其积极作用得到日益充分的体现。开放基金很好地支持了教学科研活动，学校公共服务平台建设、院系公共科研平台建设的理念及其工作也因此得到越来越多的教师的认同和支持。

（三）物资管理及设备购置工作

1952 年学校实验室物资供应工作由学校设备科负责。1956 年由实验室科负责物资供应与管理，建立物资储备仓库，成立几个工作站，分别与各系联系。1963 年由设备科负责物资工作。

1963 年至 1964 年，学校开展反浪费运动，同时进行清仓查库。1965 年在反浪费工作基础上，取消系级仓库，由学校统一调整全校仓库中的库存物资、工作人员、家具、房屋面积。

1964 年底，由原高教部投资建设的“精密仪器库”建成，1965 年春投入使用。

1979 年，由生产设备处负责物资工作。

1983 年 1 月至 1993 年 3 月，由设备实验室处负责物资供应与管理工作，部分年份的物资供应额见表 10-4-3。

表 10-4-3　部分年份学校物资供应额统计

年份	全年物资供应额（万元）	国内物资（万元）	进口物资（万元）	年份	全年物资供应额（万元）	国内物资（万元）	进口物资（万元）
1983	1 473.9	807.0	666.9	1989	2 028.3	882.5	1 145.8
1987	3 710.0	811.0	2 899.0	1990	2 381.0	979.0	1 402.0
1988	2 771.0	1 041.0	1 730.0	1991	2 343.0	768.0	1 575.0

1996 年恢复实验室与设备处后，由实验室与设备处负责学校的仪器设备购置管理工作，包括设备购置的审批、谈判、招标、进口免税以及接受仪器设备捐赠等工作。

1997 年至 2010 年学校设备购置情况见表 10-4-4。

表 10-4-4　1997 年—2010 年学校设备购置统计

年度	国内		国外		国内外合计		接受捐赠	
	总金额（万元）	合同数	总金额（万元）	合同数	总金额（万元）	合同数	总金额（万元）	份数
1997	2 283.0	47	3 702.0	55	5 985.0	102	1 401.70	39
1998	879.8	92	4 716.4	105	5 596.2	197	2 282.68	46
1999	3 158.0	147	7 504.0	143	10 662.0	290	9 108.02	52
2000	3 141.2	185	14 940.0	210	18 081.2	395	1 500.00	30
2001	4 157.8	234	8 534.0	321	12 691.8	555	2 259.30	38
2002	3 110.8	135	10 790.0	347	13 900.8	482	800.00	28
2003	3 713.4	127	9 462.0	325	13 175.4	452	888.00	34
2004	9 076.0	113	13 800.0	316	22 876.0	429	4 730.40	33
2005	6 257.0	341	25 860.0	480	32 117.0	821	10 400.00	41
2006	6 400.0	312	18 060.0	358	24 460.0	670	7 303.00	20
2007	16 249.0	890	24 300.0	697	40 549.0	1 587	638.83	33
2008	6 595.0	504	12 778.0	460	19 373.0	964	1 000.00	16
2009	21 900.0	621	18 996.0	613	40896.0	1 234	1 463.0	8
2010	19 300.0	874	27 600.0	807	00.0	1681	3 000.0	7

第五节　科研条件平台和实验教学中心简介

一、科研条件平台

科研条件平台是学校、院系为满足全校或某些学科领域科研发展的共性需求而建设的以仪器设备等条件资源为主的实验室，主要提供分析测试、加工制备、设计计算等公共技术服务。在满足本校、本学科需求的基础上也为兄弟院校和社会提供服务。

自20世纪80年代初学校利用世界银行教育贷款购置一批高档分析仪器，正式设立清华大学分析中心以来，学校一直关注和重视各类能够提供公共服务的科研条件平台的建设发展，并以促进仪器设备开放共享为抓手，出台了收费服务、开放基金资助、效益奖励等一系列政策措施引导科研条件平台的建设。过去30年里，以分析中心、材料中心为代表的清华大学分析测试公共服务体系为学校的学科建设、科研发展及高水平人才培养作出了突出的贡献，开放共享的理念逐步成为大部分教师的共识，集中一部分力量建设实体运行的科研条件平台的做法在许多院系实施，取得效果。

截至2010年底，学校拥有校级科研条件平台6个：分析中心、材料中心、强度中心、生物医学测试中心、高性能计算平台、生物医学影像研究中心实验室，另有电磁实验室、暗物质实验室等在建。环境系、精仪系、热能系、电机系、微纳电子系等一批院系建设了各具特色的学科级公共研究平台，其中有不少仪器设备也为全校服务。

（一）分析中心

清华大学分析中心是依托于化学系的校管中心实验室，是中关村地区分析基金横向联合体的主要成员之一，是教学、科研及对外服务三位一体的单位。它是国内高校中最早建立的分析测试中心。80年代，由于引进一批大型分析仪器及人才，使分析中心有较大的发展。1986年正式挂牌，成立清华大学分析中心。

1972年，原工程化学系下属四个教研组的较大型的分析仪器和一部分教工集中起来组建了仪器分析实验室。当时的主要仪器有透射电镜、红外光谱仪等。在编教职工13人。1973年，购置了扫描电镜、核磁共振波谱仪、原子吸收分光光度计等，从而使仪器设备有了相当大的扩充。1978年以后，为了适应新形势下工作开展的需要，实验室改建为仪器分析中心实验室，并得到了学校的大力支持。

1983年，学校利用世界银行教育贷款，增添了电子能谱仪、富里叶变换红外光谱仪等9台大型分析仪器，这时实验室已初见规模。为适应分析测试的要求，实验室进行了全面调整。将分析化学教研组与仪器分析中心实验室合并为一个实体，但保留分析化学教研组的建制，便于教学。在仪器的安装、调试、验收的基础上，进一步抓了人员的补充、培训，并利用引进的仪器逐渐扩大科研工作和对外的国际交流，使仪器及其应用接近了当时的国际水平。1986 年，学校正式将仪器分析中心实验室改名为清华大学分析中心。1992 年购置了扫描电镜、X 荧光仪、磁控溅射镀膜机等。至此，分析中心的仪器设备已基本配套。1993 年 1 月清华大学分析中心通过了国家教委技术监督局的计量认证评审。

为了使分析中心高水平的仪器和技术队伍在全校各专业的教学、科研中发挥更大的作用，为了更好地满足校内外用户对测试的要求，在学校的支持下，清华大学分析中心在国内率先建立了资助和自助相结合的分析基金管理制度。每年利用中心的仪器开展科学研究工作的教师、研究生及本科生达六七百人。对外服务也明显地增加。单就扫描电镜一项，据统计就为全国 22 个省 181 个单位完成了 1 000 多种样品的观察测试，受到用户的赞誉。

分析中心承担大学本科生及研究生分析类化学课程 9 门，每年为本科生、研究生开课 400 人以上，为全校开设的仪器分析实验课达 300 余人。每年负责辅导本科生、研究生论文人数 20 余人，为硕士、博士论文分析服务 30～40 人。

分析中心在面向全校的教学、科研和对外服务中，也不断地促进了自身的学科建设，科研工作得到了很大的发展。80 年代主要是：利用电子显微镜、电子能谱红外光谱、紫外可调分光光度计、原子吸收光谱仪等仪器开展基础研究和应用研究；利用数理统计方法和计算机进行分析测试应用研究；还有横向科技协作项目研究。1986 年至 1993 年，分析中心承担国家科技攻关项目 3 项，国家自然科学基金课题 8 项，其他科研任务 3 项；获得国家级科技进步三等奖 1 项，部委、省市级科技进步奖 7 项；在国际国内重要刊物、学术会议上发表论文 236 篇，出版专著 9 部。2006 年 12 月 6 日，国家级仪器中心之一——北京电子能谱中心在分析中心正式揭牌。该中心由科技部、教育部共建，拥有 PHI 700 纳米扫描俄歇电子能谱仪和 PHI Quantera 扫描成像 X 射线光电子能谱仪两台高档能谱系统，能够提供远程分析服务，建成后在一批国家重大工程和研究项目中发挥了作用。

分析中心历任主任：邓勃（1979 年—1983 年）、郑用熙（1983 年—1984 年）、王运辉（代，1984 年—1985 年），孙杨名（1986 年—1990 年）、郁鑑源（1990 年—2001 年，其中 1995 年—1996 年由曹立礼代理）、张新荣（2001 年—2009 年）、林金明（2009 年—　）。

（二）材料科学与工程研究院中心实验室（材料中心）

1979 年，工物系李恒德教授提出跨二级学科联合的想法，联合工程物理系材料物理教研组、化工系无机非金属材料教研组和高分子教研组、物理系凝聚态物理教研组、机械系金属材料教研组等，成立材料科学研究所，同时成立材料科学研究所中心实验室，挂靠工物系。当时向教育部申请并获得专项经费外汇指标，学校投入建设经费 70 万美元，在中心实验室建成粒子束分析实验室、X 射线衍射实验室、穆斯堡尔谱实验室、正电子湮没实验室，分别挂靠工物系、物理系。

中心实验室从开始建设起就要强调仪器设备的开放共用，要使博士生、硕士生能直接接触大型分析仪器，提高研究生的培养质量，并为此制定了开放运行管理的基本原则，例如规定 85%以上的机时必须对全校开放服务，规定机组不得用用户的样品所取得的结果发表论文，规定主管工程师必须在完成开放运行的基础上才能参加科研工作并且要以发挥和改进仪器性能为主等。1983 年依靠世行贷款建成扫描电子显微镜实验室，此后 X 射线衍射实验室又有进一步发展。

1988 年学校决定成立材料系后材料科学研究所及其中心实验室挂靠材料系。1996 年朱静调入材料系，学校成立材料科学与工程研究院，中心实验室更名为材料科学与工程研究院中心实验室（简称材料中心）。材料科学与工程研究院在两期“211 工程”“985 工程”学科建设经费中集中约 4 000 万元进行中心实验室仪器设备建设，其电子显微镜实验室、X 射线衍射实验室得到极大的充实，并新建了物理性能实验室、热性能分析实验室以及购买了一批其他仪器。2005 年，电镜实验室被科技部批准筹建国家级仪器中心——北京电子显微镜中心，并购置一台 Titan 80 - 300 球差校正电子显微镜。2008 年 10 月 15 日，北京电子显微镜中心正式挂牌。这一时期，在“985 工程”三期和自筹资金支持下，材料中心在磁学分析、热学分析、成分分析等方面都有长足发展。到 2010 年底，材料中心拥有的大型仪器设备约 1 亿元，成为清华大学大型仪器开放共享服务体系的重要支柱之一。

材料中心历任主任：范玉殿（1979 年—1988 年），陶琨（1988 年— ）。

（三）强度与振动中心

强度与振动中心实验室是由清华大学工程力学系、土木工程系联合建立，于 1986 年用世界银行贷款建成，作为结构强度与振动开放研究实验室（国家教委开放实验室）的一部分对全国开放。

中心实验室面积达 1866 平方米，拥有仪器设备 589 台件，固定资产 665.2 万元，有固定工作人员 19 人，其中教授 5 人，副教授 6 人，工程师 7 人，助工 1 人。

建成后至 1993 年，中心共完成课题 54 项，课题经费总数约 300 万元。用于云纹干涉法中的闪耀衍身光栅及试件制备工艺、测量高温下材料力学性能的光学装置与方法获国家发明奖四等奖，光载波原理及应用、串片散热器粘接工艺推广应用获国家教委科技进步二等奖，振动模拟分析及应用获国家教委科技进步三等奖。

强度与振动中心的历任主任：杨宗发（1986 年—1992 年），周辛庚（1992 年—2001 年），施惠基（2001 年— ）。

（四）生物医学测试中心

生物医学测试中心（以下简称测试中心）于 2007 年筹备，2009 年对外开放服务，是清华大学“十一五”期间重点建设的校级科研条件平台，设有细胞生物学平台及同位素实验室、蛋白质化学平台、药物发现平台、基因测序平台和实验动物平台，以及模式动物平台。该测试中心由学校实验室与设备处在业务上进行指导，挂靠生命科学与医学研究院，同时作为清华大学—北京大学生命科学联合中心的支撑机构为清华大学生命、医学以及化学、化工、环境、材料、航天等相关学科的科学研究与人才培养工作提供技术支撑与测试服务，并面向北京市对社会开放。

到 2010 年底，该测试中心仪器设备及设施资产约 8 000 万元。设备平台仪器包括环境扫描电镜、透射电镜及制样设备、双光子共聚焦显微镜、高速活细胞激光共聚焦显微镜、激光共聚焦显微镜、流式细胞分选仪及分析仪，OrbiTrap Velos 质谱仪、MALDI-TOF-TOF 质谱仪、仪圆二色谱仪和 Biacore T200 生物分子互作分析系统，液相色谱/串联三重四级杆质谱联用系统（QQQ）、液相色谱/高分辨质谱（HRMS）、液相色谱/离子阱质谱联用系统（IT）、气相色谱/质谱联用系统（GC/MS）、高内涵活细胞分析系统（HCS）、高通量筛选系统（HTS）和多功能酶标仪（Multilabel Reader），高速基因测序系统。实验动物平台配置有 14 套隔离器、7 000 个进口的

IVC小鼠笼位、2 000个小鼠开放笼位和1 000个大鼠开放笼位、120个家兔笼位，配套设备包括组织制片及图像采集系统、显微注射系统、动物辐射仪、小鼠活体荧光成像系统、大小鼠行为测试及分析系统等。

测试中心独立运行、统一管理、资源共享、有偿服务。测试中心主任负责测试中心的总体发展规划，常务副主任负责日常工作与综合管理；各平台技术主管负责本平台的设备设施运行、开放服务与技术培训及研发，平台技术员负责仪器设备的使用、培训及维护；各平台设有专家指导委员会，负责制定仪器设备购置计划及专家论证，审议测试服务项目及要求、收费标准及相关管理制度，考核技术人员服务质量及岗位能力等。

生物医学测试中心主任：施一公（2009年—　）。

（五）高性能计算平台

清华信息科学与技术国家实验室（以下简称国家实验室）是科技部于2003年11月25日批准筹建的首批5个国家实验室之一。为支持基础科学研究和应用基础科学研究工作的开展，国家实验室成立公共平台与技术部，下设高性能计算平台等技术服务机构。

高性能计算平台于2005年11月成立并正式对外开放运行。平台拥有“探索3号”集群机，采用高速64位处理器，共128个结点、256个CPU，峰值速度每秒1.3万亿次，存储容量达160TB，成为当时国内高校性能最好的集群机之一。为进一步满足用户日益增长的高性能计算需求，2010年学校“985三期”投资3 000万经费购置并开展“探索100”百万亿次集群计算机建设，其理论浮点峰值计算性能将超过100TFlops，将于2011年上半年建成，建成后其计算能力预计将居全国高校首位。

几年来，高性能计算平台以服务用户为宗旨，为校内外用户提供高性能计算资源、并行算法研发、高性能计算咨询等各类服务，为校内外高性能计算用户提供有力的平台支撑。高性能计算平台已累计为“973”“863”计划和国家自然科学基金、校基金等超过142个项目，300余用户提供高性能计算服务，用户覆盖了物理、化学、应用数学、材料、力学、电子、自动化、计算机、核技术、航天航空、生物信息、石油、电机、医学、地质等众多学科领域。此外，高性能平台为计算机系6门课程提供实验环境，每年培养学生200余人。

高性能计算平台历任主任：孙茂松（2005年—2010年），杨广文（2010年—　）。

（六）生物医学影像研究中心实验室

生物医学影像研究中心实验室成立于2010年6月15日，是在清华大学“985”学科建设项目支持下的集公共服务、科研和教学于一体的多模态医学影像平台。

实验室现有1台Philips Achieva 3.0T TX磁共振成像系统及其他配套设备，致力于多模态医学影像的研究，以磁共振影像为突破点进行基础科学、临床医学和工程研发等多方面的交叉研究，积极将研究成果转换成医学相关产业和临床应用。实验室努力催化与拓展清华大学生物医学工程、分子生物学、生理学、心理学、物理学、电子学、信息学等多学科领域与医学影像学的交叉研究。还提供多方位的教学支撑，承担了“医学成像系统”等3门课程的实验教学任务。

实验室作为公共实验平台为生物医学工程系、工程物理系、心理系、航空航天学院、水利系等院系提供成像服务，在研项目36项，领域涉及磁共振物理、神经工程、认知科学、材料学和流体力学等诸多方面。

实验室主任：苑纯（2010 年—　）。

二、实验教学中心

1990 年代末清华大学开展院系体制改革，撤销教研室，成立研究所，教学工作从教研组向院系集中，逐步形成系管教学的局面。在院系层面整合实验教学资源，统筹规划，建设资源集中共享、队伍集中管理、能够为学生提供综合性、多样性实验实践条件的实验教学中心逐渐成为趋势。以 1996 年整合金工实习、电子工艺实习资源建设基础工业训练中心为标志，清华大学从基础教学实验室开始逐步推进实验教学中心建设。

实验教学中心的整合建设有利于组织教学，有利于学生学习，有利于实验室管理，也有利于增强教学实验室的展示度和影响力。还可争取各方面资源，为持续发展创造更加优越的政策环境和社会环境。但是在其建设发展过程中还要能够很好地解决实验教学中心与依托的学科共同发展的问题，很好地解决实验技术队伍持续发展提高的问题。

到 2008 年，清华大学建立实验教学中心 21 个，其中 5 个为跨院系整合，除文科院系以外的大部分院系的实验教学资源得到整合。学校和各院系针对不同特点的实验教学中心在组织管理上开展了多样化的尝试。

（一）基础工业训练中心

为加强学生的实践能力的训练，清华历年来建设了一批学生实验、实习场所。

1922 年，在土木建筑馆的手工教室接纳学生实习。在继后 80 多年，由手工教室发展到金木工厂，再发展到抗战期间西南联大时的机械实习厂。

1949 年新中国成立后的不同阶段，发展为校办实习工厂的综合机械厂、汽车厂、机械厂等。

1985 年，成立电子工艺教研组。

1996 年 6 月，整合金属工艺学教研室、电子工艺教研组，以及校办机械厂和科教仪器厂的工程实践教学部分，成立清华大学基础工业训练中心。

2006 年，获得北京市高等学校实验教学示范中心和国家级实验教学示范中心称号。

基础工业训练中心的主要任务是：集工程基础训练，先进技术训练、创新实践训练和综合素质训练为一体，培养学生的工程实践能力、综合素质和创新精神。

“金工实习”课程自 1988 年至 2000 年，连续五次获得校级一类课程称号；

“金属工艺学实习教材”于 1988 年获国家教委高等学校优秀教材二等奖；

“金工教学实习的发展与突破”于 1989 年获国家级优秀教学成果奖。2004 年，“机械制造实习”课程被评为北京市级和国家级精品课程。

2006 年，傅水根教授获北京市高等学校教学名师奖和第二届国家教学名师奖称号。2009 年，基础工业训练中心牵头的“实验室科研探究”课程被评为北京市级和国家级精品课程。

实验室主任：傅水根（1996 年—2009 年），李双寿（2009 年—　）。

（二）电工电子实验教学中心

该中心成立于 1999 年 10 月，由原电机系基础电工实验室、应用电子学与电工学实验室、电子系线路与系统实验室、自动化系电子学实验室整合而成。2004 年 6 月，中心将原计算机系的数字逻辑实验室并入，规模进一步扩大。到 2010 年底中心已建成基本电工实验室、应用电工实验室、电子技术实验室、EDA 实验室等四个现代化实验室，并与 Altera、TI、NI、Labcenter、Microchip、Xilinx、Altium 等业界最著名公司建立了 8 个联合实验室。

中心是全校的电子信息与电气大类实验教学平台，面向 20 个系、39 个专业开设 17 门实验课，每年课内教学量为 28 万人·时。积极探索研究型大学开放实验教学模式，配合各院系开展实验教学改革。利用多个联合实验室的优势资源，为学生提供科技创新条件。

中心成立以来，有效共享设备资源，整合实验课程体系，2006 年建成北京市实验教学示范中心。中心开设的“电子系统设计综合实践”课程获 2007 年清华大学科研成果转化为教学资源一等奖；教学建设项目“发挥实验中心资源优势，建设探究式学研并进人才培养环境”获 2008 年清华大学教学成果奖一等奖；中心自主研发的实验设备及系统“电子技术学习机”和“集成电路测试仪”“基于无线网络的实验教学管理信息系统”分获 2004 年、2008 年、2010 年清华大学实验技术成果一等奖。

“电工技术与电子技术”（非电类）课程 2009 年获得国家级精品课（实验部分由中心建设）。

中心教师主编、参编教材 6 种，编写实验讲义 26 种，发表教学研究论文 40 余篇。

实验室主任：董在望（1999 年—2003 年），任勇（2003 年— ）。

（三）基础化学实验教学中心

该中心位于清华大学 1932 年建的化学馆内，前身为普通化学实验室。1952 年院系调整后，普通化学实验室一直为全校本科生开设普通化学实验课程。1999 年 8 月，化学系整合全系的实验教学资源成立基础化学实验教学中心，内含普通化学、无机化学、分析化学、有机化学、物理化学、仪器分析 6 个实验室。

2006 年获得“北京市高等学校实验教学示范中心”称号。

中心承担着全校相关专业基础化学实验教学课程。实验教学涵盖了 10 多个院系，50 多个专业。年实验教学工作量约 15 万人学时数。开设了化学实验课程 14 门，实验项目达 100 多个。年接待本科生 3 000 多人。

近年来出版了 20 本基础化学实验教材和一系列适合现代科学技术发展的实验讲义。每年发表实验教学论文 10 余篇。

“研究型有机化学教学改革探索”2004 年获北京市优秀教学成果一等奖，2005 年国家级教学成果二等奖；2005 年“有机化学和实验”被评为北京市和国家精品课；“基础化学实验教学”2008 年获北京市优秀教学成果二等奖；2007 年“仪器分析”被评为北京市和国家精品课。

实验室主任：沈光球（1999 年—2001 年），刘密新（2001 年—2003 年），李兆陇（2003 年—2006 年），张新荣（2006 年— ）。

（四）现代生命科学实验教学中心

现代生命科学实验教学中心是 1999 年在生物系原有教学实验室的基础上建立的。实验教学中心所构筑的基础课教学与实验训练平台，为全面推进实验室建设与实验课内容更新，为培养高素质本科生奠定了良好的基础。现有普通生物学、生物化学、微生物学、细胞生物学、遗传学、分子生物学、动物生理学 7 个基础教学实验室和 1 个用于大学生探究实验的创新实验室。此外还建设了联网显微镜、公共仪器、局域网 3 个辅助教学实验室和 1 个生物标本室。

中心承担着生命科学学院、清华大学医学院基础和专业实验课程、协和医学院基础实验课以及理学院及全校非生物类本科生基础生物学实验的教学任务。每年开设的实验项目数超过 150 个，年教学工作量超过 15 万人・时。

实验教学中心承担的教改项目“生命科学实验教学体系的改革与创新”于 2009 年分别获得北京市教育教学成果（高等教育）一等奖和国家级教学成果二等奖。现代生命科学实验教学中心于 2005 年被评为北京市实验教学示范中心，2006 年被评为首批生物学科国家级实验教学示范中心。

实验室主任：屠平官（1999 年—2005 年），张荣庆（2005 年—　）。

（五）材料科学与工程实验教学中心

20 世纪 90 年代末，材料系开始探索建立综合性研究型实验教学体系，为配合这一探索，材料科学与工程教学实验室于 1999 年正式组建。经过几年努力，材料科学与工程教学实验室已经建成了参量测试、显微结构分析、材料制备、材料化学和材料物理性能等 5 个分室，基本满足材料学科本科生实验教学的需求。

中心承担材料科学与工程学科本科生所有实验教学课程的教学工作，并为本科生综合论文训练和研究生学位论文工作提供实验条件。

中心成立后获得一批成果，如 2000 年获清华大学教学成果二等奖，2006 年获清华大学教学成果一等奖，2008 年被评为清华大学一级实验室。

2010 年牵头成立了全国高校材料学科实验教学研究会，潘伟教授和龚江宏博士分别出任研究会第一任理事长和秘书长。

实验室主任：龚江宏（1999 年—　）。

（六）机械工程系实验教学中心

该实验教学中心的前身为铸造、锻压、焊接和金属学教研组实验室。2000 年后建成，包括 5 个教学实验室：材料加工过程仿真实验室；工程材料实验室；检测技术教学实验室；机电控制教学实验室；制造系统教学实验室；承担本科生和研究生的相关教学实验。

中心主要承担机械工程及自动化专业材料成形及控制方向的部分技术基础、专业基础和专业课程的教学任务，以及面向机械大类学生开设工程材料课程的实验内容。

实验室支持的课程“工程材料”和“材料加工”（包括材料加工原理、材料加工工艺以及材料加工系列实验）先后被评为清华大学、北京市、国家精品课程，并被评为国家级教学团队。

“机械系统微机控制”“工程材料基础”“机电控制系统实践”被评为清华大学精品课程。2005 年 6 月“工程材料网络课程”获清华大学优秀教学软件一等奖；“研究型大学‘材料加工’课程教学体系建设的理念与实践”2006 年获“清华大学教学成果奖”一等奖；“材料加工系列实验”“工程材料”教材列入普通高等教育“十一五”国家级规划教材，“工程材料”立体化教材被评为北京市高等教育成果二等奖。

实验室主任：吴爱萍（2000 年—　）。

（七）实验物理教学中心

1926 年物理系成立后，到抗战开始前，位于科学馆的物理实验室已具相当规模。1952 年院系调整后，物理系并入北大，但保留了普通物理实验室，为工科学生开设实验课。1957 年重建了中级物理实验室，后改称近代物理实验室，并开设了近代物理实验课。1978年后，全面恢复了面向工科学生的物理实验课程，普通物理、近代物理实验室建设都有了较大发展。

1982年始，清华大学恢复重建物理系。为培养物理人才，筹建了面向培养理科人才的基础物理实验室，并扩建了近代物理实验室。随着物理学各二级学科专业的建立，又分别建立了近代光学、核物理、凝聚态物理等专业教学实验室。1991年后，在理、工科基地支持下，普通物理实验室、近代物理实验室分别被评为校一级实验室、教育部合格实验室；相应课程分别被评为校一类课、教育部创优名牌课程等。

1999年物理系按一级学科重新整合专业教学实验室，建立了由基础物理实验、近代物理实验、高等物理实验组成的三级实验物理教学体系。2001年将基础物理实验室、近代物理实验室、高等物理实验室、物理演示实验室等整合为实验物理教学中心。建设一流的实验物理教学中心，培养一流创新型人才的理念得到确立。

中心面向全校的实验物理教学，培养清华学生的实验物理基础和实验动手能力，培养一流创新型人才；针对物理专业学生，培养具有深厚物理基础和高超动手能力的物理人才。

1991年物理系被第一批批准为国家理科人才培养基地；1997年又被首批批准为国家工科基础课程教学基地。

"普通物理实验"课程自1995起被评为校级一类课程；普通物理实验室自1997年起被评为清华大学一级实验室。

"近代物理实验"课程自1993起被评为校级一类课程；近代物理实验室自1994起被评为校级一级实验室；

"基础物理实验"获评国家级精品课程（2005年），"演示实验"也是国家级精品课程（2003年）"大学物理"的重要组成部分；朱鹤年教授获评北京市教学名师奖（2007年）；吴念乐教授获评宝钢优秀教学奖（2004年）；

获国家教学成果二等奖1项、北京市教学成果一等奖1项、北京市精品课程1项、北京市精品教材1项、全国实验教学仪器评比一等奖3次，二等奖3次等多项奖励；另获清华大学实验技术成果奖励30余项（包括一等奖1项）。

2005年、2006年先后被评为北京市和国家级实验教学示范中心。

实验室主任：邓景康（2001年—2004年），吴念乐（2004年—2008年），葛惟昆、张留碗（2008年—　）。

（八）自动化实验教学中心

1995年初，自动化系将计算机软件、控制理论、计算机控制系统等自动化专业基础性课程实验室整合为一体，成立了"自动化系教学中心实验室"。该实验室为自动化专业以及校内的非自动化专业的相关课程服务。2005年，学校和自动化系在原有"中心实验室"的基础上，整合了12个专业实验室，更名为"清华大学自动化实验教学中心"。2007年，获得北京市高等学校实验教学示范中心和清华大学一级实验室称号。

中心坚持以学生为本、以能力培养为核心、"融知识、能力、素质协调发展"的实验教学思想，遵循面向全校本科生、研究生开放的宗旨，从实验教学的角度培养厚基础、宽口径、创新能力强，综合素质高的"大自动化"人才。并加强科研对实验教学的"领引"和"提升"，不断提高教学质量、改善开放性实验教学环境。

中心获国家级教学成果二等奖 2 项（2005 年、2009 年），北京市级教学成果奖一等奖（2008 年）；获国家科学技术发明奖二等奖 1 项（2008 年）；列入北京市及校精品课 3 门，国家级精品课 1 门。此外，还获得校教学成果一等奖 6 项，二等奖 5 项；校实验技术成果一等奖 2 项，二等奖 3 项，三等奖 11 项。

积极组织学生参加科研和各类科技竞赛，共获得清华大学学生实验室贡献奖一等奖 7 项，二等奖 7 项，三等奖 20 项；获得清华大学 SRT 项目优秀奖 4 项。在“挑战杯”课外科技活动、电子设计大赛、中国机器人大赛、机器人世界杯、智能车大赛等各项竞赛活动中取得很好的成绩。例如学生开发的类人机器人在 RoboCup 等国际和国内比赛中多次获奖。2009 年，中心成功承办了“首届清华大学自动控制大赛”。

实验室主任：杨耕（2005 年—　）。

（九）计算机实验教学中心

在面向非计算机专业学生的基础教学方面，70 年代就开设面向全校的“计算机程序设计”等计算机应用课程，《Basic 语言程序设计》《C 语言程序设计》等教材影响了全国几代人。20 世纪 80 年代开始筹建的计算中心开放实验室从规模到管理方式都在全国产生示范作用。90 年代初期，学校率先提出普及计算机文化素养教育、按照“计算机文化基础、计算机技术、计算机应用”三个层次开展计算机教育的方案，并在全国得到了推广。1998 年计算机系整合各个教研组的实验室成立了面向计算机专业教育的计算机系教学实验室，为实验中心的建立奠定了基础。

2000 年，一期“985 工程”项目“计算机基础教学系列课程与实验基地建设”正式实施，在计算机系专业教学实验室的基础上，进一步整合电机系和计算中心的实验教学资源，为全校计算机实验教学构造了一个大平台。2004 年，将隶属于计算中心的基础教学教师合并到计算机系，成立计算机基础教学部，明确了依托学科加强基础教学的理念，重新规划了计算机基础课体系和实验教学体系。2006 年正式设立计算机实验教学中心。实验教学中心努力在系统化、高层次、多样性的实验环境方面，提供更加丰富的软件与硬件系统资源，更加自由开放的实验平台与手段，为培养一流学生的综合创新能力服务。

中心以计算机科学与技术学科为依托，以计算机理论教学为基础，以实践与理论的结合为核心，丰富和完善计算机系列实验教学，促进计算机在全校各专业中的渗透与应用，提升计算机科学研究、工程技术与应用开发创新人才的培养水平。

中心取得一系列建设成果，其中包括：国家教学成果二等奖 1 项，北京市教学成果一等奖 4 项；北京市高等学校教学名师奖 2 人（吴文虎、王行言）；国家级精品课 7 门（“计算机语言与程序设计”“计算机组成原理”“计算机文化基础”“面向对象的程序设计”“计算机系统结构”“汇编语言程序设计”“计算机图形学基础”）；国家级教学成果二等奖教材：6 种；国家科技进步三等奖教材：1 种。

姚期智教授主持的“软件科学实验班”获得教育部“大学生创新训练计划”的支持。

实验室主任：杨士强（2006 年—　）。

（十）力学实验教学中心

1985 年，为了实现力学实验的课程和资源共享，依托工程力学系和土木工程系的相关力学实验室，成立了教育部开放实验室——清华大学强度实验中心，它是当时学校仅有的两个教育部实验开放中心之一。2007 年，依托清华力学学科群构建力学实验教学中心，由航天航空学院和土木水利学院的相关实验室整合而成。中心拥有固体力学与材料力学实验室、流体力学实验室、动力学与理论力学实验室、结构力学与工程结构实验室、力学计算与仿真实验室、土力学实验室和水力学实验室等 7 个实验室。这 7 个实验室都依托相关的学科而建设，伴随着学科的发展而发展。

中心每年承担全校的力学实验课程逾 2 500 人・门，完成力学实验教学工作量为 67 000 人・时。中心历经 20 多年的建设和积累，时至今日，已经发展成为全校学生受益面大、创新性强、国内辐射面广、示范程度高的综合性力学实验教学中心。

1995 年以来，在“211 工程”“985 工程”和世行贷款项目的支持下，上述诸学科和力学实验教学中心得到了长足的发展：

2001 年和 2006 年，在全国一级学科评估中，清华大学的力学、土木工程和水利工程学科均名列前茅（力学排名第一，水利工程排名第一，土木工程排名第二）；先后产生国家级教学成果一等奖和二等奖多项；中心的三位教授获得国家级名师奖，另外 5 位教授获得北京市名师奖；“材料力学”“理论力学”“弹性力学”“结构力学”“土力学”“水力学”和“流体力学”等 7 门课程先后被评为北京市精品课程和国家级精品课程，“计算力学”和“土木工程 CAD”课程被评为北京市精品课程。

实验室主任：庄茁（2007 年—　）。

（十一）化工实验教学中心

化工系实验教学中心的前身——化工原理实验室始建于 1959 年，化工原理实验室 1990 年首批迈入校“一级实验室”行列，1993 年、1997 年、2008 年经三次复查继续保持该称号。

2007 年化工原理实验室在进一步整合实验教学资源、优化教学实验与人员配置的基础上，为全面推进实验室建设与实验课内容更新，为培养高素质本科生奠定良好的条件，成立了化工实验教学中心。化工过程综合实验、化工仿真实验、化工热力学实验和生物化工实验加入到实验教学中心，现在中心拥有教学实验室面积逾 600 平方米，教学实验装置 40 余套，仪器设备 200 多台（件），固定资产 263 万元。

化工实验教学中心到 2010 年底可开设化工基础实验 20 个、化工专业实验 14 个、化工仿真实验 11 个，为化工系及相关专业人才培养奠定了良好的基础。

实验中心承担着化工系、化学系、自动化系、环境系、工物系 16 个班每年约 400 名本科生的实验教学任务，每年开设实验 5 000～6 000 人・时。另外，化工系本科生的概念实习、认识实习与仿真实习任务也全部由实验中心承担，每年完成实习教学任务逾 350 人次。

化工实验教学中心的教学设备多数为自主开发、研制，根据实验教学的要求由实验教学指导教师集多年教学经验自行设计和化工系教师科研成果转化。该实验装置系列通过国家教委组织的专家鉴定，在全国兄弟院校中得到广泛的推广和应用。近年来，实验中心积极开发出新的实验装置，提高实验教学水平。

中心取得一批建设成果，包括清华大学实验技术成果一等奖 1 项（2004 年）二等奖 2 项（2008 年、2010 年）；清华大学教学工作优秀成果奖 2 项（2004 年、2006 年）。

实验室主任：余立新（2007 年—2009 年），郭宝华（2009 年—　）。

（十二）艺术与设计实验教学中心

美术学院前身为中央工艺美术学院，成立于 1956 年。学院建立之初就设立了印染、陶瓷、地毯、木工、丝网印等工艺实验室。

1956 年至 1966 年学院的实验实践教学紧密结合国家建设，先后参与了我国十大建筑、国际列车、万吨巨轮等装饰及家具的设计。

1978 年工艺楼落成，面积达 3 000 平方米，设有木工、印染、服装、漆艺、陶瓷、印刷、摄影、计算机辅助设计等工艺实验室。通过实验教学参与国家重大活动及重要设计项目，各系师生设计作品在国内外专业评比中屡获佳绩。

1989 年至 1998 年是实验教学发展、完善和改革的 10 年。学院的教学计划在文化部委托承办的“全国艺术院校工艺美术专业教学计划修订会”上被确定为全国统一的工艺美术专业教学计划，由此在我国正式形成以实验实践教学为核心理念的艺术设计教学体系。

1999 年学院并入清华大学，调整和建设完成面向未来发展的 28 个实验室（使用面积13 160 平方米）。2007 年，学院整合所有实验室，成立清华大学艺术与设计实验教学中心，实行集中管理。

中心通过培育特色化、创新性、交叉型的实验课程，培养“德厚艺精、博学求新”的高层次、复合型优秀艺术人才。主要面向清华大学美术学院染织服装艺术设计、陶瓷艺术设计、视觉传达设计、环境艺术设计、信息艺术设计、工业设计、工艺美术、绘画、雕塑等专业的本科生、研究生开设必修课和选修课，并面向全校其他学科、专业开设艺术素质课程。承担着美术学院 1 100余名本科生，近 500 名研究生的实验教学、科研和创作实践，并面向学校其他院系开设艺术设计探究课程，同时面向社会项目开放。

中心工作紧密围绕人才培养目标，在环境、设备、管理和课程建设方面坚持改革与创新，到 2010 年底中心每学年度开设的实验课程总数达 210 余门，为学生授课 3 100 余人次，人时数 20 万；为学校其他院系开设了 9 门实验室探究课程；并开办国际交流 workshop 实验课程。

中心在人才培养和实验室建设方面取得一批成果，包括：2008 年至 2010 年实验课程入选国家级、市级、校级精品课程总计 9 门；获得国家级教学成果二等奖 1 项、北京市教学成果一等奖 1 项、二等奖 2 项（2008 年）；国家级教学名师奖获得者 2 名（李砚祖、柳冠中），北京市高等学校教学名师奖 5 名；入选教育部“高等学校优秀青年教师教学科研奖励计划”2 人；入选教育部新世纪优秀人才计划 6 人；2008 年至 2010 年中心教师编写出版实验教材 150 种，包括多种国家及北京市精品教材，普通高等教育“十一五”国家级规划教材、清华大学优秀教材等；此外，2008 年以来，教师创作、教材、论文获奖 290 项，教师指导在校本科生、研究生创作获奖 250 余项。

实验中心先后于 2008 年、2009 年获得北京市级和国家级实验教学示范中心称号。

实验室主任：郑曙旸（2007 年—2009 年），何洁（2009 年—　）。

（十三）机械工程实验教学中心

1996 年，教育部启动“国家工科基础课程教学基地”建设规划，学校成为全国首批 8 个“国家工科机械基础课程教学基地”之一，由此拉开了机械工程实验与实践教学改革和平台建设的序幕。从 2000 年开始，将机械制图、机械原理、机械设计和制造工程基础课程规划为“设计与制造课程模块”，将测试与检测技术基础和控制工程基础课程规划为“检测与控制课程模块”等学院平台课程，并确定了机械工程实验教学和实践训练的系列实践课程体系以及中心实验平台等系统框架和改革方案。

2008 年整合工程图学实验室、机械创新设计实验室、CAD 教学中心、制造工程实验室、测控技术实验室、汽车结构系统分析实验室、汽车机电系统实验室、汽车造型设计实验室等 8 个实验室，成立机械工程实验教学中心，获清华大学一级实验室称号。2008 年分别获得北京市和教育部高等学校实验教学示范中心。

中心集实验与实践教学于一体，面向全校开展机械制图实践、机械设计基础系列实验和实践课程、制造工程系列实验、计算机辅助设计与制造系列实验与实践、机械测控技术系列实验、专用机械系统系列实验、实验探究课、大学生研究训练项目和大学生竞赛性项目训练等教学，为学生理论与实践相结合、知识学习与能力培养培养相结合提供条件。同时，为提高学生综合素质和创新能力的实验与实践教学内容和教学模式深入改革提供平台，为学生自主学习与发现问题、创造性地解决问题的能力拓展、培养拔尖人才等提供支撑环境。

2004 年中心被评为教育部国家工科机械基础课程教学基地优秀基地。中心所支撑的主要基础课程“机械原理”“机械制造基础”“机械制图”“测试与检测技术基础”“控制工程基础”等课程均建设成为了北京市和国家精品课程。“机械设计基础与实践课程”“光学工程”“汽车理论”等获得北京市精品课程称号。自教学基地建设以来，获得教育部教学成果奖二等奖 6 项，获得北京市教学成果奖 10 余项、学校教学成果奖近 30 项，10 余部教材获教育部奖励。申永胜教授获国家级教学名师奖；机械设计与制造基础系列课程教学团队获国家级教学团队。由中心发起和组织的“机械创新设计大赛”（已举办 14 届）和“新生机械创意设计大赛”（已举办 8 届）是学校的主要赛事和学生课外科技活动热点，中心连续多年组织学生参加全国和首都“机械创新设计大赛”并取得优异成绩，为拔尖学生培养、提升学生综合素质和培养创新能力提供了环境和平台。

实验室主任：季林红（2008 年—）。

（十四）电气工程实验教学中心

清华大学电机系电机学实验室成立于 1935 年，是国内最早的电机学实验室之一；电力系统动模实验室成立于 1958 年，是国内第一个电力系统动模实验室。这些实验室自建立之初起，一直为电机系教学和科研提供高质量实验平台。1995 年起，电机系整合专业教学资源，形成系统的实验教学体系，对各教学实验室实行统一管理。2008 年学校正式设立电气工程实验教学中心建制。

从对学生培养的角度来说，要让学生对电气工程学科树立牢固正确的基础知识，熟练掌握工业界的当前状况，准确把握行业的发展趋势；从学生的认知规律角度来说，要使学生尽早接触科学研究前沿，通过亲自动手加深对电气工程的感性认识，培养学生的创新意识和创新能力。

中心在实验教学和实验室建设方面获得一批成果。获得国家级教学成果一等奖 1 项（2005 年）；北京市教学成果一等奖 1 项（2009 年）；获国家级精品课 2 门；第五届高等学校教学名师奖 1 人（孙宏斌）；电力系统及其自动化专业教学团队 2008 年获北京市级教学团队，2010 年获国家级教学团队。

2008 年获北京市高等学校实验教学示范中心和国家级实验教学示范中心建设单位称号。

实验室主任：梁曦东（2008 年—）。

（十五）环境科学与工程实验实践教学中心

1934 年学校建成卫生工程实验室。此后历经建设发展，实验教学内容不断调整、发展，陆续开设过给排水管道、水力学、水泵和废水处理、电除尘、废气脱硫等教学实验。

2001年，学校制定了反映环境学科特点和发展趋势、与世界一流大学接轨的全新的教学体系，实验教学条件得到改善，实验教学内容大幅度调整，开设了水处理工程、大气污染控制工程、环境监测、环境微生物等实验课程。

2004年10月，学校成立了环境技术实验与实践教学中心。该中心于2008年3月更名为环境科学与工程实验实践教学中心。2008年对环境科学与工程实验实践教学中心进行了大规模的扩建，由原来分散的教学实验室建设成为约2 000平方米的集中、独立实验室。同时，教学仪器设备条件建设取得显著进展。新开设了环境工程原理实验、固体废物处理处置工程实验、环境土壤学实验、环境数据处理与数学模型实验和数据库与信息技术5门实验课程。

2009年，中心通过清华大学一级实验室评估，并获得北京市实验教学示范中心和国家级实验教学示范中心建设单位称号。2010年，通过ISO 9001质量管理体系认证。

中心以培养环境学科高质量、复合型拔尖创新人才，全面提高全校学生的可持续发展意识为目标，提供师资队伍雄厚、教学理念和模式先进、软硬件条件一流的课程实验平台、专业实践教育平台、绿色实践教育平台、实验教学研究与交流平台以及服务社会的窗口，为跻身世界一流环境学科提供有力保障。

至2010年，中心获得国家级教学成果一等奖1项（2005年），二等奖2项（2005年、2009年）。北京市级教学成果特等奖1项（2008年）；国家级教学名师奖3人（郝吉明、钱易、胡洪营），北京市教学名师奖4人；北京市级精品教材3部；国家级、北京市精品课程各5门。此外，刘文君获北京市优秀教师奖（2006年），胡洪营获北京市教育创新标兵称号（2004年），环境工程专业教学团队成为北京市优秀教学团队（2008年）。

实验室主任：胡洪营（2008年—　）。

（十六）新闻传播学实验教学中心

2002年，在学校“211工程”和“985工程”一期经费的支持下，新闻与传播综合实验室初步建成，并全面投入使用，为学院的教学和科研提供支持和服务。2007年对本科教学实验室进行全面规划，在“985”二期经费的支持下，至2007年底建成理念先进、设施齐全、环境优美的教学实验室7个，教学实验室的使用面积扩充到800余平方米。实验室包括：平面媒体、影视媒体、网络媒体、摄影、数据资源、研究训练等类型实验室。

2008年3月学校整合上述实验室设立“新闻传播学实验教学中心”，由学院统一管理。

随着数字化摄影的发展，2010年9月撤销了摄影室和洗印室，数字媒体实验室与媒介调查实验室合并。

实验中心的任务主要包括：报刊实务课程实验，学生《清新时报》出版编辑；影视、摄影类课程实践；财经新闻研究方向财经数据查询、检索培训；新媒体类课程实践。

近年来的主要成果如下：

（1）作为本科生实践环节，由本科生负责的《清新时报》到2010年底每教学周一期，每期8版，印刷8 000份。

（2）2010年，纪录片《2008·纪》入围第23届阿姆斯特丹国际纪录片电影新人长片竞赛单元（尹鸿监制、雷建军执导）；纪录片《扇鼓·乐》入选第28届米兰国际体育电影电视节（制作：焦瑞青）；纪录片《向左看齐》获2010年全国科技DV影像大赛二等奖（制作：梁君健）；纪录片《寻找信仰》获2010年全国科技DV影像大赛三等奖（制作：陈弘毅、陈宇轩、郭伟松等）。

（3）自 2007 年 9 月开始中心开设“实验室探究课”单元讲座“布隆伯格操作系统应用”，每学期接待学生 160 人。

2009 年 1 月通过专家评估，中心被评为“清华大学一级实验室”。

实验室主任：金兼斌（2008 年— ）。

（十七）电子工程实验教学中心

电子工程实施教学中心是 2008 年 10 月由电子工程系原有的电子电路实验室、物理光电子实验室、通信电路实验室、通信原理实验室、电磁场与微波实验室、计算机网络实验室以及探索创新实验室等整合而成的。2010 年，中心提出了新的电子信息类的实验教学体系，建立了以人为本、以能力培养为核心，分层次、多模块的开放性实验教学体系。

中心的任务是：建立新的实验教学体系架构，实践开放性的个性化实践模式，建立以人为本、以能力培养为核心，分层次、多模块的开放性实验教学体系，构建以宽基础、交叉性、研究型为特征的创新人才实践教育培养模式。

3 门课程成为北京市精品课程和国家精品课程（2009 年、2010 年）；获“北京市教学成果二等奖”1 项（2009 年）；完成编写国家教委“十一五”重点规划教材 1 部（2010 年）；先后与 ASUS、ALTERA、XILINX 等建立联合实验室；多次获校级实验教学成果一等奖和实验技术成果一等奖。

2009 年被评为“清华大学一级实验室”，并获“清华大学先进集体”称号。

实验室主任：邓北星（2008 年— ）。

（十八）动力工程及工程热物理实验教学中心

本实验中心起源于 1932 年组建的机械工程学系动力工程组和航空工程组的实验室。经过 50 多年的发展演变，1998 年与工程力学系动力工程及工程热物理学科共同组成“动力工程及工程热物理”一级学科，其下形成热工学实验室为基础实验室，包含热能工程、动力机械、流体机械、热工测试实验室专业实验的体系。2008 年，经 2007—2008 学年度第 17 次校务会议讨论通过，整合上述机构成立清华大学动力工程及工程热物理实验教学中心（University Laboratory for Dynamics Engineering and Engineering Thermodynamics Education），并成为清华大学一级实验（2008 年）和北京市实验教学示范中心（2010 年）。到 2010 年底，中心支撑的课程有 43 门，实验教学工作量约 4 万人·时。形成了以实验课程为核心，以工程专业实践教育为辅的具有多层次、多类型的立体实验教学体系。

实验中心是学校作为动力工程及工程热物理学科实验教学的基地，为能源专业学生提供一个集动力工程及工程热物理学科基础实验教学和能源动力专业实验教学为一体、贯穿本科生四年培养全过程的教育，也为非能源动力专业学生提供“能源动力基础—参数测试—创新系统”的实践训练。

中心先后获得省部级教学成果一等奖和二等奖各 1 项；2009 年，中心的一位教授获北京市教学名师奖；“工程热力学”（2005 年）、“传热学”（2007 年）、“燃烧理论”（2009 年）等三门课程先后被评为北京市精品课程和国家精品课程；2010 年，热工学系列课程教学团队成为北京市优秀教学团队。

实验室主任：史琳（2008 年— ）。

（十九）核工程与核技术实验教学中心

1956年建系开始，基于工物系“理工结合”的办学特点，学校主要利用各研究方向的科研实验室兼作教学实验室，在培养学生扎实理论基础的同时，注重使学生的理论、实验等各方面的能力均衡发展。

1977年后，根据系各方向的基本需求，学校逐步形成了辐射探测与反应堆物理教学实验室、核电子学教学实验室、核信息数据获取与处理3个教学为主的教学实验室，同时利用14个专业实验室及产学研基地进行实验教学。

2008年，随着专业面的拓展和进一步加强实践教学的需要，对原3个教学实验室和承担教学的专业实验室进行整合，建立核工程与核技术实验教学中心，设置辐射物理与探测、核数据获取与处理、核电子学、核能教学、反应堆物理、辐射防护与环境保护、量测技术与误差分析、近代物理、计算物理9个教学实验室。

中心面向核科学与技术方向，中心的9个实验室为学生开展多方位、多层次、多途径实验教学，加强学生的实践能力和工程能力的训练，促进理工结合，提升学生综合素质。

“核数据获取与处理系统”系列课程，将研究成果应用于教学，受到了学生的欢迎，课程创建20年来一直被评为“一类课”和“精品课”。

实验室主任：曾实（2008年—2009年），陈少敏（2009年—　）。

（二十）建筑学实验教学中心

清华大学1946年创办建筑系时就设立实验室，开展手工制作建筑模型的实验教学工作。此后，一直非常重视建筑学教育中的实验教学。在长期的实验教学活动中学校逐步形成了“一个目标，三个平台”的建设思路，即以培养具有创新思维、团队精神、国际视野的“专业帅才”为目标，建设设计实验平台、专业实验平台和校外实践平台三个平台，通过建筑学三种实验教学类型设置课程，实现建筑学实验教学的科学发展。

2009年学校整合全院的实验教学资源正式设立建筑学实验教学中心，设置3个平台9个实验室以及若干校外实践基地。其中设计实验平台由建筑材料与工艺实验室、建筑学基础教学实验室、建筑学专业教学实验室、建筑学提高教学实验室4个实验室组成；专业实验平台由建筑物理实验室、建筑历史与测绘实验室、建筑美术与视觉艺术实验室、建筑模拟与计算机辅助设计实验室、人居环境信息实验室5个实验室组成；校外实践平台以设计实践、古代建筑测绘和建筑美术实习为主。

在教学方面，2004年，清华大学建筑学院设计系列课教师组获得中华全国总工会颁布的“全国职工创新示范岗”。2005年，“以广义建筑学和人居环境学为指导探索新时代建筑教育”建筑学教学成果获得国家级教学成果二等奖。2008年，“建筑设计”课程被评为国家级精品课。2009年，建筑学实验教学中心被评为清华大学一级实验室。

2009年，建筑学实验教学课程总学分是102学分（本科生5年共98学分，研究生4学分），总计1 216学时，占建筑学本科生培养所需学分数的51%；每年实验人时数超过10万。

实验室主任：朱文一（2009年—　）。

第十一章

图书、档案、校史研究、出版物、校园信息化建设与教育基金会

第一节　图书馆

一、历史沿革与基本情况

（一）1911 年—1948 年

1911 年清华学堂创办后，在教务内设图书经理员，负责图书工作。1912 年清华学堂改为清华学校后，正式建立了小规模的图书室，称清华学校图书室，仅有管理员一二人，地点在清华学堂大楼后面平房中（即二院），隶属于庶务处。至 1914 年夏，图书室脱离庶务处而成为学校行政之一部。

1916 年 4 月，兴建独立馆舍（现老馆南侧翼），于 1919 年 3 月落成，建筑面积 2 114.44 平方米，费银 175 000 元。在迁入新馆舍的同时，清华学校图书室改名为清华学校图书馆。

在建设馆舍的同时，图书室主任戴志骞专程赴美国学习图书馆学，引进西方图书馆管理方式。1919 年，馆内始建立组织机构，设有参考股、中文编目股、西文编目股、管理股，业务工作逐步走上正轨。

1925 年，学校添设大学部及研究院，1926 年，成立了由图书馆主任任主席，各学科派代表参加的图书购置委员会，负责决定图书预算支配及购书事宜。

1928 年，清华学校改为国立清华大学，图书馆也相应地改称为国立清华大学图书馆。此后，图书经费骤增，1929 年已达 112 000 元。当年耗资 34 000 元购买了杭州藏书家杨氏丰华堂藏书 47 546 册，其中有宋刊 7 册，元刊 24 册，明刊 4 859 册，钞本 2 161 册，其他有日本刊本、稿本、名人批校本及清代精刊等，许多是孤本。还有一套完整的浙江省地方志，十分可贵。

1931 年 11 月扩建的馆舍（即今老馆之中部和西侧翼）竣工，使馆舍面积达到 7 700 平方米，书架总长约 10 英里，可容书 30 万册，阅览座位 700 余席。此时，人员、组织机构及业务工作都有较大发展。大学成立后，建立了图书馆委员会，作为学校的常设委员会之一。各院、系也大都成立了图书室。1932 年校评议会通过、校长公布施行了《国立清华大学图书馆规则》；同年，图书馆委员会通过了《发给书库证详细办法》，奠定了图书馆基本制度的基础。至抗战前夕，藏书已达 36 万余册。其中有名人专著、丛书全集及绝版难得之书以及中外文的一些全套期刊，有不少仅为各大学图书馆中所见。此时，已设立了较为完整的读者目录体系，按文种、文献类型分设了 5 个阅览室且都采用开架阅览的形式。清华图书馆已成为国内高等学校中馆舍较大、藏书丰富、管理较为健全的图书馆之一，为教学和研究工作提供了较为充分的文献保障。

1937 年“七七”事变后，学校被迫南迁，与北京大学、南开大学合组长沙临时大学。临时大学与也迁至长沙的北平图书馆合作，组成了长沙临时大学图书馆，由北平图书馆馆长袁同礼任馆长。同时合组建立了图书馆委员会，并决议临大和北平图书馆各出资5万元作为购置图书的经费。

1938年4月，临大迁往昆明，建立了国立西南联合大学。图书馆也定名为国立西南联合大学图书馆，仍由袁同礼任馆长，由原北京大学图书馆主任严文郁任图书馆主任。1938年底，北平图书馆在昆明成立了办事处，和联大图书馆分离。联大图书馆仍由严文郁任主任。1939年11月成立了图书设计委员会，陈岱孙为召集人。清华图书馆运抵昆明书刊23 000余册。运抵重庆北碚的10 000余册善本图书遭敌机轰炸，仅烬余3 000余册。

1946年复员时，清华园中的图书馆已面目全非。抗战期间，日军以图书馆为外科病房，书库为手术室及药库，图书馆已没有一本藏书。学校南迁时留在校内的书刊被敌军发交北大图书馆、伪新民会、伪教育总署等处分存，其中被掠劫散失不少。据统计，抗战期间损失书刊达17.5万余册。复校后潘光旦被任命为图书馆主任，担负起复兴图书馆的重任。此后又陆续采购了一些图书，其中有新购的刘半农、金天羽藏书，又接受了卢木斋后裔的赠书和陶孟和的赠书。解放前夕藏书已达41万余册。

为纪念"一二·一"学生运动一周年，由学生自治会学艺部主办，建立了"一二·一"图书馆。1947年3月8日开馆，馆址在"灰楼"（化学馆西侧）。"一二·一"图书室接受了党内和国内外捐款和赠予的大量进步书刊，最后书籍达到3 000余册，参加工作的同学50多人。在这里同学们可读到各种"禁书"，如《共产党宣言》《国家与革命》《新民主主义论》等革命书刊，还经常组织同学收听延安广播，是当时学校的红色据点之一。解放初期，"一二·一"图书室的藏书合并到校图书馆（1985年12月1日，"一二·一"图书室命名仪式在14号楼举行，此后图书室由清华大学团委负责管理）。

1948年12月15日，清华大学获得解放。此后图书馆改称清华大学图书馆。

（二）1949年—1976年

1952年院系调整后，13 000余册理工科图书随着外调院系被调整到外校。1953年向东北人民大学（今吉林大学）调去线装古籍16 788册。1958年又向内蒙古大学、中国人民大学、延安大学等14个单位调拨中西日文书刊16万册。院系调整中，清华大学图书馆的大量图书被调出，特别是一大批文科类图书的外调，使图书馆受到了较大的影响，馆藏数量有明显的减少。所幸的是，当时馆藏的近30万册珍贵古籍及商周甲骨、青铜器等一批珍贵文物，在时任校长蒋南翔的指示下被保留了下来。

为适应院系调整后清华大学成为一所多科性工业大学教学改革的需要，图书馆对馆藏结构进行调整和改造。重点采集工科类图书特别是俄文图书，积极采集马列主义经典著作、革命书刊和进步文艺作品，同时清理了反动、淫秽的书刊，控制了流通。1956年，配合"向科学进军"的要求，图书馆又加强了西文科技书刊、文摘索引、工具书等的订购。

1959年，图书馆参加了全国中、俄、西文专业书刊联合目录的编制工作，以及《大型图书馆图书分类法草案》的拟制、审查、修订，并派代表参加了此分类法的领导机构以及综合审查工作。

1966年，馆藏发展到135万余册，是解放前的三倍半。

在十年"文化大革命"浩劫中，图书馆的正常工作受到严重影响。图书经费大大压缩，1970年仅有47 000元，为1966年的五分之一。许多珍贵书刊停购，1967年甚至仅采购图书717册。

期刊由1965年的2 395种下降到1970年的873种。全校广大师生员工和图书馆工作人员在极其困难的条件下，保护了馆藏的珍贵书刊未遭大的损失，并尽力开展了一些工作。

1970年夏，图书馆重新开放服务，恢复了部分业务工作。当年，学校将中央主楼五层划拨给图书馆使用，成为图书馆的分馆，位于主楼的无线电系、电机系、自动化系、动能系等单位的资料室划归图书馆。1971年起，对图书馆建筑进行全面的整理和修缮，恢复了老馆三层大库，对三个大阅览室的地面进行了整修。

（三）1977年—1993年

1978年，学校成立了图书馆计算机应用研究组。20世纪80年代初期，学校和北京大学及北京图书馆等6个单位协作研究与试验MARC（机读目录）在我国图书馆的应用。1986年，国际联机终端检索开通。1987年，学校引进美国BIBLIOFILE光盘系统，实现了西文图书自动化编目。1986年，由清华大学图书馆牵头组织全国300余所大学参加的“中国大学学报论文文摘（CUJA）文献数据库（英文版）”，通过国家教委鉴定并获国家科委科技成果三等奖。1989年由清华图书馆担任协作组组长，承担了国家“七五”重点攻关项目——“中国科学与工程文献数据库”联合建库试验（UDT）科研任务，1991年通过了国家科委组织的成果鉴定。

80年代中后期，图书馆制订并执行了1985年至1990年五年改革计划：延长开馆时间；扩大开架出纳；优化馆藏结构，重点收藏科技方面的学术专著，重点学科的核心期刊和会议录、各种重要的参考工具书和检索工具书刊。1985年，受国家教委委托，成立了外国教材中心图书室，系统收藏国外著名大学理工、经管学科的教材、教学参考书和博士论文（缩微平片）。1987年，设立了“清华文库”特藏，专门收集、宣传和保存本校教职工和校友的著作。通过采购、交换、接受赠送等种种途径和措施，馆藏的数量和质量得到很大的改善。1990年，根据全国文献资源调查工作的部署，图书馆对馆藏文献作了比较全面仔细的调查评估，馆藏总量为240万册，形成了以较高学术水平的自然科学文献为主体的综合藏书体系。工科类文献资源在国内高校中居领先地位。

1988年5月21日，图书馆新馆奠基，并于1991年9月建成。1994年9月，新馆被命名为“逸夫馆”。新馆建成后，馆舍总面积达到27 820平方米。全馆设阅览座位2 800余席，藏书可容300余万册。

1991年夏，本着边基建收尾、边搬迁、边开馆的方针，学校对约180万册书刊资料作了搬迁、清理、除尘、调整布局。于1991年10月新馆正式顺利开放使用。新馆的建成，给图书馆工作创造了优越的条件。图书馆抓住机遇，深化改革，不断开创工作的新局面。制定了《清华大学图书馆“八五”计划纲要》，确定了“狠抓基础，发展两翼（自动化和信息服务）”的工作重点和“面向读者，服务第一”的指导思想，以图书馆自动化带动对业务工作的全面改造。图书馆自动化、网络化的工作全面展开，开始了传统型图书馆向现代图书馆转型的进程。

1991年1月，为适应新馆开馆后工作的需要，图书馆党政机构进行了调整，成立党总支，由侯竹筠任总支书记。同年，图书馆学术委员会成立。在业务及行政部门中增设了自动化部、技术服务部、典藏部和行政科。

1992年11月，图书馆馆藏目录公共检索系统和中文科技书流通系统开始使用。同月，直属教委的高等学校科技咨询及成果查新工作站成立，为科学研究、技术开发和成果鉴定服务。

1993年，学校成立“科学技术史暨古文献研究所”，聘请中国科学院自然科学史研究所前副所长华觉明为所长，以中国工程技术史和科技历史文献作为重点研究方向，取得了一系列学术研究成果。同年底，在全国图书馆中首先试验开通光盘数据库网，实现校园网上的光盘数据库检索。

（四）1994 年—2010 年

1994 年，图书馆开放音像阅览室，多媒体阅览室。1995 年，学校建立图书馆主页，一年后访问量突破百万。同年，进行图书清理，剔除冗余复本图书 5 万册。1996 年恢复清华大学图书情报委员会。

1996 年学校制订“211 工程”一期“建设电子化图书馆”计划。在该项目经费支持下，购进美国 INNOVATIVE 公司的图书馆集成管理软件 INNOPAC，为国内图书馆行业引进的第一个先进的图书馆集成管理软件系统，并完成了软件的汉化处理、数据编制和迁入等，通过图书馆主页对外提供服务，实现了 INNOPAC 系统管理和服务的各功能模块在图书馆的业务流程中正常运行，图书馆的业务管理和服务模式都发生了重大变化，提高了对学校教学、科研和学科建设的支持能力。同时停止了中外文目录卡片的制作，使清华大学图书馆在国内率先实现现代图书馆的运行管理模式。

图书馆开展网络环境下的读者服务，不断拓展新的服务模式和内容。1998 年学校实行学科馆员—图书情报教授制度，为学校各院系提供有针对性的服务；学校成立信息服务中心，提供 SCI 咨询、专题检索等专门化咨询服务。4 月，学校建立 Ei Compendex 镜像服务器，并通过网络向国内用户提供检索服务。

1999 年学校启动“985 工程”一期建设项目，图书馆进入新的发展阶段。资源建设、管理和运行经费大幅提升。图书馆选购了一批学术水平高的电子资源数据库，并将部分原有的光盘数据库升级为网络版，提供读者进行网上查询利用，电子资源数据总量超过 1TB。从此，电子资源开始成为图书馆主要资源类型之一，图书馆的资源建设进入印刷型资源和电子型资源并存的阶段。到 2001 年电子资源数据库达 187 个。

1999 年，教育部正式启动“高等教育文献保障系统（CALIS）”建设项目，清华大学图书馆作为 CALIS 的全国工程文献信息服务中心，负责组织工程科学相关的文献资源的引进、服务和支持等工作，并负责组织近百所高校图书馆建立 CALIS 博硕士学位论文数据库。

2000 年 4 月，学校启动“中国科技史数字图书馆”建设项目，成立“清华大学数字图书馆研究所”。启动焚余古籍的修复工作，在国内 7 家古籍修复单位的支持下，完成 2 000 余册焚余古籍的修复。

2001 年初，学校完成馆舍修缮、空调通风和消防安全系统工程。配合校园网建设，完成计算机局域网升级并接入学校网络中心。开展了“文明服务月”活动，建立首问负责制及 24 小时网络服务保障机制等。5 月，举办“第 12 届新信息技术国际会议”（NIT'2001），会议主题为“进入新千年的全球数字图书馆进展——众多交叉学科合作的沃土”，参会中外学者 200 多人。同年，系统购入一个世纪以来 98 位诺贝尔文学奖获得者著作 953 册，成为图书馆的特色珍藏。

2001 年至 2005 年，学校完成图书馆“985 工程”一期、二期建设项目，电子化图书馆建设上新台阶，图书馆的资源建设、读者服务、信息揭示和网络条件等方面得到较大发展，成为国内数字化资源最丰富、信息服务水平最高的大学图书馆之一。图书馆与计算中心、网络中心共同参与的“教学资源信息网络化建设与应用”获教育部“国家级教学成果奖”一等奖、北京市教育教学

成果（高等教育）一等奖。

2002 年，图书馆基本完成了馆藏中外文图书的书目数据回溯，2007 年完成了古籍目录检索系统并对外发布，2008 年完成了中外文期刊和俄文图书的数据回溯。至此，清华大学图书馆大规模的书目数据回溯工作宣告结束。

2003 年 3 月，《清华大学图书馆藏善本书目》出版，收入馆藏善本 4 623 种，5 086 部。

2003 年起，图书馆不断探索并完善网络环境下的读者服务方式。逐步设立并完善了电子图书数据库和阅读系统、电子教参系统；推出网上在线咨询，设置了虚拟参考咨询系统平台，多种渠道解答读者咨询；自主开发了馆际互借系统平台，用户数和申请业务大幅攀升；科技查新工作站获教育部批准认证，查新课题数量逐年增加。同年底，“中国大学图书馆数字化国际合作项目”（CADAL）启动，清华大学图书馆作为首批参加单位，成为高校数字化基地之一。

2004 年，完成逸夫馆全部图书的磁条更换工作，由永久性磁条更换为可充消磁磁条，共计处理 50 余万册图书。利用自主开发的系统平台和统计分析软件，开展读者满意度调查活动。同年，与香港城市大学、台湾逢甲大学图书馆共同启动优秀学生作品交流平台建设合作项目，建立本科生优秀学术作品数据库，并提供服务与交流。完成机房改造工程，图书馆网络系统安装了防火墙，对网络实行实时防护。

2005 年校庆，举办图书馆“捐赠主题展览”，图书馆年接收捐赠图书量迅速上升。设立高英士图书基金、梁铼琚图书基金、周燕图书基金、龚家麟图书基金、中国建设银行图书基金，等等。同年开始广泛征集毕业生赠书，获赠图书除补充馆藏外，大部分转赠低年级学生或者其他地区图书馆，此举获得毕业生的积极响应。

2005 年底，图书馆引进 Metalib & SFX 电子资源管理系统，建立“清华大学学术资源信息门户”，并于 2006 年初提供网上服务。该门户对读者可利用的馆藏电子资源进行了整体性揭示，基本实现了全部电子资源的管理、检索和服务的有机链接，使图书馆电子资源的管理和服务达到了国内领先水平。

2005 年，经过三年建设的“211 工程”二期项目顺利通过验收。项目成果包括：引进和自建数字化资源数量显著增长，并取得了良好的使用效益；建成了先进的数字化加工基地；引进了新的电子资源整合管理系统，扩展整合资源的数量，实现了电子资源的管理、检索和服务的有机链接，使图书馆电子资源的管理和服务达到了国内领先水平；建成了国内规模最大、设施先进、安全可靠的电子资源镜像基地，不仅为清华大学，而且为全国 400 多所高校提供电子资源服务，稳定性和可靠性达到国际先进水平。到 2006 年，镜像基地已建有面向全国服务的镜像站点 20 个，服务器已达 110 台。

2006 年 4 月，逸夫馆外文图书闭架库开放借阅，至此，逸夫馆全部图书文献基本实现开架借阅。同年，INNOPAC 系统各功能模块基本完成向 Millennium 版本的升级，启用具有集中管理能力的海量信息存储系统。引进并建立多媒体资源的检索系统平台，实现视频资源在校园网上的在线点播服务。开发远程登录访问系统和电子资源访问控制系统，解决了本校师生从校外访问图书馆电子资源的问题。

2006 年 9 月，位于昌平校区的远程书库启用，约计 30 万册呆滞书刊陆续转运至远程书库，一定程度上缓解了图书馆馆舍空间紧张的状况。

从 1999 年开始，在学校的支持下逐步推进建设由总馆、分馆、院系资料室构成的三级文献资源保障和支撑系统，陆续建立了经济管理分馆、法律分馆、人文分馆、建筑分馆。分馆在总馆指导下开展各项日常业务活动，经费和人员薪酬由所属院系划拨。2005 年秋，美术分馆合并进入总馆；2006 年春，李文达医学与生命科学图书馆（医学分馆）成立，归总馆统一管理。总馆和分馆日常业务采用 INNOPAC 系统平台统一管理，书目数据统一揭示，文献资源逐渐实现共建共享。2008 年，所有分馆以不同方式实现了对全校读者的借阅服务。部分院系资料室也将所藏资源纳入图书馆管理系统。

2007 年初，图书馆党委成立，高瑄任党委书记。图书馆电子资源购置经费首次超过印刷型资源，电子资源已成为清华大学图书馆最重要的资源形式，资源数量和利用率居于国内高校图书馆前列，与国外一流大学图书馆的水平相当。

2007 年，对逸夫馆的部分服务环境进行升级改造。改善了读者培训教室的设备，进行信息共享空间建设，完成了信息服务中心、多媒体阅览室的改造，设置小组讨论间；完成大厅的环境改造。

2008 年，图书馆“985 工程”二期建设任务完成，图书馆的资源、服务、网络设施和基础环境等各方面功能不断提升和完善，清华大学图书馆的管理、服务和建设水平基本达到了一个现代化图书馆的标准。

2008 年 5 月，经国务院批准，清华大学图书馆和国内其他 51 家单位一起获得文化部颁发的第一批“全国重点古籍保护单位”证书，16 种馆藏古籍入选第一批《国家珍贵古籍名录》。6 月，完成伊斯雷尔·爱泼斯坦 6 000 余册图书的捐赠接收。11 月，成立特藏部，负责接收各类捐赠及特色馆藏资源的收集、保存与服务。12 月，美国波士顿大学教授罗伯特·科恩捐赠的个人藏书 21 000余册运抵图书馆，这是图书馆接收的最大一笔来自海外的私人捐赠。

2009 年 8 月，由瑞士著名设计师马里奥·博塔设计，凯风公益基金会捐助，建筑面积 2 万平方米的人文社科图书馆动工兴建，2010 年 4 月结构封顶，2011 年 4 月落成。2009 年对逸夫馆内设置统一规划、功能完善的标识系统；进行全馆照明改造，采用新式灯具及光源，不仅提高了阅览空间照度，而且更加安全节能。2009 年底，图书馆完成了中英文主页的版本更新。

2010 年初，图书馆局域网再次升级，实现全双栈模式，无线网络覆盖全馆。3 月，从美国康奈尔大学购入的 9 万余册西文图书运抵图书馆，该批图书涵盖了人文社科各学科，是康奈尔 URIS 图书馆的馆藏；8 月，日本东北大学服部文男教授及其学生捐赠的 19 000 余册图书运抵图书馆，该批藏书的主体是马克思、恩格斯著作及相关研究专著。这两批书籍补充了人文社科新馆的馆藏资源。

二、馆舍与设备

（一）馆舍

图书馆一期建筑于 1916 年由美国人亨利·墨菲设计，1917 年春动工，1919 年春落成。图书馆二期建筑由校友杨廷宝负责设计，1930 年春动工，1931 年 11 月完成。二期建筑与一期建筑衔接浑然天成，成为图书馆建筑风格延续的典范。图书馆三期建筑由清华建筑学院教授关肇邺设计，香港实业家邵逸夫先生捐资兴建，建筑面积20 120平方米。于 1988 年 5 月 21 日奠基，1991 年 9 月建成，命名“逸夫馆”。前后三期建筑均采用清水红砖墙，灰瓦坡屋顶，以及拱形门窗等结构形式，在建筑风格和色彩上达到了高度的和谐和统一。逸夫馆获中国建筑工程鲁班奖、中国建筑学会建筑创作大奖等，被评为 20 世纪 90 年代北京十大建筑之一。人文社科图书馆建筑由瑞士

著名建筑大师马里奥·博塔设计，2009 年 8 月动工，2010 年 4 月结构封顶。

清华大学图书馆馆舍建造情况见表 11-1-1。

表 11-1-1 清华大学图书馆馆舍建造情况

名　称	建造时间		建筑面积（平方米）	设计者	建设费用	备　注
	开工	完工				
图书馆一期	1916-04	1919-03	2 114	亨利·墨菲	175 000 元	
图书馆二期	1930-03	1931-11	5 588	杨廷宝	257 000 元	
图书馆三期（逸夫馆）	1988-05	1991-09	20 120	关肇邺	2 000 万港元＋940 万元人民币	邵逸夫捐赠 2 000万港元
人文社科图书馆	2009-08	2011-01	20 000	马里奥·博塔	8 000 万＋4 000 万元人民币	凯风公益基金会捐赠 8 000 万元人民币

1996 年建筑学院图书馆成为清华大学图书馆建筑分馆，1999 年法学院复建后其图书馆成为法律分馆。2000 年以后，学校提出了建设“三级文献保障体系”的计划，并逐步推进，拟建设一个以总馆为主体，包括数个分馆以及一批院系资料室的三级文献保障系统，以充分利用来自学校各方面的资源与服务条件，为学校教学、科研和学科建设提供充足的文献及信息资源。由此，图书馆和相关院系合作，陆续建立了人文、经管、美术、医学等专业分馆，相当部分院系资料室逐渐撤销或归并入总馆和专业分馆。图书馆总馆和专业分馆间逐渐推进文献资源的共建共享，所有专业分馆已实现馆藏资源书目数据纳入统一管理平台揭示。总馆和部分分馆、院系资料室建立起了资源采购协调机制，部分专业分馆面向全校开放了阅览和一定条件下的借阅服务。

清华大学各图书分馆主要情况见表 11-1-2。

表 11-1-2 清华大学各图书分馆主要情况

名　称	启用时间	面积（平方米）	人员	馆藏（万册）	备　注
建筑分馆	1996	600	7	6.48	馆藏统计中含文物陈列品
法律分馆	1999	2 000	7	11.40	馆藏统计中含文物陈列品
人文分馆	2000	800	6	9.66	
经管分馆	2002	901	10	12.22	馆藏统计中含文物陈列品
美术分馆	2005	2 500	22	20.00	
医学分馆	2006	1 583	3	3.93	

（二）设备

2010 年图书馆共有计算机、网络设备、技防设备、消防设备、机电设备等各类设备 2 200 余台件，价值 3 700 余万。其中计算机、服务器、交换机等共有 1 000 余台件，价值 2 100 余万元。

（三）院、系、所图书室（馆）、资料室

1928 年学校改办大学后，各系成立时都设立了系图书室，所购图书主要面向本系师生服务。1954 年，在苏联专家的建议下，当年各系成立了 14 个资料室。此后随着学校机构的增加，资料

室不断得到发展。到1993年，院、系、所图书资料室已发展到28个，共有图书资料人员51人，阅览面积4 230平方米，书刊资料总数50万册（件），面向本院、系、所的教师、研究生和高年级学生服务。各院、系、所每年都拨出一定的经费供购置书刊资料之用。1993年清华大学院、系、所图书室（馆）情况见表11-1-3。

表11-1-3　清华大学院、系、所图书室（馆）一览（1993）

单　位	人员	面积（平方米）	书刊资料数	单　位	人员	面积（平方米）	书刊资料数
建筑学院图书室、资料室	6	410	9 196	数学系资料室	2	180	14 751
土木系图书室、资料室	2	400	7 821	物理系资料室	1	36	7 806
水电系图书资料室	2	200	20 094	生物系资料室	1	50	6 043
环境系资料室	1	65	13 328	经管学院图书情报中心	5	550	55 576
精仪系图书馆、资料室	2	100	6 594	社科系图书室	4	400	19 739
热能系资料室	1	65	22 916	外语系资料室	1	100	10 578
汽车系资料室	1	60	25 000	外语系资料中心	2	80	7 632
电机系资料室	1	50	2 780	微电子所资料室	1	20	3 364
电子系资料室	1	170	17 449	核研院图书馆	4	700	172 342
计算机系资料室	2	90	3 782	中文系资料室	1	40	6 162
自动化系资料室	1	40	1 769	教育研究所资料室	1	50	12 052
工物系资料室	1	20	5 971	思想文化研究所资料室	1	34	5 374
力学系资料室	2	105	8 426	校史研究室资料室	1	20	2 100
化学系资料室	1	55	3 047	合计	51	4 220	482 362
化工系资料室	2	130	10 670				

1994年以后，除了建筑学院图书馆成为学校图书馆分馆之外，其他各院系图书馆、资料室保留原有体制，但与总馆和部分分馆建立起了资源采购协调机制。

三、资源建设与资源管理

清华大学图书馆的资源建设，在将近一百年的历史中，虽然中间经过几次波折，但总体上处于持续不断的发展中。自1912年成立，至1936年，馆藏资源的数量持续上升，由开始时的一两千册升至35万余册。1937年至1945年，因战争影响，图书馆馆藏资源遭劫掠和焚毁，损失惨重，至抗战胜利复校时仅余十几万册。1946年复校之后，根据平津分配获得了部分资源，战后重建时期，资源慢慢积累至40余万册。

解放后，1952年院系调整，将近20万册馆藏资源划拨给其他院校，所幸馆藏古籍主体得以保留。此后经过十多年积累，至1966年馆藏达近132万册。十年“文革”期间，资源建设基本停滞，由于学校和图书馆工作人员的保护，使馆藏资源未受重大损失。1978年改革开放之后，资源建设恢复正常，馆藏量逐年增长。至1999年达到263万册/件。

进入新世纪，在学校“985工程”专项经费支持下，图书馆资源建设迈上新台阶。印刷型资源继续稳步上升，电子资源增长迅速，很快成为图书馆的主要资源类型，数量和利用率与国外一

流大学相当，在国内高校图书馆中居于领先地位。2007年起，电子资源在经费分配上超过印刷型资源，图书馆资源建设实现重大变革。与此同时，文献交换、捐赠和特藏建设工作不断推进，取得了显著的成果，一批特色资源的收集并逐步形成规模，极大地丰富了清华大学图书馆馆藏资源的内涵。

（一）印刷型文献

清华大学图书馆馆藏印刷型文献发展见表11-1-4。

表11-1-4　清华大学图书馆馆藏印刷型文献发展一览

年份	图书累计（万册）		期刊合订本（万册）		其他类型（万册）	馆藏总计（万册）
	中文	外文	中文	外文		
1912	0.20					0.20
1928	6.72	3.67	1.20			11.59
1936	22.70	9.10	0.78	2.65		35.22
1949	28.30	9.80	0.74	2.35		41.19
1965	73.00	46.00	3.30	9.60		131.90
1979	74.00	49.00	7.53	15.95	2.00	148.48
1989	125.00	60.00	12.40	18.85	18.00	234.25
1993	133.00	63.00	13.90	20.25	20.06	250.21
2000	130.00	61.00	15.00	20.00	37.00	263.00
2007	160.40	43.96	13.58	25.25	30.30	273.49
2010	158.74	56.33	14.97	26.22	36.64	292.90

（二）电子型文献

清华大学图书馆所购电子型文献发展见表11-1-5。

表11-1-5　清华大学图书馆所购电子型文献发展一览

年份	当年采购经费（万元）	数据库数量（个）	电子书数量（万册）	全文电子期刊数量		本地电子资源总数据量（TB）
				中文（种）	外文（种）	
1999	203.10	110	0.0	3 500	5 200	1
2003	466.00	232	50.0	10 683	11 837	10
2007	706.51	385	113.8	16 221	27 968	30
2010	1 268.50	459	238.5	14 618	42 348	71

（三）特色资源

1.1947年，清华大学拟成立考古系，由陈梦家主持采购一批文物，留存在清华大学图书馆。后又陆续采购补充接受捐赠，迄今这批文物共计约3 800件，包括商周甲骨、青铜器、玉器、陶瓷、字画、石刻等。

2. 自清华成立图书馆之日起，即陆续进行古籍的收藏，至 2007 年统计，共有中文古籍 23 000余种，220 000 余册。其中被《中国古籍善本书目》收录 1 885 种，孤本 425 种。《清华大学图书馆藏善本书目》收录 4 623 种，5 086 部。

3. 1987 年设立“清华文库”，专门收集、保存和展示本校教职工和校友的著作。至 2010 年底，已超过 10 000 册。2008 年起又设置了“院士文库”和“人文社科名师文库”，有针对性征集和收藏相关文献。

4. 自 2007 年起，设立“地方志与地方文献专藏”，陆续接收来自近 30 个省、自治区、直辖市的新编方志，并购入台湾成文（出版社）版《中国方志》丛书及部分文书契约。到 2010 年底，总数量已超过 10 000 册/件。

5. 2007 年 9 月，图书馆接收美国休斯敦大学退休教授周本初捐赠保钓资料 12 箱，设立了“保钓资料专藏”，到 2010 年底，共计接收 60 多人次捐赠保钓资料 13 133 件，口述访谈 80 余人，积累音视频资料达 150 小时。

（四）资源管理

1913 年前，入藏图书只给予登录号，没有分类编目。1913 年始进行分类编目。中日文图书曾使用的图书分类法有《暂定清华学校图书馆分类简目》、《杜威十进分类法》、自编《八大类分类表》等。西俄文图书按《杜威十进分类法》加以补正。

1959 年后，使用《大型图书馆图书分类法草案》进行图书的分类。

自 1977 年起，图书馆的中外文图书开始按《中国图书馆分类法》进行分类编目，并持续沿用至今。

1988 年，图书馆西文图书开始使用美国 BiblioFile 光盘系统进行计算机编目。

1992 年 11 月，图书馆馆藏目录公共检索系统（OPAC）开始使用。1996 年，在 INNOPAC 系统支持下，馆藏目录公共检索系统通过图书馆主页对外提供服务，传统模式的图书目录卡片逐渐停止使用。

2002 年，图书馆基本完成了馆藏中西文图书的书目数据回溯，2007 年完成了古籍目录检索系统并对外发布，2008 年完成了中外文期刊和俄文图书的数据回溯。至此，清华大学图书馆大规模的书目数据回溯工作宣告结束。电子资源、多媒体资源的信息检索和目录揭示工作逐步推进，到 2010 年底，已完成电子资源编目数据超过 100 万种。

四、读者服务

清华大学图书馆在发展的早期，就非常重视读者服务工作。1919 年，清华学校图书馆即在国内图书馆界率先设立了参考服务业务部门。到 20 年代，即开始在部分阅览室实行开架阅览；30 年代早期，又根据读者需要，设定专门时间允许部分读者进库查书，并增加了学生借书的数量。

1978 年改革开放，图书馆关注国外大学图书馆的发展动向，积极探索服务的新模式和新途径。1987 年，设立了中文科技图书开架库区，开始提供开架借阅服务。1991 年三期建筑建成之后，图书馆坚持推进更加方便读者的开放式服务，不断扩大文献资源开架服务的资源和区域，延长开放时间。2006 年，常用图书全部开架，图书馆实现了“一个出口”的服务模式。

随着信息时代计算机、网络技术的不断发展，图书馆集成管理系统的全面投入使用和电子资

源的不断丰富，图书馆的读者服务进入了一个新阶段。基于网络条件下的新型服务方式不断推出，服务模式不断创新。馆际互借、文献传递、科技查新、学科服务、读者培训等服务更加方便、快捷地满足读者的各类需求。近年来，图书馆借助新技术提升服务内涵，陆续推出了借还书、文印、缴费、阅读小间管理、数字阅报等自助服务设施，以及手机图书馆信息服务、馆藏地图服务等；开展了在门户网站上的图书馆链接、社交网络平台上的图书馆信息发布等多种方式的宣传和服务。

清华大学图书馆各学年度读者借阅统计、信息参考服务情况、主页与服务系统访问情况分别见表 11-1-6、表 11-1-7、表 11-1-8。

表 11-1-6　清华大学图书馆各学年度读者借阅量统计

年份	借书量（万册）	阅览量（万人次）	年份	借书量（万册）	阅览量（万人次）
1918	1.18		1990	66.00	44.00
1931	2.89		1993	69.00	64.00
1955	1.78		2000	88.21	70.00
1964	25.30		2006	122.60	140.00
1980	32.80	35.90	2010	80.50	131.00

表 11-1-7　清华大学图书馆信息参考服务统计

年份	参考咨询（人次）	馆际互借（件）	查收查引（件）	科技查新（题）	培训讲座（课次/人次）
1997		928	2 093	126	27/1 030
2001		12 000	2 052	268	48/ 770
2004	14 431	20 318	3 768	210	51/2 555
2007	33 014	22 479	7 191	301	87/3 991
2010	27 522	23 803	6 889	383	97/3 767

表 11-1-8　清华大学图书馆主页与服务系统访问统计

年份	图书主页（人次）	馆藏目录（人次）	学术资源门户（人次）	数据库和电子期刊导航（人次）	校外访问（人次）
2007	6 622 172	8 490 912	1 137 880		162 700
2008	6 860 088	9 468 619	1 529 030		357 307
2009	7 072 044	11 237 454	3 250 000	3 197 401	4 514 082
2010	6 960 000	13 480 000	4 910 881	3 981 783	4 806 790

五、数字图书馆建设

20 世纪 90 年代后期，随着信息技术的发展，数字图书馆成为国际图书馆界高度重视的新的发展方向。清华大学图书馆在国内较早投入力量进行数字图书馆的研究和建设，并根据本馆特点，开发或参与了一系列数字图书馆项目，进行了数字图书馆标准规范等的研究，并建立起了自己的资源数字化中心。

1999 年，清华大学图书馆开始进行数字图书馆建设的研究论证工作，图书馆与建筑学院、计算机系合作，研制了“建筑数字图书馆”，并于 2001 年校庆前完成。同年，清华大学数字图书馆研究所成立。

2001 年 5 月，第 12 届新信息技术国际会议（NIT）在清华大学召开，会议主题为“进入新千年的全球数字图书馆进展——众多交叉学科合作的沃土”。这是第一次在中国举办的关于数字图书馆及其相关技术以及由此引发的社会后果及对策研究的前沿性国际会议，会议对于数字图书馆研究和应用的最新进展及未来的发展趋势进行了分析和交流。

2002 年，图书馆成立数字图书馆研究室，开始系统地进行一系列特色资源的数字化和数字图书馆研发工作，包括 CALIS 支持的高校学位论文数据库、中国科技史数字图书馆、《清华周刊》等清华特色馆藏资源、教学参考资料等。参加科技部专项资金重大项目《我国数字图书馆标准规范建设》的工作，以及与德国、美国、法国相关单位合作的国际合作项目《数学资源保存网络计划》。2003 年，台湾赵贤明先生资助建立了“贤志资源数字化中心”，该中心逐步增置设备、完善流程和管理，具备了资源数字化加工制作的能力。同年，参加中美“百万册图书”项目，为该项目完成了 5 万册资源的数字化加工。“中国科技史数字图书馆”、清华特色资源数字图书馆和教学资源数字图书馆正在持续建设中。

六、机构和人员

（一）机构

1912 年，清华学校图书室成立，隶属于庶务处。

1914 年，清华学校图书室脱离庶务处，成为独立的行政单位。

1919 年，清华学校图书馆参照国外图书馆的模式，成立了中文编目股、西文编目股、参考股、管理股四个部门。

1934 年，国立清华大学图书馆的机构有事务股、登录股、中文编目股、西文编目股、参考股、阅览股、期刊股、特殊工作等部门。

1948 年，国立清华大学图书馆复原后的机构有参考阅览股、期刊股、中文编目股、西文编目股、采录股、庶务股。

1956 年，清华大学图书馆将原有 6 个股改为 3 个科：总务采购科、编目科、阅览科。

1959 年至 1985 年，图书馆的机构有采编科、流通阅览科、期刊科、办公室。

1991 年至 1993 年，图书馆调整后设有以下部门：采访部、编目部、典藏部、流通阅览部、期刊部、信息参考部、自动化部、技术服务部、外国教材中心、文献检索与利用教研组、科技史暨古文献研究所、清华科技经济信息咨询中心、馆办公室、行政科。

1996 年，图书馆又一次对部门进行调整，设置有：资源建设与采访部、编目部、流通阅览部、信息参考与读者培训部、自动化部、技术服务部、科技史暨古文献研究所、办公室、行政科。1999 年，采访部与编目部合并成为采编部，自动化部改称系统部。

2009 年，图书馆对部门进行调整，调整后的部门有：资源建设部、编目部、特藏部、流通阅览部、信息参考部、系统部、数字化部、技术服务部、科技史暨古文献研究所、办公室、总务部，以及隶属于图书馆总馆的美术分馆、医学分馆。

2010 年，成立人文社科图书馆工作组接收新建的人文社科图书馆。

（二）人员

清华大学图书馆历任馆长（主任）见表 11-1-9。

表 11-1-9　清华大学图书馆历任馆长（主任）

姓名	职务	任职时间	姓名	职务	任职时间
黄　光	主任	1913（初）—1913（底）	严文郁	主任	1938-08—1943-02
戴志骞	主任	1914（初）—1917（暑）	董明道	主任	1943-02—1946-05
袁同礼	代主任	1917（暑）—1919（暑）	潘光旦	主任/馆长	1946—1952-05
戴志骞	主任	1919（暑）—1923（暑）	李辑祥	馆长	1952-10—1953（暑）
吴汉章	代主任	1923（暑）—1925（暑）	金　涛	馆长	1953-09—1956（暑）
戴志骞	主任	1925（暑）—1928（暑）	陈士骅	馆长	1956（暑）—1961
洪有丰	主任	1928（暑）—1931（暑）	史国衡	馆长	1961-04—1983-06
沈学植	主任	1931（暑）—1932（暑）	顾廉楚	馆长	1986-03—1991-01
王文山	主任	1932（暑）—1933	朱文浩	馆长	1991-01—1995-03
洪有丰	主任	1934-10—1935（暑）	刘桂林	馆长	1995-03—2002-06
朱自清	代主任	1935-09—1936（暑）	薛芳渝	馆长	2002-06—2009- 12
钱稻孙	主任	1936-09—1937	邓景康	馆长	2009-12—
袁同礼	馆长	1937-10—1938-01 1938-04—1938-12			

曾在图书馆任职的正高级职称人员（按在图书馆任职时间先后排列，未注明职称者均为研究馆员）：

自 1952 年院系调整后至 1976 年：李辑祥、金涛、陈士骅、刘弄潮、史国衡（均为教授）。

1976 年之后：史国衡（教授）、顾廉楚（教授）、朱成功、冯子良、宋鸿国、朱文浩（教授）、安树兰、张春辉、冯白云、汪广仁（研究员）、承欢、刘桂林（研究员）、孙平、侯竹筠（研究员）、吴开华、姜爱蓉、刘蜀仁、薛芳渝（教授）、冯立昇（研究员）、赵熊、肖燕、戴吾三、高瑄、杨毅、邓景康（教授）、林佳。

图书馆在编人员结构及变化见表 11-1-10，工作人员队伍构成情况见表 11-1-11。

表 11-1-10　清华大学图书馆在编人员结构及变化

年份	人数	文化程度				职称			
		研究生	大学	大专	其他	正高	副高	中级	初级
1912	1								
1921	11								
1936	25					1			
1949	35		6	8	21	1			
1965	82	1	27	6	48	2	1	2	3
1979	103	2	28	2	71	1	3	1	6

续表

年代	人数	文化程度				职称			
		研究生	大学	大专	其他	正高	副高	中级	初级
1989	151	4	58	48	41	3	17	33	77
1993	163	13	64	48	38	5	26	47	55
2000	154	30	68	29	27	6	29	68	38
2005	161	49	62	32	18	8	39	74	30
2010	150	67	49	23	11	8	39	79	20

表 11-1-11　清华大学图书馆工作人员队伍构成

年份	事业编制人数	集体编制人数	校聘合同制	馆聘合同制	助教博士生	勤工助学生
2000	154	12	6	20	30	90（约数）
2003	146	12	10	62	34	45
2006	162	12	12	69	38	48
2008	155	12	18	47	40	120
2010	150	10	20	30	43	174

七、学术研究、教学工作和对外交流

（一）学术研究和教学工作

20 世纪 50 年代中期，副校长刘仙洲倡导开展中国工程发明史的研究，在图书馆设立“中国工程发明史编辑委员会”办公室，进行古代科技史料的搜集整理工作，共抄录卡片 21 000 余张。该项工作支持了《中国机械工程发明史》和《中国农业机械发明史》的出版。1980 年，图书馆成立科技史研究组，1993 年，成立了科学技术史暨古文献研究所，在科技史研究领域取得了一系列研究成果。主持编撰的《中华科技五千年》获得国家图书奖提名奖、国家科技进步奖图书出版二等奖。

改革开放之后，图书馆注意追踪国外图书馆行业新技术发展的动向，1978 年成立计算机应用研究组，1983 年在国产 DJS-130 小型计算机上研制成功的多用户联机书目检索系统 QBRS，成为我国图书馆界首先投入实际应用的计算机书目辅助检索系统。此后，图书馆在网络化、集成化管理方面不断探索，取得了一系列国内领先的成果。

1982 年，图书馆开始开设“文献检索与利用”课程，1984 年成立“文献检索与利用课教研组”。1991 年增设了图书馆概论课，年授课人数近 500 人。1989—1990 学年度和 1991—1992 学年度两次获得学校优秀教学成果二等奖。

2006 年信息素养教育课题“突出信息素养，强化实践环节——本科信息资源检索课程体系的实践与探索”获学校教学成果一等奖。

（二）对外交流

改革开放以来，清华大学图书馆学习国外一流大学图书馆的建设经验，努力提升自身的建设和管理水平。1980 年，时任图书馆馆长史国衡率中国大学图书馆代表团访问美国，开启了中国大学图

书馆界对外交流的新篇章。1994 年，与香港理工大学图书馆签订合作协议。1995 年，召开了“海峡两岸清华大学图书馆学术研讨会”，与台湾新竹清华大学图书馆签署了合作备忘录。1996 年 8 月，国际图书馆协会和机构联合会（IFLA 简称国际图联）第 62 届大会在北京召开，国际图联主席、秘书长，以及约 600 多名来自国内外的图书信息领域专家学者来清华大学图书馆参观访问，对图书馆的发展给予高度评价。与美国 OCLC 草拟合作协议，设立了清华大学 OCLC 服务中心，开始了与 OCLC 长达十多年的合作。2000 年，图书馆参加了由美国、德国、法国著名高校图书馆合作进行的“数字文献电子文档网络（EMANI）”国际合作项目。2000 年起，图书馆参加了两岸五地中文图书馆参加的“中文文献共建共享合作会议”，参与会议推动的项目建设工作。2001 年，图书馆与美国康奈尔大学图书馆达成合作意向。2003 年起，参与“中美百万册图书”项目，完成了所承担的数字化工作。2005 年，与香港城市大学图书馆、台湾逢甲大学图书馆共同建立跨越两岸三地的合作机构库“学生优秀作品数据库”，并不断扩展成员，实现学生优秀作品的共享。

清华大学图书馆是国际图联和“环太平洋数字图书馆联盟（PRDLA）”的成员。多年来，积极发展对外合作交流，倡导设立、组织和参与了一系列合作研究项目，与境内外多家图书馆签订合作协议。进入 21 世纪以来每年的境外来访者均达到数百人次。

清华大学图书馆是“中国图书馆学会”和“中国大学图书馆学会”的理事单位。作为高等教育文献保障系统（CALIS）工程中心，组织推动引进大量理工类电子资源，并为 CALIS 成员馆提供服务，作出了应有的贡献。参加 CALIS 项目，由清华大学图书馆负责的组团购买电子资源、馆际互借、高校学位论文库、自建特色数据库等建设项目获得了一等奖。近年来又开展对口支援青海大学、西藏大学等西部高校图书馆工作。

第二节　档案馆

一、概述

档案工作是办好学校的重要基础工作之一。学校建立健全档案工作经历了一个较长的历史过程。解放前，学校的文书工作积累了大量文件材料。抗战时期，学校辗转南北，于艰难中长途迁徙，至 1946 年返回故园时仅剩 200 多木箱文书材料。

1959 年 5 月，学校根据中共中央《关于统一管理党、政档案工作的通知》的要求，决定进行校机关文书档案工作试点。1962 年春，派校办秘书科专职清理尘封 16 年的木箱，共鉴定、整理编目 1396 卷重要历史档案。

1964 年 1 月，1963—1964 学年度第 6 次校务委员会会议决定成立附设于校长办公室的档案室，任命了兼职的正、副主任。同年 4 月，召开全校机关文书档案工作会议，下发了关于党政档案工作的要求。1965 年 6 月，召开了全校档案工作会议，会后各部、处、系及系党总支共投入了

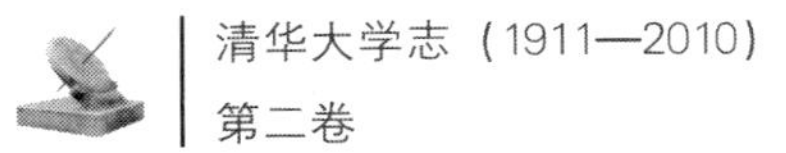

100 多人清理各自积存的文书材料，整理立卷。“文革”动乱中，各部门、各单位整理的文书档案丢失严重。武斗高潮中，由于工作人员的坚守，使人事档案和 3 000 多卷文书、历史档案免受冲击。

1979 年 10 月，国家档案局召开了全国档案工作会议，要求恢复、整顿、集中统一管理档案工作。1979 年 11 月，中共清华大学第四届第 18 次党委常委会和 1979—1980 学年度第 4 次校长工作会议研究了档案工作，决定恢复档案机构，不再附设在校长办公室，建设党政统一的部处级档案室，负责管理全校的文书档案、科技档案和校史资料，确定由分管档案工作的党委常委兼任档案室主任。1981 年 10 月，1981—1982 学年度第 4 次校长工作会议通过了《清华大学科学技术档案工作暂行规定》。1983 年 11 月，召开了全校科技档案工作会，推动了学校的科技档案工作，会后档案室对各系、所的新任兼职科技档案员举办专业培训班。

1990 年 11 月，学校上报国家教委《关于申请设立清华大学档案馆的报告》。1991 年 4 月，国家教委直属司下达《关于成立清华大学档案馆的批复》。同年 10 月，1991—1992 学年度第 4 次校务会议通过建立档案馆的决定，任命了正、副馆长。1992 年春，学校将原隶属于人事处的人事档案科调整到档案馆，为人事档案部。同年 3 月，档案馆迁入新落成的专用馆舍，学校档案工作步入了新阶段。

历任档案馆（室）馆长（主任）见表 1-3-8。

校档案馆具有双重职能，既是学校档案工作管理的职能部门，又是永久保存和提供利用本校档案的科学文化事业机构。建馆时，馆内设文书档案部、科技档案部、人事档案部、技术部和办公室，有专职档案管理和从事档案信息自动化技术的在职人员 19 名。1999 年校机关机构调整，档案馆编制核定为 13 人。至 2010 年底，设有文书档案部、科技档案部、人事档案部三个业务部门和办公室。

曾在档案馆任职的正高级职务人员有：研究馆员陈兆玲、张旭旭，研究员陈秉中、孙宇华。

学校对档案实行“集中统一管理、校系两级保存档案”的原则，健全了分级集中保管的体制。在对全校档案实行统一分类，对各类档案规范管理、编目的基础上，建立了由文书处理部门、课题与项目负责人等立卷归档的制度，建立了覆盖全校的档案工作网络，设立财务处、设备处、电教中心、核研院、美术学院、建筑设计院、清华深圳研究生院等分室，有兼职档案员 150 余人。每年各单位按规定将具有长期和永久保存价值的档案移交档案馆。

档案馆同时负责管理全校教工、学生的个人档案，每年要完成新生的建档、毕业生转档工作。1995 年—1998 年清华人事档案工作实行档案馆和人事处双重领导，2002 年根据国内人事档案综合管理的新需求，成立由党办校办、组织部、人事处及档案馆负责人组成的人事档案工作领导小组，以处理学校人事档案异动及收集、保管等新问题。

二、馆舍与馆藏

（一）馆舍

1980 年校档案室在中央主楼 2 层 201 室，面积 120 平方米。1982 年 11 月教育部批准建 1 190 平方米综合档案室，最后学校决定增至 2 200 平方米。新馆于 1991 年秋落成。档案馆为 L 型三层建筑，毗邻于图书馆新馆东侧，按抵御 8 烈度地震设防，为框架结构。主要功能用房的使用面积：库房 621 平方米，阅览室 126 平方米，技术用房（计算机室、暗室等）285 平方米，陈列室 80 平

方米。库房温度采用分区式集中空调的布局。初期建有 4 个密集架的档案库，配置了四连式手动密集架 70 列 542 节。全馆设置烟感报警系统，铺设了可与校园信息网相联的线路。馆舍的建筑规模和设施在当时全国高校档案馆中是一流的。

为缓解全校快速增长的档案实体对库容的压力，档案馆将 4 个铁皮柜库改装成密集架库，至 2010 年底，全馆 8 个密集架库总计排架 113 列 971 节。1998 年、1999 年对废旧空调机房和原缩微区进行改造，增加可用面积 160 平方米。

档案馆建立了较完备的安防体系。1999 年烟感报警设备升级为高灵敏度数字化系统。2000 年库房老式空调机升级为新一代总控分区式空调，档案库房温湿度达到国家标准。为消除夜间楼馆监视盲区，2002 年设计建成覆盖全馆窗口的红外线防盗报警系统，配有全部红外触点联动警示灯盘，并辅以馆内外重点部位同屏显示的智能监控系统。2008 年完成对配电室和电网的彻底改造，消除动力、照明系统陈旧设备的安全隐患，2009 年配置校园一卡通电子门禁。档案馆曾分别于 1999 年、2005 年、2010 年对楼顶进行翻修解决防水层老化及顶层隔热问题。馆舍的维护和建设、各类设施的定期维护、更新以及安保制度的不断完善保证了档案的安全。

（二）馆藏

馆藏以文书档案（包括 1905 年学校筹建至今各个历史时期的管理档案）、科技档案（包括教学、科研与科技开发、工程项目设计、学校基本建设、专利工作等各项科技业务中形成的科技档案）、人事档案为主，辅以人物档案和音像档案等。档案载体形式以纸介质档案为主，胶片介质、磁介质档案为辅。

截至 2010 年 12 月，馆藏纸介质学生注册卡、学籍卡、成绩卡 233 053 张（自 30 年代始），学校基建图纸 117 196 张，工程档案图纸 20 847 张。各种门类纸介质档案 129 497 卷（盒、袋），其中包括①文书档案 43 490 卷（含历史档案 1 396 卷，其中清朝时期 11 卷，民国时期 1 385 卷）②科技档案 33 111 盒（含研究生论文 24 677 卷，获奖教材 1 002 盒，科研档案 2 002 盒，基建与工程项目设计文字材料 758 盒等）③人事档案 51 554 卷（袋）④人物档案 1 342 盒（44 人）。另有照片档案 23 080 张，录音磁带 1 326 盒，实物 1 071 件。电子版注册卡成绩卡 233 053 件，电子版研究生论文 45 948 件，光盘 484 张。总排架长度 2 823 米。

这些档案真实地记载了清华大学百年历程的演变和发展，不仅对校史研究，而且对我国教育史、科技史的研究具有重要价值。有些各具特色的珍贵档案，如：庚子赔款办学由来；清华学堂成立直至更名国立清华大学经过；抗战期间长沙临大、西南联大的成立与结束；1952 年院系调整等重要历史演变材料；日本投降后，校保管委员会对占领清华园的日军接收校产的材料和校舍被日军破坏的照片；1946 年 7 月 29 日西南联大收到毛泽东、朱德对闻一多教授遇难发来的唁电；由朱自清等著名教授为新生入学考试出的试题手迹，陈省身、林家翘、杨振宁、李政道、钱学森、张光斗等当代著名科学家的学籍卡、成绩卡或公费留美选考成绩及留学情况汇报手迹等；专题人物档案如梅贻琦校长日记、蒋南翔校长工作笔记、叶企孙先生日记、马约翰先生毕业论文、钱锺书先生手稿、顾毓琇先生信函等；标志清华解放的、1948 年 12 月 18 日张贴在西校门上的中国人民解放军布告，1950 年毛泽东主席为清华大学题写校徽的手书，刘少奇、周恩来、邓小平、陈云、江泽民、朱镕基、李岚清、胡锦涛、吴邦国、温家宝等党和国家领导人来校视察的文字记载与照片、录音、题词手迹，以及朝鲜首相金日成、马来西亚总理马哈蒂尔、美国总统布什、英国首相布莱尔等各国首脑政要来校访问讲演活动的声像记录及专卷等；重要事件如 2003 年全校抗击“非典”档案，2008 年学校参加北京奥运活动的专题档案；学校获国家三大奖与承担“六五”至“十五”等攻关项目的科研档案以及文科获奖项目档案；学校获中国专利发明创造金奖的专利档案等。

三、制度建设与档案管理

（一）规章制度建设

自 1982 年以来，档案管理部门逐步制订各项规章制度。1991 年 2 月档案馆制定《清华大学贯彻教委〈第六号令〉的实施细则》并经校务会议审议通过。该《实施细则》从领导体制、档案机构与档案工作网络、归档制度与归档范围、经费、库房和设备以及档案馆建设五个方面确定清华大学档案工作体制和档案馆管理和服务职能，为全校档案工作制度化建设奠定了基础。1993 年档案馆编印了《清华大学档案管理规章制度汇编》，作为每年人员上岗培训、档案工作检查验收的基本依据。2002 年 1 月档案馆整理再版《清华档案管理规章制度汇编》，增强完善了规章制度的可操作性。2010 年 5 月编印了《清华大学档案工作手册》，成为当前学校的档案工作指南。

（二）档案管理

档案馆坚持年初制订工作计划，年终进行工作总结，定期举行全校档案工作会议推动全校档案工作的规范化、科学化，并通过开展工作评比，召开全校总结表彰大会，网上公布归档结果等管理措施加以落实。1995 年，规定以国家法定归档日（6 月 30 日）为限，自上而下推动按期归档并于 1996 年开始实施。自 1997 年起档案馆进一步按照归档率、完整率、合格率 100％的高标准考核验收。长期的法制宣传和制度化建设增强了全校档案意识，至今已实现全校文书档案连续 15 年按期归档。清华档案工作达到档案收集完整、整理规范、分类有序、管理科学、利用方便，并于 2001 年 11 月通过了国家档案局的国家一级考评。

1999 年，学校机构调整后加强档案工作的行政管理力度，采取档案工作部处长联席会议方式专事研究、处理学校档案管理工作中的具体问题。2003 年开始实行重要活动、重大事件专项档案立卷归档制，使重要事件材料及时立卷归档。如当年举国抗击“非典”、2008 年奥运活动，在国家档案局发文通知全国收集抗“非典”、“奥运”档案时，我校档案已经进馆。2004 年原文书档案从隔年归档制改为按年归档制，当年全校各单位积极响应，一举完成两年的归档任务。

四、档案利用与服务

档案已成为学校编史修志、教学科研和各项管理工作不可缺少的资料，成为维护学校权益的重要法律凭证。为了提高服务质量，档案馆不断开发档案信息，编制第二次、第三次文献综合档案参考资料，同时加快档案信息化建设，为有效利用档案作出了贡献。

据 1980 年至 1990 年不完全统计，校内人员查用校系两级档案 61 844 卷（件）。建馆后至 1993 年 7 月，共有 6 047 人来馆查用档案 22 663 卷（件）。1995 年至 2000 年间来馆利用档案达到 7 588 人次，24 281卷次。2010 年，利用文书档案 611 人次，2 727 卷次，学籍卡成绩单 832 件；人事档案 655 人次，2 456卷次；查阅基建档案 174 人次，图纸 21 717 张；查阅音像档案 82 人次，照片 1 228 张。

编史修志工作中利用大量馆藏档案材料。校史编委会组织出版的校史系列专著如《清华大学史料选编》1～6卷、《清华大学志》（2001年版）及《蒋南翔文集》等，仅《清华大学志》（2001年版）上、下两册280余万字的编撰工作，就累计利用文书档案980人次、8 677卷次。由北大、清华、南开和云南师大联合出版的六卷、200余万字的《西南联大史料》，利用了档案馆提供的西南联大历史档案500余卷。《西南联大史料》获2000年第四届国家优秀图书提名奖。相关院系在总结发展历程、编辑院系史志、举办纪念活动时，档案馆提供的历史档案成为重要依据。

近年来，档案馆配合校友总会积极为广大校友服务。在每年校庆时，为值年的毕业生校友批量提供学籍信息档案，受到校友广泛欢迎。

学校档案还为北京市和学校的基础设施建设等发挥了重要作用，如：1976年唐山大地震波及北京，密云水库白河大坝发生地下迎水坡面大面积滑坡，密云水库抗震加固指挥部根据清华大学密云水库工程档案提供的技术资料，及时地制订了抢救方案，保护了密云水库的安全。1996年根据国家土地管理局下发《土地登记规则》，全国进行土地核查登记，档案馆为学校地界确权向房地产处提供学校全部地产档案。基建档案是学校每年进行新、翻、改、扩建工程的重要依据，1998年底中央主楼的加高加固工程中，建筑设计院调阅中央主楼设计档案50余卷，利用主楼基建图纸2 600余张，加快工程设计进度。

学校档案在国内档案界的重要活动中发挥了积极的作用，如1991年8月国家档案局举办“中国档案事业成就展览”时，学校档案馆提供刘仙洲、蒋南翔、梁思成三位教育家的照片、专著、手稿等。为纪念100多年来中国留学生对中国走向世界的贡献，2003年11月年国家博物馆与香港历史博物馆合办的《学海无涯——近代中国留学生》展，2004年5月，国家博物馆举办大型展览《留学海外，建功中华》。档案馆都应邀参展，精选的18件历史档案令人瞩目，展示了清华大学在近现代中国教育史中的地位和贡献。为纪念中国人民抗日战争胜利65周年，传承和弘扬爱国主义精神，由中国人民抗日战争纪念馆、清华大学、北京大学、南开大学、云南师范大学联合主办的“抗战时期的西南联大”专题展于2010年4月在京隆重开幕。档案馆有30余件珍贵档案及实物复制品参展。

2010年档案馆积极参与百年校庆校史展览筹备工作，提供展览用珍贵档案、实物复制品200余件，提供照片数百幅，并参与布展工作。档案馆负责开发完成了包含25万条数据的清华学生触摸屏查询系统。

档案馆开发馆藏档案资源，积极参与对学生进行爱国主义传统教育、国防教育和素质教育活动。如举办《馆藏档案珍品展》《奋斗在国防战线上的清华人》《清华巾帼》《抗日烽火中的清华——纪念抗日战争胜利60周年图片展》《情系山河 辉煌人生——张光斗先生先进事迹展》《钱锺书先生纪念展览》等在全校巡回展览。

在国家庆典、重大纪念日活动中，为中央电视台、北京电视台、新华社、凤凰卫视、澳门电视台等数十家中央和地方媒体宣传清华的报道和拍摄电视专题片、科学家传记片等提供大量照片和史料。

五、档案信息化建设及其他

（一）档案信息化建设

档案馆以查准率、查全率为目标，积极地推进档案计算机管理，有计划地建立各门类档案数据库，逐步缩小手工检索档案类别，不断改进和提高工作效率和服务质量。在20世纪90年代初，基本建成计算机检索与手工检索相结合的档案检索体系。1992年研制成功基于Windows 3.0的《THDA—2000电子图文光盘档案管理系统》。1993年7月，录像信息采集系统和声音信息管理系统研制成功，为实现图、文、声、像档案的综合管理奠定了基础。1996年、1999年馆局域网完成以太网改造和升级，目前馆内建有可靠的工作网络。1997年档案馆获学校“211泰山工程”子项“电子化档案馆”立项，配备了AO工程图纸数字化设备，累计扫描录入学校重要建筑物底图25 000张。2001年全校正式实施网上接收电子版研究生论文，档案馆根据档案分类规则加以整理刻成光盘。2002年档案馆相继开发“人事档案管理信息系统”“学籍卡综合管理系统”等档案管理软件。2003年建立并完成了馆藏11万张纸质学籍卡（1937—1995）信息库及对应图像数据库，从此结束几十年手工（四角号码）检索方式。2009年建立了全校音像档案归档的工作规范，同时开发建成了“音像档案管理系统”，实现了照片、光盘和磁带的各类音像档案的计算机管理应用服务。同年档案馆启动馆藏纸质成绩单数字化项目，并将“学籍卡综合管理系统”升级扩展为“学籍卡成绩单综合图像管理信息系统”，完成馆藏5万余张成绩单（1929—1970）的图像扫描以及与系统的挂接。2010年，馆藏3万余张建筑底图全部实现数字化，启动了馆藏12万页人物档案数字化项目，完成了校园200余块碑碣匾额拓片工作并归档，同时建立拓片电子资料库。档案信息化建设为档案的科学管理和保护，为档案馆提供更加优质的服务打下了坚实基础。

（二）档案研究与学术交流

档案馆主编或参编的专著及内部研究资料有：《清华大学大事记》（1948年12月—1958年12月）、《清华大学历任校长》（1911—1985）、《清华大学主请外国专家概览》（1978—1986）、《西南联大课程大全》（1938—1946）、《清华大学房屋建筑概况》（1820—1990）、《日军铁蹄下的清华园》《西南联大考试题精选》《吴宓先生书信集》《清华大学1966年—1969年毕业生名册》8册、《研究生论文摘要汇编》《清华大学史料选编六》《国立西南联合大学图史》等。承担并完成教育部重点课题子课题“清华大学校友资源库的构建及应用研究”。加强馆藏档案史料挖掘、考证和辨析，编印《清华大学档案馆研究资料汇编》8期。

1993年5月接待台湾资讯缩影管理学会理事长等一行，受到赞誉。1996年9月，第十三届国际档案大会在北京召开，这是国际档案理事会（ICA）第一次在发展中国家召开的会议，档案馆被国家档案局选定参加接待活动，并承办国际档案理事会大学组（ICA/SUV）的“大学档案管理方法研讨会”。2002年9月档案馆与中国档案学会、北京市档案学会联合主办大型中美档案学术交流会，来自高校等各界代表130余人参会，邀请美国档案工作者协会主席作主题报告。2004年9月档案馆承办（中国档案学会主办）中日企业档案学术交流会。2009年8月档案馆接待中国档案学会和台湾中华档案暨资讯微缩管理学会代表团参观访问。档案馆每年接待全国各地大专院校同行参观座谈数百人次。

档案馆1996年获科技保密工作全国先进集体奖，2001年获国家档案局颁发“科技事业单位档案管理国家一级单位”称号，2001年获北京市档案系统先进集体奖，2003年获全国档案工作优秀集体奖，2008年获北京市奥运会残奥会档案工作先进集体奖。

第三节　校史研究室

一、概述

1959年3月13日，清华大学1958—1959年度第12次校务委员会会议议决成立清华大学校史编辑委员会，第一副校长刘仙洲任主任。同年在编委会下设立校史编写组，是学校专职研究和编写校史的机构，成员主要由政治课教研组和党委宣传部等单位的同志组成，此为校史研究室的前身。校史编写组成立后，开展校史史料的搜集整理和老校友的访谈工作，并编辑校史资料索引、校友访问记、校史资料选辑等一批汇编资料。至1965年编撰《清华大学五十年简史》初稿完成，1966年"文革"爆发后校史编写组解散，大部分成员回政治课教研组，资料、书籍、刊物和书稿全部放入校图书馆暂存。

1978年2月，学校党委决定恢复校史编写组（简称校史组），由党委宣传部领导。1982年9月，根据中共北京市委关于党史资料征集工作的部署，学校成立了"清华大学党史资料征集小组"，校史组部分同志参与征集小组工作，该组进行清华地下党组织资料的征集、整理、编撰工作。这段时期完成了《清华大学校史稿》送审稿的修订并于1981年出版，完成了《一二·九运动资料》等校史资料的编辑出版。

1986年8月，校史组由宣传部转入清华大学教育研究所，改称校史研究室，是教育研究所下设的几个研究室之一，党史资料征集小组工作合并在校史研究室。

1987年4月，1986—1987年度第16次校长工作会议决定成立新一届校史编辑委员会。这一时期，校史研究室重点开展了对解放前校史资料的收集、整理工作。1991年，在校庆80周年之际，校史研究室设计制作《清华大学校史展览（初展）》在同方部展出。同时，编辑出版了《清华大学史料选编》第一、二卷。

1992年3月，校史研究室从教育研究所分出，由校史编委会直接领导，编制隶属校机关，经费单列，行政挂靠档案馆。1992年底，校史研究室和《清华大学校史展览（初展）》搬入图书馆老馆二楼。1992年4月，学校成立校志编辑领导小组，以校史研究室作为校志编写依托单位，培训并组织全校各院系、部处74个单位200多人开始编修《清华大学志》。1994年编辑出版《清华大学史料选编》第三、四卷等校史资料。

1996年校庆85周年时，校史研究室在《清华大学校史展览（初展）》中，增加了改革开放后有关内容、部分清华校友事迹剪影展柜，以及清华校友中两院院士展，在图书馆二楼门厅展出。这段时期继续采访学校老领导及老地下党员，收集整理党史资料，并组织编撰《清华大学志》，主编出版了《清华人物志（四）》，以及与北京大学、南开大学、云南师范大学合作，参与编辑出版了《西南联合大学史料》。

2001年，校史研究室直属校机关。为迎接90周年校庆，学校在2000年初，决定制作更为全面反映清华历史的校史展览，由校史研究室具体承担。在一年时间内撰写了校史展稿，并将老铸工车间一层改造为校史展览馆，面积共2 000多平方米，其中主展厅的展区面积近800平方米。2001年4月22日，《清华大学90年校史展览》开展，其后校史研究室从图书馆搬入新址。90周年校庆期间，还设计制作了展区面积2 000多平方米的《今日清华展》，在中国历史博物馆内展出，展期从4月中旬到5月中旬。2001年，《清华大学志》《清华大学九十年》等校史书籍出版。

2004年，学校成立《清华大学史》编写组，开始编写学校百年历史，校史研究室组织实施。校史研究室还参与组织纪念蒋南翔诞辰90周年等活动。与宣传部合作，2004年起在《新清华》上合办“清华史苑”栏目。2006年，校史研究室“清华大学史及清华大学专题史研究”课题被列入学校“985工程”二期文科重点建设项目，开展了清华大学科技史、文革史、体育史、艺术教育史、建筑规划史等专题研究，并推动相关书籍的编写工作。校史研究室为此建立特约研究员制，聘请10多位特约研究员和3名博士后。

2008年11月，为建设新校史馆腾退用地，校史研究室搬到东区原学生宿舍9号楼一层。新校史馆由电子系1985级校友赵伟国捐建，2009年4月奠基，校史研究室配合完成校史馆立项、功能改进设计、内部装潢设计等。

2009年6月，经校务会议讨论通过，决定将“中国共产党清华大学委员会党史校史研究室”建制调整为“中国共产党清华大学委员会党史研究室”和“清华大学校史研究室”，统一简称“校史研究室”。2009年正式开通了清华大学校史网，同年校史研究室指导学生成立了清华第一个专门研究校史的学生协会——紫苑学会。为纪念校史编委会、校史研究室成立50周年，校史研究室召开纪念清华大学校史研究工作50周年座谈会。2004年后，校史研究室组织或参与编辑出版了《清华革命先驱》（上、下）、《蒋南翔传》《清华大学史料选编》第五、六卷，汇编了《清华文革大事录》（与档案馆、图书馆联合）、《笔底波澜写春秋——清华校史研究工作50年》等一批校史资料。

为迎接百年校庆，学校于2005年成立百年校庆校史展览筹备组，庄丽君任组长，校史研究室主要参与百年校庆校史展览脚本编写、资料收集、展览设计与布展等工作。校史展览全部内容及布展设计方案经现任及历任学校领导、校史编辑委员会、相关部处、院系负责人及部分校史专家等指导、帮助、审查，于2010年底基本定稿。校史研究室、档案馆与美术学院等单位密切合作，进行了深化设计及布展工作。到百年校庆前，新校史馆落成，百年校史展览正式对外开放。同时，校史研究室组织编辑的《清华大学一百年》出版。

历任校史研究室（校史编写组）主任（组长）见表11-3-1。

表11-3-1　历任校史研究室（校史编写组）主任（组长）

姓名	职务	任职时间	姓名	职务	任职时间
贾　观	组长	1959—1960	陈秉中	主任	1995-11—2000-09
唐纪明	组长	1960—1966	叶宏开	主任	2000-09—2003-04
孙敦恒	组长	1978-02—1986-08	田　芊	主任	2003-04—2010-04
徐心坦	主任	1986-08—1992-02	顾良飞	主任	2010-04—
贺崇铃	主任	1992-02—1995-11			

二、校史研究编著重要成果

（一）校史研究室为主组织编写的正式出版物

1.《清华大学校史稿》，1981 年出版，37 万字。

2.《清华人物志》（一）—（五），1983 年—2003 年出版，100 万字。

3.《清华英烈》，1994 年出版，25 万字。

4.《清华大学史料选编》1～6 卷，11 册，1991 年—2009 年出版，550 万字。

5.《一二·九运动资料》一、二辑，1981 年—1982 年出版，66 万字。

6.《闻一多青少年时代诗文集》，1983 年出版，15 万字。

7.《三一八资料》，1984 年出版，36 万字。

8.《张奚若文集》，1989 年出版，20 万字。

9.《水木清华的眷恋》，1991 年出版，10 万字。

10.《王国维年谱新编》，1991 年出版，15 万字。

11.《清华大学志》，2001 年出版，280 万字。

12.《清华大学九十年》，2001 年出版，84 万字。

13.《水木清华 群星璀璨》，2001 年出版，55 万字。

14.《清华国学研究院史话》，2002 年出版，15 万字。

15.《清华革命先驱》，2004 年出版，100 万字。

16.《清华漫话》（一）、（二），2006 年—2008 年出版，50 万字。

（二）校史研究室与校内相关部门合作编写的出版物

1.《蒋南翔纪念文集》，1990 年出版，20 万字。

2.《刘仙洲纪念文集》，1990 年出版，16 万字。

3.《刘达纪念文集》，1996 年出版，19 万字。

4.《蒋南翔教育思想研究》，1999 年出版，15 万字。

5.《高景德纪念文集》，1999 年出版，19 万字。

6.《挺起胸来——清华大学百年体育回顾》（上、下），2009 年、2010 年出版，60 万字。

（三）校史研究室参与组织编写的正式出版物

与北京大学、南开大学、云南师范大学合作，编辑出版《国立西南联合大学史料》6 册。与中共中央党校党史研究班、北京市委党史资料征集委员会、北京市委党史研究室等单位合作编写出版了《蒙古族科技人物志》《中国科学家辞典》（现代 1～5 分册）《一二·九运动史要》《丰碑长存正气歌》《中国当代经济学家传略》《北京烈士传》《北京革命史话》《毛泽东和首都人民在一起》《昨日的开拓——北京市“新中国第一”》《中共北京党史人物传》《中国大学校长名典》《纪念王国维先生诞辰 120 周年学术论文集》《三一八惨案始末》《北京普通高等教育志》《北京高等学校英烈》《北京革命史百科全书》《共和国老一辈教育家传略》等专著。

此外在校内外报纸、杂志、图书上发表的有关校史党史研究方面的文章有数百篇。

（四）内部研究汇编资料

编印了 20 多本有关学校历史的内部汇编资料，约 1 000 多万字。这些史料有《清华大学校史资料索引》（1911—1958）、《校友访问记录》《清华大学校史纲要》（1949—1985）、《清华大学党史工作大事记》（1978—1994）、《清华文革大事录》《清华大学科学技术史研究资料》《红色工程师的摇篮——五六十年代的清华大学》《笔底波澜写春秋——清华校史研究工作 50 年》等。

（五）举办各类纪念活动展览

《蒋南翔生平事迹展——纪念蒋南翔诞辰 90 周年》（2003 年 12 月 13 日），《抗日烽火中的清华——纪念抗日战争胜利 60 周年图片展》（2005 年 8 月），《纪念西南联大建校 70 周年图片展》（2007 年 10 月），《清华园解放 60 周年图片展》（2008 年 12 月）。

（六）主要获奖情况

1.《清华大学校史稿》，清华大学校史组编写，中华书局出版，1981 年。1987 年获北京市哲学社会科学优秀成果奖一等奖。

2.《国立西南联合大学史料》，北京大学、清华大学、南开大学、云南师大合编，1998 年云南教育出版社出版。2000 年获第四届全国优秀图书提名奖。

3.《蒋南翔文集》，中国高等教育学会、清华大学编。2001 年 8 月获北京市第四届党史征研优秀成果荣誉奖。2001 年获北京市档案利用一等奖。2002 年获北京市党史研究优秀奖。

4. 2005 年，清华大学校史研究室获北京市党史工作先进集体奖。

校史研究室积极发挥校史的育人功能，对本科生新生、研究生新生、新入职教职员工、入党积极分子、学生志愿者、师生党团活动等，以展览讲解、专题报告、专题展览、座谈交流、校史知识竞赛等多种形式开展校史教育，增强了师生对清华历史与传统的了解、对清华精神的感受和认知。

第四节　出版社

一、概述

1979 年下半年，学校决定成立清华大学出版社，校党委副书记罗征启负责筹备工作。学校分别向国家出版事业管理局和教育部申报成立出版社事宜。1980 年 5 月 30 日，国家出版事业管理局以出版字〔1980〕第 354 号文批复：“同意清华大学筹建清华大学出版社，该社的代号编号为

235 号。”教育部于 1980 年 6 月 10 日以教计字〔1980〕256 号文批复：“该社以出版教材、教学参考资料和学报为主，行政上归清华大学领导，系级建制，业务上由国家出版事业管理局及北京市出版局指导。”1980 年 7 月 3 日，经 1979—1980 学年度第 14 次校长工作会议讨论决定成立清华大学出版社，校党委副书记罗征启兼任出版社社长，刘宝庶为副社长。

初期，学校确定清华大学出版社是一所以出版科技图书和教材为主的综合性出版社。管理体制是事业单位企业化管理，出书范围主要是本校的教材、学术专著、译著和科技资料。

2003 年 6 月，根据国办发〔2003〕105 号文件精神，2002—2003 学年度第 15 次校务会批准出版社转企改制。2004 年 3 月清华大学出版社改制为清华大学独资的全民所有制企业法人。2004 年 6 月成立出版社第一届董事会，荣泳霖为董事长。2006 年 7 月成立出版社监事会。2009 年 4 月，进一步改制为“清华大学出版社有限公司”，为清华控股独资，法定代表人为出版社社长，注册资金 3.5 亿元人民币，荣泳霖为董事长。经营范围主要是本校设置的专业课程所需要的教材；本校教学所需要的教学参考书、教学工具书；与学校主要专业方向一致的学术著作、译著；适合高等学校教学需要的科技及政治理论读物；与我校主要专业方向一致的其他高校的专业教材；出版外语教学图书及相应的电子出版物；出版计算机类图书及相应的软件、光盘；出版与本校专业方向一致的电子出版物。

清华大学出版社始终坚持为教学、科研服务的办社方针，使图书结构与清华大学的学科建设和发展目标相适应，出版了一批受到校内外广大读者欢迎的教材。理工和基础学科作为清华大学出版社的核心出版领域之一，从建社开始就注重组织出版反映学校教学改革和特色的教材，如《大学物理学》《钢筋混凝土基本构件》《板壳理论》《机械最优化设计》等，其中《新英语教程》发行量逾千万册。随着计算机网络技术的发展，2004 年组织出版的多媒体、交互式、自主性、个性化的《新时代交互英语》受到专家的肯定，并在全国多所高校推广使用，曾获得国家级教学成果奖。经济管理与人文社科是出版社从成立之初就关注的学科领域，1986 年出版的《工业技术经济学》、1988 年出版的《管理信息系统》及稍后出版的《计量经济学——方法与应用》等是反映清华大学经管类专业的特色教材，受到广大师生的欢迎，长销不衰。而适应经管类学科发展的需要，翻译出版的国外 MBA 优秀教材及影印出版的经济管理类图书，如“世界工商管理名典系列”等则成为新的经济增长点。在学术著作出版方面，经 1989—1990 学年度第 30 次校务会议讨论，决定设立“清华大学学术著作出版基金”，并成立“清华大学学术著作出版基金管理委员会”，资助校内教师的高水平学术著作出版，1990 年 6 月此基金正式设立，陆续出版了如《交流电机及系统的分析》《弹性流体动力润滑》《京津冀地区城乡空间发展规划研究》等优秀著作，这些著作充分反映了学校的科研水平。

出版社较早地注意出版计算机类图书。从 1982 年后陆续出版了《微型计算机软件、硬件及其应用》《数据结构》及发行量超过千万册的《C 程序设计》等一大批教材，满足了全国高等学校计算机教学的需求。1989 年出版的《英汉计算机词汇》、1998 年出版的《计算机科学技术百科全书》等是计算机从业者必备的工具书。1991 年与广西科技出版社共同设立的“计算机学术著作出版基金”资助了校外计算机专家、学者的上百种计算机学术著作出版。1992 年在国内首次以购买版权的方式，出版了美国微软公司的“Windows 3.1 系列书”，率先向国内读者介绍世界上最先进的计算机应用软件。经过近 30 年的发展，出版了上千种计算机图书，逐步做到品种齐全、内容配套、适合多层次、多种读者对象的需要，成为国内计算机教材出版与教学资源服务的第一品牌，为计算机的普及应用作出了贡献。

截至2010年底，全社在销图书6 400余种，印数达2 500万册，销售码洋9.4亿元。在扩大出版规模的同时，出版社注意组织高水平的作者队伍（其中包括来自国内外众多高校、科研机构的200多位两院院士和国家级教学名师），不断优化选题，提高图书质量，出版优秀图书。30年来出版社先后获国家图书奖、中国图书奖、中华优秀出版物等多种图书奖项。另有几百种图书获国家图书奖子项目奖、优秀科研成果奖、优秀科技图书奖、优秀畅销书奖、全国大学出版社各类优秀图书奖等。此外，2007年有14种，2008年有25种，2009年有15种教材列入教育部的“普通高等教育精品教材名录”。清华大学出版社荣获国家级图书奖部分图书见表11-4-1。

表 11-4-1　清华大学出版社荣获国家级图书奖部分图书

书　名	奖　项
认知科学与广义进化论	第九届中国图书奖
工业技术经济学（第三版）	第十一届中国图书奖
计算机科学技术百科全书	第十二届中国图书奖
酸沉降临界负荷及其应用	第十三届中国图书奖
高密度光盘数据存储	第十四届中国图书奖
科学认识论与方法论	中国图书奖
中国园林建筑	中国图书奖
纳米相和纳米结构材料（英文版）	第六届国家图书奖提名奖、第十一届全国优秀科技图书二等奖
京津冀地区城乡空间发展规划研究	第六届国家图书奖提名奖、第十一届全国优秀科技图书一等奖
英日汉生物工程学辞典	第五届国家辞书奖
院士科普书系	国家科学技术进步奖二等奖
新型有限元论	首届中华优秀出版物图书奖
新时代交互英语	首届中华优秀出版物奖、国家级教学成果奖一等奖
微纳米颗粒复合与功能化设计	第二届“三个一百”原创图书出版工程奖
交流电机及系统的分析	第七届全国优秀科技图书一等奖
数据结构	第二届全国高等学校优秀教材奖特等奖

出版社积极开展对外交流活动，以“国际化、高水平”为原则，面向国际市场，开发国内外优秀作者资源，组织出版优秀的英文原创学术著作和高等教育教材，先后与Springer、Pearson、McGraw-Hill、Elsevier、Cengage等国际著名出版公司建立了战略合作关系，在国际学术和教育出版市场的影响力逐步提升。2009年出版社荣获“中国图书对外推广计划”特别奖。自2007年开始，出版社陆续创办英文国际学术期刊，*Nano Research*（《纳米研究》）于2008年7月创刊，2010年1月即被SCI-E收录，其影响因子已超过5.0；*Building Simulation*（《建筑模拟》）于2008年3月创刊，2011年3月被SCI-E收录。

1994年，清华大学出版社荣获中宣部和新闻出版署授予的“优秀出版单位”称号，成为全国30家优秀出版单位之一。同年还获得国家教委授予的“先进高校出版社”“全国教材管理工作先进集体”称号。1998年再次被评为“全国优秀出版社”。2007年，清华大学出版社荣获首届“中国出版政府奖——先进出版单位”。2009年被新闻出版总署评为“全国百佳图书出版单位”。

二、出版与发行

（一）出版

1980 年建社当年，出版图书 4 种，印数 3.64 万册。2010 年出版图书已达 6 447 种，印数 2 530万册。1980 年至 2010 年，出版社新版图书、重印图书 56 403 种，印数 32 672.9 万册。出版图书种数（含新书、重印书）及册数见表 11-4-2。

表 11-4-2　　出版图书种数及册数统计

年份	图书品种	印数（万册）	年份	图书品种	印数（万册）	年份	图书品种	印数（万册）
1980	4	3.64	1991	246	370	2002	2 687	1 780
1981	24	38.96	1992	252	307	2003	3 395	1 855
1982	40	72	1993	394	534.7	2004	4 497	2 318.6
1983	60	235	1994	321	501	2005	5 542	2 605
1984	73	494.5	1995	690	552	2006	5 895	2 690
1985	80	339	1996	719	702	2007	5 697	2 506.7
1986	93	183	1997	710	788	2008	5 735	2 522
1987	128	265	1998	784	877	2009	5 681	2 379
1988	172	261	1999	959	1 042	2010	6 447	2 530
1989	152	331	2000	2 195	1 460.3			
1990	229	267	2001	2 499	1 862.5	合计	56 403	32 672.9

出版社始终注重保证图书的编校和装帧印制质量。30 年来出版社内组织形式多次调整变更，但对书稿校对环节从不削弱，人员保持稳定，素质不断提高。另有多种图书获得新闻出版总署质量监督检测中心颁发的印装质量金奖，2004 年获“出版物印制优质产品出版社奖”。

（二）发行

在大力拓展出版业务的同时，出版社努力搞好图书的促销工作，开展自销，压缩库存，加快资金的周转。继在国内重点城市建立特约门市部、经销部外，1991 年 5 月在北京海淀图书城开办了清华书店，2002 年，社内整合在学校南门的读者服务部等销售出版社图书的书店，成立文泉图书公司，海淀图书城清华书店并入该公司。出版社也十分重视销售团队及渠道建设，经过多年探索和实践，不仅打造并拥有了一支业务精干的销售队伍，同时与全国各省上千家图书经销商建立了稳定的长期合作关系，在市场运作中积累了丰富的渠道资源并树立了品牌优势，销售业绩在行业中一直名列前茅，2010 年实现销售码洋 9.4 亿元，创历史新高。与此同时，为了进一步增强核心竞争力和市场占有率，出版社近些年加大了在市场营销方面的投入，2003 年创建了驻外代表体系，并在九个中心城市建立办事处，加大了对终端市场的跟踪和服务力度，取得了很好效果和市场反馈。在发行渠道管理方面，2005 年建立了担保抵押赊货制度，通过加强信用管理工作和调整教材和零售产品的发行政策，进一步降低企业经营风险，加快资金的安全周转。另外，部门还成立了运营监控中心，对各业务板块的工作开展进行实时监控和推进。经过长期不懈地努力，出版社传媒生产基地于 2010 年 9 月投入使用，建筑面积 41 177.4 平方米，确保物流工作的正常运转，为今后稳步发展奠定了基础并构建了更好经营环境。

出版社 1980 年至 2010 年销售码洋统计见表 11-4-3。

表 11-4-3　1980 年—2010 年出版社销售码洋统计

年份	金额（万元）	年份	金额（万元）	年份	金额（万元）	年份	金额（万元）
1980	6.1	1988	600	1996	13 000	2004	68 300
1981	36	1989	800	1997	16 000	2005	78 800
1982	61.4	1990	1 000	1998	20 000	2006	84 600
1983	200	1991	1 200	1999	25 000	2007	88 100
1984	500	1992	1 600	2000	30 000	2008	91 200
1985	510	1993	3 000	2001	45 900	2009	87 400
1986	410	1994	6 000	2002	52 900	2010	94 000
1987	400	1995	10 000	2003	57 100		

三、组织机构与人事

1984 年 4 月成立清华大学出版社党总支，2001 年 12 月，经学校党委常委会议讨论决定，同意成立清华大学出版社党委。1983 年 4 月，清华大学印刷厂划归出版社领导，1989 年 9 月，印刷厂划归校生产处领导。1984 年 4 月，清华图片社划归出版社，1987 年 5 月，图片社分别划归电教中心和街道办事处领导。

2009 年 5 月 14 日，清华大学下发《清华大学关于改革清华大学学报（自然科学版）管理运行体制的若干意见》（清校发〔2009〕25 号文件），对加强学报编辑部的建设作出明确指示，学报编辑部正式纳入出版社的运行管理体系。2010 年，《清华大学学报自然科学版（英文版）》成功改版为信息类专业期刊，并积极筹划创办学报英文版系列期刊。

建社初期，出版社实行社长负责制，组织机构为：一部、两科、一室，即：编辑部、出版科、发行科、办公室。经过 30 年的发展，组织机构发生了巨大变化。目前，清华大学出版社实行董事会领导下的社长负责制，由社长、党委书记、总编辑、副社长、副总编辑组成社务委员会。截至 2010 年底，出版社设有“计算机与信息”“理工”“经管与人文社科”“外语”“音像电子与网络出版”“职业教育”6 个分社和多个期刊编辑部，下设北京清华文源科技有限公司、北京清大金地科技有限公司、北京清华文康电脑信息有限公司、北京水木文泉图书有限公司 4 个控股或全资子公司。

音像出版社始于 1980 年电教中心音像教材组，1986 年 1 月成立清华大学音像出版社（曾为音像教育出版社）。1992 年清华大学出版社开展音像出版发行业务，两社共用清华大学音像出版社资质。1997 年按照学校经营体制改革精神，音像出版社并入清华大学出版社。历任社长为吕森（1986 年—1992 年）、余寿文（1992 年—1997 年）。

2010 年底，出版社组织机构见图 11-4-1。

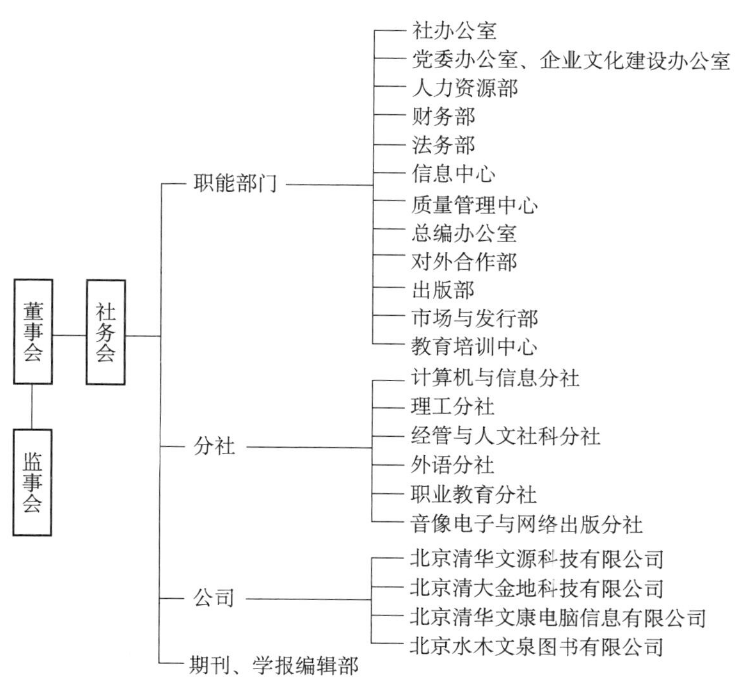

图 11-4-1　2010 年出版社组织机构图

出版社历届主要干部任职情况见表 11-4-4。

表 11-4-4　出版社历届主要干部及任期

社　　长	总　　编	党委书记（党总支书记）*
罗征启（1980-07—1984-04） 刘宝庶（常务副社长）（1980-07—1987-04）	胡大炘（1983-01—1986-03）	
胡大炘（1984-04—1986-01）		沈万慈（1984-05—1986-01）
吕　森（1986-01—1988-11） 陈克强（常务副社长）（1986-01—1988-11）	庞家驹（1986-03—1988-11）	张兆琪（1986-01—1987-04）
张兆琪（1988-11—1992-01）	陈克强（1988-11—1992-01）	张兆琪（1987-04—1990-10）
王民阜（1992-01—1998-06）	张兆琪（1992-01—1998-06）	潘真微（1990-10—1997-05）
李家强（1998-06—2008-05）	蔡鸿程（1998-06—2004-07）	李淑红（1997-05—2008-11）
宗俊峰（2008-05—　）		李　勇（2008-11—　）

注：* 2001 年 12 月之前为党总支书记，2001 年 12 月后为党委书记。

出版社员工队伍状况：截至 2010 年底，出版社员工总数 384 人。其中硕士及以上人员占 28.9%，本科及双学士学历人员占 40.6%。具有正高级职称 16 人，副高级职称 50 人，中级职称 96 人；员工平均年龄为 36 岁，40 岁以下员工占 71%。

第五节 出版物

一、概述

清华的学术刊物源远流长。清华学校时期，主要有《清华学报》《国学论丛》等。改办大学后，随着科学研究工作的逐步展开，除《清华学报》继续出版外，《国立清华大学理科报告》《国立清华大学科学报告》《国立清华大学土木工程学会会刊》《国立清华大学气象季刊》《国立清华大学工程季刊》《社会科学》《清华机工月刊》《国立清华大学工程学报》等学术性刊物先后创办。“七七”事变后，大部分学术刊物停止出版。西南联大时期，《国立清华大学工程学报》《国立清华大学工程季刊》《社会科学》《清华学报》都曾于 1941 年 4 月复刊，以庆祝清华成立 30 周年。学校复员以后，《清华学报》《社会科学》《国立清华大学理科报告》《国立清华大学土木工程学会会刊》《国立清华大学工程学报》《国立清华大学科学报告》等陆续复刊，但因经济困窘、政局动荡而相继停刊。解放后，经过院系调整，1955 年 12 月《清华大学学报》创刊，学报成为学校重要的学术期刊。1986 年，学报有了自然科学版和社会科学版。除学报外，1980 年创刊的《清华大学教育研究》（初名《教育研究通讯》）是国内理工科大学中最早创办的教育研究杂志。1999 年 11 月中央工艺美术学院并入清华大学后，1958 年该院创刊的《装饰》学报成为清华大学美术学院学报，是目前我国最早也是唯一的大型综合性艺术设计学术刊物。还有《世界建筑》《清华法学》等十余种刊物，在学术界有相当影响。《新清华》校报、《清华校友通讯》《水木清华》刊物分别在以后的章节中介绍。

二、1952 年院系调整前

（一）《清华学报》

1915 年 12 月创刊，始称《清华学报》，是清华的一种学术刊物。每两个月用英、中文版轮流各出版一期，共出 22 期。1919 年停刊。1924 年 6 月又用中文出版，一年出两期，至 1933 年。1934 年开始每年出版四期，1 月、4 月、7 月、10 月各出一期。1924 年至 1937 年共出版了 30 期。这一时期的学报以研究学问为宗旨，撰稿人大多为校内师生。当时校内名师云集，陈寅恪、王国维、梁启超、杨树达、金岳霖、冯友兰、朱自清、闻一多、叶企孙、吴有训等众多专家学者都是学报的撰稿人。1937 年 7 月抗战全面爆发，学报停刊。

西南联大时期，为纪念学校成立 30 周年，1941 年 4 月出版了《清华学报》纪念号，登载了梅贻琦的《大学一解》及冯友兰、陈寅恪等人的论文。抗战结束学校复员北上后，学报恢复出

版，延续以前的刊名和卷号，于 1947 年 10 月、1948 年 8 月各出版一期。

《清华学报》最初是师生合编，后改为由教师编辑。学报编辑部直辖于学校的出版委员会。1929 年 1 月，曾成立学报编辑委员会，杨振声、叶企孙、陈达为常委。

1915 年至 1948 年《清华学报》编辑部主要负责人如下：

1915 年至 1919 年杨恩湛　王文显（中、英文掌校兼编辑）

1924 年至 1929 年陈达（总编辑）

1930 年至 1931 年杨振声（总编辑）

1932 年至 1933 年浦薛凤（总编辑）

1934 年至 1935 年吴景超（主任）

1936 年至 1937 年朱自清（主任）

1941 年至 1948 年邵循正（主任）

（二）《国学论丛》

1927 年 6 月创刊，由清华学校国学研究院编辑，商务印书馆发行，商务印书馆印刷。主要刊载研究院师生的著作和论文。由梁启超主编，1927 年 9 月以后梁因病不能常住校内，遂由陈寅恪代为主持《国学论丛》事务，赵万里分担部分编辑工作。1927 年 9 月，第一卷第二号刊行。1928 年 4 月，第一卷第三号《王静安先生纪念号》刊行。10 月，第一卷第四号刊行。1929 年 6 月底，清华国学研究院正式宣布结束，其时《国学论丛》第二卷第一号和第二号均已编出，8 月起陆续出版发行。

（三）《国立清华大学理科报告》

1931 年 4 月创刊，由国立清华大学理学院出版。专门刊载清华理、工两学院各系的科学研究成果。文字纯用英文，在国外科学界颇有影响。

《国立清华大学理科报告》分三种，第一种专载数学、物理、化学、工程方面的论文；第二种专载生物、心理方面的论文；第三种专载地质、地理方面的论文。

抗战期间停刊，学校复员后恢复出版，卷期数仍承续抗战前。就目前所知，至 1950 年 12 月，第一种出版了 38 期，第二种出版了 20 期，第三种出版了 1 期。

（四）《国立清华大学科学报告》

国立清华大学出版，英文刊物。第一种登载算学、物理、化学、工程方面的论文。1931 年第一种第一卷第一号出版。到 1937 年 4 月第一种共出版了四卷十九号。“七七”事变后停刊。1941 年计划复刊以庆祝学校成立 30 周年，因印刷地上海战事变化，出版未果。1947 年 10 月在北平复刊，出版第四卷四、五、六号。1948 年 4 月至 1950 年 12 月出版第五卷一至四号。

（五）《国立清华大学土木工程学会会刊》

该刊为国立清华大学土木工程学会编辑、出版、发行的学术性兼会务性的会刊，1932 年 7 月出版第一期。办刊的目的在于“阐发工程学术”，并使一般读者“对于工程知识有较多认识的机会”。辟有摄影、著述等栏目。1933 年 7 月出版第二期，1934 年 6 月 20 日出版第三期。1935 年 4 月，从第四期起改由国立清华大学工程学会主办，刊物易名为《国立清华大学工程学会会刊》，以前三期为三卷，本期为第四卷第一期。内容包括土木、机械、电机等工程论文，栏目有：摄影、著述、会员通讯等。1935 年 11 月 29 日出版第四卷第二期，此后即未续出。

1937 年 5 月 20 日，国立清华大学土木工程学会恢复出版了《国立清华大学土木工程学会会刊》，期号定为第四期。西南联大时期出版了第五期、第六期。学校复员后，1949 年 7 月出版了第七期。

刊物负责人：

《国立清华大学土木工程学会会刊》

第一、二期　　总编辑：夏坚白

第三期　　　　总编辑：陈永龄

第四期　　　　总编辑：李谟炽

《国立清华大学工程学会会刊》

第四卷第一、二期总编辑：顾毓琇

（六）《国立清华大学气象季刊》

1932 年创刊，由国立清华大学地学系气象台主编，专载气象学方面的专题论文及学校气象台研究工作报告。至 1937 年 4 月出版了 20 期。

（七）《国立清华大学工程季刊》

1935 年创刊，用英文出版。1937 年改为中文，3 月出版第一卷第一期。由国立清华大学出版，北平国立清华大学出版事务所总发行，国立清华大学工程季刊编辑部编辑，编辑部主任顾毓琇，辟论文、书摘两栏目。1937 年 6 月出版第一卷第二期。“七七”事变后停刊。1941 年 4 月出版了第二卷第一期《国立清华大学三十周年纪念专号》，总编辑施嘉炀。

（八）《社会科学》

1935 年 10 月创刊，国立清华大学社会科学编辑部编辑，国立清华大学出版，北平国立清华大学出版事务所发行。年出四期。辟论文、书评两个栏目，刊登清华教师撰写的历史、法律、经济、政治、社会学方面的论文和书评，雷海宗、陈岱孙、陈达、吴景超、吴晗、潘光旦等著名学者都曾撰稿。至 1937 年 7 月出版了两卷八期。抗战期间，为纪念建校 30 周年，于 1941 年 4 月 27 日出过一卷一期《国立清华大学纪念专号》。抗战胜利后，于 1947 年 10 月恢复出版，沿用以前的刊名和卷数，年出两期。从 1948 年 4 月起改由国立北京大学出版部承印。至 1949 年 4 月出版了两卷四期。

历任编辑部主任：

1935 年 10 月至 1936 年 10 月　　吴景超

1937 年 1 月至 1937 年 7 月　　陈岱孙

1948 年 10 月至 1949 年 4 月　　吴景超

（九）《清华机工月刊》

1936 年 10 月 20 日创刊，由国立清华大学机械工程学系、国立清华大学机械工程学会合编，国立清华大学机械工程学会发行。本刊出版委员会主席庄前鼎（1937 年 2 月以后为李辑祥），总

编辑刘仙洲。庄前鼎在发刊词中谈到办刊的目的在于：“（一）发表研究心得。（二）介绍机械工程知识，以引起一般青年对于机械工程之兴趣。（三）传播国内外机械工程界之新闻。（四）报告本系发展及工作情形。（五）联络本系师生及毕业同学间之感情。”到1937年6月共出版了一卷八期。

(十)《国立清华大学工程学报》

国立清华大学工学院自1937年3月起，出版《国立清华大学工程季刊》第一卷第一期，同年6月出版第二期，“七七”事变后遂告停顿。1941年4月曾在昆明复刊，仅出版第二卷第一期即中止。后将工学院教师的研究论文编印成《研究丛刊》以便保存，前后出了十种。复员后经学校出版委员会议决，刊印出版《国立清华大学工程学报》，每年暂出两期，因其内容及性质可视为《国立清华大学工程季刊》及《研究丛刊》的继续，故编订为第三卷第一期。1947年12月出版第三卷第一期，1948年6月出版第三卷第二期。1948年10月出版了第四卷第一期《校长梅贻琦先生六十寿辰纪念号》，1950年6月出版第四卷第二期。

编辑部主任：

1947年12月至1948年10月　　刘仙洲

1950年6月　　钱伟长

(十一)《清华周刊》

1914年3月创刊，原名《清华周报》，1914年9月改名《清华周刊》。1920年以前由学校派定学生编辑。“五四”运动后，由学生会主编。改办大学后，《清华周刊》成为清华大学学生自治会的刊物，由学生会干事会中的出版科委员负责组织清华周刊社主编、出版。

《清华周刊》分正、副刊两种，正刊辟有“言论”“记录”“留美通信”“文苑”“译丛”“书札”“杂纂”“来信”“校闻”等栏，稿件大都为学校师生研究作品，有相当的学术价值。副刊专载关于学校和学生的趣闻逸事及随感漫笔，文章短小精干活泼自由。《清华周刊》是清华学生练习写作、批评校政的园地。

“九一八”事变后，清华学生投身抗日救亡运动，学生中进步力量增长，《清华周刊》为党领导的进步学生所掌握。1935年初，蒋南翔当选为《清华周刊》总编辑，姚依林、杨述、赵德尊等人任编辑或撰稿人。从第43卷起，周刊的内容和版面焕然一新，介绍马列主义理论，宣传中国共产党抗日救国主张，揭露国民党反共卖国投降政策，批判反动文人的反动言论。在社会上进步刊物遭到查禁的情况下，周刊爱国进步的宣传，吸引着广大青年。《清华周刊》在清华学生中为“一二·九”运动做了舆论准备。

至1937年1月，周刊出版了45卷636期。后停刊。

1946年10月清华大学复校，翌年3月，《清华周刊》以四开小报形式复刊，沿袭战前传统，仍为学生自治会刊物。1947年5月18日，从复刊第13期（总第689期）起，改出16开刊物，内容扩大革新，辟有“消息与评论”“专论与特写”“学生与生活”“通讯与介绍”“文艺”“壁报文摘”“翻译”诸栏，并增添“中学生”专栏。复刊后的周刊，蜚声各大中学和社会青年间。1947年“五二〇”反饥饿反内战运动阶段，周刊报道新闻，论述时局，反映青年呼声，沟通思想，传递各地高校动态和推动学运，起了积极的历史作用。

《清华周刊》1948年停刊。

三、1952 年院系调整后

（一）《清华大学学报》历史沿革及《清华大学学报（自然科学版）》

《清华大学学报》创刊于 1915 年，时称《清华学报》，文理兼收，是中国首个刊名中包含校名且被称为学报的期刊。《清华学报》历经沧桑，曾因时局变化等几度短期停刊。

1955 年更名为《清华大学学报》。1955 年 12 月《清华大学学报》第一期出版。学报反映了学校教师的科学研究成果，主要刊载自然科学与社会科学的学术论文。学报为年刊，由清华大学科学研究工作委员会负责编辑，主任委员为刘仙洲副校长。1957 年学报刊名中“清华大学”由印刷体改为使用毛泽东主席的手迹。由清华大学学报编辑委员会编辑，一年出两期。

1958 年，学报出了三期综合版，同时，为贯彻“教育为无产阶级政治服务，教育与生产劳动相结合”的教育方针，还出了三期毕业生专号，登载了学校本年度毕业学生进行毕业设计的成果。

1959 年学报为双月刊，1960 年、1961 年各出两期，1962 年—1963 年为双月刊，1964 年改为季刊，直至 1965 年 12 月。1966 年“文化大革命”开始，学报被迫停刊。“文革”前，《清华大学学报》共出版了 39 期。

1973 年 1 月学报恢复出版，从第一期开始，仍用原刊名，“清华大学”四字用的是毛泽东主席的手迹，“学报”二字用的是印刷体。由清华大学学报编辑组编辑，年出 4 期。

1974 年下半年，清华、北大两校学报合并为《清华北大理工学报》，季刊，由清华北大理工学报编辑组编辑。

1976 年粉碎“四人帮”，1977 年两校学报分开。仍用《清华大学学报》刊名，季刊，由清华大学学报编辑部编辑。1979 年，《清华大学学报》恢复连续卷号。这一时期的学报作为学校的重要学术期刊，与国际上一百多个国家有交换关系，在国内外学术交流方面起了重要作用。

1986 年，实行文理分刊，另创办《清华大学学报（哲学社会科学版）》，原《清华大学学报》改为《清华大学学报（自然科学版）》。

《清华大学学报（自然科学版）》主管单位为教育部，主办单位为清华大学，由清华大学出版社出版，国际标准刊号 ISSN1000-0054，国内统一刊号 CN11-2223。

《清华大学学报（自然科学版）》为月刊，发表理工科基础理论研究与实验研究的高水平学术论文，反映有代表性的最新前沿性科技研究成果。面向国内外公开发行，每期发行量 2 000 余册。作为综合性学术期刊，现已发表论文逾万篇，其内容涉及信息科学与技术、机械工程、能源工程、建筑技术科学、水利水电工程、环境工程、工程物理、化学与化学工程、生命科学、经济与公共管理等多个领域。至 2010 年底，已出版 386 期。

《清华大学学报（自然科学版）》在全面地展示清华大学的科学研究概貌、科学地构建清华大学的人才培养体系、维护和继承清华大学的科学精神和传统等三个方面发挥了重要作用。

学报注重办刊质量，被全国《中文核心期刊要目总览》列为“核心期刊”，论文被国内一些全国性数据库检索机构收录，并被美国 EI、CA、MR，英国 INSPEC、SA，俄罗斯《РЖ》等国际性文献数据库检索机构收录。《清华大学学报（自然科学版）》曾荣获“首届国家期刊奖”“第二届国家期刊奖”“第三届国家期刊奖（提名奖）”和“第二届中国出版政府奖期刊奖（提名

奖)”，被授予“新中国60年有影响力的期刊”荣誉称号，并多次被评为“中国高校精品科技期刊”和“百种中国杰出学术期刊”。

《清华大学学报（自然科学版）》编辑部主要负责人（空缺年份停刊）：

1955年至1965年　编辑委员会主任：刘仙洲

1973年至1978年　李德葆、李寿慈、解沛基、吴翘哲先后负责过学报工作。

1979年至1985年　编辑委员会主任：赵访熊

1986年至1992年　编辑委员会主任：吴佑寿

1993年至1998年　主编：郑福裕

1999年至2009年　主编：杜文涛

2010年起　主编：梁恩忠

(二)《清华大学学报（哲学社会科学版)》

《清华大学学报（哲学社会科学版）》于1986年创刊。主管单位为教育部，由清华大学主办。国际标准刊号ISSN 1000-0062，国内统一刊号CN 11-2598/C。

《清华大学学报（哲学社会科学版）》是1986年在名誉校长刘达主持下创刊的。刘达还为学报写了《发刊词》，他希望学报哲学社会科学版的出版有助于解决教育和科学技术发展在新形势下面临的新问题，并能对我国哲学社会科学的学术研究有所贡献。

《清华大学学报（哲学社会科学版）》在1986年4月创刊当年出版2期试刊。同年，经校务会议通过，成立清华大学学报（哲学社会科学版）编辑委员会。1987年开始正式出版，共出2期。1988年出版4期，同年成立编辑部。1989年出版4期。同年经国家新闻出版署批准，该刊为国内外公开发行的正式期刊。

《清华大学学报（哲学社会科学版）》追求严谨、求实、勤奋、创新的精神，力求成为站在学术研究的前沿，为清华大学文科学术的恢复和发展作出贡献。曾获“北京市高校人文社科学报名刊”“全国高校社科名刊”等荣誉称号。2009年入选“教育部高校哲学社会科学名刊工程”。截至2010年底，已出版25卷112期，累计发表论文1 400余篇。

《清华大学学报（哲学社会科学版）》主编：

1986年至2000年　主编：钱　逊

2001年至2005年　主编：曹德本

2006年起　主编：罗　钢

(三)《清华大学学报（自然科学版英文版)》

1996年创办。主管部门为教育部，由清华大学主办。国际标准刊号ISSN 1007-0214，国内统一刊号CN 11-3745/N。

《清华大学学报（自然科学版英文版)》(*Tsinghua Science and Technology*）是国内理工科大学中较早创办的英文科技期刊，至2010年底，已累计出版85期，刊发论文1 765篇。该刊面向国内外公开发行。2005年与国际最大出版集团Elsevier合作，被国际著名检索数据库EI，Science Direct，Scopus检索，在国内外产生较大学术影响，已成为清华大学对外学术交流的重要窗口。2010年该刊改版为信息类学术期刊，进一步提高了期刊国际化、专业化的程度。该刊于2008年和2010年分别荣获中国高校优秀科技期刊奖。

《清华大学学报（自然科学版英文版）》主编：

1996 年至 1999 年　　主编：郑福裕
2000 年至 2009 年　　主编：杜文涛
2010 年起　　主编：孙家广

（四）《装饰》

《装饰》创刊于 1958 年，是我国最早也是目前唯一的大型综合性艺术设计学术刊物。《装饰》原为中央工艺美术学院学报，1999 年 11 月，中央工艺美术学院与清华大学合并，《装饰》主管单位变更为教育部，主办单位为清华大学，仍是国内外公开发行的社科类学报之一。国际标准刊号 ISSN 0412-3662，国内统一刊号 CN 11-1392/J。

《装饰》至 2010 年底已出刊 212 期。创刊以来，《装饰》坚持突出“衣食住行”四大重点，关注日用民生，以全新的文化品格和高度的学术定位，在繁荣我国工艺美术、艺术设计事业与提升、创新我国艺术理论水平方面作出了突出贡献。

由于在艺术设计领域具有的权威性、引导性、文献性和欣赏性等特质，以及高度的学术性和文化品格，《装饰》杂志被确认为“中国艺术类核心期刊”，列入《中文核心期刊要目总览》第一、二、三、四、五版，从 2007 年起为中文社会科学引文索引（CSSCI）来源期刊。

1999 年，《装饰》荣获“首届国家期刊奖”及“全国百种重点社科期刊”称号。2002 年，《装饰》进入“中国期刊方阵”，并获“双奖期刊”称号（国家期刊奖、全国百强期刊奖）。2003 年，《装饰》获“第二届国家期刊奖”。2005 年，《装饰》荣获“第三届国家期刊奖”。2009 年底，《装饰》荣获“新中国 60 年有影响力的期刊”称号。2010 年 12 月，《装饰》杂志荣获“第二届中国出版政府奖期刊奖（提名奖）”。《装饰》是全国艺术类期刊中唯一连续四届获国家期刊奖奖项殊荣的期刊。

《装饰》编辑部主要负责人：

1958 年至 1961 年　执行编委：张仃、张光宇、吴劳
1980 年至 1987 年　主编：吴　劳
1987 年至 1992 年　主编：何燕明
1992 年至 1994 年　主编：陶如让
1994 年至 1996 年　主编：李砚祖
1996 年至 2000 年　主编：杭　间
2000 年至 2007 年　主编：张夫也
2007 年至 2009 年　主编：赵　萌　常务副主编：方晓风
2009 年起　主编：方晓风

（五）《清华大学教育研究》

1980 年由清华大学研究室（1985 年扩建改名为清华大学教育研究所，2009 年扩建改名为清华大学教育研究院）创办，原名《教育研究通讯》，1986 年更名为《清华大学教育研究》。主管单位为教育部，由清华大学主办。国际标准刊号 ISSN 1001-4519，国内统一刊号 CN 11-1610/G4。

《清华大学教育研究》是国内理工科大学中最早创办的教育研究杂志，以“百花齐放，百家

争鸣”、理论与实践相结合为办刊宗旨，力求全面反映和介绍国内外最新学术成果，努力跟踪和追赶当今国际学术发展潮流，为中国的教育改革与发展服务，为教育科学繁荣作贡献。截至2010年底，已编辑出版118期，累计发表论文2 140余篇。期刊面向国内外公开发行，为全国中文核心期刊，中文社会科学引文索引（CSSCI）来源期刊，人大《复印报刊资料》重要转载来源期刊。

《清华大学教育研究》主编：

1980年至1991年　主编：李卓宝

1991年至1997年　主编：孙殷望

1997年至2001年　主编：袁德宁

2001年至2005年　主编：江崇廓

2005年起　主编：王孙禺

（六）《世界建筑》

《世界建筑》杂志创刊于1980年10月，主管单位为教育部，主办单位为清华大学。国际标准刊号ISSN 1002-4832，国内统一刊号CN 11-1847/TU。

《世界建筑》是介绍世界各国建筑趋向、建筑理论、建筑设计、城市规划、园林设计以及著名建筑师和进行建筑评论的专业性刊物，是中国建筑界了解世界建筑动态的主要窗口。《世界建筑》现为月刊，海内外公开发行，每年12期，每期128页，每期发行约5万册，至2010年底已出版246期。被全国《中文核心期刊要目总览》列为核心期刊。

《世界建筑》主编：

1980年至1985年 主编：吕增标

1985年至1995年 主编：曾昭奋

1995年至1999年 主编：陈衍庆

1999年至2010年 主编：王　路

（七）《实验技术与管理》

《实验技术与管理》于1963年由清华大学创办，清华大学原第一副校长刘仙洲题写刊名。1984年起由教育部主办，清华大学承办。1999年改为教育部主管，清华大学主办。国际标准刊号ISSN 1002-4956，国内统一刊号CN 11-2034/T。

1998年由季刊改为双月刊，2005年改为月刊。至2010年底已出版171期。该刊是全国第一个面向高校实验室工作的综合技术类科技期刊，是高等学校实验室工作研究会会刊。

《实验技术与管理》主编：

1984年至1991年　主编：潘际銮

1992年至2004年　主编：席葆树

2005年起　主编：李德华

（八）《物理与工程》

该刊1991年创办，原名为《工科物理》，2000年10月更名为《物理与工程》。主管单位为教育部，主办单位为清华大学，由清华大学出版社出版。国际标准刊号ISSN 1009-7104，国内统一刊号CN 11-4483/O3。

《物理与工程》是教育部高等学校物理学与天文学教学指导委员会委托清华大学主办、清华大学出版社承办的物理教学与研究类学术期刊。1998 年由季刊改为双月刊，2000 年第二期起由 48 页增为 64 页。至 2010 年底，《物理与工程》期刊已面向国内外公开发行 20 卷共 140 期。该刊主要面向全国大中专院校物理教师、广大科技工作者和相关人员。其旨在交流物理教学经验与教学研究成果，介绍与讨论物理学及其他交叉学科的新发展、新动向及物理学前沿，涉及物理学在现代工程技术中的应用，促进物理教学改革向纵深发展。期刊的水平和质量在逐步提高。目前，《物理与工程》已是国内交流高校物理教学经验、推动物理教学改革、贯彻教育部“质量工程”精神和措施方面的重要刊物，受到广大物理教师和有关人员的欢迎。

《物理与工程》主编：

1991 年至 1996 年　　主编：夏学江

1997 年至 2002 年　　主编：陈泽民

2003 年起　　主编：李师群

（九）《现代教育技术》

《现代教育技术》创刊于 1991 年。2001 年获得新闻出版总局批准的正式刊号，2006 年入选中文社会科学引文索引（CSSCI）来源期刊。主管单位为教育部，主办单位为清华大学。国际标准刊号 ISSN 1009-8097，国内统一刊号 CN 11-4525/N。

《现代教育技术》为中国教育技术协会会刊，全国工科高校的电教刊物。该刊秉承“立足教育技术、推动学术研究、促进工作交流、服务行业发展”的办刊宗旨，面向现代教育技术与教育信息化的诸多领域，为理论研究提供学术园地，为实践探索提供交流平台，为我国高等教育面向现代化、面向世界、面向未来的发展作出了贡献。至 2010 年底已出版 21 卷共 125 期。

《现代教育技术》主编：

2001 年至 2009 年　　主编：王学优

2010 年起　　主编：钟晓流

（十）中国学术期刊（光盘版）

《中国学术期刊（光盘版）》于 1996 年 1 月创刊，主管单位为教育部，主办单位为清华大学。1998 年正式成立电子杂志社。1999 年开通“中国期刊网”，《光盘版》全文上网，称为《中国学术期刊全文数据库》。此后，陆续创办了博硕士学位论文、会议论文、工具书、年鉴、报纸等全文数据库，以及面向农业、医院、企业等各行业服务的知识仓库，共 38 种数据库型电子期刊。2003 年，经新闻出版总署批准，电子杂志社设立互联网出版机构，创办“中国知网”，新增专利、标准、法律法规、科技成果等，统称为《“中国知网”系列电子期刊》，采用知识关联技术整合为《中国学术文献网络出版总库》。截至 2010 年底，合计出版 309 卷 3 012 期共 9 100 多万篇文献，占我国同类文献出版总量的 95%。其中，期刊、博硕士学位论文、年鉴、工具书库以及农业知识仓库“三农”网络书屋，荣获第一、二届中国政府出版奖。

“中国知网”以建设国家知识基础设施、服务全社会知识创新为宗旨，以知识资源大规模整合和增值服务的数字出版为产业定位，已在国内高校、公共图书馆、科研机构、军队、医院、党政机关、农村、企业、中小学等广泛应用，并发行到 40 多个国家和地区的 1 000 多个国际著名大学与重要研究机构，服务全球读者 3 000 多万人，是国内外公认的学术文献权威检索工具和数字

出版知名品牌。

中国学术期刊（光盘版）编辑部主要负责人：

1996 年起　　　　总编：丁慎训

中国学术期刊（光盘版）杂志社出版连续型电子出版物目录见表 11-5-1。

表 11-5-1　中国学术期刊（光盘版）杂志社连续型电子出版物目录

序号	出版物名称	刊期	刊号	
			CN	ISSN
1	中国学术期刊（光盘版）理工 A 辑	月刊	11-9101/N	1007-8010
2	中国学术期刊（光盘版）理工 B 辑	月刊	11-9102/T	1007-8029
3	中国学术期刊（光盘版）理工 C 辑	月刊	11-9103/T	1007-8037
4	中国学术期刊（光盘版）农业辑	月刊	11-9104/S	1007-8045
5	中国学术期刊（光盘版）医药卫生辑	月刊	11-9105/R	1007-8053
6	中国学术期刊（光盘版）文史哲辑	月刊	11-9106/C	1007-8061
7	中国学术期刊（光盘版）政治军事与法律辑	月刊	11-9107/C	1007-A807X
8	中国学术期刊（光盘版）教育与社会科学综合辑	月刊	11-9108/C	1007-8088
9	中国学术期刊（光盘版）电子技术与信息科学辑	月刊	11-9109/T	1008-6293
10	中国学术期刊（光盘版）经济与管理辑	月刊	11-9122/F	1673-2537
11	中国高等教育期刊文献总库	月刊	11-9134/G	1674-0203
12	中国经济信息期刊文献总库	月刊	11-9135/F	1674-019X
13	中国政报公报期刊文献总库	月刊	11-9136/C	1674-0157
14	中国党建期刊文献总库	月刊	11-9137/D	1674-0211
15	中国精品科普期刊文献库	月刊	11-49138/N	1674-0181
16	中国精品文化期刊文献库	月刊	11-9139/G	1674-0173
17	中国精品文艺作品期刊文献库	月刊	11-9140/J	1674-0165
18	中国博士学位论文全文数据库	月刊	11-9133/G	1674-022X
19	中国优秀硕士学位论文全文数据库	月刊	11-9144/G	1674-0246
20	中国重要会议论文全文数据库	月刊	11-9251/G	1671-6787
21	中国重要报纸全文数据库	月刊	11-9247/G	1671-6744
22	中国年鉴全文数据库	月刊	11-9126/Z	1673-8063
23	中国引文数据库	月刊	11-9127/Z	1673-8071
24	中国图书全文数据库	季刊	11-9116/G	1673-2472
25	中国公检法知识仓库	季刊	11-9118/D	1673-2529
26	中国优秀法律学术论文集全文数据库	季刊	11-9142/D	1674-0130
27	中国基础教育资源库（中学版）	月刊	11-9124/G	1673-5307
28	中国基础教育资源库（小学版）	月刊	11-9125/G	1673-5315
29	中国企业经营管理知识仓库	月刊	11-9120/F	1673-2502
30	中国城市规划知识仓库	月刊	11-9145/TU	1674-0238

续表

序号	出版物名称	刊期	刊号	
			CN	ISSN
31	中国建筑知识仓库	月刊	11-9141/T	1674-0122
32	中国典型病例大全	季刊	11-9143/R	1674-0149
33	中国药学药品知识仓库	月刊	11-9119/R	1673-2510
34	中国医院知识仓库	月刊	11-9250/R	1671-6736
35	中国农业知识仓库	月刊	11-9117/S	1673-2480
36	中国金融知识仓库	双月刊	11-9128/F	1673-8055
37	中国学术期刊影响因子年报（自然科学）	年刊	11-9129/N	1673-8136
38	中国学术期刊影响因子年报（社会科学）	年刊	11-9130/G	1673-8144

（十一）《计算机教育》

该刊于2003年创刊。主管单位为教育部，主办单位为清华大学，由清华大学出版社出版。国际标准刊号ISSN 1672-5913，国内统一刊号CN 11-5006/TP。

《计算机教育》立足信息技术行业，直接面向中、高端计算机教育事业，为我国计算机教育事业和信息技术产业服务，为培养各层次优秀的信息技术专业人才和应用人才服务。2007年，经新闻出版总署批准改为半月刊。至2010年底，共出版132期。创刊以来，期刊质量、论文数量、发行数量以及在业界的影响力都不断提高。2005年，被评为“中国信息产业2005年度行业用户影响力显著媒体”，2006年，被评为“2006年度中国信息产业报道最及时媒体”。

《计算机教育》主编：

2003年至2009年　总编：焦金生

2009年至2010年　总编：卢先和

2005年起　主编：奚春雁

（十二）《记录媒体技术》

2003年由清华大学光盘国家工程研究中心创办《记录媒体技术》（*China Mediatech*）杂志。主管单位为教育部，主办单位为清华大学。国际标准刊号ISSN 1672-1268，国内统一刊号CN 11-4992/TP。

《记录媒体技术》是我国最早创办的有关数字存储、记录和复制的技术性刊物，至2010年底已编辑出版54期。该杂志及时报道记录媒体技术发展现状和趋势，介绍最新研发成果和媒体生产的新技术、新工艺、新产品、新设备、新材料，着力关注国内外媒体产业市场，普及媒体生产应用技术基础知识，交流生产过程中的实践经验与操作技能等。曾获得协会、企业和产业一线技术工人的好评，2009年被国家新闻出版总署授予“质检活动先进单位”荣誉称号。

《记录媒体技术》主编：

2003年至2006年　主编：陈　垦

2007年至2007年　主编：胡　华

2008年起　主编：郑飞璠

（十三）《清华法学》

《清华法学》于 2007 年 5 月创办。主管单位为教育部，主办单位为清华大学。国际标准刊号 ISSN 1673-9280，国内统一刊号 CN 11-5594/D。

《清华法学》秉承清华大学“自强不息，厚德载物”“行胜于言”之精神，以“严谨、求实、自律”为办刊宗旨。至 2010 年底，共出版 22 期，刊发学术专题十余个，累计刊发学术论文 300 余篇。该杂志面向国内外公开发行，所刊稿件涵盖了国内、国际知名学府和研究机构的权威学者、著名专家等的上乘之作，杂志的学术水平和办刊质量都位居国内法学同类期刊的前列。2009 年，《清华法学》被中国社会科学评价中心评选为中文社会科学引文索引（CSSCI）来源期刊。

《清华法学》主编：

2007 年至 2010 年　主编：王保树

2010 年起　主编：张卫平

（十四）《纳米研究》

《纳米研究》（*Nano Research*）2008 年 7 月创刊，2010 年 1 月被 SCI-E 收录。主管单位为教育部，主办单位为清华大学，由清华大学出版社出版。国际标准刊号 ISSN 1998-0124，国内统一刊号 CN 11-5974/O4。

《纳米研究》是一个国际化的（编委国际化、作者国际化、审稿国际化）、多学科交叉的学术期刊，面向全球公开发行。该期刊主要刊登纳米研究领域的高质量、原创性的研究论文和评论性文章。截至 2010 年底，共出版 30 期，发表 245 篇文章。2011 年 6 月 28 日，《期刊引证报告》（*Journal Citation Report*，JCR）发布了 2010 年 SCI 收录期刊的影响因子，《纳米研究》的影响因子为 5.071。在其涉及的 4 个学科中，《纳米研究》均位于 Q1 区。《纳米研究》在国际期刊领域以及世界纳米研究领域都产生了较好的影响。

《纳米研究》主编：

2008 年起　主编：戴宏杰、薛其坤

（十五）《汽车安全与节能学报》

《汽车安全与节能学报》2010 年 3 月创刊。主管单位为教育部，主办单位为清华大学。国际标准刊号 ISSN 1674-8484，国内统一刊号 CN 11- 5904/U。

《汽车安全与节能学报》是目前国内汽车专业的唯一科技学术期刊。创刊至 2010 年底已出版 4 期，累计发表论文 49 篇。刊发国内外汽车安全、节能和环保等领域的创新技术、成功经验和成果，推动学术交流，促进科研成果向工业界转化，宣传国家关于汽车安全、节能和环保等领域的政策和法规。引领汽车产品向绿色化、智能化、人性化方向发展是《汽车安全与节能学报》的办刊宗旨，刊物得到了同行的充分肯定，发行第一期即被 CNKI、万方数据、重庆维普等多家著名检索机构收录，且部分文章被多次引用，成为国内外同行汽车领域学术交流的平台。

《汽车安全与节能学报》主编为欧阳明高。

第六节　校园信息化建设

一、概述

从 20 世纪 70 年代开始，教育和科学研究开始广泛使用信息技术，而信息技术的飞速发展又对教育和科学研究产生深远的影响。其中，计算机和通信网络的重要性被越来越多的研究工作者所认识。将信息技术引入教学和科研的全过程开始受到普遍重视。

国外高等院校建设和使用校园网的成功经验表明，建设先进的公共信息服务体系是提高大学教学科研水平、改善教职员工作条件和提高学生素质的重要途径。

在这样的大背景下，清华大学的信息化也逐渐起步，并在持续的发展过程中逐步建立了以电化教育中心（简称“电教中心”）、计算机与信息管理中心（简称“计算中心”）和信息网络工程研究中心（简称“网络中心”）为主的信息化技术支撑队伍。

创建于 1978 年的电教中心主要承担全校教育技术的研究与发展、教学环境的运行与管理、数字化音视资源平台建设、教学资源建设与教学培训、全校有线电视系统的建设及运行与管理、重大活动的现场技术支持与保障等方面工作。电化教育中心历任主任见表 11-6-1。

表 11-6-1　电化教育中心历任主任

姓　名	任 职 时 间	姓　名	任 职 时 间
丁连发	1978-01—1983-04	吴庚生	1993-05—2009-10
王绍忠	1983-05—1993-05	陈基和	2009-10—

计算中心的前身可以追溯至清华大学计算机系的一个实验室。始建于 1976 年的计算中心实验室经过 2 年左右的发展，在 1978 年 9 月成为校系共管实验室，并于 1985 年 12 月成为校属中心实验室。

改革开放以来，经过十多年的发展，清华大学在信息化基础设施的建设、队伍、装备、管理、服务、效益、维护、应用、开发和研究等各个方面积累了相当成熟的经验和基础。1990 年，清华大学决定在计算中心成立计算机基础教研室，负责全校的计算机基础教育，包括课程的规划、组织与实施；并将计算机教育纳入学校基础课的范畴，作为学校重点课程进行建设。1993 年 5 月，原隶属于教务处的计算机辅助教学中心（CAI）并入计算中心，与教研室合并，共同承担全校本科生非电类专业的计算机教学与实验。2005 年 8 月，计算机基础教学部成立，教研室作为其重要组成部分，挂靠计算机系。

1994 年 12 月，原本挂靠校长办公室的学校信息中心并入计算中心，在计算中心成立信息室，负责学校信息系统的建设工作。1995 年 3 月，为了强化计算中心在学校信息化建设中的突出作

用，学校决定将其更名为“计算机与信息管理中心”。计算机与信息管理中心历任主任见表 11-6-2。

表 11-6-2　计算机与信息管理中心历任主任

姓　名	任职时间	姓　名	任职时间
郭秀亭	1978-09—1981-09	沈锡臣	1996-06—1997-07
高正翔	1981-10—1982-12	沈培华	1997-07—2004-06
胡道元	1982-12—1989-06	蒋东兴	2004-06—
黎　达	1989-06—1996-06		

随着信息技术、特别是 20 世纪 80 年代开始互联网技术的飞速发展，计算中心于 1989 年成立网络研究所，开始投入更多的力量研究网络信息技术，并于 1992 年成立网络控制室负责校园网络工程。

为了更好地发挥学校的综合优势，提高学校计算机信息网络科研及开发水平，促进学校网络工程的发展，1994 年 5 月 31 日，学校决定正式成立信息网络工程研究中心（简称“网络中心”）。计算中心的网络研究所和网络控制室均纳入网络中心。

网络中心设管理委员会和主任、副主任。涉及中心重大决策的事项由管理委员会讨论并报学校后决定，中心的日常工作由中心主任负责。时任清华大学常务副校长梁尤能出任管理委员会主任，李衍达、何建坤、董在望担任副主任。吴建平任网络中心主任。曾任计算中心主任的胡道元担任专家委员会主任。

为了统筹全校的信息化基础设施、特别是计算机网络建设工作，清华大学于 1997 年设立信息与计算机基础设施建设委员会，由主管副校长任主任，成员包括校长办公室、科技处、教务处、研究生院、财务处、网络中心、计算中心等部门负责人。

随着网络技术的迅速发展和互联网应用的日益广泛，加强对校园网信息内容的建设和监管，清华大学网络信息管理委员会于 2000 年成立，由校党委副书记担任主任，成员包括党委办公室、党委宣传部（新闻中心）、学生部、研究生部、校团委、保卫部、网络中心等部门负责人。

两个专门委员会的设立，标志着清华大学在信息化建设和管理方面的领导体制大致形成。由专门委员会负责重大决策。由技术支撑部门负责实施。

2010 年 4 月，为了顺应信息化发展的整体趋势，加强学校信息化的统筹规划，清华大学决定成立信息化领导小组，由常务副校长陈吉宁担任组长，副校长程建平、党委副书记史宗恺、党委副书记邓卫、网络中心主任吴建平担任副组长；同时，设立信息化工作办公室（简称“信息办”）作为信息化领导小组的日常办事机构（属学校正处级单位）。

二、校园网和教育科研网的发展

（一）校园网的起步建设（1994 年之前）

清华大学的校园网建设始于 20 世纪 80 年代。

1980 年，清华大学在全国高校中率先引进型号为富士通公司 M-150 的大型计算机。1984 年，又利用世界银行大学发展项目第一批贷款引进霍尼韦尔 DPS-8 计算机，1986 年引进国内首台小巨型机 ELXSI 6400。

计算机的使用促进了全校各院系的科研教学工作，以世行贷款引进的 DPS-8 计算机为例，该机每年有近五千用户上机，对学生免费开放，利用该机的数据库系统研制开发了全校一万多学生的学籍管理系统，在 DPS-8 机上还研制开发了英语计算机辅助教学系统，这一成果还推广至北京大学等高校。清华大学当时承担了大量的科研项目，包括基础理论研究和有工程背景的科学计算，其中不少项目是国家级的高科技项目和“七五”攻关项目，这些项目计算需求大，时间要求紧，对计算机的需求不断提高，并急需计算机网络的支持。

1987 年，清华大学向国家计委科技司汇报了建设校园网和综合业务信息示范网的设想和建议。国家计委科技司负责人对清华开展此项工作表示十分支持，希望清华先在技术上过关，待工程实施时，计委将在经费上予以支持。1988 年 12 月，清华大学向国家计委提交了“关于建立巨型计算机中心及中关村地区区域网的建议”。1989 年 4 月又向国家计委提交了“国家综合信息及研究示范网——国家教育和科研网络建议书”。在解决了清华“万国牌”（清华大学当时的计算机有多个品牌）计算机互联互通的技术难题后，国家计委科技司同意拨款 600 万元建设清华大学校园网，并要求清华大学自筹部分资金。

1987 年，清华大学经多方论证下定决心支持校园网建设，从第一期世界银行贷款中（3 500 万）列支 350 万元人民币，并进一步筹措 150 万元，共计 500 万元用于支持校园网的建设。

1987 年 4 月 9 日，校长办公会议决定，成立由教务长主持的校园网领导小组，着手制订校园网规划和实施方案；在“七五”重点投资中拨出 400 万元，并积极争取校内外的支持；组织校园网工作班子，具体实施。

1988 年初，清华大学已经初步建立了主楼高速局域网和校园分组交换网，并开始用于资源共享、远程使用资源和全校学生学籍管理系统等方面。

1993 年 1 月 20 日，清华大学校园网（TUnet）通过由国家计委科技司组织的验收。主要成果包括：完成主楼高速局域网、FDDI 光纤主干网、覆盖 18 个楼群的高速局域网互联、综合业务程控交换网和国际网络互连；校园网采用统一的以 TCP/IP 为主的网络协议和接口标准，解决了异构环境的联网；自行研究和开发了多项网络软件；在清华大学校园网环境下开发了电子邮件系统、教育管理信息系统、校机关办公自动化系统、图书信息检索系统、计算机辅助教学系统以及图像传送系统等多种综合的网络应用系统，确保已建成的校园网能真正发挥作用。

（二）校园网的进一步建设（1994—2004）

随着计算机网络技术的不断进步，以及国际互联网络 Internet 的迅速发展，特别是各发达国家“信息高速公路”建设计划的规划实施，使我国计算机网络和信息基础设施的建设达到了一个新的阶段。

1994 年初，国家计委和国家教委决定启动“中国教育和科研计算机网 CERNET 示范工程”的建设。国家教委“211 工程”的建设要求以及中国教育和科研计算机网 CERNET 项目实施，使相当一批高校开始选用最先进的技术设备建设校园网。

为了继续保持在全国高校中的领先水平，并与中国教育和科研计算机网 CERNET 网络中心的地位相适应，清华从 1994 年底开始规划和建设“清华大学信息与计算机基础设施”（Tsinghua Information and Computer Infrastructure-TICI，简称“泰山工程”）。包括校园计算机网络工程、信息与网络应用系统和电子化图书馆等 3 个子项目。目标是用几年时间建立一个全校范围的、高

速的、开放的、分布的、多媒体的信息与计算机基础设施，达到国内领先、国际先进的大学校园网水平。

1995 年 4 月 13 日，清华大学校园网建设总体规划获得通过。

1997 年 1 月 21 日，清华大学泰山工程建设项目可行性研究报告设备专家评审会和“信息与计算机基础设施建设委员会”第一次会议召开。可行性研究报告获得通过，“泰山工程”进入实施阶段。

清华大学校园计算机网络工程是“泰山工程”中最基础的部分，建设内容包括：主干网改造工程；楼内高速局域网工程；完善网络资源服务与管理系统。

截至 1998 年 12 月底，通过项目实施，共有 55 个单位建成自己的计算机局域网，其中 17 个单位建成 100Mbps 快速以太网。

1999 年 1 月 29 日，泰山工程校园计算机网络工程子项通过验收。

在“211 工程”建设基础上，清华大学又于 1999 年组织专家完成了《清华大学数字校园规划建议书》。目标是在泰山工程一期建设的基础上，通过二期建设，进一步满足广大师生对计算机网络的新需求，实现“4 更 5A”。“4 更”的含义是：计算机网络覆盖范围更广，既包括办公楼、教室、实验与科研楼，也包括学生宿舍楼和教职工住宅楼，不仅包括校园本部，还应包括昌平校区、美术学院（光华路校区）和未来的医学院；方便用户接入，使连入校园网的计算机更多，力争人均多于一台；大大提高计算机网络传输带宽，让信息传送更快，主干网带宽不低于 10Gbps，楼群接入主干网带宽大于 1Gbps，终端计算机接入带宽为 10/100Mbps；规范网络管理，使网络管理和网络服务水平更高。“5A”的含义是指在校任何人（Any body），包括全体师生员工和临时工作人员，在任何时间（Any time）、任何地方（Any where），利用任何计算机系统（Any system），能够使用任何想得到的各种网络资源与应用（Any application）。

2004 年 9 月 26 日，“泰山工程”二期项目通过验收。主要建设成果包括：建成万兆校园网，实现了教学科研建筑、学生住宅和大部分教师楼的千兆带宽连接；实现了全网统一认证，任何师生，在任何时间，任何地点，用任何计算机系统，即可用自己的账号密码登录访问互联网；完成网管、计费、安全等一系列校园网运行管理系统软件。

（三）新一代校园网建设（2004—2010）

自 20 世纪 80 年代起步以来，经过十余年的发展，清华大学校园网建设在取得巨大成绩的同时，也逐步出现一些新的问题和需求，比如：建设初期投入运行的大量设备已超出折旧期限，技术指标已经落后，硬件故障逐渐频繁，导致网络运行服务质量逐渐下降；与此同时，校园网承载用户的数量不断增长，用户需求也不断扩展，最新网络技术不断进步，迫使校园网建设不仅需要保持现有网络规模和服务，而且必须始终保持快速增长、优良服务和技术先进。

在这样的背景下，《清华大学“985 工程”二期公共信息服务体系建设计划书》于 2004 年 10 月获审批通过，“新一代校园网”建设项目正式启动。建设内容主要包括：新一代万兆双栈校园网建设；先进的网络基础应用系统建设；新一代校园网管理和服务体系建设；新一代校园网安全保障体系建设；校园网容灾备份体系建设等。

经过数年的不懈努力，截至 2010 年底，新一代校园网已经建成 4124 芯公里光纤通信基础设施和万兆主干网，千兆通达 310 座楼宇，10/100M 到桌面；支持 IPv6 和宽带无线接入等下一代互联网业务；解决应用和安全保障方面的一系列问题；提供优质服务，实现全年7×24小时专人值守等。

（四）教育科研网的建设和发展

1990年，国家计委决定建设中关村地区计算机教育与科研示范网，为建设全国性网络积累经验。中关村地区计算机教育与科研示范网包括三个子网，即中国科学院院网、清华大学校园网、北京大学校园网。

1994年初，国家计委和国家教委决定启动“中国教育和科研计算机网CERNET示范工程”。1994年11月4日，国家计委正式批复建立中国教育和科研计算机网示范工程项目，批复明确该项目的网络中心设在清华大学。国家教委成立了以副主任韦钰为组长的“中国教育和科研计算机网”领导小组，并决定“中国教育和科研计算机网”的管理体系由中国教育和科研计算机网管理委员会和专家委员会组成；同时考虑到清华大学在这方面的成绩和领先优势，决定由清华大学副校长梁尤能担任“中国教育和科研计算机网”管理委员会主任，清华大学吴建平教授担任“中国教育和科研计算机网”专家委员会主任。

为更好地完成这一国家重点科研项目，也为了更好地发挥学校的综合优势，清华大学在1994年5月正式决定成立信息网络工程研究中心（简称“网络中心”）。主要承担三方面的任务：①建设和运行管理三个网络：中国教育和科研计算机网CERNET主干网，清华大学校园计算机网TUNET和中国下一代互联网的研究与试验网；②建设计算机网络交叉学科；③承担国家计算机网络重大科研工程项目，并为社会提供技术服务。

1995年12月，“中国教育和科研计算机网CERNET示范工程”通过了国家计委组织的鉴定验收，比原计划提前一年时间完成建设任务。该项工作1997年荣获国家科技进步二等奖。

1997年，由教育部主持、清华大学等19所高校承担建设的“中国教育和科研计算机网CERNET主干网升级工程”通过专家评议和可行性论证，并于次年3月获国家计委批复准予立项。在1999年，教育部针对CERNET发展中面临的通信线路瓶颈问题又作出重大决策，在国家面向21世纪教育振兴计划中安排专项经费，启动“中国教育和科研计算机网CERNET高速主干网建设”项目。到2000年，已经建成覆盖全国20 000多公里的CERNET高速光纤传输网，主干网传输速率达到2.5Gbps，地区网传输速率达到155Mbps以上。从2003年开始实施的国家“十五”规划“211工程”，更使CERNET高速传输网的容量提升至800GB，主干网传输速率达到2.5～10Gbps，地区网传输速率达到155Mbps～2.5Gbps。

基于对互联网技术发展的前瞻性研究和探索，从1998年开始，清华大学网络中心和CERNET正式参加下一代互联网IP协议（IPv6）研究，并于2001年在国家自然科学基金委员会的支持下，CERNET率先在我国建成了第一个IPv6地区实验网；于2002年开展“下一代互联网中日IPv6合作项目”，进行下一代互联网的国际合作研究。2003年，在国家发改委的主持下，由中国工程院牵头的“中国下一代互联网示范工程CNGI”正式启动，第二代中国教育和科研计算机网CNGI-CERNET2成为其中规模最大的核心网。

2004年12月，CERNET2主干网开通运行，实现覆盖我国20个城市共25个核心节点，全面支持IPv6协议，传输速率达到2.5～10Gbps。2005年12月，CNGI-6IX成功实现开通。如今，已经成功接入100多所高校，并与北美、欧洲和亚太地区国际下一代互联网高速互联，是目前世界上规模最大的纯IPv6主干网。

2006 年 9 月，以清华大学网络中心为主承担的“中国下一代互联网示范工程 CNGI 示范网络核心网建设项目（CNGI-CERNET2/6IX）”通过专家鉴定验收。CNGI-CERNET2/6IX 是在 2003 年由国家发改委批复立项的“中国下一代互联网示范工程 CNGI 示范网络核心网建设项目”的重要组成部分，由教育部主管、中国工程院组织协调，由中国教育科研网（CERNET）网络中心和清华大学等 25 所高校共同承担。

因为在 IPv4 和 IPv6 两代互联网过渡技术和基于真实的 IPv6 原地址认证等方面的成就，CNGI-CERNET2 先后获得 2006 年高校科技进步一等奖、2007 年国家科技进步二等奖。

三、信息系统的建设和发展

（一）信息系统早期建设（1995 年之前）

清华大学在信息系统方面的建设最早可以追溯至 1987 年。这一年，计算中心在美国霍尼韦尔公司（Honeywell International）的 DPS8/52 计算机上开发了清华大学教务管理系统并投入使用。由此起步，至 90 年代初，已经开发了全校办公系统、本科生选课系统。

基于 Notes 的全校办公系统为学校教工和管理部门提供了最基本的信息发布和人员信息查询功能，并对学校各部门管理人员进行计算机技能培训。本科生选课系统采用 C/S 技术实现，数据库采用 Oracle，全校选课数据存储在 486 服务器上，利用 30 台微机建立选课中心，承担 8 000 多名本科生的选课任务。

1995 年下半年，基于 Web 技术的信息服务网站——清华大学主页正式开通，这也是内地高校中的第一个。

（二）部门级管理信息系统建设（1996—2001）

1996 年，在“211 工程”“985 工程”经费支持下，清华大学信息系统的建设进入快速发展期。这个时期的特点是利用校园网实现部门内部信息共享。效果显著的项目有“综合信息服务系统”“自动化办公系统”“综合教务管理系统”“财务系统”和“网络教学系统”。

1. 综合信息服务系统

1996 年 4 月正式运行，随后，陆续实现与办公自动化系统、综合教务系统以及财务管理系统的接口，该系统以清华大学校内信息门户的形式集中展示学校的各种综合信息，为全校教职员工了解校内信息提供了便捷的途径。

2. 办公自动化系统

1998 年 3 月办公自动化系统投入使用，该系统为校内各部处、各院系所办公室、人事科和业务办公室建立 600 多个用户账号。各部门动态信息在校园网上自主发布，校内各部门服务信息的建设规范有序，为学校建立了统一的信息发布窗口。

3. 综合教务管理系统

1998 年综合教务系统投入使用，该系统体现了学校将教学管理与事务处理相分离的改革思路，实现了教务从二级向一级管理的过渡，理顺了教务管理各环节的数据流程，实现了全校教务数据的集中管理和共享，在国内高校中产生重大影响。

4. 财务系统

1999 年启动，集成了财务处的会计业务、工资发放、奖助学金发放等多种代发代扣业务；各级财务主管可以查询本单位财务数据；教职工可以查询个人收入、住房公积金、项目经费等。2001 年投入使用，全校财务完成从二级核算向一级核算的过渡。

5. 网络教学系统（清华网络学堂）

清华网络学堂（http：//thns. tsinghua. edu. cn）于 1999 年 10 月投入运行，将教师网上多媒体教学、学生网上课件点播、师生交流、学生自习、做作业、考试和评估等功能有机结合，提供网上备课、课件制作、教学素材库、网络授课、网上交流、网上自学、网上考试等服务，极大地促进了学校的教学改革和人才培养。2001 年发布第二版，有 10 700 多位学生、900 多位老师使用该软件，上网课程 100 多门。

1999 年 12 月计算中心承担的“信息与网络应用”项目作为清华大学“泰山工程”的重要组成部分通过“211 工程”项目验收。2001 年该项目作为“教学资源网络信息化建设与应用”的主要内容获国家级教学成果一等奖。

（三）电子校务（2002—2007）

2002 年，清华大学信息系统建设开始进入电子校务阶段，效果显著的项目有清华大学信息门户、集成学生系统、集成财务系统、人力资源系统以及运行维护服务环境建设。

1. 清华大学信息门户

对服务及信息进行分类和重组，实现了应用统一管理、用户统一认证、单点登录和应用漫游。

2. 集成学生系统

在“211 工程”一期“综合教务管理系统”的基础上，扩展了招生、迎新、奖助贷、离校、就业、论文评审、学历认证等子系统，2002 年开始陆续投入运行，全面支撑学校教学管理工作，实现了本科生和研究生从招生、入学、在校、就业、离校的全过程管理和服务。

3. 集成财务系统

开发了银行账号管理系统、财务对账系统、专项拨款系统、预算申报系统，完善了银行统一代发系统、后勤多账套工资系统、校医院医疗报销系统、进修班收费系统。银行统一代发系统的投入使用，实现了全校各类人员个人收入（包括奖酬金、人工费、劳务费、勤工俭学费等）的实名制银行代发。

4. 人力资源系统

2004 年 2 月投入使用，对教职工招聘、报到入校，在校管理、退休、离校的全过程信息化管理，实现了和教务管理系统、科研管理系统、财务管理系统、设备资产管理系统等多个部门系统

的数据共享。

5. 运行维护服务环境建设

为保障学校信息系统稳定运行，计算中心于2001年5月建立数据中心，2002年10月成立用户服务中心，2005年将数据中心和用户服务中心合并为运行服务室，集中管理全校信息系统的软硬件资源，承担全校信息系统的技术支持，面向全校师生提供应用服务。至2007年底，数据中心管理的服务器数量达到150台、存储容量达到69TB，实现了近100个应用系统的7×24小时的安全稳定运行；对校内提供虚拟主机、主机托管和应用服务（ASP）业务。2007年，用户服务中心年处理电话数量超过6 000个，接待用户来访3 650次，为用户提供了及时、准确、周到的服务，提升了用户的满意度。

（四）数字化校园建设（2008—2010）

2008年清华大学信息化进入校级统一信息系统建设阶段，校级统一信息系统打破以部门划分信息系统的界限，突出以下五个环境的建设：即“个性化的用户环境”“关联的应用环境”“集成的数据环境”“高可信的安全环境”和“高可用的运行环境”。

截至2010年底，学校级统一信息系统建设已经取得如下成果：

1. 信息系统集成平台建设

从2003年开始，自主开发信息系统集成平台，于2009年底正式投入运行，该平台包括信息门户、统一身份认证、统一权限管理、数据交换、综合信息服务和信息发布六个子系统，集成了清华大学各类业务系统80余个，为各类用户提供了业务系统访问、业务数据查询、文档信息发布等综合的信息服务。为“个性化的用户环境”“关联的应用环境”“集成的数据环境”和“可信的安全环境”建设打下基础。

2. 清华大学信息门户

第四次改版后的清华大学信息门户（http：//info. tsinghua. edu. cn）于2009年10月正式上线运行，此次改版以信息系统集成平台为基础，以多页面、多频道、灵活的形式，为校内外用户提供主动的、集成、丰富的信息服务。其高度的信息集成与个性化服务受到了全校师生的欢迎。

3. 现代化教学支撑平台

2009年4月整体上线运行，该平台涵盖本科生、研究生培养和管理的各个环节，为学校培养机制改革和拔尖创新人才的培养提供稳定全面的信息化支撑，为师生提供个性、集成、全面的信息服务。同时，该平台在C/S系统Web模式访问、统一角色权限管理、综合数据服务等技术方面进行了研究和实现，为后续系统的建设奠定了技术基础。

4. 清华网络学堂系统

2008年发布中、英文版本，为国际化教学提供支持。2009学年上网课程已超过4 000门，清华网络学堂成为清华大学教学环境不可或缺的一部分。

5. 校园卡二期工程

2009 年 10 月，基于 CPU 卡的校园卡二期工程建设基本完成，系统进入正式运行阶段，共发放二代校园卡 5 万余张。在此期间，计算中心承担了二代校园卡系统建设方案的制订与实施，软硬件系统的运行服务和技术支持、数字校园集成、相关应用推广以及组织协调工作，为系统的平稳上线和广泛应用提供了重要支持。

6. 信息系统运维服务

基本建成了无单点故障的基础保障环境和完整的系统运行监控系统，结合规范化的操作流程和分层次的人员队伍，为支撑着学校业务运转的主要信息系统提供了 7×24 小时的高可用运行环境，确保维护了数字校园的安全稳定运行，很好地支持了学校业务的连续性，保障了迎新、选课、本科教学评估等重大活动的顺利进行。2009 年推出校园正版化服务，为用户提供更主动的服务。

四、电化教育技术及其他

（一）教学媒体资源建设

教学媒体资源建设是信息化支持学校教学的重要内容。自 1978 年成立以来的 30 多年时间里，电教中心在原有音视频资源建设的基础上，逐步开展了多媒体课件、网络课程、视频资源平台的研制工作，并注重对课程建设过程中信息技术的应用进行了实践和探索。

随着“985 工程”和“211 工程”“数字媒体制作、管理及网络发布系统”和“数字化音视频资源平台”项目的实施，已建成了全数字音视频转播系统和数字化音视频资源平台，可实现教学媒体资源的数字化保存和资源共享。

截至 2010 年底，已经完成包括精品课申报课程近 300 门、600 余讲，精品课课堂实录73 门2 800 学时、教学专题片约 650 部、网络课程超过 80 门，自行开发的媒体资源总容量超过 12TB 的丰富教学媒体资源。这些资源的建设促进了教学手段进一步现代化、形象化，对教学质量的提高起到了推动作用。

（二）多媒体教学环境建设与运行管理

多媒体教学环境建设与运行管理的主要任务是研究国内外与教育技术和视听相关的新技术、新动态和新发展，并将其成果应用于教学，为教学服务，为师生提供一流的多媒体教学环境。

1995 年，清华大学率先建立了国内高校第一间多媒体教室；1997 年建立全国第一个现代远程教育台；2000 年建立了国内高校第一间现场实时数字化采集与直播教室；2003 年建立了国内高校第一个智能化的多媒体控制管理平台；2005 年建立了国内第一个全数字的 E-control 多媒体控制管理平台。

截至 2010 年底，清华大学已经完成教学环境由模拟阶段向数字化的转化和改造，基本形成了“具有清华特色、技术水平先进、应用格式统一、操作简单便利”的智能化多媒体教学环境及其管理运行体系。教学现场直播、课件实时生成、远程集中控制等系统功能较为完善，各教室已连

网成为一体化的数字化授课中心小区，实现了从环境（如设施）、资源（如音视频资料、讲义、文档）到活动（如教学、会议、服务）全部信息化。智能化多媒体教学环境对促进教学模式变革和提高教学效益发挥了重要作用。

（三）科学计算

1981 年 7 月，清华大学引进日本富士通 M-150F 计算机系统，该设备是当时全国教育系统第一台大型计算机。CPU 运算速度 50 万～80 万次/秒，内存 2MB，外存 800MB。操作系统采用 OSIV/F2 多道批处理方式。1981 年底对全校开放，师生需向服务窗口提交程序草稿，由操作员集中操作，进行批处理。

1984 年 6 月，清华大学又引进美国霍尼韦尔公司的 DPS8/52 计算机，CPU 处理速度 130 万～200 万次/秒，内存 8MB，外存 1800MB，连接 64 台终端，有 2 台前端机，该设备采用 GCS8 分布式处理系统。多终端方式改变了原来的批处理作业，教师、学生在终端上自主编程、调试、打印。1986 年夏天，计算机终端全天 24 小时对用户开放，为全校教学及科研用计算机提供良好的软硬件环境。随着我国汉字标准出台，DPS-8 具备了编辑汉字的功能。1989 年，清华大学与北京大学、第二炮兵指挥中心合作对 DPS8/52 升级为 DPS8/70，并获得中国人民解放军科学技术进步奖三等奖。

1987 年 1 月，清华大学引进当时世界先进的并行多处理器小巨型机—美国的 ELXSI 6 400，CPU 最多可达 21 个，单 CPU 能力为 10M 次/秒，内存 48MB，外存 3 700MB，终端约 30 台，全天 24 小时开放。该设备采用 EMBOS 操作系统，同时可运行 UNIX 操作系统。

（四）计算机教学与计算机开放实验室

1990 年，清华大学设立隶属于计算中心的计算机基础教研室，在全国高校中率先建立了计算机基础教学机构，并开创性地提出计算机基础教学课程体系。该课程体系后被写入教育部高教司 1997 年颁布的《加强非计算机专业计算机基础教学工作的几点意见》，在全国高校中推广。

1996 年 4 月，在“泰山工程”的支持下，计算机开放实验室建成，并于同年通过北京市教委主持的高等学校基础课实验室评估，授予“北京高校基础课评估合格实验室”。1999 年底通过国家教委、国家计委和财政部三部委的联合验收。

该实验室是国内第一个大型联网计算机实验室，面积约 1 400 多平方米，配有微机 500 多台。实验室采用自主研发的“计算机开放实验室综合管理系统”，实现全自动化的机房管理模式，具有时间开放、空间开放、资源开放等特点；多系统平台技术使得学生首次可以在一台机器上学习不同的操作系统。实验室承担了全校计算机教学、学生自由上机、教职员工培训等重要任务，每年 350 天早 8 点到晚 10 点开放。

（五）有线电视系统的建设与运行管理

自 20 世纪 80 年代以来，清华大学逐步建成覆盖全校教工生活区和学生宿舍区的有线电视系统。至 2008 年 7 月，清华大学有线电视系统成功改造建设成为全数字电视网，入网用户超过 10 000户，开通节目频道 200 多个。

第七节　清华大学教育基金会

清华大学教育基金会（以下简称基金会），英译名 Tsinghua University Education Foundation。

一、基金会发展概述

1993 年，学校决定原“清华校友基金会”更名“清华大学教育基金会”，向海内外企事业单位、团体和个人募集资金，支持清华大学的建设发展。经中国人民银行批复同意，并经中华人民共和国民政部核准登记。清华大学教育基金会于 1994 年 4 月 16 日召开成立大会正式宣布成立。这是内地高等院校第一家注册登记的全国性基金会。

2004 年，基金会重新注册登记，成为国家民政部批准成立的全国性非公募基金会。基金会的宗旨是推动清华大学教育事业的发展，提高教育质量和学术水平，争取国内外团体和个人的支持和捐助。基金会的最高权力机构是理事会，主要职责是：制定和修改基金会章程，选举和罢免理事长、副理事长、秘书长，决定重大业务活动计划（包括资金的筹募集、管理和使用计划），年度收支预算及决算审定，制定内部管理制度，决定设立办事机构、分支机构、代表机构及其他重大事项。

基金会通过多渠道募集资金，有力地支持了学校的建设和发展。基金会在资金募集、项目资助和资金运作等方面均取得可喜的成绩。截至 2010 年底，累计筹款 28.15 亿元，项目资助 18.31 亿元，运作收益 5.4 亿元。

2007 年，清华大学教育基金会在国家民政部进行的社会组织评估工作中被评为 4A 级基金会，这也是我国非公募基金会得到的最高评级。

（一）组织机构

1. 理事会

1994 年 3 月 5 日，基金会召开首次理事会，选举王大中为理事长，方惠坚、李传信、陶森为副理事长。陶森兼任秘书长（法人代表），主持基金会日常工作。理事 11 名。其后，于 1995 年 4 月增补费孝通、钱伟长为名誉会长，理事增加到 19 名；于 1996 年 4 月，增补贺美英、杨家庆为副理事长。

1999 年，根据国家民政部“社会团体的法人代表一般应为理事长，社会团体的法人代表不得

兼任其他社会团体的法人代表”的要求，由于王大中校长已担任清华校友总会会长一职，教育基金会理事长改由党委书记贺美英兼任。贺美英为基金会法人代表。

2000 年 12 月 22 日，基金会理事会换届，选举费孝通、钱伟长担任名誉会长；贺美英为理事长，杨家庆、岑章志、陶森为副理事长，黄建华为秘书长。理事 26 人。

2004 年，国务院颁布新的《基金会管理条例》（第 400 号令），基金会重新注册登记，重新制定章程及推举理事会成员。当年 7 月 13 日召开理事会，选举贺美英为理事长，岑章志、杨振斌、杨家庆为副理事长，黄建华为秘书长。理事 23 人。首次设立监事 1 名。

2006 年 5 月，基金会理事会通讯表决，增补陈吉宁、陈旭为副理事长；杨振斌不再担任基金会副理事长职务。

2010 年 4 月 21 日，基金会第 16 次理事会，增补黄建华、宋军为基金会副理事长；宋军兼任秘书长；黄建华不再担任秘书长职务。

2. 常设机构

清华大学教育基金会组织机构为理事会（理事长 1 名、副理事长 6 名、理事 25 名、监事 1 人）；日常工作由秘书长主持。常设机构有：资源开发部、项目管理部、财务与资金运作部、综合办公室、海外部；附设机构有：育泉投资管理有限责任公司、礼品部。

基金会的全职工作人员从成立之初的 3 人，2010 年增加到 17 人。

（二）基金会捐赠收入、项目资助和运作收益情况

1994 年至 2010 年基金会获捐款情况见表 11-7-1。

表 11-7-1　1994 年—2010 年基金会获捐款情况　万元

年　份	捐赠金额	项目资助金额	收益金额	年　份	捐赠金额	项目资助金额	收益金额
1994	2 600	297	192	2003	15 775	16 300	882
1995	1 484	413	342	2004	9 852	11 364	1 335
1996	2 616	690	277	2005	10168	11 652	829
1997	2 387	470	410	2006	15 163	38 926	11 186
1998	5 100	1 417	910	2007	20 724	12 883	8 946
1999	2 783	2 058	669	2008	36 058	17 285	6 865
2000	3 325	1 358	679	2009	40 836	22 720	9 349
2001	25 100	1 912	838	2010	68 763	36 492	9 770
2002	18 800	6 900	555	总 计	281 534	183 137	54 034

二、捐赠项目资助效益

基金会的捐赠项目分为两大类：专项基金和非专项基金。

专项基金是根据捐赠者的意愿设立、进行定项资助的基金。资助领域涉及学校教学、科研和学生活动等方面，是基金会主要的资助方式。截至 2010 年底，累计资助项目超过 500 项，分为奖助学金、研究基金、基建项目、讲席教授基金、图书基金及公益基金等。

非专项基金是捐款人未指定捐赠资金的用途，由基金会理事会讨论决定资助和使用。基金一般为留本基金，本金不动，每年由基金会理事会决定基金增值部分的使用。基金主要用来支持学校教学、科研和人才培养等工作。

1. 专项基金主要项目

（1）奖助学金及励学金

奖助学金、励学金是社会各界人士和校友捐赠最多的项目，约占总项目数的 1/3，管理和评选工作由基金会、校友会和学校奖助学金管理委员会办公室和各院系共同完成。主要项目有：日籍华裔企业家张宗植学长捐赠设立的“一二·九奖学金”基金；蒋南翔校长家属和校友们共同捐赠设立的“蒋南翔奖学金”基金；杨绛先生捐赠她和钱锺书先生稿酬设立的“好读书奖学金”基金；林枫同志的亲属及友人捐赠的“林枫奖基金”等。2000 年至 2010 年，累计支持校级奖助学金 4 000 多万元，奖励和资助学生 12 000 余人。

1996 年，基金会响应清华侨联的倡议，设立“清华大学清泉困难学生基金”，号召社会各界人士向生活困难的学生伸出援助之手，该基金先后资助 980 多名家庭经济困难学生 123 万元人民币。

（2）研究基金

研究基金是支持基础科学、应用科学研究领域内具有前瞻性、战略意义的科学研究项目。主要项目有：香港曹光彪先生捐赠 2 000 万元人民币设立的“曹光彪高科技发展基金”；鸿富锦精密工业（深圳）有限公司郭台铭先生捐赠 3 亿元人民币，建设和运营“清华-富士康纳米科技中心”；香港裕元（工业）集团捐赠 1 200 万美元设立的“清华-裕元医学研究基金”；查济民、查懋声、蒙民伟、蔡冠深、黄济北、郑家发、James and Marilyn Simons、利国伟等共同发起设立的“高等研究中心发展基金”等。

（3）基建项目

在社会各界的支持下，学校兴建、修缮了一批基础性的设施，为培养一流人才、促进教学科研工作创造了良好的校园环境。截至 2010 年底，社会各界向学校捐建校舍（场、馆）42 栋，协议捐赠金额约 21 亿元人民币。主要项目有：土木馆（何善衡楼）、经济管理学院（伟伦楼）、学生文化活动中心（蒙民伟楼）、生命科学馆（伟伦馆）、逸夫技术科学楼、图书馆新馆（逸夫馆）、建筑馆（梁銶琚楼）、洁华幼儿园、法学院大楼（明理楼）、理学院大楼（蒙民伟理科馆）、第六教学楼（裕元楼）、清华-富士康纳米科技研究中心、公共管理学院大楼（伍舜德楼）、高级企业管理人员培训中心（舜德楼）、建筑设计研究院（伍舜德楼）、化学系新馆（何添楼）、信息科学研究院（FIT 楼）、老年活动中心（熊知行楼）、清华大学医学科学楼（裕元楼、李文达生命科学与医学图书馆、伍舜德楼）、陈明游泳馆、工程物理系新馆（刘卿馆）、化工系新系馆（英士楼）、伟清楼、射击馆（维学馆）、李兆基科技大楼、电子工程馆（罗姆楼）、凯风文科图书馆、新清华学堂、蒙民伟音乐厅、校史馆等。

（4）讲席教授基金

讲席教授基金支持学校聘请国际著名教授、学者和专家来清华执教，每个席位一个聘期为三年，支持 300 万元人民币。基金先后得到曹光彪先生、香港溢达集团、中国建设银行、联想集团等的捐赠支持。

(5) 图书基金

为丰富学校的文献资源，先后得到已故香港恒生银行资深董事梁銶琚先生捐赠 800 万元人民币设立的“梁銶琚博士图书基金”；台湾长兴化学工业公司董事长高英士先生捐赠 1 000 万元人民币设立的“高英士图书基金”等的支持。

(6) 公益基金

通过发挥自身的教育资源及优势，教育基金会已成为帮助社会各界实施社会公益项目的理想平台。从艾滋病专项基金到地震灾后小学重建，从科技下乡活动到遍及全国的远程扶贫教学站，以及香港伟新教育基金有限公司捐资设立“清华伟新教育基金”，资助清华大学家庭经济困难学生和中国贫困地区的教育项目。

2. 非专项基金主要项目

(1) 人才基金

2008 年，基金会出资 1 亿元人民币设立“人才基金”专项留本基金，支持学校的教师队伍建设。基金每年以运作收益支持协议年薪、特殊津贴等措施的落实，先后有 30 余位高层次人才受益。还曾支持了“百名人才引进计划”，资助了多位讲席教授。

(2) 学术新人奖/实验技术奖

为促使青年学术骨干脱颖而出，学校 1995 年设立“学术新人奖”，基金会予以支持。1999 年—2008 年，由香港新鸿基地产公司专项资助。2009 年起，由杨国强先生捐赠的“国华学者奖”资助。实验技术成果奖是奖励实验技术人员凭借自己多年的经验在教学实验和科研实验方面有所创新。该奖项自设立起一直得到基金会的支持。

(3) 学生活动

大学的首要任务是人才培养，基金会一直把学生活动作为常设项目予以支持。历年来先后对学生课外科技活动及“挑战杯”“机器人大赛”“太阳能汽车”等赛事；学生艺术团的排练及演出；跳水、赛艇、田径、篮球等体育代表队和群众性体育活动予以支持。

(4) 医疗条件改善

自 2003 年起，基金会每年支持清华大学医院购置检验、检查设备一台，以提高全校师生的医疗保健条件。先后购置运动心电系统、酶联免疫分析仪、免散瞳眼底照相机、彩色 B 超仪、彩色多普勒超声诊断仪、全自动尿沉渣分析仪等。

(5) 清华园老龄互助服务社和老年大学

自 1996 年起，基金会一直支持清华园老龄互助服务社和老年大学开展活动，为老人解决生活上的困难，丰富离退休人员的文化生活。

三、基金保值增值

清华大学教育基金会在大力募捐的同时，积极拓展投资渠道。在保证资金安全的前提下，基金会投资团队注意资金运作的流动性、收益性、安全性，取得了较好的业绩，成为教育基金的重要补充。截至 2010 年底，累计实现投资收益 5.4 亿元。

基金会注重投资运作的专业化、机构化，大胆从市场引进专业人才，构建完整的投资团队，建立健全投资管理制度。2009 年 2 月成立了专门管理基金会资产的育泉投资管理有限责任公司。

四、清华北美教育基金会和清华大学（香港）教育基金会

（一）清华北美教育基金会有限公司

清华北美教育基金会有限公司为1997年12月在美国特拉华州注册的非营利机构，1998年4月获得美国国税局批准，享有免除联邦所得税待遇。基金会的宗旨是：联络北美清华校友，扩展清华大学同北美社会各界的联系，宣传清华在教学、科研、人才培养等方面的成就，在北美筹集资金，为清华大学的发展服务。

自1997年建会至2003年初，由王大中校长担任理事长；2003年4月28日起，理事长改由顾秉林校长担任。理事有杨振宁、丁肇中、郑家发、贺美英、聂华桐、黄建华、邓锋和郑洪。理事任期为四年。基金会总裁：张素久。

自成立以来，清华北美教育基金会捐赠款累计近2 000万美元。熊知行、杨振宁、郑家发、James and Marilyn Simons、邓锋、黄长风、黄松益夫妇等多位在美校友和友好人士通过清华北美教育基金会捐赠支持学校的建设和发展。

（二）清华大学（香港特别行政区）教育基金会有限公司

清华大学（香港）教育基金会有限公司于1994年11月10日在香港注册，由陶森、李伯婕、王文德发起成立。2003年2月10日，重新在香港注册清华大学（香港特别行政区）教育基金会有限公司，梁洁华博士任理事长。

基金会的宗旨是：推动、促进教育，特别是推动、促进清华大学教育工作的发展；创立各种奖学金，建立图书馆，学习、推广清华大学的文化、科学和技术成果。

自重新注册以来，清华大学（香港特别行政区）教育基金会累计收到捐赠近6 000万港元。李家傑珍惜生命基金、恒隆地产有限公司、伦景雄先生等通过香港基金会捐赠支持学校的建设和发展。

五、名誉校董

为加强学校与社会各界的合作，争取社会各界力量支持学校的建设和发展，2007年学校决定设立清华大学名誉校董的荣誉称号，授予为清华大学的建设和发展作出重大贡献的著名企业家和社会知名人士。为规范我校聘请名誉校董的工作，经2007—2008学年度第3次校务会议（2007年10月25日）审议通过了《清华大学聘请名誉校董管理办法》，明确了名誉校董的职责、聘请对象和申报程序。名誉校董的聘请工作由学校教育基金会具体负责。

截至2010年底，经校务会议审议批准的名誉校董（以聘任时间为序）有：

李嘉诚　李兆基　曹光彪　蒙民伟　李家傑　陈定山　沈　栋　李贤凯
陈定南　蔡其瑞　王　度　李　白　田在玮　廖凯原　唐仲英

第十二章

成人高等教育、继续教育和远程教育

清华大学1955年开始筹建成人高等教育，1956年成立夜大学，历时50年，培养了大批国家急需的实用型人才。1985年，经教育部批准，学校成立全国首家继续教育学院。1988年12月，夜大学划归继续教育学院。1997年在全国高校中率先实施远程教育。2002年，学校进行继续教育管理体制改革，成立教育培训管理处，继续教育学院成为专门从事继续教育的二级实体学院，是学校从事非学历继续教育的主要力量。经2005—2006学年度第23次校务会议讨论通过，清华大学对外学术文化交流中心于2006年7月4日并入继续教育学院。经第2007—2008学年度第13次校务会议讨论决定，机械系所属的清华大学职业经理训练中心于2007年1月18日并入继续教育学院。

第一节　成人高等教育

清华大学的成人高等教育起步较早，1955年开始筹建，1956年高教部批复成立夜大学。随着经济发展和政治形势的变化，经历了多次调整。其中较大的调整有三次，一是1960年暂时停止夜大学招生；二是1979年夜大学复建、招生；三是2002年夜大学停止招生（除艺术类）。清华大学开展成人高等教育主要分为三个时期。

一、1955年—1976年

1953年党中央制订了过渡时期总路线，并开始了第一个五年计划，经济建设急需大量工程技术人才。是年，电力工业部与清华大学商讨签订了合办夜大学协议书，并于1955年11月向高等教育部呈送了创办清华大学夜大学报告。1956年2月，高教部批复同意成立清华大学夜大学，并指示这一夜校将来应并入清华大学夜校部。

1955年夜大学首届招生（试招生），设置热能动力装置、发电厂电力网及电力系统、机械制造工艺3个专业，招收学生89名，初定学制为6年半，培养目标为工程师。为保证质量，达到全日制（四年制）大学本科毕业生水平，教学计划规定的总学时数为3 000左右。

随着社会主义建设事业发展，对人才的数量、质量要求不断提高。1956年6月至10月间，第一机械工业部、第二机械工业部和电机制造工业部领导分别与蒋南翔校长签订联合办夜大学的协议，并上报高教部审批。1956年8月7日高教部发文通知清华大学，设立清华大学夜校部，夜大学归属夜校部。至此，清华大学夜校部正式成立。同时由学校提名、高教部任命清华大学副校长陈士骅为夜校部主任。

夜校部成立后，根据高教部规定，多次调整教学计划和学制。1955年、1956年、1957年至1959年新生入学学习的各专业学制分别为6年、5年半和5年。

清华大学夜校部 1955 年至 1959 年每年按计划招生，有机械、热能、工民建、水工、发电、电子等 6 个夜大本科学历专业，五届共招学员 1 107 人，其中学至毕业的学生 437 人。其原因除学校坚持培养标准和保证质量外，更重要的是 1958 年以及后几年中，在职人员流动大，造成不少学员停学或流失。

同时，夜大学还为这些部委举办了若干期“老干部培训班”，并按照教育部的安排，为国内各高校培训了大批进修教师。

1960 年国家暂时经济困难，各条战线紧缩，清华大学夜校部停止招生，在校学生分段结业。1964 年夜校部各届毕业学生，包括历届因部分课程未修的肄业学生，补齐所缺课程后经审查同意毕业的学生，全部毕业离校。至此，夜校部工作结束。

1955 年至 1964 年夜大学各专业招生和毕业人数统计见表 12-1-1。

表 12-1-1　1955 年—1964 年夜大学各专业招生和毕业人数

年份	机械制造与工艺		发电厂电力网及电力系统		热能动力装置		河川结构与水电站水工建筑		无线电技术		工业与民用建筑		总　计	
	招生	毕业	招生	毕业	招生	毕业	招生	毕业	招生	毕业	招生	毕业	招生	毕业
1955	35		33		21								89	
1956	260		109		39		42		39				489	
1957	122		35						45				202	
1958	96		41						34		28		199	
1959	12		9						107				128	
1960														
1961				14		13		11						38
1962		110		27						34				171
1963		68		21		1		2		37		11		140
1964		50		33						2		3		88
合计	525	228	227	95	60	14	42	13	225	73	28	14	1 107	437

夜校部停止招生后，清华大学于 1961 年至 1976 年举办过两次未经国家教育行政部门正式批准备案的业余大学班和业余大学的非正规学历教育。

1961 年 5 月，学校考虑教学辅助人员数量及质量的需要和在校这部分人的要求，责成学校业余教育委员会举办业余大学班。通过教学计划规定的课程和教学环节考试、考查，发给校内承认学历的毕业证明。1961 年、1962 年通过入学考试共招收学员 126 名，全部为校内实验技术人员。“文化大革命”开始后，该班教学被中断。

1975 年 3 月，学校再次举办业余大学。入学不经考试，由所在单位推荐，学制半年至两年不等。首届招收学员 1 400 余人，多数来自工厂和人民公社。业余大学 1975 年和 1976 年共招收两届学生，首届结业生 558 名。“文化大革命”结束后，业余大学自行停办。

二、1977 年—1993 年

1978 年，党的十一届三中全会决定把全党全国工作重点转移到经济建设。学校研究分析了社会的需要和学校的情况，1980年6月，向教育部呈送了建立清华大学职工进修大学的报告。8月，教育部同意恢复夜校部，要求专业设置充分发挥日校优势。学校任命副校长解沛基任夜校部主任（1980年—1985年），并决定当年设电子技术、机械制造、图书情报3个专业，大专层次，学制3年。

随着改革开放的深入和社会主义市场经济体制的建立，社会对人才的数量、质量不断提出更高的要求。1983年，教育部决定在全国恢复夜大学专科招生后，清华大学夜大学扩大了招生专业和规模，同时，恢复为全国高校培训进修教师。1984年增设了计算机软件专业。1985年，夜校部改建为清华大学夜大学，清华大学副校长张思敬兼任夜大学校长、王祖键任夜大学副校长。1987年，国家教委批准恢复夜大学本科招生。1987年、1988年增办了自动控制、建筑结构工程、行政秘书管理3个专业。1989年国家教委批准开始试办“专科起点本科班”。学校制定了“积极发展继续教育，适当发展成人学历教育”的办学方针，并调整领导体制，1988年12月，夜大学划归继续教育学院，继续教育学院院长吕森兼任夜大学校长。1992年后，由马祖耀、黄智先后任夜大学正副校长。这阶段除设电气工程与应用电子技术、机械电子工程、计算机与自动化、汽车工程等5个专业外，还开展了大学本科、专科起点本科班、全脱产委托培养班和专业证书班等学历或非学历教育。

从清华大学夜校部和夜大学恢复至1993年，14年中共招收本、专科学生1 450人，毕业827人，为国家培养了一定数量大专以上水平的急需合格人才。

1993年5月27日，经1992—1993学年度第18次校务会议和第九届党委第45次常委会联席会议讨论决定，将继续教育学院、夜大学和职工培训中心组成统一的教学管理单位——继续教育学院。

1980年至1993年夜大学各专业招生和毕业人数统计见表12-1-2。

三、1994年—2006年

为贯彻《中国教育发展和改革纲要（1990—2000）》，经清华大学校务会议讨论决定，并经国家教委批准，1994年3月1日，成立清华大学南京成人教育办学站，10月25日，在济南市成立了清华大学山东成人教育办学基地，在当地开展成人学历教育和非学历继续教育培训，为当地经济发展培养急需人才。9月，南京办学站开办了“应用电子技术”“机械电子与控制工程”等两个专科起点本科班。1997年，在南京办学站安装了远程教学接收设备，并投资建成了3个闭路电视教室。

1995年5月，位于学校建筑馆北楼的继续教育学院新教学办公楼竣工，6月，学院迁入新居。新楼有专用教室30个，总使用面积2 200平方米，其中，20个教室（面积为1 300多平方米）为夜大学使用。由于建设发展的需要，夜大学城内办学基地西单新文化街32号和校内夜大学所在地36所于1996年先后被征用。

1996年国家教委对普通高等学校函授、夜大学进行评估，北京市教育委员会组成的专家组对清华大学夜大学给予了高度评价。

1994年12月，黄智任夜大学校长。1997年1月，杜文涛任夜大学校长。1999年3月，继续教育学院副院长孙学伟兼任夜大学校长。1997年学校开始试行远程教育，1998年，远程教育研究生课程进修开始招生；2000年，远程教育专科升本科开始招生。校学位评定委员会2001年第

表 12-1-2　1980 年—1993 年夜大学（大专）各专业招生和毕业人数统计

年份	电子技术		机械制造		建筑结构工程		电气工程与应用电子学		机械电子工程		图书情报		计算机软件		自动控制		行政秘书管理		计算机与自动化		汽车工程		总　计	
	招生	毕业	招生	毕业	招生	毕业	招生	毕业	招生	毕业	招生	毕业	招生	毕业	招生	毕业	招生	毕业	招生	毕业	招生	毕业	招生	毕业
1980	60		6								11												77	
1981																								
1982																								
1983	30	54	30	6								11											60	71
1984													27										27	
1985	36		32										74										142	
1986	39	47	38	9									39										116	56
1987					30								35	24	38								103	24
1988	37	35		25	12								34	72			32						115	132
1989		39		29	24									36					29		16		69	104
1990	49				33	25	62		30				36	35		37							210	97
1991	43	33			25	12	52		31				25	29				25					176	99
1992	69				38	21	39	61	26				41		40					26		16	253	124
1993	26	41			30	26			19	24			27	29									102	120
小计	389	249	106	69	192	84	153	61	106	24	11	11	338	225	78	37	32	25	29	26	16	16	1 450	827

说明：表中数据未含锅炉工程与节能专业 1985 年招生 28 人，1988 年毕业 23 人。

一次会议（2001 年 1 月 15 日）对学校是否接收高等教育自学考试学士学位申请问题进行了讨论和表决。会议认为，我校面临建设一流大学的繁重任务，学校有限资源应集中投入到高层次人才培养上去，建议学校不再作为主考学校接收自考学位的申请，校行政领导接受该建议。随后，清华大学对成人高等学历教育进行了结构调整，校学位评定委员会 2002 年第 1 次会议（2002 年 1 月 24 日）决定从当年开始，学校不再接受高自考学员申请学士学位。2002 年，学校决定停办夜大学（成人高等教育）。校学位评定委员会 2004 年第二次会议（2004 年 7 月 8 日）决定，按照学校整体发展战略及办学方向调整的要求，远程教育除美术学院外将不再进行学历学位教育，远程专升本学历教育 2005 年停止招生。2006 年是成人学历教育停止招生的第五年，在这一学年度，成人教育送走最后一批学生，完成了历史使命。

1994 年至 2006 年夜大学各专业招生和毕业人数统计见表 12-1-3。

第二节　改制前的继续教育

继续教育是面向学校教育之后所有社会成员的教育活动，特别是成人教育活动，是终身学习体系的重要组成部分。早在改革开放之初，清华大学就面向高校骨干教师、工程技术人员和管理人员举办高级研修班。随着改革开放的深化和社会经济的发展，继续教育规模不断扩大，服务对象不断拓宽。1985 年 5 月 16 日，成立了全国首家继续教育学院，统一管理和推动学校继续教育工作。据统计，1985 年至 2001 年，继续教育学院举办培训班共计 1 003 个，培训各类人才 58 570 人次。1978 年至 2001 年继续教育办班数、培训人数统计见表 12-2-1、表 12-2-2。

一、成立继续教育学院（1979—1985-05）

清华大学对在职人员的培训已有很长的历史。但继续教育概念引入并逐步成为学校人才培养体系的重要组成部分，是从 20 世纪 80 年代初开始的。

1979 年，水利系张宪宏教授由教育部派遣作为唯一的中国代表参加了在墨西哥举行的第一次世界继续工程教育大会。张宪宏教授回国后撰文，引进了继续工程教育概念，宣传继续教育的重要意义。1984 年，张光斗教授担任了中国继续工程教育协会筹备委员会主任，推动了协会的诞生和继续教育在我国的发展。

1984 年 4 月 25 日，经 1983—1984 学年度第 12 次校长工作会议讨论，决定成立继续教育与附属学校部（撤销附校办公室），统一归口管理和研究学校的继续教育工作。夏镇英任继续教育与附属学校部主任。

1984 年 5 月 6 日，学校向教育部呈送拟筹建清华大学继续教育学院的报告（清继附发字〔1984〕第 007 号），提出：继续教育学院的“招生对象应为高等学校的教师和有一定实践经验的企事业单位大专毕业的工程技术与管理人员。在校学员拟 2 500～3 000 人（含进修教师 500 人、

表 12-1-3　1994 年—2006 年夜大学各专业招生和毕业人数统计

年份	高中起点本科			专科起点本科			高中起点专科			日校大专			总计		
	在校学生人数	招生人数	毕业人数	在校学生人数	招生人数	毕业人数	在校学生人数	招生人数	毕业人数	在校学生人数	招生人数	毕业人数	在校学生人数	招生人数	毕业人数
1994	89			325		57	815		112			146	1 229		315
1995				634		95	563		96			157	1 197		348
1996			17	859		90	961		19			169	1 820		348
1997				1 094	387	134	1 078	370	253				2 172	757	387
1998				1 117	422	339	1 045	384	226				2 162	806	565
1999	128	115	16	1 193	402	269	1 148	432	241	49		207	2 469	949	733
2000	274		15	2 142		364	1 197		261				3 613		640
2001	858	545	2	2 145	606	348	1 194	407	218				4 197	1 558	568
2002	664			601		438	598		275				1 863		713
2003			97			602			293						992
2004			188			616			281						1 085
2005			5			398			50						453
2006			13			1			2						16
总计															7 163

表 12-2-1　1978 年—1993 年继续教育办班数及培训人数统计

学年度	进修班		高级职务研修班		访问学者		国际合作办班		骨干教师进修班		助教进修班		单科进修		合计	
	班数	人数	班数	人数	班数	人数	班数	人数	班数	人数	班数	人数	班数	人数	班数	人数
1978—1980	82	5 936												13	154	9 764
1981	72	3 715														
1982	15	727	1	92										128	16	947
1983	51	2 697												166	51	2 863
1984	48	2 440												208	48	2 648
1985	64	3 057	5	179			4	159			5	154		139	78	3 688
1986	33	1 282	3	129		10	4	166			17	290		146	57	2 023
1987	18	614	4	121		32	4	125			7	99		78	33	1 069
1988	18	987	5	218		24	8	407			6	47		65	37	1 748
1989	24	1 105	2	64		33	5	174			2	11		72	33	1 459
1990	25	1 476				34	1	31			6	52		57	32	1 650
1991	38	1 846				40	1	36			5	66		55	44	2 043
1992	45	1 650	1	24		42	2	61	3	22	3	31		40	54	1 870
1993	36	1 499				60			1	4	1	8		39	38	1 610
合计	569	29 031	21	827		275	29	1159	4	26	52	758		1306	675	33 382

说明：职工培训：1992—1993 年度 1 489 人，1993—1994 年度 1 000 人未计入。

表 12-2-2　1994 年—2001 年继续教育办班数及培训人数统计

学年度	短训班		国内访问学者、科研进修		高校教师高研班		骨干教师进修班		助教进修班		单科进修		职工培训		合计	
	班数	人数	班数	人数	班数	人数	班数	人数	班数	人数	班数	人数	班数	人数	班数	人数
1994	38	1 591		57			3	64				86		1 346	41	3 144
1995	45	1 791		165	2	92	1	6				88		1 939	48	4 081
1996	46	2 239		173											46	2 412
1997	55	1 801		198		53						2 118			55	4 170
1998	45	1 729		150								2 595			45	4 474
1999	98	5 998		106	8	207		56							106	6 367
2000	94	4 285	8	300		240									102	4 825
2001	154	11 700		148		83		6							154	11 937
合计	575	31 134	8	1 297	10	675	4	132				4 887		3 285	597	41 410

说明：① 1997 年单科进修 2 118 人为校内各培训中心培训人数。
② 1999 年短训班人数中，计划内 1 960 人次，计划外 4 038 人次，其中含德尔福汽车培训中心采用选课式教学，折合成的 1 162 人次。

干训生 400 人）”。1984 年 6 月 26 日，教育部批复（教计字〔1984〕130 号文）：“为适应国民经济和科技发展对继续教育的要求，同意你校筹建继续教育学院。学院的发展规模为 3 000 人（包括我部已批准你校 1990 年日校部分发展规模所列进修生 500 人，干训生 400 人的任务）。”“继续教育学院的人员编制及工资、福利费等人头费均在我部核定你校人员编制及经费预算统筹安排解决。对委托培养学生的单位，你校应按有关规定与之签订合同并收取基建投资和经常费。”为了做好继续教育学院的筹建工作，学校编制了继续教育学院基本建设设计任务书，并上报教育部。1984 年 11 月 3 日，教育部批复（教基字〔1984〕318 号）：“同意征用土地 200 亩”（后未征地），继续教育学院新“校舍面积为 108 900 平方米”，“总投资 4 000 万元，由教育部投资 1 200 万元（1984 年已到位），其余 2 800 万元由你校向委托培养学生单位集资”。后北京市根据国家计委〔1984〕840 号文批复中“继续教育学院建设用地也请北京市通盘考虑一并安排”的意见，将院址安排在清华大学周围，并同意征地。

1984 年 12 月 27 日，经 1984—1985 学年度第 11 次校长工作会议讨论决定，将继续教育与附属学校部改名为继续教育部。经过近一年的筹建工作，1985 年 5 月 16 日，经 1984—1985 学年度第 17 次校长工作会议讨论，决定成立清华大学继续教育学院，这是我国第一所继续教育学院。会议任命吕森、黄安邦担任正副院长。学院的任务是：明确办学宗旨，统一管理和推动学校继续教育工作，研究和制定管理条例，积极准备和完善教学条件。

二、改制前的继续教育学院（1985-05—2001-12）

1985 年学院成立后，继续教育得到了较快发展，逐步形成了多类型、多层次、多形式的继续教育办学格局，得到了社会的广泛关注。1986 年，继续教育学院受北京市高教局委托，与北京大学等 10 所院校一起，筹备成立了“北京市高等学校继续教育协作组”，并任第一届组长。

为了理顺管理体制，统一归口管理学校的成人高等教育工作，1988 年 12 月，学校决定将夜大学划归继续教育学院领导。1989 年，经北京市劳动局、北京市高教局批准，清华大学成立职工培训中心，负责校内外工人的技术培训和职员的业务培训。1992 年暑假召开的学校党政干部会上，校领导明确提出继续教育是学校教育工作的组成部分，各系对继续教育和夜大学工作要给予积极支持。1992 年 9 月，学院领导班子换届，马祖耀任院长。1993 年 5 月 27 日，经 1992—1993 学年度第 18 次校务会议和第九届党委第 45 次常委会联席会议讨论决定，将夜大学和职工培训中心并入继续教育学院，原附校办撤销。至此，继续教育学院下设继续教育部、夜大学、职工培训中心（含职工学校，1996 年 7 月 9 日调整回学校人事处）和院办公室。

1993 年初，清华大学继续教育工作获得全国优秀教学成果一等奖。

为促进高等学校大力开展继续教育，真正发挥“主力军和重要基地”的作用，清华大学和 13 所高校共同发起，于 1993 年 11 月下旬在清华大学成立了“全国高等学校继续教育协作组”，66 所高校派代表参加了成立大会，国家教委、人事部、国家经贸委、国家科委的领导出席并作重要报告。会议推举清华大学为协作组正组长单位，协作组的秘书组、信息组设在清华大学继续教育学院内。

1995 年 7 月继续教育学院机构设置见图 12-2-1。

为贯彻落实《中国教育发展和改革纲要（1990—2000）》的要求，1994 年 5 月，继续教育学院编制了《“九五”事业发展规划纲领要点（草案）》，制定了“解放思想，深化改革，完善体制，

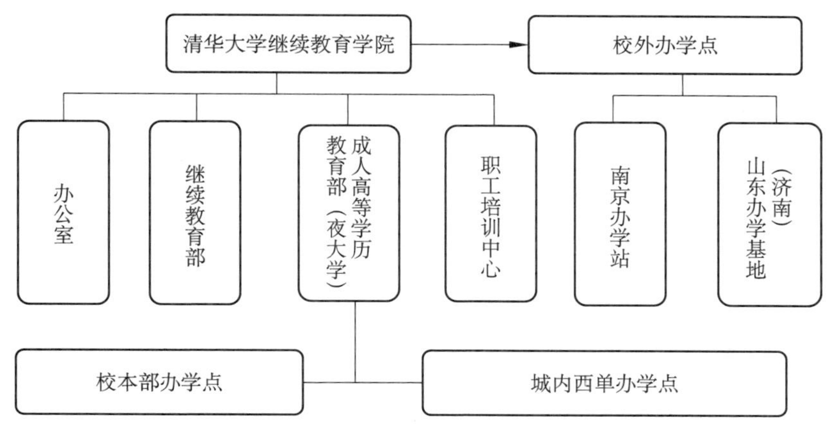

图 12-2-1　1995 年 7 月继续教育学院机构设置简图

发扬优势，改善条件，扩大规模，提高质量，多作贡献”的发展思路，确定了“大力发展和提高高层次的大学后继续教育、夜大学的成人学历教育、职员和技术工人的岗位培训”的工作重点。

根据学员不同的学习要求，学院采取了灵活多样的继续教育办学方式。到 1994 年，主要有以下继续教育办学类型：

(1) 举办高级研讨班，介绍国内外最新科技理论和信息；

(2) 举办经济管理干部培训班，使企业的厂长、经理尽快适应由计划经济向社会主义市场经济转轨；

(3) 举办短期培训班，为科技人员补充、扩展和加深专业知识；

(4) 举办助教进修班、骨干教师进修班、讲习班和单科进修等，为兄弟院校培训师资；

(5) 接受具有高、中级职称的高校教师和科技人员为国内访问学者，参加科研工作实践，作为主要进修形式；

(6) 举办硕士生课程进修班，为在职人员通过研究生学位课程的学习，以同等学力申请硕士学位创造条件。

1995 年 7 月 4 日，清华大学隆重召开了继续教育学院成立 10 周年庆祝大会。国家教委副主任王明达同志对继续教育学院十年发展给予了高度评价，说“清华大学继续教育学院是国家教委批准的第一个继续教育办学单位，它的诞生是我国继续教育正规化办学起步和发展的一个标志”。“目前，清华大学已成为我国高校举办继续教育的一面旗帜，一个重要基地，在继续教育办学方面发挥了引路和带头作用”。并指出：“高等学校在开展继续教育方面具有条件和优势，应当成为继续教育的主力军和重要阵地，应当把继续教育作为学校的一项重要任务，纳入事业发展规划，加以大力发展。”会上，继续教育学院对十年创业历程进行了回顾，对继续教育发展经验进行了总结，并确定了清华大学继续教育发展目标、任务和工作重点。提出“九五”期间清华大学继续教育工作要围绕三个方面任务来开展，①大力发展以培养跨世纪的学术带头人和高层次的管理干部为目标的高级研讨班。②加强和提高高中层次的经济管理干部的培训班。③大力开展有关国民经济发展的关键技术方面的继续教育。

1995 年下半年，清华大学、浙江大学等 13 所高校联合建议成立中国继续工程教育协会高校工作委员会，并获协会常务理事会批准。1996 年 1 月，在高校工作委员会成立大会上，清华大学马祖耀教授当选为常务副主任委员。

1996 年 5 月 30 日，作为全校第 20 次教学讨论会的重要组成部分，召开了建校以来首次全校继续教育专题讨论会。余寿文副校长在会上作了《面向二十一世纪，积极开展继续教育》的主题报告。这次讨论会，从创建世界一流大学总目标和学校实施“211 工程”及“九五”计划的全局出发，明确了继续教育在学校发展战略全局中的地位作用、发展思路和目标。王大中校长在开幕词中指出：“继续教育应当成为我校培养各种类型高层次人才的重要组成部分。”“继续教育是学校和社会沟通的一条重要渠道，是学校和企业紧密联系的桥梁。”他提出了清华大学继续教育工作的重点：“着重于高层次、高质量；面向经济，面向社会，密切与企业合作，为企业培养人才；发展现代化教育手段。”专题讨论会对在“九五”期间和 21 世纪初采取积极发展的方针，培育和形成具有清华特色的继续教育体系达成了共识。首次继续教育专题研讨会后，学校有关院系成立了培训中心，积极开展各种类型的继续教育培训工作。到 2001 年 12 月，先后建立了 25 个培训中心。

继续教育专题研讨会期间，继续教育学院领导班子换届，关志成副校长兼任院长，刘序明任常务副院长。

1998 年 12 月 1 日，校务会议讨论决定，任命胡东成为继续教育学院院长。

1999 年 3 月 10 日，校务会议讨论通过，严继昌、孙学伟任继续教育学院副院长，孙学伟兼夜大学校长。

根据学校机关机构改革减员增效的要求，学院对原有的机构进行了适当的调整，全院共设三部一办，即继续教育部、远程教育部、成人教育部（夜大学）、办公室。由院长和副院长负责对全院岗位工作人员实行公开招聘，择优竞争上岗，最终有 19 人应聘上岗，并对每一名应聘上岗人员明确了岗位职责。

1999 年 8 月 20 日，学校在平谷召开党政干部会，继续教育学院在会上作了《拓展教育空间，开发“第二品牌”》的发言，提出了采取产业运行机制，社会效益和经济效益并重的继续教育、成人教育和远程教育运行机制改革问题。

为规范和促进继续教育发展，开辟继续教育渠道，1999 年，学校颁发了《继续教育学院经济管理办法》《清华大学继续教育短期班管理规定》及实施细则、《清华大学继续教育学院贯彻党风廉政建设责任制的实施办法》等有关规章制度。

在学校领导“继续教育要大发展”的精神鼓舞下，2000 年，继续教育规模有了迅猛增长。学院依托校内的国家重点实验室、工程研究中心及重点学科，成功举办了“CIMS 技术”“现代教学教育技术”“现代通信技术”等 8 个高级研讨班，全年共申报举办各类培训班 94 个，培训学员 4 285 名。全校有近 20 个院系开展了继续教育培训活动。学院在教育培训市场化方面作了进一步探索和实践：主动适应市场需求，开拓新的培训领域，举办不同主题的培训班；充分调动院、系、所的积极性，当好组织者和服务者，对培训班的归口管理大有起色；在保证办学质量、维护清华大学声誉、坚持保证学校利益和院、系利益的前提下，增强市场经济意识，探索与公司合作办班的模式。制定了《清华大学继续教育学院“十五”发展规划纲要》。

2000 年 5 月底，“中国高等教育学会高等学校继续教育分会成立大会”在北京召开，清华大学胡东成副校长当选为学会理事长，继续教育学院常务副院长严继昌当选为副理事长兼秘书长。2000 年 5 月底，继续教育学院作为联合国教科文组织继续工程教育教席，主办了“面向 21 世纪继续工程教育政策和战略国际研讨会”，来自美国、印度等国家和中国香港地区的代表参加了会议。

第三节　改制后的继续教育

2001年12月27日，学校决定对全校教育培训管理运行体制机制进行调整改革，建立“管办分开”的管理模式，成立教育培训管理处，负责管理学校非学历教育培训、远程教育、成人学历教育。而继续教育学院作为一个办学实体，以“教育创新、服务社会”为宗旨，按照“学院制办学，企业化运作”的方式，以培训在职人员为主，以非学历非学位教育为主，以现代远程教育为主，积极探索继续教育和远程教育发展模式，规模迅速扩大，质量不断提高，形成了清华继续教育培训品牌特色，体现了清华的社会责任，培训了大量人才。

一、继续教育体制改革

为适应国家人才强国战略和建设学习型社会、构建终身学习体系的战略部署，适应世界一流大学开展大学后继续教育的发展趋势，解决继续教育学院因管办合一体制而带来一些弊端，建立继续教育规范管理机制，增强继续教育发展活力，2001年，学校就继续教育管理体制调整改革问题进行了广泛深入的专题调研，并着手对学校继续教育管理体制进行调整改革。

2001年3月开始，学校对国内外继续教育发展形势和人才需求状况进行了深入调研，特别分析了哈佛大学、麻省理工学院、加州伯克利大学等世界一流大学继续教育办学和管理经验。学校杨家庆副校长、陈希副书记、胡东成副校长及继续教育学院常务副院长严继昌等专程赴香港大学专业进修学院考察学习，随后向学校提交继续教育改革发展报告。王大中校长先后8次和主管继续教育的负责同志专门讨论学校继续教育改革发展方向问题，就继续教育管理体制改革达成共识。2001年12月13日，王大中校长在清华大学第5届教代会第2次会议暨第21次教育工作讨论会上指出：“许多世界一流大学，不仅具有一流的本科和研究生教育，而且还开展多种形式的教育培训工作。为建设世界一流大学，我校在进一步提高本科和研究生教育质量的同时，还应大力发展以非学历教育为主的教育培训事业，为社会培养急需的专门人才”，“推进继续教育发展，增强办学活力”，“十五期间，清华大学继续教育发展的目标是‘扩大规模、创建品牌、增强活力、提高效益’。发展的指导思想是三个为主，即学历教育和非学历教育以非学历教育为主；脱产教育与非脱产教育以非脱产教育为主；面授教育和远程教育以远程教育为主。为了推进学校教育培训事业的规模化发展，学校将实施统一领导，加强规范化管理。在调动院（系）办学积极性的同时，将继续教育学院实体化，以便面向市场需求，创建本校教育培训事业品牌”。继续教育学院根据校领导意见起草了《关于进一步加强清华大学培训工作的意见》，并经校校务会议讨论通过。

2001年12月27日，经2001—2002学年度第7次校务会议讨论通过，决定成立学校继续教育工作领导小组，何建坤任组长，胡东成任副组长，陈皓明、严继昌、汪劲松、康飞宇为小组成员。决定成立教育培训管理处，任命严继昌为处长，负责学校非学历非学位教育培训、远程教育和成人学历教育等方面的行政管理工作。任命胡东成兼任继续教育学院院长，康飞宇为常务副院长。

经过此次调整和改革，改革了继续教育学院自 1985 年成立以来，既开展继续教育办学活动，又负责对校内的教育培训进行行政管理的体制，清华大学建立了新型继续教育管理体系，形成“管办分开、权责明晰”的管理模式，提出了“高层次、高质量、高效益”的办学原则，实现了三个转型和创新，推动了学校继续教育跨越式发展：一是体制创新，实现了“管办分开”，成立副校长主抓的继续教育领导小组和教育培训管理处，提高了继续教育办学单位的主动性、积极性，增强了继续教育发展活力；二是管理模式、运营机制创新，继续教育办学单位采用“实体化”和“企业化”运行机制，实行自筹经费、自负盈亏，以学员、市场和相关利益方为中心，最大限度地满足培训需求方的要求；三是课程体系、教学内容、教学方式创新，坚持“开展大学后继续教育和面向在职高层人员培养”的定位，针对培养对象的多元化需求和行业、产业对人才素质能力提出的新要求，不断创新课程体系、教学内容和教学方式，使其更具灵活性、针对性、实用性和应变性。

2000 年至 2008 年清华大学连续 3 届当选中国高等教育学会继续教育分会理事长单位，并连任现代远程教育协作组组长单位，胡东成、汪劲松、程建平副校长分别任分会理事长；2007 年教育部批准我校为全国重点建设职业教育师资培养培训基地；2009 年中组部和教育部确定我校为首批全国干部教育培训高校基地；到 2010 年，我校继续教育（非学历教育培训）年度结业学员数突破 10 万人次。

二、教育培训管理处

为促进和规范我校教育培训事业的发展，经 2001—2002 学年度第 7 次校务会议（2001 年 12 月 27 日）讨论通过，决定成立教育培训管理处（简称教培处），负责学校在非学历非学位培训教育、远程教育和成人学历教育等方面的管理工作，学校任命严继昌为首任处长。2006 年学校任命刁庆军为处长。2009 年学校任命邓丽曼为处长。经学校“机关机构、聘任工作领导小组”研究同意（2002 年 4 月 2 日），教育培训管理处下设外联办公室、业务管理办公室两个科室，管理人员事业编制数确定为 10 人。主要职能包括：①对学校各院系和相关单位在非学历非学位培训教育、远程教育和成人学历教育等方面行使管理职能；代表学校在上述业务范围内与国家教育部、北京市教委等相关上级领导部门进行工作联系。②负责制定清华大学发展培训教育、远程教育和成人学历教育的相关政策；审批立项、统筹规划协调组织各相关单位共同开拓培训市场，创建清华大学教育培训品牌。③代表学校统一颁发各类培训证书、成人教育学历和学位证书，并进行证书电子注册；监督和规范各院系和相关办学实体的办学行为，查处盗用清华名义的非法办班活动。④组织制定代表清华大学教育培训品牌的评估认证体系，组织课程评审委员会对各院系及相关办学实体的培训课程进行评估和认证。⑤负责国家教育部、人事部交办的高级研讨班、国内访问学者、进修教师等工作。

教育培训管理处成立后，制定并不断完善教育培训的规章制度，明确了各项管理职能，并采取了一系列措施保证继续教育办学活动的规范性和教学质量，致力于建设教育培训现代管理体

系，保障继续教育办学质量，促进学校继续教育事业科学发展。

1. 建立和健全继续教育管理制度

教育培训管理处高度重视继续教育管理过程中的制度建设，经过调查研究，制定、修改、完善了教育培训的管理文件，形成了一套较为完整的教育培训过程管理文件体系。

(1) 经2004年5月20日清华大学2003—2004学年度第17次校务会审议通过了有关教育培训的第一个管理规定——《清华大学教育培训管理规定（试行）》，成为规范我校教育培训活动的"母法"。

(2) 2005年下半年开始，教育培训管理处重点调研培训办班过程中办学单位对外合作中产生的问题，起草了《清华大学教育培训合同管理办法》，经2005—2006学年度第21次校务会审议通过，于2006年10月18日颁布实施。

(3) 根据工作的深入，新起草并完善的管理文件包括：

①《教育培训立项管理实施办法》（2010年4月修改稿），明确我校各培训单位在教育培训立项中的工作程序及规范要求；

②《教育培训项目合作管理办法》（2010年5月），明确我校与校外机构教育培训合作中的行为规范，特别加强对合作伙伴行为的管理；

③《涉外培训项目管理办法》，规范日益增多的涉外培训项目的审批流程和管理规范；

④《2009年度"教育培训奖"评奖办法（试行）》，表彰为我校教育培训做出突出贡献的个人，奖励具有清华大学特色和品牌的培训项目；

⑤《清华大学教育培训质量督导制度（试行）》（2009年3月），用于对全校教育培训工作及其教学质量进行监督指导；

⑥《清华大学教育培训经费管理暂行办法》，经学校财经工作领导小组会议讨论通过，于2010年4月8日发布实施。

(4) 其他管理制度文件包括：

①《"研究生课程进修项目"管理办法》；

②《专业技术证书管理办法》；

③《教育培训结业证书颁发管理办法》；

④《紫荆高级培训学员公寓管理办法》；

⑤《清华大学接受进修教师管理办法（修订稿）》；

⑥《清华大学接受国内访问学者管理办法（修订稿）》。

2. 明确各项管理职能

教育培训管理处认真研究、总结有关继续教育规范管理流程及保证质量的关键环节，明确了各项管理职能，包括：立项管理、证书管理、合同管理、住宿管理、访问学者和进修教师管理、财务监督、外联合作管理，建立起"闭环式"的教育培训管理流程。使教育培训项目的审批权、监督权、证书发放权、财务监督权等由学校掌握。

3. 落实规范管理

教育培训规范管理制度的建立为学校实施对继续教育的规范管理提供了依据和保障，教育培训管理处按照各项管理制度积极履行管理职能：

(1) 在立项审批过程中运用了内部评审制度，对于重点项目和特殊项目组织专家委员会对项目进行外部评审，以保障继续教育项目的高水平、高层次和可行性。

(2) 项目推广及发展合作伙伴过程中，采用了广告宣传审批制度和合同审批制度，所有以“清华”名义的继续教育招生宣传广告都必须经过学校教育培训管理处的审批才能对外发布，所有与我校各单位建立教育培训合作关系的校外机构都必须经过学校的审核才能签署合作协议、开展合作，这一举措保证了继续教育的规范性。

(3) 在项目实施过程中，采用了项目抽查和督导举措，并对学员的满意度进行评估，以保障各培训单位持续改进教学效果。

(4) 在落实财务监督的过程中，学校在保证继续教育实施单位财务运行空间的同时，严格执行收支两条线的制度，所有继续教育的收费都必须进入学校设立的专门账户。

(5) 学校还设立了继续教育社会反馈热线，并由教育培训管理处专人负责纠正继续教育校内违规办学行为，打击校外假冒清华大学办学的活动，维护学校的声誉和品牌。仅2007年，教育培训管理处共查处涉及继续教育的校内外违规、侵权案件共计46起，规范了学校继续教育的办学秩序，维护了学校的声誉和合法权益。

(6) 学校加强了继续教育从业人员培训工作，通过针对各继续教育办学单位开展员工上岗培训，使从业人员了解了清华的文化、传统、办学规章制度，从而提高了继续教育办学活动的规范性，加强了继续教育从业人员队伍建设。仅2007年4月至2008年6月，共举办8期教育培训管理者研修班，培训585名继续教育从业人员，其中有401人获得上岗证书。

4. 加快继续教育管理的信息化建设

2002年，教育培训管理处开始进行继续教育管理的信息化平台建设，由于转型后的继续教育不同于传统的成人学历教育，开发出了一套专门针对继续教育项目立项、审批、招生宣传、学员结业认证等环节的信息化管理平台，增强了继续教育办学的规范性，提高了效率。信息化管理平台也成为学校面向社会公布清华大学教育培训项目的权威窗口，维护了学校的权威性，有效遏制了社会侵权及假冒行为。同时也为企事业单位及学员查询教育培训项目和培训证书认证情况提供了便利。

5. 拓展培训领域、加强质量管理、争取国家级基地、发挥引领作用

教育培训管理处按照“积极发展、规范管理、保障质量、提高效益”的发展原则，引导并鼓励培训单位按照“高层次、高质量、高效益”的方针开展非学历继续教育办学活动，不断拓宽培训领域，加强质量管理。学校一系列继续教育管理规章制度的颁布和实施，保证和促进了继续教育质量提升，在继续教育教学和管理方面成果显著。体制改革后，继续教育学院、经济管理学院等一批单位也建立了自己的教学管理系统和质量保证体系及评估体系。2006年，学校国际工程项目管理研究院还通过了ISO质量管理体系认证，实现了继续教育的过程管理和全面质量控制。

2004年清华大学教学成果奖评选中，有3个教育培训项目获二等奖，1项获清华大学优秀教材评选二等奖。2006年清华大学教学成果奖评选中，教育培训类项目获一等奖3项，二等奖8项。2008年《清华大学继续教育体制与人才培养模式的改革与实践》获清华大学教学成果奖一

等奖。

2007 年，学校向教育部申报全国重点建设职业教育师资培养培训基地，并获得教育部的批准。从 2008 年起完成了教育部向清华大学下达“机械加工技术”“电子技术应用”“模具设计与制造”3 个专业项目职教师资培训任务。2009 年开办 4 个国家级专业教师培训班，分别为 2 个“机械加工技术培训班”和 2 个“电子技术应用培训班”，共计 115 名学员。

教育培训管理处积极引导组织培训单位拓展干部培训的领域，干部培训工作得到了上级的充分肯定。2008 年 7 月 8 日，顾秉林校长在中组部李源潮部长主持召开的干部教育培训制度改革创新座谈会上作了题为《创新教育培训模式，积极开展干部教育培训》的发言；2008 年 7 月 17 日，陈希书记在全国干部教育培训工作会议上作题为《挖掘高校办学潜力，打造干部教育培训新阵地》的发言；2008 年 9 月 26 日，庄丽君副书记在高校建立干部教育培训基地工作座谈会上作题为《努力打造干部教育培训的新阵地》的发言。2009 年，中组部会同教育部确定我校等 13 所高校为首批全国干部教育培训高校基地。作为中组部的干部教育培训基地，学校成立了以党委常务副书记陈旭为组长、主管副校长程建平为副组长的干部培训基地领导小组，基地工作办公室设在教育培训管理处，学校积极承担中组部组织的中央和国家机关司局级干部选学任务，2010 年共开设 6 个专题班，讲座 8 个，接收 661 名中央和国家机关司局级干部选学培训，受到好评。

清华大学是全国高校现代远程教育协作组组长单位和 2000 年、2004 年、2008 年三届中国高等教育学会继续教育分会理事长单位及秘书长单位，秘书处设在教育培训管理处，每年组织举办一次全国高校继续教育学术年会。2006 年和 2007 年与美国大学继续教育学会共同举办了两届中美继续教育论坛，分别有来自 48 所中美高校的 72 位代表和 70 所中美高校的 170 多位代表参会，两届中美继续教育论坛加深了中美著名高校在继续教育领域的沟通与了解，取得了圆满成功。在全国高校继续教育学术年会及国际论坛上，学校将继续教育改革与实践的经验介绍给参会高校代表，受到国内及国际同行的一致好评。每年学校还接待兄弟院校继续教育同行来校调研交流。国内部分高校学习借鉴清华大学继续教育管理模式，进行了相应的继续教育体制改革。

6. 接受进修教师、访问学者

1984 年清华大学率先开始了接受国内访问学者的试点工作。为了适应社会主义建设事业需要，促进学术交流，有利于培养高级科技人才，加强学校与社会的联系，使学校更好地为社会服务。根据教委有关批示的精神，学校于 1986 年 6 月 5 日第 20 次校长工作会议通过了《清华大学接受访问学者、研究人员及工程技术人员的试行办法》。因访问学者和进修教师工作涉及对全校各院系的管理与协调，属于校机关工作职能之一，经校继续教育领导小组决定，此项工作由教育培训管理处负责。

学校从开始试行接受国内访问学者至 2010 年已接受 3 000 多人，为兄弟院校培养了大量学术骨干和学科带头人。从 1994 年起，人事部将“新疆少数民族科技骨干特殊培养”的培训任务放到了清华大学，为新疆维吾尔自治区培养了一批用得上留得住的学术骨干。“西部大开发”战略实施以来，2003 年中央组织部会同教育部、科技部等单位共同组织实施“西部之光”访问学者人才培养项目，并将该项目的试行首先放到了清华大学，经过一年的试行，学校在严格执行中组部有关文件精神的同时，根据访问学者管理的实际，制定了完整的“西部之光”访问学者管理办法，圆满完成“西部之光”访问学者人才培训项目，为西部地区培养青年科研骨干。2002 年—2010 年清华大学接受进修教师、访问学者分类统计见表 12-3-1。

除受国家部委委托培养访问学者外，作为省校、市校合作的重要内容，学校还接受地方教育厅或人事厅委托，为地方培训科技人才。学校从 1997 年起接受云南省“省院省校合作”选派云南省高校老师到校进修访问。福建省人事厅、广西壮族自治区教育厅、吉林省人事厅、江西省人事厅、天津市人事局每年选派高校骨干教师和国有大型企业、科研院所的技术骨干到校做访问学者。其中江西省是从该省“百千万人才”工程入选人员中进行再选拔，天津市是将该市“131”工程中的学术骨干推选到清华。北京市委教工委也通过“北京高校思想政治理论课”培训项目将北京市“思想政治理论课”教师选送到清华人文学院做访问学者。

在“对口支援”青海大学、新疆大学的项目中，通过将青海大学、新疆大学来校学习的教师及管理骨干全部纳入进修教师和访问学者的管理，使“对口支援”师资培训项目管理规范化、制度化。

表 12-3-1　2002 年—2010 年清华大学接受进修教师、访问学者人数分类统计

年份	合计	访问学者	进修教师	项目分类名称					
				中组部“西部之光”	人社部“新疆少数民族特培”	教育部“青年骨干”	教育部“本科教学工程”	北京市委教工委高校思想政治理论课骨干教师	省（自治区、市）校合作
2002	186	158	28		8				13
2003	118	87	31	9					
2004	205	177	28		5				60
2005	218	123	95	11	1	3			31
2006	201	142	59	2	2	18	11		53
2007	188	122	66	4	3	20	21	10	37
2008	211	166	45	6	6	28	30	20	32
2009	186	142	44	9	2	41	26	15	5
2010	208	178	30	8	4	68	11	20	3
合计	1 721	1 295	426	49	31	178	99	65	234

三、改制后的继续教育学院（2002—2010）

学院 2002 年改制后，以“教育创新、服务社会”为宗旨，有效整合清华大学以及国内外优质教育培训资源，面向国家经济建设和社会发展，面向高层次人才队伍建设，面向学习型社会的构建，开展大规模教育培训活动，初步形成了以创新理念为先导，以社会服务为宗旨，以人才需求为导向，以资源整合为基础，以规范管理为保障，以质量评估为手段，以精品项目为核心，以办学效益谋发展的清华大学继续教育培训特色。随着学院的快速发展，2002 年下半年，学院主体部分办公地点从建筑北馆搬迁至创新大厦。

2002 年至 2010 年继续教育学院办班及培训人数见表 12-3-2。

表 12-3-2　2002 年—2010 年继续教育学院办班数及培训人数一览

年份	培训班	培训人数	年份	培训班	培训人数	年份	培训班	培训人数
2002	72	3 268	2005	936	30 876	2008	1 971	66 406
2003	183	11 348	2006	1 404	41 697	2009	1 884	87 763
2004	441	18 080	2007	1 817	59 033	2010	1 735	107 065
合计：培训班 10 443，培训人数 425 536（不含远程教育和教育扶贫培训数）								

1. 确立继续教育科学发展的指导思想

2002 年改制后，围绕建设一流继续教育的战略目标，学院确定了科学发展指导思想和目标定位。2002 年 8 月 5 日，在全院职工大会上，学校领导提出继续教育工作应本着“明确目标，理清思路，大胆实践，健康有序”的思路，坚持“两不三为主”的原则和“两大三突破”的目标。“两不”，即不损坏学校声誉；不挤占学校资源（2004 年 2 月，“两不”调整为“三不”，增加一条为：逐渐不搞学历学位教育）。“三为主”，即教育培训以在职人员为主；以非学历学位教育为主；以现代远程教育为主。“两大”，即社会效益要大，经济效益也要大（2005 年 5 月，学院把“两大”调整为“三大”，使之更加具体化，即加大对社会服务的力度；加大对学校回报的力度；加大推进教育改革探索的力度）。“三突破”，即培训体制要突破；国际合作要突破；网络教育要突破。

2003 年 5 月 28 日，学校领导听取了继续教育学院的工作汇报，对学院发展提出了要求：学院的培训定位主要是体现一流大学的社会服务功能；注重社会效益和经济效益，特别是社会效益；把好质量关，培训班的层次要高，内容要精等。2003 年 7 月 4 日—5 日，在学院工作研讨会上，进一步明确继续教育要坚持高层次（入学学员层次高，教学内容层次高，教学要求层次高，合作伙伴层次高）、高质量（课程质量好，教学效果好，服务水平好）、高效益（经济效益大，社会效益大），并要求把“三高”作为今后一段时间继续教育工作追求的目标、工作的灵魂、遵循的准则。

2004 年 2 月 12 日至 14 日，清华大学召开校领导务虚会，把继续教育纳入学校人才培养体系整体考虑，强调了继续教育学院作为学校发展继续教育主力军地位。

2005 年 5 月 16 日，继续教育学院召开成立 20 周年庆祝大会，会上，回顾了继续教育学院 20 年的发展历程，总结了经验。党委书记陈希要求继续教育学院在新的形势下紧紧扎根于清华大学，着力强化四种意识：国家意识、一流意识、整体意识和务实意识。

2. 加强学院制度建设

2002 年改制后，学院快速发展，规模迅速扩大，为保持健康持续的发展，学院把制度建设、规范发展放到重要的战略位置。为此，2006 年至 2008 年，学院把“整合规范，创新发展”作为主题，“在规范中发展，在发展中规范”，“规范、创新、和谐是未来相当一段时间的主旋律”，“坚持规范、坚持创新、坚持和谐”。

为使规范切实成为学院健康、有序、快速发展的重要保障，学院突出了制度建设，印发了《学院工作人员工资改革方案及实施办法》（2002 年 4 月）、《员工培训制度》（2003 年，2004 年 9 月修订）、《干部管理规定》（2006 年 7 月修订）、《学院优秀培训项目评奖办法》（2005 年）、《学院院外兼职人员聘任管理办法（试行）》（2006 年）、《授课教师课酬管理办法（试行）》（2006 年）、《学院专项评奖实施办法》（2006 年）、《学院关于教学责任事故的处理规定》（2006 年）、《学院经济管理办法（试行）》（2007 年 11 月）、《学院培训项目立项、签约与宣传推广管理办法（试行）》（2006 年），发布了《学院涉外项目审批流程（试行）》（2007 年 4 月）、《培训项目管理流程（修订）》（2008 年 3 月）、《学院科研管理暂行办法》（2004 年 6 月）等一系列规章制度，涉及人力资源管理、经济管理、财务管理、合同管理、项目管理、教学质量管理、师资管理、科研管理、资产管理、国际合作管理、重要大型活动管理、奖惩制度等各个方面，为学院的规范化发展提供了有力的制度保障。

3. 创新可持续业务发展模式

作为一个专门从事继续教育培训的办学实体，要实现大规模、可持续的科学发展，形成教育培训知名品牌，一是要有好的内容（培训项目和课程），二是要有好的服务（教学质量保证体系和教学服务支持体系），三是要有好的市场运作模式。第一条基本属于资源问题，而后两条基本属于运营机制和发展模式问题。在教育培训资源问题基本解决的情况下，构建一个好的业务运营和发展机制成为打造学院核心竞争力的重中之重。学院重点在三个方面进行了创新、探索和实践，一是体制机制创新，二是课程内容创新，三是营销模式创新。

（1）体制机制创新

在学校的支持下，学院从 2005 年开始进行了新一轮体制机制改革创新的探索和实践。

① 整合部分学校教育资源

2005 年 5 月 13 日学校决定，美术学院从光华路校区搬至学校本部后，光华路校区由继续教育学院统一管理、规划和使用。为使用好光华路校区，学院成立了光华路校区综合办公室，负责光华路校区办公办学基本条件建设、日常运行和管理等各项工作。从 2006 年 8 月 9 日开始，学院先后有 10 个业务中心陆续搬入光华路校区开展各种培训业务。至 2006 年底，学院在校区工作的员工达到 200 人，从而形成了两个校区齐头并进的格局。根据北京市 CBD 建设规划，光华路校区 2011 年 9 月 1 日移交给北京市，学院全部部门和人员撤离光华路校区。

为“整合资源，突出优势，规范有序”地开展教育培训工作，2006 年 7 月 4 日，经清华大学 2005—2006 年度第 23 次校务会议讨论通过，清华大学对外学术文化交流中心并入继续教育学院，迈出了学校规范、整合校内教育培训机构的第一步。2007 年 1 月 18 日，经第 13 次校务会议讨论决定，机械系所属的职业经理训练中心并入继续教育学院。至此，学院员工达到 700 多人。

② 开展公司化试点工作

在经过连续多年的快速发展后，继续教育内外部环境也发生很大的变化。为在新的历史条件下继续保持旺盛的生命力，并再上一个新台阶，从 2008 年开始，学院进行了新的教育培训体制创新探索。2008 年 5 月，国际教育培训中心进行公司化试点，所有人员、业务转入北京卓尔教育投资有限公司。该公司成立于 2003 年 6 月，清华大学（继续教育学院）占股 80%，启迪控股股份有限公司（原清华科技园发展中心）占股 20%。2009 年，学院 IT 教育培训中心、远程教育培训中心中小企业培训部分，也实行公司化改革，分别转入水木荷堂教育科技（北京）有限公司和北京清云博盛教育咨询有限责任公司（2010 年 5 月，该公司更名为北京卓识教育投资有限公司）。这些业务部门在改制后，依托清华大学的教育品牌和人才优势，充分利用企业体制机制优势，在体现继续教育公益性的同时，更好地适应和体现了继续教育的经济属性与特征，探索形成了清华大学教育培训事业发展的产业模式，业务得到了较快幅度的增长。

③ 适时调整学院内部机构设置

2002 年学院改制之初，只有“科技园培训中心”一个业务联系中心，到 2007 年初，发展到 23 个业务中心。为对内部资源进行有效整合，2007 年 4 月，学院组织机构进行了大幅度整合与调整，形成了教学管理平台、教学服务支持平台和培训业务平台。其中，培训业务实行大部制管理，学院设置经济管理培训部、公共管理培训部、社会文化培训部、工程技术培训部、国际合作培训部等五大培训部，对业务中心重新进行撤并整合，调整为 16 个培训业务中心，并分属五大培训部。2010 年 3 月，为进一步解决学院业务部门发展不均衡，交叉冲突等问题，学院按“大部制（按业务类型设置）＋大区制（按行政区域或业务特色）”相结合的思路对培训业务组织结构进行调整，将业务部门调整为三大部，即业务一部（管理培训部），下设华北区、华东区、中南区、西南区、西北区、跨区等六个管理培训中心，业务二部（特色培训部），下设医卫、司法、金融、中外文化与文化产业、公共安全、工程技术、军地两用人才、港澳台与来华人员等八个培训中心，业务三部（企业化培训部），负责企业化运作中心的试点。在业务组织机构调整的同时，进行了干部竞聘工作，首次在学院采用竞聘上岗的方式选拔业务部长、业务中心主任。员工按照双向选择的方式确定工作岗位。学院业务部门的改革调整顺利完成，并很快显出积极成效。

④ 成立党、团等组织

经 2004 年 12 月 9 日校党委常委会讨论决定，成立中共清华大学继续教育学院总支部委员会，李冰任党总支书记。2006 年 5 月 23 日，校党委任命胡东成院长兼任学院党总支书记。2009 年 7 月 9 日，学校任命刁庆军为继续教育学院党总支书记、副院长。2007 年 12 月 12 日，经校团委和校教工团委同意，成立学院共青团总支部，魏玉任团总支书记。

2010 年 11 月 25 日，校务会议决定，任命李家强为继续教育学院常务副院长。

2003 年 6 月继续教育学院组织机构设置见图 12-3-1，2007 年 4 月继续教育学院组织结构设置见图 12-2-2，2010 年 3 月继续教育学院组织结构设置见图 12-3-3。

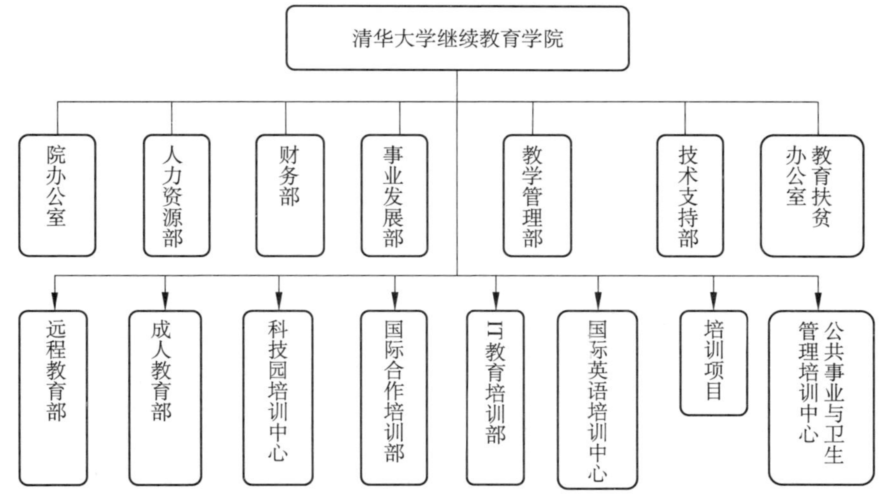

图 12-3-1　2003 年 6 月继续教育学院组织结构设置

（2）营销模式创新

为提高教育培训市场营销能力，学院进行了大量的探索和实践。

探索区域营销等新营销方式。例如，政府管理培训中心从 2007 年开始，在全国按行政区域分成 9 个业务区，由各业务组分别负责，使业务得到较为稳定增长。

大力开发重点客户。学院积极组织相关业务中心主任主动出访，加强与各级党政机关、行业

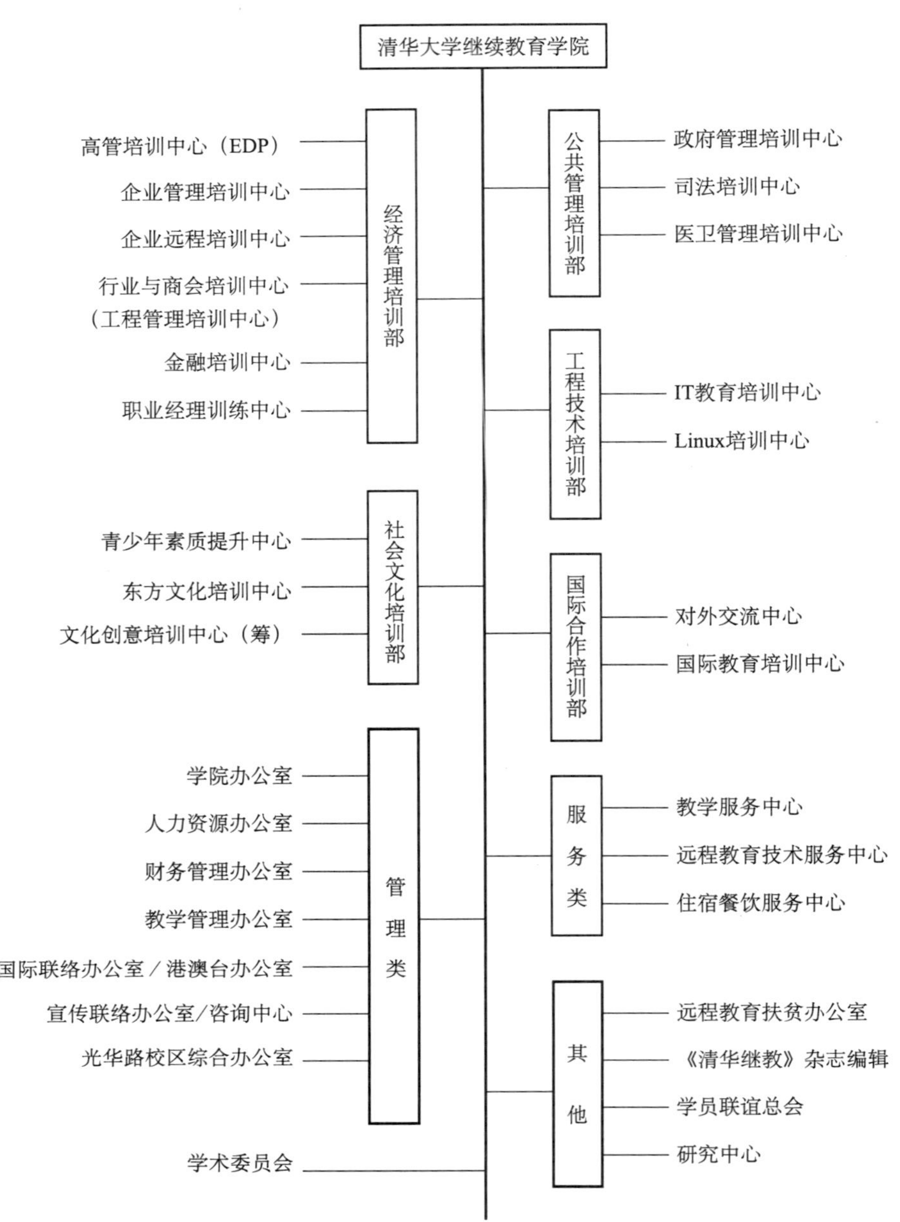

图 12-3-2　2007 年 4 月继续教育学院组织结构设置

协会商会、大中型企业的联系与合作，面向党政机关、行业企业的内训课程与项目大大增加，形成了稳定的生源基地。

加强对合作伙伴的管理。学院加强了对合作伙伴的规范管理，发布了《学院合作单位管理办法（试行）》，对合作伙伴进行考核、评估，对于优秀的合作伙伴给予一定奖励，对于违规的合作伙伴坚决予以淘汰，从而与合作伙伴建立了一种新型的伙伴关系，保证了培训业务正常有序地开展。

加强了对员工营销能力的培训。

（3）项目课程创新

2002 年学院改制后，积极发展一直是学院工作的核心。2006 年 1 月，胡东成院长在学院 2005 年度年终工作总结会上，明确提出学院的四大发展战略，即品牌战略、高端战略、自主战略和国际化战略。学院的业务结构逐步完善，形成了较为优化合理的课程项目体系，并与时俱进，

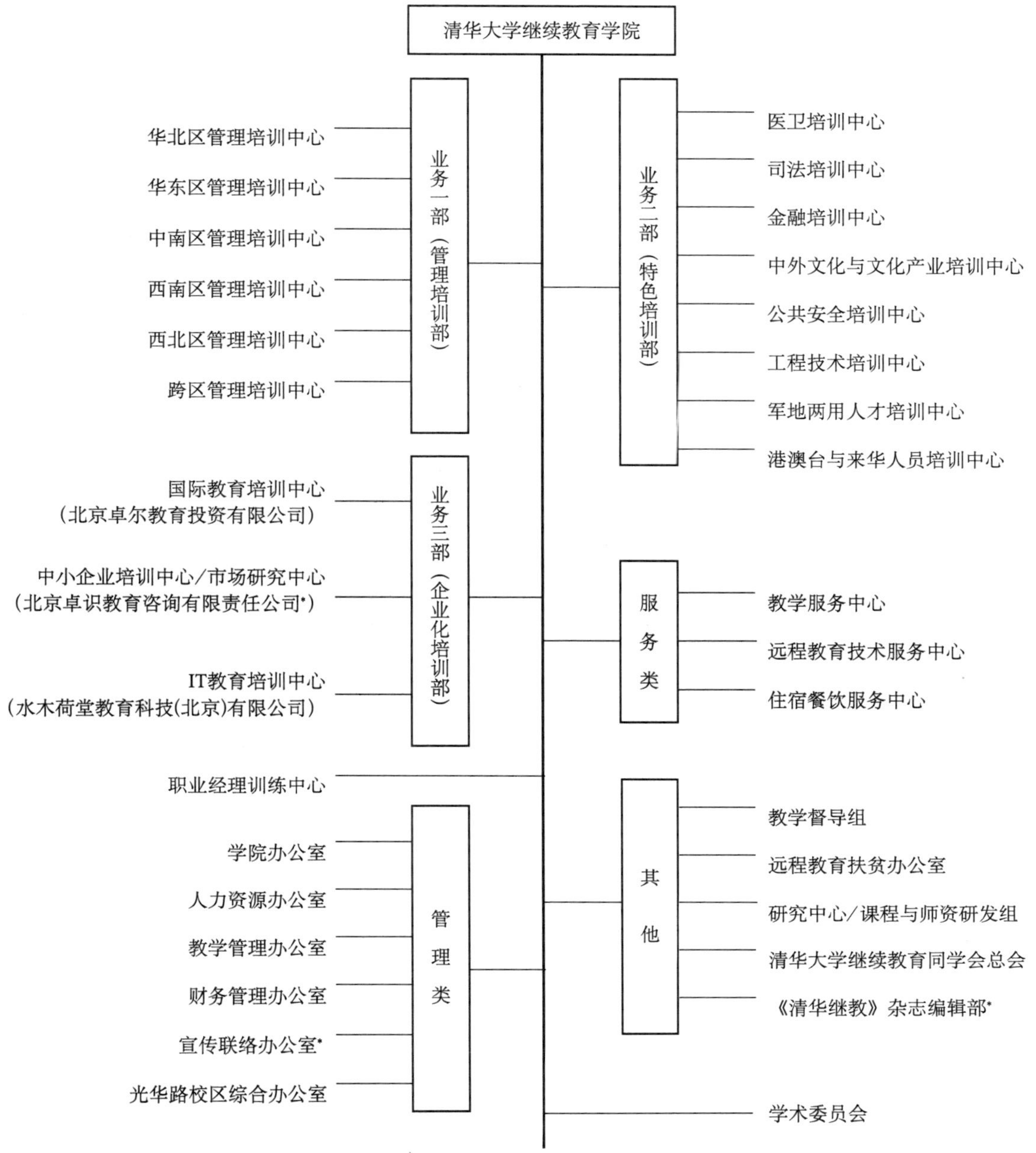

- 清华大学继续教育学院
  - 业务一部（管理培训部）
    - 华北区管理培训中心
    - 华东区管理培训中心
    - 中南区管理培训中心
    - 西南区管理培训中心
    - 西北区管理培训中心
    - 跨区管理培训中心
  - 业务二部（特色培训部）
    - 医卫培训中心
    - 司法培训中心
    - 金融培训中心
    - 中外文化与文化产业培训中心
    - 公共安全培训中心
    - 工程技术培训中心
    - 军地两用人才培训中心
    - 港澳台与来华人员培训中心
  - 业务三部（企业化培训部）
    - 国际教育培训中心（北京卓尔教育投资有限公司）
    - 中小企业培训中心/市场研究中心（北京卓识教育咨询有限责任公司*）
    - IT教育培训中心（水木荷堂教育科技(北京)有限公司）
  - 服务类
    - 教学服务中心
    - 远程教育技术服务中心
    - 住宿餐饮服务中心
  - 职业经理训练中心
  - 管理类
    - 学院办公室
    - 人力资源办公室
    - 教学管理办公室
    - 财务管理办公室
    - 宣传联络办公室*
    - 光华路校区综合办公室
  - 其他
    - 教学督导组
    - 远程教育扶贫办公室
    - 研究中心/课程与师资研发组
    - 清华大学继续教育同学会总会
    - 《清华继教》杂志编辑部*
  - 学术委员会

图 12-3-3　2010 年 3 月继续教育学院组织结构设置

注：* 2010 年 5 月，北京清云博盛教育咨询有限责任公司更名为北京卓识教育投资有限公司；2010 年 6 月，宣传联络办公室调整，该办公室职能包括对外宣传网站（不含新民斋网）和其他宣传业务以及培训咨询，《清华继教》杂志编辑部也并入其中。

不断创新。

① 积极拓宽教育培训服务对象、领域和范围，充分体现清华社会责任

主动服务国家发展战略，切实履行服务社会功能是学院开展继续教育的首要出发点。

——响应中央“大规模培训干部，大幅度提高干部素质”的号召，积极开展领导干部培训。学院从课程研发、专题设计、师资遴选、教辅配备，都坚持高标准、高要求，取得了良好的培训效果。2010 年，针对政府机关及事业单位举办的管理培训项目 403 期，培训党政干部 20 897 名。2009 年，中组部副部长王尔乘到继续教育学院视察工作，对学院干部教育培训方面取得的成绩给

予了充分肯定和高度评价，并通过远程双向平台与在清华教育扶贫现代远程四川古蔺教学站、云南香格里拉教学站学习的干部交流。

——着眼科学发展，面向经济建设主战场开展培训。学院面向经济建设主战场，开展了大量培训，主要有：面向金融、煤炭、电力、钢铁、汽车、房地产等重点行业，面向神华集团、中海油、国家电网、邯郸钢铁集团等重点企业，面向广西、海南及井冈山、晋绥、闽赣革命老区等重点区域，面向金融危机、节能减排、公共安全、三农问题等热点问题，开展了大量培训，取得了良好的社会经济效益。此外，学院还研发了面向企业基层管理者（大部分为班组长）的全新课程体系。2009 年，与国资委合作，推出“中央企业班组长岗位能力资格认证远程培训项目”，到 2010 年底，有27 000多名学员参加学习，形成了“高质量、低成本、大规模、可持续、有实效、工学两不误”的班组长培训模式。

——积极服务国防建设和军转干部人才培养。学院在积极面向军工企业开展培训的同时，从 2006 年开始，推出中央企业军转干部企业管理高级研修项目，以促进军队干部向企业经营管理干部的角色转变，提升其岗位适应能力。2009 年 12 月 30 日，针对军队转业干部量大面广、人数众多、专业复杂、管理困难等特点，开通了“清华大学自主择业军队转业干部网络课堂”，为军队转业干部量身打造系统的网络培训课程。2010 年 12 月，自主择业军队转业干部 10 000 多人参加了在线学习。学院 2007 年被国务院军转办、人事部、总政治部授牌为首家“全国军队转业干部教育培训基地”。

——积极为港澳台地区办好国情教育项目。到 2008 年底，为香港工商界、教育界、金融界、宗教界、非政府组织、高校等共举办了 496 期“国情教育课程培训班”，参加学习的达 19 000 多人。

以上这些培训项目的开展，充分体现了清华继续教育系统的社会责任。

② 大力扶持、发展精品项目，打造精品项目群

学院以党政干部人才、企业经营管理人才、专业技术人才三支队伍能力建设为导向，注重针对性与实用性结合，创新性与适时性结合，灵活性与多样性结合，形成了以中高层次管理和技术人才为主要培训对象的专业化、系列化、精品化培训项目课程体系，涉及公共管理、经济管理、工程管理、城市规划与管理、金融财务、公共事业管理、医药卫生管理、社会文化、信息技术、语言文化、司法、艺术等诸多领域，并在这些领域形成了一批具有针对性、实用性、前瞻性的精品项目群。如党政干部培训项目、中央企业班组长岗位管理能力资格认证远程培训项目、医药卫生培训项目、远程教育扶贫项目、大型企业内训项目、港澳国情教育课程等。

③ 加大培训课程项目自主创新力度

针对培训课程老化、内容同化、知识概论化等问题，学院在课程创新方面采取了一系列措施。一是成立课程研发小组，由业务中心和研究中心合作，组织开展课程研发活动，探讨课程体系创新和新项目研发。二是积极发展咨询式培训，如为新兴铸管集团、中国移动通信集团开展咨询式培训，为邯郸钢铁集团公司开展培训、咨询和管理改革项目。三是对创新项目实施奖励制度。学院从 2006 年开始，设立了项目创新奖，到 2009 年，共有 26 个项目荣获这一奖项。四是不断提高学院业务自主程度。学院对于历史遗留的贴牌项目大力进行清理整顿；招生代理或带有部分教学服务的项目合作协议逐年减少，到 2009 年已缩减至申报协议总量的 1.85%，学院自主程度明显提高。

4. 不断完善教育培训质量管理体系

学院一直坚持“以质量求生存，以品牌促发展”的办学方针，逐步建立和完善了教学质量控制和保证体系，促进了又好又快发展目标的实现。一是建立了完善的培训质量制度体系。2002 年以来，制定和实施了一系列培训质量监控制度文件，包括《培训班运作管理办法》《关于教学事故的处理规定》等规范性文件，对培训项目立项要求、审批流程、宣传规范、授课教师的要求、教学事故的认定和处理作了详细的规范。二是完善质量管理机制。学院建立了以院领导、教学指导委员会、教学管理办公室以及教学督导组、业务部门等各方面、各层次的领导机构、专家小组或督查小组，负责对整个教学环节进行全方位的指导、监控、评估和考核，督导重点为首次授课把关、课程质量监督、敏感话题监控、师资培养建议等方面。三是对培训活动的组织实施进行了全过程监督和管理，即从需求分析到项目立项、课程设计、师资保障、教学教务管理、考核、评估等培训的各个环节设立监督和检查节点，力求使项目全过程的质量得到保证。四是重视师资队伍建设。学院先后设立了教学指导委员会、学院培训质量保证小组、教学督导组、师资开发与管理小组，出台了一系列新措施，形成了教师管理的工作规范和工作要求。2008 年，学院推行骨干老师签约制度，有效规范学院与教师的合作关系，保证教师在学院上课的课时量及权益，进一步规范对教师的服务流程，同时也为教师提供学术研究平台，增加教师的凝聚力和归属感。至 2010 年 12 月，学院兼职师资达到 1 740 人。五是建立了持续改进机制。2009 年开始，学院按照国际继续工程教育协会的《继续教育自我评估模型》进行了全院性自我评估，发现问题，系统改进，追求卓越。在全国开展同样自我评估的 8 个重要培训单位中，清华的评估结果明显领先。

5. 积极推动继续教育国际化战略

国际化是 2006 年学院提出的四大发展战略之一。继续教育学院成立伊始，就积极组织或参加国际继续教育交流与合作。除积极组织人员进行国际交流访问、参加继续教育国际合作研究外，还积极做好涉外培训工作，参加国际继续教育组织活动。

（1）开展国际合作教育培训项目

学院积极开展对外合作交流，涉外培训项目持续发展。一方面，学员通过出境项目，拓展国际视野，学到先进经验、技术和知识；另一方面，通过境外人员来华项目，广泛传播中国文化，促进各个国家、地区学员对中国的了解，也促进学校、学院的国际交流。2002 年至 2010 年，学院涉外培训班达到 680 个，培训国内外学员 22 737 人次。2002 年至 2010 年学院涉外培训统计见表 12-3-3。

从性质上分，这些项目既有适合在职人员特点的中外合作学历学位办学项目（如经教育部和国务院学位办批准，与澳大利亚国立大学合作的管理硕士学位教育项目；经教育部批准，与澳大利亚麦考瑞大学合作的应用金融硕士项目，与澳大利亚精英教育集团合作的商务与英语课程进修班项目，与香港大学专业进修学院合作的国际会计学专业课程等），也有适合社会需求的短期或长期培训项目（如为我国港澳地区和新加坡人士打造的中国国情教育课程等）。

从学员来源分，这些项目既有面向美国、韩国、新加坡、日本、英国、芬兰、加拿大、泰国等国家和中国香港、澳门地区人员的培训项目（如为国外政府官员和企业管理人员开设的国情文化类、商务环境类、校际交流类培训项目，为国外大学学生开设的来华游学项目等），也有针对内地人员的培训项目（如为公务员和企业管理人员定制的国外专题学习项目、为将去国外进一步深造的学员开设的外语培训项目等），内容涉及公共管理、经济管理、语言文化、教育行政、研究生工程教育、房地产、煤炭产业、医疗行政等方面。

（2）积极参加国际继续教育组织活动

早在1979年，水利系张宪宏教授由教育部派遣作为唯一的中国代表参加了在墨西哥举行的第一次世界继续工程教育大会。此后，学院派出代表参加了历届世界继续工程教育大会，张宪宏教授曾多次担任联合国教科文组织（UNESCO）继续教育专家工作组主席、副主席，并担任第四次世界继续工程教育大会副主席。2008年5月24日，在美国亚特兰大召开的第11届世界继续工程教育大会（WCCEE）上，胡东成院长被选为国际继续工程教育协会（IACEE）新一届理事及该协会第一副主席。

1999年3月19日，王大中校长代表学校正式在“关于在清华大学建立UNESCO继续工程教育教席的协议书”上签字，4月12日，联合国教科文组织清华大学继续工程教育教席（UNESCO）成立大会及揭牌仪式在清华大学举行，清华大学副校长胡东成教授和联合国教科文组织驻华代表处主任野口升（Noguchi）先生共同为教席成立揭牌，清华大学校务委员会副主任关志成教授任教席主任。2008年8月19日，胡东成院长兼任该教席主任。此外，学院还在国际工程教育协会联盟、东南亚及太平洋地区工程教育协会等国际组织任职。

（3）开展继续教育国际合作研究

2005年以来，学院积极开展继续教育合作研究工作。一是“清华大学-MIT-墨西哥蒙特雷科技大学中小学教师信息技术培训”，该项目于2005年开始启动，合作方包括清华大学继续教育学院、美国麻省理工学院（MIT）、墨西哥蒙特雷科技大学虚拟大学社区发展中心。该项目致力于将墨西哥现有的课程资源及扶贫模式引入中国，对中国的中小学教师开展信息技术培训和文凭教育。二是学院与美国高校继续教育联合会（Association of Continuing Higher Education，ACHE）合作，于2007年至2008年，开展“美国、中国高校继续教育比较研究”课题，总结各国继续教育发展状况和趋势，促进继续教育的国际化。完成了《中国高校继续教育机构调查数据分析报告》。三是学院与IACEE（国际继续工程教育协会）合作，开展继续教育自我评估标准研究。该项目由国际继续工程教育协会委托。2008年底完成了“自我评估模型”的翻译工作，并于2009年初，在中国继续工程教育协会的大力支持下，组织国内八所继续教育机构参与了模型的测试工作，在此基础上，起草了《中国继续教育自我评估模型测试报告》，提出了模型的修改建议，为制定出既符合我国国情、又具有国际背景的继续教育评价标准奠定了基础。

6. 积极开展继续教育理论学术研究

继续教育学院自1985年成立以来，一直十分重视开展对继续教育理论与实践的研究工作，边实践边总结，探索继续教育发展和创新的特点、规律和思路。1985年，总结提出了主动适应社会需要，积极开展继续教育，开办继续教育要与学校和院系建设结合起来。1988年，编印了《清华大学继续教育效益实例选编》一书，反映企事业在职人员经过继续教育进修，在工作中取得的成果。1991年4月，编辑出版了《清华大学继续教育工作》一书。重新编印《继续教育学院简介》《清华大学继续教育选题目录》《清华大学继续教育规章制度汇编》等。

2000年，继续教育学院与中国科协继续教育中心、总装备部继续教育中心、联合国教科文组织清华大学继续工程教育教席共同发起了“21世纪继续教育论坛”，并召开了第一届年会，至2010年，已经举办年会10届。

2002年学院改制后，把建设学习型学院、研究型学院作为改革和发展的目标，十分重视继续教育学术研究和科研工作。2004年5月，学院正式成立研究中心，它除了作为学院教育研究主力军，承担重大课题研究工作外，还承担学院科研组织、管理、协调功能、参谋咨询功能和培训信息整合传播功能。2004年6月，制定发布了《学院科研管理暂行办法》。2005年7月，创办《教育培训信息参考》，至2010年12月，连续出版72期。从2006年起，每年编印《清华大学继续教育研究论文集》。

学院承担了"构建终身学习体系理论与实践研究"（2004年）、"校企合作创建学习型企业运行机制研究"（2006年）、"教育培训机构的调查及其建设标准研究"（2010年）等教育部课题、"新兴铸管股份有限公司学习型企业咨询项目""湖南省长沙市宁乡县党政领导干部队伍现状与培训需求调研"等横向合作研究课题等。

继续教育学院参加境内外继续教育组织情况见表12-3-4。

7. 对外学术文化交流中心（港澳台与来华人员培训中心）

清华大学继续教育学院对外交流中心原为清华大学对外学术文化交流中心，成立于1993年3月4日，其前身为清华大学外事办公室。为了落实学校深化内部管理体制改革方案，经1992—1993学年度第13次校务会议讨论决定，撤销外事办公室，其管理和服务职能调整到相应部门，成立清华大学对外学术文化交流中心（简称对外交流中心），下设外国留学生工作办公室、海外联络部、出国服务部和综合事务部。主要职能为负责留学生工作，各类出国出境人员护照、签证、机票、经费领取和结算等服务，承担学校各类涉外接待服务及境外专家来校后的生活安置与服务，承办各种类型及境外的培训班，承办其他校外单位委托的外事接待、护照签证等办理手续等。在保证涉外业务的前提下，搞好招待所和餐厅的对校内各单位的服务等。崔国文教授为主任。

1994年11月19日，为进一步理顺关系，实现外事工作的统一归口和协调，经校务会议讨论，决定重新设置外事办公室。对外学术文化交流中心为外事办公室下属的以对外交流服务为主的机构，中心保持原来的运行机制和服务职能，继续为全校的国际学术交流提供必要的支持和保障。1999年对外学术文化交流中心从外办分离出来，主要职能为对国（境）外开展教育培训。2006年7月4日中心正式并入清华大学继续教育学院，成为学院下属的一个中心。2006年9月25日，校务会议决定，任命原主任崔国文为继续教育学院副院长。2010年3月，继续教育学院组织机构调整，对外学术文化交流中心也相应作了调整。

对外交流中心是从事海外及国际学术文化交流工作的窗口。中心广泛拓展与国外知名学术与文化机构的联系和交流，建立国际合作关系，开发优质的国际教育推广项目。主要业务包括：组织开展各种类型的海内外培训项目，包括香港高级公务员培训、海外工商金融界高层管理人员培训、各类语言/人文/法律/理工等领域的培训；与国外知名高校或教育机构共同开展海外专业培训项目和各类长短期留学项目，并负责国内的项目推广和组织实施工作。

至2008年，中心已经与20多个国家和地区建立了合作关系，培训学员达2.5万多人，学员覆盖美国、加拿大、澳大利亚、新加坡、马来西亚、泰国、日本、韩国、尼泊尔、英国、瑞典、丹麦、荷兰、芬兰等国家以及我国港澳台地区。1983年至2008年底，中心共举办海外课程843期，累计培训学员25 317人；国内课程共举办113期，累计培训学员5 686人。

对外文化交流中心涉外课程培训统计见表12-3-5；对外文化交流中心涉外培训（国内培训）统计见表12-3-6。

表 12-3-3　继续教育学院涉外培训统计

<table>
<tr><th rowspan="3">序号</th><th rowspan="3">年份</th><th colspan="2">培训班总数</th><th colspan="2">学 员 总 数</th><th colspan="4">国内学员班</th><th colspan="4">国（境）外学员班</th></tr>
<tr><th rowspan="2">国内班</th><th rowspan="2">国（境）外班</th><th rowspan="2">国内</th><th rowspan="2">国（境）外</th><th colspan="2">新开设培训项目</th><th colspan="2">继续运行往年培训项目</th><th colspan="2">新开设培训项目</th><th colspan="2">继续运行往年培训项目</th></tr>
<tr><th>培训班数</th><th>学员数</th><th>培训数</th><th>学员数</th><th>培训班</th><th>学员数</th><th>培训班</th><th>学员数</th></tr>
<tr><td>1</td><td>2002</td><td colspan="2">1</td><td colspan="2">33</td><td></td><td></td><td></td><td></td><td></td><td></td><td></td><td></td></tr>
<tr><td>2</td><td>2003</td><td colspan="2">8</td><td colspan="2">419</td><td></td><td></td><td></td><td></td><td></td><td></td><td></td><td></td></tr>
<tr><td rowspan="2">3</td><td rowspan="2">2004</td><td colspan="2">62</td><td colspan="2">2 251</td><td rowspan="2"></td><td rowspan="2"></td><td rowspan="2"></td><td rowspan="2"></td><td rowspan="2"></td><td rowspan="2"></td><td rowspan="2"></td><td rowspan="2"></td></tr>
<tr><td>30</td><td>32</td><td>1 704</td><td>547</td></tr>
<tr><td rowspan="2">4</td><td rowspan="2">2005</td><td colspan="2">77</td><td colspan="2">1 175</td><td rowspan="2"></td><td rowspan="2"></td><td rowspan="2"></td><td rowspan="2"></td><td rowspan="2"></td><td rowspan="2"></td><td rowspan="2"></td><td rowspan="2"></td></tr>
<tr><td>53</td><td>24</td><td>635</td><td>540</td></tr>
<tr><td rowspan="2">5</td><td rowspan="2">2006</td><td colspan="2">66</td><td colspan="2">2 023</td><td rowspan="2">32</td><td rowspan="2">983</td><td rowspan="2">16</td><td rowspan="2">468</td><td rowspan="2">17</td><td rowspan="2">513</td><td rowspan="2">1</td><td rowspan="2">59</td></tr>
<tr><td>48</td><td>18</td><td>1 451</td><td>572</td></tr>
<tr><td rowspan="2">6</td><td rowspan="2">2007</td><td colspan="2">142</td><td colspan="2">4 703</td><td rowspan="2">39</td><td rowspan="2">985</td><td rowspan="2">34</td><td rowspan="2">1 040</td><td rowspan="2">68</td><td rowspan="2">2 654</td><td rowspan="2">1</td><td rowspan="2">24</td></tr>
<tr><td>73</td><td>69</td><td>2 025</td><td>2 678</td></tr>
<tr><td rowspan="2">7</td><td rowspan="2">2008</td><td colspan="2">111</td><td colspan="2">3 782</td><td rowspan="2">34</td><td rowspan="2">1 005</td><td rowspan="2">30</td><td rowspan="2">697</td><td rowspan="2">46</td><td rowspan="2">2 051</td><td rowspan="2">1</td><td rowspan="2">29</td></tr>
<tr><td>64</td><td>47</td><td>1 702</td><td>2 080</td></tr>
<tr><td>8</td><td>2009</td><td colspan="2">109</td><td colspan="2">3 899</td><td></td><td></td><td></td><td></td><td></td><td></td><td></td><td></td></tr>
<tr><td>9</td><td>2010</td><td colspan="2">104</td><td colspan="2">4 452</td><td></td><td></td><td></td><td></td><td></td><td></td><td></td><td></td></tr>
</table>

说明：国内学员班指与国（境）外教育机构、组织等合作举办的、以中国内地学生为对象的培训项目；国（境）外学员班指为外国留学生、港澳台地区学生举办的培训项目。

表 12-3-4　继续教育学院参加境内外继续教育组织情况

时　间	组织名称	担任职务	备　注
1984	国家教委直属工科院校成人教育协作组	组长单位	
1984-11-03	中国继续工程教育协会	团体会员，张光斗为副理事长	
1985	电子工业继续教育信息网	成员单位	
1986	北京市继续教育协会	团体会员，常务理事单位	
1987-03	北京市高等学校继续教育协作组	组长单位	秘书组设在我校
1987	北京市成人教育协会	常务理事单位	
1989-05	国际继续工程教育协会（IACEE）	团体会员	
1993-11-22	全国高等学校继续教育协作组	正组长单位	秘书组设在我校
1996-01-23	中国继续工程教育协会高校工作委员会	常务副主任单位	1997 年 3 月 17 日，被推选主任委员（单位）
	中国成人教育协会，中国成人教育理论研究会	马祖耀任副理事长	
1999-04-12	联合国教科文组织（UNESCO）清华大学继续工程教育教席	主办单位，关志成任教席主任	
2000-07	全国高校现代远程教育协作组	组长单位	
2004-03—2008-03	香港大学教育资助委员会（UGC）	胡东成任委员	
2006-11—2009-04	社团法人台湾医务管理学会	胡东成任荣誉顾问，张牧寒任顾问	
2008-05—2010-05	国际继续工程教育协会（IACEE）	胡东成任理事、执委、第一副主席	
2008-08-19—	联合国教科文组织（UNESCO）	胡东成任中国教席负责人	2006 年 3 月学校已同意由胡东成接替关志成教席负责人工作
2008-10—2010-11	国际工程教育学会联盟（IFEES）	余寿文任副主席	
2009-01-01—2011-12-31	东南亚及太平洋地区工程教育协会（AEESEAP）第 18 届执委会	周远强秘书长	

表 12-3-5 对外文化交流中心（涉外）培训统计

时间	海外课程																合计	
	（中国）香港高级公务员培训课程		工商金融界当代中国研修课程		语言/人文/理工等短训课程		（中国）香港新闻编辑/高级记者课程		（中国）香港法官及司法人员课程		建筑与城市规划课程		新加坡高级公务员培训课程		（中国）港澳国情教育课程		国（境）外学生交流			
	期数	人数	期数	人数	期数	人数	期数	人数	期数	人数	期数	人数	期数	人数	期数	人数	期数	人数	期数	人数
1983					4	90					1	19							5	109
1984					5	106					2	45							7	151
1985			1	38	4	114					3	65							8	217
1986					4	79					3	46							7	125
1987					4	97					2	47					4	115	10	259
1988			1	40	12	270					1	16					3	88	17	414
1989					5	91					2	36					2	161	9	288
1990			2	32	9	213					1	5					2	119	14	369
1991					8	162					3	33			1	43	6	169	18	407
1992			1	6	9	224					1	23					6	177	17	430
1993	2	41									1	9			2	79	4	101	9	230
1994	4	75																	4	75
1995	5	125	9	114	14	354													28	593
1996	5	128	26	387	37	1 106													68	1 621
1997	3	78	22	337	39	1 093													64	1 508
1998	7	183	11	135	42	1 564													60	1 882
1999	6	157	2	39	17	410	1	14	1	8	1	12			8	327	3	141	39	1 108
2000	4	103	7	127	12	330	1	15	3	41	2	36			15	538	4	141	48	1 331
2001	4	104	7	146	13	243			2	26	4	65	1	24	10	435	4	224	45	1 267
2002	4	103	10	181	16	394			3	40	2	39	3	67	22	825	4	199	64	1 848

续表

时间	海外课程																合计	
	（中国）香港高级公务员培训课程		工商金融界当代中国研修课程		语言/人文/理工等短训课程		（中国）香港新闻编辑/高级记者课程		（中国）香港法官及司法人员课程		建筑与城市规划课程		新加坡高级公务员培训课程		（中国）港澳国情教育课程		国（境）外学生交流			
	期数	人数	期数	人数	期数	人数	期数	人数	期数	人数	期数	人数	期数	人数	期数	人数	期数	人数	期数	人数
2003	2	59	10	244	2	30					3	46	2	43	3	227	1	37	23	686
2004	4	109	18	370	29	954			1	11	4	62	3	64					59	1 570
2005	4	110	7	172	13	274			1	10	6	147	4	90	19	1 147	7	287	61	2 237
2006	4	102	16	333	12	503					4	96	4	85	21	1 250	12	345	73	2 714
2007	4	110	7	139	9	433			1	11	1	29	3	82	17	1 086	10	300	52	2 190
2008	4	85	6	128	4	370					2	42	2	59	10	758	6	246	34	1 688
合计	66	1 672	163	2 968	323	9 504	2	29	12	147	49	918	22	514	128	6 715	78	2 850	843	25 317

表 12-3-6　对外文化交流中心（国内）培训统计

年份	国内课程																						合　计	
	学术桥出国课程		企业管理国际化总裁（CEO）研修课程等		实战型·旅游产地与酒店管理高研班		国际投融资与资本运营总裁研修班		领导干部公共管理高级研修班		国际化公共管理高级研修班		矿业投资与优化整合高级研修班		企业家素质提升与国际化管理高级研修班		国际商业地产运营商-CREO班		全球化城市与地产运营商-UEO班		全球化企业领袖发展计划-EDPG			
	期数	人数	期数	人数	期数	人数	期数	人数	期数	人数	期数	人数	期数	人数	期数	人数	期数	人数	期数	人数	期数	人数	期数	人数
2004	6	166																	2	86			8	252
2005	7	345	16	677	1	19													1	28			25	1 069
2006	7	314	15	911	1	13											1	20			1	26	25	1 284
2007	7	312	11	902	1	18	3	112	1	80							1	11	1	23			25	1 458
2008	7	157	12	956			2	58	4	236	2	79	1	45	1	69			1	23			30	1 623
合计	34	1 294	54	3 446	3	50	5	170	5	316	2	79	1	45	1	69	2	31	5	160	1	26	113	5 686

四、专业院系及其他办学机构

根据2004年颁布的《清华大学教育培训管理规定（试行）》，学校鼓励各教学科研单位在教育培训方面与继续教育学院合作。学校继续教育改制和培训市场需求的增长调动了各单位开展继续教育的积极性。专业院系、直属中心依托学科专业优势，举办与学科相关，促进学科发展，有利于本专业教学科研的教育培训；学校与地方政府共建的研究院履行为地方培养人才的职能，也积极参与非学历继续教育办学活动，扩大了清华专业和学科的业内影响力及学校服务地方经济和社会发展的影响力。其中，开展非学历继续教育的专业院、系、中心主要有：经管学院、公管学院、人文社科学院、法学院、信息学院、土水学院（国际工程项目管理研究院）、美术学院、新闻传播学院、核研院、热能系、环境系、工业工程系、汽车系、机械系、工物系、计算中心、网络中心、基础工业训练中心等；与地方共建的机构包括：深圳清华大学研究院、清华大学深圳研究生院、浙江清华长三角研究院、北京工业开发研究院、河北清华发展研究院。

教育培训成为专业院系教师理论联系实际的窗口。专业教师面向在职人士开展培训过程中将理论研究与实践紧密结合，为教师获取案例和实践经验提供了渠道，收到教学相长的效果。经管学院、公管学院、土水学院的教师通过开展面向企业和行业的继续教育将理论知识应用于实践中，通过开展培训、咨询、与学员进行沟通，不断吸取实践中经验，收集企业管理、公共管理、工程管理等方面的案例，纳入学院的案例库中，促进教师更新和丰富自己的教学内容，提高教学水平，从而有利于更好地开展普通高等学历教育。

教育培训加强了学校与政府部门、行业协会和企业联系，为教学和科研创造良好外部环境，积累社会资源。土水学院、热能系、工业工程系、机械工程系等单位开展继续教育走“人才培养、科研、咨询”一体化的道路。土水学院属下的国际工程项目管理研究院围绕国际工程人才的培养，与包括中交集团、中建集团、三峡集团等在内的大型集团企业开展培训合作，培训的过程衍生科研合作和咨询服务项目，为学科发展和专业建设起到促进作用。2001年以来，受中组部委托，公管学院与美国哈佛大学等单位合作，连续举办“清华-哈佛公共管理高级研修班”，培训厅局级以上干部300多名。

教育培训成为学校本科生、研究生“拓展学习”的第二课堂，每年有几十门教育培训的课程和名家讲座对校内学生免费开放。为配合党委学生工作部和研究生工作部的工作，教育培训管理处安排学生辅导员和到地方挂职锻炼的毕业生到公管学院和人文社科学院等单位参加公共管理和人文社科类培训，改善学生的知识结构，受到相关部处和学生的欢迎和好评，其中学生辅导员已培训四批共80人。

教育培训为学校的本科生、研究生参加社会实践搭建平台。人文社科学院为内蒙古通辽市委组织部党政干部开展培训，与此同时，每年暑期派10～20名学生到通辽市实习，连续四年输送近50名本科和研究生到通辽市实习，受到当地政府的好评。

五、2002年—2010年继续教育数据

2002年，学校教育培训工作方兴未艾，文科类院系积极投入力量，培训初具规模，科研项目相对较少的工科类院系积极开展长期稳定的相关培训项目。学校各培训单位举办并结业各类

培训班 251 个，培训结业并发证学员 17 300 余人次，培训收入达 2.8 亿元。项目来源主要是政府部门委托、企业委托及通过媒体广告招生。培训项目以管理类为主，高层次重点项目包括：经管学院的“工商管理班”“总裁研修班”“信息化管理高级研修班”“独立董事研修班”；继续教育学院的“河北省政府城市规划与管理高级研修班”“公司治理与资本运作高级研修班”“创新管理高级研修班”；公共管理学院的“中组部-科技部-清华大学科研院所所长公共管理课程研修班”；法学院的“云南省人事厅政法干部高级研修班”；人文社科学院的“山西省司法局培训班”等。

2003 年，学校教育培训规模大幅度增长，各培训单位举办并结业各类培训班 459 个，培训结业并发证学员 27 000 余人次，培训经费收入近 2.9 亿元。一支 500 人左右的专职教育培训管理队伍初步形成，其中，除少数事编管理人员担任各院系继续教育主管领导或教育培训机构负责人外，其他管理人员绝大部分为外聘合同制人员。经管学院、人文学院、机械系、美术学院、法学院已形成具有一定影响力的精品项目和课程体系。教育培训项目中，管理类占 55%，人文艺术类占 30%，技术类占 15%。

2004 年，学校各培训单位举办并结业各类培训班 849 个，培训结业并发证学员 32 000 人次，培训经费收入 3.8 亿元。相关培训单位积极开展与行业合作的高水平职业资格培训项目，如美术学院受轻工业联合委员会委托，在全国开展“轻工产品设计师职业资格培训”、土水学院承担“国家注册建造师资格考试培训”、机械系与中国铸造协会联合开展“铸造工程师培训”、核研院与中国电力联合会合作为国家大型骨干电力企业培训高级管理干部等。2004 年，有 3 项教育培训项目获得清华大学教学成果二等奖，分别是经管学院的“工商管理干部培训项目”和继续教育学院的“城市规划管理培训项目”“创新管理教育培训项目”，美术学院的《高等教育自学考试（艺术设计专业指定教材）》获得清华大学优秀教材二等奖。

2005 年，学校教育培训工作保持良好发展态势，培训规模和效益稳步增长，各培训单位举办并结业各类培训项目 1 402 个，培训结业并发证学员 55 000 人次，培训经费收入达 4.8 亿元。培训项目中，管理类占 48.0%，技术类占 37.3%，文科类占 8.6%，涉外培训占 6.1%。

2006 年，学校各培训单位举办并结业各类培训项目 2 209 个，培训结业并发证学员 70 039 人次，培训经费收入达 5.8 亿元。2006 年，有 3 项教育培训项目获得清华大学教学成果奖一等奖，分别是经管学院的“国际化高层管理培训模式探索”、继续教育学院的“香港特区政法公务员国家研习课程的教学组织与实施”和“利用现代信息技术传播知识消除贫困”，有 8 项教育培训项目获得二等奖。

2007 年，学校各培训单位举办并结业各类培训项目 2 460 个，培训结业并发证学员 83 712 人次，培训经费收入达 6 亿元。10 月 24 日，教育部（教职成函〔2007〕6 号文）批准清华大学作为全国重点建设职业教育师资培养培训基地。11 月 5 日，国家汉语国际推广领导小组办公室（汉办师〔2007〕495 号文）同意在清华大学河北清华发展研究院基础上建立国家汉办师资培训基地。

2008 年，学校各培训单位举办并结业各类培训项目 2 691 个，培训结业并发证学员 95 149 人次，培训经费收入近 7.6 亿元。

2009 年，学校各培训单位举办并结业各类培训项目 2 165 个，培训结业并发证学员 87 824 人次，培训经费收入 7.3 亿元。受国际金融危机及 H1N1 甲型流感等影响，全年教育培训规模和经费收入自 2002 年开始首次出现下降。根据国家“加快发展职业教育”的精神，2009 年教育部全国重点建设职业教育师资培养培训清华大学基地任务由基础工业训练中心承担，举办 3 期“职业

学校校长高级研修班”，105 名学员参加培训，举办 4 个“国家级专业教师培训班”，115 名学员参加培训。

2010 年，举办并结业各类培训项目 2 557 个，培训结业并发证学员 95 663 人次，培训经费收入 7.82 亿元。结业学员中，党政干部 33 089 人次，占 33%，企业管理人员 36 443 人次，占 36%，专业技术人员 30 629 人次，占 30%，其他人员 1 131 人次，占 1%。2010 年 1 月 1 日，学校批准正式启用“清华大学合同专用章（教育培训）”，对于审批通过并经甲乙双方签字盖章的教育培训合同，加盖“清华大学合同专用章（教育培训）”后方可生效。2010 年学校承担了中组部主办的中央和国家机关司局级干部选学项目 6 个专题班和 8 个讲座的培训任务，实际参加培训人数 663 人。2010 年教育部全国重点建设职业教育师资培养培训清华大学基地完成国家级中职骨干教师培训班 4 个，共计 162 名教师接受培训。

全校举办结业培训班、学员数及当年培训收入见表 12-3-7。

表 12-3-7　全校结业培训班、学员数及当年培训收入统计

年份	培训班（个）	学员数（人次）	经费收入（亿元）	年份	培训班（个）	学员数（人次）	经费收入（亿元）
2002	251	17 300	2.8	2007	2 460	83 712	6.0
2003	459	27 000	2.9	2008	2 691	95 149	7.6
2004	849	32 000	3.8	2009	2 165	87 824	7.3
2005	1 402	55 000	4.8	2010	2 557	95 663	7.82
2006	2 209	70 039	5.8				

第四节　远程教育

一、概况

清华大学对发展现代远程教育极为重视。1996 年 2 月学校率先提出了在我国开展现代远程教育的构想。充分发挥清华大学的工科优势，把先进的现代信息技术应用于教育，将清华大学优秀教育资源输送到全国，使各条战线的技术骨干和管理干部不脱离工作岗位即可获得学习和提高的机会。王大中校长在 1996 年 5 月 30 日召开的全校首次继续教育专题讨论会开幕词中，把“发展现代化教育手段”，利用电视、卫星通信、多媒体技术开展远距离教育作为下一阶段清华大学继续教育三项重点工作之一。1996 年暑假和 12 月，先后召开了两次远程教育研讨会。

1996 年 11 月 1 日，国家教委研究生工作办公室发文《关于清华大学开展远距离教育有关事宜的批复》，同意我校选择合适的合作单位，利用先进的通信手段和多媒体技术，以远程教育的方式试行工程硕士生的部分课程教学。11 月 14 日，国家教委直属高校工作办公室发文《关于你校“发展远程教育，加强为企业培养高质量人才”报告的批复》（教直办〔1996〕58 号），同意我校试点用远程教育方式开展继续教育，以更加有效地为企业和地方培养急需人才。1996 年 12 月 24 日，经 1996—1997 学年度第 4 次校务会议讨论通过，成立清华大学远程教育建设委员会，杨家庆任主任，余寿文、关志成、李衍达任副主任；同时，决定增设远程教育部，隶属于继续教育学院，副院长孙学伟兼任远程教育部主任。

1997 年年中远程教育系统初步建成，并于 1997 年 9 月 23 日至 10 月 21 日及 1997 年 11 月 25 日至 1998 年 1 月 11 日，进行了两次共为期 10 周的系统联机和实验性播出，开设了 Internet 基础及应用，科技信息检索，CIMS 技术系列讲座，CAD 技术等 9 门课程及若干讲座，参加学习的 300 人，取得结业证的人数为 125 人。系统包括一个卫星电视广播系统及直播教室，一个挂在中国教育科研网（CERNET）上的计算机局域网。1997 年 8 月 15 日至 19 日，召开了清华大学远程教育首批建站单位工作会，来自 10 个单位的近 20 名相关领导同志参加了工作会。清华大学副校长兼继续教育学院院长关志成就国内外远程教育的发展新动态、清华大学远程教育的筹备进展作了报告。从 1997 年年初开始考察校外站点，直至第一次试播，分别在广东、湖南、江西、山东、上海、辽宁、吉林、云南、江苏等省市共建站 12 个，到 1999 年 9 月，建立了远程教育校外站点 57 个，到 2002 年 10 月，已经在全国 30 个省、自治区、直辖市内建立了 128 个教学站点。

1998 年 2 月，远程教育正式开始播出，在国内外引起较大反响。远程教育系统在建设过程中，得到了香港永新集团曹光彪先生的慷慨捐助和鼎力支持，他捐赠 150 万美元，保证了系统的顺利完成。

1999 年 3 月 25 日，教育部下发《关于印发〈关于启动现代远程教育第一批普通高校试点工作的几点意见〉的通知》（教电〔1999〕1 号文），正式确定清华大学、浙江大学、北京邮电大学、湖南大学等四所大学为我国第一批现代远程教育试点单位，其中清华大学是当时唯一被批准为面向全国开展现代远程教育的高校。3 月 29 日，教育部办公厅发文《关于对清华大学〈关于开展现代远程教育试点的请示〉的批复》（教电厅〔1999〕1 号），原则同意我校提出的试点方案。

1999 年 4 月 15 日，经 1998—1999 学年度第 14 次校务委员会通过，清华大学远程教育建设委员会换届，杨家庆副校长任主任，胡东成、吴敏生、陈皓明、董在望任副主任，关志成、孙学伟、吴庚生等 16 人任委员，严继昌任秘书长。5 月 6 日至 7 日，召开清华大学远程教育建设委员会扩大会议，胡东成副校长作了“清华大学发展远程教育的初步规划”的主题报告，王大中校长作了重要讲话。6 月 24 日，校领导及有关专家听取了继续教育学院关于我校远程教育的发展规划。在《清华大学“十五”发展事业规划纲要》中，单列一篇论述远程教育，明确了“扩大规模、创建品牌、增强活力、提高效益”的办学方针，并从办学原则、发展目标、运行体制、资金保障和规范校外教学站点建设等五个方面为我校远程教育的发展指明了方向，推动了远程教育的快速、健康发展。

2000 年 9 月，学校建成了国内首家投入实际应用的集网络教学、教学管理与学生自主学习于一体的网络教育平台——清华网络学堂，并注册了专用域名，从而建成了覆盖全国的计算机互联网、卫星数字网、有线电视广播网“三网融合”的现代远程教育技术平台，做到了多站点、多模式、实时、双向互动的远程教育。2000 年 7 月 16 日至 19 日，在教育部主持召开的全国现代远程教育试点院校协作组成立大会上，清华大学被大会推举为全国高等学校现代远程教育协作组组长单位，清华大学副校长兼继续教育学院院长胡东成当选为组长，严继昌当选为秘书长。2001 年 3

月，刁庆军担任继续教育学院院长助理兼远程教育部主任。

清华大学远程教育边实践、边研究、边规范。经过三年的实践，在远程教育的管理方面积累了许多经验，形成了一系列规章制度，如：《清华大学远程教育校外教学站建设及管理规定》（2001 年）、《清华大学远程教育收费标准及分配办法》《清华大学远程教育教务管理通则》（2001 年 12 月修订）、《清华大学远程教育专升本学籍管理规定》等。

2004 年，清华大学根据总体发展规划，对现代远程教育重新进行了定位。11 月 3 日，学校《关于清华大学现代远程教育不再进行成人专科升本科学历教育招生有关情况的报告》（清校发〔2004〕56 号）上报教育部高等教育司；11 月 9 日，学校发出致省级教委（厅）《关于清华大学现代远程教育不再进行成人学历教育招生有关情况的函》（清教培文〔2004〕006 号）。决定清华大学自 2005 年起暂停现代远程成人专升本学历教育的招生工作，今后将定位于非学历教育，以开展各类非学历教育培训为主。

清华大学远程教育在发展过程中，中央及部委领导高度重视，多次亲临视察，并对清华大学远程教育取得的成就给予了高度评价。1997 年 11 月和 2000 年 11 月，中共中央政治局常委、国务院副总理李岚清同志先后两次视察清华大学远程教育工作，并对发展我国现代远程教育作了重要指示。1998 年春，教育部韦钰副部长、周远清副部长等及主管部门的领导同志相继亲临指导。2000 年 10 月，国务委员、教育部部长陈至立到清华大学视察现代远程教育工作。2009 年，中组部副部长王尔乘到继续教育学院视察工作，四川泸州市和古蔺县领导通过远程方式和王部长进行了交流。同时，云南迪庆香格里拉的远程教育扶贫教学站也与视察领导进行了远程交流互动。此后，中组部确定清华大学等 13 所高校为“首批全国干部教育培训高校基地”。

二、远程学历教育

清华大学远程学历教育分为两大类：一是研究生课程进修，主要面向具有大学本科毕业文凭或同等学力的在职人员，采取免试入学、验证注册的招生方式。对欲以同等学力申请硕士学位者，报名条件为已经获得学士学位并在获得学位后工作三年以上。二是专升本远程学历教育，它采取两种招生方式，一为全国统一成人高考，二为自主招生考试。成人高考按各省、自治区、直辖市确定的录取分数线录取。自主考试按清华大学确定的录取分数线录取，录取比例约为 60%。

1998 年远程教育研究生课程进修开始招生，有计算机应用技术和企业管理两个专业，首批 470 名学员注册学习。

1999 年 11 月，教育部发展规划司批准清华大学以远程教育方式开展专科升本科学历教育，首批指标为 1 500 名，这是教育部第一个正式批准以现代远程教育方式改造传统函授教育进行专升本的试点工作。12 月上旬，继续教育学院与清华大学人文学院外语系、经济所，以及法学院签署了以远程教育方式开展专科升本科学历教育协议书。首批设置的专业有：英语、法律、经济学，2000 年正式招生，招生人数达 2 482 名。2001 年初，继续教育学院与清华大学美术学院合作，开设了平面艺术设计、环境艺术设计、服装艺术设计三个艺术设计类远程教育“专升本”专业，允许全国有条件的校外教学站点招生。

2001 年 3 月 14 日，继续教育学院与教育部考试中心签订了关于代理远程教育考试的合作协议，由清华大学委托考试中心下属的专职考试机构负责清华大学远程教育的考试工作，增强了远程教育考试的公平性与公正性。

2002 年 7 月，继续教育学院与中华全国律师函授中心、最高人民检察院政治部干部教育培训部分别签署了面向各级检察院与司法系统工作人员的专科起点升本科的远程学历教育合作办学协议，这是面向行业系统开展大规模远程教育的一次有益探索和实践。当年，这两个系统有 9 200 多人报名，经考试，录取注册学员 3 937 人。

到 2004 年，在远程教育招生专业中，专升本的有：经济学（2003 年起 3 个专业方向）、法学、英语（2003 年起新增商务英语方向）、计算机技术与应用（2003 年起新增计算机图形艺术设计专业）、艺术设计（环境艺术设计和平面艺术设计两个专业）；研究生课程进修专业有：计算机应用技术、民商法学、企业管理、教育经济与管理。

2002 年 7 月 9 日，李朝晖等 7 名第一批远程教育研究生课程进修学员在 2000 多名学员中脱颖而出，获得清华大学硕士学位，成为全国首批通过远程教育方式学习获得最高学位的学员。2003 年首批远程“专升本”843 名学生毕业，其中 228 名学生获得清华大学成人教育学士学位。

2002 年清华大学提出继续教育由以成人学历教育为主向非学历教育逐步转型，2005 年清华远程全面停止招收学历教育新生，转型后的清华远程教育根据不同的业务分成学历教育和非学历教育两部分，一部分工作人员负责学历教育的善后工作，继续以认真、严谨的态度，保质保量地做好现有学员的教学组织管理和服务等相关工作。到 2008 年底，已经没有在读专升本学历教育学员。

远程教育在培养人才方面作出了重要贡献。其中，始于 1998 年的远程研究生课程进修工作，2007 年秋季停止招生，先后有 10 935 名在职人员参加课程学习，结业 4 443 人，共有 178 名学员获清华大学同等学力硕士学位；始于 2000 年的远程本科学历教育，2005 年停止招生，2008 年最后 283 名学生毕业，累计在册专科升本科学生 14 340 人，毕业生合计为 10 479 人，获学士学位 1 022人。

远程教育本科生数据统计见表 12-4-1；远程教育各专业本科毕业生及申请学位情况见表 12-4-2。

表 12-4-1　远程教育本科生数据统计

入学年级	招生人数	毕业人数	已授学位人数	占毕业人数比例（%）	占入学人数比例（%）	学习有效年限
2000 级	2 481	1 631	358	21.95	14.43	5
2001 级	2 589	1 808	227	12.56	8.77	5
2002 级	6 778	5 394	252	4.67	3.72	5
2003 级	2 115	1 435	168	11.71	7.94	5
2004 级	377	211	17	8.06	4.51	4
合计	14 340	10 479	1 022	9.75	7.13	

表 12-4-2　远程教育各专业本科毕业生及申请学位情况

专业名称	入学年级	招生人数	毕业人数	已授学位人数	占毕业生比例（%）	占入学人数比例（%）
经济学类	2000 级	868	599	151	25.21	17.40
	2001 级	652	448	71	15.85	10.89
	2002 级	659	406	91	22.41	13.81
	2003 级	412	262	72	27.48	17.48
	小计	2 591	1 715	385	22.45	14.86

续表

专业名称	入学年级	招生人数	毕业人数	已授学位人数	占毕业生比例（%）	占入学人数比例（%）
英语	2000 级	646	361	135	37.40	20.90
	2001 级	315	167	58	34.73	18.41
	2002 级	265	128	51	39.84	19.25
	2003 级	114	65	32	49.23	28.07
	2004 级	32	9		0.00	0.00
	小计	1 372	730	276	37.81	20.12
法学	2000 级	862	597	65	10.89	7.54
	2001 级	937	667	63	9.45	6.72
	2002 级	1 074	800	61	7.63	5.68
	2003 级	389	252	21	8.33	5.40
	2004 级	94	46	10	21.74	10.64
	小计	3 356	2 362	220	9.31	6.56
平面设计	2000 级	104	73	7	9.59	6.73
	2001 级	412	314	16	5.10	3.88
	2002 级	269	202	18	8.91	6.69
	2003 级	160	125	14	11.20	8.75
	2004 级	39	27	2	7.41	5.13
	小计	984	741	57	7.69	5.79
环艺设计	2000 级	1	1		0.00	0.00
	2001 级	266	205	19	9.27	7.14
	2002 级	465	340	31	9.12	6.67
	2003 级	356	243	29	11.93	8.15
	2004 级	93	59	5	8.47	5.38
	小计	1 181	848	84	9.91	7.11
法学（两系统）	2002 级	3 960	3 453	不授学位		
	2003 级	453	348			
	2004 级	46	50			
	小计	4 459	3 851			
计算机类	2002 级	86	50	不授学位		
	2003 级	231	140			
	2004 级	73	35			
	小计	390	225			
服装设计	01 级	7	7	没有达到学位授予条件的学生		
	小计	7	7			
合计		14 340	10 479	1 022	9.75	7.13

三、远程培训

利用现代远程教育技术大规模培训，是清华大学远程教育重要发展战略。1997 年 10 月，就实验性播出培训类课程。1999 年，继续教育学院开始面向企业播出远程培训课程。2000 年 8 月，“清华网络学堂”正式对外运行，清华大学远程教育的大部分管理工作依托“清华网络学堂”完成，如：学员学籍管理、选课、注册、网上答疑、网上公告、财务收费管理等，大多数课件也都放在“清华网络学堂”供远程学员学习。

2001 年 3 月至 4 月，与世界银行在远程教育领域首次合作，推出“全球一体化及加盟世贸组织：挑战与机遇”课程，前后共有包括香港在内的 15 个办学站参与筹备，有 8 个办学站成功开课，学员人数达到 419 人，通过考试的学员为 297 人。2003 年 7 月通过远程教育卫星系统，向全国 100 余个教学站进行了首届“清华大学危机管理论坛”的现场直播，校长顾秉林院士担任主席。这些项目为学校远程教育由传统学历教育领域向广阔的非学历培训领域转轨作了有益尝试。2003 年 12 月 11 日至 13 日，清华大学远程教育第五次校外教学站工作会议在京召开，副校长兼继续教育学院院长胡东成、常务副院长康飞宇等出席了会议，校外远程教学站代表 160 余人参加了会议。会议传达了校务会议精神，阐发了学校远程教育的未来发展思路。围绕“顺应形势、明确定位、立足市场、有所作为”的主题，对远程教育“努力实现从学历教育向非学历教育培训转型”“加大职业培训市场的开拓力度”“努力实现对现有教育培训资源的优化组合及高效利用”等议题进行了深入讨论。

2004 年 8 月，正式启动“清华远程学堂”大型系列培训项目，旨在“以清华优质教育资源，助力中国学习型组织建设”，主要面向企业、政府、学校等团体用户，以卫星为基本传输手段，结合网络、多媒体课件和面授，推出名家前沿讲座和系列精品课程，并根据用户需求，不断推出个性化的专业咨询和培训项目，实现“远距离的教育，近距离的服务”。该项目推出后，按照“大规模、可持续、讲实效、能推广”的发展思路，与有关部委、行业企业合作，积极发展团体客户。2006 年，与国家发改委合作，共同组织实施了“中国创新成长型企业培训体系建设工程（521 工程）”；2008 年，研发、推出清华军队转业干部网络学堂项目；2008 年 6 月，应国务院国资委委托，清华大学继续教育学院自主研发了“中央企业班组长岗位管理能力资格认证远程培训项目”。此外，面向企业团体提供的自主听课、不发证书的“企业远程学堂”项目使上百万人次受益。

远程教育研究生课程进修统计见表 12-4-3。

表 12-4-3　远程教育研究生课程进修统计

序号	年份	研究生招生人数	研究生课程进修办理结业证人数	其中办理研究生院和继续教育学院联合盖章结业证人数	获清华大学同等学力硕士学位人数
1	1998	470			
2	1999	1 671			
3	2000	3 213			
4	2001	2 975	445	298	
5	2002	1 480	625	363	7

续表

序号	年份	研究生招生人数	研究生课程进修办理结业证人数	其中办理研究生院和继续教育学院联合盖章结业证人数	获清华大学同等学力硕士学位人数
6	2003	624	1 115	724	10
7	2004	205	796	390	33
8	2005	169	820	291	52
9	2006	105	386	150	31
10	2007	23	125	44	8
11	2008		71	45	13
12	2009		37	20	13
13	2010		23	23	11
总计		10 935	4 443	2 348	178

四、远程教育扶贫

扶贫先扶智。2003 年 2 月 13 日，继续教育学院召开院长会，决定成立教育扶贫筹备小组，以远程教育的方式向西部贫困地区输送教育资源，把继续教育受益者延伸到广大老少边穷地区的基层党政干部、医药卫生人员、中小学教师、专业技术人员和农民，实现“传播知识，消除贫困”的目标。2003 年 9 月 12 日，清华大学教育扶贫远程教学站开通仪式暨教育扶贫工作座谈会在清华大学隆重举行。来自国家各部委、国务院新闻办公室、联合国教科文组织、世界银行、日本驻华大使馆、宋庆龄基金会等单位的 60 余位主管领导及 16 个清华远程扶贫教学站的代表见证了这一历史性时刻，这标志着清华大学教育扶贫工程的正式启动。2006 年 12 月，学校成立了教育扶贫领导小组，何建坤常务副校长任组长，汪劲松、胡东成任副组长。

2003 年教育扶贫工程启动以来，学院遵循远程教育扶贫工作要坚持“大规模、可持续、见实效、能推广”的原则，坚持“只有让大多数人受益的教育培训才是真正的教育培训，只有让大多数人受益的继续教育才是真正的继续教育”的信念，依托清华大学先进的现代远程教育平台，积极开拓扶贫领域，针对贫困地区不同人群特点，推出远程教育扶贫培训项目，如面向农村基层党政干部开展管理培训；面向农村中小学师生进行中小学教学培训和课程辅导；面向农村技术人员进行农业技术培训；面向农村医疗卫生人员进行医务培训；面向普通农民进行基础常识和职业技能培训。并将教育扶贫工作从国家扶贫开发工作重点县拓展到井冈山、晋绥、闽西等革命老区和内蒙古自治区、广西壮族自治区、云南等少数民族地区，促进社会经济和谐发展。该项目显著的社会效益，不仅赢得了社会各界的好评，在世界上也激起了很大的反响，得到了国内外机构、组织和个人的广泛关注和大力支持。如香港伟新集团伟新教育基金、美国王氏基金、联合国亚太经济与社会理事会、世界银行学院、法国电力、香港慈恩基金会、香港小平教育基金、香港培华教育基金、澳门日报读者公益基金会、晋绥儿女教育协会及全国人大、外交部、国家民委、公安部、民政部等 70 多家单位和组织，以及民革、民盟等民主党派给予了大力支持和协作。从而形成了政府大力支持、社会踊跃捐助、全校积极参与、贫困地区受益的远程教育扶贫可持续发展模式。

清华大学远程教育扶贫也吸引了广大中美大学生的热心参与。自 2006 年起，组织“中美大学生暑期教育扶贫社会实践活动”，吸引了近千名清华大学在校师生、200 多名美国高校师生参加。他们利用暑假奔赴教育扶贫现代远程教学站所在县开展英语教学、计算机教学、学习经验交流、社会调查等活动，既为贫困地区送去了知识和希望，也为中美青年人了解中国国情、增进双方友谊搭建了平台。

截至 2010 年 12 月，清华大学共在 27 个省市自治区的 941 个县级教育机构建立了教育扶贫远程教学站 981 个，覆盖了 522 个国家扶贫工作重点开发县；同时，在香港伟新教育基金会的支持下，在各乡镇建立了 2 424 个“清华伟新教育扶贫中小学远程在线”二级教育扶贫站，历年累计总培训人数达到 1 040 133 人次，其中 2010 年远程扶贫教育培训达到 215 909 人次，得到社会各界的广泛赞誉。清华大学教育扶贫项目先后于 2006 年 1 月获“清华大学继续教育学院优秀项目一等奖”、2006 年 8 月获“清华大学教学成果一等奖”、2008 年 3 月获“清华大学社会公益奖”、2009 年 11 月获全国高校现代远程教育协作组颁发的“教育扶贫突出贡献奖”等。2007 年 12 月 29 日，中央电视台《新闻联播》、北京电视台、中国教育电视台等电视台专门针对清华大学教育扶贫项目开展相应报道。同时，《光明日报》《人民日报》《澳门日报》《中国青年报》《北京日报》《科学时报》《中国教育报》等各大报刊安排专版报道清华大学教育扶贫项目。2006 年 2 月 14 日至 15 日，在联合国秘书长第二届全球大学校长学术年会上，校长顾秉林所做的题为《21 世纪中国研究型大学的独特贡献：以清华大学为例》报告中，介绍了清华远程教育扶贫的做法和经验，联合国秘书长安南对此表示高度关注，并对中国研究型大学积极服务社会，特别是以智力和知识支援贫困地区发展的经验表现出很大兴趣。

2003 年至 2010 年远程教育扶贫培训人次见表 12-4-4。

表 12-4-4　2003 年—2010 年远程教育扶贫培训人次

年　份	人　次	年　份	人　次	年　份	人　次
2003	5 000	2006	158 384	2009	156 432
2004	60 607	2007	169 155	2010	215 909
2005	130 751	2008	143 895	合计	1 040 133

第十三章

校办产业

校办产业是指学校单独投资，或学校与个人、社会单位共同投资创办的生产经营实体，主要从事科技成果的产业化，为学校增加经济收入，并为学校的教学、科研及后勤服务。

依托学校的科技和人才优势，产学研结合，以市场为导向，孵化科技成果，发展科技产业，创办具有文化教育特色和智力资源优势的企业，为国家的科技创新及国民经济建设服务，是当代大学特别是研究型大学承担社会服务功能的重要途径。

第一节　发展沿革

一、1949 年前的金木工厂和清华服务社

1921 年 10 月 18 日，清华学校董事会呈报外交部："该校各种教室规模业已齐备，惟手工教室，尚付缺如，于教授工程学上有莫大妨碍，拟及时赶造手工教室，以便教授。""手工教室内应置各种手工机器，以备教员教授及学生实习之需。"

1921 年 10 月 31 日，外交部第 203 号指令批准学校添造手工教室及购置手工机器。手工教室（也称手工工场、工艺馆）于 1922 年完工，当年 9 月即开始接纳学生。开始只有"铸铁、制模两种机器"，以后又添置了"木工、铸工、金工、锻工等简单机械设备"，手工教室改称金木工厂，成为清华大学校办工厂的雏形。直到 1937 年抗日战争全面爆发，基本情况变化不大。

抗战时期，金木工厂随校南迁至昆明西南联合大学，改称机械实习厂。1943 年，西南联大成立清华服务社，是由清华大学投资、教职工集资入股及社会商户购股组成的经济实体。其宗旨是："以增加战时后方生产，并于技术方面为社会服务为目的"；业务范围是："实业生产与各种技术上的设计、试验及咨询"等。

服务社设管理委员会，主席由工学院院长施嘉炀担任；常务委员 5 人，有施嘉炀、吴有训、陶葆楷、任之恭、孟广喆。设有土木工程部（设有建筑部、锯木东厂及西厂）、机械工程部（设有机械实习厂、机制木材厂、造冰厂）、电机工程部、应用化学部（设有化妆品制造厂）、无线电工程部、矿冶工程部、理化部、农艺部（设有经济农场及碾米厂）等 8 个分部。资金来自五个方面：①清华大学投资；②教职工入股；③社会商户认购股份；④向西南联合大学借款；⑤银行贷款。据 1943 年 7 月至 12 月统计，服务社由清华大学投资 39 万元（不包括各部所占用学校的设备仪器）；教职工有 80 人入股，共集资 153.45 万元；西南联大借款 150 万元；银行贷款 210 万元。另外，有福泰丰、云兴斋等 124 户公卖店认购股金 131 万元。

服务社除为战时后方增加生产，在技术上为社会服务外，也为学校创造了财富，改善了办学条件，并缓解了部分教职工的生活困难。如土木工程部和机械工程部所属的锯木厂和机制木材厂曾为驻昆明美军加工大量建筑用木材；机械实习厂曾为驻昆明美军加工安装自来水用的管接头及阀门、为美空军各地气象观测站生产探空气球所急需的氢气等。

按照服务社《社章》规定，“收入盈余分配：公积金 10%，股金红利 10%，职工红利 30%，大学同仁福利基金 50%”。服务社曾于 1945 年 11 月 7 日从公积金项下提出国币 2 000 万元，作为奖学金基金，以后每年以其利息作为本校学生奖学金。1945 年 5 月和 1946 年 1 月分别向大学上交福利金 1 000 万元和 3 000 万元。每年端午节及中秋节，服务社都要给教职工及其家属发放补助金，如 1944 年共补助了 97 人，34.24 万元；1945 年 6 月共补助了 100 人，106.28 万元；1945 年 9 月共补助了 92 人，344.05 万元；1946 年 5 月共补助了 85 人，325.95 万元。

清华服务社于 1945 年 10 月停业。学校迁回北平后，机械实习厂改称金工厂，仍承担学生金工实习任务，其他各部及下属有关工厂都停止了生产和经营。

二、1950 年—1966 年的附属实习工厂

为“克服目前经费困难，响应政府业余生产号召”，清华大学校务委员会于 1950 年 3 月决定成立生产委员会，“以利用现有工厂及实验室设备增加生产，服务社会。同时，组织学生及工会会员利用业余时间，进行农业生产”。生产委员会由主席张维，副主席李继侗及学生代表 1 人，委员 18 人组成。下设工业组、农业组、总务组等 3 个组，负责生产的组织管理。

工业生产方面，设立了 4 个经济实体：清华大学机械实习厂附设生产部、清华大学附设化学工程部、清华大学附设工程材料试验服务部、清华大学营建学系服务部。这 4 个工业生产单位于 1950 年 6 月由学校上报北京市人民政府工业局申请登记并办理了营业执照；同时，机械实习厂附设生产部及工程材料试验服务部还申请参加了北京市机器工业同业公会。4 个单位均实行会计独立，每两个月定期报告账目。使用学校工厂及实验室的设备要折价给予适当补偿；其专任及兼任人员的待遇由单位负担；要向学校支付全部电费及其他费用。其盈利部分除留一部分扩大再生产外，其余用以补充各系教学设备，改善办学条件。对专任及兼任工作人员中成绩优良者，经生产委员会核准后，分别予以物质或精神奖励。

农业生产方面，主要是利用校内空地及校外“清华园车站迤西”的部分土地统一组织学生、工会会员开荒，种植粮食和蔬菜。一直到 1952 年 9 月，中央人民政府机关生产处理委员会和财政部联合下发了《关于机关生产企业移交后有关财务手续的处理规定》的文件，学校将清华园车站迤西的 3.3 公顷土地移交给京郊国营彰化农场，校内的农业生产也先后停止。

1956 年，学校成立设备制造总厂，由科学研究处领导，厂长庄前绍，下设 4 个车间：实习车间（机械系金工厂）；设备车间（设备科制配工间）；电机车间（电机系金工间）；电子车间（无线电系金工间）。1957 年初，为了保证金属工艺学实习及设备制造工作，组成工厂管理委员会，李酉山（机械系）任主任、张儆（科学研究处）任副主任。这段时期，学校工厂的主要任务是承担学生的金工实习。设备制造总厂曾举办科研辅助人员培训班（相当于技工学校），庄前绍兼任校长。

1958 年 1 月，毛泽东同志在《工作方法六十条》中指出：“一切高等工业学校的可以进行生产的实验室和附属工厂，除了保证教学和科学研究的需要以外，都应当尽可能地进行生产。”之后，党中央又提出了“教育必须为无产阶级政治服务，必须与生产劳动相结合”的教育方针。据此，学校统一安排学生到工厂参加劳动、勤工俭学，并提出“要把学校建成教学、生产、科学研究三者结合的先进基地”。在这段时期，学校的产业有了一次大的发展。

1958年3月，学校成立生产办公室，由解沛基任主任，负责统一组织、规划校办产业的工作。1959年4月，生产办公室与科学研究处合并成立科学生产处，处长高景德，下设生产科，负责主管全校校办工厂的生产。

当时，学校提出“各系都要搞工厂，争取一两年内，学校有几十个工厂，形成一个工厂网”。在短短的几个月内，新建、扩建了一批工厂、车间、设计院、工程公司，共计有机械制造综合厂、试验火电厂、综合电工厂、动力机械厂、电子计算机工厂、无线电厂等55个生产单位。这些工厂生产了电子仪器、精密机械、农业机械、球墨铸铁等200多种产品，其中包括我国第一台数控机床和第一台200周波交流计算台等当时的高新技术产品。

1958年至1960年，校办产业的生产单位、职工人数、厂房面积、固定资产、产值和利润比1957年都有大幅度的增长。1962年，学校对校办产业进行了较大幅度的压缩和调整。1963年—1966年，经过调整后的校办产业稳步发展，为今后的校办产业发展打下了基础。后来的校办工厂，有一部分就是1958年建厂，后经过调整又逐步发展起来的，如计算机工厂、自动控制系工厂等。

1957年至1966年全校校办产业的基本情况和经营概况见表13-1-1。

三、1967年—1979年的校办工厂

1966年至1968年，在“文化大革命”运动的初期，校办工厂的生产经营和学生实习几乎全部停止。

1969年，学校在“革命委员会教育革命组”下设校办工厂组，主管全校生产工作，并负责酝酿筹建新的校办工厂。先后担任组长的有王德武、楚成。

1970年工农兵学员进校，学校提出“校办工厂，厂带专业”，要求各系都要大办工厂，以工厂带动专业教学，如冶金系、动农系的汽车专业和综合机械厂、设备制造厂合并，改称汽车厂，带动汽车拖拉机、铸造、锻压、焊接和金属热处理等专业；自动控制系和无线电系及其车间合并，改称电子厂，带动自动控制系统、自动控制元件、电子计算机、半导体、雷达、通讯、电真空、金相等专业；机械制造系改称精密机床厂，带动机械制造、光学等专业；其他各系也都根据专业情况，办起了一批工厂和车间。是年，无线电系内迁四川绵阳，筹建绵阳分校校办工厂，建立了半导体器件、电子整机、机加工等5个生产车间。

1972年，校办工厂组改称生产组，组长姜锡华。1973年至1974年由邝守仁任组长。到1977年，生产单位发展到16个，固定职工1 841人，校办工厂达到了最大规模。

这期间，校办工厂每年生产的产品约50种，包括普通机械、精密机械、汽车、计算机、电子仪器、化工、电子元器件及集成电路等，绝大部分产品都纳入国家计划，统一分配。其中一部分高新技术产品填补了国内空白，如生产大规模集成电路的专用设备——激光自动分步重复照相机共生产了269台，分配到全国各地的电子元器件工厂；程序控制铣床共生产了25台，分配到全国有关军工厂。1974年和1975年，这两种设备都曾被选送到日本及联邦德国展览。中大规模集成电路共生产了20万片，供应全国各地的电子仪器工厂。

随着“文化大革命”结束，1978年，学校设立生产处（曾一度称生产设备处），管理全校生产工作，处长姜锡华。此后，学校对校办产业又进行了压缩和调整。

1969年至1979年校办产业基本情况和经营概况见表13-1-1。

表 13-1-1 1957 年—1979 年校办产业基本情况和经营概况

年份	生产单位（个）	职工人数（人）	厂房面积（平方米）	固定资产（万元）	年产值（万元）	年利润（万元）
1957	4	343	4 700	51	15	3
1958	55	1 100	11 456	182	418	50
1959	27	995	10 107	291	366	128
1960	15	2 056	14 096	432	1 538	105
1961	15	944	13 096	141	112	29
1962	7	538	14 292	129	60	16
1963	8	502	14 669	120	72	16
1964	8	498	15 145	120	118	74
1965	8	581	16 374	126	106	7
1966	8	626	18 991	125	356	30
（因“文化大革命”停产，1967 年、1968 年无统计数据）						
1969	9	1 042	13 072	169	25	6
1970	9	1 432	35 472	592	295	24
1971	11	1 486	48 972	759	544	104
1972	11	1 621	48 972	829	1 119	172
1973	11	1 537	49 152	1 151	1 275	140
1974	13	1 547	53 205	1 272	1 519	296
1975	13	1 627	43 707	1529	3 050	482
1976	14	1 735	44 548	1 722	3 615	540
1977	16	1 841	42 604	2 006	2 295	427
1978	14	1 331	33 762	2 006	1 275	351
1979	9	1 034	26 891	1 772	1 767	140

四、1980 年—1993 年，科技企业的崛起

（一）学校创办新兴高科技企业

在改革开放和“科学技术是第一生产力”思想指引下，为深化教育和科技体制改革，适应社会主义市场经济发展的需要，“产、学、研”结合，促进学校科技成果转化为生产力，探索高校发展高新技术产业的道路，校内一大批科技企业相继成立。这些企业充分依靠学校的科技优势，集科、工、贸于一体，致力于将学校的科研成果转化为生产力，并直接参与市场竞争。这个阶段，校办产业又一次快速发展。

1980 年前后，经调整后的校办工厂相继登记注册为企业法人。1983 年，成立校办厂党委，白洪烈任书记，统一负责机械厂、设备仪器厂、风光仪器厂和印刷厂的政治思想工作。

1980 年 2 月，经教育部批准，学校以自己特有的技术优势，创办了第一家外向型高新技术企业——清华技术服务公司，它也是中国高校中成立最早的科技企业之一，开创了我国承包发达国家计算机软件开发及高精度数据加工业务的先例。

根据1985年党中央《关于科学技术体制改革的决定》和1987年国务院《关于进一步推进科技体制改革的若干规定》的精神，北京中关村地区出现了以中科院和高校为核心创办高新技术企业的热潮。经学校1987—1988学年度第九次校长工作会议审议，决定成立清华大学科技开发总公司。经国家教委批准，1988年6月，清华大学科技开发总公司登记注册成立。后于1993年，以该公司为核心企业，组建了清华紫光（集团）总公司。

1985年至1993年，各系为转化科技成果、发挥学科领域的科技优势，自筹资金或吸引社会资金创办了一大批科技企业。学校科技开发部一度登记注册为企业法人，作为系办企业的学校出资人代表。

1985年1月，工物系以γ射线测量技术为基础，与海淀农工商总公司联营创办了华海新技术开发公司，生产核技术测量仪器系列产品。华海公司曾被评为北京市著名高新技术企业。

1987年6月，自动化系以金国芬教授开发的自动控制技术为基础，与香港华润集团合作，组建了合资的华仪公司，开发工业生产过程自动化控制系统系列产品。

1988年6月，电子系以殷志强教授发明的“太阳选择性吸收涂层”专利技术为基础，与中关村先锋公司合作，成立了华业联营公司，实施“全玻璃真空太阳能集热管及热水器”项目的产业化，后逐步发展为年产1 000万支集热管的北京清华阳光能源开发有限公司。

是年，热能系以吕崇德教授等发明并荣获国家科技进步一等奖的电力仿真系统技术为基础，与华能集团合资创办了华电联营公司，后变更为北京清华能源仿真公司，生产热电厂仿真系统系列产品，不仅占领了国内市场，还出口国外。2003年，该公司并入清华同方股份有限公司。

1989年1月，电子系利用在数字通信领域的技术优势，以冯重熙教授等研发的专利技术为基础，与招商局、中国电子系统工程公司合作成立华环电子技术联合开发公司，成为中关村地区最早成立的拥有自主知识产权的光通讯高新技术企业，后改制为北京华环电子股份有限公司。

是年3月，化学系以其自主开发的液晶材料技术为基础，与石家庄永生集团成立了京华液晶材料公司，成为我国最早开发生产液晶材料的高科技企业。

同年，热能系以江亿、陆致成等开发的可大幅度节能、改善人居环境的“分布式温度控制系统”为基础，自筹资金创办了人工环境公司，在国内最早应用该项技术改造城市供热系统及楼宇空调工程。1997年以该公司为骨干企业，组建了清华同方股份有限公司，其股票在上海证券交易所上市。

1990年11月，微电子所以钱佩信教授等发明的激光快速退火技术为基础，与香港华兴公司合资组建了华兴微电子有限公司，将该成果转化为具有自主知识产权的微电子生产配套设备。

（二）学校对产业逐步转向集中管理，但仍然沿用行政管理的体制

1980年起，全校生产工作仍由生产处管理，处长姜锡华。1987年，白洪烈任处长。

1990年9月6日，学校成立科技产业管理办公室，负责全校科技型公司的管理，主任白洪烈。是年，学校经济管理办公室制定《清华大学经济管理办法》，第一次明确“各系从联营企业分得的利润，办公及经营场所在校内的，校、系按6∶4的比例分成；办公及经营场所在校外的，校、系按4∶6的比例分成。”

1990年开始，学校为支持科技企业的发展，解决校办企业人员编制问题，设立了“学校企业编制”，学校负责保管校企编制人员的档案，发给清华大学工作证，其工资、福利待遇则由用人企业负责。

为适应科技企业快速发展的形势，1991年6月13日，1990—1991学年度第21次校务会议通

过了《关于校内科技企业的建立、撤并和人事任命的有关规定》。是年11月2日，成立了校办产业管理委员会，主任倪维斗（主管科研、产业的副校长），副主任李传信、杨家庆、孙继铭、王晶宇，下设校办产业管理办公室。11月28日，校办产业管理办公室与生产处合并为产业管理处，处长白洪烈。1992年3月19日，成立校办产业党委，书记白洪烈，负责校属公司及校办工厂的政治思想工作。1993年，荣泳霖任产业管理处处长。

这个阶段在管理体制上，学校对产业逐步转向集中管理。机构几经调整，但仍然沿用了行政管理的体制，即通过产业管理处负责全校各类企业的运行和管理。

在经营方向上，企业逐步转向依托学科优势、致力于科技成果的产业化方向，开发生产的产品涉及计算机软件及应用系统、通讯、卫星电视接收和发射、电子、电力电子、微电子、液晶显示材料和器件、传感器件、仿真系统、核技术应用、太阳能利用、工业自动控制、机械、化工、教学仪器设备、电教设备等广泛的领域，正式投产的产品有250余种。

在实践教学方面，校办工厂除承担金工实习外，自1986年起，开始接纳电子工艺实习，同时开设了“工程操作技术选修课”。学生结合产品生产进行课程学习和操作训练，经理论及操作（“应知、应会”）考试通过，发给国家劳动部门颁发的技术等级证书；还吸收学生到校办工厂参加产品开发和勤工助学活动。校办工厂成为学生在校学习期间参加不同形式实践教学活动的重要基地。

1993年底，影响力较大的企业已发展到33个，其中全民所有制校办工厂10个、其他全民所有制科技企业8个、联营科技企业9个、中外合资公司6个；直属学校管理的企业13个，其余为校系共管的企业。

1980年至1993年，校办产业基本情况和经营概况见表13-1-2。

表13-1-2　1980年—2003年校办产业基本情况和经营概况

年份	职工人数	企业用房（平方米）	固定资产（万元）	年产值（万元）	利润总额（万元）	纳税总额（万元）	接纳实习（人次）
1980	1 036	25 699	1 270	923	134		
1981	942	25 800	1 674	740	195		
1982	901	26 433	1 056	779	196		
1983	876	30 270	1 035	667	241		
1984	762	24 258	1 072	1 392	344		
1985	688	21 759	1 094	1 164	391		
1986	694	27 315	1 971	862	422		
1987	676	37 349	1 130	1 228	402		
1988	645	38 673	1 375	1 839	428		
1989	626	32 761	1 294	2 229	602		
1990	1 051	43 058	2 397	3 076	1 260	180	
1991	1 274	48 942	3 613	12 572	2 239	417	
1992	1 312	54 881	4 187	25 232	3 139	585	
1993	1 847	54 881	1 931	42 456	6 038	719	
1994	1 692	37 351	4 834	56 461	7 747	1 664	

续表

年份	职工人数	企业用房（平方米）	固定资产（万元）	年产值（万元）	利润总额（万元）	纳税总额（万元）	接纳实习（人次）
1995	1 700	48 351	81 337	77 327	9 359	2 818	54 746
1996	1 885	48 351	130 286	94 505	12 488	3 291	51 840
1997	1 938	104 351	199 069	150 080	18 279	4 999	62 368
1998	2 614	144 351	302 600	205 901	23 422	6 840	48 748
1999	3 209	235 351	582 040	320 337	35 468	14 716	48 561
2000	6 497	285 351	1 199 755	628 789	72 733	29 461	47 282
2001	6 893	315 351	1 647 881	1 037 330	83 008	49 544	40 703
2002	7 087	477 761	1 783 623	1 147 224	63 930	50 283	50 360
2003	18 408		2 039 500	1 522 400	51 200	53 700	32 964

说明：自 2001 年开始，学校按照国务院第 58 号文件精神进行校办产业管理规范化建设，相关数据的统计口径进行了调整。

五、1994 年—2003 年，校办企业管理体制的改革

（一）按照现代企业制度创办和发展科技产业

1993 年 12 月，国家教委、科委和体改委在北京联合召开全国第一次高校科技产业工作会议，号召高校大力创办和发展科技产业。李岚清副总理在书面讲话中指出：“各高校根据当前校内的人、财、物等条件，选择其中的一部分尽快在高校转化并发展成产业，或通过进入高新技术开发区、与社会联办等方式，发展成不同类型的实业型实体。这既是高校成果转化的一种形式，也是各高校综合改革的一个方面。”还指出：“在指导方针和运行管理上，应该借鉴国内外同类企业的经验和教训，直接纳入我国逐步构建的现代企业制度，既可按照经济规律办成市场竞争主体和法人实体，又可在运行上尽量引入新的机制，明确与本校的各类关系，使其有助于办学而不是妨碍办学，有利于提高教学和科研质量而不是相反。”“对高校兴办科技产业，一方面，要看到符合我国当前的国情，应予以积极支持；另一方面，又要积极引导，力求把事情办好。当前高校兴办科技产业的工作，只能在学校统一领导筹划下有组织地办，绝不能系、所、室、组一齐上，搞人人‘下海’。同时，还要严格遵循高校的教学、科研规律，维护学校的正常教学、科研秩序。”

产业管理处处长荣泳霖代表清华大学在本次大会上以《我校校办科技产业工作的回顾与展望》为题，汇报了清华产业的情况，并结合清华产业的实践，提出了要“健全校办产业的管理体制”；要“规范管理、扶植重点，办好科技公司”；要“建立一个覆盖全校的集团型企业，作为出资人和主办单位，统管全校的科技企业”；要“按照现代企业制度进行管理体制和运行机制的改革，条件成熟的企业，将向股份制企业过渡。学校以股东的身份参与企业决策和管理，按股份比例从企业分利”；要“以重点项目为基础，发展规模化的产业基地，形成一个由若干规模化经营的企业为骨干，实现社会化、国际化的科技企业集团”；要“建立清华科技园”等具有前瞻性的规范和发展校办产业的构想。

1994 年 3 月，国家教委、科委、体改委联合下发的《关于高等学校发展科技产业的若干意见》指出：高等学校科技产业的主体是科技企业；高校科技企业应以开发、转化、推广科技成果

和实现技术创新为主要任务；要逐步建立现代企业制度；要完善财务、人事管理制度；要创造科技产业发展的环境和条件。

（二）成立企业集团，建设清华科技园，建立“校企分开”的管理体制

为贯彻全国高校科技产业工作会议和《关于高等学校发展科技产业的若干意见》的精神，1994 年 4 月 1 日至 3 日，学校在怀柔召开产业工作会议（简称怀柔会议）。校党委书记方惠坚、校党委原书记李传信、校长王大中、主管科研和产业的副校长梁尤能、原主管产业的副校长倪维斗；有关部处负责人、各系主管产业的负责人以及校内主要企业的负责人参加了会议。

怀柔会议重点分析了清华校办产业在建设具有中国特色社会主义大学中的地位和作用；总结分析了清华校办产业存在的主要问题；确定了清理整顿方案；明确了发展方向和需要吸纳“精兵强将”的人才战略。会议经过讨论，做出了成立清华大学企业集团和建设清华科技园的两项重大决定。

1994 年 5 月 31 日，1993—1994 学年度第 19 次校务会议通过了《清华大学校办公司管理的若干规定》。这是学校第一个对创办校办企业做出的较为全面的规定。该规定明确了开办公司必须具备商品化程度较高、有技术含量、市场前景和经济效益较好的主干产品；学校重点支持和扶植技术领先、市场广阔、经济效益高、具备规模化生产条件的高新技术产品的产业化；不允许用教学、科研和其他代管经费作为注册资金；必须有专职技术和管理人员，本校编制的全时人员不少于 3 人，一个人每年应向学校返还 1.25 万元工资及公共条件费；一个企业单位每年应至少向学校回报 2.5 万元；必须有固定的经营场所等基本条件。《若干规定》还明确了公司申办和审批的程序；规定了只有学校独资公司才可以使用“清华”“TH”“QH”“Tsinghua”等商号、商标。《若干规定》确定了校办公司分为校管和系管两级管理的原则；规定了有条件的系可以成立一个系办的独资法人公司，该公司可以作为股东，对外投资设立二级公司。1995 年，《清华大学经济管理办法》关于校办产业的部分也进行了修改，将系管企业向学校上交利润的校系分配比例调整为“学校留成 35%，返回系 65%”。

1994 年 8 月，学校出资主办的全民所有制企业清华科技园发展中心登记注册成立，全面负责清华科技园的规划和建设。清华科技园在学校东南隅兴建，规划占地 224 亩、建筑面积 69 万平方米。

经学校申请，1994 年 3 月国家教委批复、11 月国家经贸委批复，同意成立清华大学企业集团。1995 年 6 月，经国家国有资产管理局审核，确认清华大学对企业集团投入资产 11 053.65 万元人民币，其中 500 万元为货币资金，10 575 万元为固定资产（含科技产业楼、校办工厂的部分房产，后于 2002 年清产核资中划转回学校）。1995 年 8 月 1 日，北京清华大学企业集团（简称“企业集团”）登记注册成立，注册资金 11 053.65 万元人民币。由于当时工商登记注册的限制，企业集团是用精仪系 1992 年 8 月 26 日登记注册的“华滨传感公司”变更登记而注册设立的，因此，后来企业集团工商执照上的成立时间为 1992 年 8 月 26 日，并延续到后来改制设立的清华控股有限公司。

组建企业集团的目的是：①加强对学校校办产业的集中管理，以资产为纽带，建立“母子公司”的管理体制，壮大校办科技产业的实力和影响；②与学校深化改革相适应，促进产业队伍分流；③从体制上保证“事企分开”和科技企业的经营机制转换，逐步建立适应市场经济要求的现代企业制度，促进科技企业发展。《企业集团章程》中载明：“本公司是由清华大学主办的校办科

技企业，是清华企业集团的核心企业（母公司），与集团的紧密层企业（子公司）组成母子公司体制，在集团中处于主导地位，对集团的成员企业进行控制、管理、协调或指导。公司将逐步发展为资产经营公司，成为集团的投资决策中心。”

经1994—1995学年度第5次校务会议通过，任命了企业集团第一届董事会，常务副校长梁尤能任董事长，校长助理荣泳霖任总裁。

企业集团历届董事会、监事会成员及总裁名单见表13-1-3。

1995年8月1日，经校务会议审议通过，撤销了产业管理处，由企业集团负责管理全校产业。1995年11月，由机械厂和印刷厂共同出资，成立北京通力机电设备有限公司（简称通力公司），注册资本100万元人民币，负责管理全校的校办工厂。

1995年11月1日，企业集团第一届党委成立，马二恩任党委书记。

企业集团历届党委组成情况见表13-1-4。

1996年5月30日，根据国有资产管理局《行政事业单位国有资产管理办法》，经1995—1996学年度第14次校务会议通过，制定了《清华大学关于经营性国有资产管理的若干规定》。是年6月20日，1995—1996学年度第15次校务会议又通过了《清华大学非经营性资产转经营性资产的申报、审批管理办法》。

1996年，学校成立经济管理小组，作为校办产业重大事项的决策机构，校党委副书记陈希任组长。1997年，改设为清华大学产业工作领导小组，由5人组成，陈希任组长。有关产业工作领导机构的成员见表13-1-5。

从1996年开始，学校产业布局进行了重大的调整，总的方针是以“积极稳妥、分步到位”为原则，压缩总量，提高质量，规范管理，使校办产业向规范化、规模化的方向发展。通过调整，要达到“院、系及部、处教学行政管理单位原则上不办企业，学校集中力量办好十多个规模化企业”的目标。

2001年3月2日，经2000—2001学年度第12次校务会议讨论通过，校长办公室发出《关于严格控制企业使用“清华”字样作为商号及商标的规定》，进一步明确了新设企业和改制企业的名称中原则上不再使用“清华”字号；对已冠用“清华”字号的企业，要求限期更名；企业的产品名称、代号、系列名称以及品牌、商标等不得冠用“清华大学”“清华”字样，也不得使用清华大学的标志性建筑物作为商标图案。

企业集团成立后，学校产业主要开展了以下几个方面的工作。

（1）促进科技企业上市，进入资本市场

1997年至2000年，清华同方股份有限公司、清华紫光股份有限公司、诚志股份有限公司相继成功上市。清华产业开始进入资本市场，为加快科技成果产业化创造了良好的融资条件，清华科技产业得以快速发展；同时，也使清华产业纳入我国逐步构建的现代企业制度。

（2）兼并、接收企业，原中央工艺美院企业并入企业集团

1998年，同方股份公司兼并了江西无线电厂（713厂）和江西三波电机厂；企业集团以承债方式兼并了北京第二纺织机械厂（2000年通过作价认购同方股份增发新股的方式进入同方股份公司）。1999年，企业集团接收了原国防科工委所属的北京宇信电子公司，接收净资产1 700万元。是年，原中央工艺美术学院所投资的8个企业全部并入企业集团，由企业集团负责其撤并和改制工作。

（3）提出了“技术＋资本”的发展模式，积极促进科技成果转化

1997年同方股份上市后，即用募股资金进行投资，组织实施学校“大型集装箱检查系统”等

重大科技成果的产业化，获得成功。1999年紫光股份上市后，组织实施了学校“IpV6网络路由器”重大技术成果的产业化。1995年至2001年，为实施学校科技成果转化，以企业集团作为出资人，共创办了40家科技企业，发展了一批有影响的高科技名牌产品。1998年，实现利润过200万元的单项新产品达到14项。2000年，学校科技企业共募集资金22亿元，为学校“十五”期间科技成果产业化和科技企业的长远发展提供了有力的资金支持。

(4) 组织协调上地产业基地、密云高科技工业园、清华科技园三个产业基地的建设

1992年，华环电子公司第一家落户上地信息产业基地。此后，同方股份的部分信息产业、泽华化工公司、华兴微电子公司等相继在上地建立了研发和生产基地。

1998年，密云县政府一次性划拨1 800亩土地及5万平方米地上建筑物供清华产业使用，评估总值1.2亿元。是年12月26日，密云清华高科技工业园宣告成立，规划建筑面积50万平方米，产业布局有电子信息、节能环保、新能源、电子显示材料和核技术应用设备等。

2000年8月，清华科技园建设股份有限公司成立，以市场经济的运作模式大规模开展科技园的开发建设。清华科技园被列入科技部、教育部15个国家大学科技园的试点名单。

(5) 实施“间苗”计划，清理整顿系办企业；规范学校对外投资，支持骨干企业发展

企业集团成立后，开始实施促进骨干企业发展、撤并低效益和亏损企业的“间苗”计划。到1998年底，企业集团全资和控股的下属企业数量已减少到33家。学校为骨干企业优先提供人力资源（学校企业编制），企业集团为骨干企业融资提供担保服务。

2001年5月7日，2001年度第四次产业领导小组会议对全资企业的改制提出了“四个落实”的基本原则，即：主营业务落实，资本金落实，管理和骨干队伍落实，近期经营目标落实。不符合四项原则的全资企业原则上都要撤并。这个举措为以后的产业规范化建设工作奠定了基础。

2002年3月，经1999—2000学年度第15次校务会议研究决定，由校长办公室、企业集团、实验室设备处、科技开发部、知识产权办公室联合发出《关于重申以股权形式对外合作申报审批程序的通知》，进一步明确了学校下属单位不能自行对外投资；学校和院系全资企业对外投资需报企业集团履行审批程序，由企业集团作为出资人；所投资企业名称和商标不能含有“清华”字样等。

(6) 设立工程硕士培养工作站

1998年5月，按照学校提出的《关于“工程硕士培养工作站”试点的若干意见》，学校研究生院在企业集团（清华产业系统）设立工程硕士培养工作站，涉及机械、动力、环境、制药、电子与通信、材料、计算机、控制、仪器仪表、工业电气等10个工程专业领域。培养工作站设立管理委员会，研究生院常务副院长陈皓明任主任，企业集团副总裁马二恩任副主任。2004年至2010年进站培养的工程硕士生情况见表13-1-9。

（三）规范校办企业管理体制

2001年，根据李岚清副总理的指示，国务院体改办、教育部确定以北京大学、清华大学为试点，开展规范校办企业管理体制的工作。11月1日，国务院办公厅转发体改办、教育部《关于北京大学清华大学规范校办企业管理体制试点指导意见》（即2001年国务院第58号文件）。试点工作的主要目标是：①通过明晰校办企业产权关系，理顺校办企业管理体制，完善校办企业各项管理制度，建立以资本为纽带，产权清晰、权责明确、校企分开、管理规范的现代企业制度，使校办企业成为承担有限责任，自主经营、自负盈亏、照章纳税的市场主体，并对国有资产承担保值

增值责任。②逐步建立和完善学校在创办高科技企业中的投入与撤出机制，进一步扩大和完善科技成果转化的渠道，推动科技成果产业化，使学校的教学、科研工作与校办企业的经营走上良性循环的道路，促进教学、科研和校办企业各自健康发展。校长王大中和校长助理荣泳霖直接参加了《试点指导意见》的起草工作，体现了清华对规范校办企业管理体制的意见，其中关于上市公司的国有股流通、股权激励机制、税收优惠政策等意见是学校坚持要列入的内容。

2002 年 2 月 6 日，根据《试点指导意见》，学校向教育部递交了《实施方案》，经教育部 2002 年 3 月 19 日批准后开始实施。清华大学为贯彻执行《试点指导意见》所做的主要工作如下。

1. 清产核资、资产划转

自 2002 年 4 月开始，聘请专业中介机构，以 2001 年 12 月 31 日为基准日，对 36 家清华大学及其企业集团有实际控制权的企业和 12 家由这些企业再投资的控股企业开展了清产核资。2002 年 12 月 30 日，根据专项审计结果，经财政部核准，将清华大学作为出资人的 15 家企业的 9.96 亿元股权资产和 1.15 亿元经营性资产无偿划转到企业集团，同时将 1.31 亿元非经营性资产（主要是所有权归属学校的房屋使用权）划转回学校，企业集团的注册资金变更为 16.72 亿元。

2003 年 2 月 5 日，清产核资结果经国务院国资委审核确认，同意核销 8 413.88 万元资产损失，核实资产总额 694 518.03 万元，负债总额 256 060.11 万元，所有者权益 438 457.93 万元，其中按股权折算清华大学企业集团拥有的权益为 26.87 亿元。据此核定，2001 年期末，清华大学对企业集团的投资总额为 26.87 亿元。

2. 撤并系（院、所、部、处）所办的企业

2002 年 8 月 1 日，产业工作领导小组第 42 次会议决定，撤销或退出 48 家系办企业。是年 9 月 19 日，产业工作领导小组第 44 次会议对企业撤并中有关资产处置和人员安排问题提出了“由相关院系负责”的原则意见。2003 年，41 家企业按要求停业，进行解散清算。至 2003 年末，学校直接投资的主要企业概况见表 13-1-6。

3. 设立学校的出资人代表机构，负责监督管理学校的经营性国有资产

根据国务院国资委的建议，2003 年 6 月 11 日，经校党委常委扩大会议通过，设立清华大学经营资产管理委员会（简称“经资委”），作为即将设立的清华控股有限公司（简称“清华控股”）的出资人代表，代表学校行使对清华控股的出资人权利，是清华控股的权力机构。其成员与产业工作领导小组相同，即常务副校长何建坤任主任，主管资产财务的副校长岑章志和校长助理、清华控股董事长荣泳霖任副主任。

清华产业历任主管校领导及主管机构的组成情况见表 13-1-5。

4. 企业集团整体改制为清华控股有限公司，成为学校的资产经营公司

2003 年 4 月 24 日，国务院办公厅复函教育部：“经国务院批准，原则同意清华大学设立国有独资的清华控股有限责任公司，同意清华大学将其全资企业北京清华大学企业集团依法改制为清华控股有限责任公司。”“公司依法经营所属全资企业、控股企业、参股企业中由学校投资形成的国有资产及国有股权，主要从事科技成果转化和推广，高科技企业孵化，技术信息咨询，投资管理，资产运营和资本运作。”是年 8 月 11 日，经校经资委第 2 次会议通过，设立清华控股有限责

任公司（清华控股）第一届董事会和监事会，荣泳霖任董事长、法定代表人，聘任宋军任总裁。清华控股历届董事会、监事会成员和总裁名单见表 13-1-3。

9 月 30 日，清华控股注册登记为清华大学出资的国有独资有限公司，注册资本 20 亿元人民币。11 月 12 日，总裁办公会第 1 次会议通过设立总裁办公室、资产运营部、投资发展部、财务部、人力资源部、审计部、法律事务部等 9 个内部管理机构和投资预审、招聘与考核、审贷等 3 个专项工作小组。

2003 年 12 月 18 日，清华大学召开清华控股有限责任公司成立大会，顾秉林校长宣布清华控股正式成立，并对清华产业提出了“积极发展、规范管理、服务社会、增大回报”的总体方针。

5. 成立清华控股有限责任公司党委，加强企业党的建设

2003 年 12 月 25 日，在原企业集团党委的基础上，成立了清华控股有限责任公司第一届党委，将部分控股企业的党支部由院、系党委转到清华控股党委，加强学校产业系统党的建设。清华控股第一届党委领导清华同方分党委，清华紫光、诚志股份、通力公司、科技园等 4 个党总支和清华控股本部等 12 个直属支部。

清华控股历届党委和党的基层组织概况见表 13-1-4。

6. 学校直接投资的三大全资企业合并

在清产核资的基础上，2002 年 12 月，紫光（集团）总公司由清华大学无偿划转到企业集团。清华控股成立后，于 2003 年吸收合并了科技园发展中心的全部资产和负债，并开始对紫光（集团）总公司实施重组改制，完成了企业集团、紫光（集团）总公司和科技园发展中心三大全资企业的合并。

至 2003 年期末，清华控股共投资了 86 家企业，其中拥有实际控制权的所投资企业 34 家，对其拥有重大影响力的所投资企业 8 家。

至 2003 年末清华控股所投资的 42 家主要企业的概况见表 13-1-7。

7. 实行“校企分开”的管理体制

企业管理体制规范化之后，与学校的事业管理体制完全分开，主要体现在：①学校企业的经营性资产和事业的非经营性资产分别建账，分开管理；②学校不再以股东身份对清华控股以外的企业进行投资，不具体从事、也不干预企业的正常经营活动；③校级党政领导干部退出在企业的兼职；④原在校园内经营的清华控股及其所投资企业，除个别与学科紧密结合的研发部门外，全部迁出校园，科技企业在地域上与学校彻底分开。

8. 取消企业名称中的“清华”冠名

自 2003 年开始，学校和企业集团相继向相关公司的股东会提出取消企业冠用“清华”字号的提案，按照法定程序分期分批逐步完成取消企业冠用“清华”字号的工作。

以清华控股成立为标志，清华大学基本完成了国务院、教育部规范校办企业管理体制的试点工作。

1994 年至 2003 年，在实践教学方面也取得了显著成绩。自 1996 年始，机械厂成为北京市教委金工定点实习基地；2000 年，金工实习课程被评为“清华大学一类课程”；2001 年，“机械制

造实习”列入校级“百门精品课程建设”项目，2004年又先后通过北京市精品课程和国家精品课程评审，成为我国高校同领域的首门国家级精品课程。机械厂成为“具有示范和辐射作用的机械制造工程实践教学基地”。

1994年至2003年，清华科技产业的资产规模和经营规模快速发展。校办产业的基本情况和经营概况见表13-1-2。

六、2004年—2010年，深化管理体制改革，产业进入新的发展期

2005年7月，教育部召开第二次全国高校科技产业工作会议，校长助理荣泳霖代表清华大学以《积极发展、规范管理》为题，汇报了清华大学实施《试点指导意见》的工作。是年10月22日，教育部下发了《关于积极发展、规范管理高校科技产业的指导意见》，全面推广北大、清华校办企业规范化建设的试点经验，对高校科技产业提出了“积极发展、规范管理、改革创新”的指导方针。

在基本完成国务院、教育部规范化建设试点工作之后，清华产业继续深化管理体制改革，进入了一个快速、稳定发展的新时期。

（一）继续深化规范校办企业管理体制

1. 强化出资人的监管职权，设立经资办，继续深化全校产业管理体制的改革

2003年至2010年，经资委成员虽有调整，但一直保持由常务副校长、常务副书记、主管资产财务的副校长、主管科研的副校长和清华控股的主要负责人组成，强化了学校对经营性国有资产的监管职权。经资委成员的变动情况见表13-1-5。

2006年3月9日，经校党委常委会议通过，设立经营性资产管理办公室（简称经资办），由荣泳霖兼任主任。经资办是经资委的办事机构，也是学校产业日常工作的归口管理机构。

在2007年教育部组织的高校企业规范化建设的工作检查中，专家组评鉴认为：“清华大学较好地完成了产业规范化建设工作各项任务，工作成效显著，为全国高校树立了榜样。”

截至2010年末，清华大学校办产业基本情况见表13-1-8，校办产业经营概况见表13-1-9，所投资主要企业概况见表13-1-10。

2. 清理整顿后勤企业

按照“服务与经营”分开的原则，2004年5月学校成立了以常务副校长何建坤为组长的后勤企业清理整顿领导小组，开始对后勤系统的企业进行清理整顿。到2005年末，决定撤销的12家企业基本完成了撤销工作，仅保留了土建承包总公司、由原接待服务中心更名的育培园商务管理中心和代管的清华园街道的6家集体所有制企业。2008年12月，经教育部科技发展中心批准，土建承包总公司无偿划转到建筑设计研究院，由设计院负责对其改制。

3. 出版社、建筑设计院等企业划转清华控股并实施改制；开始改革校办工厂管理体制

2004年3月，出版社登记注册为学校主办的全民所有制企业法人，注册资金1.5亿元人民币，董事长荣泳霖、社长（法定代表人）李家强。2007年，教育部批复同意出版社及其所投资的

文泉公司、《计算机教育》杂志社以及国环环境工程设计院、华新咨询中心等5家企业无偿划转到清华控股，对其进行撤并或改制。

2008年，出版社列入教育部、国家新闻出版总署首批高校出版社改制试点；2009年，改制为清华控股独资的“清华大学出版社有限公司”。2010年11月12日，教育部批复同意建筑设计院改制，并无偿划转到清华控股。设计院于当年末完成改制和划转，成为清华控股独资的有限责任公司，注册资本5 000万元。

2007年，经资办开始制定校办工厂的改革方案。是年，创建有近90年历史的机械厂停业，准备解散，所属基础工业训练中心转入学校教学系统管理。

4. 积极稳妥地进行企业人事制度改革

2003年起，学校对企业中的事业编制人员，按照“老人老办法、新人新制度”的原则，积极稳妥地进行分类处置：①撤并企业的人员安置由各所在单位负责，于2006年顺利完成；②改制企业中的富余人员，达到退休年龄的，回学校办理退休手续；即将达到退休年龄的，可以自愿提前离岗；③留在企业工作的事业编制人员，学校保留其档案工资，由企业按规定承担其工资、福利，并全额返还学校给予在编人员的补贴，在其达到退休年龄时回学校办理退休手续；④部分在企业工作的事业编制人员，转为企业编制；⑤企业不再新增校事业编制人员。至2010年末，清华产业中的事业编制人员已由2003年末的583人减少到222人。

2006年开始，对“学校企业编制”人员进行清理，原则上取消“学校企业编制”，转为按社会招聘的企业编制人员聘用和管理。到2007年，“学校企业编制”人员的转制工作全部完成。

5. 切实落实取消企业名称和商标中的“清华”冠名工作

根据2004年8月19日校党委常委扩大会议的精神，由清华控股全面负责落实取消清华企业冠用“清华”字号的工作。清华控股所投资企业及其下属企业中，原有141家企业冠有“清华”名称，至2007年期末，已有125个企业取消了“清华”冠名，其余的也有了取消冠名的计划或承诺，基本完成了取消“清华”冠名的任务。

2007年，“清华大学”“清华”及相应的英文名和标志图案被认定为国家驰名商标，是年11月，学校开始启动取消清华企业商标中含有“清华”字样和清华标识、标志物的工作。

6. 清华科技园主园区全面建成，启动培育高质量创业企业

2006年，清华科技园主园区的空间建设全面完成。至2010年末，由启迪控股股份有限公司负责建设的园区建筑加上同方等企业自建的、在园区范围内的建筑总面积已达66万平方米。园区入驻企业达到了近千家，其中科技创业企业200多家，在国内外上市的公司超过20家。分布在长三角、珠三角、环渤海等地区的7家分园全面开始建设，并启动了旨在培育高质量创业企业的“钻石计划”。清华科技园的发展情况参见本章第四节。

（二）清华控股按照现代企业制度稳步发展

1. 健全完善法人治理结构，继续深化科学规范管理

2003年至2010年，清华控股围绕重大事项决策、重要干部任免、重大资产处置和大额资金

支付等“三重一大”事项，制定了《关于重大经营决策审批权限和程序的规定》《清华控股国有产权转让管理暂行办法》《对外投资管理规定》《预算管理办法》《党委纪委及其直属党组织换届及干部任免程序》《公司及其所投资企业高级管理人员任免权限的规定》《关于考察干部工作的实施办法》等项规章制度，并多次进行了修订。

至 2010 年，清华控股三届董事会共召开了 112 次会议；总裁办公会共召开了 147 次会议。

2007 年，清华控股对内部管理机构作了较大调整，设立综合管理部、资产运营部、投资发展部、资产财务管理部、资金管理中心、人力资源部、审计法务部和商贸分公司；设预算审核小组、招聘与考核小组、投资预审小组、审贷小组和商贸分公司董事会等专项工作小组。2010 年，第三届董事会设立了战略规划委员会、薪酬与考核委员会和审计委员会。

2. 构建集团化经营管理体制，统一目标，协调管理

清华控股作为一个集团化的公司，不仅要对各个所投资企业进行独立的经营管理，更重要的是从集团整体利益出发，统一目标，有导向性地对所有投资企业进行协调管理。2006 年，公司董事会提出：“积极组织和引导所投资企业及其他新业务领域战略规划及业务策略的制定，确保其与集团公司整体战略相一致。”是年开始，以提高自主创新能力和核心竞争力为导向，开始制定中长期发展规划。

2006 年 5 月，清华控股制定了《预算管理办法》，开始有计划地组织集团公司的经营活动，加强清华控股及各子公司的财务预算，确保年度经营目标的实现。2007 年，开始对 10 家骨干子公司建立经营业绩管理体系的试点。2008 年，在控股子公司中，全面实行新的《企业会计准则》，推行预算管理制度和经营业绩管理体系。

3. 加强资本运营，优化资源配置，改善资产质量，提高盈利能力

2004 年 11 月 30 日，经校经资委第 12 次会议决定，对紫光（集团）总公司进行重组。并继续对从紫光集团和科技园两大全资企业中剥离出来的所投资企业进行撤并、重组和改制。到 2006 年，使直接划转到清华控股的企业数由 44 家减少到 28 家。

2005 年 4 月，同方股份被国家证监委列入股权分置改革试点，清华控股以此为契机，积极推进同方股份、紫光股份、诚志股份等 3 家直接控股的上市公司以及泰豪科技、紫光古汉等 2 家间接控股的上市公司的股权分置改革工作。股权分置改革后，清华控股的持股比例有所下降，但经营业绩稳步增长，净资产收益率从 2006 年的 3.29%增长到 2007 年的 5.98%。

2006 年完成了 12 家子公司的股权转让，收回资金 6 000 余万元。2007 年，进一步完善产业架构，压缩持续亏损、无发展前景的企业数量，全年共撤销了近 40 家所投资企业。2008 年，完成了科威国际、青云创投等 7 家科技企业的减持或退出，并完成了紫光制药厂的重组改制，控股企业减少到 28 家，参股企业减少到 42 家。

2010 年末，清华控股所投资主要企业概况见表 13-1-11；截至 2010 年末，清华控股已撤并、解散的主要所投资企业见表 13-1-12。

4. 调整产业结构，增强创新能力，发展高新技术和新兴产业

清华控股根据国家《国民经济和社会发展“十一五”规划纲要》和《国家中长期科技发展规划纲要》，依托清华大学的科技和人才优势，通过积极调整产业结构，不断增强自主创新能力，

使清华产业逐步集中到信息技术、能源环境、生命健康、科技服务与文化知识产业等五大领域。

在信息技术产业，主要涉及计算机及外部设备、计算机服务与应用信息系统、数字电视及通信传输设备、安防设备等。同方电脑一直稳居国内销量排名的前三位，2006 年进入全球十大 PC 厂商行列；紫光扫描仪连续 11 年稳居国内市场销量第一位；同方威视的大型集装箱/车辆检查系统和小型安检设备产品已出口到 104 个国家和地区，占全球新增市场份额的 60%，成为世界上最大的集装箱检查系统供货商；同方微电子公司已经成为中国智能卡芯片领域最完整的 IC 设计和应用方案提供商、全球前三大智能卡公司唯一的中国芯片供货商；辰安伟业提出了公共安全“三角形”理论模型，设计了应急平台总体方案，显著提升了我国公共安全应急处理的技术实力和国际影响力。同方股份、紫光股份再次入选国家工业和信息化部 2010 年第 24 届电子信息百强企业。

在能源环境产业，主要涉及太阳能、核能、地热资源等新能源的开发利用；烟气脱硫脱硝、水处理工程投资与运营等环境处理技术；以热泵技术为基础的智能空调节能技术等。清华控股参与投资，正在建设中的华能山东石岛湾核电站，是以清华大学为主设计、具有自主知识产权的高温气冷堆核电站示范工程；同方股份自主研发的烟气脱硫脱硝等环境处理系统和智能空调等节能产品、水务投资与运营等项目，市场规模和经营业绩连年攀升，年度投运的脱硫工程容量位列全国第三、累计容量居全国第七；同方 LED 照明产业已经初步打造了从外延片/芯片制造到照明灯具系列产品的完整产业链，正在走向工业和民用照明市场。

在生命健康产业，主要涉及基因治疗药物、医疗仪器设备、生物芯片、医疗健康服务等，在基因治疗药物、生物芯片等方面的技术具有世界领先水平。诚志股份已经成为国内市场上 L-谷氨酰胺和 D-核糖两类产品规模最大的生产供应商；2004 年，源兴生物的重组人 p53 腺病毒注射液成为世界上第一个正式批准上市的基因治疗药物；博奥生物的“系统化生物芯片和相关仪器设备的研制及应用”成果获得 2007 年国家技术发明二等奖，多项产品在国内市场占据主导位置，已规模化进入欧美市场。

在科技服务与文化知识产业领域，主要涉及科技园区的建设运营与服务、科技成果孵化、高新技术企业培育、出版、城市规划、建筑和装潢设计、咨询与培训等。“中国知网”采用自主开发并具有国际领先水平的数字化技术和搜索引擎，建成了世界上规模最大的“CNKI 数字图书馆”，为全社会提供了知识信息资源最丰富的传播与共享平台。

5. 拓展融资渠道，调整融资结构，构建集团型金融平台

2005 年 6 月，学校与国家开发银行签订了《开发性金融合作协议》，清华控股获得了 110 亿元政策性金融合作贷款额度，为高科技企业发展提供了长期资金保障渠道。

2005 年至 2006 年，清华控股发行了 15 亿元短期融资债券，同时拓展了与四大国有银行的合作，与 11 家商业银行建立了合作关系。2009 年 5 月，发行了期限为 7 年的 10 亿元企业债券；2010 年又发行了 20 亿元的中期票据。通过银企合作发行企业债券、短期融资券、中期票据和信托产品等措施，使集团的债权结构从单纯的短期贷款，逐渐调整为长期、中期、短期和超短期相结合的融资方式，改善了资金链的状况，减少了财务成本费用。清华控股已经初步构建起集团型的金融平台，至 2010 年末，已经以各种方式为骨干子公司提供了 25 亿元的资金支持。

6. 促进高新技术成果产业化，探索科技企业与学校学科互动发展的创新模式

按照国家“加快建立以企业为主体、以市场为导向、产学研相结合的技术创新体系”的要

求，清华控股在“高温气冷堆示范项目”“大型集装箱/车辆检查系统”“全玻璃真空太阳集热管”“有机发光显示器（OLED）技术”“主动式生物芯片”“液柱喷射烟气脱硫”“应急平台体系关键技术与装备研究”等一大批重大项目的产业化上取得了重大进展。至2010年期末，清华控股的所投资企业拥有各类专利1 430项，其中2010年度新增专利267项；荣获国家级、省部级奖励百余项。

清华控股所投资企业通过委托或合作开发、共同承接国家项目等形式，积极推动与清华大学之间的科研互动，促进了学校学科的发展，拓展了学校科研经费的来源渠道，同时也增强了企业的创新能力。

截至2003年末和2010年末，清华控股所投资企业的情况见表13-1-7和表13-1-11。

7. 切实加强党的建设，坚持党管干部的原则，加强廉洁从业教育，保证企业健康发展

清华控股党委通过开展学习实践科学发展观等活动，明晰了企业的发展思路，解决了制约企业持续健康发展的一些突出问题，推动了以生产经营为中心的各项工作，有力地推动了企业的快速发展，为企业再上新台阶、再创新业绩打下牢固的基础。党委坚持党管干部的原则，根据企业的特点，切实加强党风廉政建设。2005年9月，经清华大学党委常委会议讨论通过，设立中共清华控股第一届纪律检查委员会。是年10月，新设立的纪委通过了《中共清华控股有限公司纪律检查委员会工作条例》，11月，学校经资委通过了《清华控股有限公司及其控股公司高管人员廉洁从业的若干规定（试行）》。党委加强对工会工作的组织领导，支持清华控股工联会开展工作，加强所属企业各级工会组织建设。清华控股历届党委、纪委书记参见表13-1-4。

8. 健全工会组织，以人为本，构建和谐的经营管理团队，培育良好的企业文化

在北京市总工会、北京市教育工会和清华大学工会的指导下，2005年3月24日，清华控股工会联合会（简称工联会）成立。工联会隶属于清华大学工会，下属同方股份、紫光集团、启迪股份、紫光股份、诚志股份、阳光能源、浦华环保、清尚装饰、泽华化工和清华控股本部等10个基层工会组织，2009年发展到14个。

工联会紧紧围绕企业生产经营的中心任务，开展了丰富多彩、卓有成效的工会活动，充分发挥了工会组织的桥梁和纽带作用。

2009年10月，清华控股总部全体员工通过了企业年金实施方案，经国家劳动人事部批准后，于2010年实施，增强了公司员工的凝聚力和向心力。

“5·12”汶川大地震后，产业系统为灾区捐赠了1 000余万元现金和价值数千万元的设备与物品，其中刚研制成功的“北斗”通信设备，为地震灾区的通信联络作出了重大贡献。公司员工还积极踊跃地为灾区伤员献血。近年来，公司累计向清华大学“校友励学金工程”捐款数百万元，共资助了清华大学家庭经济困难的在校生668名，获得了清华大学颁发的“助困励学爱校育人”奖杯。为了支持清华大学的人才培养和科学研究，积极推动学校世界一流大学的建设，清华控股在百年校庆之际向清华大学捐赠2亿元人民币。

从2004年至2010年，清华产业不断深化管理体制的改革，进入了一个新的发展期，所投资骨干公司的资产规模、经营规模和经营业绩稳步增长，清华控股进入了中国最大500家企业集团的行列。清华控股合并资产和经营情况见表13-1-13。

表 13-1-3　企业集团、清华控股历届董事会、监事会成员及总裁名单

届　　次	任职时间	董事长	副董事长	其他董事	监事会成员	总　裁
企业集团第一届	1994—1998	梁尤能	陈　希 孙继铭 荣泳霖 王晶宇	马二恩　宋　军　何建坤 岑章志　陆致成　张本正	（未设）	荣泳霖
企业集团第二届	1999—2003	荣泳霖	王晶宇	马二恩　宋　军　岑章志 梅　萌　陆致成　张本正 杨振斌（2000-10 更换为周立）	（未设）	宋　军
企业集团第三届	2003-09 调整	荣泳霖	马二恩	宋　军　王　岩　嵇世山	（未设）	宋　军
清华控股第一届	2003—2005	荣泳霖	马二恩	宋　军　王　岩　嵇世山	宋逢明　王守军 刁勤华（职工代表）	宋　军
	2006 调整	宋　军		周立业　王　岩　嵇世山	宋逢明　王守军 黄丽英（职工代表）	周立业
清华控股第二届	2006—2009	宋　军	马二恩	周立业　嵇世山　金勤献	宋逢明　王守军 黄丽英（职工代表）	周立业
	2010 调整	荣泳霖				
清华控股第三届	2010 任命	荣泳霖	李　勇	周立业　陆致成　徐井宏 龙大伟　王　涛	宋逢明　王守军 周海英（职工代表）	周立业

表13-1-4　企业集团、清华控股历届党委、纪委和党的基层组织概况

年份	党委届次	书记	副　书　记	纪委书记	所辖党的基层组织（个）				党员总数
					分党委	总　支	直属支部	党支部总　计	
1995	企业集团第一届党委	马二恩	徐友春　徐　东	（未设）	—				
1996					—				
1997			徐友春		—	3	1		438
1998					—	3	2		511
1999	企业集团第二届党委	马二恩	徐友春　邓　华		—	3	4		584
2000					—	3	7		728
2001					—	3	9		911
2002					1	3	9		1 021
2003	清华控股第一届党委	马二恩	邓　华		1	4	12	67	1 114
2004					1	4	13	58	1 247
2005			邓　华　顾思海	顾思海	1	6	9	82	1 372

续表

年份	党委届次	书记	副书记	纪委书记	所辖党的基层组织（个）				党员总数
					分党委	总支	直属支部	党支部总计	
2006	清华控股第二届党委	马二恩	邓 华 王 涛	邓 华	1	6	11	89	1 644
2007 2008		胡海峰	李艳和 马二恩 胡海峰（2007-05—11）	李艳和	1	6	12	95	1 911
2009		胡海峰	李艳和 马二恩 李 勇		1	6	13	105	1 947
		李 勇	马二恩 李艳和		1	6	11	102	1 931
2010	清华控股第三届党委	李 勇	李艳和	李艳和	1	6	11	96	1 859

表 13-1-5 历任产业工作主管校领导及主管机构

年 份	主管机构	主管校领导	其他管理机构及主要负责人
1943—1945	西南联大服务社管理委员会	主席：施嘉炀	常务委员：施嘉炀 吴有训 陶葆楷 任之恭 孟广喆
1950—1955	清华大学生产委员会	主席：张 维	副主席：李继侗 学生 1 人 委员 18 人
1956—1957	科学研究处	副校长：张 维	处长：高景德
1958	生产办公室		主任：解沛基
1959—1966	科学生产处		处长：高景德
1969—1971	革命委员会教育革命组	革委会副主任：谢静宜	校办工厂组组长：王德武 楚 成
1972—1976	革命委员会教育革命组		生产组组长：姜锡华 邝守仁（1973 年后）
1978—1983	生产设备处	副校长：高景德	处长：姜锡华
1983—1987	生产处	副校长：张孝文	处长：姜锡华（1983-01—1987-06）
1988—1994	产业管理处	副校长：倪维斗	处长：白洪烈（1987—1993）荣泳霖（1993 年底至 1995 年产业处撤销）
1995—1997	企业集团	副校长：梁尤能	企业集团总裁：荣泳霖
1997—2000	产业工作领导小组	组长：陈 希（常务副书记）	组员：何建坤 荣泳霖 宋 军 马二恩 岑章志（2000 年任职）
2002—2005	经营资产管理委员会	主任：何建坤（常务副校长）	副主任及成员：岑章志 荣泳霖 宋 军 马二恩 庄丽君（2003 年任职）
2006—2007	经营资产管理委员会	主任：岑章志（副校长）	副主任及成员：康克军 荣泳霖 胡和平 陈吉宁 宋 军 马二恩
2008—2010	经营资产管理委员会	主任：陈吉宁（常务副校长）	副主任及成员：岑章志 康克军 荣泳霖 宋 军 马二恩 胡和平（2006—2008） 胡海峰（2008） 陈 旭（2009—2010） 程建平（2009—2010） 周立业（2009—2010）

表 13-1-6　2003 年末清华大学直接投资的主要企业概况

所投资企业名称	注册资本（万元）	占有股权（%）	法定代表人
1. 清华控股有限公司	200 000	100	荣泳霖
校办工厂（共 6 家）			
2. 北京清华通力机电设备有限责任公司	100	100	黄德胜
3. 清华大学机械厂	903	100	李生录
4. 清华大学设备仪器厂	203	100	王清晨
5. 清华大学印刷厂	369	100	杨敬华
6. 清华大学电力电子厂	85	100	周伟松
7. 清华大学科教仪器厂	12	100	李鸿儒
设计研究院（共 3 家）			
8. 清华大学建筑设计研究院	800	100	庄惟敏
9. 北京清华城市规划设计研究院	100	100	尹　稚
10. 北京国环清华环境工程设计研究院	200	100	白庆中
后勤企业（共 8 家）			
11. 清华大学土建工程承包总公司	2 000	100	王　卫
12. 北京清华接待服务部	180	100	崔素芹
13. 北京海淀清华汽车维修服务部	25	100	王万国
14. 北京清华日用品供应公司	87	100	崔素芹
15. 北京清华运达技贸公司	50	100	王英惠
16. 北京康信数码科技有限公司	50	100	刘全友
17. 北京清华综合机电厂	35	100	陈宝珍
18. 北京清华华天技术开发公司	35	100	陈哲毅
其他企业（共 5 家）			
19. 北京清华文泉技术开发公司	200	100	李家强
20.《计算机教育》杂志社	100	100	李家强
21. 北京清华华新科技咨询中心	15	100	刘裕品
22. 北京卓尔教育投资有限公司	3 000	70	胡东成
23. 珠海粤科清华电子陶瓷有限公司	7 200	11.3	

注：所列出的法定代表人均系清华大学委派。

表 13-1-7　2003 年末清华控股所投资主要企业概况

所投资企业名称	注册资本（万元）	占有股权（%）	法定代表人
1. 清华同方股份有限公司	57 461	50.40	荣泳霖
2. 北京清华科技园建设股份有限公司	48 000	59.38	梅　萌
3. 清华紫光（集团）总公司	39 451	100	张本正
4. 北京博奥生物芯片有限责任公司	37 650	39.84	龚　克
5. 北京清华科技创业投资有限公司	20 000	22	邓　华
6. 诚志股份有限公司	17 925	29	荣泳霖

续表

所投资企业名称	注册资本（万元）	占有股权（%）	法定代表人
7. 北京清华阳光能源开发有限责任公司	15 360	31.60	荣泳霖
8. 深圳市源兴生物医药科技有限公司	15 000	40	荣泳霖
9. 清华紫光比威网络技术有限公司	11 600	51.70	徐井宏
10. 中核能源科技有限公司	10 000	50	
11. 清华紫光环保有限公司	9 200	55.43	徐井宏
12. 北京维信诺科技有限公司	6 000	21.27	宋　军
13. 北京清华亚王液晶材料有限公司	5 500	46	薛保兴
14. 北京清华华环电子股份有限公司	5 243	56.10	冯重熙
15. 清华科技园创业投资有限公司	5 000	52	梅　萌
16. 北京清华科威国际技术转移有限公司	5 000	51	嵇世山
17. 北京清华万博网络技术股份有限公司	4 570	62.50	宋　军
18. 北京华清科源投资管理有限公司	4 000	78.75	徐井宏
19. 厦门众泰投资股份有限公司	3 500	38.09	梅　萌
20. 北京清华紫光泰和通环保技术有限公司	3 000	74.50	李星文
21. 北京清华紫光顺风信息安全有限公司	2 430	55	罗建北
22. 上海清华晶芯微电子有限公司	2 000	51	陈弘毅
23. 北京宇信电子有限公司	2 000	47	吴平原
24. 北京清华紫光网联科技有限公司	1 200	60	张本正
25. 北京清华工美建筑装饰工程有限公司	1 000	52	吴　晞
26. 北京清华兴业投资管理有限公司	1 000	30	陈章武
27. 北京清软英泰信息技术有限公司	600	75	顾　明
28. 清华同方光盘电子出版社	500	100	陆　达
29. 北京清华创业投资管理有限公司	500	36	邓　华
30. 北京清华工美环境艺术设计所	210	100	吴　晞
31. 清华大学煤燃烧工程研究中心	200	100	张绪纬
32. 北京清华华丰流体工程技术公司	103	99	王旭光
33. 北京清华富港信息材料有限公司	100	46	薛保兴
34. 北京清华同方科技公司	50	100	金光宇
35. 清华同方光盘股份有限公司	10 000	44	潘龙法
36. 新疆新能源股份有限公司	5 000	20	
37. 北京清华液晶技术工程研究中心	4 500	34	
38. 北京清华紫光测控有限公司	4 000	30	
39. 北京永新环保有限公司	3 000	25.33	
40. 北京华兴微电子有限公司	2 165	44.58	
41. 北京精电蓬远显示技术有限公司	800	49	
42. 北京泽华化学工程有限公司	42（美元）	40	

注：所列出的法定代表人均系清华控股推荐或委派。

表 13-1-8　2004 年—2010 年校办产业基本情况

年份	学校直接投资的企业数（个）			全校企业资产状况（万元）			职 工 人 数	
	总数	全资企业	控股公司	资产总额	净资产额	归属于学校的净资产额	总数	学校事业编制
2004	26	24	2	2 956 300	1 307 400		18 408	583
2005	15	13	2	3 220 408	1 322 587	345 610	21 521	406
2006	15	13	2	3 001 593	1 007 819	357 104	21 356	379
2007	11	9	2	3 659 868	1 503 461	409 448	23 181	210
2008	10	8	2	3 985 643	1 782 740	479 141	27 603	247
2009	10	8	2	4 456 596	1 766 188	666 624	27 956	241
2010	9	7	2	5 107 201	2 063 663	740 819	28 071	205

表 13-1-9　2004 年—2010 年校办产业经营概况

年份	经营总收入（万元）	出口销售收入（万元）	利润总额（万元）	净利润额（万元）	纳税总额（万元）	分回学校股利（万元）	接纳实习人次	招收工程硕士（人）	委托学校研发	
									项目（个）	总金额（万元）
2004	1 784 101	87 000	80 502	53 300	63 801	4 103	6 380	28	28	8 445
2005	1 983 164	186 170	67 852	42 581	79 802	5 367	4 676	27	58	20 088
2006	2 218 144	112 897	71 240	22 942	88 301	3 853	5 290	29	55	17 405
2007	2 661 814	263 477	116 586	99 707	74 964	3 765	6 281	0	66	19 444
2008	2 710 293	284 352	101 323	84 297	87 044	8 395	4 488	14	60	18 274
2009	3 086 309	285 897	91 497	70 022	114 531	5 474	4 552	0	40	6 598
2010	3 359 753	580 782	114 102	99 172	111 669	7 592	894	0	90	19 016

表 13-1-10　2010 年末清华大学所投资主要企业概况

所投资企业名称	投资年份	注册资本（万元）	占有股权（%）	法定代表人
1. 清华控股有限公司	1995	200 000	100	荣泳霖
2. 北京清华城市规划设计研究院	2000	600	100	尹　稚
3. 北京卓尔教育投资有限公司	2003	1 000	清华大学 70 启迪股份 30	胡东成
4. 北京华控通力科技有限公司	1995	100	机械厂　50 印刷厂　50	马二恩
5. 清华大学机械厂	1979	903	100	李生录
6. 北京清华沙河机械厂	1995	509	机械厂 100	胡建君
7. 清华大学设备仪器厂	1979	450	100	王清晨
8. 清华大学印刷厂	1981	412	100	杨敬华
9. 清华大学科教仪器厂	1998	12	100	李鸿儒
10. 清华大学电力电子厂	1991	531	100	周伟松
11. 北京育培园商务管理中心	1993	180	100	刘　贵

表 13-1-11　2010 年末清华控股所投资主要企业概况

所投资企业名称	投资年份	注册资本（万元）	占有股权（%）	法定代表人
1. 清华大学出版社有限公司	1980	35 000	100	宗俊峰
2. 辽宁省路桥建设集团有限公司	2006	18 000	100	孙　振
3. 清华大学建筑设计研究院	1993	5 000	100	庄惟敏
4. 北京国环清华环境工程设计研究院	1998	600	100	汪诚文
5. 青岛华控合志实业有限公司	2006	1 000	100	杨　俊
6. 清华同方光盘电子出版社	1999	500	100	陆　达
7. 清华大学煤燃烧工程研究中心	1993	200	100	姚　强
8. 北京清华华新科技咨询中心	1992	15	100	刘裕品
9. 北京华控汇金投资管理有限公司	2006	1 000	95	周立业
10. 北京清能创新科技有限公司	1992	1 552	94.50	苏庆善
11. 紫光泰和通环保技术有限公司	1996	3 000	74.50	涂孙红
12. 博奥生物有限公司	2000	37 650	65.07	周立业
13. 河北华控弘屹科技有限公司	2007	12 690	60.60	郑燕康
14. 启迪控股股份有限公司	1994	54 432	59.38	梅　萌
15. 北京华环电子股份有限公司	1992	5 242	56.07	周立业
16. 北京清尚建筑装饰工程有限公司	2001	2 080	55.49	吴　晞
17. 紫光集团有限公司	1993	34 000	52.35	宋　军
18. 威网络技术有限公司	2000	11 600	51.72	赵燕来
19. 京清软英泰信息技术有限公司	1998	600	51	顾　明
20. 京华汇通创业投资管理有限公司	2007	60（美元）	50	宫崎诚*
21. 核能源科技有限公司	2003	11 765	42.50	祖　斌*
22. 诚志股份有限公司（股票代码 000990）	2002	29 703	40.11	荣泳霖
23. 深圳市华融泰资产管理有限公司	2009	10 000	40	黄　俞*
24. 浦华环保有限公司	2003	22 145	35.76	周立业
25. 国核华清核电技术研发中心	2009	1 000	35	吕华祥*
26. 北京清华液晶技术工程研究中心	1995	4 500	34	朱安乐*
27. 北京华清科源投资管理有限公司	2003	12 000	33.33	权元七*
28. 汕头联亿生物工程有限公司*	2002	10 000	33	黄炳仲*
29. 紫光股份有限公司（股票代码 000938）	1999	20 608	31.62	徐井宏
30. 北京清华阳光能源开发有限公司	1994	15 360	31.60	宋　军
31. 北京泽华化学工程有限公司	1995	267（美元）	30	林凯晰*
32. 北京紫光测控有限公司	2003	4 000	30	胡家为
33. 深圳市源兴生物医药科技有限公司	2000	22 000	27.27	宋　军
34. 京辰安伟业科技有限公司	2005	4 000	26.83	王　忠
35. 北京万博天地网络股份有限公司	1999	2 250	25	祝懿东*

续表

所投资企业名称	投资年份	注册资本（万元）	占有股权（%）	法定代表人
36. 威国际技术转移有限公司	2002	5 000	25	嵇世山
37. 北京清源德丰创业投资有限公司	2000	5 000	24	宋　军
38. 同方股份有限公司（股票代码 600100）	1997	99 385	23.88	荣泳霖
39. 诺德基金管理有限公司	2006	10 000	21	李格平*
40. 华能山东石岛湾核电有限公司	2007	15 000	20	张廷克*
41. 北京固鸿科技有限公司	2005	1 200	20	陈志强*
42. 航天科工卫星技术有限公司	2000	7 499	19.60	张　伟*
43. 北京青云创业投资管理有限公司	2001	500	18	邓　华
44. 国金证券股份有限公司	2004	100 024	17.92	冉　云*
45. 龙江环保集团股份有限公司	2009	32 000	17.81	周立业
46. 广东银港纳米技术股份有限公司*	2001	2 500	17	郑银标*
47. 北京华清燃气轮机与煤气化联合循环工程技术有限公司	2010	3 550	14.08	蒋洪德
48. 赛尔网络有限公司	2000	33 387	12.56	康克军
49. 北京数字电视国家工程实验室	2010	5 000	12.50	杨知行*
50. 珠海粤科京华电子陶瓷有限公司	2001	7 200	11.30	黎柏其*
51. 中国技术创新有限公司	2003	10 856	10.38	毕大川*
52. 珠海清华科技园创投有限公司	2001	16 600	9.64	马喜腾
53. 美国腾隆生物科技公司	1999	3 452（万股）	8.70	
54. 厦门海洋实业股份有限公司	2001	15 702	5.10	邰志强*
55. 北京首都科技集团有限责任公司	1995	2 500	1.60	孙　筘*
56. 成都威特电喷有限责任公司	2009	41 062	0.74	汪　进*
57. 鹤壁煤电股份有限公司	2004	25 400	0.40	刘顺山*

注：企业名称注＊者为至 2010 年末已停业的企业；法定代表人注＊者为根据投资合作协议，由合作方股东所推荐或委派。

表 13-1-12　2010 年末已撤并、解散的主要所投资企业概况

企 业 名 称	成立年份	注册资本（万元）	校方占股（%）	校内关联单　位	停业、撤并或解散的时间
1. 华海新技术开发公司	1985	660	50	工物系	1998 年解散
2. 能源科技开发公司			100	工物系	2005 年解散
3. 能源仿真公司	1988		100	热能系	2003 年由同方股份收购
4. 上海晶芯微电子有限公司	2001	2 000	51	微电子所	2005 年解散
5. 华兴微电子公司	1990	2 165	70	微电子所	2005 年后解散
6. 中电华清微电子工程中心	2004	7 800	48.72	微电子所	2010 年解散
7. 希必实公司	1991	100	70	力学系	2003 年诚志股份收购
8. 设备供应公司	1993	50	100	校设备处	1997 年并入同方股份

续表

企业名称	成立年份	注册资本（万元）	校方占股（%）	校内关联单位	停业、撤并或解散的时间
9. 信息系统公司			100	物理系	1997年并入同方光盘
10. 华建工程监理公司			100	土木系	2003年出让
11. 电子工程公司			100	电子系	2003年解散
12. 天朗语音科技有限公司	2002	3 700	31.45	电子系	2005年停业
13. 华康技术发展公司	1992	600	55	自动化系	2004年后解散
14. 力德自动化技术公司			100	自动化系	2003年后解散
15. 博文信息中心			100	中文系	2003年解散
16. 生物技术公司			100	生物系	2003年解散
17. 汕头联亿生物工程公司	2002	10 000	33	生物系	2005年停业
18. 华声声像技术开发公司			100	电教中心	2004年后解散
19. 机械电子公司			100	机械系	2003年后解散
20. 京华液晶材料公司	1989	100	100	化学系	1995年前解散
21. 液晶材料公司			100	化学系	2003年后解散
22. 精细化工厂			100	化学系	2003年后解散
23. 精电蓬远显示技术公司	2000	800	49	化学系	2006年撤出
24. 亚王液晶材料有限公司	1999	6 300	40.16	化学系	2008年撤出
25. 富港信息材料有限公司	1999	100	46	化学系	2008年撤出
26. 清仪技术开发公司	1988	25	100	精仪系	2003年后解散
27. 汽车技术公司			100	汽车系	2003年解散
28. 电机电子科技开发公司			100	电机系	2003年后解散
29. 华源工程技术开发公司			100	水利系	2004年解散
30. 北京永新环保有限公司	1999	300	25.33	环境系	2007年撤出
31. 北方科技开发中心			100	校开发部	2004年解散
32. 科技经济信息咨询中心			100	图书馆	2003年后解散
33. 律师事务所			100	法学院	2003年解散
34. 科技艺术开发中心			100	美术学院	2010年解散
35. 经济咨询公司			100	经管学院	2003年解散
36. 电动车有限公司	1995	200	100	企业集团	2004年解散
37. 四川鸿康钢有限公司	1996	4 500	25	企业集团	2001年解散
38. 华新科技咨询中心	1992	15	100	清华控股	2009年停业，准备解散
39. 清源德丰创业投资公司	2000	20 000	24	清华控股	2010年停业，准备解散
40. 机械厂	1979	903	100	清华大学	2008年停业，准备解散

续表

企业名称	成立年份	注册资本（万元）	校方占股（%）	校内关联单位	停业、撤并或解散的时间
41. 维信诺科技有限公司	2001	8 214	15.53	化学系	2007年并入河北华控弘屹科技有限公司
42. 清华科技园创业投资公司	2000	5 000	52.00	科技园	
43. 贵阳众泰科技股份有限公司	2002	3 500	38.09	清华控股	
44. 北京宇信电子有限公司	1994	2 000	47	清华控股	
45. 华隆世纪数码科技有限公司	2002	1 260	18	汽车系	
46. 清桦华丰科技股份有限公司	1988	2 000	3.68	力学系	
47. 华旭金卡股份有限公司	1995	4 002	1.20	微电子所	
48. 青岛金谷镁业股份有限公司	2000	5 333	6	机械系	
49. 重庆科技风险投资有限公司	1995	22 598	4.43	科技园	
50. 烟台三校科技园发展公司	2002	2 000	15	科技园	
51. 山东泉清通信有限责任公司	1995	258	25	电子系	
52. 深圳市比威网络技术公司	2000	3 000	10	比威网络	2007年并入紫光制药有限公司
53. 北京欧林特科技有限公司	1994	21	5	汽车系	
54. 华清四方礼品有限责任公司		200	100	科技园	
55. 北京紫光网联科技有限公司	1997	1 200	60	2004年紫光集团重组时划转到清华控股	
56. 武汉清华紫光发展公司		150	100		
57. 上海清华紫光发展公司		100	80		
58. 广州清华紫光发展公司		200	70		
59. 南京清华紫光发展公司		100	70		
60. 天津清华紫光发展公司		200	75		
61. 成都清华紫光发展公司		100	70		
62. 沈阳清华紫光发展公司		100	60		
63. 山西清华紫光制药公司		1 000	19		
64. 紫光制药有限公司	1993	8 000	100		2009年并入深圳华融泰

表 13-1-13　2004年—2010年清华控股合并资产和经营概况

年份	合并资产总额（万元）	归属清华控股净资产额（万元）	经营总收入		利润总额（万元）	净利润额（万元）	纳税总额（万元）
			金额（万元）	全国500家企业集团中排名			
2004	2 103 560	303 696	1 512 641	135	41 216	7 087	55 140
2005	2 361 742	311 209	1 722 795	141	37 445	8 238	59 934
2006	2 800 287	321 921	2 131 199	143	58 428	10 565	82 166
2007	3 275 245	422 868	2 617 657	152	101 897	25 301	96 520
2008	3 532 350	464 437	2 603 797	171	82 414	20 033	86 989
2009	4 416 320	650 936	2 910 075	217	87 585	25 614	101 190
2010	5 060 424	727 603	3 326 186		111 468	30 871	106 144

第二节　校办工厂

1911年，清华学堂的《章程》规定：“高等科分文、实两科，而两科中各有必修科及选科。”“两科都将手工课作为必修科，实科一、二年级每周2学时，文科一年级每周2学时。”学校最初建立的校办工厂，大都是金工实习工厂，以后随着学校功能的不断扩展，又建起一些中间试验性工厂和产品生产工厂。随着电子技术的发展，1989年后又增设了电子工艺实践基地。各个时期，校办工厂都把实践教学、培养学生动手能力作为主要任务。

一、机械厂

（一）1922年—1946年，从手工工场到金木工厂，以备教授实习之用

1921年10月18日，清华学校董事会呈报外交部：“……拟及时赶造手工教室，以便教授。该项建筑费预算约需银元49 980元……”“手工教室内应置各种手工机器，以备教员教授及学生实习之需。此项机器与教室相为表里，万不能少，大约需款美金2万元，拟一并购置，以便教室落成后，即可安置使用。”“伏查此项手工教室，系专为教授工程学学生，以备教授实习之用。现在该校高等科毕业生升入大学一、二年级，学习工程者甚多，若无手工教室之设备，则大学一、二年级工程学科不能完备，将来学生赴美留学，难插高等班次，留学年限，势须延长，留学经费，随之增加，学校与学生俱蒙经济上之损失。”

1921年10月31日，外交部第203号指令批准学校添造手工教室及购置手工机器，学校于1922年2月公开刊登广告，招标建造手工工场。手工工场（也称手工教室）于1922年完工，建筑面积为1 091.5平方米（即现土木工程馆），其中一部分为学生实习场所（一楼西侧），当年9月开始接纳学生。这便是机械厂最早的雏形，也是清华最早的校办工厂。

1925年，清华学校设立大学部，将手工课改名为机械技艺课，仍为必修课，一年级每周2学时。机械技艺课的宗旨是：“在使学者习知机器作用之原理，除课堂研究外，并有各种工厂之参观，使之确知现代机器之运用，实际工作略分木工、泥工、电工等。使学生具有将来研究各种工程之相当准备，上学期实习木工及模型制法，下学期实习各种锻炼及冶炼法。”

1928年，清华学校改名为国立清华大学后，理学院附设土木工程学系（原为市政工程系），有学生50多人。为了学生实习需要，在原有手工教室的基础上，增添了部分设备和工人，改称木工厂。后又增加了部分金工设备，改称金木工厂，厂长周永德。

1932年6月，清华大学建立工学院，设土木、机械、电机三系，金木工厂改属机械工程系领导，工厂更加重视学生实践能力的培训。1936年机械工程系章程规定：“以造就各项专门人才为

目的”，“注重各类机械之制造及装卸、试验及比较等，均施与充分的训练”。

1933 年，日寇威逼华北。根据当时前方战局的需要，机械系教师及金木工厂的职工主动提出研制防毒面具，直接为抗日效劳。“面具部分由庄前鼎、孙瑞珩先生负责研制，活性炭部分由李运华先生研制。经过两个星期的努力，即试制出样品，送呈北平军政当局试用。”1933 年 1 月，清华大学函致国民政府军事委员会北平分会，称：“本校工学院试制防毒面具已稍具成效，烟幕弹亦可配制，当局如有需要，本校机械系及工厂同人，均愿效劳赶制。”军委会北平分会复函称：“该项防毒面具，既经试验有效，本分会拟暂购 5 000 个，以备分发应用，即饬该院速为制就，俾应需要。”学校接到此函后，机械系师生及工厂职工热情高涨，立即组织力量日夜赶制。经过一个半月的日夜奋战，共完成防毒面具 8 000 具，除交付军委会北平分会 5 000 具外，其余尽数捐赠抗日前线的傅作义、宋哲元、王以哲、何柱国、商启予、徐庭瑶等部队，给抗日前线将士以极大的鼓舞，也受到军政当局的赞赏。前方将士收到这些防毒面具后，表示要“努力杀贼，藉酬贵校之鼎意公情”。

随着工学院学生人数的增加，于 1933 年在一院大楼以东新建金木工厂。金木工厂下设金工场、铸工场、锻工场、木工场，面积约 700 平方米。金木工厂扩建后，即自制 4 英尺车床 5 台及台钳、砂箱等，共有各种机械设备 32 台、锻压设备 12 台、铸造设备 8 台、木工设备 29 台，同时可容纳 140 人实习（铸工 40 人、锻工 40 人、金工 30 人、木工 30 人）。

1936 年，机械系航空组成立后，为“引起学生对于飞行之兴趣，增进学生对航空工程之研究，由冯桂连先生设计滑翔机，在本系工场雇用工匠指导制造，并领导学生参加工作”。是年，机械系教师庄前鼎、殷祖澜等鉴于“国内有数十万之人力车夫，日过非人生活，或挣扎于冽风凛雪之中，或喘息于酷暑炎日之下，而其所得不足温饱”，“乃设计四种三轮脚踏黄包车”，在金木工厂“从事制造试验，俾得贡献于社会”。

抗日战争爆发后，1938 年金木工厂随校南迁昆明，改称机械实习厂，主任李宗海，仍属机械工程系领导。先后自制 3 英尺车床 6 台，手摇钻床 5 台，钳工虎钳 40 套，熔铁、熔钢炉各 1 座，铸工砂箱 45 个，锻工铁砧 12 台，满足了教学实习的需要。工厂为驻昆明美国空军生产了一些军需产品，如自来水阀门和管接头，以及美军气象站探空气球所急需的氢气等。

1946 年，金木工厂随学校迁回北平，改称金工厂，厂长刘德慕，又增加了部分设备和招收了部分青工，职工有 30 多人。

（二）1952 年—1957 年，实习工厂，逐步从消耗单位转变为生产单位

1952 年，高校进行院系调整，北京大学工学院机工厂、燕京大学机械系实习厂并入清华大学金工厂，改称实习工厂。扩建了厂房，将金工场与铸、锻工场之间加顶连在一起，北面又加盖了新车间，工厂面积共约 1 500 平方米，职工 68 人，厂长陈克成。

工厂所承担的教学实习，将分散设置的机、钳、铸、锻、焊等加工工艺课程统一设置为金属工艺学课程。实习内容包括木模、铸、锻、焊、车、铣、刨、磨、钳等工种，培训学生的操作能力。各工种都设计由易到难的多种实习件。工厂基本是教学单位，职工工资、设备购置、厂房修建及实习费用全部由学校拨款。

从 1956 年始，工厂从接纳学生实习时附带生产小量产品，转变为持续、稳定地生产批量产品，部分产品纳入了国家计划。是年，工厂试制水泵，1957 年起学生金工实习开始结合水泵生产进行，其中 80％的工作量由学生结合教学完成，前后共生产了 2 030 台。工厂逐步探索将金工实习与可销售的产品生产相结合，开始创造产品价值，由单纯的消耗单位转变为生产单位。

（三）1958年—1965年，综合机械厂，规模快速发展，后又经较大调整

1958年，实习工厂扩大为综合机械厂，由机械系副主任邹致圻兼厂长。学校组织部分学生到工厂参加较为长期的生产劳动，即所谓的“长工班”，劳动时间有三个月、半年、一年不等。学生一方面以徒工和工人身份进行顶岗劳动，生产产品；另一方面参加工厂、车间的组织管理，担任班组长、工段长、车间主任、调度员等职。学校对这些学生的教学要求是“参加劳动锻炼，在干中学习”，原来面向各专业大批学生的金属工艺学课程名存实亡。

工厂结合社会需要开发产品。1958年至1959年共生产7.5马力锅驼机270台和7.5马力蒸汽机440台，支援了农村抗旱第一线。为了解决金工实习机床的需要，自1959年起先后共生产了C618车床246台，除工厂自用60多台外，其余由高教部统一分配到兄弟院校。

1961年底，综合机械厂由机械系划归科学生产处领导，厂长张万昌。学校总结了前三年教育改革的经验，重新调整了教学计划，恢复了金属工艺学课程。金工实习摆脱了前期学习苏联的模式，开始走我国高等教育自己的路。教学安排要达到三项要求：①将分散安排实习改为集中安排实习（如机械类为10周，非机械类为8周）；②教学实习尽可能结合实际产品生产；③明确提出金工实习的基本要求是“转变思想、学习知识、培训技能”。在工种安排上坚持“精一通多”，既保证在主要工种上培养操作技能，又实习其他工种，达到开阔知识面的目的。

（四）1966年—1976年，从汽车厂到机械系厂，厂带专业，体制多变

“文化大革命”开始后，金属工艺学课程被取消，金工实习也同时停止。1968年12月，综合机械厂与设备制造厂合并，改称机械设备厂，革委会主任张来顺。

1970年，机械设备厂与冶金系、动农系汽车专业部分人员合并，改称汽车厂，革委会主任徐敬启。两年共生产了“727”牌4吨载重卡车93台。1972年汽车停产，汽车厂改称机械厂。

1971年，为了培养工农兵学员，工厂又开始承担“学工劳动”，其目的是让学生参加生产实践，进行劳动锻炼。时间为2～4周不等，单一工种，一干到底。工厂成立了教学组，编写教材，安排少量专业技术知识讲座，注意在劳动中培养学生有关机械制造的专业知识。

1972年6月，机械厂又分为机械一厂和机械二厂。原综合机械厂为机械一厂，革委会主任张万昌，总支书记凌瑞骥；原设备制造厂为机械二厂，革委会主任姜锡华，总支书记单计新。是年10月，机械一、二厂又合并为机械厂，革委会主任姜锡华，党委书记单计新。

1974年底，在“厂带专业”思想指导下，机械厂又与机械系合并，称机械系厂，革委会主任陈栋豪，党委书记单计新。

1971年至1977年，机械厂开始研制并生产了一些高新技术产品。1971年，小批量生产程序控制铣床，至1975年止，共生产了两种型号的程序控制铣床25台，其中大部分纳入国家计划，统一分配到军工生产单位。1974年，程序控制铣床曾被第一机械部选送日本展览；1975年被选送联邦德国展览。1972年8月开始研制万能铣头，为北京第一机床厂生产的铣床配套，1973年开始批量生产，产品纳入国家计划，学生实习完成40%的生产工作量。此外，还生产了程序控制机床的部分关键部件，有步进电机767台、液动机176台、光电输入机115台等。

（五）1977年—1995年，恢复机械厂，注册为企业法人，成为承担教学和生产的独立实体

1977年初，厂、系又分开，恢复机械厂，开始进行较大规模的压缩和调整，一批教师返回原

教研组，一批职工调到其他单位。原设备制造厂又单独划出，成立设备仪器厂。1979 年 12 月，重新定名为清华大学机械厂，直属学校领导，承担教学和生产任务，工厂注册登记为由清华大学出资主办的全民所有制企业法人，注册资金 903 万元人民币，厂长徐国华，总支书记白洪烈。

1978 年底，学校决定恢复金属工艺学课程，重建了金属工艺学教研组，隶属机械厂领导，副厂长张万昌兼教研组主任。教研组建立后，制订“金工”教学大纲、编写教材及教学文件，调整和重建教学实习基地，组建和培训教学工人队伍。经过一年多的努力，1980 年初恢复了“金工”课。金工实习集中安排，机类、近机类为 8 周，每周 4 天，非机类为 6 周，每周 4 天，每年接纳实习学生 1 800 人左右。实习产品仍为万能铣头，学生能完成 40%的加工工作量。

1978 年后，机械厂除继续生产万能铣头外，开始研发、生产机电结合的产品。1985 年开发的数字转速表获北京市科技三等奖；1986 年开发的四杆机构动态实验台和 1988 年开发的软、硬支承动平衡试验台均获得了 1988 年全国机械原理实验设备一等奖。1988 年开始，与社会企业合作，先后生产了铁路列车制动“闸调器”的配套件；配套机床厂主机出口的 XC622 万能铣头；制冷维修设备；宝石研磨机；还出口了 150 台中型碎纸机机芯、4000 多套冲模导套等。

1985 年，“金工实习”被列为学校首批十二门重点课程之一。1986 年 10 月，开始在全校启动首批“工程操作技术选修课”的试点，学生在课程结束时，要进行“应知、应会”考核，合格者承认学分，并发给北京市劳动局颁发的二级工等级证书。1986 年至 2007 年，共有 756 人获得等级证书。1988 年开始，工厂还接纳部分经济困难的学生利用课余时间顶岗劳动、勤工助学，至 2001 年，共接纳 34 055 人次，支付酬金 17.15 万元。1988 年后，工厂接受高年级学生进行课程设计和毕业设计，参加工厂技术改造。1990 年初，又进行了“实践教学班”的试点，集中一个学期结合产品进行课程设计，至 1991 年，共有 4 个班 88 名学生完成设计任务 25 项，并获得二级工等级证书。

“金工实习”课程 1989 年荣获国家级优秀教学成果奖，教学组被评为市级劳动模范先进集体。1988 年至 2000 年，连续五次通过学校复审，评为清华大学一类课程，1997 年列为核心课程。2001 年至 2004 年，“机械制造实习”列入校级百门精品课程建设重点项目，2004 年，该课程先后通过北京市和国家级的精品课程评审，成为我国高校同领域的首门国家精品课程。

（六）1996 年—2008 年，由通力公司管理，转换运行机制、调整产业结构

1995 年 11 月通力公司成立后，机械厂隶属通力公司管理。1996 年，通力公司以机械厂的制冷剂灌注机产品和主要研发人员为主，成立机电技术开发中心。为了建设绿色大学，将原铸工车间迁出校园，自筹资金在昌平沙河注册成立了北京清华沙河机械厂，注册资金 509 万元，厂长胡建军。1998 年开始，沙河机械厂直属通力公司领导与管理。

1996 年，为保证面向全校学生的工程实践教学任务，组建了“清华大学基础工业训练中心”，后成为北京市教委金工定点实习基地。该中心除了每年接纳清华本科生约 20 万人·时的实习外，每年还接纳澳门大学和北京其他高校的学生 3 万～4 万人·时的实习任务。1998 年后，中心逐步建成了集基本技能训练、先进制造技术训练、综合素质训练和创新实践训练为一体、实践教学与理论教学密切结合的机械制造工程实践教学基地，又创立了“材料加工系列实验”校级精品课程。2001 年至 2003 年，为三届学生的机器人创新设计与制作大赛提供制作基地。2006 年，投入经费约 2 万元，参与和指导学生研制“全国大学生机械创新设计大赛”作品，获得一等奖一项、二等奖两项。是年，基础工业训练中心获评北京市实验教学示范中心和国家级实验教学示范

中心。

2003年6月，成立机械厂房山分厂，注册资金200万元，生产“身体体质智能化测试系统”产品。2004年，机械厂参股成立“华清九地锁业科技有限公司”，研发制造新型机械锁。

2008年，考虑到校园中心区规划建设的需要，根据“事企分开”的原则，学校决定：负责实践教育的基础工业训练中心（含金工教研组）及其相关人员转入学校教学体系，按照事业体制运行和管理；机械厂停产，妥善处理人员安置和债权债务，在适当的时候清盘解散。

1958年以后机械厂发展概况见表13-2-1。

表13-2-1　1958年—2007年机械厂发展概况

年份	职工人数		厂房面积（平方米）	固定资金（万元）	产值或经营收入（万元）	利润总额（万元）	上交学校（万元）	金工实习（人天数）
	总数	事业编制						
1958	300	300	7 311	80	294	50		
1959	390	390	7 311	90	206	78		
1960	623	623	9 000	100	300	75		
1961	250	250	9 000	100	100	25		
1962	171	171	9 000	100	50	13		
1963	128	128	5 000	75	50	13		
1964	128	128	5 000	75	40	28		
1965	138	138	5 809	98	28	3		
1966	150	150	5 000	98	19	3		
1969	356	356	8 500	150	25	6		
1970	559	559	8 500	207	87	22		
1971	567	567	30 000	314	101	24		
1972	710	710	30 000	314	179	19		
1973	655	655	30 000	423	221	23		
1974	645	645	30 000	530	280	36		
1975	578	578	15 000	773	464	67		
1976	655	655	30 000	423	221	70		
1978	456	456	12 499	903	176	44		
1979	302	302	10 454	665	94	12		
1980	290	290	10 500	472	101	17		
1981	277	277	10 500	582	91	28		
1982	278	278	10 500	356	85	32		327 168
1983	269	269	12 168	356	114	41	14	326 784
1984	256	256	12 168	356	112	43	17	165 248
1985	239	239	9 287	378	140	68	24	324 768
1986	232	232	12 171	392	161	65	22	246 536
1987	214	214	13 767	440	208	86	45	237 644
1988	220	220	12 118	429	324	104	53	33 968

续表

年份	职工人数		厂房面积（平方米）	固定资金（万元）	产值或经营收入（万元）	利润总额（万元）	上交学校（万元）	金工实习（人天数）
	总数	事业编制						
1989	217	217	12 118	442	373	130	66	34 872
1990	207	207	12 118	415	423	131	81	31 323
1991	206	206	12 118	394	527	181	87	32 356
1992	192	192	12 118	677	1 650	401	172	32 512
1993	183	183	11 000	607	2 161	701	280	38 736
1994	220	172	11 000	738	784	201	76	35 622
1995	197	150	12 839	780	608	202	77	36 392
1996	181	134	12 839	813	738	134	51	34 296
1997	169	124	12 839	785	765	105	50	43 068
1998	131	88	11 671	796	718	31	15	32 478
1999	119	76	11 671	827	625	41	20	29 870
2000	113	68	8 633	827	549	31	11	29 092
2001	107	60	8 633	843	597	35	15	18 117
2002	103	58	6 410	819	631	44	15	24 500
2003	99	57	6 410	790	746	41	15	20 157
2004	92	51	6 410	835	552	19	15	25 625
2005	100	46	6 410	850	785	2	15	22 907
2006	91	44	6 410	841	793	12	15	19 525
2007	84	40	6 410	831	521	1	15	19 118

二、设备仪器厂

设备仪器厂始建于1954年。当时，学校教学、科研对实验设备加工制造的需求逐年增加，教务处提出筹建设备制造厂，为学校教学、科研服务，承担一些科研任务需要的零部件和非标准仪器设备的加工生产。1954年10月，建成设备制配工间，由教务处具体管理，设在现照澜院以东南北主干道路口处。工间主任常世民，下设计算尺、机工、模型、钳工等组。1955年，先后从榆次纺织机械厂、北京市农机厂、北京开关厂调入了部分工人，工间人员增加到50余人。

1956年，设备制配工间成为学校新成立的设备制造总厂的设备车间。是年8月，设备车间扩大为工厂，正式定名为设备制造厂，厂址迁到原动农系实验室（现第五教学楼南边），厂房面积1 500平方米，厂长庄前炤，职工近60人。

在建厂后的两年多时间内，除承担一般科研单件加工和学生毕业设计外，工厂还完成了一些急需的教学用具和实验设备。主要有：①为土木系材料实验室加工学生做材料拉伸、剪切试验用的各种试件。②制作学生用的计算尺。当时一把美国K&E公司的计算尺约需100多元，设备制造厂决定自行设计、生产木质计算尺。尺身手工刨制，既严丝合缝，又拉动自如；尺身上的刻度是在土木系储钟瑞教授的领导下，采用照相复制的方法制作。1954年至1966年，每年生产1 000把，以成本价5元售给学生，满足了学生的需要。③制造安装汽车实验室的传动、离合器和轮胎实验台。工厂设备简陋，制造汽车实验台有相当大难度，技工王亥辰等克服困难，精心制造，使实验台达到了相当高的水平，满足了实验需要。这是设备厂第一次独立完成的用于科学试验的成套设备。

1958年初，试制了苏式160型高速精密仪表车床、美式小型台式车床，充实了科研加工设备，产品曾参加当年“七一”在中山公园举办的展览会。是年，还突击完成了学校新建发电厂所急需的10套高压阀门和其他设备；还为外贸部门制造过多台130×800车床，出口东南亚国家。

1959年3月，设备制造厂成立直属校党委组织部的党支部，书记姜锡华。是年，技工王亥辰由于在工作中有突出贡献，作为学校代表参加了全国群英会。

1960年10月，姜锡华任厂长。1961年，党支部编入科研生产处党总支，宋长山任支部书记。1958年和1960年曾先后接收复员军人182人，1961年经济困难时期，大部分复员军人离厂回乡，职工由320人缩减到145人。1964年至1965年，工厂又招收了一批青年徒工。1960年工厂完成科研加工约20万工时，1965年达到32万工时。

1960年至1963年，设备制造厂完成了工物系220专业902科研组“高速离心机”的许多关键零部件加工任务；完成了无线电系承担的微波及雷达等重点科研项目中国内尚不能生产、国外又封锁的各种类型的波导管的加工任务；承接了工程力学系流体力学实验室“超音速风洞”主要设备的加工任务；解决了力学专家张维教授领导的“破坏性压力实验”用的一批薄壳（壳厚0.5mm）正、斜锥体的加工。在这些高难度的零部件和设备的加工任务中，老技工王亥辰、张宝国、于熙容等发挥了重要作用。

1963年至1966年上半年，设备制造厂参与了学校试验化工厂实验核反应堆关键设备的加工，主要承担了：除元件盒外的全部反应堆堆心构件；控制堆心反应的AP传动和PP传动机构；用于监测的电离室；1～7号试验孔洞的主要构件；处理强放射性物质的“热室”；运输、保存放射性物质用的铅罐；不锈钢的管路阀门等。在加工制造这些关键设备过程中，克服了工艺、设备上的诸多困难，确保了核反应堆快速顺利建成。技术人员冯城和技工王亥辰等发挥了重要作用。

1966年开始“文化大革命”，工厂体制屡有变动。1968年，设备制造厂与综合机械厂合并为机械设备厂。1970年又组合成汽车厂，原设备制造厂人员主要安排在汽车厂底盘车间。1972年初，汽车厂改称机械厂，原设备制造厂人员主要组成单件车间。同年6月又与机械厂分开，成为机械二厂，下设单件、机床、机修3个车间。10月又合称为机械厂。

1969年，工厂作为机械设备厂的车间之一，完成了代号为850的北京市重点工程（首钢850mm轧钢设备）配套部件的加工任务。1970年到1971年两年内，工厂作为汽车厂的发动机车间，共生产汽油发动机近100台；同时，还为研制转子发动机和490型柴油发动机进行了攻关。1972年，由技术人员罗延秀、黄凯日负责研制，生产了数控机床用的步进电机、液动机、电—液伺服阀等1 000多台，为我国数控机床的发展作出了贡献。

1972年，为解决机床导轨的维修问题，由技术人员朱铁君负责研制，机修车间加工制造了床身长9米、磨削长度6.2米、磨削宽度1.2米的导轨磨床，设置了自动进刀机构，实现了自动行程和自动磨削速度控制，为校内外配磨机床导轨250台左右。同时，还自制了主轴锥孔磨床、刻线机等设备。1978年至1980年，与计算机系合作研制了磁蕊测试仪及磁盘驱动器等产品。

1979年1月，设备制造厂再次从机械厂分出，定名为清华大学设备仪器厂，并注册登记为由清华大学出资主办的全民所有制企业法人，注册资金203万元人民币，厂长宋长山。工厂直属学校领导，设车工、铣刨磨、钳工、电工、机修5个班和技术组。1980年成立了电子班，研制生产教学仪器和电子产品，包括同频检测学习机、臭氧发生器等。

1983 年，李文耀任厂长，工厂管理体制进行了调整，设单件、机修两个车间和电子教学仪器、臭氧发生器两个研制组（室）；党的关系直属校办厂党委，成立了厂部、单件和机修 3 个党支部。

1981 年至 1985 年，先后开发生产了自动控制系统模拟机、同频检测学习机、小功率随动系统学习机、谐波分析实验仪、数字随动系统学习机、语音实验室、步进电机数控实验装置等教学仪器设备。1985 年成立了科教仪器研究室，李文耀兼任主任。之后，工厂开发生产了一批具有独创性的教学仪器设备，例如：精密仪器系使用与设备厂共同开发的同频检测学习机、正交信号发生器、传感器综合实验台、震动实验台、相关滤波器等一批教学仪器，在全国率先开设了测试技术课。之后，全国许多高等院校和军事院校，也相继使用设备厂生产的教学仪器开设了测试技术课。

1986 年后，李令全任厂长，先后设单件车间、机修车间、电子车间、钣金车间、臭氧发生器技术室（1991 年后扩充为环保设备车间）、卫星天线开发部（1992 年改组为电视发射机车间），对经营管理体制也进行了重大的改革：

① 增设实践教育基地。从 1987 年始，为学生开设“工程操作技术选修课”，接纳学生进行电子工艺实习和参加产品研发等多种形式的实践教学活动，成为国内最早开展电子实践教学的单位之一。1989 年，成立电子工艺实习教研组，李文耀、李鸿儒先后任主任，统一组织电子工艺实习。

② 调整产品结构。从主要为校内零星科研加工服务，转向机电产品的研制开发和生产，主要产品有：谐波分析仪、汽车负荷计、臭氧发生器、数控随动系统学习机、卫星电视接收地面站、彩色电视发射机、电站自控系统插件板、语音教学设备等。1992 年设立了卫星电教服务部；1993 年成立了华教电化教育设备公司。

③ 厂外合作、合资、联营，开发生产新技术产品。投资吉兆公司开发生产彩电发射机；投资方大陶瓷公司开发生产复合氮化硅刀具；投资华教仪器公司开发生产电教仪器设备等。

1986 年建成新厂房，建筑面积 5 900 平方米。1987 年，工厂增加了“农转非”集体职工 36 人。

进入 90 年代之后，设备仪器厂承担的科研加工任务逐年减少。据统计：1992 年以前最高年份为 10.1 万工时，占当年总工时的 51%，到 2007 年仅有 2.2 万工时。

1995 年，黄德胜任厂长，设机加工、电子、天线、臭氧设备 4 个车间。1996 年，4 个党支部合并成 1 个党支部，孙宇仪任支部书记。是年 11 月，缩小生产规模，增加教学用房，生产人员减少到 96 人。1995 年以后，除继续保证为教学、科研加工外，产品生产大幅度压缩。

2002 年 12 月，王清晨任厂长，张毛子任支部书记。全厂设机加工、电子、臭氧和网络 4 个车间，对机加工车间的人员和设备进行了补充。是年，仿制出抛丸机，用于清理机场、桥梁和洁净地面。2003 年，在抗击“非典”期间，设备厂在一周内完成了组装、调试和安装 680 多台体温自动测试仪的任务，满足了北京市防控“非典”的需要。

1957 年至 2010 年设备仪器厂发展概况见表 13-2-2。

表 13-2-2 1957 年—2010 年设备仪器厂发展概况

年份	职工人数		厂房面积（平方米）	固定资产（万元）	产值或经营收入(万元)	利润总额（万元）	上交学校（万元）	电子工艺实习（人·天）
	总数	事业编制						
1957	100		1 500					
1958	200		1 500	100				
1959	200		1 500	100				

续表

年份	职工人数		厂房面积（平方米）	固定资产（万元）	产值或经营收入（万元）	利润总额（万元）	上交学校（万元）	电子工艺实习（人·天）
	总数	事业编制						
1960	320		3 200	11	100			
1961	145	145	2 500	11				
1962	130	130	3 698	11				
1963	118	118	3 698					
1964	118	118	3 698					
1965	130	130	3 698	7	0.24			
1966	130	130	2 258					
1969	356	356	8 500	150	25	6	26	
1970	559	559	8 500	208	87	21	40	
1971	567	567	30 000	314	101	24	43	
1972	710	710	30 000	314	179	19	60	
1973	655	655	30 000	423	221	23	65	
1974	645	645	30 000	530	280	36	122	
1975	578	578	15 000	773	464	67	87	
1976	574	574	15 000	822	600	70	125	
1977	598	598	14 000	879	201	20	150	
1978	456	456	12 499	903	176	44	89	
1979	137	137	3 749	246	335	12	13	
1980	137	137	3 749	180	43	8	29	
1981	136	136	4 073	210	59	14	15	
1982	136	136	3 225	139	79	19	21	
1983	125	125	3 225	136	79	20	33	
1984	126	126	3 225	136	99	30	22	
1985	119	119	3 225	141	61	45	22	
1986	155	155	5 900	148	123	46	14	
1987	129	129	5 900	160	133	40	37	2 619
1988	112	112	5 900	213	290	75	55	2 604
1989	117	117	5 900	207	480	112	55	
1990	113	113	5 900	363	460	110	122	2 532
1991	115	115	5 900	347	600	173	115	2 304
1992	107	107	5 900	330	523	118	48	3 012
1993	138	138	5 900	270	379	101	108	3 488
1994	104	74	5 900	234	231	20	148	3 792
1995	96	67	5 900	243	253	−19	99	2 600

续表

年份	职工人数		厂房面积（平方米）	固定资产（万元）	产值或经营收入（万元）	利润总额（万元）	上交学校（万元）	电子工艺实习（人·天）
	总数	事业编制						
1996	85	58	5 900	217	580	61	103	
1997	84	52	5 384	212	563	61	140	
1998	79	47	5 036	178	305	75	111	
1999	75	47	5 036	160	432	65	111	
2000	71	34	4 968	140	436	39	98	
2001	62	33	5 118	130	506	39	112	
2002	68	31	5 118	142	544	20	100	
2003	69	32	4 046	162	485	21	108	
2004	70	31	4 046	192	375	24	152	
2005	59	28	5 118	176	137	7	135	
2006	59	25	4 334	165	171	14	114	
2007	56	23	4 334	153	155	96	142	
2008	46	18	4 334	144	207	27	130	
2009	45	18	4 008	135	258	40	35	
2010	45	18	4 008	138	160	25	20	

三、印刷厂

印刷厂的前身是学校总务处下属的缮印室。1953 年 5 月，在缮印室的基础上成立了缮印科，其任务是油印讲义和教材发行工作。是年，学校为适应教材印刷的需要，出资买进北方印刷所、明记印刷所两家私营印刷所的设备，并从两所招进工人 20 余人，充实了缮印科，全员 57 人。缮印科先后设有铸字间、排字间、铅印间、石印间，集中于丁所，后迁至清华学堂地下室；制版间，设在二院；油印间、晒图间、装订间集中于照澜院 15 号；刻字组、发行组分别设于北院 11 号和同方部。1954 年，经学校批准，制定了《教材出版发行办法》和《讲义收费发行暂行办法》，各工间陆续迁至校西北区平斋北面的厂房，厂房面积 1 000 平方米。

1955 年，缮印科开始实行成本核算，当年产值为 7.5 万元。1956 年缮印科改称出版科，并建立党支部，人员增至 85 名，增添了设备，调整了工间，试行计件工资，提高了生产能力，年产值增至 15.7 万元。1958 年，出版科再次增加设备和人员，扩大生产规模，排字间迁进学校基建科腾出的 300 平方米苇箔工棚。同时开展技术革新活动，排字间研制“梭型字架”成功，实现了坐着拣字，提高工效 50%。装订间职工制成了电动二折页机，提高工效 2 倍。1959 年共排字 1 000 余万字，印装 20 余万册，用纸 1 500 令。

1958 年至 1959 年，先后招进青工 20 余人；1960 年，曾调入复员军人 20 余人，第二年动员其离厂返乡，此后职工保持在 90 人左右。

1961 年 4 月，出版科改名为印刷厂，由行政处划归教务处领导，刘保庶任厂长兼党支部书记，原有工间调整为排字、铅印、平版、装订 4 个车间。为实现学校提出的教材“课前到手，人手一册”的要求，改进了生产管理，调整了生产定额，开展劳动竞赛，制订了质量标准和奖励办法，实行超产有奖，因此产量逐年增加。1963 年产量为：教材版 15 000 个，校刊版 300 个，零件版 1 200 个，铅印 440 万印，胶印 170 万印，铜锌版 4 万平方寸，装订成书 42 万册。1964 年排字车间从苇箔工棚迁进 600 平方米的砖瓦厂房，全部厂房面积为 2 500 平方米。

1966 年“文化大革命”开始后，工厂管理机构瘫痪。1968 年 12 月成立革委会，1970 年至 1976 年先后招收青工 33 人，恢复生产，印刷简易教材。1978 年 7 月，定为校直属厂，党的关系归属校党委职工部，业务关系划归生产处，董永生任厂长兼支部书记。

1981 年 4 月，清华大学印刷厂注册登记为由清华大学出资主办的全民所有制企业法人，法定代表人为厂长董永生。

1979 年至 1982 年，印刷厂自筹资金扩建厂房（包括活动房）400 平方米。1982 年，开始筹建 4 615 平方米新厂房，其中 2 000 平方米为教育部拨款，2 600 平方米为工厂自筹资金，共计投资 160 余万元，1985 年新厂房建成。1983 年至 1984 年，用逐年积累的资金 40 余万元，更新和添置生产设备 30 多台件，提高了生产能力。

1983 年，印刷厂划归出版社，刘保庶兼任厂长，董永生任常务副厂长兼党支部书记。1984 年董永生任厂长，出版社投资 10 余万元，筹建打型浇铸工段。到 1985 年，形成了铅、胶印两条生产线，为承担出版社印刷任务奠定了基础，各类业务所占比例为：教材 40%，科技资料 15%，出版社业务 20%，党政机关材料、文件 17%，其余为校刊以及实验技术资料。

1986 年迁进新厂房，筹建照排车间，与徐水高庄村共同筹建零件分厂。是年 10 月，韩光明任厂长。1987 年初，与昌平马池口乡印刷厂合建排铸车间；年末，进行体制调整，建铅印、胶印和零件 3 个分厂。是年，在清华中技校开设印刷专业，招生 32 人，学制 3 年。

1989 年 2 月，撤销铅印、胶印分厂。9 月印刷厂由出版社划归生产处，党的关系归属校办厂党委，生产处副处长常沛田兼厂长，董永生任副厂长兼支部书记，年末，黄德胜任厂长。

1990 年，利用世界银行贷款 60 万美元购置的设备陆续到厂，胶印生产能力提高了一倍多。

1992 年初，经国家新闻出版署批准，校印刷厂定为国家级书刊印刷定点企业。是年，撤销零件车间，压缩铸排、铅印，发展照排胶印；积极进入校外印刷市场，先后与 10 余家出版单位和工厂建立了业务关系。1994 年，将铅排与铅印车间合并，组建了活版车间。

1995 年 12 月，董永生任厂长，李伟民、华晓京任副厂长，杨敬华任党支部书记。1996 年底，彻底淘汰了铸排、铅印，全部采用激光照排技术。

1999 年 1 月，杨敬华任厂长，朱仙元任党支部书记。是年初，完成原铅印车间的厂房改造，安装新购进的 880 胶印机。是年，克服精装技术难题，完成了我校出版社的 MBA 计算机套书印刷，达到了出版社一周出书的要求，作为朱镕基总理访美赠送美方的礼品。

2000 年 9 月，彩印车间开始施工，11 月中旬，德国进口的 SM74 海德堡四色胶印机、晒版机和马来西亚产显影机、台湾产打孔机等配套设备到厂安装调试。

2001 年底，领导班子换届，杨敬华连任厂长，华晓京、李伟民连任副厂长，华晓京兼党支部书记。2002 年 3 月，为加强质量管理，设立“质量技术科”，由副厂长李伟民兼科长。

2004 年底，与出版社合作成立照排中心。2005 年 2 月，照排人员和部分设备到厂，照排中心正式成立，7 月，领导班子换届，杨敬华连任厂长，华晓京任副厂长兼党支部书记。

2006 年 11 月，彩印车间和胶印车间合并。是年，产值首次突破 2 000 万元，印刷纸令数从 1994 年的 3.7 万令首次突破 20 万令。2007 年，所印制的《StrutsWeb 设计与开发大全》被北京市质量协会评为“北人杯质量大奖”。

2008 年，投资 300 万元购进胶订联动线、全自动骑马联动线和三面刀，改变了无法接收大批量骑马装订书籍业务和胶订书质量差、速度低的现状，提高了装订生产能力和图书质量。至此，世界银行贷款设备已全部被淘汰更新。

1998 年始，印刷厂连续三年被北京市质量协会印刷分会评为“质量达标企业”；2001 年至 2008 年，连续 8 年被评为“北京市质量管理先进企业”；2003 年始，连续 5 年被北京市工商管理局评为“北京市诚信企业”；2004 年被评为学校先进集体；2008 年又获“北京市印刷出版物优质品优秀奖”。

1994 年至 2010 年印刷厂发展概况见表 13-2-3。

表 13-2-3　1994 年—2010 年印刷厂发展概况

年份	职工人数		厂房面积（平方米）	固定资产（万元）	经营收入（万元）	利润总额（万元）	上交学校（万元）
	总数	事业编制					
1994	150	86	6 245	843	654	92	32
1995	160	76	6 245	868	890	105	40
1996	155	70	6 245	938	980	110	42
1997	160	67	6 245	1 049	860	120	45
1998	150	60	6 245	1 095	1 136	135	45
1999	151	56	6 245	1 255	932	136	40
2000	154	55	6 245	1 795	1 145	120	40
2001	161	54	6 245	1 879	1 493	125	40
2002	181	48	6 245	1 994	1 801	127	40
2003	180	45	6 245	1 960	1 670	125	40
2004	179	42	6 245	2 193	1 715	138	40
2005	220	38	6 245	2 096	1 754	108	43
2006	235	38	6 245	2 128	2 201	155	48
2007	239	36	6 245	2 108	2 261	146	48
2008	215	35	6 245	2 398	2 051	106	48
2009	229	33	6 245	2 175	1 750	41	48
2010	215	29	4 545	2 180	1 752	37	48

四、试验电厂

1934 年学校建设发电厂，以解决照明用电。“七七”事变后，学校南迁，电厂停产。1946 年，学校回迁后恢复供电。1948 年后，学校投入资金，增添设备，进行装修，1952 年恢复发电。

1958 年，学校教学、科研、生产急需扩大电力供应；又接受了国家经济委员会委托建设“燃料综合利用实验电厂”的任务，除发电外，要同时生产化肥、水泥等，为此决定新建发电厂。建厂工作由动力系负责，电机系、土木系、化学教研组、建筑公司和工程科等单位协作，由李志忠、王森等负责，李志忠任厂长。厂址设于学校北门外老“关帝庙”处。

新建电厂实行“土洋并举”的方针，用“最快的速度，最少的投资，最土的办法”进行设计、施工和安装。当年7月28日破土动工，要求国庆节建成发电。

在建厂施工中，800多名师生员工参加，提出了技改方案和合理化建议58项，进行了100多次技术试验。经过70余天的奋战，于当年9月28日完成了设计、施工和安装任务，汽轮机锅炉开始运行。1958年10月1日正式发电，2 000千瓦的汽轮机组运行情况正常。11月16日在学校大礼堂召开了电厂全面投产庆祝大会，国家经委副主任张国坚、国家计委副主任王光伟、教育部副部长刘皑风、水电部副部长刘澜波等来校出席大会。11月25日，周总理、陈毅副总理陪同朝鲜金日成首相来校参观了发电厂，周总理发表了祝贺和鼓励的讲话。新建电厂职工91人，1958年发电51万千瓦时，1959年发电360万千瓦时。

1962年“经济困难时期”，电厂停止了生产，发电设备汽轮机曾移到核能所做试验。

1970年，经动农系倡议，恢复电厂建设，将手烧炉改为沸腾炉，于当年10月并网发电，发电量逐年增加，1970年660万千瓦时，1971年700万千瓦时，1972年达到1 113万千瓦时。

1973年，根据国家燃料政策的变化和教学、科研、生产的需要，学校决定对电厂再次进行技术改造，改沸腾炉为燃油炉，对重油燃烧技术进行了研究，在强化燃烧、强化传热方面进行了改进。1974年至1978年，年发电量保持在1 200万千瓦时左右。

1979年后，国家压缩重油供应，电厂供油由7 000吨减至2 400吨，发电由9个月压减为4个月，年发电量在400万千瓦时左右。1970年至1980年间，李尚山、张仲连、刘崇珉先后担任厂长。

1980年，清华大学试验电厂注册登记为由清华大学出资主办的全民所有制企业法人，注册资金160万元人民币，厂长（法定代表人）周文华。

1979年至1983年，电厂进行了煤油混合燃烧的研究，建立了制煤粉系统、油煤浆制备系统，以及电除尘器等重大设备的改装扩建任务；进行了“汽轮机循环水余热利用”的研究。1983年末，煤油混合燃烧技术通过了国家计委、国家教委的联合鉴定。1983年完成了用汽轮机循环水余热供暖任务，为学校北区建筑面积9万～11万平方米供暖，年节煤2 500余吨。1986年，与日、美有关公司开展技术合作，开始新建一台循环床沸腾炉。1989年循环床沸腾炉投入运行。1990年新建一台3 000千瓦抽凝式汽轮机组，1993年5月并网运行成功。1994年，对发电设备进行重大技术改造，发电生产稳定性得到大幅度提高，每年发电1 500万千瓦时，冬季供暖16万平方米，发电生产进入历史最好时期。

2000年前后，在稳定发电生产的基础上，配合热能系的科研任务，进行了多项工程性试验研究，主要有循环流化床锅炉技术，工业煤气化技术，热、电、煤气三联产技术以及锅炉脱硫技术等。1995年国家计委和国家教委分别下文，批准以清华大学热能系为中心，建立“清华大学工业锅炉及民用煤清洁燃烧国家工程研究中心”，并确定以试验电厂为试验基地。

1998年，根据国家要求和学校“211工程”规划，学校决定将位于清华北门外的电厂拆除，在学校东区规划重建电厂。至2000年，电厂重建工程设计任务基本完成，主体设备皆已到校，建设资金也已大部分落实。是年，北京下达新建锅炉禁煤令，电厂重建方案遭否决。

2002年，学校根据整体规划和环保要求，决定电厂终止发电生产。随后几年，电厂人员分流安置，设备转移外地。

五、电力电子厂

1972 年，核能技术研究所核电子学研究室为了“820 工程”的需要，创建了结型场效应晶体管（JFET）车间，隶属于研究室。1979 年，自动化系可控硅（晶闸管）车间解散，时任核能所所长的吕应中了解到可控硅有较大的发展潜力与市场前景，遂委派陈永麒和李德重在 JFET 车间的基础上筹建可控硅车间。1980 年 6 月，可控硅器件车间成立，隶属于核能所，车间主任陈永麒，最初仅有 23 人，对外使用“清华大学核能技术研究所实验工厂”名称。学校生产处投入 20 万元，其中 10 万元用于购置固定资产，另 10 万元以借款方式作为流动资金，聘请自动化系顾廉楚为技术顾问，传授晶闸管的设计和制造技术。1981 年底产出第一批 50A 高频晶闸管产品。1982 年，成立功率电子技术研究室，顾廉楚任主任。

1983 年开始，除了多品种、多规格、系列化功率半导体器件的研发与生产外，扩展了大功率电源装置及成套设备等电力电子产品的研发与生产，最初研发 X 光机电源和电晕机电源，1988 年开始转向中频感应加热电源的研发和生产。1989 年，陈永麒看准市场发展，开始电力半导体模块的开发和生产，1991 年以 5 万马克引进德国西门子模块装配二手设备，当年产值超过 200 万元。1990 年与瑞士合作，开展晶闸管逆变焊机的国产化和产业化研究。

1991 年，以核能所可控硅器件车间为基础，注册登记为由清华大学出资主办的全民所有制企业法人——清华大学电力电子厂，注册资金 85 万元人民币，厂长（法定代表人）陈永麒。职工总数 63 人，其中事业编制 37 人，合同编制 26 人。

2000 年 4 月，周景春任厂长（法定代表人），兼功率电子技术研究室主任。是年电力电子厂作为核研院的研究室通过 ISO 9001-94 认证，2003 年通过 ISO 9001-2000 换版审核。

2001 年 3 月，电力电子厂利用未分配利润将注册资金增加到 150.2 万元。2002 年 4 月，周伟松接任厂长（法定代表人），兼功率电子技术研究室主任，开始实行董事会领导下的厂长负责制，历任董事长为周立业、金光宇、王革华。

2004 年起，应市场需求，在大功率感应加热电源的基础上，增加配套设备，涉足预应力 PC 钢棒、镀锌钢丝、汽车轮胎钢帘线、弹簧钢丝等线材生产。

2005 年，电力电子厂设立军工办，主任宋艳玲，在总装备部的支持下，开展功率半导体器件生产线贯彻军标的工作以及多项军品功率器件的新产品开发任务。是年 10 月，核研院向电力电子厂增资 381 万元，注册资金增加到 531.2 万元。

2006 年初，电力电子厂注册地迁至中关村科技园区昌平园，被园区认定为高新技术企业。除功率器件的研发、生产外，通过自主开发，已拥有各种型号和规格的晶闸管中频感应加热电源、IGBT 超音频感应加热电源、MOSFET 高频感应加热电源等产品，电源设备和配套产品成为支柱产品，销售额及利润占全厂的一半以上。

六、科教仪器厂

随着电子信息产业的快速发展和企业对人才的需求，原有单一的金工实习，已满足不了教学改革和人才培养的需要。1986 年 3 月，国家教委副主任何东昌提出：“大学生除了金工实习外，可不可以增加电子实习？”学校生产处组织人员到天津、西安等地高校调研，着手在校办工厂开展电子工艺实习的试点工作。

1986 年暑期，首批学生参加电子工艺实习试点实习后，反映实习收获很大。是年 9 月，学校领导批示："要把电子实习作为一门正式课程，纳入各专业教学计划"，"要把电子实习作为学校重点建设的课程，并逐渐形成一个教研组"。1989 年 10 月，经学校批准成立了电子工艺实习教研组，电子工艺实习正式纳入本科生培养计划，面向全校 17 个院系、32 个专业、每年接收 1 500 余人。在生产处统一组织领导下，分别由设备仪器厂、计算机工厂、自动化工厂、风光仪器厂承担，开始了最初的电子实习教学。

1995 年 10 月，随着校办工厂的调整，电子工艺实习从原来的四个工厂撤出，实行统一集中授课，教学实习条件有所改善，但由于教研组脱离了校办工厂依托，运行经费紧缺，电子实习遭遇困难。1998 年，经企业集团批准，将创建于 1958 年、曾隶属于电机系、已停业但尚未注销的全资企业电工厂更名为清华大学科教仪器厂，注册资金仍为电工厂的 12 万元，厂长（法定代表人）变更为李鸿儒。科教仪器厂和电子工艺实习教研组组成了电子实践基地，不仅在学生工程训练中发挥了重要作用，而且在实践教学中不断开发出新型教育仪器产品。

2000 年，电子实践基地购置了 SMT（表面贴装技术）设备，建立了 SMT 实训系统，将高新技术引入电子实习，创建了传统工艺与先进制造兼顾、基础训练与现代技术融合，软件与硬件结合、设计与制作并举的电子实习课程体系。学生体验 SMT 的工艺过程，用 SMT 技术制作产品，感受现代电子行业的高新制造技术。该课程获清华大学实验技术成果一等奖，并推广到国内 200 多所院校。

2002 年暑期，科教仪器厂将 EDA（电子设计自动化）技术引入电子实习，使学生真正以工程师的身份体验产品设计制造过程。该成果获得清华大学 2004 年实验技术成果一等奖，并由科教仪器厂转化为产品，推广到国内 300 余所院校。

科教仪器厂鼓励并资助学生参加电子设计大赛、SRT（大学生研究训练项目）、科技创新制作、结合企业项目开展产品研发等。近几年已有 170 多人在教师和基地工程师指导下参与课题研究，并完成项目 50 余项，有些项目为企业赢得了效益。

为满足多层次的电子实践教学，科教仪器厂积极筹措资金，建成学生创新实验室和多个高新技术实验室。创新实验室开放以来，参加各类实践活动的学生每年超过 5 000 人次，已成为学生科技创新的摇篮。国际知名企业伟创力公司、以色列华莱公司捐赠了数百万元的 SMT 生产线和设计管理软件，合作共建了 SMT 实验室，增加了教学、科研加工、对外服务与培训等多项功能。基地与美国 NI 公司合作共建了虚拟仪器实验室，组织学生开展研究、设计类实践。

科教仪器厂将电子实习与新产品的研发、生产结合，先后与有关院系共同出资，开发了 EDA/SOPC 实验平台、蓝牙通信实验箱、嵌入式实验箱、PLC 实训装置等多种高新技术实验装置，并形成了系列产品，建立了相应的实验室。1997 年 12 月，电子实习基地被市教委授予"北京市高校定点实习基地"，每年吸引北京、上海、广东、河南多所院校的 1 000 余名学生参加实习，推动了国内高校的电子实践教学。2007 年又被教育部授予"全国职业教育师资培训重点建设基地"，接纳了来自全国 200 余所职业学校的 300 余名教师参加培训。

1998 年至 2002 年，科教仪器厂的销售收入从 109 万元增加到 805 万元。2003 年，同方股份的教学仪器部并入科教仪器厂，产品类别增加到 10 类，产品数量增加到 60 余种，技术人员、生产人员相应增加，并正式成立了市场部和销售部，当年销售额增加了 600 余万元。

科教仪器厂自成立以来，先后与我校多个院系和校外多所院校合作开发了数百种教学实验装置，用户遍及国内千余所院校，在高校实验室建设中作出了贡献。至 2008 年底，科教仪器厂成立

10 年来，累计销售收入 10 957 万元，利税 1 607 万元，净资产从 12 万元增加到 299 万元。每年还提供数 10 万元经费支持学生电子设计大赛、创新实践、新产品开发等实践活动。

2009 年，根据学校规划，电子实习基地的电子工艺实习部分与科教仪器厂分离，与金工实习基地共同组建为工程训练中心，隶属学校机械学院。

七、精密仪器厂

精密仪器厂创建于 1965 年，是在原综合机械厂工具车间的基础上发展起来的，当时称为精密机械实验工厂。建厂时的首任厂长为沈钊，有职工 85 人，厂房 1 047 平方米，由精仪系直接领导，为机械制造专业提供半工半读教学基地，每年有一个班的学生在工厂进行实践教学；同时，工厂还为光学仪器、精密仪器和机械制造 3 个专业教研组的科研提供加工手段和实验条件。工厂除完成教学和科研加工任务外，还从事机械和仪器新产品的研制，完成从科研向产品转化的中间实验，先后形成的新产品有数控劈锥铣床、数字三坐标自动测量机（与劈锥铣床配套）、陀螺马达动平衡机、数控中型铣床等。

1966 年至 1976 年，精仪系设生产组，负责组织、协调各车间的生产工作。全厂职工最多时有 254 人，厂房 8 000 平方米，固定资产 389 万元，流动资金 178 万元。这期间，先后研制和生产了一系列的大规模集成电路专用设备，如自动分步重复照相机、图形发生器、紫外曝光机、自动对准光刻机（DSW 系统）等光机电结合的高新技术产品。其中自动分步重复照相机共生产了 269 台，产品纳入国家计划，统一分配到全国各地的电子器件生产企业。

1978 年，恢复工厂建制，定名为清华大学精密仪器系工厂，1985 年更名为清华大学精密仪器与机械学系精密仪器厂。

1982 年，受国内大量进口器件的冲击及校内产业政策的调整，原有产品停产，经营困难，大批技术人员和工人调离工厂。1984 年以后，职工仅有 60 人左右。

1988 年，开发生产真空压力炸锅；新开发的产品还有普通机床的数控改造系统、电动助力车的核心部件——电动轮毂和残疾人用电动轮椅等，经济效益逐年提高。

1993 年，工厂注册登记为由清华大学出资主办的全民所有制企业法人，定名为清华大学精密仪器厂，厂长马贵龙。至 1993 年末，有职工 60 人，厂房面积 2 049 平方米，固定资产 108 万元，流动资金 145 万元；当年实现产值 480 万元，税后利润 169 万元，人均创利 2.8 万元。

1993 年，精密仪器厂与精仪系设计教研组合作开发并小批量生产电动轮椅及电动自行车，先后投入资金 240 余万元。

1996 年 7 月，精密仪器厂与企业集团共同组建北京清华电动车技术开发有限公司，公司与精密仪器厂分离，由马贵龙任总经理。后又委托同方股份代为经营管理，由高志任总经理。该公司于 2003 年解散注销。

1997 年，经调整后的精密仪器厂领导班子由金之垣任厂长，将经营方针定位在提供光机电一体化和精密加工方面的技术服务，例如对通用机床进行数控改造等；同时，继续依托精仪系开发新产品。1997 年底，加工印刷电路板胶片的激光绘图机研发成功并投入批量生产。截至 2001 年第二季度，共生产各类激光绘图机 60 余台，产值达 240 万元。

2001 年 10 月，由于精仪系学科调整以及精密仪器厂面临经营困难，经精仪系系务会讨论，并征得通力公司和企业集团的同意和支持，撤销精密仪器厂。全厂在职职工 35 人，分别采用退休、校内和系内安置的方法，妥善进行了安置。

八、计算机工厂

清华大学计算机工厂创建于1958年，当时称自动控制系工厂；1966年称自动控制系车间；1974年称电子系综合电子厂电子仪器车间；1981年称计算机系计算机工厂。

建厂初期，主要作为学生实习基地，接纳学生实习，同时为科研服务，曾生产过自动控制系设计的911电子管数字计算机、551～556各种型号的电子模拟计算机和112小型晶体管计算机。“文化大革命”期间，还曾设计生产过600毫米恒温扩散炉、自动分步重复照相机控制部分、晶体管稳压电源、100兆数字频率计、四位数字多用表、724计算机、736计算机、DJS－130计算机。其中724计算机装置在实验卫星发射基地，对我国第二颗人造卫星的发射成功作出了贡献，受到了国防科工委的表彰；DJS—130计算机先后共售出了33台，用于北京地铁、国家气象台、军事部门、科研单位等。

计算机工厂历任厂长（车间主任）有：房家国（1958—1959）、赵荣久（1959—1972）、王家华（1972—1986）、汤弘寿（1986—1989）、荣泳霖（1989—1992）、罗建北（1992—1997）。

1978年，工厂逐年充实了技术人员和技术设备，提高了产品开发生产能力，先后生产的产品有Z80单板机、DJS－040计算机、CROMEMCO系统Ⅲ、DHS多功能数字式函数发生器、网络结点机、通用电路实验装置、中华学习机、ZB－2型智能冰箱测试仪、JJZ－2集成电路学习机、LA－32逻辑分析仪和TPC－16位微机培训系统等。其中逻辑分析仪共售出800余台，创利300余万元；TPC－16位微机培训系统，至1993年已售出1 678台，创利129.9万元。1995年开始生产PC台式计算机（即同方电脑的前身）。

至1993年底，共有职工60人，厂房1 143平方米，固定资产256万元。

1985年，工厂承担了学生电子工艺实习，到1996年，共接纳学生4 361人进行电子工艺实习或选修工程操作技术课，其中有181人取得了二级工技术等级证书。

1997年6月，根据学校部署，计算机工厂整体并入新组建的清华同方股份有限公司。

九、自动化仪器厂

自动化仪器厂是自动化系的系办工厂，建于1970年。初为数控机床车间，1977年与可控硅元件车间、可控硅装置车间合并组成装置车间，1979年始称为自动化系仪器厂。1993年自动化仪器厂注册登记为由清华大学出资主办的全民所有制企业法人。

曾生产的产品有：数字电路学习机和模拟电路学习机，小型模拟计算机，微机温度控制系统学习机，单板计算机，微型打印机，色谱仪数据处理机，模拟电路故障分析学习机，交流电压变换器及电流变换器，三相有功功率变换器，A/D、D/A转换器，变电站集中控制保护系统等。1991年电子电路学习机SXJ－3型、4型为世界银行贷款中标产品。工厂还担任部分学生电子工艺实习和开设工程操作技术选修课的任务，1993年接纳学生实习1 936人天、工程操作技术选修课30人，其中8人获得二级工技术等级证书。1993年底，共有职工13人，厂房630平方米，固定资产60万元，年产值32万元，利润14万元。

1997年6月，根据学校部署，自动化仪器厂整体并入新组建的清华同方股份有限公司。

十、绵阳分校工厂

1969 年 10 月，无线电系内迁四川绵阳，建立清华大学绵阳分校，分校规划建设了校办工厂的车间，为相关专业提供科研加工条件和学生实习条件。绵阳分校工厂接受学校“革命委员会教育革命组”下设的生产组领导，其生产的产品、配套的物资供应等均列入四川省计划。工厂先后由时任分校教改组副组长的钱佩信、蔡思民、薛保兴主管。到 1978 年，年产值已逾 1 000 万元，创造的利润补充了部分教学经费和分校的基本建设费用，后来又补贴了部分搬迁的费用。1979 年，绵阳分校撤销，无线电系迁回北京，但工厂和产品没有随迁。

绵阳分校工厂存续的 9 年时间里，下设 5 个车间：

(1) 机加工车间：是分校独立建制的一个单位，由无线电系金工间于 1971 年内迁建立，为分校所有专业提供金工实习的场所，职工约 60 人。主要是为科研加工、学生金工实习提供基地。由于绵阳分校地处“三线”、加工协作困难，因此设置的工种和设备比较齐全。有车、磨、刨、铣、钳、坐标镗、线切割、钣金等冷加工工种及设备；铸造、锻压、木模等热加工工种及设备；电镀等化学加工工种及设备。由于学生金工实习需要稳定产品，1976 年开始批量生产 2V-0.8/7 型空气压缩机，共生产了约 150 台，由四川省机械局统一分销。

(2) 电子整机总装车间：是分校独立建制的一个单位，职工约 40 人。车间附设印制板生产线，主要为通信、雷达专业学生提供电子工艺实习场所。设立之初，根据四川省发展农村有线广播的需要，两年中共生产了约 100 台 100W 电子管扩大机，由四川省国防工办统一分配。1974 年，从学校电子厂接产 100Mz 数字式频率计，共生产约 150 台，列入全国统配物资。1976 年，与成都量具刃具厂合作，研制并生产了数字式测微仪，即四位数字式电压表，开创了我国机械测量的数字化，该产品参加了 1978 年广州交易会。1976 年开始，生产 32 路增量调制数字通信终端，首次装备了我国克拉玛依油田的数字微波通信系统。车间还为我国军用雷达的数字化，配套生产了 7 套 A/D、D/A 转换器。

(3) 半导体器件生产车间：附属于半导体专业，1970 年由半导体专业内迁建立，为半导体专业学生提供工艺实习的场所，职工约 40 人。1971 年初，内迁的生产线贯通，开始生产 TTL 小规模集成电路。1972 年，根据绵阳 730 厂军用通信机的特殊要求，试制生产了 3DG4 高频小功率晶体管。1974 年，从学校核能所接产结型场效应晶体管。此外，该车间还为四川境内的 5 个单位培养了近百名半导体器件研制生产的技术人员和工人。

(4) 电真空器件生产车间：附属于电真空专业。1976 年，在国内首创了金属陶瓷电离真空计规管及配套的低真空、超高真空电离计，并投入生产。

(5) 激光器件生产车间：附属于激光专业，生产 He-Ne 激光管和 He-Cd 激光管。

十一、附属仪器厂

始建于 1970 年，系清华附中校办厂。建厂初期，曾引进生产 XXK-2 型程序控制机，自行开发生产 YXK-3 型程序控制机。后来，与学校振动实验室合作开发生产 XZ 系列传感器和测振表，形成了年产 1 000 台的生产能力并供应市场。

1988 年，配合附中对学生进行每年一个月的劳动技术教育，接纳学生 300 人左右。1990 年前后，年产值约 80 万元，年利润约 20 万元。

1993 年时，有职工 21 人（其中在编人员 13 人，大集体 3 人，农转工 5 人），固定资产 50 万元，厂房面积 800 平方米，设机加工车间、测振表车间和计算机房。

2003 年，根据学校的决定，该厂撤销。

十二、风光仪器厂

1970 年建厂时，称为五七综合厂，由学校家属委员会领导，为校属集体所有制工厂，职工主要为学校教职工家属。建厂初期，一部分职工在校北门外电厂处，利用粉煤灰生产灰砖；一部分职工在原校医院处进行简易的机电产品生产。

1977 年，学校决定改家属工为固定集体工，招收一部分本校教职工子女中的回城知青，充实生产力量，并调配若干名学校正式职工作为技术骨干，工厂定名为风光仪器厂。1978 年吴国梁任厂长，金恩英任党支部书记。调整后有固定集体工 326 人（1980 年增至 380 人），分为两部分：一部分在生产线上，计 153 人；一部分在托儿所、教学楼、食堂、缝纫等服务线上，计 173 人。厂址设在原校医院和 36 所。

1979 年 12 月曾将该厂移交给海淀区工业局领导。由于移交过程中某些协议未能执行，学校复于 1980 年 11 月将该厂收回。

1980 年后，风光仪器厂的主要产品有：测振仪、测压仪、学习机、单板机、扩大器、双向信号发生器、静电场描绘仪等，年产值 100 万元左右，利润为 20 万～40 万元。

1984 年 4 月，将原电机系电工厂与风光仪器厂的生产线部分合并，定名为电工厂，仍保留风光仪器厂名称，由生产处领导，党的关系归校办厂党委。厂长仍为吴国梁，支部书记王钟琴。1986 年风光仪器厂（电工厂）迁于原印刷厂旧厂房。是年开始建立电子工艺实习教室，承担了一部分学生的电子工艺实习任务。至 1993 年，风光仪器厂集体职工减为 78 人、全民职工 2 人。仍保持年产值 180 万元左右，同时作为电子工艺实习基地的一部分，年接纳学生实习 4 350 人天左右。

截至 1993 年，该厂先后有 270 余名职工退休，年承担退休金和医疗费 70 余万元，负担较重。1994 年，学校决定撤销风光仪器厂，部分职工清退，给予补偿；部分职工由学校产业管理处在校办工厂系统作了安置；部分职工提前退休。该厂退休人员的退休金和医疗费由学校负责解决。

第三节　科技企业

20 世纪 80 年代高校响应党中央“加强技术创新，发展高科技、实现产业化”的号召，利用科技和人才优势，以产学研结合的方式创办科技企业，是高校科技成果转化和产业化的一条重要途径。高校创办的科技企业，已经成为我国发展高科技、实现产业化的重要力量；同时也是具有中国特色社会主义高等教育体系的重要组成部分。

清华大学的科技企业在促进国家产业结构调整、带动相关行业技术进步、培育新的经济增长点、增加国家税收和促进社会就业等方面做出了重要贡献；在提高学校科研综合水平、稳定科研队伍、培养创新和应用型人才，以及补充学校经费等方面发挥了重要作用。

清华大学的科技企业情况如下。

（一）清华技术服务公司暨软件技术中心

1979 年，学校为了贯彻执行中央关于改革开放的方针，利用学校人才资源，开展对外科技服务，增加外汇及其他经济收入，先后于 10 月 9 日、10 月 20 日请示教育部、北京市委，并报邓小平同志，申请成立技术服务公司，承担对外科技服务工作。

1979 年 11 月 22 日，教育部正式批复，同意成立清华技术服务公司。1980 年 2 月 1 日，北京市进出口管理委员会复函同意成立清华技术服务公司，作为大学开展对外技术服务工作的试点。经 1979—1980 学年度第 14 次校长工作会议通过，任命刁会光为公司经理；经 1980—1981 学年度第 15 次校长工作会议通过，任命凌瑞骥为公司副经理。1980 年 7 月，技术服务公司注册登记为由清华大学出资主办的全民所有制企业法人，注册资金 100 万元人民币，法定代表人刁会光。

清华技术服务公司是我国最早成立的高等学校校办外向型科技企业，开展对外技术服务、技术咨询以及科技交流活动。1982 年至 1984 年，公司先后成立了业务部、数据部及软件部，建立了先进的软件开发及数据加工基地，开创了我国承包美国、日本、联邦德国等发达国家高水平计算机软件开发及高精度数据加工业务的先例。据国家科委 1987 年、1988 年统计，清华技术服务公司的软件出口额占全国软件出口总额的 1/4，居全国软件出口单位之首。

1985 年 5 月 30 日，经 1984—1985 学年度第 18 次校长工作会议通过，任命刁会光为公司总经理，凌瑞骥、丁连发为副总经理。

为了进一步加强软件开发、加速发展软件队伍，1987 年 7 月经 1986—1987 学年度第 26 次校长工作会议决定，在清华技术服务公司成立清华大学软件开发中心，1992 年改名为清华大学软件技术中心。软件中心是直属学校、按企业化管理的事业单位。1987 年 7 月 11 日，学校任命凌瑞骥为中心主任。技术服务公司作为软件中心的商务代表，并为全校服务。

1988 年 4 月，技术服务公司曾一度并入清华大学科技开发总公司。1988 年 10 月，国家教委根据国务院重新核定校办公司的决定，核准清华大学科技开发总公司及清华技术服务公司为两个校办公司。1988 年 12 月，学校决定技术服务公司脱离科技开发总公司，并任命凌瑞骥为技术服务公司总经理兼软件中心主任。

1990 年，根据市场的发展，公司决定将经营方针扩大为“面向国内、国外两个市场”，以国内楼宇自动化为主要目标，从事计算机自动化工程的承包及服务。

1994 年，技术服务公司与美国 IBM（中国）公司合资组建北京鼎新信息系统开发有限公司，注册资本 200 万美元，技术服务公司持股 50%。公司主要从事 IBM 委托的应用软件及系统开发，是 IBM 在全球设立的四个开发中心之一。1997 年 1 月，公司投资组建中外合资北京清华得实网络安全技术有限公司，注册资本 80 万美元，技术服务公司持股 51%。该公司从事网络安全技术开发、网络安全产品销售和安全网络系统集成业务。

1997 年 6 月，根据学校部署，技术服务公司整体并入新组建的清华同方股份有限公司。

（二）紫光集团有限公司

1988 年 4 月，经 1987—1988 学年度第 9 次校长工作会议决定，成立清华大学科技开发总公司。5 月，国家教委批准清华大学的申请。6 月，清华大学科技开发总公司登记注册为清华大学出资主办的全民所有制企业法人，注册资金 500 万元，其中学校货币资金投入 150 万元。是年 7 月 1 日，清华大学科技开发总公司宣告成立。常务副校长张孝文出任第一届董事会董事长，任命王晶宇为总经理、法定代表人，张本正为常务副总经理。9 月，成立党支部，孙金茂任支部书记。10 月，北京市外经贸委授予科技开发总公司外贸经营权，自营进出口业务。

1989 年 8 月，1988—1989 学年度第 37 次校务会议通过了由 11 人组成的常务董事会：董事长倪维斗，常务副董事长李传信，副董事长张慕津、许纯儒；根据校务会议意见，任命许纯儒为总经理。1990 年 2 月，校党委决定科技开发总公司成立党总支，丁伯炬任党总支书记。1991 年 9 月，许纯儒退休，校务会议决定，由张本正代理总经理。是年 10 月，经 1991—1992 学年度第 4 次校务会议通过，倪维斗任董事长，李传信、杨家庆、孙继铭、王晶宇任副董事长。

1992 年 4 月，校党委任命严宁为总公司党总支书记。5 月，经 1991—1992 学年度第 18 次校务会议通过，任命张本正任总经理。9 月，法定代表人变更为张本正。

为充分发挥集团公司资金、技术、人才、信息等资源的整体优势，探索学校高新技术产业发展壮大的新路，1992 年 11 月，公司董事会报学校研究决定，以科技开发总公司为核心企业，组建清华紫光集团。是年 12 月，国家教委批复同意以清华大学科技开发总公司为核心企业，组建清华紫光集团，变更名称为清华紫光（集团）总公司。

1993 年 4 月，经国家工商总局核准，清华紫光集团登记注册，其核心企业清华紫光（集团）总公司登记注册为清华大学出资主办的全民所有制企业法人，注册资金 3 900 万元，法定代表人张本正。7 月 13 日，清华紫光集团宣告成立。

1993 年 5 月 17 日，由紫光集团投资的紫光大楼一期工程奠基，坐落于学校东校门外西侧。1994 年 11 月 25 日，紫光大楼一期竣工投入使用，占地 5 000 平方米，总建筑面积 10 160 平方米，投资总额 1 150 万元。

紫光集团依托学校的技术优势，自 1988 年至 1993 年的五年中，开发了 145 项新技术和新产品，其中激光精密测量系统等 8 项列入国家火炬计划。紫光集团是北京新技术产业开发区首批认定的新技术企业。1990 年至 1992 年，按技工贸总收入排序，连续三年跻身于全国 39 个开发区中 40 家最大的高新技术企业之列；1991 年至 1993 年连续三年被评为北京新技术产业开发区的优秀新技术企业；1992 年，紫光集团进入北京市新技术产业开发区“十强”；1993 年，入选北京市新技术产业开发区首批“经济二十强”企业；1991 年至 1993 年连续三年被评为北京市新技术产业开发区“优秀新技术企业”；1993 年被评为“全国百强高新技术企业”，国家科委授予“实施火炬计划先进高新技术企业”称号。集团开发的 Auto OCR 印刷体汉字识别系统和 SM－I 智能模块式变电站微机监控系统分别列为 1991 年度、1992 年度国家级重点新产品；SM－I 智能模块式变电站微机监控系统、ITbase 通用图文数据库管理系统、CAISM 全自动机动车安全性能检测系统、高层建筑擦窗机等产品分别获得 1991 年、1992 年、1993 年北京市科技进步奖。

经过五年快速发展，1994 年，紫光集团进入了二次创业的调整期，其基本任务和目标为：发展民族工业，创立名牌产品，并明确提出近期主攻方向是扫描仪的国产化。1996 年，推出了第一款国产扫描仪 UniScan，填补了国产扫描仪的空白。1997 年 10 月，在第 82 届广交会上，与台湾地区最大的扫描仪供应商鸿友公司签订了 1998 年的扫描仪供货合同，总量达 20 万台，总金额约 2 430 万美元，UniScan 品牌开始走向世界。1998 年 5 月，紫光集团承担的“国产扫描仪生产基地”国家技改项目通过了北京市经委等部门验收，达到国际 90 年代水平。经过 10 余年的发展，扫描仪的技术和产品都得到了极大发展，之后也成为上市公司紫光股份的主导产品，连年稳居国内市场销量第一。

至 1997 年，经过三年调整，公司逐步形成了信息、光机电一体化、环保、生物及化工等主导产业，使企业经营由分散渐趋集中。1998 年 2 月，“紫薇”牌卵磷脂获卫生部批准，开始进入市场，打破了进口产品垄断的局面；当月还推出了“紫光”笔记本电脑；4 月，与学校计算机系共同完成的国家 863 计划项目“图纸智能化处理实用系统的开发”通过了国家教委的鉴定。

1997 年 8 月，学校批准紫光集团股份制改造，争取 A 股上市。1999 年 3 月，国家经贸委批复同意设立清华紫光股份有限公司，4 月，清华紫光（集团）总公司作为主发起人，联合中国北方工业公司等 4 家企业共同发起设立清华紫光股份有限公司。是年 8 月，紫光股份获准发行 4 000 万股 A 股股票。新股发行后，紫光集团持有紫光股份 8 000 万股，占其总股本的 62.11%，是紫光股份的第一大股东（参见本节“紫光股份有限公司”）。

1999 年，紫光集团入选全国电子百强企业。2000 年 1 月 24 日，江泽民总书记在中关村科技园区考察工作时听取了紫光集团的情况汇报。

紫光股份上市后，紫光集团将发展的重点转向医药产业。2000 年 4 月 24 日，紫光集团与湖南省衡阳市国有资产管理局签订股权转让协议，收购该局持有的湖南古汉集团股份有限公司 21.44%的股权，成为古汉股份的第一大股东，古汉股份公司的名称变更为清华紫光古汉生物制药股份有限公司。紫光集团委派张本正出任古汉股份董事长，推荐李子实任总裁。

是年 11 月 2 日，位于北京延庆八达岭经济开发区的清华紫光药业基地竣工。基地占地 185 924平方米，一期工程建筑面积 34 763 平方米，投资 2.5 亿元人民币，拥有 5 条生产线、12 个车间，主要生产各种药品制剂，是当时国内单产规模最大的制药企业。北京市委书记贾庆林，清华大学校长王大中、党委书记贺美英等参加了竣工典礼。

2001 年 4 月，由紫光集团投资建设的紫光大楼二期（紫光国际交流中心）落成投入使用，总建筑面积 2.66 万平方米，总投资 1.47 亿元。

2001 年度，受紫光股份、紫光古汉亏损影响，加上紫光集团债务形成的大额财务费用，紫光集团发生了其发展史上的第一次经营亏损，亏损额达 2 837 万元。

2002 年，根据国务院《关于北京大学清华大学规范校办企业管理体制试点指导意见》，紫光集团经过清产核资，由清华大学无偿划转到清华大学企业集团，划转净资产 51 002.94 万元。

2004 年 11 月 30 日，经学校经营资产管理委员会第 12 次会议决定，对紫光（集团）总公司进行重组，集团所持“紫光股份”62.11%股权中的 42%，以及紫光制药厂等其他部分股权资产共计 21 389 万元由清华控股直接持有，并剥离相应的债务。其余部分由清华控股作为出资，联合北京首都旅游集团等战略投资者，改制设立为国有控股的紫光集团有限公司。2005 年 6 月 13 日，紫光集团有限公司完成工商注册登记，注册资本 22 000 万元人民币，清华控股占 80.9%；首都旅游景区投资管理有限公司出资 2 180 万元，占 9.9%；首都旅游集团（首旅集团）出资 1 820 万元，占 8.3%；北京市旺达网科技发展有限公司出资 200 万元，占 0.9%。由宋军任董事长，聘任郭元林为总经理。

2006 年 8 月，紫光古汉股权分置改革方案经股东大会审议通过，经股权分置改革后，紫光集团在紫光古汉中持有 3 323 万股，占总股本的 16.37%，仍为第一大股东。

2007 年，紫光集团投资设立北京通州商务园开发建设有限公司，协助通州区政府进行通州商务园的土地一级开发。通州商务园总规划面积 7.3 平方公里，分三期开发建设。

2009 年 6 月，北京健坤投资集团有限公司（以下称"健坤集团"）作为战略合作伙伴，以收购首旅集团持有的股份并增资的方式进入紫光集团有限公司。2010 年 3 月，紫光集团完成增资扩股和股权变更，健坤集团成为持股 35.3%的第二大股东。董事会任命健坤集团董事长赵伟国为紫光集团有限公司总经理。通过本次增资扩股，紫光集团不仅引进了资金，更重要的是引入了新的思路、机制和团队。

紫光集团 1988 年至 2010 年的基本情况及经营情况参见表 13-3-1；2010 年所投资的主要控参股企业情况参见表 13-3-2。

表 13-3-1　1988 年—2010 年紫光集团基本情况及经营情况

年份	资产总额（万元）	净资产额（万元）	经营收入（万元）	利润总额（万元）	净利润（万元）	纳税总额（万元）	分配红利（万元）	职工人数	
								总数	学校事业编制
1988	1 055	551						114	
1989	1 027	522	1 061	9	105	9	30	193	
1990	1 180	546	2 595	190	64	45	50	201	
1991	2 143	672	5 158	376	290	84	100	210	
1992	4 734	1 491	11 154	624	276	159	115	218	
1993	8 863	1 915	16 200	1 202	817	177	120	253	
1994	9 814	1 537	13 554	1 113	671	92			
1995	14 486	2 211	20 651	1 406	982	256			
1996	18 611	5 924	25 021	2 057	1 007				
1997	25 539	7 726	40 773	4 234	2 426	308			
1998	34 333	10 303	57 420	5 350	1 717	720			
1999	125 905	82 080	78 074	9 172	1 951	668	1 172	474	32
2000	127 234	57 930			8 655	2 655			
2001						6 729			
2002	339 372	45 635	234 441	−3 662	−4 614	4 296			
2003	360 796	41 515	303 893	−4 218	−2 010	6 000		1 022	14
2004	348 269	33 287	381 317	−2 953	−3 869	6 643		2 498	22
2005	145 221	17 519	60 251	−2 871	−2 891	3 246		2 672	22
2006	132 931	41 959	67 179	−405	−382			2 582	22
2007	135 982	47 978	52 191	5 745	4 630	3 453		1 404	3
2008	143 659	55 083	54 280	7 795	5 754	3 545		1 709	2
2009	129 828	34 886	42 798	−16 192	−18 432	5 237		1 727	3
2010	130 244	54 313	37 864	6 890	5 968	5 142			

表 13-3-2 2010 年期末紫光集团所投资的主要控参股企业情况

序号	所投资企业名称	注册资本（万元）	持股比例（%）	初始投资时间
（控股企业）				
1	北京紫光创业投资有限公司	10 000	100	2010-02
2	北京紫光电子公司	100	100	2008-12
3	北京紫光新华科技发展有限公司	2 000	64.50	2001-04
4	紫光信业投资股份有限公司	5 008.54	55	2006-07
5	北京紫光嘉捷物业管理有限公司	50	95	2006-04
6	紫光古汉集团股份有限公司	22 333	18.02	2000-09
（参股企业）				
1	北京紫光网联科技有限公司	100	30	1997-10
2	北京中棉紫光生物科技有限公司	2 000	24	2000-07
3	北京盛世精英教育科技有限公司	100	20	2004-04
4	清华紫光（广西）有限公司	1 200	35	2002-07
5	紫光股份有限公司	20 608	5.61	1999-03
6	北京天越盛景科技发展有限公司	8 000	0.63	2000-06

（三）北京华环电子股份有限公司

1985 年，在电子工业部科技委召开的青岛会议上，清华大学电子系冯重熙教授提议：我国应加紧培养能够独立自主设计专用集成电路（ASIC）的系统工程师，突破国外对中国的技术封锁；这将是一条发展民族电子工业的重要出路。这一建议得到了电子工业部的高度重视和支持，决定在清华大学成立专用集成电路联合实验室，采用“两头在内，中间在外”（即在国内完成设计，在境外加工，拿回国内开发应用）的方式，发展中国的 ASIC 技术，并实施产业化。联合实验室应用我校获国家发明二等奖的“减小抖动技术”专利技术，在我国首次开发成功通信专用集成电路 THMT001 和 THMR001，指标优于国外产品。该芯片应用于光纤通信设备中，可以使设备的可靠性显著提高。1988 年 9 月，清华大学在第一届全国光纤通信大会上报告了自行设计、利用国外加工工艺制作通信专用集成电路获得成功的消息。国务院电子振兴领导小组的李祥林主任立即向国家科委宋健主任报告了这一消息，宋健主任 9 月 13 日批示：“看了非常高兴，请向清华冯重熙教授转致衷心感谢，希望尽快商品化，批量供应，还希望清华的同志们再接再厉，向四次群和更高速前进!”

为了进一步探索民族通信产业的发展模式，1989 年 1 月 3 日，经学校批准，由清华大学科技开发部作为出资人，以 THPT（脉码基群时序电路）和 THOTR（2×34Mb/s 合路光纤传输用电路）两块专用电路的版权折合人民币 50 万元作为出资，中国电子系统工程公司和香港招商局北京分公司各投 25 万元货币资金，共计 100 万元人民币作为注册资本，成立了北京华环电子技术联合开发公司，首任董事长冯重熙，总经理许知止。

1992 年，经北京市人民政府批准，北京华环电子技术联合开发公司整体改制为中外合资北京华环电子有限公司（华环电子），注册资本 1 262.98 万元人民币。原股东清华大学科技开发部折合出资 568.33 万元，占有 45%股权；中国电子系统工程总公司折合出资 113.66 万元，占有 9%

股权；香港海通有限公司折合出资 341.00 万元，占有 27%股权；新增股东北京实创高科技发展总公司以上地信息产业基地 M8 东地块的 6 000 平方米土地使用权出资 240.00 万元，占有 19%股权。公司于 1992 年 10 月 29 日登记注册。冯重熙任董事长兼总经理。是年 11 月 21 日，公司获北京市新技术产业开发试验区核准颁发的“新技术企业认定证书”及“新技术企业批准证书”。

1992 年，公司开发成功 BLD6432（ADPCM）微波通信用扩容设备，成为美国进口设备的替代产品，被国家电信总局指定为扩容装备产品；开发成功国际先进水平的收发一体复接器 M2301（二或三次群收发复接器电路）。之后，又开发成功单板复接器，并以此为基础与 506 厂和 611 厂合作，开发出微电一体化微波传输设备，在国内首次建立了基于自主技术的微波传输系统。

1992 年，公司在上地信息产业基地 M8 东地块投资建设华环电子大厦。1995 年竣工，占地 4 060平方米，建筑面积 6 036 平方米，总投资 1 836.9 万元。公司由清华大学校内迁至上地华环电子大厦。

1993 年 12 月 29 日，经北京市新技术产业开发试验区批复同意，华环公司新增股东美国 Advance International Telecommunications Inc.（简称 AITC 公司）。1994 年 5 月，注册资本增加到 1 320.80 万元人民币。

1994 年初，华环公司在国际上首次开发成功带 5B6B 线路编码串行口 170MB/S 输出的四次群复接器电路 M4320（含数字减小抖动技术专利），该芯片亦可作 2/3 次群复接器应用；1995 年，在国际上首次开发成功基群到三次群的跳群复接器单片系统集成电路 HMX3101（电路中包括三次群跳群复接电路、E1 全交叉矩阵和 20 个数字 PLL 电路），以此电路为基础，派生出多种系列产品，成为后来十多年公司的核心专用集成电路。

1996 年，公司开发出 H760、H860、H1000 单板三次群复接和光纤传输设备系列产品，以及数字用户环路设备和通用传输系统监控软件。是年，公司率先推出面向光纤网络的 N-PDH 设备，深受市场关注，在国际光纤通信领域中独树一帜。1997 年，光纤系列产品的销售收入在国内位居第一。1999 年，H1000 光端机和 HMX3101 芯片获教育部科技进步三等奖，公司获第五届中关村科技园区“科技之光奖”，H 系列光端机获“百项拳头产品奖”。华环公司在中关村“五十优新技术企业”中排名第九。

1999 年，经北京市新技术产业开发试验区办公室批准，公司股东内部变更：清华大学科技开发部变更为清华大学企业集团，香港海通有限公司变更为凯瑞有限公司，美国 AITC 公司名称变更为莫德系统公司，股权结构不变。其后，投资各方按原出资比例增资，增资后的注册资本为 2 600 万元人民币。

2000 年，公司改制为全内资的股份有限公司，并对有重大贡献的少数技术和经营管理骨干进行股权激励。经教育部科技发展中心批复同意，对公司的股权结构作了较大变动：①美国莫德系统公司将其拥有的全部 4.3778%股权转让给清华企业集团；②凯瑞有限公司将其 11.6177%股权转让给清华企业集团，剩余股权转让给深圳市中联通投资有限公司；③北京实创高科技发展总公司将其 8.1769%股权转让给清华企业集团；④中国电子系统工程总公司将其 3.8723%股权转让给清华企业集团；⑤清华企业集团将其 15%股权分别转让给冯重熙等 12 名骨干人员，以实现股权激励机制。经北京市人民政府经济体制改革办公室 2001 年 6 月 11 日《通知》批准和《财政部关于北京清华华环电子股份有限公司（筹）国有股权管理有关问题的批复》，北京华环电子有限公司整体改制为北京清华华环电子股份有限公司。改制后，公司董事长冯重熙，总经理王一超。是年 7 月 17 日办理工商变更登记，注册资本变更为 5 242.948 5 万元人民币。股权结构变更为：清华大学企业集团占有 56.0738%；深圳中联通投资有限公司占有 14.1993%；北京实创高科技发展公司占有 9.9940%；中国电子系统工程总公司占有 4.7329%；冯重熙等 12 名骨干人员占有 15.0000%。

2000 年 1 月 17 日，公司决定在密云建设生产基地，占地 38 亩，建筑面积 8 530 平方米，总投资约 2 280 万元。基地于 2002 年 5 月竣工，公司生产线从上地迁往密云。

2004 年 7 月 20 日，北京清华华环电子股份有限公司更名为北京华环电子股份有限公司。2005 年，董事会、监事会换届，周立业任董事长，薛保兴任监事会召集人，王一超续聘为总经理。2006 年 1 月改聘阮方为总经理。

2006 年 11 月 28 日，华环电子正式登陆"代办股份转让系统"。证券简称"华环电子"，代码 430009，主办报价券商为广发证券。进入代办转让系统报价转让的股份为 17 062 582 股。

2007 年，公司迅速拓展海外业务，光端机迅速打开了国际市场。2008 年产品获得了 CE 国际认证证书，为走向欧洲市场奠定了基础。2008 年，北京供电局应用 MSTP 光传输设备 H5001 和 H9MO-LMFIT，保证了"鸟巢"在奥运期间供电、通信的畅通；河北网通应用 MSTP 光传输设备 H9MO-LMXE、H9MO-LMFIT 等，保证了环京护城河 43 条电路的联网畅通。为确保奥运安防，公司还为北京军区奥运安保应急指挥通信系统提供了便携式业务箱，保证奥运期间无通信死角。2008 年 9 月，公司获得"军标质量管理体系认证证书"和"国标质量管理体系认证证书"，为进入军方市场奠定了基础，增强了公司在各领域市场的综合竞争力。

2008 年 3 月，董事会、监事会换届，董事会成员调整为 7 人，周立业连任董事长，李艳和任监事会主席，阮方续聘为总经理。

作为一家创新型的高科技企业，华环电子获得了多项荣誉：2003 年公司被评为"中国通信业十大新兴技术型企业"；2004 年公司荣获中国民用工业企业技术参与国防建设的"特别贡献奖"，新推出的"城网直通车"产品入选"中国通信业百个成功解决方案"；2005 年被评为"中国通信设备制造企业综合实力 50 强"；2007 年、2008 年连续被评为"中国光传输与网络接入设备最具竞争力企业 10 强"；2010 年入选中关村国家自主创新示范区战略性新兴产业领域"瞪羚计划"首批重点培育企业。

华环电子公司 1992 年至 2010 年资产及经营情况参见表 13-3-3。

表 13-3-3 1992 年—2010 年华环电子公司资产及经营情况

年份	资产总额（万元）	净资产额（万元）	经营收入（万元）	利润总额（万元）	净利润额（万元）	纳税总额（万元）	分配红利（万元）	职工人数	
								总数	学校事业编制
1992	899	899				—		40	6
1993	2 226	1 807	1 164	570	570	—	0	42	6
1994	3 433	1 967	729	263	263	—	100	40	6
1995	3 835	2 188	1 209	357	330	27	70	45	6
1996	4 932	2 355	1 690	372	344	28	110	46	7
1997	4 932	2 804	3 031	670	620	50	120	56	8
1998	5 916	3 847	4 535	1 528	1 299	229	150	70	8
1999	6 251	5 270	3 028	1 235	1 050	185	581	111	9

续表

年份	资产总额（万元）	净资产额（万元）	经营收入（万元）	利润总额（万元）	净利润额（万元）	纳税总额（万元）	分配红利（万元）	职工人数	
								总数	学校事业编制
2000	6 698	5 796	4 001	1 438	1 208	230	420	173	11
2001	8 348	6 106	3 251	475	376	99	312	239	11
2002	10 782	6 773	4 898	913	667	246	334	233	9
2003	10 585	6 425	4 404	354	337	835	119	239	7
2004	10 636	6 536	4 438	291	230	581	92	240	7
2005	9 767	6 628	4 444	221	185	37	0	287	7
2006	9 798	6 959	5 279	283	231	52	79	263	7
2007	9 706	7 172	6 992	323	291	32	105	333	7
2008	10 195	7 552	9 296	536	517	680	105	350	
2009	11 246	8 008	10 511	806	729	806			
2010	12 590	8 800	13 128	1 174	1 053	666			

（四）启迪控股股份有限公司

1994 年“怀柔会议”后，学校决定建设清华科技园。

1994 年 8 月，清华科技园发展中心成立，全面负责清华科技园的规划和建设。中心登记注册为清华大学出资的全民所有制企业法人，注册资金 100 万元人民币，梅萌任总经理、法定代表人。

1999 年，清华科技园发展中心独立开发的第一栋大楼——学研大厦竣工并投入使用。是年 8 月 20 日，由清华科技园发展中心发起设立“清华创业园”。

2000 年，清华科技园发展中心根据清华科技园建设和发展的需要，吸收中关村有关企业投资，发起设立清华科技园建设股份有限公司。是年 8 月，公司注册成立，注册资本 4.8 亿元人民币，清华科技园发展中心持股 59.38%，梅萌任董事长兼总裁。其后，由清华科技园建设股份有限公司主持，开始了清华科技园的大规模征地、拆迁和全面建设。

2002 年，清华大学实施国务院批准的《规范校办企业管理体制试点指导意见》，清华大学将清华科技园发展中心划转到清华大学企业集团，划转净资产 42 574.51 万元。是年，清华科技园建设股份有限公司根据“辐射战略”，在南昌、珠海、陕西建立清华科技园分园。

2003 年，清华大学企业集团整体改制为清华控股有限公司后，吸收合并科技园发展中心全部资产和负债，注销清华科技园发展中心企业法人，清华科技园建设股份有限公司成为清华控股的控股子公司。梅萌任董事长，徐井宏为总裁。

2004 年 11 月，清华科技园建设股份有限公司更名为启迪控股股份有限公司。是年，公司在昆山和北京玉泉慧谷建立清华科技园分园。

2005 年 10 月，由启迪控股股份有限公司开发的建筑面积 18 万平方米的清华科技园标志性建筑科技大厦竣工并投入使用。至 2005 年底，由公司规划、开发和建设的清华科技园主园区建设基本完成。同年，公司又开始在山东威海、辽宁沈阳、上海闸北建立科技园分园。公司注册资本变更为 50 400 万元人民币。

2010 年期末，公司注册资本 54 432 万元人民币，股权结构为：清华控股占有 59.38%；北京鹏泰投资有限公司占有 33.33%；北京市国有资产经营有限责任公司占有 6.25%；同方股份、紫光股份各占有 0.52%。

清华科技园的建立背景及发展情况参见本章第四节“清华科技园”。

2003 年至 2010 年启迪股份公司的基本情况及经营情况参见表 13-3-4。

表 13-3-4　2003 年—2010 年启迪股份公司基本情况及经营情况

年份	资产总额（万元）	净资产额（万元）	经营收入（万元）	利润总额（万元）	净利润额（万元）	纳税总额（万元）	分配红利（万元）	职工人数	
								总数	学校事业编制
2003	138 583	50 028	8 158	1 874	1 195	1 609	480	65	9
2004	226 498	55 558	47 689	8 229	5 286	2 167	480	72	5
2005	309 200	60 235	72 411	8 802	5 481	5 342	2 400	88	6
2006	315 604	62 333	65 702	9 377	6 326	11 728	4 536	363	6
2007	242 801	87 997	84 229	11 166	7 248	10 671		1 003	6
2008	221 151	82 569	49 639	6 748	4 687	6 244	3 810	973	6
2009	273 416	115 294	36 368	11 579	8 427	6 933		762	5
2010	358 039	179 894	34 882	8 170	5 916	6 195	3 266	470	5

（五）北京清华阳光能源开发有限责任公司

1979 年，清华大学电子工程系殷志强教授课题组立项开展“全玻璃真空太阳集热管”的项目研究。1984 年，殷志强教授发明“单靶磁控溅射制备铝-氮/铝太阳选择性吸收涂层”制造技术。1985 年，完成了国内首台卧式磁控溅射镀膜机的设计制造，铝-氮/铝太阳选择性吸收涂层应用于全玻璃真空太阳集热管的生产，获国家首批发明专利。1987 年，全玻璃真空太阳集热管在北京真空薄膜器械厂进行小试，年产能力 5 万支。1988 年，首项总采光面积 140m^2 的全玻璃真空太阳集热管热水工程在清华师资培训楼投入使用，“选择性吸收涂层与玻璃真空太阳集热管”科技成果获国家发明三等奖。

1988 年 6 月，清华大学以该专利技术为基础，与中关村先锋公司合作，成立了华业联营公司，注册资金 50 万元人民币，学校占有出资额的 30%，殷志强任总经理。1990 年由凯利集团出资 292 万元设立凯华太阳能厂，薛祖庆任负责人，开始太阳能集热管及热水器的中试生产，年产能力 10 万支。华业联营公司在该厂占股 30%，折算到学校仅占有 9%。凯华公司于 1993 年底解散。

1994 年 2 月，由清华大学和北京玻璃仪器厂（北玻厂）共同出资成立全民所有制的清华大学太阳能电子厂，注册资金 400 万元，清华和北玻厂各占 50%，薛祖庆任总经理、法定代表人。该项目被列为北京市“产学研工程”示范项目。是年，在学校 9003 大楼前的预制构件厂简易厂房内建成了国内首条年产百万支真空集热管的生产线。1996 年，又在北玻厂内建成年产 300 万支的真空集热管生产线。同年，“晒乐牌全玻璃真空太阳集热管”获“北京市名牌产品”称号，并首次出口日本。

1997 年 12 月，清华大学太阳能电子厂以存量资产改制为北京清华阳光能源开发有限责任公司，注册资金 4 870.78 万元，清华大学企业集团和北京玻璃仪器厂各占出资额的 50%，由北京玻璃仪器厂推荐的沈长治任董事长，薛祖庆任总经理。公司主营玻璃真空太阳能集热管、热水器及热水系统的研究、开发、生产、销售、服务。是年，公司发起并参加中国首部《全玻璃真空太阳集热管》国家标准的制定。

1997 年，位于昌平阳坊镇的全玻璃真空集热管太阳能热水器生产基地开始建设，占地面积 62 286平方米，建筑面积 48 510 平方米，总投资额 11 000 万元。1998 年 5 月完成设备安装调试并正式投产，年产全玻璃真空太阳能热水器 30 万台。

1998 年 8 月，由公司控股，吸收管理骨干和技术骨干参股投资成立北京清华阳光太阳能设备有限责任公司，注册资本 100 万元，主营太阳能热水器的生产和销售。同年，SLL 型联集管式集热器获得尤里卡世界发明博览会金奖。

1999 年，SLU 型真空管太阳能集热器通过了德国 Fraunhofer 测试中心的质量检测。次年，SLU 型全玻璃真空管集热器获得德国联邦政府和州政府双重补贴，大批量进入欧洲市场。

2001 年 12 月，全玻璃真空集热管、集热器及热水系统荣获国家科学技术进步二等奖。

2002 年 3 月，首钢股份有限公司对公司投资 9 400 万元，公司注册资金变更为 1.535 亿元，公司住所迁至北京上地国际科技创业园。增资扩股后，股权结构变更为清华大学企业集团占 31.6%、北京玻璃仪器厂占 29.7%、首钢股份有限公司占 28.7%、殷志强等自然人占 10%；董事长变更为荣泳霖，监事会召集人变更为方建一，总经理为薛祖庆。公司获得进出口经营权。

2002 年 11 月，公司在昌平区马池口镇北小营村建设年产 1 000 万支集热管的生产基地，占地面积 80 941 平方米，建筑面积 66 918 平方米。该项目被列为国家经贸委第二批国家重点技术改造“双高一优”项目。2003 年 11 月基地竣工并投产，公司设立昌平分公司。

2003 年 3 月，董事会换届，荣泳霖连任第二届董事会董事长、法定代表人，聘任吴振一为总裁，殷志强为科技委主任。是年 10 月，公司与其子公司太阳能设备有限公司共同出资成立北京华业阳光系统集成有限公司，注册资本 100 万元，分别占出资额的 60%和 40%。是年，公司发明紫金涂层集热管，太阳能吸收比高达 96%；三套管结构的集热管问世。

2005 年 4 月，公司董事会换届，荣泳霖连任第三届董事会董事长、法定代表人，吴振一任总裁。5 月，公司住所变更为海淀区上地东路 1 号盈创动力园。

2005 年，公司研发成功具备防冻、防水垢与防漏等特点的全玻璃热管式真空太阳集热管，推出了“管中管”结构的紫金真空管及热水器，同时为 U 形管 SLU 集热器和联集管式 SLL 集热器开发了三款分离式太阳能热水器。是年，“清华阳光”牌热水器荣获“中国名牌”称号；殷志强教授荣获“维克斯实业成就奖”“国家发明创业奖特等奖”。

2006 年，公司名列建设部推选的“太阳能利用行业创新指数前 10 家企业”的榜首，并获商务部颁发的“最具市场竞争力品牌”称号。2007 年，公司推出 6 大系列，20 多个型号的产品，试制了阳台壁挂式等新机型 20 余种，完善了产品的种类和功能。殷志强教授荣获“中国可再生能源杰出贡献奖”，被中国太阳能热利用专业委员会授予“推动中国太阳能热利用产业形成和发展全国十大杰出贡献人物奖”；三层同轴全玻璃真空管太阳能热水器及紫金管被认定为“北京市自主创新产品”；清华阳光商标被认定为“北京市著名商标”。

2007 年 10 月，太阳能设备有限公司将其持有的 40%股权转让给华业阳光系统集成有限公司，北京华业阳光系统集成有限公司成为公司的全资子公司。11 月，太阳能设备有限公司进行股权变更，北京市昌平阳坊工业企业总公司将其持有的太阳能设备公司 5%的股权转让给公司。12 月，北京清华阳光太阳能设备有限责任公司更名为北京华业阳光新能源有限公司。是年，公司董事长变更为清华控股推荐的宋军担任。

2008 年 1 月，公司与河南置地集团共同出资，在驻马店成立河南华顺阳光新能源有限公司，注册资金 2 000 万元，公司占 51%的股权。

2008 年 5 月，董事会换届，宋军连任第四届董事会董事长，吴振一继任总裁。

经过 20 多年太阳能热利用的科技成果产业化实践，阳光能源在家用太阳能产品领域已形成以“速乐”“牧童”“神童”为主体的三大低端产品线；以“迅捷”“澎湃”“奔腾”“金刚”为主体的四大中端产品线；以“阳光至尊”承压分离式热水系统、双核舱承压热水器，“阳光劲瀑”承压热水器，“阳光至圣”非承压分离热水系统为主体的四大高端产品线。在产品方面，联集管的生产品种已增加到七种组合，拉开了产品的档次，同时提高了集热性能。在联合国工业发展组织、中国南南合作中心和世界杰出华商协会联合主办的“绿色文明电视对话论坛”上，阳光能源公司获得“2010 中国绿色企业 100 强”“绿色文明贡献奖”。

2010 年期末，公司注册资本 15 359.85 万元人民币，股权结构为：清华控股占有 31.60%；北京玻璃仪器厂占有 29.70%；首钢股份占有 28.70%；殷志强等自然人占有 10.00%。

阳光能源公司 1998 年至 2010 年的基本情况及经营情况参见表 13-3-5。

表 13-3-5　1998 年—2010 年阳光能源公司基本情况及经营情况

年份	资产总额（万元）	净资产额（万元）	经营收入（万元）	利润总额（万元）	净利润额（万元）	纳税总额（万元）	分配红利（万元）	职工人数	
								总数	学校事业编制
1998	14 250	6 478	7 092	386	357	446	2 000	1 020	17
1999	17 444	7 129	12 940	1 185	758	397	2 000	1 030	17
2000	23 214	8 077	17 783	2 725	1 147	1 354		1 040	17
2001	24 121	9 416	27 760	3 265	1 261	2 112	1 500	1 040	17
2002	28 398	21 063	25 929	2 823	2 211	2 315		1 050	15
2003	29 239	22 668	26 690	1 949	1 605	2 134	1 500	1 045	14
2004	28 079	22 038	23 551	2 108	1 822	1 915	800	1 040	13
2005	30 269	23 250	22 402	2 436	1 878	1 972	1 200	1 000	8
2006	32 474	24 289	26 073	2 997	2 230	2 749	2 000	980	7
2007	38 154	22 511	29 311	785	188	2 569		970	7
2008	41 479	25 970	32 402	2 338	1 901			940	3
2009	46 738	27 220	34 662	3 055	2 577	2 997		946	3
2010	51 725	28 342	30 581	888	692	1 962			

（六）同方股份有限公司

1997 年，经国家体改委、国家教委批准，清华大学企业集团整合了清华大学所属的人工环境工程公司（人环公司）、技术服务公司、设备公司、计算机工厂及化工公司等企业的资产，作为主发起人，以社会募集方式设立清华同方股份有限公司。经中国证监会批准，清华同方于同年 6 月 12 日通过上海证券交易所上网定价方式，成功向社会公众发行人民币普通股 4 200 万股，发行价 8.28 元/股，募资 3.39 亿元。

1997 年 6 月 25 日，清华同方股份有限公司正式成立，公司总股本 11 070 万股，其中清华大学企业集团持股 6 570 万股，占 59.3%。首任董事长由时任常务副校长梁尤能出任，陆致成任总裁。

6 月 27 日，清华同方股票在上海证券交易所挂牌交易，当日开盘价 27.8 元，收盘价 33.9 元，涨幅为 309%，创当时新股开盘涨幅的新高。清华同方公司募资设立时，公司股权结构见表 13-3-6。

表 13-3-6　1997 年清华同方公司股权结构

股东名称	持股数（股）	占总股本比例（%）
公司总股本	110 700 000	100
社会公众流通股	42 000 000	37.94
发起人：北京清华大学企业集团	65 700 000	59.30
江西清华科技集团有限公司	1 500 000	1.30
北京首都创业集团	500 000	0.45
北京实创高科技发展总公司	500 000	0.45
北京沃斯太酒店设备安装公司	500 000	0.45

公司创立时，王大中校长题词“清华科技，荟萃同方”。清华同方以科技创新为先导，以科技成果产业化为经营宗旨，以“技术+资本”的发展战略，通过资本市场融资，加速科技成果的产业化。主营业务主要在信息产业、环境工程两大领域，还致力于在民用核技术、精细化工与生物制药领域的发展。

1997 年，公司以募资资金 2 800 万元投资江西清华泰豪电器有限公司，持股 56%，使江西泰豪成为公司的机电生产基地和华中地区重要的销售公司。是年，公司开始以募集资金实施清华大学的重大科技成果“大型集装箱检查系统”的产业化。

1998 年 2 月 20 日，清华同方兼并江西无线电厂（原军工系统 713 厂），在江西建立以通信设备、光盘设备及板卡生产为主的电子产品生产基地，并开始进入军工产业。同年 10 月，公司以吸收合并方式收购山东鲁颖电子股份有限公司，首开我国上市公司间吸收合并的先例。

1998 年 6 月，公司投资成立中国学术期刊（光盘版）电子杂志社，筹建清华同方光盘股份有限公司，依托清华大学国家光盘工程中心，构建以光盘软件、光盘节目和光盘期刊的开发制作、出版发行，以及光盘设备生产制造为一体的光盘产业整体发展布局。12 月，公司在密云建立基地，作为人工环境设备和大型集装箱检测设备等产品的开发和生产基地。

在党中央、国务院领导的关心下，“大型集装箱检查系统”产业化快速推进。“大型集装箱检查系统武装海关”入选 1998 年京港十件经济大事；“清华同方大型集装箱检查系统产业化”被教育部评为 1998 年中国高等学校十大科技进展项目。1999 年 5 月，“同方威视”MT1213 型车载移动式集装箱检查系统样机研制成功；12 月，第一套固定式大型集装箱检查系统在天津东港海关正式投入运行，标志着我国在集装箱检查系统技术领域已超过发达国家，走在世界前列。2000 年 1 月，江泽民总书记在上地信息产业基地视察了“同方威视”大型集装箱检查系统。

1999 年 6 月 24 日，公司向社会公众实施配股，共募集资金 4.75 亿元，用于高新技术成果的产业化以及产业基地的建设。配股后，公司总股本增至 25 933.90 万股，清华大学企业集团持有

13 791.66 万股，占总股本的 53.18%。是年 7 月，公司投资 5 300 万元组建同方光盘股份有限公司。

1999 年，公司在信息产业领域，推出了具有较高性能价格比的系列微机；开发成功“探索108”并行集群计算机；开通了国内最大的资源性网站“中国期刊网”；完全自主版权的智能 CPU 卡 COS 系统通过中国人民银行认证。在智能建筑和环境治理领域，保持行业领先地位，以高效、节能、资源化技术为主的城市和工业污水治理解决方案在郑州污水处理厂成功运用；环境模拟分析软件及相关的节能改造技术和设备在中央电视台等数百项工程中成功使用。

2000 年，公司确定了“创建世界一流高科技公司”的战略发展目标，以自主技术创新和现代管理制度作为两大基础，推动品牌化战略、集团化战略和国际化战略，制定了“对主营明确，有核心技术、形成产业化能力、产品市场前景好、与公司其他主营业务关联度弱的业务进行分拆重组与上市”的战略安排。通过结构调整，信息产业和能源环境产业成为公司的两大主营产业，军工产品成为新的利润增长点。是年，同方电脑销量跃居国产 PC 品牌第三名；在国内首次推出宽带网 CAS 有条件接收系统；地铁环境控制系统在伊朗德黑兰地铁一期项目中成功应用；推出了烟气脱硫技术、垃圾的能源化利用及二次污染控制技术等产业化解决方案，带来巨大的社会效益。

2000 年 5 月，公司出资 5 300 万元，收购位于上地信息产业基地的亚都大厦，总建筑面积 15 000 平方米；11 月，公司的人工环境产业组建为清华同方人工环境有限公司，注册资本 2 亿元人民币，公司控股 51%；12 月，主营集装箱检查系统的核技术分公司组建为清华同方核技术股份有限公司，注册资本 7 500 万元人民币，公司控股 76%；出资 2 000 万元发起设立清华同方软件股份有限公司，公司控股 40%。

是年，公司开始聘请独立董事，并向机构投资者和老股东增发 2 000 万股 A 股股票，发行价 46 元/股，共募集资金 9.2 亿元。募集资金用于网络平台基础设施的建设项目。增发后，公司总股本增加到 38 307.46 万股，清华大学企业集团持有 19 308.33 万股，占总股本的 50.40%。

2001 年 3 月，由同方光盘股份、清华大学光盘国家工程中心、中国学术期刊（光盘版）电子杂志社共同研制完成的“中国基础教育知识仓库（CFED）”，成为我国基础教育和职业技术教育首个大型、动态化的专业教育知识资源仓库。

是年，澳大利亚海关总署与同方核技术公司签署“同方威视集装箱检查系统”采购合同，首开我国民用核技术成套高科技产品出口发达国家的先河。在能源环保领域，承建许昌火力发电厂垃圾发电技术改造示范工程；中标北京第二热电厂热水锅炉除尘器系统及配套设备；承接了我国燃油锅炉的第一个布袋除尘示范项目。

2002 年 7 月，在庆祝清华同方成立 5 周年的高科技产业汇报会上，教育部周济部长高度肯定了清华同方的发展成就，认为清华同方的成功为我国高新技术产业的发展树立了典范。公司积极构筑核心业务领域，形成以信息产业和能源产业为核心、适度多元化的经营架构。是年 12 月 30 日，总建筑面积 11.6 万平方米的清华同方科技广场落成。

是年，公司收购美国无线光联公司，在国内率先推出解决网络“最后一公里”连接的新技术方案“无线光通信网络系统”；公司承接的我国第二代身份证芯片和模块研发项目取得重大进展。由清华同方、河南省电力公司和清华大学煤燃烧工程研究中心合作实施了焦作热电厂燃煤锅炉烟气袋式除尘示范工程；公司联合清华大学等单位开发成功“齐鲁石化湿法烟气脱硫成套技术开发工艺包”，成为我国具有完全自主知识产权的脱硫专利技术大规模进入大型化工工程的标志。

2003 年 4 月，胡锦涛总书记视察江西泰豪科技公司时，肯定了清华同方在科技成果产业化方面做出的成绩。是年“非典”期间，公司利用在危险废弃物处理、医用污水处理、空气净化、远程教育等方面的技术，为防控“非典”疫情作出了贡献。公司在湖南地面移动数字电视网中推出了我国第一台商用数字电视发射机；台式电脑跻身亚太地区市场占有率前六名，获教育部“教育行业首选品牌奖”；公司率先进行我国第二代身份证的芯片生产，承接了全国公民身份信息核查系统项目；利用清华大学电力信息化的最新科技成果和清华能源仿真公司 20 年电力仿真技术的积淀，首次实现了数字化电厂的基本功能；推出仅六年时间，“同方威视”产品已出口澳大利亚、韩国、挪威等 14 个国家，应用领域拓展到航空、航天和铁路。

2003 年，公司“本部制”架构和产业结构调整基本完成，形成了应用信息系统本部、计算机系统本部、数字电视系统本部和能源与环境系统本部的架构。

2004 年，公司在信息产业领域重点整合资源、明晰业务定位和优化商业模式。根据赛迪公司 2004 年 11 月份公布的数据，同方电脑以 40.21%的增长速度成为台式电脑国内市场增长最快厂商，其中家用电脑以 13.42 万台的销量跃居国内第 2 位，笔记本电脑市场份额继续保持在国内品牌第三位，并于 2005 年成为国内第一家获“绿色之星”环保标识的 IT 品牌。公司还推出了《中国图书全文数据库》。

是年，公司大规模向环保产业发展，首次以 BOT 商业模式，中标日处理能力 32.5 万吨的哈尔滨太平污水处理厂项目；公司与华能国际电力股份公司、奥地利能源与环境股份公司（AE&E）合作，开展燃煤发电机组烟气脱硫工程等大型项目；同时，还与清华大学、大唐国际电力公司就“高铝粉煤灰资源化利用产业化”项目进行合作。

2005 年，同方环境公司中标华能玉环电厂的我国第一套 1 000 兆瓦超超临界发电机组烟气脱硫项目。在民用核技术应用领域，第一套大型铁路货物检查系统在北京黄村基地投入运行，第一套高能直线加速器无损检测系统交付使用，首套小型物品 X 射线检查系统在深圳海关投入运行；国家民航总局与清华大学、“同方威视”签署合作协议，合力推进适合民航需要的客货运安检设备的研制与应用。是年，公司先后在沈阳、鞍山、无锡投资建设科技园，作为数码产品、数字广播电视、能源环保、计算机、人工环境与照明等产业的研发和生产基地。

2005 年 3 月，荣泳霖董事长率团访美，是年相继参展 CCBN、SINOCES 和美国 CES 等大型国际专业展会，系统推介和展示了同方全系列数字电视技术与产品以及构筑“后 PC 时代”的发展理念，着力推动清华同方的国际化发展进程。是年，公司在信息产业部公布的 2005 年中国软件产业最大规模前 100 家企业中排名第 13 位。ezONE 软件开发平台获得国家火炬计划以及软件国际博览会金奖；中大功率广播电视发射机在国内产销量第一，并成功进入国际市场，获得“电子信息科学技术二等奖”。是年 6 月 23 日，同方商标被认定为中国驰名商标。

2005 年 4 月，中国证监委批准清华同方成为股权分置改革首批试点单位。2006 年 1 月 23 日，股权分置改革方案获公司股东大会以 98.96%的总赞成率通过。根据股权分置改革方案，非流通股股东向流通股股东支付 10 375.16 万股，即流通股股东每 10 股获得 3.8 股；公司有限售条件的流通股为 19 783.02 万股，占总股本的 34.43%。

2007 年 8 月 3 日，公司实施向 10 名特定对象以非公开发行方式发行 5 400 万股的股票增发方案。增发后，公司总股本增加到 62 861.23 万股。

经证监委2009年审核通过，公司于2010年7月向唐山晶源科技有限公司定向发行1 688万股股票，购买其持有的上市公司“晶源裕丰电子股份有限公司”25%的股权。发行后，公司总股本由9.769 705 54亿股变更为9.938 505 54亿股。

至2010年期末，公司股本及主要股东持股情况见表13-3-7。

表13-3-7　2010年清华同方公司股权结构

股东名称		持股数（股）	占总股本的比例（%）	股份性质
公司总股本		993 850 554	100	
主要股东	清华控股有限公司	237 379 689	23.88	国有法人
	刘益谦	50 000 000	5.03	自然人
	工银瑞信核心价值股票型证券投资基金	35 645 681	3.59	境内非国有法人
	诺安股票证券投资基金	19 029 943	1.91	境内非国有法人
	唐山晶源科技有限公司	16 880 000	1.70	境内非国有法人
	银华核心价值优选股票型证券投资基金	10 004 189	1.01	境内非国有法人
	华夏行业精选股票型证券投资基金	9 999 940	1.01	境内非国有法人

自2007年始，公司通过五年的结构性调整，在“二次创业”思路指引下，步入快速发展期，自主创新能力带动的综合竞争优势在奥运工程和海外市场上得以充分体现。是年，公司向北京奥组委捐赠价值5 500万元的“RFID电子门票系统”，应用于赛事门票查验，百年奥运第一次用上了电子门票；公司承接的北京热电厂的烟气脱硫脱硝、奥运森林公园景观建设、鸟巢直饮水项目、奥运场馆安保设施等项目，以高科技为奥运工程提供了全方位服务。“同方威视”推出了世界首创的双视角技术和世界领先水平的交替双能加速器，成功应用在宁波海关、北京铁路货运中心和迪拜新航站楼。大型集装箱检查系统首次推广到美国本土，继续保持全球市场占有率第一的地位。大型余热利用热泵机组试车成功，使热泵技术的创新迈向新高度。公司在第十届中国国际科技产业博览会上获得“首届中国自主创新科技企业”称号。

2010年，公司根据产业布局和长期发展规划，立足于信息技术和能源环境两个核心产业，通过优化内部资源、实施结构调整，建立了计算机、数字城市、物联网、安防系统、微电子与核心元器件、知识网络、军工、多媒体、数字电视系统、半导体与照明、建筑节能、环保等12个产业本部，形成“事业本部＋骨干子公司＋生产基地”的组织结构，打造有核心竞争优势的产业集群，延伸产业链，提升经营能力，带动公司整体业绩的快速发展。在发展策略上，继续贯彻“技术＋资本”“合作＋发展”“品牌＋国际化”的发展战略，筹划利用境内外资本市场的资本运作工具，实现科技成果产业化的快速飞跃。

至2010年底，同方股份各产业板块的发展情况如下：

（1）计算机系统产业：公司积极应对国家政策、产业趋势以及市场环境三大核心要素的变化，调整业务结构，探索和开创新的业务模式。可信计算（安全电脑）已形成优势地位，荣膺“2010年度政府采购政务安全首选品牌”；打造了国内首个获得微软公司肯定的远程电脑“零时空”服务平台，在远程电脑服务市场占有率稳居第一；推出基于云计算架构的“TSS云网”整体解决方案，创建了云化的虚拟桌面系统。

（2）数字城市产业：在“工程产品化”策略的基础上，提出了“产业面建设”的发展战略。公司保持建筑智能化行业领先地位，连续4年蝉联智能建筑行业工程总量第一名。在轨道交通信息化行业，参与了作为国家城市交通重大项目的三大调度所的工程建设，并将业务拓展到高铁领域，在高铁的旅客服务信息化市场中保持市场份额第一，在城市轨道交通的系统控制领域处于市场占有率前三位的地位。在热网监控业务方面，公司在国内热网自控领域占有超过60%的市场份额，荣获中国勘察设计协会评选的“全国优秀工程勘察设计行业奖”一等奖。

（3）物联网应用产业：公司以“城市运行体征管理”为核心的“物联城市”建设为方向，依托在M2M平台、应急平台、ezONE平台和数据资源平台等方面的技术优势，围绕物联网应用业务、应急系统业务等实施市场开拓和技术创新。公司率先与中移动合作，开展具有全网业务支撑能力的物联网运营平台的建设，打造中移动未来的M2M业务运营支撑中心。在应急系统业务方面，已成为集国务院应急平台建设、省级应急平台建设、地市级应急平台建设于一身的应急平台建设整体规划和解决方案的提供商和集成商。

（4）微电子与核心元器件产业：公司已成为全球前三大智能卡供应商中唯一的中国芯片供货商。在深化二代身份证芯片供应的同时，保持了SIM卡芯片市场第一名的份额。在银行卡、USBKey卡、移动支付芯片等领域，推出引领行业的解决方案，已成为银联的主导方案。以可信计算TCM芯片为核心的可信计算产品解决方案以及“国密算法双界面智能卡芯片”已通过国家密码管理局审查及测试，列入国家科技重大专项项目。大容量SIM卡芯片、数字电视SOC芯片、面向互动信息的龙芯安全适用计算机的研制及推广、支持国产计算机的固化软件等被列入国家重大“核高基”项目。通过并购晶源裕丰电子公司进入上市公司平台后，微电子与射频技术业务将有更大的发展。北京同方微电子有限公司荣获“2001—2010十年中国芯优秀设计企业奖”。

（5）安防系统产业：截至2010年末，威视股份已交付大型集装箱检测系统476套；小型安检设备3 136台。海外客户已经增至102个国家和地区。自主研发的LS1516BA液体安全检查系统通过欧洲民航委员会认证测试，性能达到欧洲统一制定的液态爆炸物检测系统（LEDS）技术标准最高级别要求，成为首批获得欧洲民航领域销售许可的安检产品之一，荣获2009年度教育部高等学校技术发明一等奖。公司在航空、高铁、地铁、特种行业积极推进危险物质监测等新技术的应用，为上海世博会、广州亚运会提供了千余套安检设备和相应的技术服务。在中国公共安全研究院主办的“2009中国安防最具影响力十大品牌评选”活动中，公司自主研发的TF-DF6000系列安全门禁产品荣获“2009中国安防最具影响力十大品牌”称号。公司与清华大学共同起草的IEC62523国际标准已发布施行，成为全球集装箱/车辆检查系统类产品研发、制造、销售和使用的共同依据，这是我国核技术应用行业第一次主持编写并发布的国际标准，成为我国核工业发展的又一里程碑。

（6）多媒体产业：公司把握市场需求，创新技术和产品，推出了具有节能、网络功能、带有CNTV集成播控平台的LED“尚网”电视，并添加了数字教育功能，成功入围“环境标志产品”，进入政府采购清单，为拓展政府采购市场奠定了基础。自有品牌SEIKI电视机成功打入北美市场，同方电视机产品在英国市场占有率已达到5%，北美市场达到3%。公司还开发了基于Android的第三方嵌入系统数字电视解决方案，推出了基于医疗、教育、军工等行业应用的3D高清网络视频产品。

（7）数字电视系统产业：继续专注于广电行业的业务拓展，着力打造包括从发射端到接收端的设备、系统整体解决方案，一直到数字电视网投资运营的完整产业链，积极推进地面国标数字电视网络的建设和运营。数字电视发射设备继续领跑发射机市场，保持了市场份额第一名的地位。公司继为13个省市提供高品质的CMMB发射设备（1kW）及天线馈线设备并承担了天津、长春、呼和浩特等30余个城市的单频网组网工作之后，又成功入围中广传播有限公司“移动多媒体广播覆盖工程”的设备采购项目，中标含发射机、天馈线等在内的所有系统设备。

（8）军工产业：公司积极转变军工产品的发展方式，提高了研发创新能力，拥有了一批自主可控技术，开发出适应部队信息化需求的系列新产品，列入了部队装备编制，形成了新的经济增长点。公司开展了通信对抗、技术侦测、系统集成等产品和项目的软硬件设计能力的再造工程；为军方提供的指控装备军民一体化保障项目全面展开。立足于自有技术，完成了北斗运营平台第一阶段建设任务，为开拓运营市场奠定了基础。在船舶制造企业，实现了由建造千吨级船向万吨级船的跨越。在“7·16”大连新港输油管道爆炸事故后，正在交船前最后试航的溢油应急环保船“同方江新8号”紧急出动，与前不久交付的海上溢油应急环保船“海洋石油252”等4艘专业清污工作船一起，完成了大连新港及附近海面几十平方公里的溢油应急清理任务。

（9）知识网络产业：公司不断探索数字出版和增值服务的商业模式，不断开发新型的知识网络数据库，市场地位保持行业第一。在第二届中国出版政府奖中，所出版的《中国工具书网络出版总库》和《CNKI“三农”网络书屋（科技版）》获得网络出版物政府奖。公司针对上游资源进行了合作模式的顶层设计和建设，已占有了80%以上的中文学术资源，其中获独家授权的资源包括2 130种学术期刊、342家高校的博士学位论文、348家高校的硕士学位论文、3 420种工具书、126种年鉴以及国学数据库和中国科技成果数据库等。公司还代理了Multi-Science出版公司的期刊库、德国施普林格出版集团的期刊库和图书库、Taylor & Francis出版公司的期刊库、Earthscan期刊数据库等众多国外学术文献数据库。2010年底，公司实现机构用户7 300家、最终用户约4 000万人，全年文献下载量18亿篇。

（10）建筑节能产业：围绕可再生能源利用、余热回收利用等方向，提出了以热泵技术为核心的能源综合利用推广策略，推动各级城镇的能源规划与环境规划建设，为其提供传统能源与可再生能源结合的战略策略、集中化与分布化相结合的实施方法，以及有计划开发、有管理使用资源等解决方案。公司入选为建设部评选的“中国可再生能源建筑应用重点推荐企业”。公司自主创新开发的矿井热回收系统技术，已开始应用于工厂和生活区的供暖和热水系统。

（11）半导体与照明产业：公司围绕LED照明产业进行产业布局，已经形成了从外延片/芯片制造、照明产品应用到城市景观照明工程的完整产业链，形成了四个生产基地。与荷兰知名LED照明企业Lemnis合作，形成了Harox室内灯、Lumis混光型路灯等系列产品，达到了年产室内LED照明产品300万支、室外照明产品30万盏的生产规模。自主研发的“垂直结构LED芯片”技术荣获了中关村半导体照明产业技术联盟2010年的“创新产品奖”。

（12）环保产业：2009年，公司承接的火电厂脱硫工程已投入运行的机组达到了36台套，位居全国第一，累计承建的脱硝机组台数也排名首位。公司已签约水厂的水处理能力合计达到近270万吨/日，众多污水处理厂已经陆续投入运营。在中华环保联合会、中国企业报社等单位联合主办的第二届中国绿色产业经济论坛上，同方环境股份有限公司凭借在环保领域的突出业绩被评为“2009中国节能减排功勋企业”，是环境治理领域唯一的入选企业。

1997年至2010年，同方股份有限公司的基本情况见表13-3-8，主要控股子公司的情况见表13-3-9，公司的经营情况见表13-3-10。

表 13-3-8　1997 年—2010 年同方股份基本情况

年份	总股本（万元）	董事长	总　裁	总资产（万元）	净资产（万元）	年末市值（万元）	职工人数		
							职工总数	母公司职工人数	学校事业编制
1997	11 070	梁尤能	陆致成	78 637	51 397			1 082	162
1998	16 605			137 644	63 619			1 582	146
1999	25 934			256 353	131 537			2 119	137
2000	38 307			529 058	257 361	1 697 100		2 557	133
2001	57 461	荣泳霖		606 517	266 334	1 159 100	4 431	2 594	130
2002	57 461			627 632	276 264	871 128	5 259	4 098	121
2003	57 461			752 974	289 382	826 867	5 709	3 679	103
2004	57 461			906 413	297 650	849 277	5 802	2 862	93
2005	57 461			1 084 253	304 558	549 329	9 604	3 308	89
2006	62 861			1 289 690	455 570	621 153	13 995	3 195	80
2007	62 861			1 741 973	698 632	1 769 683	18 387	2 889	70
2008	75 152			1808 199	703 529	970 132	18 713	2 395	70
2009	97 697			2 138 992	730 785	1 829 866	18 482	2 159	63
2010	99 385			2 486 464	798 670	2 634 696	17 882	1 802	52

表 13-3-9　2010 年同方股份主要控股子公司情况

序号	所投资企业名称	成立年份	注册资本（万元）	占有股权（%）	主营业务
1	泰豪科技股份有限公司（股票代码 600590）	1996	45 533	22.71	楼宇电气集成制造、军工电源和中小型电机
2	同方威视技术股份有限公司	2000	15 000	76	安全检查产品和应用系统
3	同方光盘股份有限公司	1999	8 000	98.98	知识资源数据库的开发、研制
4	中国学术期刊（光盘版）电子杂志社	1997	100	100	编辑、出版、发行《中国学术期刊（光盘版）》、互联网出版
5	同方人工环境有限公司	2000	24 900	40.96	热泵技术的节能产品生产和低品位热能转换利用系统集成
6	同方环境股份有限公司	2003	11 120	31.50	脱硫、脱硝、生活垃圾及危险废弃物无害化处理等环保工程
7	北京同方微电子有限公司	2001	3 160	86	半导体集成电路芯片研发设计
8	同方锐安科技有限公司	2006	6 000	100	RFID 产品研发、销售
9	北京亚仕同方科技有限公司	2005	300（欧元）	49.99	非接触式电子票卡的生产销售
10	山东同方鲁颖电子有限公司	2000	8 000	83.07	片式电子元器件生产
11	清芯光电有限公司	2005	1 000（美元）	55	发光二极管外延片、芯片生产

续表

序号	所投资企业名称	成立年份	注册资本（万元）	占有股权（%）	主营业务
12	同方光电科技有限公司	2008	8 000	100	高亮度发光二极管生产和销售
13	同方光电（香港）有限公司	2009	2 000（美元）	45	LED 背光模组的开发和销售
14	南通同方半导体有限公司	2010	50 000	99	高亮度发光二极管的生产销售
15	同方工业有限公司	2006	40 000	100	通信设备、电子产品
16	沈阳同方多媒体科技有限公司	2004	31 800	100	数字平板电视机生产
17	北京同方凌讯科技有限公司	2001	20 000	93.10	数字电视无线传输建设运营
18	北京同方吉兆科技有限公司	1993	7 000	85.46	数字电视发射机、机顶盒生产
19	北京同方软件股份有限公司	2000	5 000	74	计算机应用软件开发
20	同方鼎欣信息技术有限公司	1994	6 250	80	软件开发，软件外包服务
21	无锡同方创新科技园有限公司	2004	10 000	100	科技园区及配套设施开发管理
22	南通同方科技园有限公司	2010	20 000	99	科技园区及配套设施开发管理
23	深圳同方多媒体科技有限公司	2006	30 000	100	多媒体音视频产品开发销售
24	THTF USA，INC.	2001	249（美元）	100	技术研发，产品开发
25	TongFang Asia Pacific (R&D Center) Pte. Ltd.	2008	300（美元）	100	新技术研发

表 13-3-10　1997 年—2010 年同方股份经营情况　　万元

年份	经营总收入	利润总额	净利润额	纳税总额	分配现金红利
1997	38 516	7 250	6 943	363	0
1998	80 621	11 238	10 476	9 211	0
1999	166 843	21 908	16 085	7 415	0
2000	240 347	25 238	23 598	6 181	3 831
2001	332 468	32 807	29 076	11 870	11 492
2002	397 793	20 546	18 360	24 604	11 492
2003	669 374	20 055	11 334	20 964	5 746
2004	814 855	23 137	11 591	28 500	5 746
2005	977 519	22 691	10 519	29 850	5 746
2006	1 222 173	38 001	31 258	42 676	5 746
2007	1 462 589	71 751	63 718	54 383	6 012
2008	1 392 803	45 592	24 059	45 931	6 839
2009	1 538 773	56 319	35 137	50 831	9 770
2010	1 825 751	71 802	47 956	53 948	6 839

（七）诚志股份有限公司

1997 年 11 月，学校与江西省人民政府签署了省校全面合作协议。1998 年 10 月，经江西省股份制改造联审小组批准，清华同方、江西合成洗涤剂厂、江西草珊瑚企业集团、江西省日用化工品工业总公司、南昌高新区建设开发有限公司等五个企业共同发起设立诚志股份有限公司，注册资本 7 150 万元人民币。清华同方以北京永昌 60%的股权、江西同方药业 55%的股权、北京同方大厦 A 座两层房产权等合计出资 2 574.12 万元，占有 36%股权，为诚志股份的第一大股东。诚志股份于 1998 年 10 月 8 日登记注册，首任董事长荣泳霖，总裁龙大伟，注册地址为南昌市高新开发区。公司主要从事日用化学产品，并逐步介入精细化工、生物、医药、生命科学等高科技领域。

公司成立后，将江西草珊瑚牙膏有限公司设为诚志股份有限公司草珊瑚分公司，将江西合成洗涤剂厂的洗衣粉生产线设为诚志股份有限公司合成洗涤剂分公司。1999 年，相继设立江西诚志医药营销有限公司、诚志股份有限公司草珊瑚生活用纸分公司；2000 年又相继设立诚志股份有限公司北京分公司、江西京鹰汽车新技术有限责任公司。

经中国证监会批准，诚志股份于 2000 年 6 月成功向社会公开发行 4 800 万股 A 股股票，募集资金 47 250 万元，注册资本变更为 11 950 万元。是年 7 月 6 日，诚志股份股票在深交所正式挂牌交易，当日开盘价为 24.9 元/股，涨幅 151.5%，股价最高升至 28.47 元/股，收盘价为 26.56 元/股，涨幅 168%。

发行股票并上市后，公司的股权结构见表 13-3-11。

表 13-3-11　2000 年诚志股份有限公司股权结构

股东名称	持股数（股）	占总股本比例（%）
公司总股本	119 500 000	100
社会公众流通股	48 000 000	40.19
发起人：清华同方股份有限公司	25 728 400	21.53
江西合成洗涤剂厂	22 872 300	19.14
江西草珊瑚企业（集团）公司	22 155 300	18.54
江西省日用化工品工业总公司	357 300	0.30
南昌高新区建设开发有限公司	357 300	0.30

2000 年，相继成立了江西诚志日化有限公司、江西诚志洗涤用品营销有限公司、江西诚志油品新技术有限公司、北京清华诚志科技发展有限公司、北京诚志恒威油品新技术有限公司、江西诚志生物工程有限公司、诚志生命科技有限公司。2001 年，公司又成立了第一个医药企业江西诚志信丰药业有限责任公司。

2001 年，公司确立了“以日用化工为起点，加快向生命科学、生物制药、中药制药、信息产业、精细化工等高新技术产业发展”的高科技发展战略，在产业结构上作了重大调整。是年 7 月，诚志生物工程有限公司的新产品 D-核糖、L-谷氨酰胺项目全面投产，学校党委书记贺美英、常务副校长何建坤等领导出席投产仪式。

2001 年 3 月 17 日，江西省人民政府与清华大学签署了《诚志股份股权转让框架协议》，决定将江西合成洗涤剂厂和江西草珊瑚企业（集团）公司持有的诚志股份 2 599.13 万股国有股权转让

给清华大学企业集团。2002 年 3 月 9 日转让完成，清华企业集团持有诚志股份 5 198.25 万股，占总股本的 29%，成为诚志股份的第一大股东。

2002 年 1 月 25 日，企业集团党委决定，经学校党委同意，成立中共诚志股份有限公司工作委员会，作为企业集团党委派出的工作机构，王晶宇任党工委书记。

2002 年，诚志股份合成洗涤剂分公司、草珊瑚分公司分别顺利完成了公司改制和职工身份转换工作。是年 6 月 19 日，由诚志股份控股 99.5%成立江西诚志医药集团有限公司，集团企业包括江西诚志医药有限公司、江西诚志信丰药业有限公司、江西同方药业有限公司、信丰县诚志格林保健品有限公司等药品生产和经营企业，注册资本 6 000 万元。

是年 8 月，由北京清华诚志科技发展有限公司与清华科技园建设股份有限公司共同投资在清华科技园主园区建设的创新大厦竣工，北京清华诚志占有总建筑面积近 3 万平方米。

2003 年，学校为调整产业结构，诚志股份受托管理北京清华紫光制药厂；是年 9 月成立山东诚志菱花生物工程有限公司；12 月 30 日，江西诚志医药集团有限公司通过 GSP 认证，成为江西省首家一次性通过认证的企业。

2004 年，公司提出了“以生命科技、医疗、医药及其中间体为主营方向，打造国内专业化、规模化的医疗健康产业集团”的发展构想，进行了第二次产业转型，相继投资北京协和诚志医学投资发展有限公司、北京诚志健管科技发展有限公司、北京金诚合利投资发展有限公司。是年，公司入选国家统计局举办的首届生物、生化制品制造行业“全国工业重点行业效益十佳企业”；获“2005 年中国工业行业排头兵企业”称号，在生物、生化制品行业排名第二；在《数字商业时代》杂志发布的 2004 年中国上市公司科技百强排名中，名列第 12 位。

2004 年 3 月 23 日，诚志股份入驻江西清华科技园华江大厦。是年 7 月 16 日，位于江西清华科技园的草珊瑚分公司新区工程全面展开。2005 年 2 月草珊瑚新区建成投产，9 月，草珊瑚牙膏获“2005 年中国名牌产品”称号。

2006 年 1 月 16 日，诚志股份股东大会通过股权分置改革方案，流通股股东每持有 10 股流通股获得非流通股股东支付的 3.4 股对价股份，公司总股本不变。方案实施后，清华控股持有 5 415.68 万股，占总股本的 22.38%，仍是第一大股东。

2006 年 1 月，诚志股份与丹东国有资产经营有限公司合资设立丹东诚志医院投资管理有限公司。是年 3 月 31 日，丹东诚志医院投资管理有限公司所属丹东第一医院新院区奠基。2008 年 11 月 6 日，丹东市第一医院新建医疗大楼竣工启用。

2006 年 3 月 18 日，由诚志股份控股的诚志生命科技有限公司与江西高技术产业投资股份有限公司共同出资，在江西鹰潭市设立江西诚志科技发展有限公司。是年 9 月 1 日，山东诚志菱花生物工程有限公司正式投产，标志着 L-谷氨酰胺产品大线扩产获得成功。

2007 年，公司确立了围绕医药化工、医疗服务，不断向生命健康领域凝聚核心能力的经营指导思想，进入第二个历史发展时期。受世界金融危机、中国和国际经济下行趋势等诸多因素影响，导致 2008 年净利润下滑。

2008 年 3 月 26 日，经证监会核准，诚志股份向特定对象非公开定向发行 2 800 万股 A 股股票，募集资金 29 812 万元。发行后，公司总股本增至 269 987 500 股，清华控股持有 66 088 464 股，占总股本 37.92%，仍为控股股东。

2009 年 5 月 22 日，公司获中国证监会《关于核准诚志股份有限公司向清华控股有限公司等发行股份购买资产的批复》，核准向清华控股发行 9 195 271 股股份、向石家庄永生集团股份有限公司发行 17 849 643 股股份，购买其共同持有的石家庄永生华清液晶有限公司和石家庄开发区永生华清液晶有限公司的 100%股权，拓展精细化工业务的重点领域，增强营利能力。在完成上述收购后，大幅度提高了公司化工产品的毛利率。是年，经证监会核准，公司原股东江西草珊瑚集团将其持有的诚志股份 7 557 810 股国有法人股股票以承债的方式划转给清华控股有限公司。划转后，清华控股合计持有公司股份 119 139 670 股，占公司总股份的 40.11%，仍为公司控股股东。

是年，公司为集中资源发展主营业务，对部分股权资产进行了整合，将公司持有的江西诚志医药集团有限公司 100%股权转让给北京紫光制药有限公司，同时，公司收购了清华控股持有的启迪（江西）发展有限公司 29.52%股权，优化了资产结构，提升了公司资产发展潜力，使主营业务集中到生命科技、生物技术、液晶化工材料和医疗服务产业。

2001 年至 2010 年，公司对地方经济的发展做出了积极贡献，江西省、南昌市授予公司的荣誉称号有：2004 年度、2005 年度、2006 年度、2007 年度连续四年被评为“南昌工业企业销售收入 20 强、纳税 20 强”；南昌市第 11 届（2006—2007 年度）文明单位等。龙大伟总裁荣获“南昌工业经济十大突出贡献企业家”。

2010 年末，公司股本及主要股东持股情况见表 13-3-12。

表 13-3-12　2010 年末诚志股份有限公司股权结构

股东名称	持股数（股）	占股比例（%）	股份性质
公司总股本	297 032 414	100	
主要股东：清华控股有限公司	119 139 670	40.11	国有法人
石家庄永生集团股份有限公司	17 849 643	6.01	境内非国有法人
鹰潭市经贸国有资产运营公司	8 677 706	2.92	国有法人
全国社保基金六零四组合	7 347 046	2.47	境内非国有法人
农业银行大成景阳领先股票型投资基金	5 499 562	1.85	境内非国有法人
泰康人寿保险股份有限公司投连个险	5 419 500	1.82	境内非国有法人
光大银行招商安本增利债券型投资基金	3 751 323	1.26	境内非国有法人
中国银行华宝兴业成长股票型投资基金	3 000 000	1.01	境内非国有法人

1998 年至 2010 年，公司的基本情况见表 13-3-13，经营情况见表 13-3-14，所投资主要控股企业情况见表 13-3-15。

表 13-3-13　1998 年—2010 年诚志股份有限公司基本情况

年份	总股本（万元）	董事长	总裁	资产总额（万元）	净资产额（万元）	年末市值（万元）	职工人数	
							总数	学校事业编制
1998	7 150	荣泳霖	龙大伟	21 403	11 342			
1999	7 150			26 871	14 159		991	
2000	11 950			78 622	63 459	443 823	1 156	
2001	17 925			92 218	66 532	306 518	1 940	
2002	17 925			141 022	70 986	169 391	1 548	

续表

年份	总股本（万元）	董事长	总　裁	资产总额（万元）	净资产额（万元）	年末市值（万元）	职工人数	
							总数	学校事业编制
2003	17 925	荣泳霖	龙大伟	159 247	76 587	152 363	1 670	
2004	17 925			167 190	80 476	127 805	1 623	
2005	17 925			191 193	84 260	104 144	1 699	
2006	24 199			222 824	86 723	102 603	1 465	10
2007	24 199			226 040	102 369	349 672	1 478	9
2008	26 999			192 010	134 525	160 650	1 656	9
2009	29 703			221 479	132 770	516 836	1 836	
2010	29 703			241 213	131 192	415 842	1 630	

表 13-3-14　1999 年—2010 年诚志股份有限公司经营情况　万元

年份	经营总收入	出口创汇（万美元）	利润总额	净利润额	纳税总额	分配现金红利
1999	20 026		4 230	2 817	2 366	
2000	27 462		6 366	4 044	2 490	1 195
2001	43 871	415	6 354	4 505	5 286	1 434
2002	81 106	780	6 433	5 530	4 391	1 075
2003	145 612	420	7 610	5 601	4 475	1 255
2004	111 608	1 448	6 838	4 916	5 294	1 076
2005	140 293	682	6 676	4 976	4 780	2 687
2006	141 005	677	6 310	4 989	4 319	2 420
2007	197 481	984	6 037	4 961	3 737	
2008	251 685		3 185	2 372	4 410	2 160
2009	283 351		5 184	4 059	5 958	2 970
2010	314 018		2 216	2 154	6 358	1 188

说明：净利润额为归属于诚志股份的净利润；分配现金红利为诚志股份分配的现金红利。

表 13-3-15　2010 年末诚志股份有限公司主要控股子公司情况

序号	所投资企业名称	成立年份	注册资本（万元）	占有股权（%）	主营业务
1	石家庄诚志永华显示材料有限公司	2005	6 100	100	液晶电子、信息功能材料产品的生产、销售
2	北京诚志利华科技发展有限公司	2000	30 000	100	医疗器械销售，进出口业务
3	江西诚志生物工程有限公司	2000	15 361	99.61	食品添加剂的开发、制造、批发
4	山东诚志菱花生物工程有限公司	2003	5 000	51	L-谷氨酰胺系列产品及各种氨基酸产品的研发、生产和销售
5	江西诚志日化有限公司	1993	1 000	100	日用和精细化工产品生产、销售
6	珠海诚志通发展有限公司	2000	5 000	100	医疗器械批发、销售

续表

序号	所投资企业名称	成立年份	注册资本（万元）	占有股权（%）	主营业务
7	北京诚志瑞华医院投资管理有限公司	2001	2 000	100	企业管理服务
8	丹东诚志医院投资管理有限公司	2006	4 251	60	医院投资、管理
9	北京金诚合利投资发展有限公司	2004	5 000	80	一般经营项目
10	启迪（江西）发展有限公司	2001	7 094	85.9	高新技术咨询、服务、人才培训

（八）紫光股份有限公司

1997年8月，学校批准紫光集团进行股份制改造，争取A股上市，北京市将其列入A股发行计划备选企业。1999年教育部批准紫光集团股份制改造，是年3月，国家经贸委批复同意设立清华紫光股份有限公司。4月，清华紫光（集团）总公司作为主发起人，联合中国北方工业公司等4家企业共同发起设立清华紫光股份有限公司。首任董事长宋军，总裁张本正。

1999年8月25日，经中国证监委批准，紫光股份向社会公开发行A股股票4 000万股，发行价11.75元/股，募集资金4.7亿元。发行后，公司总股本为12 880万股，紫光集团持股62.11%。同年11月4日，公司股票在深圳证券交易所上市交易，首日开盘价26.75元/股，当日最高成交价达55.99元/股。公司发起人股东持股和社会公众流通股情况见表13-3-16。

表13-3-16 1999年紫光股份有限公司股东持股和社会公众流通股情况

股东名称	持股数（股）	占总股本比例（%）
公司总股本	128 800 000	100
社会公众流通股	40 000 000	31.06
发起人：清华紫光（集团）总公司	80 000 000	62.11
中国北方工业公司	4 000 000	3.11
中国电子器件工业总公司	2 700 000	2.09
冶金工业部钢铁研究总院	1 600 000	1.24
北京密云县工业开发区总公司	500 000	0.39

2000年，公司以募集资金出资6 000万元，设立清华紫光比威网络技术有限公司，紫光股份控股51.70%，实施清华大学“IpV6网络路由器”重大科技成果产业化。公司以募集资金投资的“紫光电力监控保护及综合自动化系统”，被北京市经委推荐为电子信息产业“九五”优秀技改项目，并获国家级新产品称号。在信息产业领域，自有品牌的UniScan紫光扫描仪、紫光防火墙UniSecure3000系统被认定为国家重点新产品；公司被列为全国公安交通管理信息系统的总集成商；中标全国人口普查光电录入项目；紫光笔记本电脑居国内市场排名第三位。在智能交通领域，公司作为交通部认证的具有承担高速公路交通工程通信、监控、收费综合系统工程实施能力的19家企业之一，获首批工程资质。在环保产业，取得了环境保护设施运营资质证书，成为中国

百家环保骨干企业之首。

2001年，由于以往营利能力较强的扫描仪、软件与系统集成产品价格下降，“或有负债”计提额度较大，广告及劳务费用增长过快，成本监控不力等原因，导致公司出现严重经营亏损。

2002年，公司转变观念，进行战略体系和组织架构的重新规划和部署。通过调整业务方向，梳理组织架构，改革管理模式，规范业务流程，通畅销售渠道，提升了主营业务的营利能力，实现了扭亏为盈的年度目标，净利润达到1 002万元。公司被国务院办公厅认定为“电子政务合作伙伴”；承接的“全国公安交通管理系统”项目通过公安部鉴定验收；公司通过设立移动通信研发中心，掌握了自主知识产权的核心软件技术和应用技术，为进一步发展拓展了良好的基础。

是年9月，紫光股份所属的环境工程中心通过资产置换，从紫光股份划出，由清华企业集团作为控股股东组建成立清华紫光环保有限公司。参见本节“浦华控股有限公司”条。

2003年，在扫描仪产品生产线的基础上，开始自主生产大幅面工程扫描仪。公司率先研发生产出国内第一款500万像素数码相机。在抗击“非典”时期，陆续研制出自主知识产权的红外温度快速检测仪等监测“非典”疫情的产品；紫光泰和通环保技术有限公司为医院等场所紧急提供了300余套免冲厕具，荣获“首都防治非典型性肺炎工作先进集体”称号。

2004年，公司推出了与国际厂商合作研制的数字式大幅面扫描仪，填补了国内市场空白，并成功出口海外。先后推出了“影视通”系列便携式视听产品和文诚、文行、新视线等多款商用、家用台式电脑系列。公司与GE公司联合研发的数字式胃肠机正式面市，开创了胃肠检查方式的数字时代，扩充了公司医疗电子产品。公司发展成为SAP公司的All-in-One中型企业信息化解决方案核心代理商。

2004年12月，教育部批复同意将清华紫光（集团）总公司持有的清华紫光股份有限公司部分国有法人股无偿划转至清华控股有限公司，2005年1月，清华大学经资委批准紫光集团将其持有的紫光股份8 655.36万股国有法人股无偿划转给清华控股。2005年4月，国资委复函，8月证监委批复，批准紫光集团将其持有的紫光股份8 655.36万股国有法人股无偿划转给清华控股，清华控股成为公司的第一大股东，紫光集团有限公司为第二大股东。

2005年，紫光笔记本电脑立足细分市场，推出配备有功能齐全的多媒体教学软件的教学笔记本电脑。公司开发的利用USB接口配置安全芯片的计算机信息安全保护系统分别通过了公安部计算机信息系统安全产品质量监督检测中心和解放军信息安全测评认证中心的产品检验，列入北京市重点技术创新项目。公司以具有自主知识产权的软件为核心，拓展行业应用，承接了智能交通、智能楼宇、电子政务、公安、教育等多个领域的重大工程。是年，公司成立科学技术委员会，加大技术应用创新、产品创新和服务创新，在“中国科技100强”评选活动中，以经营规模、营利能力、成长速度、投资价值等综合竞争力位列第19名。

2006年2月，股东大会审议通过了公司股权分置改革方案。经股权分置改革后，紫光股份总股本不变，清华控股持6 705.9万股，占总股本的32.54%，仍是第一大股东。

2007年，在“品牌中国”活动中，“紫光”品牌荣获“品牌中国金谱奖—中国信息技术行业年度十佳品牌”。2008年，紫光扫描仪在金融、保险、政府、物流和医疗等行业应用上取得突破性进展，被评为2008年度中国扫描仪市场年度成功企业。

2010年，扫描仪产品完成了从单一产品向多元化扫描仪产品和数字化输入产品的阶段性转变。基于云计算应用的网络化精简计算机“紫光TeePC”在物流、地产中介、教育等行业取得了突破性进展，成功入围中央政府采购目录及教育部“班班通”多媒体教学项目。公司加深了与

HP和DELL公司的合作，新增了喷墨打印机、工作站等多条产品线。在企业信息化方面，所开发的广电系统解决方案可为视听网站和网络电视提供有效的监控和屏蔽，已应用于国内部分省市，业务发展迅速。紫光软件集团陆续承接了中国一重集团信息化、国家知识产权局、专利局网站、民政部婚姻登记管理信息系统软件、"金盾工程"软硬件平台等多项重点工程，并开始向海外市场拓展，启动了加纳大学远程教育项目。紫光软件（无锡）集团荣获"2008年度中国软件生产力十强企业"称号。公司投资的深圳信息港项目竣工投入使用。由于在技术和产品研发中坚持低碳节能的理念及做法，公司2010年在第13届科博会上被授予"中国自主创新绿色贡献奖"。公司被列为第24届中国电子信息百强企业，并荣获中国IT"特别贡献企业奖"。

近年来，公司以"深化优势产业，快速进入重要领域"作为发展方针，加快技术升级，促进资源整合，不断夯实优势业务，在民政系统、电子政务、智能交通、智能楼宇、数字城市等政府信息化领域继续保持稳定发展。

截至2010年末，公司股本及主要股东持股情况见表13-3-17。

表13-3-17 2010年末紫光股份有限公司股本及主要股东持股情况

股东名称	持股数（股）	占股比例（%）	股份性质
公司总股本	206 080 000	100	
主要股东：清华控股有限公司	65 165 546	31.62	国有法人股
紫光集团有限公司	11 580 865	5.62	国有法人股
中国钢研科技集团公司	1 983 423	0.96	国有法人股

1999年至2010年，公司的基本情况见表13-3-18，公司的经营情况见表13-3-19，所投资的主要控股企业情况见表13-3-20。

表13-3-18 1997年—2010年紫光股份基本情况

年份	总股本（万元）	董事长	总裁	资产总额（万元）	净资产额（万元）	年末市值（万元）	职工人数	
							总数	学校事业编制
1999	12 880	宋军	张本正		60 400		630	
2000	20 608	宋军	张本正	109 551	62 550	1 112 600	705	
2001	20 608	宋军	张本正	102 234	59 516	425 100	804	
2002	20 608	宋军	徐井宏	150 980	62 588	308 502	532	
2003	20 608	徐井宏	李志强	164 332	65 054	210 202	514	13
2004	20 608	徐井宏	李志强	173 434	65 575	309 532	533	
2005	20 608	徐井宏	李志强	166 541	64 782	197 219	526	9
2006	20 608	徐井宏	李志强	175 879	63 897	161 979	523	
2007	20 608	徐井宏	李志强	195 294	65 381	433 386	538	7
2008	20 608	徐井宏	李志强	221 218	73 979	179 014	521	6
2009	20 608	徐井宏	李志强	198 123	80 172	309 532	473	5
2010	20 608	徐井宏	李志强	203 030	79 337		375	

说明：职工人数仅包括母公司及一级控股公司人员，不包括合并范围的其他所投资企业人员。

表 13-3-19　1999 年—2010 年紫光股份合并经营情况

万元

年份	经营总收入	利润总额	净利润额	纳税总额	分配现金红利
1999	45 151	6 493	5 573	1 142	0
2000	92 273	9 415	8 332	3 753	6 182
2001	146 535	−2 153	−2 362	4 910	0
2002	189 906	2 095	1 002	2 911	0
2003	230 081	2 892	2 112	2 687	2 061
2004	309 035	3 414	2 581	3 424	1 443
2005	339 486	1 321	228	4 677	0
2006	350 190	2 810	1 075	6 400	0
2007	409 432	2 990	1 500	4 405	1 236
2008	386 736	5 019	3 061	6 900	0
2009	409 765	5 806	3 199	6 243	2 061
2010	447 601	4 436	3 322	6 068	1 649

说明：净利润额为归属于紫光股份的净利润；分配现金红利为紫光股份分配的现金红利。

表 13-3-20　2010 年末紫光股份主要控股子公司情况

序号	所投资企业名称	投资年份	注册资本（万元）	占股比例（%）	主 营 业 务
1	紫光资产管理有限公司		5 000	100	投资管理
2	紫光通信科技有限公司		16 000	95	投资管理
3	紫光软件系统有限公司		5 000	100	软件开发与系统集成
4	深圳市信息港有限公司		3 150	95.24	科技园区开发建设、运行管理
5	紫光数码有限公司		5 555	90	计算机产品开发与销售
6	紫光软件（无锡）集团有限公司		10 000	51	软件开发与系统集成
7	北京裕元华创投资管理有限公司		7 600	95	投资管理
8	睿盈硅谷投资管理（北京）有限公司		6 500	100	投资管理
9	唐山海港新格瑞能源有限公司		3 500	51.43	工业生产

（九）博奥生物有限公司暨生物芯片北京国家工程研究中心

2000 年 2 月，留学归国学者、清华大学生物芯片研究与开发中心主任程京博士在国务院办公厅组织的高科技讲座上所做的“关于生物芯片技术及其产业化”的报告中，向中央领导建议：“中国应加大在生物芯片研发方面的投资力度，实施强强结合，尽快建立国家级的生物芯片工程研究中心，以迅速研究开发出一批具有我国自主知识产权的专门技术，积极参与到国际竞争的行列中”，引起了中央领导对生物芯片技术的高度重视。是年 3 月 30 日，李岚清副总理专门批示：“马凯同志：这是在上次科技讲座上镕基同志亲自布置的一项特殊任务，关于最后提的资金问题，请您与计委和科技部商量（要特事一下，待有落实意见，再特办），报总理批示。”是年，江泽民总书记听取了生物芯片研究的汇报，李岚清副总理、科技部朱丽兰部长、教育部陈至立部长以及北京市贾庆林、刘淇等领导分别视察了生物芯片的研究工作。

2000 年 9 月，由清华大学、华中科技大学、中国医学科学院、军事医学科学院等四家发起单位共同出资设立的北京博奥生物芯片有限责任公司暨生物芯片北京国家工程研究中心成立，注册资本 4 000 万元人民币，清华企业集团占有 62.5%的股份。首任董事长、法定代表人由龚克副校长兼任，诸学农任总裁，程京任技术总监。研发方向是微流体芯片、主动式微阵列芯片、可植入式生物芯片、纳米标记材料、芯片实验室、诊断仪器及医疗信息软件。成立之初，租用了圆明园东南隅约 1 500 平方米的民房作为公司住所。

博奥公司成立后，国家计委专项拨款 20 000 万元，用于支持博奥公司及生物芯片工程研究中心的建设。成立了由 3 位中国科学院院士、3 位中国工程院院士、1 位台湾“中央研究院”院士、2 位英国皇家病理学会院士和 2 位美国工程院院士组成的科学顾问委员会，由 4 位中外企业家组成了工业顾问委员会。是年，主动式电磁生物芯片被中国科学院和工程院评为“2000 年中国十大科技进展”之一。

2000 年，博奥公司在美国加州设立腾隆生物科技公司（Aviva Biosciences Corporation），作为海外研发和产业化基地。清华企业集团出资参股美国腾隆公司，占有 300 万股普通股股份。2001 年，企业集团将腾隆公司的股权转移至博奥公司管理。

2001 年 7 月，四家发起股东以国家计委专项拨款 2 亿元对公司增资，同时引入五家战略投资人和风险投资机构，共增资 1.06 亿元人民币，注册资本变更为 3.46 亿元人民币。

是年 7 月，博奥公司以货币资金和无形资产投资成立深圳微芯生物科技有限公司，注册资本 6 538 万港元，博奥公司占 42.65%股权，主营高通量及超高通量药物筛选和新药研究。

是年 8 月，李岚清副总理视察博奥公司和生物芯片工程研究中心的建设情况。9 月，坐落于北京昌平生命科学园区的生物芯片北京国家工程研究中心奠基。工程研究中心占地 67 亩，规划建筑面积 21 000 平方米。

2001 年度，公司将 2000 年构建的“酵母全基因组 c DNA 芯片”用于抗真菌药物的研究；开始进行检测微生物病原体的基因芯片和神经生物芯片的研究；构建了基于激光诱导荧光的电泳芯片检测系统；启动 CCD 芯片扫描仪的研究和设计；开始进行激光共焦扫描仪的设计。

为了使高新技术融入传统产业，在北京市政府的支持下，2002 年 2 月 28 日，博奥公司与北京医药集团有限责任公司签署协议，北京医药集团以其控股的上市公司“北京万东医疗装备股份有限公司”（万东医疗）的净资产 4 880 万元，按每股 1.60 元价格认购博奥公司向其增发的 3 050 万股股权。博奥公司成为万东医疗的控股股东，注册资本增加到 37 650 万元人民币。

2002 年度，为实施“科技奥运”，公司启动兴奋剂检测蛋白芯片的研究；完成了行波分离芯片的原理论证和两代 CCD 扫描仪样机的研制；研制成功基因芯片杂交仪样机；微阵列芯片开始对外提供技术服务；上转换纳米荧光材料得到了满意的结果。是年 4 月 1 日，公司精心研制的集成了介电电泳样品制备芯片、PCR 扩增芯片和微阵列芯片及其检测系统的“缩微芯片实验室”样机，搭载“神舟三号”飞船在太空进行可靠性实验，安全返回后系统工作正常。是年 6 月，美国《财富》杂志将博奥公司评为“2002 年全球最有发展前景的生物技术公司”。

2003 年抗击“非典”时期，公司 SARS 项目组与解放军 302 医院、中国疾病预防控制中心和清华酒仙桥医院精诚合作，于 4 月 26 日凌晨，研制出了专门用于 SARS 病毒检测的基因芯片。是年 11 月，公司自主开发的“SARS 病毒基因芯片检测试剂盒”获得了中国药品生物制品检定所出具的检定合格证书，向国家食品药品监督管理局申请了一类新药证书，并获得了北京市药品监督管理局颁发的“医疗器械经营企业许可证”。12 月，EcoScan™-100 型微阵列芯片扫描仪通过了教育部组织的专家鉴定，开始小批量生产。

2003 年 9 月，生物芯片工程中心基建工程竣工，公司迁入位于北京昌平生命科学园的工程中心新址。2004 年，公司董事会、监事会换届，荣泳霖任董事长，涂孙红任监事会召集人。

2004 年 8 月，公司与韩国 Green Mat Biotech 公司签订首个出口代理协议，由 Green Mat Biotech 公司在韩国独家代理销售博奥公司的 LuxScan、EcoScan 和 SmatArrayer 三种仪器；10 月，向美国出口第一台 EcoScan™-10K 激光共焦扫描仪。是年 10 月，公司自主研制的 EcoScan™-100 型微阵列芯片扫描仪获得我国“医疗器械注册证”和 2004 年北京市科技进步二等奖。博奥公司被美国《财富》杂志称为“已经成为中国第一个世界水平的生物公司”。

2005 年 4 月，公司与全球 DNA 芯片产业的领袖企业美国昂飞（Affymetrix）公司签署了“生物芯片相关产品的共同研发协议”和“DNA 芯片服务平台协议”；5 月，具有自主知识产权的中国第一台双激光微阵列芯片扫描仪获得了德国莱茵 TüV 集团颁发的 CE 认证证书，可以合法进入欧盟市场；7 月，公司又获得了德国莱茵 TüV 集团颁发的 ISO 13485：2003 和 ISO 9001：2000 质量管理认证证书，标志着公司按照国际标准，全面走向系统化、规范化管理。是年 7 月，博奥公司出资 50 万港元，持股 100%，设立博奥生物香港有限公司。

鉴于万东医疗国有股权转让一直未获得有关部门的批复，2005 年 10 月 31 日，北京市国资委向北京市委、市政府有关领导上报了重组北京万东医疗装备公司相关情况报告，建议“在确保万东医疗职工队伍稳定的前提下，由北药集团与清华大学及其所属博奥公司协商解除原重组协议”。2006 年 7 月 19 日，博奥公司与北药集团正式签署了《关于博奥生物有限公司与北京万东医疗装备公司重组的终止协议》。

2006 年 2 月，“北京博奥生物芯片有限责任公司”名称变更为“博奥生物有限公司”。

在 2006 年 8 月由中国造血干细胞捐献者资料库管理中心（即中华骨髓库）主持的“国产 HLA（人类白细胞抗原）分型试剂和芯片技术复核实验”中，博奥生物产品以一致率 99.8% 被纳入中华骨髓库 HLA 检测试剂（技术）选用范围，成为目前世界上唯一可以提供商用化 HLA 基因芯片分型技术服务的公司。是年，公司自主研发的微阵列芯片激光共聚焦扫描仪、微阵列芯片点样与生产系统被认定为国家重点新产品，其生物芯片扫描检测系统的镜头获国家知识产权局的中国专利优秀奖。

2007 年 2 月 6 日，双激光微阵列芯片扫描仪再次通过美国 FDA 备案注册，英文品牌 CapitalBio 获得了美国 FDA 通关许可证，开创了中国民族品牌生物仪器产品直接进入美国这一全球最大的生命科技产品市场的新局面。3 月，公司自主研发生产的 BioMixer™ Ⅱ 芯片杂交仪通过了欧盟 CE 的电磁兼容认证、美国 FCC 认证、加拿大 ICES 认证，6 月，又通过了 cTUVus 认证、CE 低电压指令符合认证、德国 GS 安全认证等，可以合法进入欧盟和北美等国际市场。是年，系统化生物芯片和相关仪器设备的研制及应用项目荣获“2007 年度国家技术发明奖二等奖”。

是年 8 月，公司董事会换届，周立业任董事长，程京续聘为总裁。

是年 9 月 29 日，生物芯片国家工程研究中心项目通过了由国家发改委组织的项目竣工验收。实际完成建筑面积 23 547 平方米，总投资 33 450 万元，已形成年产各类生物芯片配套仪器 300 台和年产各类微阵列芯片 100 万片的生产能力。

在“2009 中国检验医学年度评选”中，公司获“IVD 产业十大最具成长力企业”称号；自主研发的晶芯®分枝杆菌菌种鉴定试剂盒（芯片法）获“十大先进试剂”称号；“晶芯®九项遗传性耳聋基因检测试剂盒（微阵列芯片法）”获“SFDA 医疗器械证书”，被评为“十大进展新闻”。

2010年，公司研发的新型微阵列芯片分析系统ArrayCompassTM获德国“Reddot Product Design奖”。公司正式加入罗氏NimbleGen认证服务商（CSP）计划，在中国建立经NimbleGen全球质量认证的芯片服务实验室。博奥生物的加入，使NimbleGen芯片技术更加贴近中国的实际需求，将进一步推动中国生物芯片的研究和应用领域的发展。是年，博奥公司入选中关村国家自主创新示范区战略性新兴产业领域“瞪羚计划”首批重点培育企业。

2010年期末，公司注册资本37 650万元，股东和股权结构为：清华控股占有65.07%；北京医药集团占有8.01%；武汉华中科技大产业集团和北京四环科技开发公司各占有7.97%；北京协和医药科技开发总公司占有6.64%；北京高新技术创业投资股份公司占有4.25%。

博奥生物成立十年来，先后主持承担了国家“十五”和“863计划”重大专项“功能基因组与生物芯片”“十一五”和“863计划”重大项目“生物芯片关键仪器和试剂”等国家级科研项目30余项。到2010年末，已在Nature Biotechnology等国际顶级的专业杂志上发表论文85篇，其中影响因子大于5的有25篇。累计申报中国专利133件，其中发明专利122件，申报PCT专利78件；国内外共计有129件专利获得授权。公司被列为全国知识产权试点单位，并获得北京市知识产权局“专利试点工作先进单位”的称号。

经过10年的发展，博奥公司已经探索出了一套依托学校技术、人才和学科综合的优势，争取国家资本投入，吸收企业资本加入，实现高新技术产业化的新模式。博奥生物的发展受到了党和国家领导人以及社会各界的广泛关注。

博奥公司暨生物芯片工程中心2003年至2010年的资产状况及经营情况参见表13-3-21。

表13-3-21　2003年—2010年博奥公司资产状况及经营情况　　万元

年份	资产总额	净资产额	经营收入	利润总额	净利润额	纳税总额
2003	113 184	48 463	48 414	3 213	1 111	5 688
2004	131 604	48 795	49 291	2 420	693	4 799
2005	55 354	47 288	2 462	−1 006	−1 006	143
2006	54 970	46 889	5 637	75	75	
2007	56 217	47 332	8 457	552	309	
2008	52 863	45 907	9 330	−3 822	−3 189	
2009	51 451	46 269	11 956	−99	−155	861
2010	52 475	45 642	14 472	−833	−722	957

（十）浦华控股有限公司

1988年7月，清华大学科技开发总公司成立环境工程部，依托清华大学环境系，开展环保项目的工程设计、咨询和环境影响评价等业务，逐步在业内具有越来越大的影响。

1993年，科技开发总公司变更为清华紫光（集团）总公司，环境工程部升级为紫光集团下属的环境工程中心，并由此开始了“清华紫光环保”品牌和企业发展之路。1996年，该中心完成的“长城葡萄酒厂污水综合治理”和“红牛饮料厂污水综合治理”项目分别荣获国家环保总局评选的“百佳工程”和“中国勘察设计银奖”，以及教育部颁发的“优秀设计奖”。

1999年8月，随着紫光股份上市，环境工程也相应成为紫光股份的主营业务板块之一。2000年，由该中心总承包完成的江苏海门污水处理厂项目荣获国家环保总局颁发的“环保示范工程”

称号；2002 年完成的齐河晨鸣造纸厂废水综合处理工程被评为“国家重点环境保护实用技术”。

2002 年 9 月，清华产业进行结构调整，环境工程中心从紫光股份有限公司分拆出来，登记注册为由清华企业集团直接投资的清华紫光环保有限公司，注册资本 9 200 万元。清华控股占股 55.43%。董事长徐井宏，监事会召集人郑允。

2003 年，公司根据环保产业的市场特点，开始探索 BOT 运营模式，公司投资建设并承担运营的太仓工业区污水处理厂、泰州第一（城南）污水处理厂以及 2005 年投资建设、运营的大连老虎滩污水处理厂均被列为“国家环保设施运营示范工程”。同期，还主持完成了国家大剧院、奥运主场馆鸟巢工程、水立方工程等重大项目的环境影响评价。

2004 年，公司更名为浦华控股有限公司，简称“浦华环保”，注册资本变更为 1 亿元人民币。

2006 年，董事会、监事会换届，周立业任董事长，涂孙红连任监事会召集人。

2008 年，日本 Asuka CITF Ltd 对公司增资，注册资本增加到 22 145 万元，清华控股成为第二大股东。增资后公司股东及股权结构如下：Asuka CITF Ltd 占有 48%；清华控股有限公司占有 35.77%；启迪控股股份有限公司占有 9.02%；启迪中海创业投资有限公司占有 6.30%；华清基业投资管理有限公司占有 0.91%。

2009 年，公司入选中国“水业十大创新环境工程公司”和“2009 年知名水务企业”。至 2010 年底，公司已完成包括三峡工程、南水北调、国家大剧院、香港策略性污水排放、中央电视塔等在内的 4 000 多个咨询项目、1 000 多个工程项目，为我国节能减排和环境污染治理做出了贡献。在 2010 年举办的第五届中国（国际）水务高峰论坛上，浦华环保以污水处理技术创新、水处理工程建设和运行管理等方面的突出贡献，荣获“2010 年最具成长力水业品牌奖”。

2003 年至 2010 年，浦华环保的基本情况和经营情况参见表 13-3-22。

表 13-3-22　2003 年—2010 年浦华环保公司基本情况及经营情况　万元

年份	资产总额	净资产额	经营收入	利润总额	净利润额	纳税总额
2003	14 177	9 656	8 309	403	403	283
2004	40 774	11 578	20 924	1 103	1 067	398
2005	64 299	11 952	30 338	1 426	1 301	585
2006	77 148	13 577	34 866	1 216	1 193	
2007	81 064	20 988	36 950	159	142	
2008	100 603	36 264	55 907	1 006	876	
2009	119 985	36 723	65 356	1 435	1 179	2 426
2010	126 465	39 151	94 613	2 103	2 087	3 104

浦华环保在 20 年的发展历程中，主营业务涵盖环保项目的咨询、设计、工程总包、项目运行管理、投融资服务、环保产品物流贸易等，成为中国环保产业副会长单位和中国环境科学协会副理事长单位，拥有多项甲级资质和自主专利技术。公司自主开发的城市污水处理 CAST 改良工艺、湿式氧化镁烟气脱硫技术、造纸中段水处理技术、油田废水处理特种菌种、污水资源化深度处理纤维过滤器、污水处理成套设备、污水处理厂节能优化技术、多功能纳米空气消毒机等一批具有自主知识产权的技术和设备，荣获国家“重点环境保护实用技术”“中国国际环保展览会金奖”“中关村百项表彰拳头产品”等荣誉。浦华控股技术研究院也列为了北京市的市级技术研发中心，为环保产业人才培养和新技术、新产品的研发建立了产学研结合的长效机制。

（十一）中核能源科技有限公司暨华能山东石岛湾核电有限公司

2003 年，为实施清华大学国际领先的“壳式一体化低温核供热堆技术”和“模块式高温气冷堆技术”重大科技成果的产业化，经国防科工委批准，由中国核工业建设集团公司和清华控股有限公司共同出资组建中核能源科技有限公司（简称中核科技），同年 8 月 26 日，公司登记注册成立，注册资本为 1 亿元，中国核工业建设集团公司和清华控股有限公司各持股 50%。公司主营业务为核能与核技术研发、推广、产业化应用及核工程咨询、设计和总承包。

中核科技成立后，即在东北及西北等采暖期较长的高寒地区大力开展核能供热项目的推广工作，进行了锦州、葫芦岛、兰州等地的厂址查勘工作。2007 年 3 月，中核科技“煤型铀矿井安全防护技术和工程管理”项目获第三届安全生产科技成果奖二等奖。

为加强在高温气冷堆核电站及核能制氢技术方面的开发合作，2007 年 11 月，广东核电集团对中核科技增资。公司增资后，广核集团占中核能源公司 15%股权，清华控股和中核建设集团分别占 42.5%，注册资本增加到 11 764.71 万元人民币。

2004 年 12 月，清华大学、中国核工业建设集团公司与中国华能集团公司签署了《关于共同合作建设高温气冷堆核电工程投资协议》，开始启动高温气冷堆商用示范核电站的建设。设计规模为热功率 500 兆瓦、电功率 20 万千瓦，计划 2010 年内建成投产。项目被列为《国家中长期科技发展规划》中 16 个重大专项之一。2005 年 7 月，中核科技的“20 万千瓦级模块式高温气冷堆设计及相关技术”中 3 个项目通过了国防科技工业民用专项专家组的评审。

2006 年 12 月 25 日，中国华能集团、中国核工业建设集团、清华大学签署共同出资设立华能山东石岛湾核电有限公司协议，标志着这一列入国家中长期科技发展规划重大专项的“高温气冷堆核电示范工程”进入实质性建设阶段。华能山东石岛湾核电有限公司作为项目法人，负责投资、建设、运营山东石岛湾核电站 20 万千瓦级高温气冷堆核电站示范工程。建成后，设备国产化率将达到 70%以上。

2007 年 1 月，华能山东石岛湾核电有限公司注册登记成立，注册资本 5 000 万元人民币，清华控股出资 1 000 万元，占 20%。

是年 6 月 18 日，石岛湾核电有限公司与中核科技签署《华能山东石岛湾核电厂高温气冷堆核电示范工程可行性研究委托合同》，石岛湾核电有限公司与中核科技在高温气冷堆核电示范工程项目上的合作进入新的阶段。

2008 年 2 月 15 日，国务院批准高温气冷堆核电站重大专项实施方案，目标是建设世界上第一座具有第四代核能系统安全特征的 20 万千瓦级高温气冷堆核电站，成为创新型国家的标志性工程之一。是年 10 月 7 日，石岛湾核电有限公司分别与中核科技、清华大学核研院签署《高温气冷堆核电示范工程核岛 EPC 总承包框架协议》；与上海电气集团、哈尔滨电站集团等 8 家国内核电设备制造单位签署了主设备订货合同。

（十二）清华大学建筑设计研究院有限公司

1952 年 3 月，为适应清华大学、北京大学、燕京大学三校调整后学校基本建设项目的需要，教育部成立了“三校调整建设计划委员会”（简称三校建委会），梁思成任主任，负责三校调整增建项目的建设规划及设计。1953 年 5 月，清华大学成立基本建设委员会，由蒋南翔校长任主任，梁思成任副主任。1955 年至 1958 年，基本建设委员会设计科承担了我校基建工程的全部设计工作。三校建委会和清华基建委为设计院的创立奠定了基础。

1958 年，建筑、土木两系联合成立清华大学土建设计院，设在清华学堂。是年 7 月 24 日召开成立大会。创建初期，土建设计院设有工业建筑、民用建筑、城市规划、给排水、暖气通风、供电等 6 个设计室。其技术人员除原基本建设委员会设计科的成员外，主要是建筑、土木两系的教师。教师参加生产实践与研究工作，学生的毕业设计全部结合实际工程项目进行。是年，以土建设计院为基础，学校组织综合设计队伍，参加了“国庆十大工程”的设计。其中包括人民大会堂、中国人民革命历史博物馆、中国美术馆等方案设计；国家剧院、中央科学技术馆等全部设计。是年 10 月，周恩来总理亲自听取了土建设计院关于国庆工程设计的汇报；11 月，周总理又陪同朝鲜首相金日成参观了土建设计院国庆工程的设计图纸和模型。

是年，水利电力部与清华大学合办水利水电勘测设计院（1992 年划归建筑设计院管理），承担的第一项大型水利枢纽工程设计任务就是北京密云水库。1959 年 9 月 10 日，毛泽东主席在密云水库观看了水库模型，周总理、朱德委员长、李富春等中央领导先后视察了密云水库模型和工程施工。

1961 年，土建设计院更名为“清华大学土建综合设计院”，隶属于建筑、土木两系合并成立的土木建筑系。学校校务委员会任命汪坦为院长，施士昇为总工程师，殷一和为设计室主任。设计院有专职设计人员约 40 人，土建系及其他相关专业的教师作为兼职设计人员参加工程设计。设计院制定和统一了制图标准与技术措施，规定了设计程序与图纸、文件的校审制度。

1960 年至 1966 年，设计院承担或参与完成的重大设计任务有：清华大学总体规划；燃料综合利用发电厂、综合机械制造厂、中央主楼、精仪系系馆（9003 工程）等校内工程的规划设计；解放军剧院与学习馆、北京垂杨柳小区、河北省“绿水人民公社”新农村等校外工程的规划设计；清华大学核能技术研究开发基地（200 号）核反应堆主厂房、放射化学实验室、教学楼、图书馆等规划设计与实施；北京左家庄新源里住宅小区的规划设计及工业化预制墙板、楼板建造的施工科研；清华大学绵阳分校（651 工程）的规划与设计等。

1966 年 6 月至 1969 年，由于“文化大革命”，设计院工作停顿，对外没有承接任务。

1971 年 10 月，设计院迁入中央主楼。1971 年至 1976 年，完成了近 30 项校内工程设计任务；1975 年，与建工系师生“开门办学”，参加了北京“前三门”大街高层住宅楼和办公楼的工程设计；承接并完成了石家庄火车站、泰安火车站的设计；参加了外交部钓鱼台国宾馆设计方案竞赛和北京饭店新楼总体设计和施工图设计等；1976 年 9 月，吴良镛、王炜钰、高亦兰、徐伯安等参加了毛主席纪念堂的规划设计；1979 年 11 月编制完成了清华大学基建总体规划。

1980 年，建工系又分为建筑系和土木系。经学校决定，设计院更名为清华大学土木建筑设计研究院，汪坦任院长，王鲁生任副院长，下设两个综合设计室，高亦兰任一室主任，谢照唐任二室主任。1981 年 9 月设计院获教育部第一批颁发的“勘察设计证书”。是年，学校基建处实验室改建小组并入设计院二室。从 1980 年到 1985 年初，设计院陆续承担了一批学校实验室的改建设计任务，如：高压实验室、科学馆、计算中心、分析中心、电教中心、动态模拟实验室、材料力学实验室、燃气轮机实验室、非金属材料实验室等。

1984 年 8 月，学校任命解沛基副校长兼任设计院院长，汤纪敏任常务副院长。1986 年 9 月，学校任命基建处处长高冀生兼任设计院院长，郑金床任副院长。

1987 年 7 月，设计院获城乡建设环境保护部颁发的综合甲级工程设计证书。是年冬，设计院在海南海口市设立海南分院，与第一、第三设计室统一计划和管理。

1988 年 11 月，学校批准水利水电系成立水利水电工程设计室，1989 年获国家水利水电规划设计管理局颁发的乙级设计证书。1992 年 9 月该设计室更名为清华大学水利水电工程设计所，经学校校务会议决定，该所划入土建设计研究院统一管理。

1989 年，根据建设部有关具备甲级设计资质的设计院的相关规定，学校对土建设计研究院的管理体制进行调整，改变双重领导的关系，按系处级独立建制，成为企业化管理的独立经济实体。任命胡昭学为院长，赵军、徐莹光、刘竹青为副院长。1992 年，设计院在上海浦东设立上海分院。

1993 年 2 月，经国家工程勘察设计资格审查委员会批准，土建设计研究院获得建筑甲级工程设计证书、水利水电乙级工程设计证书和工程设计收费资格证书。

1993 年 5 月 18 日，学校根据建设部通知精神，批准建筑设计院的申请，成立土建工程承包总公司，并确定为校级直属公司。是年 7 月 9 日，经建设部认定，拟设立的土建工程承包总公司具有工程总承包甲级资格。是年 10 月，清华大学土建工程承包总公司登记注册为清华大学出资主办的全民所有制企业法人，注册资金 800 万元（后于 2002 年增至 2 000 万元）。法定代表人郝亚民（任总经理）。

是年，清华大学建筑设计研究院注册登记为由清华大学出资主办的全民所有制企业法人。注册资金 50 万元人民币，法定代表人胡昭学院长。设计院主营建筑工程及相应的工程咨询和装饰设计，建筑智能化系统、公路行业、水利行业（水库枢纽）工程设计及建筑、水利、水电工程咨询等，开始作为国家甲级设计院进入全国设计市场。1995 年 4 月，设计院从主楼迁至新建的建筑馆。

1995 年，全国开始实行注册建筑师考核认定及资格考试。1996 年 12 月，国家教委召开委属高校设计院首批一级注册建筑师颁证大会，清华建筑设计院共 54 人获得一级注册建筑师资格。

1997 年 4 月，学校党委批准建筑设计院成立党总支，赵军任党总支书记。是年设计院计算机网络系统正式投入运行，全院实现计算机联网，并组建工程软件室。

1999 年，设计院有 50 人首批获得一级注册结构工程师资格。为进一步拓展业务，增强竞争实力，建筑设计院注册资金增加到 800 万元，下属设计室的建制调整为设计研究所的建制。

1999 年 6 月，设计院自筹资金，并得到香港伍舜德先生资助 700 万港元，建设设计中心楼（伍舜德楼），2001 年 4 月竣工，设计院由建筑馆迁至设计中心楼。

由于国家宏观经济调控，分院设计任务萎缩。1997 年，海南分院、北海分院撤销，2000 年上海分院撤销。2000 年 4 月，深圳分院改制为深圳市清华苑建筑设计有限公司。

2000 年，院领导班子换届，庄惟敏任院长、法定代表人，戴德慈、侯建群、季元振任副院长，戴德慈任党总支书记。为适应我国设计市场的激烈竞争形势，2001 年 4 月，设计院专业所的体制调整为综合所，成立 4 个专业齐全的建筑工程设计所以及工程软件室、建筑创作室。

2001 年，吴良镛、关肇邺获建设部首届“梁思成建筑奖”，关肇邺、胡昭学获“国家工程勘察设计大师”称号。

2003 年 7 月，设计院 ISO 9001（1994 版）质量体系升级为 ISO 9001（2000 版），2004 年 4 月通过认证机构审核，获得 CNAB 及 UKAS 双证认证注册。是年，全国启动注册公用设备工程师、注册电气工程师的考核认定申报，设计院首批申报认定注册公用设备工程师 11 人、注册电气工程师 10 人。

2006 年 12 月，院领导班子换届，庄惟敏连任院长、法定代表人，刘玉龙、侯建群、刘建华任副院长。2007 年 6 月，庄惟敏兼任党总支书记。

2008 年 12 月，经教育部科技发展中心批准，土建承包总公司无偿划转到建筑设计院，由建筑设计院负责对其改制和管理。

2010 年 11 月，经教育部批复同意，建筑设计院改制为有限责任公司，并无偿划转到清华控股，注册资金 5 000 万元。同时，将清华大学土建承包总公司、清华安地建筑顾问公司无偿划转到建筑设计研究院，分别更名为北京清控水木建筑工程有限公司和北京华清安地建筑设计事务所有限公司。改制后，设计院更名为清华大学建筑设计研究院有限公司，庄惟敏任第一届董事会董事长、兼任总经理（院长、法定代表人）。

建筑设计院 2004 年至 2010 年的资产及经营情况参见表 13-3-23；1980 年至 2010 年承担或参与完成的主要设计任务参见表 13-3-24。

表 13-3-23　2004 年—2010 年建筑设计院资产及经营情况

年份	资产总额（万元）	净资产额（万元）	经营收入（万元）	利润总额（万元）	净利润额（万元）	纳税总额（万元）	分配红利（万元）	职工人数	
								总数	学校事业编制
2004	6 700	2 878	7 898	3 148	2 309	1 372	900	285	56
2005	5 308	2 717	8 947	900	291	1 680	900	302	55
2006	3 887	1 373	9 045	1 655	403	1 244	1 000	312	52
2007	4 641	1 574	11 363	2 464	954	1 532	1 100	312	48
2008	5 564	1 597	13 010	2 122	764	1 609	1 100	324	47
2009	18 972	4 706	26 335	2 587	1 916	2 108	1 100	355	44
2010	22 552	6 463	49 367	2 098	1 449	2 454	1 100	377	40

表 13-3-24　1980 年—2010 年建筑设计院承担或参与完成的主要设计任务

设计项目名称	主持设计师	获奖情况
成都金沙遗址博物馆文物陈列馆	庄惟敏	2009 年度全国优秀工程勘察设计行业奖一等奖 2009 年度教育部优秀设计奖一等奖
中国工程院综合办公楼	关肇邺　季元振	2009 年度全国优秀工程勘察设计行业奖二等奖 2009 年度北京市优秀设计奖一等奖
北京科技大学体育馆（2008 年奥运会柔道、跆拳道比赛馆）	庄惟敏　栗　铁	2009 年度全国优秀工程勘察设计行业奖二等奖 2009 年度北京市优秀设计奖二等奖
2008 年奥运会北京飞碟靶场	庄惟敏　祁　斌	2009 年度全国优秀工程勘察设计行业奖三等奖 2009 年度北京市优秀设计奖二等奖
2008 年奥运会北京射击馆	庄惟敏　祁　斌	2008 年度国家优秀设计奖银奖 2009 年度全国优秀工程勘察设计行业奖三等奖 2009 年度教育部优秀设计奖二等奖 2009 年度北京市优秀设计奖一等奖
中国南极科考中山站、长城站“十五”能力规划与设计	张　翼	

续表

设计项目名称	主持设计师	获奖情况
中国北极黄河站规划与设计	张　翼	
清华大学医学院	关肇邺　刘玉龙	2008 年度国家优秀设计奖金奖 2008 年度全国优秀工程勘察设计行业奖一等奖 2007 年度北京市优秀设计奖一等奖
国家体育场“鸟巢”钢结构优化论证	石永久　王　岚	
乔波冰雪世界滑雪馆及会议中心	庄惟敏　张　葵	2008 年度国家优秀设计奖银奖 2008 年度全国优秀工程勘察设计行业奖一等奖 2008 年度北京市优秀设计奖二等奖
清华科技园科技大厦	庄惟敏　巫晓红	2008 年度国家优秀设计奖银奖 2008 年度全国优秀工程勘察设计行业奖一等奖 2007 年度北京市优秀设计奖一等奖
清华大学专家公寓二期	庄惟敏	2008 年度国家优秀设计奖铜奖 2007 年度全国优秀工程勘察设计行业奖二等奖 2007 年度教育部优秀设计奖一等奖
徐州水下兵马俑博物馆/汉文化艺术馆	祁　斌	2008 年度全国优秀工程勘察设计行业奖三等奖 2007 年度教育部优秀设计奖一等奖
中国美术馆改造装修工程	庄惟敏	2006 年度国家优秀设计奖金奖 2005 年度建设部优秀设计奖一等奖 2005 年度教育部优秀设计奖一等奖
北京海淀社区中心	祁　斌	2006 年度国家优秀设计奖银奖 2005 年度建设部优秀设计奖一等奖 2005 年度教育部优秀设计奖一等奖
中华人民共和国教育部综合办公楼	吴耀东	2005 年度建设部优秀设计奖三等奖 2005 年度教育部优秀设计奖二等奖
杭州雷峰塔（新塔）	郭黛姮	2004 年度国家优秀设计奖银奖 2003 年度建设部优秀设计奖二等奖 2003 年度教育部优秀设计奖一等奖
清华大学综合体育中心	庄惟敏	2003 年度建设部优秀设计奖三等奖 2003 年度教育部优秀设计奖二等奖
天桥剧场翻建工程	李道增　庄惟敏	2003 年度建设部优秀设计奖三等奖 2003 年度教育部优秀设计奖二等奖
中央美术学院迁建工程	吴良镛　栗德祥	2003 年度建设部优秀设计奖三等奖 2003 年度教育部优秀设计奖一等奖
清华大学设计中心楼（伍舜德楼）	胡绍学	2002 年度国家优秀设计奖金奖 2001 年度建设部优秀设计奖一等奖 2001 年度教育部优秀设计奖一等奖

续表

设计项目名称	主持设计师	获奖情况
中国戏曲学院迁建工程综合排演场	庄惟敏	2002 年度国家优秀设计奖铜奖 2001 年度建设部优秀设计奖二等奖 2001 年度教育部优秀设计奖二等奖
清华大学游泳跳水馆	庄惟敏	2001 年度建设部优秀设计奖三等奖 2001 年度教育部优秀设计奖二等奖
徐州博物馆	关肇邺　季元振	2000 年度教育部优秀设计奖二等奖
北京大学图书馆新馆	关肇邺　曹涵棻	2000 年度教育部优秀设计奖一等奖
清华大学经管学院伟伦楼	胡绍学	1998 年度国家优秀设计奖银奖 1998 年度建设部优秀设计奖二等奖 1998 年度教育部优秀设计奖一等奖
中国驻印度尼西亚大使馆	林爱梅　卢连生	
清华大学核研院 10 兆瓦高温气冷堆工程设计	张晋芳	
清华大学图书馆新馆	关肇邺　叶茂煦	1993 年度国家优秀设计奖金奖 1993 年度建设部优秀设计奖一等奖 1993 年度教育部优秀设计奖一等奖 1993 年度教育部邵逸夫赠款项目优秀工程一等奖
清华大学核研院 5 兆瓦低温供热实验核反应堆工程设计	张晋芳	1993 年度国家优秀设计奖银奖 1993 年度教育部优秀设计奖一等奖
中国儿童剧场	李道增	1993 年度建设部优秀设计奖三等奖 1993 年度教育部优秀设计奖三等奖
北京菊儿胡同“类四合院”住宅规划设计	吴良镛　卢连生	1991 年度国家优秀设计奖银奖 1991 年度建设部优秀设计奖二等奖 1991 年度教育部优秀设计奖一等奖 1991 年度北京市优秀设计奖一等奖
第十一届亚运会拳击馆工程设计	林爱梅	1991 年度教育部优秀设计奖一等奖

（十三）北京清华城市规划设计研究院

北京清华城市规划设计研究院创立于 1993 年，隶属于建筑学院。2000 年 4 月注册登记为由清华大学出资主办的全民所有制企业法人，注册资金 50 万元人民币，由清华大学任命尹稚为院长（法定代表人）。2001 年，注册资金增加到 100 万元。主要经营范围：各种类型的城乡规划设计工程项目、市政基础设施工程设计、城市规划设计、技术咨询等。2003 年获建设部颁发的城市规划设计甲级资质证书；2006 年获国家旅游局颁发的国家旅游规划设计甲级资质证书；2007 年获国家文物局颁发的文物保护工程勘察设计资质证书；2008 年获得城乡规划编制资质证书；同年，获得建筑行业（建筑）专业甲级资质；2009 年获得风景园林工程设计专项乙级资质证书。

2002 年 7 月，成立城市研究所。

2003 年 4 月，成立规划院总规划师办公室、总体规划研究所、详细规划研究所、光环境设计研究所、声学设计研究所、景观园林规划设计研究所、风景旅游规划设计研究所；同时合作组建清华规划院伟景行科技数字城市研究中心。

2004 年，成立消防科学技术研究所、环境与市政研究所、城市与建筑生态研究所、风景旅游设计研究所、能源规划设计研究所、城市与空间艺术设计研究所。

2005 年，成立交通规划设计研究所、文化遗产保护研究所、城市公共安全规划研究所、媒体中心、消防科学技术研究所。

2006 年，成立城乡住宅与社区研究中心、城市更新设计研究所、历史文化名城研究所、郭黛姮工作室、北京清大仿通科技有限公司；北京清大仿通科技有限公司获得高新技术企业认定。8 月—10 月，消防科学技术研究所先后控股成立北京海安高科消防技术有限公司、安众消防文化传媒（北京）公司、清大东方消防技术培训中心。

2007 年，城市规划设计院注册资金增加到 600 万元。1 月 25 日，照明演示室正式成立。

2008 年 4 月，开始信息中心资源共享平台建设；5 月 12 日，成立汶川灾后重建规划工作组，承担 13 项灾后重建项目规划设计；媒体中心成立清大卓筑文化传播有限公司。

2009 年 2 月，网站重新改版，全面建设规划院外网；3 月，城市建筑环境与能源规划所、城市发展策划中心、城市不动产研究所成立；4 月，规划院自主科研课题“数字圆明园”正式启动。

2010 年 4 月，举办建院 10 周年系列活动。

规划院依托清华大学的学科、人才优势，坚持城市规划工程实践与科研、教学相结合的方针，目前已经形成近 30 个专业所，涵盖四大规划设计方向。(1) 城乡规划：包括城乡总体规划、详细规划、城市发展策划、文化遗产保护、历史文化名城研究、建筑与城市遗产研究、城市公共安全、城市更新、住区规划、乡土聚落与乡土建筑研究等；(2) 风景园林：包括风景园林规划、风景旅游规划等；(3) 环境、市政与交通：包括生态环境、环境技术、市政规划、声学设计、交通规划、消防科学技术研究、光环境设计、能源规划、城市建筑环境与能源研究等；(4) 科技与传媒：包括文化创意及传播、规划专业软件研发、数字城市及数字展示等。

经过多年的探索与实践，规划院已经形成一种具有清华特色的发展模式，即在规划院的平台上，根据实际工程的具体需求，充分整合院内相关专业的技术资源，乃至清华大学以及校外相关规划、设计学科的专业技术优势，组成包括策划、规划、经济、社会、历史、地理、生态、景观、能源、交通、物流、环境等多学科技术人员的综合技术团队，与地方兄弟设计单位紧密合作、相互配合，为委托方提供“策划＋规划＋设计＋服务”的全方位技术解决方案。

城市规划设计院 2000 年至 2010 年的基本情况及经营情况参见表 13-3-25；2000 年至 2010 年承担或参与完成的主要设计任务参见表 13-3-26。

表 13-3-25　2000 年—2010 年城市规划设计院资产及经营情况

年份	资产总额（万元）	净资产额（万元）	经营收入（万元）	利润总额（万元）	净利润额（万元）	纳税总额（万元）	职工人数	
							总数	学校事业编制
2000	122	56	343	7	6	20	10	3
2001	347	115	1 101	14	9	61	51	7
2002	1 035	116	2 210	41	1	161	54	6
2003	1 442	120	3 239	60	4	162	50	7
2004	1 454	129	5 038	102	9	370	111	7
2005	2 049	153	5 727	263	24	555	140	7

续表

年份	资产总额（万元）	净资产额（万元）	经营收入（万元）	利润总额（万元）	净利润额（万元）	纳税总额（万元）	职工人数	
							总数	学校事业编制
2006	3 956	785	10 732	1 251	650	893	228	9
2007	6 045	1 216	13 974	1 233	406	1 368	358	10
2008	8 607	1 606	18 993	569	404	1 856	427	8
2009	12 665	2 430	25 180	699	520	1 725	500	8
2010	29 365	2 507	34 356	1 164	77	1 989	555	8

表 13-3-26　2000 年—2010 年城市规划设计研究院承担或参与完成的主要设计任务

规划设计项目名称	获奖情况
桂林市城市总体规划（2000—2010）	2003 年度广西优秀城市规划设计一等奖
中关村西区修建性详细规划	北京市第十一届优秀工程设计一等奖
郑州市中心城区总体概念性城市设计	2003 年度建设部优秀城市规划设计二等奖
烟袋斜街保护整治	第十一届首都城市规划建筑设计方案汇报展暨城市建筑节能设计成果展优秀方案一等奖
福州大学	美国风景师联合会罗德岛分会优秀设计奖
中关村西区综合管廊及其地下空间开发利用研究	北京市科学技术奖二等奖
南宁市相思湖心区分区规划	2005 年度全国优秀规划设计三等奖
奥林匹克森林公园规划景观方案设计	托萨罗伦佐国际风景园林奖一等奖
北京奥林匹克森林公园规划设计	北京市第十三届优秀工程设计一等奖
清华大学核能与新能源技术研究院景观设计	北京市第十三届优秀工程设计三等奖
高校校园交通管理现状及其对策研究	北京市教育优秀科研成果特别奖
清华大学核能与新能源技术研究院中心区景观改造	2007 年度北京市优秀园林设计一等奖
北京香山 81 号院	ASLA 2008 年度职业设计奖荣誉奖
窦店镇总体规划（2005—2020）	2008 年度北京市优秀村镇规划设计评选一等奖
济南市燃气发展规划（2006—2020）	2008 年度济南市优秀工程勘察设计一等奖
北京奥林匹克森林公园	北京市奥运工程落实“绿色奥运、科技奥运、人文奥运”理念突出贡献奖
唐山市曹妃甸新城总体规划（2008—2020）	2008 年度河北省优秀城乡规划编制成果评选三等奖
北京市重点大街重点地区环境建设概述规划、综合及实施	北京市奥运工程落实三大理念优秀勘察设计奖
北京奥林匹克森林公园规划设计	2007 年度全国优秀城乡规划设计奖一等奖
北京 2008 年奥运环境建设规划	2007 年度全国优秀城乡规划设计奖二等奖
长春整体城市设计	北京市第十四届优秀工程设计奖一等奖
苏州工业园区南部科教创新区控制性详细规划	北京市第十四届优秀工程设计奖二等奖
嵩山少室阙保护规划	北京市第十四届优秀工程设计奖二等奖
甘肃省拉卜楞寺文物保护总体规划	北京市第十四届优秀工程设计奖二等奖

续表

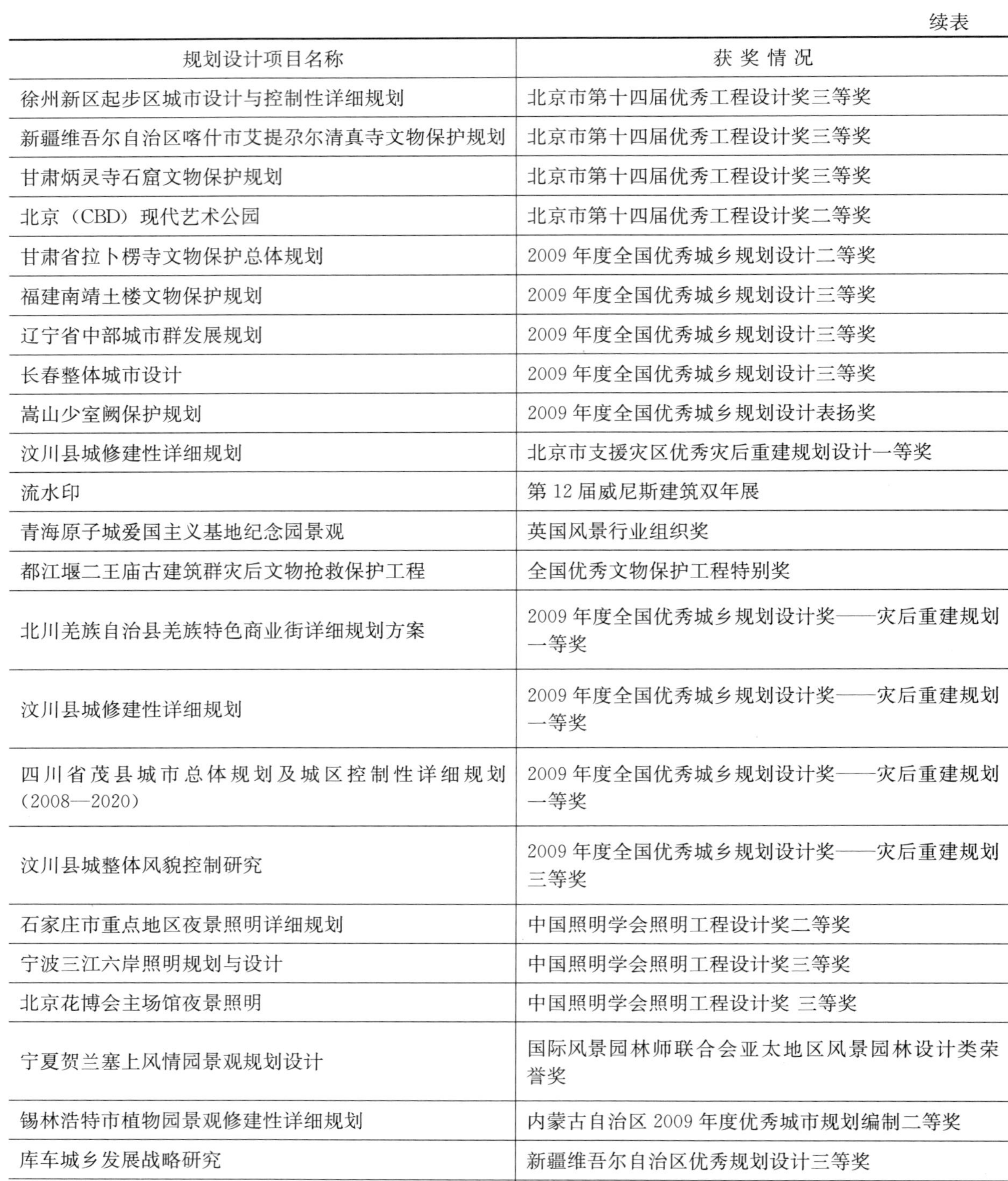

规划设计项目名称	获奖情况
徐州新区起步区城市设计与控制性详细规划	北京市第十四届优秀工程设计奖三等奖
新疆维吾尔自治区喀什市艾提尕尔清真寺文物保护规划	北京市第十四届优秀工程设计奖三等奖
甘肃炳灵寺石窟文物保护规划	北京市第十四届优秀工程设计奖三等奖
北京（CBD）现代艺术公园	北京市第十四届优秀工程设计奖二等奖
甘肃省拉卜楞寺文物保护总体规划	2009 年度全国优秀城乡规划设计二等奖
福建南靖土楼文物保护规划	2009 年度全国优秀城乡规划设计三等奖
辽宁省中部城市群发展规划	2009 年度全国优秀城乡规划设计三等奖
长春整体城市设计	2009 年度全国优秀城乡规划设计三等奖
嵩山少室阙保护规划	2009 年度全国优秀城乡规划设计表扬奖
汶川县城修建性详细规划	北京市支援灾区优秀灾后重建规划设计一等奖
流水印	第 12 届威尼斯建筑双年展
青海原子城爱国主义基地纪念园景观	英国风景行业组织奖
都江堰二王庙古建筑群灾后文物抢救保护工程	全国优秀文物保护工程特别奖
北川羌族自治县羌族特色商业街详细规划方案	2009 年度全国优秀城乡规划设计奖——灾后重建规划一等奖
汶川县城修建性详细规划	2009 年度全国优秀城乡规划设计奖——灾后重建规划一等奖
四川省茂县城市总体规划及城区控制性详细规划（2008—2020）	2009 年度全国优秀城乡规划设计奖——灾后重建规划一等奖
汶川县城整体风貌控制研究	2009 年度全国优秀城乡规划设计奖——灾后重建规划三等奖
石家庄市重点地区夜景照明详细规划	中国照明学会照明工程设计奖二等奖
宁波三江六岸照明规划与设计	中国照明学会照明工程设计奖三等奖
北京花博会主场馆夜景照明	中国照明学会照明工程设计奖 三等奖
宁夏贺兰塞上风情园景观规划设计	国际风景园林师联合会亚太地区风景园林设计类荣誉奖
锡林浩特市植物园景观修建性详细规划	内蒙古自治区 2009 年度优秀城市规划编制二等奖
库车城乡发展战略研究	新疆维吾尔自治区优秀规划设计三等奖
库车城北新区中心区控制性详细规划	新疆维吾尔自治区优秀规划设计三等奖

（十四）北京国环清华环境工程设计研究院有限公司

1993 年，在国家环保总局支持下，环境系、水利系、建筑学院、核研院等七个单位联合成立了“国家环保总局清华大学环境工程设计研究院”。

1998 年，环境工程设计研究院注册登记为全民所有制企业，启用“北京国环清华环境工程设计研究院”的名称，注册资本 200 万元人民币，法定代表人白庆中，经营业务为：环境污染防治专项工程设计，环境治理技术与产品的技术开发、技术转让、销售等。拥有建设部颁发的环境污染防治甲级专项工程设计证书，市政公用行业（给排水）主导工艺甲级工程设计证书，国家环境保护总局颁发的建设项目环境影响评价甲级资格证书，国家发改委颁发的甲级工程咨询资格证书。

环境设计院高度重视环保技术的开发与创新，力求及时高效地把清华大学环境领域的最新研究成果应用到工程实践中。业务领域包括：城市污水处理与资源化、高浓度有机废水处理、难降解有机废水处理、中水回用技术、水源水保护及给水处理、固体废弃物处理与资源化、危险废物处置处理、医疗垃圾处理、环境规划与管理、环境影响评价等。

2007 年，经教育部科技发展中心批准，环境设计院由清华大学无偿划转至清华控股，2009 年 5 月，改制为有限责任公司，名称为“北京国环清华环境工程设计研究院有限公司”，注册资本增加到 600 万元人民币，法定代表人汪诚文院长。

1998 年至 2010 年，环境设计院承接并完成的主要设计、科研任务参见表 13-3-27。

表 13-3-27　1998 年—2010 年环境设计院承担或参与完成的主要设计、科研任务

类型	项 目 名 称	获 奖 情 况
一、水处理工程		
城镇污水处理	秦皇岛东港城市污水再生回用工程	2004 年国家环保总局环境保护科学技术三等奖 教育部 2009 年度优秀勘察设计二等奖
	赤峰市喀喇沁旗锦山污水处理工程	教育部 2009 年度优秀勘察设计三等奖
	无锡城北污水处理厂四期工程	教育部 2011 年度优秀市政公用工程（给排水）设计二等奖
	山西临猗县县城污水处理回用工程	教育部 2011 年度优秀市政公用工程（给排水）设计三等奖
	阿尔及利亚谢利夫市污水处理工程	
	北京市密云污水处理厂 MBR 法再生水回用工程	
	澳门城市污水处理厂升级改造工程	
	四川灾区援建项目——什邡市红白镇给水及污水处理工程	
工业废水处理	杭州萧山印染工业园区东片大型污水处理厂工程（一期）	2009 年度全国优秀勘察设计行业奖市政公用工程三等奖 教育部 2009 年度优秀勘察设计二等奖 浙江省建设工程钱江杯奖
	太化集团南堰污水处理厂技改扩容及污水回用工程——回用水提质（电吸附除盐）工程	教育部 2009 年度优秀勘察设计一等奖
	慈溪市杭州湾新区漂染工业小区 3 万立方米/天印染废水二级处理改建工程	2011 年度全国优秀勘察设计行业奖市政公用工程三等奖 教育部 2011 年度优秀市政公用工程（给排水）设计一等奖
	成都市青白江区污水处理厂改造工程	
	山西焦化益兴股份焦化废水处理工程	
	河南天方药业股份公司 4000 立方米霉菌素污水处理工程	
	陕西延长石油（集团）杨庄河炼化污水深度处理	
	山东兖矿集团科澳铝业电厂废水治理工程	

续表

类型	项 目 名 称	获 奖 情 况
水环境治理工程	滇池外海湖滨生态建设环境工程	
	辽宁省铁岭市莲花湖人工湿地水质净化工程	
	山西省永济市伍姓湖湿地及其入湖河流污染水环境修复工程	
给水工程	陕西省榆林榆神工业园区给水工程	
	哈尔滨自来水厂污染水源应急处理供水工程	
	无锡市自来水厂污染水源应急处理供水工程	
二、固体废物处理处置工程		
生活垃圾处理工程	山西省原平市城市生活垃圾无害化处理工程	
	云南省安宁市生活垃圾处理中心工程	
	河北省安国市生活垃圾填埋场工程	
	山西省闻喜县生活垃圾焚烧发电工程	
城市污泥及生物质处理工程	北京奥林匹克森林公园绿色废物处理中心工艺设计	
	无锡惠山城镇污泥及工业废物焚烧处理处置工程	
	深圳市餐厨垃圾及城市污泥处理处置工程	
	内蒙古自治区海拉尔污水处理厂污泥处置工程	
工业废物处理工程	青海省西宁市铬渣处理工程	
	中石油恩贾梅纳炼厂固体废物处理厂工程	
	新疆伊犁州庆华危险废物处置中心	
	南昌长力钢铁股份有限公司转炉厂化学除油器污泥处理工程总承包	
存量废物处理工程	北京大兴南海子郊野公园（一期）旧垃圾治理工程	
	北京园林博览会场地高温区域治理工程	
	北京密云区非正规填埋场治理工程	
三、环境咨询类项目		
环境规划	鄂尔多斯市创建国家环境保护模范城市规划	
	四川射洪县大柳树镇新农村建设规划	
	四川省成都天府新区生态环境与绿地系统控制规划	
规划环评	汶川地震灾后恢复重建生产力布局和产业调整专项规划环境影响评价	
	曹妃甸工业区规划环境影响评价	
	珠海市高新区（四园一海岸）区域规划环境影响评价	
	广州市石油化工制造业中长期发展规划环境影响评价	
建设项目环评	圆明园东区湖底防渗工程环境影响评价	
	中石油长呼原油输油管线项目环境影响评价	
	北京高安屯垃圾焚烧发电项目环境影响评价	

续表

类型	项 目 名 称	获 奖 情 况
上市公司环保核查	燕京啤酒股份有限公司再融资上市环保核查	
	顺鑫农业股份公司再融资上市环保核查	
	四川双马水泥股份有限公司环境保护核查报告	
四、科研课题		
国家科研课题	国家重大水专项“水污染控制与治理技术评估体系研究”项目	
	国家重大水专项“工业园区清洁生产和污染源控制技术研究与工程示范”课题	
	国家863计划“反硝化缓释碳源活性滤料滤池研究”课题	
	固废863计划“城市污泥高效脱水关键设备和工艺研发及示范”	
	国家科技支撑计划“北方农村排水系统建设及一体化生物处理技术标准研究”	
	国家科技支撑计划“城市生活垃圾生物制气工程国内外发展现状和安全规范研究”	

（十五）北京清尚环境建筑设计院暨清尚建筑装饰工程有限公司

1958年，中央工艺美术学院组织17名教师、58名高年级学生，由副院长雷圭元带领奚小彭、常沙娜、罗天逸、温练昌、何镇强，参加了北京十大建筑的装饰设计工作。主要参与的建筑有：人民大会堂、历史博物馆、北京展览馆、民族文化宫等。1974年由奚小彭带领师生完成北京饭店新楼的室内装饰设计。1975年至1978年，中央工艺美术学院师生还参加了多项中国驻外使、领馆，北京国际俱乐部及参与毛主席纪念堂的建筑装饰设计。

1984年，中央工艺美术学院成立教学科研设计经理处，陈寒任处长。接受国家各部委及社会企业的委托，开展有偿社会服务。

1985年7月，在室内设计系设计室的基础上，成立中央工艺美术学院环境艺术设计中心，张德山任主任。后在该中心基础上，于1988年4月成立中央工艺美术学院环境艺术研究设计所，副院长张世礼兼任所长，首批获建设工程室内设计专业甲级资质。

1992年10月6日，成立中央工艺美术学院环境艺术设计工程公司。同年取得建筑装饰施工二级资质。

1999年11月，中央工艺美术学院并入清华大学，其所投资5个企业全部划转到清华大学企业集团。

2001年9月，在清华大学企业集团主持下，原中央工艺美术学院环境艺术设计工程公司为主吸收技术骨干参股，改制为北京清华工美建筑装饰工程有限公司，注册资本1 000万元人民币，企业集团控股52%，田海婴等5名技术骨干参股48%。首任董事长、法定代表人吴晞，总经理由吴晞兼任。2002年4月15日，经建设部批准，企业获建筑装修装饰工程专业承包壹级资质和建筑装饰工程设计甲级资质。

2003 年 12 月 18 日，清华工美建筑装饰工程有限公司股权结构变更，原自然人股东程世江退出，新增李怀生、贾国庆两位自然人股东。变更后，注册资本保持 1 000 万元，清华控股有限公司控股 49.65%，田海婴等 6 名技术骨干参股共 50.35%。

2005 年 6 月，清华工美建筑装饰工程有限公司更名为北京清尚建筑装饰工程有限公司，公司股权结构变更，原中央工艺美术学院室内装饰工程公司的资产转为清华控股对清尚公司的投资，注册资本变更为 1 131 万元，清华控股有限公司控股 55.49%，田海婴等 6 名技术骨干参股共 44.51%。

2008 年 9 月 16 日，公司以未分配利润增资，注册资本变更为 2 080 万元，各股东的持股比例无变动。

2003 年至 2009 年，公司四次获北京市建委和人事局授予的北京市建委系统“优秀建筑装饰企业”称号；2005 年获中国建筑装饰协会授予的最具影响力办公建筑类设计机构和商业建筑类设计机构；2006 年至 2009 年，连续四个年度获中国建筑装饰协会和中华建筑报授的“中国建筑装饰行业百强企业”称号；2009 年获中国建筑装饰协会授予的“中国建筑装饰绿色环保设计百强企业”称号及“全国建筑工程装饰明星企业”称号。

2007 年 3 月，在中央工艺美术学院环境艺术研究设计所的基础上，成立北京清尚环艺建筑设计院有限公司，注册资本 300 万元人民币。清华控股有限公司控股 40%，北京清尚建筑装饰工程有限公司参股 20%，北京中轻天穹建筑设计有限公司参股 20%，奚聘白等 10 名技术骨干参股 20%。首任董事长、法定代表人吴晞，总经理由吴晞兼任。2007 年 2 月，经建设部批准，获建筑行业建筑工程设计甲级专业资质；9 月，原中央工艺美术学院环境艺术研究设计所的建筑装饰专项工程设计甲级资质变更给清尚环艺建筑设计院有限公司。2004 年获中国建筑学会室内设计分会授予的全国十佳室内设计机构；2005 年获中国建筑装饰协会授予的最具影响力博物馆建筑类设计机构、学校建筑类设计机构和地产景观类设计机构；2008 年获中国建设文化艺术协会环境艺术专业委员会颁发的“中国环境艺术奖”。2009 年，中央工艺美术学院环境艺术研究设计所注销。

2000 年至 2010 年，清尚建筑装饰公司暨环艺院完成的主要设计工程任务参见表 13-3-28；2004 年至 2010 年清尚建筑装饰公司资产及经营情况参见表 13-3-29。

表 13-3-28　2000 年—2010 年北京清尚建筑装饰公司暨北京清尚建筑设计研究院完成的主要项目

序号	设计项目名称	任务起始时间	主持设计师	获奖情况（截至 2010 年底）
1	北京人民大会堂青海厅	2000 年	马怡西	2002 年度全国建筑工程装饰奖
2	中国现代文学馆《中国现当代文学展》	2000 年	宿利群	2000 年度全国博物馆十大陈列展览精品奖
3	北京青海大厦	2003 年	马怡西	2005 年度全国建筑工程装饰奖
4	邓小平故居陈列馆及园林绿化工程	2003 年	宿利群	2005 年度国家优质工程银质奖
5	中国地质博物馆《岩石矿物宝石陈列》	2003 年	何　布	第六届全国博物馆十大陈列展览精品评选精品奖

续表

序号	设计项目名称	任务起始时间	主持设计师	获奖情况（截至2010年底）
6	邓小平纪念馆《我是人民的儿子》	2003年	宿利群	第六届全国博物馆十大陈列展览精品评选特别奖
7	北京燕莎友谊商城金源店	2004年	李怀生	2006年度全国建筑工程装饰奖
8	国家教育部考试中心	2004年	杨玉尧	2007年度全国建筑工程装饰奖
9	北京电视中心演播楼剧场及辅助用房装饰	2004年	路　宏	2010年度全国建筑工程装饰奖
10	山海关长城博物馆基本陈列《华夏脊梁》	2004年	洪麦恩	第六届全国博物馆十大陈列展览精品评选精品奖
11	北京新保利大厦工程	2005年	宿利群	2008年度中国建设工程鲁班奖
12	首都博物馆新馆	2005年	宿利群	2007年度全国建筑工程装饰奖
13	北京新保利大厦	2005年	宿利群	2008年度全国建筑工程装饰奖
14	清华大学美术学院教学楼工程	2005年	杨玉尧	2007年度国家优质工程银质奖
15	八路军太行纪念馆《太行精神光耀千秋——八路军抗战史》	2005年	洪麦恩	第七届全国博物馆十大陈列展览精品评选特别奖
16	北京清华科技园科技大厦会所	2006年	张庆华	2009年度全国建筑工程装饰奖
17	中国人民革命军事博物馆《伟大壮举　光辉历程——中国工农红军长征胜利70周年》	2006年	洪麦恩	第七届全国博物馆十大陈列展览精品评选特别奖
18	南昌八一起义纪念馆《南昌起义基本陈列》	2006年	洪麦恩	第八届全国博物馆十大陈列展览精品评选精品奖
19	沈阳金融博物馆《走近金融世界》	2006年	姜奕丞	第八届全国博物馆十大陈列展览精品评选精品奖
20	北京国家会议中心D座酒店	2007年	田海婴	2010年度全国建筑工程装饰奖
21	中国人民革命军事博物馆《我们的队伍向太阳——新中国成立以来国防和军队建设成就展》	2007年	洪麦恩	第八届全国博物馆十大陈列展览精品评选特别奖
22	韶山毛泽东同志纪念馆《风范长存——毛泽东遗物展》	2008年	周海成	第八届全国博物馆十大陈列展览精品评选特别奖
23	河北省开滦博物馆《黑色长河》	2008年	何彦涛	第八届全国博物馆十大陈列展览精品评选最佳综合效益奖
24	延安革命纪念馆《延安革命史基本陈列》	2008年	王傲凡	第九届全国博物馆十大陈列展览精品评选特别奖
25	上海保利广场工程	2009年	宿利群	

续表

序号	设计项目名称	任务起始时间	主持设计师	获奖情况（截至 2010 年底）
26	北京奥林匹克公园（B 区）国家会议中心工程	2009 年	田海婴	
27	北京当代商城鼎城店	2009 年	李怀生	
28	命题业务基地一号楼等 8 项装修工程	2009 年	杨玉尧	
29	闽西革命历史博物馆《红色闽西》	2009 年	何　布	第九届全国博物馆十大陈列展览精品评选最佳形式设计奖
30	山东诸城博物馆《北朝神韵——诸城佛教造像艺术陈列》	2009 年	吴诗中	第九届全国博物馆十大陈列展览精品评选最佳新技术、新材料运用奖
31	南湖革命纪念馆新馆“南湖革命纪念馆新馆基本陈列”	2009 年	洪麦恩	
32	北京清华大学百年会堂新清华学堂、音乐厅精装修工程	2010 年	杨玉尧	
33	周恩来邓颖超纪念馆《周恩来邓颖超纪念馆基本陈列》	2010 年	周海成	第九届全国博物馆十大陈列展览精品评选精品奖
34	中国铁路博物馆“中国铁路发展史陈列”	2010 年	王傲凡	

表 13-3-29　2004 年—2010 年清尚建筑装饰公司资产及经营情况　　万元

年份	资产总额	净资产额	经营收入	利润总额	净利润额	纳税总额
2004	5 448	1 841	26 652	358	240	893
2005	8 258	2 361	33 349	591	389	1 062
2006	7 687	2 579	35 869	647	426	1 433
2007	6 806	3 125	55 769	1 143	756	1 904
2008	16 407	3 509	71 096	1 277	952	2 887
2009	35 320	6 492	111 981	2 814	2 108	4 714
2010	44 064	8 942	132 381	4 037	2 992	5 877

（十六）清华大学出版社有限公司

清华大学出版社的历史沿革在第十一章第四节已有详细记述，以下仅记述出版社自 2003 年至 2010 年的企业改制及经营情况。

根据国家新闻出版总署和教育部关于高校出版社改革的精神，2003 年 6 月 11 日，经 2002—2003 学年度第 15 次校务会议讨论通过，同意清华大学出版社组建为由清华大学出资主办的全民所有制企业法人。是年 7 月 16 日，教育部科技发展中心批复：“同意你校将清华大学出版社登记为企业法人，清华大学以出版社经评估的库存图书出资组建清华大学出版社（全民所有制），注册资金 1.5 亿元人民币。”

根据批复，2004 年 3 月 17 日，出版社在北京市工商行政管理局登记注册为由清华大学出资

主办的全民所有制企业法人，注册资金1.5亿元人民币。2004年6月16日，经2003—2004学年度第18次校务会议讨论决定，由李家强、李淑红、胡和平、荣泳霖、涂孙红组成出版社第一届董事会，任命荣泳霖为董事长。董事会聘任李家强为社长、法定代表人。

2007年10月10日，教育部科技发展中心批复，同意清华大学将《计算机教育》杂志社、清华文泉技术开发公司无偿划转到清华大学出版社；将出版社整体无偿划转到清华控股，划转净资产23 277万元。

2008年，清华大学出版社列入教育部、国家新闻出版总署首批高校出版社改制试点。2009年，改制为清华控股独资的有限公司，名称变更为“清华大学出版社有限公司”，注册资本3.5亿元人民币，法定代表人宗俊峰。

作为清华控股的全资子公司，按照“清华大学主办，清华控股主管”的原则，出版社党委由清华大学党委直接领导；其办社宗旨、出版方向、主要干部的任命和主营业务仍由清华大学决定。

出版社2004年至2010年资产及经营情况参见表13-3-30。

表13-3-30　2004年—2010年出版社概况及经营情况

年份	资产总额（万元）	净资产额（万元）	经营总收入（万元）	利润总额（万元）	净利润额（万元）	纳税总额（万元）	职工人数	
							总数	学校事业编制
2004	33 132	25 773	31 229	1 248	836	2 922	434	67
2005	39 311	31 573	35 100	7 324	7 324	4 061	402	60
2006	49 642	39 133	39 200	9 620	9 620	3 151	393	59
2007	55 950	32 501	41 812	12 626	12 626	3 412	397	60
2008	62 912	42 028	42 333	10 207	10 207	3 031	389	59
2009	70 964	47 264	42 156	9 888	7 551	3 042	384	46
2010	79 232	55 647	46 691	8 941	11 065	3 327	383	45

第四节　清华科技园

利用大学自身的科技、人才优势，积极为国家的经济建设和社会发展服务，是当代大学特别是研究型大学的社会责任。为了建设依托大学的科技创新体系，推动科技成果的产业化，将校办产业与教学、科研有效分离，同时改善学校的周边环境，清华大学提出了创建清华科技园的构想。

1992年末，在梁尤能副校长的领导下，组成了荣泳霖为组长的科技园筹备小组，开始制订清华科技园的建设规划方案。

1993年，北京市委、市政府领导在学校现场办公，听取了学校创建科技园的方案，同意划出作为清华大学发展预留用地的224亩土地用于清华科技园的建设，并要求海淀区政府做好相关配合工作。

1994年4月1日至3日，在怀柔召开的校办产业工作会议上，学校正式作出了建设清华科技园的决策。是年，在教育部和北京市政府的支持下，清华大学建设清华科技园的立项获得批准。清华科技园主体园区位于清华大学东南隅，紧邻清华大学校园，占地25公顷，规划建筑面积69万平方米。学校投入校园东南角的两块基建用地作为清华科技园的起步用地。

按照“按企业方式运作科技园区”的原则，学校决定设立清华科技园发展中心。1994年8月，清华科技园发展中心登记注册为清华大学出资主办的全民所有制企业法人，梅萌任主任，全面负责清华科技园的规划、建设、开发、经营和管理。

1999年，党中央、国务院作出了《关于加强技术创新，发展高科技，实现产业化的决定》，明确指出：“支持发展高等学校科技园区，培育一批知识和智力密集、具有市场竞争优势的高新技术企业和企业集团，使产学研更加紧密地结合。”根据科技园发展需要，1999年4月6日经1998—1999学年度第13次校务会议决定，成立清华大学科技园规划建设委员会，校长王大中兼任主任。是年，清华科技园发展中心制定了《清华科技园发展纲要》，提出了建设世界一流大学科技园的目标及科技园三个阶段发展的规划；确立了园区的功能定位——科技成果的转化基地、创新企业的孵化基地和创业人才的培育基地；在科技园主体园区的建设思路上，确立了“滚动发展+引资”的模式。

1999年8月，科技园的第一个孵化器“清华创业园”正式开园，首批11家企业入驻。科技园在完成起步期的空间建设的同时，启动了创新、创业软环境的建设。是年，清华科技园被纳入中关村科技园区总体规划，予以重点发展，并被列为科技部、教育部15个国家大学科技园试点名单。

在世纪交替之际，中国高新技术企业成长迅速，为清华科技园的发展带来了机遇。清华大学根据科技园建设和发展的需要，引入战略投资者，发起设立清华科技园建设股份有限公司。2000年8月，公司注册成立，注册资本4.8亿元人民币，清华科技园发展中心持股59.38%，以保证科技园既定的发展方向，同时增强实力，加快科技园主园区的建设。其后，开始了清华科技园主园区的大规模征地、拆迁和全面建设，大大加快了清华科技园发展的速度。

2001年初，清华科技园注册成立清华科技园孵化器有限公司，专门从事高新技术企业的孵化工作。同年，注册成立清华科技园技术资产经营公司，拿到了全国第一张“无经营范围限制企业”的营业执照。是年，入园企业达到200多家，清华创业园被批准为“北京市高新技术产业孵化基地”。2002年，清华创业园被科技部认定为“国家高新技术创业服务中心”。

2002年，清华大学实施国务院批准的《关于北京大学清华大学规范校办企业管理体制试点指导意见》，将清华科技园发展中心划转到清华大学企业集团。2003年，清华大学企业集团整体改制为清华控股有限公司后，吸收合并了科技园发展中心的全部资产和负债，清华科技园建设股份有限公司成为清华控股的控股子公司，全面承担清华科技园的建设和运营。

2003年，在首批22家国家大学科技园中，清华科技园被科技部、教育部认定为唯一的A类国家大学科技园，清华创业园被科技部授予“2003年度国家优秀创业服务中心”称号，并获“北京高新技术创业基地最佳孵化环境奖”，清华科技园服务中心正式挂牌成立，标志着清华科技园的服务支撑体系建设取得了阶段性成果。

2004 年 11 月，清华科技园建设股份有限公司更名为启迪控股股份有限公司（简称启迪股份），梅萌任董事长，徐井宏任总裁。此后，启迪股份全面承担清华科技园的开发、建设、经营与管理工作，提出并实施“国际化、支撑平台和辐射发展”战略，全面完成主体园区的建设和经营目标，并初步形成跨地区分园和基地网络，努力推动创新服务体系和客户关系体系建设。

2005 年，“中关村海淀园高新技术企业服务平台”正式在清华科技园挂牌。同年，清华科技园标志性建筑科技大厦竣工并投入使用，总建筑面积 18 万平方米。

2006 年，清华科技园主园区全部建成，其范围包括由科技大厦、创新大厦、紫光大厦等组成的一个环，再加上向东延伸，由华业大厦、学研大厦、同方大厦和同方科技广场形成的一条线，总建筑面积 77 万平方米。除完成了园区的空间建设外，清华科技园在科技创新软环境的建设中形成了独具特色的理论体系、运行模式和园区文化，搭建了产学研合作平台，促进了科技成果转化和创业企业孵化，推动了区域自主创新。同方股份、紫光股份、诚志股份、中核能源、浦华环保等一大批清华的科技企业在这里孵化、生根、开花、结果，还吸引了众多科技人才带着高新技术成果在这里创业。

在清华科技园内，许多孵化“毕业”的企业已经成长为行业中的领军者，如：

展讯通信有限公司研制成功世界首颗 TD-SCDMA/GSM 双模基带芯片、世界首颗商用 AVS 音视频解码芯片。公司于 2007 年成功登陆美国纳斯达克股票市场。

北京数码视讯科技股份有限公司是中国最大的数字电视软件及系统提供商，产品出口到欧洲、北美洲等 50 多个国家和地区。公司 2010 年在创业板上市。

海兰信数据科技股份有限公司打破了国外垄断，其船载航行数据记录仪在国内市场占领了最大份额，并出口多个国家。公司 2010 年在创业板上市。

芯技佳易微电子科技有限公司研制成功我国第一颗 1 兆位静态存储器芯片及首款串行闪存，2010 年实现突破性发展，三星等跨国公司都用上了该公司的芯片。

江苏天瑞仪器股份有限公司是专门研发、生产、销售 X 荧光光谱分析仪的企业，产品不仅畅销中国市场，还远销几十个国家，公司产品的品种和销量在同行业中列全球第一。

从 1993 年启动到 2010 年，清华科技园历经 17 载，已经成为“科技成果转化、创业企业孵化和创业人才培育”的重要基地。

一、科技成果转化基地

清华科技园打破地域空间的限制，于 2004 年至 2010 年间，先后建成了江苏昆山、北京玉泉慧谷、上海闸北等清华科技园分园，将高校科技成果与地方产业需求有效对接，创造出“专业技术平台+产业化基地”的技术转移服务模式，为高校科技成果转化、地方经济转型作出了重要贡献。以清华科技园江苏昆山分园科技成果转化基地的发展为例：

（一）先进制造创新中心

创新中心于 2007 年由昆山市政府、清华大学（机械系、精密仪器系）与清华科技园合作共同建设。中心遵照国家发展战略型新兴产业的方针，根据江苏省和昆山市地方企业的特点和技术需求，依托清华相关院系的研究力量与科研成果，为长三角地区中小企业搭建技术、人才、信息桥梁。其主要业务包括公共研究条件搭建、企业产品工艺检测、科技项目研发、信息资源共享以及创新人才培养等。例如该中心投入资金 200 余万元，设立了“清华科技园—斯莱克昆山精密模具及机械装备工程技术中心”，已引进全职研究人员 5 名，兼职研究人员 14 名，组织了由博士、硕士组成的技术团队，联合清华精密仪器系，在精密模具设计和检测方面提供公共技术支持与服务。

（二）中小企业技术转移平台

昆山分园设立的“江苏省中小企业技术转移平台”，具备六大基础功能平台和四大服务功能平台。基础功能平台包括：科技成果和专利技术相关信息资源的数据库、提供技术转移一站式服务的技术交易平台、技术专家与技术转移专业人才组成的专家组、多个专业化公共服务平台构成的公共创新服务中心、以“清华大学研究生实习基地”为基础的人才基地，以及“江苏省中小企业国内技术转移中心”门户网站；服务平台包括由协调技术转移工作及培养技术转移专业人才的虚拟研究院、为科技成果产业化准备的孵化器、由技术转移相关机构组成的行业联盟，以及技术转移增值服务体系。

平台遵循“政府支持、依托园区、整合资源、市场运作”的原则，依托清华大学、中科院等高校与科研机构的技术力量，打通技术转移路径，创新技术转移模式，为中小企业提供技术对接和技术转移服务。

在这个平台上，促成了清华大学化学系、北京维信诺公司、昆山市政府三方之间的合作，由昆山市政府先后出资 3.2 亿元，成立了昆山维信诺公司，实施清华大学 OLED 重大科技成果的产业化。公司获得了江苏省、苏州市、昆山市政府的各项支持。2008 年 10 月 8 日，中国内地第一条 OLED 大规模生产线正式投产，为昆山市提出的打造“平板显示”产业链的构想作出了贡献。

2008 年 10 月，由清华科技园参与创建的昆山工业研究院小核酸生物技术研究院和中国昆山小核酸产业基地在昆山揭牌。基地由研究中心、中试基地、公共实验室、生物孵化器等组成，实现了“产学研用”高度结合。2009 年，“抗乙肝小核酸 SR008 开发研究”“小核酸（siRNA）药物合成和修饰关键技术”“抗突发病毒性传染病小核酸应急支撑平台”等三项国家重大科技专项落户在小核酸基地。“搞核酸，到昆山”，昆山的小核酸产业发展提升到了一个新的高度。

二、创业企业孵化基地

1999 年，为了服务高科技创业企业，清华科技园建立了清华创业园。2002 年为了更好地服务于海外学子归国创业，清华大学与中关村科技园区管委会共同建立清华留学人员创业园。“两园”依托清华大学雄厚的科技优势、高素质的校友资源和清华科技园的创业孵化平台，采取“孵化器＋创业投资”的运营模式，孵育出一批产业化潜力巨大、属于国家重点支持领域的高质量创业企业。

例如北京天为时代科技有限公司，是 2002 年首批进入清华科技园生物孵化器的小企业，入园初资金困难，清华创业园出资购买了该公司急需的设备作为股本入股；2003 年底，清华创业园又为其担保，从银行获得了 50 万元的商业贷款；2004 年，又推动其第二次增资。公司逐渐形成了系列化的产品线，使其从一个成立之初注册资本仅 10 万元的小公司，发展成为知名的生物高科技公司。2005 年，该公司被德国 QIAGEN 公司以 400 万美元的价格收购，清华创业园的投资也获得了 30 倍的回报。

2006 年，清华科技园启动面向成长型企业的“钻石计划”，对优选的 20 家具有核心技术、发展潜力大的入园企业予以资源倾斜和重点扶持，帮助其快速成长，以期培育出 3～5 家具有世界一流技术和行业领先地位的“钻石”企业。为此，计划从 2006 年到 2011 年，启动 2 亿元的创业投资基金，并联合其他投资机构进行分阶段投资，投资总额将达到 20 亿元。到 2010 年末，入选“钻石计划”的展讯科技、海兰信、数码视讯先后在国内外成功上市，“钻石计划”已初见成效。

截至 2010 年底，园区提供孵化场地约 4 万平方米，累计孵化创业企业 600 余家，提供就业机会近 5 000 个，吸引留学归国创业人员百余人，成为清华科技园中最为活跃的企业群体。清华科技园创业企业孵化基地的功能，主要依靠以下三个平台实施：

（一）公共技术平台

自创业园建园以来，园区共搭建了公共测试、生物技术、IC 设计等多个技术平台，这些平台有效缓解了企业设备投入、专家咨询、技术需求等方面的问题，可以使企业通过租用方式低成本使用高端仪器设备，提高了企业核心技术的研发水平，降低了创业企业的初始投资和运行成本。

例如“公共测试平台”，是由清华科技园、北京市科委和清华大学分析中心共建的联合分析实验室，是北京市科技条件平台的一部分。平台整合了清华大学分析中心所拥有的光电子能谱等 20 多台大型精密仪器；用 30 万美元获得了美国公司提供的价值 100 万美元的 4 套仪器设备，整合了一支高素质的检测队伍和具有综合分析能力的测试专家群体。平台使仪器设备的使用效率大幅提高，大大拓展了分析检测能力，取得了明显的社会效益。

（二）投融资平台

资金是初创期科技企业生存的瓶颈。清华科技园以园区总体战略目标为指导，依托科技园的优势，整合内外部金融资源，根据初创期、成长期和成熟期等不同的阶段，进行不同种类、不同额度的投资，使创业园为企业提供的融资服务更加专业化、系统化。从 1999 年始，清华创业园采用直接投资、房租折合股权、设备入股、委托管理等灵活多样的方式，先后对慧点科技、世纪鼎点软件等十多家初创企业进行投资。同时，与中关村科技担保公司建立合作关系，为企业的银行贷款提供信用担保。

为了长期持续地扶持科技企业的创业与成长，清华科技园采用直接投资、引进并参股社会创业投资机构等多种模式，建立了投融资服务体系。至 2010 年末，园区内已有投资及管理机构十余家，管理的资金规模已逾 26 亿美元，累计向园区的十多家企业提供风险投资基金约 7 000 万美元。

自 2006 年始，清华科技园开始为园区内外的几十家中小企业提供金融顾问服务，积极探索和实践金融工具创新。2009 年，清华科技园投资 1 500 万元入股中关村小额贷款股份有限公司，推进小额贷款服务；还将借助保险、信托等金融工具为中小科技企业提供更全面的金融服务。

（三）在线服务平台

清华科技园通过多年的努力，建立起一个强大的资源共享和信息传递在线服务平台。2008 年 12 月，清华科技园开发成功“启迪在线”并正式投入使用。“启迪在线”是以信息化为手段，以聚集创新创业资源为内容，以推动区域创新和企业发展为使命的网络平台，包括面向科技园区同行的科技园创新管理系统（TIMS）；面向创新创业企业的数字贸易平台；以及提供创新空间资源、政策资讯、中介服务体系等信息的服务平台。

三、创业人才培育基地

（一）参与策划组织清华创业设计大赛

1998年清华大学在全国率先举办了第一届大学生创业计划大赛，在社会上引起了巨大反响。清华科技园为大赛优胜团队的创业提供了发展空间和孵化服务。1999年，“视美乐”“易得方舟”“乐都”等第二届大赛优胜团队创办的公司成为第一批进入清华创业园的企业。2000年，“网贝”“东方博远”“辰光”“慧生闻达”“易居时空”等第三届创业大赛的优胜团队创办的公司也随后入园。

从第三届大赛开始，清华科技园充分发挥园区内聚集的一批既有创新、创业精神又有实际经验的企业家的优势，加强了大赛的培训工作。通过培训，让学生感受创新、创业的精神和理念，接受创业知识和技能的训练。

清华科技园为学校的创业教育提供了实践基地。通过创业设计大赛，提供了学生与企业家学习交流的机会，以及认识、了解市场的舞台。通过创业实践，学生不但在创新意识、创业精神、创业理念等方面得到了培养，而且使学生在学校学习期间就能学到识别商业机会、判断市场前景、组建创业团队、筹集创业资金、确定营销模式、分析创业风险等创业技能，初步具备了创造力、洞察力、持久力、执行力，以及亲和力和沟通力等创新、创业的基本素质。

（二）开设创新创业课程

2003年，科技园发展中心主任梅萌在清华大学率先开设面向全校的选修课“科技创业理论与实务”，开始探索培养在校大学生的创新、创业意识和技能。

2007年，在深入研究国外著名大学创业课程教育的基础上，针对清华大学研究生的特点，梅萌和时任清华创业园主任罗建北与经管学院高建教授、张帏博士合作，精心设计，共同开设了主要面向全校研究生的“创业机会识别与商业计划”课程。该课程在学校课程评估中，获得了“2008年清华大学教学成果一等奖”；2010年秋季被评为“清华大学研究生精品课程”，被清华大学研究生院列为研究生素质教育课程。

（三）大学生创业见习基地

2009年，清华科技园率先成为科技部和教育部首批授予的11家国家大学科技园“大学生科技创业实习基地”之一，作为清华大学履行服务社会功能的有机外延。

“清华科技园大学生创业见习基地”设在清华科技园玉泉慧谷分园，一期建筑面积600平方米，计划入驻大学生创业团队20家。基地为大学生团队提供办公空间、公用设施空间、小型研发空间等硬件配套服务，同时开设面向大学生的创业理论课程培训，建立了“一对一创业导师教育”的新型培训模式。

清华科技园针对大学生创业的特点，在大学生创业见习基地中建立了一套完整的包括软、硬环境建设和配套服务的创新创业服务体系，定期开展大学生创业辅导培训，举办专场招聘会，并已建立了学生到创业企业实习的制度。

2010年，在教育部召开的“推进高等学校创新创业教育和大学生自主创业工作视频会议”

上，梅萌做了《清华科技园促进大学生自主创新创业实践》的发言，全面介绍了清华科技园利用园区的创新文化、创业环境与资源，与大学共同推进大学生的创新创业教育，推进“创新启蒙—创业辅导—创业大赛—创业实践”教育模式的情况。

（四）创业企业家培养平台

2006年4月，清华科技园加入了亚杰商会（AAMA）推出的培养优秀企业家的“摇篮计划”。“摇篮计划”每年邀请10位科技、商业、投资金融界的精英人士作为导师，同时通过多种渠道甄选20位富有潜力的创业者，经过集体培训后，导师和创业者结成一对一的交流关系。清华科技园梅萌、徐井宏、罗建北等先后成为“摇篮计划”的创业导师，手把手地为创业者提供义务辅导。通过实战培训和创业实践，一批创业者成为中国科技商界的领军人物。例如池宇峰是“摇篮计划”的第一批学员，2004年创办北京完美时空网络技术有限公司，于2007年7月在美国纳斯达克成功上市，成为中国网游公司海外成功上市的标志性事件。

经过17年的建设与发展，清华科技园已成为中关村科技园区中建设速度最快、入驻率最高、入园企业质量最好、服务体系最完善的区域之一，已经跻身世界科技园领域的先进行列。清华科技园致力产业与科研对接，促进学校学科发展和科研水平提高，为建设世界一流大学作出了贡献。清华科技园积极推动创新资源与区域经济的结合，形成了辐射发展的网络体系，对相关地区的科技、经济和社会发展作出了贡献，同时对提升清华科技园的整体竞争优势和可持续发展能力产生重要影响。清华科技园成功构建起的辐射全国的启迪创新网络，已经成为中国创新体系的一支重要力量。

清华科技园获得了中国第一个“A类大学科技园”“中关村20年创新发展突出贡献单位”以及“国家科技计划（火炬计划）实施20周年先进服务机构”称号。此外，还获得了2002年荷兰科学联盟“科学孵化器最佳实践奖”；2003年“优秀高新技术创业服务中心”“北京市优秀科技中介机构”“北京高新技术创业基地最佳孵化环境奖”；2007年“财政贡献突出企业”；2008年“最受尊敬的创业天使”“最具社会责任感企业”；2009年“中国产学研合作促进奖”“中国最佳创意产业园区奖”等荣誉。

在打造国内科技创新辐射网络的同时，清华科技园很早就开始了国际化的战略布局。

2004年，国际科技园协会亚太分会年会在曼谷召开，清华科技园发展中心主任梅萌带队出席会议。第一次参加行业国际会议的清华科技园，一举拿下会议的最佳论文奖。这是清华科技园首次在世界舞台上亮相。

2006年，在芬兰赫尔辛基召开的国际科技园协会年会上，清华科技园发展中心副主任陈鸿波被推选为国际科技园协会理事会的12名理事之一，兼任国际科技园协会亚太分会主席。

2008年，国际科技园协会亚太分会年会在清华科技园成功举办。国际科技园协会唯一的驻外机构——北京办公室落户清华科技园。

2010年，清华科技园总裁徐井宏率团出席在韩国大德举行的国际科技园协会年会，并做全体会议的主旨发言。清华科技园成为“联合国教科文组织科技园区与商业孵化器区域发展中心”理事会的理事单位。

国际科技园协会主席Joan Bellavista在评价清华科技园时说：“我为看到这样成功的科技园案例，以及科技园在鼓励创新和竞争、推动经济发展和提升社会影响力方面正在作出和即将作出的贡献而感到非常自豪。”

经过 17 年发展，清华科技园已经成为世界一流的大学科技园，并正向着更高的目标迈进。

第五节　与地方共建的研究院

与地方共建研究院是清华大学服务社会功能的延伸。1996 年清华大学与深圳市共建深圳清华大学研究院，后又分别与北京市、河北省、浙江省共同建立了北京清华工业开发研究院、河北清华发展研究院以及浙江清华长三角研究院。四个研究院自成立以来，依托清华科技力量，因地制宜，与地方紧密结合，为区域经济的发展和技术创新作出了贡献。

一、深圳清华研究院

1996 年 12 月 21 日，王大中校长和深圳市李子彬市长签署了合作建立“深圳清华大学研究院”（简称“深圳清华研究院”）协议书，随后研究院开始筹建，1997 年 7 月正式成立。

深圳清华大学研究院是由深圳市人民政府和清华大学共同出资建立的一个高层次、综合性、开放式、产学研相结合、实行企业化管理的事业单位，是清华大学在华南地区的一个科技创新基地。研究院是高新科技研发和成果转化基地，着眼于孵化高科技企业，培养企业精英人才，强调社会效益和经济效益并重。

深圳研究院实行理事会领导下的院长负责制，实行企业化运作，自主经营、自负盈亏、自我发展，将科技创新、人才培养、管理服务和创业投资等功能融为一体。理事会成员由深圳市和清华大学派出，理事长由深圳市任命，院长由清华大学推荐，理事会聘任。历届理事长、副理事长、院长、常务副院长名单见表 13-5-1。

表 13-5-1　深圳清华研究院历届理事长、副理事长、院长、常务副院长名单

届　次	任职时间	理事长	副理事长	院　长	常务副院长
第一届	1997 年 6 月	郭荣俊	杨家庆	杨家庆	林功实 冯冠平（1998 年 12 月任职）
第二届	2001 年 3 月	郭荣俊	何建坤	何建坤	冯冠平
	2003 年 3 月	刘应力	何建坤	何建坤	冯冠平
第三届	2005 年 10 月	刘应力	何建坤	冯冠平	刘　岩（2007 年 6 月任职）
	2010 年 7 月	刘应力	何建坤	冯冠平	嵇世山　刘　岩

1997年4月20日，深圳研究院大楼举行奠基仪式。大楼占地23.5亩，建筑面积31 300平方米，于1999年10月7日落成。

2000年12月12日，深圳研究院控股的深圳市清华科技开发有限公司（力合创投公司的前身）与珠海经济特区电力开发（集团）公司签订股权转让合同，受让了该公司拥有的上市公司“粤华电”的15%的股份，北京清华科技园发展中心受让5%的股份。2006年6月，力合创投又受让了北京清华科技园发展中心持有的“粤华电”5%的股权。

2001年，深圳清华信息港启动建设，10月13日奠基，2003年10月落成开园；2001年6月9日，清华科技园（珠海）奠基，次年9月9日，珠海科技园大楼落成。

2003年4月11日，时值SARS肆虐之际，胡锦涛总书记莅临研究院视察，指示研究院在现有传感产品的基础上，研制一种行之有效、便捷实用的体温测量仪器。是年4月至6月，研究院集中力量，全力投入“红外快速体温检测仪”的研制和批量生产。该仪器在全国24个省（市、自治区）和港、澳地区得到广泛使用，并销往新加坡、马来西亚、菲律宾、泰国。研究院还向广东省教育系统、内蒙古、新疆等地捐赠了价值近200万元人民币的各式红外测温仪，为战胜“非典”作出了重要贡献。“红外快速体温检测仪”获2004年广东省科技进步特等奖和2005年国家科技进步二等奖。

2004年2月20日，深圳研究院的“石英数字式力传感器及系列全数字化电子衡器的研究与产业化”项目荣获国家发明二等奖。

2006年9月22日，吴仪副总理在深圳乘坐由研究院自主研发的国内第一辆地面移动数字电视演播车时说：“这个移动直播车给深圳打了一个最大的广告，效果非常好!”2008年汶川“5·12”特大地震后，研究院向四川灾区捐助了价值550万元人民币的“应急布控无线移动数字视频传输系统”。

2007年6月29日，由研究院孵化的深圳市拓邦电子科技股份有限公司首次公开发行股票并成功上市。

2007年，深圳研究院和深圳市汇清科技有限公司向北京奥体中心捐赠了16套联合研制的“中央空调活性氧空气净化设备”。

截至2010年，深研院共设立了4个研究所和10个实验室，与清华大学和广东省的企业共建了2个国家级重点实验室的深圳分室、10个研发中心；已累计申请专利193项，授权专利116项。

深圳研究院于1997年设立人才培养部。2001年，清华大学深圳研究生院成立，研究院与研究生院分开，原人才培养部的资源大部分都移交到研究生院。此后，研究院积极探索与国内外大学合作办学、培养人才的新路，开展的培训项目包括工商管理类、政府合作类、企业内训类、短训班类、学位教育类等。2003年12月，研究院设立清华力合国际教育学院，成为教育部留学服务中心的官方合作教育单位和对国外学位学历认证的机构。截至2010年，累计短期培训学员约16 200人，其中5 000多名为企业和政府的高级管理人才；与英国密德萨斯大学、格林尼治大学、威尔士大学和香港理工大学合作，累计培养本科、硕士、博士近2 000人。

2002年3月，深圳研究院“企业博士后科技工作站”成立，涉及电子信息、光机电、数字电视、生物医药、医学工程、纳米材料、环保、教育经济等诸多领域，成为深圳市最大的博士后工作站，已累计进站博士后64人，有6人获中国博士后基金。

1999年投资设立的、由深圳研究院控股的深圳清华力合创业投资有限公司，是该院孵化科技企业和实施科技成果产业化的投资控股公司。截至2010年，深圳研究院共孵化企业480多家，目前在孵企业302家。培育了和而泰、达实智能、数码视讯、海兰信、力合高科等一批高科技企业，其中有6家上市公司。

深圳研究院在13年间，创造了开放式的、产学研用相结合的科技创新和人才培养模式，为探索我国技术创新的新模式以及区域经济的发展作出了重大贡献。2005年8月2日，全国人大副委员长、中国科学院院长路甬祥院士在考察了深圳研究院后评价说："如果中国有100家像深圳清华研究院这样的研究院，中国的产学研就大有希望了。"

二、北京清华工业开发研究院

1998年初，北京市委、市政府提出了"发挥首都科技优势，大力发展首都经济"的任务，要求发挥中央在京单位的科技优势，推进产学研结合，服务首都经济。1998年2月至4月，清华大学和北京市政府共同组织了"双百双向"交流活动，清华大学与北京市企业的一批科技合作项目开始运作。此后，时任北京市委书记兼市长的贾庆林同志提议成立北京清华工业开发研究院，集中力量做好清华大学科技成果的转化及与首都经济发展对接的工作。1998年8月20日，北京清华工业开发研究院（简称"北京研究院"）成立。贾庆林同志和教育部部长陈至立同志出席了成立大会。

北京研究院是北京市政府与清华大学共同组建的事业法人单位，实行理事会领导下的院长负责制。研究院参考国际上科技成果孵化器的成功经验，本着优势互补的原则，采用市场运作的方式，以清华大学的科技力量、科研基地和科技成果为基础，为北京市高新技术产业发展、产业结构调整和传统产业改造提供技术支持和项目支撑；发挥"桥梁"和"纽带"作用，积极推进科技成果与经济、社会发展对接，参与构建首都创新体系，成为高新技术产业的孵化中心、企业发展的服务中心、科技信息的集散中心、政府决策的咨询中心。

1998年8月27日，北京研究院召开第一届理事会，时任北京市委副书记、常务副市长的刘淇同志任理事长。北京研究院历届理事会理事长、副理事长和院长名单见表13-5-2。

表13-5-2　北京研究院历届理事长、副理事长和院长名单

理事会届次	任职时间	理事长	副理事长	院长
第一届理事会	1998年8月	刘　淇	王大中　林文漪　刘海燕	戴猷元
第二届理事会	2006年5月	王岐山	顾秉林　赵凤桐	戴猷元
第三届理事会	2009年2月	郭金龙	顾秉林　黄　卫	戴猷元

北京研究院成立十余年来，确定了加快科技成果转化，促进首都经济发展的宗旨；坚持以技术创新促进高新技术产业的发展，以革新挖潜支持传统工业企业改造的工作方针；在发挥社会服务功能，参与建设创新体系的过程中，坚持贯彻国家战略和政策，与工业生产实践相适应，与市场经济规律相适应，发挥"立项支持、技术集成、市场服务、参与改制"的四项功能，成功组织实施了一批科技成果转化项目，发挥了孵化成果、孵化企业的作用。通过政府资金引导，突出重点，立项支持成果孵化和产业化项目共152项，逐渐形成了现代中药、电子政务、智能交通、电动汽车、健康保健、食品安全、现代物流等七大板块。

三、河北清华发展研究院

2002 年 8 月 12 日，河北省副省长才利民和清华大学常务副校长何建坤签署了《河北省人民政府与清华大学共同组建河北清华发展研究院协议》，河北清华发展研究院（简称“河北研究院”）开始筹建。

河北研究院是由清华大学与河北省人民政府共同组建的事业法人单位，挂靠河北省发改委，实行理事会领导下的院长负责制，理事长由省校主要领导担任，院长由清华大学推荐担任。第一届理事会由河北省省长钮茂生和清华大学校长王大中任理事长。研究院历届理事会理事长、副理事长和院长名单见表 13-5-3。

表 13-5-3　河北研究院历届理事长、副理事长和院长名单

届　次	任职时间	理　事　长	副理事长	院　长
第一届	2002 年 8 月	钮茂生　王大中	才利民　何建坤	周　立
	2003 年 4 月	季允石　顾秉林	才利民　何建坤	周　立
	2004 年 3 月	季允石　顾秉林	才利民　何建坤	郑燕康
第二届	2004 年 5 月	郭庚茂	何建坤　才利民　杨振斌	郑燕康
	2006 年 8 月	郭庚茂	何建坤　康克军　郑燕康　李俊渠	郑燕康
第三届	2010 年 12 月	龙庄伟	康克军　王爱民	朱　赤

2002 年 12 月，根据签订的《河北省—清华大学在廊坊共建清华科技园协议书》和《清华大学—廊坊市政府共建清华科技园协议书》，河北研究院按照“总体规划、分区实施、社会化运作”的开发模式，积极推进廊坊清华科技园的规划和实施，规划总面积 13 000 亩。

2003 年 10 月 18 日，河北研究院办公大楼在廊坊奠基，占地 275 亩，建筑面积 23 100 平方米，由河北省和清华共同出资 6 000 万元建设资金，其中廊坊市政府 1 000 万元、河北省政府 3 500 万元，清华大学 1 500 万元。2005 年 5 月，研究院大楼落成。

2005 年 6 月 28 日，研究院第二届理事会第 2 次会议决定由省市相关部门联合成立产业化专题小组、科技创新专题小组、人才培训专题小组，帮助和指导河北研究院的相应工作。

2006 年 1 月 17 日，郭庚茂理事长提出研究院的定位是：“省校合作的桥梁，成果转化的平台，技术创新的源泉，人才培训的摇篮。”

河北研究院积极探索科技成果转化的新模式，依托清华大学及国内外高校的科研、人才优势，走产学研合作的道路，以共建高新技术企业为载体，建设新型科技企业孵化器，实现高新技术成果的产业化，促进高新技术企业产业集群的形成和规模化发展。2005 年 8 月，河北研究院引进的第一个项目——同方川崎空调设备公司在清华科技园（廊坊）奠基，2006 年 9 月 22 日，同方川崎公司一号机在廊坊基地下线。2006 年 8 月 28 日，我国第一条发光效率超过 50 流明/瓦（lm/W）的白光 LED 生产线在清华科技园（廊坊）建成投产。

为了保证孵化企业的持续发展能力，河北研究院与孵化企业共建联合研发中心和孵化基地，为孵化企业提供源源不断的技术和配套设施支持。2008 年开始整体规划有规模的孵化器，2009 年 8 月，河北研究院科技企业孵化器在清华科技园（廊坊）奠基，于 2010 年 9 月建成投入使用。2009 年 11 月，河北研究院与河北省永清县政府、廊坊绅豪投资开发公司、后奕镇政府签订《关于合作建设廊坊清华科技园永清产业基地、科技企业孵化器及生活配套设施的合作协议》。

2007年以来，先后成立了高技术陶瓷研发中心和特种陶瓷粉体研发中心。高技术陶瓷研发中心利用专有技术制备出目前只有日本公司可以生产的薄壁、整体椭球灯管。该产品达到国际先进水平，可以实现批量生产，填补了国内空白。特种陶瓷粉体研发中心研发的连续化悬浮燃烧合成装置，可以合成高性能特种陶瓷粉体，解决了目前国内外先进陶瓷材料领域的传统难题。

河北研究院通过多种渠道与国内外有实力的大企业广泛合作，吸引这些企业到河北投资发展，促成了富士康在廊坊和秦皇岛建立基地，日本川崎重工和清芯光电等企业先后落户廊坊清华科技园。2008年，促成了印度尼西亚力宝集团在唐山投资建设环渤海最大的现代物流中心。研究院还吸引了一批高新技术项目到河北发展，如：生产GPS全球定位系统的鸿方电子、从事数码娱乐机生产和游戏动漫平台开发的泰伟电子、从事半导体及封装的矽和电子、研发制造光通讯模组模块的群邦电子、从事工业芯片研发与生产的南京资讯等台资企业，以及世界上最先进的LED封装企业马来西亚统明亮（DOMINANT）半导体公司、从事薄膜太阳能电池研发生产的日本ULVAC株式会社、美国通用电气医疗器械公司等。

河北研究院成立后即开展了教育培训业务，为河北省委组织部、省发改委、国资委及各市、县培训了大批干部，取得了良好的社会效益。从2005年开始，河北研究院的教育培训工作有了更大的发展，形成了自己的品牌和特色，取得了教育部“职业教育师资培训重点建设基地”和国家汉办“国家汉语师资培训基地”的授权，在公共管理、企业管理、语言培训等方面举办了多期具有特色的培训项目，建立了院属培训中心和培训管理团队。

四、浙江清华长三角研究院

浙江清华长三角研究院（简称“浙江研究院”）是由浙江省人民政府和清华大学于2003年12月共同组建的事业法人单位，实行企业化运作，旨在以清华大学的技术、人才为依托，立足浙江，充分发挥和利用双方优势，面向国际竞争和长三角地区经济社会发展需求，促进浙江省及长三角地区科技、经济与社会及清华大学教育、科技事业的全面发展。

浙江研究院实行理事会领导下的院长负责制。第一届理事会由浙江省副省长王永明任理事长，清华大学副校长岑章志任常务副理事长。历届理事会理事长、常务副理事长、副理事长和院长名单见表13-5-4。

表13-5-4　浙江研究院历届理事长、副理事长和院长名单

届　次	任职时间	理　事　长	常务副理事长	副理事长	院　长
第一届	2003年12月	王永明	岑章志	蒋泰维　陈德荣	周海梦
	2005年1月	茅临生	岑章志	蒋泰维　陈德荣	周海梦
第二届	2008年6月	金德水	陈　旭	岑章志　蒋泰维　李卫宁	周海梦

2004年12月，浙江研究院总部建设项目列入2004年浙江省重点建设项目。2005年4月，浙江研究院总部大楼奠基（嘉兴），2008年12月落成。

浙江研究院成立后，发挥清华大学和长三角地区的优势，重点在生物技术与医药、生态环境、先进制造、信息技术、微环境控制技术、建筑节能、新材料等领域发展。截至2010年末，先后建立了省属重点实验室1个、市属重点实验室1个、院属研究所4个、研发中心1个；与地方政府共建研究中心 2 个；与企业联建研究中心 7 个。到 2010 年末，累计有 25 项专利获受理，有 3 项发明专利获得授权。

截至 2010 年底，浙江研究院累计促成了清华大学与浙江企事业单位科技合作项目 23 项，合同金额近 10.6 亿元，项目总投资达 96.1 亿元。促成了清华重大科技成果产业化项目——年产 5 万吨丁基橡胶生产基地落户嘉兴乍浦经济开发区。与清华城市规划设计研究院合作，中标承担杭州奥体博览城绿色生态规划的编制工作及项目实施导则。

浙江研究院积极转化和推广科技成果，促进浙江经济转型升级：①在建筑节能领域，建立了浙江省首个地市级建筑能耗宁波监测平台；建立了浙江省行政中心能耗实时公示平台；承担了《浙江省大型公共建筑分项计量设计标准》的编制。②在生物医药领域，开发出氧氟沙星、诺氟沙星、氯霉素、微囊藻毒素- LR 酶联免疫检测试剂等生产工艺；完善了牡丹花的人工脱休眠技术；采用多孔生物介质技术完成了嘉兴月河、许家港景观河道的水体治理。③在生态环境领域，开发了微囊藻毒素快速检测试剂盒，对环太湖 12 个检测点和嘉兴市市内河网 29 个检测点进行了全年监测；与日方合作推进分散式农村水污染物减排工作的示范点建设。④在信息技术领域，与嘉兴亚特电器公司合作进行智能化割草机器人定位与覆盖系统项目的研发；开发出了具有自主知识产权的电动按摩椅用机械手。⑤在先进制造领域，针对嘉兴纺织产业的特点，开发了在线机械尺寸和色差检测系统；开发生产了单光纤双向器件、单光纤三向器件以及 SFP、XFP 器件等产品。

浙江研究院积极探索科技与金融结合之路，为发展高新技术企业服务。与国内著名的深圳创新投资集团共同发起建立了首期金额为 6 亿元的浙江创新创业投资基金，扶植浙江省高新技术企业的发展；与天津股权交易所合作建立了浙江华津投资管理有限公司，推荐高科技、高成长企业到天津股权交易所挂牌和交易，同时为中小企业提供投融资服务。

浙江研究院积极响应省委、省政府关于高校、科研院所参加“服务基层、服务企业”的双服务活动的号召，派出专人赴衢州工作，走访了 45 家企业，组织推荐了 4 位清华大学等高校的专家到衢州与企业对接，还从清华大学选派了 29 名博士后到衢州挂职、进入企业博士后工作站，以项目合作等方式参加博士后服务衢州的活动。

2005 年 6 月 18 日，浙江研究院与清华控股有限公司共同出资成立浙江浙华投资有限公司，主要开展高新技术产业化、教育培训和创新、创业基地建设等三大领域的投资，成为浙江研究院的投资控股公司。2008 年 6 月，研究院独资设立了浙江华瀚科技开发有限公司，作为浙江研究院孵化科技企业和推进院区建设的主要服务平台。此外，又先后创建了微环境控制技术与中药材标准化研究产业化基地、浙江省 BPO 产业基地等。截至 2010 年底，研究院已经在嘉兴引进、孵化了 50 多家科技企业，累计注册资本 5.4 亿元。

第十四章

校园建设与管理

第一节　清华园变迁

清华大学校址清华园始建于康熙四十六年（1707 年），最初为康熙皇三子胤祉赐园，康熙五十二年（1713 年），康熙帝将其命名为熙春园。熙春园位于圆明园东南，也称东园。康熙五十五年（1716 年），熙春园西部建立古今图书集成馆，80 人居于此间历时 10 余年编纂完成了中国历史上现存最大类书《古今图书集成》。乾隆三十二年（1767 年），熙春园被列入“圆明五园”之一，并成为乾隆、嘉庆、道光三代皇帝御园。清道光二年（1822 年），熙春园被一分为二，东部叫“涵德园”，西部叫“春泽园”。分别赐给了惇亲王绵恺和瑞亲王绵忻。咸丰二年（1852 年）涵德园改称清华园，春泽园改称近春园。清华园也俗称“小五爷园”，以区别于道光五弟惠亲王绵愉的“五爷园”。宣统三年（1911 年），清华学堂在此设立，校园便统称为清华园。1913 年起，清华校园实际包括清华园、近春园、长春园东南一角和水磨一部分。

今日人们所称之清华园，已不是清时的清华园，而是泛指清华大学校园。

第二节　学校土地沿革

一、校园本部土地情况

1911 年建校初期，校园面积为 405 亩（27 公顷），位置以工字厅为中心，北至西大操场北侧，西至静斋前马路一线，南面和东面以二校门南万泉河为界。1917 年校园平面图见图 14-2-1。

1927 年校园扩大为 1 200 亩（80 公顷），即以原校园南、北两条平行线往西扩展到西校门，还征用了南院（即今照澜院住宅）用地。

1928 年至 1937 年，校园面积发展到 1 600 亩（106.67 公顷），在原有校园基础上，分别向东北（现北门一带）、西南（现西门北侧）、东南（现新林院）伸出 3 个棱角，为校园发展打下了基础。

1948 年校园占地面积已达 1 708 亩（113.87 公顷）。校园平面图见图 14-2-2。

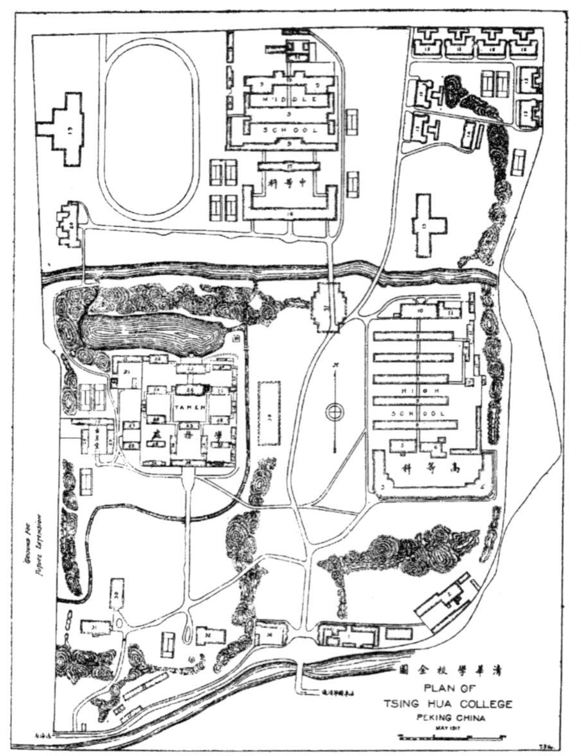

图 14-2-1　1917 年校园平面图

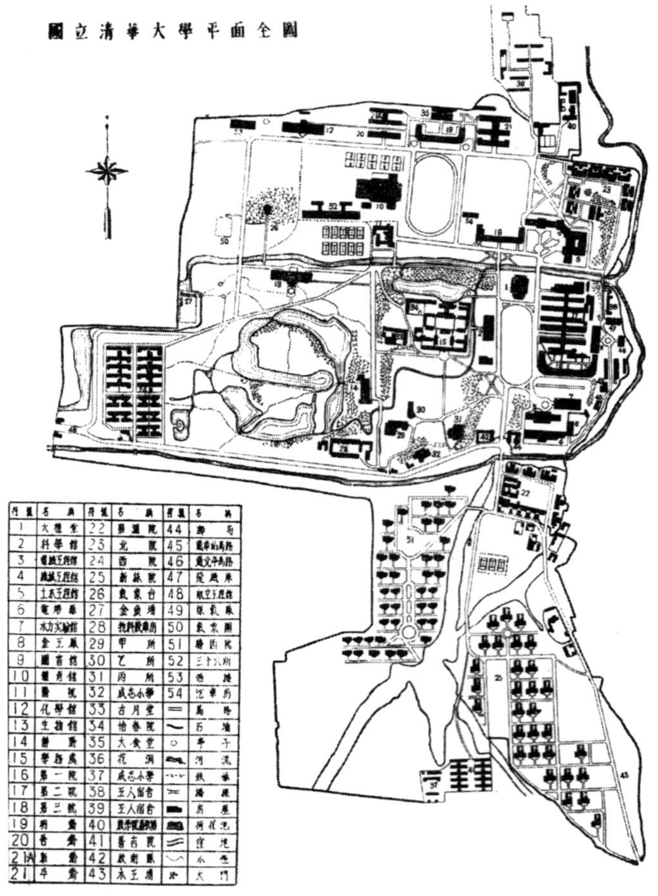

符號	名稱	符號	名稱	符號	名稱
1	大禮堂	22	照瀾院	44	郵局
2	科學館	23	北院	45	通車站馬路
3	電機工程館	24	西院	46	通文平馬路
4	機械工程館	25	新林院	47	飛機庫
5	土木工程館	26	氣象台	48	航空工程館
6	電燈廠	27	金魚場	49	煤氣廠
7	水力實驗館	28	物料儲藏房	50	農業園
8	金工廠	29	甲所	51	勝因院
9	圖書館	30	乙所	52	三十六所
10	體育館	31	丙所	53	西樓
11	醫院	32	成志小學	54	汽車房
12	化學館	33	古月堂	═	馬路
13	生物館	34	怡春院	～	石牆
14	静齋	35	大食堂	○	亭子
15	學務處	36	花洞		河流
16	第一院	37	成志小學		鐵路
17	第二院	38	工人宿舍		橋梁
18	第三院	39	工人宿舍		房屋
19	明齋	40	農學院試驗場		荷花池
20	善齋	41	普吉院		綠地
21A	新齋	42	校衛隊		小路
21	平齋	43	木工場		大門

图 14-2-2　1948 年校园平面图

1949 年后，经国家批准多次征地，其中 1970 年以前征地 108.93 公顷，1971 年至 1993 年征地 38.58 公顷，前后共拆迁或部分拆迁 6 个自然村，校园本部面积达到 261.38 公顷。1993 年校园平面图见图 14-2-3。

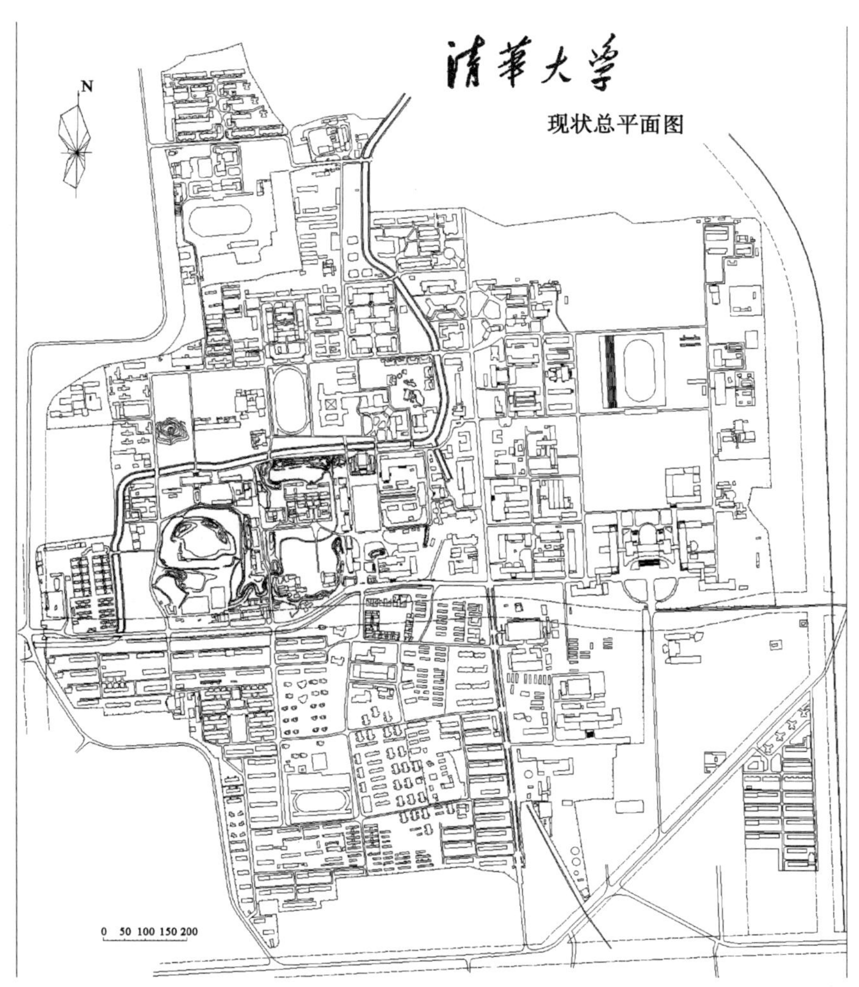

图 14-2-3　1993 年校园平面图

1997 年后，经国家批准，清华大学与北京大学共同征蓝旗营教师住宅用地。后两校对蓝旗营土地权属进行协商，经双方确权，清华大学在蓝旗营小区的住宅用地约为 3.14 公顷，非配套公建用地 0.67 公顷。

1997 年后，经国家批准，清华科技园征用学校北门外大石桥村作为科技园动迁安置小区，后经学校与当地政府协商，该用地改为清华大学教师住宅用地共 6.69 公顷，用于新建荷清苑教师住宅。

2000 年，经国家批准，在校园东北新征学生公寓用地 28.62 公顷，形成了紫荆学生公寓区。

2001 年，经国家批准，征东柳村、北门外电厂三角地 6.35 公顷作为教学科研用地，2004 年完成东柳村征地拆迁工作，并建设地界护栏。

2001 年至 2002 年，完成厢白小营 1.2 万平方米拆迁工作。

2003 年，北京市政府同意将海淀区东升乡八家地区已规划的 40 公顷居住建设用地改作清华大学发展建设用地。截至 2010 年 12 月底，在海淀区各级政府的支持下，后续的征地拆迁工作正在进行当中。（2011 年 10 月，北京市国土资源局下发京国土储函〔2011〕1077 号文件，同意将 19.55 公顷土地提供给清华大学，用于住宅及配套、教育科研及幼儿园建设，规划建筑面积 57.15 万平方米。预计 2012 年完成征地拆迁工作。）

2003 年，北京市政府将海淀区东升乡八家地区的 105 公顷钉桩绿地划拨清华大学认养，享受北京市绿地建设有关优惠政策，其中 5％的土地作为学校建设用地（集中使用）。

截至 2010 年 12 月底，校园本部土地面积共 305.98 公顷。校园平面图见图 14-2-4。

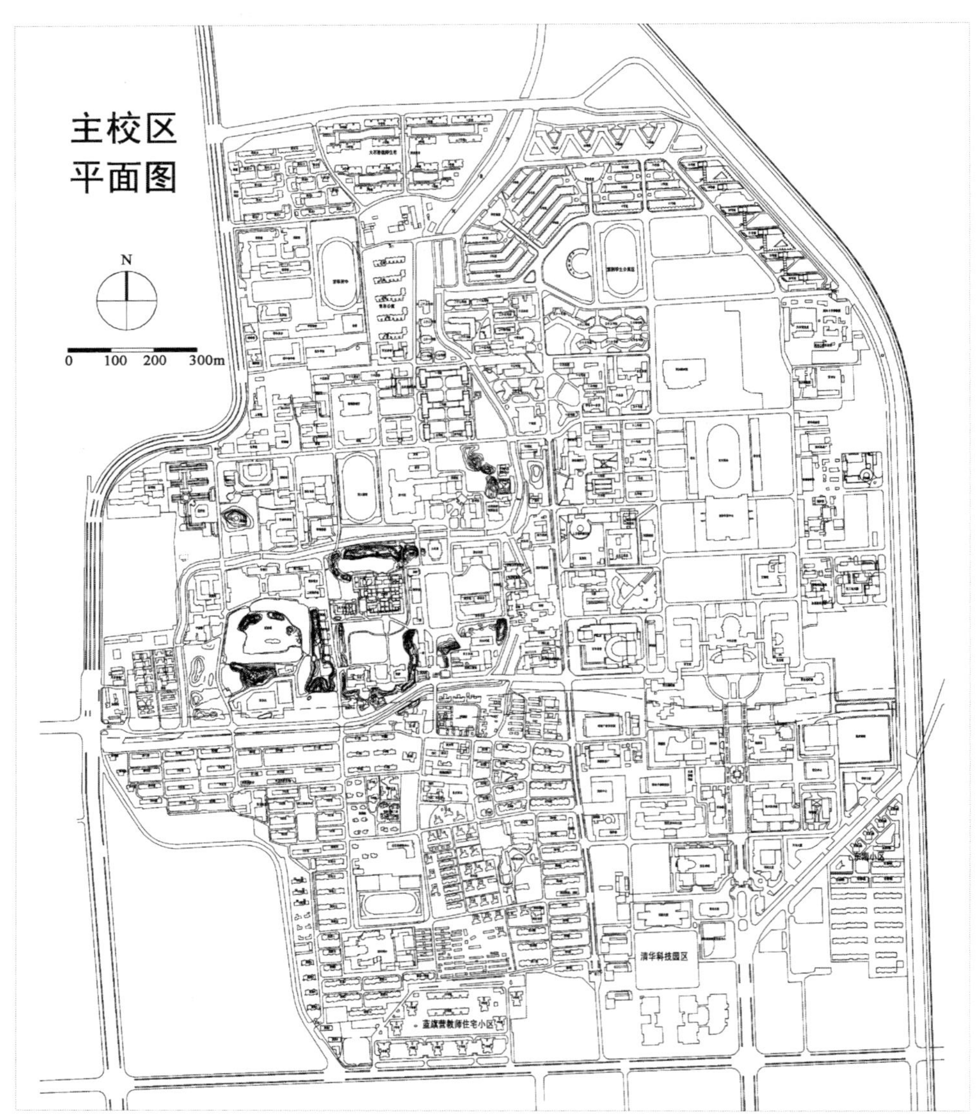

图 14-2-4　2010 年校园平面图

二、校园外土地情况

在清华园主校区外，学校尚有其他用地若干处。

1. 骑河楼同学会馆

会馆位于北京市东城区骑河楼街西口，用地 0.21 公顷，建筑面积 1 172 平方米，1976 年地震倒塌部分房屋，后又被北京市残疾协会占用近200平方米，实际已不足1 000平方米。1949年后，骑河楼作为临时招待所，以方便校友及学生家长来京探亲居住，学生在城内工厂实习，也可住宿。1976年地震后成为危房，故暂不安排住宿，招待所亦停办。1995年重新修建，建筑面积4 006.3平方米，由北京市国投节能公司和基金会清华阳江公司无偿使用。2006年学校重新收回该房屋并对外出租，由租赁单位投资整体改造后作为宾馆使用。

2. 光华路校区

光华路校区3.01公顷，位于朝阳区光华路，原为中央工艺美术学院校区。1999年中央工艺美术学院并入清华，更名为清华大学美术学院。2006年，美术学院从光华路校区搬迁到清华主校区后，光华路校区由继续教育学院使用。2010年，光华路校区纳入CBD总体规划，2012年3月完成拆迁。

3. 金融街通泰大厦B428房间

因债务纠纷，2001年法院判决中国租赁有限公司位于金融街通泰大厦B428房间（分摊土地0.007公顷，建筑面积805.9平方米）抵偿所欠清华大学的债务，房产过户到学校名下。后学校办理房产证时，实际房产面积为700.08平方米，土地分摊面积70.98平方米。法院判决后，中国租赁有限公司迟迟未退房并拖欠租金，2006年，经学校与该公司多次交涉，最终将房屋收回。

4. 清华大学核能技术设计研究院用地

该用地位于昌平区虎峪风景区。1958年7月，学校筹建原子能教学、科研、生产联合基地，11月选址清河后八家施工，1959年停工之后，改选址昌平虎峪村。基地始建于1960年，征地30.88公顷（含代征道路），定名为清华大学试验化工厂。1961年至1975年又征地33.18公顷。1979年更名为核能技术研究所。1990年11月，国家教委批准更名为核能技术设计研究院。1991年再次征地21.88公顷。2009年研究院占地总面积为71.31公顷（不含代征道路），建筑总面积101 934.7平方米。

5. 三堡基地

基地3.53公顷，位于延庆县境内，在八达岭南侧，始建于1959年11月，建筑面积3 195.2平方米。2000年后，石门山庄（在三堡基地内）开始为学校博士生论坛提供服务，并逐步成为学校的博士生论坛基地。

6. 清华长庚医院土地

2008年，经教育部和北京市政府批准，学校与顺天通房地产开发集团签订建设项目用地转让补偿协议，取得医疗卫生慈善用地面积8.26公顷。该地块位于昌平区东小口镇，东至立水桥北路、西至安立路、南至太平庄中一街、北至太平庄中二街。

7. 附属医院土地

第一、二附属医院原直属信息产业部，2003年并入清华，其中第一附属医院位于朝阳区酒仙桥一街坊6号，占地5.3公顷；第二附属医院位于石景山区石景山路5号，占地3.3公顷。

清华大学土地面积情况见表14-2-1。1949年以来校园历年征地和退地情况见表14-2-2。

表 14-2-1　清华大学土地面积一览

序号	位置		面积（亩）	面积（平方米）	备注
1	校本部		4 589.66	3 059 791.82	
	其中	原校园围墙内	3 832.61	2 555 086.11	其中部分无土地证
		南区锅炉房	8.00	5 330.18	已有土地证
		蓝旗营小区	47.09	31 391.89	其中部分无土地证
		蓝旗营非配套公建	10.05	6 696.86	已有土地证
		大学生公寓	429.33	286 219.34	已有土地证
		大石桥教师住宅	100.37	66 915.90	已有土地证
		西北住宅小区	72.03	48 017.89	已有土地证
		东南小区及西王庄 5 号楼	79.38	52 918.83	无土地证
		清华紫光交流中心（紫光二期）	10.82	7 214.82	已有土地证
2	光华路校区		45.17	30 111.70	已有土地证
3	昌平区核研院		1 069.63	713 090.23	其中部分无土地证
4	东城区骑河楼		3.19	2 123.97	已有土地证
5	三堡基地		53.00	35 333.51	无土地证
6	一亩园		1.00	666.67	无土地证
7	通泰大厦 B428 房间分摊土地		0.11	70.98	已有土地证
8	清华长庚医院		123.96	82 637.21	已有土地证
总计			5 885.71	3 923 826.09	

说明：① 1998 年学校开始建设“清华科技园”。截至 2008 年底，清华科技园主园区全部落成，占地 25 公顷。清华科技园的土地使用权未在表中。

② 根据北京市政府对北京市国土资源局《关于清华大学选址海淀区东升乡楔形绿地 D 地块土地一级开发项目用地建设教职工住宅有关问题的请示》（京国土市〔2009〕305 号）批示精神，学校与北京海欣方舟房地产开发有限公司签订了《土地一级开发补偿协议》，取得该地块的建设使用权。

表 14-2-2　1949 年以来校园历年征地和退地一览

年份	次数	范围	用途	征、退面积（公顷）
1952	3	保福寺，蓝旗营，水磨，小营	教工住宅宿舍，运动场	13.29
1953	1	小营	运动场	2.13
1954	4	大石桥，西柳村	苗圃，施工用地	4.95
1955	5	正白旗，西柳村	教工宿舍，铸压车间，汽车实验室	19.28
1956	10	八家，西柳村，水磨	高压，冷加工实验室，主楼及打靶场	19.60
1957	9	西柳村，蓝旗营	高压锅炉房，工物馆，5～10 号楼，13 公寓	12.15
1958	9	西柳村，大石桥，小营，西王庄	9 号楼，电厂，小营小学，程控车间	3.35
1959	11	三才堂，蓝旗营，大石桥，西王庄	教工住宅，仪器系大楼，学生宿舍，饭厅，运动场	42.23
1960	2	附中西北，大石桥	附中食堂，电厂扩建	1.33
1961—1962	1		还耕退地	−12.96

续表

年份	次数	范　　围	用　　途	征、退面积（公顷）
1971	1	永红大队，保福寺大队	修路	0.39
1971	1	清华园三才堂	建运油路和油罐	0.90
1979	1	海淀大队	西门南教工住宅楼	1.30
1980	1	蓝旗营	西南区教工住宅楼	2.53
1984	1	厢白小营西侧	木工厂搬迁于此	0.78
1986	1	东升乡，海淀乡	校园总体扩建	36.20
1992	1	海淀乡	西北区道路	0.058
1997	1	蓝旗营	蓝旗营教师住宅	3.81
1997	1	海淀乡	荷清苑教师住宅	6.69
2000	2	海淀乡，东升乡	紫荆学生公寓	28.62
2000	1	海淀区泄水湖5号	海淀区政府	－0.08
2000	1	海淀区老虎洞47号	市政绿化	－0.21
2001	2	海淀乡，东升乡	美术学院楼，化工电大楼，电厂三角地	6.35
2001	1	海淀区槐树街10号	北大科技园	－0.04
2001	1	海淀区薛家胡同12～22号	北大科技园	－0.10
2001	1	海淀区赵家胡同1号	北大科技园	－0.05
2001	1	海淀区一亩园20号	部分拆迁，圆明园西路	－0.06
2001	1	海淀区清华园南门东侧	清华科技园	－1.67
2002	1	厢白小营	附中	1.73
2002	1	海淀区清华园西门北侧	圆明园东路	－0.17
2005	1	蓝旗营	蓝旗营非配套公建	0.67
2009	1	天通苑	清华长庚医院	8.26
2009	1	东升乡	学清苑教师住宅	5.83

第三节　校园规划与基本建设管理

一、九次校园总体规划

校园规划历来由校长直接领导，建校以来共有9次。1911年，奥地利籍建筑承包商埃米尔·斐士（Emil Sigmund Fischer）为清华编制了第一个校园规划，划定了清华学校的基本雏形，清华学堂是这一规划中最为重要的建筑并分二期实施完成。

周诒春校长从 1914 年 6 月起多次与美国建筑师墨菲（Henry K. Murphy）讨论清华扩建事宜，委托其于 1914 年 10 月拟就清华第二个校园规划。规划的主要特点是在一个校园中布置两个学校，东部（今大礼堂区）为八年制留美预备学校，西部以近春园为中心规划四年制综合大学，校门在近春园以南。1916 年周诒春校长呈文外交部："……清华学校有良好的基础，充足的经费，为图久远计，将清华逐年扩至大学程度，是今后发展的当务之急"，并拟就"理想的清华大学建筑图样"。从 1916 年起开工兴建"四大建筑"（大礼堂、图书馆、科学馆、体育馆），聘庄俊（校友）为驻校建筑师，监督总体规划的实施和四大建筑的建造。

1928 年 8 月 17 日，清华学校改为国立清华大学，设文、理、法学院并附设工程科，罗家伦就任第一任校长。11 月，校长提交学校董事会《整理校务之经过及计划》报告，提出扩充校园建设的规划："建筑男女学生宿舍……扩充学额，……最小应该增添容纳一千人的宿舍"，"建筑自然历史馆……扩充图书馆……修建办公处"等，停滞多年的学校建设再次启动。学校委托天津基泰工程公司承担建筑规划，在该事务所任职的杨廷宝（校友）主持了这一规划和主要单体设计。1930 年成立清华大学建筑委员会，2 月完成了第三个校园规划，即《1930 年国立清华大学总地盘图》。杨廷宝说："当时的规划意图是向西发展，修建了生物馆和气象台"，从图中看到图书馆扩建、明斋、气象台、生物馆已在建设之中。这个规划的特点是在文、法、理学院的基础上，以近春园为中心建博物馆，并扩建多学科的综合大学。

1931 年 12 月梅贻琦就任校长，次年 2 月宣布"本校拟向工程科学方面发展"，并呈教育部成立清华工学院，下设土木、电机、机械三系。对 1930 年校园规划作了重大修改，即在东部相继建成机械馆、水力实验馆、电机馆和航空馆等。

1946 年 10 月复员后的清华大学，曾有过扩建工、文、法、理、农学院的规划，但均未能实现。

1953 年 6 月 7 日第二十三次校务会决定，在基建委下成立规划组，考虑总平面、逐年建筑面积的分配，建筑规划组吴良镛、汪国瑜等确定了东区建筑群中轴线的位置。

在蒋南翔校长主持下，1954 年 12 月 13 日和 23 日两次校务会议讨论校园规划，议决"向路东发展，集中建设"。根据学校学科和规模（本科生一万名）发展需要和远景蓝图，制定了第四个校园规划，即《1954 年校园总体规划图》。这个规划的主要特点是：第一，明确划分了学校的功能分区（设置东、西两个教学区，学生区在北和东北、住宅区在西南）；第二，确定了清华和西郊文教区（北大、中关村）的关系；第三，确定了学校向东发展的远景规划。随着 1960 年京张铁路东移 800 米和 60 年代主楼的建成，本次校园规划的主要意图基本上得以实现。

1960 年 6 月，由于自 1958 年开始新建多个新技术学科，学校规模继续扩大，制定了第五个校园规划，即《1960 年校园总体规划》。此次规划的积极意义是：第一，指明校园须进一步从主楼向南发展；第二，确定了东西和南北干道，以及东区的道路网。

1975 年至 1988 年，先后完成三次校园规划，它们之间有鲜明的连续性、继承性。按学校规模（远期本科生 12 000 人，研究生 3 000 人），制定了第六个校园规划，即《1979 年学校总体规划图》。根据 1985 年国家计委批准的《清华大学基本建设扩建计划任务书》（远期规模为在校学生 15 000人），1986 年实现征地 36.2 公顷。之后又制定了第七个校园规划，即《1988 年校园总体扩建规划图》，详细规划了东区（新区）和东区的道路网，主楼北的运动场地，西北、东南生活区，特别是主楼前的新教学区。

1991 年，开始修改 1988 年规划，并制定第八个校园总体规划，规划范围由东区扩大到全校东、西两区。1993 年 7 月 1 日，北京市领导及各委、局负责人到清华大学现场办公，决定"同意清华大学以南、成府路以北地区为该校保留用地，……同意一次报批 14.93 公顷……”。根据《修改〈清华大学总体扩建规划〉的任务书》（1992 年）及后来学校的补充意见，对 1988 年规划做了修改：第一，学校的功能分区增加了科技开发区——清华大学科技园区；第二，适应学校发展为综合大学的需要，按学院规划建筑；将理科楼从东区改至西区，在化学馆到生物馆区域规划理学院；第三，拟同意城市规划道路从地下横穿校园；第四，二附中并入清华附中，统一规划，扩大留学生区；第五，扩大规划全校住宅区，完善全校道路系统、文化和生活设施、商业设施和水、电、暖、天然气、通信、计算机网络设施等，并第一次用计算机绘制了校园规划图。

1994 年至 2010 年，学校常设的基建规划委员会，先后由校长王大中、顾秉林任主任委员，吴良镛、关肇邺、李道增等各学科专家和有关部门负责人任委员，负责决策校园规划和建设。这期间根据学校的事业发展需求对“94 规划”进行了完善和调整，并完成了第九次校园规划的编制。

90 周年校庆过后，学校事业发展规模持续扩张，校园空间发展用地日益不足的矛盾开始凸现：一方面，校园的土地利用迫切需要改变以往的粗放型使用方式，节约宝贵的土地资源；另一方面，校园建设开始逐渐由外延性扩张阶段转入内涵性调整阶段，内部挖潜成为重要的增长方式。在此背景下，1999 年，第九次校园总体规划修编开始提上日程，以建筑学院尹稚教授为首的规划设计团队承担了本次校园规划修编工作。2003 年 3 月，北京市在清华大学召开现场办公会，正式将八家、朱房列入清华大学远期发展用地，在本次校园总体规划的修编过程中予以统筹考虑。2005 年 3 月 17 日和 2005 年 3 月 31 日，召开了两次大规模的校园规划修编研讨会，探讨和审议第九次校园规划的指导思想和规划理念，吴良镛、关肇邺、李道增等专家和历届校领导均参加了本轮讨论。总体来看，第九次校园总体规划不仅根据“十五”“十一五”清华大学事业发展规划作出了校园空间布局调整，同时贯彻落实了科学发展观及建设节约型社会等重要理念。修编重点主要体现在以下七个方面：第一，根据整体规划要求，以及校园内土地和资源的合理承载力，确定不同用地的使用方式和建设强度；第二，利用西南片区住宅置换搬迁的良好契机，结合师生员工的学习、工作和生活模式，对整体用地功能布局进行调整，完善各项公共服务设施；第三，对校园内部道路系统以及与城市道路的衔接进行整体规划，重点解决停车场库布局、非机动车和步行交通体系规划、校门布局及环境改善等问题；第四，提高校园绿地景观系统的整体性和连续性，根据人群活动模式和需求对绿地布局和类型，注重观赏性和使用性的结合；第五，以历史保护区为核心，促进新老区之间的协调，同时加强对文物建筑、历史建筑的维护和修缮工作，结合整体功能布局考虑历史建筑的再利用问题；第六，提高市政基础设施的供应水平，建立综合防灾减灾体系，在规划和建设中充分考虑生态环境保护以及水资源、能源的节约、保护和利用等问题；第七，明确近期急需建设和改造修整的具体项目。

二、基建管理体制与机制

1952 年院系调整后，清华成为一所多科性工业大学。北大、清华、燕京联合组成建校委员会（“三校建委会”），周培源任主任，何东昌和施嘉炀任副主任；梁思成、张维和张龙翔分别任设计处、工务处和财务处处长。清华建成一批教室、教工和学生宿舍，解决了校舍紧缺的困难。但由于尚无长期教育事业规划，不可能产生周密的校园总体规划，加之建国初期建筑标准偏低，因而对学校长远发展产生了不利的影响。

1954 年，学校成立基本建设委员会。1954 年 1 月 3 日，第 11 次校务行政会议及基本建设委员联席会议决议，经校长批准决定 1954 年基本建设由本校自营，并成立工程委员会，张维为主任，俞时模、张儆、解沛基为副主任。这一年建起1～4号楼大片学生宿舍。

1955年1月，第9次校务行政会议决定，基本建设委员会增设副主任一人，由委员张维担任；设立办公室，解沛基兼任办公室主任。同时撤销基本建设工程委员会，在总务长办公室下暂设修建工程处，张静亚任主任。1957年1月，胡健任基建委员会副主任，汤纪敏任基建办公室主任。1960年后，学校在行政处下设基建科，组织和承担日常校园的基本建设工作。

1975年，学校成立基建处，承担学校的基本建设工作，至“文化大革命”结束后，基建处已经发展成为人员规模庞大、专业配备齐全、可自行独立承担学校基建任务的职能部门。在此时期，基建处专业配备包含工程设计、材料采购、水、暖、电、土建、绿化等多个工种，人数达600人，砖、瓦、木、砂、石、钢材、油料等几近全部的建筑材料均自行采购供应，这种情况一直持续到1995年。

1991年7月，学校决定将基建处改为基建规划处，规划设计室建制由设计院改归基建规划处。

1995年，高校后勤社会化改革，减员增效、后勤服务社会化成为高校后勤改革的主要方向。学校基建机构进行了大幅度精简，基建规划处由600余人降为50余人，主辅建筑材料不再自行供给，但对于工程的施工过程仍自行监理。2000年，基建规划处开始全面引入专业监理公司介入施工管理，实现了工程建设阶段监理单位、施工单位、甲方单位的三方管理；2001年，基建规划处试行《单项工程项目管理办法》，建立了甲方项目管理部行使项目施工阶段主要管理职能；2002年，基建规划处实行《清华大学基建规划处合同管理实施试行程序》，对合同管理过程进行了规范，也明确了项目管理中合同管理的核心理念及具体操作程序；在此基础上，基建规划处逐步建立了以项目管理为核心，以合同管理为重点的“弱矩阵式”管理体系，陆续出台了《工程质量监督管理办法》《合同管理办法》《设计管理办法》《工程项目技术管理办法》《造价管理办法》《工程项目管理办法》《建设工程资料管理办法》等主要管理办法。在上述管理办法的基础上，深化、细化和修订一系列管理规定与细则，包括《招标工作规定》《合同签订工作规定》《合同执行工作规定》《建设工程招标实施细则》等；在招投标管理方面，于2005年成立了基建招标管理办公室，对全校符合校定招标规定的新建、改扩建项目统一进行招标管理。同时，在一些特殊类型项目的建设管理过程中，如紫荆学生公寓，也尝试引入了专业项目管理机构和学校的项目管理部门组成联合甲方，积极探索多元化管理模式。

第四节　各个时期校内建筑物现状及主要建筑物

一、各个时期校园建筑物概况

（一）1909年—1927年

1909年9月28日（宣统元年八月十五）清宣统御批（外务部学部具奏），10月28日内务府将北京西郊清华园拨给游美学务处，作为游美肄业馆（后称清华学堂）馆址。

清华园由工字殿（后名工字厅）、怡春院和古月堂三组建筑构成。1909 年 10 月，游美学务处动工兴建校舍。首先修筑围墙和建筑校门（即二校门），同时建造一院大楼（清华学堂西半部）、二院、三院、同方部、北院，于 1911 年至 1912 年竣工。

周诒春校长（1913-08—1918-01）任职后积极筹备改办大学，建成一批高标准建筑：1916 年一院大楼向东扩建；1916 年至 1921 年兴建图书馆（东馆）、前体育馆、科学馆、大礼堂，被誉为清华的“早期四大建筑”。

同一时期，建成甲所（原校长住宅）、乙所（原副校长或教务长住宅，今已拆除）、丙所（原秘书长住宅）、丁所、南院（即照澜院）、西院、校医院（已拆除，改建为学生文化活动中心）和工艺馆（即土木馆）。

这一时期，新建面积 36 398 平方米，校园总建筑面积 40 806 平方米。此外，有校外建筑 7 处，面积 3 749 平方米。

（二）1928 年—1937 年

这一时期以大礼堂为中心，扩建图书馆（西部，1930—1931），兴建生物馆（1930）、明斋（又称四院，1930）、气象台（1931）、体育馆（后馆，1931—1932）、化学馆（1931）、静斋（1932）、善斋（又称五院，1932）、西院（新扩建，1933）、机械工程馆（1934）、电机工程馆（1934）、水力实验馆（即旧水利馆，1934）、旧大饭厅（1934）、平斋（又称七院，1935）、新斋（又称六院，1935）、西校门（1933）、新南楼（新林院，1934）、电话机房（1935）、普吉院（1937），等等。先后建成主要建筑 20 幢，建筑面积 58 840 平方米。

（三）1937 年—1945 年

1937 年 8 月北平沦陷，清华大学南迁，北平校园遭到日军严重破坏。

日军侵占后，将图书馆改作伤兵医院，书库成为手术室，阅览室作病房，前体育馆一度改成马厩，后体育馆改作厨房，新林院改为日军俱乐部。建设三十六所和北院合作社等平房，约2 638 平方米。

（四）1946 年—1948 年

在这期间，由于内战，教育经费严重短缺，庚款基金利息亦不敷用，只建成胜因院教授住宅和 14 所平房，建筑面积 6 347 平方米。自 1909 年 9 月至 1948 年 12 月清华园解放，校园本部建筑面积累计为 108 631 平方米，校内外建筑总面积为 112 390 平方米。

（五）1949 年—1953 年

1949 年后，北大、清华、燕京组成三校建委会，基本建设成绩很大。建成了新航空馆、燃气轮实验室，第一教室楼，西区阶梯教室，强斋，荷花池 1、2 宿舍，1、2 公寓教工住宅，诚斋，立斋，1～17 号学生宿舍楼，西大饭厅等，共计 51 116 平方米。

这几年的基本建设，新增面积相当于解放前累计建筑面积的一半，大大缓和了学校迅速发展而产生的用房紧张矛盾。但是，由于缺乏周密的总体规划，对校园扩展方向估计有误，同时建筑标准偏低，影响长远建设。

（六）1954 年—1957 年

1954 年，学校进行了远景规划，确定了学校发展规模（学生达到 1 万人）与功能分区。12 月首次向高教部、铁道部发请示函申请将京张铁路东移 800 米（1960 年 3 月完成）。学校设置东西两个教学区，西区以大礼堂为中心，布置水土类与基础课公共教研组；东区以新建的主楼为中心，周边设系馆与实验室。学生生活区仍在校园北部，逐步向东发展。教工住宅位于校园西部，逐步向西南发展。

1957 年以前建成的主要建筑有：西区第二教室楼、新水利馆；西区 1～4 号学生楼，东区 5～8 号楼学生宿舍；东西区之间的实验室基地有动力实验室、汽车实验室、焊接馆、铸工车间，等等；教工宿舍和公寓有：3～8 公寓单身教工宿舍、9～12 公寓教授住宅。

1956 年西主楼破土兴建，主要为电机系系馆及其实验室。

这一时期，校园向东扩展，新增建筑面积为 98 616 平方米，累计建筑面积为 258 363 平方米。

（七）1958 年—1966 年

自 1956 年起，学校为适应国家建设需要，陆续增设一些新系（例如自动控制系、工程力学系、工程化学系、工程物理系等）。1960 年 6 月，学校拟订了八年远景规划，确定学生人数为 25 000人（包括研究生），教职工 8 500 人；学校建筑分区合理，用地紧凑，道路通畅，绿化成网，重点发展东部教学区。从 1958 年至 1966 年先后建成的主要建筑有：工程物理馆（1957—1958）、西主楼（1956—1959）、东主楼（1958—1960）、中央主楼（1960—1966）、精密仪器系系馆（9003 大楼，1959—1965）。总建筑面积为76 871平方米（西、东、中央主楼分别为 21 589、21 271、34 011 平方米）的主楼建筑群的建成，为学校教学、科研创造了有利的物质条件。这一时期校本部新增建筑面积 174 697 平方米。

另外，1958 年学校作出重大决策，筹建原子能教学、科研、生产“三联基地”，选址于昌平虎峪村，1962 年定名为清华大学试验化工厂。在经济困难的 1960 年至 1962 年，教职工和学生参加基地劳动，先后建成试化厂主楼（屏蔽式反应堆）、宿舍、食堂、实验室等一批建筑；1964 年 9 月又建成零功率反应堆；1964 年国庆时屏蔽式反应堆一次临界启动成功，成为清华科研史上的里程碑。此后，又建成教学楼、职工宿舍、各种实验室等，到 1966 年建筑面积共计 30 612 平方米。

1959 年学校自筹资金，筹建位于八达岭南侧京张铁路三堡站的三堡疗养所。1960 年开始由教职工义务劳动，建成 1 933 平方米的二层楼房，至 1966 年陆续建成总面积 2 775 平方米的疗养所。

根据当时三线建设的需要，1965 年在四川绵阳建立分校，基建面积 80 000 平方米。1978 年撤销分校，把房屋、土地移交给四川高教局。

（八）1967 年—1976 年

“文革”中，校园建设遭到严重破坏。1966 年 8 月 24 日，二校门一夜之间被夷为平地，武斗中科学馆三层和屋顶遭火焚，大礼堂一度成为武斗据点，校园建筑、教室桌椅、实验设备、图书资料都遭到严重破坏。

基本建设进展缓慢，教学和科研建筑面积几乎没有增加，只新建了机械厂及新林楼，18、19 公寓，中 1、3、4 楼，南 1～4 楼等教职工住宅。新增面积 58 723 平方米。新建的一批住宅由于缺乏周密规划与科学管理，有的选址不当（例如新林楼占据了运动场），有的标准偏低（如 18、19 公寓）。市政设施（供热、供电、供水、污水排放等）及其管网工程由于缺少规划，方案屡变，临时应付，管理混乱。

这一时期，试验化工厂除教育部投资建成 9 500 平方米的宿舍和食堂外，由国防科委投资立项建成新生活区和实验附属用房，新增建筑总面积 46 035 平方米。

（九）1977 年—1984 年

将校园按功能分区，合理调整，校园面貌逐渐改观。学校做了新的规划，将教学区集中在校园中部，通过建设新教学楼，改造中间区，加强东西教学区的联系。教工住宅集中在校园西南部，学生宿舍集中在校园北部。

建成的主要建筑有：第三教室楼、泥沙实验室、加速器实验室等；留学生宿舍、学生 10、11 食堂等；教工住宅南 0、南 5～10 楼、西 41～47 楼、中 2、5、6 楼、西南 1～5 楼、7～9 楼、12～18 楼，等等。

这一时期北京市改造和治理了万泉河水系，使清浊分流，对解决校内河道问题有较大帮助。新增建筑面积 150 906 平方米。另外，核研院新增建筑面积 598 平方米。

（十）1985 年—1993 年

清华大学增设了经管学院、理学院、建筑学院和人文社会科学学院。为适应发展需要，国家计委批准清华大学扩建计划，规定学校规模为学生 15 000 人、扩建校舍建筑面积 27 万平方米，投资 1.5 亿元。自 1986 年起，清华大学基本建设列为国家“七五”“八五”计划重点建设项目，并获国家“211”工程重点支持，学校进行了近十年的校园规划，建成的主要建筑有：

1. 教学、科研和生产用房：有第四、五教室楼；老经管楼、文科楼、环境系馆、能科楼、产业楼、汽车楼、微电子学研究所、设备厂、印刷厂、教材库、工物馆扩建等；于东操场西侧修建了体育运动中心。

这一时期基建投资来源多元化，除国家投资外，香港爱国人士利国伟、邵逸夫、蒙民伟（校友）、梁铼琚等人捐资建成伟伦中心（近春楼南部）、新图书馆（逸夫馆）和档案馆。

2. 学生、教职工生活用房：有学生宿舍 14、15、19～26 号楼共 10 幢，位于校园北部，形成新的学生生活区；建成教职工住宅有东南小区，西北小区的 1～8、11、15 楼，高 1、2 楼，南 11～13 楼，东 13、15 西楼，西南 6、10、11、19、20 楼，以及校医院和甲所等。

在此期间，新增建筑面积高达 328 470 平方米。另外，核能院新增 9 198 平方米。

（十一）1994 年—2001 年

1994 年，清华大学第八次校园规划（94 规划）编制工作完成。1997 年 5 月 12 日，获首都规划委员会（即北京城市规划委员会）正式审批通过，成为这一时期校园建设的重要依据。自 1998 年起，清华大学被列入国家“985”工程重点支持高校，基本建设工作获得了国家和教育部的大力支持。这一时期建成的主要建筑有：

1. 教学、科研和生产用房：有集装箱实验室、附中实验楼、附中培训楼 D、建筑馆（梁铼琚楼）、科教编辑中心、人环大楼、经管（伟伦）楼、铸工车间改扩建、蒙民伟理学楼、生命科学（伟伦）馆、逸夫技术科学楼、土木馆（何善衡楼）、能科楼接建、汽车碰撞试验室、附中初中教学楼、法学楼、微电子所加层（试验线）、中央主楼加层、建筑设计中心、燃烧试验室、电子束烟气净化实验室等。其中，建筑馆（梁钵琚楼）、经管（伟伦）楼、逸夫技术科学楼、法学楼四幢建筑均位于校园东区，沿主楼中轴线对称分布，奠定了清华东区的基本格局，和呈“十字形”分布的绿地景观及新东门共同构建了清华大学城市主入口空间的新风貌。

2. 学生、教职工生活用房：有教职工住宅西北 12、13、14、9、16、10 号楼，东 5～9 号楼，青年教师公寓 1～5 号楼，蓝旗营住宅，西北区配套、西北区教工食堂和蓝旗营公建，学生宿舍有 29～37 号楼，商业服务用房有照澜院商场、照澜院结算中心、照澜院购物中心等，学生食堂有十饭厅接建、西区学生食堂（饮食广场）等，学生浴室有北区学生浴室、东区学生浴室，以及东区锅炉房扩建（燃煤 40T），洁华幼儿园扩建等。

3. 体育、文化设施：有射击训练中心、游泳跳水馆和综合体育中心（曹光彪楼）。其中，综合体育中心可容观众 5 000 多人。由于比赛场地的灯光、音像系统都达到国际比赛标准，综合体育馆可组织篮球、排球、羽毛球等体育项目的国际、国内比赛，增强对外交流。

这一阶段学校基建规模保持了持续高速增长，校本部新增建筑面积高达 403 875 平方米，核能院新增 4 773 平方米。

（十二）2002 年—2010 年

这一时期是清华大学创建世界一流大学取得战略性突破的关键时期，在初步实现向综合性的研究型大学过渡的目标基础上，学校基本形成了综合性的学科布局，具有了研究型大学的基本特征，开放式办学取得很大成绩。在社会捐赠、自筹资金和国家拨款等多种筹资渠道下，学校不断加快基本建设的发展步伐，完成基本建设项目 50 个，极大地提高、改善了师生员工的工作、学习和生活条件：总面积 37 万平方米的紫荆学生公寓从 2002 年开始一期工程投入使用，至 2006 年 5 月全部竣工交付；总面积 3.5 万平方米的第六教学楼于 2003 年投入使用，采用了全新的智能化楼宇设计；总面积 6.1 万平方米的美术学院大楼通过国际方案征集的方式确定设计方案，由国际顶级建筑事务所完成了建筑、环境的一体化设计，并于 2005 年顺利建成。

其中，清华大学美术学院获国家优质工程奖，清华大学信息学院、清华大学附中学生食堂等 4 项获北京市结构长城杯，此外，第六教学楼工程在首都第十届规划建筑评选中，荣获“群众喜爱的公共建筑十佳设计方案”第一名。

教学、科研和生产用房有经管西楼（舜德楼）、高研中心（理学院楼扩建）、第六教学楼、纳米科技楼、信息技术学院楼、老年学研究中心、公共管理学院、理化楼、美院教学楼、超低能耗示范楼、医学院教学楼、能源环境楼、化工电大楼等，其中第六教学楼是清华大学迄今为止单体建设规模最大、设施最先进的教学楼，也是学校争创世界一流大学的重要教学硬件设施。

学生、教职工生活用房有教职工住宅荷清苑小区及其配套设施，胜因院专家公寓一、二期，学生宿舍有紫荆学生公寓 A01～A13 号楼，W 楼，紫荆学生公寓食堂等，附属用房有附中学生食堂、附中综合教学楼、附小教学楼、附中宿舍楼，生活辅助用房有东区燃气锅炉房。

体育设施用房新增射击馆。

这一阶段学校基建规模继续高速增长，至 2010 年校本部新增建筑面积高达 858 564 平方米，核能院新增 3 242 平方米。

二、现有建筑物明细

清华大学各个时期建筑物情况见表 14-4-1。

表 14-4-1 各时期建筑明细（按建成年代排序）

房屋名称	结构	建筑面积（平方米）	资产原值（元）	竣工时间	层数	用途
西苑一亩园 20 号院	砖木	257.4	13 000.0	清代	1	教工住宅
工字厅	砖木	3 321.7	445 800.0	1768	1	校机关
怡春院	砖木	413.6	24 600.0	1769	1	校机关
古月堂	砖木	890.4	79 000.0	1769	1	后勤办公
清华学堂	砖木	4 650.0	279 000.0	西 1911 东 1918	2（—1）	教室
北院	砖木	275.8	11 856.3	1911	1	后勤办公
同方部	砖木	686.0	27 400.0	1912	1	校机关
老派出所（校卫队）	砖木	317.0	15 900.0	1912	1	校机关
老邮局	砖木	237.0	11 900.0	1912	1	校机关
西体育馆	砖混	4 903.0	1 097 600.0	1919	4（—1）	体育馆
图书馆（Ⅰ、Ⅱ期）	砖混	7 366.0	2 916 900.0	Ⅰ 1919 Ⅱ 1931	4	图书馆
科学馆	砖混	3 688.6	26 584 924.4	1919	4	实验室
大礼堂	钢混	1 848.0	904 900.0	1921	1	会堂
照澜院（平房总）	砖木	4 054.0	175 200.0	1921	1	教工住宅、校机关、后勤经营、校办企业
老土木馆	钢混	2 205.4	255 400.0	1922	2	实验室
旧西院	砖木	3 125.0	110 200.0	1923	1	教工住宅
明斋	砖混	4 417.0	1 880 000.0	1930	3	教学科研
生物馆	砖混	4 221.0	742 900.0	1930	3	实验室、系教室
老化学馆	砖混	5 735.6	1 001 400.0	1931	4	实验室
气象台	砖混	365.0	43 800.0	1931	5	实验室
善斋	砖混	2 339.5	200 000.0	1932	3	教学科研
平斋	砖混	2 933.9	252 400.0	1932	3	教工住宅
旧水	钢混	2 866.5	509 000.0	1932	3	实验室、公共教室
静斋	砖混	2 565.7	200 400.0	1932	3（—1）	校机关
新西院	砖木	1 639.2	67 100.0	1933	1	教工住宅
机械馆（含配楼）	钢混	3 257.5	395 180.0	1934	3	实验室
旧电机馆	砖混	3 038.0	407 100.0	1934	3	教学科研
丁所（校工会）	砖混	278.4	14 400.0	1934	1	校机关

续表

房屋名称	结构	建筑面积（平方米）	资产原值（元）	竣工时间	层数	用途
新林院	砖木	6 208.7	634 300.0	1934	1	教工住宅
新斋	砖混	4 552.0	6 572 683.0	1935	3	教学科研
普吉院	砖木	2 200.9	91 000.0	1937	1	教工住宅
胜因院	砖木	2 016.2	230 900.0	1946	2	教学科研
照澜院日杂商店	砖木	305.7	15 285.0	1950	1	后勤经营
照澜院饭馆	砖混	450.0	36 000.0	1950	1	后勤经营
原公寓食堂	砖混	1 194.9	257 000.0	1950	1	文体活动
强斋	砖木	617.8	60 100.0	1951	2	校机关
幼儿园旧楼	砖木	768.7	53 600.0	1951	3	幼儿园
幼儿园平房	砖木	305.9	21 416.5	1951	1	幼儿园
14 宿舍	砖混	758.4	68 391.7	1952	3	教工集体宿舍
15 宿舍	砖混	2 300.2	362 070.0	1952	3	教工住宅
16 宿舍	砖混	2 511.7	289 738.0	1952	3	教工住宅
17 宿舍	砖混	720.5	65 008.3	1952	3	教工集体宿舍
立斋	砖混	1 825.7	175 100.0	1952	3	实验室、校机关
诚斋	砖混	1 767.6	175 100.0	1952	3	实验室、校机关、后勤办公
新航空馆（校团委）	砖混	978.0	78 200.0	1952	2	校机关
荷花俱乐部	砖混	804.0	345 720.0	1952	1	文体活动
荷二	砖混	1 707.5	173 200.0	1952	3	教学科研
荷园餐厅	砖混	1 500.0	645 000.0	1952	2	教工食堂
第一教室楼	砖混	2 613.2	312 800.0	1952	3	公共教室
一区平房（总）	砖木	3 138.6	107 000.0	1952	1	教工住宅
1 公寓	砖混	1 513.8	164 600.0	1952	3	教工住宅
14 所	砖木	474.0	108 000.0	1952	1	教工住宅
五区平房（总）	砖木	3 168.5	152 000.0	1952	1	教工住宅
2 公寓	砖混	1 513.8	164 600.0	1953	3	教工住宅
光华路校区 2 号楼	砖混	6 819.3	681 930.0	1953	4	办公室、公共教室
光华路校区北小二楼	砖混	1 034.6	103 460.0	1953	2	学生宿舍
光华路校区礼堂	砖混	1 193.2	119 320.0	1953	1	教工食堂
低碳能源楼	砖混	534.9	75 300.0	1954	3	实验室
1 号楼	砖混	8 768.0	1 020 900.0	1954	5	学生宿舍
2 号楼	砖混	10 128.0	1 178 500.0	1954	5	教工集体宿舍
3 号楼	砖混	3 132.0	340 300.0	1954	4	教工集体宿舍

续表

房屋名称	结构	建筑面积（平方米）	资产原值（元）	竣工时间	层数	用　途
4 号楼	砖混	3 132.0	340 300.0	1954	4	教工集体宿舍
1 号楼污水站	砖混	110.0	55 000.0	1954	1	后勤服务
9 区水利枢纽站	钢混	44.0	179 100.0	1954	1	实验室
第二教室楼	砖混	1 256.0	188 400.0	1954	2	公共教室
17 区水维修	砖木	500.0	29 000.0	1954	1	后勤服务
光华路校区 7 号楼	砖混	6 270.6	752 476.8	1954	3	宿舍、设备间
光华路校区泵房	砖混	122.6	61 300.0	1954	2	公共教室
光华路校区小三楼	砖混	1 029.4	123 528.0	1954	2	宿舍、配电室、出租房
光华路校区南二楼	砖混	1 489.7	178 761.6	1954	2	宿舍、办公室、工房
理化楼北侧实验室	砖混	870.1	69 608.0	1955	1	实验室
焊接馆	砖混	5 124.2	391 000.0	1955	3（—1）	实验室
土建基地	砖混	3 968.9	597 572.3	1955	2	实验室
3 公寓	砖混	2 820.0	877 833.3	1955	3	教工住宅
4 公寓	砖混	2 820.0	877 833.3	1955	3	教工住宅
5 公寓	砖混	2 820.0	877 833.3	1955	3	教工住宅
6 公寓	砖混	2 820.0	877 833.3	1955	3	后勤办公
8 公寓	砖混	2 500.0	697 833.3	1955	3	教工住宅
北区换热站	砖木	553.0	45 000.0	1956	1	后勤服务
北区煤厂	砖混	116.0	58 000.0	1956	1	后勤服务
新水利馆	砖混	11 230.0	1086 000.0	1956	4	实验室、公共教室
寓园餐厅二员工	砖混	1 697.5	84 200.0	1956	1	教工食堂
7 公寓	砖混	2 500.0	697 833.3	1956	3	教工住宅
旧加速器	砖混	507.5	64 900.0	1957	1	实验室
9 公寓	砖混	2 044.1	177 800.0	1957	3	教工住宅
10 公寓	砖混	536.0	49 400.0	1957	2	教工住宅
11 公寓	砖混	536.0	49 400.0	1957	2	教工住宅
12 公寓	砖混	536.0	49 400.0	1957	2	教工住宅
高压实验室	砖混	1 574.4	133 000.0	1957	2	实验室
5 号楼	砖混	4 078.0	228 000.0	1957	7	学生宿舍
6 号楼	砖混	4 140.8	228 000.0	1957	4	学生宿舍
7 号楼	砖混	4 195.6	230 000.0	1957	4	学生宿舍
7 食堂	砖混	1 540.5	129 000.0	1957	1	学生食堂
13 公寓	砖混	1 597.2	101 000.0	1958	3	教工住宅

续表

房屋名称	结构	建筑面积（平方米）	资产原值（元）	竣工时间	层数	用途
工物馆	钢混	12 257.5	6 985 200.0	1958	4	实验室、系教室
精仪楼后平房	砖混	540.5	28 000.0	1958	1	实验室
高压锅炉房	钢混	2 239.1	189 000.0	1958	2	后勤服务
8 号楼	砖混	4 195.6	244 000.0	1958	4	学生宿舍
9 号楼	砖混	2 970.2	129 000.0	1958	4	校机关
试验电厂平房	砖混	70.8	3 923.0	1959	1	实验室
13 号楼	砖混	6 000.0	370 000.0	1959	5	学生宿舍
10 号楼	砖混	2 533.4	138 000.0	1959	4	校机关
11 号楼	砖混	3 672.0	182 000.0	1959	5	教学科研
12 号楼	砖混	3 638.1	182 000.0	1959	5	校机关
8 食堂	砖混	1 181.7	114 000.0	1959	1	体育馆、实验室
附中高中教学楼	砖混	7 500.0	750 000.0	1960	6	附中
13 号楼污水泵站	砖木	99.8	49 900.0	1960	1	后勤服务
15 公寓	砖混	3 112.2	288 000.0	1960	3	教工住宅
16 公寓	砖混	3 073.6	254 000.0	1960	5	教工住宅
17 公寓	砖混	3 116.5	327 000.0	1960	5	教工住宅
9 食堂	砖混	1 470.3	131 000.0	1960	1	实验室
延庆县三堡清华疗养所牛棚	砖木	423.1	42 000.0	1960	1	后勤服务
延庆县三堡清华疗养所餐厅	砖木	1 876.2	281 500.0	1960	1	后勤服务
延庆县三堡清华疗养所车库宿舍厕所	砖木	895.9	92 500.0	1960	2	后勤服务
附中污水泵房	砖混	36.0	2 500.0	1961	1	附中
核研院校区 107 号（电话室）	其他	205.4	37 000.0	1961	1	实验室
核研院校区 108 号（陶瓷实验室）	其他	607.0	102 000.0	1961	1	实验室
核研院校区 102 号（核技术应用实验室）	其他	818.6	171 000.0	1961	2	实验室
核研院校区整机车间	其他	413.9	43 000.0	1961	1	实验室
核研院校区南楼	砖混	2 985.2	195 000.0	1961	4	教工住宅
核研院校区食堂	砖混	1 444.9	164 000.0	1961	1	生活福利及其他用房
核研院校区锅炉房	砖混	127.9	121 000.0	1961	1	生活福利及其他用房

续表

房屋名称	结构	建筑面积（平方米）	资产原值（元）	竣工时间	层数	用途
核研院校区泵房	砖混	104.6	52 300.0	1961	1	生活福利及其他用房
静斋锅炉房	砖混	79.1	31 640.0	1962	1	后勤服务
核研院校区118号（金工间）	其他	524.5	67 796.7	1962	1	实验室
核研院校区118号（清洗间）	砖混	71.2	9 203.3	1962	1	实验室
核研院校区101大厅	其他	7 699.8	706 000.0	1962	4	实验室
附中宿舍楼	砖混	3 684.0	292 600.0	1963	4	附中
核研院校区104号（厂区锅炉房）	其他	2 149.2	146 000.0	1963	2	实验室
核研院校区116号（化工工艺实验室）	其他	1 051.9	116 000.0	1964	2	实验室
核研院校区电工间（维修、值班等）	砖混	400.7	27 979.0	1964	1	实验室
核研院校区小五金库	砖混	449.0	31 430.0	1964	1	实验室
光华路校区甲12号楼住宅	砖混	162.8	14 049.7	1964		教工住宅
汽修厂保险业务室	砖混	179.2	12 544.0	1964	1	后勤经营
精仪楼	钢混	16 350.0	2 628 000.0	1965	4	实验室、系教室
核研院校区教学楼	其他	3 084.3	457 000.0	1965	2	办公室＋图书馆
核研院校区710号（放化实验室）	其他	1 184.7	292 000.0	1965	1	实验室
核研院校区北楼	砖混	3 289.6	379 000.0	1965	4	教工住宅
校园科绿化队（西院）	砖木	378.9	19 000.0	1966	1	后勤服务
主楼	钢混	77 371.0	88 357 689.2	1966	12（－1）	实验室、公共教室、后勤服务
危险品化学品库	砖混	635.6	52 000.0	1966	1	校办企业
核研院校区105号（废水处理实验室）	其他	1 004.1	127 000.0	1966	2	实验室
核研院校区114号（热工实验室）	其他	2 061.4	375 000.0	1966	2	实验室
核研院校区泵房（修建队内）	砖混	46.5	23 250.0	1966	1	实验室

续表

房屋名称	结构	建筑面积（平方米）	资产原值（元）	竣工时间	层数	用途
核研院校区原水泥库	砖混	365.8	43 530.2	1966	1	实验室
核研院校区医务室	砖混	686.3	82 000.0	1966	2	生活福利及其他用房
简易托儿所	钢混	1 692.7	79 000.0	1967	3	幼儿园
核研院校区实验室平房	砖混	269.7	16 182.0	1968	1	实验室
核研院校区锅炉房	砖混	111.7	55 850.0	1968	1	实验室
核研院校区 156 老泵房	砖混	107.7	53 850.0	1968	1	实验室
核研院校区 156 车间	砖混	452.1	27 126.0	1968	1	实验室
核研院校区 156 部分平房	砖混	85.6	42 800.0	1968	1	实验室
核研院校区水暖班库房	砖混	104.3	8 344.0	1970	1	实验室
新林 1 楼	砖混	547.9	27 857.1	1971	2	教工住宅
新林 2 楼	砖混	547.9	27 857.1	1971	2	教工住宅
新林 3 楼	砖混	557.3	27 857.1	1971	2	教工住宅
新林 4 楼	砖混	557.3	27 857.1	1971	2	教工住宅
新林 5 楼	砖混	547.9	27 857.1	1971	2	教工住宅
新林 6 楼	砖混	547.7	27 857.1	1971	2	教工住宅
新林 7 楼	砖混	557.3	27 857.1	1971	2	教工住宅
南门门卫	砖混	78.4	8 300.0	1971	1	后勤服务
核研院校区原化学库	砖木	158.4	9 504.0	1971	1	实验室
核研院校区原化学库值班室	混合	31.3	2 504.0	1971	1	实验室
核研院校区有色金属库	砖混	520.2	41 616.0	1971	1	实验室
核研院校区东门泵房	其他	163.3	81 650.0	1971	1	实验室
核研院校区开水房	砖混	255.0	20 400.0	1971	1	生活福利及其他用房
核研院校区东一楼	砖混	3 380.4	206 196.1	1971	4	学生宿舍
核研院校区东二楼	砖混	3 380.4	206 196.1	1971	4	教工单身宿舍
核研院校区新区锅炉房、泵房	砖混	627.0	50 160.0	1971	1	生活福利及其他用房

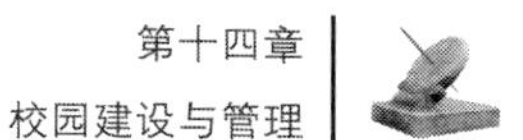

续表

房屋名称	结构	建筑面积（平方米）	资产原值（元）	竣工时间	层数	用途
核研院校区新区食堂（含菜窖）	砖混	2 344.5	158 435.0	1971	1	学生食堂
新林平附	砖混	1 491.5	82 860.6	1972	1	教工住宅
流力实验室	砖混	605.1	96 816.0	1972	2	实验室
学生宿舍茶炉房	砖木	80.0	5 000.0	1972	1	后勤服务
核研院校区泵房维修班	砖混	139.7	69 850.0	1972	1	实验室
核研院校区东三楼	砖混	3 386.8	206 586.4	1972	4	学生宿舍
核研院校区东四楼	砖混	3 386.8	206 586.4	1972	4	学生宿舍
汽修厂钣金车间	砖混	204.8	10 240.0	1972	1	后勤经营
老机械厂	砖混	755.6	92 938.8	1973	2（—1）	校机关
机加工	砖混	7 034.2	495 000.0	1973	3	实验室
18 公寓	砖混	2 714.0	237 000.0	1973	5	教工住宅
19 公寓	砖混	2 664.0	239 000.0	1973	5	教工住宅
核研院校区机电库（设备科）	砖混	869.2	69 536.0	1973	1	实验室
核研院校区 821 号（电子楼）	其他	5 104.6	816 736.0	1973	3	实验室
核研院校区 811 号（化工实验室）	其他	3 290.8	530 528.0	1973	3	实验室
核研院校区警卫新食堂	砖混	181.7	90 850.0	1973	1	实验室
核研院校区警卫库房	砖木	87.0	5 220.0	1973	1	实验室
核研院校区单元楼	砖混	3 956.0	356 040.0	1973	5	教工住宅
核研院校区传达室	砖混	17.2	8 600.0	1973	1	生活福利及其他用房
核研院校区新区小学校	砖混	1 230.5	98 440.0	1973	1	生活福利及其他用房
核研院校区新区传达室	砖混	56.4	28 200.0	1973	1	生活福利及其他用房
核研院校区水池	砖混	207.6	12 396.0	1973	1	实验室
核研院校区值班	砖混	51.5	25 750.0	1973	1	实验室
核研院校区泵房	砖混	106.9	53 450.0	1973	1	实验室
核研院校区 1 号井	砖混	24.6	12 300.0	1973	1	实验室
核研院校区 3 号井	砖混	24.8	12 400.0	1973	1	实验室

续表

房屋名称	结构	建筑面积（平方米）	资产原值（元）	竣工时间	层数	用途
核研院校区2号井	砖混	24.8	12 400.0	1973	1	实验室
核研院校区值班室	砖混	53.2	26 600.0	1973	1	实验室
南1楼	砖混	3 110.9	269 000.0	1974	5	教工住宅
南2楼	砖混	3 110.9	269 000.0	1974	5	教工住宅
南4楼	砖混	3 115.5	277 400.0	1974	5	教工住宅
核研院校区812号（材料楼）	其他	4 169.9	542 087.0	1974	3	实验室
核研院校区813号（石墨车间）	其他	1 241.8	161 434.0	1974	2	实验室
核研院校区修建队木工间	砖混	363.5	46 136.0	1974	1	实验室
核研院校区源库	其他	78.6	39 300.0	1974	1	实验室
核研院校区新区车队	砖混	954.1	76 328.0	1974	1	生活福利及其他用房
燃气轮实验室	砖混	1 495.7	190 000.0	1975	1	实验室
西1楼	砖混	3 045.2	289 000.0	1975	5	教工住宅
西2楼	砖混	3 045.2	281 000.0	1975	5	教工住宅
西10楼	砖混	3 049.8	312 000.0	1975	5	教工住宅
西11楼	砖混	3 144.3	312 000.0	1975	5	教工住宅
中3楼	砖混	2 365.5	205 000.0	1975	5	教工住宅
中4楼	砖混	2 335.9	207 000.0	1975	5	教工住宅
核研院校区修建队金工间	其他	69.9	34 950.0	1975	1	实验室
核研院校区825号（暖通实验室）	其他	419.1	44 005.5	1975	1	实验室
核研院校区警卫楼	砖混	570.4	51 336.0	1975	2	实验室
核研院校区警卫楼	砖混	812.8	73 152.0	1975	2	生活福利及其他用房
核研院校区果园平房	砖混	164.1	82 050.0	1975	1	生活福利及其他用房
核研院校区办公楼	砖混	267.2	24 048.0	1975	2	实验室
西8楼	砖混	2 448.5	235 000.0	1976	5	教工住宅
西12楼	砖混	2 341.8	207 000.0	1976	5	教工住宅
南3楼	砖混	3 124.8	277 400.0	1976	5	教工住宅
中1楼	砖混	2 360.8	211 000.0	1976	5	教工住宅
地下粮库地下	砖混	1 300.0	325 000.0	1977	1	学生食堂

续表

房屋名称	结构	建筑面积（平方米）	资产原值（元）	竣工时间	层数	用途
地下粮库地上	砖混	948.3	85 347.0	1977	1	学生食堂
停车场泵房	砖混	20.4	10 000.0	1977	1	后勤服务
中 6 楼	砖混	2 390.4	225 000.0	1977	5	教工住宅
核研院校区器材楼	砖混	394.0	35 460.0	1977	2	实验室
新水污水泵站	砖混	95.6	47 800.0	1978	1	后勤服务
中 5 楼	砖混	2 351.3	307 000.0	1978	5（—1）	教工住宅
环境实验室	砖混	1 340.5	147 455.0	1979	1	实验室
西 9 楼	砖混	2 385.0	270 422.6	1979	5	教工住宅
西 14 楼	砖混	3 172.5	348 754.3	1979	5	教工住宅
南 8 楼	砖混	3 264.0	493 004.8	1979	5	教工住宅
南 9 楼	砖混	3 253.8	491 820.6	1979	5	教工住宅
光华路校区 3 号楼	钢混	4 656.1	512 171.0	1979	4	公共教室
西侧车队办公室	砖混	50.4	1 512.0	1979	1	后勤服务
动振小楼	砖混	997.8	119 736.0	1980	2	校机关
游泳池	砖混	188.7	75 480.0	1980	1	体育馆
西门门卫室	砖混	163.0	6 300.0	1980	1	后勤服务
15 区变电所	砖木	57.0	49 652.0	1980	1	后勤服务
西 41 楼	砖混	3 198.0	478 703.3	1980	5	教工住宅
西 42 楼	砖混	3 213.0	556 598.0	1980	5	教工住宅
西 43 楼	砖混	3 213.2	667 017.0	1980	5（—1）	教工住宅
西 44 楼	砖混	2 703.8	399 954.0	1980	5	教工住宅
西 45 楼	砖混	1 266.8	200 421.0	1980	5	教工住宅
西 46 楼	砖混	1 266.8	208 944.0	1980	5	教工住宅
西 47 楼	砖混	1 266.8	221 710.0	1980	5	教工住宅
南 0 楼	砖混	2 994.0	404 166.0	1980	5	教工住宅
南 5 楼	砖混	4 005.0	483 167.1	1980	5	教工住宅
南 6 楼	砖混	4 005.0	750 316.4	1980	5	教工住宅
南 7 楼	砖混	4 005.0	777 231.8	1980	5（—1）	教工住宅
11 万伏变电站	砖混	517.5	645 000.0	1980	1	后勤服务
西变电所	砖混	110.2	30 000.0	1981	1	后勤服务
空调实验室	砖混	1 361.0	417 827.0	1981	3	实验室
公寓商店	砖混	202.4	323 000.0	1981	1	后勤经营
东 1 楼	砖混	1 410.0	258 548.4	1981	5	教工住宅
东 2 楼	砖混	1 410.0	259 070.4	1981	5	教工住宅
东 3 楼	砖混	1 410.0	242 725.4	1981	5	教工住宅

续表

房屋名称	结构	建筑面积（平方米）	资产原值（元）	竣工时间	层数	用途
东 4 楼	砖混	1 410.0	243 084.3	1981	5	教工住宅
1 公寓东变电所	砖混	69.6	2 700.0	1981	1	后勤服务
胜因院换热站	砖混	360.0	92 307.7	1981	1	后勤服务
南区锅炉房	钢混	2 079.2	2 123 565.8	1981	4	后勤服务
西南 7 楼	砖混	4 266.5	784 739.5	1981	5	教工住宅
西南 8 楼	砖混	4 159.0	775 360.5	1981	5	教工住宅
西南 13 楼	砖混	4 125.5	786 203.9	1981	5	教工住宅
化工实验楼	砖混	1 314.9	403 674.3	1981	2	实验室
中 2 楼	砖混	2 792.4	433 000.0	1981	5	教工住宅
光华路校区 4 号楼	钢混	1 543.9	262 463.0	1981	2	学生食堂
光华路校区 6 号楼	钢混	4 956.0	9 000 000.0	1981	10	学生宿舍
二附中教学楼	砖混	2 242.2	367 989.8	1982	3	实验室
西南 12 楼	砖混	4 266.5	764 181.2	1982	5	教工住宅
西南 14 楼	砖混	4 186.0	778 882.1	1982	5	教工住宅
西南 18 楼	砖混	3 357.7	602 824.1	1982	5	教工住宅
南楼商店及粮店	砖混	657.5	207 049.8	1982	1	文体活动
光华路校区窑棚	砖混	209.2	31 384.5	1982	1	实验室
光华路校区原茶炉房	砖混	54.2	27 100.0	1982	1	安保办、操作间
西南门门卫室	砖混	21.2	10 000.0	1982	1	后勤服务
10 食堂	钢混	3 137.0	4 248 874.6	1983	2	学生食堂
北院换热站	砖混	384.8	249 637.2	1983	1	后勤服务
第三教室楼	钢混	11 104.5	6 719 256.6	1983	5	公共教室
西南区人防地下室	砖混	376.0	112 800.0	1983	1	后勤服务
西南 3 楼	砖混	1 431.0	274 830.1	1983	5	教工住宅
西南 4 楼	砖混	1 401.5	254 076.5	1983	5	教工住宅
西南 5 楼	砖混	1 406.0	326 964.4	1983	5	教工住宅
西南 9 楼	砖混	2 157.1	441 011.0	1983	5	教工住宅
西南 17 楼	砖混	3 309.0	613 755.9	1983	5	教工住宅
南 10 楼	砖混	2 739.0	459 742.1	1983	5	教工住宅
扩建电容器室	砖混	100.0	50 000.0	1983	1	后勤服务
16 号楼	砖混	3 114.2	405 891.9	1983	7	学生宿舍
17 号楼	砖混	3 114.2	405 891.9	1983	5	学生宿舍
18 号楼	砖混	2 794.5	349 316.2	1983	5	学生宿舍
13 食堂	砖混	617.1	175 193.6	1983	1	学生食堂

续表

房屋名称	结构	建筑面积（平方米）	资产原值（元）	竣工时间	层数	用途
试验电厂主厂房	砖混	2 893.9	160 000.0	1984	3	实验室
丙所	砖混	543.0	179 655.0	1984	1	招待所
清华街道印刷厂	砖木	1 631.3	451 736.4	1984	1	后勤经营
新加速器	砖混	1 300.5	783 842.2	1984	2	实验室
西南15楼	砖混	3 445.4	749 609.5	1984	5	教工住宅
西南16楼	砖混	3 413.2	747 989.6	1984	5	教工住宅
西南1楼	砖混	1 764.0	367 373.1	1984	5	教工住宅
西南2楼	砖混	1 680.0	368 784.4	1984	5	教工住宅
南楼食堂	砖混	1 155.6	968 390.5	1984	2	教工食堂
11食堂	砖混	1 386.7	571 680.4	1984	2	学生食堂
18宿舍	砖混	1 502.4	630 000.0	1985	4	教工集体宿舍
14号楼	砖混	10 877.0	1 969 307.3	1985	7	学生宿舍
泥沙馆	钢混	4 748.0	3 744 233.6	1985	3	实验室
招待餐厅	砖混	886.7	130 000.0	1985	1	教工食堂
设备厂	砖混	5 031.5	1 388 598.2	1985	3	实验室
西南楼商店	砖混	386.4	324 816.8	1985	1	后勤经营
西南小总机	砖混	98.4	49 200.0	1985	1	后勤服务
西南10楼	砖混	2 116.4	441 135.1	1985	5	教工住宅
西南11楼	砖混	2 139.4	439 010.9	1985	5	教工住宅
西南19楼	砖混	3 077.1	547 619.9	1985	5	教工住宅
西南20楼	砖混	2 537.6	527 335.7	1985	5	教工住宅
托儿所	钢混	1 127.4	296 948.2	1985	2	幼儿园
印刷厂	钢混	4 434.1	1652 797.4	1985	4	校办企业
化工金工间	砖混	366.0	109 800.0	1985	1	实验室
大五金库门房	砖混	98.1	49 050.0	1985	1	校办企业
东区锅炉房	砖混	885.8	821 535.1	1985	1	后勤服务
核研院校区钴源	其他	235.9	61 334.0	1985	1	实验室
光华路校区5号楼	钢混	5 048.4	959 196.0	1985	7	办公室、合作用房
光华路校区教工食堂	砖混	408.2	167 328.0	1985	1	茶水房
接待科宿舍	砖混	243.0	12 150.0	1985	2	后勤服务
西南区变电室	砖混	69.7	36 000.0	1985	1	后勤服务
附中师资培训楼	砖混	834.4	391 000.0	1986	2	附中
附中锅炉房浴室	砖混	324.0	19 000.0	1986	1	附中

续表

房屋名称	结构	建筑面积（平方米）	资产原值（元）	竣工时间	层数	用途
高分子小楼	砖混	303.0	20 000.0	1986	2	实验室
环境楼	钢混	3 657.8	2 062 300.0	1986	5（—1）	实验室、校机关
老经管楼	钢混	4 515.0	3 486 944.0	1986	4	实验室
校医院病房楼	砖混	2 508.0	1 136 735.4	1986	5	校医院
校医院锅炉房	砖混	149.5	74 750.0	1986	1	校医院
校医院污水站	砖混	99.0	49 500.0	1986	1	校医院
甲所	砖混	3 500.0	2 417 948.8	1986	3	招待所
服务楼	砖混	2 690.8	660 000.0	1986	5	招待所、街道办公
中 7 楼	砖混	1 034.9	357 500.0	1986	5	教工住宅
中 8 楼	砖混	989.1	357 500.0	1986	5	教工住宅
微电子楼	钢混	6 114.0	7 611 775.7	1986	4	实验室
西南 6 楼	砖混	1 428.0	352 150.0	1986	5	教工住宅
大五金库	钢混	1 991.4	5 100 618.1	1986	1	实验室
15 号楼	砖混	7 025.0	2 211 671.1	1986	7	学生宿舍
19 号楼	砖混	2 563.0	799 316.9	1987	6	教工住宅
20 号楼	砖混	2 561.0	753 547.9	1987	7	教工住宅
21 号楼	砖混	2 561.0	844 704.1	1987	7	学生宿舍
22 号楼	砖混	2 561.0	748 172.6	1987	7	学生宿舍
文科楼	钢混	3 666.9	3 416 744.6	1987	6	实验室、公共教室
生物力学楼	砖混	800.0	146 000.0	1987	2	实验室
第四教室楼	钢混	5 026.9	2 187 243.4	1987	4	公共教室
校医院门诊楼	砖混	4 013.9	1 926 139.3	1987	5	校医院
照澜院书店理发楼	砖混	1 396.0	481 711.3	1987	2	驻校服务、校办企业、后勤经营
天然气维修站	砖混	251.2	118 064.0	1987	2	后勤服务
科技服务楼	其他	1 363.3	817 000.0	1987	3	校机关、出版社
南 12 楼	砖混	3 851.2	1 000 858.1	1987	5	教工住宅
南 13 楼	砖混	3 857.0	948 646.2	1987	5	教工住宅
东体育馆	钢混	3 460.0	2 210 285.6	1987	2	体育馆
高 1 楼	混合	9 944.4	4 343 210.6	1987	18（—1）	教工住宅
高 2 楼	混合	9 944.4	4 605 517.9	1987	18（—1）	教工住宅
核研院校区低温堆	其他	1 026.4	1 000 000.0	1987	2	实验室

续表

房屋名称	结构	建筑面积（平方米）	资产原值（元）	竣工时间	层数	用途
附中培训楼	砖混	3 622.8	1 617 628.9	1988	5	附中
23 号楼	砖混	4 595.1	1 961 672.1	1988	5	学生宿舍
14 食堂	砖混	1 867.6	930 458.8	1988	1	学生食堂
留学生楼（含食堂）	钢混	9 599.7	6 022 562.5	1988	3	教工集体宿舍、实验室
电话小楼	砖混	988.9	268 000.0	1988	2	后勤服务
第五教室楼	钢混	3 423.1	2 058 181.7	1988	2	公共教室
南 11 楼	砖混	3 851.2	1 188 197.4	1988	5	教工住宅
东南 1 楼	砖混	2 018.4	2 175 973.8	1988	6	教工住宅
东南 2 楼	砖混	2 018.4	1 887 140.5	1988	6	教工住宅
东南 3 楼	砖混	2 018.4	2 330 834.9	1988	6	教工住宅
东南 4 楼	砖混	2 018.4	894 237.4	1988	6	教工住宅
东南 5 楼	砖混	5 728.9	895 317.4	1988	6	教工住宅
东南 6 楼	砖混	4 594.4	841 359.6	1988	6	教工住宅
东南 7 楼	砖混	5 048.0	839 472.4	1988	6	教工住宅
东南 9 楼	砖混	3 028.8	1 332 036.8	1988	6	教工住宅
农转非 1 号楼	砖混	4 142.4	1 800 000.0	1988	6	教工住宅
农转非 2 号楼	砖混	5 221.8	2 200 000.0	1988	6	教工住宅
农转非 3 号楼 1 单元	砖混	1 033.8	45 000.0	1988	6	教工住宅
东南维修楼	砖混	311.3	93 390.0	1988	3	后勤经营
核研院校区修建队锅炉房	其他	51.5	25 750.0	1988	1	实验室
26 号楼	砖混	5 585.1	2 702 230.4	1989	6	学生宿舍
干训楼	钢混	4 970.0	3 048 522.9	1989	5	招待所
照澜院邮局银行	砖混	1 636.8	793 442.2	1989	3	驻校服务
扩工物馆	钢混	4 308.0	2 919 283.9	1989	7	实验室、系教室
东南 8 楼	砖混	3 028.8	1 332 319.9	1989	6	教工住宅
东南小区商店	砖混	1 300.0	410 791.6	1989	2	街道经营
东南小区居委会	砖混	381.5	114 450.0	1989	1	街道办公
核研院校区东门警卫室（含岗楼）	其他	37.4	18 700.0	1989	2	实验室
核研院校区警卫宿舍	砖混	358.9	110 081.0	1989	1	实验室
核研院校区修建队车库	其他	350.1	117 283.5	1989	1	实验室

续表

房屋名称	结构	建筑面积（平方米）	资产原值（元）	竣工时间	层数	用途
核研院校区专利局	砖混	1 109.3	371 180.0	1989	1	生活福利及其他用房
24 号楼	砖混	2 836.5	1 490 997.3	1990	5	学生宿舍
25 号楼	砖混	2 809.1	1 455 135.1	1990	5	学生宿舍
液态金属	砖混	620.0	189 100.0	1990	1	实验室
核研院校区修建队办公室库房	砖混	649.9	305 453.0	1990	1	实验室
核研院校区维修队浴室	砖混	103.5	51 750.0	1990	1	实验室
核研院校区 108 一期扩建	其他	280.5	84 144.0	1990	1	实验室
核研院校区东门深井及加压泵房	砖混	63.4	31 700.0	1990	1	实验室
核研院校区发电机房	其他	299.5	180 000.0	1990	1	实验室
核研院校区稀土楼	其他	1 553.9	856 200.0	1990	4	实验室
27 号楼	钢混	4 036.0	2 067 661.2	1991	6	学生宿舍
28 号楼	钢混	9 378.0	4 663 874.2	1991	5	学生宿舍
图书馆（Ⅲ期）	钢混	17 920.0	22 801 352.0	1991	5（—1）	图书馆
档案馆	钢混	2 200.0	2 799 273.1	1991	3	档案馆
东 11 楼	砖混	5 092.8	2 200 422.8	1991	6	教工住宅
东 13 楼	砖混	4 649.5	2 199 535.7	1991	5	教工住宅
东 15 楼	砖混	6 413.9	2 985 733.9	1991	6	教工住宅
东 16 楼	砖混	5 828.5	2 448 930.8	1991	5	教工住宅
能科楼	钢混	4 817.5	5 488 852.1	1991	7	实验室
产业楼	钢混	4 860.4	3 686 045.8	1991	4	实验室、后勤服务
西北 1 楼	砖混	4 467.0	2 803 505.0	1991	6	教工住宅
西北 2 楼	砖混	4 016.4	2 519 760.2	1991	6	教工住宅
西北 6 楼	砖混	4 296.6	2 542 269.0	1991	6	教工住宅
核研院校区 119＃（变电所）	其他	433.3	900 000.0	1991	1	实验室
核研院校区稀土辅助车间	其他	440.8	287 760.0	1991	1	实验室
核研院校区新区油库及值班室	砖混	95.5	34 150.0	1991	1	生活福利及其他用房
光华路校区 1 号楼	钢混	15 852.2	6 340 880.0	1991	16	公共教室

续表

房屋名称	结构	建筑面积（平方米）	资产原值（元）	竣工时间	层数	用途
光华路校区大门顶跨楼	钢混	82.8	81 173.4	1991	1	窑棚
15 食堂	砖混	1 640.0	1 508 919.5	1992	1	学生食堂
汽车研究所	钢混	5 592.1	5 910 000.0	1992	4	实验室
西北 7 楼	砖混	6 562.8	5 270 593.7	1992	6	教工住宅
核研院校区新南门传达室	其他	271.8	135 875.0	1992	1	实验室
普吉 1 楼	砖混	4 850.0	4 269 979.0	1993	6	教工住宅
西北 3 楼	砖混	4 632.6	3 602 385.7	1993	6	教工住宅
西北 4 楼	砖混	3 166.8	2 588 926.0	1993	6	教工住宅
西北 5 楼	砖混	1 464.6	1 213 363.0	1993	6	教工住宅
西北 8 楼	砖混	1 464.6	1 322 337.4	1993	6	教工住宅
西北 9 楼	砖混	4 559.5	4 761 061.5	1993	6	教工住宅
西北 10 楼	砖混	7 567.2	8 401 818.1	1993	6	教工住宅
西北 11 楼	砖混	1 464.6	1 491 809.0	1993	6	教工住宅
西北 12 楼	砖混	3 294.0	3 096 491.7	1993	6	教工住宅
西北 13 楼	砖混	2 850.6	3 210 017.3	1993	6	教工住宅
西北 14 楼	砖混	2 183.4	2 501 778.2	1993	6	教工住宅
西北 15 楼	砖混	5 423.9	5 100 122.6	1993	6	教工住宅
西北 16 楼	砖混	5 423.9	5 773 807.0	1993	6	教工住宅
核研院校区化学库	其他	400.0	320 000.0	1993	1	实验室
核研院校区元件车间	其他	2 206.0	2 104 000.0	1993	3	实验室
附中实验楼	钢混	5 000.0	6 383 878.4	1994	4	附中
集装箱实验室	砖混	430.0	1 474 552.7	1994	1	实验室
西北商城	砖混	1 629.5	3 614 570.5	1994	1	后勤经营
西北区食堂	砖混	529.9	1 138 935.0	1994	1	教工食堂
核研院校区元件楼北库房	砖混	74.3	37 295.0	1994	1	实验室
核研院校区陶瓷实验室	其他	195.1	187 200.0	1994	1	实验室
光华路校区工美楼（中威）	钢混	3 194.0	3 832 848.0	1994	1	办公室
29 号楼	钢混	3 000.0	2 967 103.5	1995	6	教工住宅
结算中心楼	钢混	900.0	1 200 000.0	1995	4	驻校服务
照澜院商业楼	钢混	1 600.0	2 133 333.3	1995	3	后勤经营

续表

房屋名称	结构	建筑面积（平方米）	资产原值（元）	竣工时间	层数	用途
编教中心	钢混	3 400.0	5 859 717.7	1995	3	出版社、实验室
建筑馆	钢混	15 914.7	26 125 809.9	1995	5（—1）	实验室、图书馆、公共教室
骑河楼同学会馆	钢混	4 006.3	19 000 000.0	1995	3	出租房
核研院校区低温堆工程楼	其他	2 885.3	2 812 288.0	1995	3	实验室
核研院校区土建库房	砖混	216.0	129 600.0	1995	1	实验室
光华路食堂南平房	砖混	347.7	208 614.0	1995	1	宿舍
光华路校区木工房	砖混	90.1	45 070.0	1995	1	木工房
人环小楼	砖混	665.0	731 500.0	1996	2	附中
人环智能楼	钢混	5 714.0	9 949 388.2	1996	4	实验室
学生文化活动中心	钢混	4 071.0	10 895 915.0	1996	3	实验室
照澜院商场	砖混	2 500.0	350 127.1	1996	1	后勤经营
东 5 楼	砖混	1 399.2	1 641 928.6	1996	4	教工住宅
东 6 楼	砖混	5 260.8	5 130 347.8	1996	6	教工住宅
东 7 楼	砖混	5 260.8	5 778 391.9	1996	6	教工住宅
东 8 楼	砖混	5 370.6	6 822 849.9	1996	6	教工住宅
东 9 楼	砖混	4 338.6	5 532 441.3	1996	6	教工住宅
经管楼	钢混	12 850.0	36 874 216.8	1997	5（—1）	教学科研、公共教室
30 号楼	砖混	5 177.0	7 005 972.2	1997	6	学生宿舍
核研院校区 108 室（二次扩建）	砖混	167.5	83 750.0	1997	1	实验室
汽修厂维修车间	钢结构	303.7	521 003.9	1997	1	后勤经营
汽修厂业务室	钢结构	135.6	67 802.0	1997	1	后勤经营
汽修厂烤漆房	钢结构	27.8	13 903.5	1997	1	后勤经营
汽修厂厕所	砖混	14.5	7 246.8	1997	1	后勤经营
附中南门门卫室	砖木	75.0	60 000.0	1998	1	附中
药化小楼	砖混	414.7	456 170.0	1998	2	实验室
高压锅炉房扩建	钢混	1 672.0	1 839 200.0	1998	3	后勤服务
华业大厦	钢混	20 465.3	59 893 232.9	1998	8	校办企业
理科楼	钢混	15 147.0	40 141 066.7	1998	4	实验室、公共教室
生命科学馆	钢混	9 692.0	24 759 324.0	1998	4（—1）	实验室
光华路校区 5 号楼后平房	砖混	234.5	234 480.0	1999	10	学生宿舍

续表

房屋名称	结构	建筑面积（平方米）	资产原值（元）	竣工时间	层数	用途
光华路校区雕塑教室	砖混	450.0	450 000.0	1999	3	公共教室、物业宿舍用房
附中初中教学楼	钢混	4 105.0	7 471 465.3	1999	4	附中
法学楼	钢混	10 285.9	29 868 692.8	1999	5	教学科研、公共教室、图书馆
幼儿园洁华楼	钢混	5 572.6	12 908 382.5	1999	3	幼儿园
31 号楼	砖混	6 818.0	11 974 856.6	2000	7（−1）	学生宿舍
32 号楼	砖混	6 116.0	10 575 451.1	2000	7	学生宿舍
技术科学楼	钢混	26 628.3	77 721 990.4	2000	7（−1）	实验室、公共教室
蓝旗营 9 号楼	钢混	13 384.6	44 663 934.3	2000	18（−2）	教工住宅
蓝旗营 1 号楼	钢混	14 984.7	50 003 485.8	2000	20（−2）	教工住宅
蓝旗营 2 号楼	钢混	11 978.6	39 972 288.8	2000	19（−2）	教工住宅
蓝旗营 7 号楼	钢混	15 278.0	50 982 085.5	2000	20（−2）	教工住宅
蓝旗营 3 号楼	钢混	5 989.3	19 986 144.4	2000	19（−2）	教工住宅
蓝旗营 10 号楼	钢混	4 725.2	15 767 814.6	2000	6（−1）	教工住宅
蓝旗营 12 号楼	钢混	6 099.4	20 353 411.2	2000	8（−1）	教工住宅
蓝旗营 8 号楼	钢混	7 024.1	23 439 307.1	2000	20（−2）	教工住宅
蓝旗营商业公建	钢混	17 929.9	59 831 528.2	2000	1（−2）	驻校服务
通泰大厦	钢混	700.1	14 486 626.0	2000	1	出租房
核研院校区高温堆	其他	5 925.0	26 805 703.3	2000	3	实验室
核研院校区发电厂房	其他	1 749.8	476 361.0	2000	3	实验室
核研院校区排风机房	其他	451.9	121 000.0	2000	1	实验室
核研院校区电子束烟气脱硫实验室	其他	548.0	118 926.9	2000	2	实验室
19 宿舍	砖混	4 887.0	7 893 071.9	2001	6	教工住宅
20 宿舍	砖混	5 172.0	8 149 426.2	2001	6	教工住宅
21 宿舍	砖混	5 172.0	7 194 197.4	2001	6	教工住宅
22 宿舍	砖混	5 171.0	8 620 528.8	2001	6	教工住宅
23 宿舍	砖混	5 171.0	7 728 681.5	2001	6	教工住宅
新土木馆	钢混	5 299.0	17 788 098.5	2001	4	实验室
照澜院社区购物中心	钢混	6 436.1	18 000 000.0	2001	3（−1）	后勤经营
变电站、换热站	砖混	200.0	649 903.7	2001	1	后勤服务
锅炉房	钢混	3 500.0	9 361 904.0	2001	1	后勤服务
游泳跳水馆	钢混	9457.0	85 790 563.7	2001	2（−1）	体育馆

续表

房屋名称	结构	建筑面积（平方米）	资产原值（元）	竣工时间	层数	用　途
新东校门	砖混	385.0	2 832 622.8	2001	1	后勤服务
紫光二期	钢混	26 631.2	221 214 462.5	2001	11（−2）	驻校服务
核研院校区710扩建（核化学化工实验室）	其他	2 013.5	6 010 125.0	2001	2	实验室
核研院校区警卫营房（平）	砖混	256.8	64 713.6	2001	1	实验室
西区学生食堂	钢混	13 250.0	50 660 398.4	2001	3（−1）	学生食堂、后勤经营、学生活动
综合体育馆	钢混	12 547.85	106 763 223.7	2001	2	体育馆
33号楼	砖混	12 174	11 395 674.9	2001	7	学生宿舍
34号楼	砖混		11 422 034.0	2001	7	学生宿舍
设计中心	钢混	6 903.0	10 349 195.4	2001	4	设计院
北区浴室	钢混	2 499.0	8 090 000.0	2001	2	后勤服务
东区浴室	砖混	2 210.0	7 400 000.0	2001	2	后勤服务
软件学院楼	砖混	3 238.0	5 087 237.0	2002	2	实验室
中心办公室	砖混	420.0	468 715.5	2002	1	后勤服务
近春园西楼平房	砖混	51.3	47 095.0	2002	1	后勤服务
近春园西楼	钢混	2 876.9	5 700 637.0	2002	3（−1）	招待所
60T锅炉房	框架	1 317.0	46 000 000.0	2002		后勤服务
35号楼	砖混	5 108.0	8 937 647.1	2002	6	学生宿舍
36号楼	砖混	5 071.0	9 483 622.5	2002	6	学生宿舍
37号楼	砖混	4 363.0	8 127 653.8	2002	6	学生宿舍
紫荆学生公寓1号楼	钢混	17 505.7	26 258 580.0	2002	7	学生宿舍
紫荆学生公寓2号楼	钢混	14 016.5	20 953 380.0	2002	7	学生宿舍
紫荆学生公寓3号楼	钢混	7 597.0	11 329 860.0	2002	7	学生宿舍
荷清苑1号楼	钢混	7 989.6	35 294 099.2	2002	7（−1）	教工住宅
荷清苑2号楼	钢混	12 375.0	54 666 405.5	2002	7（−1）	教工住宅
荷清苑3号楼	钢混	5 387.7	23 800 015.8	2002	7（−1）	教工住宅
荷清苑4号楼	钢混	6 390.5	28 229 934.2	2002	7（−1）	教工住宅
荷清苑5号楼	钢混	8 739.2	38 605 505.3	2002	7（−1）	教工住宅
荷清苑6号楼	钢混	6 821.3	30 133 039.6	2002	7（−1）	教工住宅
荷清苑7号楼	钢混	8 246.5	36 429 044.6	2002	7（−1）	教工住宅
荷清苑8号楼	钢混	6 326.0	27 945 137.6	2002	7（−1）	教工住宅
荷清苑9号楼	钢混	7 121.9	31 461 162.5	2002	7（−1）	教工住宅
荷清苑10号楼	钢混	8 881.4	39 233 453.6	2002	7（−1）	教工住宅

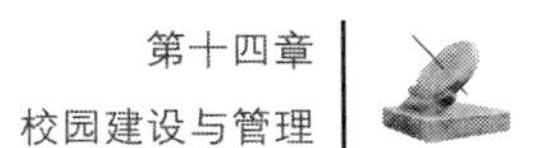

续表

房屋名称	结构	建筑面积（平方米）	资产原值（元）	竣工时间	层数	用途
荷清苑11号楼	钢混	13 685.9	60 457 710.6	2002	9（—1）	教工住宅
荷清苑12号楼	钢混	14 474.4	63 940 869.2	2002	9（—1）	教工住宅
荷清苑13号楼	钢混	8 727.8	38 555 145.7	2002	7（—1）	教工住宅
荷清苑14号楼	钢混	10 434.3	46 093 574.1	2002	7（—1）	教工住宅
荷清苑A区变电室	混合	180.8	798 729.1	2002	1	后勤服务
荷清苑B区变电室	混合	180.8	798 729.1	2002	1	后勤服务
荷清苑商业物业管理用房	钢混	3 021.7	13 348 507.9	2002	3	驻校服务
荷清苑地下车库	混合	7 181.3	31 723 341.5	2002	—1	后勤服务
核研院校区警卫食堂	砖混	50.0	25 000.0	2002	1	实验室
核研院校区制粉车间	砖混	216.1	257 460.0	2002	1	实验室
核研院校区102扩建（核技术应用实验室）	其他	603.1	903 000.0	2002	2	实验室
核研院校区105扩建（固化车间）	其他	269.9	375 000.0	2002	1	实验室
光华路校区玻璃工艺室	砖混	153.9	76 925.0	2002	1	泵房
汽车队车库加层（射击馆）	钢混	984.4	6 000 000.0	2002	1	招待所
清华附小	钢混	12 120.0	32 059 363.4	2002	2	附小
经管西楼	钢混	18 805.0	66 310 643.3	2002	5（—1）	实验室、图书馆、公共教室
附中教学楼	钢混	15 523.0	33 680 000.0	2002	5	附中
附中食堂	钢混	5 749.0	15 460 000.0	2002	4	附中
附中西门小楼	砖混	700.0	2 737 544.0	2003	2	附中
附中学生宿舍	砖混	7 320.0	20 683 886.8	2003	6（—1）	附中
第六教室楼	钢混	34 045.0	144 665 508.1	2003	9（—1）	公共教室
西门商业用房	钢混	1 514.0	2 528 423.1	2003	1	后勤经营
纳米技术楼	钢混	12 392.3	79 026 200.1	2003	5（—2）	实验室
微电子楼加层	钢混	1 005.0	50 000 000.0	2003	2	实验室
紫荆学生公寓4号楼	钢混	15 103.0	22 594 245.0	2003	7	学生宿舍
紫荆学生公寓5号楼	钢混	16 485.2	24 690 645.0	2003	7	学生宿舍

续表

房屋名称	结构	建筑面积（平方米）	资产原值（元）	竣工时间	层数	用　途
紫荆学生公寓 6 号楼	钢混	16 484.8	24 690 645.0	2003	7	学生宿舍
紫荆学生公寓 7 号楼	钢混	7 197.4	10 690 260.0	2003	7	学生宿舍
紫荆学生公寓 8 号楼	钢混	11 082.8	16 593 615.0	2003	7	学生宿舍
紫荆学生公寓 9 号楼	钢混	8 412.4	12 586 815.0	2003	7	学生宿舍
紫荆学生公寓 10 号楼	钢混	5 951.6	8 908 200.0	2003	7	学生宿舍
紫荆学生公寓 11 号楼	钢混	11 082.8	16 593 615.0	2003	7	学生宿舍
紫荆学生公寓 12 号楼	钢混	7 607.0	11 385 615.0	2003	7	学生宿舍
紫荆学生公寓 13 号楼	钢混	4 340.1	6 490 800.0	2003	7	学生宿舍
桃李园	钢混	10 061.4	19 493 994.0	2003	3（—1）	学生食堂
紫荆园	钢混	12 440.5	24 153 516.0	2003	3（—1）	学生食堂
加油站西侧库房	钢结构	348.9	598 474.3	2003	1	后勤经营
加油站西侧库房西宿舍	钢结构	123.0	211 002.2	2003	1	后勤服务
加油站西侧宅急送用房	钢结构	30.0	51 464.0	2003	1	后勤经营
光华路校区研究生楼	钢混	2 230.0	9 000 000.0	2003	5	办公室
高研中心	钢混	1557.0	9 950 000.0	2003	3（—1）	实验室
校医院扩建	框架	2 067.0	14 157 216.2	2003	3	校医院
专家公寓一期	钢混	901.5.0	8 940 000.0	2003	3	教工住宅
学生公寓加热站	钢混	1 290.8	3 882 000.0	2003	—1	后勤服务
化学馆	框架	6 998.0	37 877 058.3	2004	4（—1）	实验室
老年活动中心	钢混	4 427.0	15 143 642.3	2004	3（—1）	教学科研
公管楼	钢混	10 000.0	30 572 810.8	2004	6（—1）	教学科研
信息科学技术大楼	框架	36 203.4	130 502 721.5	2004	6（—1）	实验室
紫荆学生公寓 20 号楼	钢混	11 104.0	28 942 320.0	2004	12（—1）	学生宿舍
紫荆学生公寓 19 号楼	钢混	11 498.8	29 633 520.0	2004	12（—1）	学生宿舍

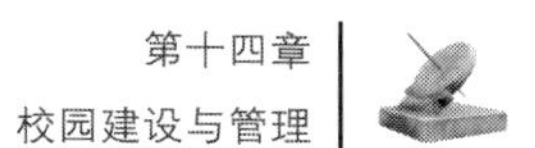

续表

房屋名称	结构	建筑面积（平方米）	资产原值（元）	竣工时间	层数	用　途
紫荆学生公寓 18 号楼	钢混	11 498.8	29 633 520.0	2004	12（—1）	学生宿舍
紫荆学生公寓 14～17 号楼	钢混	109 415.9	242 269 000.0	2004	14（—2）	学生宿舍
紫荆学生公寓 21 号楼	钢混	11 498.8	29 633 600.0	2004	12（—1）	学生宿舍
紫荆学生公寓 22 号楼	钢混	11 498.8	29 633 600.0	2004	12（—1）	学生宿舍
紫荆学生公寓 23 号楼	钢混	11 498.8	29 633 600.0	2004	12（—1）	学生宿舍
车队停车库及水房	砖混	331.3	242 011.1	2004	1	后勤服务
接待科宿舍旁水房	砖混	18.0	13 150.0	2004	1	后勤服务
接待科宿舍旁厕所	砖混	25.4	70 000.0	2004	1	后勤服务
休闲长廊	钢筋	1 485.0	4 873 425.5	2005	2	驻校服务
公寓浴室	砖混	1 207.0	734 460.0	2005	1	后勤服务
陈-赛蒙斯专家公寓	钢混	1 978.3	7 220 837.3	2005、2009	3	招待所
美院教学楼	框架	61 058.0	390 186 542.4	2005	5（—1）	实验室、系教室、图书馆
芝兰园	钢混	2 467.3	4 957 500.0	2005	2	学生食堂
玉树园	钢混	2 467.3	4 957 500.0	2005	2	学生食堂
大石桥学生公寓中水站	钢混	717.0	1 434 000.0	2005	1	后勤服务
医学教学楼	钢混	34 300.0	139 944 449.0	2006	4（—1）	实验室、图书馆
超低能耗示范楼	钢混	2 925.0	7 211 718.02	2006	5	实验室
紫荆服务楼	钢混	10 298.0	24 379 200.0	2006	4（—1）	后勤服务
西阶	框架	1 132.0	4 731 836.2	2007	2（—1）	公共教室
中意清华环境节能楼	钢	20 268.0	111 682 858.3	2007	10	实验室
核研院校区昌平核研院教工餐厅	钢	1 595.7	5 777 518.1	2007	2	教工食堂
化工电大楼	钢混	488 036.0	163 265 939.5	2008	12（—2）	实验室
射击馆	钢混	11 362.0	56 386 759.2	2009	2	体育馆

续表

房屋名称	结构	建筑面积（平方米）	资产原值（元）	竣工时间	层数	用途
核研院校区昌平核研院先进反应堆工程实验室	框架	7 010.0	33 299 938.6	2011	3（—1）	实验室
附中初中楼	框架	7 160.0	21 000 000.0		4（—1）	附中、人防工程
人文社科图书馆	框架	20 000.0	119 380 000.0		4（—3）	图书馆、人防工程
新清华学堂、音乐厅、校史馆	框架	43 250.0	297 895 676.8		4（—2）	校机关、会堂、车库、人防
综合科研大楼一期2号楼	框架	32 552.9	138 633 637.8		11（—2）	实验室

全国重点文物保护单位清华大学早期建筑信息见表14-4-2。

表14-4-2　清华大学早期建筑一览

建筑名称	原有名称	建筑年代	建筑名称	原有名称	建筑年代
清华学堂	建筑馆	1911—1918	气象台	气象台	1931
同方部	同方部	1912	静斋	静斋	1932
西体育馆	体育馆	1919	平斋	平斋	1932
科学馆	科学馆	1919	善斋	善斋	1932
图书馆（Ⅰ、Ⅱ期）	图书馆	（1919、1931）	老化学馆	化学馆	1933
大礼堂	大礼堂	1921	机械馆（含配楼）	机械馆	1934
生物馆	生物馆	1930	旧电机馆	电机馆	1934
明斋	明斋	1930	新斋	新斋	1935

1990年2月23日，北京市人民政府公布北京市第四批文物保护单位名单，清华大学早期建筑被列入保护名单，类别属于古遗址。保护理由为，现存清华大学早期建筑主要有三部分：①1911年至1912年建造的清华学堂、同方部等；②1919年至1921年建造的大礼堂、科学馆、体育馆、图书馆（局部）等；③1930年至1935年建造的生物馆、化学馆、图书馆（扩建部分）、气象台、二校门、机械馆、电机馆，以及明、善、静、平、新“五斋”学生宿舍。这批早期建筑反映了西方近代学校建筑在中国的演变过程，建筑风格具有典型价值，艺术水平较高，集中了中国第一代建筑师比较优秀的建筑作品，在建筑史上具有重要地位。

2001年6月25日，国务院公布第五批全国重点文物保护单位和与现有全国重点文物保护单位合并项目（国发〔2001〕25号），清华大学早期建筑被列入保护名单，类别属于近现代重要史迹及代表性建筑。

各个时期建设过程中拆除了一些旧建筑，截至2010年末的情况见表14-4-3。

表 14-4-3 2010 年末已拆除的建筑物概况

建筑物名称	层数	结构	建筑面积（平方米）	建造年份	备 注
北院（旧）	1	砖木	2 752	1911	已拆除
二院	1	砖木	1 474	1909—1912	已拆除
三院	1	砖木	4 540	1909—1912	已拆除
旧甲所	1	砖木	523	1917—1919	已拆除
旧乙所	1	砖木	308	1917—1919	已拆除
旧丙所	1	砖木	647	1917—1919	已拆除
设备班库房	1	砖木	706	清代	已拆除
二院理发部	1	砖木	147	1912	已拆除
旧校医院	1	砖木	1 110	1915	已拆除
西苑一亩园 9 号（20 号）	1	砖木	325	清代	部分拆迁
海淀老虎洞 32 号（47 号）	1	砖木	940	清代	全部拆迁（见表 14-2-2）
海淀泄水湖 8 号（5 号）	1	砖木	368	1915	
成府赵家胡同	1	砖木	272	清代	
成府槐树街 9 号（10 号）	1	砖木	219	1915	
成府薛家胡同 15 号（12～22 号）	1	砖木	463	1930	
新林院	1	砖木	6 677	1934	已拆除 1/6
木工厂	1	砖木	1 638	1932	已拆除
回民食堂	1	砖木	329	1934	已拆除
锻压车间	1	混合	436	1936	已拆除
三十六所	1	砖木	1 647	日伪	已拆除
北院合作社	1	砖木	497	日伪	已拆除
其他零星房屋	1	砖木	497	日伪	已拆除
西大饭厅	1	混合	2 775	1952	已拆除
北大饭厅	1	混合	1 024	1952	已拆除
1～17 宿舍	1～3	混合	13 235	1952	1～13 已拆除，15、16 改建
1～5 区住宅	1	砖木	12 161	1952	2～4 区已拆除
原十饭厅	1	砖木	1 929	1952	已拆除
合作社	1	砖木	867	1954	已拆除
锻铸焊实验室	1	混合	1690	1954	已拆除
11 饭厅	1	砖木	1044	1954	已拆除
印刷厂	1	砖木	2 091	1955	部分拆除
铸工实验室	1～2	混合	1 737	1955—1956	已拆除
锻压实验室	1～2	混合	1 261	1955—1956	已拆除
焊接金相实验室	3	混合	5 370	1955—1956	已拆除
汽车实验室	1～2	混合	3 740	1956—1957	已拆除
通用车间	1	混合	2 611	1958—1959	已拆除
大学生之家	1	混合	450	1980	已拆除

三、主要建筑物简介

（一）古建筑

1. 工字厅

工字厅（原名工字殿）始建于1768年，建筑面积2 638平方米，砖木结构，是清华园的主体建筑，前后两大殿中间以短廊相接，俯视恰似一“工”字，故得名。现在人们提到工字厅，一般是指以工字殿为主体的那所古式大庭院。

工字厅共有房屋一百余间，院内曲廊漫折，勾连成一组独立的院中有院的小套院，形成这组建筑的主要特色。大门正额悬有咸丰御笔“清华园”匾额。

初建时，工字厅只是供皇室贵宾们别居享乐之用，1911年后才被“游美学务处”和清华学堂用作行政办公室、职员和西文部中国教员宿舍，学务处撤销后便成为学校文化娱乐和重要交往的中心。工字厅前厅东屋（现称东厅）很长时间内用作音乐室，西厅为教师阅报室，后厅则经常有重要外宾驻足，其他各个小院的房屋，则多为教师宿舍。1949年后，这里主要是学校党政机关办公场所，校长办公室、教务行政各处及党委各部的办公室均设在这里，接待室、会议室也设于此，是学校主要对外窗口。

2001年，清华大学工字厅建筑群修缮工程完成，在修缮设计中坚持了国际文化遗产保护的基本原则，使建筑群的历史信息和风貌得到了完整的保护和展现，同时满足了现代功能的需要。2004年该项目获联合国教科文组织（UNESCO）亚太地区文化遗产保护奖。

2. 怡春院

怡春院位于工字厅西北隅，始建于1769年，为与工字厅同时期建造的一层木结构平房，面积共367平方米，与工字厅由垂花门相通（现垂花门已无存）。怡春院内一室有“藤影荷声之馆”之称，院内有月亮门、藤萝架、小型鱼池、假山，景色幽雅。建校后长期作庶务长办公室，现主要为校机关办公场所。

3. 古月堂

古月堂位于工字厅西，初建于清道光年间（1769年），为一层木结构平房，总建筑面积为697平方米，属清皇室园林建筑，门口有垂花门楣，完好保存至今。1948年前，初为国学部教授宿舍，后改为女生宿舍。1949年后，初为女教工宿舍，现为总务机关办公所在地。

（二）学校早期建筑

1. 二校门

清华园初建时有两道宫门，大宫门大殿曰永恩寺，后拆除，现二校门内两棵参天古柏即为其遗迹。1909年至1911年建成现名二校门，正额由清末军机大臣那桐题书“清华园”三字，由斐士(E. S. Fischer)施工。“文革”初期（1966年8月24日），被“红卫兵”勒令拆除，1991年重建。二校门是最受清华学子喜爱的标志性建筑物之一。

2. 清华学堂

清华学堂（旧称一院），总建筑面积为 4 650 平方米。西部建于 1909 年至 1911 年，东部建于 1916 年至 1918 年，样式别致，青砖红瓦，坡顶陡起，属德国古典风格，是建校初期兴建的首批校舍的主体建筑。大门外正额“清华学堂”四字，为清末军机大臣那桐于宣统辛亥年（1911 年）所题。

清华学堂西部建成后成为高等科学生的教室，东部建成后曾是高等科毕业班（四年级）的学生宿舍，所以历史上也称“高等科”或“一院大楼”。1925 年，学校在这里增设“国学研究院”。1948 年前，学校的领导机构基本上都设在这里。

1952 年至 1970 年曾作为建筑系馆使用，后陆续改为公用教学楼及行政办公楼，2010 年 7 月整体进行加固改造，改造完成后的清华学堂作为“清华学堂培养计划”的教学基地使用。

3. 大礼堂

大礼堂始建于 1917 年 4 月，落成于 1921 年 4 月，坐落在校园西区的中心地带，是一座罗马式与希腊式的混合建筑。礼堂高 27.6 米，穹隆顶，屋面使用铜材；门廊四根汉白玉爱奥尼柱式，粗可二人合抱，高达两丈；黄铜大门，雕饰西方古典花纹，十分典雅；由公顺记（Kung Sung Kee）承建，墨菲（H. K. Murphy）建筑师设计，建筑面积 1 848 平方米，造价 155 万元，与图书馆、科学馆、体育馆一起合称“四大建筑”。室内有宽大的舞台、乐池，观众席有座位 1487（建成时）个，后部为上下两层。大礼堂当时在国内高等学校中是最大的礼堂兼讲堂，也可作集会和晚会用。

4. 科学馆

科学馆建于 1917 年 4 月至 1919 年 9 月，包工者公顺记，设计者墨菲建筑师，总面积 3 550 平方米，造价 12.4 万元，三层楼房，高度 17.6 米。大门为黄铜材料，门额上镌有“科学”和“SCIENCE BVLDING”（英文古体拼写）。建筑结构先进，材料质地坚固。初期全馆只是学校理科课程的实验场所，馆内开辟有设备齐全的大小教室、声光热力电全套的物理实验设备，以及测量、生物、化学实验设备。楼下设有巨型风机，可使全楼空气流畅。1926 年物理系设于此，1929 年理学院建院后，很快发展成为国内先进的物理教学和实验基地之一。到 1930 年，本馆即已建成普通物理、热学、光学、电学和近代物理 5 个独立的实验室，还有制造仪器设备的金木工厂。1931 年全部实验室约有仪器 3 000 种，价值 6 万余元。特别仪器有迈克尔逊干涉仪，二极和三极真空管，α、β 射线静电计等。1952 年起本馆为物理教研组所在地，全校“普通物理”课程的大部分实验，以及物理等基础理论研究实验室均设于此。

2004 年至 2006 年，科学馆整体完成加固改造，在确保原有建筑结构安全的同时，对原有功能进行调整，现作为高等研究中心教学科研用房使用。

5. 图书馆（旧馆）

本馆建于 1916 年，落成于 1919 年，扩充于 1931 年。全馆分中、东、西三部分，中部占地面积 700 平方米；西部占地 840 平方米；东部占地 840 平方米，又有新旧书库占地 810 平方米；合计占地 3 194 平方米。

全馆第 1～4 层楼及新旧三层书库之建筑总面积为 7 940 平方米。本馆东部由墨菲建筑师设计，泰来洋行（Telge & Schroeter）承办，动工于 1916 年 4 月，告成于 1919 年 3 月，建筑面积 2 114 平方米；中西部及东后部书库由 1921 届校友杨廷宝设计，天津基泰公司绘图，协顺木厂承办，1930 年 3 月开工，1931 年 11 月落成，建筑面积 5 826 平方米，计费银 25.7 万元。大门正额“图书馆”三字原为于右任手笔。

馆内设施先进，装潢美观。东部建筑地面或用软木或用花岗岩，原有三层书库用玻璃砖地板；阅览股出纳处两旁墙壁，及中部建筑之廊道内地面与墙壁，均采用意大利大理石贴面。原书库内计三层，每层 12 排，每排双面书架 6 架，共 216 架，计长 1 830 米。扩充书库计三层，每层列单面书架 1 座，双面书架 28 座，每座 10 排，每排 7 格，共计 11 970 格，计长 10 500 米，藏书库中部分二、三层楼面用透光玻璃砖铺砌，为当时国内所少有者。有设备先进完善的 4 个大阅览室。

新图书馆建成后，此馆仍设有 2 个普通阅览室，1 个报刊阅览室，1 个外语阅览室，1 个检索阅览室。

6. 体育馆

体育馆前馆建于 1916 年 4 月至 1919 年 3 月，建筑面积 2 170 平方米；由墨菲设计，泰来洋行施工，外表采用西方古典形式，馆前有陶立克柱式的花岗石柱廊。后体育馆扩建于 1931 年，建筑面积为 2 708 平方米，与前馆巧妙相接，亦收浑然一体之效。

初建时，前馆称为“罗斯福纪念馆”，馆外柱廊内还曾嵌有“罗斯福”（即 Theodore Roosevele，1858—1919，美国总统）的头像和纪念碑文。前馆建成后是国内最先进的健身房，即使在当时美国高等学校中亦不多见。馆内有篮球场、手球场、80 码悬空跑道及各种运动器械，还有暖气、热气干燥设备等。馆内有室内游泳池，池水消毒，保持清洁；还有淋浴室、更衣室等。

体育馆一直是清华师生室内体育活动和比赛的重要场所。1954 年前后毛泽东主席多次到此馆游泳。

2009 年至 2010 年，体育馆整体完成加固改造，在确保原有建筑结构安全的同时，对原有功能进行了完善和补充，并对马约翰办公室等具有重要历史意义的房间进行了复原及展陈布置。

7. 生物馆

生物馆位于校园西北部，近春园遗址之北，北校河之南。本馆 1929 年 9 月 6 日开工，落成于 1930 年，建筑面积 4 220 平方米，由我国著名建筑师、1921 级校友杨廷宝设计，复新公司施工。30 年代初，生物馆与气象台、图书馆（扩建部分）、新宿舍（明斋）一起被称为园内的“又一四大建筑”。生物馆初建时，曾接受美国洛克菲勒基金会捐款 75 000 元，其规模比科学馆约大 1/4。馆内曾设有普通生物学、植物分类学、植物形体学、植物生理学、植物解剖学、组织与胚胎学、动物生理学等实验室，此外尚有动植物标本室、植物培养室等。生物馆后面有植物园，西面有金鱼场，蓄养着各种金鱼，供遗传研究之用。实验室每间可容 20 人同时实验，有动物生理仪器 600 件，植物生理仪器 500 件，学生实验时每人可有一套仪器使用，同时还有动植物标本 120 余件。

1952 年后，工农速成中学、中等技术专科学校、校医院先后设于此。80 年代起本馆为生物科学与技术系所在地，系办公室及实验室均设在这里。

8. 化学馆

化学馆在体育馆西北侧，于 1931 年 7 月动工，1933 年夏落成，由天津华信工程公司沈理源设计，4 层楼房，建筑面积 5 722 平方米，高 18.3 米。

化学馆曾是园内重要的化学中心，被公认为是全国化学研究的三个中心之一。馆内除教室外，有实验室 15 个，包括理论化学、工业化学、电化学、胶质化学、定量分析、气体分析、燃料分析、普通有机化学、有机分析和生物化学实验室等，普通化学及定性分析实验室 3 个，此外还有吹玻璃室、低压蒸馏室、天平室、陈列室及系图书室等。各实验室的仪器设备先进而齐全，除一般用的仪器外，还有些专门研究用的精密仪器，如皮尔福折射仪、可图式电位计、吸干器等。1935 年又增置高精度显微镜 1 架，供研究胶质化学之用。随着时代的发展，化学馆也得到不断的更新和扩充。1952 年后，化学教研组在此。现在，它仍是化学系所在地。

(三) 列入文物保护的主要建筑

(1) 清华学堂、大礼堂、科学馆、体育馆、图书馆、生物馆、化学馆、二校门，见学校早期建筑。

(2) 同方部。同方部青砖坡顶，屋顶有老虎窗，入口突出，门楣上书“同方部”，建筑面积 340 平方米。位于清华学堂北面，初建时作礼堂，大礼堂建成后，此处改称“同方部”，作小礼堂使用，曾长期作祭祀孔子的地方，亦开展小规模讲演、聚会和社会活动。80 年代曾遭遇火灾，此后按照测绘图修复，现仅存西立面为原物。

(3) 气象台。位于生物馆西北侧小山坡上，气象台对径 24 英尺，高 5 层 90 英尺，呈八角形，立面简洁，装饰风格与生物馆类似。由杨廷宝等设计。属“新四大建筑”之一，清华理学院重要设施之一，原属地学系。1952 年院系调整，清华理学院调出，气象台长期弃置不用。1998 年改造成天文台，为物理系使用。

(4) 机械馆。位于二校门东侧，青色清水砖墙，采用古典三段式，立面对称，装饰简洁，由沈理源设计，建筑面积 2 652 平方米。门额由国民党元老吴敬恒篆题。

(5) 电机馆。位于清华学堂东北方，为建筑师沈理源设计，建筑面积 3 038 平方米。建筑外观与科学馆协调。初建为电机系馆，内设实验室，为当时先进水平，后调整为其他系的教室和办公室。

(6) 明斋。位于西大操场北侧，高三层，“U”形平面，在两端及中间设入口，设计简洁大方。由杨廷宝设计，建筑面积 4 417 平方米。属“新四大建筑”之一，是改办大学后建造的第一栋学生宿舍。在历次爱国学生运动中，一些学生领袖和骨干分子在此组织活动。

(7) 平斋。位于西大操场北侧，红色清水砖墙，立面简洁。由基泰公司 Carl. Anner 设计，建筑面积 2 933 平方米。初建为男生宿舍，后改为青年教师宿舍。

(8) 善斋。位于西大操场北侧，红色清水砖墙，立面简洁。由基泰公司 Carl. Anner 设计，建筑面积 2 339 平方米。初建为男生宿舍，后改为青年教师宿舍，现用于马克思主义学院教学和办公。

(9) 静斋。位于甲所西侧，建于 1932 年，砖混结构，建筑面积 2 565 平方米。原为学生宿舍，后用于行政办公。

（四）1950 年—1970 年主要建筑

1. 第二教室楼和新水利馆

这两座建筑分别建成于 1954 年和 1956 年，均为周维权设计。二教对于围合成大礼堂中心区起着重要作用。二教建筑面积 1 256 平方米，2 层混合结构，除设 3 间大教室外，2 层南部设会议室一间，50—60 年代一直是学校领导举行重要会议、接待重要宾客的地方，至今仍为校内会议场所。新水利馆建筑面积 11 430 平方米，4 层框架混合结构。该馆一层为大型水利实验室，2 层为教研室办公室，3、4 层为公共教室；从建成至今一直是水利系系馆。

2009 年和 2010 年，第二教室楼和新水利馆分别启动了加固改造工作，在确保原有建筑结构安全的同时，对原有功能进行了完善和补充。2009 年 10 月，第二教室楼入选“新中国成立 60 周年全国 300 大建筑”。

2. 1～4 号楼

四栋建筑建成于 1954 年，汪国渝、周维权设计，4 层和 5 层，混合结构，建筑总面积 24 861 平方米。由于 1953 年起学校改为五年制，每年招收新生 1 800 多人，50 年代全校近万名学生中约 60%住在这里。四栋建筑围成两个大庭院。建筑采用基座、墙身、屋顶的垂直三段作法，水平采用五段（中段为主体、两侧翼和两连接体）做法；细部按法式作斗拱、鸱尾、棂花门窗、檐下局部彩绘，是校内除工字厅外一组大屋顶中式建筑群。四栋建筑都由学校师生员工参加设计，施工管理，组织建筑施工队伍，不到一年时间便建成；施工质量优良，现在主要作为教工宿舍和学生宿舍使用。

2009 年 10 月，1～4 号学生宿舍楼入选“新中国成立 60 周年全国 300 大建筑”。

3. 主楼

中央主楼建于 1960 年，成于 1966 年，建筑面积 34 011 平方米，现浇框架结构，高 10 层、45 米。大楼基础为埋深 6 米的满堂红刚性基础，内设 6 部电梯，有进厅及半圆形 500 座的报告厅和接待大厅，全部现制磨石地面，施工质量优良。中央主楼是清华大学最高、最大的教学大楼，主要设计人有高亦兰、关肇邺、殷一和等，北京市第三建筑工程公司施工。

1993 年前，在中央主楼办公的有建筑设计研究院、软件技术中心、计算中心、应用数学系、自动化系、计算机科学与技术系、土木工程系、建筑学院等。

西主楼建于 1956 年，成于 1959 年，框混结构，4 层，面积 21 589 平方米，附设单层 300 座讲堂，主要设计人有高亦兰、关肇邺、殷一和等，北京市第三建筑工程公司施工。电机工程与应用电子技术系、材料系之一部分设在此楼办公。

东主楼建于 1958 年，成于 1960 年，框混结构，建筑面积 21 271 平方米，4 层楼房，附设 400 座阶梯教室。电子物理教研组、真空技术与物理、光电子技术、信号检测、太阳能实验室、通信、图像信息、微波天线、线路与系统、信息与计算机应用教研组、专用电路联合实验室、电子与光学测量实验室、图像中心、集成光电子学实验室等均在这里从事教学、科研和实验工作。高亦兰、关肇邺、殷一和等设计，北京市第三建筑工程公司施工。

在东主楼办公的有电子工程系、计算机科学与技术系和微纳电子学系。

2000 年至 2001 年，主楼整体完成加固改造及中央主楼加层工程，在确保原有建筑结构安全的同时，对原有功能进行了完善和补充。2009 年 10 月，清华主楼群入选“新中国成立 60 周年全国 300 大建筑”。

4. 精密仪器系系馆

精密仪器与机械学系系馆（即 9003 工程）建于 1959 年 9 月，完成于 1965 年，设计者费麟，建筑面积 16 350 平方米，4 层，高 23.9 米，框架结构。

馆内有机械设计、机床、光学仪器、陀螺、机械原理等专业；有机器人研究室、工程图学及计算机辅助设计机房；有测试专业、传感器及仪表研究室、微细工程研究所、摩擦学国家重点实验室、磨损室、CIMS 实验室、恒温室、机加工车间等，以及带有课桌及扶手椅的中小教室 3 个，会议室 1 个，期刊图书及外文资料室 2 个。此楼一直是精密仪器与机械学系教学、科研办公的地方。

（五）1971 年—1990 年主要建筑

1. 第三教室楼

第三教室楼位于校园十字路口北东侧，共分三段工程，一段建筑面积约 2 900 平方米，3 层，高 13.3 米；二段建筑面积约 2 700 平方米，2 层，高 15.4 米；三段建筑面积 6 400 平方米，5 层，高为 21.5 米，合计总建筑面积 12 248 平方米。该楼建于 1980 年 9 月至 1983 年 8 月，设计者王美娟，北海建筑工程公司施工。

第三教室楼有 50.4 平方米的教室 73 个，每个教室有固定座位 34 个，合计 2 482 个；有 264 平方米教室 4 个，每个教室 270 个座位，合计 1 080 个；又有 173 平方米全功能教室 3 个，每个教室有 170 个固定座位，合计 510 个。在此楼同时上课者可达 4 072 人。

外语系在该教学楼办公。

2. 第四教室楼

第四教室楼位于三教对面、南北干道西侧，建筑面积 4 586 平方米，4 层，高 22 米，1985 年 12 月动工，1987 年 8 月竣工，主要设计者谢照唐，北京市第三建筑公司施工。

第四教室楼有 12 个大教室，每室有固定座位 110 个；有 6 个中教室，每室有课桌 85 个；2 个小教室，每室有 20 个课桌；有 6 个绘图教室，每室有绘图桌 35 张。全楼共有不同类型大小教室 26 个，有2 064个座位供学生上课。

3. 第五教室楼

第五教室楼位于清华学堂东侧、四教西侧，建筑面积 3 187 平方米；1987 年 10 月开工，1988 年 10 月完工。设计者曹涵芬，北京市第三建筑工程公司施工。

第五教室楼是阶梯教室楼，有教室 11 个，其中可容 200 人的教室 2 个，140 人的教室 1 个，170 人的教室 6 个，130 个课桌的教室 2 个，可同时容纳 1 820 名学生上课。

4. 经管楼

经管楼建于 1985 年至 1986 年，建筑面积 4 642 平方米，框架结构，4 层和 5 层楼房。设计者曹涵芬，北京市第三建筑工程公司施工。

经管楼是经济管理学院的教学与办公楼，内含计算机房面积 800 平方米，设有专用教室 4 个，其中可容纳 32 人上课的有 2 个，容纳 50 人及 70 人上课的通用教室各 1 个，4 个教室可同时容纳 184 人上课。

经管楼现主要作为人文社会科学学院教学办公用房。

5. 环保实验楼

环保楼（即环保实验楼）建于 1984 年 10 月，完成于 1986 年，建筑面积 3 030 平方米（包括地下一层），4 层，高 20.6 米。由清华大学建筑设计研究院设计，设计人王美娟，北海建筑公司施工，由国家环保局投资兴建。

环境工程系在这里办公，同时设有固体废物处理与核环境工程、给水排水工程、大气污染与控制、环境工程化学与监测、环境规划与管理、水污染控制工程等教研组。此外环境工程实验室及环境模拟与污染控制国家重点实验室等均设在这里。1991 年又扩建 800 平方米的二层小楼，通过外楼梯与原楼相连，内设可容纳 180～200 人的学术报告厅，设在地下的一层则是给排水及大气污染与控制等专业进行科研、教学的场所。

6. 甲所

甲所是一处校园宾馆，学校重要接待活动多安排于此。现甲所新建于原甲所旧址，即工字厅南园林的西南。建于 1985 年至 1986 年，建筑面积 3518 平方米，1 层和 3 层混合结构，设计者叶茂煦，北海建筑公司施工。2005 年底，参照社会宾馆行业三星级标准，对甲所进行了内部装修改造，改善了房间布局、更换设施设备，提高了接待规格和品位。甲所有客房 53 间，会议室 3 个，餐厅大厅可容纳约 150 人同时用餐，并有大小包间 6 个。与之比邻的丙所有客房 4 间，餐厅包间 2 个。

7. 近春园楼

近春园楼位于近春园遗址西侧，建于 1987 年至 1989 年，建筑面积 5 663 平方米，5 层，高 18.1 米，框架结构。由清华大学建筑设计研究院设计，主要设计人贺卫平、葛缘恰，北海建筑公司施工。

近春园楼是学校主要的校园宾馆。设有清华大学与香港浸会学院联合建立的“清华大学伟伦学术交流中心”，1989 年 5 月 7 日由清华大学校长张孝文、香港浸会学院校长谢志伟签约。1990 年 8 月 25 日，“清华大学伟伦学术交流中心”落成揭幕，香港爱国人士利国伟先生捐资支持。

2000 年兴建了近春园西楼（部分用作学校射击馆）。近春园西楼共 3 层，1、2 层为客房和会议室，3 层为学校射击馆。2010 年开始，取消射击馆近春园西楼暂借给数学科学中心使用。

2009 年底至 2010 年初，为做好百年校庆接待工作，对近春园楼进行了全面装修改造，增加了电梯、观景房，扩大了前厅和后厨面积，更新了设施设备。这次装修以“荷塘月色”为主题，以现代简约中式风格为主调，使近春园由一般意义上的宾馆向有特色的校园主题宾馆发展。近春园有客房 101 间，大、中、小会议室各 1 间，餐厅大厅可容纳约 200 人同时用餐，并有大小包间 6 个。

8. 文科楼

文科楼建于 1985 年，1987 年竣工，建筑面积 3 076 平方米，7 层，高 28.9 米。位于新水利馆东侧，由清华大学建筑设计研究院设计，设计者贺卫平、葛缘恰，海淀科力建筑公司施工。

文科楼是人文社会科学学院办公的地方。该院下设历史系、中文系、哲学社会学系、教育研究所、思想文化研究所、经济学研究所、科技与社会研究所和艺术教育中心。文科楼有大小不同的教室 8 个，其中可容 200 人的 1 个，可容 70 人的 5 个，可容 35 人及 25 人的各 1 个，8 个教室可同时容纳 610 人上课。

9. 大规模集成电路实验室

大规模集成电路实验室建于 1983 年 11 月，完成于 1986 年，建筑面积 7 164 平方米，包括扩建净化车间 503 平方米和集成冷冻机房 560 平方米，2～4 层，由清华大学建筑设计研究院设计，设计者曾点，海淀科力建筑公司施工。

微电子学研究所在这里办公。实验室内设有集成电路工艺研究室、器件物理研究室、集成电路辅助设计研究室、集成电路设计研究室、半导体器件与微电子学教研组、去离子水房以及空调机房、玻璃间等。

大规模集成电路实验室是我国目前最先进的实验室之一，它要求超净、恒温、恒湿，净化 100 级和 1 000 级的面积有 2 000 平方米，内有 6 个空调系统，14 个局部排风系统和 4 个配电室，竣工时测试，全部符合工艺设计要求。

10. 留学生宿舍

留学生宿舍坐落在校园西北角，与圆明园仅一路之隔；1986 年 9 月兴建，1988 年 10 月竣工，建筑面积 9 600 平方米，1～3 层。清华大学建筑设计研究院设计，设计人张晋芳、梁增贤，由海淀北海建筑公司施工。

该楼能容纳留学生 300 人，设有餐厅、小教室、办公室及公共活动室等，工程设计布置合理，功能分区明确。外观考虑了与附近圆明园景观的协调，院落绿化形成庭院。该楼是各国来华留学生学习居住的地方。

(六) 1991 年—2000 年主要建筑

1. 图书馆新馆

清华大学图书馆新馆是国家“七五”期间重点工程，建筑面积为 20 120 平方米，框架结构，5 层，高 22.5 米。1987 年 12 月 31 日开工，1988 年 5 月 12 日奠基典礼，1991 年 6 月 30 日竣工。建筑设计者关肇邺，北京市第三建筑工程公司施工。

图书馆新馆由香港爱国人士邵逸夫先生捐赠港币 2 000 万元，国家教委投资人民币 940 万元(共计人民币 2 340 万元) 共同兴建。馆址坐落在校园西区中心、大礼堂后方，与旧图书馆浑为一体。图书馆设有大小阅览室 16 个，阅览座位约 2 000 个，可藏书 200 万册。馆内设有报告厅、研究室及图书情报计算机集成管理系统、缩微设备与设施。该馆的设计及施工质量优良，获邵逸夫先生捐赠项目一等奖第一名。该馆设计获得国家优秀工程设计金奖等四项全国性奖励。

2. 建筑馆（梁銶琚馆）

位于主楼前广场中轴线东侧，是该区域规划教学科研楼群中最早建成的建筑，1995 年正式落成。建筑规模 15 820 平方米，采用框架结构。主体 5 层，地下 0 层，主入口位于西侧，开向主楼前的中央广场。清华大学建筑设计研究院设计，清华建筑设计研究院前院长胡绍学主持设计。

建筑馆主要作为建筑学院的教学科研用房使用，同时为继续教育学院提供部分办公用房，一层为开放式展厅，梁思成先生的雕像设在此处。馆内一层大厅设有王泽生报告厅，可满足 200 人左右规模的会议与报告。该馆的建设获得香港慈善家梁銶琚先生捐赠。

3. 经管学院（伟伦楼）

位于主楼前广场中轴线西侧，坐西朝东，建筑面积 12 580 平方米，1995 年开工，1997 年竣工，由清华大学建筑设计研究院胡绍学设计，北京建工集团三建公司承建施工，工程获北京市长城杯。

伟伦楼分为五个区，各区之间设温度伸缩缝，一、二、三区 5 层，首层层高 4.1 米，其余层高 3.6 米，檐高 24.5 米。四区为大报告厅，沿圆弧外墙设一圆弧坡道，五区梁顶标高 21.5 米，最大跨度 30 米，悬挑 12 米。该楼极具现代风格，集教学、办公、会议为一体，其中香港爱国人士利国伟先生捐赠2 000万港元用于建设。

4. 逸夫技术科学楼

坐落在东区主楼以南的新教学科研区，地处新区现代建筑形式楼群的中央，平面布局如“口”字形，坐东朝西，南邻华业大厦，北隔一块宽 50 米、长 80 米的大草坪，与建筑馆相望。占地 16 635 平方米，总建筑面积 27 170 平方米。大楼南北长 82 米，东西长 100 米，基底面积 6 343 平方米，建筑覆盖率 38%。钢筋混凝土框架结构，高 7 层（局部 8 层）。中心为千余平方米的“内庭院”。清华建筑设计研究院前院长胡绍学主持设计。

该楼为现代建筑形式，外墙贴具有色差的浅色面砖，铝合金玻璃门窗，主要门庭用磨光花岗岩装饰。1996 年 10 月破土，1998 年 10 月建成。总耗资 6 000 万元，香港爱国实业家邵逸夫先生捐赠2 000万元，余为国家“211 工程”专项拨款。现主要作为力学系、材料系等办公、教学、科研所用。

5. 学生文化活动中心（蒙民伟楼）

学生文化中心——蒙民伟楼坐落在西区体育馆南侧，占地 2 483 平方米，建筑面积 4 071 平方米，该楼由学校艺术教育中心管理。1 层主要为学生艺术团的活动室，包括民乐队、军乐队、话剧队等 6 个排练室，还有摄影室、资料室等。2 层设有多功能厅以及 10 余间钢琴房。3 层设有学生练习各种中西乐器的个人琴房 24 间。全楼可同时容纳千人活动。

学生文化活动中心由清华建筑设计研究院曹涵棻设计，于 1993 年奠基，1995 年 9 月建成。总投资 100 万美元，由香港信兴集团主席、清华校友、顾问教授蒙民伟先生捐资兴建。这是清华校友为母校捐建的第一座建筑物。

6. 理科楼

位于校园西区，老化学馆南侧，建筑面积 15 147 平方米，清华大学建筑学院关肇邺院士主持设计，北京建工集团三建公司承建施工，1996 年开工，1998 年竣工。

理科楼分为五个区，一区位于西部，为数学馆，三区位于东部，为物理馆，通过二区过街楼将两馆连接，其中二区过街通道中线为理科楼工程定位主轴线，对应化学馆和生物馆中线，一、二、三区均为 4 层，四区为教务处，3 层。五区为可容纳 200 人的二层小型报告厅，呈八角形布置。下沉式绿化广场位于理科楼北侧。设计方案充分融合了周边建筑的特点，从坡形屋顶、清水砖墙、花饰造型到浅色花岗岩勒脚，处处与周边建筑交相辉映，重点部位设置的大面积铝合金玻璃幕墙、花格等又极富现代气息，整体工程古朴典雅又不失时代精神，荣获北京市 1998 年度设计“十佳”。

7. 生命科学馆

坐落在清华园理学院楼群的中心地段，南侧隔校河与老生物馆相望，建筑面积 9 692 平方米，清华大学建筑学院关肇邺院士主持设计，1998 年正式竣工。

清华大学生命科学与工程研究院的主要分支学科及实验室均位于此馆，其中包括：生物物理与结构生物学研究所，生物化学与分子生物学研究所，细胞与发育生物学研究所，生物技术研究所，生物信息研究所，药物研究所，海洋生物技术研究所，人类基因组研究所以及生物膜与膜生物工程国家重点实验室，生命有机磷教育部开放实验室、生物芯片研究开发中心以及清华大学与香港浸会大学合办的中医药研究室等。

8. 法学楼

位于主楼前广场中轴线西侧，东向隔主楼前中央广场与逸夫技术科学楼相望，建筑面积 10 000平方米，清华大学法学楼工程由北京建工集团三建公司承建施工，1999 年正式竣工。

法学楼由模拟法庭区、教室区、报告厅和图书馆 4 部分组成。工程由清华大学建筑设计院胡绍学设计、香港爱国人士捐资 2 000 万元兴建而成。该工程获 2000 年度“长城杯”。

（七）2001 年—2010 年主要建筑

1. 综合体育中心

位于主楼中轴线上，田径运动场和主楼之间地段，工程等级按一类建筑设计，一级防火。工程总建筑面积 12 600 平方米，总高度（拱顶）29 米，层数为三层，无地下室，总投资 12 600 万元。综合体育中心是清华大学校园规划体育中心区的一座重要建筑，它和东区标准 400 米塑胶跑道田径运动场、游泳馆及篮球场、排球场、足球场、网球场共同组成体育活动中心。它是全天候进行体育教学、开展群众体育活动、加强专业运动队训练的良好基地；综合体育馆可容观众5 000 多人，是校内大型集会的场所，结束了学校室内集会主会场只能容纳千人左右的历史；由于比赛场地的灯光、音像系统都达到国际比赛标准，综合体育馆可组织篮球、排球、羽毛球等体育项目的国际、国内比赛，增强对外交流。

该工程由清华大学建筑设计研究院庄惟敏设计，工程施工采用四家邀请招标方式，经北京市建筑招标办公室对投标单位的资质审查和过程监督，并由学校组成综合评审组评定，由中建二局三公司中标承建。工程监理由学校委托清华华建建筑工程监理公司承担。

2001 年 4 月，在综合体育中心隆重地举行了清华大学建校 90 年校庆庆祝大会，承办了第 21

届世界大学生运动会篮球比赛。

2. 游泳跳水馆

位于校园体育中心区的西北侧，总建筑面积9 457平方米，总投资9 000万元。该工程地上为2层，地下为1层，建筑总高度17.45米。清华大学游泳跳水馆是完善清华大学办学的基础设施的一项重要工程，为学生和教职工提供了一个进行体育教学、群众体育活动和运动队训练的场所，由于其具有满足国际比赛的体育设施，它的建设也为开放的大学与外界交往、扩大学校的影响提供了必要的条件。

该工程由清华大学建筑设计研究院庄惟敏设计，施工单位是经北京市建筑工程招标办公室审批，并在其监督下实施邀请招标，最后确定北京市第三建筑工程公司中标施工。

3. 西区学生食堂（观畴园餐厅）

位于校园西部教职工与学生生活区内，是在原有3～6食堂的原址上翻建的，总建筑面积13 250平方米，总投资5 000万元。半地下1层，地上3层，局部4层，框架——剪力墙结构。其中1层为清真餐厅、西餐厅以及风味餐厅，2层为自选餐厅，3层为教工餐厅以及主食副食加工间。建筑布局为回字形，外墙为仿清水墙风格的红色面砖，铝合金外窗及点式和明框玻璃幕墙，内墙装修为瓷砖与涂料，楼地面为石材及通体砖。室内设自动扶梯1部，客货梯4部，杂货梯4部。

该工程由清华大学建筑设计研究院于振阳、季元振设计，北京城建第四建设工程有限责任公司、清华工美环境艺术设计工程公司等单位承建，北京国育建设工程监理公司监理。

清华大学建校90周年校庆期间隆重举行的校庆招待宴会以及答谢宴会，均在此处。工程建设得到有关单位以及校内外来宾的好评。

4. 第六教学楼

位于清华大学主楼西北侧，第三教学楼东侧，建筑面积34 045平方米，共有103间教室，7 750个座位。按照满足21世纪人才培养模式，符合开放式、启发式、交互式教学需求的原则，新教学楼配置现代化教学设施，拥有高水平的多媒体电教及网络设备，并辟有不同规模、多种功能、多种规格的各类公用和“专用”教室，从而满足不同学科、不同专业课程设置的需要。此外，该楼还首次配置了现代化的消防、电气以及中央空调等设施，是清华规模最宏大、设施最先进的教学大楼。它的建成不仅缓解了学校教室使用的紧张状况，极大地提高了学校教学现代化的水平，而且标志着我校向世界一流大学迈进过程中硬件水平的一个质的飞跃。

该工程是清华大学迄今为止单体建设规模最大、设施最先进的教学楼，也是学校争创世界一流大学的重要教学硬件设施。在首都第十届规划建筑评选中，第六教学楼荣获“群众喜爱的公共建筑十佳设计方案”第一名。建筑设计者为叶彪。

5. 附小教学楼

位于附小原址，拆除全部危旧平房，新建教学楼6栋，建筑总面积为12 120平方米，主体结构为钢筋混凝土框架结构；建筑层数为3层，部分建筑为1～2层；建筑高度为12.15米。大楼内分为普通教室、专用教室、计算机网络教室、图书馆及各类办公室。该教学楼荣获建设部优秀设计一等奖、中国国家级优秀工程设计金奖等多项重要奖项。由建筑学院王丽方设计。

6. 信息技术大楼

位于校园东门西北方向，占地 20 100 平方米，建筑面积 36 107 平方米。大楼主体结构为钢筋混凝土框架结构；分地上主体 6 层，地下 1 层，建筑高度为 26.05 米。大楼内分为普通研究室、多媒体教室、网络教室及各系所办公室。整个建筑布局呈“口”字形，外立面采用节能玻璃幕墙与金属装饰，体现了科学精神与现代技术的结合。楼内设有网络系统、楼宇控制系统、门禁与保安监控系统、消防报警系统、中央空调系统等，是一座功能齐备的智能化科研实验楼。获得了教育部优秀设计二等奖和建筑施工、结构设计的“长城杯”金奖。由清华大学建筑设计研究院庄惟敏设计。

7. 经管西楼（舜德楼）

位于经管学院西侧，建筑面积 18 805 平方米，分为南区、中区和北区三部分，南区一个 12 米高的过街楼与经管学院西南墙相连，北区与经管学院西北墙距离 20 米左右，中区连接南、北两区形成一个完整的建筑院落，与周围环境协调呼应。舜德楼是学校培训高级企业管理人员的主要场所。2002 年 9 月，舜德楼竣工落成，香港实业家伍舜德先生捐资支持。建筑设计者为付修。

8. 美术学院大楼

位于学校东区、中央主楼东南方向，西临建筑馆，南临建筑设计中心，东邻校区环路围墙，靠近城市铁路 13 号线。建筑总面积 61 000 平方米，占地 15 000 平方米，东西总长 197.4 米，东侧楼体南北宽 106 米，西侧楼体南北宽 49.2 米，东西两侧楼体有过街廊在 3、4 层连接。新教学楼根据使用功能分为 A、B、C 三个区，是迄今为止我校单体规模最大的教学综合楼。清华大学美术学院通过国际方案征集的方式确定设计方案，由美国 Perkins&Will 建筑设计事务所设计，国内合作方为北京市建筑设计研究院。

9. 能源环境楼

位于学校东区，北接设计中心，南邻双清路，是中国科技部和意大利环境与国土资源部最大的一个合作项目，总建筑面积 20 268 平方米。清华大学环境楼由意大利 FAVERO&MILAN 建筑事务所设计，国内合作方为中国建筑设计研究院。这座楼也融合了国际上最先进的节能系统和建筑理念，是一座智能化的绿色、生态、环保、节能型的建筑，将成为环境学院教学、试验、科研和中意环境技术交流的中心，并将为我国环境与能源的长期协调发展提供研究平台。据初步核算，与同等规模的使用燃煤锅炉供热和火电的建筑相比，该楼每年将减排二氧化碳 1 200 吨。

10. 超低能耗大楼

位于学校东区，与建筑馆相连接，是我国首座超低能耗示范楼，总建筑面积 3 000 平方米。这也是我国首个综合了示范、展示、试验功能的绿色建筑，楼内集中展示了近百项国内外最先进的建筑节能技术产品，是我国首个以真实建筑物搭建的建筑节能技术试验平台。超低能耗示范楼建筑围护结构导致负荷仅为常规建筑物的 10%，冬季可基本实现零采暖能耗，考虑办公设备、照明等系统在内，建筑物全年电耗仅是北京市同类建筑物的 30%。建筑设计者为栗德祥。

11. 医学院一期

位于学校西区，东侧隔路与理化楼群、气象台相望，并以气象台作为重要对景设置整个建筑群的入口和广场空间，研究楼、教学楼、图书馆等均在广场周边设置主要出入口。总建筑面积34 300平方米，地上3层（局部4层），地下1层。建筑功能主要以医学基础研究实验室为主，也同时设置了办公室、会议室、办公厅和图书馆等配套用房。医学院一期工程的落成，为2000年成立的清华大学医学院提供了优越的办学条件，为清华大学医学事业的飞速发展奠定了基础。

该工程由清华大学建筑设计研究院关肇邺设计，北京建工六建集团公司承建，北京建工京精大房工程建设监理公司监理，荣获“结构长城杯”等多项荣誉。

12. 紫荆学生公寓

位于学校东北区，建筑面积约38万平方米，共建有23幢宿舍楼、4个食堂及服务楼、中水站、换热站、配电站、水井泵房、运动场、园林绿化、其他市政配套设施等，可入住22 120人。工程于2000年12月开工建设，2006年5月建成全部投入使用。

本科生公寓建筑为主体6层局部7层。在设计风格上具有江南建筑的特点，整体屋面的色调采用灰色与暗红色和橘黄色。在屋面的设计上采用了“西南建”标准（架空通风隔热层），使屋面的保温隔热功能得到了很大的提高。同时在保温隔热屋面上又增加了钢架外“挂贴”沥青瓦的架空层做法，使屋面通风隔热效果更加提高，与北京地区日益升高的夏季温度相适应，在设计上具有创新意义。

研究生公寓建筑为W形，14层高，阳台的设计不仅有效地利用了面积，且将两个单间通过阳台连成一个单元，可以为独居的博士生提供既独立又可相互沟通的居室。

留学生及高培公寓为主体10层局部11层，外立面采用遮阳板这种先进的建筑形式。不仅减少了建阳台所占用的建筑面积，又可以起到阳台的效果，使整个建筑外形高雅庄重。

服务楼内设有银行、超市、书店、教室等服务设施，为学生学习及生活提供便利。

为了建设紫荆学生公寓，2000年4月18日，经学校2000年第16次校务会议讨论通过成立北区校园建设办公室，专门负责运作学校学生公寓建设项目的筹建工作。项目由清华紫光房地产开发有限公司、中国建筑第二工程局的成建制的项目管理队伍（项目管理部）承担该工程的具体管理工作，建筑设计由同济大学建筑设计研究院及清华大学建筑设计研究院等四家设计院承担，勘察设计由北京市勘察设计院等二家承担，工程施工由中国建筑第三工程局及中国建筑第六工程局等10余家施工单位承担，工程监理由北京希地工程咨询公司及北京方圆工程建设监理有限责任公司等7家承担。

13. 射击馆

位于校园东区，西侧紧邻棒球场，东侧与已有西看台共同围合东大操场，总建筑面积11 362平方米，由清华大学建筑设计研究院祁斌设计，北京鼎华建筑工程有限公司施工。射击馆包含射击训练馆和赛艇训练馆，其中射击训练馆设置50米靶场设靶位10个，为50、25、10米套用靶场，并设132座观众席；设置10米靶场靶位56个，并设68座观众席。赛艇馆设置一座容纳4艘8人艇的训练池，可满足32人同时练习划桨。

第五节 基础设施建设

一、道路

1993年底，校内有各种道路（沥青、混凝土、其他材料路面），总长为59.6公里。路面总面积为282 170平方米，其中沥青路面（含广场）123 149平方米，混凝土路面135 113平方米，其他材料路面23 908平方米。1949年前只有西门经二校门至南门一条3米宽的水泥路，其他都是焦砟路。1954年开始修水泥路，从大礼堂区开始，基本每年有所增加。1972年修了主楼广场、西主楼至9003大楼的柏油路和9003前的广场，共计16 710平方米。

现有主要道路绝大部分是1977年后新建和扩建的。1978年翻修东西干道和南北干道的主要干线，由原来的3.5米宽扩展到了现在的7米宽。1985年又改造南北干道南段（南校门至十字路口）963米，面积13 817平方米，改为车人分流；由7米混合路改成9米的三块板路。

2004年修建校医院至游泳池沥青道路；西北小区至电厂沥青路及便道；六教周边道路；老机械厂路等。2005年修建寓园周边混凝土路和沥青路；物业中心至图书馆河边道路；主楼至紫荆公寓沥青路；蓝旗营北门沥青路及路边停车场等。2006年翻修校医院至西北门沥青路及便道；生物馆北侧沥青路；工物馆西侧路等。新建校医院周边沥青道路、便道和停车场；荷花池北侧沿湖花岗岩路；环境楼周边道路等。2007年修建焊接管西侧路；精仪系门前便道和甬道；主楼至紫荆公寓人行便道；东西主干道；观畴园餐厅周边方砖路；南门外道路；汽研所至垃圾站沥青路等。2008年修建射击馆东侧路；幼儿园门前沥青路；中央主楼北侧南北向和东西向沥青路等。2008年至2009年，为校内主要道路都加铺人行便道，如至善路两侧、学堂路两侧、二校门至停车场路南侧、西操东路两侧、北门至新斋道路两侧、新民路两侧、近春路两侧等。2009年修建动能馆至新水沥青路；二校门至邮局沥青路及停车场；西11楼至荷园餐厅沥青路及人行道；精仪系楼前沥青路；荷清苑至北门沥青路及便道；南门至大十字路口非机动车道；化工电大楼周边沥青路及人行便道等。由河道局出资，修建沿校河透水砖道路近万平方米。2010年修建东区浴室北至23号楼南沥青道路及人行便道；西体周边沥青路及人行便道；新斋北侧沥青路；紫荆公寓W楼北侧沥青路；西体周边道路。新建经管学院至微电子所东侧道路及停车场；8公寓至西南楼人行便道等。

此外，每年学校还要完成数千平方米的道路零修。到2010年底，校园道路面积为43.56万平方米。

二、桥梁

校园不断扩大，河沟不断增多，桥梁也不断增加，到1980年各种桥梁已达27座。1983年修建（混凝土的）万泉河水系时，基本拆除原有桥梁。1985 年 8 月万泉河修建竣工，全校河长 3 300米，新建桥梁 13 座，加固 2 座，同时还建了 4 个码头。1980 年至 1985 年还修建、重建、扩建道路桥 2 座，园林桥 7 座。

1993 年共有桥梁 24 座。

北河道有桥 10 座，分别位于：西院，西院东北侧，校医院北病房东北角，生物馆北，蒙民伟楼南，礼堂后西侧，礼堂后东侧，给排水实验室南，环保楼西北，1 号楼东北角。

南河道有桥 5 座，分别位于：公寓路口，停车场南路口，二校门路口，机械馆东侧，新水利馆东北侧。

园林路有 9 座桥：近春园玉带桥，环湖东南侧水泥桥，环湖东南侧小石桥，近春园东南侧水泥桥，工字厅南侧石桥，二教南路石桥，水木清华东石桥，清华园外南路，静斋东石桥。

2010 年，对 13 座围栏破损较为严重的校河小桥进行了维修。其中，生物馆北侧校河桥的围栏较低（只有 50 厘米），改造时进行了加高。

至 2010 年底，北河道（西院至紫荆学生区北面）有桥 13 座，除以上 1993 年就有的 10 座外，还有位于北院和校团委之间的应急铁桥 1 座，平时不通行；在紫荆公寓建设的过程中，增加了一座荷清苑东侧至紫荆公寓的校河木桥，目前没有通行。2009 年 10 月，新建了北门与紫荆公寓之间的校河小桥，打通了校园西北部与北部学生区之间的道路；此外，在紫荆 1 号楼西侧校河上有水务局设置的水闸桥一处。

南河道（绿园至文北楼）除以上 1993 年就有的 5 座桥外，在泥沙实验室西侧的内河中有一处水闸桥。

三、供暖锅炉房

1949 年以前，供暖面积仅为 57 112 平方米，1962 年供暖面积达 27 万平方米。供暖锅炉分散，全部为蒸汽锅炉。1965 年，全校供暖面积 30 万平方米（占总建筑面积 433 060 平方米的 69%），全部由蒸汽供暖改为热水供暖。全校共 29 个锅炉房，大小锅炉 67 台。从 1982 年开始，全校主要由三大供暖锅炉房（即南区、高压、西区三个）集中供暖，利用高温水输送，建立换热站，低温供暖；共有 8 台大锅炉，供暖能力可达面积 80 万平方米。1993 年，全校集中供暖面积 934 293 平方米，占全校总建筑面积的 97.5%；供暖季从当年 11 月 1 日至次年 3 月 31 日，共 5 个月；供暖管道总长 61 300 米。1993 年供暖锅炉房概况如表 14-5-1。

表 14-5-1　1993 年校本部供暖锅炉房概况

供暖锅炉房名称	供 暖 设 备	实际供暖面积（万平方米）
东区锅炉房	2 台 14 兆瓦热水炉、1 台 15 吨/时蒸汽炉	48.76
南区锅炉房	3 台 14 兆瓦热水炉	38.33
西区锅炉房	2 台 5.6 兆瓦热水炉	5.25
静斋锅炉房	1 台 1.4 兆瓦热水炉、1 台 0.7 兆瓦热水炉	1.09
总计		93.43

1997 年，学校共有 2 个大锅炉房，近 140 吨位锅炉，6 处换热站，本年在东区锅炉房新建 1 台 40 吨/时锅炉。2002 年，在东区锅炉房内新建 3 台 20 吨/时天然气锅炉。2003 年，对 4 台 20

吨/时燃煤锅炉及 1 台 40 吨/时燃煤锅炉进行了增容，增容后的锅炉出力达到 4 台 30 吨/时，1 台 50 吨/时。1997 年至 2009 年，学校供暖面积由 120 万平方米增长至 258 万平方米。2010 年全校供暖锅炉房情况见表 14-5-2。

表 14-5-2　2010 年全校供暖锅炉房情况

供暖锅炉房名称	供 暖 设 备	实际供暖面积（万平方米）	备　　注
东区锅炉房	1 台 21 兆瓦燃煤热水炉 1 台 14 兆瓦燃煤热水炉 1 台 35 兆瓦燃煤热水炉 1 台 29 兆瓦天然气锅炉 3 台 14 兆瓦天然气锅炉	165	其中 1 台 14 兆瓦天然气锅炉专为紫荆学生公寓区供生活热水
南区锅炉房	3 台 21 兆瓦燃煤热水炉	102	

四、供变电站

1952 年以前，清华大学电源来自青龙桥，电压等级为 5 200 伏，配电变压器总容量 500 千伏安。

1952 年至 1954 年学校进行电网改造，电源电压 5 200 伏，主变压器 550 千伏安，配电变压器总容量约 1 500 千伏安。

1955 年至 1957 年，电网电源升为 6 000 伏，主变压器为 1 500 千伏安。

1958 年建北门外电厂，装机 2 000 千瓦，发电机电压 6 000 伏，与青龙桥 6 000 伏系统并网。

1959 年至 1960 年初供电局限电，校筹建 35 千伏变电站，主电源由清河供 35 千伏，主变压器 3 200 千伏安；时用电负荷为 1 500～1 800 千瓦。

1961 年至 1962 年，主变电室由旧航空馆移到北门电厂，全校负荷由 35 千伏站带动，总配电变压器为 7 000 千伏安。

1966 年至 1976 年，校内配电变压器总容量已达 10 000 千伏安，35 千伏站主变容量不够，造成超负荷运行，只得轮流拉闸限电。

1974 年，学校提出建设 11 万伏变电站，到 1984 年 11 月建成投入运行，共投资 400 万元。站内主变压器为 8 000 千伏安两台，一用一备。运行着 10 路 10 千伏出线，带全校 39 580 千伏安的配电变压器。还有两条发电机专线与 11 万站并网。

1993 年，共有 4 个变电站、34 个变电室、17 万米电力线（高压架空线 1.6 万米、高压电缆线 7.6 万米，低压架空线 2.1 万米、低压电缆线 5.7 万米）、89 个电缆井、3 350 米电缆管道。11 万伏变电站运行 9 年来，保证了全校教学、科研、生产、生活的需要。

1999 年，在变电站多年建设的基础上，学校决定将 11 万变电站 2 台 8 000 千伏安主变压器更新为 2 台 3.15 万千伏安主变压器。此次改造按远近结合的原则，除两台主变压器选用 3.15 万千伏安外，其余的设备均按主变压器为 5 万千伏安标准选用。2002 年 10 月 14 日，学校批准实施将 2 台 3.15 万千伏安主变压器更新为 2 台 5 万千伏安主变压器。同时，将 11 万变电站原有的电容器室拆除，在原址上新建 10 千伏开关室和新电容器室。所有的工作于 2004 年 6 月份完成并投入运行。学校主要供电设施情况见表 14-5-3。

表 14-5-3　学校主要供电设施一览表

名　　称	性能参数	名　　称	性能参数
11 万变电站	变电站，2 台 5 万千伏安变压器	六教开闭站	开闭站
医学院开闭站	开闭站	新清华学堂开闭站	开闭站
饮食广场开闭站	开闭站	18 号楼开闭站	开闭站
胜因院开闭站	开闭站	大石桥开闭站	开闭站
产业楼开闭站	开闭站	新水开闭站	开闭站
学研楼开闭站	开闭站	科技大厦开闭站	
中央主楼开闭站	开闭站	科建大厦开闭站	
化工电大楼开闭站	开闭站		

五、给排水系统

（一）供水泵房

清华大学供水均取自（自备井）水泵房地下水，给水管网采用生活—生产—消防共用的环形给水系统。1993 年全校有 8 口水井，见表 15-5-4。上水管道总长 34 130 米，共有上水井 3 502 个，水表井 322 个，消防井 170 个，蓄水池 18 个（5 856 立方米），冷却塔 39 个。1993 年清华大学给水泵房水井编号情况见表 14-5-4。

表 14-5-4　1993 年清华大学给水泵房水井编号

序号	水泵房名称	水井编号	序号	水泵房名称	水井编号
1	北院给水泵房	5-20-1882	5	胜因院给水泵房	5-20-1886
2	停车场给水泵房	5-20-1883	6	压力加工车间给水泵房	5-20-1887
3	印刷厂给水泵房	5-20-1884	7	东南小区给水泵房	5-20-1887-01
4	机械厂给水泵房	5-20-1885	8	东北区给水泵房	5-20-1887-02

自 1994 年至 2008 年，取消原有的东南小区给水泵房和胜因院给水泵房两座，新建修缮处小楼给水泵房、北门给水泵房、蓝旗营给水泵房、荷清苑给水泵房、16 号楼给水泵房、8 公寓给水泵房、紫荆公寓南井给水泵房和北井给水泵房等 8 座给水泵房。至 2009 年，给水泵房水井由 1994 年的 8 口增加至 14 口，其中 12 口水井全天候运行，2 口水井备用，2010 年泵房水井编号见表 14-5-5。

表 14-5-5　2010 年清华大学给水泵房水井编号

序号	水泵房名称	水井编号	序号	水泵房名称	水井编号
1	北院给水泵房	520-1882	8	修缮处小楼给水泵房	520-1887-04
2	停车场给水泵房	520-1883	9	荷清苑给水泵房	520-1887-08
3	老印刷厂给水泵房	520-1884	10	蓝旗营给水泵房	520-1887-09
4	机械厂给水泵房	520-1885-01	11	16 号楼给水泵房	520-1886-01

续表

序号	水泵房名称	水 井 编 号	序号	水泵房名称	水 井 编 号
5	汽车研究所给水泵房	520-1887-02	12	8公寓给水泵房	520-1886-02
6	压力加工车间给水泵房	520-1887	13	紫荆公寓南井给水泵房	520-1885-02
7	北门给水泵房	520-1887-03	14	紫荆公寓北井给水泵房	520-1885-03

2003 年，安装给水泵房深井潜水泵的变频设备。2009 年，统一更新 14 口水井的紫外线水处理器，更新 7 个深井潜水泵，更新 5 台变频器。2010 年，安装给水泵房远程监控系统，随时监控给水泵房的压力和出水量，提高自备井供水的稳定性。2010 年给水能力达 700 万吨/年，给水管网管线总长度达 97 213 米，其中公称直径≥80 毫米的给水管线总长 87 532 米，共有给水阀门井 5 043 个，消防井 329 个，水表检查井 970 个。

（二）给水管线

1994 年以来，新建给水管线 61 083 米，更新老化给水管线近 3 万多米，新建给水工程主要有：大石桥学生公寓给水工程、荷清苑小区给水工程、蓝旗营小区给水工程、清华科技园给水工程、紫荆公寓至东主楼给水工程、医学院周边给水工程、汽车研究所至印刷厂、北院泵房至图书馆给水工程等，改造给水管线地区有：西南住宅区、南楼住宅区、西楼住宅区、东楼住宅区、中楼住宅区、青年公寓宿舍区、东南住宅区、西北住宅区和 9003 大楼至紫荆公寓给水管线等。

2002 年，实现机械厂泵房与主楼区供水外网的环网；2003 年，新建紫荆公寓和第六教学楼的供水、消防管线工程，完成附中新建教学楼、新水利馆的供水管道建设工程；2005 年和 2006 年共改造和新建给水管线 1 万多米。

（三）排污系统

1983 年以前，几乎所有排污水管均接入校河。1983 年至 1985 年整治校河，并修建两条截流主管，通过三个污水泵房将污水纳入市政污水管网。1993 年，排放污水量近 400 万立方米，通过 6 个污水排放口，将全校污水导入市政排水管网。全校下水管道总长 37 850 米，下水井总数 9 601 个，化粪池 98 个。

2004 年，启动校园污水泵房废弃工程，共取消 4 座污水泵房：1 号楼污水泵房、附中污水泵房、西北小区污水泵房和 13 号楼污水泵房，实现清华大学生活污水直接排入市政管网。2002 年至 2007 年，更新老化污水管线 8 366 米，主要工程包括：西南住宅区污水管道更新工程、南楼住宅区污水管道更新工程、医学院周边污水工程、中楼污水管道改造工程、西北住宅区污水管道改造工程、15 号楼至能科楼污水管道改造工程。新建污水管线 3 720 米，新砌污水井 170 余座。

2010 年，学校排水系统为雨水、污水分流制，校园生活污水通过排污管道直接排放至北京市政管网，降雨通过雨水管道排入万泉河和校河。学校污水管道外线总长 99 236 米，化粪池 209 个，下水井总数 9 552 个，雨水管道总长 25 689 米，雨水箅子 1 653 个。

（四）中水、雨水再利用系统

2007 年，学校启动中水回用工程和雨水再利用工程建设，建成中水处理能力达 1 200 吨/天的中水回用系统、年收集利用雨水达 1 万多吨的 1 号楼雨水收集再利用系统和节水量达 5 万吨/年的河道中水雨水综合利用工程。2010 年，建成地埋式、日处理能力 1 500 吨的第二座污水处理中水回用站。处理后的中水和收集的雨水用于绿化喷灌和学生宿舍冲厕，学校 80％的绿化采用中水灌溉，每年共节约自来水量百万吨。

经过几年的建设，2010 年校园中水管线总长度达到 23 040 多米，包括紫荆公寓冲厕用水系统和校园绿化、景观用水系统。紫荆公寓冲厕用水系统为校园中水北线，管线长度 3 000 多米；校园绿化中水管线总长度 13 320 多米，绿化喷灌的中水管线覆盖率达到 80％；东西主干道中水管线 1 300 多米，途经荷花池、二校门至中央主楼，连接东西区绿化喷灌的中水管线，使绿化中水管线形成环形管网。

六、通信

学校固定电话管理原归行政事务处下属行政事务科的电话班，1989 年 12 月成立了电话管理科，直属行政事务处领导。1999 年 3 月行政事务处撤销后划归学生社区服务中心，2005 年，更名为电信与工程技术科。

20 世纪 30 年代时校内仅有 10 部电话。抗日战争胜利后，发展为 200 门人工手摇式有线电话。住宅电话 10 余部，配备给校长、教务长、秘书长和训导长等主要领导。

1957 年，200 门手摇电话更换为国产人工电话 400 门。住宅电话扩大到处长、系主任。

1963 年，400 门人工电话改装成 1 000 门步进自动机。住宅电话扩大到正处和正教授。

1985 年，由学校投资，开通 1 000 门步进机，电话总容量达到 2 000 门。住宅电话扩大到副处级和部分副教授。

1987 年开通西南区人工小总机 300 门。

1989 年 10 月开通 2 000 门程控电话。

1990 年 7 月开通西区人工小总机 500 门。

1991 年 7 月开通南区人工小总机 500 门。

1992 年 4 月开通光纤电缆，实现了程控电话直拨入网。

1993 年 2 月，开通程控小总机 600 门。住宅电话扩充到 2 650 门，占全校教职工住宅总数的 53％。至 1993 年 7 月，全校电话容量已达到 6 300 门，实际安装 5 900 门。

随着后勤改革的深入，校内通信事业有了新的发展。

1996 年 3 月北京通信公司与清华大学签订了电话线路维护协议，由北京通信公司负责我校机房内部维护，电话科负责学校外线维护，取消了接转总机，全部实现了直接呼出，直接拨入的程控电话功能。

1998 年清华大学在北京市高校率先实现 5 000 门电信 201 电话机进入学生宿舍，研究生每室可安装一部电话，本科生平均 8 人一部电话。

2002 年 6 月中国铁通集团北京分公司进入清华大学学生宿舍，为学生宿舍安装铁通 201 电话 12 000 门，大大地改善了学生通信联系，本科生平均 4 人一部电话，2009 年电信与工程技术科在紫荆学生公寓 1～16 号楼 4703 间宿舍中安装联通（原网通）201 电话。截至 2010 年 12 月，全校共有电话 45 400 门，其中联通（原网通）电话 32 000 门，铁通 201 电话 13 400 门，电话安装全部放开，充分满足教职员工的需求，住宅全部实现每户一部电话，有的甚至两部电话，办公电话保证需求，根据需要随时可安装。

2009 年至 2010 年电信科协调中国移动、中国联通、中国电信三家公司共同在校内建立了若干个移动通信基站，提高了校内手机信号质量，优化无线电网络覆盖面。

七、天然气

1985 年由北京市煤气公司规划设计后，在校内开始铺设天然气中、低压管网。截至 1993 年，校内共建有 3 个中低压调压站（附小操场西北胜因院、主楼前新区东南、二号楼东侧三处）；1997 年，以 10 食堂通气为标志，全部学生食堂实现通气，同年，全部公共浴室（东区浴室、北区浴室）实现通气；2003 年，综合体育馆东侧的燃气锅炉房落成，3 台 20 吨的燃气锅炉同时启用，另一台 40 吨的燃气锅炉也于 2009 年底实现通气；2004 年，因建设新美院需要，主楼前新区东南调压站被废弃，目前，校内共建有 2 个天然气中低压调压站（附小操场西北胜因院、二号楼东侧三处），13 个天然气调压箱（北区浴室 1 个、东区锅炉房 2 个，紫荆学生区 3 个、建筑馆 1 个、环境楼 2 个、跳水馆 1 个、窑炉 1 个、医学院 1 个、东南小区 1 个），其中，托管的调压箱有 8 个（东区锅炉房 2 个、建筑馆 1 个、环境楼 2 个、窑炉 1 个、医学院 1 个、东南小区 1 个）。设开水供应站 1 处（北区浴室），天然气管网总里程逾 40 公里。

根据国家法令和北京市燃气的管理办法，燃气总公司负责学校的日常巡查和维护工作。2001 年以前建成的天然气设施（室内外管线、站、箱等）权属北京市燃气集团有限责任公司，2001 年以后建设的管线与设施在权属上属于清华，具体的运行、管理工作由相应的使用单位负责。

八、人防设施

自 1950 年在全国范围开始建立人民防空体制，新中国人民防空至今已经走过 50 多年光辉历程，由于历史条件和时代背景的不同，学校开展人防工作的重点也不同，经历了创建、恢复再建、应急建设和全面发展、调整改革、全面协调发展五个阶段。

第一阶段：创建阶段（1950—1958）

从 1950 年 10 月成立中央人民防空筹备委员会，到 1958 年 9 月撤销全国各级人民防空机构，为人民防空工作的初创时期。据统计，在当时的历史条件下，1956 年至 1957 年学校人防深挖地道工程 3 个，防空地下室 2 个，口部（包括连通口）共 10 个。建筑面积 1 559 平方米，使用面积 1 218.83 平方米。其中包括校外美院 7 号院校后勤（1954 年竣工）。

第二阶段：恢复再建阶段（1959—1968）

从 1958 年 9 月撤销各级人民防空机构到 1968 年，为人民防空工作恢复再建阶段。在这 10 年期间里，学校仅有核能院 1 处人防工程（1964 年建设），人防地下室，口部 2 个，建筑面积 588 平方米，使用面积 328 平方米。

第三阶段：应急建设和全面发展阶段（1969—1978）

1969 年至 1978 年，是人民防空事业由应急建设转入全面发展时期。这个时期对人民防空管理体制作了调整，由公安部移交军队管理，形成了军政双重领导体制。1969 年至 1978 年学校新建人防工程 19 处，当年竣工工程 15 处，人防深挖地道工程 13 个，防空地下室 6 个，口部（包括连通口）共 38 个。建筑面积 10 491 平方米，使用面积 9 199.48 平方米（包括校外美院 1、3、6 号楼和第二附属医院）。

1975 年在修缮科下设人防办公室，1978 年划归修缮基建处，1985 年划归修缮处。

第四阶段：调整改革阶段（1979—2000）

1979 年至 2000 年，学校新建人防工程 26 处，均为防空地下室，口部 77 个。建筑面积 23 199.2 平方米。

第五阶段：全面协调发展阶段（2001 年至今）

2001 年至今学校新建人防工程 25 处，仅 2009 年一年的新建人防工程就多达 11 处，建筑面积 10 余万平方米。目前约建成人防工程口部 80 个，建成人防建筑面积为 34 380.71 平方米。

截至 2010 年，学校人防工程总面积 95 435.9 平方米，可利用面积为 80 534.5 平方米，其中早期人防工程面积为 9 247 平方米。校外人防工程（大石桥、美术学院、200 号、402 医院）面积为 22 451.2 平方米。

九、茶炉、浴室

1981 年之前，学生区有两个浴室，即东区浴室和西区浴室（两浴室附有茶炉），共有 475 个水龙头；家属区有一个浴室，即公寓浴室，共有 136 个水龙头。东区浴室 1 121 平方米，可解决 5 000人洗澡和饮水问题；西区浴室 1 204 平方米，供学生洗澡和饮用开水。公寓浴室 1 192 平方米，供家属区人员洗澡。

1984 年兴建南区浴室 810 平方米，有 29 个水龙头。

1987 年建立了中老年浴室，每天大约有 200 人淋浴。

1997 年学校共有 5 个浴室，4 个茶炉房。

2000 年，停止使用中老年浴室、南区浴室，学校共有 3 个浴室，2 个茶炉房。

2001 年，停止使用公寓浴室，学校共有 2 个浴室，2 个茶炉房。

2006 年 5 月，学校学生浴室 IC 卡设备投入使用，浴室 IC 卡系统的引入提高了浴室的管理水平，刷卡计费，使得水、电、气等资源得到了明显的节约，同时也促进学生树立良好的节能意识。

截至 2010 年底，东区浴室 2 900 平方米，拥有洗浴龙头 380 个，西区浴室 2 500 平方米，拥有洗浴龙头 280 个。两处浴室都配有开水房，共有龙头 45 个，每日满足师生饮用水需求。

此外，还设有专点服务的锅炉房，西区锅炉房有 1 台热水炉，专为留学生宿舍和干训楼提供热水。静斋锅炉房还有 1 台锅炉，为甲所提供热水。

校医院有自己的锅炉房，用于消毒和饮水。体育馆有 2 台蒸汽炉，以满足运动员洗澡及冬季游泳的需要。

第六节　绿色校园建设

一、园林建设

截至 2010 年，校园占地面积 316 公顷，园林绿地 135.84 公顷，校园实有树木 24.5 万株，校园古树 240 株，河流两条水面 40 000 平方米，湖面两片面积 32 000 平方米，桥梁 24 座，8 个纪念碑，5 个纪念亭，1 个水榭，6 个喷泉，4 座假山，9 组花架，观赏平台 4 处，石狮子 3 对。校园休闲广场13处：8号楼西侧绿地广场、4号楼东侧青桐林广场、档案馆东侧广场、北院东侧小广场、图书馆北侧广场、东主楼南侧休闲广场、经管学院北侧广场、生物馆南侧绿地小广场、工字厅前区小广场、闻一多雕像小广场、王国维纪念碑小广场、绿园内小广场、紫荆学生公寓楼间广场等。

形成18处校园景观区：西门景观区、荷塘景观区、工字厅前区景观区、水木清华景观区、礼堂前景观区、绿园景观区、理科楼景观区、图书馆景观区、二校门景观区、校河景观区、西湖游泳池东侧绿地景观、老生物馆南侧景观区、三教南侧牡丹园景观区、北院景观区、8号楼西侧绿地景观区、主楼前景观区、紫荆花园景观区、紫荆学生公寓景观区。

二、池塘和校河

清华园内的池塘主要有“水木清华”荷池及“近春园”遗址的环湖“荷塘”（因朱自清先生的《荷塘月色》一文而闻名），两片水面约32 000平方米。校河（万泉河）由西校门流入校内，一分为二，一条北流，至生物馆北面转向东流，经大礼堂后边向东流；另一条向东流，经停车场、二校门，至机械工程馆东南转向北流，在新水利馆东侧两支流汇合，流向北门外。这两条河水面40 000平方米，校内河湖水面总面积72 000平方米。

治理万泉河是北京市重点工程之一，校园内南北两支河于1983年6月11日开工，1985年8月完工，总长度3 300米，主河宽12.5米，挖运土方量达30多万立方米。拆除旧桥9座，建新桥12座，增人行桥1座，加固旧桥2座，建河道码头4个，横穿河底管道8处。在施工中房屋拆迁面积4 000多平方米。该项工程使流入校河内的污水进入下水管道系统，河道断面加大，使雨季洪水顺利流出校园。

为丰富河道景观，改善河道生态环境，同时也增加绿化面积，2006年—2008年陆续对校园内3 000米河道进行了垂直绿化，在河道两侧共种植12 000株爬墙虎，目前已形成优美的河道景观。

三、近春园遗址的改建

近春园是康熙时熙春园的一部分，即其西半部。据史料记载，熙春园在长春园东南，有复道（过街楼）相连，俗称东园，园中殿宇楼堂的匾额曾有松黄馆、德生轩、对云楼、藻德居、竹净室等十数处，多为康熙、乾隆御墨。

道光时，熙春园被割成东、西两园，赐与皇亲，以现在静斋前马路为界，东部袭用熙春园原名（即今工字厅一带，咸丰后改名清华园），西部另取名近春园，其时近春园有建筑物260余间，分前后两组，斋、堂、轩、榭棋布，四周环以荷池，为一时之繁囿胜地。

1860年（咸丰十年），英法联军入侵北京，火烧圆明园。同治十二年（1873年），清廷为庆慈禧寿辰“择要”重修圆明园，因财力拮据而拆用近春园200余间空闲园寓、房间、游廊的木植石料，致使近春园彻底荒芜，所幸山形水系基本保存，前后达百余年。

1911年春，清华学堂在清华园建校。1913年春，近春园亦并入校园，统称清华园。30年代以后，学校曾几次拟议改造荒岛，均未实现。1927年夏，朱自清夜赏荷池，撰有名篇《荷塘月色》。

1958年以后，荒岛逐步改观，南部已于当年建成游泳池，名西湖，北部于1980年建群芳圃，为校园美化基地，中部1982年开始大修，疏浚环池，铺砌堤径，重建石桥两座，临漪榭一处，新建荷塘月色古式亭一座，1984年春，近春园新景初具规模。

为永远纪念杰出的校友吴晗教授，1984年10月，在岛之西南部，邓小平同志题匾的晗亭揭幕。晗亭与旧西院12号吴晗的旧居隔水相望。1986年4月，又在晗亭之北建吴晗雕像一座，以资纪念。

四、校园的绿化

（一）校园绿化建设

清华大学历来重视校园建设，把植树绿化、园林建设作为学校总体规划的重要组成部分，视为学校发展的战略任务之一。

早在20世纪50年代，蒋南翔校长就提出了校园花园化的设想。70年代初，领导班子制定了“改造西区，绿化东区”的校园建设方针，1971年至1972年种植了近1.5万株树木，其中有大型常青树5 000多棵。1977年—1978年，又种植了树木5 000多棵，基本实现了全校的普遍绿化。之后，学校结合教育事业的发展，提出了以提高绿化水平、完善园林建设为目标的“山、水、园、林、路综合治理，分区建设，逐年连片”的校园建设方针。

“七五”间校内又进行了较大规模基本建设，共完成17.5万平方米土建工程。在中心区已绿化的基础上，绿化工作逐渐向校园内全面展开。在原有220公顷的校园内，种有各种树木近8万株，其中乔木6万株，花灌木2万株。另有绿篱1.5万米，草坪12.5万平方米。绿化面积占校园应绿化面积的90%以上，实现了普遍绿化，绿化覆盖面积占总面积的35%。至1991年秋季，校内种有各种树木131 467株，其中乔木80 348株，花灌木51 119株，绿篱18 614米，草坪225 616平方米，绿化覆盖率已达41.4%以上。

为响应党中央、国务院关于实施“可持续发展战略”的号召，清华于1997年开始提出创建“绿色大学”示范工程。1998年5月，国家环境保护总局正式下发了《关于清华大学创建绿色大学示范工程项目的批复》。1998年以后，为了建设绿色校园，学校对校园的园林绿化建设加大了力度。1998年—2001年间对主楼区、礼堂区、近春园、荒岛、水木清华、工字厅前区、北院、东西干道、南北干道、甲丙所周边，校河两侧、综合体育馆周边、跳水馆周边、图书馆周边、31～37号楼学生宿舍周边等区域都进行了绿化改造建设。绿化改造面积共计26.7万平方米，种植草坪18.9万平方米，种植乔木10 052株，种植灌木13 520株。

学校90周年校庆前夕，重点建设成了“十景、一河、一区”。“十景”指主楼景区、东西干道两侧区域、南北干道两侧区域、礼堂景区、甲所景区、水木清华景区、北院景区、近春园景区、理学院景区、气象台景区，“一河”指实现环流后的校河及沿岸，“一区”指学生生活区。

2003年以后，学校继续推进自然园林景观和人文景观的建设，重点放在增加乔灌木数量和品种、减少冷季型草坪及景观精品化改造上。5年间种植乔木1.2万株、灌木1.65万株、改造草坪17万平方米、建设景观面积24万平方米。新增“十景、六园、二广场”，“十景”指西门景观区、图书馆景观区、二校门景观区、游泳池东侧景观区、荷塘北岸景观区、红柳广场景观区、紫荆灌木园景观区、美院北侧景观区、9003大楼南侧景观区、医学院景观区；“六园”指东、西植物园，牡丹园，竹园，雕塑园，地质园；“二广场”指红柳广场和太湖石广场。

校园绿化普查结果见表14-6-1。

表14-6-1 校园绿化普查结果

普查项目		年份		
		1995	2000	2005
绿地面积（平方米）		1 450 265	1 376 653	1 358 400
绿地率（%）		54.9	52.75	42.99
绿化覆盖面积（平方米）		1 624 399	1 425 413	1 731 700
绿化覆盖率（%）		61.5	54.61	54.80
乔木（株）		64 958	40 290	44 343
灌木（株）		47 450	28 181	45 469
月季（株）		23 224	13 173	75 578
攀援植物	数量（株）	4 831	6 668	63 512
	面积（平方米）			6 030
竹子	数量（株）	19 645	26 230	86 791
	面积（平方米）		13 188	8 680
绿篱	数量（株）	49 941	52 468	
	长度（米）	15 142	15 350	
宿根花卉	数量（株）	20 418	7 055	32 440
	面积（平方米）	16 000	2 407	2 357
色块	数量（株）		10 823	273 770
	面积（平方米）		2 442	29 227
草坪面积（平方米）		169 095	280 748	646 255

（二）校园树木种类

据记载，1909年当清廷决定把已荒芜多年的清华园拨作校址时，经清点，园内只有花木15种691棵，即：玉兰1棵，黄檗85棵，红柏139棵，马尾8棵，杨树6棵，柳树79棵，榆树227棵，槐树39棵，桑树22棵，山茶27棵，椿树10棵，象椀5棵，枣树3棵，楸树7棵，各类枯树33棵。

建校伊始，即开始在园内广植花木。到30年代初期，园内花木增至22科52种，其中包括银杏科1种，松柏科4种，杨柳科3种，胡桃科2种，壳斗科2种，桑科2种，毛茛科2种，蔷薇科8种，豆科6种，苦木科1种，卫矛科1种，槭树科2种，无患子科1种，鼠李科3种，葡萄科2种，石榴科1种，柿树科1种，木樨科6种，马鞭草科1种，紫葳科1种，禾本科1种。

解放后，校园的绿化美化除个别时期外，总的说来还是得到了充分的注意。据统计80年代末园内有各种花木133种，其中常绿树16种，落叶乔木48种，花灌木48种，果树13种，宿根花卉8种。90年代初在校园绿化的过程中，注意了树木种类的引进和提高常绿树的比例。那时校园内已有树木种类164个，其中常绿树22种，花灌木61种，落叶乔木54种，果树15种，宿根花卉 12 种，在植树中特别注意提高常绿树的比例，常绿树超过新植总量的 50%，常绿乔木由原来占乔木总数的 30%提高到 40%以上。

为丰富校园树木种类，增加校园植物多样性，学校从 2004 年开始把引种工作列为重要工作之一。从 2004 年开始，到吉林、辽宁、陕西、山东、青海、甘肃、河南、河北、江苏、浙江、江西及北京周边等 13 个省市调研了 2 000 多种木本植物，2005 年至 2010 年共引进 1 114 种，使全校乔灌木树种达到 1 286 种（乔木 465 种，灌木 821 种），是 2004 年初 172 种的 7 倍，其中国家一级保护植物有 7 种，二级保护植物有 8 种。校园树种增加情况见表 14-6-2。重点保护树种见表14-6-3。

表 14-6-2　校园树种增加情况

年份	2004	2005	2006	2007	2008	2009	2010
校园树种	172	402	453	520	812	1 146	1 286

表 14-6-3　校内的重点保护树种

序号	名称	科名	属名	保护级别
1	珙桐	珙桐科	珙桐属	一级
2	水杉	杉科	水杉属	一级
3	东北红豆杉	红豆杉科	红豆杉属	一级
4	红豆杉	红豆杉科	红豆杉属	一级
5	南方红豆杉	红豆杉科	红豆杉属	一级
6	银杏	银杏科	银杏属	一级
7	长白松	松科	松属	一级
8	黄檗	芸香科	黄檗属	二级
9	翅果油树	胡颓子科	胡颓子属	二级
10	杜仲	杜仲科	杜仲属	二级
11	山白树	金缕梅科	山白树属	二级
12	水曲柳	木樨科	白蜡树属	二级
13	红松	松科	松属	二级
14	紫椴	椴树科	椴树属	二级
15	榉树	榆科	榉属	二级

（三）校园古树保护

2000 年北京市对校园古树进行普查统计，校园古树共 121 棵，一级古树 13 棵，其中国槐 1 棵，白皮松 1 棵，桧柏 8 棵，油松 3 棵。二级古树 108 棵，其中国槐 17 棵，白皮松 5 棵，桧柏 68 棵，油松 9 棵，侧柏 3 棵，银杏 5 棵，枣树 1 棵。

2004 年 4 月协助了北京市园林局对我校的古树进行了 GPS 定位。此后，再次对古树拍照，更新了档案照片。

2004 年 7 月为了加强对古树的日常管理养护和对衰弱古树进行复壮，园林科对校园内的古树进行了生长势观察记录。参考《北京市园林局古树名木养护技术规范》和《北京市古树名木保护管理暂行办法》，针对不同古树的生长势确定了相应的养护措施，并制订了校内古树在下一阶段的养护计划。

2005 年在做好古树建档工作基础之上，继续加强了对古树的日常管理养护和对衰弱古树进行复壮，根据制订的校内古树养护计划，针对不同古树的生长势采取了相应的养护措施，例如做支撑，做护栏，补树洞，病虫害防治等。

2007 年根据北京市要求对全校古树、大树进行全面普查，为以后古树保护工作做好基础工作。这次普查工作使校园古树从原来的 121 棵增至 240 棵。其中一级古树 16 棵，二级古树 224 棵。

五、节能减排工作

学校高度重视资源节约和环境保护工作。在 1998 年学校提出的创建“绿色大学”示范工程工作中，要求“建设‘绿色校园’，将环境保护和可持续发展思想贯穿到生态校园的建设中，使‘绿色校园’起到教育和示范的双重作用”，将节能减排工作纳入学校建设的方方面面。

1998 年以来，学校积极建立健全节能减排管理体系和规章制度，依托本校科研优势和教育功能开展节能设施设备投建、节能改造、理念宣传和技术培训，逐渐形成了以节能效果为目标、以绿色人才培养为导向，教学、科研和节能示范紧密结合的节能工作体系，以能源消耗的较低增长，支撑了学校的快速发展。

1. 组织机构建设

2009 年学校成立以专职副校长为组长，各职能部门领导组成的节能减排领导小组，统一指导全校各单位节能减排工作。领导小组下设节能减排办公室，与绿色大学办公室合署办公，具体负责全校节能减排工作。各单位确定一名领导主管本单位的节能减排管理工作，指定 1～2 名具有节能减排专业知识的人员兼职开展节能减排管理工作。逐渐形成了学校节能减排三级管理制度。

2. 管理制度建设

学校积极推进节能减排管理体系建设，以制度规范用能，以管理激励促进创新。各用能单位也根据自身用能特点，结合国家、学校节能减排整体要求，制定了各自的节能管理制度。

2009 年，学校通过《清华大学节能减排管理办法》。

2000 年，学校开展水电收费制度改革，水电费向各单位单独收取。修缮中心细化了计量工作，为各单位安装了单独的水表和电表，对部分地区和用户安装了预付费式 IC 卡表；制定并逐步完善《供电系统管理办法》《供水系统管理办法》《自备井供水管理制度》等管理制度。随着管理制度的完善和计量率的逐渐提高，各单位日益重视本单位的节水、节电工作，有效促进了节能工作进展。

从 2005 年起，物业管理中心和财务处共同制定了节约水电的奖励办法，中心和职工都可以从节约的金额中获得一定的经济奖励。

从 2010 年起建立综合测评指标体系，通过环比和同比分析明确接待中心节能降耗的关注点、改进点以及预防措施等，在此基础上制定了 39 条接待工作节能细则。

饮食中心把节能制度建设融入日常作业规范中、体现在发展规划上，从作业习惯、软硬件建设、油烟治理、集中加工等方面提出了详细的要求。

3. 节能设施、设备投建

2003 年，安装预付费式 IC 卡水表，提升了用水计量率，水流失率大幅下降。

2004 年，改造了高压锅炉房发电炉和南区锅炉房热水锅炉炉排，改造后的炉排燃烧效果更好，提高了燃烧效率；同年，将锅炉房和部分换热站原有的水泵更换为节能水泵。

2005 年，在没有喷灌系统的冷季型草地上，基本都安装了微喷系统，至 2008 年在 5 万多平方米的绿地上安装了微喷系统，实现了喷灌节水的目标。

2006 年，采用新型智能路灯控制器，根据每日太阳升起和落下的时间控制全校路灯开、关时间。

2007 年起，结合配电室改造，将校内使用的老旧变压器更换为节能型变压器。对全校的 2 000 多盏庭院灯，全部把 100 瓦的水银灯更换为 45 瓦或 60 瓦节能灯，节电效果明显。

2007 年，1 号楼雨水收集池建成，年可回收雨水 1 万吨。

2007 年 4 月，修缮中心正式接管紫荆公寓中水处理站并对其进行工艺改造，于 2008 年投入运行。

2007 年—2008 年物业管理中心完成教室楼节能灯更换工程。

2008 年，水管科做了大量的绿地喷灌管道和绿化水泵安装工作，使中水绿化喷灌系统初具规模。

2008 年，在跳水馆东侧绿地种植了 3.6 万平方米的耐旱植物苜蓿，大力推广节水型植物。

2009 年，对学校全部燃煤锅炉的脱硫除尘系统进行了改造。

2009 年，清华大学第一口地热井开凿成功，并于 2010 年 3 月建成地热水处理系统，首先开通地热水洗浴。2011 年还开凿成功第二口地热井，实现地热资源的梯级、综合利用。

2009 年，校园内的人行道、停车场、广场铺装基本都采用了透水性铺面，使得雨水能还原于地下，并提高了土壤的透水透气性，调节生态平衡。

2010 年，建成地埋式、日处理能力 1 500 吨的第二座污水处理中水回用站，处理后的中水和收集的雨水用于绿化喷灌和学生宿舍冲厕，学校 80%的绿化采用中水灌溉。6 月，学校公共浴室均使用地热水进行洗浴，原有的天然气锅炉也随之停止使用，节约了大量的水、电、气等不可再生的能源。

2010 年，组织订购、发放高效节能灯管 10 万余只。

4. 节能宣传与培训

学校立足实际、依托高等院校教育功能和科研优势，广泛开展节能理念宣传和技术培训，不断深化环境保护和可持续发展理念，将节能工作渗透到大学建设的各个方面。

（1）以“绿色教育”“绿色科研”建设为依托，强化节约型校园理念宣传

1998 年至 2010 年，建设了以 69 门能源节约、环境保护类专业课程，126 门环境管理、绿色技术、环境人文类课程以及 32 门绿色文化素质类课程为主干的第一课堂绿色课程体系；十多年来承担绿色科研项目 1 000 余项，成为师生实践节能减排理念和技术的生动课堂，成为了节约理念

宣传、技术普及的主要阵地。

（2）高度重视重要能源岗位的节能减排政策、技术培训，培养节约型校园建设技术骨干

学校节能减排办公室、修缮校园管理中心等单位先后多次组织开展节能减排政策与技术培训，邀请校内外专家学者向广大师生员工分析国家能源形势和战略，介绍节能节水技术知识。

按照国家相关规定，积极组织参加“2010年重点用能单位节能管理负责人培训班”、“能源管理师培训班”等培训工作。截至2010年共有3人获高级能源管理师资格。

（3）以全体师生员工为对象，广泛开展节约型校园建设宣传活动、节能减排政策、技术培训与推广活动

1998年至2010年，学校各单位举办以前沿性、创新性环境教育及绿色科技为主题的论坛300余次；2006年与联合国教科文组织联合成功举办了“面向可持续发展的工程教育国际研讨会”；2010年举办“2010绿色大学建设国际研讨会”；节能减排办公室、校团委、修缮校园管理中心相关单位，开展了“集中住宿”“节能减袋，从我做起”“节水跨越，从我做起”等内容丰富，形式多样的节能减排宣传活动。

清华园街道制订了专门的年度资源节约工作计划，通过开展“节约家庭”评比等活动在居民中推进节约举措。不仅如此，节约行动还走进了清华幼儿园，节约教育从娃娃抓起，通过喜闻乐见的形式，使孩子们从小就养成节约环保的意识和习惯。

（4）以学生自主绿色活动为载体，促进师生员工节能减排自我教育

清华大学学生绿色协会作为学校节约型校园宣传的一支代表性的学生队伍，从1996年起，陆续开展了一系列节能减排宣传活动。1996年开展中小学“双语新能源课程”；1998年“伊妹传情，减卡救树”；2003年起坚持开展废纸换再生纸活动；2009年开展“通往哥本哈根模拟气候谈判”、“首届国际青年能源与气候变化峰会”；2010年开展“生态导览”自然类教育。这些自主绿色活动以贴近师生的形式促进了广大师生员工的节能减排自我教育，起到了良好的教育宣传作用。

六、主要道路命名

从2008年3月开始，为迎接百年校庆，由绿办牵头，修缮中心、校工会、百年校庆办参与，重新启动校园道路命名工作。通过分析道路通行状况，汇集专家意见，初步确定为28条主要道路征集路名。通过校园网开展了路名征集活动，半年内共征集到2 135个道路名称。经过梳理、汇总和分类，组织专家进行了6次大规模讨论，到2010年初，命名道路精简到15条干道。3月26日第7次讨论会建议减少到10条，并提出了以地理名称和古训理念为原则，为校内10条主要道路命名的方案。以地理名称命名，如清华路、学堂路、光华路、熙春路、近春路、紫荆路。以古训理念命名，如日新路、新民路、明德路、至善路。

2010年4月2日召开的清华大学党委第15次常委（扩大）会讨论通过了校内10条主要道路的命名方案。2010年4月25日在99周年校庆日百年校庆年启动仪式暨新闻发布会举行，发布了校园道路命名公告，随后有关部门设置路牌、路标，10条主要道路命名工作圆满结束。

10条主要道路的命名方案见表14-6-4，校园道路命名示意图见图14-6-1。

表 14-6-4　10 条主要道路的命名方案

序号	名称	位　　置	含　　义
1	清华路	西门往东到东主楼东侧拐弯处	该路是清华大学的东西主干道，从西门开始，沿途从西院区、荷塘区、二校门区延伸到主楼区，把清华的校园发展史串联起来，也是周围以“清华”命名道路的发源地
2	学堂路	南门往北一直到 31 号楼西北角	该路是清华大学的南北主干道，由于该路东侧建有新清华学堂，并且穿过 3、4、5、6 号教学楼，一直到紫荆公寓，和广大学子的学习活动息息相关，故取名学堂路
3	日新路	南 7 楼东丁字路口往东过 9003 大楼到同方大楼北侧马路拐弯处	摘自《盘铭》：“苟日新，日日新，又日新。”该路两侧集中了许多文科、理科和工科的系馆，不仅在风貌上反映了“日新”的特点，还因为这里不断产生新思想、新技术，对应于校箴“人文日新”，所以取名“日新路”，喻示清华在科技创新之路上日新月异
4	光华路	接日新路往北穿美院大楼到清华路交会处	“旦复旦夕，日月光华”，这里是清华园里最早迎来日出的地方。4 号路主要经过美术学院，而美术学院的老校区就在东三环的光华路。命名此条道路为光华路，蕴含着美术学院继承老工艺美院优秀艺术传统和清华大学优良学术传统的深刻含义，同时还可以勾起美术学院新老校友对光华路校区的许多美好回忆
5	明德路	东主楼东侧往北一直到紫荆路交会处	明德即光明之德。我校一直非常重视学生的德育工作，以“德才兼备”作为培养学生的目标。该路为学生南北通行的主要道路，以“明德”为名，寄希望广大学子在孜孜向上的同时，要注意品德的修养，树立正确的人生观、价值观和道德观，努力做到德才兼备
6	新民路	西主楼西侧往北一直到紫荆路交会处	源自《礼记·大学》“大学之道，在明明德，在亲民，在止于至善”。意思是：大学教人的道理，在于彰显人人自身所具有的光明之德（明明德），再推己及人，使人人都能去除缺点而自新（亲民，新民也），而且精益求精，做到最完善的地步并且保持不变。该路和明德路是清华学生上下课通行比较多的两条路之一，新民喻示着学子们每天都要反省自己、克服不足、温故知新、追求进步，将来为国家、为社会、为民族作出新的贡献
7	至善路	近春路北侧往东过听涛园食堂一直到新民路交会处	“至善”同源于《礼记·大学》“大学之道，在明明德，在亲民，在止于至善”，意为臻于完美。该路命名“至善”，一方面要求清华师生员工在学习、科研和工作中脚踏实地、精益求精、力求完美；另一方面也喻示着追求真理永无止境，要做到积极探索、永不止步，将来为国家和社会的发展作出重大的贡献
8	熙春路	清华附小西门外往北过停车场、古月堂、蒙民伟楼、西大操场一直到 15 宿舍	清华园（工字厅）的前身为熙春园，该路位于清华园西侧，故取名为熙春路
9	近春路	寓园餐厅门口往北过荷塘、校医院一直到西北门	该路位于近春园（今荒岛所在地）西侧，故取名为近春路
10	紫荆路	紫荆门往西一直到万泉河河边	该路是位于紫荆学生公寓南侧的一条东西主干道，故取名为紫荆路

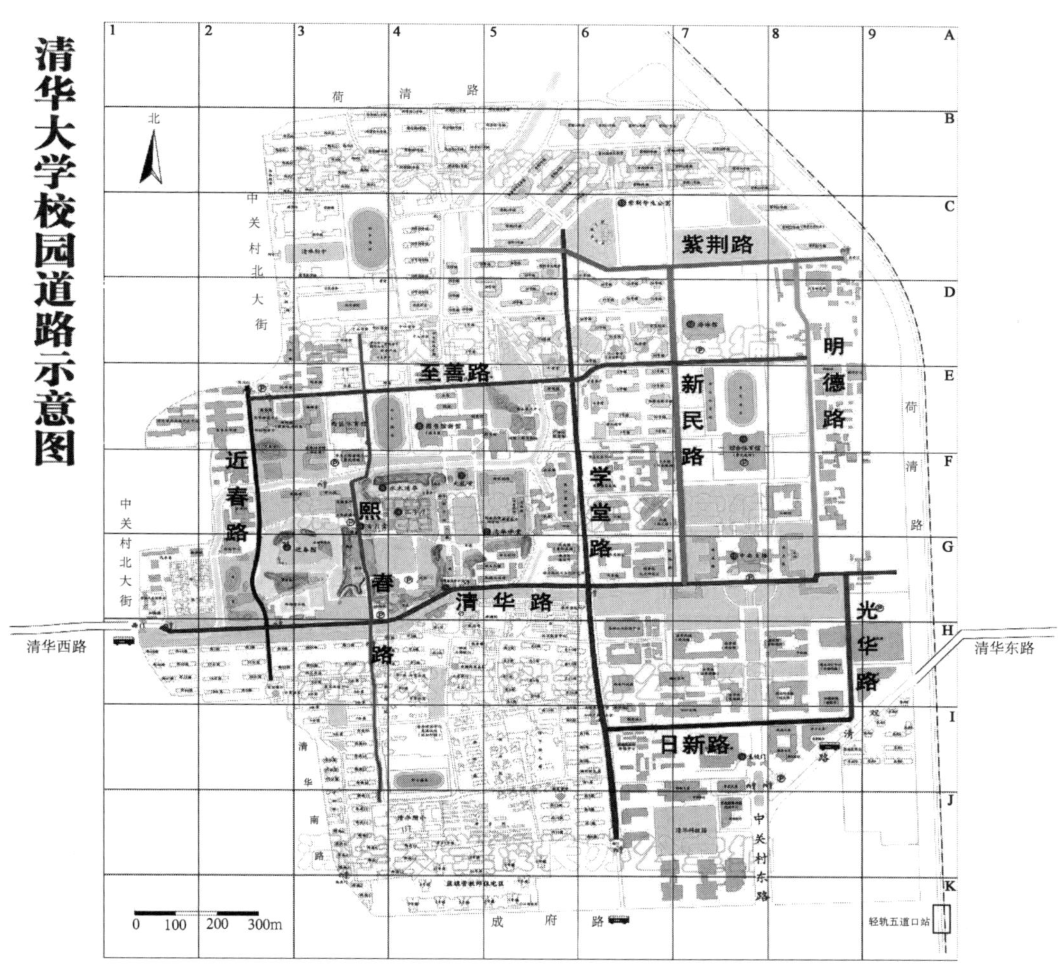

图 14-6-1　校园道路命名图

第七节　校园内的文化设施

一、纪念像

1. 施滉（1900—1934）纪念像

1949 年 4 月底，清华大学解放后的第一个校庆日，1924 级在京的老校友们为了纪念老同学施滉烈士，在图书馆门厅的墙壁上建立了一个纪念碑，上面镶有烈士的铜像；像下刻着如下话语：

他是清华最有光荣的儿子，

他是清华最早的共产党员，
他为解放事业贡献了生命，
施滉的革命精神永垂不朽！

1986年4月庆祝建校75周年时，清华大学又在东区第三教学楼西墙北侧，建立了一尊施滉烈士纪念像。此像为一半身铸铜浮雕，高1.3米，镶嵌在一面白色大理石上，作者中央美术学院教授刘小岑。

2. 吴晗（1909—1969）纪念像

1986年4月建校75周年校庆日之际，应16位校友联名倡议，清华大学于近春园遗址——“荒岛”西北侧山脚下建立吴晗纪念像。此像系一尊花岗岩半身雕像，高2.8米，像下石碑座上刻有吴晗简介，作者中央美术学院教授张得蒂。

3. 马约翰（1882—1966）纪念像

1986年4月建校75周年校庆日之际，清华大学于西区体育馆南侧建立马约翰纪念像。此像系一尊微红花岗岩坐像，高2.8米，作者中央美术学院教授郭嘉端（底座款识田书林书写）。

4. 朱自清（1898—1948）纪念像

1987年4月建校76周年校庆日之际，清华大学于“水木清华”荷池东岸树立朱自清纪念像。此像系一尊汉白玉坐像，高1.8米，作者中央美术学院教授王克庆。2001年重修水木清华景区时雕像移至荷池北岸。

5. 闻一多（1899—1946）纪念像

1986年4月，在诗人、学者、民主斗士闻一多教授牺牲40周年之际，清华大学于大礼堂西侧建立闻一多纪念像。此像系一尊红色花岗岩石雕坐像，高2.8米；背后是一面黑色大理石壁，上刻烈士的名言“诗人主要的天赋是爱，爱他的祖国，爱他的人民”。作者中央美术学院教授钱绍武并书辞（底座款识田书林书写）。

6. 华罗庚（1910—1985）铜像

1987年4月，应用数学系师生为纪念华罗庚院士对我国数学的杰出贡献而立，清华大学广州/香港校友会朱森林等158人捐赠华罗庚铜像，作者潘绍棠，广州南方艺术公司铸造，刘达题铭牌“华罗庚教授之像”。安放在应用数学系资料室内。

7. 钟士模（1911—1971）仿铜石膏像

1988年4月，计算机科学与技术系（原自动控制系）30周年系庆，为纪念首任系主任钟士模教授而立（作者佚名）。安放在计算机科学与技术系馆门厅。

8. 梅贻琦（1889—1962）铜像

1992年4月，清华大学为纪念梅贻琦校长在清华大学发展史上的业绩而立，安放在清华大学校史展览馆内。作者中央美术学院教授王克庆。

9. 蒋南翔（1913—1988）铜像

1993年9月，清华大学为纪念蒋南翔校长对我国教育事业的杰出贡献，于其诞辰80周年而立，作者中央美术学院教授王克庆。安放在清华大学校史展览馆内。

10. 叶企孙（1898—1977）铜像

1995年4月，清华大学物理系为首任系主任、理学院院长叶企孙先生而建，作者中国军事博物馆雕塑研究室程允贤。安放在理科楼物理楼门厅内。

11. 刘仙洲（1890—1975）铜像

1997年4月，清华大学为资深第一副校长、著名工程教育家刘仙洲塑像，作者清华建筑学院宋泊。安放在精仪系馆三楼。

12. 梁思成（1901—1972）铜像

（1）1995年4月，清华建筑系1965届全体校友为缅怀清华建筑系创始人、系主任梁思成而建，作者中央美院司徒兆光。安放在建筑馆大厅内。

（2）2010年10月，清华大学建筑学院收藏一尊新的梁思成胸像，原为中华社会文化发展基金会应日中友好协会所请，为日本奈良县制作的“古都恩人”梁思成铜像，作者建筑学院王青春。安放在建筑学院营造学社博物馆内。

13. 陶葆楷（1906—1992）铜像

1995年4月，清华大学给排水专业1964届校友捐资为前土木工程系主任、代理工学院院长陶葆楷立像，作者上海油画雕塑院唐世储。安放在新环境系馆大厅内。

14. 曹本熹（1915—1983）铜像

1996年4月化工系系庆50周年之际，化学工程系1950—1953届校友集资为化工系首任系主任曹本熹立像，作者中国画院陈淑光。安放在工物馆三楼。

15. 高崇熙（1901—1952）铜像

2008年4月，化学系校友（全体受业学生教工85人）为纪念化学教育家高崇熙捐建，清华美术学院魏二强设计。安放在何添楼一楼门厅内。

16. 张子高（1886—1976）铜像

1994年4月，化学系1964—1965届校友捐资为清华化学教育奠基人张子高敬立，中央工艺美术学院陈淑光设计。安放在化学馆门厅内。

17. 张维（1913—2001）铜浮雕像

2003年，航空航天学院为纪念张维先生诞辰90周年建立铜浮雕壁像，作者清华美术学院曾成刚。安放在学院馆门内。

18. 顾毓琇（1902—2002）铜像

2002 年 12 月，清华大学电机系、无线电研究所和航空研究所创始人顾毓琇雕像安放于电机系馆内，作者中国艺术研究院吴为山。

19. 孟昭英（1906—1995）铜像

1996 年 4 月，在顾毓琇先生倡议下，孟先生的学生和生前好友捐资为无线电教育家孟昭英立像，作者清华建筑学院宋泊。原安放于东主楼 10 区，现移至新馆罗姆楼。

20. 陈岱孙（1900—1997）铜像

2000 年 4 月，由海内外广大校友捐资建立铜像。安放在经管学院楼。作者中央美术学院教授张得蒂、张润垲夫妇。

二、纪念亭

1. 闻亭

1946 年，辛酉级（1921 级）校友毕业 25 周年，为纪念闻一多先生，在大礼堂西侧，水木清华东侧土山上赠建古式六角纪念亭，亭内有级友潘光旦题写的“闻亭”匾额，还有明代古钟一口。山脚下立一自然石，刻有闻亭简介，刘宏增书写。

闻亭原址曾有一座钟亭，是早期学校为全校师生作息报时而设，亭内有一口径可 4 尺的明代大钟。古亭毁于侵华日军的破坏，大钟连同亭下明代铜炮一起被掠走。现在的闻亭大钟是 1946 年学校从颐和园东伪“土木工程专科学校”（抗战后清华接收该校产）处移入亭内，也是明代文物。“文革”初“破四旧”，大钟被拆弃于新林院旱沟乱石堆，后被掩埋。1977 年恢复校园文物时，大钟得以返回闻亭就位。

2. 自清亭

原为清华园内之古亭，位于今科学馆一带，1917 年迁至“水木清华”荷池东岸，名迤东亭。1978 年 4 月，清华大学为纪念朱自清先生逝世 30 周年，改名“自清亭”，内有金德年书写“自清亭”匾额。亭边立一自然石，刻自清亭简介，刘宏增书写。

3. 荷塘月色亭

为纪念朱自清先生的“荷塘月色”一文发祥地——近春园荒岛荷池，1984 年 4 月，学校在荒岛东侧仿建一古式六角亭，亭内木匾“荷塘月色”为朱先生之手迹集字，金德年配匾，郑宗和承建（图纸仿自北京植物园一仿古亭，设计者建八校友谢玉明）。

早在 1948 年 8 月朱自清先生逝世后，中文系师生集资在近春园以东池畔（现在强斋西北土山上）修建一座草亭，有冯友兰题匾“荷塘月色”，1951 年因校园建设而拆除。

4. 晗亭

位于近春园遗址“荒岛”西南。1984 年 4 月，学校按清宫法式修建遗址上唯一的纪念性同名建筑“临漪榭”，为三间前后廊单檐歇山水榭，其附属建筑四角方亭以曲廊与临漪榭相通，总建筑面积 250 平方米。设计者建筑设计院徐伯安，顾问楼庆西。

1983 年前后有校友联名倡议为吴晗同志建纪念亭，获校党委批准。1984 年 8 月，吴晗的胞妹吴浦月写信请邓小平同志题字，8 月 31 日邓小平题写“晗亭”，临漪榭方亭因邓小平同志题词而获学校命名，10 月 26 日举行匾额揭幕典礼。

三、纪念碑

1.“三一八”断碑

1926 年 3 月，“本校学生会同人”为纪念在“三一八”惨案中牺牲的韦杰三烈士而建。此碑在“水木清华”北山之阴、校河之滨，白色大理石断柱系由 1860 年被英法联军焚毁的圆明园废墟移来。1957 年 3 月，此纪念碑曾被移至学校图书馆前，1985 年复移回原处。

2. 海宁王静安（王国维）先生纪念碑

纪念碑立在第一教学楼北侧山麓林下。1929 年 6 月，为纪念国学大师王国维辞世 2 周年，清华大学国学研究院师生集资而建。青玉石碑高 2.53 米、宽 0.93 米、厚 0.31 米，底座高 0.65 米，由梁思成设计，陈寅恪撰文，林志钧书丹，马衡篆额，揭幕典礼上罗家伦致辞。此碑“文革”初期被推倒，碑体后被移做实验平台而幸存，1980 年在原址修复，现底座为后配汉白玉须弥式碑座。

3. 国立西南联合大学纪念碑

1988 年 4 月，清华大学校友总会为纪念西南联合大学建校 50 周年，在甲所东南立一长方形纪念碑，高 1.2 米，宽 2 米，材质系红色花岗岩。北面是叙事铭文，碑名为篆体，仿自原云南西南联大纪念碑闻一多篆额，南面碑刻“西山苍苍，南国荡荡，联合隽彦，大学泱泱”为李传信拟诗，金德年书写。

清华大学为纪念西南联合大学建立 70 周年，于 2007 年 10 月在清华大学新航空馆以北校河边修建一座四面碑亭，纯黑花岗岩制成的四面碑是由一块面向西南的主碑和两块侧碑贴合而成（横截面如 H 形），嵌于白色岗亭之内。主碑复制于昆明的原“国立西南联合大学纪念碑”，碑体加半圆形碑额通高 2.9 米，阳面碑文采用原文学院院长冯友兰撰文、原中国文学系教授闻一多篆额、原中国文学系主任罗庸书丹，阴面刻有抗战期间 834 名从军学生的名单。两面侧碑分别刻有清华大学纪念碑志（徐葆耕撰文）和国立西南联大的校训。清华美术学院设计。

4. 清华英烈纪念碑

清华大学于 1989 年 9 月新中国成立 40 周年前夕，为纪念在抗日战争和解放战争期间为革命牺牲的 23 位校友而建。在“三一八”断碑之西依山而立一块自然石凿刻的纪念碑，碑石高 2.5 米，正面镶着“祖国儿女清华英烈”8 个铜铸大字（原碑背面镌刻着 23 位英烈的姓名和出生、进校、牺牲的时间与地点）。金德年书写。

随着后续确认的烈士增加，2001 年 4 月学校重塑石碑并修筑基础平台，平台垂直面镶嵌的黑色大理石横碑（0.7米×4.6米）上，自右至左竖刻34位英烈名录。

5. 纪毓秀烈士骨灰安放处纪念碑

纪毓秀（1917年—1939年），女，江苏宿迁人，1935级校友，中共党员，杰出的抗日救国运动女战士，被誉为山西三大妇女领袖之一，因长期艰苦环境中工作积劳成疾而逝世。1989年10月，纪毓秀逝世50周年之际，学校将其骨灰迁至水木清华北山安放。

6. 近春园遗址碑

近春园遗址碑位于近春园遗址公园北入口。1984年4月学校将原荒岛改建完毕后树碑纪念。碑体和底座选自京郊原清代贵族墓地石碑，体量高大雕工精致，两面分别刻“近春园遗址”及“近春园沿革”。为金德年书写（“沿革”撰稿人黄延复、郑宗和）。2008年“沿革”局部文字修改一次。

四、校友纪念物

1. 1919届喷水塔

原位于西体育馆南侧小广场，1919届是全校第一个向母校献礼的年级，毕业纪念物是一座带有六角形水池的小型喷水塔，可从中心直立水泥柱顶喷水，塔座四面刻有“养源”“己未级立”“ISERVE”“CLASS 1919”。“文革”初期被推倒拆散，1978年重修。2010年底移到综合体育馆南景区。

2. 1920届日晷

在大礼堂前草坪南端，安放1920届校友毕业纪念物古典计时器——日晷（日规），整体由晷盘、晷体和底座三部分叠加而成，为汉白玉雕刻。晷盘南高北低斜嵌在晷体之上，晷体四面刻：庚申级立、行胜于言（书法邹宗善，本级同学邹宗彦之兄，周恩来总理南开大学同班生），英文CLASS 1920和拉丁语成语“FACTA NON VERBA”（华凤翔设计）。

当年，日晷刻度盘请数学教员海晏士（Heinz）根据史料设计赤道式日晷，即一个有双面刻度的圆盘和垂直贯穿盘中心的金属指针构成。该盘必须倾斜放置与地球赤道切面平行，呈南高北低状。原设计为银胎珐琅双面刻度盘，由北京老字号景泰蓝厂“老天利”制作，十分精致。日晷第一次受损于侵华日军破坏，原珐琅盘被掠走。学校复员后予以修复，换成石盘。在“文革”初第二次被砸毁，仅剩大体完整的晷体被弃于西院东乱石堆，后被掩埋。1977年春挖掘出土后用环氧树脂固化剂加石粉填补残缺（现晷体边角泛黄处），请建筑系按梁思成绘制的白描图设计，重配晷盘（现为象征性单面盘）、底座安装就位（郑宗和主修）。

3. 1922届喷水塔

在新图书馆庭院水池内，直立一座铜质喷水塔，是1922届校友毕业纪念物，圆托盘下原有铸字CLASS 1922。最初喷水塔置于老馆前圆形水池中，日军占领时拆毁，铜铸部件长期散落在校园内。1958年房八毕业生曾将铜铸体移至二号楼水池作为该级纪念物。1980年学校将水塔移入老馆二期正门方池，重贴标识。1991 年图书馆三期竣工，喷水塔移到现址。并在塔基下部刻有“一九二二级立一九九一年夏重修”。

4. 清芬挺秀石

在工字厅南部风景区东山脚下，1981 年，在建校 70 周年之际全体返校校友赠建母校纪念石，石上刻有：“清芬挺秀，华夏增辉”。由湖北校友张昕若书写。

5. 1933 届喷水池

1983 年 4 月，1933 届校友为纪念毕业 50 周年捐建大型喷水池，位于生物馆正南。由十多位旅居美国的校友代表全年级捐资 3 万美元，建成寓意三个三的“三叠泉”喷水池，水流从高到低历经三个出水口、三层滚水和三眼喷泉，建筑系高冀生设计。2008 年大修，改为现在的二阶水帘式喷水池，体量降低 0.5 米。

6. 1926、1936 届纪念亭台

在近春园遗址以西、路东湖畔，1926、1936 届校友在校庆 75 周年之际，赠建母校纪念亭和大型水台。

7. 1937 届观荷台

近春园遗址“荒岛”东南岸边，有一处近 10 平方米的小型水台名观荷台，于 1987 年 4 月建成，为 1937 届校友毕业 50 周年捐建。观荷台上后置一组石桌凳，栏柱上刻有清华校训。水台土坡的竹丛中立有自然石，题刻“观荷台”。田书林书写。

8. 1923 届纪念碑

1993 年 4 月，1923 届校友庆祝清华母校建校 82 周年，立碑于近春园遗址“荒岛”南，“观荷台”坡上西侧。碑刻：“八十二载培育英才，二十一世纪富强中华”。金德年书写。

9. 1970 届零零阁

2000 年，1970 届（1965 年入学，学制 5 年）校友为纪念毕业 30 周年捐资修建二层圆形塔楼，因这届学生班级号均为“00”（1964 年入学，学制 5 年半，同为 1970 年毕业的学生班级号为“0”），故起名“零零阁”。零零阁位于清华大学内近春园旁高坡上，绿瓦红柱，汉白玉围栏，登之可俯瞰校景。

10. 近春园 1974 届—1980 届莲桥

1996 年，1974 届—1980 届校友为母校建校 85 周年捐建白石桥“莲桥”，在近春园环岛东南。“莲桥”方惠坚书写。

11. 近春园“望桥”

1980 年，土木系旅美归国教授施士昇捐赠 12 800 美元助建石板桥（近春园环岛西南），桥头立纪念石刻，“望桥”为施先生所题。

五、古建与楼馆（手书）匾额题刻

1. 工字厅大门咸丰御笔“清华园”

为 1852 年（咸丰二年）赐园名，木匾长 1.8、米宽 0.82 米、厚 0.1 米。“文革”初被拆除遗弃，（连同“水木清华”匾）埋没于废品库十余年，有破损但字迹尚存。1978 年学校开始恢复校园文物（郑宗和主修），该匾交由北京房修二公司古建处修复并吊装到位，属于历史真迹。

2. “古月堂”匾

古月堂独院建于 1769 年，原木匾自日军占领清华园后遗失，现匾为 1978 年仿制，田书林书写。

3. “清华学堂”横额

1911 年 4 月 9 日（清宣统三年三月十一日）宣统批准外务部、学部奏请，将游美肄业馆改名清华学堂。外务部会办大臣、内阁大学士、总理衙门大臣、军机大臣那桐题写的横额及其印章“大学士章”“臣那桐印”镌刻于学堂二层嵌入式阳台白色大理石廊檐上，是保存最完整的百年遗迹。

4. 二校门“清华園”横额

同为那桐题写。现二校门是 1991 年按老照片设计重建，横额字为照片影像放样描摹，“大学士章”、“臣那桐印”是另仿篆印，与清华学堂横额上的印章原迹有别，田书林摹写。

5. 工字厅后厦楹联横匾

清咸丰、同治、光绪三朝礼部侍郎殷兆镛于 1855 年（咸丰五年）奉命为工字殿后厦题联，楹联原作者江苏吴江沈广文（斌）。该楹联毁于“文革”，1978 年按老照片重制。工字厅后厦“水木清华”匾额，传说为康熙御笔，后有疑议待考。“文革”初与咸丰御笔“清华園”匾同命，被废弃在废品库十余年，1978 年修复重现。

6. 大礼堂奠基石和牌匾

1917 年 8 月始修建大礼堂，左南墙角嵌奠基石刻“中华民国六年八月周诒春立”（右南墙角对应有英文石刻，解放后被覆盖）；礼堂内台口上方高悬圆形老校徽（解放后拆除，60 年代换上红五角星）；二层南墙上悬挂横匾“寿與国同”（传于右任题匾，解放后拆下），其上方挂“人文日新”木匾（“文革”初被损毁），有传是孙中山手迹（待考）。1995 年学校批准按清华校刊照片重制并悬挂直径 2 米的圆形老校徽（将原图案中两个小花状国民党党徽去掉）和“人文日新”匾。

7. “SCIENCE　BVILDING”，科学馆英文牌

1917 年至 1919 年墨菲设计，立体镶嵌。“BVILDING”等同 BUILDING（早期英文 V、U 通用）。

8. “土木工程馆”

1922 年修建，馆名早传为蔡元培手迹，向无争议。

9. “图书馆”

1931 年老图书馆中西部扩建完成，原有馆名是按旧体从右至左排列镶于正门门楣，传为赵元任所题（后有质疑）。1946 年学校复原后馆名消失。现馆名约于 1955 年重制，按新体左右排列，作者待考；图书馆三期“逸夫馆”三字 1991 年为胡显章题写；新馆南地碑“清华大学图书馆”字体为毛泽东主席手迹集字。

10. “生物学馆”

1930 年建筑，20 世纪 60 年代修葺重刻馆名。金德年书写。

11. “化学馆”

1933 年建筑，清末民初天津著名书法家华士奎题写。

12. “水利寔验馆”（水利实验馆）

1934 年建成，馆名为近代（民国）水利专家李协（李仪祉）所题。

13. “机械工程馆”

1934 年建馆，国民党元老吴敬恒（吴稚晖）题篆，有完整的款识，未被损毁过；墙基嵌有梅贻琦立奠基石刻“中华民国二十三年四月五日国立清华大学校长梅贻琦立”，“文革”初被凿毁，改革开放后修复。

14. “電機工程馆”

1934 年，题名者不详。“機”采用古楷体，字中右下部的“戈”写成“弋”，成一特色（古代书法大家东晋王羲之、北宋米芾，现代书法家启功皆有此例）。

15. 附中“教学实验楼”

1994 年全国政协前副主席、校友钱伟长题写。

16. “蒙民伟楼”（艺教中心）

1995 年命名，馆名来自王羲之帖集字（蒙民伟先生酷爱王羲之字体）。

17. “清华大学洁华幼儿园”

1996 年将军书法家李铎题写。

18. “建筑馆”“梁钵琚楼”

1995 年书法家启功先生题写。

19．“土工离心模型试验室”

泥沙实验室西南门门牌，黄文熙院士题写。

20．“经济管理学院”

1997 年朱镕基总理题写院名“经济管理学院”；“伟伦楼”三字为金德年书写。

21．法学院“明理楼”

1999 年前国家副主席荣毅仁先生题名。

六、名家题刻

1．张仃

“荷清苑”，清华荷清苑小区题名碑，2002 年立于南门。
“泰湖石”，2009 年为无锡市赠清华巨型太湖石题识，刻于近前的小山石上。位于新斋北广场。

2．吴冠中

“生之欲”颂辞：“似舞蹈，狂草；是蛋白基因的真实构造。科学入微观世界揭示生命之始，艺术被激励，创造春之华丽。美孕育于生之欲，生命无涯，美无涯。”刻于美术学院北门卧石，2001 年 4 月立。

“绿园”为清华西区植物园题名，刻于北端入口的自然石上，2001 年立。

3．杨振宁

“求达到世界水准”，署名“1933 年成志小学毕业校友杨振宁”，作为书形雕塑题词，“求达到世界水准”太湖石刻，位于清华附中校园内。

4．李政道

为清华博士后题词：“清水滋润学府，华木擎起辉煌，博采科学精华，士当为国争先，后辈定能居上。”2002 年 4 月博士生管理办公室，立刻石于档案馆东景区。

“物之道”颂辞：“道生物，物生道，道为物之行，物为道之成，天地之艺物之道。”2002 年 4 月刻于美术学院北卧石上。该卧石为校友李英杰向清华 50 周年校庆献礼。

“清水栽茂林 华才结硕果”贺清华附中建校 85 周年题词，刻于附中校园书形雕塑上。

5．钱宁

译文手稿石刻。位于泥沙实验室西、地质之角园区北。

“每天我都无数次地提醒我自己，我的内心的和外在的生活，都是建立在其他活着的和死去的人的劳动的基础上的。我必须竭尽全力，像我曾经得到的和正在得到的那样，作出同样的贡献。钱宁”。原文出自德裔美国著名科学家、现代物理学开创者和奠基人爱因斯坦（Albert Einstein）给儿子汉斯·爱因斯坦（H. A. Einstein）的赠言（汉斯·爱因斯坦教授是钱宁在伯克利加州大学的导师，在钱宁回国时，他将父亲赠言送给了钱宁）。英文原稿刻在旁边石柱面上。

6. 张光斗

“地质之角”为校园实践教学基地——“地质之角”题名。刻于泥沙实验室西门前、巨石景观园入口的卧石上。

七、校友捐建的其他系列碑碣及纪念物

（1）清华大学 70 年校庆全体校友立石纪念，上书“清芬挺秀 华夏增辉”，位于工字厅东南。

（2）1923 级校友贺母校 82 周年校庆纪念碑，位于近春园岛南。

（3）1927 级校友毕业 60 周年纪念卧碑，由在京同学赫英举、张报（莫国史）、王华彬、苏开明、熊大纯立，位于大礼堂西北、闻亭山脚下挡土墙边。

（4）1929 级系列：

1929 级校友毕业植树留念，位于新图书馆南河路边。所植树为圆柏，是全校第一棵赠树；

1929 级校友毕业 50 周年返校留念碑，位于老图书馆前草坪；

1929 级校友毕业 60 周年纪念地碑，位于工字厅西南、河西。

（5）1932 级系列：

1932 级校友毕业 50 周年返校留念石，位于工字厅南林地中心白皮松下；

1932 年大学第四级校友毕业 60 周年植树纪念石，位于绿园南林地。

（6）1933 届系列：

1933 届校友捐建大型喷水池，位于生物馆南；

1933 级校友毕业 60 周年立碑，位于绿园南面；

1933 年大学第五级校友毕业 50 周年植树纪念石，位于工字厅南草坪中部；

1933 级校友毕业 60 周年赠石桌凳，位于近春园岛南。

（7）1934 届系列：

1934 届校友毕业 50 周年返校植树纪念石，位于工字厅西南、河西；

1934 级校友毕业 60 周年捐赠“人文日新”石，金德年书写。位于近春园南。

（8）1935 届校友毕业 50 周年校庆植树纪念，位于工字厅南、河西。

（9）1937 级校友毕业 50 周年捐赠观荷台，位于近春园环岛东南。

（10）西南联大系列：

西南联大 1945 级校友毕业 50 周年植银杏树纪念地碑，位于近春园宾馆东门前（左）银杏树下；

西南联大 1946 级校友毕业 50 周年植银杏树纪念地碑，位于近春园宾馆东门前（右）银杏树下；

西南联大校友返校留念地碑，位于闻亭东北角；

西南联大工学院 1946 级校友毕业 40 周年赠石桌凳，位于近春园岛南。

（11）台湾清华及西南联大校友代表团于校庆 80 周年赠石，位于档案馆东。

（12）1948 级系列：

1948 级校友修大礼堂栏杆、草坪纪念篆刻地碑，位于大礼堂南草坡；

1948 级校友毕业 40 周年赠建两处银杏树池，毕业 60 周年重修，位于工字厅南草坪。

（13）1948—1952 级、1949—1952 级经济学系校友赠玉石桌凳，地嵌“它山之石”碑，位于

经管学院院内。

（14）1949 级系列：

1949 级校友毕业 40 周年赠卧石，书刻“清华长青”，金德年篆书。位于大十字路口西南；

1949 级校友毕业 60 周年立金属牌，位于气象台下东北。

（15）电机系 1953 级系列：

电机系 1953 级校友毕业 30 周年立自然石，位于甲所东南坡；

电机系 1953 级校友毕业 40 周年立大理石牌，上书“育我成材 永志不忘”，挂于老电机馆东门墙上。

（16）1954 届校友毕业 50 周年赠清华大学校训石，位于清华学堂南、水利实验馆前，校训词汪国瑜书写，校训来源说明词彭福荫书写。

（17）1954 届房专班校友毕业 40 周年纪念石，上书“情留学府 创业华夏”，位于绿园北。

（18）1958 届校友赠老图书馆金字校训壁碑，陈振华题写，关肇邺设计，位于老图书馆二楼门厅。

（19）建筑系 1958 级校友赠小型太湖石，立于建筑馆西南墙角。

（20）土木工程系 1958 届房八、结八专业校友 1988 年校庆植松树纪念石，上书“根深叶茂”，位于中央主楼西北，西过街楼路东。

（21）电机系 1959 届校友赠槲树纪念石，“槲树寄深情”沈振基书写，位于停车场西草地。

（22）1959 届土木系校友朱敏言、张秀华赠古雕花坛，置牌“母校留念”，位于新斋北广场。

（23）建三（1957—1963）校友毕业 30 周年纪念石，刻“清华育我”，位于绿园南树林。

（24）1964 级校友捐建“清华世纪鼎”，位于清华学堂南、水利实验馆西小广场。2000 年建成。基座四周环砌 11 块扇形花岗岩石板，每板上立一 40 厘米高柱状汉白玉石墩，刻有当年 11 个系和 54 个班号。世纪鼎设计（建 0）纪怀禄，鼎铭为建筑学院汪国瑜教授手篆。南京晨光集团艺术制像分公司制造。

（25）1965 届校友毕业 40 周年捐赠松树 5 棵，立纪念地碑刻“常青松”，位于主楼广场南松树岛北。

（26）水利系 1965 届校友为毕业 30 周年返校植树纪念，建一黑色大理石地碑（45×60 平方厘米），刻有胡锦涛等校友签名，位于近春园宾馆前松树下。

（27）水利系 1965 届校友于水利系建系 50 年捐赠人字雕，位于新水利系馆南。

（28）1966 届校友毕业 40 周年捐建“山海情”微景，位于建筑馆东翼。

（29）1967 届校友毕业 30 周年捐赠法桐林，石刻“绿满校园 书香飘逸”，位于建筑馆北景区。

（30）土木系 1967 届校友毕业 30 周年赠海底火成岩“禹域瑶华”，立于六教北、土木工程系馆南。

（31）1974 届校友届毕业 30 周年赠拟牛石“孺子牛”，位于经管学院南、公管学院东，2010 年置换带牛头石刻。

（32）1975 届校友赠水杉林，位于西校门绿化带、三峡石东。

（33）1975 级全体校友捐种美人松林，位于紫荆雕塑园西北角。机械系金属材料专业校友毕业 20 周年捐赠木绣球、银杏树，位于停车场西。

（34）1977 级系列：

1982 年，1977 级 1 017 名同学毕业留念大理石刻，镶嵌于中央主楼正前大台阶一台地正中，刻字于垂面；

2002 年“1977 级毕业 20 周年纪念”，刻于中央主楼前二台地第二级石阶立面上。

(35) 2006年，1981级校友毕业20周年，捐建六角木亭，取名“一亭”，胡显章书写，位于文北楼南、河东“地质之角”景区。

(36) 1985级校友毕业20周年赠母校12棵银杏树纪念，树下安放刻有足印地碑，位于综合体育馆南门前广场。

(37) 1986级校友毕业20周年赠母校百株银杏，立纪念牌“十年树木，百年树人”，位于主楼广场南绿化带。

(38) 1987级校友捐青桐林，立纪念牌“青桐林”，位于4号楼东。

(39) 精仪系1987级制71制72校友毕业10周年纪念石，位于公管学院前草坪。

(40) 1988级校友入学20周年（2008年）捐赠LED显示屏，位于新航空馆路口。

(41) 1991级校友建地碑书“母校长青　学子常新”，位于新图书馆西草地。

(42) 广西校友会赠海底火山岩，上书“桂韵”，位于西校门干道路南。

(43) 厦门校友会捐建“旱喷泉”，位于主楼广场南。

(44) 福建校友会赠人脸铜雕“悟”，位于旧水利馆西。

(45) 山东校友会赠石，书“榴园”，位于近春园北植物园。

(46) 深圳校友会捐资重修水木清华景纪念石，上书“景昃鸣禽集 水木湛清华”，位于水木清华景区东入口。

(47) 德国校友会及杜塞尔多夫中国中心赠巨型国际象棋盘，位于4号楼东小广场。

(48) 江西校友会于校庆90年之际捐赠金属立方体框架雕塑，名“异质同构”，位于理科楼东南。

(49) 工农速成中学返校纪念石，上书“工农砥砺桃李芬芳 师生同德江海流长”，位于甲所北河西；工农速成中学纪念碑，上书“长河星烁 大野菊芳”，位于甲所东南坡地。

(50) 20世纪70年代校友、国务院三峡建设办、三线建设总公司赠送我校三峡石，位于西校门内绿化带。

(51) 经管学院首届EMBA毕业生捐赠硅化木，上书“行胜于言”，立于经管学院舜德楼院内。

(52) 经管学院95—EMBA市政班贺建院15周年植树纪念，1999年4月刻石，位于经管学院东门南。

(53) 经管学院EMBA02D班校友庆祝建院20周年立马头形石，题刻“天马无羁”，位于经管学院后院。

(54) 经管学院EMBA02C班校友庆祝建院20周年立纪念石，题刻“含弘光大”，位于经管学院东门北。

(55) 经管学院EMBA02E班校友庆祝建院20周年立两根木化石立柱，刻“百年树人”。位于经管学院门前。

(56) 法学院2001级法律硕士毕业捐赠河南独山玉石，刻“厚德载博学 明理行天下”，位于法学院门前。

(57) 法学院在职法律硕士02级捐独角兽“廌”石雕，底座刻“法正理明 厚德载物”，位于法学院门前。

(58) 大连校友会、大连旅顺区政府捐赠樱花园，位于气象台北。

(59) 洛阳校友会捐建牡丹园，位于校医院东。

(60) 附中历届校友纪念石，刻“德才并茂 薪火相传”沈振基书写。位于附中院内。

(61) 附中高802班纪念石，刻“春华秋实 根深叶茂”，位于附中院内。

（62）附中高 80 级毕业纪念石，书刻“饮水思源”，位于附中院内。

（63）深圳大学贺清华 90 年校庆赠树纪念，于工字厅前置纪念牌，命名“清华-深圳大学友谊树”。

（64）金属树干雕塑群，2001 年立于建筑馆南。命名“栋梁”，学校立。

（65）“牡丹园”题名，位于四教、五教楼南花池立壁。方惠坚书写。学校立。

（66）“人间天使”雕像，位于 4 号楼东广场。2003 年 SARS 病毒肆虐中国，广大医务人员舍生忘死履行天职的精神感动整个社会，中国企业家杂志社携 23 位企业家代表捐建雕像。

（67）孔子雕像，位于近春园环岛东南，1996 年香港方润华基金捐赠，铭牌田书林书写。

八、校园景观

清华百年历史造就了独特的校园景观。被列入国家级、市级重点文物的早期建筑，如工字厅、古月堂、清华学堂、大礼堂、同方部、科学馆、图书馆、体育馆等，无不凝结了百年清华所具有的中西合璧、古今贯通的文化积淀，东、西区纷纷拔地而起的现代化楼群、堂馆以及主楼前气度恢弘的广场，无不渗透出清华争创世界一流的深刻内涵（参见第四节）。

随新世纪建设脚步加快，新景观不断出现。自校园向社会开放以来，18 个景区游人如潮，近春园遗址揭示清华园的前世今生，各种校友纪念物、纪念亭、纪念碑碣在国内闻名遐迩，老校门作为清华标志性符号享誉海外。

1. 二校门

如今的二校门，是仿建的 1911 年清华学堂老校门。自 1909 年 9 月 28 日（宣统元年八月十五）宣统朱批核准外务部学部具奏，“赏拨清华园地亩兴筑游美肄业馆”，其后开始动工修葺校园搭建围墙和校门，直到 1911 年完工，那桐题写横额。二校门初建时为封闭式大门，东西两侧筑有弧形矮墙，东连邮局，西接守卫处。20 世纪 50 年代初，学校为便于人员车辆通行，拆去两侧矮墙保留主体。“文革”期间二校门被当做“四旧”砸烂，1967 年 5 月，红卫兵井冈山兵团在二校门原址树立巨型毛泽东主席全身像，引发全国塑像潮。1987 年 8 月学校将主席像拆移。1991 年 4 月，经海内外 26 个校友会倡议并集资 9 万元在原址重建二校门，吴良镛为顾问，关肇邺指导研究生孙国伟绘图，郑宗和承建。横额字体根据老照片放样复制。

2. 主校门（东南校门）

建于 2000 年，位于东主楼正南中轴线上，大门为一对开放式无拱砖混门柱，门柱两侧各以横梁牵连四面短墙围出弧形开阔地，可从门外一览中央主楼雄姿和绿十字广场，校门前有市政路直通四、三环，在联想桥北望，目光终及的超级建筑就是清华中央主楼。

门前圆形广场中心有矩形卧壁（700 厘米×110 厘米），南北面分别刻“清华大学”校名和“自强不息　厚德载物”老校训。校名选自清华校徽字体（“文革”前校徽“大”字右下为一点，与西门校名“大”右下为一捺不同）。

3. 西校门

清华大学西校门建于 1933 年，是扩建西院住宅时将原校门改建于现址。1948 年 12 月 18 日中国人民解放军第十三兵团政治部在西校门上张贴保护清华的布告，自此宣告清华解放。

1950年6月毛泽东主席应张奚若教授转呈清华师生员工的请求，为清华大学题写校徽。西校门上校名是根据毛主席题写的6个校名中集字，先期制作成竖牌挂在门柱上（包括南校门牌）。1983年，西校门进行抗震加固大修，将校门加高，原砖砌门芯整体用钢筋包裹、水泥浇筑成一体。“清华大学”做成永久横额，2米高干挂式铸铝合金立体字（铸工车间制作）用环氧树脂锚固字脚，字面贴金色电化铝薄膜，经久璀璨如新。

4. 水木清华楹联

水木清华是指工字厅后厦外的古典园林，因后厦门廊正额有“水木清华”题匾而闻名，传为康熙御笔（待考）。“水木清华”寓意出自东晋文学家谢混诗“惠风荡繁囿，白云屯曾阿，景昃鸣禽集，水木湛清华”。门廊朱柱上挂有长联：

槛外山光历春夏秋冬万千变换都非凡境

窗中云影任东西南北去来澹荡洵是仙居

殷兆镛谨书

殷兆镛为清道光二十年进士，咸丰、同治、光绪三朝礼部侍郎，于咸丰五年（1855年）奉命为工字厅后厦题写楹联，该联选自道光二十年（1840年）梁章钜撰《楹联丛话》，原作者是江苏吴江古镇震泽的沈广文（斌），最早载于乾隆六十年（1795年）刻板《扬州画舫录》，与原作比有改动。

“文革”后重制的楹联在90年校庆前修缮时，下联中“荡”字三点水被油工误涂成两点引起争议，拟避嫌把“殷兆镛”盖掉，从而变成无名楹联，直至百年校庆前重刻字体，配齐款识，印章仿自（网上拍品）殷兆镛书法章。

5. 近春园遗址公园

（1）沿革

近春园前身是建于1707年的清康熙时皇家园林——熙春园的西部腹地，四面环水，周围环山，斋堂轩榭棋布，景致如画，曾是清康熙五十五年起历时十余年编撰万卷《古今图书集成》编书馆旧址。历经康、雍、乾、嘉四个朝代百多年后，道光二年（1822年），宣宗将熙春园分成东西两园，分赏给两个（同父异母）兄弟。以静斋前马路为界，东部改名“涵德园”（工字厅一带），赐三弟惇亲王绵恺；西部取名“春泽园”，赐四弟瑞亲王绵忻（俗称“四爷园”）。

皇三弟绵恺于道光十八年底离世，无嗣。道光二十六年（1846年）总厂，宣宗皇帝将16岁的皇五子奕誴过继给绵恺，袭封惇郡王，继承“涵德园”。1851年道光驾崩，皇四子奕詝继位（即文宗咸丰皇帝）开咸丰元年。

咸丰二年（1852年），例行更元封赏，文宗将“涵德园”改赐“清华园”（主人奕誴，故清华园旧称小五爷园），“春泽园”被赐名为“近春园”。时近春园有建筑物260余间，盛况空前。

咸丰十年（1860年），英法联军入侵北京，火烧圆明园。皇帝携眷逃往承德避难，众王爷和富豪躲到西山。此后，近春园长期闲置。同治十二年（1873年），清廷为重修圆明园，拆用近春园200余间空闲园寓、房间建材，致使近春园彻底荒芜，长达百余年。沦荒后的近春园，曾长期佃与附近农民种植白花莲藕（菜藕）。1927年夏，朱自清夜游荷塘而撰《荷塘月色》，使近春园荷塘声名远播。

1982年，学校改造荒岛定位于近春园遗址公园，以仿古同名建筑“临漪榭”为主，配以方亭、游廊二，辅以荷塘月色亭、仿古招待所，堆山砌池、铺草坪植松竹，于1984年4月完工，从此荒岛旧貌换新颜。(楼庆西顾问，郑宗和工程主持，临猗榭设计者徐伯安，仿古招待所设计者羊嫆。)

1984年10月学校命名临漪榭方亭为“晗亭”，邓小平同志题匾。1986年4月，在环岛北山脚下树立吴晗雕像一座。至今园内有九处校友纪念物：施士昇望桥，1926、1936届凉亭水台，1923级纪念碑，1933级石桌凳，1934级人文日新石，1937级观荷台，西南联大工学院1946级石桌凳，1965级零零阁，1974—1980级莲桥，另有香港方润华基金赠孔子像一座。

(2) 遗址纪念碑的修正

1984年4月学校立近春园遗址碑以资纪念，碑文中关于近春园的渊源出自20世纪20年代初的校刊，写近春园曾是咸丰皇帝的故园，毁于1860年圆明园大火。自90年代起，有圆明园史专家及校史研究者据清宫史料考证，近春园为道光四弟的赐园，而非道光四子（后咸丰）故园；近春园因同治帝主拆而尽荒，并非毁于圆明园大火，始结束长达70多年的校前史传闻。有教师提议修改碑文，因操作不易未果。2008年遗址碑文仅做过简单修改“……火烧圆明园，近春园未被殃及”。

6. 地质之角

2006年启动的“校园实践教育基地——地质之角”，位于泥沙实验室以西、校河东岸的松林带，止于文北楼南，系学校“985”二期教学项目（水利系、校友总会合作，负责人张建民，1981级校友和水利系校友捐资132万元）。在学校及社会各界的支持和捐赠下，从全国28个省区的名山大川和各著名水电站工地，收集了火成岩、沉积岩、变质岩三大类典型岩石及各种地质构造的90多种大型标本、近280块形态迥异的天然石集中于林地（另有200多块小型岩石和矿物标本藏于骑河楼一层），成为我国第一个以室外大型标本为主、品种最多、密度最大的地质博物园，也是一个直观、系统地认识典型地壳岩石和地质现象的教学基地。

基地设计颇具匠心，园林曲径通幽掩映各方奇石。南入口有张光斗题刻“地质之角”巨石，石背刻有全校各捐赠班级以及张朝阳等捐赠个人名录。林中一座六角木亭名“一亭”，为纪念1981级毕业20周年捐资善举。园地北端有七块大型柱状玄武岩构成“北斗星座”，其中两块刻有德裔美国科学泰斗爱因斯坦亲书的座右铭和水利专家钱宁院士的译文。基地建成以来不仅成为国内外地质界高层交流平台和专业院校学生实习基地，也成为人们喜爱的清华校园新景。

7. 三峡石

位于西门绿化带起始端，2004年10月，由国务院三峡建设办公室、三峡建设总公司和70年代入学的全体校友共同捐赠。三峡石是在长江三峡水电站工程截流后，抽干基坑显露的江底石，为前震旦纪闪云斜长花岗岩，沉睡于江底亿万年。“三峡石”为原国务院副总理邹家华题字。

8. 桂韵石

广西校友会为母校90年校庆，于2001年赠前寒武纪（约11亿年前）形成的海底火山岩，命名“桂韵”，立于西校门内干道南景区。

9. 观畴园太湖石

2009年4月，无锡市委、市政府赠大型太湖石致贺清华98周年校庆。巨石上宽下窄陡立，高约 10 余米，旁边另有张仃先生题篆“泰湖石”铭石相守。位于新斋北广场草坪。

10.《生之欲》雕塑

2001 年 4 月，吴冠中根据科学家发现的蛋白基因结构形态，看到了生命微观世界中蕴藏的美而萌生创意，美术学院卢新华、张烈设计雕塑《生之欲》，基座上有吴冠中题词。立于美术学院北广场。

九、名人故居

清华园中教员集中住宅区的建设与校园建设同步，主要由美国建筑师墨菲（H. K. Murphy）、中国早期建筑师庄俊、沈理源、杨廷宝（均为清华人）等设计，基泰工程公司、华信工程公司等施工，是不可多得的中国近代住宅建筑遗产，见证了 20 世纪前半期中国住宅建筑的发展。从建校初到 1946 年的近 40 年时间里，随着校园的几次整体规划，相继建成 7 片教职员住宅区及学校领导居所，即北院、甲乙丙三所、照澜院（旧南院）、西院（旧西院、新西院）、新林院（新南院）、胜因院、普吉院。这些居所主要用于当时在科技、文化、教育界的知名教师集中居住，形成清华园中独有的“名人故居群”。

近几十年来由于校园建设的需要，有些住宅区已经拆除，2010 年尚存住宅区的“名人故居”情况见表 14-7-1。

表 14-7-1　2010 年末尚存的清华大学名人故居

故　居	教　授	故　居	教　授
照　澜　院			
照澜院 1 号	赵元任	照澜院 8 号	黄子卿
照澜院 2 号	陈寅恪	照澜院 9 号	张申府
照澜院 3 号	张泽熙	照澜院 10 号	虞振镛
照澜院 5 号	梅贻琦		袁复礼
	张子高	照澜院 12 号	王芳荃
照澜院 6 号	肖　蘧	照澜院 16 号	马约翰
照澜院 7 号	俞平伯	照澜院 17 号	冯景兰
西　院			
西院 11 号（19 号）	杨武之	西院 34 号（4 号）	郑之蕃
西院 12 号（17 号）	吴　晗	西院 35 号（2 号）	陈　达
西院 13 号（15 号）	陈　桢		王遵明
	宁　榥	西院 42 号（18 号）43 号（16 号）	王国维
西院 14 号（13 号）	吴有训	西院 45 号（12 号）	朱自清
	夏　翔	西院 16 号	顾毓琇
西院 21 号（9 号）	邓以蛰	西院 26 号	陶葆楷
西院 22 号（7 号）	孟昭英	西院 27 号	周先庚
西院 25（1 号）	屠守锷	西院 36 号	陈寅恪
西院 31 号（10 号）	熊庆来	西院 37 号	雷海宗
西院 32 号（8 号）	李继侗	西院 46 号	闻一多

续表

故　居	教　授	故　居	教　授
新　林　院			
新林院 1 号	彭光钦	新林院 12 号	吴有训
	吴达元		陈新民
新林院 2 号	周培源		冯新德
	霍秉权	新林院 23 号	李郁荣
	蒋南翔		庄前鼎
新林院 3 号	陈岱孙	新林院 41 号	雷海宗
	葛庭燧		张岱年
新林院 4 号	俞平伯	新林院 43 号	王　力
	周先庚	新林院 51 号	戴芳澜
新林院 5 号	王裕光	新林院 52 号	曾远荣
	闵乃大		陈寅恪
新林院 6 号	萧公权	新林院 53 号	施嘉炀
新林院 7 号	钱锺书		曹本熹
	杨　绛	新林院 61 号	刘崇乐
新林院 8 号	赵忠尧		钟士模
	梁思成	新林院 62 号	张奚若
	林徽因	新林院 63 号	陈　桢
新林院 9 号	赵访熊	新林院 72 号	闻一多
新林院 11 号	潘光旦	新林院 81 号	吴柳生
胜　因　院			
胜因院 1 号、20 号	刘仙洲	胜因院 22 号	周一良
胜因院 3 号	孙国华	胜因院 23 号	张　维　陆士嘉
胜因院 4 号	戴世光	胜因院 27 号	罗念生
胜因院 5 号	段学复	胜因院 30 号	王遵明
胜因院 8 号	汤佩松	胜因院 31 号	温　德
胜因院 10 号	邓以蛰	胜因院 36 号	金岳霖
胜因院 12 号	梁思成　林徽因	胜因院 37 号	施嘉炀
胜因院 15 号	沈　同	胜因院 39 号	费孝通
胜因院 18 号	章名涛	胜因院 54 号	沈　元

说明：西院括弧内为旧门牌号。

第八节 校园管理与安全

一、专职机构

20 世纪 20 年代初，学校设有警卫队，有巡官 1 人，巡警 27 人。1934 年 8 月，改称为校卫队，属秘书处领导，配有步枪、轻机枪等武器。1937 年 8 月，日军侵占校园，校卫队被解除武装。1946 年 8 月复员后又改称警卫队，有职员、校警 21 人，仍属秘书处领导。1946 年增至 33 人，配有步枪 20 支。1948 年 12 月 15 日清华大学解放后，使用了校卫队名称，那世忠任队长，属秘书处领导，并受本校保卫委员会监督。1949 年 2 月，按照北平市军事管制委员会布告的要求，校卫队上交了持有的大小枪支 35 支，子弹 7 780 粒。1950 年 4 月，北京市公安局来函称："清华校警队业务上由公安局加以指导，必要时调换个别干部以加强其业务，在组织领导上、编制上与物质供给上仍由该校负责。"1951 年增加队员，并派解放军转业干部加强领导，共有警长及警士 41 人，其任务是：五个校门的管理；日夜校园巡查；与公安机关联系，完成所有保卫工作；协助派出所管理户口；负责领导全校防火工作。1955 年 4 月公布的《清华大学各级机构的任务和职掌》中规定校卫队的职能是："①全校门禁巡防，安全检查及其他保卫工作；②全校消防及消防队领导工作；③校内户口的管理及迁出户口的转移工作；④管理临时出入证。"

1952 年 8 月 23 日，校务工作会议同意秘书处所属各部门的调整方案，仍设校卫队，栾连任队长。1952 年 10 月，学校秘书处改称为总务处，校卫队即归总务处领导，1954 年 9 月，学校决定将校卫队划归人事室领导。

1949 年 9 月，中共清华党总支成立保卫组。1956 年 5 月成立党委保卫科，何介人、郝根祥、唐昭曾先后任科长。1963 年 1 月成立党委保卫部，下设办公室、保卫科、保密安全科（对外称第一科）、治安科（对外称校卫队），郝根祥任部长。1965 年 12 月，保卫部机关、校卫队（门卫）共有 67 人。

1966 年 6 月"文化大革命"开始后，保卫机构瘫痪，先后由各群众组织的保卫组、工宣队秘书组取代，但校卫队员始终坚守岗位，努力维护校园治安。1969 年 2 月，成立校革命委员会保卫组，刘海涛、纪洪泰（军宣队成员）先后任组长。1973 年 9 月，恢复党委保卫部，柳一安（工宣队成员）任部长。1975 年冬，保卫部与人事处、武装部合并成立清华大学人事武装保卫部，李士存（工宣队成员）任部长，下设人事处、武装部、保卫处，郝根祥任保卫处处长。

1977 年，人事武装保卫部撤销，仍单独设置保卫部，郝根祥任部长。1981 年 2 月，学校决定成立保卫处。决定说："为适应保卫工作的实际需要，决定党委保卫部同时在行政上为保卫处，行使保卫工作的行政权力。所属科（室）和干部均不变。”自此，形成学校的治安与安全工作，由党委的保卫部、行政的保卫处两块牌子、一套班子的体制。

1981 年 9 月，成立清华大学治安综合治理领导小组，张思敬任组长，办公室设在保卫处；1985 年改称为校园治安综合治理委员会，截至 2010 年，张思敬、孙继铭、郑燕康、张凤昌先后担任主任。各院、系仍为综合治理领导小组。

1982 年 7 月 15 日，清华园公安派出所成立，实行市公安机关和学校党委双重领导，其干警由清华大学（12 人）和海淀公安分局（8 人）分别选派；所长由海淀公安分局选派，副所长、正、副指导员由学校选派。1986 年 11 月，清华园公安派出所改建为清华大学治安派出所，只管治安，不管户籍，学校保卫处治安科并入治安派出所；所长由北京市公安局文化保卫处选派（1989 年后未再选派），副所长、正副指导员由学校选配，报文化保卫处备案，派出所定编为 32 人，除文化保卫处 2 人外，其余人员由清华大学选派。1992 年，《中华人民共和国人民警察警衔条例》颁布实施，全国公安机关实行警衔制。因派出所在职人员都是学校编制的事业人员，不符合法定授衔范围，公安机关未予授衔。1996 年《中华人民共和国行政处罚法》实施后，公安机关收回了该派出所的治安处罚权。截至 2010 年底，派出所有学校事业编制人员 14 人。

1986 年 10 月成立清华大学交通安全委员会，接受中关村地区交通安全委员会领导；惠宪钧任主任，办公室设在行政处车辆管理科。1988 年 5 月，撤销清华大学交通安全委员会，成立清华园地区交通安全委员会，直属海淀区交通安全委员会和海淀公安交通大队领导，办公室设在保卫处。

1992 年 4 月，行政处车辆管理科转入保卫处，并改称交通科。

1999 年 3 月，交通科与清华园地区交通安全委员会办公室合并，一套人马，两块牌子。1993 年 12 月，保卫部（处）机关、校卫队（门卫）共有 126 人。1999 年 3 月，学校机关机构调整，保卫部（处）事业编制定为 61 人。截至 2010 年底，有事业编制人员 60 人。保卫部（处）科室合并调整后设有综合办公室、治安科（清华大学治安派出所）、防火科、交通科（清华园地区交通安全委员会办公室）、保卫保密科（校保密委员会办公室）、集体户口与身份证办公室和校卫队等 7 个科（室）。

清华校园治安与安全工作，多次获得有关上级单位的嘉奖，主要有：

1986 年，北京市公安局授予清华大学保卫处“先进集体”称号；1989 年 10 月，公安部授予清华大学保卫处“全国经济文化保卫系统先进集体”称号；2003 年北京市公安局授予清华大学保卫处“集体二等功”；1999 年至 2010 年，北京市公安局 8 次授予清华大学保卫处“集体三等功”。

1986 年，北京市公安局授予清华园公安派出所“集体三等功”；1990 年至 1991 年北京市公安局 3 次授予清华大学治安派出所“集体三等功”。

1988 年至 1994 年，清华大学 3 次被评为“北京市社会治安综合治理先进集体”。

1991 年至 2009 年，北京市消防局 3 次授予清华大学保卫处安全科“消防先进集体”称号，3 次授予清华大学保卫处“北京市消防先进集体”称号，北京市防火安全委员会 10 次授予清华大学“北京市消防安全工作先进单位”称号。

2000 年、2008 年和 2010 年，北京市交通安全委员会 3 次授予清华大学“北京市交通安全管理工作先进单位”称号。

2005 年，中共北京市委教育工委、北京市教委授予清华大学“北京高校科技创安示范工程”、“北京高校科技创安工作先进学校”称号。

2008 年 10 月，中共北京市委教育工委、北京市教委等四部门授予清华大学保卫处“首都教育系统奥运工作先进集体”称号。

二、群众治保组织

1949 年 8 月，学校成立保卫委员会，隶属校务委员会领导，李继侗任主席。1949 年秋，学生会成立保卫部（1950 年改称为保卫组）。1952 年 6 月，学校成立治安保卫委员会，周培源任主任；7 月，各部门各单位相应成立治安保卫小组，10 月，原学生会保卫组改称学生会安全组。院系调整后，于 1953 年 4 月对治保系统进行了调整，学生会安全组有：干事 7 人，纠察队 7 个 102 人，突击队 7 个 115 人，安全干部（每班 1 人）143 人。1980 年组建治保分会，治保小组 72 个，治保主任 34 人，治保委员 123 人，治保小组长和治保组员 273 人。

1986 年 10 月，一些学生自发组织了维护秩序的学生纠察队。1987 年 12 月，经校团委、学生会与保卫处协商，决定由保卫处负责在学生自发组织的基础上正式组建学生纠察队，选派专职指导员，并制定了《招聘暂行办法》；1988 年 5 月正式成立“清华大学学生纠察队”；1989 年 11 月易名为学生治安服务队，第一届定编为 35 人，1995 年定为 100 人，参加治安服务工作的学生比照勤工助学的标准发给一定报酬。治安服务队在保卫处指导下，利用业余时间在学生宿舍区和学生重要活动场所，担任巡逻值勤，至 2010 年年底，已有 4 818 名学生参加过治安服务队的工作。此外，还利用寒暑假，组织部分学生勤工俭学，参加校园值勤巡逻和护校守舍，至 2010 年底，治安服务队共查获并协助有关部门处理偷车、打架斗殴、扰乱公共秩序等事件 19 090 多起，调解纠纷 1 000 余起。1999 年学生治安服务队成立了为学生服务的捡拾物品送交与招领处，至 2010 年底，共收到捡拾的物品 12 047 件，认领 5 374 件。2003 年 4 月，设立了操场存包处，免费提供存包服务；2008 年 10 月设立了浴室安全服务站。截至 2010 年底，学生治安服务队共设勤工助学岗位 150 个。交通协管队岗位 100 个。

学生治安服务队 1991 年至 2006 年 8 次被北京市公安局授予“先进治保会”“先进治保会标兵”称号，多人被评为“北京市先进治保积极分子”。

三、治安管理

（一）打击刑事犯罪

在公安机关的指导下，保卫处协助公安机关侦破发生在学校内部的各类刑事案件和治安案件。协助侦破处理的案例有：出卖机密科研资料案、教师被害案、食堂饭票被盗案、实验电厂被抢劫案、荷园餐厅爆炸案等。

1972 年至 2010 年立案、破案情况见表 14-8-1。

表 14-8-1 清华大学保卫处立案、破案个数统计

年份	立案	破案	年份	立案	破案	年份	立案	破案
1972	20	17	1985	15	13	1998	13	8
1973	21	11	1986	13	12	1999	19	4
1974	30	24	1987	23	16	2000	13	6
1975	17	8	1988	30	24	2001	18	4
1976	19	8	1989	15	13	2002	10	3
1977	51	31	1990	28	23	2003	10	3
1978	53	33	1991	34	32	2004	10	5
1979	32	18	1992	27	23	2005	4	3
1980	36	28	1993	21	11	2006	7	4
1981	32	24	1994	14	13	2007	22	18
1982	33	30	1995	19	14	2008	33	13
1983	20	19	1996	29	13	2009	51	23
1984	11	11	1997	16	8	2010	17	6

（二）预防刑事犯罪和治安事件，防患于未然

1973 年 9 月，学校制定了《新生安全须知》，教育学生同坏人坏事作斗争，保管好钱物。1997 年秋季学期至 2000 年春季学期，在本科生中开设了选修课《实用法规基础》（32 学时，1 学分），主要内容为治安、防火、交通、国家安全等方面的法规和案例。1983 年 3 月，校长工作会议通过制定了《清华大学治安安全管理规则》。1986 年 5 月，根据北京市加强治安防范的精神，制定了《关于加强防盗重点部位安全防范工作的规定》《防盗重点部位的标准和管理办法》。1999 年 1 月，校长办公室和保卫处联合发布《关于加强校园精神文明建设，维护校园秩序的通知》。2000 年 12 月，校园治安秩序综合治理委员会讨论通过了《关于落实治安保卫责任制的若干规定》《清华大学安全保卫值班工作规定》和《清华大学治安安全责任书》。2010 年 5、6 月，校务会议分别讨论通过了《清华大学校园参观管理暂行办法》和《清华大学校园治安秩序管理规定》。2000 年和 2003 年，学校先后共筹资 800 多万元在保卫处建成了校园技术防范系统和接报警指挥中心，对主要路口和重要公共场所实施技术监控。2006 年 8 月 31 日，教育部与北京市委教育工委在清华大学举办了“高校突发公共事件应急演练暨清华大学 2006 级新生安全教育活动”，3 300 余名新生参与了演练，中央有关部门和北京市各高校的负责人观摩了此次活动。

（三）户籍管理

1956 年前校园内住宅区户籍由公安机关委托校卫队管理，1955 年 12 月有居民 759 户，2 445 人。1956 年，住宅区户籍交由海淀公安派出所管理，集体户口仍由校卫队管理（1963 年 2 月转交生活管理处膳食科管理）。1982 年清华园公安派出所成立后，住宅区户口由清华园公安派出所管理；1986 年清华园公安派出所撤销后，住宅区户口转为中关村公安派出所管理。1994 年 9 月，集体户口由饮食服务中心转交保卫处管理；1994 年 12 月 8 日学校决定在保卫处增设“集体户口与身份证办公室”，为中关村公安派出所代管本校学生和教工的集体户口。1994 年有集体户口的教

职工、学生 15 000 余人，2010 年达到 28 200 余人。1957 年，学校制定了《校内申报临时户口的规定》，2000 年 4 月制定了《清华大学集体户口管理办法》。

（四）门卫管理

1963 年学校制定了《门卫管理制度》，1979 年 3 月制定了《清华大学校门出入制度》《清华大学关于接待、会客制度的规定》。1992 年 7 月，校长办公室和保卫处联合发布了《关于重申“清华大学校门出入制度”的通告》。1992 年 7 月，雇用北京市公安局保安公司保安队员 20 人充实门卫；2010 年增至 78 人。2000 年 4 月原在中央主楼前的东门南移，并改称主校门。2003 年 2 月 26 日开通了西北门，4 月 27 日关闭了附中门，2004 年 4 月开通了紫荆门，2009 年 5 月北门西移并改向朝西。

四、交通管理

1951 年，校卫队在校内实施交通管理。1952 年 12 月，学校制定了《各种车辆在校内行驶规定》。“文革”后，校园交通管理和交通纠纷调解由安全科负责；1988 年 5 月，清华园地区交通安全委员会成立后改由安委会办公室负责。2004 年 5 月起，公安交警进校处理接到报警的交通纠纷与事故，安委会办公室协助。1979 年 5 月，制定了《清华大学校内交通安全规则》；1990 年 3 月，制定了《关于机动车在校内行驶和赴外埠的规定》。1988 年始，校园内 83 个单位划分为 5 个片，每年两次对各片进行交通安全、交通法规宣传教育的百分验收；每两年对司机进行一次年审；每年两次对司机进行集中培训、教育。1992 年 9 月，交通科在校内设立交通标志 89 个。1993 年 12 月，校园内有汽车 329 辆，司机 423 人。2010 年底，校园内单位、教职工和居民共有汽车近万辆。通过校门的机动车统计情况见表 14-8-2。

表 14-8-2　校门机动车出入流量统计（总计）

统计日期	时段	校门机动车出入流量（辆次）	统计日期	时段	校门机动车出入流量（辆次）
1991-06-20	7 时至 19 时	2 178	2004-10-26	0 时至 24 时	26 457
1993-05-19		3 319	2007-10-30		30 513
1994-05-25		5 022	2010-10-11		37 095
1995-05-17		7 787			
1996-04-12		8 219			

五、实验室与设备技术安全管理

1955 年 4 月 24 日，学校制定《有毒药品管理办法》和《易燃物品管理办法》。凡有毒药品由校卫队集中保管（后交设备处管理），各单位需要时填写申请单，经教研组主任和系行政秘书批准后方可领用。1993 年 5 月制定实施《清华大学剧毒物品安全管理暂行办法》，2002 年 9 月对此办法进行了修订，改称为《清华大学剧毒物品安全管理办法》。

1959 年 5 月 29 日，校务会议讨论通过了《保安防火细则》和《清华大学生产安全制度》，决定成立校生产安全组。1963 年，建化学品仓库，面积 297.77 平方米，1973 年扩建面积 298 平方米。1962 年 6 月，校务会议通过《关于保证安全用电的几项规定》。凡从事特种作业操作的人员须经市劳动保护监察机关考核合格并发给“北京市特种作业操作证”，方可进行特种作业独立操作。在特种作业岗位上学习实际操作的人员，须持有劳动管理部门发给的“北京市特种作业操作学习证”，并在特种作业人员的指导下进行特种作业操作。

1988 年 6 月 16 日，校长工作会议批准修订了《清华大学从事有害健康工种人员营养保健实施细则》《清华大学放射性工作人员疗养暂行办法》。1990 年 6 月，制定了《清华大学劳保眼镜配备暂行办法》。至 1993 年 12 月，教工享受营养保健者 1 626 人。

较大的技术安全事故有：①1957 年 7 月，工程科一电工检修高压电线触电身亡。②1959 年 1 月，机械厂铸工车间一工人上吊车修理抽油烟机，吊车正在工作，但未通知停车，被吊车挤伤，后死亡。③1961 年 9 月，工物系一教师在检修被有色金属铊玷污的通风设备和管道时，没有采取有效防护措施，中毒身亡。④1962 年 6 月，行政处组织无线电系一年级学生在主楼后挖排水沟，发生严重塌方，三名女生埋在土里，造成二人死亡，一人重伤。⑤1970 年 8 月，电子系一实验员不按操作规程调试发射机，被高压电击伤，后死亡。⑥1975 年 3 月，动力系锅炉实验室一工人擅自进行乙烯发生器试验，发生爆炸，当场死亡。⑦1978 年 6 月行政处一工人带电修理设备，触电身亡。

六、消防工作

1916 年学校设立消防队。20 年代初，由校警卫队（后改称校卫队）负责学校消防事务。1949 年后，消防工作认真贯彻“预防为主，防消结合”的方针。1957 年 4 月，《保安防火规则》经校长批准施行。1959 年 5 月，校务会议通过制定了《清华大学保安防火规则》《保安防火实施细则》和《义务消防组织暂行办法》，为各类岗位制定了安全防火规则。1960 年，组建义务消防队 22 个，有义务消防队员 681 人。1962 年 6 月，校务会议讨论通过了《关于保证安全用电的几项规定》《关于健全值班制度的几项规定》。1962 年 7 月，科学生产处技术保安科并人第一科后，防火安全管理成为第一科的职能之一。1965 年，学校购置消防车一辆，在校卫队组建了专职消防班。1969 年，消防班解散。1999 年 3 月，技术安全管理工作由保卫处安全科转交实验室与设备处技术安全办公室，安全科改称为防火科；2007 年 1 月 1 日，剧毒、危险物品的安全管理由防火科转交治安科。

1981 年，校长工作会议讨论通过了《清华大学防火管理办法》。1987 年 6 月 18 日，制定了《清华大学关于防火安全奖惩的暂行规定》。1991 年 11 月制定了《关于确定防火重点部位的标准和办法》《清华大学防火安全十项达标验收标准》；1999 年 4 月，校园治安秩序综合治理委员会讨论通过了《清华大学消防设施和器材管理暂行规定》。1999 年 6 月，校务会议讨论通过了《清华大学防火安全管理规定》。2000 年 12 月，校园治安秩序综合治理委员会讨论通过了《清华大学建筑工程施工防火管理规定》《在校建筑施工单位防火管理协议书》。2002 年 9 月，校园治安秩序综合治理委员会讨论通过了《火灾自动报警系统管理规定》。2010 年 6 月，校务会议讨论通过了《清华大学消防安全管理规定》。防火重点部位实行“目标管理”，贯彻“谁主管谁负责，谁在岗谁负责”，逐级建立健全岗位防火安全责任制。从 1991 年开始，每年“119”消防宣传日都开展消防知识宣传活动和灭火演练。1992 年至 1993 年，为化工系 8 个班 256 人讲授消防知识课，该课为必修课（10 个学时，1 学分）。1995 年和 1996 年为本科生开设了以消防安全为主要内容的《灾害及其对策》的选修课。从2004年开始，保卫处与材料系合作，对材料系的研究生开设了《实验室安全学》必修课（16学时，1学分）。从2004年开始，每年利用本科生新生入学教育期间进行一次集中的以防火安全为主要内容，包括治安、交通、保密等方面的安全教育课，以及应对突发事件的培训和演练。2010年安全教育范围扩大至全体研究生新生。此外，自1998年开始，每两年举办一次全校各单位义务消防队技能比赛，至2010年已举办6次。

消防设施情况：截至2010年12月，全校共有室外消火栓334个，水泵结合器86个，室内消火栓4 004套，配备各类灭火器约1.5万具，有不同功能的火灾自动报警系统120余套。

发生的较大火灾有：①1962年2月1日，教务处会议室，因燃烧的煤球掉到木质地板上，引起火灾，烧毁古建筑房屋5间及教学资料，损失8 000余元；②1962年5月31日，机械系工具车间，电热工具用完不拔插销，长时间通电烤着桌子，发生火灾，烧毁厂房4间和设备、器材，损失2万余元；③1989年6月26日，科技开发总公司下属信谊公司，进行软塑料膜透镜试验，因油罐发生爆炸，烧死1人，重伤1人；④1990年9月10日凌晨，教务处教材库（同方部）西办公室，因电视机电源线短路，发生火灾，烧毁古建筑同方部面积340.3平方米，教材186 482册，小货车1辆，计算机1台，经济损失26万元；⑤2010年11月13日凌晨，由北京第三建筑工程有限公司承建的清华学堂修缮工程工地发生火灾，过火面积800平方米左右，无人员伤亡。

七、保密管理

1955年初，学校成立第一科，任命何介人为科长。1955年4月公布的《清华大学各级机构的任务和职掌》中规定第一科的职责是："①第一科在校长直接领导下管理本校教学、科学研究及与产业部门技术合作所使用的各种保密图纸、资料的对外申请调拨、保管、借阅、复制等各项工作。②第一科代表校长通过各系负责保密工作的系秘书及学生中班保密干事指导并监督各系保密资料室的工作以及在教学、科学研究、技术合作中保密资料的保管及使用情况。③检查全校违反保密制度及泄密情况，并提出初步处理意见提请校务行政会议做出决定。"

1955年6月，学校制定了《清华大学生产实习保密工作暂行办法》，接着又制定了《对外交流资料办法》《图纸资料管理暂行办法》《机密类专业保密工作的暂行规定》《国防机密专业及尖端科学研究保密工作暂行办法》等规章制度。1957年11月，学校决定第一科划归教务处领导。1959年8月31日，学校决定"将第一科组织关系改由校长直接领导"。1960年3月，中共清华大学委员会成立保密保卫工作组，党委副书记胡健任组长。1962年7月，学校决定将"原科学生产处的技术保安科并入第一科，仍直属校长领导，负责全校技术保安和保密工作"。

1980年10月，学校成立清华大学保密委员会，党委副书记张绪谭任主任，下设保密科作为保密委员会的办事机构。1980年11月，校长工作会议讨论通过了《关于加强保密工作的意见》，并指出："加强保密工作是拨乱反正的一项重要措施。当前首先要恢复和健全各级保密组织。各系要有一名副系主任主管系的保密工作，逐步把系的各项保密工作建立和健全起来。当前要特别重视科技保密和外事保密工作。"

1981年10月，学校制定了《关于科研项目的密级标准和外事保密的规定》。1982年4月，校保密委员会制定了《清华大学保密工作暂行条例（试行）》。1993年11月，学校制定了《清华大学保密工作条例》；校保密委员会和相关部门先后制定了《保密单位工作人员保密守则》《关于科研项目的密级确定及管理办法》《关于在对外活动中保密工作的若干规定》《关于会议保密工作的若干规定》《关于科技档案密级的确定办法》《研究生学位论文管理暂行办法》《保密资料、图纸的管理办法》等规章制度。

1990 年 4 月，保密科转入保卫处，仍为校保密委员会的办事机构。1999 年 3 月，保密科与保卫科合并，组建为保卫保密科；同时兼为校保密委员会的办事机构，又称校保密委员会办公室。2002 年 1 月，对《清华大学保密工作条例》进行了修订，改称为《清华大学保密工作规定》，2010 年 6 月又修订为《清华大学保密工作管理规定》；校保密委员会和相关部门还先后制定了《清华大学科学技术保密工作规定》《清华大学档案管理工作保密规定》等管理文件。

2006 年 8 月，北京市武器装备科研生产单位保密资格审查认证委员会经现场审查，认为清华大学符合二级保密资格标准；2007 年 1 月 22 日，由国家保密局、国防科学技术工业委员会、总装备部组织的国防武器装备科研生产单位保密资格审查认证委员会向学校颁发了“二级保密资格单位证书”（有效期：2007 年 1 月 22 日至 2012 年 1 月 21 日）。

针对师生员工中不同的对象，分层次、有重点地开展多种形式的保密宣传教育，干部上岗、新教师入校都把保密教育列入培训的内容，“保守国家秘密”已经列入大学生安全教育的教材，对涉密人员区别不同情况制定了相应的保密教育制度。

1996 年 8 月，学校档案馆获国家科委颁发的“全国科技保密工作先进集体”奖；徐振明获“全国科技保密先进工作者”奖。保密委员会办公室先后被评为“2003 年北京市先进保密工作集体”“2005—2006 年全国先进保密工作集体”。1985 年以来，工物系同位素分离研究室、工物系离心分离研究室、无线电电子学系、工物系、档案馆、校保密委员会办公室等先后被评为北京市保密工作先进集体。

第十五章

后勤服务与医疗卫生

第一节　概　述

《清华学堂章程》规定："本学堂……设庶务长一员、文案员一员、庶务员若干员、会计员一员、医员一员"；"庶务长主任庶务、会计事宜，以及凡教务、常务以外之事，皆商承监督办理"；"庶务员分管收发文件，编掌档案、经理房舍、器具、各种设备，以及本学堂各项杂务，均商承庶务长办理"；"会计员商承庶务长，经理本堂银钱出入及预算决算一切事宜"。清华学堂最早的总务负责人是唐孟伦，1911 年任庶务长。1928 年起，庶务长改称为秘书长。《国立清华大学规程》中规定："国立清华大学，置秘书长一人，承校长之命，处理全校事务，管辖文书科、庶务科、会计科、医院等机关，由校长聘任之。"又规定：秘书长是由校长、教务长和各院院长组织的校务会议的成员之一，又是评议会的评议员之一。1938 年西南联大时，设总务处，由总务长负责全校总务行政事务。复员回北平后，改总务处为秘书处，由秘书长负责。1952 年院系调整后，改秘书处为总务处，设总务长，后改称为总务处长。

蒋南翔校长来校后，明确提出"总务工作要为教学服务"。1954 年 9 月，他在清华大学第六届工代会上提出"教学工作和行政工作是推进学校工作的两个车轮，必须互相配合，协同工作"；同时指出："职工工作要明确为三个方面服务：一是为学校教学工作服务；二是为学校的发展服务；三是为全校师生员工的生活需要服务"。

在这一思想指引下，总务行政工作根据不同历史时期的形势、任务努力工作，并不断改革行政机构以适应任务的需要。1959 年至 1962 年国家困难时期，全校师生员工的生活问题矛盾特别突出，总务行政在"一手抓生产，一手抓生活"的方针指导下，为了做好生活服务工作，使群众吃好、住好，身体健康，精神愉快，在膳食工作中开展了"五好红旗竞赛"，要求做到"质量好、味道好、卫生好、供应好、服务态度好"，同时将包饭制改为食堂制；在行政生产工作中开展了"三高五比红旗竞赛"，要求工作中做到产量高、质量高、效率高；比思想，比工作，比服务态度，比团结协作，比全面跃进，并成立了农副业生产科，开展农副业生产。

1966 年 1 月，行政生活处党总支书记李思问总结了总务后勤工作的服务思想和基本经验，提出了以下基本点：①后勤工作队伍，要树立对同学德、智、体全面负责的观点；②生活服务人员必须到群众中去，到服务对象中去，到同学中去，向实际学习，向服务对象学习，探索生活服务工作的客观规律；③做好自己的工作，以保证教学条件，保证同学健康，同时以勤勤恳恳的服务精神，对同学起潜移默化的作用；④一切为群众，一切依靠群众，只有树立了一切为群众的思想，后勤工作才能做好，才能获得师生员工的支持。

1981 年，后勤各单位开展了"为培养人服务，对培养人负责"的学习活动，把为人民服务的教育与为培养人服务的教育紧密结合起来。通过学习，广大员工认识到为培养人服务就是为人民

服务，对培养人负责就是对人民负责，从而为同学、为教学服务得更积极、主动、热情、周到了。

1985年，开展了“服务育人”，寓教育于服务之中的活动。提出了“优质服务，服务育人”的指导思想和行动口号，有力地推动了后勤各单位的工作。

1993年2月，后勤系统召开总结表彰大会，张孝文校长对后勤工作的成绩给予了充分肯定和表扬，并提出了进一步的要求。他说，“后勤战线要牢牢树立为教学培养人，为科学研究提高学校学术水平服务，在任何情况下，为这两个中心服务的思想不能动摇。学校的根本任务还是培养人。我们长期把后勤管理作为事业管理的模式、统包的模式、行政管理的模式。现在要用承包的模式逐步改变为社会主义的市场经济模式，引进竞争机制，实行企业管理，我们必须走这条路。正确处理好这些关系，正确地理解社会主义市场经济本身就是一种推动，是完成任务的动力”。

经过深化改革，转换机制，后勤工作中完善和发展了各种不同形式的经济承包责任制。根据学校的特点和现实情况，后勤服务基本上分为三种类型：管理服务型，如教室、宿舍、学生食堂、基建、校园、房地产等的管理服务；有偿服务型，如教工食堂、电话室、托儿所等；经营服务型，如招待所、经营性餐厅、供应科、采购科、汽车队、综合电机厂等。几年来，先后成立了饮食服务中心、清华车辆维修服务部、清华大学接待服务部、清华修缮服务部、清华建筑工程实业总公司、清华日用品供销公司、康华电话技术有限公司、运达技贸公司、清华四方科技信息中心，增强了后勤工作的活力，扩大了后勤服务的范围，取得了可喜的进展。在为培养人服务，坚持“三服务、两育人（为教学、科研、师生员工的生活服务，服务育人、管理育人）”的方针指导下，为适应社会主义市场经济，为办好学校后勤工作，总务行政工作创出一条新路。

1993年，后勤进一步解放思想，在社会主义市场经济的推动下，重点转换机制并相应调整体制，初步进行人事制度改革。转换机制最核心的问题是按照价格规律办事，后勤全面运行机制改革是从饮食和幼儿园两个部门首先突破的，之后陆续扩展到电话、水电、医疗、住宅、学生宿舍等方面。后勤管理体制改制主要是：①将从事服务的实体和从事经营的实体分开，搞服务的集中精力搞服务，搞经营的放开手面向校内外市场经营创收；②将服务实体和管理部门分开，将主要从事管理职能的部门集中到“小机关”，由“小机关”执行宏观调控、计划指导、协调配合、监督检查的职能。后勤人事制度改革面临队伍庞大、年龄偏高、缺乏竞争机制等困难，主要改革的思路是按需设岗、以岗选人；考核竞争、择优聘任；按岗定酬、效率优先；合同定约、优胜劣汰。

积极探索试行社区管理方案，将学校按照地理、功能分为教学行政区、教工生活服务管理区、学生生活服务管理区、科技园区。有关教工生活服务划归清华园街道办事处统一管理、有关学生生活服务归后勤统一管理、有关教学行政服务的逐步利用社会服务体系。

1995年初，学校和后勤党政提出“优质服务要有新突破”，号召后勤各单位争创优质服务项目。每年年底请后勤服务监督员及机关部处、院系所行政负责人作为评委参加汇报评选活动，评选出本年度后勤优质服务与管理项目。2005年开始，开通了后勤优质项目网上评选，师生员工踊跃参加，扩大了此项评优活动的影响力。2006年，后勤在评选优质项目的同时增加了服务标兵和技能标兵的评选。至2010年底，此项评选活动已经开展15年，共评选出百余个优质服务、管理项目，后勤技能标兵20人、后勤服务标兵26人。

1999年，国务院召开全国高校后勤社会化改革工作会议，学校加快了后勤社会化改革的进程。在总结已有改革经验的基础上，明确了进一步深化后勤社会化改革的总体思路：在政府的统筹主导下，在学校的监控下，按照学校建设一流大学的要求，坚持为教学、科研和师生员工服务的宗旨，从学校改革发展建设的实际出发，引入市场机制，有效利用社会资源，不断提高后勤管理和服务水平，减轻学校负担和提高办学效益，保证学校的发展和稳定，努力建成校园文明优雅、保障安全可靠、管理科学规范、服务优质高效、市场竞争有序的一流大学校园环境和新型后勤保障体系。后勤社会化改革要坚持高校后勤保障公益性的本质属性，坚持体制改革与机制转变并重的原则，坚持以学校为主体的方针。

进一步深化后勤管理模式改革，后勤管理保障体系包括基建规划处、后勤管理处、服务经营实体联合办公室和北区校园建设办公室、热电联供建设办公室、绿色大学建设办公室3个专项管理机构；饮食服务中心、接待服务中心、修缮校园管理中心、物业管理中心、物流配送中心、正大商贸公司和土建承包总公司7个后勤服务经营实体。

不断改革后勤运行机制，2000年开始，学校与实体签订了经济管理协议，进一步明确了工作任务和资金管理办法。面向社会经营性服务收费依据市场定价；对内服务型项目，在学校的监控下加强成本核算，制定合理收费标准；面对学生生活服务的部分项目，采取零租赁的办法进行成本核算；坚持校内市场适度开放，在强化学生饮食、市政运行和校园规划管理的前提下，基建、修缮、装饰、园林、系馆的物业管理等全面实行社会公开招标。

深化劳动人事分配制度改革。服务经营实体与事业单位人事管理制度分离，主要管理干部和业务技术骨干由学校统一设岗聘任或委任，员工管理实行按需设岗、公开招聘、择优选聘、严格考核、合同管理。对未能竞争上岗的人员实行内部转岗、下岗、内退等办法。服务经营实体实行企业绩效工资制。

2001年1月，学校开始建设紫荆学生公寓，新征建设用地28.42公顷。紫荆学生公寓共有学生宿舍楼23栋、学生食堂4个、综合服务楼1栋及综合体育场等配套服务设施，总建筑面积为37万平方米，2005年11月全部竣工，可以集中住宿各类学生2万多人。紫荆学生公寓设计面向社会公开招投标，建设资金采用银行贷款，通过收取住宿费逐年还贷；建设管理由公开招聘的项目管理部与北区校园建设办公室共同负责。

2003年以来，后勤系统在总结以往改革经验的基础上，制定了《清华大学后勤事业发展“十一五”规划纲要》，确立了后勤工作的指导思想是：以“三个代表”重要思想为指导，全面落实科学发展观，以培养人为根本目标，继承和发扬后勤的优良传统，坚持练内功、自强后勤，创一流、厚德服务，为学校分忧、为师生员工解难，努力建设和谐校园，争取又好又快地发展，为创建世界一流大学做贡献。后勤工作的定位是：后勤工作是学校建设一流大学的重要组成部分，主要任务是为培养人服务、为教学科研服务、为师生员工生活服务。后勤工作的目标是：构建与世界一流大学建设相适应的后勤服务保障体系，努力实现“师生满意、学校满意、员工满意”。

在推进改革与发展过程中，后勤工作始终坚持以育人为根本、以学校为主体、体制改革与机制转换并重、实事求是地引进社会优质资源、走专业化发展道路的原则。实行“小机关、多实体”的运行模式，总务长办公室（暨后勤管理处）作为后勤机关主要发挥宏观管理的作用，日常运行的重心下移到实体，强化饮食服务中心、接待服务中心、修缮校园管理中心、物业管理中心的管理职能。

从2004年开始，对实体所属的法人企业进行了全面清产核资和规范管理，先后撤销了北京清华学府实业公司、北京清华园正大商贸中心、北京清华工程勘察所、北京清华综合加工厂、北京清华建筑工程咨询公司、北京清华南七招待所、清华大学综合机电厂、北京清华华天技术开发公司、北京康信数码科技发展公司、北京市海淀区华清洗衣厂、北京紫荆物业管理有限公司、北京清华运达技贸公司、北京清华日用品供销公司、北京海淀清华汽车维修服务部、北京清华四方科技信息中心等共15个法人企业。2005年成立“北京育培园商务管理中心”，将部分教学、科研和师生员工生活服务所必需的经营业务统一归口管理。截至2007年3月，北京育培园商务管理中心注册的6个分支机构有北京育培园商务管理中心会议服务中心、甲所招待所、丙所招待所、汽车维修厂、清风湛影超市、学风淳服务部。

进一步加强对各实体的财务监管，2003年学校成立后勤会计核算中心，从2004年开始学校对后勤系统4个中心全面实行会计委派制。

2006年，后勤系统制定《清华大学后勤队伍建设规划》，明确了队伍建设的整体思路是“通过岗位和编制控制队伍规模，通过培养和引进提高队伍素质，通过事业和政策稳定骨干队伍，通过考核和竞聘优化队伍结构”。按照“三个结合”（老中青相结合、工人与知识分子相结合、学校选派与后勤培养相结合）的原则加强干部队伍建设，对全体党员干部提出了提高“管理能力、解决问题的能力、创新能力、应对突发事件的能力”的要求；不断加强职工队伍建设、制度建设、文化建设、职业道德建设和防腐倡廉建设，通过基层党团组织加强对职工骨干的教育和培养。进一步完善考核与激励办法，如饮食中心对食堂厨师实行分级考核办法，工作满3、6、9年必须分别达到初、中、高级厨师水平，考核不合格不予聘任。针对服务业人员流动性较强的特点，后勤系统在江苏、山东、河北等地的高校和职业技术学校建立了用工基地，通过定点实习等办法拓宽职工选拔渠道，保障用工来源。

为加强基层党的组织建设和党员队伍建设，充分发挥党组织的领导和监督作用，2005年，后勤党委逐步在物业管理中心、饮食服务中心、修缮校园管理中心、接待服务中心组建了党的总支委员会。根据“业务科室有党支部，部门有党小组，班组有党员”的组织建设目标，各党总支对部分党支部进行了调整和拆分，使党组织在基层党政配合中充分发挥组织的保障作用。2004年，后勤党委发展了第一名合同制职工党员。截至2010年底，后勤党委有正式党员426名，其中合同制职工党员109人（在学校发展的有35人），通过发挥党员的先锋模范作用，带动队伍整体素质不断提高。

2006年1月，后勤系统将原团总支改建为团工委，以建设“青年之家、青年之校和青年之范”为目标，加强对青年职工的教育、管理和引导，关心青年职工的学习和生活，发挥后勤青年骨干的积极作用。

第二节　后勤管理体制与运行机制

1952年8月院系调整时，学校对秘书处组织机构进行调整，设立文书科、会计科、工程科、供应科、庶务科、住宿科、校医室、缮印科、校卫队、膳食科（下设学生膳团）、校产管理科

（下设家具设备购置小组）。

同年10月，遵照人民政府教育部指示：秘书处改称为总务处，设总务长、副总务长。

1954年，在总务处办公室下设修建工程科。9月住宿科改为校舍管理科，校卫队划归人事室领导。

1955年，庶务科与校舍管理科合并，成立行政事务科，并建立分区管理员制度；会计科改称财务科；缮印科改称出版科；物资供应管理科改称物资供应科。

1959年3月，总务处改称行政处，下设：财务科、物资供应科、行政事务科、膳食科、出版科、基建工程科、校医室、保育所。1960年2月，增设农副业生产科。

1961年，出版科改称印刷厂，划归教务处领导。

1962年11月，校医室改为校医院，由校长直接领导。

1962年12月，为加强学校财务及物资的集中统一领导和改进学校生活管理工作，将原行政处划分为两处（行政处、生活管理处），将科学生产处实验室科负责掌管的设备器材、供应管理工作，划归行政处。行政处下设：财务科、设备科、供应科、基建科、修缮科、技术室；生活管理处下设：生活行政科、膳食科、校园管理科、幼儿园、生活管理1～4区、克山农场。以上机构一直延续到1966年6月。

1969年1月成立校革命委员会以后，1972年6月成立校务组，1973年8月改称校务处，1976年3月改称校务部。

1978年，后勤改设行政处、生活处、修缮基建处、财务物资管理处。

1979年，合并调整为校务处和基建处。

1981年5月改为行政生活处、基建修缮处。

1980年7月，财务科改成财务室（处级），由学校直接领导。

1985年2月，撤销行政生活处、基建修缮处，调整为“四处、二院”：“四处”为行政事务处，下设行政事务科、供应科、房产管理科、车辆管理科、学生宿舍管理科、电话室（1986年3月确认为副科级单位）、招待所（1984年12月设立）、幼儿园；膳食处，下设学生食堂管理科、教工食堂管理科、膳食管理科、采购科；基建处，下设计划财务科、施工管理科、实验室工程科、材料科；修缮校园管理处，下设计划财务科、修缮科、电管科、水暖运行科、材料科、园林科、校园环境管理科、人防办公室、综合机电厂。“二院”为校医院（1988年4月确认为处级单位）；设计院规划二室（1990年1月划归建筑设计研究院领导）。

1991年1月，成立房地产管理处，撤销房产管理科。1992年3月，房地产管理处划归校机关，由学校直接领导。

1991年11月，将基建处更名为基建规划处，建筑设计研究院规划设计室划归基建规划处建制。

为适应国家社会主义市场经济的发展，后勤单位对管理机制不断进行了改革，处或处以下单位相继转换机制，建立了一批有偿服务型、经营型等服务实体。1992年底，膳食处改组为饮食服务中心。

1994年将原基建处的建材公司和实验室工程队、修缮处的修建工程队和勘探队、行政事务处的家具木工厂、街道木工厂等经营创收单位与原单位脱离，成立清华建筑工程实业公司，是全民所有制企业，实行董事会领导下的经理负责制。1998年清华建筑工程实业公司的基建建筑施工业务并入清华大学土建工程承包总公司，1999年实业公司更名为北京清华建筑工程咨询公司。2005

年底，学校对土建工程承包总公司进行改制。改制后的土建承包总公司划归清华控股管理，所保留的后勤部分更名为校内维修队，不再对校外承接大的工程任务，工作重心转移为小型工程、应急维修等校内服务和保障任务。

1994年11月，成立修建工程技术管理部，在总务长的领导下代表学校掌握维修和零建、临建工程经费，行使计划调度、工程招标、质量检查等甲方职能。2001年撤销。

1996年6月，幼儿园划归清华园街道办事处领导。

1997年，成立北京清华正大商贸公司，属于清华园街道办事处，是集体所有制法人企业，承担家属区居民商业服务保障工作。2002年，街道政企分开，正大公司划归学校后勤管理，正大商贸公司成立董事会。

1998年底，撤销行政处、修缮处，成立学生社区服务中心、接待服务中心和修缮校园管理中心。

1999年11月，中央工艺美术学院并入学校，成立清华大学美术学院。2000年6月，原中央工艺美术学院后勤部门归属学校后勤系统管理，成立美术学院校区后勤办公室。2006年4月，美院校区由继续教育学院使用，美院后勤办公室业务划归继续教育学院管理，人事由后勤党委代管。

2000年4月，成立北区校园建设办公室，负责北区大学生公寓建设管理工作。

2000年4月，成立热电联供工程建设办公室。2004年6月，热电联供工程建设办公室撤销。

2002年4月，撤销学生社区服务中心，成立物业管理中心，

2002年4月，成立物流配送中心，承担了部分伙食原材料、商品物资及“非典”时期所需药品等的采购任务。根据学校体制改革的要求及后勤建设和发展的实际，2004年7月物流配送中心撤销。

2002年4月，成立后勤管理处，是学校的管理机构。主要职能是代表学校对后勤实体行使资产管理、任务下达，推进校园分区物业管理，监督后勤服务质量，对后勤运行管理规划与政策进行研究，发挥参谋作用。总务长办公室挂靠后勤管理处，负责大型活动的协调和对外联络接待。

2002年4月，成立后勤服务经营实体联合办公室。主要职能是服务基层、宏观指导、规范管理、财务监控、资源整合、联合发展。

2004年7月，后勤管理处的主要业务划归后勤服务经营实体联合办公室。

2005年5月，后勤服务经营实体联合办公室撤销。总务长办公室与后勤管理处合署办公，设立行政管理科、业务管理科。发挥宏观管理作用，主要承担日常行政事务、开展后勤政策研究、协调处理后勤有关工作。

2005年，成立“北京育培园商务管理中心”，将部分教学、科研和师生员工生活服务所必需的经营业务统一归口管理。

后勤工作人员数，随着学校规模变大而增加。1949年，后勤服务人员为356人，学生人数为1 361人，两者之比为1∶3.8。1959年，后勤服务人员为1 021人，另有328名合同工和临时工，合计有1 349人，与全校学生人数11 300的比例为1∶8.3。1993年，后勤服务人员为2 392人，与全校学生人数13 361的比例为1∶5.58。其具体情况如表15-2-1。2008年底，后勤服务人员为2 865人，与全校学生人数31 638的比例为1∶11。2010年底，后勤服务人员为2 316人，与全校学生人数37 650的比例为1∶16。具体情况见表15-2-2。

表 15-2-1　1993 年学校后勤人员情况

单位名称	事业编制	集体编制	合同制	合计（人）
后勤机关	12			12
招待所	25	39	15	79
饮食服务中心	254	96	200	550
行政处	285	198	164	647
修缮处	451	187	100	738
基建处	73	20	11	104
校医院	232	30		262
合计（人）	1 332	570	490	2 392

表 15-2-2　2010 年底学校后勤人员情况

单位名称	事业编制	农转工	集体编制	超市发	合同制	合计（人）
总务长办公室	11				5	16
饮食服务中心	132	27	15		577	751
修缮校园管理中心	143	58	20		146	367
接待服务中心	50	34	8		253	345
物业管理中心	49	17	6		425	497
校内维修队	25	9	4		3	41
正大商贸公司	10	22	32	55	180	299
合计（人）	420	167	85	55	1 589	2 316

第三节　基础设施的运行管理与服务

一、供水管理

学校自来水为自备井供水，自备井取用地下水，按北京市规定交水资源费。1989 年以前，学校的计划用水指标不能满足实际用水的需要。1990 年，校节能办公室经过争取，全校用水计划指标增为每年 5 688 441 立方米。

1990 年，全校节约用水工作开展得较好，全年实际用水量共 4 579 631 立方米，比当年的计划用水量节约近 1 108 810 立方米，比 1989 年实际用水量节约用水近 903 281 立方米。

1990 年 12 月，通过水平衡测试验收，获合格证书。

2002 年，按照北京市物价局京价商 0 字〔2002〕023 号文件，清华大学开始执行新的水价标准，全面贯彻落实《北京市自备井设备运行管理条例》《北京市自备井工程安装标准》《北京市自备井运行安全工作规程》以及《北京市自备井卫生检验防疫标准》等。

2004 年 8 月 1 日起，按照北京市发展和改革委员会文件《关于调整水价的通知》京发改〔2004〕1517 号，清华大学调整自来水供水价格。

2010 年 1 月 1 日起，按照北京市发展和改革委员会《关于调整本市非居民用水水资源费和污水处理费的通知》京发改〔2009〕2400 号和《关于调整本市居民用水水资源费和污水处理费的通知》京发改〔2009〕2555 号，经学校领导批准，清华大学调整自来水供水价格。

2010 年 9 月，由北京高校节水监测站对清华大学紫荆学生公寓区实施了水平衡测试，一级表和二级表的误差率为 1.07%，达到水平衡测试标准。同年 11 月，取得北京市非工业单位水量平衡测试报告书。

2002 年至 2007 年，全校建立了合理节约的用水体系。在减少管道“跑冒滴漏”方面，引进软密封闸阀、不断水钻孔机、哈夫节和管道测漏仪等施工作业工具；在节约用水方面，加强节水宣传，加大使用节水型坐便器、节水龙头和智能 IC 卡水表等节水器具，共安装 2 000 多块 IC 卡智能水表、300 多个软密封闸阀。给水管网漏损率呈现逐渐减少趋势，尤其近 3 年的管网漏损率明显减少，均小于 10%，达到《城市供水管网漏损控制及评定标准》CJJ 92—2002 中“管网基本漏损率不应大于 12%”的标准。

二、供电管理

2000 年，供电管理模式从原来的靠学校拨款、电费学校兜底的管理办法改为新的市场经济办法，最核心的改变是把电作为一种商品进行管理。主要包括以下内容：电管科负责全校公共供电系统的运行管理，各个单位内部的供电设施维护由各个单位自行管理，学校把原来给电管科的这部分经费下拨到各个单位。各单位可根据自己的情况采用委托物业公司运行、自管或其他方式。通过引入竞争机制，提高服务水平。

三、供暖管理

学校供暖季为每年 11 月 1 日至次年 3 月 31 日，修缮校园管理中心在保障供暖季供暖工作的同时，努力做好供暖的维修改造和日常保养工作。供热可分为七个阶段。

（一）1947 年—1949 年，小范围供热

供热面积为 57 112 平方米。供热的教学楼有：一院大楼 4 650 平方米，电机馆 3 038 平方米，科学馆 3 550 平方米，旧水利馆 2 892 平方米，土木馆 2 183 平方米，机械馆 2 652 平方米，大礼堂 1 848 平方米，航空馆 978 平方米，生物馆 4 220 平方米，化学馆 5 722 平方米。由机械馆旁的锅炉房供热。

供暖的学生宿舍有：新斋 4 050 平方米，明斋 4 417 平方米，平斋 2 759 平方米，善斋 2 200 平方米，静斋 2 109 平方米。

此外，老图书馆供暖面积 7 366 平方米。

（二）1962年之前，实行蒸汽锅炉供暖

随着学校新建筑物不断增加，锅炉房也在扩展。1952年至1955年，新建了诚斋1 760平方米，立斋1 760平方米，两楼合建1个锅炉房，有1台仿苏5M型0.5吨/时锅炉。之后土建基地3 102平方米和铸工车间2014平方米建成，各建锅炉房1座，各有1台5M型蒸汽锅炉。新水利馆11 430平方米建成，机械馆东侧的大锅炉增加了2台仿美巴布格2吨/时锅炉。

1954年，学生宿舍1～4号楼24 861平方米建成，建立了北区锅炉房，有6台苏式0.5吨/时火焰式蒸汽锅炉。1952年至1953年1～2公寓2 992平方米建成，在2公寓东头建立了锅炉房，有2台0.5吨/时火焰式锅炉。

1955年，3～8公寓12 034平方米建成，建立了公寓锅炉房，有2台5M型锅炉，以后改为火焰式。

1952年至1955年，14、15、16、17宿舍5 854平方米建成，建立了2个锅炉房，有2台5M型锅炉。

1956年，西主楼20 875平方米、东主楼20 959平方米建成，建立了高压锅炉房，有2台K4管式仿苏炉。1956年高压实验室1 615平方米建成，有1台0.2吨/时板式铸铁锅炉。1962年，5～12号楼29 425平方米建成，建立了东区锅炉房（浴室锅炉房），有7台火焰式锅炉。

1962年，9003精仪系大楼16 350平方米建成，建立了9003小锅炉房，有2台K2锅炉。

1962年，学校供暖面积达到了27万平方米，全部为蒸汽锅炉供暖，烧火工300人左右。

（三）1962年—1966年，由蒸汽供暖改为热水供暖

首先对1号楼至4号楼学生宿舍进行改造，接着是诚斋、立斋、明斋、平斋、善斋、14、15、16和17宿舍，取消所有小锅炉房，集中在北区锅炉房供暖。自造8台排管炉，仿美巴布格2吨/时水炉。机械馆东侧大锅炉房改热水式锅炉7台，同时，对室外管网也进行改造。1963年至1964年，公寓区蒸汽式锅炉改热水式锅炉，有1台仿苏谢格洛夫5吨/时排管式锅炉，2台兰格夏2吨/时热水式锅炉，取消了原有7台火焰式蒸汽炉。1964年，东区5号楼至12号楼及7、8、9饭厅的供暖用了2台4吨/时谢格洛夫炉。

1965年，主楼区进行汽改水工作，高压锅炉房由10吨/时蒸汽式锅炉改为10吨/时热水式锅炉。

1966年以前，全校供暖面积共30万平方米，蒸汽改热水供暖工作全部完成，共有29个锅炉房，67台大小锅炉，供暖工人达360人，每冬烧煤12 200吨。

（四）1972年—1982年，实行集中供热

合并锅炉房，同时对外网进行改造，取消小锅炉建立大锅炉房。为节约用煤，自己动手改造沸腾炉。1982年，全校形成了三个大锅炉房：9003锅炉房、高压锅炉房、西区锅炉房。共有8台大锅炉，可供暖80万平方米，集中供热工作基本完成。

（五）1983年筹建热电联产，1985年投入运行

用学校发电厂的发电余热进行供暖，建立一条输送外网直通北区换热器，可供暖11万平方米。筹建水暖科自己的发电厂进行热电联产，改装1台10吨/时热水锅炉为15吨/时蒸汽锅炉，每年冬季发电500万千瓦时左右，同时利用汽热交换供暖16万平方米，每年可为学校创收56万

元（1990 年计算数）。

1984 年，全校供暖面积共 59.9 万平方米。

1985 年，全校供暖面积共 63.9 万平方米。

1986 年，全校供暖面积共 67.7 万平方米。

（六）1993 年的供暖情况

全校供暖面积 934 293 平方米，其中学校发电厂供暖 113 490 平方米。水暖运行科有职工 114 名，季节工 90 人。9003 锅炉房供暖面积 383 315 平方米，高压锅炉供暖 374 121 平方米，全冬烧煤 14 799.5 吨（包括发电用煤）。西区锅炉房供暖面积 52 457 平方米，全冬烧煤 1 851.05 吨。静斋锅炉房冬季供专家招待所热水连带供暖 10 910 平方米，烧煤 318.2 吨。全冬供暖用电 623 万千瓦时（不包括静斋锅炉房），全冬耗水约 164 502 吨（不包括静斋锅炉房、学生区供暖）。

（七）1996 年至今的供暖情况

1996 年，全校供暖面积共 112 万平方米。

1997 年，全校供暖面积为 120 万平方米，共有 2 个大锅炉房，近 140 吨位锅炉，6 处换热站，同年大修两台 20 吨锅炉，同时在东区锅炉房新建 1 台 40 吨/时锅炉，极大地提高了供暖能力。

2000 年，全校供暖面积为 135 万平方米，同年全部公共浴室锅炉均由燃煤锅炉改为燃气锅炉。

2001 年，全校供暖面积为 138 万平方米。

2002 年，全校供暖面积为 173 万平方米，共有 2 处大型锅炉房，135 吨位供暖锅炉，11 处换热站。同年在东区锅炉房内新建 3 台 20 吨/时天然气锅炉。

2003 年，全校供暖面积达到 194 万平方米，共有 11 个换热站。该年对 4 台 20 吨/时燃煤锅炉及 1 台 40 吨/时燃煤锅炉进行了增容，增容后的锅炉出力达到 4 台 30 吨/时，1 台 50 吨/时。同年为增加储煤能力，对东、南区锅炉房煤场进行了扩建。全校全部 6 台燃煤锅炉的脱硫除尘设备进行了更新。

2004 年，全校供暖面积达到 223 万平方米，共有 12 处换热站。为提高锅炉燃烧效率，该年对南区锅炉房 2 台锅炉和东区锅炉房发电炉的炉排进行了改造，更换为横梁式。同年对东区锅炉房发电炉进行了大修。

2005 年，全校供暖面积为 253 万平方米。为了解决储煤问题，再次对东区煤场进行了扩建，扩建面积 3 000 平方米，储煤量达到 5 万吨。同年对尚未改造的燃煤锅炉均改为横梁式炉排，以提高锅炉燃烧效率。同时对各锅炉房、换热站大电机安装变频设备，减少能源消耗。对东、西区两处学生浴室各更新 1 台燃气炉，以有效地节约能源。

2006 年，全校供暖面积为 254 万平方米，新建了医学院换热站，原西区换热站合并至医学院换热站内。同年 5 月，紫荆学生公寓制冷站开始运行工作。同年，锅炉房烟尘排放口处安装了烟尘在线监测系统。11 月，开始对紫荆公寓宿舍内供应洗浴热水，学生可以在宿舍内洗浴，实现了公寓化管理。

2006 年，学校供暖管网节能控制系统投入运行。该年 4 月至 6 月，修缮中心对学校暖外网节能改造工程进行了实地考察、测量等工作，并确定了施工方案及设备选型等具体事宜。同年 7 月至 11 月，该工程的设备安装工作顺利完成。该系统全部投入运行后，可以在供暖过程中实现分建筑物、分时段供暖，合理调节温度，达到节约能源的效果。

2007 年，全校供暖面积达到 258 万平方米，供暖热网中使用了供暖管网节能控制系统对热网平衡进行了调节，该系统的运行在改善全校供暖质量、平衡热量分配、节约能源等方面起到了很大作用。同年夏天，对南区锅炉房输煤廊和烟囱及东区锅炉房的脱硫除尘系统进行了改造。该年还对学校东、西区浴室各更换燃气锅炉 1 台。在东区锅炉房新建 1 台 40 吨/时燃气锅炉。

2008 年全校供暖面积为 258 万平方米。室外供暖管道总长为 71 千米。

2009 年全校供暖面积为 258 万平方米。室外供暖管道（一次管网和二次管网）总长为 300 千米。

2010 年全校供暖面积为 267 万平方米。这些年供暖情况见表 15-3-1。

表 15-3-1　1996 年—2010 年全校供暖面积情况

年份	供暖面积（万平方米）	年份	供暖面积（万平方米）	年份	供暖面积（万平方米）
1996	112	2001	138	2006	254
1997	120	2002	173	2007	258
1998	118	2003	194	2008	258
1999	123	2004	223	2009	258
2000	135	2005	253	2010	267

四、环卫工作

环卫工作对学校在环境卫生方面的发展具有重要作用，肩负着使校园干净、整洁、清新、优美的重要使命。

环卫科负责全校的绝大部分的柏油马路、河边路、公共场所以及部分水面的卫生保洁，负责居民小区的楼门洞内和外环境的卫生保洁，负责马路边绿地内的白色垃圾的捡拾以及树挂的清除，负责全校各种活动的卫生保障，负责全校生活垃圾、绿化垃圾、装修渣土垃圾的收集和清运工作，负责全校公共厕所的卫生保洁工作，负责大部分垃圾桶的清掏，负责雨箅子下垃圾的清掏，负责汛期的排水冬季扫雪铲冰的工作，随着学校的发展，道路面积不断扩大，环卫科清扫面积已达 73 万平方米。

学校环卫工作经历了以下几个发展过程：

（1）1987 年以后成立环卫科，由修缮处管理。

（2）1998 年环卫科由修缮处划归清华园街道办事处管理。2004 年 6 月 1 日更名为环卫中心。

（3）2006 年 5 月 1 日环卫中心被调整到修缮校园管理中心，并更名为环卫科。2007 年 1 月 1 日环卫服务工作走向了社会化，将环卫服务工作承包出去。2009 年 3 月与园林科合并为园林环卫科至今。

五、地下管网信息管理

2006 年，清华大学地下综合管网信息管理系统开发完成。该系统提供了强大的地下管网的数据录入与存储、信息查询与统计、空间分析与决策、数据更新与管理等强大的功能，为校园规划、建设与设施管理等提供了科学的依据，基本适应和满足了学校发展的需要。

第四节　房地产管理

一、房地产管理机构

建校之初，清华学堂即设立庶务处，房屋管理由庶务员负责，在《清华学堂章程》中规定“庶务员分管收发文件，编掌档案、经理房舍、器具、各种设备，以及本学堂各项杂务，均商承庶务长办理”。1952 年，秘书处下设庶务科。1973 年，学校在校务处下设房屋管理科，专门负责房屋管理工作。1985 年后，经机构调整，房产管理科为行政事务处下设部门。

1990—1991 学年度第 12 次校务会议（1991 年 1 月 29 日）决议，成立房地产管理处，撤销房产管理科。房地产管理处的职责为：根据国家有关法律，维护学校房产、地产的合法权益；研究制订住房建设和管理改革方案并组织施行；对房屋和土地的使用用途进行监督；依照学校有关条例和规定，对家属住宅、集体宿舍和公用房屋进行分配和管理。其受学校教职工房屋分配委员会、公用房管理改革领导小组领导。

1992 年 3 月，房地产管理处划归校机关，由学校直接领导。

1993 年 3 月，根据校务会议决定，国有资产管理办公室划归房地产管理处。

1994 年 4 月，1993—1994 学年度第 17 次校务会议讨论通过成立教职工房屋分配委员会。

1995 年 12 月，1995—1996 学年度第 7 次校务会议讨论通过，成立“房改领导小组”。

1996 年，房地产管理处划归后勤，党组织关系由校机关党委转到后勤党委。

1996 年，根据校务会议决定，国有资产管理办公室从房地产管理处划归到实验室与设备管理处。

1996 年 10 月，校务会议决定成立“校公用房管理改革领导小组”。

1997 年 8 月，校务会议决定：为提高效率、加强管理，将“校家属住宅房改领导小组”和“校公用房管理改革领导小组”合并，成立“校房屋管理与改革领导小组”。

2000 年，在负责原有住宅维修的基础上，学校将公用房屋面维修（屋顶防水维修）的职能划归房地产管理处。

2001 年 5 月，为推进学校住房制度改革工作，经学校批准，在校房屋管理与改革领导小组下设立“清华大学住房制度改革工作小组”，由校长办公室、房地产管理处、校工会、人事处、财务处相关负责人组成。

2002 年 4 月，根据学校决定，房地产管理处划归校机关，党组织关系由后勤党委转到校机关党委。

2002 年，由于机构改革，学校将原工程技术部承担的公用房装维修审批职能划归房地产管理处。

2005 年，学校成立招投标工作领导小组，下设综合办公室及三个专项招投标管理办公室，其中房屋装维修招投标管理办公室设在房地产管理处。

2006 年 3 月，经学校决定，由房地产管理处负责组织学校房屋安全检查与维修，并增设综合科。

2010 年 11 月，学校成立文物保护与环境建设领导小组，文物保护与环境建设办公室设在房地产管理处。

二、教职工住宅建设

清华学堂时期，清华园内只有三个旧庭院：工字厅、怡春院和古月堂。修葺之后，投入使用。

工字厅，一半用作行政办公室，一半用作职员和西文部中国教员宿舍。

怡春院，用作庶务长住宅。

古月堂，用作国文部教员住宅。

北院，1909 年至 1911 年建，为美国教员住宅。

1917 年至 1948 年，为教职工营建的各式住宅如下：

甲所，1917 年建，1948 年前为历任校长所居。

乙所，1917 年建。

丙所，1917 年建。

此外，为一般教职员所居住的建筑有：

照澜院，1921 年建；西院，1924 年、1933 年建；新林院，1934 年建；胜因院（平房），1946 年建；胜因院楼房，1946 年建；十四所，1946 年建；普吉院，1937 年建。

校园外的教职员住宅有：西苑一亩园 9 号，清代所建；海淀老虎洞 32 号，清代所建；成府赵家胡同，清代所建；成府槐树街 9 号，1915 年建；海淀泄水湖 8 号，1915 年建。改革开放以来，为解决教职工住房困难，学校通过各种途径不断进行教职工住宅建设，共计建设教职工住宅 120 栋。

（一）校内新建住宅楼房

为改善教职工住房条件，1988 年，学校与北京城市建设第二开发总公司等单位合作建设西王庄小区，其中我校住宅楼包括东南小区（学校命名）1～9 号楼和西王庄 13、14 和 21 号 1 单元，新增住宅 570 套；1992 年学校新建东 11、13、15、16 四栋住宅楼，新增住宅 341 套；1993 年新建普吉 1 号楼，新增住宅 96 套；1995 年至 1997 年新建东 5～9 五栋住宅楼，新增住宅 314 套；2000 年建成 19～23 宿舍，新增住宅 492 套。

（二）筒子楼改造

1999 年，学校开始对筒子楼进行改造，将原单间住房改扩建成为单元式住房，先后完成了 3～8 公寓、15、16 宿舍的改造，通过改造增加单元式住房 508 套。

（三）新征地建房

1995 年，学校在 1986 年征地范围内建设西北小区落成，新增住房 1 076 套。

1995 年，在国家及北京市有关部门大力支持下，清华大学与北京大学共同在蓝旗营建设北大清华蓝旗营教师住宅小区，1999 年建成，新增住房 642 套。

1997 年，学校在原海淀乡大石桥村征地建设荷清苑（大石桥）教师住宅小区，2002 年建成，新增住房 1 039 套。

（四）参与北京市高校房地产公司建房

除在校园及周边建设住宅外，1996 年和 1997 年学校集资购买了 570 套西三旗育新花园和六道口静淑苑教师住宅小区住房，并按房改价出售给教职工。该小区由国家和北京市有关部门牵头集资兴建。

三、公用房与地产管理

（一）公用房管理改革

1991 年，以经济独立核算单位和校内服务单位为试点，在公用房管理中逐步采用收费办法。1993 年 7 月 1 日，校务会议通过了“产业用房商业用房管理办法”和“公用房使用权管理办法”。该办法实质是对出租公用房实行收费管理。1993 年底，25 个公司以及经济独立核算单位与房地产管理处签订了“公用房使用协议”。

1997 年 12 月 2 日，第 5 次校务会议通过公用房管理改革方案。该方案包括《清华大学公用房管理条例（试行）》及与之配套的四个实施细则，分别是：《清华大学院、系、所用房管理细则（试行）》《清华大学党、政机关用房管理细则（试行）》《清华大学后勤用房管理细则（试行）》《清华大学产业、商业用房管理细则》，《清华大学产业、商业用房管理细则》沿用了 1993 年校务会通过的管理办法。

1998 年，依据《清华大学公用房管理条例（试行）》及《清华大学院、系、所用房管理细则（试行）》，学校对全校 24 个单位用房逐一进行定额核算，与各单位签订“公用房使用协议”。根据学校公用房政策，各单位定额内的科研用房和超过定额 20%以内的超额用房按每天每平方米净使用面积 0.3 元的标准收取房产资源调节费，超过定额 20%以上的用房按上述标准加倍收取房产资源调节费。

同时，学校加强校内商业用房的管理，与过去无偿占用学校房产资源的几家商业企业签订用房协议，明晰了学校的房产权益，收取房屋配套设施费，主要包括工商银行校内营业网点等。

（二）公用房调配

公用房调配是学校公用房管理的重要内容。公用房调配主要根据学科布局与发展需要，合理调配用房，积极服务于教学科研工作。

1995 年依照相对集中、兼顾现状、有所改善的原则，网络中心搬入中央主楼，电子系、计算机系在东西主楼分别扩大用房。中央主楼逐步形成以信息学院为主的弱电类学科基地。

1996 年，“泰山工程”所属计算机开放实验室设立在中央主楼一层。

1999 年 6 月起，东西主楼及中央主楼相继进行结构性加固。房地产管理处主持主楼加固期间相关单位过渡用房的搬迁工作。

1999 年，技术科学楼（逸夫楼）落成，材料系、力学系搬入。理科楼（蒙民伟理科楼）落成，物理系、数学系及高研中心搬入。新土木馆（何善衡楼）落成，土木系搬入。原材料系、力学系使用的老土木馆，经加固后，调整给热能系暖通实验室，暖通实验室将三教北侧实验室腾退，安排给土木系。力学系原在新水利馆的实验室，调整给水利系、土水学院。

2000 年，工物馆中原物理系、材料系用房调配给工物系、化工系及化学系。精仪系制图教研组全部从清华学堂迁入 9003 大楼，模型室迁入新水利馆四层。同方公司腾退铸工楼，经装修改造后，校史研究室从同方部、财务处从古月堂西院相继搬入。

2000 年 6 月，因工字厅维修，学生部、研究生院、外办、科研处调整到清华学堂办公。

2001 年，建筑设计中心楼落成，设计院搬入。完成第六教学楼建设用地 5 800 平方米建筑物拆迁工作，机械系机械加工和材料实验室搬迁到西主楼三区四层。党办、校办、组织部、宣传部、人事处回迁工字厅，自动化系（含 CIMS）、电子系、计算机中心回迁中央主楼。在西主楼四区四层设立军工专项实验室。新闻与传播学院设立在旧电机馆。同方公司从人环楼 C 座迁出，附中搬入。

2002 年，收回东南小区商业楼三层和维修楼、照澜院理发馆用房、公寓粮店用房、南楼粮店用房、西南门天然气维修小楼用房。新闻中心的电视台编辑室及演播室从建筑馆、新清华编辑部从工字厅、基金会从胜因院 28 号相继调整到振动小楼，国际处从清华学堂调整到古月堂西院。高研中心扩建部分在理科楼西侧落成。

2003 年，经管学院、工业工程系、BP 中心搬入经管西楼（舜德楼）。5 月，同方公司全部从人环楼迁出，人环楼作为生命医学学科教学科研用房，安排生物系、医学院、化学系三个单位使用。9 月，同方公司从产业楼迁出，调整为核研院教学科研用房并更名为能科楼 A 座，原同方教仪公司在设备处大院的房屋调整为实验室设备处的设备供应服务用房。原南楼粮店调整为离退休人员活动室，原公寓粮店调整为工会活动室。第六教学楼（裕元楼）落成，物理系普通物理实验室从科学馆全部搬入。清华—富士通纳米科技楼落成，纳米研究中心（人员建制归属物理系）搬入。全年共有 17 家院系级产业单位迁出校园，原用房改为教学科研用房。原风光厂被全部拆除。

2004 年，公管楼（伍舜德楼）落成，公共管理学院搬入。信息科学技术大楼（FIT）落成，国家实验室（筹）下属计算机、电子、自动化、微电子、网络技术类实验室和信息技术研究院相继搬入。原单身博士后公寓荷二楼宿舍改为办公用房，数学系搬入。

2005 年，美术学院大楼落成，美术学院从光华路校区整体搬入，继续教育学院陆续进驻光华路校区。清华控股将在华业大厦的使用权退还给学校。

2006 年，学校收回中国租赁公司无偿占用达 4 年之久的通泰大厦 B428 房间（建筑面积达 700.08 平方米）。同年，学校从北京国投节能公司收回了东城区骑河楼街 33 号原清华同学会馆的房屋二、三层的使用权，并腾退使用该房屋一层和地下室的阳江公司。根据学校的要求，两处房屋均对外出租，学校获得稳定的租金收入。医学科学楼落成，医学院搬入。

2007 年，加强扩大用房协议执行力度，规划学科建设公用房储备资源。高研中心、周培源数学研究中心正式搬入加固维修后的科学馆。理科楼扩建部分中，原高研中心用房用于扩大数学系和物理系用房面积。中意清华环境节能楼落成，环境系搬入。

2008年，美术学院光华路校区教学科研用房，全部向学校腾退完毕，学校与继续教育学院办理交接。学校将静斋改做校机关用房，科研院军工部、教培处、经资办、审计室等部处及人事处、校办、国际处的有关科室搬入静斋。

2009年，为百年校庆建设项目用地及大修项目范围内的用户落实搬迁用房。财务处、机械系搬入老环境楼，汽车系搬入11号楼、8食堂、9食堂，校史、设备处、基建处搬入9号楼，学生部、教务处、研究生院搬入12号楼，科研院整体搬入华业大厦。并分别在9号楼、静斋为百年校庆办公室解决办公用房。化工电大楼落成，工物系、化工系、电子系、精仪系、心理系、地球中心等搬入。对化学系、化工系原用房进行整合调整，化工系从老化学馆搬出，化学系从工物馆搬出。

2010年，射击馆落成，武装部射击队和体育部等单位搬入。为支持生物及医学学科发展，继续教育学院从老留学生楼搬出，用于安排医学院和医研院的科研办公用房。为综合科研楼一期建设用地范围内的用户落实搬迁用房。接收永生华清在液晶大楼四层、五层用房，其中部分用于安排法学院和微纳米力学与多学科创新研究中心的科研办公用房。接收启迪股份交还的学研大厦部分用房，用于安排出版社办公用房。

（三）地产与房产的产权管理

“国有土地使用证”和“房屋所有权证”是清华大学依法拥有国有土地使用权、房屋所有权的合法凭证，也是土地和房产进行权属登记的法定凭证。学校非常重视土地和房产的规范化管理，并积极推动“国有土地使用证”和“房屋所有权证”的办理。

截至2007年，在财政部组织的资产清查登记工作中，全校3个校区，共600多栋建筑，入账建筑面积194万平方米（不含已售住宅）、价值34.4亿元，土地入账389.5公顷（不含待征道路，含校园内已售房改住宅用地）。

1.《国有土地使用证》办理情况

2003年至2004年，取得昌平校区核研院5宗用地“国有土地使用证”，取证面积71.3公顷。其中，核研院以原托儿所和三排房用地与南口镇虎峪村所有的西门南侧和北门东侧的土地进行使用权置换，按新边界办理“国有土地使用证”，并按新边界修建新围墙813米。

2004年，取得校本部（万泉河东、南）、大学生公寓和东城区骑河楼清华同学会馆的“国有土地使用证”，取证面积302.1公顷。

2005年，取得蓝旗营教师住宅小区13号楼的国有土地使用证，用地面积6 696.86平方米，并与北京大学就“北京大学关于同意将蓝旗营小区非配套公建用地的土地使用权登记到清华大学名下”问题签订相关备忘录。同年，还取得第一附属医院2宗用地的“国有土地使用证”，用地面积5.5公顷。

2006年，取得蓝旗营教师住宅区、西北教师住宅区的国有土地使用证，取证面积7.3公顷。

2009年，取得天通苑医院用地的国有土地使用证，取证面积8.3公顷。

2010年，取得荷清苑住宅小区、南区锅炉房和紫光交流中心三宗用地的国有土地使用证，取证面积 7.9 公顷。

截至 2010 年 12 月底，学校用地办理“国有土地使用证”面积达 329.3 公顷，约占校园实际面积的 84%。

2. 土地地籍权属确认情况

在办理学校用地“国有土地使用证”的同时，对于无法确界，暂不能办理“国有土地使用证”的宗地，学校也积极进行土地预登记工作，为办证做好准备。

2002 年，通过土地登记，收回原属学校的土地 12 亩（东校墙豁口 6 亩、大料厂北墙外 1 亩、人环楼西侧 1 亩、东南小区 4 亩）。

2002 年，将荷清苑（大石桥）教工住宅小区“建设用地规划许可证”中使用权人由原“清华科教园发展中心”变更为“清华大学”，并进行土地登记。

2002 年，与海淀区水利局达成协议，万泉河流经清华大学的大石桥闸至清华北门桥河段土地使用权以河道两侧石栏杆外沿为界，北门桥与清华大学电厂之间以栏杆北端点外沿与电厂围墙东南角连线为界，清华大学电厂与万泉河之间以电厂围墙外侧为界。

2002 年，与海淀区绿化队达成东南小区用地与双清路市政管理绿地确界和绿地维护协议。

2008 年，取得国务院机关事务管理局颁发的荷清苑住宅小区和紫光国际交流中心宗地的“中央单位在京用地预登记证”。

2009 年，取得国务院机关事务管理局颁发的西王庄住宅小区及东南小区 5 号楼宗地的“中央单位在京用地预登记证”。

3. 土地地籍变更情况

1983 年，清华大学与辽宁省兴城县城市建设局签订协议，以划拨方式取得沟地 0.82 公顷，用于建设疗养院，并于 1993 年取得“国有土地使用证”。1995 年，学校将兴城学术活动中心的土地及房屋有偿转让给兴城市财政局，并进行“国有土地使用证”的使用权人变更。

1989 年，经秦皇岛市政府批准，学校以划拨方式征用秦皇岛市北戴河朝阳路用地 1.24 公顷教学基地用地。2004 年 8 月，学校将北戴河学术疗养中心 1.24 公顷土地的使用权有偿转让给中央纪委北戴河培训中心，并进行了“国有土地使用证”的使用权人变更。

1994 年 1 月 29 日，学校与北京市塑料研究所达成协议，将原在旧鼓楼大街 77、81 号（旧门牌）房产 131 间及宅地 0.39 公顷使用权有偿转移。

1998 年，经政府主管部门批准，同方大厦用地 0.62 公顷土地使用权类型由划拨变为出让，同方公司于 1999 年 2 月 5 日取得“国有土地使用证”。

1999 年，经政府主管部门批准，紫光大楼用地 0.40 公顷土地使用权类型由划拨变为出让，紫光集团于 2000 年 4 月 5 日取得“国有土地使用证”。

2000 年，因中关村西区规划，学校海淀泄水湖 8 号（拆迁时门牌为 5 号）房产和宅地被拆迁占用。共计拆除房间 22 间，建筑面积 334.6 平方米，因无房屋产权证，故没有撤管费用。

2000 年至 2002 年，因市政道路建设，学校在海淀区老虎洞 32 号（拆迁时门牌为 47 号）房产及宅地被拆迁占用，共计拆迁房屋 42 间，建筑面积 2 067.7 平方米。

2001 年，因北京大学科技园建设用地，学校在海淀区北京大学东校墙外成府槐树街 9 号（拆迁时门牌为 10 号)、成府赵家胡同 1 号、薛家胡同 15 号(拆迁时门牌为 12～22 号)的房产和宅地被征用，共计拆除房屋 66 间，建筑面积 1 060 平方米，并给予清华大学一次性所有权补偿。

2001 年，因市政道路建设，学校海淀西苑一亩园 9 号(拆迁时门牌为 20 号)部分房产和宅地被征用，拆除房屋 7 间，还余 1 亩地未被拆迁征用。

2002 年，因圆明园东路市政扩建，学校西校门外校墙 2 米处起至接待中心车队院西北墙 15 米止的 0.17 公顷地被政府有偿征用；同年 6 月，因财经东路建设，政府有偿征用我校学研大厦东南侧土建承包公司材料库用地(属 1986 年代征道路范围)。

2002 年，经江西省政府批准，江西省南昌经济技术开发区与学校签订 27.4 公顷的国有土地使用权无偿出让合同，并为清华大学办理了“国有土地使用证”。2003 年，学校分别将江西省南昌经济技术开发区 7.45 公顷和 19.95 公顷的两宗土地转给诚志股份有限公司和清华科技园(江西)，并进行了“国有土地使用证”的使用权人变更。

2009 年，在进行土地登记时，根据土地局最新钉桩成果，紫光国际交流中心西北角桩点西移 0.26 米，总面积增加 0.91 平方米。

原西单夜大学位于西城区西单石驸马大街 92 号(现为新文化街 32 号)，总建筑面积 1 350 平方米。1995 年清华科技园发展中心在北京市计委申报“211 专家住宅楼”立项，1995 年 4 月 28 日，学校与中国工商银行签订项目转让合同，新文化街 32 号项目有偿转让给中国工商银行。

4. “房屋所有权证”办理情况

从 1989 年开始，学校分阶段集中办理学校房产的“房屋所有权证”。其中校本部房产分 37 个区管理。

第一阶段，截至 1991 年，取得校本部、昌平核研院、三堡基地的“房屋所有权证”，房产办证面积约 98.5 万平方米。

第二阶段，1992 年至 1998 年，取得办理 21 区原产业楼的“房屋所有权证”，全校房产办证面积约 99 万平方米。

第三阶段，1999 年至 2009 年，特别是 2002 年至 2009 年，6 年间分别办理 17 区(东楼区)、26 区(幼儿园)、34 区(西北小区)、35 区(主楼前区)、36 区(华业大厦)、蓝旗营住宅区(1、2、3、7、10、9 号楼)、37 区(紫荆学生公寓区)、16 区社区购物中心和昌平核研院校区等区域多栋建筑“房屋所有权证”，办证面积超过 69 万平方米。

截至 2010 年底，全校房产取证面积约 170 多万平方米。

四、住房分配办法及住房制度改革

1948 年《国立清华大学教职员住宅宿舍租赁办法》规定：“本校为便利同人工作起见，在校内及学校附近备有住宅若干所，以备本校有直系眷属之专任教职员租用。惟若需要住宅之人数超过住宅之数时，本校除设法补贴外，无必须供给住宅义务。”

1952 年院系调整后，学校改变了教职工住房安置办法，基本是实行包下来的政策，即“已婚正式职工，双方户口在京，且北京其他地区无住房者，学校均给予安置住宅房。”但五六十年代，学校住房建设速度跟不上学校规模的发展，致使教职工的住宅分配工作日趋艰难。

1979 年，学校制定了《新建家属住房分配原则》：第一，凡校内的本校教职工，以一定的工龄为基础，按年龄顺序排队；第二，贯彻执行知识分子政策、干部政策、计划生育政策；第三，对工作表现突出、有较大贡献者适当照顾。1987 年 12 月首届教代会第五次会议讨论通过《清华大学教职工住宅分配办法》。1992 年 10 月 24 日第二届教代会第六次会议讨论通过《清华大学住宅分配办法》。

清华大学住房制度改革工作始于 1992 年，并随着国家住房制度改革的进行而不断完善。学校房改大致分为几个阶段：制定住宅分配办法、集资建房、房改售房、住房分配货币化改革及配套政策的制定与完善。

（一）制定住宅分配办法

1992 年 11 月 7 日，校务会议批准了《清华大学住宅分配办法》。办法主要内容是：第一，本校正式在编教职工按照计分排队分配住房，计分分为基本分和附加分；第二，为鼓励教职工在各项工作中多做贡献，成批分配住宅时，保留一定比例作为机动房，用以奖励先进和解决学校发展的特殊需要问题。为适应住房制度改革形势，调动社会力量，共同解决双方职工住房困难，1992 年 12 月 24 日，经 1992—1993 学年度第 9 次校务会议讨论通过了《清华大学教职工住房双方负担实施细则》，该细则作为配套政策，改变了由学校单方负担教职工住房问题的状况。《清华大学住宅分配办法》2000 年 12 月停止使用。

为了缓解学校住房建设资金紧张局面，自 1989 年起开始由学校和教职工所在单位共同出资建设住宅，采取三种办法：

第一，在福利分房基础上，通过单位和个人集资方式扩大部分房源，使部分教职工不参加排队，提前取得分配入住资格，先后有 6 批教职工参加此类集资建房。

第二，采用国家、学校和教师个人共同出资的办法，1998 年清华大学与北京大学共同建成蓝旗营教师住宅小区，其中属于清华住房 642 套。2002 年由学校与教职工个人共同出资建成荷清苑教师住宅小区，新增住房 1 039 套。学校在上述两个小区共向 1 635 户教职工售房。

第三，学校与各单位集资建设青年公寓，各单位按每套 12 万元的价格取得 30 年使用权，自主分配给事业编制青年教师，部分按每套 17 万元集资的住房分配给其他编制人员。青年公寓共建房 492 套，其中院系参与集资建房 283 套，剩余 209 套由学校全资建设。

关于教职工集体宿舍分配与使用，1994 年《清华大学教职工集体宿舍管理办法》中规定：本校事业编制教职工，家住外埠及北京市远郊区县或者家住北京市但不属于“友谊宾馆—北太平庄—健翔桥—清河—马连洼—肖家河—青龙桥—六郎庄—万泉庄—友谊宾馆北口”区域，可以申请入住并使用集体宿舍。1996 年，制定并实施了《企业编制、外协人员用房管理办法》。

（二）房改售房及产权证发放

1996 年启动校内房改售房工作，根据北京市人民政府房改办公室关于向职工出售公有楼房的规定，学校与购房教职工签订《清华大学住宅买卖意向书》，截至 2010 年 12 月 31 日，共出售房改房 3 250 套。根据国家有关规定，学校于 1999 年 9 月停止房改售房。

根据测绘结果，学校在 2004 年至 2007 年完成了购房款结算工作。

2005 年，学校启动为教职工房改购房办理房产证工作。2006 年底，学校开始组织进行《清华大学出售公有住房合同书》的签约工作。截至 2010 年 12 月 31 日，共为 3 009 户购房人签约，其中 2 995 户办理了成本价“房屋所有权证”。

（三）蓝旗营、荷清苑集资建房售房

2008 年，学校制定《蓝旗营、荷清苑住宅小区教职工集资建房购房与房改售房政策衔接的实施办法》，经政府主管部门批准，学校与集资购建住房教职工签订《补充协议》，明确按照房改售房办理“房屋所有权证”，并核定住房面积。截至 2010 年 12 月 31 日，两个小区共 1 604 名购房人签约，学校为蓝旗营住户 624 人办理了成本价“房屋所有权证”。

蓝旗营小区、荷清苑小区实行独立物业管理，成立业主委员会，由业主委员会选聘物业公司。

（四）落实住房补贴政策

根据国家房改政策要求，学校于 2002 年启动教职工住房调查工作，截至 2010 年 12 月 31 日，已收回调查表 14 621 份，并已全部审核完毕。

2002 年 4 月 4 日，《清华大学在职在岗无房教职工住房补贴发放办法》经 2001－2002 学年度第 12 次校务会议讨论通过，对无房在职在岗事业编制教职工发放国家住房补贴和学校附加购房月补贴。

2002 年 12 月 18 日，《清华大学离退休教职工住房补贴发放办法》经 2002 年 12 月 18 日党委常委扩大会议讨论通过，对事业编制无房离退休教职工和住房面积未达标的离退休教职工发放住房补贴。

2005 年 12 月 9 日，《清华大学第二批发放教职工住房补贴实施办法》经 2005—2006 学年度第 7 次校务会议讨论通过，根据《关于完善在京中央和国家机关住房制度的若干意见》（厅字〔2005〕28 号）精神，对《清华大学在职在岗无房教职工住房补贴发放办法》和《清华大学离退休教职工住房补贴发放办法》中规定的住房补贴标准和发放办法进行调整，对在职在岗事业编制住房面积未达标的教职工发放住房补贴，同时停发在职在岗无房教职工校外购房学校附加购房月补贴。

2006 年 11 月 29 日，《清华大学第三批发放教职工住房补贴实施办法》经 2006－2007 学年度第 3 次校务会议讨论通过，对承租学校住房的教职工发放住房补贴。

2007 年 12 月 28 日，《清华大学第四批发放教职工住房补贴实施办法》经 2007－2008 学年度第 6 次校务会议讨论通过。实施办法包括 1999 年后来校并承租公房的教职工住房补贴、院士住房补贴、企业中事业编制在职人员住房补贴、级差补贴、1999 年以后进校教职工进校前住房补贴补发和农转工人员住房补贴等。

2008 年 1 月 4 日，《蓝旗营、荷清苑住宅小区教职工集资建房购房与房改售房衔接的实施办法》经校务会议讨论通过，对蓝旗营、荷清苑集资房与房改售房政策接轨后住房面积未达标的教职工发放住房补贴。

2008 年 6 月，经校房屋管理与改革领导小组审议《清华大学附属医院发放职工住房补贴实施办法》开始实施。

截至 2010 年 12 月底，学校共为 10 958 名在职和离退休教职工（不含附属医院）发放住房补

贴，其中离退休教职工 4 886 人，在职住房面积未达标教职工 2 621 人，在职无房教职工 2 699 人，其他各类人员 752 人（含去世、离职等），发放住房补贴金额共计约 7.26 亿元。

截至 2010 年 12 月底，根据国家相关政策规定，对超过住房补贴面积标准的购房户进行了超标处理，已有 188 户超标住户交纳超标款共 370.9 万元。

（五）周转住房政策与管理

2002 年 4 月起，学校逐步停止福利分房。在不断推进住房制度改革的过程中，学校从 2003 年开始尝试将校内腾退的住房作为周转房租借，以解决学校引进人才和教学、科研、管理等骨干临时周转问题，并制定了相关配套措施。周转房政策分为两个阶段：

第一阶段，《清华大学教师周转公寓租借管理办法》经 2003 年 4 月 23 日党委常委扩大会议讨论通过，周转公寓租金为北京市规定的公有住房租金标准，教职工在租借教师周转公寓期间不享受国家住房补贴；2005 年 4 月 7 日，《清华大学教职工周转公寓租借管理办法》经 2004－2005 学年度第 13 次校务会议审议通过。周转公寓租借时间为三年，房租仍执行北京市规定的公有住房租金标准，租借期间无住房补贴。

第二阶段，《清华大学新租借周转房管理办法》经 2006－2007 学年度第 3 次校务会议通过。此后新引进的高层次人才和各类学术带头人符合无房条件、需要临时安置住房者，可按照《清华大学新租借周转房管理办法》及相关配套文件向学校申请短期租借周转房。周转房租借期限最长不超过 6 年，租金标准为每月 45 元/平方米（使用面积），对按新办法租借周转房的教职工核发住房补贴，对提前腾退周转房的给予租金优惠。该办法中，教工集体宿舍纳入周转房管理。其后，《清华大学博士后租借周转房管理办法》经 2006－2007 学年度第 24 次校务会议审议通过，博士后公寓纳入周转房管理体系与教职工周转房政策接轨。

2008 年 4 月起，按照《清华大学教职工周转公寓租借管理办法》租借学校周转公寓的陆续到期，考虑到教职工实际情况，2008 年 12 月 12 日学校发布《关于做好周转公寓租借期满处理工作有关事宜的通知》（清校发〔2008〕70 号），2009 年 4 月制定《关于做好周转公寓租借期满处理工作有关事宜的实施说明》，就执行过程中的相关问题进行了说明。教职工可以按照《清华大学新租借周转房管理办法》续租周转房，租期三年；租借周转公寓前有承租或已购学校公有住房的，可以由教职工与学校双方共同委托具有资质的评估公司对教职工原承租公房或已购公房（以下简称“原住房”）进行市场评估，根据评估结果学校给予教职工货币补偿，也可以由房地产管理处为教职工调回到原住房或与原住房面积相当的同类住房。2009 年 11 月前，211 名协议到期的教职工均办理了相关手续。

在出台新的住房管理办法的同时，学校不断完善相关管理制度。2006－2007 年度第 3 次校务会议审议并通过了《清华大学教职工承租公有住房管理办法》、2006－2007 年度第 4 次校务会议审议通过了《清华大学离校人员住房管理办法》和《清华大学出国（境）教职工住房管理办法》等。

五、房屋安全检查与修缮管理

（1）房屋屋面防水维修

学校屋面防水维修情况见表 15-4-1。

表 15-4-1　学校屋面防水维修情况　　平方米

维修年度	公用房	施工面积	住宅宿舍	施工面积
2000 年	化学馆	944.6	东南 4	410.6
	教材库	635.5	南 11	981.3
	结构实验室	1 800	南 13	981.3
	精仪系平房（部分）	1 945.4	西 41	791.9
	旧经管楼	1 043.97	西 42	791.9
	旧水利馆	1 081.2	西 45	284.3
	老土木馆	1 195.68	西 46	284.3
	立斋	634	西 47	284.3
	三教（1、2 段）	1 396.58	西 8	595.7
	四教	1 163.26	西北 7	1 136.5
	校医院	1 502.76		
2001 年	化工系风机房	145.86	9 公寓	917.9
	建筑馆南楼	1 486.5	东南 7	972.5
	精仪系平房（部分）	561.13	东南 9	868.4
	三教（3 段）	1 152.9	南 2	739.8
	图书馆	2 477.32	西北 10	1 318.85
	原铸工楼	2 517.15	西北 15	1 059.51
			西北 2	864.5
			西北 16	1 059.51
			西北 3	888.5
			西北 4	669.47
			西北 6	919.84
			西北 9	833.38
			西南 10	563
			西南 13	1 078.5
			西南 20	635.2
			西南 3	393
			西南 4	363
			西南 6	363
			西南 7	1 078.5
			新林院 4 号	240.6
			中 2	551.7
			中 4	551.7
			中 6	551.7

续表

维修年度	公 用 房	施工面积	住宅宿舍	施工面积
2002 年	9003 大楼	4 300	西北 12	919.84
	工会活动室	410	西北 7	1 318.85
	九食堂	733		
	老生物馆	1 242		
	十五食堂	1 070		
	五教	1 654		
	新水利馆	4 805.4		
2003 年	诚斋	780	高 2 楼（部分）	191
	第十食堂	699	西南 11	563
	第十四食堂	750	西南 19	878
	二教	927	西南 9	563
	环境系办公楼	885		
	建筑馆中段、北段	1 617		
	精仪系摩擦学实验室	236		
	旧经管报告厅	374		
	新工物馆七层	371		
	一教平台	145		
2004 年	大礼堂（平顶）	262.5	东 16 号楼	1 734.9
	高压实验室	1 026.5	东 1 号楼	361.8
	计算中心	177.5	东 2 号楼	361.8
	加速器实验室	668	东 3 号楼	361.8
	建筑馆报告厅	496.9	东 4 号楼	361.8
	老图书馆（二期）	1 208.54	东 6 号楼	1 148.3
	清华学堂（局部）	272.19	东南 5 号楼	1 123.3
	燃气轮实验室	220.39	东南 8 号楼	578.93
	土建结构实验室	229.1	明斋	1 811.78
			西南 12 号楼	1 098.9
			西南 14 号楼	1 079.38
2005 年	大五金库	1 964	18 宿舍	402
	工会活动室	825	南 12 楼	883
	化学馆北纺丝小楼	187	南 1 楼	749
	机械工程馆	2 098	南 8 楼	771
	汽车楼北发动机平房	92	西 14 楼	711.67
	图书馆（一期）	3 100	西 1 楼	711.16
	新航空馆（局部）	152	西 2 楼	711.13

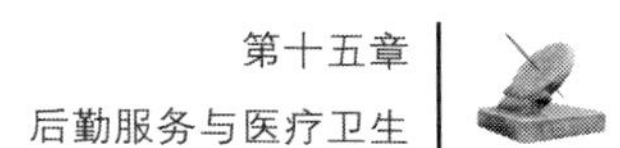

续表

维修年度	公 用 房	施工面积	住宅宿舍	施工面积
2005 年	艺教中心（东侧）	1 105	西北 11 楼	308.93
			西南 1 楼	372
			中 3 楼	569
2006 年	大礼堂（局部）	122.1	1 公寓	686.29
	反应工程楼	510.6	11 公寓	393.00
	工字厅收发室	189	13 公寓	760.00
	广播台	650	14 号楼	2074.42
	华业大厦	1 134	2 公寓	687.2
	老土木馆	1 153.74	东南 9	639.2
	老经管楼	1 258.83	南 0 楼	815.9
	泥沙实验室	3 567.98	南 6 楼	1 054.83
	暖通小楼	259.96	平斋	1 517
	汽车研究所	1 407.92		
	校医院	1 346.8		
	一教	962.00		
2007 年	东门	204.3	26 号楼	1228.3
	高研中心	720	东 13 号楼	1 003.8
	古月堂（部分）	169.6	东 15 号楼	1 244.8
	焊接馆	2 090.16	东 8 楼	951.37
	旧电机馆	1 485.14	南 3 楼	744.8
	旧水利馆	1 125.6	南 5 楼	1 028.59
	理科楼	4 737	南 7（东部）	406
	强斋	434.35	西 43 楼	653.8
	清华学堂	460	西 44 楼	653.8
	设备处小楼	499	西北 1 楼	911.43
	生命科学楼（平顶）	2 582.5	西北 8 楼	355.2
	同方部	542.17		
	西北门	73		
	西门	229.74		
	西主楼过街楼	453		
	振动小楼（东）	138.6		
2008 年	保龄球馆	1 062	15 公寓	796.6
	保卫处办公室	980.4	16 公寓	796.6
	动振小楼（西部）	456	16 号楼	665.4
	荷二	817.44	17 公寓	796.6

续表

维修年度	公 用 房	施工面积	住宅宿舍	施工面积
2008 年	基建小楼	586.8	23 号楼	1 014.2
	留学生楼（二段）	258	27 号楼	914.9
	人环楼	1 110.12	东 11 楼	909.69
	伟伦楼	1 147	东南 2	471.82
	新华书店（局部）	406	西北 10 号楼	1 313.85
	主楼门厅雨罩	615	西王庄 13 号楼	870.6
			西王庄 14 号楼	1 082.38
			中 1 楼	561
			中 5 楼	561
2009 年	汽车研究所	1 109.59	18 公寓	626.69
	生物馆（局部）	620	19 公寓	626.69
			24 号楼	788.92
			25 号楼	788.92
			南 4	763.4
			西 10	772.32
			西 11	772.32
			西 12	559.44
			西 9	568.68
			西北 13	515.17
			西北 14	385.85
2010 年	主楼接待大厅	1 161.56	36 号楼（局部）	234.5
	燃气轮实验室	1 048.3	西南 5	360.06
	档案馆	827.1	西南 15	814.9
	校医院（化验室、手术室）	2 009	西南 16	814.9
	大五金库	2 072.9	西南 17	814.9
	动振小楼	6 236	西南 18	814.9
	化工系高分子实验室	189.75	3 号楼	710
	蒙民伟楼局部	121.8	4 号楼	710
	何添楼（天沟）	285.8	13 号楼	1 781.4
合计		108 394.5		87 457.76
总计	195 852.2			

（二）房屋安全检查与维修

2006 年，房地产管理处成立了房屋安全检查及维修工作组，指导房屋安全检查与维修工作，对发现的隐患进行分析，对拟订的维修方案进行讨论。2007 年至 2008 年，房地产管理处委托海淀区房屋安全鉴定站对学校房屋进行安全普查，2007 年普查面积为 50 万平方米，2008 年普查面积为 40 万平方米。2010 年委托清华大学房屋安全鉴定室对清华附属小学校舍进行了结构安全检测。此外，学校每年对校内重要建筑的避雷设施进行年检工作。

截至 2010 年底，学校对主楼、三教外立面、科学馆、新斋、经管楼房檐、东主楼女儿墙、二教、精仪系大楼檐口及主入口、高 1 高 2 楼外立面、9～12 号楼等十余栋建筑进行了维修；对校医院、图书馆、五教、蒙民伟楼、主楼（局部）等建筑的外立面以及南 8、9 住宅楼的阳台外立面进行了粉刷翻新。2010 年启动新水利馆、清华学堂、大礼堂大修工程。

第五节　学生宿舍与公共教室的管理与服务

一、学生宿舍建设概况及其管理沿革

清华学校最早的学生宿舍设在 1909 年至 1911 年兴建的一院（即清华学堂）、二院和三院，与教室及办公室在一起。1916 年一院东部建成后，学生宿舍由高等科毕业班学生住宿。

30 年代，又接踵盖起了明斋、善斋、平斋、静斋、新斋，其中静斋为女生宿舍。

1949 年后，学校规模不断扩大，学生人数递增，学生宿舍建设一直是学校的重要工作。

改革开放以后，是学生宿舍规模发展最快的 30 年。学校陆续建起 23 栋学生公寓楼。2003 年 9月，学校本科生全部达到国家教委 4 人/间住宿标准，2004 年基本实现硕士研究生 3 人/间、博士研究生 2 人/间，大大改善了学生住宿条件。

截至 2010 年 12 月，全校共有学生宿舍楼 46 栋，建筑面积 441 037.27 平方米，13 417 个房间。清华大学学生宿舍建设情况见表 15-5-1、表 15-5-2。

表 15-5-1　清华大学学生宿舍建设情况

宿舍名称	竣工年份	建筑面积（平方米）	使用面积（平方米）	房间数	房间面积（平方米）	层次	用途改变
二院 三院 一院（西）	1909	1 474 4 540.66 2 325				1 1 2	宿舍、教室、办公合用
一院（东）	1916	2 325				2	东部
明斋	1930	4 417	2 321		12.7	3	教工住宅
善斋	1932	2 200	1 236		12	3	教工住宅
平斋	1935	2 759	1 477			3	教工住宅
静斋	1932	2 109	1 252		12	3	机关办公
新斋	1935	4 050	2 835	192	12.7	3	人文学院

续表

宿舍名称	竣工年份	建筑面积（平方米）	使用面积（平方米）	房间数	房间面积（平方米）	层次	用途改变
强斋	1951	607	351		16	2	机关办公
诚斋	1951	1 760	1 009	60	16	3	房管处饮食中心
立斋	1951	1 760	1 069	60	17	3	办公楼
14、17 宿舍	1952	1 419	650	76	10	3	
15、16 宿舍	1952	4 435	2 067	102	10.8	3	
1 号楼	1954	8 801	4 744	332	12.57	5	
2 号楼	1954	10 160	5 346	397	12.57	5	青年教师宿舍
3 号楼	1954	2 950	1 486	108	12	4	青年教师宿舍
4 号楼	1954	2 950	1 496	108	12	4	青年教师宿舍
5～8 号楼	1957	16 640	8 736	672	12.4	4	
9 号楼	1958	2 956	1 756	85	17.81	4	交房管处
10 号楼	1959	2 532	1 453	102	12.73	4	交房管处
11 号楼	1959	3 636	2 238	110	17.6	5	交房管处
12 号楼	1959	3 686	2 238	110	17.6	5	交房管处
13 号楼	1959	6 200	3 193	112	15.32	5	
16 号楼	1979—1983	3 128	1 633	118	15.6	5	
17 号楼	1979—1983	3 128	1 642	105		5	
18 号楼	1979—1983	2 692	1 437	90	15.6	5	继续教育
19 号楼	1986	2 563	1 181.5	72	15.6	5	继续教育
14 号楼	1985	10 877	3 203	167	15.6	6	
15 号楼	1986	7 400	3 697	237	15.6	7	
21 号楼	1986	2 561	1 181.5	72	14.57	5	继续教育
22 号楼	1986	2 561	1 181.5	72	14.57	5	继续教育
18 宿舍	1985	1 502	940.8	64	14.7	4	继续教育
20 号楼	1987	2 563	1 181.5	72	15.6	5	继续教育
23 号楼	1988	4 595	2 639	160	16	5	
24 号楼	1988	2 924	1 490	105	16	5	
25 号楼	1988	2 924	1 490	105	16	5	
26 号楼	1989	5 585	2 766	192	16	6	
27 号楼	1991	4 036.7		137	16	6	
28 号楼	1990	9 378	4 200	192	18	6	
29 号楼	1995	2 983		106	12.47	6	博士后公寓楼
30 号楼	1996	5 176.68		178	14.88	6	
31 号楼	1998	6 236		213	14.11	7	
32 号楼	1998	6 115.6		187	14.47	7	

续表

宿舍名称	竣工年份	建筑面积（平方米）	使用面积（平方米）	房间数	房间面积（平方米）	层次	用途改变
33 号楼	1999	5 854		120	17.46	7	
34 号楼	1999	6 320		126	17.46	7	
35 号楼	2002	5 108		114	17.46	6	
36 号楼	2002	5 071		121	17.46	6	
37 号楼	2002	4 363		98	17.46	6	
紫荆 1 号楼	2002	17 497.63		428	20.44	7	
紫荆 2 号楼	2002	14 003.62		340	20.44	7	
紫荆 3 号楼	2003	7 590.41		184	20.44	7	
紫荆 4 号楼	2003	15 062.83		356	20.40	7	
紫荆 5 号楼	2003	16 460.43		400	20.44	7	
紫荆 6 号楼	2003	16 460.43		400	20.44	7	
紫荆 7 号楼	2003	6 513.20		156	20.44	7	
紫荆 8 号楼	2003	11 062.41		272	20.44	7	
紫荆 9 号楼	2003	8 396.21		208	20.44	7	
紫荆 10 号楼	2003	5 938.80		148	20.44	7	
紫荆 11 号楼	2003	11 062.41		272	20.44	7	
紫荆 12 号楼	2003	7 590.41		184	20.44	7	
紫荆 13 号楼	2003	4 327.20		100	20.44	7	
紫荆 14 号楼	2004	35 668.5		840	22/32	14	
紫荆 15 号楼	2004	28 683.4		1074	22/32	14	
紫荆 16 号楼	2004	18 458.8		1030	22	14	
紫荆 17 号高培楼	2002-12	23 080.00		874	11	14	
紫荆 18 号高培楼	2002-09	11 288.70		420	12	11	
紫荆 19 号高培楼	2002-09	11 288.70		396	12	11	
紫荆 20 号留学生楼	2002-09	11 036.10		492	12	11	
紫荆 21 号留学生楼	2003-07	11 288.70		478	12	11	
紫荆 22 号留学生楼	2003-07	11 288.70		456	12	11	
紫荆 23 号留学生楼	2003-07	11 288.70		286	12	11	

表 15-5-2　清华大学学生宿舍各时期建设情况

年　份	1909—1916	1930—1949	1951—1959	1980—1997	1998—2010
学生宿舍面积（平方米）	10 664.66	15 535	70 492	76 577.38	441 037.27

清华学校时期，学生宿舍由斋务处管理，西南联大时期由秘书处下设的杂务处管理。

1952 年院系调整后，总务处下设庶务科，负责学生宿舍的管理、保卫、保洁、值班等。

1961 年至 1963 年学生宿舍归行政事务科管理，之后成立生活管理区。

1976 年学生宿舍划归行政事务科管理，宿舍的调整、分配由房管科负责。

1979 年至 1988 年，学生宿舍计划分配由房管科负责，管理由学生宿舍管理区负责。

1989 年 10 月，行政事务处成立学生宿舍管理科，负责学生宿舍分配与管理。

1999 年 1 月，行政事务处改制，成立学生社区服务中心。

2002 年 4 月，学生社区服务中心更名为物业管理中心，全面实行事业单位企业化管理。

2002 年 9 月，紫荆学生公寓投入使用，同年 12 月，紫荆 1～3 号楼通过北京市标准化学生公寓验收，2007 年 6 月 1 日，紫荆 4～13 号楼通过验收。

2004 年，本科生学生公寓试行公寓工作助理制度，2006 年正式实施。

2004 年 12 月，成立“清华大学学生公寓管理委员会”，管委会由物业中心、后勤处、学生处、团委、学生会等 16 个相关部门组成，对学生公寓相关事务进行管理。

2008 年，紫荆学生公寓办公室荣获“北京市青年文明号”称号。

2009 年，学生公寓区事务科进行本科生公寓改革试点，并建立本科生公寓辅导员队伍。

2010 年，“完善公寓工作模式，提高学生生活素质”荣获清华大学教学成果一等奖。

二、公共教室的管理与发展

建校初期，公共教室归庶务科管理，由教务处统一安排使用清华学堂（一院）、二院和三院。1952 年院系调整后，公共教室由行政事务科管理。1955 年后新建一教、二教、西阶梯教室、新水利馆、焊接馆，1959 年又新建了东西主楼、工物馆等。60 年代中期，公共教室建筑面积扩大到 2 万多平方米，教室座位达到 5 000 多个，教室种类有绘图教室、扶手椅教室、活动桌椅教室和固定桌椅教室等。80 年代，又建了三教、四教、五教、文科大楼等一批公共教室，其中大部分是现代化多功能教室，可用于电化教学。

1993 年，全校公共教室建筑面积达到 42 638.36 平方米，座位达到了 14 000 个。2002 年 5 月新建第六教学楼（又名“裕元楼”），共分 A、B、C 三个区，教室 103 间，座位 7 555 个，其中 93 间多媒体教室，是我校目前面积最大、设备最好的现代化教学楼。截至 2009 年 3 月，全校公共教室面积达到52 986.94平方米，座位为 22 862 个。

清华大学公共教室建设年份、建筑面积、座位、多媒体教室情况见表 15-5-3。

表 15-5-3　清华大学公共教室建设年份、建筑面积、座位、多媒体教室一览

教室建设年份	教室名称	建筑面积（平方米）	教室座位数	教室数量	多媒体教室数量	变 更 情 况
1909—1918	清华学堂	4 650	640 464（2010 年维修后数）	15	15	2001 年改为校机关办公用房，2010 年维修后投入教学使用
1909—1912	三院教室	4 540	活动课桌椅			1988 年拆后建图书馆
1934	旧水利馆教室	461.5*	338	6	0	
1952	西阶梯教室	1 132	340	1	1	2007 年改建。 281（改建后座位数）
1952	一教	2 613.2	1 030	9	4	1 095（2011 年座位数）

续表

教室建设年份	教室名称	建筑面积（平方米）	教室座位数	教室数量	多媒体教室数量	变 更 情 况
1954	二教	1 256	645	3	3	665（2011 年座位数）
1955	新水利馆教室	1 612*	1 485	20	11	1 004（2011 年座位数）
1955	焊接馆教室	5 370	400			交机械系教学用
1959	东阶梯教室	289*	407	1	1	361（2011 年座位数）
1959	西主楼 208 教室	300	305			交房管处
1983	第三教室楼	11 104.5	4 074	71	38	4 081（2011 年座位数）
1985	第四教室楼	5 026.87	2 331	23	20	2 223（2011 年座位数）
1985	第五教室楼	3 423.13	1 810	11	8	1 800（2011 年座位数）
1985	文北楼教室	349.2*	672	3	0	387（2011 年座位数）
1986	旧经管报告厅	163.04*	128	1	1	
1995	建筑馆报告厅	470*	615	1	1	
1998	理科楼 1112 室	155	159	1	1	
1999	技术科学楼	660*	648	3	0	
1999	明理楼教室	624.6*	620	4	4	
2003	第六教室楼	34 045	7 555	103	93	

注：* 号表示教室内使用面积。

第六节　食堂管理与饮食服务

一、食堂管理的沿革

清华学校早期，由庶务组管理学生的伙食。1914 年以前，学生不交膳费；1915 年起，才交半费；1918 年起，入学的新生交全膳费，每学期 30 元，7 元钱（银元）一月（相当于一个工人一月的工资），学生的生活相当优越。1928 年后，学生自己组织膳团，管理伙食，实行包伙制。

1952 年院系调整后，成立了由总务长领导的膳食科，仍实行包伙制，12.5 元一个月。固定餐桌，每桌八人、四个菜，由学生自己分份，主食不限量，在明斋后饭厅用餐。同时因学校规模和招生人数的不断增大，学校又兴建西大饭厅，50 年代起又盖起了一批教工食堂和学生食堂。

1959 年至 1962 年期间，校党委根据中央“一手抓生产，一手抓生活”的方针，决定各系自办食堂。

1964 年，为改善大学生的伙食以增进健康，中央决定提高大学生助学金的标准伙食费，由原来的 12.50 元/月，提高到 15.50 元/月。

1962 年下半年至 1965 年，学校陆续将分散的系办食堂收回，统一管理。将原来的行政处划分为行政处和生活管理处，生活管理处负责食堂和学生宿舍的管理，所有系办食堂由生活管理处接管。1962 年冬，学校为了改善全校教工和学生生活，抽调一批职工骨干，奔赴东北克山，办起了克山农场。1963 年秋后，喜获丰收，有 20 万斤大豆和数十吨副食品运回学校，使全校教工和学生的营养状况有所改进。

1966 年至 1968 年，因大部分食堂就餐人数锐减，人力物力浪费太大，合并了部分食堂。1971 年，学校秩序渐复正常，决定由膳食科负责管理全校伙食。

1979 年，学校机构调整，由原来的校务处改为行政生活处，负责管理全校伙食。

1985 年 4 月，行政生活处分为两个处，即行政处和膳食处。

1992 年 12 月 24 日，经 1992—1993 学年度第 9 次会议讨论决定，撤销膳食处，成立饮食服务中心。

二、食堂类型

总体上学校的食堂已经逐渐形成三个类型：福利过渡型、有偿服务型和微利服务型，包括学生食堂、教工食堂、清青快餐系列和接待服务餐厅等。见表 15-6-1。

表 15-6-1　清华大学膳食部门食堂、餐厅建设

建造时间	食堂、餐厅名称	使用面积（平方米）	座位数	备　注
1934	旧北饭厅	2 075		原为三、五、六食堂，2000 年拆除
1952	西大饭厅	2 579		“文革”后改为学生体育场所，2005 年拆除
1952（改建）	旧北饭厅厨房	423		原六食堂饭厅部分，2000 年拆除
1952	一员工食堂	1 300	709	原餐厅部分改为工会俱乐部，2000 年后厨房改扩建为现荷园餐厅
1954（扩建）	旧北饭厅东西厨房	2 075		原四食堂，2000 年拆除
1956	二员工食堂	1 400		现为工会体育活动室
1957	学生七食堂	1 192	420	现改名为清芬园
1959	学生八食堂	1 500		改为保龄球馆，2006 年 9 月移交学校体育部
1959	学生九食堂	1 192	650	2007 年 3 月腾出移交给学校房管处
1960	教工公寓食堂	1 290	550	后改为公寓食堂，现为寓园餐厅
1978	面包房	330		1982 年拆除，原址建十食堂
1983	十食堂	2 900	1 200	现改名为听涛园
1983	运动员食堂	524.8	286	后为 13 食堂，2002 年改为清青快餐
1983—1984	西南楼食堂	165	40	现改名为家园
1983	留学生食堂	1 200	1 560	1993 年由对外交流中心管理，现由继教学院经营
1984	招待餐厅	305	260	现为熙春园
1984	十一食堂	1 330	725	现改名为闻馨园
1984	南楼食堂	953	420	现为南园，2005 年 10 月扩建（将南楼浴室改造合并）

续表

建造时间	食堂、餐厅名称	使用面积（平方米）	座位数	备　注
1985	回民食堂	156	120	2000 年拆除，并入观畴园建筑内
1985	甲所餐厅	450	560	1996 年由接待服务中心管理
1987	干训楼餐厅	500		1996 年由接待服务中心管理
1988	十四食堂	1 337.7	730	现改名为丁香园
1992	十五食堂	1 500		现为食品加工厂
1994	西北区食堂	425	232	现为北园，教工食堂
2001	饮食广场	7 000	2 586	现为观畴园
2003	桃李园	6 354	1 800	
2003	紫荆园	8 221	1 670	
2005	玉树园	2 016	500	
2005	芝兰园	2 016	478	
2009	澜园	3 000	800	2009 年并入饮食服务中心

（一）学生食堂

从 20 世纪 50 年代开始，学校陆续建立了一批学生食堂，包括学生四、五、六、七、八、九食堂，80 年代建立了十、十一、十二、十三（运动员食堂），90 年代建立了十四、十五和留学生食堂。1995 年至 1999 年，自筹资金对学生七、八、九、十、十一、十四、十五食堂等进行了扩建改造，增加了就餐面积，改善了学生食堂的就餐环境。截至 2010 年，饮食服务中心下辖清芬园、听涛园、丁香园、闻馨园、桃李园和紫荆园等 6 个学生食堂。学生食堂总面积 41 600 平方米，学生人均餐厨面积 1.28 平方米。

自 50 年代始，为了给同学营造节日氛围，学生食堂在“五一”“十一”“元旦”以及春节开始提供节日加餐。

学生食堂是福利过渡型食堂，还不能进行全成本核算，要保障学生的基本营养摄入。1993 年开始，饮食中心对学生食堂进行经济贴补，以保障学生食堂必须提供免费汤、粥和低价菜肴，从而满足经济困难学生的就餐。

（二）教工食堂

20 世纪 50 年代成立了一员工、二员工和三员工食堂，80 年代成立了西南楼食堂和南楼食堂，90 年代成立了西北区食堂。2009 年，经学校和后勤调查研究、整合资源，将照澜院购物中心二楼、三楼共计 3 000 平方米左右，交给饮食中心开办成教工餐厅，命名为澜园教工餐厅，我校教职工餐厅的总面积从 6 000 平方米扩大到 9 000 平方米，餐位数从 1 500 个增加到 2 300 个。截至 2010 年底，饮食中心下辖荷园、寓园、南园、家园、北园、观畴园、澜园等 8 个教工食堂。基本上满足了学校教职员工的餐饮需求。教工食堂以减轻教职工家庭劳动负担为宗旨，在办好基本伙食的基础上扩大服务，开展各种便民服务。

教工食堂的定位是有偿服务型，食堂日常运行中心不予贴补，食堂也不上缴利润，各种费用打入伙食成本（不含基础设施）。

（三）清青快餐系列

从 2002 年开始，饮食中心创办“洋快餐”，将经营管理模式引入校园。

2002 年开办了清青汉堡，2003 年开办了清青永和，2004 年开办了清青比萨，2005 年开办了清青休闲，2006 年开办了芝兰自助餐，2007 年开办了清青面吧。这些经营品种从硬件设备、软件管理、服务方式、使用原料等均参照社会上同类型的餐厅，但价格远远低于社会的同类伙食品种，满足师生不同的就餐需求，兼顾社会效益与经济效益。

（四）接待服务餐厅（含甲所、近春园餐厅）

根据学校发展的需要和教职工日益增长的饮食需求，1984 年成立了招待餐厅，1985 年成立了甲所餐厅，1986 年成立了干训楼餐厅（现近春园餐厅），1996 年甲所餐厅和干训楼餐厅交由接待服务中心管理。1993 年初，留学生食堂划归留学生办公室管理。2006 年成立了玉树园餐厅，主要满足紫荆 17、18、19 号楼的高研高培学生的需求，推出高、中、低档点菜包桌形式的餐厅化服务，同时也向广大师生员工开放。

接待服务餐厅的定位是微利服务型，提供性价比高于社会餐饮的伙食品种，截流社会餐饮的部分利润用于饮食中心对学生食堂的各种费用贴补，应对伙食原材料突发上涨时为稳定校内伙食价格而对食堂的贴补，以及基础设施的改造更新等。

三、绿色食品基地与伙食集中加工

（一）绿色食品基地

根据绿色餐饮的概念，饮食中心积极推动绿色食品基地建设。通过筛选和一段时间的试用，2004 年在吉林长白山建立了木耳基地；2006 年在黑龙江庆安建立了大米基地，在大兴安岭呼玛建立了面粉基地，在北京平谷挂牌了鸡蛋基地；2007 年在北京密云建立了杂粮基地，在内蒙古乌兰察布市建立了土豆基地；2010 年在山东蒙阴县和河北张家口建立了花生、玉米等 2 个绿色食品基地，截至 2010 年底，共建立了 8 个绿色食品基地。绿色食品基地的建设对于提高伙食的内在品质，保障食堂饭菜价格的稳定有一定的意义。2007 年，饮食中心在采购部正式设立绿色食品基地服务部，为教职工供应基地的绿色食品。

（二）食品加工生产线

2005 年饮食中心引进乳制品、豆制品生产线，实行集约化加工，每天加工各种豆制品上万斤，乳制品生产线主要生产酸奶、液态奶和冰淇淋等品种，这些豆制品、乳制品丰富了广大师生的伙食结构，使食品质量安全得到了保障。

2005 年从德国进口了先进的肉加工设备，建立了一套冷链物流加工配送系统，集中加工后的肉丁、肉丝和肉片集中配送到食堂，避免了传统加工的反复化冻而造成营养流失，提高了菜肴的口感和肉品的内在品质，有效地提高了伙食质量，降低了伙食成本，兼顾了经济效益和社会效益。

2010 年引进了国内自动化程度较高的饺子生产线，集中加工饺子然后配送食堂，在原料质量、投料配比上保证了食品安全和营养，每小时可生产 15 000 个饺子，各个食堂均取消了饺子制作岗位，达到了减人增效的目的。目前是国内高校伙食行业首条饺子生产线。

第七节　接待服务

一、接待服务沿革

学校最早提供接待服务的主要是招待所，属行政科管理。1952 年后，招待所设在强斋和诚斋。20 世纪 70 年代中期移至荷二宿舍和荷一宿舍的二层。20 世纪 80 年代改建了甲所、丙所、干训楼（现近春园东楼）等，接待能力有了较大提高。20 世纪 90 年代末，学校对接待资源进行了重新配置，将原接待服务部、汽服中心（含加油站）、清华超市、事务组、收发室合并组建接待服务中心，使接待服务中心具有了会议、住宿、餐饮、交通等综合服务功能。2005 年，接待服务中心对运行机制和组织机构进行了调整，围绕构建满足世界一流大学建设需要的专业化接待服务体系的发展目标，确立了将以往解决吃住为主的“招待所”式管理方式转变为“大接待”的发展理念，将单一服务转变为涵盖吃、住、行、开会的“一条龙”综合服务模式，接待水平和服务质量有了新的提升。接待服务中心现有各类会议场所近 20 个；客房 220 多间；甲所和近春园两个餐厅共有餐位 500 多个；车队有校园交通车 5 辆，大、小轿车 16 辆；汽修厂、加油站、洗车部为师生员工提供配套的汽车服务。

二、会议接待服务

2005 年，中心整合会议资源，大力推进“一条龙”会议服务，把接待服务延伸到会议全过程。

2005 年 11 月，中心与校团委合作共建学生礼仪服务队，更好地落实“三育人”思想，体现高校接待服务的特色和文化底蕴；2009 年 6 月，成立了职工礼仪队，为学校重大活动提供专业化的礼仪服务。

2009 年，主楼接待部获得北京团市委“青年文明号”荣誉称号。

近年来，平均每月承担学校重要接待活动 10 余次。

三、宾馆服务

1987 年 3 月注册了“北京清华接待服务部甲所招待所”法人户。

1993 年 7 月注册了“北京清华接待服务部”法人户。

1996 年，甲所和丙所获得北京市“特级旅店”称号，成为北京高校中唯一获得此称号的单位。

1998 年 12 月，正式成立接待服务中心。接待服务中心下设接待部（经营管理部）、会务部（综合业务部）、三产部和办公室。

1999 年 1 月，接收了原行政处行政科的工字厅收发室、事务组、订票组、二教会议室、旧经管报告厅等资源。

1999 年 5 月，在游泳池东侧开设清华超市，2002 年按照校园整体规划，停止了清华超市的营业。

2000 年 3 月开始兴建近春园西楼。近春园西楼共 3 层，一、二层为客房和会议室，三层为学校射击馆。

2001 年开始，接待服务中心接待部开始贯彻实施 ISO 9001 质量管理体系，并于 2003 年顺利通过了英国 BSI 认证公司审核验收，接待服务的规范化水平得到了显著提升。

2004 年 8 月，总务长办公室将位于延庆三堡村的石门山庄转隶接待服务中心管理经营。石门山庄是学校 1959 年建立的绿化基地，2000 年，石门山庄开始为学校博士生论坛提供服务，并逐步成为学校博士生论坛基地。

2005 年底，参照社会宾馆行业三星级标准，对甲所进行了内部装修改造，提高了接待规格和品位。

2007 年底，在中心范围内全面推行质量管理体系，并于 2008 年 12 月顺利通过英国劳氏认证公司审核验收。促进了“从招待所向校园宾馆的转变”。

2009 年底至 2010 年初，为做好百年校庆接待工作，对近春园东楼进行了全面装修改造，增加了电梯、观景房，更新了设施设备。这次装修以“荷塘月色”为主题，以现代简约中式风格为主调，使近春园由一般意义上的宾馆向有特色的校园主题宾馆发展。

四、车队及其他服务

（一）车队

20 世纪 50 年代初组建成立了学校车队，隶属行政处管理。80 年代末，车队拥有大小车辆 50 余部。进入 21 世纪后，随着社会交通事业的快速发展和高校后勤社会化的推进，校内用车需求有了结构性的变化。小轿车多为各单位自购车辆，对大客车的需求较多。2009 年，车队贷款购买 6 辆大客车，同时整合社会资源共同为学校提供交通服务。1999 年，开行校园交通车，年行驶 20 余万公里，年运送师生员工及来校人员 30 余万人。

在 2008 年第二届世界大学生射击锦标赛、2009 年清华师生参加国庆 60 周年庆祝活动以及 2011 年百年校庆等学校的重大活动中，车队提供了有力的交通保障，发挥了积极的作用。

（二）汽修厂

汽修厂组建于 1979 年，当时是车队的附属部门，主要保障车队内部维修需要。1992 年 9 月注册为“清华汽车维修服务部”法人户，对外营业。2006 年 7 月，按照学校后勤的统一管理，变更为“北京育培园商务管理中心汽车修理厂”。2008 年成为“中国人保财险机动车理赔定损中心”。截至 2010 年底，投保车辆达到 1 800 余辆，年承修车辆近 6 000 辆。汽修厂还与学校汽车系开展合作，为科研工作提供一定的支持。

（三）加油站

加油站最初是车队的内部储油点，90 年代初，进行了改造扩建，并注册为“北京清华开拓加油站”法人户，对外营业。2004 年与中石化合作，再次对加油站进行扩建改造。2006 年，与中石化达成了托管协议，既降低了经营风险，又提高了加油站的专业化管理服务水平。

（四）汽车美容部

汽车美容部成立于 1999 年，主要承担洗车、养护及车饰等服务项目，平均每年清洗美容车辆 30 000余辆。从 2007 年开始，中心采取承包的方式进行管理。

（五）收发室

收发室承担着全校机要件、普通信件、报刊等的收发任务，1992 年前隶属校办，1992 年转隶行政处，1998 年划归学生社区服务中心，2000 年划归接待服务中心。收发室年平均收发各类邮件 50 余万件。

第八节　商贸服务

一、学校商业服务沿革

解放前学校的商业服务是以私人为主的个体经济，其中包括华有社、如意馆、公和春等；主要经营服务的项目包括小商店、小饭馆、理发店、缝纫店、洗衣房、汽车行等，地点多分布在海淀镇、成府街、西柳村等处。1937 年清华大学二校门东侧设立邮局；1946 年大陆银行进校，1949 年由人民银行接收，地点在二院。

1948 年成立了清华大学教职员消费合作社，是股份制企业，由教职员以 5 斤小米入股，工人无资格加入。合作社将以前的个体经济逐步管理起来，并且也引进了一些教职员生活用品的经营项目。1952 年成立文化服务部，地点在二院，后引进新华书店。1953 年至 1956 年，商业服务业逐步集中到照澜院地区，且发展较快。

经历了公私合营以后，清华大学教职员消费合作社于 1960 年归口到海淀区学联社（后为海淀区商业局）。以后的清华合作社成为海淀区二商局所属的商服企业，全面负责清华大学教职员工的生活必需品的供应。

改革开放以后，海淀区二商局改制为超市发集团，所属的清华基层商店更名为超市发集团清华分公司，其职能不变。

1980 年清华园街道办事处成立后，开办了一些生产、商业、服务网点。1997 年清华大学正大商贸公司成立，将原有的十几个街道集体企业进行撤并。1999 年接管了超市发集团清华分公司。2002 年 5 月正大公司与街道办事处脱离，实现政企分家，划归清华大学后勤系统管理（见第二十章第十节）。

2003 年之后，以正大公司为主导的清华大学集体经济部分，审时度势，与时俱进，不断调整产业结构以适应社会的发展，一方面加大优势产业的规模与投入，另一方面裁减规模与效益不具竞争力的企业，在集体经济逐渐退出历史舞台和社会化产业竞争日趋激烈的环境下，清华的集体经济虽然受到了很大的冲击，但仍然保持着可持续发展的健康状态。

二、现阶段校园商贸服务

（一）学生超市

清风湛影超市（北京育培园商务管理中心的法人分支机构，2008 年 7 月原属清华物业中心的“清风湛影超市”划归北京清华正大商贸公司），下设三个门店，分别位于学生服务中心地下一层、8 号楼西侧和观畴园地下一层，总经营面积约 1 900 平方米。清风湛影一分店（学生服务中心地下一层）被北京市团委确认为 2008 年度“北京市青年文明号”，2009 年一分店被中国高教学会后勤管理分会商贸管理专业部授予全国高校首批“教育超市样板店”称号。

（二）家属区商业服务

北京清华澜园商贸中心是 1999 年由清华园街道办事处出面接收的原超市发集团清华分公司，其中包括照澜院副食店、食品店、百货店、自选店、西南楼商店、北院商店、机关办公小楼、机关供应点及照澜院 14 号后院等处，约 3 000 多平方米的用房。同年 8 月澜园超市在照澜院开业，经营面积近 1 000 平方米，是当时国内高校第一家超市。

北京清华澜园集贸市场中心成立于 1997 年，2001 年购物中心大楼建成后经营场所在购物中心一层，以个体经营蔬菜、水果、肉、蛋类等副食品为主。2009 年被北京市工商局确认为北京市“双 A 市场”称号。

北京市清华园胶印厂，是北京市的福利企业，1981 年成立，厂址位于一区东侧。现有职工 150 人左右，其中残疾职工 45 人。2000 年至 2004 年被北京市印刷质量管理协会评为“质量管理十佳企业”；2005 年被中国社会工作协会福利企业工作委员会评为“全国优秀福利企业”；2009 年被北京市新闻出版局及北京市人力资源和社会保障局评为“北京市新闻出版和版权工作先进集体”；2005 年至 2010 年：被北京质量协会印刷分会评为“质量管理先进企业”。

北京清华正大服务楼，是北京市的福利企业，1987 年成立，楼址位于照澜院超市北侧服务楼。有职工 22 人，其中残疾职工 10 人。正大服务楼包括一部（服务楼 2～5 层）有客房 66 间 250 个床位、二部（商业楼二层，2005 年 4 月建成，2010 年 10 月撤销）有客房 13 间 30 个床位。

2000 年引进北京银行入驻商业楼一层。

2006 年引进建设银行入驻照澜院商业区和西北商业区。

2008 年 12 月，学校收回购物中心二、三层的使用权，正大公司清退二层粤华园酒楼和三层 13 家个体餐饮户，购物中心二、三层的管理使用划归饮食服务中心。

第九节 医疗与卫生保健

一、校医院概况

校医院位于清华园西北侧，其前身是始建于1911年的清华校医室。“首重预防疾病，增进健康”是校医室创立之宗旨。1962年，校医室改制为校医院。1994年经北京市卫生局批准，“清华大学校医院”更名为“清华大学医院”。1995年通过北京市卫生局等级医院“二级合格”医院的评审。校医院既是北京市第一批社区卫生服务中心机构，也是北京市第一批医疗保险定点医疗机构。

截至2010年底，医院有职工197人。其中主任医师6人、副主任医师48人。全院设有职能科室6个，临床科室8个，医技科室4个，辅助科室4个，住院床位130张，开放105张。年门、急诊量40余万人次。

医院设有口腔防治中心、体检中心等重点科室。拥有心血管、内分泌、神经内科、消化、口腔等一批高水平专家，开放20个专家门诊。医院拥有荷兰Philips 6排螺旋CT机、美国ATL及飞利浦iu22彩色超声诊断仪、德国西门子和日本东芝B超机、德国全自动生化分析仪等一批先进设备和信息化系统。

医院以满足全校师生员工的健康需求为中心，以提高医疗保健服务质量为核心，以为学校分忧解难为基本出发点，将厚德服务作为医院生存和发展的生命线，积极改革，锐意进取，力争建成与世界一流大学需求相适应的，集医疗、保健、预防、康复为一体的现代化社区综合医院。

二、历史沿革

1911年，校医室建立。

1954年，校医室建立党支部。

1962年，校医室改制为清华大学校医院。

1970年，校医院由西大操场西南侧的平房迁至老生物馆。

1985年，成立校医院党总支，并决定在荷花池西北侧（现在位置）新建校医院门诊、住院大楼。1987年11月竣工。医院占地面积13 609平方米，建筑面积达7 105平方米。

1993年5月，“清华大学校医院”更名为“清华大学医院”。1994年10月，北京市卫生局正式批准，同意以“清华大学医院”办理医疗机构注册登记。

1997年8月，北京市卫生局批文，将清华大学医院定为二级综合医院。

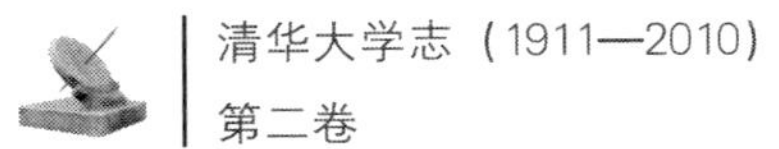

2000 年 11 月，成立清华大学医院党委。

2001 年 4 月，被北京市劳动和社会保障局审核批准为第一批基本医疗保险定点医疗机构。

2002 年 5 月，医院启动改扩建工程，扩建东西过街楼、全面改建口腔科、改造装修南北楼等，总面积达到了 9 172 平方米。

2010 年 9 月，通过二级医院和社区卫生服务中心两种资质认证。

三、医疗工作

内科有心血管、消化、内分泌、神经内科等专业组，不仅能够对大量的常见病、多发病、慢性病进行诊治，而且解决了诸如慢支、肺气肿、呼吸衰竭、心绞痛、心力衰竭等一些难治疾病的诊疗问题，整体内科系统疾病的诊治量及水平在全国高校医院中名列前茅。外科开展最多的是阑尾切除术、疝修补术、肛肠手术、四肢骨折内固定术等手术治疗，外科手术量在北京高校医院中也处于领先地位。口腔学科专业布局全面，技术力量雄厚，医疗质量在本地区具有相当影响力。医技科室设备先进，影像检查、化验检查等相关工作在北京市多次检查中都给予极高评价，其检查结果得到三级医院互认。护理工作在做好基础护理的同时、不断加强专科护理、心理护理，逐步提高护理水平。预防保健方面承担着学生保健、儿童保健、计划免疫、传染病管理、健康教育、心理咨询及治疗等工作，已从单纯的健康体检转变为健康管理。在体检工作中能够准确检查出一些重大疾病，确保患者得到及时治疗。基本做到了对疾病的早期预防、早期干预、早期发现和早期治疗，成为全国高校校医院参观学习的核心内容。

四、预防保健工作

（一）学生保健

清华建校伊始，即实施“德、智、体三育并进”的教学方针，对学生的体格和健康十分重视。校医室配备医师关注全校师生的健康，有明确的体检制度，即每年两次与体育部共同对学生进行全面的体格检查，定期作出病种、发病率、医疗措施等统计和总结报告，并向全校公布，以引起警惕和预防。

医院积极发扬这一优良传统，每年都开展对录取新生进行入学前集中体检和毕业生离校体检工作。大学三年级健康体检制度终止于 20 世纪 90 代末。

每年聘请有经验的医生开设卫生选修课，对学生进行健康卫生知识宣教，效果良好，很受学生欢迎。

医院一直十分重视学生的身心健康。20 世纪 90 年代，设立了心理咨询门诊。聘请三级医院有经验的专家开设咨询门诊。世纪之交，设一名副主任医师专职从事心理咨询门诊工作。针对青年学生的生理、心理的特点，对心理疾病早期甄别、早期干预、早期治疗。

（二）教工保健

1958 年清华校医室与阜外医院合作，在全市医务人员的支持下，进行了“万人大体检”活动，并做到一日完成。对查出的疾病进行了及时的治疗。北京市卫生局对此举给予充分肯定，还召开了现场会。

1959年至1962年，三年困难时期，医务室在各处设立保健站，为了减少浮肿，指导教工生活和身体保健，起到了积极作用。

1981年3月，校医院成立干部保健门诊（102门诊）。

1981年11月，校医院在保健科设立干部教工保健组和学生保健组，分别负责干部、教工和学生的定期体检保健工作。

1984年6月，校医院将干部保健门诊划分为102门诊和202门诊。102门诊负责行政14级和高教6级以上人员的医疗保健工作。202门诊负责副教授、副处长以上干部和7级以上老工人的医疗保健工作。

1988年，经学校同意，医院在保证学校师生员工预防保健和医疗的前提下适当对社会开放门诊、病房、体检及各类检查。

1993年6月，校医院设立体检组，专人负责学校教工的体检保健工作。体检工作逐步走向规范。

1994年11月，校医院成立康复科，建立康复训练室，购置了一整套训练器材。

1998年3月，根据体检需求量的不断增加，医院改变体检模式，每天安排15人进行体检，参与体检科室设专人接待体检人员，保健科负责统一安排组织。周六日也安排业余体检，开始长年不断线的体检工作，并实现了初步的微机管理。

2000年建立了教工信息管理系统、学术骨干健康档案。

2004年根据服务人群的工作及身体特点，开展了多层次的预防保健工作。本着不同人群、不同侧重、不同服务内容的指导思想，通过多种形式完成预防保健工作。

2005年北京市卫生局在全市开展了“创建人民满意医院”达标验收工作，医院取得很好成绩。

2006年成立专门的医疗保健小组，派出专职医护人员，对医疗照顾人员实行一对一的个性化、连续性的健康服务，做到24小时急诊随叫随到，日常管理专人负责，全方位保障他们的身心健康。对院士实行一对一的医疗保健跟踪服务，定期对其进行家庭巡诊、电话巡诊、送药等服务，使每位院士都有自己的负责医生。

2006年口腔科正式启动挂号、收费、就诊一站式服务。

2008年修建体检大厅，完成了体检中心的建设工程，在三楼设立各科体检室，实现体检一站式服务。2008年2月健康管理软件系统正式运行。该软件系统具有发现危险因素、持续高危人群跟踪、疾病监测、人群疾病谱动态分析、对教师疾病谱的长久监测等功能，在教工保健方面发挥了积极作用。

2009年医院制定科室工作考核细则，实施季度考核，大大提高了科室的管理执行力。

2009年医院在甲流防控中因地制宜，创造性地提出了“病人不动，医生流动”工作模式。受到上级部门表彰。

2010年医院完成了用水系统的改造，消除了多年的安全隐患，并完成医院大楼内外的粉刷。

（三）儿童青少年保健

开展儿童体检，计划免疫注射工作。负责对大学生、附中、附小学生进行疫苗接种工作。除对脊髓灰质炎糖丸等8种疫苗进行了一次较大规模的查漏补种工作外，还定期去街道和各个居委会进行查漏补种工作。

（四）传染病管理

严格执行传染病报卡制度。定期进行传染病漏报检查，门诊登记与挂号数相符率为85.3%，经常对辖区宾馆、招待所、工地负责人进行传染病防治知识培训，院内定期进行传染病法规及肠道传染病知识培训。

（五）慢性病管理

按照海淀区卫生局的要求，努力做好本区域高血压、糖尿病等慢性病患者的建档和管理，做好社区慢性病家庭保健员的培训和管理工作。积极开展慢性病的社区管理工作，推动“全民建档”工作，已建立家庭档案3 000多份，个人健康档案10 000多份。

（六）精神病管理

近年来，逐步建立、完善了精神科专家门诊，特邀北大六院康复科专家来我院出诊，对本辖区的精神病人全部进行建卡管理、全面访视和肇事肇祸风险评估。高度重视精神病人的病情监测和危险评估，定期对校园内全部精神病人进行基础资料数据核实更新。对新发现的精神病人、精神发育迟滞人，均及时建立保健卡，纳入系统管理，落实管控措施。每年定期家访精神病人，对其家人进行宣教，使其明确加强精神病人管理的意义和重要性。

（七）健康教育

医院定期编印《保健指南》，举办夏秋季肠道传染病、冬季呼吸道传染病、糖尿病以及艾滋病防治等大型咨询宣传活动，举办各种健康知识讲座，开展各种传染病法规和防治培训，定期为学生上《卫生与保健》课，经常进行各种卫生日宣传、咨询，针对高危人群开展行为危险因素指导的干预活动等。

（八）公共卫生及食品卫生工作

医院一直十分重视学校食品卫生工作。每年定期对校内饮、副食从业人员进行监督检查及从业人员岗前体检。对检出不合格者通知用人单位立即调离岗位，定期督促检查学校食堂的卫生工作，确保学校饮食卫生安全。

（九）提高突发公共卫生事件防控能力

2003年，医院成立了应对突发公共卫生事件管理小组、传染病防治管理小组、院内感染管理委员会，制定应对突发事件预案和相应的规章制度，健全传染病信息报告流程，本着“高度警惕，有效防范，预防为主，常备不懈”的工作原则，加强医务人员传染性疾病的早期识别能力培训，提高疫情的动态监测和疫情动态预测能力，加强演练，提高应对突发公共卫生事件的能力。坚持定期对医院内部及周边进行安全检查，及时发现隐患，及时处理隐患。在“非典”“甲流”防控和学校突发事件中发挥了积极的作用。

（十）社区服务

走进居民区，走进学生区，走进教室，走进军训课堂，开展医学知识的科普教育，是医院坚持已久、不断扩大服务领域的一项长久工作。为了宣传卫生保健知识，丰富居民生活，医院编印的《保健指南》小报从开始医务人员自己发放，到现在患者主动上门索取。

五、公费医疗改革

1952年6月，政务院发布了《关于全国各级人民政府、党派、团体及所属事业单位的国家工作人员实行公费医疗预防的指示》。同年8月，政务院又将享受公费医疗待遇的人员范围扩大到乡干部和大专院校的在校生。北京市卫生局每月按人均1.75元标准拨款，经费主要用于医疗、药品、器械、转诊医药费报销等。

1979年7月，北京市公费医疗预防实施管理委员会颁发《北京市公费医疗管理制度汇编》，研究生列入享受公费医疗范围；1966年5月25日，北京市卫生局、财政局颁布“京卫公第95号”“财行第218号”文件，明确规定清华大学医院和北京大学医院实行收取挂号费1角，其他大专院校收取挂号费5分。学生在本校看病一律收取5分挂号费。明确了干部、高级知识分子享受医疗照顾人员职级范围。

1985年6月，北京市高校公费医疗进行初步改革，经费实行“定额拨款，定项补贴，超支不补，结余归己”的管理办法。规定教工在本单位校医院用药，实行门诊交20%药费，每月享受1元药费补贴，年底超过12元以上部分给予报销。学校实行公费医疗卡片，缴费划卡。

1986年起，公费医疗超支严重。为缓解超支现象，医院除向学校提出每年给予20万～30万元补贴外，还按个人、集体、国家共同承担医药费用的原则进行了改革，即转院医药费个人承担20%，在校医院看病门诊药费个人承担10%，超过56元，年底凭发票给予报销。

1988年至1990年，国务院卫生部、财政部联合制定了《公费医疗管理办法》。1990年北京市政府根据该办法制定了《北京市公费医疗管理办法》。规定千人以上的院校，患者如转外院，自负20%医药费用。住院费超过500元以上部分卫生局给予全额报销。

1994年4月，《清华大学教职工公费医疗改革方案》出台。改革的原则：国家、集体、个人共同负担。学校按教工工龄等级分别拨给每人每月一定数量的医疗津贴，每季度发放一次。一般教工每年门诊、住院费用500元以内自负100%，检查费、治疗费、住院床位费自负50%。经批准转校外费用超500元部分报销90%。校内外总费用，年超过500元部分年底凭收据报销70%，年超过1 000元部分报销85%。102（医疗照顾人员）、离休人员看病不收医药费，也不发医疗补贴。学生看病仍维持原方法不变。

为了进一步加强公费医疗管理，根据（90）京卫公字第100号文件《北京市公费医疗管理办法》和京劳社医保发〔2004〕113号文件《关于进一步加强公费医疗管理等有关问题的通知》的精神和学校公费医疗改革管理办法，校医院又制定了公费医疗报销制度等系列规章制度。

为了方便大家报销医药费，对公费医疗报销方式进行了分阶段、有步骤地改革，取得了很好的效果。

2004年底，为了解决师生员工公费医疗报销排队等候时间过长的问题，校医院与计算中心成立项目组，通过对多种方案的讨论对比，最终确定对原单机版的报销系统升级为网络版的设想。2005年11月，网络版公费医疗报销系统正式投入使用。网络版公费医疗报销系统的运行一方面提高了运算速度，另一方面可实现多人多地点同时报销。大大缓解了公费医疗报销排长队的情况。

从2006年5月开始，校医院会同会计核算中心着手进行下一步改革，解决教职工在校医院就医先交费、后报销重复排队的问题。经过校医院、会计核算中心、计算中心、晨拓公司等单位的密切合作与共同努力，2007年5月23日实现了新旧系统的切换。系统切换后，通过计算机自动对教职工校内、校外看病医药费进行累加计算，教职工在校医院看病，只需交纳个人应负担的医药费部分，做到交费、报销一次完成，不必再另排队报销。

新系统在运算速度和功能方面都有了很大的改进，大大缩短了业务处理时间，增强了数据查询、分析功能，改进了公费医疗管理工作，使得信息化建设在公费医疗管理中迈上了一个新台阶。

六、红十字会

（一）概况

清华大学红十字会成立于1985年1月。为了有利于在学生中开展活动，1987年5月，设立了学生分会。学生分会实行理事会制，在每系设理事。同时建立了救护队，主要协助校医院开展一些体育运动的现场保护和保健知识宣传工作。1998年5月，清华大学被世界卫生组织定为“健康促进学校”（Health Promoting School）示范大学。2005年6月，清华大学红十字会第一届理事会成立。确定了理事会名单和清华大学红十字会以及学生分会的章程。理事会理事由学校各相关部门的主要领导担任，会长由副校长或党委副书记担任，校长和党委书记任荣誉会长，由红会秘书长具体指导红会的日常工作。日常活动由会长、常务副会长和秘书长主持，下设四个部，即组织部、宣传部、培训部和外联部。

红十字会成立二十余年来，始终秉承“人道、博爱、奉献”的红十字精神，以“弘扬人道主义精神，普及卫生救护知识，组织健康基础教育，促进校园文明建设”为工作中心，形成了完善的组织体系和规范的管理制度，开展了一批具有清华特色的，深受广大师生欢迎的活动，已经成为清华园里最具影响力的公益组织之一。清华大学红十字会多次荣获市级先进集体、市级先进集体标兵和中国红十字会先进集体等称号。

（二）主要工作

1. 照顾孤寡老人

1990年，清华红十字会开始了照顾校内孤寡老人的志愿活动，帮助老人搬家、组织新年联欢、陪老人游公园、帮助修理电脑等。

1994年11月又发起了大规模的临终关怀行动。“松堂临终关怀”成为清华大学红会的常规活动，每年组织志愿者参加“松堂临终关怀”活动，到松堂医院照顾住院的孤寡老人，与他们聊天，为他们表演节目，带去温暖和爱心。

2. 开展募捐活动，帮助灾区扶危济困

1991年成立献爱心募捐委员会。曾组织为非洲灾民捐款，为我国灾区人民捐献衣物，支援边远地区医疗仪器，为患肾功能衰竭、白血病、再生障碍贫血和红斑狼疮的学生募集医药费等。

汶川地震、玉树地震、云南盈江地震、日本地震等大型灾害后，学校红十字会员率先发起了

抗震救灾募捐活动。

3. 义务献血活动

我国实行公民义务献血以来，在学校红会的组织下，历年超额完成任务，并被评为北京市先进集体。2001 年，学校开始实施无偿献血工作，在红十字会的精心组织和大家的努力下，逐步形成了“常规活动稳定，应急能力强，献血组织规范，献血人数多”的特点。从 2002 年开始，清华大学成为北京市高校无偿献血试点单位。同年 4 月 7 日，“逢七”献血的形式第一次在清华出现，即每月的 7、17、27 日，由北京市红十字会来校进行采血工作。2006 年，随着国家开始提倡由成分献血代替全血捐献的无偿献血形式，学校红十字会积极改变工作思路，将“逢七献血”改为有规律的“特色专场献血”，主要有“女生节无偿献血专场”“毕业生无偿献血专场”“冬季应急备血专场”“国际志愿者日献血专场”等专场献血活动。通过参加无偿献血和无偿献血志愿服务，提高了清华师生的公益意识和社会责任感。学校献血人数累计超过 10 000 人次，屡次被评为北京市献血先进集体，是北京高校中的献血“团体之星”。

4. 卫生救护知识培训

(1) 1990 年，红会针对新生开展卫生员培训，设立卫生箱，建立了班级卫生员制度，后来卫生员发展为保健干事，2004 年取消。

(2) 从 2000 年起，红会每学期邀请市红十字会的老师为广大同学进行急救培训，合格者发初级急救员证。

(3) 为了适应同学的实际情况和切实需求，2009 年开始学生红会又将急救培训进行了小班化探索，通过小班教学、交流互动的形式，在校园内开展别具特色的急救培训活动。

5. 多种形式的特色活动

(1) 合办同伴教育活动。2004 年春，红十字会学生分会和国际性慈善机构玛丽斯特普国际组织合作，开始了以“关心自己，关爱他人”为主题的同伴教育系列活动。

(2) 举办关爱艾滋致孤儿童夏令营活动。2005 年以来，清华红会每年暑期实践支队，深入受艾滋病影响较严重地区，举办主题为“我们都一样”的关爱艾滋致孤儿童夏令营活动。

(3) 开展民工子弟小学支教活动。从 2007 年起，清华红会联合社会学系开展“关爱民工子弟小学”项目，内容包括资助设备以及开展支教活动，实现了工作的常态化和规范化。

6. 对外交流与合作等工作

清华大学红十字会积极参与对外交流活动，更大范围地推动了清华大学红十字事业的发展。先后与北京大学、人民大学、中央美术学院、首都医科大学等高校红会建立了长期的良好合作关系。

1996 年 11 月 3 日，世界卫生组织顾问 Dr D. E. Stewart 访问清华，听取了学校红会的健康知识教育与健康技能培训工作汇报后，给予了高度评价。

1988 年暑假，清华红十字会员化工系学生李艳梅，随中国红十字会赴联邦德国，参加世界红十字会举办的第 10 届红十字青少年急救知识竞赛，和美国会员合作，取得第三名的好成绩。

1998 年 11 月，接待了世界卫生组织总干事布伦特兰博士等多批国际组织来校访问。

2005 年 3 月 29 日，原全国人大常委会副委员长、中国红十字会会长彭珮云，中国红十字会党组书记、常务副会长江亦曼等一行 8 人来学校，对红会工作进行了调研，听取了学校红会的工作汇报并进行了座谈。

2010 年 11 月，李远翼同学代表清华红会赴西南财经大学参加“四川省第二届高校红十字发展论坛”。

第十六章

经费与财务管理

第一节　美国“退款”办学的由来与金额

1900年（清光绪二十六年），英、日、德、美等八国联军入侵中国，镇压义和团反帝爱国运动，攻下北京，迫使清政府于1901年6月签订了丧权辱国的《辛丑条约》。其第六款议定，清政府赔偿英、美等8国及比、荷等6个“受害国”的军费、损失费等计白银45 000万两，分39年赔偿，因之加39年之年息4厘，息金53 223.815万两，合计白银98 223.815万两。由我国从1902年起至1940年止还清，并以海关税、常关税和盐税抵押，是为“庚子赔款”（简称“庚款”）。

美国从赔款中分得白银32 939 055两，以1∶0.742折算，合24 440 778.81美元，按年利息4厘计，39年利息计28 910 773.34美元，本利共计53 551 551.15美元。

1904年，美国总统西奥多·罗斯福（Theodore Roosevelt）和国务卿海·约翰（John Hay）认为美国向中国索要的赔款“实属过多”。

1905年初，清朝驻美公使梁诚在与美方交涉赔款办法中，了解到赔款数超过美国实际耗费，“美国公私支费实需之数，尚不及半”，因与海·约翰国务卿洽商减收赔款之事，海允为代谋。该年5月，梁诚报告外务部称：“赔款减收似可图成”，并建议“作为设学游学之用”。

1906年美国伊利诺伊大学校长詹姆士（Edmund J. James）给罗斯福总统的《备忘录》中建言：“哪一个国家能够做到教育这一代青年中国人，哪一个国家就能由于这方面所支付的努力，而在精神和商业的影响上取回最大的收获”，“为了扩展精神上的影响而花一些钱，即使从物质意义上说，也能够比用别的方法获得更多。商业追随精神上的支配，比追随军旗更为可靠”，认为“使用那从知识上与精神上支配中国领袖的方式”是控制中国发展的“最圆满和巧妙的方式”。

在交涉中，虽在退款数额及用途上有些波折，但终在1907年6月15日，美国国务卿鲁特致函梁诚，称“总统将在下一轮国会会议中要求授权修改与中国签订的有关赔款的协议，将规定的赔款中超过总数11 655 492.69美元及其按规定利率计算的利息之外的全部中国付款，义务地予以豁免和取消”。1908年5月25日，美国国会通过决议，规定赔款总额“限定为13 655 492.69美元，利息按规定百分之四年率计算”，赔款差额“作为一项友好举动予以豁免”。以后几经来往公函商定中国将用退款办学及派学生赴美留学，不得改作他用。1908年底，美国通知中国修订后的各年应赔款计划和各年退款计划（已扣除1909年以前赔款数）。共计退款数约2 892万余美元，并规定“先赔后退”，此款即为解放前清华办学经费及留美学习经费的来源。

中国按年向美国赔款数及美国按年退款数见表16-1-1。

表16-1-1　历年中国赔款及美国退款数额　　美元

年份	应赔数	退款数	年份	应赔数	退款数
1909	1 022 683.66	483 094.90	1911	1 080 787.54	541 198.78
1910	1 022 683.66	483 094.90	1912	1 080 787.54	541 198.78

续表

年份	应　赔　数	退　款　数	年份	应　赔　数	退　款　数
1913	1 080 787.53	541 198.78	1928	1 329 784.76	790 196.00
1914	1 080 787.53	541 198.78	1929	1 329 784.75	790 195.99
1915	1 264 582.18	724 993.42	1930	1 329 784.76	790 196.00
1916	1 329 784.76	790 196.00	1931	1 329 784.75	790 195.99
1917	1 329 784.76	790 196.00	1932	1 919 967.11	1 380 378.35
1918	1 329 784.76	790 196.00	1933	1 919 967.10	1 380 378.34
1919	1 329 784.76	790 195.99	1934	1 919 967.10	1 380 378.34
1920	1 329 784.76	790 196.00	1935	1 919 967.11	1 380 378.35
1921	1 329 784.75	790 195.99	1936	1 919 967.09	1 380 378.43
1922	1 329 784.75	790 195.99	1937	1 919 967.09	1 380 378.43
1923	1 329 784.75	790 195.99	1938	1 919 967.11	1 380 378.35
1924	1 329 784.76	790 196.00	1939	1 919 967.10	1 380 378.34
1925	1 329 784.75	790 195.99	1940	1 923 374.12	1 380 378.36
1926	1 329 784.76	790 196.00	尚不足	3 407.02	
1927	1 329 784.75	790 195.99			

第二节　经费收支

一、1949 年以前

(一) 1909 年—1937 年

在这期间，留美及学校办学经费预算收入，依据美国历年退还赔款数额大体是从 1909 年至 1914 年，每年约 50 万美元；从 1915 年至 1931 年，每年约 70 万～80 万美元；从 1932 年至 1937 年，每年约 138 万美元。

在经费支出使用方面，从开办初期到 1916 年没有固定额度，它是随留美学生人数与学校发展规模而定。没有用完的“退款”，积存起来，作为清华基金，由外交部直接掌管，是为清华基金的由来。1917 年起，规定清华学校经费每月以 2.9 万美元为定额（年总数为 34.8 万美元），留美经费每月以3万美元为定额（年总数为36万美元），两项共约70万美元。1929年8月，清华大学将全部基金移交由“中华教育文化基金委员会”（简称“中基会”）代管。移交的基金及待收基金总数为国币774万余元。另有不可靠之基金（不能兑现的证券与银行存款）85万余元。

1929年6月，教育部批准的《国立清华大学校务进行计划大纲》（简称《计划大纲》）规定：从1929年至1931年由中基会代领的美国退款（年总数为79万余美元），除拨汇留美经费外，余款全部拨作清华大学经费（年总数为40余万美元）。从1932年起按美国退款计划，年总数由79万余美元增加为138万余美元。《计划大纲》规定，清华大学年经费限定为国币120万元。

1932年国民政府停付美国庚款一年。当年，美国也就没有“退款”。清华经费突然中断。学校几经交涉，才由财政部借垫了国币100万元，作为学校的维持费。1933年7月起，中基会才开始按《计划大纲》办法，每月拨付清华经费国币10万元（年总数120万元）。此外，当时学校还有少量直接收入，包括房地租、学生交费、利息、杂项等收入，全年共约4万元。这样，学校全年总共收入约124万元。支出部分，经常费约100万元（其中俸给约60万元，办公费13万元，购置图书仪器费25万元），建筑费20万元。每年节余款项可作为下一个年度的特别建筑费，大约在20万元。故这一时期增建了一批系馆及实验室。

1912年至1937年学校历年经费收支情况见表16-2-1。

表16-2-1　1912年—1937年学校历年经费收支情况　　元（国币）

年度	收　入	支　出
1912	696 296（443 752）[①]	620 875（392 827）
1913	1 216 674（806 357）	942 172（609 113）
1914	1 569 695（1 142 187）	1 008 679（626 500）
1915	2 044 641（1 328 712）	1 166 710（654 956）
1916	2 479 215（1 068 348）	1 398 209（648 139）
1917	2 354 913（1 176 854）	1 537 264（666 354）
1918	1 713 757（1 010 338）	1 363 687（708 805）
1919	1 566 723（987 858）	1 291 937（776 473）
1920	1 612 939（1 031 314）	1 383 773（852 417）
1921	1 941 477（1 216 538）	1 674 592（963 350）
1922	1 915 616（1 335 453）	1 658 464（1 092 861）
1923	1 805 630（1 167 628）	1 689 747（1 127 781）
1924	1 964 875（1 344 664）	1 761 970（1 151 199）
1925	1 969 876（1 255 730）	1 901 533（1 185 496）
1926	2 197 464（1 401 437）	1 944 101（1 178 090）
1927	2 332 776（1 460 644）	2 033 381（1 201 744）
1928	1 968 086（1 223 824）	1 620 857（895 175）
1929	1 898 723（812 295）	1 864 871（876 299）
1930	2 470 746（683 983）	2 165 025（713 246）
1931	2 438 782（缺）	1 789 559（缺）
1932	1 156 172.80	1 124 782.84

续表

年度	收　　入	支　　出
1933	1 249 358.49	1 193 281.19
1934	1 257 535.44	1 247 861.63
1935	1 280 831.03	1 170 678.07
1936	1 267 176.00	（缺）
1937 上半年	574 000.00	418 996.00

说明：① 括号内数字为留美学生经费，“缺”为缺失该数字。
② 1932 年后不含留美学生经费。

（二）1937 年 8 月—1946 年 7 月

1. 长沙临大、西南联大经费概况

1937 年 9 月起，政府因抗战而缩减文教经费开支，把已经核定的各国立院校的经费都改按七成发给。9 月 27 日教育部决定，长沙临大的经常费，由北大、清华、南开三校原有经费的七成中提出半数来解决。即北大每月 27 416.65 元，清华每月 35 000 元，南开每月 9 333.33 元，共计每月 71 749.98 元。至于长沙临大的开办费，按 20 万元之数进行预算并报部核定。

1938 年 5 月西南联大初建时，联大的经费仍由原三校经费的七成中拨给，但教育部规定，七成中的四成拨给联大，所余三成上交教育部，以作为统筹救济战区专科以上学校学生及办理高等教育事业之财源。至于三校各自设置的昆明办事处的经费开支，则由教育部在所扣留的三成经费内酌量发给。1939 年庚款再度停付，清华经费来源也告中断。西南联大经常费与临时费完全改由政府负担，按照核定的预算发给，由三校分拨经费的情况亦告终结。

1940 年，联大岁出预算数约在 180 万元。且物价高涨，国币不断贬值，每年预算数几乎成倍猛增。政府还一再拖延发给，致使学校当局只好靠借贷度日，以“应收未收款”作为抵押，向银行透支、借贷。自 1940 年起至 1945 年，联大借款的本息累计共达 1 400 余万元。

西南联大的校舍建筑及购置图书设备所需的临时费，在学校初建时，政府未予解决。经过一些教授与学校当局的奔走，才先后得到中英庚款董事会补助 25 万元及中华教育文化基金董事会（简称中基会）补助 15 万元。1941 年，教育部才拨给设备费 3.8 万美元，其中以 1.54 万美元作图书购置费，以 1.5 万美元作仪器设备购置费。此外，联大有少数系，如社会学系、航空工程学系等，因政府在政治、军事上的需要，曾得到有关部门的补助。

长沙临大、西南联大历年经费支出预决算情况，见表 16-2-2。

表 16-2-2　长沙临大、西南联大历年经费支出预决算数额　　元（国币）

年　　度	款　　别	预　算　数	决　算　数
1937-09—1938-04	长沙临大经费	574 000.00	418 966.74
1938-05—1938-12	西南联大经费	501 000.00	489 906.72
1938	西南联大建置费	70 000.00	70 000.00
1939	西南联大经费	1 036 000.00	1 035 998.74
1940	西南联大经费	1 819 734.72	1 814 724.74

续表

年　度	款　别	预 算 数	决 算 数
1941	西南联大经费	3 217 423.68	3 018 138.44
1942	西南联大经费	6 101 167.72	缺支出决算数
1943	西南联大经费	9 456 416.00	
1944	西南联大经费	11 638 699.00	
1945	西南联大经费	42 755 400.00	
1946	西南联大经费	70 793 000.00	

2. 清华办事处经费概况

在昆明，清华除了参与西南联大和北大、南开联合办学外，清华本身还有留美学务及特种研究所等独立的业务，需要经费。在联大开办初期，清华经费概算仍按抗战前所规定的全年总数120万元。1938年4月19日，清华校务会议议决："本校每月经常费自本年三月份起至十二月份止，其用途支配如下：拨付联大经费4万元；本校用费及校务保管费1万元；补付本校长沙建筑费3万元；办理本校各研究事业经费3万元；捐助联大建筑费1万元"。1938年8月4日，梅贻琦在清华校务会议上报告："联大下学年增设航空工程学系，所需资金2万余元，暂由本校担付。"

1939年1月，"庚款"停付。清华经费无着。经几度磋商，财政部作出决定，"鉴于清华基金项下资产值2 000万元以上，每年均有相当利息收入，过去虽有规定利息要逐年滚入基金不得动用，惟在此抗战非常时期经费困难，不妨暂时移用，其不敷之数，准向银行抵借，由财政部担保。"当年，学校及留美经费概算为159万元，其中基金会可用之利息收入约95.2万元。不敷之数为64万元，由财政部担保向银行透支。主要支出为：①拨付联大经费全年48万元；②特种研究费38万元（其中，农业研究所9万元，航空工程研究所6万元，无线电学研究所7万元，金属研究所7万元，国情普查研究所4万元，航空工程学系设备费3万元，补充期刊费1万元，学术刊物出版费1万元）；③留美经费73.3万元。

1941年12月，太平洋战争爆发，学校在美存款被美国政府冻结。留美公费生及休假教授出国研究经费，只能从华美协进社代管的留美经费结余（约有十几万美元）中拨付。

1944年3月4日，梅贻琦在清华评议会上报告："沪、港陷落以来，本校经费由教育部核准，经财政部保证，转向四行借款。计去年（注：1943年）数额为150万元，其支配要项为：特种所及办事处经费100万元；拨补联大研究院补助费25万元；本校保管救济费8.25万元，共计133.25万元。其余16.75万元为备用金。在上年度中物价高涨，经费不敷，当照政府规定追加五成，除以备用金16万元补充外，尚少领40余万元。本年度经费照政府再加三成之规定约计为250万元，留美公费生川资除教育部拨20万元外，约尚需50万元，归还上年亏垫50万元，备用金暂列50万元。以上共计为400万元。后经部核定借款360万元（备用金只准列10万元）。"

清华昆明办事处从1938年至1945年，除以上所述1939年及1943年经费收支情况外，其他各年经费支出情况为：1938年1 698 259.26元；1940年1 814 724.74元；1941年3 018 138.44元；1942年1 979 402.40元；1944年4 527 461.70元；1945年11 500 000.00元。

（三）1946年8月—1948年12月

1946年7月学校复员北上后，各项经费由政府拨款。由于拨款数量有限，且货币贬值，物价飞涨，学校经费极度困难。在此期间，学校积极争取动用清华基金利息，以购置必要之图书、仪器设备及改善教师待遇。

1. 政府拨款情况

1946年8月至12月，政府拨款共39.22余亿元（按物价指数折抗战前国币45万余元），其中：修建费为28亿元，占71.4%；薪俸7.2亿元，占18.4%；学生公费3.03亿元，占7.7%，而购置图书仪器费为0。由于抗战中校园被日军破坏严重，所拨修建费，远远不敷所需。

1947年度政府拨款共276亿余元（按物价指数折抗战前国币46万余元），其中：修建费为75亿元，占27.1%；薪俸为118.07亿元，占42.7%；学生公费46.08亿元，占16.6%；办公费16.7亿元，占5.8%；图书仪器费21.52亿元，占7.8%。

1948年度政府拨款共折金圆券255万余元（按物价指数折抗战前国币约24万元），其中：薪俸172万余元，占67.7%；学生公费39万余元，占15.4%；办公费18.1万元，占7.1%；而购置图书、仪器及修建费均分别只占8.4%及7.1%。可见拨款主要应付人员薪金及学生公费的开支。

1948年12月13日，清华园临近解放，梅贻琦在北平城内，聘请许振英等5人组成清华留城教职员联络会，并商定南京汇来的清华款项由北大代领代存银行，联络会需用款时，向北大领取支用。此情况维持到1949年2月，由学校派员进城接管清理。

从1946年下半年至1948年底学校各项经费收支情况，见表16-2-3。

2. 清华基金利息动用情况

关于清华基金情况，1947年1月9日蒋梦麟复函梅贻琦，谓："中华文教基金会复称，1945年12月31日该会纽约财务委员会报告基金为美金4 323 000元，利息全年净收15万元。国币部分基金价值目前无法估价，利息亦不可确定。"

1947年2月21日，学校向教育部报告："请于今明两年提拨基金利息100万元（注：美元），作补充图书设备之用。"4月3日教育部批复："经转教育文化基金会，先拨50万元。"学校对此50万美元用途支配为：图书馆2万元，文学院4.5万元，理学院11.5万元，法学院4.5万元，工学院16.1万元，农学院4.4万元，特别研究费5万元，装运保险等费2万元。

1947年8月26日，学校再次向教育部报告，谓："据中基会财务委员会报告本校基金美金利息每年约可有十三四万美金，兹拟请通知中基会自本年度起将该项利息全数拨交本校支用，其用途拟以其半数（六七万美金）作补充图书仪器之用，以四万元作留美公费生费用，以三万元作校中教授出国研究补助费。""再以上用费预算于最近七八年内可无庸改动……今后七年内无需再行渎请。"12月20日，教育部发来代电，告知已批准以上报告，中基会已来笺函表示将"按年扫数照拨"。

1948年12月15日，清华园解放，清华基金去向问题，在1949年2月16日学校向北平军管会的报告中提到："此款存在纽约华美协进社及银行，由原任校长梅贻琦先生亲自经管签字支付。梅先生离校后，助理梅先生经管此事之秘书李天璞亦已于战事发生前辞职，经查收支总账未获确切，余款数目不详，款亦均在美国，无从查考支用"。（1950年，梅贻琦在美国接任中华教育文化基金董事会驻美机构——华美协进社的常务董事，继续经管清华基金。1955年梅贻琦由美抵台，开始用清华基金在台湾筹办"清华原子能科学研究所"，后来逐步发展为新竹清华大学。）

表 16-2-3　1946 年 8 月—1948 年 12 月学校各项经费收支情况

元

项　目	1946 年（8 月—12 月）平均批发物价指数[①]：8658			1947 年（1 月—12 月）平均批发物价指数：59558			1948 年（1 月—12 月）平均批发物价指数[③]：10666464（31999392）		
	法币	折战前国币	比例（%）	法币	折战前国币	比例（%）	金圆[④]	折战前国币	比例（%）
图书仪器	——	——	——	2 152 556 721.42	36 142	7.8	212 487.04	19 921	8.4
薪金	720 939 000.00	83 288	18.4	11 807 914 266.00	198 259	42.7	1 728 545.45	162 054	67.7
学生公费	303 104 819.60	35 017	7.7	4 608 064 578.4	77 371	16.6	393 903.73	36 929	15.4
办公费	98 175 876.00	11 342	2.5	1 607 228 156.40	26 986	5.8	181 998.50	17 063	7.1
修建费	2 800 000 000.00[②]	323 475	71.4	7 500 000 000.00	125 928	27.1	36 166.67	3 391	1.4
总计	3 922 219 695.60	453 122	100	27 675 763 722.56	464 686	100	2 553 101.39	239 358	100

注：① 前北平四联征信资料，1936 年全年平均等于 1。

② 该项修建费特别支出，主要为建造住宅宿舍。

③ 12 月份指数未发表，该月份指数系估计数，括号内为法币物价倍数。

④ 8 月 19 日以前系法币支出，以后为金圆支出，法币部分已折合为金圆。

二、1949 年—1997 年

1949 年 1 月 11 日，校内结存款共 206 519.1 元。1 月 24 日恢复与北平城内的交通，从北京大学处收到代管余款 190 余万元，整理收回各项账目余款 20 余万元，共 200 余万元，折合人民券 20 余万元，作为旧管部分转入新户。

1949 年 2 月 2 日，校务会议临时主席冯友兰报告，谓："军管会文化接管委员会钱俊瑞来函，称'清华大学经费问题，业经军管会决定，自一月份起，按去年十一月份标准，编造预算具报军管会核发，此次并再发给人民券 100 万元及粮食 15 万斤，先作维持之用'。"此后，从 1949 年底至 1979 年，近 30 年时间内，学校各项经费来源单一靠政府财政拨款。从 1980 年起，逐步实行以财政拨款为主，多渠道筹措经费的办法，建立了学校基金。

（一）教育事业费

从 1949 年底起，由学校编制年度经费预算上报教育部，经部审查和综合平衡后，核定学校的年度教育事业费预算，按月或按季核拨。这期间，从 1958 年至 1976 年，随着国家政治、经济状况的变化，拨款经费数额有所起伏。1958 年拨款为 800.8 万元，1959 年拨款增至 1 437.9 万元。紧接着国家经济发生困难，1962 年拨款降为 971.9 万元。随着国家经济的调整复苏，1965 年拨款增为 1 445.8 万元。1966 年 6 月开始，国家经济受到破坏，学校瘫痪，工作停顿，经费拨款逐年下降，从 1967 年的1 000万元降至 1969 年的 677 万元。

1970 年开始，改由北京市教育局对清华核定经费年度预算和核拨经费。随着恢复招生，在校学生人数逐年增加，经费拨款逐年有所回升。从 1970 年的 786.7 万元增至 1976 年的 1 376 万元。1979 年学校经费预算和拨款又归属教育部，教育事业费预算分配拨款数额的确定，实行"基数加发展"，即按原有规模及各种日常经费开支需要核定拨款基数数额，而后在这个基数上，根据学生净增人数和财力状况加上发展经费来核定全年预算。当年核定清华教育事业费为 2 146.7 万元。随着学生人数的增加和学校工作的发展，拨款数额逐年稳步增长，到 1984 年拨款数为 3 373.1 万元。

根据上级有关规定，1980 年以前，学校教育事业费结余，年终由开户银行自动注销上交财政部。从 1980 年起实行"预算包干，结余留用"的办法，即年终结余全部留归学校结转下年度支配。

1985 年 1 月，教育部把教育事业费预算分配办法由"基数加发展"改为"综合定额加专项补助"。综合定额由人员经费和公用经费两部分组成，专项补助视各校各种特殊情况进行考虑。实行新办法后，当年预算拨款数为 3 562.5 万元。这个办法一直延续下来，1993 年预算拨款数为 6 542.3万元，1997 年预算拨款数为 15 558.6 万元。

教育事业费的支出，主要包括工资、补助工资、职工福利费、人民助学金、公务费、业务费、修缮费、设备费等部分。

1988 年，教育事业费总支出 4 516.5 万元中，用于工资、补助工资、职工福利费、人民助学金、离退休人员费、主副食品价格补贴等方面的人员经费 1 794.3 万元，占支出的 39.7%；公务费 827.2 万元，占 18.3%；修缮费 324.4 万元，占 7.2%；业务费 702.4 万元，占 15.6%；设备费 797.4 万元，占 17.7%；其他 55.7 万元，占 1.2%；差额补助费 15.1 万元，占 0.3%。该年平均每个学生培养费用为 2 494.95 元。

1991年，教育事业费总支出5 768.3万元中，用于人员经费2 191.3万元，占38%；公务费1 250.7万元，占21.7%；修缮费472万元，占8.2%，业务费927.5万元，占16%；设备费853.8万元，占14.8%；其他73万元，占1.3%。该年平均每个学生培养费用为3 297.49元。

1993年，教育事业费总支出8 112万元，用于人员经费3 653.4万元，占45.04%；公务费1 254.3万元，占15.46%；修缮费582.4万元，占7.18%；业务费1 217.7万元，占15.01%；设备费1 330.2万元，占16.4%；其他74万元，占0.91%。该年平均每个学生培养费用为4 432.82元。

1997年，教育事业费总支出16 620.9万元中，用于人员经费9 936.7万元，占59.8%；公务费2 461.9万元，占14.8%；修缮费1 327.5万元，占8.0%；业务费1 306.8万元，占7.9%；设备费1 079.7万元，占6.5%；其他508.3万元，占3.0%。该年平均每个学生培养费用为6 996.08元。

1950年至1997年学校历年教育事业费收支情况，见表16-2-4。

（二）基建经费

1949年至1953年，北大、清华、燕京联合组成三校建委会，这期间，清华建成一批教室及教工、学生宿舍。1954年学校成立基建委员会，决定学校基建由学校自营。基建经费由国家拨款，进行单独核算。从1954年起，随着国家政治、经济状况及学校事业发展情况，各年基建经费拨款数有较大差别。1963年开始，有些年份学校基建投资经费除了国家拨款之外，还有学校自筹经费。

1954年至1957年，这4年期间学校经批准的基建计划投资款共1 674.5万元，全部由国家拨款。完成投资1 306.1万元，为计划投资的78%。其中建成的主要建筑有：新水利馆（109万元；该数字为该建筑物的造价数，下同），学生宿舍1～4号楼（288万元），焊接金相实验室（43万元），土木施工实验室（31万元），汽车实验室（27万元），第二教室楼（15万元），高压实验室（13万元），水利枢纽（17.9万元），以及教工宿舍3～12公寓、学生宿舍5～7号楼、五饭厅、七饭厅、二员工食堂等建筑。

1958年至1966年，这9年期间学校经批准的基建计划投资款共4 601.1万元，其中国家拨款4 416.3万元，占95.98%；自筹资金184.8万元，占4.02%。完成投资2 821.2万元，为计划投资的61.31%。其中建成的主要建筑有：中央主楼（571万元），东西主楼（374万元），精仪系馆（263万元），工物馆（100万元），试验电厂（111万元），屏蔽反应堆（54.2万元），试化厂教学楼（45.7万元），高压锅炉房（24万元），以及学生宿舍8～13号楼、教工宿舍15～17公寓、三员工食堂、附中教学楼、附中宿舍等建筑。

1967年至1976年，这10年期间学校经批准的基建计划投资款共1 305.5万元（不含国防科工委给试化厂的基建拨款），其中国家拨款1 184.8万元，占90.75%；自筹资金120.7万元，占9.25%。完成投资799.8万元，为计划投资的61.26%。其中建成的主要建筑有：机械厂（50万元），其他多数为校内教工宿舍楼和零星建筑。

1977年至1984年，这8年期间学校经批准的基建计划投资款共5 855万元。其中国家拨款为5 680万元，占97.02%；自筹资金175万元，占2.98%。完成投资4 954.4万元，为计划投资的84.62%。其中建成的主要建筑有：泥沙实验室（119万元），第三教室楼（340万元），学生10、11食堂（97万元），加速器实验室（78万元），南区供暖锅炉房（212万元），学生宿舍16～18号楼（164万元），变电换热站（120万元），照澜院商店（35万元）以及教工宿舍西南区、南区、中区各楼和学生、教工食堂等建筑。

1985年至1993年，这9年期间学校经批准的基建计划投资款共25 366.4万元，其中国家拨

表 16-2-4　1950 年—1997 年学校教育事业费收入及实际支出情况

年度	教育事业费收入（万元）				教育事业费支出（万元）															
	合计	本年财政拨款	抵支收入自动增加数	其他增加数	合计	工资	补助工资	职工福利费	人民助学金	离退休人员费	主副食品价格补贴	公务费	修缮费	业务费		设备费		其他费用	差额补助费
														小计	其中科研业务费	小计	其中科研设备费		
1950	108.9	108.9			108.9	62.8	0.5	0.3	11.2			3.5	2.5	22.8		5.3			
1951	157.0	157.0			157.0	68.3	0.5	1.4	13.9			22.9	8.9	14.6		26.2		0.3	
1952	361.7	361.7			313.1	93.7	1.8	1.0	44.8			36.0	11.7	14.3		105.1		4.7	
1953	558.9	558.9			552.2	121.0	2.6	3.2	81.4			44.5	41.4	40.9		196.1		21.1	
1954	538.2	538.2			527.4	130.9		9.2	83.5			49.1	3.4	41.6		169.9		39.8	
1955	677.6	677.6			648.1	148.2	0.2	8.1	91.6			43.6	28.5	65.9		225.8		36.2	
1956	743.3	743.3			748.0	208.7	2.3	12.6	97.1			60.0	38.5	102.8	3.9	213.3	5.9	10.6	2.1
1957	802.6	802.6			774.5	237.1	2.9	19.0	121.1			59.1	43.0	102.0	13.7	173.7	20.2	14.2	2.4
1958	800.8	800.8			815.1	234.2	2.1	10.8	112.9			64.0	20.5	183.0	123.2	174.5	24.6	11.6	1.5
1959	1 437.9	1 437.9			1 335.5	267.3	2.3	10.9	126.8			87.5	22.0	184.7	115.5	623.7	422.7	8.9	1.4
1960①	2 929.8	2 929.8			1 992.4	321.5	7.4	16.9	139.1			104.4	26.4	314.4	249.3	1 055.6	821.0	4.8	1.9
1961	1 398.4	1 398.4			1 546.5	320.0	8.4	22.1	179.8			85.1	51.3	143.6	64.4	729.7	483.9	2.0	4.5
1962	971.9	971.9			1 109.8	346.2	5.0	19.1	167.9			92.8	24.0	183.9	89.9	266.2	176.6	1.3	3.4
1963	1 063.0	1 063.0			1 210.7	383.4	3.3	15.8	155.5			98.9	85.3	244.0	136.5	222.1	173.5	0.4	2.0
1964	1 280.6	1 280.6			1 371.6	395.4	5.7	28.4	160.3			123.1	106.2	300.1		243.8	172.4	8.6	
1965	1 445.8	1 445.8			1 425.9	413.1	6.4	27.3	154.4			132.6	153.3	348.0	162.3	171.0	102.6	19.8	
1966	1 850.0	1 850.0			1 254.1	437.8	6.7	23.7	143.3			186.2	111.5	120.4	49.8	205.1	112.5	18.1	1.3
1967	1 000.0	1 000.0			1 027.9	431.7	9.8	21.3	168.8			102.7	57.9	24.5		125.3	113.3	84.4	1.5
1968	697.0	697.0			688.7	429.6	8.4	24.2	117.8			68.6	7.7	6.7		6.7	5.7	19.0	
1969	677.0	677.0			752.8	434.0	5.2	13.3	40.0			110.5	38.8	18.2		52.6	37.9	40.2	
1970	875.9	786.7		89.2	715.0	486.1	4.4	15.1	24.4			122.1	28.9	15.9		10.8		5.5	1.8
1971	885.0	885.0			944.8	516.9	5.7	16.3	60.0			138.6	41.0	34.5		30.3		99.1	2.4
1972	1 039.4	962.1		77.3	1 021.3	573.8	4.8	24.5	78.9			161.5	80.0	48.2		41.9		4.8	2.9

注：① 1960 年拨款增幅大的原因是当时有尖端专业的专项拨款 1 495.1 万元，支出中有尖端专业 896.4 万元。

续表

年度	教育事业费收入（万元）				教育事业费支出（万元）														
	合计	本年财政拨款	抵支收入自动增加数	其他增加数	合计	工资	补助工资	职工福利费	人民助学金	离退休人员费	主副食品价格补贴	公务费	修缮费	业务费		设备费		其他费用	差额补助费
														小计	其中科研业务费	小计	其中科研设备费		
1973	1 200.8	1 192.8		8.0	1 146.7	567.3	5.0	21.5	90.0			147.7	107.6	96.7		105.8	13.8	1.9	3.2
1974	1 346.1	1 259.1		87.0	1 291.6	580.0	8.3	19.2	88.6			188.8	141.2	159.6		88.6		15.5	1.8
1975	1 538.0	1 363.5		174.5	1 417.5	589.7	8.4	19.5	137.0			209.3	148.6	162.5		120.4		20.2	1.9
1976	1 549.9	1 376.0		173.9	1 522.1	603.2	11.0	13.2	152.1			259.7	170.9	178.3		115.9		15.8	2.0
1977	1 616.6	1 446.6		170.0	1 537.2	605.5	10.1	17.7	135.7			249.1	116.9	132.6		228.9		39.6	1.1
1978	1 923.6	1 893.7		29.9	1 962.9	648.4	15.9	25.2	81.5			319.0	202.2	197.5	63.3	461.5	78.0	8.7	3.0
1979	2 195.2	2 146.7	45.2	3.3	2 155.5	607.8	50.8	34.9	77.8			296.1	286.8	219.6	58.2	547.8	73.5	27.8	6.1
1980	2 333.8	2 333.8			1 985.7	632.5	70.8	40.3	94.8			239.4	214.3	290.7	172.1	347.6	22.0	49.2	6.1
1981	2 520.4	2 520.4			2 387.3	616.9	93.2	42.9	103.9			246.9	382.0	286.7	106.4	558.8	64.8	45.7	10.3
1982	2 790.8	2 743.5		47.3	2 911.0	614.6	102.5	40.6	145.0	6.5		297.1	372.5	409.2	179.8	855.1	135.9	50.9	17.0
1983	3 031.3	2 909.8		121.5	3 158.3	733.8	104.0	42.7	186.9	15.8		280.2	482.7	491.8	217.9	735.6	122.2	71.8	13.0
1984	3 484.6	3 373.1		111.5	3 161.6	704.9	109.1	46.2	211.1	13.7		306.9	531.3	539.1	212.9	596.1	74.3	92.8	10.4
1985	3 953.1	3 562.5	47.8	342.8	3 854.7	806.3	103.7	44.2	261.7	32.4		489.8	468.5	620.4	216.6	930.4	150.2	88.3	9.0
1986	3 705.0	3 569.4	65.2	70.4	3 903.4	801.3	111.8	51.4	330.4	48.0		620.4	406.9	636.1	10.3	809.9	28.0	75.8	11.4
1987	4 172.3	3 847.2	241.3	83.8	4 116.0	891.6	140.2	57.4	361.4	69.1		673.1	300.5	716.2		829.8		68.2	8.5
1988	4 426.8	3 964.0	143.1	319.7	4 516.5	854.7	223.8	58.9	381.4	102.5	173.0	827.2	324.4	702.4		797.4		55.7	15.1
1989	4 626.1	4 275.4	350.7		4 718.7	910.8	266.5	69.6	373.0	131.8	217.4	1 078.1	343.8	693.1		591.9		42.7	
1990	5 247.5	4 651.3	596.2		4 992.2	1 073.8	261.1	78.6	332.2	163.1	208.7	1 030.5	425.7	768.6		577.3		72.6	
1991	5 972.4	5 105.3	867.1		5 768.3	1 024.3	298.3	77.1	367.4	215.6	208.6	1 250.7	472.0	927.5		853.8		73.0	
1992	6 667.8	5 633.4	1 034.4		6 779.9	1 063.1	572.6	107.0	465.7	312.8	268.2	1 266.3	686.0	1 056.5		901.3		80.4	

续表

年度	教育事业费收入（万元）				教育事业费支出（万元）									业务费		设备费			
	合计	本年财政拨款	抵支收入自动增加数	其他增加数	合计	工资	补助工资	职工福利费	人民助学金	离退休人员费	主副食品价格补贴	公务费	修缮费	小计	其中科研业务费	小计	其中科研设备费	其他费用	差额补助费
1993	8 158.4	6 542.3	1 616.1		8112.0	1 252.4	894.6	110.7	635.2	553.4	207.1	1 254.3	582.4	1 217.7		1 330.2		74.0	
1994	11 168.4	9 143.6	2 024.8		11 277.9	3 207.7	627.3	160.4	1 073.9	1 122.5	208.8	1 648.9	784.3	1 316.8		1 028.7		98.6	
1995	12 429.3	10 435.4	1 993.9		12 934.7	2 783.2	1 070.3	158.4	1 711.4	1 426.2	134.4	2 007.0	1 142.6	1 489.0		903.0		109.2	
1996	18 273.7	14 928.6	3 345.1		14 323.8	2 894.7	1 118.1	247.7	1 700.1	2 007.7	134.4	2 182.2	971.7	1 575.8		990.4		501.0	
1997	19 588.6	15 588.6	4 000.0		16 620.9	2 653.7	2 222.9	199.7	2 137.2	2 588.8	134.4	2 461.9	1 327.5	1 306.8		1 079.7		508.3	

说明：① 本表数据是在财务处原有统计资料的基础上与档案馆历年决算报表核对后填列。

② 其中 1964 年、1965 年、1968 年的决算在档案馆现存档案中没有，只能按财务处原统计资料列示，“差额补助费”包含在“其他费用”之中。

③ 1986 年以前，教育事业费支出项目有“高等学校经费”“科学研究费”“留学生经费”“高等业余教育经费”等 4 项，故教育事业费拨款和支出中包括了科研费。

④“抵支收入自动增加数”是指校内单位工资收回、委托代培收入、固定资产变价收入、其他收入等，用来自动增加教育事业费。

⑤ 1994 年人员经费比 1993 年前大幅提高，主要原因是工资改革后在职人员和离退休人员平均工资提高。

款为 19 445.8 万元，占 76.66%（从 1986 年开始到 1995 年的“七五”及“八五”期间，清华作为国家计委的重点建设单位，每年拨给基建经费约 2 000 万元）；自筹资金 5 920.6 万元（其中含邵逸夫先生建图书馆新馆捐资 2 000 万元港币，不含利国伟先生为近春楼室内设备及其他经费捐资 400 万元港币），占 23.34%。完成投资 25 177.9 万元，为计划投资的 99.26%。其中建成的主要建筑有：微电子所（764 万元），经管楼（321 万元），环境系馆（188 万元），甲所（294 万元），第四教室楼（216 万元），文科楼（138 万元），体育中心（234 万元），教工宿舍高 1、2 楼（887 万元），留学生楼（548 万元），新校医院（172 万元），第五教室楼（190 万元），图书馆新馆及档案馆（2 297 万元），能科楼（234 万元），印刷厂（159 万元），设备厂（132 万元），产业楼（349 万元），近春楼（397 万元），工物馆扩建（287 万元），教材库（70 万元），学生宿舍 14、15 号楼（397 万元），学生宿舍 19～26 号楼（1 031 万元），教工宿舍东 11、13、15、16 楼（631 万元），教工宿舍东南 1～9 楼（1 203.5 万元），以及托儿所、照澜院服务楼、学生食堂等建筑。

1994 年至 1997 年，这 4 年间学校经批准的基建计划投资款共 66 014 万元。其中国家拨款为 39 170万元，占 59.33%；自筹资金 26 844 万元，占 40.66%。完成投资 68 268.9 万元，为计划投资的 103.41%。建成的主要建筑有：经管楼（3 687 万元），育新花园（3 638 万元），博士生楼（701 万元），教工宿舍东 5～9 楼（2 491 万元），学生文化中心（996 万元），智能楼（995 万元），建筑系教学楼（2 613 万元），科技编辑中心（586 万元），低温堆实验室（297 万元），同学会馆（750 万元），教工宿舍西北 2、4、5、6、8、9 楼（2 774 万元），西北教工食堂（114 万元），集装箱实验室（244 万元），附中实验楼（638 万元）。

1954 年至 1997 年清华大学历年建设投资统计，见表 16-2-5。

表 16-2-5　1954 年—1997 年清华大学历年建设投资统计　　万元

年份	计划投资数			完成投资数	完成比例（%）
	国家拨款	自筹	合计		
1954	420.7	0	420.7	387.7	92.15
1955	364.0	0	364.0	178.4	49.01
1956	447.6	0	447.6	277.7	62.04
1957	442.2	0	442.2	462.3	104.54
1958	476.5	0	476.5	388.4	81.51
1959	659.7	0	659.7	372.9	49.70
1960	1 284.8	0	1 284.8	675.1	52.54
1961	314.6	0	314.6	169.2	53.78
1962	154.9	0	154.9	143.3	92.51
1963	118.9	18.5	137.4	91.9	66.88
1964	465	44.8	509.8	175.1	34.38
1965	695.5	112.1	807.6	553.8	68.57
1966	246.4	9.4	255.8	251.5	98.31
1967	3.4	1.2	4.6	1.0	27.73
1968	2.6	0	2.6	0.9	34.61
1969	0	0	0	0	0

续表

年份	计划投资数			完成投资数	完成比例（%）
	国家拨款	自筹	合计		
1970	0	0	0	0	0
1971	242.5	119.5	362.0	173.9	48.03
1972	143.3		143.3	46.6	32.51
1973	220.0		220.0	161.7	73.50
1974	200.0		200.0	157.0	78.50
1975	203.0		203.0	186.0	91.62
1976	170.0		170.0	72.7	42.76
1977	60.0		60.0	32.5	54.16
1978	570.0		570.0	459.6	80.63
1979	583.0		583.0	582.9	99.98
1980	699.0	90.0	789.0	746.6	94.62
1981	791.0		791.0	703.9	88.98
1982	757.0		757.0	513.1	67.78
1983	1 270.0		1 270.0	927.9	73.06
1984	950.0	85.5	1 035.0	987.9	95.44
1985	1 741.5	146.0	1 887.5	1 881.2	99.66
1986	2 350.0	414.5	2 764.5	2 762.2	99.91
1987	2 173.0	522.2	2 695.2	2 495.2	92.46
1988	2 475.1		2 475.1	2 437.6	98.48
1989	2 550.5	207.0	2 757.5	2 756.6	99.97
1990	1 998.6	447.0	2 445.6	2 444.1	99.94
1991	1 976.1	1 324.9	3 301.0	3 301.0	100.00
1992	2 087.0	859.0	2 946.0	2 946.0	100.00
1993	2 094.0	2 000.0	4 094.0	4 154.0	101.46
1994	4 363.0	3 613.0	7 976.0	10 230.0	128.26
1995	4 472.0	2 697.0	7 169.0	7 169.0	100.00
1996	12 835.0	8523.0	21 358.0	21 358.0	100.00
1997	17 500.0	12 011.0	29 511.0	29 511.0	100.00

（三）科研经费

学校科研经费主要包括有：

科研事业费，1986 年以前包含在由教育部拨入的教育事业费中，1986 年以后，由国家科委归口单列预算，而后由教委拨给学校，用于学校对某些科研项目、专职科研编制人员经费以及独立研究机构行政经费的补贴。

“科技三项费”，即由国家教委财务司下拨的科技三项经费，包括重大科研项目补助费、中间试验费、新产品试制费。

“代管科研费”，即除国家教委以外的中央各部委、地方各部门拨付的科研项目经费以及学校与企业、工厂、公司及其他单位签订的科研合作项目经费。如自然科学基金经费和“863 计划”经费。

自然科学基金经费，指用于资助自然科学基础研究和部分应用研究，发现和培养科技人才等自然科学基金项目的专项资金。自然科学基金项目的立项、审批和经费管理由国家自然科学基金委员会负责。

“863 计划”经费，指国家高技术研究发展计划专项经费，集中用于支持事关国家长远发展和国家安全的战略性、前沿性和前瞻性高技术研究开发。

1978 年至 1997 年学校科研经费收入及实际支出情况，见表 16-2-6。

（四）其他经费

学校除以上所列教育事业费、基建经费、科研经费等收入外，还有其他经费收入。主要有学校基金收入、委托培养经费收入、对外服务收入以及列为特种资金的房租、学费等收入。

1. 学校基金收入

教育部、国家劳动总局、财政部于 1980 年 6 月 11 日颁发《高等学校建立学校基金和奖励制度试行办法》。《办法》规定学校基金主要来源有五个方面：校办厂实现的纯利润；科研成果转让、科技协作劳务净收入；实验室对外服务净收入；接受校外单位委托实验、检验、设计等对外服务净收入；学校招待所、汽车、绿化、游泳池等对外开放服务净收入。并规定学校基金，原则上应当分别用于教学、科研、发展生产、教职工集体生活福利和个人奖励等四个方面，其中用于教学、科研和发展生产部分不低于 60%，用于集体生活福利和奖励部分不高于 40%。

1980 年学校基金收入共计 261.5 万元，其中：生产劳动净收入 127.4 万元，科研协作劳务净收入 40.4 万元，接受校外委托项目净收入 42.5 万元，其他净收入 51.2 万元。当年学校基金支出 78.3 万元，其中：用于教学、科研 3.2 万元，奖励 65.3 万元，其他 6.6 万元，上交教育部 3.2 万元。

从 1981 年至 1997 年，学校基金收入情况除了 1986 年、1990 年和 1991 年较上一年略有下降外，其他各年均较上一年有较大的增长。增加的主要原因是科研服务净收入及校办产业上缴利润增加。1993 年学校基金收入共 2 764.6 万元，为 1980 年的 10.6 倍，其中：生产劳动净收入 968.2 万元，科研协作劳务净收入 894.5 万元，接受校外委托项目净收入 135 万元，其他净收入 766.9 万元。

1993 年学校基金支出 2 388.7 万元，为 1980 年的 30.5 倍，其中：用于教学、科研 102.9 万元，发展生产 158.6 万元，集体福利 261.5 万元，奖励金 899.9 万元，自筹基建 17.2 万元，其他支出 888.6 万元，上交教委 60 万元。

1997 年学校基金收入共 8 676.6 万元，为 1980 年的 33.2 倍，其中：生产劳动净收入 2 551 万元，科研协作劳务净收入 1 141.5 万元，接受校外委托项目净收入 772.4 万元，其他净收入 4 211.7 万元。1997 年学校基金支出 4 344.9 万元，为 1980 年的 55.5 倍，其中：用于教学、科研 134.8 万元，发展生产 110.8 万元，集体福利 413.9 万元，奖励金 1 699.6 万元，其他支出 1 945.8 万元，上交教委 40 万元。

1980 年至 1997 年学校基金收支情况，见表 16-2-7。

表 16-2-6　1978 年—1997 年学校科研经费收入及实际支出情况

年份	收入（万元）				实际支出（万元）									
	合计	科研事业费	科技三项费	代管科研费	合计	工资	补助工资	主副食品价格补贴	职工福利费	公务费	设备费	修缮费	业务费	其他
1978	476.1		250.0	226.1	163.0						89.2		73.8	
1979	744.8		283.0	461.8	895.3						542.5		352.8	
1980	1 074.4		428.0	646.4	806.3						358.2		382.1	66.0
1981	1 021.0		508.6	512.4	902.0						443.3		350.0	108.7
1982	1 298.8		434.2	864.6	1 064.5						520.5		411.2	132.8
1983	2 171.3		1 131.4	1 039.9	1 403.7						411.7		823.5	168.5
1984	2 460.0		1 085.0	1 375.0	2 148.4						904.6		847.6	396.2
1985	2 721.1		1 183.5	1 537.6	2 877.5						816.4		1 290.8	770.3
1986	3 675.0	383.5	1 416.9	1 874.6	3 040.2	188.7	231.8		9.3		942.5	10.9	1 555.0	102.0
1987	6 003.4	384.4	2 096.9	3 522.1	4 297.5	186.6	259.1		8.3	146.1	932.3	43.5	2 522.8	198.8
1988	7 202.0	441.3	2 762.2	3 998.5	6 011.5	223.8	325.5	11.6	8.6	240.9	1 644.6	35.8	3 111.6	409.1
1989	7 795.0	468.2	2 802.2	4 524.6	5 409.4	205.7	393.5	17.7	8.9	498.1	1 188.8	140.7	2 818.0	138.0
1990	7 452.7	881.2	2 094.1	4 477.4	7 230.5	236.9	388.5	17.4	9.3	492.3	2 721.8	199.0	2 994.0	171.3
1991	8 193.5	626.0	2 621.0	4 946.5	7 030.7	251.0	470.0	17.4	9.5	513.1	1 287.6	291.8	4 006.4	183.9
1992	11 094.1	1 094.3	4 246.5	5 753.3	9 689.6	332.5	805.4	17.4	12.9	491.7	1 764.8	189.5	5 993.4	82.0
1993	12 843.3	1 365.7	3 300.5	8 177.1	11 982.5	275.1	1 208.7	17.4	14.5	518.1	1 594.0	432.5	7 491.1	431.1
1994	16 349.0	1 739.0	3 939.0	10 670.0	14 347.0	620.0	1 516.0		17.0	647.0	1 841.0	906.0	8 435.0	363.0
1995	21 068.0	1 560.0	2 408.0	17 099.0	18 140.0	668.0	1 725.0		22.0	777.0	2 355.0	802.0	11 281.0	508.0
1996	23 220.0	1 867.0	3 362.0	17 990.0	18 632.0	784.0	1 944.0			780.0	1 839.0	741.0	12 203.0	338.0
1997	27 526.0	2 105.0	3 919.0	21 500.0	20 162.0	1 063.0	2 494.0			978.0	1 651.0	597.0	12 742.0	634.0

说明：① 本表数据根据历年决算报表填列。

② 1986 年科研经费拨款体制改革，科学事业费从教育事业费中分离出来，由原国家科委归口单列核算，科委下达预算给教委，教委再拨给学校，包括科研编制费、核研院经费以及一般科研费。

表 16-2-7　1980 年—1997 年学校基金收支情况

年份	学校基金收入（万元）						学校基金支出（万元）								
	合计	生产劳动净收入	科研协作劳务净收入	实验室及设备对外开放净收入	接受校外委托项目净收入	其他净收入	合计	教学科研	发展生产	集体福利	奖励	自筹基建	其他	上交教委	上交交通能源建设基金
1980	261.5	127.4	40.4		42.5	51.2	78.3	3.2			65.3		6.6	3.2	
1981	262.9	134.4	46.3	18.5	4.3	59.4	140.4	9.4	20.0		77.0	10.0	24.0		
1982	316.3	98.8	31.3	37.5	64.9	83.8	247.8	38.4	30.0	39.4	77.6	44.0	1.7	16.7	
1983	410.0	153.1	60.4	41.2	8.1	147.2	292.6	27.0	95.5	0.9	95.4	10.2	22.3	10.0	31.3
1984	510.7	188.7	99.4	46.0	7.4	169.2	582.4	141.0	125.0	14.0	195.3		73.3		33.8
1985	702.8	143.6	70.9	110.9	270.1	107.3	642.1	107.1	10.0	39.0	134.0	172.6	161.2	18.2	
1986	562.8	174.8	139.6	83.8	33.2	131.4	619.0	189.2	33.7	77.0	67.4	167.0	59.9	24.8	
1987	728.4	254.6	171.8	65.9	77.5	158.6	547.3	305.2	0.4	81.8	92.6		67.3		
1988	1 161.2	294.1	467.7	137.0	65.3	197.1	802.1	229.1	50.0	96.6	192.5	177.0	56.9		
1989	1 273.9	391.3	550.8		96.2	235.6	769.3	198.4		108.5	242.9		219.5		
1990	1 200.2	368.9	296.3		52.2	482.8	742.3	117.7	79.5	129.3	320.8		95.0		
1991	1 137.2	529.3	257.6		55.1	295.3	1 357.7	382.0	24.4	180.6	361.8	30.0	318.9	60.0	
1992	2 057.7	768.6	522.8		158.9	607.4	1 591.4	89.6	33.0	220.0	579.9	443.7	165.2	60.0	
1993	2 764.6	968.2	894.5		135.0	766.9	2 388.7	102.9	158.6	261.5	899.9	17.2	888.6	60.0	
1994	2 753.0	1 401.0	467.0		440.0	444.0	2 754.0	72.0	540.0	393.0	999.0	140.0	528.0	80.0	
1995	3 868.0	1 641.0	628.0		542.0	1 055.0	2 910.0	172.0	133.0	262.0	1 324.0	54.0	882.0	80.0	
1996	5 158.0	1 645.0	528.0		914.0	2 071.0	3 784.0	168.0	60.0	368.0	1 692.0		1 415.0	80.0	
1997	8 676.0	2 551.0	1 141.0		772.0	4 211.0	4 344.0	134.0	110.0	413.0	1 699.0		1 945.0	40.0	

说明：本表根据财务处历年决算报表统计，学校基金收入和支出中均已将返还校办厂的利润数扣除。

2. 特种资金收入

解放后，学校将房租收入、固定资产变价等其他收入列为特种资金，每年收入 20 万～40 万元。根据国家有关规定，1988 年学校开始招收本科自费生，收费标准是每人每年 2 000 元，其中学费 1 820 元，住宿费 180 元。1989 年开始实行对本科公费生收取学杂费，标准是每人每年 200 元。1993 年至 1997 年学杂费标准分别为每人每年 400 元、600 元、600 元、1500 元及 2 000 元，住宿费分别为每人每年 300 元、400 元、400 元、400 元及 500 元。

以上收入，亦列入学校特种资金。该项资金主要用于房屋修缮、校园建设。

关于委托培养及对外服务的经费收入，已大部分反映在教育事业费收入中的抵支收入自动增加数内（见表 16-2-4）以及转入学校基金收入中（见表 16-2-7）。在此不另单列。

1979 年至 1997 年学校特种资金收支概况，见表 16-2-8。

表 16-2-8　1979 年—1997 年学校特种资金收支概况　万元

年份	收入数	支出数	年份	收入数	支出数
1979	31.4		1989	80.4	103.0
1980	28.7	49.7	1990	356.7	30.6
1981	46.0	39.5	1991	261.8	390.4
1982	22.2	0.3	1992	300.5	12.5
1983	25.5	16.7	1993	481.0	435.0
1984	26.4		1994	706.7	936.9
1985	34.2	35.2	1995	982.0	119.2
1986	52.2	45.0	1996	3 081.3	2 870.8
1987	44.3	26.7	1997	8 090.4	6 574.4
1988	43.6	42.2			

说明：1997 年特种资金收入支出大幅增加，主要原因是收到邵逸夫、利国伟、王梁洁华捐赠的伟伦楼等基建项目 5 303.70 万元。

以上所列学校各项经费，反映了学校经费主要来源及渠道。从 1979 年改革开放以来，各项经费均有较大幅度的增长，学校经济实力不断增加。

1979 年以上各项经费总收入为 3 554.4 万元（其中：教育事业费 2 195.2 万元，基建经费 583 万元，科研经费 744.8 万元，特种资金 31.4 万元），总支出为 3 633.7 万元（其中：教育事业费 2 155.5万元，基建经费 582.9 万元，科研经费 895.3 万元）。

1988 年总收入为 15 308.7 万元（其中：教育事业费 4 426.8 万元，基建经费 2 475.1 万元，科研经费7 202万元，学校基金 1 161.2 万元，特种资金 43.6 万元），总支出为 13 809.9 万元（其中：教育事业费4 516.5万元，基建经费 2 437.6 万元，科研经费 6 011.5 万元，学校基金 802.1 万元，特种资金 42.2 万元）。

1993 年总收入为 28 341.3 万元（其中：教育事业费 8 158.4 万元，基建经费 4 094 万元，科研经费 12 843.3 万元，学校基金 2 764.6 万元，特种资金 481 万元），总支出为 27 072.2 万元（其中：教育事业费 8 112 万元，基建经费 4 154 万元，科研经费 11 982.5 万元，学校基金 2 388.7 万元，特种资金 435 万元）。前后相比，1993 年学校各项经费总收入为 1979 年的 7.97 倍，总支出为 7.45 倍。

1997 年总收入为 89 392.60 万元（其中：教育事业费 15 588.60 万元，基建经费 29 511.00 万元，科研经费 27 526.00 万元，学校基金 8 676.60 万元，特种资金 8 090.40 万元），总支出为 77 214.30 万元（其中：教育事业费 16 620.90 万元，基建经费 29 511.30 万元，科研经费 20 162.80 万元，学校基金 4 344.90 万元，特种资金 6 574.40 万元）。

此外，以上各项经费除基建经费由基建部门单列管理外，其他经费项目所取得的资金，按其与国家预算的关系分类，可分为预算内资金和预算外资金两类。国家拨入的列入国家预算收支范围的资金，属于预算内资金，属于此类资金的有教育事业费与科研事业费；从其他来源取得的不纳入国家预算收入管理的资金则属于预算外资金，包括科技三项费、代管科研费、学校基金、委托培养费、对外服务费和特种资金等。

在 20 世纪五六十年代，预算外资金除了特种资金（房租）外，只有个别年份有科技三项费（1963 年的 44 万元和 1966 年的 185 万元），所以预算外资金占整个学校资金的比例很小。

1980 年后，由于科技三项费、代管科研费、学校基金、对外服务等收入的不断增加，预算外资金在国家事业拨款及学校全部收入中所占的比例也越来越高。如 1981 年教育部对清华事业费拨款共2 520.4万元，而清华预算外收入共 1 329.9 万元（其中：科技三项费 508.6 万元，代管科研费 512.4 万元，学校基金收入 262.9 万元，特种资金收入 46 万元），预算外收入为事业费拨款的 52.76%，占全部收入 3 850.3 万元的 34.54%。

到 1993 年，教育部对清华事业费拨款共 7 908 万元，学校预算外收入共 18 814.5 万元（其中：科技三项费 3 300.5 万元，代管科研费 8 177.1 万元，学校基金收入 2 978 万元，委托培养收入 477.9 万元，待转抵支收入 1 677.8 万元，特种资金收入 481 万元，对外服务收入 3 158.2 万元，扣去各项收入转基金的重复收入 1 436 万元），预算外收入为事业费拨款的 237.92%，占全部收入 26 722.5 万元的 70.4%。1993 年与 1981 年相比，全部收入增长 5.94 倍，其中事业费拨款增长 2.14 倍，预算外收入增长 13.15 倍。

1997 年教育部对清华事业费拨款共 17 694.40 万元，学校预算外收入共 50 924.80 万元（其中：科技三项费 3 919.90 万元，代管科研费 21 500.30 万元，学校基金收入 8 676.60 万元，委托培养收入 1 770.60 万元，待转抵支收入 4 000 万元，特种资金收入 8 090.40 万元，对外服务收入 6 347.80 万元，扣去各项收入转基金的重复收入 3 380.80 万元）。预算外收入为事业费拨款的 287.80%，占全部收入 68 619.20 万元的 74.20%。1997 年与 1981 年相比，全部收入增长 16.82 倍，其中事业费拨款增长 6.02 倍，预算外收入增长 37.29 倍。

（五）世界银行贷款

从 1981 年至 1991 年，世界银行对清华大学先后共有 4 次贷款。

1. 大学发展项目贷款

大学发展项目贷款于 1981 年 6 月完成评估，1981 年 11 月签字生效，1985 年 6 月关闭，1986 年 6 月结束，1987 年编制最终决算。

当时，教育部分配给学校贷款预算指标为 1 479 万美元，到 1987 年底实际执行数为 15 237 982.50 美元（其中：软贷款 5 295 758.17 美元，硬贷款 9 942 224.33 美元）完成预算的 103%。其中支出构成为：仪器设备购置费 13 406 823.91 美元，占总支出的 87.98%；人员培训费 1 463 266.25 美元，占总支出的 9.6%；图书购置费 367 892.34 美元，占总支出的 2.42%。学校国内配套资金预算为10 845 000元（人民币），到1987年底实际累计支出为13 118 750.77元，完成预算的120.97%。从用途上分析，用于土建工程及大修缮431.2万元，工程项目配套家具13.2万元，仪器设备费811.9万元，人员培训费9.4万元，业务费31万元，其他费用15.2万元。世界银行贷款已转为固定资产的美元价为13 445 753.11元（其中：设备13 077 860.77美元，图书367 892.34美元），折合人民币价39 745 472.19元（其中：设备38 572 167.75元，图书1 173 304.44元）。

本项目集中用于学校规划中重点发展的学科，建设5个重点学科实验室（计算中心、应用化学与化学工程实验室、电子学实验室、工程力学实验室以及电力系统与热能利用实验室），8个基础实验室（生物化学、有机化学、仪器分析、物理化学、电子学、力学、近代物理、工程热力学和传热学），以及包括17个系的其他实验室。

2. 教材开发项目贷款

教材开发项目贷款从1989年开始实施，计划分配学校贷款额为59.1万个SDR（特别提款权），折合80.5万美元。计划国内配套资金人民币122.5万元。主要用途为学校出版社及印刷厂购置排版、制版、印刷、装订设备，提高教材印刷质量。

本项目1995年关闭。学校实际支用贷款46.39万个SDR，折合65.10万美元。国内配套资金实际完成人民币235.29万元。使清华印刷厂成为国家级的书刊印刷定点厂。

3. 重点学科建设项目贷款

1991年2月6日，学校与国家教委贷款办公室签订关于使用国际开发协会（世界银行）信贷加强重点学科建设的协议，国家教委从世界银行贷款第二个大学发展项目余款中批准学校申请使用109.4万个SDR，折合140万美元，用于光学仪器、焊接等8个学科点购置仪器设备。

截至1992年12月31日，本项目实际使用贷款为961 527.03个SDR，折合1 422 042.06美元，完成配套资金人民币575 912.95元，购进设备共96台件。

4. 重点学科发展项目贷款

1991年3月15日，我国与世界银行签订了重点学科发展项目信贷协定。清华是受益单位之一。项目执行期为5年。学校贷款总额为660万个SDR，折合853.10万美元，折合人民币4 453.18万元。计划国内配套资金人民币1 827.77万元。项目总投资6 280.95万元人民币，建设10个重点学科实验室，主要有煤的高效低污染燃烧实验室、电力系统及大型发电设备安全控制与仿真实验室、微波与数字通信技术实验室、汽车安全与节能实验室、新型陶瓷与精细工艺实验室、一碳化工实验室、精密测试实验室等。

三、1998年—2010年

（一）总体财务状况

1. 学校财务状况

1998年1月1日起，根据财政部、教育部的规定，学校实行新的《高等学校会计制度》。学校作为独立的会计主体，按“大收大支”的概念，取消预算内外资金的划分，将除学校的基本建设投资、校办产业经营收支外的所有各类资金，均纳入学校会计核算体系，并按统一核算和综合平衡的原则，设置统一的会计科目和相应的会计报表，取消了原采用的收付记账法，采用国际通行的借贷记账法，以全面、完整、准确地反映学校的财务状况和收支情况。

1999 年，财政部、教育部制定了《面向 21 世纪教育振兴行动计划》。学校得到国家大力支持，教学、科研投入都有大幅度增长。学校充分发挥资金的使用效率，严格管理，精打细算，财务状况保持良好态势。

1998 年年末学校总资产为 217 740.00 万元，2010 年年末为 2 065 703.91 万元，年均增长 20.62%。

1998 年年末学校总负债为 23 813.00 万元，2010 年年末为 284 613.66 万元（其中用于北区学生公寓建设的贷款总额为 60 000 万元），年均增长 22.97%。

1998 年年末学校净资产为 193 927.00 万元，2010 年年末为 1 781 090.25 万元，年均增长 20.30%。

1998 年至 2010 年学校资产负债情况，见表 16-2-9。

表 16-2-9　1998 年—2010 年学校资产负债情况　万元

年份	资产合计	负债合计	净资产合计
1998	217 740.00	23 813.00	193 927.00
1999	363 317.00	20 419.00	342 898.00
2000	501 933.00	35 976.00	465 957.00
2001	689 421.00	81 973.00	607 448.00
2002	873 059.81	121 175.64	751 884.17
2003	886 676.58	175 173.34	711 503.24
2004	946 453.95	164 354.10	782 099.85
2005	966 082.80	155 142.05	810 940.75
2006	1 106 300.21	164 687.19	941 613.02
2007	1 658 817.06	232 034.13	1 426 782.93
2008	1 631 582.65	210 818.01	1 420 764.64
2009	1 809 643.14	226 417.96	1 583 225.18
2010	2 065 703.91	284 613.66	1 781 090.25

3. 学校经费收支情况

国家对学校投入增加的同时，学校自身的创收能力也不断增长，广大教师充分发挥在科技领域的优势，积极争取各项科研经费；加强与企业合作，并与国外企业开展国际科研合作，科研经费收入不断增长；充分发挥教学优势，为全国各条战线培养输送各类优秀人才，教育培训收入不断增长。

1998 年学校总收入为 74 185.00 万元。其中：教育经费拨款 19 498.00 万元，科研经费收入 30 278.00万元，其他经费拨款 1 799.00 万元，教育事业收入 8 293.00 万元，附属单位缴款 3 860.00万元，其他收入 10 457.00 万元。

2010 年学校总收入为 789 034.77 万元。其中：教育经费拨款 193 684.48 万元，科研经费收入 360 190.23 万元，其他经费拨款 32 038.99 万元，教育事业收入 130 000.00 万元，附属单位缴款1 100.20万元，其他收入 70 994.17 万元，上级补助收入 1 026.70 万元。

与 1998 年相比，2010 年全校总收入增加 714 849.77 万元，年均增长 21.78%。

其中：教育经费拨款年均增长 21.09%，科研经费收入年均增长 22.92%，其他经费拨款年均增长 27.12%，教育事业收入年均增长 25.78%，其他收入年均增长 17.31%。

1998 年学校经费总支出为 68 893.00 万元，其中：人员经费 20 055.00 万元，公用经费 48 838.00万元。

2010 年学校经费总支出为 762 445.72 万元，其中：人员经费 220 072.27 万元，公用经费 542 373.45万元。

与 1998 年相比，2010 年全校总支出增加 693 552.72 万元，年均增长 22.18%。其中：人员经费年均增长 22.09%，公用经费年均增长 22.22%。

1998 年至 2010 年学校经费收入统计见表 16-2-10；1998 年至 2010 年学校各类支出统计，见表 16-2-10。

（二）专项经费

国家对学校的教育事业费拨款，一直采取“综合定额加专项补助”的方式，每年按照学生人数、离退休人数和人均拨款标准核拨综合定额，专项补助按照专项经费的类别，主要包括“211 工程”经费、“985 工程”经费、修购专项、质量工程和基本科研业务费等。

1. “211 工程”

学校“211 工程”一期经费共完成 56 735 万元，比原计划多完成 10 304 万元。按经费来源，其中：国家计委 19 500 万元，财政部 10 500 万元，教育部 4 000 万元，校自筹 22 735 万元。按支出方向，其中：学科建设完成 20 253 万元（国家计委 5 495 万元，财政部 4 155 万元，校自筹 10 603 万元）；教学与公共服务体系建设完成 9 639 万元（国家计委 3 505 万元，财政部 4 345 万元，校自筹 1 789 万元）；基础设施建设完成 26 843 万元（国家计委 10 500 万元，财政部 2 000 万元，教育部 4 000 万元，校自筹10 343万元）。

学校“211 工程”二期从 2002 年开始启动，截至 2006 年底，二期共收到国家拨款 47 032.32 万元。按来源分：教育部拨款 11 332.32 万元，财政部拨款 12 850 万元，国家发展和改革委员会拨款 22 850 万元。其中 8 000 万元为学校网络中心承担的“十五”“211 工程”公共服务体系专项，在学校基建账户核算，其余经费在学校基本账户核算。

中央专项拨款按照专项支持方向分类。其中：重点学科 28 000 万元，公共服务体系建设 4 000 万元，中国教育科研计算机网 11 000 万元，高等学校仪器设备优质资源共享系统 4 000 万元，其他专项 32.32 万元。

“211 工程”三期从 2008 年开始启动，截至 2010 年底，共收到国家拨款 43 720 万元，其中财政部 22 000 万元，国家发展和改革委员会 21 720 万元。拨款情况如下：2008 年收到财政部拨款 7 000万元，国家发展和改革委员会拨款 6 680 万元；2009 年收到财政部拨款 9 000 万元；2010 年收到财政部拨款 6 000 万元，国家发展和改革委员会拨款 15 040 万元。主要支出方向为：创新人才培养、队伍建设和重点学科建设。

表 16-2-10　1998 年—2010 年学校经费收入统计

万元

年份	教育经费拨款	科研经费收入	其他经费拨款	上级补助收入	教育事业收入	附属单位缴款	其他收入	合　计
1998	19 498.00	30 278.00	1 799.00	—	8 293.00	3 860.00	10 457.00	74 185.00
1999	53 061.00	49 447.00	2 476.00	—	12 590.00	4 514.00	31 954.00	154 042.00
2000	95 410.00	73 064.00	10 787.00	—	20 328.00	3 736.00	31 962.00	235 287.00
2001	113 426.00	90 986.00	23 690.00	49.00	31 555.00	2 793.00	37 272.00	299 771.00
2002	58 362.23	95 197.39	11 704.66	254.95	43 569.84	3 348.53	40 047.79	252 485.39
2003	57 794.10	101 754.65	14 109.10	49.54	32 003.00	3 693.95	24 764.02	234 168.36
2004	69 618.31	119 708.17	16 073.79	133.15	87 450.00	1 184.81	31 580.05	325 748.28
2005	53 269.61	138 887.66	17 993.97	51.00	76 115.00	1 467.44	55 447.72	343 232.40
2006	127 084.25	148 709.99	23 703.66	1 024.53	88 000.00	3 684.23	53 624.15	445 830.81
2007	119 582.14	194 727.73	34 474.63	213.64	103 000.00	2 173.20	56 736.40	510 907.74
2008	125 601.57	202 328.58	17 241.33	158.64	122 000.00	1 598.88	65 165.75	534 094.75
2009	113 923.21	244 525.11	24 290.77	70.29	112 000.00	2 720.00	74 541.92	572 071.30
2010	193 684.48	360 190.23	32 038.99	1 026.70	130 000.00	1 100.20	70 994.17	789 034.77

说明：教育经费拨款中含“985 工程”“211 工程”等专项经费。

表 16-2-11　1998 年—2010 年学校各类支出统计　　万元

年份	人员经费	公用经费	合　计
1998	20 055.00	48 838.00	68 893.00
1999	35 128.00	52 278.00	87 406.00
2000	59 675.00	106 145.00	165 820.00
2001	74 820.00	140 993.00	215 813.00
2002	90 100.33	126 826.66	216 926.99
2003	102 817.59	207 193.66	310 011.25
2004	121 854.30	177 359.25	299 213.55
2005	131 358.72	238 219.93	369 578.65
2006	141 038.57	277 712.61	418 751.18
2007	170 086.41	273 704.78	443 791.19
2008	175 960.93	497 116.83	673 077.76
2009	188 937.19	346 806.56	535 743.75
2010	220 072.27	542 373.45	762 445.72

2.“985 工程”

1999—2003 年度为“985 工程”一期建设期，学校共收到专项资金拨款 213 700 万元。其中 1999 年 30 000 万元，2000 年 60 000 万元，2001 年 90 000 万元，2002 年 13 700 万元，2003 年 20 000 万元。

2004—2008 年度为“985 工程”二期建设期，学校共收到专项资金拨款 252 300 万元。其中 2004 年 30 000 万元，2005 年 16 000 万元，2006 年 83 000 万元，2007 年 58 300 万元，2008 年 65 000 万元。

2009—2013 年度为“985 工程”三期建设期。其中，2009 年国家未拨款，2010 年收到专项资金拨款 85 000 万元。

按照学校的总体规划，“985 工程”经费的主要支出方向为：

学科建设：主要用于重点学科项目的设备购置、实验建设等；

队伍建设：主要用于学校重点教学岗位、关键岗位的岗位津贴以及人才支持经费；

基础设施建设：主要用于校园修缮等基础设施的建设；

教学基础设施建设：主要用于教学项目、多媒体教室装备，教室改造等；

公共服务体系建设：主要是图书馆建设、计算机及网络教学科研设施建设。

（三）基建经费

1998 年至 2010 年这 13 年间，学校经批准的基建计划投资款共 392 220 万元（不含“211 工程”学科与公共服务体系建设经费、其他专项设备投资及大学生公寓），其中国家拨款计划为 73 121万元（不含原国家计委“211 工程”一期学科与公共服务体系建设经费 9 000 万元、国家发改委“211 工程”二期学科与公共服务体系建设经费 12 850 万元、国家发改委“211 工程”三期重点学科建设经费 15 040 万元及其他专项设备 76 976 万元），占 18.64%；自筹资金 319 099 万元（不含大学生公寓，自筹中含捐赠款 89 518 万元），占 81.36%。完成投资 388 979.10 万元（不含大学生公寓），为计划投资的 99.17%。

1998 年至 2010 年学校建设投资统计，见表 16-2-12。

表 16-2-12　1998 年—2010 年学校建设投资统计

年份	计划投资数（万元）			完成投资数（万元）	完成比例（%）
	国家拨款	自筹	合计		
1998	10 052	12 473	22 525	19 371.60	86.00
1999	6 179	10 947	17 126	17 021.00	99.39
2000	6 800	10 752	17 552	16 294.40	92.84
2001	10 803	39 244	50 047	45 627.60	91.17
2002	3 364	13 061	16 425	27 294.50	166.18
2003	859	2 5617	26 476	39 211.80	148.10
2004	2 339	22 080	24 419	25 764.90	105.51
2005	859	40 360	41 219	24 225.90	58.77
2006	7 174	19 342	26 516	21 591.90	81.43
2007	859	14 545	15 404	14 063.50	91.30
2008	859	13 732	14 591	15 189.80	104.10
2009	859	13 065	13 924	13 350.30	95.88
2010	1 000	57 037	58 037	59 758.00	102.97
合计	73 121	319 099	392 220	388 979.10	99.17

1999 年，全国高等学校后勤社会改革会议以后，学校本着建设世界一流大学的奋斗目标和“以人为本”的原则，积极解决制约学校发展的“瓶颈”问题，计划建设学生公寓新区。当时，该项目计划建设用地 45 公顷，动态投资 14.5 亿元。

2002 年至 2006 年，紫荆学生公寓陆续投入使用，总建筑面积 38 万平方米，可以容纳 21 000 多名各类学生住宿。除从银行贷款 6 亿元外，其余全部由学校自有资金支付。

（四）科研经费

1998 年至 2010 年，学校科研经费收入由科研经费拨款和科研事业收入两部分组成。

科研经费拨款主要包括科学事业费、科技三项费（2006 年之前）、科技支撑计划经费（2006 年之后）、“863 计划”经费、“973 计划”经费、自然科学基金经费、代管科研经费、重大专项资金拨款等。

科学事业费是指通过教育部拨款的科学事业费、科学事业费项目经费和经财政部直接拨付的国库科学事业费。

科技三项费是指经教育部下拨的新产品试制费、中间试验费和重大科研项目补助费。

科技支撑计划专项经费，主要用于中国大陆境内具有独立法人资格的科研院所、高等院校、内资或内资控股企业等，围绕《国家中长期科学和技术发展规划纲要（2006 年—2020 年）》重点领域及其优先主题开展重大公益技术、产业共性技术、关键技术的研究开发与应用示范。

“973 计划”经费是指国家重点基础研究发展计划专项经费，主要用于支持中国大陆境内具有法人资格的科研机构和高等院校开展面向国家重大战略需求的基础研究和承担相关重大科学研究计划。

重大专项资金主要支持的研究类型和研发阶段为重大专项实施过程中市场机制不能有效配置资源的基础性和公益性研究，以及企业竞争前的共性技术和重大关键技术研究开发等公共科技活动，并对重大技术装备进入市场的产业化前期工作予以适当支持。重大专项资金纳入国库单一账户体系，实行国库集中支付。

科研事业收入包括科技开发与协作收入、科技成果转让收入、科技咨询收入、实验室开放服务收入以及其他收入。

1998 年至 2001 年科研经费收入及实际支出情况，见表 16-2-13；2002 年至 2006 年科研经费收入及实际支出情况，见表 16-2-14；2007 年至 2010 年科研经费收入及实际支出情况，见表 16-2-15。

表 16-2-13　1998 年—2001 年学校科研经费收入及实际支出情况

年份	收入（万元）									实际支出（万元）											
	合计	科研经费拨款							科研事业收入	合计	工资	补助工资	其他工资	职工福利费	社会保障费	助学金	公务费	业务费	设备费	修缮费	其他费用
		小计	科学事业费	“863”经费	“973”经费	科技三项经费	国家自然科学基金	代管科研经费													
1998	30 278	27 900	1 878	5 328		2 855	2 509	15 330	2 378	30 525	387	375	496	2	94	121	75	27 617	106	16	1 236
1999	49 447	43 185	4 157	5 116	2 887	2 281	4 543	24 201	6 262	35 099	451	2 052	4 453	13	93	1 497	3 141	17 193	4 373	550	1 283
2000	73 065	65 122	2 382	6 890	3 511	3 384	3 760	45 195	7 943	49 192	534	3 031	5 579	11	119	2 368	1 413	29 407	4 469	906	1 355
2001	90 986	72 360	2 536	5 403	1 268	3 328	4 895	54 930	18 626	57 023	661	5 182	6 815	9	67	2 893	1 043	34 663	4 426	892	372

表 16-2-14　2002 年—2006 年学校科研经费收入及实际支出情况

年份	收入（万元）										实际支出（万元）				
	合计	科研经费拨款								科研事业收入	合计	人员支出	公用支出	对个人和家庭的补助支出	资本性支出
		小计	科学事业费	科技三项经费	国家自然科学基金	“863”经费	“973”经费	代管科研经费	挖潜改造经费						
2002	95 197	78 869	4 559	2 992	5 310	13 222	2 973	49 813	0	16 328	61 203	16 037	37 057	3 277	4 832
2003	101 755	91 269	4 139	2 028	6 881	11 126	7 258	59 337	500	10 486	71 424	18 644	43 106	4 040	5 634
2004	119 708	112 503	3 358	13 290	9 954	10 539	3 349	71 813	200	7 205	95 424	23 725	59 029	4 737	7 933
2005	138 888	129 833	3 397	3 495	13 521	11 574	5 577	91 969	300	9 055	104 365	24 505	64 294	4 878	10 688
2006	148 709	137 998	9 013	10 299	14 428	14 620	6 985	82 653	0	10 711	147 459	25 900	102 055	4 950	14 554

表 16-2-15　2007 年—2010 年学校科研经费收入及实际支出情况

年份	收入（万元）										实际支出（万元）				
	合计	科研经费拨款								科研事业收入	合计	工资福利支出	商品和服务支出	对个人和家庭的补助	其他资本性支出
		小计	科学事业费	技术研究与开发经费	国家自然科学基金	“863”经费	“973”经费	代管科研经费	重大专项经费						
2007	194 728	172 911	8 743	11 404	15 873	14 540	9 697	112 654		21 817	138 365	29 350	94 266	4 605	10 144
2008	202 328	182 900	16 832	9 222	17 816	14 756	8 813	115 461		19 428	172 560	30 653	118 780	5 521	17 606
2009	244 525	218 374	20 356	9 375	19 339	15 307	12 715	124 505	16 777	26 151	188 223	36 911	122 497	6 144	22 671
2010	360 190	336 430	22 801	10 723	21 856	15 474	14 322	176 516	74 738	23 760	277 378	41 045	192 459	7 409	36 465

第三节 财务管理

一、管理与核算体制

（一）1949 年以前

庚款“退款”是实行“先赔后退”的原则。其具体拨款办法，由中国政府按年按月按原赔款数分别开出两张支票，一张进入美国国库，其数额为“应赔”数减去“退款”数。另一张支票作为“退款”交给中国外交部。随后，由学校根据留美学生人数与学校发展需求（初期无固定额度）向外交部呈请所需经费数。外交部下指令拨发，并相应开具花旗银行支票交清华校长。办妥后由学校将收到的款数及日期申复外交部备案。

从 1917 年开始，为了控制与监督清华经费的使用，由美驻华公使与外交部总长、次长等 3 人组成“清华基本金委员会”，下设董事会，来核定与审查清华的经费，并规定：清华学校和留美学务每年经费的预决算，须经董事会审核通过后，报外交部核准；清华基金的存放生息以及购置与保管清华财产的办法，都要先经董事会筹划，报外交部核准办理。

1929 年 4 月，国民政府行政院议决，将清华基金全部移交中国基金会（中基会）管理。5 月，清华改隶于教育部。6 月，取消董事会。7 月，教育部与中基会签订了《保管清华大学基金办法》和《代管清华大学每月退还庚款办法》，规定：基金的所有权属于清华大学；教育部对基金有支配权，清华经费预算得先由教育部核准后，方由中基会发放；中基会则为清华大学基金的“永久保管者”，基金的运用由中基会财务委员会“全权办理”；清华大学校长及评议会得随时调查基金及其经费存放之实况，并得随时建议于中基会请其酌采。

1937 年 7 月抗战全面爆发，1939 年庚款停付，清华经费中断。清华经费来源采取由学校申请，经教育部核准后由财政部作担保向四行借款的办法来解决。至 1946 年 7 月后，学校复员北上，各项经费实行由学校编制预算，经教育部核准后直接由政府拨款。关于清华基金的使用，则学校作为专题向教育部申请，由教育部核准后转中基会拨款。这一财务体制一直延续到清华园解放。

（二）1949 年以后

1952 年至 1957 年，全校实行清理资产、核定资金、编制预算，严格实行计划管理。全校各项收支业务，统一由学校会计科核算和管理，统一在银行开立经费存款账户，各种领款报销会计凭证、账簿和报表，都集中在学校会计科。

1958 年至 1960 年，学校在财务管理上放权，实行“统一领导，分级管理”的原则。将一部分项目经费，核定定额后下达到各系、组行政单位管理。各系在银行开立账户。学校预算内经费

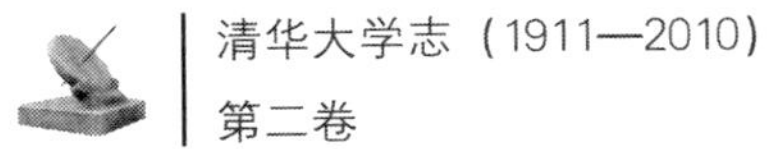

拨款到系，报销凭据存在系里。各系每月用报表报账，实行两级核算的体制。

1959 年，学校实行“以凭单代账”，不设账簿。经济核算遭到破坏，财务监督基本上被取消。

1961 年，学校针对国家对学校经费预算上的压缩及学校在前几年财务管理上的状况，提出在财务工作上贯彻“勤俭办学，集中掌握，重点使用”的原则和有关严格财政开支的各项政策，加强资金集中管理，实行计划开支，严格用款审批制度，以保证教学、科研和生活工作的必需。

1962 年 5 月，校委会通过《财务管理几项规定》，贯彻“统一领导，集中管理，分层负责”的原则，切实避免分散和浪费现象。学校预算内外资金全部纳入全校收支计划。学校除财务科及批准单位外，其他单位和个人一律不得自行在银行开立账户存储公款。

1963 年，改变了预算内经费“校系两级核算”的体制，实行学校“一级核算”，资金、单据、账表全部集中到校财务科。

1966 年至 1976 年，各级行政管理机构处于无人负责半瘫痪状态，一些财务会计制度被视为“管、卡、压”，财务管理陷于混乱，无章可循，财经纪律受到破坏。

1978 年 3 月，学校党委通过了《关于加强财经工作的几项规定》，明确“财务物资工作体制为校系两级管理，以校为主”。并强调指出：“全校工作人员必须严格遵守财经纪律。各类资金要按计划用款，专款专用。各项开支标准统一由学校财务主管部门根据有关财政制度规定审定。各单位不得擅自提高开支标准或扩大劳保福利待遇”。

1978 年 9 月，国务院发布《会计人员职权条例》。11 月，教育部颁发《教育部部属高等学校〈会计人员职权条例〉实施细则》。1980 年 8 月，教育部又补发了该实施细则的补充通知，要求各校校长切实加强对学校财务工作的领导，大力提高学校的财务管理工作水平。12 月，学校拟定了 1981 年预算外会计科目及使用的简要说明，指明预算外经费仍实行“两级核算”，即领款、报销单据、账表均在各系。各系以报表向校财务室报账，由校财务室汇总。但预算外和预算内的全部资金均集中在校财务室银行账户内。这种“两级核算”“资金集中”的模式一直沿用至 2000 年 12 月底。

1981 年 6 月，学校制定了《清华大学校办工厂资金集中管理实施细则（试行）》，规定生产单位的银行账户，只能供工厂（车间）生产流动资金周转使用，专用资金及其他资金（包括更新改造资金、固定资产变价收入、大修理基金、利润留成等）一律存入校生产处专用基金及其他资金账户，所有权和使用权仍归各厂。原由校财务室代管的生产单位资金，也转入生产处归口管理。各系办厂银行账户中的教学、科研等经费要划转到学校财务室统一归口管理。

1986 年，学校根据国家颁布的《中华人民共和国会计法》、上级有关规定和学校实际情况制定了《预算外资金会计核算制度（试行草案）》，从 1987 年 1 月起实行。

1988 年 11 月，根据国家教委发布的《高等学校总会计师工作试行规程》，校务会议通过的《清华大学管理体制条例》中第三条规定：“设总会计师，在校长领导下，全面掌握学校财经工作，直接对校长负责。”1992 年 5 月任命陶森为清华大学总会计师。

学校的财经体制，从财务管理角度看，是校系两级财政的分级体制；从会计核算角度看，1994 年至 2000 年，是校系两级核算的模式，2001 年至 2010 年，是集中核算的模式；从资金的角度看，实行资金的高度集中管理。

1997 年 1 月 31 日，学校设立财经领导小组，作为财经管理的议事机构，领导小组成员由校长、党委书记、常务副校长、主管财务的副校长、财务处处长组成，其主要职责是在校长的统一领导下管理学校财经工作，制定与学校发展规划相适应的经费需求计划，审核年度预算安排及执行情况，以及其他重大经济事项。

2001年1月1日起，根据国家关于实行会计委派制的精神和学校财务改革的总体要求，对有条件的部门逐步实行会计委派制，将校内二级财务机构撤销，会计人员上收到校财务部门，改变了原有的会计核算模式，实行统一集中核算的模式。

2005年12月底，完成全校所有院、系（所）、中心和后勤非独立法人实体单位会计委派工作。通过撤并机构和分区设点等方式，重新布局校内的会计核算服务网点，实现了对财务人员的统一管理和会计业务的一级核算。

实行会计委派制后，机构设置更加合理，管理和监督水平进一步提高；财会队伍减少40人，房屋占用面积减少345.9平方米，人员和资源占用进一步精简，效率明显提高；实行对会计人员的综合考核，形成内部激励和竞争机制，会计人员的工作效率和服务水平明显提高；按照内部控制制度和效率优先原则重新进行专业化分工，统一工作质量标准和服务标准，工作流程更加科学、内部控制更加严密。

二、财务管理内容

（一）预算管理

1. 预算管理体制

1949年后，学校预算实行“统一领导，归口分级管理”的原则，学校综合平衡预算后，采用按不同经费类别对口各业务处切块管理的办法。

1962年5月，校委会通过《财务管理几项规定》，明确了教育经费各科目的主管预算部门，规定由人事处分管编制工资、补助工资、职工福利费的预算；由行政处分管编制公务费预算；由教务处分管编制业务费预算。

1993年，随着学校各项事业的发展和行政机构与职责的调整，教育经费各科目的主管预算部门为：教务处分管本科生教学设备费、业务费（不包括图书费）；研究生院分管研究生教学设备费、业务费；科技处分管科学事业费、世行配套维护费、中心实验室经费、开放实验室基金；图书馆分管图书费；学生处分管奖贷学金；校园修缮管理处分管修缮费、冬季取暖费、绿化卫生费；外事办公室分管外事经费、留学生经费；饮食服务中心分管炊事维持费；财务处分管工资、补助工资、职工福利费、一般设备费及公务费等。各业务处向系里下达任务指标时，也同时下达经费指标。年末各系向业务处汇报任务完成情况时，也汇报经费使用情况。

1998年，按照新的财务制度规定，改变过去只编制校级预算的做法，同时编制校级预算和系级预算，并汇总编制学校总预算上报教育部。学校预算涵盖全部收支，是“大收大支”的预算。

1999年起，学校按照教育部和财政部的要求，编制下一财政年度的大学部门预算报教育部，为中央财政教育部门预算提供基础信息。从内容上，部门预算是大口径预算，涵盖学校所有收支；从编制过程上，部门预算采用“两上两下”的工作程序。

1999年2月至12月，为控制预算中运行费等费用的支出，根据学校后勤社会化总体要求和后勤各单位的具体情况，经反复磋商和数据测算，制定了学校后勤社会化改革的总体方案和具体办法。

2000年3月，财务处代表学校与后勤运行保障部门签订了新的经济管理办法，模拟社会化的方式运行。

2000 年 11 月，校务会通过《清华大学财经管理办法》，其中对学校预算编制方法、审批程序、预算执行与调整进行了规定，确定了学校预算管理的基本架构。

2004 年 12 月，校务会通过《清华大学预算管理暂行规定》，明确了预算编制、执行和监督等过程中的各个环节及要求，强化了预算的分配及监督职能。学校在预算管理过程中，实行决策与执行分离、拨款与核算分离制度。学校党委常委扩大会是学校预算管理的最高决策机构，学校财经领导小组是学校预算的具体领导机构，学校财务处是学校预算管理职能部门，学校会计核算中心是预算下达后的资金核算机构，学校审计室是预算编制与执行的监督机构。

2006 年 4 月，按照教育部对政府收支分类改革的统一要求，对学校部门预算进行了科目转换。

2007 年 7 月起，学校财政拨款实行国库集中支付，标志着学校正式纳入财政国库管理制度改革范围。

2. 预算编制程序

2004 年以前，学校预算编制是根据上级主管部门计划内下达的预算指标，加上学校计划外任务筹集的资金，编制学校年度综合预算。在编制预算的程序上，首先，于每年 10 月 15 日前后分析当年预算执行情况和下年度教育事业任务需求及财力状况，下达编制下年度预算的通知书。其次，由各业务处根据本系统事业计划、经费需求编制经费预算草案，而后汇总。再次，综合平衡后编制出下年度学校经费预算草案，经主管财务工作的副校长、校长审查，在各方意见大体一致时，召开校计划与财政委员会讨论通过后，报校务会议审查确定。最后，按校务会议通过的年度预算，分别填写拨款通知书，下达各业务处分口管理的经费指标，再由各业务处下达各系的相关经费指标。

2004 年《清华大学预算管理暂行规定》颁布后，对校级预算的编制与审批程序进行了调整。将下达下一年度预算编制通知的时间调整为 12 月初，并进一步严格了预算审批程序。根据各部门的计划编制第一稿预算草案；在充分征求各业务部门意见后，报主管财务副校长审阅，形成第二稿预算草案；报学校财经领导小组讨论，形成第三稿预算草案；报学校计划与财政委员会讨论，形成第四稿预算草案；报学校党委常委扩大会讨论通过。预算一经通过，任何领导或个人都无权更改，对特殊情况需要追加的预算，列入递补预算，按照以上工作程序履行审批手续。

2010 年 11 月，校务会对《清华大学预算管理暂行规定》进行了修订，规定学校一般不进行预算调整，如确因特殊情况需要调整预算内容，由学校财经工作领导小组审议后，报学校党委常委会批准。

3. 预算用款审批权限

使用预算经费不同数额的审批权限，在各个时期有所不同。

1962 年学校规定：一次用款 500～3 000 元者，由系主任或单位负责人签章，送主管预算处长批准；一次用款 3 000 元以上者，经主管预算处长签注意见后，送主管校长审批。

1978 年学校规定：用款 1 000 元以下的由系主管审批；1 000～10 000 元的由校相关业务处主管审批；10 000 元以上的需经校主管财经副校长审批。

1990 年则规定：用款在 5 万元以下者由主管财务的副系主任签批；凡在 5 万元以上者，经系主任批准，由相关业务处长会签后报主管校长批准；凡在 30 万元以上者，须据可行性论证，经校务会议集体研究批准。

1998 年，国家财务管理体制进行改革，学校经费开始实行“大收大支”的概念，取消预算内外经费的差别，学校用款审批权限随着财务管理体制的变革和会计委派制的实行也在不断进行调整。调整的基本原则：充分体现校系两级财政的管理特点，明确学校、院系和项目负责人等的责任。

4. 预算的执行与监督

在预算的执行中，严格按照通过的预算进行监督和控制。为维护预算的严肃性和权威性，坚持四个不准。即：不准预支、预借或报销未列入预算或超预算的支出；不准先斩后奏和先支出后追加；不准任何领导违反预算审批程序，随意批条子，开口子；不准各业务部门在制定规定和行文中夹带涉及开支标准等方面的内容。年度终了，对当年预算执行情况，由学校财务部门进行分析，审计部门进行审计，并向主管校长和校务会报告，以检验预算的严肃性和规范性。

（二）专项经费管理

1. “211 工程”经费管理

1996 年 11 月，国家正式启动“211 工程”，根据国家教委、国家计委、财政部联合下发的《“211 工程”专项资金管理暂行办法》和国家相关法律法规，学校制定并颁布《清华大学“211 工程”项目财务管理暂行规定》，规范学校“211 工程”经费的管理。同年，颁布《“211 工程”项目会计核算操作规程》，是“211 工程”经费的具体核算指南。

2003 年 8 月，财政部、国家发展改革委、教育部发布《“211 工程”专项资金管理办法》。2004 年 8 月，学校发布《清华大学关于使用“211、985 工程”经费购置图书资料的管理办法》，加强项目经费图书资料的购置管理和使用管理。

2. “985 工程”经费管理

2002 年 4 月，根据国家关于“985 工程”经费“统一规划、分类指导、按照现行经费渠道管理、单独核算、专款专用、结余留用”的管理原则，制定并颁布《清华大学面向 21 世纪教育振兴行动计划专项资金（简称“985”经费）管理、核算指南》，对“985 工程”经费的分配、拨款、使用、查询和开支范围等做了明确规定。

2007 年 5 月 31 日，学科建设领导小组会议通过《清华大学“985 工程”二期项目资金使用规则（修订）》，针对经费在使用过程中出现的问题，对 2002 年颁布的经费管理核算指南做了修订；6 月 4 日，制定并颁布《关于“985 工程”二期项目资金使用规则的若干说明》，对“985 工程”经费劳务费的开支范围、经费的外转和拆分等做了详细规定。

3. 质量工程经费管理

2007 年，教育部、财政部开始实施“高等学校本科教学质量与教学改革工程”，该项目的管理及经费的使用按照教育部、财政部联合制定的《高等学校本科教学质量与教学改革工程项目管理暂行办法》和《高等学校本科教学质量与教学改革工程专项资金管理暂行办法》执行。

4. 北京市共建经费管理

从 2006 年开始，学校收到北京市共建经费，该项目的管理及经费的使用按照北京市教委、北京市财政局制定的《北京市与中央在京高校共建项目管理办法》执行。

5. 基本科研业务费管理

为贯彻落实《国家中长期科学和技术发展规划纲要（2006—2020）》，财政部、教育部从 2008 年开始安排基本科研业务费专项，并于 2009 年 8 月出台中央高校基本科研业务费专项资金管理暂行办法。学校成立了自主科研计划领导小组，并制定了《清华大学自主科研计划实施办法》。

6. 捐赠配比资金管理

为引导和鼓励社会各界向高等学校捐赠，拓宽高等学校筹资渠道，进一步促进高等教育事业发展，2009 年起，中央财政设立配比资金，对中央级普通高校接受的捐赠收入实行奖励补助，并制定了《中央级普通高校捐赠收入财政配比资金管理暂行办法》，学校将该资金优先用于资助家庭经济困难学生，开展教学科研活动等。

（三）外汇管理

1983 年 3 月，教育部、中国银行、国家外汇管理局给清华大学颁发《关于教育部部属单位的留成外汇下放使用的通知》，指出："经研究，为了简化手续，方便用汇，现将 1982 年 12 月底以前的创汇留成额度通过'额度调拨单'调拨给你单位，请向当地中国银行分行申请开立外汇额度账户。"从此，清华财务部门有了外汇美元额度账户和外汇美元的收支业务。

1984 年 8 月，经教育部批准，同意学校在中国银行总行营业部开立一个美元现汇账户，进一步方便清华对外交流合作业务活动的开展。

1988 年 4 月，经国家外汇管理局批准，同意"清华校友基金"在中国银行总行营业部开立一个美元现汇账户，进一步方便国内外校友捐赠基金的活动。

1996 年 11 月，学校与中国银行北京分行合作，在学校设立"清华大学代兑处"，办理外币兑入业务。

1998 年 7 月，学校在中国银行总行营业部开立人民币账户和日元现汇户。

2004 年 10 月，学校与中国银行北京市海淀区支行签订了《中国银行网上银行企业客户服务协议》，开通"对公账户查询"等相关业务。

2009 年，学校在中国建设银行清华园支行开立欧元账户。

（四）收费管理

学校根据国家有关部门的规定，1989 年起开始收取本科学生学杂费，1992 年开始收取住宿费，1994 年开始收取学费。

学校普通本科生一学年的收费标准，见表 16-3-1。

表 16-3-1　普通本科生学校收费标准　　元/(生·学年)

<table>
<tr><th>入学年份</th><th>学　费</th><th>住宿费</th><th>杂费</th><th>备　注</th></tr>
<tr><td>1989</td><td></td><td></td><td>200</td><td></td></tr>
<tr><td>1990</td><td></td><td></td><td>200</td><td></td></tr>
<tr><td>1991</td><td></td><td></td><td>200</td><td></td></tr>
<tr><td>1992</td><td></td><td>50</td><td>300</td><td></td></tr>
<tr><td>1993</td><td></td><td>300</td><td>400</td><td></td></tr>
<tr><td>1994</td><td>600</td><td>400</td><td></td><td></td></tr>
<tr><td>1995</td><td>600</td><td>400</td><td></td><td></td></tr>
<tr><td>1996</td><td>1 500</td><td>400</td><td></td><td></td></tr>
<tr><td>1997</td><td>2 000</td><td>500</td><td></td><td></td></tr>
<tr><td>1998</td><td>2 500</td><td>500</td><td></td><td></td></tr>
<tr><td>1999</td><td>3 200</td><td>500</td><td></td><td></td></tr>
<tr><td>2000</td><td>4 800</td><td>650</td><td></td><td>艺术类专业学费为 6 000～8 000 元，住宿费为 450 元</td></tr>
<tr><td>2001</td><td>4 800</td><td>650</td><td></td><td></td></tr>
<tr><td>2002</td><td>4 800</td><td>1 200</td><td></td><td>艺术类专业学费为 12 000 元</td></tr>
<tr><td>2003</td><td>5 000</td><td>1 500</td><td></td><td>2000、2001 级学生从旧楼迁至紫荆新楼住宿费为 950 元</td></tr>
<tr><td>2004</td><td>5 000</td><td>1 500</td><td></td><td></td></tr>
<tr><td>2005</td><td>5 000</td><td>1 500</td><td></td><td></td></tr>
<tr><td>2006</td><td>5 000</td><td>1 500</td><td></td><td>艺术类专业学费为 10 000 元</td></tr>
<tr><td>2007</td><td>5 000</td><td rowspan="4">750（老区）
1 500（新区）</td><td></td><td rowspan="4">艺术类专业学费为 10 000 元
新区：紫荆学生公寓
老区：除紫荆学生公寓以外的其他学生宿舍</td></tr>
<tr><td>2008</td><td>5 000</td><td></td></tr>
<tr><td>2009</td><td>5 000</td><td></td></tr>
<tr><td>2010</td><td>5 000</td><td></td></tr>
</table>

1988 年至 1993 年，学校按照国家有关规定招收自费生，对自费生每学年的收费标准，见表 16-3-2。

表 16-3-2　自费生学校收费标准　　元/(生·学年)

入学年份	学费	住宿费	杂费	入学年份	学费	住宿费	杂费
1988	1 820	180		1991	2 000	300	200
1989	1 620	180	200	1992	2 000	300	300
1990	2 000	300	200	1993	2 300	300	400

港澳台地区的学生收费标准，最初与内地学生有所不同。从 1998 年开始，按照人民币标准收取住宿费；从 2002 年开始，按照人民币标准收取学费；从 2005 年秋季学期开始，台湾学生与大陆学生收费标准相同；从 2006 年秋季学期开始，港澳地区及海外华侨学生收费标准与内地学生相同。对港澳台地区本科生的收费标准，见表 16-3-3。

表 16-3-3　港澳台地区本科生学校收费标准　　元/(生·学年)

入学年份	学　费	住宿费	杂　费	备　注
1992		50（港元）	290（港元）	
1993		290（港元）	390（港元）	
1994	3 000（港元）	390（港元）		
1995	3 000（港元）	360（港元）		
1996	1 200（美元）	50（美元）		从 2002 年起调整，学费为 10 000 元，住宿费为 500 元
1997	1 200（美元）	50（美元）		
1998	1 500（美元）	500		从 2002 年起调整，学费为 12 500 元，住宿费为 500 元
1999	1 500（美元）	500		
2000	1 500（美元）	650		从 2002 年起调整，学费为 12 500 元，住宿费为 650 元
2001	1 500（美元）	650		
2002	12 500	1 200		
2003	12 500	1 500		
2004	12 500	1 500		
2005	12 500	1 500		

1998 年，经 1997—1998 学年度第 10 次校务会议通过，组建清华大学校内收费及标准核定小组，常设机构设在财务处。工作职责：审定校内行政性、事业性收费项目及标准；核发“清华大学收费许可证”；受理违章收费的投诉。

1999 年，根据原国家发展计划委员会、原国家经济贸易委员会、财政部、监察部、审计署和国务院纠风办联合发布的《收费许可证管理办法》的规定，学校到国家发改委办理收费许可证。

2003 年 10 月，经校内收费及标准核定小组审查与批准，向成绩单办公室、游泳馆、档案馆、就业指导中心、武装部、体育部、外语系、理学院、研究生院、注册中心、教务处、保卫处、综合体育馆等与学生活动比较密切的单位发放“清华大学校内收费许可证”，要求这些单位亮证收费。

2004 年 8 月，经清华大学校内收费及标准核定小组 2004 年第二次会议审议，通过学校礼堂、教室、会议室和报告厅等收费方案。

2007 年 11 月，发布校内单位《开展收费自查工作的通知》，校内所有单位报送收费项目、票据使用情况及收费流程。

2008 年 2 月至 11 月，按照学校的统一部署，组成联合收费调查小组，针对收费业务的流程规范、票据使用合规、所收款项及时上交等三个方面，对全校 92 个单位进行了收费调查，指出了被调查单位收费方面存在的问题，提出了具体的工作建议和整改要求，并出具了 87 份收费调查报告。

2009 年，结合国家对“小金库”的专项治理工作和 2008 年全校的收费调查工作，组成收费调查小组对建筑学院、土木系及国际工程项目研究院、人文学院、外语系、体育部、电教中心、图书馆、艺教中心、美术学院、网络中心、宣传部、校工会、教务处、继续教育学院、科研院、修缮中心、街道、软件学院、校团委、物业中心、成绩单办公室、核研院和计算机系等单位的收费整改措施的落实情况和“小金库”自查情况进行了复查。

从 2009 年起，经北京市发改委和北京市财政局批准，学校可以对新招收的硕士研究生和博士研究生分别收取考试复试费和报名考试费，硕士研究生入学考试复试费的收费标准为 100 元/人，博士研究生入学报名考试费的收费标准为200元/人。收费时使用中央单位行政事业性收费统一收据。

2010年10月，北京市教委、北京市发改委、北京市财政局印发了《北京市公办学校代收费、服务性收费管理办法》，对高等学校的服务性收费和代收费项目进行了规范。高校的服务性收费包括上机、上网服务费，学业档案查证、翻译、制作费，资料复印费及制作费，学生自愿选择的其他服务性收费；高等学校代收费包括新生入学体检费，军训服装、伙食费，超定额用电、热水费，补办证卡工本费等。

（五）税收票据管理

学校涉及的税种主要包括个人所得税、营业税、房产税、城镇土地使用税、车船使用税、印花税、关税、企业所得税和增值税等。

学校使用的票据种类包括中央单位行政事业性收费统一收据、中央单位在京高等学校专用收费收据、北京市行政事业性统一银钱收据、公益性单位接收捐赠统一收据、北京市服务业、娱乐业、文化体育业专用发票和定额发票、北京市工业企业专用发票、北京市国家税务局通用手工发票、北京市国家税务局通用机打发票、北京市交通运输业、建筑业、销售不动产和转让无形资产专用发票和清华大学校内结算单等。

2010年7月1日起，根据财政部印发的《行政事业单位资金往来结算票据使用管理暂行办法》、财政部《关于中央行政事业单位资金往来结算票据使用管理等有关问题的通知》和北京市财政局发布的《“北京市行政事业单位资金往来结算票据”将全面启用的通知》，正式启用“中央行政事业单位资金往来结算票据”“北京市行政事业单位资金往来结算票据”，停止使用“中央单位资金往来收据”“北京市行政事业性统一银钱收据”。

2010年12月16日，根据北京市国家税务局的安排，安装了国税机打税控装置，启用北京市国家税务局通用机打发票，停止使用北京市国家税务局通用手工发票。

（六）住房公积金管理

1996年1月，根据国家规定为全校事业编制职工建立了住房公积金账户，由北京市住房公积金管理中心统一归集管理。同时，为每位职工补缴了1995年全年的住房公积金。

单位和个人负担的住房公积金缴存比例变化情况，见表16-3-4。

表16-3-4　住房公积金缴存比例统计

时　　间	单位和个人分别缴存比例（%）	时　　间	单位和个人分别缴存比例（%）
1995-01—1997-06	5	1999-07—2000-06	9
1997-07—1998-06	7	2000-07—2007-06	10
1998-07—1999-06	8	2007-07—2010-12	12

2002年，住房公积金的信息管理由原来的手工记录模式改为使用计算机管理，突破了原来纸质档案管理及查询的局限，提高了工作效率。

2004年，实现了住房公积金账户信息的网上发布，及时为职工提供住房公积金账户变动情况。

2010年4月开始，陆续为全校2 700多名教工办理建设银行住房公积金联名卡，并为其办理了约定支取手续和建设银行的“短信通”服务，简化了办理公积金提取的手续，并缩短了提取公

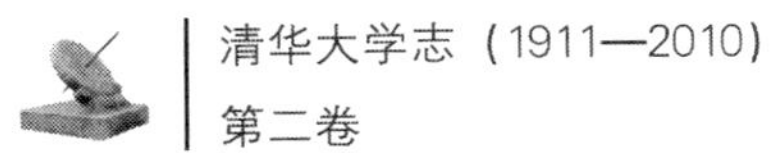

积金的周期，使符合提取条件的教职工能够及时收到资金。

三、财务制度建设

健全的规章制度和经济管理办法是规范校内经济行为，保证学校财务工作正常运转的重要保障，是从源头上治理腐败的有效措施。1990 年至 2010 年，在财务监督和内部控制方面制定和完善了一系列规章制度。

1990 年，颁布《清华大学经济管理办法》，并于 1995 年、2000 年、2004 年、2010 年分别进行修订；颁布《清华大学外汇财务管理办法》《清华大学关于银行账户管理的规定》。

1991 年，颁布《清华大学关于加强校内收费管理的规定》。

1996 年，颁布《清华大学“211 工程”项目财务管理暂行规定》《清华大学关于办公用品报销的管理规定》。

1999 年，颁布《清华大学票据管理办法》《清华大学建设世界一流大学规划经费管理暂行办法》《清华大学博士生培养基金实施细则》《清华大学“人才支持计划专项经费”使用与管理办法》《清华大学创建世界一流大学经费管理办法》。

2000 年，颁布《清华大学财经管理规定》，并于 2005 年、2010 年分别进行修订；颁布《清华大学各级人员经济责任制的规定》，并于 2010 年重新修订；颁布《清华大学二级核算单位会计工作制度》。

2001 年，颁布《清华大学（非贸易非经营性）外汇财务管理办法》，并于 2006 年重新修订；颁布《清华大学关于社会捐赠的管理规定》，并于 2007 年、2010 年重新修订；颁布《清华大学会计档案管理办法》《清华大学关于清理整顿银行账户和资金结算的管理规定》。编辑《清华大学财务规章制度汇编》上下册，收录国家有关财经法规和学校财务规章制度与管理办法。

2002 年，颁布《清华大学银行账户和资金安全管理办法》《清华大学资金管理内部控制制度》《清华大学在职在岗无房教职工住房补贴发放办法》和《清华大学离退休教职工住房补贴发放办法》。

2003 年，颁布《清华大学教职工校外住房支付供暖费的暂行规定》；颁布《清华大学财会系列专业技术职务聘任管理办法》和《清华大学财会系列专业技术职务聘任管理实施细则》，2007 年分别进行修订。

2004 年，颁布《清华大学院（系）财务主管岗位职责》。

2005 年，颁布《清华大学预算管理规定》，并于 2010 年进行修订；颁布《清华大学关于从其他渠道进校纵向科研经费的管理办法》《清华大学关于科研经费外转及关联事项的管理办法》《清华大学关于科研经费结余分配的管理办法》《清华大学会计机构及会计人员管理办法》《清华大学关于经济责任制的规定》。编辑《科研经费管理办法汇编》。

2006 年，颁布《清华大学学生奖助学金财务管理办法》《清华大学使用银行贷款资金管理规定》。编辑《财务法规与内部文件资料汇编》。

2007 年，颁布《清华大学博士后研究人员经费管理办法（试行）》《清华大学关于部分调整科研经费管理办法的实施细则》《清华大学关于进一步加强科研经费管理的若干意见》。编辑《财务规章制度选编》，收录了 212 篇国家、各部委以及学校与财务工作相关的法律、法规和规章制度。

2008 年、2009 年，编撰《财务工作与研究参考》（第一辑、第二辑）。颁布《清华大学商务

POS使用管理规定（试行）》《关于非事业编制人员生育待遇的指导意见》。

2010年，颁布《清华大学教育培训经费管理暂行办法》《清华大学百年校庆经费使用管理规定》《清华大学财务信息网络安全管理规定》《清华大学财务管理规则》《清华大学基本建设、大型修缮及征地拆迁经费管理办法》《清华大学会议经费管理办法》。

四、财务管理技术手段建设

（一）会计电算化

学校从1985年下半年开始设计“QFCL高校财务微机网络管理系统”，该系统由账务处理系统、数据管理与报表处理系统和实时审核网络系统三部分组成。账务处理系统又分为预算内账务、预算外账务及基金账务三个部分。预算内账务部分于1986年4月1日正式投入运行，预算外账务及基金账务部分于1987年1月10日正式投入运行。该系统于1987年9月经教育部组织有关专家审查鉴定通过。该系统运行以来性能稳定，使学校财会人员从传统的手工记账方式中解脱出来，进入会计账务电算化阶段。

1990年实现了财务处各科室之间微机联网，并进行上岗查账培训，掌握随时查询各种数据的功能，满足内部管理分析的需要；通过校园网可按月向校领导提供资金收支信息，并汇集统计校内各单位对学校财力的贡献和学校对各单位财力的支持数据资料，以及各项资金历年收支统计资料。

1992年开发了学校管理信息系统，直接从数据库中采集数据，自动生成各种内部管理信息需要的统计报表，满足财务分析和提供决策参考的需要。

从1990年开始，每年举办普及电算化知识培训班，培训财会人员，有计划、有步骤地对有条件的系、所推广电算化。1990年首先在核研院、材料系正式运行。到1992年底，全校已有13个系、所开始试用计算机进行账务处理。

1998年1月1日起，按照财政部、国家教委规定，实施新的《高等学校会计制度》，启用新的会计电算化程序。

（二）财务集成信息系统

随着技术手段的日益先进和各方面对财务要求的提高，制订了一系列财务系统技术开发和升级方案，分阶段研制开发了“清华大学集成财务系统”（Integrated Finance System，IFS），采用网络技术和先进的管理软件，将管理、控制、监督和服务有效地集成在一起，从过程、控制、服务等方面为学校的财务管理工作提供重要的技术支持。

1999年1月，着手研究全校工资一级核算的实施问题，于2000年3月起，实现了全校近万人工资的一级核算和集中发放，改变了工资发放由二级单位报送工资表、汇总后再由二级单位发放的方式，减少了重复劳动，提高了工作效率。

2000年底开始，着手开发“学生助学金一级管理运作模式与核算系统”。2001年11月起，实现了全校本科生与研究生的奖学金及助学金一级核算和银行统一代发管理，改变了多年来一直沿用手工作业、两级核算和现金发放的方式。

2001年1月起，对沿用了40多年的会计核算模式进行重大改革。通过计算机和网络技术，将财务处与39个院、系（所）、中心的财务网络联为一体，使二级单位成为财务处的远程终端，实现了会计信息的集中共享、实时监控、网上发布与查询，为师生提供更便利、更全面的会计服务。

2002 年，与会计核算系统相配套的管理决策支持系统和票据管理系统投入使用。管理者报表平台使财务主管方便快捷地掌握院系财务状况，通过票据管理系统，财务处可以及时了解每张票据的领取、使用、交回等情况，为学校加强财务管理提供了技术条件。

2002 年 9 月，完成学生收费系统，实现了本科生学费、住宿费等各项费用的银行代扣代缴。

2003 年，开发完成了工资、奖助学金、预算管理、票据管理、会计档案管理等 15 个管理子系统，“清华大学财务集成信息系统”建设基本完成。

2004 年 11 月开始，实行个人收入由银行统一代发，学校各院、系（所）发给职工、回聘人员、外聘人员和学生等所有个人收入全部采取由银行统一代发的形式，不再直接发给个人现金。实行银行代发后，减少了现金流通量，缩短了工作环节，提高了工作效率。

2007 年 7 月，学校科研预算额度控制系统正式启用，初步实现对项目经费预算明细的事中控制。同时实现学校科研项目信息系统与财务部门核算系统的顺利对接，学校科研经费管理水平大大提高。

2008 年，预算管理系统正式投入使用，将预算指标下达、经费下拨、超支控制、预算监督与执行分析、专项跟踪等功能融为一体，增加了预算的透明度，强化了预算的监督，并提高了预算监控的时效性。

2009 年，着手进行第三代财务系统的顶层设计，先后投入使用了全面预算管理系统、票据电子化系统和支票管理系统，升级并完善了公费医疗报销系统、银行汇款系统、学生收费系统、科研管理系统、学校社会保障与个人收入代发系统，初步设计了网上报销系统。

2010 年，初步完成面向客户的第三代财务系统顶层设计工作，为今后财务工作信息化发展奠定基础。

（三）校园卡二期建设

1999 年 9 月，学校开始实施校园 IC 卡工程，替代了原有的纸质证件，实现了持卡人的身份识别、注册和门禁等功能，与餐卡、复印卡、游泳卡等各种卡并行。但“一卡一用”，也为管理和使用造成不便。2004 年 10 月，学校启动校园卡二期建设项目。

2005 年，采取招投标的方式，遴选中国银行和中国建设银行作为合作银行，为学校校园卡二期项目提供建设费用和金融服务。

2006 年，通过公开招标，确定清华同方股份有限公司为学校校园卡二期建设系统集成商。

2007 年至 2009 年 6 月，校园卡二期项目系统进入全面建设阶段，完成了密钥相关系统、中心平台系统、应用类系统、数据交换平台等二十余个信息系统的建设工作。

2009 年 9 月，完成全校近 5 万张师生员工校园卡发放，并开始在食堂、商店、校医院等处进行结算。

2010 年 1 月，完成全校共计 1 400 余套校园卡门禁应用切换；2 月，完成学生食堂校园卡设备切换，实现一机双卡（校园卡和光电卡）运行模式；5 月，教工食堂、学生食堂及餐厅全面开放校园卡消费功能；年底，全校在用有效卡 5.6 万余张。

五、财务管理机构沿革

（一）1949 年以前

1911 年 2 月颁布的《清华学堂章程》中规定："庶务长主任庶务、会计事宜"、"会计员商承庶务长，经理本堂银钱出入及预算、决算一切事宜"。当时未设财务机构，只设会计员，由庶务长领导。1922 年，在庶务处下专设会计处机构，有会计主任一人，办事员若干人，由庶务长领导。

1929 年 6 月颁布的《国立清华大学规程》中规定，学校设会计科，隶属于秘书长领导。

1938 年 10 月，西南联大常委会通过《西南联大出纳组组织大纲》，规定学校出纳组"直属于本大学总务处"，主管学校现金、票据、证券之有关出纳事务。

1939 年，为加强对联大财务的监督，由政府审计部直接在联大设置会计室，并在《西南联大会计室组织及办事通则》中规定："本室主办人员承主计长之命，受主计处主管局长之指导，教育部会计长之监督指挥，并依法受所在学校常务委员会之指挥，主办全校岁计、会计事务。"从此校内设有出纳组与会计室并列的财会机构。

1947 年，政府进一步推行出纳、会计分立的原则，规定在机构、人员及账务上均应分开。该年初教育部审计署委派了会计室主任和佐理人员来校组建会计室，所聘的会计人员均报教育部批准。在收付业务运转中，由会计室收付原始凭证，填制收付传票而后交出纳组转大陆银行驻校支行办理。与此同时，学校将原会计部门改组为出纳组，由校长任命出纳组主任，办理学校日常现金收支业务。会计室和出纳组相互配合，相互监督，相互制约。

（二）1949 年以后

1952 年，学校改组会计室，撤销出纳组，成立会计科，下设审核、出纳、账务、工资、助学金等五个小组。会计科隶属于总务处领导。

1954 年，学校进行大规模基本建设，成立了基本建设委员会。从校会计科抽调人员组建基本建设委员会财务科，对学校基建经费收支进行独立核算。

1955 年，校会计科改为财务科，基建财务科撤销后并入校财务科，下增设基建财务组。财务科仍隶属于总务处。

1969 年 1 月，学校成立革委会，在校务组下设有财务组。1973 年 7 月，校务组改名为校务处，财务组改名为财务科。

1978 年 1 月，为了加强财务物资管理，学校成立财务物资管理处，将校务处管辖的财务科、供应科划归财务物资管理处领导。

1979 年 11 月，学校决定撤销财务物资管理处，财务科仍归属校务处领导。

1980 年 7 月，学校根据教育部颁布的"部属院校都必须单独设置财务处（室）作为学校的一级机构，在校（院）长的直接领导下和上级财务部门的指导下，统一管理全校的财务会计工作"的有关规定，学校正式成立了财务室，成为学校的处一级机构。

1982 年 10 月，财务室改名为财务处，下设有财务科和经济管理科。1985 年，增设了计划审计科。1988 年，所属科室调整为预算内科、预算外科和经济管理科。1989 年，又调整为综合科、预算内科、预算外科。

1991 年，学校根据国家教委、财政部教财〔1991〕33 号《高等学校“八五”期间财务工作的若干意见》文件精神，成立“清华大学校内银行”。校内银行是学校深化财务管理改革的一项措施，也是调剂校内各项资金、增强学校经济宏观调控能力的一个机构，是为校内服务的单位。校内银行在行政上隶属于财务处，经济上实行独立核算，机制上参照金融机构的机制运行。服务范围是将校内独立核算单位原在外部银行开立账号的吸引到内部银行开户，实行“存取自由、存款计息、存款保密”的原则；并对在内部银行开户的单位办理银行结算和现金出纳业务，审查和融通资金，办理债券、国库券代售等业务。1993 年底，在校内银行开户单位由年初 30 个增加到 74 个，全年存款平均余存额达到 2 938.7 万元，比上年增长 131.12%。

1995 年 6 月 15 日，根据《中华人民共和国商业银行法》的有关规定，“清华大学校内银行”更名为“清华大学结算中心”，属财务处管辖。1996 年 10 月 18 日，结算中心新楼落成，代办储蓄所开业。结算中心在代发教职工工资基础上，与北京城市合作银行合作开办了代办储蓄业务，与中保集团北京分公司合作开办了代办保险等业务。结算中心下设结算部、储蓄部和保险代办部。

1996 年 12 月，为适应高等学校财务制度和会计制度改革的需要，撤销了原有的预算内科、预算外科，增设了审核出纳科、会计科。

1999 年 10 月，根据国家有关通知要求，结算中心改制并调整业务。学校与北京市商业银行签订银校合作协议，按照协议，结算中心把原有的对公结算业务和储蓄代办业务移交给新设立的北京市商业银行清华大学支行。改制后的结算中心主要承担学校各类学生学杂费的收取和结算业务。

2001 年 1 月起，除美术学院和核研院以外的院系会计核算由二级全部变为一级。2002 年 1 月，美术学院和核研院的账务并入学校账务系统，至此，全校所有院系全部实现了一级核算。

2002 年 9 月 25 日，经 2002—2003 学年度第 2 次校务会议讨论通过，成立清华大学后勤会计核算中心。该中心受后勤财务管理体制和会计核算改革领导小组的领导，业务接受财务处的指导和审计室监督，中心任务是帮助后勤实体认真执行成本核算和相关行业会计制度，规范会计报表编制，加强对账户和资金的宏观管理，提供准确及时的会计信息，为后勤建设和发展服务。

2002 年 12 月，设立西区财务室，承担数学系、物理系、化学系、生物系、生命科学研究院、高等研究中心、周培源数学应用中心和艺教中心等单位会计核算服务。

2003 年 1 月 1 日起，西区财务室正式对外提供服务，开始试行分区的会计委派制。同时，原汽车系、机械系和环境系的会计核算业务并入财务处核算。

2003 年 6 月，设立昌平校区财务室，为核研院师生提供会计核算服务。

2003 年 7 月 1 日，设立东区财务室，承担电子系、计算机系、自动化系、微电子所、网络中心和 CIMS 中心等单位的会计核算服务。

2003 年 8 月 21 日，经 2002—2003 学年度第 22 次校务会议讨论通过，决定成立清华大学会计核算中心，行政挂靠校机关，为学校直属事业单位，负责对校内单位实施会计委派制度，负责全校各院系所、中心和后勤单位的会计核算、提供会计信息和会计服务。随着会计核算中心的成立，财务处的职能和机构设置再次发生变化。财务处实行“小机关”管理模式，重点负责预算和决算的编制，学校经济政策的制定，收费项目及标准审定，税收、票据管理及校内会计活动的监督等。

2004 年 1 月 2 日起，土木系、水电系、热能系、电机系、人文学院 5 个单位并入中心本部财务室核算财务业务；工物系、化工系、计算中心、宇航中心 4 个单位并入东区财务室核算财务业务；图书馆、国际合作交流处、对外交流中心 3 个单位并入西区财务室核算财务业务。

2004 年 5 月 10 日，设立南区财务室，承担建筑学院、经管学院、公管学院、力学系、材料系、精仪系、电教中心、科技开发部、信研院等 9 个单位的会计核算服务。同日，创新大厦财务室和光华路校区财务室正式对外办公，为继续教育学院和美术学院师生提供会计核算服务。

2004 年 12 月，设立基建财务室，负责基建经费的会计核算业务。

2004 年底，设立接待中心财务室、物业中心财务室、修缮中心财务室和饮食中心财务室，完成后勤各中心及实体会计委派改革。

2005 年 10 月底，设立校医院财务室，统一管理和核算有关公费医疗报销等业务。

2007 年 3 月，为进一步加强和完善对专项资金的管理，财务处的机构设置进行调整，增设专项资金管理科；2008 年 1 月，财务处设立经济管理科。

2010 年，设立伟清楼财务室，承担工物系、化工系、地球科学中心和体育部等单位的会计核算服务。

截至 2010 年底，学校财务部门的机构设置分立为财务处和会计核算中心。财务处下设计划财务科、经济管理科、基金工薪科、专项资金管理科和办公室，会计核算中心下设 19 个财务室，实行“小机关、大服务实体”的管理模式。

2010 年底，学校财务机构框架，见图 16-3-1。

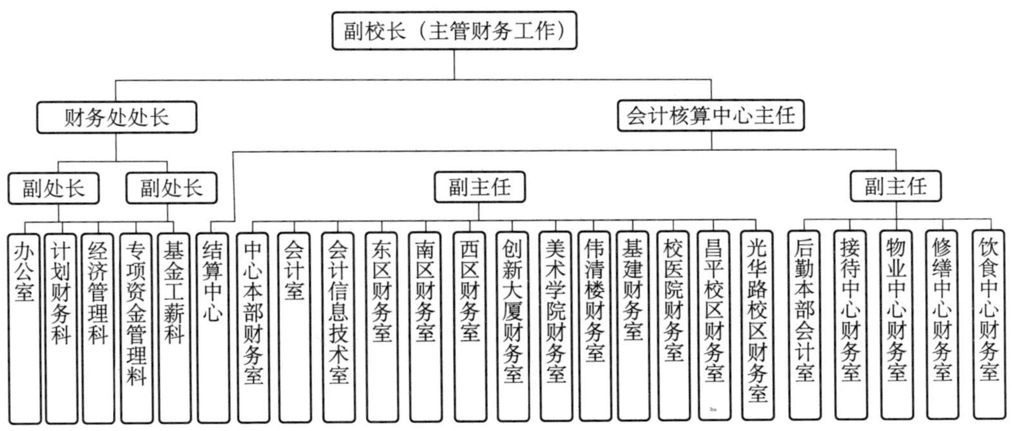

图 16-3-1　学校财务机构框架图

第十七章

中国共产党清华大学组织

第一节　组织沿革

一、第一个党支部建立前后

1919年12月，施滉、冀朝鼎等人在清华组建“唯真学会”，接受“劳工神圣”思想，编印《劳动声》刊物。1923年，施滉、冀朝鼎、徐永煐等8人在“唯真学会”内部又成立了“超桃”秘密核心组织，施滉为负责人，提出了“政治救国”主张，决心通过政治途径改造社会。1924年，施滉、徐永煐在广州受到孙中山的接见和鼓励，并见到李大钊，受到共产主义的影响。当年秋，施滉赴美学习；1927年加入美国共产党，为清华留美生中最早的共产党员，曾任美共中央中国局书记，1930年回国，历任中共河北省委宣传部长、书记等职，1933年被捕，1934年初牺牲。

1926年3月13日，清华举行孙中山逝世周年纪念会，李大钊、陈毅（当时公开身份为国民党北京特别市党部工作人员）来校演讲。李大钊的报告题目为《孙中山先生在中国民族革命历史上之位置》。陈毅讲话指出：人类不应该有民族压迫和种族歧视，而应该平等相待。

1926年9月，王达成在燕京大学毕业，由戎之桐介绍加入中国共产党，11月，接受党的任务到清华图书馆工作。北京党组织的负责人陈为人向王达成介绍当时在清华的两名共产党员雷从敏（雷从民，此为后改的名字，下同）和朱莽。三人在清华三院开会，正式成立中共清华第一个支部，王达成为第一任党支部书记。到1927年4月，支部已有8名党员，为王达成、雷从敏、朱莽、魏明华、余冠英、崔宗培、朱铭勋（朱理治）、李景清。清华支部和燕京大学支部、香山慈幼院支部组成了中共北京西郊部委，部委书记为戎之桐（燕京大学支部书记），宣传委员为王达成。当时党组织主要从事国民运动，以国民党左派名义在学生中公开活动。朱莽曾担任清华国民党区分部书记。1927年5月，王达成赴绥远做商震部队工作，支部书记由雷从敏担任。不久，雷赴美留学，支部书记先后由李景清、崔宗培接任。

二、“四一二”政变至抗日战争全面爆发（1927-04—1937-07）

1927年，蒋介石发动“四一二”政变，中共北京党组织屡遭破坏，大批党员被杀害。在屡次与上级失去联系的情况下，清华党组织坚持艰苦斗争。党员有：崔宗培、朱铭勋、冯仲云、俞成、李兆瑞（李乐光）等六七人，并曾在工字厅后厅掩护过北京市里失去上级联系的党员，躲过了反动当局的追捕。1927年11月崔宗培离校，支书由朱铭勋接任。1928年3月间，朱铭勋在参加西郊区委会后回清华的途中，巧妙地躲过了一个叛徒带着两个特务对他的跟踪，随后，转移到上海工作。党支部书记先后由冯仲云、李进崧、陈志安接任。

1929 年冬，共青团清华支部成立，书记为陈志安，团员有冯仲云、张钦益（张立森）、徐子佩、刘炜骏等人。1930 年春，团支部发展了黄玉佳、曾迪先、江晴恩等人；同时，由团北平市委转来了胡鼎新（胡乔木）的团关系。他们以清华社会科学研究社的社员为基础，公开成立“清华铲除基督教青年团”，有 100 多人参加。接着又扩大成立了“反帝大同盟”清华支部。

1930 年 4 月 20 日，北平市工人、学生代表举行“五一”节筹备会，到会共 370 多人，清华冯仲云、陈志安等 15 人参加，会后上街游行，突遭便衣警察袭击，当场被捕 58 人，清华冯仲云、陈志安等 3 人被捕。清华党支部书记由张钦益接任。不久，冯仲云逃出北平监狱，受党的派遣，到哈尔滨工作。1930 年 9 月，徐子佩接任清华党支部书记。当时，在党中央左倾错误路线影响下，北平市委决定把党、团、工会力量统一组织起来，成立“行动委员会”“苏维埃筹备会”，组织“暴动预习”“飞行集会”。1930 年 9 月初，清华党支部在一院（清华学堂）二楼一个教室里，召开西郊区苏维埃筹备会，参加人数近 30 人。在“双十”节、“十月革命节”、“广东暴动”纪念日等日子里，党支部组织党、团员到海淀街举行飞行集会和示威游行。每次待大街上赶集的人多了，他们就冲到人群里喊口号、散传单。1931 年初，党中央纠正了左倾路线的错误，清华党支部工作重点转入群众性宣传工作，举办“平民夜校”等。

1931 年 2 月，徐子佩调任西郊区委书记，由张钦益接任清华党支部书记，党员有：陈志安、张进思（张甲洲）、唐锡朝（唐明照）、陶瀛孙、李兆瑞、于九公（于天放）等十多人。1931 年 7 月，特务进清华逮捕徐子佩，经 40 多位同学营救后徐脱险离校。

1931 年 9 月 18 日，日军侵占我东北三省，9 月 19 日，清华成立“抗日救国会”。1931 年 12 月，清华、燕京等校组成 200 多人的南下请愿团奔赴南京，要求政府抗日。1932 年 3 月，清华党组织先后联合燕京大学等校学生，发起了“北平市民公祭抗日殉国烈士大会”“九一八半周年纪念会”，并利用党组织领导的“世界语联合会”“社会科学者联盟”等进步团体，进行抗日救亡宣传。当时清华党支部书记为张钦益，1932 年 5 月李耕田接任支部书记。

1932 年 4 月，党员张进思（张甲洲）、于九公对日军侵华义愤填膺，于是告别清华，奔赴被日军占领的黑龙江省巴彦县，组织抗日游击队。张进思率领的抗日游击队，曾一举收复了巴彦县城，后任中国工农红军第 366 军江北独立师师长。1938 年 8 月，张在一次与日军激战中英勇牺牲，时年 31 岁。

从 1932 年 8 月到 1934 年秋，中共北平市委多次受到严重破坏，部分时间党的领导机关不复存在。当时，清华党组织在与上级组织失去联系的情况下，仍坚持斗争，保全组织，先后由陈松龄（宋海）、宫曰健（宫尚行）、赵文璧、陈国良（陈落）、何凤元、牛佩琮等人担任支部书记，党员有徐高阮（徐芸书）、张季荪（张凤阁）、陶瀛孙、蒋南翔、王经方（王慎之）等人。党支部通过党的外围组织“社会科学研究会”，举办“清寒食堂”，组织“清寒同学会”等方式来团结同学。

1935 年初，蒋南翔当选为《清华周刊》总编辑，姚克广（姚依林）、杨德基（杨述）、赵德尊、吴承明、黄诚等均担任过编辑或撰稿人。1935 年 4 月，党的秘密外围组织“北平民族武装自卫会”正式成立，在清华大学设立了分会，成员有：蒋南翔、牛荫冠、姚克广、韦毓梅（孙兰）、吴承明、黄诚等，团结了一批爱国进步学生。1935 年 6 月，何凤元与上级党组织接上了关系，1935 年秋调到北平市委工作，蒋南翔接任党支部书记。在此前后，高承志、吴承明、姚克广、牛荫冠、赵德尊、高本乐等加入共产党。

1935 年 12 月 9 日，北平学生为反对“华北自治”举行请愿示威游行。清华学生姚克广担任北平学联秘书长，参与了运动的指挥。由蒋南翔草拟的清华同学救国会《告全国民众书》喊出："华北之大，已经安放不得一张平静的书桌了！"当天凌晨，清华游行队伍由黄诚、吴承明等人带队，受阻于西直门和阜成门，傍晚队伍回校。12 月 16 日，北平学生为反对成立"冀察政务委员会"，又一次举行示威游行，由清华大学率领的城外大队，拂晓出发，先受阻于正阳门，后转至宣武门，城门紧闭，女同学陆璀平贴地面，从城门与地面的缝中爬进，开了城门，随后，游行大队冲入城内。各路队伍在天桥会师，人数约 2 万人，举行了市民大会。

1936 年 1 月 2 日，平津学联组成"平津学生南下扩大宣传团"。下分三个团，第三团以清华大学为主，包括燕京大学、朝阳大学、辅仁大学等校，团长是黄华和蒋南翔，清华学生 50 余人参加。他们沿平汉路南下经宛平、涿县、固安，沿途宣传、演出，并帮助地方成立抗日组织。1 月 14 日在高碑店遭军警阻挠、袭击，并被监送回北平。1 月 16 日，在燕京大学召开全体团员大会，成立"中国青年救亡先锋团"。2 月 1 日，改名为"中华民族解放先锋队"（简称"民先队"）。民先队清华分队第一任分队长为吴承明，3 月间改选，由雷骏随（李昌）任分队长，杨学诚、凌则之（凌松如）、纪毓秀、钟烈錞等为分队委。

1936 年 4 月，中共北方局决定，取消共青团北平市组织，代之以民先队。原有团员一律转为党员，团龄算做党龄，团支部转为党支部。5、6 月间，清华共青团员和民先队骨干雷骏随、杨学诚、黄诚、纪毓秀、凌松如、吴继周、林传鼎、魏蓁一（韦君宜）、李友九、黄绍湘、蒋宪端（蒋金涛）、李孝芳、郝威（罗清）等相继转入或加入中国共产党。8 月，雷骏随被选为北平市民先总队队长，10 月又被选为全国民先总队长。清华民先队由杨学诚、凌则之、纪毓秀、林传鼎、吴继周等负责。民先队员 180 多人。

1936 年 2 月 29 日上午，400 多名军警闯入清华园，包围学生宿舍，抓了蒋南翔、方左英并扣留在西校门。在城里学联工作的姚克广因赶回学校参加考试，在西校门也被扣留，还有一位锅炉工人也被抓。民先队员李鼎声（李伟）、吴承明、陆璀、高葆琦、黄超显（黄秋耘）、董凌云等带头率一批学生和军警搏斗，夺回了蒋、姚、方等人。当天下午，北平市警察署长陈继庵来清华，被学生扣下，并用他换回那位被抓的工人。军警离去后放风说："清华有 500 名共产党暴动。"当夜 7 时，有 5 000 多名军警开进清华园抓人。学生集中躲在体育馆，到次日凌晨始被发现，学生骨干都早已分散避开。蒋南翔躲在三院食堂，在工友老刘的掩护下，装作伙夫。黄诚、姚克广隐蔽在冯友兰教授家，李镇（李寿慈）隐蔽在华罗庚家，朱自清教授家掩护了 6 名女生骨干。当夜，清华有 21 名无辜学生被捕。哲学系教授张申府在城里家中被捕。

1936 年 6 月 29 日，清华救国会委员陈元、黄诚、吴承明、刘毓珩（陈其五）等 4 人被开除学籍。同时，哲学系教授张申府被解聘。6 月 30 日，清华学生救国会发表《敬告全体同学书》，指出：学校"无疑是整个的摧残了我们的团体运动，当然更是整个的摧残了我们的救亡运动"。8 月 10 日，黄诚在《让我们做最末一次被开除的学生吧！》一文中写道："我是被开除了，我不留恋，我不懊悔，一切都是为了救亡，我要永为救亡而奋斗！"

1936 年七八月间，中共北方局负责人彭真来清华，在学生宿舍平斋杨德基房间里住了一周多，对党员和民先队员进行形势及政策教育，并选调蒋南翔到中共北平学委工作，以加强党对学运的领导。1936 年 10 月，蒋南翔任学委书记。

1937 年 3 月，清华党支部书记杨学诚和北平市委书记黄敬、民先队总队长雷骏随、北师大党支部书记林一山，随刘少奇、彭真等同志赴延安参加全国党代表会议。杨学诚、雷骏随在会上发言，反映了北方革命学生的思想情绪，提出了一些意见和考虑。后来，毛泽东在《为争取千百万群众进入抗日民族统一战线而奋斗》的文章中，解答了他们提出的问题。

1936年3月至1937年7月，清华党支部书记先后由宫曰健、牛荫冠、方琦德、赵德尊、蒋南翔、杨学诚、吴继周接任。全面抗战爆发前夕，在校党员人数发展到42人。

从1926年11月第一个党支部建立至1937年全面抗战爆发，清华累计共有党员110人，这个时期，学校党组织的隶属关系及支部书记任期情况见表17-1-1。

表17-1-1　1926年—1937年学校党组织的隶属关系及支部书记任期情况

上级党组织及负责人	支部书记姓名	任　　期
西郊部委、书记戎之桐	王达成	1926-11—1927-04
西郊区委、书记许锡仁	雷从敏① 李景清 崔宗培	1927-04—1927-？ 1927-？—1927-08 1927-08—1927-11
1927-11—1930-09区委屡受破坏	朱铭勋 冯仲云 李进崧 陈志安 张钦益	1927-11—1928-01 1928-01—1929-？ 1929-？—1929下半年 1929下半年—1930-04 1930-04—1930-09
1930-09恢复西郊区委，书记张进思 1931-03—1931-07书记徐子佩	徐子佩 张钦益	1930-10—1931-02 1931-02—1932-05
1931-07—1933-07 区委多次受破坏	李耕田 陈松龄 宫曰健	1932-05—1932-07 1932-08—1933-04 1933-05—1933-07
1933-07—1934-01 西郊区委，书记孟雨君。随后，区委处于瘫痪	赵文璧 陈国良 何凤元 牛佩琮 何凤元②	1933-07—1933-09 1933-09—1934-02 1934-02—1934-05 1934-05—1934-09 1934-09—1935-01 1935-08—1935-10
1935-12重建西郊区委，书记陈洁 1936-01—1936-02书记蒋南翔 1936-06书记牛荫冠	蒋南翔 宫曰健 牛荫冠 方琦德 赵德尊	1935-10—1936-03 1936-03—1936-05 1936-05—1936-06 1936-06—1936-07 1936-08—1936-10
北平学委 1936-11书记黄敬 1937-02书记蒋南翔	蒋南翔 杨学诚 吴继周	1936-10—1936-11 1936-11—1937-05 1937-05—1937-07

注：① 根据王达成回忆，支部书记是由雷从敏而不是由朱莽接任，根据余冠英、朱铭勋回忆，可能是由朱莽接任。
② 1935年1月何凤元被捕，1935年1月—1935年7月书记暂空缺。

三、长沙临大与西南联大时期（1937-11—1946-07）

1937年7月7日，日军挑起“卢沟桥事变”，7月29日北平陷落。8月，根据中共北平市委指示，蒋南翔、杨学诚、黄诚、雷骏随等人负责平津流亡学生工作。先后在济南、太原、南京等地建立“平津流亡同学会”，部分学生骨干纷纷走上抗日战争第一线。

1937年11月1日，北京大学、清华大学、南开大学组成的长沙临时大学（简称“长沙临大”）在长沙正式开学。原清华、北大党员共同组成中共长沙临大党支部，受中共湖南临时省委和长沙临时市委的领导，支部书记为丁务淳（周宏明）。长沙临大党支部组建时，有党员 18 人，其中原清华党员 12 人，为丁务淳、吴继周、张师载（张华俊）、徐贤议、杨少任、戴中扆（黄葳）、王天眷、熊汇荃（熊向晖）、杨承栋（许立群）、郭见恩（郭建）、蔡承祖、钟烈錞；原北大党员 6 人。在长沙临大期间，新发展的党员有宋延平（宋平）、陈舜瑶、池际尚、张韵芝、高秉洁、杨隆誉（杨赓）、赵儒洵（赵石）、田方增等 8 人。

1938 年 2 月，战争逼近长沙，长沙临大西迁昆明。5 月，在昆明组成西南联合大学（简称西南联大）。11 月，中共中央长江局任命青年特派员王亚文组建西南联大党支部，由徐贤议任支部书记，党员有 5 人，为王亚文、徐贤议、张遵骧、汤一雄、莫家鼎。不久发展了张定华、汤德明、张鹊梅入党。党支部的领导关系先在长江局，后在南方局。与此同时，从北方来到昆明的党员力易周、黄元镇、郝诒纯、徐树仁（徐干）等也分别考入西南联大，他们 4 人组成了一个临时党支部，推举力易周任支部书记。力易周发展了袁永熙入党。1939 年 3 月，根据中共中央南方局指示，建立西南联大党支部，由云南省工委直接领导，任命袁永熙为支部书记。7 月王亚文毕业，把自己领导的支部组织关系，通过南方局经云南省工委转给袁永熙领导的党支部。1940 年 3 月，云南省工委决定，西南联大党支部扩建为党总支，下设分支和小组。此时，共有党员 83 人（约占云南全省党员总数的三分之一）。总支书记为袁永熙。1940 年 9 月，袁调云南省青委工作，由李振穆（李晨）接任。

1940 年 5 月 4 日，中共中央给东南局的指示中指出：“在国民党统治区域的方针，则和战争区域、敌后区域不同，在那里是隐蔽精干，长期埋伏，积蓄力量，以待时机，反对急性和暴露。”联大党组织的斗争转入更加隐蔽的方式。1940 年末，云南省青委根据形势需要，决定建立西南联大第二线党总支。二线总支对一线总支也保密，由云南省青委直接联系，一直坚持到 1941 年 3 月。总支书记先后由李志强（李之楠）、邹斯颐担任。

1941 年 1 月国民党发动震惊中外的“皖南事变”，掀起新的反共高潮。特务头子康泽来昆明，部署大逮捕。云南省工委指定由省青委书记杨天华负责，把比较暴露的西南联大党员、“群社”骨干及积极分子共 80 多人，迅速疏散转移到云南省的个旧、蒙自、石屏等 10 多个州、县隐蔽下来，开辟党的工作，为当地布下革命种子。联大的学生运动暂时沉寂下来，省工委指定熊德基为联大总支书记，领导留校的 10 多名党员，认真贯彻周恩来提出的“勤业、勤学、勤交友”（三勤）的指示，为群众多办实事，解决困难。如中文系党员齐亮针对当时物价飞涨、学生伙食水平急剧下降，主动挑起办好食堂的担子，起早摸黑到远地采购，使伙食大有起色，深得学生拥戴。

1942 年 1 月，联大、云南大学等校 1 000 多名学生上街游行示威，抗议在日军占领香港时孔祥熙家属霸占从香港撤退的专机，使郭沫若、陈寅恪等著名学者被困于香港，处境十分危险的罪恶行径。学生运动有了转机，再次引起重庆当局的注视，康泽第二次来昆明搜捕。1942 年 7 月云南省工委面对这一严峻形势，决定对党员采取单线联系，横不越组，纵不越级，暂停发展，转地不转党等组织措施。到 1943 年底，联大党员先后由省工委直接单线联系的有 35 人，南方局直接领导的有 6 人，其他组织关系的有 16 人。其中由省工委郑伯克联系的马千禾（马识途）线，曾于 1943 年 5 月建立党支部，书记马千禾，支委为齐亮、何志远（何功楷）。

1944 年，欧洲战场上德国法西斯已走向穷途末路，中国战场上解放区军民取得反“扫荡”战争胜利后开始局部反攻，而国民党军却在豫湘桂战役中大溃败，使日军一度占领贵州独山，重庆动摇，大西南受到严重威胁，人心激愤。

1944 年 5 月 3 日，历史系学生党员李晓（李曦沐）主持举办“五四”座谈会，到会数百人，张奚若、吴晗、闻一多等教授发了言，冲破了联大长期以来的沉默空气。5 月 4 日，联大“民主墙”上刊出了《联大半月刊》《文艺生活》《潮汐》《民主》《耕耘》等 30 多种壁报，沉默已久的联大壁报又活跃起来。接着，5 月 8 日晚，由国文学会主办纪念“五四”晚会，党员齐亮主持，到会约3 000 人，会上李广田、罗常培、冯至、朱自清、闻一多等教授作了专题演讲，学生运动开始新的高涨。这期间，联大党组织针对联大学生自治会在“皖南事变”后被三青团所把持的情况，成立“联大壁报协会”（简称“报协”）。1944 年 7 月 7 日，由联大“报协”和云南大学、中法大学等校学生团体联合举办全面抗战七周年时事晚会，约 2 000 人到会。10 月 10 日，由联大“报联”（为了区别于混入“报协”的三青团分子所控制的壁报社，故另组了“壁报联合社”，简称“报联”）等发起，举办“纪念双十节，保卫大西南”的群众大会，有 6 000 人参加，大会由闻一多、李公朴主持，张奚若、楚图南、吴晗、罗隆基等人作了讲演。进步学生斗争意志不断高涨。1945 年春，在新的联大学生自治会的竞选中，进步学生重新掌握了学生自治会的领导权。齐亮等被选为常务理事。

为了适应革命形势迅速发展的需要，在省工委领导下，党员洪季凯（洪德铭）等人于 1945 年 2 月成立了党的秘密外围组织“民主青年同盟”（简称“民青”）。“民青”章程中规定：“接受最先进政党的领导……以在中国实现新民主主义为奋斗宗旨”，成员有 30 多名。选出陈定侯、洪季凯、严振、萧松、何东昌为第一届执行委员，陈定侯、洪季凯先后任主委。党内由袁永熙联系。同年 5 月，党员马千禾等人筹组的另一支“民青”组织亦正式成立，成员有 60 多名，推选许寿谔（许师谦）、马千禾、李明、李晓、许乃炯等为执行委员，许寿谔为主委。党内由马千禾联系。

1945 年 4 月 30 日至 5 月 6 日，联大举行大规模的“五四”纪念周活动。5 月 4 日下午，联大等校学生自治会在云大广场召开纪念大会，齐亮主持，8 000 多人参加，会后举行盛大游行。5 月 26 日，正式成立昆明中等以上学校学生联合会（简称“昆明学联”），各校学生代表一致推选齐亮为学联主席。

1945 年 6 月，经两个“民青”组织商定，将洪季凯筹组的“民青”称为“民青”第一支部；马千禾筹组的“民青”称“民青”第二支部。10 月底，“民青”成员约 300 多人，昆明 29 所大、中学校都建立了分支或小组。“民青”工人分支还创办了小型秘密印刷厂，设在昆明市报国街徐庆华家中，先后由王汉斌、萧松负责联系，前后翻印了《新民主主义论》《论联合政府》《论解放区战场》《整风文献》等文件。为加强党对“民青”的领导，11 月份由省工委书记郑伯克联系的联大党员中袁永熙、洪季凯、王汉斌等逐步组成联大第一党支部，领导“民青”一支；马千禾、齐亮毕业离校，由李明、陈彰远（刘新）等组成第二党支部，领导“民青”二支。

1945 年 11 月 25 日，联大、云大、中法等校学生自治会在联大草坪举行反内战时事晚会，钱端升、伍启元、费孝通、潘大逵等四教授作了演讲，大会通过了“反内战”宣言。国民党第 5 军包围了联大并鸣枪威胁，中统局云南调统室主任查宗藩混入会场捣乱。次日，国民党中央社发表“西郊匪警，黑夜枪声”消息，诬陷在联大召开的时事晚会。联大等 18 所大、中学校学生组织当天宣布罢课，以示抗议。11 月 28 日，罢课的学校发展到 31 所，并组成“昆明市中等以上学校罢课联合会”（简称“罢联”）。12 月 1 日，云南省民政厅厅长兼省代主席李宗黄亲自指挥便衣军警 200 多人，携带各种凶器，由三青团省支团部秘书周绅等人率领，分头攻打联大新校舍、联大师院、联大工学院、联大附中等地。他们在联大新校舍门前用手榴弹炸死南菁中学教师于再（党员），在联大师院用手榴弹炸死师院学生潘琰（女，党员）、李鲁连和昆华工校学生张华昌，同时殴打师生致重伤者 25 人、轻伤 30 多人。这就是震惊中外的“一二·一”惨案，引起全省以至全国各界的公愤。12 月 4 日，“罢联”在联大图书馆前设四烈士灵堂，举行公祭。在一个半月内，前来祭吊的共达 15 万人次之多。这期间，省工委派王汉斌赴重庆向南方局汇报，决定在争取达到一定要求后适时复课，有理、有利、有节，团结中间同学，团结教授和争取校方。12 月 25 日，“罢联”决定复课。1946 年 3 月 17 日，昆明学联为四烈士举行盛大出殡活动，送殡人数达 3 万多人。

1946 年 5 月 4 日，联大举行结束仪式，三校师生分批复员北上。7 月 11 日，国民党特务用无声手枪暗杀了爱国民主人士李公朴。7 月 15 日，闻一多在参加“李公朴死难报告会”上作了演讲，严词斥责反动当局。发言后，在回家路上被国民党特务暗杀，陪同他的长子闻立鹤也受重伤。7 月 17 日，毛泽东、朱德在延安致西南联大转闻一多家属唁电，对闻一多遇害表示“至深悲悼，先生为民主而奋斗，不屈不挠，可敬可佩”。同日，周恩来也从南京给闻一多家属发了唁电。7 月 18 日周恩来在上海举行记者招待会，阐明中共和平谈判的严正立场，抗议国民党反动派暗杀李公朴、闻一多的暴行，并在 10 月 4 日上海各界举行的追悼李、闻大会上亲笔书写了悼词。

这期间，联大党组织共有党员 71 人，包括：①第一党支部 23 人，洪季凯任支书，王汉斌、严振、萧松任支委；②第二党支部 19 人，李凌任支书，陈彰远、李明任支委；③工学院党支部 5 人，方复任支书；④省工委郑伯克直接联系的林必宜（林深）等 7 人；⑤省工委侯方岳直接联系的谭元堃等 11 人；⑥党的关系在校外的章宏道（章文晋）等 6 人。

从 1937 年长沙临大到 1946 年西南联大结束，累计共有党员 201 人。学校党组织隶属关系及负责人任期情况见表 17-1-2。

表 17-1-2　1937 年—1946 年学校党组织隶属关系及负责人任期情况

时　期	上级党组织（负责人或联系人）	学校党组织名称	负责人		任　期
			职务	姓名	
长沙临大（1937-08—1938-02）	湖南临时省委	长沙临大临时党支部	书记 支委 支委 支委	丁务淳 吴磊伯 郭见恩 吴继周	1937-10—1938-02 1937-10—1938-02 1937-10—1938-02 1937-10—1938-02
西南联大建立至“皖南事件”发生（1938-05—1941-01）	与上级失联	西南联大临时党支部	书记	力易周	1938-10—1939-03
	长江局、南方局[①] 特派员王亚文[②]	西南联大党支部	书记 书记	徐贤议 汤德明	1938-11—1939-05 1939-05—1939-07
	云南省工委马子卿 何维登（何礼）	西南联大党支部	书记	袁永熙	1939-03—1940-03
	省青委何礼 杨天华	西南联大党总支	书记 组委 宣委 委员	袁永熙 李振穆 陈　琏 古锡麟（古念良）	1940-03—1940-09 1940-03—1940-09 1940-03—1940-09 1940-03—1940-09
	省青委何礼　袁永熙 杨天华	西南联大党总支	书记 组委 宣委 委员	李振穆 熊德基 陈　琏 古锡麟	1940-09—1941-01 1940-09—1941-01 1940-09—1941-01 1940-09—1941-01
		西南联大二线党总支	书记	李志强	1940 年底—1941-03

续表

时　　期	上级党组织 （负责人或联系人）	学校党组织名称	负　责　人		任　　期
			职务	姓名	
“皖南事件”发生后至抗战胜利 （1941-01—1945-08）	省青委杨天华	西南联大党总支	书记 组委	熊德基 王铁臣（王凝）	1941-01—1941-03 1941-01—1941-03
	省青委劳辛	单线联系		王铁臣线 党员共 10 人	1941-03—1941-06
	省工委郑伯克	单线联系		马千禾[3] 王铁臣 吴显钺等 党员共 17 人	1941-06—1945-08
	省工委刘清	单线联系		党员 3 人	1941-06—1945-08
	省工委侯方岳	单线联系		李长猛　李祥荣 （李德仁）等线 党员共 16 人	1941-06—1945-08
	南方局	西南联大 党支部[4]	书记	章宏道（章文晋）	1941-06—1945-08
	重庆党组织	西南联大 党小组[5]	小组长 小组长	彭华林 陈彰远	1941 年秋— 1942 年底 1942 年底— 1945-08
抗战胜利至学校复员 （1945-08—1946-07）	省工委郑伯克	单线联系		袁永熙 何志远 郭沂曾 吴显钺等线 党员共 12 人	1945-08—1945-12
	省工委侯方岳 省工委刘清	单线联系 单线联系		党员 1 人 党员 2 人	1945-08—1945-12 1945-08—1945-12
	省工委郑伯克 袁永熙　何志远 刘清	西南联大第一党支部	书记 支委 支委 支委	洪季凯 王汉斌 萧　松 谭正儒（严正）	1946-02—1946-07 1946-02—1946-07 1946-02—1946-07 1946-02—1946-07
		西南联大第二党支部	书记 支委 支委	李　凌 陈彰远 李　明	1946-02—1946-07 1946-02—1946-07 1946-02—1946-07
		西南联大工学院党支部	负责人	方　复	194-02—1946-07
	省工委郑伯克 省工委侯方岳	单线联系 单线联系		林必宜等 7 人 谭元堃等 11 人	1946-02—1946-07 1946-02—1946-07
	南方局	单线联系		章文晋	1945-08—1946-07

注：① 1938 年 11 月，撤销长江局，1939 年 1 月建立南方局，周恩来兼书记。

② 王亚文受长江局叶剑英、黄文杰的指派，作为青年工作特派员由湖南到昆明，1938 年 11 月在西南联大筹组党支部。

③ 马千禾线在 1943 年 5 月曾建立党支部，支部书记马千禾，支委齐亮、何志远。

④ 由南方局直接领导，与省工委领导的西南联大党组织不发生横向关系。

⑤ 1941 年秋，党员彭华林、陈彰远等 5 人由重庆考入西南联大，因“转地不转党”，5 人组成一个党小组，与重庆党组织联系。

四、复员北平至解放初期（1946-08—1949-10）

1946年七八月间，袁永熙、王汉斌、陈彰远陆续从昆明返回北平，路过南京时，南方局钱瑛向他们指出，要做好内战大打起来的思想准备，要坚持隐蔽斗争，北上党组织仍由南方局领导，转地不转党，称“南系”；属“南系”党员转入清华的有陈彰远、方复等26人，初期不设党支部，由袁永熙、王汉斌分别单线联系。

同年10、11月间，从北平临时大学及各大、中学转入清华的党员，受晋察冀中央局（后改为中共中央华北局）领导，称“北系”，计有高绍畲（于杰）、赵振梅（梁朋）等25人。初期也不设党支部，而是由原来各自的上级领导人佘涤清、陆禹、张大中、宋汝棼、项子明等分别单线联系。

“南系”的“民青”组织复员北平后，入清华的成员成立了清华“民青”，仍保持原来的一支、二支。一支的负责人是徐裕荣，受王汉斌领导；二支的负责人是陈彰远，受袁永熙领导。一、二支之间不打通横向关系。

1946年12月24日，在北平发生美军士兵强奸北大女学生沈崇事件，清华学生1 000多人参加北平各校示威游行队伍。1947年1月6日，清华、北大等6校学生代表发起成立“北平学生团体抗议驻华美军暴行联合会”（简称“抗暴联”）。1947年5月17日，清华学生自治会为了反对国民党加剧内战致使物价飞涨、民不聊生，成立“反饥饿反内战罢课委员会”，宣布罢课3天。5月20日，清华学生1 000多人参加北平各校学生“反饥饿、反内战”示威大游行，总人数达15 000余人。5月30日，毛泽东发表评论《蒋介石政府已处在全民的包围中》，指出：“中国境内已有了两条战线。蒋介石进犯军和人民解放军的战争，这是第一条战线。现在又出现了第二条战线，这就是伟大的正义的学生运动和蒋介石反动政府之间的尖锐斗争。”

1947年6月，“南系”部分学生党员成立了一个党支部，支书为陈彰远，支委为尚嘉齐、徐裕荣。“北系”部分学生党员也成立了一个党支部，支书为潘梁，支委为贺文贞（裴棣）、程法毅（陈英）。9月，袁永熙、陈彰远被捕。“南系”平津学委改由黎智、王汉斌、李志强负责。清华“南系”支委会改由尚嘉齐、王俊鹏（方举）、张治公三人组成，由王汉斌领导。该年底，刘仁等向刘少奇汇报工作，刘少奇提出，要把分散的单线联系的党员组织起来，建立支部和小组，以便领导群众进行斗争。为此，1948年1月，清华“北系”党组织成立总支，总支书记为赵振梅，总支委员为孙仲鸣、胡聚长，由北平学委张大中领导，下有8个支部。同时，清华“南系”亦成立总支，总支书记为查汝强，总支委员为尚嘉齐、方复、周广渊、彭珮云，下有8个支部。3月，清华“南系”教职员支部亦正式成立，支书为许京骐，支委为吴征镒、何东昌。

这时期，清华“南系”和“北系”地下党总支，为了沟通情况，协调行动，共同对敌，并防止党员中交叉发展、暴露身份，建立了联络员制度。第一任“北系”联络员是孙仲鸣，“南系”是尚嘉齐；第二任联络员，“北系”是潘梁，“南系”先是查汝强，后改为彭珮云；第三任联络员，“北系”是王浒，“南系”是郑存祚。

此外，不属于“北系”清华党总支组织系统的但却是“北系”的党员，有由北平学委崔月犁直接领导的于陆琳，她主要在教授中进行统战工作，吴晗就是通过她的工作而与崔月犁联系的。1947年10月至1948年10月，清华、燕京两校的教师党员曾组成一个支部，由于陆琳任支部书记。清华党员有屠守锷、董寿莘、孟庆基（孟少农）、梅克等。

1948年5月19日，美国公布“特莱伯计划”，通过减少日本的战争赔款，复活日本军国主义。5月30日，华北12所院校学生3 000余人（清华600多人）在北大民主广场举行“反对美国扶植日本，纪念五卅大会”。6月4日，美国驻华大使司徒雷登发表声明，声称：“此举对中美间的传统睦谊有严重的损害，倘仍继续进行，可能致不幸之结果。”6月9日，清华学生参加北平学生“反美扶日”大游行。6月18日，清华张奚若、朱自清等110名教职员发表声明：“为反对美国政府的扶日政策……为表示中国人民的尊严和气节，我们断然拒绝美国具有收买灵魂性质的一切施舍物资……拒绝购买美援平价面粉，一致退还配购证。”

这期间，革命形势快速发展，党组织亦随着发展与调整。“南系”党总支下属支部发展到10多个，党员有100多人，先后担任过支部领导的有：游兆丙、李开鼎、骆宝时（王真）、张天泰、夏志武、何祚庥、冯碧蕉（杨华）、周汝汉（周全）、吕乃强、杨鸣岗（方进）、何嘉、杨坤泉、李锡铭、杨朝俶、徐家宬、宋季芳（宋林屏）、江怀棠、廖叔俊、黄祖铭等。“北系”党总支下属7个分支部，党员有90多人，先后担任过分支领导的有：张文玉（程璧）、宋振寰（石在）、吴开文、郑桂华（历群）、杨得园（杨志行）、潘梁、贺文贞、庞文弟、葛琴林、程法毅、温益友、盖淑筠（赵云笙）、陈炳谊（邓林）、于志祥、赵斌、齐顺章、宁世铨（苏宁）、黄庆华、高尚朴等。全校共产党员达到200多人，占学生总人数约10%。

1948年暑期，华北局城工部在河北省泊镇办了一期训练班，主要是总结蒋管区学生运动的经验，学习讨论解放战争的形势和城市工作任务及工作方法，讨论迎接解放的问题。训练的对象主要是平、津各大中学生中的一部分“北系”党员骨干，约140人。清华“北系”总支抽调近20人参加，他们是：孙仲鸣、贺文贞、赵斌、庞文弟、魏任之、王浒、陈炳谊、张昕若、黄宗煊、李如健、于志祥、林建祥、陈柏生、宁世铨、张光然（肖元）等。

1948年8月，国民党政府策划了在全国镇压学生运动、进行大逮捕的阴谋。8月18日，北平党组织得悉政府当局即将进行大逮捕的情报，经北平学委宋汝棼通过于杰紧急通知到“北系”的赵振梅和“南系”的彭珮云，两个总支均做了应急的部署。8月19日、20日，政府当局分两批下达给学校的“特刑庭”拘传名单共53名。当时还在校内的有20人，党组织在8月20日、21日两天夜里分别派人护送出校，使国民党当局这次逮捕行动失败。“八一九”后，清华“南、北系”党组织均做了一些调整。“南系”支部领导增加了吴海泉、艾知生、刘义立、潘永奎、庄沂、储传亨、吕应中、陶炳伦等人。“北系”党总支，由于赵振梅撤回解放区，总支书记由孙仲鸣担任，胡聚长、于志祥任总支委员，分支领导增加了高尚朴、黄庆华、李如健、杨遵俅、魏文烈、马业勤、林建祥等。

复员以后，清华党的秘密外围组织也有了很大发展。“南系”的秘密外围组织，除了“中国民主青年同盟”（简称“民青”，负责人有徐裕荣、陈彰远等）之外，1947年春建立了“炼社”（负责人有方复等）；1948年春建立了“新民主主义青年联盟”（简称“新联”，负责人有彭珮云等）和“新民主主义文化建设协会”（简称“新文建”，负责人有李建武等）。“北系”的秘密外围组织有从1947年起先后建立的“中国进步青年联盟”（简称“进联”，负责人有张文玉等）；“中国民主青年联盟”（简称“中联”，负责人赵斌）；“中国青年民主联盟”（简称“青联”，负责人有庞文弟等）；“华社”（负责人有盖淑筠等）和“中华民主青年联盟”（简称“华联”，负责人有魏文烈等）。1948年清华共有9个党的秘密外围组织，成员人数前后累计达到七八百人，成为地下党一支强大的助手和后备队伍，在学运和各项工作中，起了骨干作用。

从复校到解放，清华共有五届学生自治会，历届理事会和常驻会的成员绝大部分是党员、盟员和进步同学。清华地下党始终牢牢地掌握着学生自治会的领导权。这个时期，在党的领导或影响下，各种社团如雨后春笋。文艺性的社团有“大家唱歌咏队”“民间舞蹈社”“剧艺社”“阳光美术社”“新生歌咏队”。生活、学习服务性的社团有“学生公社”“一二·一图书室”“文林书店”“静斋小卖部”。群众工作性的社团有“识字班”“医疗队”等，义务为学校附近贫苦农民及其子女教书识字、医疗等；“工友夜校”，为校内工友教书识字。体育性的社团有“铁马体育会”“黑桃体育会”。各种壁报有：《原野》《奔流》《学习与生活》《炼》《新报》《钟声》《莽原》《钢铁》《火把》《静声》《文艺》《大江流》《大地》《过渡》《戈壁草》《清华人》等。

随着全国革命形势的迅猛发展，清华党组织依靠自己严密的组织、坚强的领导和200多名共产党员，并通过秘密外围组织、学生自治会和各种进步社团，团结了全校绝大多数的爱国师生，形成了一股势不可挡的革命力量。这个力量，在当时还是国民党统治区的清华园里，占了绝对压倒优势。所以，当时的“清华园”曾被誉为国统区里的“解放区”。

1948年9月下旬，根据上级决定，清华、燕京两校的“北系”党组织成立党的燕清校委会，由孙仲鸣任书记。清华“北系”总支书记由胡聚长担任，并增补王浒为总支委员。10月，清华“北系”成立了教职工党的核心小组，由樊恭烋、解沛基、钟国生等三人组成。1948年11月，北平党组织“南系”和“北系”合并。随后，清华“南系”和“北系”也统一合并，建立清华燕京区委会，查汝强任书记，孙仲鸣任副书记。清华仍保留两个总支，“南系”总支书记为周广渊，委员为彭珮云、游兆丙；“北系”总支书记为于志祥，委员为胡聚长、王浒、赵斌。两个总支联系协作，开展了以下各项工作：宣传形势、党的政策和解放区情况；调查学校资产，防止敌人破坏转移；调查了解学校周围的地形、道路，并尽可能绘制成图；监视校内极少数特务分子的活动；加强纠察队的巡防护校工作，储备粮食，保护水电安全；开展反对南京政府策划的“迁校”阴谋等。

1948年12月13日，解放军先头部队到了海淀附近。13日晚国民党军强行开进清华园架设炮位，遭到清华学生的抵制，由于解放军迅速插入圆明园一带，迫使国民党军14日晚撤出清华园。12月15日凌晨2时，毛泽东以军委名义急电平津前线指挥员林彪、罗荣桓、刘亚楼及程子华、黄志勇：“请你们通知部队注意保护清华燕京等学校及名胜古迹等。”当日，解放军第13兵团进驻海淀镇，清华园亦告解放。清华党组织派庞文弟去青龙桥，见到第13兵团48军144师政治部主任吴彪，汇报了情况，并送上党组织调查绘制的地形图。随后，查汝强、孙仲鸣、庞文弟等赴三家店48军军部驻地，与军政委杨春甫取得了联系。12月17日，第13兵团政治部主任刘道生来校与沈履（秘书长）、周培源（教授代表）及学生代表进行了长时间的交谈。同日，毛泽东在给林彪、罗荣桓、刘亚楼并告程子华、黄志勇的电报中指出：“沙河、清河、海淀、西山系重要文化古迹区，对一切原来管理人员亦是原封不动，我军只派兵保护，派人联系。尤其注意与清华、燕京等大学教职员学生联系，和他们共同商量如何在作战时减少损失。”12月18日，解放军第13兵团政治部在学校西门张贴布告，对清华要“严加保护，不准滋扰”。当晚，前线部队两名干部来梁思成教授家，请梁在军用地图上标出北平城区重要古建筑和文化古迹的位置，画出禁止炮击的地区，以备不得已而攻城时使用。

1949年1月10日，北平军管会代表钱俊瑞来校，正式宣布接管清华大学。1月31日，北平和平解放。1949年2月3日的《人民日报》以“清华已成人民的大学”为题进行了报道。2月3日，北平举行解放军入城式，清华学生组成“迎接解放宣传服务大队”入城游行。宣传队共有学生2 000多人，教职工200多人。留城两周，进行了广泛的宣传工作。后来有100多名学生根据工作需要，长期留在各区参加基层政权建设工作。宣传队回校后，有250多名学生响应党的号召，参加“南下工作团”。2月4日，清华地下党员参加了在宣武门外北大四院举行的“北平地下党胜利会师大会”，听了彭真、罗荣桓、叶剑英、聂荣臻、刘仁等的讲话。这期间清华党组织成立了统一的党总支，由查汝强任书记，孙仲鸣任副书记，周广渊、胡聚长、彭珮云、于志祥、游兆丙为委员。党支部也作了调整，共有7个学生党支部。教职工中亦建立了一个统一的党支部，由许京骐任书记，何东昌、樊恭烋任副书记。随着不少干部调出，1949年3月，彭珮云任党总支书记，何东昌为副书记。

1949年2月，宣传队进城宣传回校后，党的各个外围组织合并为“新民主主义青年联盟”。根据中共中央1949年1月1日《关于建立中国新民主主义青年团的决议》，3月1日蒋南翔来校，号召全体盟员参加“新民主主义青年团”。3月20日，中国新民主主义青年团清华大学总支部正式成立，冯文彬代表中国新民主主义青年团全国代表大会筹备委员会向大会作了报告。王浒为第一任团总支书记。

清华地下党先在外围组织中公开身份，6月28日，清华地下党正式向全校公开，在二校门张贴了当时全校185名党员及负责人名单（其中教师28名，学生148名，职工9名，教师和学生中另有4名因工作需要暂未公开），从此结束了清华党组织的地下状态。1949年7月1日的《人民日报》就此事作了报道。

1946年10月至1948年12月，清华“南系”“北系”党组织及解放初期（1949年1月—1949年10月）党组织隶属关系和负责人任期情况，分别见表17-1-3、表17-1-4、表17-1-5。

表17-1-3　1946年10月—1948年12月清华“南系”党组织隶属关系及负责人任期情况

上级党组织（负责人或联系人）	学校党组织名称	负责人		任期
		职务	姓名	
南京局、上海局①钱瑛	单线联系		袁永熙 王汉斌等	1946-10—1947-06
“南系”平津学委袁永熙	党支部	书记 支委 支委	陈彰远 尚嘉齐 徐裕荣	1947-06—1947-09 1947-06—1947-09 1947-06—1947-09
“南系”平津学委王汉斌	党支部	书记 支委 支委	尚嘉齐 王俊鹏 张治公	1947-09—1948-01 1947-09—1948-01 1947-09—1948-01
“南系”平津学委王汉斌	党总支	书记 总支委 总支委 总支委 总支委 总支委	查汝强 尚嘉齐 方　复 周广渊 彭珮云 游兆炳	1948-01—1948-11 1948-01—1948-08 1948-01—1948-08 1948-01—1948-11 1948-01—1948-11 1948-08—1948-11
	教职员党支部	书记 支委 支委	许京骐 吴征镒 何东昌	1948-03—1948-12 1948-03—1948-12 1948-03—1948-12
清华、燕京区委会查汝强　孙仲鸣	党总支	书记 总支委 总支委 总支委	周广渊 彭珮云 游兆丙 张治公	1948-11—1948-12 1948-11—1948-12 1948-11—1948-12 1948-11—1948-12

注：① 1946年5月南方局改为南京局，1947年1月设立上海分局。1947年3月，南京局撤销，上海分局扩大为上海局。袁永熙为“南系”平津学委总负责人。

表 17-1-4 1946 年 10 月—1948 年 12 月清华“北系”党组织隶属关系及负责人任期情况

上级党组织（负责人或联系人）	学校党组织名称	负责人		任期
		职务	姓名	
北平学委佘涤清 北平学委陆　禹 北平学委张大中 北平学委宋汝棼 北平学委项子明 北平学委杨伯箴	单线联系 单线联系 单线联系 单线联系 单线联系 单线联系		党员 7 人 党员 1 人 党员 6 人 党员 5 人 党员 5 人 党员 1 人	1946-10—1947-03 1946-10—1947-03 1946-10—1947-03 1946-10—1947-03 1946-10—1947-03 1946-10—1947-03
北系大学委张大中①	单线联系		赵振梅　孙仲鸣 胡聚长　杨荣厚等线	1947-03—1948-01
北平学委崔月犁	教师党支部	书记	于陆琳	1947-10—1948-10
“北系”大学委张大中	党总支	书记 总支委 总支委	赵振梅 孙仲鸣 胡聚长	1948-01—1948-08 1948-01—1948-08 1948-01—1948-08
“北系”大学委张大中	党总支	书记 总支委 总支委	孙仲鸣 胡聚长 于志祥	1948-08—1948-09 1948-08—1948-09 1948-08—1948-09
清华、燕京校委会孙仲鸣	党总支	书记 总支委 总支委	胡聚长 于志祥 王　浒	1948-09—1948-11 1948-09—1948-11 1948-09—1948-11
清华、燕京区委会 查汝强　孙仲鸣	党总支	书记 总支委 总支委 总支委	于志祥 胡聚长 王　浒 赵　斌	1948-11—1948-12 1948-11—1948-12 1948-11—1948-12 1948-11—1948-12

注：① 从 1947 年 3、4 月起，原来由学委几位负责人分别联系的党员关系陆续转为张大中领导，张大中分别通过赵振梅、孙仲鸣、胡聚长、杨荣厚（秦戈）等进行单线联系。

表 17-1-5 1949 年 1 月—1949 年 10 月学校党组织隶属关系及负责人任期情况

上级党组织	学校党组织名称	负责人		任期
		职务	姓名	
北平市委	党总支	书记 副书记 总支委 总支委 总支委 总支委 总支委	查汝强 孙仲鸣 周广渊 胡聚长 彭珮云 于志祥 游兆丙	1949-01—1949-03 1949-01—1949-03 1949-01—1949-03 1949-01—1949-03 1949-01—1949-03 1949-01—1949-03 1949-01—1949-03
	教工党支部	书记 副书记 副书记	许京骐 何东昌 樊恭烋	1949-01—1949-03 1949-01—1949-03 1949-01—1949-03
	党总支	书记 副书记	彭珮云 何东昌	1949-03—1949-10 1949-03—1949-10

五、新中国成立后（1949-10—1978-12）

1949 年 6 月底地下党公开后，党组织迅速发展。1949 年 10 月学校党总支改选，彭珮云、何东昌连任。后彭珮云调北京市委工作；1950 年 3 月 12 日，清华党总支又进行改选，何东昌任书记，杨朝俶、廖叔俊任副书记。1951 年 2 月 25 日，正式成立清华党委会，何东昌任书记，杨朝俶、艾知生任副书记。按全国部署，党组织进行了整顿，并对党员普遍进行"怎样做一个共产党员"的教育。

从 1950 年起，在党组织领导下，清华师生陆续参加了解放初期的土地改革、抗美援朝、镇压反革命运动。在此期间，先后组织 290 名师生参加京郊的土改工作，500 余人分三批到祖国西南、西北地区参加土改和实际斗争，并在校内展开了为时三周的学习，集中进行了反封建教育。随后，全校师生投入了抗美援朝的学习和宣传，以认清美帝的侵略本质，学校还组织了两次大规模下乡宣传活动。多数教师积极主动清除亲美、恐美、崇美的思想影响。

1952 年 12 月，蒋南翔到校任校长。1953 年 9 月，清华党委召开党员大会进行改选，蒋南翔在会上发言，指出新时期党在学校的中心任务是"动员、领导全校群众保证行政任务的完成，并在这个基础上向群众进行马克思主义思想教育，进行党的建设"。大会选出袁永熙等 19 人为本届党委委员，袁永熙任第一书记，何东昌任第二书记，俞时模、艾知生任副书记。这时期，由于党员人数的增加和学校规模的日益扩大（到 1955 年党员人数已达 1 100 多人），党的基层组织进行了调整。从 1956 年 2 月起，按系成立了党总支，统一对教工与学生支部进行领导。1956 年 5 月 19 日至 6 月 3 日，召开中共清华大学第一次代表大会（简称党代会），选举蒋南翔任书记，刘冰任第一副书记，陈舜瑶、胡健、何东昌、艾知生任副书记，胡健兼监委书记。学校实行党委领导下的校长负责制。1959 年 2 月召开第二次党代会，改选党委，蒋南翔任书记，刘冰任第一副书记，高沂任第二副书记，陈舜瑶、胡健、李寿慈、何东昌、艾知生任副书记，学校实行党委领导下校务委员会负责制。1962 年 5 月召开第三次党代会，选举参加北京市党代会的代表。1962 年 10 月召开第四次党代会，改选党委，蒋南翔任书记，刘冰任第一副书记，高沂、胡健、李寿慈、何东昌、艾知生任副书记，胡健兼监委书记，学校实行党委领导下的以校长为首的校务委员会负责制。

"文化大革命"开始后，1966 年 6 月 13 日，北京市委宣布改组清华党委，由北京市委工作组代行党委职权。1966 年 7 月 29 日，北京市委宣布撤销工作组，学校党组织处于瘫痪。1968 年 7 月 27 日，首都工人、解放军毛泽东思想宣传队进驻清华大学。1969 年 1 月，成立清华大学革命委员会。1970 年 1 月 10 日，召开中共清华大学委员会选举大会，选出党委委员 47 名，选举 8341 部队政委杨德中任书记（兼），各系陆续成立系分党委。1972 年 1 月改由迟群任书记。粉碎"四人帮"后，1976 年 10 月北京市委派联络组进入清华大学。

1977 年 4 月 29 日，中共中央派刘达进校，任革委会主任兼党委书记。任命黄光、林克、陆达、田夫、来汉宣为副书记，5 月 12 日，刘达宣布：经市委负责同志批准，恢复何东昌党委副书记的职务。1977 年 8 月汪家镠任副书记。随后，陆达、来汉宣相继调离。1977 年 10 月，任命胡启立、张健为副书记。1978 年 2 月田夫调离，5 月黄光调离。1978 年 6 月学校取消革命委员会建制，实行党委领导下校长分工负责制。1978 年 11 月胡启立调离。

从 1949 年 10 月至 1956 年 5 月第一次党代会前各届党委（党总支）负责人任期情况见

表 17-1-6，第一次党代会以后历届党委委员、常委、书记、副书记名单见本章第二节。

表 17-1-6　1949 年 10 月—1956 年 5 月学校各届党委（总支）负责人任期情况

上级党组织	学校党组织名称	负责人		任　期
		职务	姓名	
北京市委	党总支	书记 副书记	彭珮云 何东昌	1949-10—1950-03 1949-10—1950-03
北京市委	党总支	书记 副书记	何东昌 杨朝俶 廖叔俊	1950-03—1951-02 1950-03—1951-02 1950-03—1951-02
北京市委	党委会	书记 副书记 副书记	何东昌 杨朝俶 艾知生	1951-02—1953-09 1951-02—1953-09 1951-02—1953-09
北京市高校党委①	党委会	第一书记 第二书记 副书记 副书记	袁永熙 何东昌 俞时模 艾知生	1953-09—1956-05 1953-09—1956-05 1953-09—1956-05 1953-09—1956-05

注：① 北京市高校党委于 1953 年 1 月成立。

六、改革开放以来（1979-01—2010-12）

1979 年 1 月 8 日，清华召开全校党员干部会，传达党的十一届三中全会文件。2 月 19 日，校党委召开党支部书记以上干部会，党委书记刘达就学校贯彻十一届三中全会精神作了讲话，指出："就全国来说，重点转移到四个现代化的建设上"，"这是全党全国具有重大历史意义的战略转移"。"那么学校的重点是什么？""按照学校的规律办事"，就是"以为四个现代化培养又红又专的高质量人才为重点"。"重点高等学校应以提高为主，要保证质量，培养高质量的人才"。在转移过程中，需要"加强党的领导，坚持马列主义阵地，坚持正确的政治方向，加强思想政治工作"。党委副书记何东昌就工作着重点的转移的具体部署讲了话，指出"思想先行要转，工作要转，领导要转，作风要转"，"边上边整，扎扎实实，把教学、科研、政治、生产、基建、后勤工作加快搞上去，以弥补'文革'的耽误，适应国家急需人才的要求。"1979 年 6 月，增补韩凯、艾知生、滕藤、罗征启为副书记。随后，张健、韩凯相继调出。1980 年 7 月召开改革开放后的首次校党代会——第五次党代会，改选党委，刘达任书记，林克、何东昌、汪家镠、艾知生、罗征启、张绪潭（并兼纪委书记）任副书记。1981 年 9 月汪家镠调离。1982 年 1 月增补李传信、张思敬为副书记。1982 年 4 月何东昌调离。1982 年 7 月召开第六次党代会，改选党委，林克任书记，艾知生、罗征启、张绪潭、张思敬任副书记，张绪潭兼任纪委书记。1983 年艾知生、罗征启调离。1984 年 3 月，林克调上海工作，2 月起即由李传信任代理书记。1984 年 6 月教育部党组通知黄圣伦、王凤生为副书记。免去张思敬副书记职务（1984 年 6 月已转任副校长）。1984 年 7 月李传信任书记，9 月黄圣伦兼任纪委书记。1985 年 8 月，召开第七次党代会，改选党委，李传信任书记，张绪潭、黄圣伦、王凤生任副书记，黄圣伦兼任纪委书记。1986 年 7 月，增补贺美英为副书记。学校实行由党委领导下校长负责制并向校长负责制过渡。1988 年 9 月召开第八次党代会，改选党委，方惠坚任书记，黄圣伦、贺美英、王凤生任副书记，张思敬任纪委书记。学校实行校长负责制。1990 年 2 月增补孙继铭为副书记。1991 年 9 月召开第九次党代会，改选党委，方惠坚任书记，黄圣伦、贺美英、胡显章任副书记，朱爱菁任纪委书记。1993 年 8 月增补陈希为副书记。1995 年 9 月，召开第十次党代会，改选党委，贺美英任党委书记，陈希、胡显章、张再兴任党委副书记，叶宏开任纪委书记。1996 年 3 月，中共中央颁布了《中国共产党普通高等学校基层组织工作条例》。根据这个条例，清华自 1997 年春季学期开始，又实行党委领导下的校长负责制。2000 年 7 月。教育部党组研究决定，任命陈希为校党委常务副书记。2002 年 1 月，召开第十一次党代会，改选党委，陈希任党委书记，张再兴、庄丽君、杨振斌任党委副书记，孙道祥任纪委书记。2004 年 10 月，教育部党组经研究并与中共北京市委商得一致，任命庄丽君为校党委常务副书记。2006 年 1 月，杨振斌调教育部任职，2006 年 2 月，教育部党组经研究并与中共北京市委商得一致，任命陈旭为校党委常委、副书记。2006 年 9 月，召开第十二次党代会，改选党委，陈希任党委书记，胡和平、陈旭、韩景阳、程建平任党委副书记，程建平兼任纪委书记。2007 年 12 月，教育部党组经研究并与中共北京市委商得一致，任命史宗恺为校党委常委、副书记，免去陈旭党委副书记职务（2007 年 12 月转任副校长）。2008 年 12 月，陈希调教育部任职，经中央批准，胡和平任清华大学党委书记，免去陈希清华大学党委书记职务。2009 年 6 月教育部党组经研究并与中共北京市委商得一致，任命陈旭为校党委常务副书记。2009 年 9 月，因程建平转任副校长，由韩景阳兼任纪委书记。2009 年 12 月增补邓卫为副书记。

由于清华大学党组织一贯重视党的建设，曾多次获得中组部、中宣部、教育部党组和北京市委、市政府授予的“全国先进基层党组织”“党的建设和思想政治工作先进高等学校”“北京市先进基层党委”等光荣称号。

第二节　历次党员代表大会

从 1956 年至 2010 年底，清华大学党组织先后共召开了十二次党员代表大会（简称党代会），现分述如下。

一、第一次党代会

1956 年 5 月 19 日至 6 月 3 日召开第一次党代会。大会正式代表 174 名，列席代表 247 名，代表全校 1 354 名党员。

党委第一书记袁永熙向大会作工作报告，报告回顾了两年多来党的工作，指出：“在这段时期内，我们学校正经历着一个学习苏联进行教学改革的时期。整个教学工作已经作了根本的改革，教学质量有了显著的提高，科学研究工作正在开展，教师和学生的数量和质量有了很大的发展和提高，马克思列宁主义的思想阵地和组织阵地日益扩大，党的领导已经逐渐在加强。所有这一切，说明我们学校面貌已经起了根本的变化，已经从英美资产阶级的旧型大学转变成为社会主义的新型大学。”对党的工作的具体成绩，报告中概括为：①密切配合行政，贯彻执行中央有关高等教育的方针政策，保证完成教学任务；②加强思想教育工作，贯彻团结改造知识分子的方针；③关于党在学生中的工作，包括：从实际出发，认真贯彻全面发展方针；按照青年特点，对学生进行思想教育工作；在同学中开展争取成为先进集体的工作；注意培养教育学生工作干部的工作；④党的建设工作。5 月 25 日，校长蒋南翔在会上就学校的工作情况和问题发了言，指出：“对于我们学校最近以来的工作，我们可以打个比方来总的说明一下。我们学校好比一艘大船，它已经走完了第一个航程，开始转入一个陌生的新的航程；而此时风浪很大，航线要摸索，船的发动机又出了故障，于是使人感觉到‘茫然’、‘模糊’、‘动荡’、‘前进的迟缓’。这种情形是可以理解的。在航程里，不能要求始终一帆风顺，不遇任何风险；在斗争中，不能要求一直顺利前进，始终不遇任何迂回曲折。在这种时候，我们最重要的是不能惊慌失措，失去信心，相互埋怨，更不能睡大觉、自满。这时必须更加坚定我们前进的正确方向，动员一切力量，发扬谦虚和坚韧的精神，克服各种困难，为这个方向而奋斗。”袁永熙代表大会主席团作了总结发言。会议通过了大会决议；选举产生了第一届党委会委员 29 人，监察委员会委员 7 人。会议还选举了出席中共北京市第二次党代会代表 6 人，候补代表 1 人。

二、第二次党代会

1959 年 2 月 16 日至 23 日召开第二次党代会。出席会议正式代表 400 名，候补代表 79 名，代表全校 2 239 名党员。党委第一副书记刘冰作工作报告，在回顾两年多来的工作时指出：“学校规模发展了，从 1956 年的 8 个系发展为 11 个系，29 个专业发展为 37 个专业；在校学生从 1956 年的 6 400 余人发展到 11 000 余人。”并指出：“经过两年多来的工作和斗争，我们学校已经初步形成教学、生产、科学研究的三联基地，各种工作蓬勃开展起来。”对工作中要吸取哪些经验教训，报告中概括为：①努力掌握马克思主义阶级分析的观点，学会全面看问题的方法；②努力学习和掌握正确处理人民内部矛盾的方法；③实行教育与生产劳动相结合的方针，是教育工作中的革命；④加强党的领导，贯彻群众路线是我们胜利的保证。胡健作了党的监察工作报告。何东昌、艾知生作了关于第一次党代会问题的发言。蒋南翔致大会开幕词并作大会总结。会议选举产生了第二届党委会委员 36 人，候补委员 9 人，监察委员会委员 8 人。

三、第三次党代会

1962 年 5 月 5 日召开第三次党代会，出席党员代表 265 名。选举出席中共北京市党代会的正式代表 11 人，候补代表 2 人。

四、第四次党代会

1962 年 10 月 12 日至 19 日召开第四次党代会。出席会议正式代表 282 名，列席代表 239 名，代表学校 2 710 名党员。党委第一副书记刘冰作工作报告，在回顾三年多来的主要成绩时，报告概括为：①马克思列宁主义的思想阵地、组织阵地进一步巩固扩大了，党的领导进一步加强了；②生产劳动已经成为学校教育工作中不可缺少的要素；③教学质量有了进一步提高；④科学研究工作在党的教育方针指引下，蓬蓬勃勃地开展起来了；⑤新科学技术专业加速成长起来了；⑥学校的物资设备得到了改善；⑦加强了生活服务工作，在经济生活困难的条件下，保证了学校工作任务的完成，保证了师生员工的身体健康。报告中指出："解放以后，清华大学经历了 1952 年以前、1952 年以后学习苏联进行教学改革以及 1958 年以后贯彻执行党的教育方针 3 个阶段。应该说，1958 年以后这个阶段，我们的工作有了许多新的发展，超过了前面两个阶段，譬如：党对教学、科学研究、生产等工作加强了领导；在学校教育工作中实行政治挂帅、群众路线；坚持知识分子劳动化的方向；在教学为主的前提下教学和生产劳动结合，教学和科学研究结合；真刀真枪进行毕业设计；科学研究为社会主义建设服务；理论和实际紧密结合等。"对工作中存在的缺点和错误，报告中指出："由于我们对以农业为基础的方针缺乏认识，对勤俭办学的方针认识不够，因而这几年学校职工人数增加过多，物质建设中有不少浪费；在教育工作中，由于许多工作没有先例可循，再加上我们的思想方法、工作方法上的某些片面性，深入细致的调查研究做得不够，以致在一段时间内，生产劳动和社会活动多了一些，教学上某些环节（如习题、实验、考试等）有某些放松，对少数专业有些班级学生的全面基本训练注意不够；另外对知识分子的团结改造工作，也有某些要求过急和简单化的缺点，在 1960 年教育革命的学术讨论中，把某些学术问题不适当地提高到政治方向和世界观的高度，因而在党内外都不恰当地批判了一些人，挫伤了他们的积极性。从 1961 年以来，特别是贯彻执行《教育部直属高等学校暂行工作条例（草案）》以来，我们对这些缺点错误已经作了纠正或者正在纠正。"大会还通过了《关于系党总支委员会的若干规定（草案）》《关于教师党支部工作的暂行规定（草案）》《关于学生党支部工作的暂行规定（草案）》等 3 个文件。蒋南翔作大会总结。会议选举产生了第四届党委会委员 40 人，监察委员会委员 10 人。

五、第五次党代会

1980 年 7 月 15 日至 19 日召开第五次党代会，出席会议正式代表 397 名，代表学校 3 975 名党员。党委书记刘达主持大会开幕式。教育部部长、党组书记蒋南翔和中共北京市委第一书记林乎加出席了大会开幕式并讲话。党委副书记林克作了题为《同心同德，为把清华大学办成高水平的中国式的社会主义大学而奋斗》的工作报告。报告在回顾三年来工作情况时指出："三年前，刚刚经历了十年浩劫的学校，路线是非不清，冤假错案成堆，工作秩序混乱，教学、科研破坏严重，党内党外矛盾成山，不少单位人心涣散，组织瘫痪。经过全校同志三年的努力，我们基本恢复了正常秩序，并且在一些方面有所前进。应该说，三年来我们执行的路线是正确的，工作的成绩是主要的。这三年是拨乱反正的三年，稳步前进的三年。"报告指出，三年来主要做了十个方面的工作：①开展了揭、批、查运动；②整顿了领导班子，加强了党的建设；③纠正了大量的冤、假、错案；④调整了学校的规模和布局；⑤加强了政治思想工作；⑥贯彻执行了党的知识分子政策；⑦整顿和加强教学和科研工作；⑧加强行政管理，试行了一批规章制度和条例；⑨逐步改善了教职工的生活条件；⑩统战工作和群众组织的工作逐步走上正轨。对三年来的基本经验教训，报告中概括为：①恢复和坚持党的辩证唯物主义的思想路线；②总结 17 年的经验教训，建设具有国际先进水平的中国式的社会主义理工科大学；③坚定不移地实行工作着重点的转移，力求稳定的发展；④建设一支又红又专的干部队伍和教师队伍。报告提出今后的任务："80 年代，我们要集中力量抓好提高，力争 90 年代清华大学成为具有世界先进水平的社会主义大学。第一，本科大学生的质量要在近几年内进入世界较高水平，加强研究生培养的薄弱环节，能够培养出大批合乎规格的硕士生和博士生，其中有一批出类拔萃的工程技术人才、科学研究人才和管理人才。第二，目前清华有一些工科的专业领域处于国内比较领先的地位，要发扬多科性大学的优势，开展社会主义协作，使工科的更多的领域在国内保持稳定领先的地位，逐步进入世界先进行列；力争理科的一些领域进入国内先进行列，并使管理学科有较大的发展。第三，使办学条件有显著的改善，师资水平要有较大的提高，各重要学科领域都要有较高水平的学术带头人；建成一批具有先进科学技术水平的实验中心；建设一个清洁、文明、现代化的校园。第四，挖掘潜力，多种形式办学，为支援首都的现代化建设多做贡献。第五，使管理水平有较大提高，逐步形成一套先进的、科学的、现代化的管理制度和方法。”纪委书记张绪潭作纪委工作报告。大会通过了《关于教研组党支部工作条例》和《关于干部“双肩挑”的若干政策规定》等文件。刘达致闭幕词。会议选举产生了第五届党委会委员 47 人，纪律检查委员会委员 11 人。大会还选举产生了出席中共北京市第五次党代会代表 7 人，候补代表 1 人。

六、第六次党代会

1982 年 7 月 15 日至 19 日召开第六次党代会。出席会议正式代表 387 名，代表学校 3 484 名党员。党委副书记林克作工作报告，在两年来工作回顾中指出：“我们明确了办学的指导思想，把学校工作的重点转移到了培养人的方面来。党的领导得到了加强和改善，学校的政治局面更加安定，建立了稳定的教学秩序，科研、生产、后勤等工作逐步走上正常发展的轨道。这是安定团结的两年，是学校工作全面发展、稳步前进的两年。”并指出“为了适应四化建设对人才的需要，陆续建立了一些新系和新专业，调整了老专业布局，学校由多科性的工业大学向以工科为主包括理科、文科和管理学科的综合大学转变。”对工作中的体会，报告概括为以下几点：①永远要抓紧思想政治工作——我们一切工作的生命线；②要坚持“一个根本，两个中心，三方面结合”(即必须把培养人作为根本任务，建设好教育、科研两个中心，实行教学、科研、生产三结合)的办学指导思想；③要继续坚持在稳定中改革，在稳定中前进；④要继续加强和改善党的领导。纪委书记张绪潭作了纪委工作报告。教育部部长、党组书记何东昌和中共北京市委大学工作部部长汪家镠出席了大会闭幕式并讲了话。刘达致闭幕词，他总结了这次大会工作后说：“我年岁大了，今年已经 71 岁，已经给中央写了报告，并且经过中央批准辞去党委书记职务。”会议选举产生了第六届党委会委员 47 人，纪律检查委员会委员 13 人。

七、第七次党代会

1985 年 8 月 21 日至 24 日召开第七次党代会。出席会议正式代表 491 名，代表学校 4 778 名党员。国家教育委员会副主任、党组副书记朱开轩，中共北京市委副书记徐惟诚，市委常委、市委教育工作部部长汪家镠，市委常委、市科委主任陆宇澄等同志出席了开幕式。徐惟诚代表北京市委在会上讲了话。党委书记李传信作了题为《巩固整党成果，深入改革，着重提高，加速学校建设》的工作报告。报告在回顾三年工作时指出：“过去的三年，是清华大学在整党和改革中发展、提高的三年，是在原有工作基础上继续前进的三年。”报告总结三年来整党和改革紧密结合所取得的成效为：①在教育改革上迈出了新的步伐，培养人才的数量有发展，质量有提高；②学校的科学研究工作面向经济建设，在规模和水平上有较大的发展和提高，国际学术、技术交流和合作进一步扩大；③学校的物质建设和后勤工作改革有了新的进展；④初步进行了校内管理体制的改革，加强了队伍的建设。报告还概括了贯彻执行党中央关于教育体制改革的决定，在提高中发展的成绩和体会，主要有：①改善和加强学生思想政治工作，继续深入教学改革，提高教育质量，培养坚持社会主义方向、德智体全面发展的高级专门人才；②发展优势，进行具有特色的学科建设，提高科学技术水平；③提高教职工素质，加强队伍的组织和管理，贯彻知识分子政策，调动各方面的积极因素；④努力完成基本建设任务，进一步搞好后勤工作改革，提高服务质量；⑤改革领导体制，简政放权，提高工作效率。报告中指出："全校党员和干部应当明确教育必须为社会主义建设服务，社会主义建设必须依靠教育的指导思想，牢记学校改革的根本的目的是完成培养高级专门人才和发展科学技术文化的重大任务。要在高级人才的培养基本立足于国内，自主地进行科学技术开发和解决社会主义现代化建设中重大理论问题和实际问题等方面，做出应有的贡献。为此，要坚持实事求是，一切从实际出发，尊重教育工作的规律和特点，正确处理以下几个关系：第一，提高和发展的关系；第二，继承和创新的关系；第三，积极改革的精神和高质量地完成实际工作的关系。"在学校的办学目标上，报告指出：从现在起的 10 年，是把清华大学逐步建设成为世界第一流的、具有中国特色的社会主义大学的重要发展阶段。报告在巩固和发展整党成果、把党的建设继续推向前进的任务中，提出：①体制改革后，要更好地发挥各级党组织的作用；②加强党的思想建设，发挥共产党员的先锋模范作用；③继续抓好各级班子和党政干部队伍的建设。报告还提出："依照中央关于教育体制改革的决定，学校逐步实行校长负责制，校行政要制定和健全与此相应的各项规章制度，逐步形成相应的领导方式和工作秩序。"报告中宣布"学校领导体制由党委领导下校长负责制向校长负责制过渡"。大会期间，国家教育委员会副主任、党组书记何东昌到会并讲了话。校纪委书记黄圣伦作了纪委工作报告。校长高景德致闭幕词。大会选举产生了第七届党委会委员 49 人，纪律检查委员会委员 13 人。

八、第八次党代会

1988 年 9 月 16 日至 20 日召开第八次党代会。出席大会的正式代表 546 名，代表学校 5 642 名党员。中共中央候补委员、中共北京市委副书记汪家镠代表中共北京市委出席了开幕式并讲话。党委书记李传信作工作报告。报告回顾三年工作取得的成绩为：①继续调整了专业和系科的布局；②继续进行了以提高教学质量为中心的教学改革；③科学研究和技术开发工作的规模和水平有较大发展和提高；④学校与企业、部门、地方的横向联合有了很大发展，内容和形式多样化；⑤国际合作与交流有较大发展，进入了科研合作与联合培养人才的新阶段；⑥加强了队伍建设；⑦改善了学校的物质条件；⑧完成了向校长负责制过渡的准备工作；⑨结合形势和任务做了大量思想教育工作，保证和推动了学校各项任务的完成；⑩在整党的基础上加强了党的建设。对三年来工作的主要体会，报告概括为：第一，主动适应国民经济和社会发展的需要，是学校教育改革的基本方向。第二，培养具有良好全面素质的人才，是学校的根本任务。第三，提高科学技术水平，是学校发展的重要标志和条件。第四，维护安定团结，是学校改革和建设的必要前提。第五，在正确路线指引下，充分发挥党组织的战斗堡垒作用，是办好学校的根本保证。报告还指出："实行校长负责制并不意味着可以削弱党的领导和党的工作，相反，正是为了从整体上加强和改善党的领导。在学校各个工作领域，党委要和行政负责同志一道，保证党的各项方针政策的落实和国家教育计划的实现。在思想政治领域，党组织应当充分发挥领导作用。同时严格要求每个党员在自己的工作岗位上努力发挥模范作用，这样就能在实践中取得加强和改善党的领导的效果。”副校长张孝文受本届党委和校长高景德的委托作了题为《主动适应社会需要，建设世界一流大学》的工作报告。校纪委书记黄圣伦以书面形式作了党的纪律检查委员会的工作报告。大会期间，国家教育委员会副主任、党组书记何东昌到会讲话。方惠坚在闭幕词中提到：这次代表大会以后，曾经长期在清华担任党政主要领导职务的李传信、高景德等几位老同志将要从学校主要领导岗位退居二线。他们为学校的建设和发展、为学校党组织的建设做出了重要贡献，让我们全体代表向他们表示诚挚的敬意！希望他们继续关心学校工作，帮助中青年干部健康成长。大会选举产生了第八届党委会委员 19 人和纪律检查委员会委员 11 人。

九、第九次党代会

1991 年 9 月 13 日至 17 日召开第九次党代会。出席正式代表 287 名，列席代表 97 名，代表学校 4 842 名党员。中共中央政治局委员、中共北京市委书记李锡铭和国家教育委员会副主任、党组副书记滕藤参加了开幕式并讲了话。大会还邀请了学校各民主党派负责人 12 人参加大会开幕式。党委书记方惠坚作了题为《发挥党组织政治核心作用，办好社会主义清华大学》的工作报告。他在回顾三年来的工作时指出：“本届党委 1988 年 9 月成立，在国内外、党内外充满激烈复杂的斗争环境中，开始了三年不平凡的历程。”“回顾三年历程，我们深深感到，这是在激烈斗争中团结奋进的三年，是在困难和矛盾中保持学校稳定、求得发展提高的三年。”在三年中做的主要工作，报告概括为：①带领党员和群众在政治斗争中经受考验；②认真进行了党员重新登记工作；③进一步加强了党的建设和党的工作；④在师生员工中广泛开展了社会主义思想教育；⑤围绕学校的中心工作，发挥各级党组织和广大党员的作用；⑥加强党政配合和民主建设。报告在“面临的形势和任务”中指出：“在一个相当长的时期内，我国高等学校都将面临着尖锐复杂的斗争形势，不可避免要处在政治思想斗争的前哨阵地。斗争的核心依然是政权问题，其主要表现是争夺青年，争夺接班人。而且，随着世界新技术革命的发展，主要国家之间围绕高技术为中心的综合国力的竞争将更趋激烈，而这种竞争的实质也是人才的竞争。高等学校是培养人才的重要场所，今天培养什么样的人才与明天国家走什么样的道路直接相关。因此，我们面临着和平演变和世界经济竞争及新技术革命的双重挑战，面临着争夺接班人的尖锐斗争。对于这种严峻形势，我们必须有清醒的认识和充分的估计，保持高度的警觉，作长期艰苦斗争的准备。”报告提出在“八五”期间学校的奋斗目标是：“把清华大学建设成为培养又红又专、德智体全面发展的、适应我国‘四化’建设需要的高级专门人才和社会主义事业接班人的重要园地；巩固和发展一批重点学科在国内的领先地位，其中有些学科达到国际先进水平，建成为能对我国科技发展和生产力提高起重要作用，能做出重大贡献的科学研究和技术开发的重要基地；努力成为坚持党的领导，坚持马列主义、毛泽东思想，反对资产阶级自由化，反对和平演变，建设社会主义精神文明的坚强阵地。”校长张孝文作了题为《团结起来，为实现“八五”规划而奋斗》的工作报告，指出在第七次及第八次党代会上提出的“以‘把清华大学建设成为世界第一流的，具有中国特色的社会主义大学’作为清华办学的长远目标仍然是合适的”，“这个目标体现了办好清华大学最主要的是要抓两条，一条是方向，一条是提高，而这两条又是密切相关的。我们认为只有正确的方向指导，才能促进学校各项工作不断向前发展；而学校培养人才的质量及科学技术水平的不断提高又能充

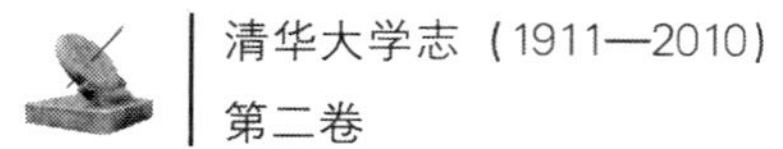

分体现社会主义制度的优越性，说明我们坚持办学方向是正确的，是促进学校工作不断前进的可靠保证。”纪委书记张思敬作了纪委工作报告。黄圣伦致闭幕词中提到：这次大会以后，张绪潭、张思敬等几位老同志将不再参加新党委的工作。我们要向他们多年来为学校党的建设所作的贡献，表示崇高的敬意和感谢。大会选举产生了第九届党委会委员 21 人和纪律检查委员会委员 11 人。

十、第十次党代会

1995 年 9 月 15 日至 19 日召开第十次党代会。出席正式代表 278 名，列席代表 154 名，代表学校 6 330 名党员。国家教育委员会党组书记、主任朱开轩和中共北京市委副书记李志坚参加了开幕式并讲了话。大会还邀请了学校各民主党派负责人和无党派人士 20 人参加大会开幕式。方惠坚代表上届党委作了题为《加强党的工作，建设世界一流的社会主义大学》的工作报告。报告分两大方面总结了四年来的学校工作和党建工作，一是学校党组织发挥政治核心作用，推动学校改革、建设和发展；二是学校党组织积极探索新时期加强党的建设的途径，取得初步成效。前一方面的主要工作有：①坚持社会主义办学方向，明确学校奋斗目标。报告明确提出了学校的奋斗目标——在 2011 年，即学校建校 100 周年的时候，争取把清华大学建设成为世界一流的有中国特色的社会主义大学；②加强德育工作，提高人才培养质量；③提高科研水平，促进学校建设；④深化管理改革，提高工作效率。后一方面的主要工作有：①加强校系领导班子建设，形成坚强、团结的核心；②提高基层党支部的战斗力，发挥党员的先锋模范作用；③大力培养入党积极分子，做好党的发展工作；④发挥群众组织和民主党派的作用，加强民主管理和民主监督。报告还从六个方面总结了学校党组织积极探索新时期做好党的工作的基本经验：①正确处理继承与发展的关系；②正确处理政治与业务的关系；③正确处理物质和精神的关系；④正确处理改革、发展与稳定的关系；⑤正确处理民主与集中的关系；⑥正确处理党政关系，发挥党政两方面的作用。报告提出动员全校党组织的力量，努力完成学校“九五”规划，要求全校共产党员和全体师生员工团结一致，同心协力做好以下各项工作：深化教育改革，培养适应 21 世纪建设需要的人才；加强学科建设，多出高水平科学研究成果；切实加强队伍建设，做好新老交替工作；加强校园建设，改善办学条件；加强思想政治工作，调动师生员工的积极性。报告提出了教研组党支部的 5 方面工作：①党支部要积极参与中心工作；②要做好学生的教育工作；③在教研组要形成一个好的环境，调动全体教职工的积极性；④党要管党，发挥党员的积极作用；⑤党支部要和行政配合好，共同完成本单位的各项任务。报告要求共产党员应当在以下方面发挥先进作用：要解放思想、更新观念，继承优良传统，不断创新；要有政治意识、大局意识、责任意识；要努力做到“又红又专”，干一行，爱一行，钻一行，努力成为工作岗位上的“专家”“能人”；要廉洁自律。校长王大中作了题为《抓住机遇，深化改革，为实现“九五”发展规划而奋斗》的报告。纪委书记朱爱菁作纪委工作报告，贺美英致闭幕词。代表大会审议通过了上届党委工作报告和纪委工作报告，并选举产生了中共清华大学第十届党委会委员 25 人和纪律检查委员会委员 11 人。

十一、第十一次党代会

2002 年 1 月 14 日至 17 日召开第十一次党代会。出席正式代表 296 名，列席代表 190 名，代表学校 9 488 名党员。中共中央委员、教育部部长、党组书记陈至立参加了开幕式并讲了话，中共北京市委副书记龙新民代表北京市委对大会的召开表示了祝贺。中组部干部三局副局长夏崇源，教育部人事司司长李卫红等出席大会。大会还邀请了学校各民主党派负责人和无党派人士 10 人参加大会开幕式。党委书记贺美英代表上届党委作题为《以邓小平理论和“三个代表”重要思想为指导，为建设世界一流大学而努力奋斗》的工作报告。报告从五个方面概括了过去的工作成果：第一，学校党组织坚持从政治的高度看问题，在重大的原则问题上保持清醒的头脑，坚持了社会主义的办学方向；第二，学校党组织把建设世界一流大学作为学校中心工作的奋斗目标，坚定不移地开拓进取，迈出了实质性的步伐；第三，持之以恒地开展思想政治工作，为学校的中心工作提供了可靠的政治保证和强大的精神动力；第四，努力加强党的建设，学校党组织的战斗力进一步增强；第五，抓好先进文化的建设，取得了物质文明建设和精神文明建设的双丰收。贺美英同志在报告中特别提出，九十周年校庆是我们值得总结的大事，这是我校创建世界一流大学跨入关键阶段的开始。几年来的工作实践再次告诉我们：要搞好世界一流大学的建设，必须首先搞好学校党的建设。报告总结了六年工作中的三点深切体会：第一，一定要讲政治、抓大事，坚持正确的政治方向。具体包括要抓办学的政治方向；要在人才培养上着力提高学生的全面素质，并将思想政治教育作为素质教育的灵魂；要理直气壮地开展思想教育，做深入细致的思想工作；要加强和改善党对学校的领导，处理好党政关系，搞好党政配合。第二，一定要解放思想、实事求是，坚持从学校的实际出发，创造性地开展工作。具体就是要敢于打破常规，振奋创新精神；要有敢为人先的勇气，改革旧的体制和机制；要从中国和学校的实际情况出发，创造性地开展工作。第三，一定要加强党的建设，坚持“五抓”：抓改革、抓思想、抓班子、抓基层、抓队伍。上届纪委书记叶宏开代表纪律检查委员会作工作报告。陈希在闭幕词中说：“中国共产党清华大学第十一次代表大会是我们跨入 21 世纪后的第一次党代会，是我们在迎接来自国内外各种挑战和世界一流大学进入关键阶段的动员大会。新一届党委将不辜负各位代表和广大干部和党员的期望，义不容辞地承担起稳步发展的责任。让我们团结一致、振奋精神，以坚持不懈的努力去争取学校发展的更加辉煌的胜利!”代表大会审议通过了上届党委工作报告和纪委工作报告，并选举产生了中共清华大学第十一届党委会委员 25 人和纪律检查委员会委员 11 人。

十二、第十二次党代会

2006 年 9 月 12 日至 15 日召开第十二次党代会。出席正式代表 294 名，列席代表 221 名，代表学校 16 953 名党员。中共中央政治局委员、中共北京市委书记刘淇，教育部党组书记、部长周济出席开幕式并发表重要讲话。出席开幕式的还有中共北京市委常委、市委教育工委书记朱善璐，中组部、教育部有关部门的领导同志，以及北京大学、中国人民大学、北京师范大学、北京工业大学、首都师范大学党委书记。大会还邀请了学校各民主党派负责人和无党派人士 24 人参加大会开幕式。陈希代表第十一届党委做了题为《全面贯彻落实科学发展观，为建设世界一流大学努力奋斗》的报告。报告从六个方面总结了四年多来的党委工作和学校工作：①坚持党的教育方针，牢牢把握社会主义办学方向；②明确学校的发展战略，推动各项事业快速发展；③众志成城抗击非典，取得“清华园保卫战”的胜利；④贯彻中央 16 号文件精神，进一步加强学生思想政治教育；⑤高度重视，精心组织，先进性教育活动取得实效；⑥抓好党的建设，为完成学校中心工作提供了可靠保证。陈希同志在报告中指出，科学发展观是我校新世纪发展必须始终贯彻的指导思想，科学发展观所指明的方向是我们建设世界一流大学的必由之路。学校党委在实践中深刻体会到：第一，树立和落实科学发展观，一定要确立正确的办学理念；第二，树立和落实科学发展观，一定要坚持实事求是的原则；第三，树立和落实科学发展观，一定要坚持走群众路线；第四，树立和落实科学发展观，一定要处理好涉及学校发展的若干重要关系：一是要处理好规模、结构与质量的关系，把工作重心真正放在提高质量和水平上；二是要处理好重点突破和全面推进的关系，集中支持部分优势学科率先达到世界先进水平；三是要处理好当前建设与长远发展的关系，使学校各项决策和工作经得起实践、历史、群众的检验；四是要处理好物质条件和精神力量的关系，加强精神文明建设；五是要处理好改革发展与稳定的关系，要抓住机遇，坚持改革，加快发展，维护稳定。

报告就形势与任务提出了四个方面的具体要求：①深刻认识国际国内形势的特点，增强建设创新型国家的责任感和使命感。②坚定不移地推进学校的建设发展，力争实现跻身世界一流大学行列的目标。③努力完成学校“十一五”事业发展规划提出的各项任务，包括要常抓不懈，创新机制，着力提高学生培养质量；统一思想，集中力量，实现学科建设的目标；不拘一格，积极慎重，做好人才的培养引进工作；积极稳妥，系统推进，深化校内体制机制的改革。④加强学校党组织的先进性建设，包括要继续推进学校党组织的思想建设，不断提高马克思主义水平；继续加强学校领导班子建设，使各级领导班子成为建设世界一流大学的坚强领导集体；继续加强学校干部队伍建设，不断提高干部的素质和能力；继续加强学校基层党组织建设，充分发挥党支部的战斗堡垒作用；在党内大力开展社会主义荣辱观教育，不断增强责任感和使命感；积极做好关心群众、服务群众的工作，努力构建和谐校园。

孙道祥代表纪律检查委员会作了《坚持教育制度监督并重，努力推进我校党风廉政建设工作》的报告。陈希代表大会主席团和全体代表向不再担任党委会和纪委会工作的同志表示衷心的感谢和崇高的敬意。代表大会审议通过了上届党委工作报告和纪委工作报告，并选举产生了中共清华大学第十二届党委会委员 29 人和纪律检查委员会委员 11 人。

1956 年至 2010 年中共清华大学历届委员会委员、常委、正副书记名单，第四、五届之间书记、副书记名单，参加全国各届党代会代表名单，当选中共中央委员、候补委员和中共中央纪律检查委员会委员名单以及当选中共北京市委委员、候补委员名单分别列于表 17-2-1 至表 17-2-5。

表 17-2-1　中共清华大学各届委员会委员、常委及正、副书记名单（1956—2010）①

第一届委员会 1956-06—1959-02	委员（29 人）： 蒋南翔　刘　冰　胡　健　陈舜瑶　袁永熙　何东昌　艾知生　何　礼　吕应中　李传信　王震寰　李恩元　李思问　陈　英　郭道晖　刘小石　滕　藤　韩银山　余兴坤　解沛基　蒋企英　李卓宝　郭德魁　赵凤山　吕　森　阮　铭　周维垣　周寿昌　李金峰
	常委（15 人）： 蒋南翔　刘　冰　胡　健　陈舜瑶　袁永熙　何东昌　艾知生　吕应中　李传信　李恩元　郭道晖　解沛基　阮　铭　周维垣　周寿昌
	书　记：　蒋南翔 第一副书记：　刘　冰 副书记：　陈舜瑶　胡　健　何东昌　艾知生

续表

第二届委员会 1959-02—1962-10	委员（36 人）： 王震寰　刘　冰　刘小石　艾知生　何　礼　何东昌　余兴坤　吕应中　邢家鲤 李寿慈　李卓宝　李思问　李恩元　陈舜瑶　赵凤山　郝根祥　高　沂　高景德 夏镇英　凌瑞骥　蒋南翔　何介人　李传信　李德耀　周维垣　胡　健　解沛基 滕　藤　周昆玉　蒋企英　王遵华　徐静贞　刘仙洲　张慕葏　陈　英　李麟谟
	候补委员（9 人）： 刁志德　曲淑凤　林　泰　陆大绘　张思敬　张芳榴　裴　全　潘丽华　钟士模
	常委（18 人）： 刘　冰　艾知生　何东昌　吕应中　李寿慈　李恩元　陈舜瑶　高　沂　高景德 蒋南翔　李传信　周维垣　胡　健　解沛基　滕　藤　周昆玉　徐静贞　刘仙洲
	书　记：　蒋南翔 第一副书记：　刘　冰 第二副书记：　高　沂 副书记：　陈舜瑶　胡　健　李寿慈　何东昌　艾知生
第四届委员会② 1962-10—1966-06	委员（40 人）： 王遵华　刘　冰　刘小石　刘仙洲　艾知生　邢家鲤　任继世　何介人　何东昌 余兴坤　吕应中　李寿慈　李卓宝　李思问　李恩元　李传信　李德耀　李麟谟 林　泰　周昆玉　单计新　胡　健　赵凤山　郝根祥　徐静贞　高　沂　高景德 夏镇英　凌瑞骥　陆大绘　庄前炤　张　维　张思敬　张慕葏　解沛基　裴　全 滕　藤　蒋企英　蒋南翔　钟士模
	常委（16 人）： 刘　冰　刘仙洲　艾知生　何东昌　吕应中　李寿慈　李恩元　李传信　周昆玉 胡　健　徐静贞　高　沂　高景德　解沛基　滕　藤　蒋南翔
	书　记：　蒋南翔 第一副书记：　刘　冰 副书记：　高　沂　胡　健　李寿慈　何东昌　艾知生
第五届委员会 1980-07—1982-07	委员（47 人）： 刁会光　万邦儒　文学宓　方惠坚　艾知生　冯　城　刘　达　林　泰　刘小石 任彦申　李志坚　李传信　李卓宝　李思问　李恩元　许纯儒　吕　森　杜建寰 何介人　何东昌　宋长山　余兴坤　汪家镠　张　维　张光斗　张思敬　张宪宏 张绪潭　张慕葏　周为民　林　克　陈丙森　罗征启　姚　季　饶慰慈　徐心坦 高政一　高景德　郝根祥　唐美刚　贾春旺　黄圣伦　惠宪钧　程宜荪　董新保 解沛基　滕　藤
	常委（15 人）： 艾知生　刘　达　李传信　李思问　吕　森　何东昌　汪家镠　张　维　张思敬 张绪潭　林　克　罗征启　饶慰慈　解沛基　滕　藤
	书　记：　刘　达 副书记：　林　克　何东昌　汪家镠　艾知生　罗征启　张绪潭
	变动情况： 副书记：汪家镠（　—1981-08）　何东昌（　—1982-04） 李传信（1982-01—　）　张思敬（1982-01—　）

续表

第六届委员会 1982-07—1985-08	委员（47 人）： 罗征启 张思敬 杜建寰 林 克 饶慰慈 文学宓 艾知生 何介人 张绪潭 方惠坚 任彦申 刘小石 张慕葏 李卓宝 刘 达 李传信 惠宪钧 唐美刚 吕 森 徐心坦 解沛基 李德鲁 许纯儒 刘 泰 万邦儒 冯 城 李思问 朱爱菁 邓 勇 王凤生 郝根祥 余兴坤 陈丙森 李志坚 朱 方 董新保 滕 藤 贾 观 姚 季 白洪烈 李凤玲 刘润生 樊春起 刘述礼 黄圣伦 钱锡康 匡文起
	常委（15 人）： 罗征启 张思敬 林 克 饶慰慈 艾知生 何介人 张绪潭 方惠坚 张慕葏 李传信 吕 森 解沛基 李思问 滕 藤 黄圣伦
	书　记：　林 克 副书记：　艾知生 罗征启 张绪潭 张思敬
	变动情况： 书　记：林 克（　—1984-03）　李传信（1984-02—1984-07 代理，1984-07—　） 副书记：艾知生（　—1983-04）　罗征启（　—1983-08）　张思敬（　—1984-06） 黄圣伦（1984-06—　）　王凤生（1984-06—　） 常　委：滕 藤（　—1984-12）
第七届委员会 1985-08—1988-09	委员（49 人）： 万邦儒 方惠坚 王凤生 王鲁生 文学宓 田芝瑞 白洪烈 冯冠平 刘 泰 刘述礼 刘润生 吕 森 孙继铭 朱爱菁 壮 迁 陈 希 何介人 李仙根 李传信 李卓宝 李德鲁 杨秉寿 杨振斌 金龙乾 周兴华 张孝文 张宏涛 张思敬 张绪潭 张慕葏 郝根祥 贺美英 饶慰慈 赵南明 钟国治 高景德 贾 观 钱锡康 唐美刚 徐心坦 袁大宏 曹晓文 鹿大汉 黄圣伦 惠宪钧 楼庆西 虞石民 樊春起 瞿振元
	常委（13 人）： 方惠坚 王凤生 刘述礼 吕 森 孙继铭 朱爱菁 陈 希 李传信 张绪潭 贺美英 饶慰慈 高景德 黄圣伦
	书　记：　李传信 副书记：　张绪潭 黄圣伦 王凤生
	变动情况： 副书记：贺美英（1986-07—　） 常　委：梁尤能（1986-07—　）　刘述礼（　—1987-05）
第八届委员会 1988-09—1991-09	委员（19 人）： 王凤生 王耀山 文学宓 方惠坚 白洪烈 田芝瑞 朱爱菁 孙继铭 杨家庆 何建坤 沈振基 张孝文 张思敬 张绪潭 陈 希 罗建北 贺美英 钱锡康 黄圣伦
	常委（7 人）： 王凤生 方惠坚 朱爱菁 张孝文 张思敬 贺美英 黄圣伦
	书　记：　方惠坚 副书记：　黄圣伦 贺美英 王凤生
	变动情况： 副书记：孙继铭（1990-02—1990-06）

续表

第九届委员会 1991-09—1995-09	委员（21人）： 方惠坚　王耀山　白洪烈　左　川　田芝瑞　江剑平　江崇廓　朱爱菁　沈振基 李凤玲　杨家庆　张孝文　周良洛　罗建北　胡显章　贺美英　钱锡康　鹿大汉 黄圣伦　虞石民　瞿振元
	常委（9人）： 方惠坚　朱爱菁　杨家庆　张孝文　胡显章　贺美英　钱锡康　鹿大汉　黄圣伦
	书　记：　方惠坚 副书记：　黄圣伦　贺美英　胡显章
	变动情况： 副书记：陈　希（1993-08—　） 常　委：张孝文（　—1994-01）　鹿大汉（　—1994-03） 叶宏开（1994-06—　）　庄丽君（1994-06—　）
第十届委员会 1995-09—2002-01	委员（25人）： 马二恩　王大中　左　川　叶宏开　田　芊　田芝瑞　白永毅　庄丽君　刘序明 江崇廓　孙殷望　严继昌　李树勤　杨　岳　杨家庆　何建坤　宋　军　张再兴 陈　希　陈章武　赵　淳　胡显章　贺美英　韩景阳　虞石民
	常委（11人）： 王大中　叶宏开　白永毅　庄丽君　江崇廓　杨家庆　何建坤　张再兴　陈　希 胡显章　贺美英
	书　记：贺美英 副书记：陈　希　胡显章　张再兴
	变动情况：副书记：陈　希（2000-07 常务—　）
第十一届委员会 2002-01—2006-09	委员（25人）： 马二恩　王大中　王孙禹　王明旨　邓景康　白永毅　庄丽君　孙道祥　李树勤 杨振斌　杨晓延　束　为　吴敏生　何建坤　张　毅　张再兴　陈　旭　陈　希 陈章武　胡和平　赵　淳　顾秉林　黄贺生　韩景阳　裴兆宏
	常委（11人）： 王大中　王明旨　白永毅　庄丽君　孙道祥　杨振斌　何建坤　张再兴　陈　希 顾秉林　韩景阳
	书　记：陈　希 副书记：张再兴　庄丽君　杨振斌
	变动情况： 副书记：庄丽君（2004-10 常务—　）杨振斌（　—2006-01）陈　旭（2006-02—　） 常　委：龚　克（2004-02—　）　康克军（2004-02—　）汪劲松（2004-02—　）
第十二届委员会 2006-09—	委员（29人）： 王　岩　王孙禹　邓　卫　史宗恺　吉俊民　向波涛　庄　茁　杜汇良　李一兵 李当岐　杨　斌　邱显清　汪劲松　张　毅　张凤昌　张建民　陈　旭　陈　希 陈吉宁　赵　伟　胡和平　顾秉林　唐　杰　康克军　韩景阳　程建平　谢维和 熊　卓　薛　澜
	常委（13人）： 王　岩　邓　卫　汪劲松　张凤昌　陈　旭　陈　希　陈吉宁　胡和平　顾秉林 康克军　韩景阳　程建平　谢维和

续表

<table>
<tr><td rowspan="3">第十二届委员会
2006-09—</td><td>书　记：陈　希
副书记：胡和平（常务）　陈　旭　韩景阳　程建平</td></tr>
<tr><td>变动情况：
书　记：陈　希（　—2008-12）　胡和平（2008-12—　）
副书记：胡和平（　—2008-12）　陈　旭（　—2007-12，2009-06 常务—　）
程建平（　—2009-09）　史宗恺（2007-12—　）　邓　卫（2009-12—　）
常　委：汪劲松（　—2009-06）　邱　勇（2009-12—　）</td></tr>
<tr><td>2010 年年底学校党委书记、副书记、常委名单：
书　记：胡和平
副书记：陈　旭（常务）　韩景阳　史宗恺　邓　卫
常　委：王　岩　邓　卫　史宗恺　邱　勇　张凤昌　陈　旭　陈吉宁
胡和平　顾秉林　康克军　韩景阳　程建平　谢维和</td></tr>
</table>

注：① 表中只列出了 1980 年—2010 年历届党委书记、副书记、常委的变动情况，个别党委委员的变动（如 2003 年 3 月增补郑浩峻为党委委员）以及随书记、副书记、常委的变动而同时发生的委员的变动未列出。
② 第三次党代会只选举出席中共北京市党代会代表，未改选党的委员会。第四届委员会因“文革”开始，被迫停止工作。

表 17-2-2　学校第四、五届之间党委书记、副书记名单

<table>
<tr><th>时间阶段</th><th>名单及任职时间</th></tr>
<tr><td>1970-01—
1977-04</td><td>书　记：杨德中（1970-01—1972-01）[①]　迟　群[②]（1972-01—1976-10）
副书记：张荣温（1970-01—1972-10）　迟　群（1970-01—1972-01）
刘承能（1970-01—1972-01）　阮世民（1970-01—1972-01）
刘　冰（1970-01—1975-11）　谢静宜[③]（1972-01—1976-10）
何东昌（1972-01—1973-11）　胡　健（1972-01—1977-04）
惠宪钧（1970-01—1975-11）　柳一安（1973-02—1975-11）
张凤瑞（1973-12—1976-10）　荣泳霖（1976-03—1976-10）
夏镇英（1976-03—1977-04）</td></tr>
<tr><td>1977-04—
1980-07[④]</td><td>书　记：刘　达（1977-04—1980-07）
副书记：黄　光（1977-04—1978-05）　林　克（1977-04—1980-07）
陆　达（1977-04—1977-?）　田　夫（1977-04—1978-02）
来汉宣（1977-04—1977-10）　何东昌（1977-04—1980-07）
汪家镠（1977-08—1980-07）　胡启立（1977-10—1978-11）
张　健（1977-10—1980-07）　韩　凯（1979-06—1980-07）
艾知生（1979-06—1980-07）　滕　藤（1979-06—1980-07）
罗征启（1979-06—1980-07）</td></tr>
</table>

注：① 括号内为其任期，下同。
② 迟群因参与江青反革命集团的阴谋活动，1983 年 11 月被开除党籍，判有期徒刑 18 年，剥夺政治权利 4 年。
③ 谢静宜因参与江青反革命集团的阴谋活动，1982 年 11 月 17 日被开除党籍。
④ 1978 年 7 月经上级任命，校党委常委名单为：刘达、林克、何东昌、张健、胡启立、汪家镠、井田、张维、韩凯、滕藤、艾知生、曲方明、饶慰慈、张东明、李思问、刘涤尘。1979 年 6 月增补罗征启、解沛基、李传信为常委。1979 年 11 月增补张绪潭为常委。

表 17-2-3　学校参加历届全国党代会代表名单（1956—2010）

时　间	会 议 名 称	姓　名
1956-09	中国共产党第八次全国代表大会	蒋南翔
1982-09	中国共产党第十二次全国代表大会	刘　达　常沙娜
1985-09	中国共产党全国代表会议	李传信
1987-10	中国共产党第十三次全国代表大会	李传信　常沙娜

续表

时　间	会议名称	姓　名
1992-09	中国共产党第十四次全国代表大会	方惠坚
1997-09	中国共产党第十五次全国代表大会	贺美英
2002-11	中国共产党第十六次全国代表大会	陈　希
2007-10	中国共产党第十七次全国代表大会	陈　希

表 17-2-4　学校当选中共中央委员、候补委员、中央纪委委员名单（1956—2010）

时间	名　　称	姓　名
1956-09	中共第八届中央候补委员	蒋南翔
1973-08	中共第十届中央委员	谢静宜
1978-12	中共中央第十一届纪律检查委员会委员	何东昌
1992-09	中共第十四届中央候补委员	张孝文
1997-09	中共中央第十五届纪律检查委员会委员	贺美英
2002-11	中共中央第十六届纪律检查委员会委员	陈　希
2007-10	中共中央第十七届纪律检查委员会委员	陈　希

表 17-2-5　学校当选中共北京市委委员、候补委员名单（1956—1992）

当选时间	名　　称	姓　名
1955-06	中共北京市委第一届委员、常委	蒋南翔
1958-03	中共北京市委第二届委员、常委	蒋南翔
1962-05	中共北京市委第三届委员、常委	蒋南翔
1971-03	中共北京市委第四届委员、常委、书记①	谢静宜
1971-03	中共北京市委第四届委员	吕应中
1982-11	中共北京市委第五届委员	林　克
1987-12	中共北京市委第六届候补委员	王大中
1992-12	中共北京市委第七届委员	贺美英

注：① 书记任期为 1973 年 5 月—1976 年 10 月。

第三节　党委组织机构

清华园解放前，清华党组织处于地下秘密状况，设有党支部、党总支或由上级党组织单线联系。1948 年 12 月 15 日，清华园解放，随着学校不断发展，党的组织机构亦在不断变化与发展，现按不同时期，分述如下。

一、1949 年 3 月—1966 年 6 月

1949 年 1 月，经中共北京市委指定成立中共清华大学总支委员会，下设 9 个支部。1949 年 10 月及 1950 年 3 月，先后两次经全体党员大会改选总支委员会，总支设有组织委员、宣传委员、统战委员、青年委员及保卫组等。总支下属有 11 个党支部。1951 年 2 月，选举产生中共清华大学委员会（简称党委会），设组织部、宣传部、保卫组，下属有 10 个党支部。1953 年 9 月，改选党委会，下属有 2 个总支部、42 个党支部。1954 年 2 月，校党委机关设有党委办公室、组织部、宣传部和保卫组。1956 年 5 月第一次党代会选举产生党委会和监察委员会，校党委机关设有党办、组织部、宣传部、统战部、保卫科，下属有工农速中分党委 1 个，总支 11 个（其中各系共 10 个，总务处 1 个），下属共有党支部 59 个，并有校机关直属党支部 9 个。1959 年 2 月，第二次党代会改选党委会和监察委员会，校党委机关设置与上一届相同，下属有 12 个党总支（共有 141 个党支部）。1959 年 3 月成立职工部。1962 年 10 月，第四次党代会改选党委会和监察委员会，校党委机关设有党办、组织部、宣传部、统战部、武装部、职工部、保卫科及学生工作委员会，下属有 15 个总支（共有 209 个支部）。1963 年 1 月将保卫科扩展为保卫部。1966 年 4 月设立政治部。到 1966 年 6 月，校党委机关设有政治部、党办、组织部、宣传部、统战部、保卫部、武装部、职工部，下属有 18 个党总支（共有 238 个支部，其中 7 个直属支部）。这 18 个党总支为：土建系、水利系、机械系、冶金系、动农系、电机系、无线电系、自控系、工物系、工化系、力数系、基础课、试化厂、绵阳分校、生活处、宣传部、教务处、科学处。7 个直属支部为：党办、组织部、保卫部、校办、人事处、工会、团委。

二、1966 年 6 月—1976 年 10 月

1966 年 6 月开始“文化大革命”，学校各级党组织机构基本处于瘫痪状态。1968 年 7 月，中央派工宣队进校。1969 年 1 月，建立清华大学革命委员会，实行党政一元化领导，校党政机构统一。1970 年 1 月，选举清华大学党委会，下属 15 个总支（共有 96 个党支部）。1973 年，开始把党总支改为分党委，逐个落实，至 1976 年 7 月，全校设有 15 个分党委，5 个党总支，共有 381 个党支部。

三、1976 年 10 月—2010 年 12 月

（一）1976 年 10 月至 1980 年 7 月第五次党代会之前组织机构变化情况

清华大学是“文革”期间“四人帮”通过其亲信直接控制的单位，是“文革”的重灾区，由于“两个凡是”的错误指导思想，1976 年 10 月至 1977 年 4 月，学校实际上处于半瘫痪状态。

1977 年 4 月，中共中央派刘达等同志进校主持工作，冲破了“两个凡是”的桎梏，旗帜鲜明地开始了拨乱反正的工作，逐步恢复了党委机构，设有纪律检查小组、党办、组织部、宣传部、统战部、保卫部、武装部、学生部，下属有 16 个分党委、4 个直属总支，共有 364 个党支部。

1980 年 5 月恢复职工部。

1980 年 7 月，第五次党代会选出党委会和党的纪律检查委员会，校党委机关设有党办、组织部、宣传部、统战部、学生部、保卫部、职工部、武装部；下属有 17 个分党委：建筑系、土木与环境工程系、水利工程系、机械工程系、精密仪器系、热能汽车系、电机系、无线电电子学系、计算机工程与科学系、自动化系、工程物理系、化学化工系、工程力学系、基础课教学研究部、核能技术研究所、校机关、校务处；4 个直属党总支：马列主义教研室、微电子所、基建处、机械厂；4 个直属党支部：附中、二附中、体育教研室、附小；共有 243 个党支部。

（二）1980 年 7 月第五次党代会后至 1982 年 7 月第六次党代会前组织机构变化情况

1980 年 9 月，成立清华园街道办事处党委。

1981 年 3 月，成立经济管理工程系党总支，直属学校党委。

1982 年 6 月，成立物理系党委。基础课教学研究部党委改为应用数学、外语教研室党委。

1982 年 7 月，第六次党代会选出党委会和纪律检查委员会，党委机关设置与上届相同。下属有 19 个分党委，5 个直属党总支，4 个直属党支部，共有 256 个党支部。

（三）1982 年 7 月第六次党代会后至 1985 年 8 月第七次党代会前组织机构变化情况

1983 年 3 月，附中直属党支部改为直属党总支。

1983 年 5 月，撤销职工部（1983 年 4 月职工部并入党委宣传部）。

1983 年 4 月，撤销机械厂直属党总支，成立校办厂党委。

1983 年 7 月，成立经管学院党委，撤销经济管理工程系原直属党总支。

1983 年 7 月，成立应用数学系党委。

1983 年 9 月，成立外语系党总支，直属学校党委。

1984 年 5 月，成立社会科学系党委，原马列主义教研室直属党总支撤销。

1984 年 9 月，成立生物科学技术系党支部，直属学校党委。

1984 年 4 月，图片社并入出版社，出版社成立党总支。9 月，出版社党总支由隶属机关党委改为直属学校党委。

1985 年 12 月，成立化学系党委。

1985 年 8 月，成立学生直属党总支，含团委、学生会、代表队、文艺社团、学生科协。

1985 年 8 月，第七次党代会选出党委会和纪律检查委员会，校党委机构设置不变，下属有 23 个分党委，6 个直属党总支，4 个直属党支部，共有 433 个党支部。

（四）1985 年 8 月第七次党代会后至 1988 年 9 月第八次党代会前组织机构变化情况

1985 年 9 月，生物科学与技术系直属党支部改为直属党总支。

1985 年 10 月，中国语言文学系成立直属党支部。

1987 年 3 月，土木环境工程系党委分为土木系党委和环境工程系直属党总支。

1987 年 10 月，外语系直属党总支改为党委。

1988 年 4 月，建筑学院成立，建筑系党委改为建筑学院党委。

1988 年 7 月，成立材料科学与工程系党委。

1988 年 9 月，第八次党代会选出党委会和纪律检查委员会，校党委机构设置不变，下属有 25 个分党委，6 个直属党总支，4 个直属党支部，共有 433 个党支部。

（五）1988 年 9 月第八次党代会后至 1991 年 9 月第九次党代会前组织机构变化情况

1988 年 10 月，学生直属党总支改名为学生部党总支。

1988 年 12 月，环境工程系直属党总支改为党委。

1990 年 3 月，热能汽车系分设党委。

1991 年 2 月，成立图书馆直属党总支。

1991 年 9 月，第九次党代会选出党委会和纪律检查委员会，校党委机构设置不变，下属有 27 个分党委，6 个直属党总支，4 个直属党支部，共有 423 个党支部。

（六）1991 年 9 月第九次党代会后至 1995 年 9 月第十次党代会前组织机构变化情况

1992 年 3 月，成立校办产业党委，原校办厂党委改为其下属党总支。

1993 年 11 月，成立党委研究生工作部。

1993 年 12 月，成立人文社会科学学院党委，原社科系党委和中文系直属党支部撤销，隶属人文社会科学学院党委。

1995 年 9 月，第十次党代会选出党委会和纪律检查委员会。校党委机关设有党委办公室、组织部、宣传部、统战部、学生部、武装部、保卫部、研究生工作部，下属有 27 个分党委，6 个直属总支，3 个直属党支部，共有 504 个党支部。

（七）1995 年 9 月第十次党代会后至 2002 年 1 月第十一次党代会前组织机构变化情况

1995 年 10 月，校办产业党委更名为企业集团党委。

1998 年 11 月，外语系党委改为党总支，隶属人文学院党委。

1999 年 3 月，清华二附中并入附中，原二附中直属党支部撤销。

1999 年 11 月，中央工艺美术学院并入，党的关系转入，2000 年 3 月成立美术学院党委。

1999 年 4 月，成立法学院党总支，隶属人文学院党委。2000 年 11 月，法学院独立成立党委，撤销原党总支。

2000 年 1 月，土木工程系与水电系党委合并，成立土水学院党委。

2000 年 9 月，成立公共管理学院党总支，直属学校党委。

2000 年 11 月，校医院成立党委。

2001 年 2 月，成立离退休工作部。

2001 年 5 月，成立生物系党委，撤销原直属党总支。

2001 年 5 月，成立应用技术学院党总支，同年 12 月改为软件学院党总支，直属学校党委。

2001 年 12 月，出版社党总支改为党委。

2001 年 12 月，附中党总支改为党委。

2001 年 12 月，成立工业工程系党总支。

2002 年 1 月，成立医学院党委。

2002 年 1 月，第十一次党代会选出党委会和纪律检查委员会。校党委机关设有党委办公室、组织部、宣传部、统战部、学生部、武装部、保卫部、研究生工作部、离退休工作部，下属有 32 个党委，6 个直属党总支，2 个直属党支部，共有 651 个党支部。

（八）2002 年 1 月第十一次党代会后至 2006 年 9 月第十二次党代会前组织机构变化情况

2002 年 6 月，成立微电子所党委，撤销原直属党总支。

2002 年 6 月，成立公共管理学院党委，撤销原直属党总支。

2002 年 6 月，成立软件学院党委，撤销原直属党总支。

2002 年 8 月，深圳研究生院成立党支部，直属学校党委；2004 年 9 月改为直属党总支。

2003 年 6 月，第一附属医院、第二附属医院组建党委。

2003 年 8 月，成立纪监委办公室，2005 年 3 月更名为纪委办公室。2005 年 4 月成立监察室，与纪委办公室合署办公。

2003 年 9 月，医学院党委改为党总支，2004 年 8 月改为党委。

2003 年 9 月，企业集团党委更名为控股有限公司党委。

2003 年 11 月，信息学院成立临时党委，2005 年 9 月撤销党委建制，改为党的工作领导小组。

2004 年 5 月，航天航空学院成立党委，原力学系党委撤销。

2004 年 12 月，成立继续教育学院党总支，直属学校党委。

2005 年 4 月，成立新闻传播学院党委，撤销原直属党总支。

2006 年 4 月，建筑设计院党总支隶属关系调为学校党委直属。

2006 年 9 月，第十二次党代会选出党委会和纪律检查委员会。校党委机构设置不变，下属有 38 个党委，2 个直属党总支，2 个直属党支部，共有 935 个党支部（支部数为 2006 年 12 月 31 日数据）。

（九）2006 年 9 月第十二次党代会后至 2010 年 12 月组织机构变化情况

2006 年 11 月，成立工业工程系党委，撤销原直属党总支。

2006 年 11 月，成立深圳研究生院党委，撤销原直属党总支。

2006 年 12 月，成立图书馆党委，撤销原直属党总支。

2007 年 6 月，清华园街道党委改设为党工委。

2007 年 6 月，成立清华附小党总支，直属学校党委，撤销原直属党支部。

2007 年 12 月，成立体育教研部党总支，直属学校党委，撤销原直属党支部，2008 年 5 月后改称体育部党总支。

2008 年 7 月，成立马克思主义学院党总支，直属学校党委。2010 年 12 月成立党委，撤销原直属党总支。

2009 年 9 月，成立生命科学学院党委，撤销原生物科学与技术系党委。

2009 年 12 月，成立教育研究院党总支，直属学校党委。

2010 年 12 月，校党委机构设置不变，下属有 42 个党委（不包括隶属于控股有限公司党委的同方党委），6 个直属党总支，共有 1 111 个党支部。校党委机构及下属党委和直属党总支名称如下：

校党委机构：党委办公室、组织部、宣传部、统战部、纪律检查委员会办公室、学生部、武装部、保卫部、研究生工作部、离退休工作部。

院系单位党委：建筑学院、土木水利学院、环境系、机械工程系、精密仪器与机械学系、热能工程系、汽车系、工业工程系、电机工程与应用电子学系、电子工程系、计算机科学与技术系、自动化系、微电子学研究所、软件学院、航天航空学院、工程物理系、化学工程系、材料科学与工程系、数学科学系、物理系、化学系、生命科学学院、经济管理学院、公共管理学院、马克思主义学院、人文社会科学学院、法学院、新闻与传播学院、美术学院、医学院、核能与新能源技术研究院、深圳研究生院、图书馆、校机关、后勤、街道、校医院、控股有限公司、出版社、清华附中、华信医院、玉泉医院。

直属党总支：学生部、继续教育学院、教育研究院、体育部、建筑设计院、清华附小。

学校历年党组织情况统计、党委各部（室）部长（主任）任期情况、纪委办公室主任任期情况，见表 17-3-1 至表 17-3-3。

表 17-3-1　学校历年党组织情况统计（1949—2010）

时间	分党委数	党总支数	党支部数	时间	分党委数	党总支数	党支部数
1949-03			9	1984	21	6	280
1950-03			11	1985-08	23	6	433
1951-02			10	1986	23	6	403
1952	1	1	13	1987	25	7	426
1953-09	2	2	42	1988-09	25	6	433
1954	1	2	27	1989	26	6	441
1956-05	1	11	68	1990	27	7	423
1957	2	11	96	1991-09	27	7	423
1959-02		12	141	1992	27	9	433
1960		11	140	1993-12	27	9	459
1961	1	13	194	1994-12	27	9	479
1962-05	1	15	209	1995-12	27	10	504
1963	1	16	203	1996-12	27	10	516
1964	1	17	237	1997-12	27	11	526
1965	1	18	229	1998-12	26	12	504
1966-06	1	18	238	1999-12	26	13	494
1970-01		15	96	2000-12	28	13	538
1971	2	13	242	2001-12	32	12	651
1972	2	17	266	2002-12	35	10	695
1973	3	18	320	2003-12	38	12	769
1974-04	3	17	315	2004-12	39	13	830
1975	14	5	375	2005-12	39	19	878
1976	15	5	381	2006-12	42	20	935
1977	16	5	364	2007-12	42	22	970
1978	16	6	321	2008-12	42	25	1 019
1979	16	4	276	2009-12	42	25	1 061
1980-07	17	4	243	2010-12	43	24	1 111
1981	18	4	250				
1982-07	19	5	256				
1983	21	5	280				

说明：表中 1991 年起党总支数的统计中，除学校直属党总支外，还包括后勤等单位下属的党总支；2002 年起的基层党委数的统计中，除学校党委下属的院系及单位党委外，还包括了隶属控股有限公司（原企业集团）党委的同方党委（2002 年 6 月成立）。

表 17-3-2　学校党委各部（室）部长（主任）任期情况

单　位	职　务	姓　名	任　期	姓　名	任　期
党委办公室	主任	陈　英 艾知生 何介人 郝根祥 汪家镠 何介人	1955-08—1956-06 1956-06—1958-04 1958-04—1964-06 1964-11—1966-06 1978-01—1978-11 1978-11—1984-03	徐心坦 朱爱菁 陈秉中 白永毅 王　岩	1984-03—1990-09 1990-09—1991-09 1991-09—1995-05 1995-05—2006-05 2006-05—
组织部	部长	杨朝俶 李淑平 周维垣 胡　健 韩　凯 张思敬 黄圣伦 朱爱菁 鹿大汉	1950-03—1951-02 1951-02—1951-07 1951-07—1957-10 1957-10—1966-06 1979-06—1980-07 1980-07—1983-07 1983-08—1984-10 1984-10—1990-09 1990-09—1993-09	贺美英 叶宏开 孙道祥 庄丽君 胡和平 韩景阳 胡和平 李一兵	1993-09—1994-02 1994-02—1996-07 1996-07—2002-01 2002-01—2002-11 2002-11—2003-09 2003-09—2006-09 2006-09—2007-03 2007-03—
宣传部	部长	艾知生 郭道晖 陈舜瑶 艾知生 罗征启 何介人 黄圣伦 张慕蓴	1951-02—1956-03 1956-05—1958 年初 1959-03—1960-12 1960-12—1966-06 1979-06—1981-12 1981-12—1982-07 1982-08—1983-08 1983-09—1984-06	刘述礼 王凤生 瞿振元 庄丽君 韩景阳 邓　卫 向波涛	1984-10—1986-07 1987-05—1990-12 1990-12—1994-02 1994-02—2002-01 2002-01—2003-09 2003-09—2008-11 2008-11—
统战部	部长	李恩元 高　沂 李寿慈 饶慰慈 文学宓	1955-06—1959-03 1959-03—1963-10 1963-10—1966-06 1978-05—1984-03 1984-03—1991-09	虞石民 黄贺生 李一兵 唐　杰	1991-09—2001-06 2001-06—2005-03 2005-03—2006-10 2006-10—
保卫部	部长	郝根祥 郝根祥 任予生 陈玉新	1964-01—1966-06 1979-11—1989-01 1989-01—1994-06 1994-06—2002-05	赵如发 梁永明 邱显清	2002-05—2006-10 2006-10—2009-12 2009-12—
武装部	部长	何介人 任继世 韩银山 杨绍愈 吉俊民	1959—1964-11 1964-11—1966-06 1979-11—1987-09 1991-09—1998-11 1998-11—1999-12	杨振斌 束　为 邱显清 杜汇良 过　勇	1999-12—2002-01 2002-01—2003-06 2003-06—2006-05 2006-05—2010-11 2010-11—
学生部	部长	方惠坚 贾春旺 王凤生 瞿振元 陈　希 李凤玲 刘裕品 邓　勇	1978-08—1980-01 1980-05—1982-04 1982-04—1985-06 1985-06—1987-08 1987-08—1990-09 1990-09—1993-09 1993-09—1995-01 1995-01—1995-10	宋　军 吉俊民 杨振斌 束　为 邱显清 杜汇良 过　勇	1995-10—1997-02 1997-02—1999-12 1999-12—2002-01 2002-01—2003-06 2003-06—2006-05 2006-05—2010-11 2010-11—
职工部[①]	部长	周昆玉 单计新	1959-03—1960 1960—1966-06	郭　杰	1980-05—1983-05

续表

单　位	职　务	姓　名	任　期	姓　名	任　期
离退休工作部	部长	田芝瑞 刘裕品	2001-02—2003-03 2003-03—2006-05	邱显清 刘秀成	2006-05—2009-12 2009-12—
研究生工作部	部长	彭江得 严继昌 赵　伟	1993-11—1994-11 1994-11—1998-12 1998-12—2000-11	张　毅 唐　杰 武晓峰	2000-11—2003-07 2003-07—2006-11 2006-11—

注：①1980 年 5 月恢复职工部，部长空缺，由郭杰任副部长，主持工作，1983 年 5 月撤销职工部。

表 17-3-3　学校纪委办公室主任任期情况

单　位	职　务	姓　名	任职时间
纪委办公室	主任	李先耀 赵庆刚	2003-08—2006-05 2006-05—2010-06

说明：1956 年 6 月，选举产生了党的监察委员会。1962 年 10 月成立监委办公室，设监察干事 2 人。“文革”期间监委被迫停止工作，不设监察机构。1993 年 1 月成立纪检监察办公室。2003 年 8 月成立纪监委办公室。2005 年 3 月更名为纪委办公室（详见本章第七节）。

第四节　党员及党员发展概况

一、1948 年 12 月—1966 年 6 月

1948 年 12 月清华园解放时，全校有地下党员 205 人，约占学生总人数的 10%。1949 年底，党员人数共 332 名。1951 年 11 月，全校党员人数共 356 人，占全校总人数 4 333 人的 8.2%。其中教师党员 40 人，占教师总人数 473 人的 8.5%；大学生党员 158 人，占大学生总数 3 059 人的 5.2%；工农速成中学学生党员 118 名，占其全体学生 119 名的 99.2%；职工党员 40 人，占职工总数 682 人的 5.9%。此时，169 名教授中仅有 2 名党员，40 名副教授中只有 3 名党员。

学校党委重视党的发展工作，从 1952 年 5 月至 1955 年底在大学生中共接纳新党员 519 名，平均每年发展学生党员约 160 名。1955 年 11 月 7 日，刘仙洲教授加入了中国共产党，蒋南翔在讨论刘仙洲入党的支部会上发言，谈到“他的入党再一次表明，为人民创造幸福生活、为青年开辟远大前程的伟大的共产党，是先进的爱国的科学家在政治上的光荣归宿。”《人民日报》《北京日报》均为此发表了消息。在校内引起了震动，在全国教育界、科学界引起强烈的反响。随后陆续加入中国共产党的清华老教师有：张子高、张维、张光斗、梁思成等 30 多人，并为学校党委在老知识分子中发展党员打下了基础，积累了经验。

从 20 世纪 50 年代中期至 50 年代末，在招生对象中有一定数量的调干学生，加上当时高中阶段发展了一些党员，所以在入校的新生中就有些学生党员。如1958年入校新生中有党员317名，占入学新生的13.9%；1960年入校新生中有党员166人，占入学新生6.8%。

从1962年开始，由于招收调干学生减少，中学毕业生中党员也极少，因此入学的新生中基本上没有党员。如1962年1 400名新生中有11名党员，占0.79%；1963年1 600名新生中仅有预备党员1名。学生中党员所占比例已从1962年前约占10%下降至1962年的6.8%。针对这种情况，蒋南翔提出各级党组织都要重视党员发展工作，而且强调从一年级就要开始。他认为学生在学校中不入党，到社会上工作有很大限制，并认为青年时代入党，对党的思想教育接受深刻，更容易成长为较成熟的党员。1964年3月召开党的干部会，统一了思想，并在该年暑期党委工作会议上作了部署，决定划小党支部及配备半脱产党支部书记。从1964年1月到年底，全校共发展新党员477人，其中大学生占451人，研究生占7人，扭转了学生中党员比例下降的趋势。

1965年12月底，全校党员总人数为3 287人，占全校总人数16 378人的20.1%。其中教师党员1 250人，占教师人数2 461人的50.8%（其中教授、副教授党员比例为34.7%，讲师党员比例为51%，助教党员比例为53%）；大学生党员1 287人，占大学生人数10 347人的12.4%；研究生党员111人，占研究生人数326人的34.1%。

二、1966年6月—1976年12月

1966年6月"文革"开始，各级党组织处于瘫痪，党员发展工作处于停顿。1968年7月工宣队进校。随着学生党员分配离校，到1969年2月，工宣队组织的开门整党时，校内党员共有2 064人，经过"吐故纳新"，当年发展新党员共1 409人，到1970年全校实有党员3 597人。

1970年8月，学校开始招收工农兵学员进校，学生中党员比例较大。到1973年底，全校党员共5 979人，其中学生党员3 046人，占学生6 301人的48.3%。

1974年和1975年两年，学校共发展党员1 021人，使1975年底学校党员人数达到历史高峰，共7 214人。

1976年，由于毕业班党员离校和该年发展党员放缓，全年发展党员267人，全校党员人数降为7 021人，其中学生党员3 705人。

三、1977年1月—2010年12月

从1977年开始，每年由于学生党员陆续毕业离校，同时，每年新发展的党员人数约在100人左右，因而校内党员人数逐年回落。1978年全校党员人数为5 085人，其中学生党员1 926人。1979年全年增加党员238人，其中发展新党员99人，落实政策恢复党籍139人，而全年转出校外的党员共1 469人，党员总人数减为4 036人。到1980年7月全校党员人数为3 368人，为这一时期的最低点。

1979年底起，学校党委积极抓党的发展工作，恢复党课，进一步统一干部思想，举办积极分子培训班，发展党员人数不断增加，党员总人数亦不断回升。至1985年，全校共发展新党员952名，全校党员人数达4 778人，占全校21 797人的21.9%，其中教师党员2 027人，为教师人数3 748人的54.1%（其中教授党员比例为50.3%，副教授党员比例为58.5%，讲师党员比例为53.6%，助教党员比例为51.8%）；学生党员1 444人，占学生人数12 769人的11.3%。这种势

头大体维持到 1988 年。

1989 年受政治风波影响，在学生中发展党员的工作放缓，学生党员所占比例下降，1990 年为 10%。经过党员重新登记、党组织的整顿和加强政治思想工作，学生中党员比例有所回升，1992 年达到 13.4%。

1992 年开始，在校研究生规模不断扩大，从 2 600 余人发展到 2002 年的 11 500 余人。1994 年，学校对本科生业余党校进行了改革，开设“党的知识概论”课并列为全校人文社科类选修课。学生党员人数也有了大幅增长。1997 年，学校开始实施“本科生党员队伍建设三年规划”（2002 年、2007 年和 2010 年执行第二期、第三期和第四期）。2001 年实施了“清华大学研究生党员队伍建设三年规划”（2004 年实施第二期，2008 年实施“研究生党员发展三年规划”）。院系还设立了党建辅导员岗位，加强学生入党积极分子的培养和发展工作。

从 1992 年的 1 690 人增长到 2002 年的 5 264 人，平均每年新发展 400～500 名学生党员，2002 年学生中党员比例突破 20%，达到 20.4%。2003 年的“非典”抗击战和 2005 年的“保持共产党员先进性教育”活动，进一步激发了学生的入党热情。2003 年以后学生党员比例以每年约 3%的速度增长。

2000 年，全校党员总数突破万人，达到 11 371 人；2006 年突破两万人，达到 20 057 人。平均每年增加党员 1 500 名。另外，离退休人员党员的数量也显著增加，从 1993 年的 772 人发展到 2000 年的 1 971 人，至 2007 年止，离退休党员人数突破 3 000 人，特别值得一提的是，2010 年 9 月，96 岁老同志白颖仁加入了中国共产党。

学校党委在发展党员工作中，充分重视骨干教师队伍中的党建工作，1998 年 10 月，学校党委讨论通过了《关于加强在青年教师中发展党员工作的意见》，切实加强在青年教师和骨干人才中的积极分子培养和党员发展工作，使党员在正高职称教师中的比例稳定在 70%左右，有一批优秀的教学科研骨干被发展入党。

根据上级有关文件精神，学校不断加强党员发展工作的制度建设。从 2006 年 1 月起，实行发展党员公示制；从 2008 年 1 月起，发展党员实行票决制；2009 年 5 月修订《清华大学发展党员工作手册》；2009 年 4 月、6 月先后发出《关于严格审查新发展党员入党材料的通知》《关于进一步做好党员发展工作的通知》。一批规章制度的出台进一步保证和提高了新发展党员质量。

学校历年党员人数及发展数统计见表 17-4-1，1993 年底及 2010 年底党员构成分布情况、党员基本情况、校内各基层组织党员分布情况分别列于表 17-4-2 至表 17-4-7。

表 17-4-1　全校历年党员人数及发展数统计（1949—2010）

时　间	党员总数	当年发展数	时　间	党员总数	当年发展数
1949	332	124	1980-07	3 368	74
1950-03	302	38	1981	3 438	153
1951-11	356	132	1982-07	3 414	198
1952	615	223	1983	3 615	255
1953-09	826	298	1984	3 826	606
1954	1 209	180	1985	4 778	952
1955	1 104	241	1986	5 070	699
1956-05	1 838	565	1987	5 579	461

续表

时间	党员总数	当年发展数	时间	党员总数	当年发展数
1957	1 969	98	1988-09	5 726	580
1958	2 315	30	1989	5 460	168
1959-02	2 701	251	1990	5 329	124
1960	3 446	216	1991-09	5 461	371
1961	3 049	213	1992	5 963	604
1962-05	2 710	192	1993	6 258	513
1963	2 391	125	1994	6 913	547
1964	2 451	477	1995	7 174	555
1965	3 287	1 181	1996	7 661	579
1966-06		138	1997	8 203	630
1967		0	1998	8 924	538
1968		0	1999	9 843	549
1969		1 409	2000	11 371	449
1970	3 597		2001	12 668	421
1971	4 392		2002	13 958	545
1972	4 962	189	2003	16 441	1 041
1973	5 979	385	2004	18 527	1 328
1974-04	6 472	474	2005	19 443	1 300
1975	7 214	547	2006	20 057	1 014
1976	7 021	267	2007	20 862	1 475
1977	6 714	73	2008	21 909	1 660
1978	5 085	105	2009	22 506	1 590
1979	4 036	99	2010	24 080	1 693

表 17-4-2　1993 年末全校党员构成分布情况统计

职业		全校总人数	党员数	党员比例（%）	职业		全校总人数	党员数	党员比例（%）
教师	教授	701	540	77.00	职员		484	261	53.90
	副教授	1 323	894	67.57	工人		1 805	326	18.06
	讲师	786	406	51.65	学生	研究生	3 279	945	28.80
	助教教员	531	168	31.60		本科生	10 028	658	6.56
	小计	3 341	2 008	60.10		小计	14 015	1 603	11.43
其他专业技术人员	高级人员	399	193	48.37	附中、附小教工		336	100	29.76
	中级人员	843	313	37.10	离退休人员			772	
	初级人员	705	93	13.20	其他			589	
	小计	1 947	599	30.76	总计		21 928	6 258	28.50

表 17-4-3　2010 年末全校党员构成分布情况统计

职业		全校总人数	党员数	党员比例（%）	职业		全校总人数	党员数	党员比例（%）
教师	教授	1 240	789	63.6	职员		929	512	55.1
	副教授	1 297	779	60.1	工人		984	168	17.1
	讲师	617	408	66.1	学生	研究生	13 731	7 677	55.9
	其他	18	15	83.3		本科生	13 748	2 986	21.7
	小计	3 172	1 991	62.8		小计	27 474	10 663	38.8
其他专业技术人员		8 192	4 273	52.2	附中、附小教工		374	148	39.6
					离退休人员			3 352	
					其他			2 973	
					总计		41 130	24 080	58.5

表 17-4-4　1993 年末全校党员基本情况统计

项目		党员数	项目		党员数
总计		6 258	入党时间	1927-08—1937-07	1
正式党员		5 788		1938-08—1945-09	22
预备党员		470		1945-10—1949-09	92
性别	男	4 708		1949-10—1966-04	1 601
	女	1 550		1966-05—1976-10	926
民族	汉族	6 057		1976-11 以后	3 616
	少数民族	201			
年龄	25 岁及以下	1 255	现有文化程度	大学以上（含大专）	5 200
	26～35 岁	1 365		中专	203
	36～45 岁	679		高中	172
	46～55 岁	1 238		初中	441
	56～60 岁	1 039		小学	236
	61 岁及以上	682		文盲	6

表 17-4-5　2010 年末全校党员基本情况统计

项目		党员数	项目		党员数
总计		24 080	入党时间	1937-07-06 及以前	1
正式党员		21 458		1937-07-07—1945-09-02	24
预备党员		2 622		1945-09-03—1949-09	76
性别	男	15 735		1949-10—1966-04	1 524
	女	8 345		1966-05—1976-10	1 092
民族	汉族	22 890		1976-11—2002-10	8 820
	少数民族	1 190		2002-11 及以后	12 543
台湾省籍		1	现有文化程度	研究生	8 080
年龄	35 岁及以下	14 852		大学本科	10 347
	36～45 岁	3 246		大学专科	984
	46～54 岁	1 724		中专	524
	55～59 岁	742		高中、中技	3 327
	60 岁及以上	3 516		初中及以下	818

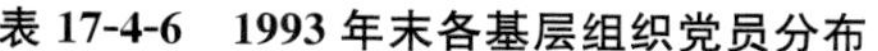

表 17-4-6　1993 年末各基层组织党员分布

单　位	党　员　数						当年发展数			
	总数	教工	研究生	本科生	其他	出国	总数	教工	研究生	本科生
总　计	6 258	3 294	945	658	939	422	513	58	73	382
建筑学院	164	87	13	17	27	20	4	1	1	2
土木系	176	76	32	29	17	22	18	0	3	15
水电系	224	96	30	36	34	28	14	0	3	11
环境系	111	45	28	19	8	11	23	0	7	16
机械系	240	90	58	47	23	22	47	1	3	43
精仪系	322	163	62	34	49	14	20	1	2	17
热能系	218	108	36	43	14	17	33	2	6	25
汽车系	109	45	26	31	5	2	23	3	0	20
电机系	261	109	65	49	23	15	27	0	2	25
电子系	344	141	67	85	12	39	47	3	2	42
计算机系	276	153	52	20	20	31	19	1	1	17
自动化系	286	125	67	54	18	22	37	1	2	34
工物系	166	70	25	49	11	11	15	0	3	12
力学系	247	108	55	33	20	31	24	3	5	16
化工系	193	88	47	20	17	21	29	1	5	23
材料系	143	67	31	22	8	15	22	1	5	16
数学系	93	51	12	5	9	16	6	0	2	4
物理系	166	92	20	19	17	18	21	3	0	18
化学系	116	65	18	9	18	6	10	0	2	8
生物系	55	32	7	4	4	8	6	1	1	4
经管学院	199	63	77	20	14	25	7	0	2	5
社科系	145	72	55	0	15	3	6	1	5	0
中文系	19	14	0	4	1	0	0	0	0	0
外语系	65	35	2	3	20	5	3	1	0	2
体育室	27	20	0	0	7	0	3	3	0	0
图书馆	54	41	0	0	13	0	2	2	0	0
核研院	362	305	31	0	23	3	11	5	6	0
微电子所	82	58	18	0	4	2	1	1	0	0
校办产业	282	176	0	0	103	3	10	10	0	0

续表

单位	党员数						当年发展数			
	总数	教工	研究生	本科生	其他	出国	总数	教工	研究生	本科生
校机关	355	273	0	0	80	2	5	5	0	0
后勤	375	243	0	0	132	0	6	6	0	0
街道	148	20	0	0	118	10	0	0	0	0
出版社	48	33	0	0	15	0	2	2	0	0
附中	75	54	0	0	21	0	1	1	0	0
二附中	36	26	0	0	10	0	1	1	0	0
附小	27	20	0	0	7	0	0	0	0	0
学生总支	49	30	11	6	2	0	10	1	2	7

注：这里的教工含研究员系列（不含博士后）。

表 17-4-7　2010 年末全校各基层党组织、党员数量统计

单位	基层党组织数					党员数					当年发展数		
	党委	党总支	党支部			总数	教工	学生	离退休	其他	总数	教工	学生
			小计	教工	学生								
总计	43	24	1 111	517	594	24 080	4 349	10 660	3 350	3 272	1 693	44	1 580
建筑学院	1	0	42	15	27	747	97	383	58	209	76	1	68
土水学院	1	0	49	15	34	970	142	675	136	17	111	1	110
环境系	1	0	20	8	12	528	105	321	28	74	30	0	30
机械系	1	0	25	9	16	447	86	247	106	8	45	0	45
精仪系	1	0	40	15	25	873	166	535	122	50	94	2	92
热能系	1	0	27	7	20	464	70	313	71	10	53	1	52
汽车系	1	0	22	4	18	374	66	283	22	3	69	1	68
工业工程	1	0	10	1	9	186	20	155	2	9	14	0	14
电机系	1	0	28	10	18	554	96	377	71	10	62	1	61
电子系	1	0	40	10	30	931	112	693	82	44	97	2	95
计算机系	1	0	49	12	37	977	171	664	88	54	71	0	71
自动化系	1	0	32	8	24	680	83	509	82	6	71	0	71
微电子所	1	0	18	6	12	281	45	191	42	3	24	2	22
软件学院	1	0	16	1	15	312	29	277	3	3	65	0	65
工物系	1	0	28	8	20	473	80	325	64	4	75	1	74
航院	1	0	25	6	19	536	88	354	89	5	42	0	42
化工系	1	0	26	7	19	451	69	319	60	3	35	1	34
材料系	1	0	17	5	12	377	66	271	39	1	37	0	37
数学系	1	0	16	5	11	242	43	152	43	4	22	0	21
物理系	1	0	19	7	12	343	74	210	52	7	22	1	21

续表

单位	基层党组织数					党员数					当年发展数		
	党委	党总支	党支部			总数	教工	学生	离退休	其他	总数	教工	学生
			小计	教工	学生								
化学系	1	0	17	6	11	361	77	217	60	7	41	2	39
生物系	1	0	22	4	18	420	49	346	16	9	33	0	33
经管学院	1	0	50	12	38	801	131	604	39	27	121	1	120
公管学院	1	0	15	4	11	224	71	131	3	19	5	0	5
人文学院	1	1	44	15	29	767	193	449	92	33	79	4	74
教研院	0	1	4	2	2	71	19	35	5	12	1	0	1
法学院	1	0	22	2	20	419	50	360	4	5	85	0	85
新闻学院	1	0	18	1	17	185	24	152	4	5	31	0	31
马院	1	0	4	2	2	103	35	57	5	6	6	0	6
美术学院	1	1	30	19	11	545	144	191	188	22	18	3	15
医学院	1	0	10	3	7	220	43	146	3	28	15	1	14
核研院	1	0	36	26	10	678	266	154	214	44	16	3	12
深研生院	1	0	29	8	21	587	48	475	5	59	22	1	20
体育部	0	1	3	3	0	52	39	0	13	0	1	1	0
图书馆	1	0	6	6	0	101	63	0	32	6	1	1	0
校机关	1	0	25	25	0	736	391	0	260	85	6	4	0
学生总支	0	1	12	5	7	240	38	89	10	103	33	0	32
继教学院	0	1	9	9	0	146	40	0	17	89	0	0	0
后勤	1	4	27	27	0	444	157	0	168	119	13	3	0
校医院	1	0	6	6	0	123	60	0	58	5	0	0	0
街道	1	1	14	14	0	432	32	0	140	260	3	1	0
清华控股	2	10	102	102	0	1 868	109	0	162	1 597	31	0	0
出版社	1	0	7	7	0	171	46	0	52	73	4	0	0
建筑设计院	0	1	10	10	0	102	43	0	28	31	0	0	0
附中	1	0	11	11	0	209	94	0	89	26	4	2	0
附小	0	1	4	4	0	60	30	0	29	1	2	2	0
第一附属医院	1	0	14	14	0	521	242	0	236	43	5		0
第二附属医院	1	1	11	11	0	299	107	0	158	34	2	1	0

说明：① 街道工委统计在党委数中，清华控股党委数中包含了下属的同方党委。

② 党员总数中包含了党员组织关系放在学校的党员 2 449 名。

③ 全校教工党员比例为 48.6%，学生党员比例为 39.5%。

④ "其他"指非本校在编人员。

⑤ "当年发展数总数"中含其他党员 69 名，其中中学生 1 名；当年发展数"教工"项中含教师党员（教授系列和研究员系列）16 名（其中 35 岁以下 5 名）。

第五节　党员教育与党支部建设

一、整党与党员登记

解放以后，除了在“文革”时期开展开门整风外，主要经历了以下四次整党与党员登记，分述如下。

（一）1950 年党的整风

根据中共北京市委统一部署，1950 年 8 月 6 日至 8 月 28 日，前后共 23 天，清华党组织进行了解放后第一次党的整风。参加整风的党员共 203 人。8 月 6 日，清华党总支举行整风干部座谈会，会上何东昌提出，清华党的整风着重联系贯彻党的教育方针情况进行检查。重点为：①在培养德智体人才、推动教育改革方面做得如何？②在团结群众完成政治任务方面做得如何？各群众组织（团、工会等）是否起了应有作用？党如何通过他们实现党的主张？③党在教育和组织党员完成上述任务时做得如何？如何在完成这些任务中吸收优秀分子入党。整风期间，经过动员报告，学习文件，分组讨论，总结工作，开展了批评自我批评，前后共开了四次全体党员大会，为党的思想建设和组织建设打下了基础。

（二）1957 年党的整风及反右运动

1957 年 5 月 1 日，中共中央指示全党进行整风运动，要求把正确处理人民内部矛盾问题作为整风的主题。5 月 9 日，清华党委常委会决定，采取“放”的方针，通过召开学校各种人的座谈会来揭露工作中的矛盾和解决矛盾，以调动一切积极因素。绝大多数师生从爱护党、维护社会主义利益出发，对党组织、对学校工作提出了许多批评和建议。24 日，出现了大字报，很快大小字报遍及全校，继续大鸣大放，出现自由论坛，油印传单。有人提出了所谓“还政于民”等错误言论。6 月 6 日，校内有人贴出“共产党员起来战斗”的大字报。6 月 18 日，《人民日报》发表了《这是为什么?》的社论，接着在全国范围内开展了反右运动。8 月 5 日，彭真市长向全校师生作了关于整风和反击资产阶级右派斗争的报告，号召反击右派。在这场斗争中，由于党在指导思想上的失误，没有正确估计阶级斗争的形势，没有恰当地分清敌我矛盾和人民内部矛盾的界限，反右斗争被严重地扩大化了。把一批知识分子、爱国人士和党的干部错划为“右派”，还进行了不应有的处理，给国家和个人都造成了严重的不幸。

1957 年 10 月，反右斗争基本结束，1958 年初，处理“右派”的工作也基本结束。在这次运动中，全校共错划“右派”571 人，其中教职员 222 人，学生 349 人。在贯彻中共中央〔1978〕

55 号文件精神之后，经过复查，这些同志已全部得到平反，落实了政策。

1957 年 10 月 18 日开始，整风运动进入整改阶段，党委号召全校党员和师生员工用座谈会，大、小字报，来访来信等各种方式提出整改意见。至 11 月 21 日，前后共提出意见 17 444 条，其中有关干部作风 293 条（其中校领导干部 65 条，一般干部 228 条）、党团政治工作 2 739 条、行政领导 3 714 条、教学 2 031 条、科研 671 条、总务 4 473 条、人事 1 396 条、工会 284 条、其他 1 843 条。经研究，其中属应该也可以解决的约占 60%，需要进行解释的约占 15%，其他为尚待研究或转校外有关单位解决的问题。党委抓紧落实整改意见，促进了校内各项工作及干部作风的改进。

（三）1984 年整党

这次整党于 1984 年 7 月正式开始，历时一年多。参加这次整党的党员共 4 024 人，其中正式党员 3 420 人，预备党员 604 人；教职工党员 3 030 人，学生党员 994 人。根据中共中央关于整党决定的精神，结合学校实际，先后经历了以彻底否定“文革”为主要内容的学习阶段，以进一步端正办学指导思想为主要内容的整改阶段，和以增强党性为中心的总结思想、对照检查阶段，最后进行了组织处理和党员登记工作。在整党过程中，本着高标准、严要求的精神，坚持联系实际学习文件，统一认识；坚持各级干部带头，以身作则；坚持重在思想教育，启发自觉，开展谈心活动，开展批评与自我批评，并注意听取群众意见，接受群众监督；坚持贯彻边整边改的方针，使整党和改革紧密结合，相互促进。绝大多数党员受到了一次比较系统的党的路线、方针、政策和党性、党风、党纪教育，党员的思想素质和党组织的战斗力都有不同程度的提高。

整党期间，进行了组织整顿。对 13 名党员的违纪问题分别进行了处理。其中，开除党籍的 3 人，受留党察看处分的 3 人，其他党内处分的 7 人。此外，还有 7 名预备党员延长了预备期，14 名党员缓期登记，有 1 名党员由于自己不申请登记，而自动退党。

（四）1990 年党员重新登记

1989 年政治风波发生后，中共北京市委根据《中共中央组织部关于在部分单位进行党员重新登记工作的意见》作了相应的部署，并要求清华大学在北京高校中进行试点。

清华大学的党员重新登记工作从 1990 年 2 月中旬开始至当年 12 月结束，前后约 10 个月。参加的党员共 5 454 名，其中正式党员 5 125 名，预备党员 329 名。

校党委根据中央和市委有关文件精神，结合学校具体情况，提出工作安排，共分五个阶段进行：①清查清理阶段；②党内学习和教育阶段；③个人提出申请登记和个人总结阶段；④支部民主评议，进行登记和组织处理阶段；⑤巩固和发展党员重新登记成果阶段。

通过党员重新登记，在党内比较普遍提高了对 1989 年政治风波斗争的性质及平暴必要性的认识，增强了阶级斗争观点；提高了对必须走有中国特色的社会主义道路、坚持共产主义理想的认识，增强了政治上的坚定性；提高了坚持党的全心全意为人民服务宗旨的认识，增强了党员意识。

在进行党员登记和组织处理阶段，全校属于重新登记范围的正式党员 5 125 名，符合登记条件的 5 069 名。有 31 名未予登记，其中被开除党籍的 8 名，因在政治风波中声明退党等原因被除名的 18 名，不申请登记而予以除名的 3 名，不予以登记的 2 名。另外，缓期登记的 14 名，留党察看的 1 名，其他党籍处分的 9 名，由于经济问题未结案尚待处理的 1 名。在参加学习的预备党员 329 名中，有 24 名被取消了预备党员资格。

二、集中性的党员教育

（一）1995 年—1997 年“新时期共产党员标准”讨论及“建设有中国特色社会主义理论和党章学习活动”的“双学”活动

1992 年初，邓小平同志视察南方，发表重要谈话，极大地解放而且统一了全党的思想。紧接着在 1992 年 10 月召开的党的十四大，明确提出了要把建立社会主义市场经济体制作为我国经济体制改革的目标。在强调竞争和效益的社会主义市场经济运行机制下，共产党员的先进性究竟体现在哪里？怎样做才算是发挥了共产党员的先锋模范作用，这是许多党员努力探索和实践的课题。学校党委紧紧把握大变革中广大党员的思想脉搏，不断研究新时期加强党员思想教育的新举措。从 1994 年下半年起筹备进行“新时期共产党员标准”讨论，1995 年 3 月 17 日，党委全委会讨论通过了《关于开展“新时期共产党员标准”讨论的意见》，并在全校党员中进行了动员和部署，围绕“新时期共产党员应该树立什么样的世界观、人生观和价值观；新时期、新形势下怎样坚持共产主义的理想、坚定走有中国特色社会主义道路的信念，坚持全心全意为人民服务的宗旨，发挥党员的先锋模范作用”的主题，开展新时期共产党员标准讨论。全校党员学先进、找差距，从 6 月下旬到 7 月初，学校党委召开了“为党增辉，迎‘七一’座谈会”，各单位党委和党支部陆续召开了“在党旗下”“我身边的共产党员”“清华园里的共产党员”等专题组织生活会。在一些支部围绕“当初入党为什么？如今在党图什么？今后为党做什么？”召开专题组织生活会，许多党支部新老党员一起重温入党誓词。整个活动期间，在学习孔繁森同志先进事迹的同时，学校各条战线共产党员的先进事迹和崇高精神得到宣传和弘扬，身边的实例树立起新时期共产党员应有的形象。

作为贯彻落实党的十四届四中全会精神的重要举措，1995 年 5 月，中共北京市委教育工委颁发《关于在教育系统党员中开展建设有中国特色社会主义理论和党章学习活动的意见》（京教工〔1995〕16 号），决定用三年的时间在教育系统党员中开展建设有中国特色社会主义理论和党章学习活动（简称“双学”活动）。要求通过学习《中国共产党章程》和《邓小平同志建设有中国特色社会主义理论学习纲要》重点抓好三个专题教育：树立共产主义理想，坚定走有中国特色社会主义道路的信念；坚持全心全意为人民服务的宗旨，树立无产阶级的世界观、人生观和价值观；认真履行党员义务，正确行使党员权利。学校先期开展的“新时期共产党员标准讨论”，正是紧扣了“双学”活动的主题，北京市委教工委也完全同意学校按照原有步骤开展工作，就这样，“新时期共产党员标准讨论”作为“双学活动”的重要组成部分不断深入。

学校的“双学”活动大致分三个阶段进行：

1995 年 3 月至 1996 年 3 月 在全校党员中开展“新时期共产党员标准”讨论；

1996 年 3 月至 1996 年 10 月开展建设有中国特色社会主义理论的学习活动；

1996 年 10 月至 1997 年 4 月开展以“认真履行党员义务，正确行使党员权利”为主题的民主评议党员工作。

为了把学习讨论的成果落实到制度上，党委把经过调研提出的一份《清华大学教职工党员若干行为规范》（讨论稿）发到各个党支部，广大党员结合身边出现的新情况、遇到的新问题，对照党章进行了热烈的讨论。上下几易其稿，到 1996 年 6 月，《清华大学教职工共产党员若干行为规范（试行）》正式通过，1997 年《清华大学学生共产党员若干行为规范（试行）》也颁布实行，成为推动党员学习、规范党员行为的重要制度。

在学习活动中，学校以《邓小平同志建设有中国特色社会主义理论学习纲要》《中国共产党章程》《邓小平文选》等理论文献的学习为基础，结合学习贯彻十四届六中全会精神、继承发扬党的优良传统以及学校的中心工作，采取了调研、辅导报告、印发思考题和自测题、专题组织生活等多种学习形式，进一步坚定了党员的理想信念，升华了对邓小平理论和党的基本路线的全面理解与掌握。在民主评议党员工作中，各单位党委、党支部广泛征求了党内外群众意见，并将意见反馈给每个党员，党员个人进行了认真的自我总结和准备，各支部召开了民主生活会进行评议。全校当时的 518 个支部都参加并完成了评议工作。除出国（境）半年以上的党员外，全校应参加评议的党员共 6 755 人，实际参加评议 6 070 人，占 90%。

(二) 2000 年“讲学习、讲政治、讲正气”教育活动

根据中央的统一部署，清华校级干部“三讲”教育从 2000 年 5 月 16 日开始，至 7 月 14 日，完成了四个阶段的教育任务：(1)思想发动，学习提高；(2)自我剖析，听取意见；(3)交流思想，开展批评；(4)认真整改，巩固成果。处级干部的“三讲”教育于 6 月 20 日开始，重点进行“思想发动，学习提高”和“交流思想，开展批评”两个阶段的教育，于 7 月 26 日前结束。在“三讲”教育中，学校领导班子针对自身的薄弱环节，提出了包括 32 个方面 126 条措施的整改方案，大部分从 2000 年 8 月开始实行。2001 年 11 月，学校又在处级干部中开展了“三讲”教育“回头看”活动，完成了四个环节：认真进行了学习，提高思想认识；对照“三讲”教育制定的整改措施，认真进行了自查自看；校领导班子成员召开民主生活会，认真开展了批评与自我批评，对整改方案的进一步完善提出了意见；召开了学校各方面人士的征求意见会，通报校领导班子自查自看和落实整改方案的情况。

(三) 2005 年保持共产党员先进性教育活动

按照中央的统一部署，学校从 2005 年 9 月至 12 月进行了以实践“三个代表”重要思想为主要内容的保持共产党员先进性教育活动。活动分为学习动员、分析评议、整改提高三个阶段。全校 876 个党支部的近 16 000 名共产党员参加了教育活动。在先进性教育活动中，学校党委始终坚持以邓小平理论和“三个代表”重要思想为指导，在取得实效上下功夫，引导广大党员学习贯彻党章，坚定理想信念，发扬优良传统，切实解决问题。在学习动员阶段，校党委对院系党委书记和党支部书记等进行了培训，抽调 42 位有党务工作经验、政治素质高的同志组建了 14 个联系指导组，召开了教职工党员和学生党员的先进性教育活动动员大会，绝大多数党员在学习动员阶段参加教育活动 40 小时以上，其中集中学习时间 12 小时以上，有的单位集中学习达 20 多小时。在分析评议阶段，校党委直接召开了各方面代表参加的 10 个座谈会，并请联系指导组和各单位配合召开党内外群众座谈会 295 个，共有近 3 000 人次参加。在整改提高阶段，校党委征求到 608 条意见、建议，确定了 8 个方面 47 条整改方案，群众对我校先进性教育成果表示满意或基本满意的达 99.5%，基本做到了中央 20 号文件中提出的“提高党员素质、加强基层组织、服务人民群众、促进各项工作”的四项目标要求。

2006 年 3 月 17 日市委党员先进性教育活动督导组抽查学校保持共产党员先进性教育“回头看”工作情况，校党委书记陈希代表校党委进行汇报，督导组查阅有关材料，召开基层党政负责人、教职工、学生座谈会，对我校保持共产党员先进性教育活动“回头看”中所做的各方面工作

给予了充分的肯定。

学校党委认真学习胡锦涛在庆祝中国共产党成立 85 周年暨总结保持共产党员先进性教育活动大会上的讲话精神，贯彻落实中央下发的《关于加强党员经常性教育的意见》等 4 个保持共产党员先进性长效机制的文件要求，坚持把集中教育与经常性工作很好地衔接起来，在经常性工作中继续巩固和扩大先进性教育活动的成果。

2007 年 6 月 6 日至 8 日，中央检查组一行 5 人来校检查保持共产党员先进性四个长效机制文件贯彻落实情况。组长为中共河南省委常委、统战部部长刘怀廉。

校党委书记陈希代表学校党委汇报了学习贯彻落实四个长效机制文件的认识与措施、贯彻落实的具体情况、体会与思考、自查情况与努力方向。三天时间里，检查组还审阅了《清华大学贯彻落实中央保持共产党员先进性四个长效机制文件精神情况自查报告》，抽查了学校党委以及党委各部门关于落实四个长效机制文件、加强基层党建工作的有关会议记录、文件和档案材料，访谈了部分受到上级党组织表彰的先进基层党组织负责人和个人，并到电子系、航院和学生部、研究生工作部进行了延伸检查以及问卷调查。

6 月 8 日下午，刘怀廉代表检查组向学校领导班子反馈了检查情况。从“思路清晰、措施有力、成效明显、态势良好”等四个方面，对学校贯彻落实文件精神、加强基层党建工作的情况给予了充分肯定和高度评价。最后，检查组对学校工作提出了希望。

（四）2009 年深入学习实践科学发展观活动

根据中央的统一部署，2009 年学校开展了学习实践科学发展观活动。从 3 月初到 8 月底，历时半年时间。全校 47 个院系、单位的党组织、1 019 个党支部、近 2 万名党员参加了活动。刘延东国务委员，教育部长、部党组书记周济等领导亲临学校指导。学校坚持把理论学习、联系实际、解放思想和精心组织贯彻始终，顺利完成了学习调研、分析检查和整改落实三个阶段共六个环节的任务。在学习调研阶段，确定了“科学发展建一流，教育创新迎百年”的实践载体；召开了有 5 000 多人现场参加的动员大会；以多种方式组织广大党员干部认真学习中央下发的各项文件；全校副处以上干部提出了 400 多份调研报告；学校和各部处、院系、单位召开了“找瓶颈、破难题、促发展”等 319 个座谈会，学校举办了“一流大学建设与学科发展”等五个思想解放主题论坛，各院系、单位也围绕“培养什么人，如何培养人”“什么是世界一流的清华大学，怎样建设世界一流的清华大学”“什么是清华大学的科学发展，怎样实现清华大学的科学发展”等主题广泛开展了讨论。在分析检查阶段，学校及各单位领导班子在广泛听取意见、开展谈心交心、认真撰写发言提纲的基础上，多次召开专题民主生活会，开展认真的批评和自我批评，深入查找存在的突出问题，深刻剖析产生问题的主观原因，明确今后的努力方向。校领导班子的分析检查报告在群众评议中满意和基本满意的比例为 98.7%。在整改落实阶段，学校制定了包括 8 个方面 52 个事项的整改落实方案，明确了各个事项的责任人、责任单位和完成时限。各部处、院系、单位也都制定了整改落实方案。在总结大会上进行的群众测评中，师生员工代表对我校学习实践活动的满意度达到 100%。通过学习实践活动，广大党员、干部和师生员工受到了科学发展观的全面、深刻的教育，为学校今后的科学发展打下了牢固的思想基础，一些关系学校科学发展的重要问题和涉及师生员工切身利益的突出问题得到解决，领导班子和干部队伍得到了锻炼。

（五）2010 年创先争优活动

按照中央的统一部署，从 2010 年 4 月开始在全校党组织和党员中深入开展创建先进基层党组织、争当优秀共产党员活动（简称“创先争优活动”）。党委制定了《清华大学关于深入开展创建先进基层党组织，争当优秀共产党员活动的实施意见》。学校开展创先争优活动的主题目标是：推动科学发展、加强基层组织、提高党员素质、服务师生员工、促进校园和谐。按照上级党组织的要求，先进基层党组织要做到“五个好”，优秀共产党员要做到“五带头”。学校的创先争优活动计划分两个阶段进行。第一阶段从 2010 年 4 月至 2011 年 7 月，以迎接建党 90 周年和建校 100 周年为专题。第二阶段将从 2011 年 7 月至党的十八大召开前，以迎接党的十八大召开为专题。创先争优活动的主题是“深入学习实践科学发展观，加快推进世界一流大学建设”。教职工党员紧密结合“教书育人”的使命和教学科研管理服务的实际，确定“使命、信念、奉献”的主题；本科生党员以“两个计划、两项工程”为载体；研究生党员以“两创两争一深化”为载体；离退休教职工党员以“创建五好支部，服务党员群众”为载体；后勤职工以“厚德服务”为主题，通过“共产党员示范岗”等载体，积极推进创先争优活动。2010 年 6 月 11 日，李源潮同志来校考察创先争优活动时指出，高校党组织和党员开展创先争优活动，要紧密联系教学科研实际确定活动主题，在本职岗位上创先进，在日常工作中争优秀，使创先争优活动符合实际需要、化为实际行动、取得实际效果。从 4 月到年底，全校党组织和党员开展了专题组织生活、社会实践、报告会、党支部工作评议等形式多样的活动。在上级党组织举行的评选中，化学系教授李艳梅被北京市委表彰为“群众心目中的好党员”，电机系孙宏斌教授、航天航空学院朱克勤教授被表彰为北京高校“育人标兵”，精密仪器系博士研究生夏帕克提江·吾守尔被表彰为北京高校“成才表率”，党委学生部“以两个计划和两项工程为载体，深入开展创先争优活动”被表彰为北京高校优秀党建工作创新项目。

三、经常性的党员教育

在党员教育方面，除了以上所列举的集中一段时间在全党范围内进行的教育活动外，经常性的党员教育主要是结合中心任务，进行马列主义理论学习；对党纲、党章等党的基本知识学习；对中共中央发布的有关形势、方针、政策的文件、报告的学习。在学习方式和制度上，主要是坚持过好党的组织生活和组织好党课（后发展为党校）。现分述如下。

（一）党的组织生活

从 1949 年 3 月开始，清华党总支即规定党员要定期过好组织生活。组织生活的内容，主要是结合各个时期的党的中心任务，学习党的有关文件，开展批评、自我批评，统一党内思想认识。这个制度，除了在“文革”时期受到干扰破坏外，一直坚持延续下来，成为提高党员思想、和党中央在政治思想上保持一致的有效方式。1984 年整党以后，清华党委决定，校、系两级领导班子，除了平时参加本支部的组织生活外，领导班子本身至少每半年过一次组织生活，联系思想，总结工作，开展批评、自我批评，并讨论研究改进措施。学校领导班子过组织生活后，还要分别向全体党员或干部进行通报，听取意见和批评。这个规定一直坚持下来，成为制度。

同时，学校党委为了使教工党员过好组织生活，从 1986 年开始，除了安排教工党员过好平时定期的组织生活外，还在每学期末安排 2～4 个单元时间，学习中央有关文件，听取党内报告，总结工作和思想，开展批评自我批评，研究措施以更好地迎接新学期的各项任务。按照党委的统一部署，党委办公室和组织部每学期都要就期末组织生活的有关事项发通知做出安排。这个制度，历年也一直坚持下来。

在深入各院系调研和分析的基础上，2010 年 1 月学校党委下发《中共清华大学委员会关于保证和提高教职工党支部组织生活质量的意见》（清委发〔2010〕3 号），要求各基层党组织和党员充分认识保证和提高组织生活的重要性，做好组织生活计划、丰富组织生活内容和形式、规范组织生活流程、严格组织生活管理、加强组织生活的指导和检查，对保证和提高教职工党支部组织生活质量提出了很有针对性的具体要求。

（二）党课、党课学习小组与党校

1953 年 4 月，清华党委制定了对党员进行党的基本知识教育计划，从此建立了党课制度。党课的内容，随着各个时期党的任务各有所侧重，但其基本内容为党章、党性修养、党的路线、方针等。1979 年，部分学生中要求入党的积极分子，为了学习马克思主义、了解党的基本知识，自动地组织起党课学习小组。到 80 年代末，这样的学习小组发展到 160 多个，共有 2 200 多人参加。他们有学习计划和制度，党支部派党员参加学习，校、系领导经常给予指导，学校每学期组织一次党课学习小组经验交流会，这些都使党课学习小组扎实地向前发展，并为发展党员打下基础。

1990 年 9 月，贯彻中央关于加强高校党的工作的有关要求，清华党委讨论决定成立清华大学党校。并决定：党校的基本任务是有计划、有重点、有针对性地对不同层次的干部、党员进行培训，努力提高党员素质；党校学习的基本内容为马克思主义基本理论和党的基本知识；党校教育的组织安排为举办各种不同层次、不同要求的干部培训和轮训班；组织申请入党的积极分子学习班；组织系列的马列主义政治理论讲座等。党校注意突出三个重点，即参加学习人员重点放在干部身上；学习内容重点放在形势、社会思潮与办学有关的理论问题上；学习时间重点放在业务任务比较少的假期前后。

1991 年以来，党校每年 4 月份组织教职工申请入党的积极分子学习班，从 1991 年 60 人参加学习，发展到 2000 年以后每年有 150～200 名教职工参加学习，学习包含马克思主义基本理论、清华大学的传统、时事报告、当前形势和任务等内容，结合分组讨论和自学学习参考资料，学员要撰写学习总结。每年召开教工党支部书记学习（研讨）班，包含校党委负责同志报告、邀请报告、分组讨论、大会交流等环节。这些也都坚持了下来。

1994 年起为学生入党积极分子开设了“党的知识概论”课，是积极分子入党前的必修环节。课程包括 32 个课内学时和 8～10 个课外学时，包括课堂学习、小组讨论、课余自学等环节，采取“大课与小课结合、课堂与实践结合、现实与网络结合、灌输与思辨结合”的方法，将理想信念教育、爱国主义教育贯穿其中，坚持与时俱进，为同学传播最鲜活的思想理论，受到同学的欢迎，每年约有 1 700 名学生选修，是全校选修人数最多的选修课。

党校在党员干部和党员学术骨干的学习和提高方面也发挥了重要的作用。举例如下：

中青年干部读书班。1991 年 7 月 6 日至 13 日 23 人参加，1992 年 6 月 15 日至 24 日 15 人参加。这类班用一周左右的时间，组织部分在基层工作表现突出的中青年干部学习毛泽东哲学思想，学习党的基本理论和基本路线。参加学习的干部静心读书，真诚交流，而且能得到中央党校著名专家的辅导，使这些干部在思想理论水平的提高方面得到很好的启发和指导。参加过这类读书班的干部中有很大一部分后来都担任了校、院系和机关部处的重要职务。2006 年起，党校每年举办部分中青年干部学习班，每次 20 人左右。2010 年起，还组织干部到延安、井冈山学习考察。

虽然安排的学习和考察时间只有四五天，但是学校党委书记亲自讲学校传统，主管干部工作副书记、组织部长等都与干部近距离接触，加深了干部之间的相互了解。

党员教授学习班。1992 年 4 月 4 日至 15 日，党校连续举办了三期党员教授学习班，每期三天，共有 258 名党员教授参加学习。这个学习班以学习中央〔1992〕2 号文件、中央政治局会议重要精神和政府工作报告为主要内容。党员教授认真学习邓小平南方谈话精神，进一步解放思想，以极大的热情投身到改革开放的新征程。

根据学校党委 1996 年制订的青年干部培训计划，在为期一年半的时间里，由党校组织青年干部系统地学习马克思主义哲学、管理学、高等教育三个专题，约有 150 名 45 岁以下的年轻干部参加了学习。在 1996 和 1997 年假期党校还组织青年干部参加社会实践，先后到西柏坡、井冈山等地学习考察。到 1997 年年底，经过总结考核，给合格者颁发了结业证书。

新上任干部培训班。1996 年，党校举办新上任正处干部培训班，18 人参加。1997 年、1999 年、2002 年以及 2004 年以后的每一年都对新上任干部进行培训。学习党的民主集中制，学习清华优良传统，学习怎样当一名好干部。

四、党支部建设

学校历来重视党支部建设，结合行政单位建制合理设置党支部，选拔优秀学术带头人和青年骨干担任党支部书记，开展党支部评估评议和党支部书记交流研讨活动，设立党支部调研课题和特色活动基金。

1990 年党员重新登记时，学校党委对个别软弱涣散的党支部进行了整顿，选配党性强、政治业务素质好、有工作经验的党员担任党支部书记，同时不断推出基层先进党组织、优秀党员，组织党员学习先进榜样。1994 年在学习贯彻《中共中央关于加强党的建设几个重大问题的决定》过程中，学校党委又组织党员开展了加强基层党支部建设的讨论，并修订通过了《关于教研组党支部工作的若干规定》，进一步明确了党支部工作的职责和要求。

2005 年开展保持共产党员先进性教育活动后，为进一步规范党支部工作，2006 年 6 月学校党委颁发了《中共清华大学委员会关于加强教职工党支部工作的意见》和《中共清华大学委员会关于加强学生党支部工作的意见》。

党委组织部每年 2 次抽查教职工党支部《党支部工作手册》，及时总结经验、发现问题。

（一）教工党支部评估评议

为了深入贯彻江泽民同志在党的十五大报告中有关“高举邓小平理论伟大旗帜，实现十五大确定的任务，关键在于坚持、加强和改善党的领导，进一步把党建设好。”的指示精神，更好地适应新时期的要求，使教工党支部能紧密围绕学校的根本任务和中心工作，充分发挥战斗堡垒作用，进一步促进党支部工作制度化、规范化和科学化，整体推进学校党支部工作，在校党委的领导下，学校自 1998 年 3 月至 1999 年初在全校教工党支部中进行了党支部工作考核评估。1998 年 3 月首先在化工系和电子系两个系进行了试点，在此基础上，进一步修改制定了《教工党支部工作考核评估办法》，并于 1998 年 9 月开始对全校教工党支部进行评估。考核评估的内容重点围绕以下五方面进行：

（1）本单位的工作成绩和党支部围绕学校的中心工作发挥战斗堡垒作用的情况。

（2）党支部在解决本单位自身矛盾的能力、调动一切积极因素，做好群众的思想政治工作的情况。

（3）党支部对党员的教育、管理、监督和党员发挥先锋模范作用的情况。

（4）注重培养年轻人，搞好梯队建设，搞好党的发展工作等方面的情况。

（5）党支部工作制度化、规范化建设情况。

评估方法采取党委考核、党员自评和群众评议相结合，通过填写评估表、召开评议会、互评会等形式多方面听取意见。这次考核评估工作具有基层党的干部投入大、党内外群众参与面广、思想讨论深入、收效明显等特点。根据统计，除了一些离退休党员支部和流动性比较大的企业公司党支部之外，全校共计有 276 个教工党支部进行了这项工作，约占全校教工党支部的 91%。从考评的结果看：工作优秀党支部约占 30%；工作优良党支部约占 59%；工作一般党支部约占 11%。

为促进党支部工作的制度化、规范化和科学化，进一步提高党支部工作的水平，巩固保持共产党员先进性的长效机制，使教工党支部能紧密围绕学校的根本任务和中心工作，更充分地发挥战斗堡垒作用，校党委于 2008 年 11 月至 2009 年 1 月在教职工范围进行了党支部工作评议。校党委组织部印发了《关于进行 2007—2008 年教工党支部工作评议的通知》，明确了评议的内容、要求、程序等。本次评议的内容包括组织生活、服务中心工作、党员发展和积极分子队伍建设、党支部工作规范化、总体效果五个方面。党支部首先进行 2007、2008 两年的工作总结和报告，全体党员、积极分子参加评议，群众列席报告会，支委会征求群众对支部工作的意见。党委会讨论确定评议成绩，并向支部反馈评议结果。党支部举行专题组织生活，针对评议结果分析本支部存在的不足，统一思想，提出改进措施。这次评议活动对规范党支部工作、提高工作水平起到了重要作用。

2010 年，学校党委审议通过了修改后的《清华大学教职工党支部工作评议办法》，修改后的《清华大学教职工党支部工作评议办法》进一步完善了评议内容，规范了评议方式和程序，除了清华控股和部分离退休党支部外，全校共有 398 个党支部进行了评议工作，约占全校教职工党支部总数的 77.3%。其中，评议党支部工作优秀的党支部占 30%左右，工作良好的党支部约占 60%，工作合格的党支部约占 10%。

（二）党支部调研课题和特色活动

为促进基层党组织面对新情况、新问题积极开展调研，加强制度和机制建设，大力推进基层党建工作创新，充分发挥基层党组织推动发展、服务群众、凝聚人心、促进和谐的作用，2008 年 4 月，校党委决定设立基层党组织调研课题基金和特色活动基金，并制定了实施办法。当年共有 21 个单位申报了党支部调研课题，24 个单位申报了特色活动。经过审批，资助调研课题 30 个，资助力度每课题 1 200～3 000 元；特色活动 17 个，资助力度每活动 1 000～2 000 元。党支部调研课题涉及党建规范化管理、服务中心工作、党支部建设、教职工队伍建设四个主题，特色活动的主题有社会公益、社会调查、专业教育等。各单位党委在 9 月份对调研课题进行了中期检查，11 月底到 12 月组织部又进行了验收答辩和报告审阅。经过评议，最后评出调研课题优秀成果 12 项，良好 15 项，合格 3 项，特色活动优秀 5 项，良好 10 项，合格 2 项。校党委组织部编印了《清华大学教职工党支部 2008 年调研课题及特色活动成果选编》，在年终举办的全校教职工党支部书记研讨班上发到各党支部，并对优秀课题和活动进行了表彰。

2009 年，47 个二级党组织有 31 个申报了 44 个调研课题和 46 个特色活动，经过审核共批准了31个调研课题和32个特色活动。共有60余个教职工党支部参与了此项工作。年底评比后，表彰了12个调研课题和10个特色活动。2010年，48个二级党组织有35个申报了38个调研课题和45个特色活动项目，经过审核共批准了35个调研课题和35个特色活动。共有70个教职工党支部参与了此项工作，占教职工党支部的13.6%，其中有34个教师党支部，2个离退休党支部。年底评比后，表彰了13个调研课题优秀成果和11个特色活动优秀成果。

从2009年开始，支持对象扩大到学生党支部。当年支持本科生系统调研课题和特色活动47项，每个项目100～900元；支持研究生系统42项特色活动，每项活动500元。2010年，支持本科生系统52个项目，研究生系统233个特色组织生活和31项研究课题。除基金外，学生部和研究生工作部也投入了部分经费。

（三）党支部书记学习班和研讨班

20世纪70年代末，学校党委就开始组织全校性的教职工党支部书记学习班，从1980年开始，学校每年组织一次全校教职工党支部的工作会议或学习班、经验交流会，除个别年份有间断外，基本坚持每年举办。从2002年起，学习班基本固定在秋季学期末举行，2009年更名为教职工党支部书记研讨班。从2008年起，在大会上隔年表彰一次优秀教职工党支部书记。在学习班、经验交流会、研讨班上，主要学习党的重要会议精神，交流党支部工作经验和开展党支部调研课题、特色活动的情况，组织党支部书记分组讨论，听取校党委书记或常务副书记报告。

党委学生部和研究生工作部每学期举办党支部书记集中培训，内容包括经验交流、辅导报告、部署工作、表彰先进等。

党委组织部从2009年起对新上任教职工党支部书记进行培训，到2010年又将培训对象扩大到教职工党支部全体新任委员，培训次数固定为每学期1次，由党校负责实施。培训内容包括党支部工作与支部委员的责任、发展工作流程和注意事项、工作经验交流等。

五、先进党组织、优秀党员表彰及党建和思想政治工作优秀成果奖励

清华大学的广大共产党员在各级党组织的领导下，在各个岗位、各项工作中努力发挥先锋模范作用。

为了表彰先进党支部及表现优秀的共产党员，使党内学有榜样，并作为党内教育的一项重要措施，从20世纪80年代开始，学校党委除了积极组织参加上级党组织的评优工作外，还于1981年6月及1991年6月结合庆祝党的60周年和70周年活动，做出评选先进党支部及表彰表现优秀党员的决定，1994年和1996年学校党委各表彰了一批先进党支部、优秀党员、优秀党建与思想政治工作者、从事党务工作30年以上的党务工作者，从1999年开始每隔一年学校进行一次表彰。

获得上级党组织表彰的名单和学校党组织表彰的情况分列如下。

（一）受上级表彰的党组织、党员名单

1. 受到中央表彰的党组织、党员名单

1993年7月，全国“党的建设和思想政治工作先进普通高等学校”：清华大学。

1996年，全国先进基层党组织：清华大学党委。

1998 年 6 月，1993—1998 年党的建设和思想政治工作先进高等学校：清华大学。

2001 年，全国先进基层党组织：清华大学核能技术设计研究院党委。

1991 年 6 月，全国普通高等学校优秀思想政治工作者：贺美英、李润海。

2000 年 7 月，全国普通高等学校党的建设和思想政治教育先进工作者：张再兴。

2003 年，全国防治非典型肺炎工作优秀党员：晁彦公。

2006 年，全国优秀党务工作者：陈希。

2. 受到中共北京市委表彰的党组织、党员名单

1986 年 4 月，北京市先进党支部：机械系锻压教研组党支部。

1986 年 7 月，北京市先进党支部：固体物理教研组党支部。

1991 年 6 月，北京市先进党支部：工程图学及计算机辅助设计教研组党支部。

1994 年 2 月，北京市党的建设和思想政治工作先进普通高等学校：清华大学。

1994 年，北京市先进党支部十面旗帜：自动化系信息处理与模式识别教研组党支部。

1995 年，北京市优秀基层党委：清华大学党委。

1995 年，北京市思想政治工作优秀单位：清华大学。

1999 年 4 月，北京市思想政治工作优秀单位：清华大学。

2001 年，北京市党的建设和思想政治工作先进普通高校：清华大学。

2001 年 6 月，北京市先进基层党组织：清华大学核能技术研究院党委。

2003 年，北京市防治非典型肺炎工作先进基层党组织：清华大学环境科学与工程系党委。

2004 年，北京市先进基层党组织：清华大学党委。

2004 年 11 月，北京市思想政治工作优秀单位：清华大学。

2006 年，北京市先进基层党组织：清华大学电子工程系党委。

2007 年，北京市党的建设和思想政治工作先进普通高等学校：清华大学。

1985 年 12 月，北京市优秀党员称号：潘际銮。

1986 年，北京市优秀党员：钱宁；北京市先进党支部经验和优秀党员事迹交流会表彰：钱宁、王大中、邓泰林、陈翠仙、陈旭、李树旺、张秀芳。

1989 年 12 月，北京市优秀党务工作者：钱锡康、曹晓文、王美旭、江崇廓、杨锡芬、王敏、徐冬燕、钱启予。

1990 年 1 月，北京市“从事党务工作三十年”表彰：刘达、李传信等 24 人。

1991 年 6 月，北京市优秀党员：钱佩信；北京市表彰：陆九芳、李艳和、苏文清、赵国际。

1995 年，北京市优秀基层党委书记：方惠坚。

1999 年 4 月，北京市优秀思想政治工作者：庄丽君。

2000 年 7 月，北京市优秀思想政治工作者：张再兴。

2001 年，北京市优秀共产党员：吴良镛。

2003 年，北京市防治非典型肺炎工作优秀党员：晁彦公、王建斌、郑浩峻、杨一新。

2006 年，北京市优秀党务工作者：白永毅。

3. 受北京市委教育工委表彰的党组织、党员名单

1991 年 2 月，1990 年北京市信访工作先进单位：清华大学信访组。

1994 年，北京高校先进党支部标兵：自动化系信息处理与模式识别教研组党支部。

1997 年，北京高校先进党支部：清华大学电子工程系信号检测与处理教研组党支部。

1998 年 8 月，1998 年度北京市教育系统德育工作先进集体：清华大学团委。

2001 年，北京高校系统先进基层党组织：清华大学物理系基础物理教研组党支部。

2003 年，北京高校防治非典型肺炎工作先进基层党组织：清华大学环境科学与工程系党委、清华大学医院党委、清华大学后勤党委、清华大学机械系党委机 9 党支部。

2005 年，北京高校系统先进基层党组织：清华大学电子工程系党委。

2005 年 6 月，北京高校德育工作先进集体：清华大学水利水电工程系、清华大学工程物理系、清华大学团委、清华大学“两课”教学部。

1991 年 2 月，北京市信访先进工作者：陈秉中。

1998 年 9 月，北京市教育系统德育先进工作者：张再兴、吉俊民、严继昌、朱守贞、周杰、吴娅茹。

2001 年，北京高校系统优秀共产党员：徐元辉；北京高校系统优秀党务工作者：张凤昌。

2003 年，北京高校防治非典型肺炎工作优秀党员：晁彦公、王建斌、郑浩峻、杨一新、陈笛恩、焦玲、刘秀英、赵淳、高斌、兰旭东、江亿、张其光、张林。

2005 年，北京高校系统优秀共产党员：黄克智、杜汇良、程建平；北京高校系统优秀党务工作者：王健华。

2005 年 6 月，北京高校系统优秀德育工作者：白永毅、钱锡康、董力、黄晟、向波涛、李伟、李树勤、陈旭、王进展、王健华、张小平、崔旭龙、彭凌、林玉霞、孔祥云、刘涛雄、刘丹、李子奈、樊春起。

2008 年，北京高校系统先进基层党组织：清华大学航天航空学院党委；北京高校系统优秀共产党员：朱邦芬、邱显清、艾四林；北京高校系统优秀党务工作者：郁鼎文。

4. 北京高校党的建设和思想政治工作优秀成果奖

1992 年至 1993 年，北京高校党的建设和思想政治工作优秀成果一等奖：“清华大学学生党建工作”；二等奖：“清华大学教职工思想政治教育方法的改革试验”。

1994 年至 1995 年，北京高校党的建设和思想政治工作优秀成果一等奖：“多渠道、全方位地推进爱国主义教育”；二等奖：“在教职工党员中开展‘新时期共产党员标准讨论’，引导党员坚持正确的世界观、人生观、价值观”。

1996 年至 1997 年，北京高校党的建设和思想政治工作优秀成果一等奖：“努力建设一支跨世纪的高素质青年干部队伍”；一等奖：“新形势下高校德育的新实践——清华大学开展‘以中华富强为己任，为民族经济做贡献’主题教育”；二等奖：“加强艺术教育，繁荣学生文化艺术活动，努力提高学生全面素质，鼓舞一流人才健康成长”。

1998 年至 1999 年，北京高校党的建设和思想政治工作优秀成果一等奖：“探索解决新形势下学生党建工作中的七个新课题——清华大学实施本科生党的建设三年规划”；二等奖：“全力发挥党的思想政治工作优势，切实开展‘法轮功’练习者教育转化工作”。

2000 年至 2001 年，北京高校党的建设和思想政治工作优秀成果一等奖：“在扎扎实实的建设中开拓创新——清华大学网络宣传教育阵地发展之路”；二等奖：“我的事业在中国——清华大学师生学习‘两弹一星’精神主题教育活动”。

2002 年至 2003 年，北京高校党的建设和思想政治工作优秀成果二等奖："两个课堂有机结合，两支队伍密切协作，推动邓小平理论'进学生头脑'的工作取得实效"。

2004 年至 2005 年，北京高校党的建设和思想政治工作优秀成果一等奖："联系实际，扎实工作，推进党风廉政建设"；三等奖："加强离退休人员党支部建设和思想政治工作，开创离退休工作新局面"。

2006 年至 2007 年，北京高校党的建设和思想政治工作优秀成果二等奖："为军队现代化建设培养拔尖创新人才的探索与实践"。

2008 年至 2009 年，北京高校党的建设和思想政治工作优秀成果二等奖："推动创新性活动开展，激发基层党支部活动"（同时获得创新成果奖）；二等奖："以国家重大活动为契机，深化学生思想政治教育工作"。

（二）学校党委表彰的党组织、党员情况

1981 年以后学校党委表彰的党组织和党员数统计，见表 17-5-1。

表 17-5-1　1981 年—2009 年学校党委表彰的党组织和党员数统计

年份	先进党支部	优秀党员	优秀党建与思想政治工作者	从事党务工作三十年以上的党务工作者	年份	先进党支部	优秀党员	优秀党建与思想政治工作者	从事党务工作三十年以上的党务工作者
1981	6	43			2001	31	76	55	12
1991	9	31			2003	43	109	49	3
1994	12	36	33	82	2005	40	94	61	7
1996	10	62	61	21	2007	41	99	62	4
1999	21	66	61	5	2009	39	101	60	10

第六节　领导班子和干部队伍建设

一、干部队伍基本情况

1948 年 12 月清华园解放，当时在校、院、系负责人中，大部分留校继续担任其行政管理职务。随着 1952 年初的院系调整，部分党政干部调离了学校。1952 年底蒋南翔到校任校长，当时，校、系中层以上行政干部共 18 人（内有党员 4 人），其中教授 13 人，副教授 1 人，讲师 2 人，行政专职干部 2 人。由于学校发展很快，党、政机构逐步建立与健全，因此急需补充干部。从 1953 年开始，党委按照主要从校内选拔干部的原则，陆续抽调了部分教师党员补充到校、系党

的工作及行政管理岗位上，一边搞管理，一边还兼教学业务工作，称为“两个肩膀挑担子”。从1953年起建立了学生政治辅导员制度，学生政治辅导员从学生党员骨干中挑选，实行“半脱产”，其中一部分毕业后留校工作，是补充各级党政干部的主要来源。同时，亦从校外陆续调入少量老干部，先后有何礼、陈舜瑶、袁永熙、俞时模、刘冰、胡健、高沂、李寿慈、周寿昌、周昆玉、徐静贞等，补充到校、处的领导岗位。到1957年12月全校中层以上干部共57人（内有党员32人），其中教授22人，副教授5人，讲师16人，行政专职干部14人。随着学校事业继续发展，机构设置不断增加，干部人数亦随之增长。到1966年5月，全校中层以上干部共147人（内有党员133人），其中教授27人，副教授30人，讲师59人，助教16人，行政专职干部15人。

在“文革”期间，干部队伍受到严重摧残，迟群、谢静宜等把清华17年的政治工作制度和政治工作干部队伍全盘否定。粉碎“四人帮”后，1977年4月刘达等进校，起初感到工作难于开展，曾通过北京市委从各区、县、局选派了80多名领导干部组成工作队进校，但不久即发现他们由于不了解清华情况，很难适应学校工作，于是校领导认识到必须依靠清华自身干部开展学校工作。1978年6月23日，刘达等人向邓小平汇报清华工作（在座的有方毅、蒋南翔、刘西尧）。汇报中提到“‘文化革命’以前，清华有一套比较适合高等学校情况的政治思想工作制度和方法。特点是土生土长，政治、业务‘两个肩膀挑担子’。用这个办法，在加强政治思想工作的同时，成长了大批又红又专的干部。这是个好办法，今后还应这样做。”并要“逐步恢复半脱产学生辅导员制度”。邓小平也指出：“在学校工作的干部，本身要懂行，最主要的经验是这个。清华过去从高年级学生和青年教师中选出人兼职做政治工作，经过若干年的培养形成了一支又红又专的政治工作队伍，这个经验好。”学校陆续从教师党员中挑选骨干，仍坚持实行“两个肩膀挑担子”，补充党政工作各个岗位。到1985年12月，全校中层以上干部共319人（内有党员314人），其中教授24人，副教授99人，讲师169人，助教3人，行政专职干部24人。到1991年10月，全校中层以上干部340人（内有党员337人），其中教授86人，副教授203人，讲师39人，助教1人，行政专职干部11人。随着学校各项事业的发展，干部的人数也逐步增加，到1997年，全校中层以上干部375人。

1998年，学校根据转变职能、精兵简政、强化服务的原则，将校机关原23个部处精简为19个，并通过公开岗位、推荐自荐、汇报考核等环节，对机关、后勤系统所有副处级干部进行了全面考核和重新聘任，并明确副处级干部实行任期制，任期三年。这是学校中层干部聘任改革的一次大胆和全面的尝试。此次聘任从1998年底开始，1999年初完成，通过这次公开招聘竞争上岗的干部共48人。1999年，中央工艺美院并入清华，顺利完成了美术学院行政班子的组建和所属单位干部的调整工作。到1999年底，全校中层以上干部343人。

进入21世纪，学校各方面事业进入了快速发展时期，学科布局进一步完善，原酒仙桥医院（后改名华信医院，现第一附属医院）和原玉泉医院（现第二附属医院）2003年并入清华，到2003年底，全校中层以上干部427人。随后，学校干部规模保持基本稳定，到2010年底，全校中层以上干部443人。

各时期学校中层以上干部基本状况，见表17-6-1至表17-6-4。

表 17-6-1　学校中层以上干部来源统计

时间	干部总人数	性　别		党　派		教师	职员提干	工人提干
		男	女	中共	非中共			
1952-12	18	18	0	4	14	17	1	0
1957-12	57	55	2	32	25	56	1	0
1966-05	147	132	15	133	14	140	2	5
1985-12	319	282	37	314	5	309	4	6
1991-10	340	292	48	337	3	331	6	3
1997-12	375	298	77	358	17	362	13	0
1999-12	343	278	65	326	17	332	11	0
2003-12	427	345	82	403	24	404	23	0
2008-12	429	347	82	402	27	398	31	0
2010-12	443	358	85	405	38	401	42	0

表 17-6-2　学校中层以上干部文化程度构成统计

时间	干部总人数	博士生	硕士生	本科生	大专及以下	时间	干部总人数	博士生	硕士生	本科生	大专及以下
1952-12	18	12		6		1997-12	375	68	89	199	19
1957-12	57	32		20	5	1999-12	343	85	86	155	17
1966-05	147	48		86	13	2003-12	427	177	121	117	12
1985-12	319	59		231	29	2008-12	429	240	116	61	12
1991-10	340	74		247	19	2010-12	443	276	111	43	13

表 17-6-3　学校中层以上干部职称构成统计

时间	干部总人数	正高	副高	中级	其他	时间	干部总人数	正高	副高	中级	其他
1952-12	18	13	1	2	2	1997-12	375	154	176	32	13
1957-12	57	22	5	16	14	1999-12	343	174	134	21	14
1966-05	147	27	30	59	31	2003-12	427	245	139	20	23
1985-12	319	24	99	169	27	2008-12	429	241	142	15	31
1991-10	340	86	203	39	12	2010-12	443	255	140	18	30

表 17-6-4　学校中层以上干部年龄构成统计

时间	干部总人数	30 岁以下	31～35 岁	36～45 岁	46～55 岁	56～60 岁	60 岁以上
1952-12	18	3	0	6	7	0	2
1957-12	57	15	8	21	11	1	1
1966-05	147	27	44	50	18	3	5
1985-12	319	0	2	30	221	45	21

续表

时间	干部总人数	30 岁以下	31～35 岁	36～45 岁	46～55 岁	56～60 岁	60 岁以上
1991-10	340	6	7	43	168	104	12
1997-12	375	14	43	59	137	83	39
1999-12	343	12	40	82	139	44	26
2003-12	427	14	48	154	99	98	14
2008-12	429	5	34	205	130	29	26
2010-12	443	1	32	170	200	33	7

二、校领导班子建设

学校领导班子一贯非常重视自身建设，成为带领学校发展的坚强领导集体。领导班子成员以政治家、教育家的高标准要求自己，不断提高思想理论水平和教育管理水平，努力使班子成员做到“三个认识一致”，即：对党的基本理论、基本路线、基本纲领、基本经验认识一致；对党的教育方针和学校办学指导思想认识一致；对学校的历史、现状和发展目标认识一致。

学校领导班子坚持开展理论学习和深入的思考研究。坚持和完善理论中心组学习制度，每年都制订学习计划，采取自学文件、集中学习、结合学校工作深入研讨、听辅导讲座、召开校院（系）两级中心组联组报告会等形式，保证学习时间和效果。在总结提炼工作经验的基础上，坚持每年认真撰写理论学习体会文章。不仅进一步提高了领导班子成员的思想政治素质和理论修养，提高了思想认识，明确了发展思路，而且对工作实践也具有较强的指导和推动作用。坚持每年、每学期的民主生活会制度。领导班子每个成员参加所在支部和领导班子的组织生活，总结工作，听取意见，开展批评和自我批评，坦诚沟通思想、交换意见，增进了团结和共识，提高了班子的凝聚力和战斗力。

学校领导班子认真贯彻民主集中制，党政共同努力搞好团结，使领导班子成为“不漏气的发动机”。党委书记和校长带头密切配合，校长在抓教学、科研和行政管理等工作时，主动配合并依靠党委积极开展思想工作；党委在履行思想政治领导责任的同时，也积极配合行政开展工作。校长是党委领导班子的一员，按照民主集中制的原则参与党委的集体领导，自觉服从并依靠党委领导集体。党委班子则全力支持校长依法行使职权。建立健全有效的制度和机制来保证党政配合。利用寒暑假每年召开两次务虚会，专门就学校发展的重要问题深入研讨，统一思想；党政班子定期召开书记例会、校长工作会、核心会及各项工作的领导小组会，形成了沟通、酝酿、协调意见的机制；党委常委会则是最终决策的机构；完善“三重一大”制度和各项决策程序，班子成员相互尊重，分工合作，作风民主，保证了学校领导工作的务实高效。在工作实际中注意把握和处理好个人和组织的关系、民主和集中的关系、党政之间的关系、班子成员个人之间的关系、各届领导班子之间的关系和上下级的关系。学校领导班子重视作风建设。坚持解放思想、实事求是、与时俱进，一切从学校实际出发，做到不唯书、不唯上、不唯洋、不唯他、只唯实，把上级精神和学校实际结合起来创造性地开展工作。牢固树立群众观点，自觉贯彻党的群众路线，牢记全心全意为人民服务的根本宗旨，坚持密切联系群众，注意听取师生意见，与师生真心实意交朋友，全面关心师生的学习、工作、生活，尽心竭力帮助师生解决实际困难，努力化解矛盾纠纷，切实维护校园和谐稳定。

三、干部的培养

清华党组织在培养干部方面，采取了以下几个方面的措施和途径。

（一）采取“两个肩膀挑担子”及半脱产辅导员制度

一方面在教师中挑选骨干，一边做教学业务工作，一边做党政管理及政治思想工作；另一方面在学生中挑选骨干，一边业务学习，一边担任政治辅导员，在工作中锻炼（详见本节“一、干部队伍基本情况”）。

（二）组织干部理论学习，提高干部理论与修养

自20世纪50年代初，学校党委就十分重视干部理论学习。1954年3月开始，学校领导蒋南翔、刘冰、高沂、何东昌等先后向干部讲授哲学、政治经济学、联共党史等政治课。每双周五下午讲课，单周五复习讨论。到1959年后，陆续转由政治课教师作不定期讲课，这一学习制度在“文革”期间被破坏。“文革”结束后，陆续恢复，并由宣传部定期制定干部理论学习规划，组织有较高水平的政治理论教师进行授课，并定期进行考核检查。

1990年9月，学校党委成立了清华大学党校，开展了对党员干部有计划、系统性的理论学习。

除了开展经常性的理论学习外，学校党委还结合“三讲”活动、保持共产党员先进性教育活动、深入学习实践科学发展观等活动，以及组织各单位的理论中心组学习，组织全校中层干部集中学习，提高干部的政治理论水平。

（三）加强干部学习培训，提高干部能力与素质

1978年开始，学校党委经常组织专题报告会，内容主要是请上级有关部门负责人或专家作国内外形势、学科发展、出访国外见闻等报告，由全校各系、部处及单位负责人参加。

1982年11月，学校党委决定对全校340名中层干部进行轮训，分四期进行，每期百余人，学习时间两周，学习内容是《十一届三中全会以来的重要文献选编》《邓小平文选》《陈云文选》等三本书的有关章节，以自学为主，辅以报告和讨论，学习结束前每人写一篇心得体会。自此，学校党委每年坚持对全校中层干部进行不同形式的培训，比较固定的有每年举办1期新任中层干部培训班，邀请学校老领导作关于清华传统和作风的报告，邀请有经验的干部介绍自己的工作经验和体会，还邀请机关各部处的负责同志介绍所在部门的工作情况，帮助新任干部尽快熟悉工作；每年至少1期全校副处级以上干部学习班，主要邀请上级领导针对当时时事做辅导报告，帮助学校中层干部进一步领会中央精神，了解国际国内时事，提高干部的工作能力和素质。

此外，从1984年开始共选送73名学校干部到中央党校、国家教育行政学院（原中央教育行政学院、国家高级教育行政学院）、市委党校、延安干部学院、浦东干部学院学习，学习时间从1个月到1年不等。

（四）注重总结研讨，提高干部工作水平

清华党政领导除平时对干部要求及时总结工作，并召开各种会议进行交流外，从1961年开始

党委决定每年暑期在三堡召开党政暑期干部工作会，会议一般为两周时间，学习党的路线、方针、政策及中央有关文件，结合工作展开讨论，总结交流经验，最后明确下学年的工作布置和具体安排。参加范围是校、系、部处领导及各直属单位负责人。这个制度在“文革”中被破坏。1978 年 8 月恢复了这个党政暑期干部工作会的制度，成为清华提高干部思想水平、工作水平的行之有效的措施，一直坚持下来。

20 世纪 90 年代以来，学校暑期党政干部会的会期一般为 3～5 天，参加范围是学校领导班子成员和各院系、机关部处党政一把手，主要内容是学习、传达上级有关精神，讨论学校在人才培养、教学科研、学生工作、人事工作等各方面的工作，并对学校各项工作进行部署。

除了每年经常性的暑期干部会以外，学校党委也不定期地组织专题研讨会。1997 年 8 月，学校党委在三堡举行暑期组织工作研讨会，各单位党委、直属总支（支部）书记或主管干部工作的副书记 40 余人参加了会议，就如何加强青年干部全面素质的培养、如何加快青年干部队伍建设等问题进行交流和研讨。在每次干部培训期间，除了组织讲座外，也进行交流、研讨，特别是在“三讲”活动、保持共产党员先进性教育活动、深入学习实践科学发展观等活动期间，组织干部集中学习、查找问题，分析研究，提高解决问题的能力和水平。

（五）“校系交流、党政互换”，有计划地出国进修、考察

从 1985 年开始，学校党委有计划地让一些担任行政工作的干部转做党务工作，同时，也让做党务工作的干部转做行政管理工作，这有利于干部的全面成长、有利于党政协调。

与此同时，有计划地安排一些校机关的干部到系里担任领导工作，也有计划地安排系党政领导干部到校机关工作一段时间，这样有利于加强校系联系，了解全面情况，增强全局观点。

为了培养干部，扩大眼界，了解国际情况，提高干部素质，从 1952 年开始，学校即有计划地选派干部出国进修、考察。50 年代主要派他们到苏联及东欧国家进修考察；改革开放后，主要派到欧美各国进修考察。

据初步统计，从 1985 年起，每年校系交流、党政互换的领导干部均有 30 人左右，出国进修、考察的领导干部有 200～300 人。

在 2010 年的 430 名中层干部中，校系交流的有 17 人，党政互换的有 11 人，出国参加学术交流和国际会议等的正处级以上干部有 299 人次。

（六）参加校内外挂职锻炼

1989 年开始，学校派出干部到地方市、县挂职锻炼。到 2010 年底，学校先后派出 200 余名干部在校外挂职，挂职时间一般为 1～3 年。

为了给青年同志上岗锻炼提供更多的机会和条件，从 1996 年起，学校试行青年干部校内挂职锻炼，将院系一批政治业务素质好、今后有可能担负管理工作重任的青年同志放到校机关一些部处的副职岗位上，让他们在完成教学科研工作的同时，用半时左右的精力从事党政管理工作。到 2010 年底，学校先后安排 78 名青年同志到机关各部处挂职锻炼，挂职时间一般为 1～2 年。

（七）加强青年干部的培养

为了做到有计划地对干部尤其是青年干部进行培养教育工作，20 世纪 80 年代初校党委即十分重视对党政干部队伍的整体规划，注意选拔青年干部，促使校、系领导班子在结构上形成老、

中、青结合的合理梯队，使青年干部受到锻炼，素质不断得到提高，各级领导班子按期换届选举，新老干部交接能平稳过渡。

20 世纪 90 年代是学校新老干部交替的关键十年。加强青年干部的选拔和培养，对学校的发展有着重要意义。为此，学校专门制订了《关于加强青年干部队伍建设的若干意见》《关于加快我校青年党政干部队伍建设的实施意见》，加强规划，努力做好青年后备干部的选拔工作，自此，按照正职干部 1∶2 和副职干部 1∶1 的比例每 3 年左右做一次青年后备干部的规划工作。并不定期地对青年后备干部组织培训、社会实践等活动，积极创造条件，有针对性地加强后备干部的培养教育。把综合素质比较好、有发展潜力的年轻后备干部有意识地放在一些重要管理岗位上，给他们压担子，必要时进行多岗位轮换和交流，让他们多参与一些不同岗位的管理工作，增加他们的实践经历，积累更多的工作经验，使他们在工作实践中不断提高自身的综合素质和工作能力。

四、干部的任免

（一）校级干部的任免

1. 1949 年—1979 年

根据各个时期上级部门干部管理权限有关规定，校级干部任免的报批部门如下：

1949 年 1 月，北平军事管制委员会正式接管国立清华大学。成立清华大学校务委员会，由北平军事管制委员会任命校务委员会主席、常务委员、委员。

1949 年 3 月，由中共北京市委指定中共清华大学总支委员会的委员、书记、副书记。

1949 年 10 月及 1950 年 3 月，改选出的总支委员会委员、书记、副书记由中共北京市委批复同意。

1952 年 6 月，中央教育部通知成立京津高等学校院系调整清华大学筹备委员会，并任命筹备委员会主任委员与副主任委员。

1952 年 9 月，中央教育部通知，经中央人民政府主席同意，任命清华大学第一副校长与第二副校长。

1952 年 12 月，中央教育部通知，经中央人民政府委员会第十七次会议批准，任命清华大学校长、副校长。

1956 年 5 月第一次党代会与 1959 年 2 月第二次党代会选出的党委会和监委会，均报经中共北京市委复文批准。

1962 年 10 月第四次党代会选出的党委会与监委会，经中共北京市委组织部考核，报北京市委审批，11 月中共北京市委复文，批准 6 名副书记，党委书记名单转报中央，并经中央组织部复文批准。

1977 年 4 月，中共中央组织部通过中共北京市委任命清华大学革命委员会主任、副主任及党委书记、副书记。

1978 年 4 月，经国务院批准，任命清华大学校长、副校长。

2. 1980 年—2010 年

中共中央组织部、中共教育部党组于 1980 年颁发《关于高等学校领导干部管理工作的通知》，进一步明确了高校领导干部任免权限和程序。《通知》规定，全国重点高等学校的党委正、副书记，正、副校长由中央管理，部委党组和省、市自治区党委协助中央管理。清华大学校级领导干部的任免，教育部党组和中共北京市委都可以提出建议，双方商得一致后，由教育部党组呈报中央审批。校长、副校长的任免还应以教育部名义报国务院。

1998年起，中管高校的校长、党委书记作为副部级干部仍由中央管理，副校长、副书记则经教育部商北京市委后由教育部任免。因为学校的党组织隶属关系一直在北京市委，学校党代会选举结果均报北京市委，由北京市委给学校批复。

1980年7月第五次党代会选出的党委会与纪委会，经中共北京市委组织部考核报北京市委批准后复文，党委书记、副书记名单转报中共中央审批，中央组织部于1981年2月复文批准。

1982年7月第六次党代会与1985年8月第七次党代会选出的党委会及纪委会，分别经中央教育部和国家教委党组报中共中央批准。

1983年5月，中央教育部通知，接中宣部文，清华大学名誉校长、校长名单业经中共中央同意。

1988年9月第八次党代会与1991年9月第九次党代会选出的党委会与纪委会，经国家教委党组研究与北京市委商得一致，同意党委书记、副书记名单。

1988年10月，国家教委党组通知：①中央人民政府国务院任命清华大学校长；②国家教委经与北京市委商得一致决定清华大学领导班子的名单。

1990年2月，国家教委党组通知：经研究并与北京市委商得一致任命清华大学副校长、副书记名单。

1994年1月，国家教委通知：①国务院任命清华大学校长；②经研究决定任命清华大学副校长名单。

1995年9月第十次党代会、2002年2月第十一次党代会、2006年9月第十二次党代会选出的党委会与纪委会，经报北京市委同意党委书记、副书记和纪委书记、副书记名单。

1999年3月，教育部通知：①国务院任命清华大学校长；②经研究决定任命清华大学副校长名单。

2000年7月，教育部通知：经研究决定任命清华大学常务副校长名单。

2003年4月、2007年12月，教育部通知：国务院任命清华大学校长。

2004年2月、2007年12月，教育部通知：经研究决定任命清华大学常务副校长和副校长名单。

2004年10月，教育部通知：经研究任命清华大学常务副书记。

2008年12月，中央批准清华大学党委书记的任免名单。

2009年6月，教育部通知：经研究任命清华大学常务副书记。

（二）处级干部的考察与任免

1. 考察选拔、决定任免程序

1949年1月，正、副系主任与正、副处长由校务委员会讨论决定予以任免。

1952年6月，正、副系主任与正、副处长由清华大学院系调整筹委会考核上报，中央教育部审批。

1953年2月，正、副系主任与正、副处长由党委组织部考核，学校审批。其中人事室主任、副主任，校长办公室主任、副主任，工农速成中学校长上报中央高教部审批。

1956年5月，正、副系主任与正、副处长由党委组织部考核，报校务委员会审批，其中人事处处长、财务处处长、组织部部长报中央高等教育部备案。党委各部正、副部长，各系党总支正、副书记由组织部考核，报党委会审批。

1958年9月，正、副系主任与正、副处长由党委组织部考核，报校务委员会审批。党委各部正、副部长与各系党总支正、副书记由组织部考核，报党委常委审批。

1969年1月成立革委会，各系和机关各组负责人由工宣队指挥部任免。

1977年4月后，凡中层干部的任免，由党委组织部考核报常委会讨论同意，行政干部送校长工作会议任命。

1991年5月，党委成立工作小组，由党委书记、主管组织工作副书记、主管人事工作副校长、组织部部长等组成。凡中层干部的任免，均经工作小组酝酿后，再由组织部考察，常委会讨论同意，属行政干部的送校务会议任命。

工作小组后更名为干部工作领导小组，由党委书记担任组长，成员由校长、党委常务副书记、常务副校长、纪委书记、党委组织部部长组成。凡中层干部的任免和级别确定，均经干部工作领导小组酝酿后，再由组织部考察，党委系统干部由党委常委会决定任免，行政系统干部由党委常委会提出任免建议，由校务会议批准。

2. 任前公示

为完善干部选拔任用程序，从2003年4月起，对党委系统非选举产生的干部在校党委常委会讨论作出拟任决定、行政系统的干部在校务会议讨论做出拟任决定后，通过在清华大学信息门户的“公告栏”发布公示公告、干部任职单位张贴书面公告、以电子邮件形式向正处级以上干部、校党代会全体代表和教代会代表组长发送公示公告等方式，对拟任正副处级干部的简历和拟任职情况进行公示公告。公示期为7天，公示结果不影响任职的，方可办理任职手续。

（三）科级干部的任免

1966年6月以前，教研组正、副主任，行政各科正、副科长，由学校行政会议（或称校务会议）讨论决定，予以任免。

“文革”期间，工宣队进校后取消教研组改为专业组，组长由工宣队指定。

1977年至1982年中，教研组正、副主任，行政正、副科长由校长工作会议审批。

1982年7月后，系属各科的正、副科长由学校委托组织部审批。

1985年9月起，各系教研组正、副主任，系属各科正、副科长由各系系务会议审批，其中科长报组织部备案。校属各科科长由校务会议审批。

1993年1月起，各院（系）和校机关各部处的科级干部，由各单位提交报告，党委组织部任命。

2003年6月起，各院（系）的科级干部，由各院（系）任命，报党委组织部备案。校机关各部处和直属单位的科级干部，由党委组织部任命。

五、干部管理与考核

(一)干部的考核和评议

为加强对干部的教育与管理,1985 年 6 月,党委决定在少数系进行评议干部试点。水利系和工物系对系级领导干部的德、能、勤、绩的表现采取打分的办法评议,热能系则用问卷的办法评议系级领导干部,写出被评议干部的评语。参加评议的有教研组和系机关各科室的负责人、教代会代表以及本系教授和工作中联系较多的人员。根据评议意见,系级领导召开生活会进行讨论,总结经验教训,并提出改进措施。

1991 年下半年,党委组织部采取个别谈话的方式,对各系各单位正职干部的德、能、勤、绩各方面进行综合调查,以便有针对性地加强干部教育和管理。同时,根据《北京市委组织部关于做好 1991 年民主评议党员》的文件精神,结合学校实际情况,由校长、书记向全校党员作述职报告,进行民主评议。副校长、副书记则在其主管和分工联系的部门进行述职报告,并接受民主评议。各系、各单位的正职亦分别在由研究所所长、党支部书记、科级以上干部、教授、教代会代表等参加的会议上进行述职报告,接受民主评议。参加评议的人员和被评的干部均反映收获较大,印象深刻。

为加强学校领导班子建设,按照教育部人事司《关于进一步做好直属高校领导班子和领导干部年度考核工作的通知》的要求,2002 年起,在学校党委的领导下,采用新的方式开展了学校领导班子和领导干部考核工作:学校党委成立年度考核工作领导小组,制定专门的考核办法,组织由各单位党政负责人和工会、教代会代表组长参加的述职汇报会,参会人员为党政领导班子和领导干部填写测评表;召开座谈会,听取多方面的意见;根据反馈的测评结果和征求的意见,校领导组织民主生活会。2004 年,参加述职汇报会的范围扩大为学校党委委员、纪委委员、中层以上干部、工会常委、教代会代表组长、部分党代表、教师代表、职工代表、民主党派负责人、部分离退休人员代表等。

2004 年起,按照学校工作的总体部署,学校党委对全校各院(系、所)、校机关、后勤和直属单位等副职以上干部在研究所所长、党支部书记、教代会代表、党代会代表、全体副高职称以上教师范围作述职报告,人数较少的单位在全体教职工范围述职,从德、能、勤、绩、廉和综合评价几个方面对干部进行全面的考核测评。

(二)干部报备

根据中组部等五部委关于加强国家工作人员因私出国(境)管理的文件精神,从 2003 年 9 月起,对学校副处级(含)以上干部因私出国(境)实行登记备案和审批制度,其因私出国(境)证件由党委组织部集中保管。需要新办理因私出国(境)证件需经学校主管领导审批后方能办理;从党委组织部领取已有的因私出国(境)证件需经党委组织部领导审批后方能领取。

(三)干部半年收入申报

根据中共中央办公厅、国务院办公厅 1995 年《关于党政机关县(处)级以上领导干部收入申报的规定》和国家教委办公厅 1995 年《关于认真做好处级以上干部收入申报工作的通知》精神,我校副处级(含)以上干部按规定每半年进行一次收入申报。

（四）党员领导干部个人事项报告

为加强对党员领导干部的管理和监督，促进党风廉政建设和党员领导干部思想作风建设，按照中央办公厅、国务院办公厅于1997年1月31日印发的《关于领导干部报告个人重大事项的规定》，结合我校实际情况，1997年3月1日制定了清华大学领导干部报告个人重大事项的有关规定，要求报告人在所列事项发生后1个月内以书面形式报告。

2007年1月5日发布了经学校第十二届党委第十二次常委（扩大）会审议通过的《清华大学党员领导干部报告个人有关事项的规定》，要求各单位副处级（含）以上党员领导干部每年集中报告一次，填写《党员领导干部个人有关事项报告表》。

（五）加强干部管理的制度建设

为了进一步明确干部工作职责、规范干部的任免程序等问题，学校于1998年1月通过了《清华大学系主任工作条例》等规范干部职责，2003年3月通过了《清华大学校管干部任免工作程序》等，为干部的管理工作提供了制度上的保障。

第七节　党的纪律检查

一、纪检机构沿革

20世纪50年代初期，在学校党的总支委员会和党的委员会中，设有负责纪律检查的委员，而未设专职机构。1956年5月19日至6月3日，学校召开第一次党代会，根据上级规定，选举产生了党的监察委员会。随后在1959年3月及1962年10月的两次党代会上，均按党章规定改选了党的监察委员会，并于1962年10月成立监委办公室，设监察干事2人。“文革”期间，工宣队进校后，于1970年1月选出学校党委会，由于党的九大（1969年）、十大（1973年）所通过的党章中，都没有设立党的监察委员会的规定，因而在这期间，学校党委没有设立监察机构。

根据党的十一大（1977年8月）通过的党章中关于设立党的纪律检查委员会的规定，1979年2月，学校党委常委决定设立党委纪律检查小组，并设立了党委纪律检查小组办公室，设有专职干部3人。

1980年5月，在学校第五次党代会上，选举产生了党的纪律检查委员会，并成立纪委办公室，设专职干部4人。随后，在1982年7月、1985年8月、1988年9月及1991年9月等各次党代会上，均选举产生了党的纪律检查委员会。

1988年10月，学校行政上设立了监察工作委员会。1993年1月，根据党的十四大精神和中共中央纪律检查委员会、国家监察部的有关规定，经学校党委和行政领导讨论决定，党的纪律检查委员会和监察工作委员会的办事机构合署办公，成立了纪检监察办公室，设有专职干部5人。

1995年9月、2002年1月、2006年9月分别召开中国共产党清华大学第十次、第十一次、第十二次代表大会，均选举产生了党的纪律检查委员会。

1998年12月，纪委、监委、审计室合署办公。

2003年8月，经校务会议讨论通过，成立纪监委办公室（正处级机构）。

2005年3月17日，为进一步规范中国共产党清华大学纪律检查委员会的办事机构，根据教育部党组《教育部直属高等学校党的纪律检查工作暂行规定》的有关精神，经校党委常委会讨论通过，将清华大学纪监委办公室更名为纪委办公室。

2005年6月，根据中共教育部党组印发的《教育部直属高等学校党的纪律检查工作暂行规定》第七条："学校在所属具有独立法人资格的单位设立党委或分党委时，应设立相应的纪委或分纪委，配备工作人员"的规定，结合学校实际情况，校党委常委会讨论通过，决定成立中国共产党北京华信医院（清华大学第一附属医院）纪律检查委员会和中国共产党清华大学玉泉医院（清华大学第二附属医院）纪律检查委员会。同年9月，经校党委常委会讨论通过，决定成立中国共产党清华控股有限公司纪律检查委员会。其他单位党委（总支）设纪检委员协助做好本单位纪检工作。

学校历届党的纪律检查（监察）委员会组成名单见表17-7-1。

表17-7-1　学校历届党的纪律检查（监察）委员会组成名单（1956-06—2010-12）

机构名称及时间	书记（组长）	副书记（副组长）	委员（小组成员）
第一届监察委员会 （1956-06—1959-02）	胡　健		于维治　佟培基　周维垣　胡　健 郝根祥　冯　城　龙连坤
第二届监察委员会 （1959-02—1962-10）	胡　健	李恩元 周昆玉	郭梦斗　楼庆西　赵芝馨　关永利 方惠坚　胡　健　李恩元　周昆玉
第三届监察委员会 （1962-10—1966-06）[①]	胡　健	李恩元　楼庆西	方惠坚　关永利　朱明善　曲淑凤 李恩元　胡　健　赵芝馨　陈圣信 郭梦斗　楼庆西
党委纪律检查小组 （1979-02—1980-07）	韩　凯	饶慰慈　朱述功 张思敬　李玉池	周昆玉　李玉池　楼庆西　朱述功 赵芝馨　张静亚　李振民　李有道 周汉安　韩　凯　饶慰慈　张思敬
第五届纪律检查委员会 （1980-07—1982-07）	张绪潭	张思敬　张希伦	李有道　李振民　张希伦　张思敬 张绪潭　张静亚　周汉安　赵芝馨 曹小先　陈　英　陈翠仙
第六届纪律检查委员会 （1982-07—1985-08）	张绪潭 黄圣伦 （1984-09—　）	张希伦	孙继铭　杜汶渌　李有道　张　荣 张绪潭　张静亚　陈　英　周汉安 吕　林　贺美英　高鸿锦　曹小先 张希伦
第七届纪律检查委员会 （1985-08—1988-09）	黄圣伦	张希伦　李有道	王性仁　王耀山　许学仁　杜汶渌 李有道　张　荣　张　静　张希伦 赵燕秦　胡建中　高鸿锦　熊舒音 黄圣伦
第八届纪律检查委员会 （1988-09—1991-09）	张思敬	张希伦　李有道	张思敬　张希伦　李有道　张　荣 王性仁　赵燕秦　刘敏文　许学仁 陈玉新　唐美刚　苗日新

续表

机构名称及时间	书记（组长）	副书记（副组长）	委员（小组成员）
第九届纪律检查委员会 （1991-09—1995-09）	朱爱菁	张希伦（　—1994-04） 孙毓仁（1992-08—　）	王性仁　刘祖照　刘敏文　孙道祥 任　斌　朱爱菁　李有道　陈玉新 张希伦　周子寿　赵庆刚　孙毓仁
第十届纪律检查委员会 （1995-09—2002-01）	叶宏开	王　林　孙毓仁	叶宏开　王　林　孙毓仁　孙道祥 陈玉新　刘敏文　刘祖照　戴双春 王一华　吉俊民　刘国光
第十一届纪律检查委员会 （2002-01—2006-09）	孙道祥	宗俊峰（　—2002-09） 李先耀（2002-09—　） 王　林	孙道祥　王　林　李先耀　宗俊峰 吉俊民　唐应武　刘　贵　于淑兰 张凤昌　陈伟强　刘涛雄
第十二届纪律检查委员会 （2006-09—　）	程建平 （　—2009-09） 韩景阳 （2009-09—　）	赵庆刚 刘　贵	程建平　赵庆刚　刘　贵　王进展 许庆红　朱　赤　宗俊峰　朱守真 陈伟强　梁永明　王晨光　韩景阳

注：①“文革”开始后被迫停止工作。

二、党风党纪教育

党风党纪教育主要是依据党章，结合党内和校内实际情况，对党员进行党性修养和党的基本知识教育。“文化大革命”中学校党政工作遭到惨重破坏。从1977年开始，党的工作逐渐恢复正常，开展了党风党纪教育。学校于1979年成立了党委纪律检查小组，1980年到1982年，党的纪律检查工作的重点由处理历史遗留问题基本上转移到学习、贯彻《关于党内政治生活的若干准则》，搞好党风，严肃党纪方面来，学校对全校教职工党员如何学好《准则》作了安排，举办了党员训练班，集中进行了关于《准则》的教育。1984年，中央纪委提出要在这一年整党中实现党风明显好转，学校组织全校党员学习了十一届六中全会精神，彻底否定“文化大革命”，彻底否定“无产阶级专政下继续革命的理论”以及在社会主义建设问题上的“左”的指导思想，教育党员从思想上、政治上同党中央保持一致。1986年初，纪委在党内组织学习了党中央、国务院等上级机关就纠正不正之风的有关政策问题颁发的11个通知、规定，进一步端正党风、加强纪律约束。1987年，针对校内外一些学生集会或出校游行的情况，协助党委组织全校教职工、学生，尤其是党员干部学习中央文件精神，反对资产阶级自由化。学校党委和纪委主要领导先后就《加强党内政治纪律，搞好反对资产阶级自由化的正面教育》《贯彻党的十三大精神，发挥共产党员的模范作用》，对教工干部、研究生党员讲了党课。在1989年春夏之交的政治风波中，纪委承担了对学生、教职工的教育疏导工作，并在风波后履行纪委职能，查处违纪党员，对违纪党员做好思想转化工作。

1991年至1992年，纪委在全校党员、干部中集中开展了党的纪律条规的普及教育，组织全校党员学习了《党的纪律条规选编》，对大学生、研究生还分别讲了党课，对全校党员进行了考核，从校党委书记到普通党员都参加了考核。1992年7月，纪委召开纪检监察干部、财务主管和公司法人代表等200余名干部参加的经济违法违纪案件研讨会，集中总结校内几年来发生的被诈骗等案件的经验教训，研究加强防范措施，增强干部学法、用法和依法保护学校利益的意识。纪委注意发挥执纪办案的优势，认真编印违纪违法案例，下发基层单位，供党员干部学习参考，加强校内典型违纪案件的通报。1993年，总结和推广了电子系等党组织，抓住本单位存在的科技经费“跑、冒、滴、漏”现象，通过专题生活会，查思想，查表现，加强管理，严格财经纪律的经验。

1995 年至 2002 年，学校组织党员干部学习了《中国共产党纪律处分条例（试行）》《党员、领导干部行为规范读本》《中国共产党党员领导干部廉洁从政若干准则》等文件，多次组织全校副处以上干部进行党纪政纪条规考核，邀请中纪委、监察部、审计署及市纪委等上级领导专家来学校作反腐败专题报告。从 1997 年开始，纪委和财务处连续 4 年每年共同举办一次各院系财务主管、财务人员培训班，提高财务管理水平，加强财经纪律教育。期间举办了企业集团党风廉政教育讲座、后勤科级干部管理培训班、处级干部任前培训班、青年干部财经纪律培训班，纪委主要领导多次在各种培训班、学习班上做关于廉洁自律的专题报告。

2000 年，党中央发出《利用胡长清等重大典型案件对党员干部进行警示教育的通知》，纪委组织全校党员干部学习《以案施教　警钟长鸣——胡长清案件警示教育材料》《邓小平论党员领导干部廉洁自律》等学习资料，和有关部门一起，组织教职工观看专题教育片《生死抉择》9 场，放映闭路电视《胡长清案件警示录》2 场，并开展相应的学习讨论活动，提高遵纪守法意识。纪委还和组织部一起对修炼“法轮功”的党员进行调查处理和思想转化工作。

2002 年至 2006 年，学校每年在全校开展党风廉政宣传教育月活动。学校主要领导每年为处级以上领导干部讲党课。2002 年以权力观、利益观为主题，在全校党员干部中开展了树立“公仆意识、民主意识、廉政意识、勤政意识”的宣传教育活动。2003 年以学校财务管理为重点，开展了“严格财经纪律，规范经济管理”的主题教育活动，组织了全校近 400 名副处级以上干部参加了党纪条规知识测试，并召开了全校党风廉政建设工作交流会，学校“人财物”等重要部门介绍了工作中的经验和体会。2004 年，结合党中央颁发的《中国共产党党内监督条例（试行）》《中国共产党纪律处分条例》精神，开展了“学习两个《条例》，遵守党的纪律，加强党内监督”的宣传活动，邀请监察部屈万祥副部长为全校处级以上干部做两个《条例》的辅导报告，组织全校教职工党员参加两个《条例》知识测试。2005 年，把学习落实中共中央《建立健全教育、制度、监督并重的惩治和预防腐败体系实施纲要》纳入到当年开展的党员先进性教育活动中，举办了全校处级干部学习班，学习讨论《实施纲要》，落实惩防体系建设工作。2006 年上半年，开展了治理商业贿赂宣传教育活动和学习党章的活动，邀请海淀区检察院和卫生部监察局负责同志，分别为后勤产业及附属医院等单位作治理商业贿赂的专题报告；组织全校 8 000 余名党员参加全国“红船杯”学党章知识竞答活动。纪委和清华控股公司党委每年请海淀区检察院等有关方面的专家领导，为所属企业的中层干部作防范经济违纪问题的报告，搞好企业党员干部的思想教育工作。

2007 年，纪委以贯彻落实《中共中央纪委关于严格禁止利用职务上的便利谋取不正当利益的若干规定》为契机，组织党员学习有关文件精神，提高思想认识，每位党员对是否利用职务上的便利为自己谋取不正当利益的情况进行了自查。2008 年 5 月至 6 月，在党风廉政宣传教育月活动中，邀请北京市检察院检察长慕平为全校中层干部做了预防职务犯罪的专题报告。校党委书记陈希就《结合学校实际，加强党风廉政建设工作》为党员干部讲了党课，会后播放了专题教育片《警示与反思》，增强了广大党员干部“讲党性、重品行、作表率”的自觉性。6 月中旬，还在全校在职教职工和党员中开展了“遵纪守法、廉洁从教”的知识竞赛活动，全校共有 6 257 名在职教职工参加了答题，其中参加答题的党员 3 885 人。

2008 年至 2009 年，纪委有针对性地在纪检监察干部中开展“做党的忠诚卫士、当群众的贴心人”主题实践活动，全面提高纪检监察干部的整体素质。

2010 年 5 月，结合上级机关的精神和学校实际，在全校开展了以“树立优良党风学风，建设和谐廉洁文化”为主题的党风廉政建设宣传教育月活动，组织中层以上干部学习《廉政准则》，邀请中共北京市纪委常委李振奇就《中国共产党党员干部廉洁从政若干准则》作了辅导报告，校党委书记胡和平作了动员报告。学校组织教职工党支部以警示教育为主，开展了丰富的党内专题教育活动。

多年来，纪委主要领导注意加强干部上岗谈话和个别教育工作，对有关人员进行廉洁教育、警示教育和戒勉教育。

纪委每年都会利用一些党风廉政建设方面的书刊、展览、网络、正反两方面典型的视频教材等形式开展教育活动，节假日通过校园网向全校各单位发出倡导廉洁自律、禁止奢侈浪费的通知。特别是近年来，注意扩大教育方式，组织学校中层干部及有关部处人员参观北京市反腐倡廉教育基地、北京教育系统预防职务犯罪法制教育展；利用《藤影荷声党风廉政》专栏、《是与非》、短信平台等网络、书刊、短信多种形式开展教育活动，营造反腐倡廉的良好氛围。

从 2004 年开始，纪委办公室、监察室专职纪检监察人员，每年分期分批参加由中国监察学会教育工作委员会和中国教育纪检监察培训中心联合举办的教育纪检监察业务知识培训班，逐步提高政策水平和工作能力。

三、制度建设

1984 年，纪委进一步落实了纪委机关人员岗位职责和考核办法，加强了对内部人员及工作的管理，制定了《校纪委机关工作职责》《校纪委机关人员工作要求》《校纪委机关人员工作考核办法》《关于受理党员申诉的复查程序》《关于党员违纪案件审理工作程序》《关于人民群众来信来访处理程序》《校纪委专职副书记职责要求》等。

1986 年，纪委与审计室、财务处等有关部门配合，针对在财经纪律检查中发现的问题，制订了《关于加强财务管理的若干补充规定》《关于创收分配和奖酬金发放办法的暂行规定》等文件，经校长工作会议审定后执行。

1989 年及 1990 年，纪委配合有关行政部门修订了《关于招待国内宾客用餐的规定》。1990 年至 1991 年，主持制定了《关于加强廉政建设的几项规定》《关于校、系党政机关及其工作人员在国内公务活动中不得赠送和接受礼品的规定》和《关于健全党的民主生活，加强党内监督的若干规定》，并经校务会议或党委全会讨论通过后实施。

1998 年底，中共中央、国务院印发了《关于实行党风廉政建设责任制的规定》，学校开展了贯彻落实党风廉政建设责任制的活动，于 1999 年制定了《清华大学校级领导班子党风廉政建设责任制》，经学校党委常委会和校务会议通过实行。校机关、后勤、院系等 60 多个单位都先后制定了本单位的党风廉政建设责任制，明确了领导干部在党风廉政建设中应负的责任。1998 年根据有关文件规定，监委还制定了《清华大学关于实行解除教职工行政处分制度的规定》，经学校校务会议通过后实施。

2002 年至 2006 年，学校从制度建设入手，进一步加强了惩防体系建设，先后主持制定了《关于建立干部廉政谈话制度的意见》《清华大学贯彻落实〈建立健全教育、制度、监督并重的惩治和预防腐败体系实施纲要〉的具体办法》《中共清华大学委员会关于进一步加强党内监督工作的若干意见》《中共清华大学委员会关于进一步推进我校党风廉政建设的若干意见》《清华大学院（系）、直属（附属）单位党的纪律检查工作暂行规定》《清华大学关于贯彻落实党风廉政建设责任制的实施办法》《清华大学关于教师校外兼职活动的若干规定（试行）》。纪委内部制定了《清华大学建设工程招标活动廉政监督办法》《中共清华大学纪律检查委员会关于党风监督员的暂行规定》《纪委案件检查工作的基本程序和要求》等规定。2003 年学校依据中央关于“重大决策、重要建设项目、重要干部任免和大额度资金的使用都要经集体讨论”的要求，制定了《中共清华大学委员会清华大学关于校领导班子贯彻“三重一大”原则的实施意见》，同时要求各基层单位制定了本单位的“三重一大”制度。2004 年和有关部门一起，对基层单位贯彻“三重一大”情况进行了检查。从 2006 年下半年至 2007 年上半年，纪委协助学校党委，组织对学校和基层单位“三重一大”制度进行了修订，内容更加广泛、程序更加规范，进一步明确了考核、监督和责任追究方面的内容。

2007 年监委和有关部门一起制定了《清华大学教职工行政纪律处分规定》和《清华大学教职工行政纪律处分规定实施细则》，经 1998—1999 学年度第 7 次校务会议通过的《关于实行解除教职工行政处分制度的决定》同时废止。这一年至 2008 年，纪委按照学校工作的安排，还对 2005 年至 2007 年制度完成情况进行了检查。

2009 年以来，按照上级机关的要求，学校对惩治和预防腐败体系基本制度建设及执行情况进行了检查，在所检查的单位和部门中，有完整制度或制度已执行的 170 项；有制度，但需根据实际情况进行修订的 18 项；需要新建的 18 项。2010 年，结合落实三委部《关于加强高等学校反腐倡廉建设的意见》和上级机关对学校的历次考核，对进一步落实这些制度进行了规划和推进，并对“人财物”等重点单位和部门的制度建设作了重点落实。同年，纪委办公室、监察室新建、修订了《中共清华大学纪律检查委员会会议制度》《清华大学关于加强廉政建设的几项规定》等 9 项制度。

从 2002 年起，纪委每年协助党委主持制定学校《党风廉政建设和反腐败工作主要任务分工》，实行党风廉政建设工作责任制管理。

四、监督

1979 年至 1980 年，校党委纪律检查小组针对党风问题进行了调查研究，提出的问题得到了党委的重视，学校明确了分管书记的职责范围，确定了联系下属单位的工作制度，并加强了校机关的整顿和建设。1982 年，学校进行了财经纪律大检查，开展了打击经济领域中违法犯罪活动的斗争。1984 年，按照党中央整顿党风的要求，学校检查了在对外交往中有无不正之风问题，对部分外事活动较多的单位还进行了重点检查，同年还重点对 255 名相当于县团级以上干部的住房情况进行了逐户检查。1986 年，纪委和审计室、技术开发部，对校办公司进行了整顿，对于经营方向不当，管理上问题多的个别单位，进行了调整和清理，并对有关公司实行了分类管理，为学校的科技开发和经济创收作出了贡献。从 1986 年起，纪委坚持每半年对全校的党风状况进行一次调查了解，听取一线从事各方面工作的党员对学校党风校风和学校领导干部思想作风的意见，提出改进和加强党风校风建设的建议。1990 年至 1991 年，学校开展了廉政大检查，了解全校各单位落实《关于加强廉政建设的几项规定》的执行情况，组织了学习和思想动员，召开了各种座谈会听取意见，对照规定进行了自查和整改。

1991 年至 1995 年，纪委分别就经济活动中的“回扣”问题、校办产业开发、经济实体发展状况、校系领导干部在经济实体中兼职情况及科研经费的管理等分别作了专题调查和监督检查，听取各单位领导和第一线同志的意见，写出相应的专题报告。纪委每学期都进行一次系统的党风调查，了解基层贯彻教育方针情况和党员对学校提出的改革思路、改革方案的认同程度，听取党员对改革措施的意见和建议。根据《中共中央关于加强党同人民群众联系的决定》，纪委还协同有关部门，检查了中央、国务院“两办”关于严禁用公款吃喝送礼、严禁在公务活动中接受和赠送礼金、有价证券、严禁用公款出国（境）旅游等规定的执行情况，清理和审查了全校的行政、事业性收费项目和收费标准，重点抽查对新生的收费情况。1991 年制定了《关于健全党的民主生活，加强党内监督的若干规定》后，纪委对《规定》的实施情况进行了检查。

1992 年，为了增加监督力量，拓宽监督渠道，纪委建立了党风监督员制度，聘请了学校基层单位的党员和教职工担任党风监督员，并根据实际情况适时进行人员调整。

从 1979 年至 1993 年，根据党内有关规定和学校各项监督措施，纪委每年视不同情况，配合监察、审计、财务、人事、教务等部门搞好廉政检查、财务检查以及防止招生和毕业生分配工作中出现不正之风的监督检查。自 1994 年以来，学校每年都对大中小学收费、“小金库”、招生、科研经费使用等情况进行检查，对查出的问题，按照有关规定进行处理和纠正。

1998 年，为落实中共中央《关于党政机关厉行节约　制止奢侈浪费行为的若干规定》，纪委对学校 60 多家单位的移动电话使用情况进行检查、核对，对检查中发现的问题及时进行了纠正，制定了相应的移动电话管理办法。2000 年，按照中纪委《关于限期完成清理用公款为领导干部住宅配备电脑和支付上网费用工作的紧急通知》要求，开展了对用公款配备的住宅电脑的清理工作，全校 56 个单位参加了清理，有关情况向上级主管部门作了汇报，建立完善了有关审批管理住宅电脑的借用制度。

2002 年至 2006 年，学校将监督检查的工作重点逐步转移到党风廉政建设责任制的落实情况。这段时间，先后对 20 余个院系、10 余个后勤单位、清华控股有限公司所属近 40 家分公司以及出版社、图书馆等多个单位，分别就党风廉政建设责任制的落实情况进行了调研，召开了控股公司党风廉政建设工作交流大会，就企业惩治和预防腐败体系问题进行探讨，这项活动被评为当年学校企业十大新闻之一。从 2002 年开始，学校推行以会计委派制为核心的财务体制改革，从体制上加强了内部监控。还协助党委、行政加强对横向科研经费的集中统一管理，将科技开发部代管的共涉及 250 多个项目、4 665 万元横向科研经费全部移交到学校财务和院系管理，进一步规范了横向科研经费的管理体制。配合后勤公司清产核资小组，对后勤所属 23 家公司进行了清产核资，为预防违纪违法现象起到了重要作用。

2006 年以来，学校将监督工作的重点放到了惩防体系建设，特别是制度建设方面，结合落实《实施纲要》和学校有关文件要求，对有关单位的制度建设情况进行了重点检查。按照上级机关工作部署，在全校开展了治理商业贿赂工作。组成调研小组，到 10 余个重点单位进行调研和检查，主持制定了《清华大学治理商业贿赂专项工作实施方案》，全校共有 44 个单位开展了自查自纠。对在清理中涉及的问题，学校按规定进行了处理。

2002 年以后，纪委加大了对基建、采购招标工作的监督，2002 年至 2010 年，共参与了 717 个招标项目的监督工作，推动了学校招标工作的规范化。

2008 年以来，学校以制度建设为重点，认真贯彻落实中纪委、教育部、监察部《关于加强高等学校反腐倡廉建设的意见》。2009 年对全校党风廉政制度建设工作进行了检查，涉及面多达 20 多个单位或部门，内容涉及 25 项考核项目。在驻教育部纪检组、监察局对我校落实《意见》的量化考核互查互评，驻教育部纪检组、监察局会同中央纪委、监察部对我校落实《意见》情况的考核抽查以及北京市教育工委对我校进行的制度检查中，都给予了很高的评价。

2008年，协助学校财务处对全校99个单位和部门的收费管理进行了清查，2009年和有关部门一起对20多个重点单位进行复查和回访，落实整改情况。连续几年分赴20多个省市对特殊类型招生考试进行巡视。按照干部“三项申报制度”的要求，每年对干部收入申报、礼品登记和报告个人重大事项的情况进行检查。坚持对教育收费工作和“小金库”进行监督检查和规范化管理，对“小金库”进行清理整治。

2010年，根据北京市委工作部署，学校在全校开展了廉政风险防范管理活动，制定了《中共清华大学委员会清华大学开展廉政风险防范管理工作实施方案》。按照有关活动的要求，学校领导班子、涉及“人财物”领域的重要部门和单位作为第一批，在上半年开展了活动；其他部门和单位的领导班子作为第二批，在下半年开展了活动。分两次召开了动员部署大会，对基建处和房管处进行了前期调研和试点，将这两个单位的活动经验向全校推广。全校69个单位和部门都填报了《廉政风险防范管理工作登记表》，查找了风险点，制定了相应的防范措施。活动后期，纪委检查组分别到核研院、财务处等单位进行检查和调研，了解廉政风险防范管理工作的开展情况，推动工作进一步深化。

纪委协助党委每年做好校级领导班子和成员民主生活会的准备工作，召开不同方面人士座谈会，听取并转达党内外群众对学校工作及对领导班子成员的意见和建议。

五、纪律处分与平反冤假错案

从1956年6月到1966年6月，学校党的监察委员会共给予246名党员以党纪处分。其中包括在1957年整风反右运动中因被错划为“右派分子”而受到开除党籍处分的65名、因整风反右运动中“思想右倾”和1959年“反右倾”运动中受到党纪处分的65名。

“文革”期间，在开门整党中，全校2 064名党员人人过关，结果有24人被“吐故”（即被开除）、劝退，21人受到各种党纪处分，还有52人被挂起来。

1977年4月，新组建的学校党委认为，拨乱反正、落实党的政策、平反冤假错案是医治“文革”造成的创伤和整顿学校的关键，是调动一切积极因素、实现全党工作重点转移的前提。校党委于1977年8月成立了校落实政策办公室，1979年2月成立的纪律检查小组及随后成立的纪律检查委员会，均全力投入落实政策的工作。1980年10月，落实政策的任务基本完成，学校党委决定撤销落实政策办公室，具体工作全部转由纪律检查委员会承担。据统计，从1977年8月至1982年底，共复查各类案件1 824件，其中“文革”期间造成的冤假错案920件，错划“右派”改正案件571件（含教职员222人，学生349人），“文革”前历史老案333件，均逐件落实，使之得到了平反或纠正。

从1982年以后，党的纪律检查工作重点，逐步从解决历史遗留问题转移到搞好党风，严肃党纪，检查党的路线、方针、政策和决议的执行情况。查处党员违纪案件，是维护党的章程和严肃党的纪律的中心环节。据统计，从1979年2月至2010年12月，学校纪委根据“事实清楚、证据确凿、定性准确、处理恰当、手续完备、程序合法”的案件检查工作原则，共给予114名违纪党员以党纪处分，其中受开除党籍处分31名、留党察看处分25名、撤销党内职务1名、严重警告处分24名、警告处分33名。在受处分的党员中，有8人受到法律追究。按受处分党员所犯错误的性质分：政治类23名、经济类18名、失职渎职类6名、道德类53名、其他类 14 名。见表 17-7-2。

表 17-7-2　学校纪委给予违纪党员处分情况统计（1979-02—2010-12）

组织及时间	开除党籍	留党察看	撤销党内职务	严重警告	警告	合计
党委纪律检查小组（1979-02—1980-07）	5	7		2	2	16
第五届纪律检查委员会（1980-07—1982-07）	2	2		3		7
第六届纪律检查委员会（1982-07—1985-08）	5	8		4	5	22
第七届纪律检查委员会（1985-08—1988-09）	2	2		2	6	12
第八届纪律检查委员会（1988-09—1991-09）	8	2		9	9	28
第九届纪律检查委员会（1991-09—1995-09）	1	2			6	9
第十届纪律检查委员会（1995-09—2002-01）	1		1	4	3	9
第十一届纪律检查委员会（2002-01—2006-09）	5				2	7
第十二届纪律检查委员会（2006-09—2010-12）	2	2				4
合　　计	31	25	1	24	33	114

学校党风廉政建设工作取得了一定成效，得到了上级纪检机关的肯定，1995 年、1999 年、2002 年，清华大学纪委、监委三次被北京市纪委、监察局、人事局表彰为“北京市先进纪检监察组织”。2003 年被评为“全国教育系统纪检监察工作先进集体”。2006 年，学校党风廉政建设工作获“2004 年至 2005 年北京高等学校党的建设和思想政治工作优秀成果”一等奖。

纪委重视理论研究，努力探索高校纪检监察工作规律，多年来，先后撰写了《建立健全高校教育、制度、监督并重的惩治和预防腐败体系研究》等多篇研究论文和调研报告，其中多篇在教育部、北京市等纪检监察系统中获奖。

第八节　宣传思想工作

一、政治理论学习

（一）1966 年以前的马克思主义理论教育

1949 年 7 月，华北人民政府高等教育委员会决定把辩证唯物论、社会发展史、政治经济学、中国革命史、新民主主义论列为大学生必修课，学校于 8 月 30 日成立了全校公共必修课委员会（简称大课委员会，后又改组为辩证唯物论与历史唯物论教学委员会和政治经济学教学委员会）。

10月17日，第一次“大课”正式开始，由吴晗主讲辩证唯物论与历史唯物论的引论，听众达3 000余人，教职工与家属有六七百人参加。学习采用讲课、自学、讨论、交流、测验、总结等方式。1950年1月进行了一周思想总结，艾思奇来校做报告，以后又两次来校报告，留下了“艾思奇三进清华园”的佳话。

1950年10月，学校成立教师学习委员会（叶企孙任主席）和职员学习委员会（张维任主席），从1952年春季起，全校系统学习《新民主主义论》。在此期间，胡华、郭大力、孙定国、胡绳、陈家康等曾来校讲课。

院系调整后，1953年1月，学校又成立教师学习委员会（由校长、副校长、党委书记及有关部门负责人组成），学委会下设办公室，各系及公共教研组均设学习干事一人。2月成立职工学习委员会（刘仙洲任主任）。4月学校制定“政治工作计划”和教师政治理论学习计划，指出：教师政治理论水平的提高，是彻底进行教学改革的基本条件之一。为了细致地从思想上划清革命与反革命，工人阶级与资产阶级的界限，系统地建立马克思列宁主义的立场、观点、方法，必须建立系统的经常的政治理论学习。提出要用四年时间（从1953年至1957年）在教师中学完中国新民主主义革命史、马列主义基础、政治经济学和辩证唯物论与历史唯物论四门课。从1953年10月至1954年12月，教师学习马列主义基础以《苏联共产党（布）历史简明教程》为基本读物，第9章以后结合学习中央关于社会主义过渡时期总路线的有关文件，共学习了39次117小时。同期职员系统地学习了中国革命史。随后教师又陆续学习其他几门课。学习方法：以自学为主（占总时间2/3），绝大部分为集体自学，少数教授在家自学；同时辅以专题报告及小组讨论。蒋南翔曾为教师讲授过哲学课。学习制度：1953年规定每2周3次9小时，1954年9月改为每周三晚7～10时为政治学习时间，形势报告及全校性大会一般在星期三或六下午。

1957年3月，组织教师学习恩格斯《反杜林论》哲学篇，有438人自愿报名，其中教授50人，学习14周，50～70小时。

1957年，组织学习毛泽东《关于正确处理人民内部矛盾的问题》，以此为中心进行社会主义教育。

1960年，学校具体规划了关于毛泽东思想的学习。2月党委宣传部部署：教师（党外教师按自愿的原则）和党支部书记、科长以上干部，要在1961年7月以前学完《毛泽东选集》第四卷，三年之内学完第一至第四卷。1960年2月27日，全校召开学习和运用马克思列宁主义、毛泽东思想的广播大会。3月20日，蒋南翔在大礼堂作关于学习毛泽东著作的动员报告，全校掀起学习运用毛泽东著作热潮。教师和干部通读《毛泽东选集》，学习《矛盾论》《实践论》，用毛泽东哲学思想指导工作，学习毛泽东关于阶段斗争的论述，学习毛泽东的教育思想，指导教育革命。在职工中从1961年起开设学习《矛盾论》《实践论》等讲座。1961年3月至4月，校党委举办党员干部学习班，学习毛泽东关于调查研究、一切从实际出发、阶级观点、群众路线、党的政策的论述，分析总结工作中的经验教训。1964年《毛主席语录》《毛泽东著作选读》《毛主席诗词》出版后，全校进一步掀起学习毛泽东著作的高潮。1965年2月22日，校党委全体（扩大）会议传达贯彻北京市学习毛泽东著作经验交流会的精神，要求把活学活用毛泽东思想的运动更广泛、更扎实、更深入、更持久地开展下去。3月18日，学校召开学习毛泽东著作经验交流会，全校职工及有关教师、学生3 000余人参加。在此前后，蒋南翔针对学习毛泽东著作中出现的一些形式主义、简单化的做法，例如教师讲物理课、力学课也要引用毛主席语录，在操场上跑长跑背上块语录牌，体操课引体向上拉不上去念毛主席语录等现象，指出“毛主席著作是马列主义科学，是革命的理论，不是白莲教的符咒，不能像符咒一样，以为什么东西都靠它念念有词就行”。提出“要用毛泽东思想来学毛主席著作”，“采取强迫命令的办法来学习毛主席著作，将会事与愿违，把好事办坏”。这导致在“文革”中，被指责为“反对毛泽东思想，反对林副主席”。

“文化大革命”前期忙于打派战，学“最高指示”“天天读”，后期为“批林批孔”“反击右倾翻案风”所代替，给每人发了几本马列著作，举行了一些讲座，实际并未认真学习。

（二）中国特色社会主义理论的学习和教育

1978 年党的十一届三中全会以后，主要组织学习邓小平建设有中国特色的社会主义理论。1978 年至 1982 年，学校组织教职工学习邓小平《解放思想，实事求是，团结一致向前看》（1978）、《坚持四项基本原则》（1979）、《目前的形势和任务》（1980）等讲话和《中共中央关于建国以来若干历史问题的决议》。1983 年至 1986 年，根据教育部的通知，组织全体党员和教职工学习《邓小平文选（1975—1982）》，举办了 11 期校、系干部和教研组支部书记、教研组主任读书班。1987 年，组织学习《建设有中国特色的社会主义》《坚持四项基本原则》，反对资产阶级自由化两本书并多次举办干部读书班。1989 年，组织学习邓小平《在接见首都戒严部队军以上干部时的讲话》。1990 年，组织学习《关于社会主义若干问题学习纲要》。1992 年，组织学习邓小平《在武昌、深圳、珠海、上海等地的谈话要点》和江泽民在十四大的政治报告《加快改革开放和现代化建设步伐，夺取有中国特色社会主义事业的更大胜利》。1993 年，组织学习《邓小平文选》第三卷。从 1992 年至 1993 年，校党委共举办各类学习班 20 期，参加学习的党员干部 2 000 余人次。通过学习，在干部、党员和教职工中进行邓小平建设有中国特色社会主义理论的教育和邓小平教育思想的教育，促进了学校的改革和建设。此外，从 1983 年开始，为提高教职工的素质，并使政治和业务更好地结合，学校对政治学习制度作了一些改革，利用学期中两周一次的政治学习时间，为教职工开设社会科学选修课。在为教职工开设的人文选修课中，先后开设的课程有：中国近代史、国际共运史、中国革命史、国际共运史、科学技术史、经济法、我国社会主义经济问题、教育心理学、社会发展史、伦理学、经济管理概论、法学概论等。学习时间一般为隔周星期五下午。1986 年 5 月，党委宣传部还为没有系统学习过政治经济学、哲学、自然辩证法三门课的教师开设了这三门课，每门课一年共 14 次 28 学时，1 123 人分别参加各门课程学习，提高了他们的马列主义理论水平。

“八九”政治风波以后，学校党委进一步加强了思想政治工作。1990 年，在党员重新登记的基础上，党委决定用一年左右的时间，以中宣部编发的《关于社会主义若干问题学习纲要》为主要教材，在党内开展邓小平建设有中国特色社会主义理论的学习。继续深入进行社会主义方向、道路教育。举办了有 300 多人参加的教工支部书记读书班，请中宣部理论局原局长卢之超和社科系教授李润海作学习辅导报告。1991 年后，学校举办了 8 期青年职工政治培训班，840 人参加，请社科系教授讲近代史、中共党史、科学社会主义，进行系统的国情和政治理论教育，其中 115 人在学习中提出入党申请。1992 年，党委宣传部又采取集中与分散相结合的方式举办了 60 名副科级以上中青年职工骨干学习培训班，为期一年，加强了职工队伍建设。

按照中央精神和上级党组织统一部署在党员、干部中进行的集中学习教育活动，如 1995 年 2 月至 1997 年 5 月在全校党组织和党员中开展的学习建设有中国特色社会主义理论和党章的活动，2000 年 5 月起在校级干部以及 6 月开始在处级干部中开展的“讲学习、讲政治、讲正气”活动，2005 年以学习实践“三个代表”重要思想为主要内容的保持共产党员先进性教育活动，2009 年 3

月至 8 月开展的深入学习实践科学发展观活动等，已经在本章第三节中记述，不再重复。

二、形势政策教育

（一）1978 年以前的形势政策教育

1949 年 1 月，清华地下党组织师生学习毛泽东为新华社写的新年献词《将革命进行到底》和中共中央主席毛泽东关于时局的声明，拥护毛主席提出的和平谈判八项条件。1 月 24 日，清华、燕京部分教授（清华教授、副教授有张奚若、李广田、费孝通、钱伟长、张维、史国衡、张岱年等 37 人）发表《对时局宣言》，表示“终于在长夜渴望中获得了解放”，“我们为中国人民的新曙光而欢腾”。1 月底北平和平解放，2 月，教职工 200 余人和 2 000 余名学生一起组成“清华迎接解放入城宣传服务队”，在城里进行了两周广泛的宣传工作。

1950 年起，组织教职员参加土地改革、抗美援朝、镇压反革命三大运动，进行反帝爱国、反封建教育。1950 年初，学校组织文学院、法学院师生 290 名（其中有教授冯友兰等），参加京郊的土地改革。1951 年 3 月，在校内开展了为时 3 周的学习，集中进行了反封建教育。1951 年根据教育部决定，学校 8 月 2 日成立“参加土改工作委员会”，先后组织文、法学院等学生 500 余人分三批到西南、西北地区参加土改和到广西、江西、四川等地参加实际斗争。1951 年 10 月，教授夏翔等 50 名教职员参加了土改工作队或参观队，工作队参加工作 3 个半月至 4 个月，参观队为 1 个月至 1 个半月。

1950 年 10 月 29 日，学校召开反美侵略晚会，声讨美军侵略暴行。11 月 4 日，收听各民主党派关于“抗美援朝保家卫国”联合宣言的广播，组织了拥护联合宣言的校内游行，11 月 5 日，全校教职员工发表拥护联合宣言的宣言。8 日，学校成立“反对美帝侵略，保卫世界和平”委员会。教职工和学生一起，组织了两次规模较大的到工矿、农村宣传抗美援朝的活动。校工会和家庭妇女会发起送志愿军慰问袋、慰问信活动，收到慰问信 1 038 封、慰问袋 1 120 个，送交反美侵略保卫和平委员会总会。在向志愿军捐献飞机大炮活动中，至 1951 年 8 月，全校师生员工共捐献人民币旧币 106 224 373 元。

1951 年开始建立校内宣传网，1952 年校党委通过任命 44 名宣传员，建立起时事报告和坚持读报的制度。形势报告一学期 2～3 次。

从 1951 年 9 月开始，学校组织教师学习周恩来在京津高等学校教师学习报告会上作的《关于知识分子的改造问题》的报告，学习知识分子如何取得革命立场、观点、方法。1952 年 1 月，依据中共中央关于开展三反运动（反贪污、反浪费、反官僚主义）的号召和教育部的指示，1 月 2 日，学校成立“节约检查委员会”，1 月 15 日，决定停止考试不放寒假，师生参加“三反”运动。重点在教师中进行思想教育和改造，领导带头，普遍“洗澡”（在不同规模的会上作自我解剖），批判亲美、恐美、崇美等错误思潮，划清政治界限。有 144 名教授参加“洗澡”，4 月下旬教师进行了思想收获总结。

1954 年，组织教职员学习国家宪法，学习党在社会主义过渡时期总路线，进行国家工业化和对农业、手工业、资本主义工商业进行社会主义改造的教育。从 1954 年至 1956 年，校工会组织教职工参观工厂、农村合作社 8 500 人次。在此期间，国家经委主任薄一波、国家计委副主任骆耕漠、中央农村工作部秘书长杜润生、商业部副部长姚依林等曾来校作关于形势、国家工业化、农业和资本主义工商业的社会主义改造等问题的报告。

1956年11月，广大教职工围绕波兰、匈牙利事件展开了热烈讨论，党委宣传部归纳整理了几十个问题引导大家深入思考。1957年1月12日，中共中央总书记邓小平来校在大礼堂作关于形势和无产阶级专政历史经验的报告。根据中共北京市委高等学校委员会指示，学校决定，从2月18日至24日组织全校教师、学生、青年职工学习人民日报编辑部文章：《关于无产阶级专政的历史经验》《再论无产阶级专政的历史经验》，延迟一周开学。

1957年，组织学习中共中央《关于整风运动的指示》，进行整风、鸣放，并根据中央指示开展了反右斗争，发生了“反右斗争扩大化”的错误。1978年全部改正。

依据中央反浪费反保守的指示，1958年3月21日，在全校师生员工大会上，蒋南翔作双反运动的动员报告，指出，我们培养干部的要求是又红又专，如果红得不透，专得不深，这就是最大的浪费。之后在全校掀起了自觉革命，向又红又专前进的热潮。其中采取了“送西瓜”（用大小字报批评教师）的不当方式。4月，刘仙洲、张子高、马约翰、梁思成等14位教授向全校师生提出了制定红专规划纲要的建议，并公布了自己的红专规划纲要。

1958年5月以后，组织学习中央关于社会主义建设总路线、“大跃进”、人民公社的文件，学习党的教育与生产劳动相结合的方针，并开展共产主义思想教育。

1959年，进行中共八届六中全会文件学习，错误地开展了“反右倾”斗争，围绕“三面红旗”的辩论，批判“新富农”道路，伤害了一些教师、干部和学生。1961年对批判右倾思想进行了甄别。1979年对定为“右倾机会主义分子”、反党分子的予以平反。

1960年4月22日，学校在大礼堂举行伟大的无产阶级革命导师列宁诞辰90周年纪念晚会，随后组织教职员学习红旗杂志编辑部所写《列宁主义万岁》等三篇文章，批判现代修正主义。同年10月，校党委召开工会和民主党派负责人联席会，决定由工会和民主党派联合召开学习会，陆续进行国际形势和国内形势的学习。

1961年，组织学习党中央制定的对国民经济“调整、巩固、充实、提高”的方针，进行国内形势、党的政策、劳逸结合的教育。同年上半年在职工中开展了今昔对比教育，党委职工部在图书馆第三阅览室举办了今昔对比教育展览会。

1962年上半年，学习周恩来在广州会议（国家科委召开的全国科技工作会议）上所作《论知识分子问题》的报告（肯定我国知识分子的绝大多数已经是属于劳动人民的知识分子），和陈毅在会上宣布给广大知识分子“脱帽”（脱“资产阶级”知识分子之帽）“加冕”（加“劳动人民”知识分子之冕）的讲话，进行党的知识分子政策教育。

1962年8月，中共八届十中全会以后，学校组织学习会议公报关于阶级、形势、矛盾的分析。1963年，全国开始进行社会主义教育运动试点，党委宣传部举办了“清华大学革命传统展览会”，有15 000余人次参观。1964年2月，校长蒋南翔向全校作反修报告。在此前后学习中共中央《关于国际共产主义运动总路线的建议》、人民日报编辑部和红旗杂志编辑部评论苏共中央公开信的文章。1964年后，进行农村阶级斗争形势的教育，1965年秋，部分教职员和三个年级学生一起，到农村参加四清运动，还开展了向解放军学习的活动。

（二）1978年以后的形势政策教育

1978年党的十一届三中全会以后，学校形势政策教育具有新的特点，主要进行党的基本路线、改革开放政策和国际国内形势的教育。一般每月举行一次报告会，邀请校内外有影响的专家学者和实际工作部门的负责同志来校作形势报告或学习辅导报告，组织中层以上干部先听，选择合适的报告再组织党员和教职工听录音。在国际国内一些重大事件发生后，抓住时机进行教育。1978 年以后比较重要的形势政策教育活动有以下几项：

1. 党的历次代表大会精神的学习和宣传

党的全国代表大会历来是我国政治生活中的大事，也是学校形势政策教育的重要内容。1978 年以后至今，中国共产党一共召开了 6 次全国代表大会。这 6 次代表大会在我国历史上都具有重要的意义。学校党委高度重视对党代会精神的学习和宣传。每一次党的全国代表大会召开时，党委都组织师生收听、收看党代会的实况直播和新闻报道。党政领导班子带头认真学习党代会的文件；下发学习通知，对学习的重点、要求和活动的组织做出明确的安排；组织辅导报告，编印下发学习辅导材料，传达党代会精神；在师生中广泛开展各种学习活动，组织全校师生学习贯彻党代会精神；注意收集师生的思想反映，针对学习中的难点、热点问题有针对性地开展思想教育；利用校报《新清华》、清华电视台、校园网络等宣传阵地广泛宣传报道师生学习贯彻党代会精神的各项工作，努力营造良好的舆论氛围。以组织学习党的十三大、十四大和十七大精神为例：

1987 年党的十三大召开后，学校党委下发了关于学习十三大精神的安排，提出在认真研读文件的基础上，着重学习、讨论以下四个方面的问题：(1)社会主义初级阶段的理论和党的基本路线。充分认识十三大关于社会主义初级阶段科学理论的重要意义，明确社会主义初级阶段的主要矛盾、历史任务和基本要求，进一步理解社会主义初级阶段的基本路线，牢牢掌握一个中心、两个基本点。(2)经济发展战略和经济体制改革。进一步明确加快改革、深化改革的必要性，加深对改革的社会主义性质的理解，正确对待改革中利益关系的调整，认识改革的长期性、复杂性和艰巨性。(3)政治体制改革和党的建设。进一步明确政治体制改革的目的、原则和方针，认清在改革开放条件下加强党的建设、从严治党，不断改进和加强思想政治工作的重要意义。(4)联系学校实际，贯彻十三大精神，深化教育改革，坚持社会主义办学方向，提高学生的全面素质，推动学校教学、科研、管理等各方面工作的发展。

1992 年党的十四大召开后，学校党委下发《关于认真学习和贯彻落实党的十四大精神的决议》，要求全校各级党组织组织广大党员和干部认真学习、积极宣传十四大文件，明确提出要通过学习，理解和掌握邓小平同志建设有中国特色社会主义的理论，增强执行党的基本路线的自觉性和坚定性，适应和推动建立社会主义市场经济体制。以党校形式举办系、所及直属单位主要干部学习班以及党支部书记学习班，学习江泽民同志所作大会报告、修改后的党章和邓小平同志建设有中国特色的社会主义理论，紧接着组织全校党员学习十四大文件，1993 年 2 月又组织全校近 4 000 名教工党员集中学习。校党委还举办了“建设有中国特色的社会主义理论”和“社会主义市场经济”等专题辅导报告。党委宣传部制定了《关于认真组织学习十四大文件的安排》，指导各单位分层次、有重点地组织好学习，并运用校报、广播、电视等加强学习交流，营造良好氛围。

2007 年党的十七大召开前，重点组织师生学习胡锦涛总书记“6·25”重要讲话精神，广泛宣传十六大以来我国在经济、政治、文化、社会建设方面取得的重大成就，鼓舞士气，振奋精神，凝聚力量。十七大召开以后，校党委做出《关于认真学习贯彻党的十七大精神的决定》，要求全校各级党组织组织广大党员和干部认真学习党的十七大精神。成立十七大精神宣讲团，组织部分专家深入各基层党组织开展宣讲活动，受到广大师生的好评；召开学校各界学习十七大精神座谈会 6 场；组织学习辅导报告会，邀请中央宣讲团成员来我校作报告；在学校各媒体上充分做好十七大精神的宣传工作，在藤影荷声网站开设专题，登载各类文章200余篇，同时，在校报《新清华》、清华电视台、清华新闻网上也开设了相应的栏目，做好全校师生学习宣传贯彻十七大精神的宣传报道，营造良好气氛；为师生提供十七大学习辅导材料，编印下发了《学习参考资料》十七大特刊，并购买有关书籍、录制音像制品供师生学习使用；在全校师生中开展了“学习宣传贯彻十七大精神”征文活动。

2. 对“八九”政治风波的思想政治教育

1989年春夏之交，政治风波初起，学校党委及时开展形势政治教育，发动党员干部开展维护稳定工作。4月26日《人民日报》发表社论《必须旗帜鲜明地反对动乱》，全校学习社论精神；学校发布《清华大学校务会议重要通告》，明确要求同学们不要参加非法组织的活动。学校各级领导大力开展学生和教工的思想工作。5月15日，由张孝文校长发起，联合北京10所高校的校长起草了《10位校长的公开信》。18日，校党委书记方惠坚参加人民大会堂李鹏总理与学生对话会。20日凌晨，学校召开全校干部会议，传达中央制止动乱的干部紧急动员大会精神，部署工作。6月13日起，学校逐步传达学习邓小平同志6月9日接见首都戒严部队军以上干部时的讲话。8月11日，校党委和校务会议作出《清华大学关于学习中国共产党十三届四中全会文件，进行形势政治教育的决定》。14日起，全校学生学习5周，每周有4个下午进行学习。学校组织了上千名教师到各个班级和学生一起学习讨论，认识这场风波的性质、危害和教训，认清坚持共产党的领导、坚持社会主义道路是保持社会稳定的关键；也帮助同学们从这次事件中吸取教训，认识资产阶级自由化代表人物的面目。全校学生开展“社会主义成就与道路”主题教育活动，先后请了35位校内外专家学者，就“怎样认识中国社会主义的40年”“中国向何处去”等专题做了70余场报告；播放了《共和国之恋》《祖国不会忘记》等录像、电影20余场；组织学生到首钢、大兴县红星乡等20多个单位参观访问，结合社会实践开展主题教育。

3.“两弹一星”精神的学习教育活动

1999年9月18日党中央、国务院隆重表彰为研制“两弹一星”作出突出贡献的科技专家，在国家授予“两弹一星功勋奖章”的23人中，有14位是曾经在清华学习或工作过的校友。在“两弹一星”的研制中，学校也曾经作出多方面的贡献，有些直接或间接参与“两弹一星”研制的同志至今还在学校工作。中央的表彰会后，学校党委立即召开了座谈会，并在宣传橱窗展出了两弹一星功勋们的简介和功绩。9月22日校党委作出了《关于认真学习江泽民同志在表彰为研制“两弹一星”作出突出贡献的科技专家大会上的讲话的决定》。10月初，学校党委进一步作出决定，在全校开展“学习两弹一星精神，创建世界一流大学”的活动，要求师生员工认真学习江泽民总书记的有关重要讲话和“两弹一星”功臣的感人事迹，紧密结合我校创建世界一流大学中各项工作的实际，以“两弹一星”精神推动建设一流大学规划的落实。

11月5日，学校举办“两弹一星”功臣报告会。我国原核武器研究院首任院长李觉将军和首任副院长、老校友彭桓武院士为师生做报告。他们生动地讲述当年创业的过程，深切寄语，希望清华师生要掌握过硬本领，更好地为国家做出贡献。紧接着，描写老一代知识分子研制原子弹艰辛历程的故事片《横空出世》和反映“两弹一星”研制历程的大型文献纪录片《东方巨响——中国两弹一星实录》在清华首映。学习“两弹一星”精神的浓郁氛围在学校形成。各院系都召开座谈会、讨论会，以“学习‘两弹一星’精神，创建世界一流大学”为主题开展党团组织生活。

学生系统开展了"我的事业在中国"主题教育活动，以"记住历史、思考今天、选择事业"为活动的三个阶段，引导学生以老一辈科技专家献身祖国科技事业的精神为榜样，认清当代青年肩负的"科教兴国"的历史使命，正确选择自己的人生道路。学生部、团委组织了"让历史记住这些清华人"访谈活动，以"两弹一星"事业中受到表彰的清华校友以及校内曾经参与"两弹一星"相关工作的老教师为主要对象，进行座谈、交流。在这一基础上，开展什么是今天的"两弹一星"精神、世纪之交清华人的责任等专题讨论。

学习活动收到了很好的效果，以"两弹一星"精神建设一流大学，以"两弹一星"精神培养学生，以"两弹一星"精神严格要求自己，做好本职工作成为师生们共同的心声。"两弹一星"精神的学习也成为学校党委开展思想政治工作，发动群众、凝聚力量、推进一流大学建设最生动的载体。

4. 校庆90周年的宣传教育活动

2001年4月29日，是清华大学建校90周年校庆。以庆祝建校90周年为契机，学校党委在全校师生中开展了一系列的思想教育活动。校庆前后，学校党委组织了"知清华、爱清华、建清华"系列活动，包括清华精神大讨论、清华人文知识竞赛、校友征文等一系列重要活动；组织编写了《攀登与奉献——清华大学科技五十年》《水木清华 群星璀璨》《清华人物》《世纪清华》《探索——新形势下高校德育中若干新课题的实践与思考》《清华大学90问》《清华大学九十年》《清华大学志》等反映清华精神、清华文化的书籍，还与中央电视台、凤凰卫视等合作，编写录制出版了《走进清华》《水木清华90年》《清华名人录》等十几种电视片和光盘；组织党员、干部和群众，认真学习江泽民总书记在庆祝清华大学建校90周年大会上的讲话，并结合学校的实际，认真贯彻落实讲话精神。

5. 抗击SARS（非典型性肺炎）的宣传教育活动

2003年春夏之交，我国部分省市发生了严重的SARS疫情。根据党中央国务院的统一部署，学校组织师生员工开展了一场抗击SARS的人民战争。学校通过校报《新清华》、清华电视台、清华新闻网等多种宣传渠道，及时将中央和北京市抗击SARS的部署、有关抗击SRAS的科学知识、北京市和学校SARS疫情的最新发展、学校的有关工作，以及学校师生员工在抗击SARS斗争中涌现出来的先进事迹向全校师生员工广泛宣传，稳定情绪，统一思想，坚定信心，为夺取抗击SARS的胜利奠定了坚实的思想基础。

6.《中共中央国务院关于进一步加强和改进大学生思想政治教育的意见》的学习教育

2004年10月，《中共中央国务院关于进一步加强和改进大学生思想政治教育的意见》（中发〔2004〕16号）发布。学校党委高度重视，在10月举办的全校中层干部学习班上，校党委书记陈希就学习贯彻文件精神作了主题报告，几位校党委副书记分别介绍了中央文件的主要内容、中青年教师状况的调研情况、党支部工作及党员思想状况的调研情况和学生工作的情况。党委宣传部利用学校的宣传阵地，对学习贯彻文件情况进行了集中的宣传，《新清华》开辟《深入学习贯彻"16号文件"系列报道》专栏；清华电视台制作并播出专题片4部；清华新闻网开辟《学习贯彻16号文件》专题。为了让一线学生思想政治教育工作者深入领会中央16号文件和全国工作会议精神，从2005年春季学期起，校学生工作指导委员会组织专题培训会，对院系主管学生工作党委副书记进行培训。校团委、校研究生团委利用寒假团校对全校近200名基层学生团干部、学生部通过新生业余党校和党课学习小组培训班对全校党课学习小组长和学生党员660多人进行了专题学习辅导。学校党委还制定了《清华大学加强和改进大学生思想政治教育工作实施意见》。各相关主管部门根据《意见》及配套文件精神，重新修订、制定出台各类配套文件12个。

7. 纪念十一届三中全会召开30周年

2008年，根据上级部署，从9月起，学校集中组织开展了纪念党的十一届三中全会召开暨改革开放30周年宣传教育活动。共组织了中层干部学习报告会5场，邀请北京奥组委副主席蒋效愚、科技部原部长徐冠华、中国社会科学院副院长朱佳木、农业部副部长危朝安、中国高教学会会长周远清作了专题报告，还组织了“纪念党的十一届三中全会召开暨改革开放30周年”征文活动。共收到征文106篇，评出一等奖6篇、二等奖10篇、三等奖19篇。

三、师生思想状况调研

学校重视师生思想状况的调查研究工作，把日常调研、定期调研和专题调研结合起来，力求准确把握师生的思想动向、关心的热点难点问题，为有针对性地开展思想教育和形势政策教育提供依据。

每学期开学后，校党委宣传部、学生部、研究生工作部分别召开座谈会，了解师生返校思想动态，已形成制度，成为师生思想状况调研的重要内容。遇国内外发生重大事件或突发性事件，党委宣传部、统战部、学生部、研究生工作部迅速通过电话采访、座谈会等方式了解师生反映，并及时向上级主管部门通报。从1989年起，北京市委教育工委在北京市部分高校中开展了师生思想状况调研，后发展成为教育部全国部分高校师生思想状况滚动调查。我校作为样本单位参加了这项调研。

除日常调研和定期调研之外，学校还针对一些实际问题开展专题调研。2004年，校党委宣传部、人事处和校工会共同开展了面向全校中青年教师群体的基本情况调研。调研采用以问卷调查为主，辅以座谈调查和案例调查的方式进行。调查涉及中青年教师的个人基本情况、事业追求、对教书育人的态度、对党和国家大政方针的看法、对学校教学、科研和人事制度改革的看法、影响教师思想的因素以及对清华传统的认识等7个方面的问题。本次调查共发出了问卷1 704份，回收率80%，覆盖了全校教学和科研一线的中青年教师，是一次量大面广的普查。此次调研比较准确地反映了中青年教师的思想状况，调研结果为学校加强和改进中青年教师工作提供了重要参考。此外，学校还受中宣部、教育部、北京市委等上级单位的委托，开展了多项针对师生思想状况的专题调研。

四、师德建设

清华大学在百年的办学过程中，历来高度重视教师队伍建设和师德建设。清华之所以久享盛誉，就在于她拥有一大批学问精深、品德高尚、深受学生爱戴和社会景仰的大师、名师和良师。他们之中，有叶企孙、华罗庚、周培源、钱伟长和“四大国学导师”等科学大师和文坛巨擘；有一身正气、两袖清风，饿死不领美国救济粮的朱自清；有铁肩担道义、妙手著文章，面对反动派的手枪敢于横眉怒对、拍案而起的闻一多那样的民族脊梁。清华教师的先辈中涌现了一大批爱国奉献的志士仁人，他们的高风亮节、浩然正气，成为高尚师德的光辉写照。

新中国成立后，蒋南翔校长根据当时学校教师队伍的实际，提出“要建立又红又专的教师队伍和又红又专的职工队伍”，认为“首先是师资队伍，这是办好学校的关键”，并提出“两种人会师”的要求，即党员教师要努力钻研业务、提高学术水平，成为专家教授；同时要帮助非党员教授提高政治思想觉悟，吸收其中合乎条件的人入党；这样，两种人就能在“又红又专”的方向上共同前进。一批名家大师从旧中国的知识分子成为新中国的人民教师，积极学习马克思主义理论和党的路线方针政策，不少人光荣地加入了中国共产党，如刘仙洲、梁思成、张维、张光斗、张子高、钟士模，等等。

在长期的办学过程中，“又红又专”成为学校教师队伍建设的明确目标。通过“双肩挑”的机制，成长为德才兼备的骨干教师和干部；通过生产实习等环节促进知识分子与工农相结合；通过党员教师的先锋模范作用加强教师队伍的思想政治工作和师德建设，有效地推动了人才培养工作的发展，“又红又专”也成为广大学生坚持努力的方向。

进入 20 世纪 80 年代以来，学校的师德建设工作随着时代的发展变化，在继承传统的基础上，不断有所创新。多年来，学校党委根据教育教学改革形势的发展，认真贯彻落实中央对于加强和改进大学生思想政治教育的要求，在工作实践中不断探索、科学总结，结合学校的实际，逐步形成了一套行之有效的师德建设长效机制。

（一）坚持召开教书育人研讨会

1984 年暑期，为了总结交流教师关于教书育人工作的经验，推动师德建设活动的开展，学校召开了第一次“教书育人研讨会”，并作为一项制度一直坚持了下来，成为师德建设中的一个重要传统。每年的研讨会都会紧密围绕教书育人的主题，联系教育教学和学生培养工作的实际，针对一个或几个突出问题，开展深入研讨。学校党政领导到会、有关部处和院系负责人、教学第一线的教师、教务管理人员以及教育学方面的专家等几十人参加，大家在一起研讨、交流新时期教书育人的经验和体会，提出了一批结合教学改革加强师德建设的意见和建议，经学校讨论后形成了政策和规定。“教书育人研讨会”充分发挥了促进师德建设的功能，一届届研讨会的成果深化了对教书育人规律的认识，研讨会成果的广泛宣传引领了全校的师德建设，对于不断提高教学一线教师的敬业精神，更新教育思想和教育观念，促进思想素质的提高，产生了良好的辐射作用，成为师德建设长效机制的重要载体。

（二）明确和强化师德规范

1983 年 12 月，学校召开第十二次工会代表大会第二次会议，向全校教职工发出了关于广泛、深入地开展“教书育人，优质服务，为人师表”活动的倡议书，明确提出“教书育人是教育工作者的神圣职责”，为以后广泛开展的“三育人”（教书育人、服务育人、管理育人）活动奠定了基础。

1997 年，学校教代会讨论通过了《清华师德》的规范要求，即“敬业报国、育人爱岗；务实求真、进取自强；克己奉公、团结协畅；为人师表、仪态端庄”。这一要求概括了清华教师应有的政治方向和对教育事业的基本态度，表明了清华教师应有的职业理想和职业精神，提出了清华教师在处理个人、集体和国家三者关系方面应遵循的道德准则，倡导了教师日常行为应有的风范。

在贯彻落实中央16号文件的过程中，学校党委部署组织，在全校范围内开展了一次大规模的师德调研工作，在分析师德建设状况的基础上深入挖掘第一线教师在教书育人工作中的优秀典型和新鲜经验，开展正面教育，采取得力措施加强师德建设。在对这项调研进行分析总结的基础上，针对师德师风表现出的矛盾和问题，进一步提炼出了七个方面的师德要求："①树立坚定的理想信念，忠诚党的教育事业；②正确处理好教学与科研的关系，确保对教学工作的投入；③提高教书育人的责任意识，主动利用各个教学环节挖掘思想政治教育资源；④从思想上关心爱护学生，热情参与和支持学生思想政治教育；⑤言传身教，为人师表，做学生的良师益友；⑥淡泊名利，潜心学术，严谨为学，诚信为人；⑦艰苦奋斗，团结协作，严于律己，甘为人梯。"这些要求把《清华师德》的主要内容具体化，是学校加强教书育人工作的有效措施，贴近实际、贴近基层、贴近教师，有利于加强和改进师德建设。

（三）表彰师德先进

学校设立了多项奖励措施对在教书育人工作中成绩突出人员进行表彰，这些奖项的获奖条件首先是师德。从1995年和1996年起分别设立了"学术新人奖"和"青年教师教学优秀奖"，表彰在科学研究和教学工作中取得优异成绩的青年教师。首项获奖条件即为"热爱教育事业，道德高尚，为人师表，遵纪守法"。截至2010年底，已有164人获得"学术新人奖"，161人获得"青年教师教学优秀奖"。2003年，为纪念学校开展教书育人活动20周年，为119名教师颁发了"清华大学教书育人奖"。2004年，学校又特别设立了"清华大学突出贡献奖"，每2～3年评选一次，是学校对在人才培养和学校发展中作出突出贡献者的最高奖励。至2010年已经评选3届，黄克智、金兆熊、吴良镛、赵南明、钱易、赵纯钧光荣获奖，他们都是在教书育人工作中取得突出成绩、师德高尚、深孚众望的优秀教师。学校每年教师节前都隆重举行表彰大会，表彰先进的激励措施在教师队伍建设和师德建设中发挥了显著的导向作用。

（四）加强典型宣传

学校宣传部门加强舆论引导，高扬主旋律，充分利用校报、网络、闭路电视、橱窗、宣传栏等各类宣传渠道，坚持开展对优秀教师、师德标兵的宣传报道，营造良好舆论氛围，形成弘扬高尚师德的校园文化。

2005年，党委宣传部组织力量，在广泛调研的基础上，精选了68个案例，编写了题为《有一种感动叫师德》的宣传教育手册，作为先进性教育活动的辅导材料正式印发给全校的教职工党支部。学校组织力量编辑出版了《清华名师谈治学育人》一书，精选了不同历史时期的60余位清华学者、教育家治学之道和从教心得，并向青年骨干教师赠送。校报《新清华》近年来开辟了"教师风采""我的教学生涯口述实录""清华史苑"等栏目，基本上做到每期都有对优秀教师先进事迹的报道和对清华人物的宣传；清华电视台通过新闻、访谈、专题片等方式，及时报道教书育人工作的优秀典型；"清华新闻网"和"藤影荷声网"都开辟了"清华人物"专栏，长年不断线地宣传优秀教师。在每年的教师节前后，结合表彰优秀教师活动，宣传部门更是加大宣传力度，形成宣传高潮。

（五）建立并完善相关制度

学校师德建设的各分工部门先后制定了《清华大学教职工共产党员若干行为规范》《清华大

学教师担任本科教学工作的暂行规定》《清华大学首次开课教师达标条例》《清华大学本科生班（年级）主任工作暂行条例》《清华大学研究生指导教师职责》《清华大学关于研究生课程教学工作的若干规定》《清华大学教学成果奖励办法》《清华大学关于评选"青年教师教学优秀奖"的试行办法》《清华大学关于教学责任事故的处理规定》《清华大学关于加强实践教育的若干意见》等多项制度文件。这些意见、规定和办法从行为准则、岗位职责、业绩评价、奖惩激励等不同角度提出了师德标准的全方位要求，体现了师德建设工作的指导思想、工作目标、基本思路，形成了师德规范的管理体系，从而使得师德建设工作目标明确、有章可循，为不断加强和改进师德建设提供了强有力的制度保障。

学校师德建设不断深化发展，在师德水平普遍提高的同时，涌现了一大批先进典型。2003 年以来，教师中有 1 人获得"全国先进工作者"称号，2 人获得"全国模范教师"称号，1 人获得"全国优秀教师"称号，1 人获得"全国师德先进个人"称号；15 人获得教育部"高等学校教学名师奖"，59 人获得"北京市师德标兵""北京市师德先进个人""北京市优秀教师""北京市高校孟二冬式的优秀教师"等称号；校工会获得"北京市师德建设先进集体"称号。

五、精神文明建设工作

经过几代清华人的不懈努力，清华大学形成了以"自强不息，厚德载物"校训、"行胜于言"校风、"严谨、勤奋、求实、创新"学风、"爱国奉献、追求卓越"和"人文日新"精神为核心的精神文化。学校把培养中国特色社会主义事业的合格建设者和可靠接班人作为办学的根本任务，在抓好各项工作的同时，把学校的精神文明建设放在突出的位置上，坚持以中国特色社会主义理论体系为指导，将社会主义核心价值体系融入学校工作的各个方面，推动精神文明建设不断发展，使全校师生员工保持健康向上的精神面貌，保证教学、科研等各项工作的顺利完成。

为了保证学校精神文明建设的经常性和规范化，学校成立了精神文明建设领导小组，2002 年之后调整为精神文明建设委员会，加强对精神文明建设的领导。由党委主管副书记和主管副校长领导委员会的工作，有关部处的负责人担任委员，统一领导和协调全校精神文明建设。委员会办公室设在党委宣传部，负责具体落实委员会的意见和协调学校精神文明建设的各项工作。学校将干部理论学习、师生员工的思想教育、师德师风和学风建设、校园文化活动和校园环境建设纳入精神文明建设，形成学校统一规划领导、各部门齐抓共管、分工负责的精神文明建设格局。每年，学校精神文明建设委员会都要召开会议，检查总结过去一年精神文明建设的推进情况，确定本年度精神文明建设的重点工作，并责成有关部处分工落实。

学校党委高度重视法制宣传教育工作，将其纳入每年的精神文明建设工作计划之中，进行统一部署、分工实施。学校通过每年的全校中层干部学习班和党风廉政宣传教育月等活动，将法制教育的内容贯穿其中。同时，学校坚持把在校学生的法制宣传教育作为工作重点，采取课内课外联系、校内校外联动的形式，把面向大学生的法制宣传教育搞得有声有色。学校还坚持将教师法制教育纳入教师队伍的培训计划中，把教师掌握法律知识、树立社会主义法治理念、提高法律素质以及依法施教能力、维护学生合法权益等作为对教师考核的重要内容。在清华园街道社区中，以街道干部和社区居民为主要对象，采取多种形式，广泛开展法制宣传教育和法律进机关、进社区活动。按照责任分工，各有关部门积极推进法制宣传教育工作落实，形成了宣传和学习法律

“两头热”，使法律意识和法律知识深入人心。清华大学获得北京市“五五”法制宣传教育先进集体的荣誉称号。

在上级党委的领导和广大师生员工的支持下，经过坚持不懈的努力，清华大学精神文明建设取得了可喜的成绩。

获奖情况统计：

1995 年被评为首都“精神文明建设标兵”单位；

1996 年被评为“首都文明单位标兵”；

1997 年被评为“首都文明单位标兵”；

1998 年被评为“首都文明单位标兵”；

1999 年获得“全国精神文明建设先进单位”称号，被评为“首都文明单位标兵”，被首都精神文明建设委员会授予“首都创建文明单位示范点”；

2000 年被评为“首都文明单位标兵”；

2004 被评为“首都文明单位标兵”；

2005 年被评为“全国文明单位”“首都文明单位标兵”；

2006 年被评为“首都文明单位”；

2007 年被评为“首都文明单位标兵”；

2008 年蝉联“全国文明单位”称号“首都文明单位标兵”；

2009 年被评为“首都文明单位标兵”。

六、新闻宣传工作

（一）初期新闻宣传工作

“文化大革命”结束之后，伴随着各项事业的发展，清华大学开始初步建立了一个对外新闻宣传（包括国内和国外）的基本网络，新华社、《人民日报》《光明日报》等主流媒体一直和清华大学保持着良好的联系。由于当时舆论环境，对国外的新闻宣传尚处于起步状态。

1982 年 10 月 6 日，在中华全国新闻工作者协会的组织下，清华大学接待了 60 余名中外记者的采访，120 余名清华师生参与了接待。前来采访的媒体包括美国《纽约时报》《华尔街日报》英国广播公司、越南通讯社、《挪威晚邮报》等多国媒体以及新华社、《中国日报》等国内权威的媒体，采访也取得了较好的效果，扩大了清华大学在国际上的声誉和影响。

1989 年 5 月，为适应学校试行校长负责制，学校成立宣传教育处，从学校行政方面进一步加强宣传教育工作。

1991 年 2 月 2 日，清华大学进行了科技新闻发布会，就校办科技产业、重点科研项目、科研工作总体进展进行了新闻发布。

1991 年 4 月 27 日，清华大学举行了 80 周年校庆新闻发布会，对实践教学、人才培养、学风建设、科研成果等做了集中宣传。

1992 年 8 月 28 日，清华大学召开了新闻发布会，介绍了招生、人才培养的情况。

总体而言，新闻宣传的规模和次数在 90 年代之后呈现逐渐增长的趋势，主动宣传的比例也逐年增加，较好地适应了清华各项事业发展的需要，也适应了媒体对于清华新闻报道的需要。

（二）新闻中心成立

为适应建设世界一流大学对学校宣传工作的要求，加强在国内外新闻宣传中对学校整体形象的设计和把握，1996 年 3 月 14 日，经 1995—1996 学年度第 10 次校务会议讨论，决定成立清华大学新闻中心。1996 年 4 月 15 日，清华大学新闻中心成立暨新闻界联谊大会召开，新闻中心正式宣布成立，同时撤销宣传教育处。

新闻中心设立总编室、外宣组、《新清华》编辑部、清华电视台、清华广播台和摄影组。校党委常委、党委宣传部部长庄丽君出任新闻中心首任主任。作为全国高校首个成立的新闻中心，新闻中心自成立以来，在校内外新闻宣传方面开展大量卓有成效的工作，开拓了清华大学新闻宣传的崭新局面。

1996 年 12 月，根据北京市教委《关于进一步加强北京市教育系统对外宣传工作的通知》的要求，学校批准成立清华大学外宣工作小组，组长由主管外事工作的副校长担任，副组长由党委办公室主任、新闻中心主管对外宣传的副主任、外事办公室副主任担任。2005 年，学校成立海外宣传办公室，统一组织协调管理海外宣传工作。

为适应学校新闻宣传工作面临形势和任务不断发展的需要，新闻中心于 2000 年设立新闻科并建立了值班记者制度，2001 年建成开通清华新闻网，2010 年设立网络科。

2000 年 4 月，新闻中心编辑出版了《清华大学 1999 年年报》，介绍 1999 年清华大学的总体情况。2001 年，在编辑出版《清华大学 2000 年年报》的基础上，编辑出版《清华大学概览》。之后在每年校庆前编辑出版前一年度的《清华大学概览》（中英文版），全面介绍清华大学的总体办学情况。从 2010 年起，《清华大学概览》（中文版）继续由新闻中心负责编辑出版，与之相配套的英文版宣传材料的编写工作由海外宣传办公室负责。此外，新闻中心自 2007 年起不定期编印《清华大学画册》。

新闻中心历任主任：庄丽君（1996 年—2002 年）；韩景阳（2002 年—2003 年）；邓卫（2003 年—2008 年）；向波涛（2008 年—　）。

（三）90 周年校庆的新闻宣传

2000 年 12 月 13 日，王大中校长、贺美英书记听取了新闻中心“90 周年校庆宣传工作准备情况”和“校庆 90 周年对外宣传策划”的汇报，并原则通过了对外宣传策划书，90 周年校庆的新闻宣传工作进入了准备阶段。随后学校专门成立了校庆新闻中心，负责组织实施 90 周年校庆新闻宣传工作。

校庆办公室和新闻中心先后向教育部、中央宣传部、中央办公厅汇报校庆准备工作，争取上级单位的支持，并于 2001 年 2 月 27 日和 4 月 3 日，分别举办了 90 周年校庆新闻宣传选题策划会和 90 周年校庆新闻发布会，向媒体记者发放了《清华大学 90 周年校庆宣传参考资料（一）》《清华大学 90 周年校庆宣传参考资料（二）》，内容包括清华历史、清华精神和传统（校训、校歌的由来、解释等）、清华人物、清华“九五”期间最新成果、清华校庆 90 年通稿等，为新闻界提供了丰富的稿源和采访线索，并与重要媒体联合策划实施了一系列重要的报道选题。

通过新闻中心广泛、深入和扎实的工作，清华大学建校 90 周年活动受到社会的广泛关注，报刊、电视、广播、网络作了大量的报道。据不完全统计，从 4 月 3 日至 4 月 30 日，在京各大报刊对清华校庆的报道约 580 篇，其中长篇报道、评论员文章 42 篇；中央电视台、香港凤凰卫视中文台等播放电视专题片 16 部（种）；中央人民广播电台、中国国际广播电台向海内外作了大量的报道；新华网、人民网、新浪网、千龙网、首都在线（263 网）、搜狐网、中国校园、易得方舟网等 8 大网站对清华 90 周年校庆制作了专题，发表文章约 1 600 篇，文字总数超过百万，访问量超过 1 500 万人次。新闻界对清华历史、清华精神、清华人物、清华科技作了全面的报道，其中最引人注目的是对清华精神和清华传统的报道，以清华校训“自强不息，厚德载物”为代表的清华精神在全社会得到广泛的传扬。

从 2001 年开始，新闻中心加快步伐，从对外新闻宣传工作制度、宣传品制作、宣传阵地建设等入手，开拓学校对外新闻宣传工作的新局面。

（四）新闻发布制度

随着校外媒体对学校采访需要的日益增加，为进一步规范学校新闻采访工作，2001 年至 2002 年，新闻中心先后制定《清华大学新闻宣传管理办法》《清华大学外宣工作细则》《清华大学校级新闻发布会的有关规定》《清华大学关于突发事件新闻报道的有关规定》《新闻中心重大活动新闻报道的有关规定》《新闻中心实行新闻分级制的有关规定》等文件，为规范管理奠定了基础。

2004 年 7 月，校务会议讨论通过《清华大学对外新闻发布工作管理规定》《清华大学校内突发事件新闻报道管理办法》《清华大学关于校内刊物的管理规定》三个校级管理规定，对以学校名义进行的对外新闻发布和突发事件的新闻报道进行规范，明确了学校对外新闻发布的工作原则、发布形式以及突发事件新闻报道实行归口管理、授权发布的工作机制。同时对各单位主办的校内刊物进行了规范。同年，新闻中心还制定《关于举办清华大学新闻发布会的管理办法》，对清华大学新闻发布会的举办条件、组织与管理等进行了规范。

根据《清华大学对外新闻发布工作管理规定》，在各部处、各院系设立新闻宣传工作负责人，统筹管理本单位新闻宣传的各项工作事宜。新闻中心每年组织对新闻宣传工作负责人进行培训。全面推动学校对外新闻宣传工作的规范化、制度化建设。

2005 年 6 月，制定《关于设立清华大学新闻发言人的暂行规定》，明确设立清华大学新闻发言人，在学校党政的领导下开展工作，代表学校就学校的重要决策、重要规章制度和重大活动，以及校内突发性事件和社会高度关注的热点问题等，正式对外发布新闻、声明和有关信息，阐明学校立场和意见。同时建立清华大学对外新闻发布工作的协调机制。

依据《关于举办清华大学新闻发布会的管理办法》，2006 年 8 月起，作为提升对外新闻宣传工作有效性的一项重要内容，新闻中心大力推进新闻发布会制度，清华大学新闻发布会由过去每年的 1～2 次发展到基本上平均每月 1 次。新闻发布会制度的规范运行，对彰显清华办学理念，传递正面信息，引导媒体舆论，加强清华形象整体建设起到了积极的引领作用，取得良好的传播效果。

2008 年开始，新闻中心注重借助重要的社会网站积极开展网络访谈形式的网络宣传，顾秉林校长分别做客新浪网、人民网视频直播间与网友互动交流，一批知名专家先后在新华网、人民网、新浪网等参与网络访谈，从 2009 年开始与新浪网合作开展高考招生的网上信息发布与咨询活动，知名教授和招生教师与考生和家长网络实时互动，获得强烈反响。

（五）百年校庆宣传工作

2009 年秋季学期开始，新闻中心开始着手制订百年校庆的宣传计划。2009 年 9 月 17 日，新闻中心和百年校庆办公室共同召开百年校庆标志发布仪式暨新闻发布会，百年校庆宣传工作拉开了帷幕。2010 年 2 月，在开展大量调研、研讨工作的基础上，整合各方的意见和信息，拟订和多次修改形成《清华大学百年校庆宣传工作方案》。

校党委分管领导和宣传部主要负责人多次与中宣部、教育部的有关部门负责人商讨中央媒体的宣传安排，并与新华社、人民日报社、中央电视台等重要中央媒体以及其他具有重要影响力的社会媒体深入探讨，召开工作协调会和媒体策划会，制订了详细的宣传方案。中宣部新闻局、文艺局先后对百年校庆的中央媒体宣传重点进行部署，保障了权威的主流媒体对清华大学百年校庆宣传的强度、规模和持续性。

在 2010 年 4 月 25 日的 99 周年校庆日当天，百年校庆年启动仪式暨新闻发布会在主楼接待厅举行，百年校庆宣传工作全面展开。2010 年 4 月 25 日到 2010 年底，新闻中心共组织新闻发布会 14 场，新华社发稿 97 篇，中新社发稿 96 篇，《人民日报》发稿 93 篇，《人民日报》（海外版）发稿 22 篇，《光明日报》发稿 79 篇，全国其他平面媒体、广电媒体和网络媒体也都进行了广泛报道，为迎接清华百年校庆营造了良好的舆论氛围。

七、宣传阵地和媒体

（一）校报《新清华》

清华校报历史悠久，源远流长。早在清华学校时期，《清华校刊》便于 1926 年创刊。报纸为 4 开 4 版，内容以校方公告和新闻为主，截至 1927 年 5 月停刊，共出版 32 期。

1927 年 9 月出版《清华学校校刊》，每周一期，假期酌定，刊发布告、要闻、公牍摘由、会议记录、公告等内容，由本校学生编辑及经理，由校评议会决定，归学校办理。截至 1928 年 6 月，共出刊 36 期。

1928 年改建国立清华大学，同年 10 月 29 日《国立清华大学校刊》创刊。报纸仍为 4 开 4 版，设有文告、校闻、专载、学术消息、余墨等 5 个栏目。正刊每周一、三、五出版，周六出版国际文艺、科学社会问题研究增刊。编辑部设总编 1 人，编辑 2 人，特约新闻通讯员及增刊特约撰稿人若干。郭廷以出任首任总编辑，国立清华大学校长罗家伦及著名学者朱自清、冯友兰、叶企孙等都是特约撰稿人。抗战时期，学校南迁，校刊于 1937 年停刊，共出版 848 期。学校复员清华园后又于 1947 年 2 月复刊，1948 年 10 月 1 日出至复刊第 56 期时停刊。此时曾一度由 4 开改为 8 开版。

新中国成立以后，《人民清华》于 1950 年 11 月 1 日创刊。报名为集毛泽东主席笔迹，报纸每周一期，仍为 4 开 4 版，由《人民清华》出版委员会负责编辑出版，在宣传人民当家做主、推动思想改造运动、贯彻党的方针政策、促进学校各项工作的开展等方面起到了积极的作用。1952 年院系调整期间《人民清华》停办。

1952 年底，蒋南翔校长来校工作。1953 年 2 月 25 日，校务行政会议决定：为报道学校情况，交流教学经验，领导政治学习及反映群众意见，从下学期出版校刊《新清华》。同年 3 月 21 日，校务委员会决定成立校刊编辑出版委员会，由 9 人组成，周寿昌为召集人，郭道晖为总编辑。1953 年 4 月 2 日，《新清华》创刊。报名为我国著名机械工程学家、副校长刘仙洲教授题写。报纸设有公告、校内新闻、校闻简讯、教学简讯、团的生活、系级动态、文化体育生活、读者来信等栏目。最初的报纸在北方印刷厂印刷，1953 年下半年学校成立印刷厂后改为校内印刷。从 1953

年创刊到1966年6月4日因“文化大革命”被迫停刊，《新清华》共出版了791期。

“文革”期间，清华成为“重灾区”。1970年6月23日创刊的《清华战报》成为那个时期的舆论工具。《清华战报》共出版223期，直到粉碎“四人帮”后的1977年12月停办。

“文革”结束后，1978年1月，校报采用《清华大学》的刊名开始出版。这一时期的校报作为党委的机关报，在宣传党的方针政策，拨乱反正及恢复、整顿工作中发挥了重要作用。

随着拨乱反正的进一步深入，1979年3月，清华校报也恢复了《新清华》刊名，期号延续《新清华》原来的号数。复刊后的《新清华》为旬报，逐步设立了《闻亭钟声》《改革之窗》《中青年学者述林》《在社会的课堂里》《社团生活》等栏目，恢复或设立了《水木清华》《时代》等副刊，印数达7 000份。

1992年，在改革开放的新形势下，《新清华》进行了改版，固定为每星期五出版的周报，由创刊后沿用近40年的手工排版、铅印，正式改为计算机排版、胶印，每期容量扩大到两万字，推出了《清华人剪影》《清华园论坛》《党的生活》《在团旗下》《荷塘随笔》《清华体育》《水木清华》《社会课堂》《理论园地》《校友足迹》《编读沙龙》《大学生之家》《望窗》《文萃》等20多个专栏、专刊和副刊。

1999年1月19日，《新清华》经国家新闻出版署批准，被编入了国内统一刊号高校校报系列，国内统一刊号为CN11-0802/（G），成为具有正式刊号的报纸。

2004年2月27日，《新清华》自1554期开始进行了全新改版。改版后的《新清华》以“宣传政策方针，体现办学方向；传承校园文化、树立清华形象；报道时事要务，反映师生思想”为办报宗旨，努力将校报建设成为学校的形象建设基地和人才实习基地，立志打造高品位的、时代色彩浓厚的精品校报。在高校校报普遍进行小报改大报、黑白改彩色的改版风潮中，仍保留4开周报和黑白印刷，使用清华校色——紫色作为报头和副刊报头基本色，将校徽图案融入报头设计，借鉴国际流行版式，进行了全新的视觉设计，版面更为现代，内容更加丰富、迅捷，在办报理念和专业化办报上取得了跨越式发展，在国内校报中独树一帜，特色鲜明。

改版后的《新清华》紧密围绕学校建设世界一流大学的中心工作，努力贴近师生需求，精心策划，精深采写，精美编排，以强有力的主题宣传力度弘扬主旋律，在“集束式”“组合式”的报道方式上进行了有益探索。目前开设的主要栏目有：《清华史苑》《清华园评论》《教师风采》《我的教学生涯口述实录系列》《清华视觉》《清华人物》等。

《新清华》非常重视“办报育人”工作，下设清华学生记者团，在新闻采写、专题报道上发挥了重要作用。记者团还负责采写《学生副刊》，每期4个版面，以生动的笔触和精美的摄影、文字作品全面反映校园文化和学生生活。

《新清华》不断加强电子版建设，1996年就开设了电子版，是全国高校中最早推出电子版的高校校报。2007年进行了电子版改版，发布《新清华》多媒体电子报，使读者在网上就可轻松读报。2008年7月，《新清华》在全国高校中首创并推出了校报“邮件版”，将每期报纸的精彩内容通过邮件发送到全校11 000多个教职工信箱，成功实现了纸质媒体的网络发行。《新清华》的发行量最高时曾达到16 000余份，目前为13 000余份。发行范围覆盖全校、清华园社区、各地校友会以及部分全国重点中学。

目前，《新清华》编辑部是中国高校校报协会和北京市高校校报研究会的团体会员。发表在《新清华》的作品在全国高校校报好新闻、北京新闻奖、北京高校校报好新闻等评选中屡获佳绩。2010年1月，在北京市高校校报评估中，《新清华》被评为“北京高校优秀校报”；2010年7月，在首次进行的全国高校校报评估中，《新清华》被评为“全国高校优秀校报”。

《新清华》历任负责人（主编）：郭道晖（1953 年—1957 年），唐绍明（1958 年—1961 年），张正权（1961 年—1966 年和 1979 年—1985 年），谢新佑（1985 年—1989 年），汪广仁（1989 年—1993 年），范宝龙（1993 年—2000 年），梁恩忠（2000 年—2004 年），卢小兵（2004 年—　）。

（二）清华电视台

清华大学校园电视的发展最早可追溯至 20 世纪 80 年代。当时，主要是对学校重要活动、重要工作进行新闻拍摄或制作专题片，并报送给中央电视台等播出。

1989 年，校内闭路电视网络系统开通。1990 年 3 月，正式成立清华闭路电视台，由党委宣传部和电教中心双重领导。宣传部委派负责人兼责任编辑，电教中心设有专门的场地和设备，配备专职技术人员和播音员。开播后，覆盖面占全校教职工总户数的 90%，收视率达 70%以上，成为学校传递信息、进行思想教育的重要渠道之一。

从 90 年代中期开始，电视台逐步完成电教中心和宣传部（新闻中心）相关人员从工作融合到编制融合的转变。2002 年底，办公场地搬至振动小楼，完成硬件平台的全面升级换代，建设了专业演播室。1997 年学校在学生宿舍区开通闭路电视网络，1998 年学生频道开播。

2004 年起，电视台进行节目改版：《清华见闻》增加为每周二期，每年播出上千条新闻资讯；增设每周一期的《媒体清华》栏目，每年介绍约 400 条校外媒体的报道；增加滚动播出的图文信息，每周三期，每年播发信息、通知约 1 500 条；与离退休处共同开办面向离退休教职工的专栏《清园春华》，每 2 周一期；指导学生记者制作以《TV 清华》栏目为代表的电视节目，每 2 周一期。

电视台积极围绕学校中心工作和世界一流大学的建设进程，运用新闻报道、栏目专题、实况录像等形式的节目，主要面向全校师生员工宣传和报道学校的重大事件、政策举措、基层工作及制作播放各种知识、人物、生活、文化类节目。

同时，电视台为校内外有关单位、媒体提供大量素材和节目，与中央电视台等联合摄制一批节目，与中国教育电视台联合进行《国家教育专家多媒体资源库》的人物专访摄制；开通网站，实现网络电视直播和网上点播，并与多家网络媒体建立合作。先后实施视频素材数字化采集及《清华史歌》人物抢救性采访等项目。成为中国教育电视台记者站，被推选为中国教育电视协会副会长单位。2010 年作为发起单位之一，被推选为新成立的中国教育电视协会高校电视专业委员会常务副主任单位。《我和总理面对面》《清华师生喜迎国庆 60 周年》《八天七夜》等 20 余部节目在历届全国优秀教育电视节目评比中获得一等奖等，被评为“全国教育电视先进集体”；《蒋南翔》获得教育部“2006—2007 优秀教育新闻”电视类三等奖。另有多部节目在教育部、北京市等单位组织的评选活动中获奖。1992 年被评为校先进集体。《清园春华》电视栏目组被评为 2009 年度校级“先进集体”。

建有近百人的学生记者团队伍，从 2000 年起每年招收播音主持专业艺术特长生，开设有“电视节目制作与实践”“媒介素养综合知识与实践”等全校选修课。

从 2009 年开始，为迎接百年校庆，电视台进行全环节业务平台的数字化升级和业务流程的优化再造，实现新闻节目的随时编辑和播放、推出多媒体多窗口大容量的电视资讯杂志、打造 24 小时同步在线的网络直播电视，并启动媒体资源库和学校音像档案库的数字化建设。

清华电视台历任负责人（主编）：郭杰（1990年—1996年）；周济、李建保（1996年—1997年）；祁金利（1997年—2003年）；覃川（2003年— ）。

（三）清华新闻网

清华新闻网是清华大学对外新闻的权威发布平台，分设有中文版和英文版。清华新闻网以发布学校各类动态新闻为主，多角度、全方位反映学校各方面的工作。中文版主要栏目包括《头条新闻》《综合新闻》《媒体清华》《清华人物》《教学科研》《招生就业》《国际合作》《校园写意》《校友动态》《紫荆论坛》《清华史苑》《高教视点》《社会服务》《领导讲话》《视频新闻》《图片新闻》《专题新闻》《信息预告》《清华展览》等。英文版主要栏目包括“Top News”（头条新闻）、“Latest News”（综合新闻）、“Events”（信息预告）、“Features”（特写）、“Tsinghua in the News”（媒体清华）、“Picture News”（图片新闻）、“Campus Pictures”（校园图片）等。

2001年2月，清华新闻网（中文版）正式开通，2001年3月，清华新闻网（英文版）正式开通。

2003年2月21日，清华大学荷园食堂发生爆炸案，新闻网在第一时间发布了权威消息，该条消息当日点击量突破5万次，对于迅速安定人心起到了重要的作用。同时，也确立了清华新闻网的学校消息权威发布平台的地位。

在2003年春夏之交抗击SARS的战斗中，新闻网发挥自身优势，积极配合抗击SARS的战斗做好新闻宣传工作。在及时准确发布我校抗击SARS的消息的同时，针对社会各界、特别是学生家长对学校的关注，新闻网开展了“非典心情”征文活动和“阳光灿烂的清华园”摄影比赛，在网上建立了《白衣战士之歌》《学生家长来信》《非典日记》等专题和《家长学生真情互动》栏目，深入跟踪报道顾秉林校长与学生家长的通信，取得良好的社会效果。

2002年9月，正式开通视频新闻栏目。2003年11月10日，美国前总统、国际防治艾滋病基金会主席克林顿出席“清华大学AIDS与SARS国际研讨会”并发表专题演讲。清华新闻网进行了独家网络视频直播。这也是清华新闻网首次独立进行网上视频直播。

新闻网建立以来，共进行了6次改版。2010年4月，经过精心策划，在99周年校庆之际，清华大学新闻网进行了建网以来最大的一次改版。经过历次改版，新闻网着力突出重要新闻特别是头条新闻的冲击力，以大标题、大图片、重要位置突出重点内容；调整原有栏目的设置和布局，先后增加《清华人物》《清华史苑》《校园生活》《视频新闻》《百年校庆》等栏目，不断丰富报道内容；在网页设计上，经过不断优化，形成了重点突出、图文并茂、色彩丰富、版面明快、便于阅读的页面风格。

2004年7月8日，清华新闻网域名由http：//news.cic.tsinghua.edu.cn更改为http：//news.tsinghua.edu.cn。新的域名符合专业新闻网站的常用名称，与清华大学新闻网的名标有较好的呼应，更方便受众的浏览访问。2009年11月，清华大学校内综合信息门户（http：//info.tsinghua.edu.cn）同步显示清华新闻网的头条新闻，扩大了新闻网在校内师生中的覆盖面和影响力。

2006年4月，组建了以新闻网为主要服务对象的新闻中心学生通讯员队伍，在校团委、研团委和校学生会、研究生会等各个学生口设学生通讯员，加强了新闻网对校内学生活动、校园生活方面的新闻报道力度。

清华大学新闻网自创建以来，一直处于国内高校新闻网的领先地位。截至2010年底，新闻网中文版发表文章 25 560 篇，访问数超过 1.7 亿次；英文版发表文章 2 000 余篇，访问数 80 余万次。2007 年 12 月，在“全国高校百佳网站”评选中，《清华大学新闻网》荣获“十佳高校新闻网”第一名。新闻网的《头条新闻》《清华人物》《清华史苑》等栏目，新闻专题《纪念“争取至少为祖国健康工作五十年”口号提出五十周年》《奉献奥运清华人》《清韵烛光——首届清华大学“我最喜爱的教师”》等多次获得北京新闻奖（高校新闻系列）一等奖。

《清华大学新闻网》历任负责人（主编）：庄丽君（2001 年—2002 年），蒋耘中（2002 年—2004 年），周月红（2004 年—2009 年），于世洁（2009 年—2010 年），于世洁、王君超（2010 年—　）。

（四）藤影荷声网

“藤影荷声”网站由清华大学党委宣传部主办，始建于 2001 年 2 月，作为面向学校教职工的思想文化网站，开设了学习园地、清华文库、大礼堂、经典文献、教育视点、科技视点等 6 个栏目，在教职工思想政治教育工作中发挥了积极的作用。

2005 年底，在学校进行的保持共产党员先进性教育活动中，作为清华大学先进性教育整改措施的重要内容，“藤影荷声”网进行了全面的改版。改版后的“藤影荷声”网以基层党支部和教职工中的党员为对象，突出理论教育和形势政策教育功能，按照“理论学习园地、支部生活之家、党务信息平台、清华文化荟萃”的要求，开设了《时政要闻》《形势与政策》《理论学习中心组》《党建信息》《支部书记沙龙》《支部家园》《校领导讲话》《校园热线》《党务指南》《经典文献》《清华文化》《党风廉政建设》《人物风采》《清芬论坛》《音像中心》《学习参考资料》《马克思主义与当代思潮论坛》等 21 个栏目，页面更加美观，内容更加丰富，是面向全校教职员工和基层党组织的思想政治教育网站，它为全校教职员工和基层党组织提供学习辅导和交流讨论的平台。

“藤影荷声”网站首页的日均访问量为 300 人次左右。面向基层，服务基层，“藤影荷声”网站进一步加强了学校党委与基层党组织的纵向联系，促进了基层党组织之间的横向交流，以实用、亲切的服务赢得了基层党组织和广大党员的欢迎。

（五）其他宣传阵地

从 2003 年 2 月开始，每月定期编辑《媒体清华》，反映校外媒体对学校的各方面报道以及外宣工作在媒体上的反馈。为了解校外媒体对清华的报道、把握舆论动向，制订相应的宣传计划奠定了基础。

2005 年 9 月，新闻中心创办了《今日媒体》，每个工作日对各大新闻媒体、新闻网站、主要 BBS 网站中有关清华大学和高等教育的新闻和热点报道进行整理，报校领导参考。《今日媒体》的发放范围后扩展到各部处、院系负责人。自 2009 年 11 月起，《今日媒体》新增栏目《英文媒体清华》，每两周刊出一期，搜集整理国外媒体关于清华大学的英文新闻报道，并根据新闻内容编写中文摘要。

在充分利用教学办公区宣传橱窗，积极做好以图片新闻宣传为主要形式的新闻宣传的同时，新闻中心与街道办事处密切合作，在校内居住社区中增建宣传橱窗，加大面向居民的校园新闻宣传。

2007 年推出系列清华宣传品下载服务：在学校信息门户网站开设《学校宣传资料下载》专栏，将由新闻中心制作完成的清华宣传品全部上载，校内师生可在网上直接浏览下载。同时清华新闻网也开设了《清华大学宣传资料下载》专栏，供校外人员浏览下载。

第九节　统战工作

一、概述

（一）统战工作的发展历史与工作范围

1936年7月，时任中共北方局代表、组织部部长彭真来清华向蒋南翔等地下党员骨干及民先队员等进行形势政策教育，提出工作的重点是建立抗日民族统一战线思想，争取教师支持学生爱国运动，争取29军官兵抗日。这是关于清华大学统战工作的最早记录。

西南联大时期（1937—1946），学校党组织的统战工作主要是争取张奚若、闻一多、吴晗等知名爱国教授的工作，促使一批民主人士走上革命道路，帮助他们建立民盟基层组织。学校复员清华园后，仍继续通过他们团结广大教师并影响校方，以支持学生爱国民主运动。

1948年12月15日，清华园解放。统战工作成为学校党委工作的重要组成部分，其宗旨是团结一切可以团结的力量，调动一切积极因素，为党和学校的总任务服务。

20世纪50—60年代，统战工作以党外知识分子，尤以当时的教授、副教授作为重点工作对象，并以他们作为学校的稳定因素，团结了学校各阶层知识分子；同时做好各民主党派工作，协助各民主党派发展成员，建立基层组织。学校党委非常关心党外知识分子的思想进步，帮助他们消除封建及资本主义的思想影响，同时做好对他们的安排、使用工作，推荐其中的代表人士担任各级人大代表、政协委员、青联委员、妇联委员等，不少人还担任了副校长、院长、系主任等校、系行政负责人，在各个岗位上为学校建设和国家发展作出了贡献。

“文化大革命”期间，众多统战对象受到冲击、摧残，统战工作停滞。

“文化大革命”后，统战工作的重点是拨乱反正、落实各项统战政策。学校在1979年7月的统战工作要点中指出：“全党工作重点转移到四个现代化上来，学校统战工作，一方面继续拨乱反正，另一方面要研究新时期、新情况、新问题，调动老教师的积极性，发挥他们在教学、科研等各方面的作用。”

20世纪80—90年代，学校统战工作有了较快发展，主要工作对象扩大为：党外高级知识分子，民主党派成员，少数民族学生及教职工，宗教人士，归侨侨眷、港澳同胞及亲属、台胞、在台人员亲属、港澳台侨学生，党外人大代表、政协委员、青联委员、妇联委员，各级各类党外监察员、检查员、督导员（后为国家督学）、政府参事、文史馆员等。这个时期中国民主同盟、九三学社的基层组织恢复了活动，并扩大为清华大学委员会；中国民主建国会、中国民主促进会、中国致公党、中国农工民主党均在清华大学建立了基层组织；清华大学归国华侨联合会成立；校党委进一步调动各民主党派、党外代表人士的积极性，在深化改革、扩大开放中作出了贡献。这一时期，学校开始招收港澳台侨学生到清华就读，并开始从边疆少数民族地区招收少数民族预科生。

进入21世纪，清华大学统一战线的工作范围包括：各民主党派成员、无党派人士、党外知识分子、少数民族人士、少数民族学生、有宗教信仰的人士、港澳同胞及在校就读的港澳学生、台湾同胞及其亲属（包括在大陆定居的台胞和就读的台湾学生）、出国和归国留学人员、海外侨胞和归侨侨眷、党外知名人士的遗属；工作重点是党外代表人士。

截至2010年底，全校高级知识分子（副高级职务以上）中，党外知识分子1 400余人，约占全校高级知识分子的39%，其中党外代表人士120人；共有7个民主党派在清华大学建立了基层组织（4个委员会、3个支部），近700名成员；归侨侨眷1 000多人；在校港澳台侨学生290多人；在校少数民族学生2 300人，约占学生总数的7%；党外的各级人大代表、政协委员以及各级各类特约工作人员，如政府参事、特邀监察员、检查员等60余人。

（二）领导体制与工作机制

1950年初，清华大学党总支设立了统战委员。

1951年9月，清华大学党委统战工作领导小组成立。

1956年6月，清华大学党委统战部成立。此后，每一届党委均设立统战部，并形成了党委书记主管、副书记或常委分管的统战工作领导体制。

“文化大革命”开始后，统战工作受到破坏。直到1977年，根据上级要求，清华大学党委恢复统战部，延续“文化大革命”前的领导体制。

20世纪90年代中期，为了加强统战工作、调配学校资源，学校形成了完善的统战工作领导体制和工作机制，即学校党委统一领导，校党委书记、常务副校长主管，一名校党委副书记或常委分管，统战部具体组织协调，有关部门分工负责、共同配合；院系一级由院系党委书记主管，并设置一名统战委员，负责联系本单位统一战线人士，落实基层统战工作；统战部长同时任校副秘书长，兼任港澳台办公室副主任。

（三）重要会议

每年召开全校统战工作研讨会，分管统战工作的校党委副书记、各院系党委主管书记、统战委员参加。研讨会针对热点问题邀请专家作主题报告、进行讨论交流、布置下一阶段工作。

从1999年开始，每届校党委都会召开全校统战工作会议。校理论学习中心组成员、校党委委员、党委各部门负责人、各院系和各单位党委书记，校机关行政负责人、院长、系主任中的党员干部，以及主管统战工作副书记、统战委员等出席会议。

1999年7月，召开全校统战工作会议。中央统战部副部长胡德平到会讲话，中央统战部研究室副主任罗广武作邓小平新时期统战理论辅导报告，知识分子局副局长靳志伟作知识分子情况调研与知识分子工作问题报告，国务院宗教事务管理局局长叶小文作宗教问题与宗教政策报告。校党委书记贺美英、常务副校长何建坤出席会议并讲话。

2002年9月，全校统战工作会议召开。中央统战部常务副部长刘延东作了《正确处理七大关系，开创高校统战工作新局面》的报告，国务院宗教事务管理局局长叶小文、国务院台湾事务办公室处长张万明分别作了主题报告。会后下发了《中共清华大学委员会贯彻落实〈中共中央关于加强统一战线工作的决定〉的实施意见》《清华大学统战干部工作提纲》《有关我校统战工作的若干制度、规定与意见》等文件。校党委书记陈希等领导出席会议。

2008年12月，学校召开全校统战工作会议。校党委书记陈希主持会议，中央统战部副部长楼志豪到会讲话，校党委常务副书记胡和平作了《深入学习贯彻全国统战工作会议精神，开创新世纪新阶段清华大学统一战线工作新局面》的报告。会上下发了《中共清华大学委员会关于加强新世纪新阶段统一战线工作的意见》，这是一份全面加强学校统战工作的指导性文件。

（四）制度建设

统战部成立以来，先后建立和形成多项制度，如甲组学习会制度，“神仙会”制度，通报会制度，参加会议、阅读文件制度，在教代会主席团、校监察工作委员会中任职的制度，参观考察制度等。随着情况的变化，这些制度规定不断完善和改进，形成了学校统战工作的优良传统。其中，重要的制度有：

交友制度：每位校院系党政领导联系1～2名党外代表人士，主动与他们交流，了解情况、沟通思想、排忧解难、增进感情，同时帮助他们提高政治素质和参政议政能力。

节假日看望制度：在节假日到统战人士家中进行看望，包括：民主党派负责人，无党派代表人士，少数民族代表人士，台湾籍教师及其亲属，党外知名人士的遗属，以及其他特殊党外人士等。

情况通报制度：学校通过通报会、座谈会、邀请参加中层干部学习等形式，向党外代表人士通报学校的改革举措、发展规划、出台的制度政策等，使他们了解学校的发展。每年全国“两会”召开前，学校向与会代表、委员通报学校近期情况，交流拟提交的议案提案。“两会”结束后，学校及校内有关单位邀请我校与会代表和委员传达精神。

征求意见制度：学校及各院系采用座谈会、研讨会等方式，征求党外代表人士的意见、建议。学校在领导班子换届和调整、制定五年发展规划、重大改革措施出台、一流大学建设等方面都向党外代表人士征求意见。每年校领导述职前召开征求意见座谈会，邀请民主党派负责人、无党派代表人士参加校领导述职会。

意见回复制度：对于民主党派组织和人大代表、政协委员等向学校提出的意见、建议，统战部用建议书、意见书、简报、《建言献策集》等方式上报给学校，并转给相关职能部门进行处理。2010年3月，统战部制定了《关于学校统战系统意见建议的回复办法》，要求有关部门在规定时间内答复反馈。

挂职制度：2005年6月，我校开始实行党外代表人士在校内外挂职制度。校内挂职一般在教务处、研究生院等行政部门挂职1～2年，由统战部推荐人选，组织部考察安排。

二、党外知识分子工作

党外知识分子特指没有加入中国共产党的知识分子，其中包括参加各民主党派的知识分子和没有参加任何党派的知识分子。

（一）1976年以前

20世纪50年代初，统战工作主要是贯彻党对知识分子的团结、教育、改造方针，关心党外知识分子的思想进步，消除封建及资本主义的思想影响，同时做好对他们的安排、使用工作，不少人担任了校、系行政负责人，发挥他们在各个岗位上的作用。解放初期，党外人士叶企孙任校委会主席，陈岱孙、张奚若、吴晗、钱伟长、周培源、费孝通等任常委并兼任各学院院长。1952年院系调整后，党外人士刘仙洲任副校长，钱伟长任教务长，张维、梁思成、章名涛、孟昭英、庄前鼎等任系主任，各系陆续配备党员任系秘书，协助系主任工作。

1952年初，学校在学习革命理论和积极参加土地改革、抗美援朝、镇压反革命三大运动的基础上，根据毛泽东主席提出的在文化教育战线和知识分子中开展一个自我教育和自我改造运动的号召，在教师中开展了一场自我思想教育运动。在听了周恩来总理的讲话和自我剖析，并提出“活到老、学到老”的号召之后，在自觉自愿的基础上，不少教师第一次拿起批评与自我批评的武器，进行了自我剖析，在不同程度上进行了思想交锋和思想改造。这次运动在清除封建思想以及亲美、崇美、恐美的思想方面收到了初步成效。

1952年9月，校党委书记何东昌在全校党员会上指出：今后学校的中心任务是面向教学，统战工作也应以团结教授进行教学改革为重点，并结合教学改革不断进行思想改造。蒋南翔任校长后，提出了“争取团结百分之百的教师”和“各按步伐，共同前进”等主张。学校组织了甲组学习会，由学校领导与知名教授共16人参加，学习内容主要有关于苏联社会主义经济问题文件、《实践论》《矛盾论》等。1958年11月，甲组学习会人数增加到50人，并分为两组。各系亦组织乙组学习会，由教授、副教授及部分讲师参加。

清华大学公共教研组党支部对物理教研组党支部某些同志在知识分子问题上“左”的认识及一些错误做法进行了纠正，学校党委认为此事抓得及时，且有典型意义，于1958年12月在全校统战干部会议上提醒各支部注意掌握好知识分子政策，后北京市委将有关材料上报中央，毛泽东主席对此材料作了批示。1959年1月6日，校党委召开教师党支委以上干部会，传达、学习贯彻毛泽东主席在《清华大学物理教研组对待教师宁“左”勿右》材料上的批示：“端正方向，争取一切可能争取的教授、讲师、助教、研究人员，为无产阶级的教育事业和文化科学事业服务。”要求全校各级党组织认真学习并以此检查统战工作。

1959年，在全国开展的“反右倾”斗争中，学校也围绕“三面红旗”的辩论，批判“新富农”道路。接着，在1960年初教育革命学术讨论中，把某些学术问题提高到政治方向和世界观的高度，不恰当地进行了批判。这些都伤害了不少党内外知识分子。

1960年8月，根据上级统战部门关于组织“神仙会”的部署，学校决定由工会和民主党派出面召开会议，组织教授、副教授、老讲师和民主党派成员220多人参加。会议贯彻“三自”（即自己提出问题、自己分析问题、自己解决问题）及“三不”（即不打棍子、不扣帽子、不揪辫子）的精神，围绕着国际国内形势、中央的有关方针政策以及学校的主要工作进行讨论。对前一段时间一些过“左”的做法提出了中肯的意见，当时叫做“吐瓜子”。1961年6月30日，蒋南翔在全校教师会上指出：“最近‘神仙会’有个好经验，说不抓辫子，不扣帽子，不打棍子，这样大家可以心情比较舒畅，可以畅所欲言地发表意见，通过这样，大家的芥蒂就减少了一些，接近了一些。”并再次强调，对全体教师“就是团结百分之百”，“各按步伐，共同前进”。

1962年，在广州召开的科学工作会上，陈毅副总理受周恩来总理的委托，对知识分子作出正确估计，宣布脱去资产阶级知识分子的帽子，重申我国知识分子绝大多数已是劳动人民的一部分。

1965年，大批教师与学生一起参加了北京市郊区农村社会主义教育运动，接受了教育。

“文化大革命”时期，党的知识分子政策受到严重破坏，在1969年清队整党中，千余名知识分子被错误定为专案审查对象。接着，2 000余名教师被下放江西鲤鱼洲农场劳动，相当多的人感染了血吸虫病。在 1973 年底的“反击修正主义回潮”以及 1975 年的“反击右倾翻案风”运动中，一批知识分子干部因抵制迟群、谢静宜的倒行逆施，被错误批判处理。

（二）1977 年—1987 年

“文化大革命”后，对党外知识分子的工作得到迅速恢复。

1978 年 7 月，党委恢复校组（相当“文化大革命”前的甲组）学习会，由学校党政领导与知名教授共 30 多人参加。大家先后学习讨论了毛泽东主席 1962 年《在扩大的中央工作会议上的讲话》和《光明日报》刊登的《实践是检验真理的唯一标准》等有关材料，并结合学校工作，畅所欲言，充分发表意见。

1979 年 7 月，学校统战工作要点中指出：“全党工作重点转移到四个现代化上来，学校统战工作，一方面继续拨乱反正，另一方面要研究新时期、新情况、新问题，调动老教师的积极性，发挥他们在教学、科研等各方面的作用。”

1980 年 4 月，学校召开统战工作会议，会上提出了统战工作要点，并由建筑系、水利系、自动化系、基础部等单位介绍如何落实党的知识分子政策，发挥老教师在各个方面作用的工作经验。

1980 年 6 月至 7 月，学校调查为老教授配备助手的情况，在 73 位老教授中，工作中需要配备助手的 54 人，其中已解决的 46 人，尚待解决的 8 人，学校陆续帮助他们进行解决。同时，对专家兼职过多的问题亦做了调查：在 107 位教授中，兼 20 职以上的 6 人，10～19 职的 15 人，4～9 职的 44 人。调查后对兼职过多的教授做了妥善的调整。以上两项措施均减轻了教师的负担，改善了教师的工作条件，提高了工作效率，反映比较好。

1981 年下半年，统战部会同有关部处调查了解教师工资调整、住房、医疗保健等各方面情况，并提出改进意见。

1982 年 10 月，学校举行庆祝水利系施嘉炀教授从事教育工作 50 年暨 80 寿辰活动，以表彰其为教育事业作出的贡献。为党外有突出贡献的老教授举办祝寿活动是统战特色工作之一，这一活动弘扬了他们的先进教育理念、优良的教育传统、润物无声的为学为人品德，密切了学校党委与党外知识分子的联系。

1985 年 2 月，学校对一至三级教授的遗属生活状况做了调查，提出了“关于统战对象遗属困难补助意见”，由人事部门组织实施。

1987 年 5 月至 8 月，学校对十年来落实知识分子及统战政策情况进行检查，整理出《清华大学关于落实知识分子及统战政策解决历史遗留问题的报告》上报北京市委。报告内容包括：平反冤假错案，清理档案，补发被扣工资，清退“文化大革命”中查抄的财物，解决夫妻两地分居及子女户口、入学和工作安排，腾还“文化大革命”中被挤占的私房以及对起义投诚人员、少数民族、宗教人士、归侨侨眷、台胞和去台人员等政策落实的情况，全面反映了 10 年来学校落实统战政策工作的基本情况。

（三）1987 年之后

20 世纪 80 年代末期，党外代表人士队伍进入新老交替时期，为加强我校党外代表人士队伍建设，学校党委努力做好对这些人士的发现、培养、选拔工作，并推荐他们到适合的岗位锻炼。

1987 年 9 月，经过调研，学校向市委统战部门举荐 28 名中年知识分子代表人物。

1988 年 11 月至 12 月，学校对部分 40～50 岁中年教师的工作负担、生活和身体状况开展调研，共调查 227 人，其中教授 16 人、副教授 127 人、讲师 84 人。调查结果认为，80%以上的教师工作繁重、生活水平偏低、身体状况不好。这一结果引起了学校及上级领导部门的重视，成为研究政策、改进措施的重要依据。

1989 年 10 月，统战工作要点中提出："要加强对党外知识分子情况的了解，做好新一代代表人物的发现和举荐工作。"当年 12 月，学校向中央统战部举荐党外中青年教师代表人物 24 人。1990 年 9 月，学校举荐上报了 21 名党外知识分子代表人物。

1991 年 4 月，学校调整了校组学习会成员，吸纳党外中青年教师，体现了学校新老交替的思想。学习内容仍以结合中央文件讨论学校工作为主，鼓励与会人员充分发表意见。

1992 年 5 月，学校党委召开统战委员会议，传达中央统战部《九十年代统战部门纲要》，并结合学校实际情况，进一步明确了学校统战工作的重点仍然是做好党外知识分子尤其是他们中的代表性人物的工作；强调推荐政治表现好、熟悉业务、积极肯干、密切联系群众的党外人士担任各级学术、行政领导和社会兼职，有重点地帮助解决工作和生活上的困难和问题。

1996 年 4 月，统战部开始举办年轻党外知识分子代表人士沙龙，2007 年之后变成为中青年党外代表人士沙龙。沙龙活动曾邀请学校相关部处负责人围绕学校的中心工作，如科研管理机制、收入分配制度改革、研究生培养机制改革等介绍有关情况，并听取年轻党外代表人士的意见建议；也曾针对"科教兴国""金融风暴"等时政、科技热点问题，邀请党外人士作主题报告。这一活动成为与中青年党外代表人士"交流信息、沟通感情、加强合作、促进工作"的平台，同时也近距离地考察了党外中青年骨干。

1997 年，统战部启动了党外代表人士骨干队伍建设计划（"631"计划），建立健全了骨干队伍和后备队伍数据库。主要做法是：在做好规划的基础上，着眼我校党外人士安排近中期变化，由校党委和统战部分别与各院系党委一起，对党外教师情况进行全面分析和推荐，确定后备人选名单。根据不同需要，选拔一部分作为重要岗位的后备人选，并进行教育和培养，定期听取各院系对人选情况的评价，及时作出补充和调整，实行动态管理。进入 21 世纪后，学校党委将"631"计划扩展为"12631"计划，即选拔和培养一支 120 人左右的党外代表人士及后备人选队伍，确定 60 人左右的后备骨干人选队伍，培养和推荐 30 人左右的优秀党外代表人士到全国和北京市人大、政协等重要岗位，争取努力培养和推荐出 10 位左右在各领域有杰出贡献的旗帜性党外代表人士。这一工作做法可以概括为："多方位"广泛发现选拔、"多渠道"精心培养考察、"多岗位"统筹推荐使用。

2005 年 6 月，学校开始试行党外代表人士挂职制度，统战部推荐两位党外人士挂职。到 2010 年底，共有 5 位党外代表人士在校机关行政部门挂职。学校党委还利用各院系行政换届的机会，安排党外代表人士进入领导班子。

2007 年 10 月至 2008 年 1 月，作为全国无党派人士政治交接主题教育活动试点单位，学校相继组织了自学、专题报告会、参加党的十七大精神学习班、研讨会、实地考察等活动。

2007 年 12 月，党外代表人士袁驷任副校长。

2008 年 12 月，为促进党外代表人士体验改革开放成果、交流建言献策经验、提高参政议政能力，学校开始每两年进行一次外出考察（隔年组织民主党派工作交流研讨会）：2008 年 12 月，前往深圳、珠海学习考察；2010 年 7 月，到浙江大学、上海交通大学、复旦大学交流学习，参观上海世界博览会。

2010年3月，为了使党外代表人士在学校的发展建设中更好地发挥作用、不断提高建言献策水平，统战部制定了《关于学校统战系统意见建议的回复办法》，要求有关部门在规定的时间内将答复反馈给提出意见和建议的相关组织和个人，并在一定范围内公开。统战部不定期将有关意见和建议汇编成《建言献策集》上报学校领导。

三、民主党派工作

（一）1966年前

解放初期，清华大学较早成立的民主党派组织有：中国民主同盟（简称“民盟”）清华大学分支部，九三学社（简称“九三”）清华大学支社。

1951年，根据全国统战工作会议提出的“要帮助民主党派发展成员并使他们进步”这一方针，学校制订了协助民主党派的工作计划。重点是配备干部，协助民主党派健全组织，做好发展工作。

1953年2月，学校总结并上报了《如何推动民主党派进行工作》的报告，指出：推动民主党派工作主要措施是吸收民主党派成员参加有关全校性活动的组织，如校委会等；学校行政布置中心工作之前，先召开民主党派联席会议，征求意见；建立民主党派联席会的制度，一般每月一次等等。此报告被北京市高校党委转发给北京市各高校。

1954年，学校在民主党派工作总结中提到，学校共有民盟和九三学社两个民主党派，民盟有盟员44人，九三学社有社员22人，共66人，其中担任副校长职务2人，正、副系主任13人，教研组主任24人。从总结中可以反映民主党派在学校中发挥了“配合学校各阶段中心工作，贯彻政策，统一思想，反映情况，进行工作”的重要作用。

1956年4月，毛泽东主席提出，在中国共产党领导下，与民主党派实行“长期共存、互相监督”的方针。7月，学校党委结合检查统战工作，与民盟、九三学社联合邀请了非党员教授召开了三次座谈会，座谈了民主党派在学校中的作用问题。随后，校党委召开民主党派负责人联席会，蒋南翔在会上指出：“监督作用提出后，民主党派的责任更为重大，要参与学校的领导，但这并不妨碍党的领导，而是促进党的领导更正确。”

1957年5月，中央统战部长李维汉邀请部分民主党派中央和市级组织负责人，座谈高校中民主党派的地位和作用问题，清华民盟及九三学社负责人陈士骅、陶葆楷出席了会议。陈士骅在会上谈到：“民主党派在学校中不应当像工会那样，只限于起保证作用，有些事情应该从排演设计到演出施工都能参与其事。”这个意见在会上得到李维汉的肯定。

1957年下半年，全国开展了反右斗争，校内有21名民主党派成员被错划为“右派分子”，“文化大革命”后全部得到平反。

1960年8月，学校根据上级统战部门关于组织“神仙会”的部署，决定由工会和民主党派联合出面召开“神仙会”。

1964年，学校提出更广泛地帮助校内民主党派工作，支持其成员参加所在党派中央和市委的组织活动。

“文化大革命”期间，民主党派被迫停止活动，其组织处于瘫痪状态。

（二）1978年—1989年

“文化大革命”后，民主党派组织恢复活动和组织发展。1979年，清华民盟支部、九三学社支社分别恢复组织活动，之后分别成立了委员会；中国民主促进会（简称“民进”）、中国民主建国会（简称“民建”）也相继成立支部。学校党委对民主党派工作的重点是加强与民主党派的沟通协商、团结合作。

1980 年 2 月，统战部、民盟支部、九三学社支社第一次联合召开春节茶话会，民主党派成员全体参加。校长刘达在会上表示，今后要经常召开民主党派座谈会，希望大家开诚布公，像一家人一样帮助党的领导。

1982 年 5 月至 9 月，学校组织各民主党派和党外人士共 167 人次，先后参观了房山区窦店村和南韩继的农村改革，崇文区商业、服务业经济体制改革以及北京内燃机总厂企业改革，以了解十一届三中全会后国家发生的变化。

1983 年，校党委根据中共中央提出的“长期共存、互相监督、肝胆相照、荣辱与共”的方针，进一步加强与民主党派、党外人士的沟通和协商制度，定期邀请校内人大代表、政协委员、民盟及九三学社负责人参加座谈会、情况通报会，发挥他们参与民主管理和民主监督的作用；解决民主党派办公室（设在古月堂）及相应经费等问题，这是北京高校的先例。定期召开座谈会、情况通报会这项制度一直延续至今。之后，还邀请民主党派主要负责人参加部分学校中层干部学习活动，了解学校工作。民主党派办公用房于 2001 年扩大为 4 间（立斋），2007 年扩大为 10 间（静斋），实现每个党派一个办公室的办公条件。统战部还聘请专人管理民主党派办公室，并为各党派办公室配备了办公设备。

1986 年底到 1987 年初的“学潮”中，校党委先后 7 次召开各民主党派、党外人士会议，向他们通报情况，传达文件，研究解决办法。与会者主动提出民主党派也要承担学生思想政治工作。1987 年 12 月校内民主党派第一次联合召开“做好学生思想政治工作、教书育人”的经验交流会。

1988 年至 1989 年，校党委帮助民主党派做好新、老班子更替换届工作。换届前民盟正、副主委平均年龄为 72.5 岁，九三学社为 76 岁。换届后，前者为 67 岁，后者为 56 岁。

1989 年政治风波前后，党委及时向民主党派通报情况，取得他们的理解和配合。

1989 年，中共中央颁布 14 号文件《中共中央关于坚持和完善中国共产党领导的多党合作和政治协商制度的意见》，随后学校党委要求全体党员学习 14 号文件，在总结过去 10 年工作经验的基础上，贯彻 14 号文件精神，继续做好民主党派工作。

（三）1989 年以后

进入 90 年代后，学校民主党派规模稳定增长，逐步实现新老交替，学校党委对民主党派工作主要为：加强政治领导，提高其领导班子和骨干的政治素养和能力，支持他们加强自身建设和组织发展，支持他们参政议政，引导他们围绕学校中心工作发挥作用。在这一时期，中国农工民主党（简称“农工党”）、中国致公党（简称“致公党”）、中国国民党革命委员会（简称“民革”）先后在清华大学成立支部，民进、民建成立委员会。

1991 年 10 月，在北京市高校统战工作经验交流会上，校党委副书记黄圣伦作了题为《加强对民主党派基层组织的领导和团结合作是高校党组织的一项重要任务》的发言，总结了学校十多年来对民主党派工作的经验体会。

1993 年，学校邀请民主党派开展对学校学科建设与创建世界一流大学的研讨，通过调研，查阅文献资料，访问专家等活动，取得了成果。民盟委员会组织提交了意见书，九三学社委员会组织编辑了论文集。

1994年，为了引导民主党派围绕学校中心工作发挥作用，学校党委支持民主党派开展调研与提案工作，农工党开展了关于高校教师队伍问题调研，九三学社开展了关于研究生培养问题调查。自此，各民主党派对学校中心工作和热点问题开展调研工作，并针对学校热点问题提出大量的意见和建议。民盟委员会从2005年起坚持每年针对校内一项热点工作提交一份调研报告。

1994年11月，为适应校内管理体制改革，落实减免民主党派主要负责人工作量的编制费问题，学校人事处、统战部调研了学校民主党派干部工作量编制费问题，经主管领导和单位研究决定出台了《关于落实减免民主党派干部工作量的编制费问题的通知》。

1995年8月，统战部召开民主党派工作交流研讨会，民主党派负责人、年轻骨干，以及部分院系党委统战委员参加。会上民主党派组织介绍了自己的工作情况，研讨自身建设、年轻成员的培养、民主监督、参政议政等方面的问题。校党委副书记黄圣伦出席会议并讲话。

1996年初，学校民进、民建、农工党支部和民盟、九三学社委员会顺利换届，分别产生了新的领导班子。民盟委员会委员平均年龄57岁，九三学社委员会委员平均年龄53岁。新的领导班子成员新老结合，更为年轻化。重视并支持做好民主党派基层组织“一把手”的配备一直是学校党委对民主党派工作的重点之一，经过陆续几次换届工作，学校各民主党派基层组织骨干逐步年轻化，组织建设也逐步规范和健全。

1997年8月，统战部组织暑期民主党派学习班，学习江泽民同志5月29日讲话与中共中央14号文件，监察部副部长、民建中央副主席冯梯云作“关于反腐倡廉问题”的辅导报告。

1998年9月，统战部组织民主党派负责人和年青骨干暑期学习班，贯彻“讲学习、讲政治、讲正气”精神，学习邓小平理论，提高民主党派干部素质，并结合学校创建世界一流大学问题开展讨论，提出意见与建议。校党委常委、纪委书记叶宏开讲话。

2000年1月，统战部邀请美术学院部分民主党派成员座谈。校党委常委、纪委书记叶宏开介绍了清华大学的统战工作情况，美术学院民主党派同志就如何巩固和发展院学科优势等提出建议。

2001年11月，统战部组织1997年以后加入民主党派的新成员进行培训，听取了中央社会主义学院李金河教授“民主党派与中国共产党的合作”的专题报告，学校部分民主党派负责人等结合自己多年参与多党合作事业的亲身经历，向新成员介绍了自己的工作体会。

2003年5月“非典”期间，按照学校党委的意见，统战部致电部分统战人士，转达陈希书记、顾秉林校长对大家的关心和问候，希望随时反映困难和问题。民主党派积极配合学校做好抗击“非典”工作。

2005年2月，中共中央颁布5号文件《中共中央关于进一步加强中国共产党领导的多党合作和政治协商制度建设的意见》，学校理论中心组进行学习，学校党委召开常委会听取统战部对民主党派等工作汇报。

2006年9月，由中共中央统战部、各民主党派中央、全国工商联联合举办的“各民主党派、工商联、无党派人士为全面建设小康社会做贡献经验交流暨表彰大会”在人民大会堂召开，清华民盟委员会被评为“先进集体”。

2007年12月，校党委副书记程建平和民主党派负责人、无党派代表人士在校工字厅东厅共同交流学习贯彻党的十七大精神的体会，民主党派同志还就学校多项工作提出了积极中肯的意见和建议，并进行了讨论。

2007 年 12 月，统战部组织党外代表人士学习研讨会，邀请民主党派骨干和部分无党派代表人士参加。会议邀请学校老领导、民主党派老同志和无党派代表人士作主题报告。从此，统战部将研讨会和外出考察制度化，确定“一年研讨、一年考察”的新模式，2008 年和 2010 年赴京外考察，2009 年召开民主党派工作交流研讨会。

2008 年 5 月，汶川地震发生后，学校各民主党派、侨联积极行动，纷纷开展献爱心活动。多名民主党派成员赶赴汶川灾区，参与到抢险救灾、堰塞湖处理、灾后重建等各项工作中，受到学校和民主党派上级组织的好评。

2009 年 7 月，新任校党委书记胡和平与学校民主党派负责人座谈，就学习实践科学发展观整改落实方案和学校工作听取了民主党派负责人的意见和建议。各民主党派负责人针对学习实践活动整改落实方案及学校工作，在总结百年清华特有的人文精神、深化机制体制改革、建立现代大学制度、建立完善的学术评价体系、人才引进、学校软实力建设、民主党派干部培养、建立信息沟通与反馈机制等方面提出了意见和建议。

2010 年 12 月，学校民盟盟员王光谦院士作为报告人之一参加中央统战部举办的“身边的榜样——树立和践行社会主义核心价值体系先进人物事迹报告会”。中共中央政治局常委、全国政协主席贾庆林出席会议并讲话。

1994 年至 2010 年学校民主党派成员人数和基层组织数见表 17-9-1。

表 17-9-1　1994 年—2010 年学校民主党派成员人数和基层组织数

年度	统计项目	民革	民盟	民建	民进	农工党	致公党	九三学社	台盟	总计
1994	总人数	1	152	14	17	9	4	100	2	299
	委员会数		1					1		2
	支部数			1	1	1				3
	小组数						1			1
2001	总人数	7	223	33	25	17	14	138	2	459
	委员会数		1					1		2
	支部数		14	1	1	1	1	6		24
2005	总人数	11	253	39	46	31	25	163	2	570
	委员会数		1					1		2
	支部数	1	15	1	1	1	1	7		27
2010	总人数	22	278	55	64	37	33	186	2	677
	委员会数		1	1	1			1		4
	支部数	1	15	3	4	1	1	7		32

四、侨务及港澳台工作

（一）侨务工作

1966 年之前，学校侨务工作的重点是华侨工作；改革开放后，主要工作是通过归侨侨眷的海外关系为学校发展引资引智，宣传《中华人民共和国归侨侨眷权益保护法》，确认归侨侨眷身份，解决归侨侨眷的实际困难，支持侨联做好工作。

1952 年 7 月，在校 170 名教授、副教授中，有 140 名是留学欧、美的学者。

1956 年 8 月，在校华侨学生共 107 人，来自印尼、马来西亚、越南等 13 个国家。由全体侨生选举产生华侨联谊小组，具体负责与上级侨联联系，并负责向学校反映情况及要求。

1959 年 12 月，就印尼反华排华事件，学校组织侨生讨论形势，了解国家政策。在外汇中断的情况下，学校及时采取发放助学金、过冬棉衣等应急措施，帮助侨生解决困难。

1961 年 3 月，全校共有归侨 148 人（不含欧美归国留学生），其中学生 112 人、教职工 36 人。全校侨务工作重点为侨生，由统战部会同团委具体负责。主要任务是检查侨务政策执行情况并做好思想工作，日常工作与华侨联谊小组配合进行。

“文化大革命”期间，归侨受到迫害与歧视，曾一度外流严重。

“文化大革命”后，侨务工作迅速恢复。1978 年 3 月，组织全校师生学习中共中央转发外交部党组《关于全国侨务工作会议预备会议的情况报告》，要求各级党组织加强对侨务工作的领导。3 月，统战部举行归侨座谈会，参会人员反应热烈，有的说“没想到这么快就抓侨务工作，相信即使已经出去的华侨也会受到鼓舞”。

1978 年 4 月，全校归侨共 30 人、侨眷 4 人，全部为教职工，其中副教授 3 人、讲师 17 人、助教 7 人、职工 7 人。学校正式成立了归侨小组，专门负责归侨工作。

1985 年 2 月，市侨办批复《关于确认周卜颐等人归侨身份的文函》，确认清华大学周卜颐等 55 名在建国初期归国的欧美留学生的归侨身份。

1985 年 6 月，学校成立“清华大学归国华侨联合会筹备小组”，负责人为纪辉玉、卢应昌。1985 年 7 月 5 日，“清华大学归国华侨联合会”（简称“侨联”）正式成立。此后，侨联每五年换届一次，孟昭英、谢志成、刘文煌先后担任主席。

1986 年 4 月，为了给学校发展争取更多资源，统战部、清华侨联与市侨办、市侨联联合邀请正在出席全国人大、全国政协会议的部分华侨、港澳代表和委员来校视察，他们是：人大常委、香港《大公报》社长费彝民，人大常委、澳门中华总商会主席马万祺，政协常委、香港基本法起草委员会副主任安子介，政协常委、香港基本法咨询委员会副主席王宽诚，政协常委、香港中华总商会会长霍英东，政协委员、香港中文大学教授马蒙，政协委员、澳门大丰银行总经理何厚铧等。此举开启了我校归侨侨眷为学校发展引资引智的工作。此后，学校通过侨联主席谢志成、侨联成员陈圣信等教师的海外关系，先后与港澳地区的多位商界人士建立了联系，为学校争取了多方面的资源，邵逸夫、利国伟、安子介、梁铼琚、香港沙田扶轮社等都曾为学校发展作出贡献。

80 年代末 90 年代初，学校与港澳地区的交流进一步增加。仅 1994 年，就接待港澳同胞来访 12 批 342 人次，接待海外华侨华人来访 6 批 85 人次，全校共有 195 人次赴港澳地区访问。

1994 年 6 月，由学校马来西亚归侨查传元、新加坡归侨陈圣信建议并联系，我校校领导（副校长杨家庆）首次访问马来西亚和新加坡，进一步密切了学校与东南亚国家的联系。

1994 年 6 月，为加强与香港各界人士的联络，统战部邀请侨联主席谢志成陪同校长王大中访港，拜访了梁铼琚、安子介、邵逸夫、利国伟、曾宪梓、庄世平、邵友保、蒋震、蒙民伟等 9 名著名人士，5 所高校校长及著名学者，以及企业界、银行界、香港清华校友会等 200 多人。

1994 年 9 月，通过法国归侨、海淀区海外联谊会理事王洲教授夫妇的积极联系，法国三个城市的 20 位市长、副市长和大学城的科学家来清华和海淀区访问，并与海淀区签订了合作协议，实现了两地领导人和合作项目负责人互访。

1994年，侨务工作的主要内容是宣传贯彻落实《中华人民共和国归侨侨眷权益保护法》，调查和整理归侨侨眷的基本情况。校侨联在贯彻落实侨务政策、广泛听取意见的基础上，提出了“贯彻落实《权益保护法》的建议”，对进一步加强和改进对外联络、归侨侨眷出入境、归侨侨眷子女自费出国留学等问题提出了意见和建议。1995年3月，根据侨联提出的建议，校人事处、统战部联合发文《关于归侨侨眷教职工因私出境事假待遇的补充规定》，对归侨侨眷教职工因私请事假出境，其活工资津贴和校内业绩评定做出调整。

2003年6月至7月，进行归侨侨眷基本情况调查。结果显示，学校有归侨侨眷1 017人，约占我校教职工总数的13.4%。其中，归侨183人（部分待确认），是1978年的2.65倍；侨眷834人，是1978年的12.6倍；具有大学本科以上学历的占教职工总数的80%；归侨侨眷院士占我校院士总数的33%。

2004年7月，在第七次全国归侨侨眷代表大会上，学校统战部被授予“中国侨联工作先进集体”荣誉称号，航天航空学院常务副院长杨卫、土木水利学院院长袁驷、生物系副主任陈国强荣获“全国归侨侨眷先进个人”奖励。学校侨联主席刘文煌出席会议，并代表北京市获奖集体上台接受胡锦涛主席的颁奖。

2004年9月，北京市侨联召开首都侨界表彰大会，学校统战部被授予“首都侨界先进集体”荣誉称号。

2005年9月，学校统战部联合侨联举办校侨联委员会成立20周年暨迎国庆联谊会。会上首次表彰了东南亚归侨小组等3个先进集体和王洲等24名先进个人。

2007年9月，学校侨联被评为“首都基层侨联工作先进集体”，吴秋峰、岑章志被评为首都侨界先进个人。

2009年7月，在第八届全国归侨侨眷代表大会上，学校侨联获得“全国侨联系统先进基层组织”荣誉称号。

2010年11月，为探索新形势下如何更好地利用归侨侨眷身份为学校的国际合作交流作贡献，学校统战部与侨联共同召开日本归侨和归国留学人员座谈会，讨论建立以原侨居国为单位的横向小组。近年来，学校统战部根据我校归侨侨眷的新特点，联合侨联明确了“侨务工作可持续，新老兼顾、纵横交错”的工作体制，既照顾老归侨的退休生活，又关心新归侨的成长发展，既发挥以院系为单位的纵向侨联小组的作用，也充分发挥以原侨居国为纽带的横向侨联小组的优势。

改革开放以来，学校共为140余名归国人员办理了归侨证，并为有需要的归侨子女办理了中考、高考归侨子女证明。

（二）港澳台工作

改革开放后，学校港澳台工作的主要内容包括：依托在校教师在港澳台地区的亲属关系为学校引资引智，开展与港澳台地区的交流与合作，招收和培养港澳台学生。

1979年7月，根据上级开展对台工作指示精神，学校开始对台工作，并制定了对台工作意见。

1981年1月，学校召开对台工作座谈会，民盟、九三学社代表及部分有亲友在台的教职工参加了座谈。

1984年6月，外事办公室主任刁会光、统战部部长文学宓等人联名向学校提出《关于开展香港工作的建议》，内容包括：与香港的大学和在港校友加强联系；从香港招收学生；在香港建立技术开发服务点以及学校派出小组赴港进行调研等。学校原则上同意。

1985 年，学校根据教育部要求开始招收港澳台学生，后逐步扩大招收澳门保送生、香港免试生、台湾免试生。

1987 年 11 月，学校成立对台工作领导小组，组长为黄圣伦，副组长为张慕津、文学宓。

1988 年 6 月，学校对台工作领导小组制定了《关于接待台胞工作暂行规定》并予以执行。

1990 年，学校设立港澳台办公室。1994 年开始，统战部长兼任港澳台办公室副主任，联系港澳台学生工作。

1990 年 8 月，“伟伦学术交流中心”（近春楼）落成。“伟伦学术交流中心”由清华大学联合香港浸会学院筹办，香港银行家利国伟先生以伟伦基金会名义捐资赞助。截至 2010 年，该中心已经成功举办 20 期“中国研究”暑期研习班，1 941 名香港学生来校完成学业并获得课程证书，另有 79 名清华学生赴香港学习。利国伟先生还资助了“清华大学伟伦特聘访问教授”项目，截至 2010 年，已有 37 位教授受聘为“伟伦特聘访问教授”。利国伟先生还为改善教学环境等提供了大量资金，先后投资建设了经济管理学院伟伦楼、生命科学楼等建筑。

1996 年 7 月，台湾青年商会资助的台湾各大学学生青年访问团访问大陆。台盟中央在学校举行欢迎会，台盟中央主席蔡子民，副主席翁肇基、陈仲颐，副校长关志成等领导会见了访问团成员。

1997 年 3 月，香港浸会大学校长谢志伟博士受聘为学校顾问教授。谢志伟博士与清华大学有多方面、友好密切的关系，积极推动了两校的交流与合作，为学校取得香港友好人士的支持与捐助作出了富有成效的贡献。1998 年 9 月，清华大学校长王大中与谢志伟校长签署了清华大学代为香港浸会大学招生的协议书。1999 年，两校开展了中医药研究方面的合作。

1997 年 6 月，第 13 次校务会议通过《清华大学关于加强港澳台学生管理工作的意见》，成立了清华大学台港澳学生工作小组。

1999 年 4 月，王大中、贺美英、胡东成等校领导接待澳门特区筹委会马有礼、何厚昭，政务组召集人唐志坚，《澳门日报》社社长李承俊，澳门中华教育会监事长刘羡冰，澳门大学校长周礼杲等出席“两会”的 11 位政协委员。

1999 年 10 月至 11 月，校党委书记贺美英一行访问澳门，拜会了全国政协副主席、澳门中华总商会会长马万祺，候选特首何厚铧，候选社会文化司司长崔世安，全国政协委员马有礼，访问了新华社澳门分社，拜访了澳门各界人士与代表。同时，校党委副书记张再兴、统战部长虞石民等率学生艺术团赴澳门演出，清华澳门籍校友马志毅、崔世平等捐款资助艺术团赴澳演出。

2001 年 7 月至 8 月，生物系 23 名学生赴台湾新竹清华大学生命科学院进行学术交流活动，这是学校第一次组织学生赴台进行学术交流。

2002 年 7 月，根据北京市教育委员会要求，港澳台学生工作归口管理，学校设立港澳台学生事务办公室，归口在港澳台办公室，由统战部专人担任港澳台学生事务办公室主任，负责有清华大学学籍的港澳台学生工作。

2002 年 10 月，校党委书记陈希率团赴香港、澳门地区访问。陈希一行访问了香港中文大学、香港浸会大学、澳门大学；拜访了近 20 位知名人士、企业家和社团负责人，他们是：马万祺、庄世平、郑裕彤、利国伟、蒙民伟、曹光彪、吴多泰、查济民、伍舜德、马临、谢志伟、梁洁华、霍震寰、何子焯、周厚澄、王世荣、余昆和王宽诚基金会负责人等。

2002 年 12 月，由霍英东先生和李兆基先生率领的香港培华教育基金代表团一行 50 多人访问清华大学。校长王大中、校党委书记陈希、副校长郑燕康和岑章志等在主楼接待厅接待了客人。统战部长黄贺生介绍了学校获培华教育基金资助的10位优秀学生和5位教师的情况。

2004年4月，根据教育部部署，启动选拔香港优秀中学生来校免试就读工作，当年清华录取12名香港免试生。华润集团出资在学校设立了“华润奖学金”，资助2004年至2008年入学的香港免试生。“华润奖学金”结束后，2009年起，清华大学继续在“李兆基奖学金”的支持下招收香港免试生。

2004年，为鼓励港澳台学生努力学习、全面发展，校党委决定从学校教育基金中拨专款设立“港澳台学生单项奖学金”。2005年，第一次颁奖。2006年，教育部“台湾、港澳及华侨学生奖学金”开始评审颁发后，学校“港澳台学生单项奖学金”停止评审。

2005年4月，校党委常委会讨论决定，将台港澳学生工作小组提升为港澳台学生工作领导小组。组长由校党委常务副书记担任，副组长由主管港澳台工作的副校长担任。小组成员包括：主管学生工作的校党委副书记、主管教学工作的副校长、主管统战工作的校党委副书记，港澳台办、研究生院、教务处、统战部、学生部等部门的主要负责人。在小组第一次会议上，讨论了学校港澳学生培养教育方面的近期工作和进一步加强港澳学生工作的意见，提出加强港澳台学生工作的8项具体措施。

2005年，根据教育部通知，台湾学生学费与大陆学生相同，2006年起港澳学生学费和内地学生相同：本科生每年5 000元，硕士生每年10 000元，博士生每年12 000元（研究生同内地委托培养生相同）。

2006年2月至5月，受中央台办委托，清华大学总执笔完成了《北京高校台生调研报告》。

2006年5月，为了鼓励港澳台学生参加活动并在活动中加强引导和培养，学校成立了学生会港澳台学生组。2007年3月，研究生会港澳台部成立。

2006年8月，统战部组织20名港澳学生参加教育部举办的清华、北大港澳学生“国情教育——荆楚文化之旅”活动。在2007年组织学生参加教育部“西北文化之旅”活动后，2008年起，学校自主开展“国情教育”活动，先后组织近100人次赴陕西、新疆、江苏、浙江等地参观考察。

2007年10月，港澳台学生工作领导小组召开工作会议。为了加强港澳台学生的培养和教育，会议决定：设立港澳学生联系人，开展港澳学生学习、思想、就业以及校园生活等情况的调研，设立专项经费开展“国情教育”等活动，加强在港招生宣传、联谊工作。

2008年2月至4月，统战部对全校港澳学生情况进行调研，听取了25个院系关于130多名港澳学生基本情况的汇报。结果显示，在校港澳学生人生态度积极向上，认同“一国两制”，注重参与社团活动和文体活动，学习压力较大，对国情了解不足。

2010年，根据教育部达到“顶标级”的台湾高中毕业生可直接申请到大陆高校就读的新政策，学校开始招收台湾免试生。

截至2010年底，学校共招收港澳台学生812人，其中本科生296人，硕士生363人，博士生153人。

五、少数民族和宗教工作

1966年以前，民族和宗教工作主要是贯彻党的民族宗教政策、形成工作机制。改革开放后，学校恢复民族宗教工作，落实有关政策。民族工作的重点是少数民族学生工作，宗教工作主要是配合上级部门开展党的宗教政策的宣传教育和贯彻国家《宗教事务条例》。

1951 年 5 月 15 日，全校师生在大礼堂召开大会，欢迎班禅额尔德尼·确吉坚赞来校参观。

1954 年 10 月 11 日，西藏代表团达赖喇嘛·丹增嘉措等 11 人来校参观。

1954 年，根据市民委指示，学校召开各类座谈会，听取意见，检查民族政策执行情况。

1955 年 11 月，学校成立宗教工作领导小组。经调查，全校共有基督教徒 59 名，其中学生 39 人、教师 15 人、职员 5 人。领导小组工作主要是了解教徒思想情况，掌握政策，进行教育。

1956 年 8 月至 1957 年 3 月，根据上级部署，在校内进行民族政策落实情况的检查，着重克服大汉族主义，增进民族间的团结，征求少数民族的意见和要求。学生会成立了少数民族工作组。学校设立了回民食堂。

1959 年，西藏上层人物发生叛乱事件后，学校在少数民族师生中及时组织学习讨论，提高认识。

1960 年，经调查，校内共有基督教徒 14 人，其中教师 9 人、职员 5 人；天主教徒 5 人，其中教师 3 人、职员 2 人。

1964 年，这一时期的工作以回族为重点，主要是了解少数民族学生在学习和生活上存在的困难情况，不断改进回民食堂工作。

1978 年，工作重点是落实党的民族及宗教政策。

1980 年，学校根据教育部的要求，开始招收和培养少数民族预科生。统战部负责贯彻落实政策，教务处负责教学管理，学生部和团委负责思想教育。到 1997 年 9 月，共招收少数民族预科生 18 届，为国家培养了 700 多名少数民族毕业生。

1984 年 12 月，在首都民族团结先进集体、先进个人表彰大会上，自动化系教授童诗白（满族）、教务处工作人员阎桂芝被评为先进个人。

1988 年 4 月，在首届全国民族团结进步表彰大会上，清华大学被评为“全国民族团结进步先进单位”。同年 6 月，在第二届首都民族团结进步先进集体表彰大会上，学校被评为“首都民族团结进步先进集体”。

1992 年 3 月，各党支部在组织生活中学习市委转发的《马克思主义民族宗教观宣传提纲》。5 月至 11 月，学校编印了 700 份有关民族、宗教知识的问卷请部分少数民族学生填写，以了解他们的生活、思想情况。

1992 年 10 月，统战部调查了少数民族学生入党情况，并向党委报送《关于加强在民族预科生中发展党员的意见》。同时向组织部门推荐少数民族学生中要求入党的积极分子。

1992 年底，根据市委提出的在全党普遍地进行马克思主义民族、宗教观教育的要求，结合学校情况，在政治理论课中安排民族与宗教的教学内容。1993 年初，哲学教研组确立《宗教教学大纲》，并正式开课。

1994 年 9 月，在第二届全国民族团结进步表彰大会上，清华大学被评为“全国民族团结进步先进单位”。

1996 年 6 月，根据《关于进一步加强北京高校少数民族学生工作的几点意见》的文件精神，学校决定：(1)学校成立少数民族工作领导小组，领导学校的少数民族学生工作，协调处理有关少数民族学生工作的重要事务和问题，组织和指导马克思主义“两观”教育，加强在少数民族学生中培养党的积极分子工作；(2)总结学校少数民族学生工作；(3)协助后勤单位协调回民食堂管理和建设工作，召开座谈会听取就餐师生意见和建议；(4)按照中央统战部要求了解 40 岁以下少数民族高级知识分子的情况。

1996 年 6 月至 8 月，按照市领导的要求完成了宗教活动场所登记工作。工作重点是基督教，全校有基督教徒 8 人（新入教 2 人）、天主教徒 3 人。

1997 年 12 月，学校首届少数民族学生奖学金颁奖仪式举行，共有 78 名学生获奖。该奖学金每年颁发一次。

1999 年 7 月，在全校统战工作会议上，校党委对少数民族学生工作提出了具体要求：坚持因材施教的培养原则，加强少数民族学生中骨干分子的培养，关注少数民族学生中的特殊群体，做好少数民族学生中优秀分子的入党工作。

2004 年 9 月，北京市民委主任张恕贤、海淀区民宗侨办负责人一行 9 人来学校清真食堂调研，对食堂工作给予了充分肯定。海淀区民宗侨办拨款 10 000 元为学校清真食堂增添了设备。

2004 年 9 月，学校召开宗教工作协调会。会议传达了中共北京市委和教育部党组有关文件精神，讨论落实下阶段按北京市教育工委要求进一步开展有关调查研究的工作意见。会议决定成立民族与宗教工作领导小组（后更名为宗教与民族工作协调小组）。该小组的任务是：结合学校实际，协助校党委贯彻落实和宣传党的民族与宗教政策，加强宣传教育，确定下一阶段学校民族与宗教工作的具体任务和工作方式，落实相应措施。

2006 年 10 月，根据上级文件精神，学校配合北京市教育工委开展了学生宗教情况调研。

2007 年 6 月，学校修改并通过了《关于加强我校少数民族学生培养工作的若干意见》，就重视少数民族学生德育工作、党建工作，关心少数民族学生学习状况、经济资助、就业引导以及社会工作锻炼等问题提出具体意见。

2007 年 7 月，根据国家民委、教育部的文件精神，学校开始实施“少数民族高层次骨干人才培养计划”。截至 2010 年，共招收少数民族骨干计划研究生 204 人，其中硕士生 117 人、博士生 87 人。学校加强少数民族骨干计划人才培养的主要措施有：学校党委高度重视，相关部门全力配合；统战部牵头，研究生院主管招生、业务培养，党委研究生工作部负责思想政治教育工作，由研团委联络部负责联络和学生活动的组织。

2010 年 7 月，学生马克思主义民族理论学习研究小组成立。该小组由统战部、校团委负责指导，学习马克思主义民族理论及有关研究成果和中国特色社会主义理论体系中关于民族问题的理论，宣传马克思主义民族观。

2010 年，学校针对当前的民族宗教工作形势举行了多场报告，先后邀请了北京市委统战部原副部长、北京市统战理论研究会副会长周伯琦，全国政协民族宗教委员会副主任、中国人类学民族学研究会常务副会长周明甫，中共中央统战部副秘书长、七局（西藏工作局）局长安七一，中国藏学研究中心当代所所长韦刚作报告。

在校少数民族学生、教职工人数统计见表 17-9-2。

表 17-9-2　在校少数民族学生、教职工人数统计

年　份	学生	教职工	合 计	年 份	学 生	教职工	合 计
1956—1957	137	167	304	2000	1 156	258	1 414
1964	199	199	398	2005	1 937	344	2 281
1978	216	267	483	2010	2 299	347	2 646
1992	778	262	1 040				

第十八章

民主党派和群众组织

第一节　中国民主同盟清华大学组织

一、组织沿革

1941 年 3 月 19 日，中国民主政团同盟在重庆上清寺“特园”秘密召开成立大会，罗隆基参加并被选为中央执行委员兼宣传部长。

1941 年下半年，中国民主政团同盟领导成员黄炎培、罗隆基等到昆明，邀请潘光旦加入中国民主政团同盟。

1942 年底，民主政团同盟中央先后派罗隆基、周新民到昆明建立地方组织，成立民主政团同盟昆明支部筹备小组，潘光旦为成员。

1943 年 5 月成立民主政团同盟第一个地方组织昆明支部，罗隆基任主任委员（以下简称“主委”），潘光旦（财务委员）等为委员。7 月，吴晗经周新民、潘光旦介绍入盟。1944 年夏，吴晗介绍闻一多入盟。

1944 年 9 月 19 日，中国民主政团同盟在重庆召开全国代表会议，决定更名为中国民主同盟（以下简称“民盟”），取消同盟的团体会员制，改为以个人名义加入。会上，潘光旦当选为中央常委，吴晗、曾昭抡当选为中央执行委员。

1944 年 10 月 1 日，民盟昆明支部改为云南支部，罗隆基为主委，潘光旦、吴晗、闻一多、费孝通等为委员。西南联大有民盟小组，吴晗为负责人。

1944 年 12 月，民盟云南支部机关刊物《民主周刊》创刊，吴晗任主编。

1945 年 10 月，在民盟第一次全国代表大会上，闻一多被补选为中央委员。

1945 年 12 月，民盟云南支部改选，楚图南任主委，潘光旦、闻一多、费孝通等为委员，吴晗任《民主周刊》社社长。

抗战胜利，复员清华园后，1946 年 8 月，吴晗任民盟北平市临时工作委员会主委。

1947 年 10 月 27 日，国民党政府宣布中国民主同盟为“非法团体”，民盟总部被迫于 11 月 6 日宣布解散，民盟地方组织转入地下。

1946 年至 1948 年，清华大学的盟员分三个小组，组长为吴征镒、关世雄、王志诚，盟员有潘光旦、费孝通等 20 余人。

1948 年底清华园解放，民盟组织恢复公开活动。1949 年 4 月成立民盟北平西郊区分部（包括清华、燕京、农林试验场的盟员），清华范宁任秘书（即后来的主委）。1950 年 4 月 9 日成立民盟清华大学区分部，潘光旦任主委。分 5 个小组活动。

1952 年，高等学校进行院系调整，文、法、理学院的盟员潘光旦、费孝通等调出清华，北京大学工学院的盟员陈士骅、高景德等调入清华。1952 年 9 月 30 日成立院系调整后的民盟清华大学区分部筹委会，陈士骅任主委。

1953 年 5 月 13 日盟员大会选举产生第一届区分部委员会，陈士骅任主委。1955 年 1 月 3 日陈士骅连任第二届主委。

1956 年 5 月 1 日，区分部委员会改名为支部委员会，届次不变。1956 年 11 月 18 日选举产生第三届支部委员会，陈士骅任主委。1958 年 7 月 13 日及 1964 年 7 月 25 日盟员大会上陈士骅连任第四、五届支部委员会主委。

“文化大革命”期间，民盟支部被迫停止活动。

“文化大革命”结束后，1979 年 4 月开始进行恢复民盟组织活动的筹备工作。6 月 8 日召开盟员大会，由民盟北京市委宣布成立清华支部临时领导小组，由于陈士骅已经去世，由赵访熊任主委，仍称第五届。1980 年 9 月 19 日选举产生第六届支部委员会，赵访熊连任主委。1984 年 11 月 3 日选举第七届支部委员会，李欧任主任委员。1987 年 2 月 28 日选举第八届支部委员会，李欧连任主任委员。

1989 年 1 月 28 日，经过民盟北京市委批准成立民盟清华大学委员会，盟员大会选举第一届委员会，仍由李欧任主委。1991 年 12 月，李欧去世，经民盟北京市委批准，常务副主委王维城任代主委。1992 年、1995 年、1997 年、2001 年、2006 年先后改选成立第二至第六届委员会。详见表 18-1-1。

1950 年至 2010 年民盟清华大学组织中盟员性别、年龄、职称分布情况，在民盟中央和市委任职情况，当选全国、北京市人大代表情况，担任全国、北京市政协委员情况分别见表 18-1-2 至表 18-1-7。

表 18-1-1　民盟清华大学组织情况（1950—2010）

名　称	成立时间	主　委	副　主　委	委员数	下属支部（或小组）	盟员数	下设分工
区分部委员会	1950-04-09	潘光旦			5		宣教、组织
区分部委员会	1951-06	潘光旦		7		81 (1952-07)	
区分部筹委会	1952-09-30	陈士骅	李麟模　曹本熹	10	9	74	宣教、组织
第一届区分部委员会	1953-05-13	陈士骅	李麟模　曹本熹	11			
第二届区分部委员会	1955-01-03	陈士骅	李麟模　李　欧	9			
第三届支部委员会	1956-11-18	陈士骅	李西山　庄前鼎	11			
第四届支部委员会	1958-07-13	陈士骅	李西山　张　任	9	8	77 (1959-04)	
第五届支部委员会	1964-07-25	陈士骅	李西山　张　任 储钟瑞	9			
第五届支部委员会临时领导小组	1979-06-08	赵访熊	常　迵　张　任 储钟瑞	13		67	
第六届支部委员会	1980-09-19	赵访熊	常　迵　储钟瑞 罗远祥　刘元鹤	11	8	66	

续表

名称	成立时间	主委	副主委	委员数	下属支部（或小组）	盟员数	下设分工
第七届支部委员会	1984-11-03	李欧	刘元鹤 郑可煌 丁则裕	9	8	66	
第八届支部委员会	1987-02-28	李欧 王维城（代）（1991-12—）	刘元鹤 郑可煌 丁则裕	12	8	86	宣传、组织、秘书、盟讯、保健、文娱、离退休
第一届委员会	1989-01-28	李欧	王维城 刘元鹤 戚筱俊 时学黄	15	8	121	宣传、组织、秘书、保健、咨询、盟讯、文娱、离退休
第二届委员会	1992-02-21	王维城	周汝潢 陆淑兰 戚筱俊 方琰	17	9	128	宣传、组织、秘书、盟讯、文化娱乐、技术开发、教育、老龄、保健、妇女
第三届委员会	1995-01—1997-12	王维城	周汝潢 陆淑兰 戚筱俊 方琰 王光谦（1995-12 增补） 谢大吉（1995-12 增补）	15	12	167	宣教、政研、组织、教育、老龄、保健、总务、盟讯
第四届委员会	1997-12—2001-06	陆淑兰	谢大吉 王光谦 戚筱俊 方琰 袁莹 何福胜 巩马理（1999-03 增补） 杨学昌（1999-03 增补）	17	13	216	宣教、组织、政研、老龄、保健、妇女、教育、秘书、盟讯
第五届委员会	2001-06—2002-08	巩马理	王光谦 何福胜 孙元章 杨学昌 施天涛 袁莹 谢大吉 曾云波	23	14	251	宣传、政研、组织、保健、总务、秘书
第五届委员会	2002-08—2006-01	何福胜	王光谦 巩马理 孙元章 杨学昌 施天涛 袁莹 谢大吉 曾云波 乐正友（2004-03 增补） 史琳（2004-03 增补）	23	14	251	宣传、政研、组织、保健、总务、秘书

续表

名　　称	成立时间	主　委	副　主　委	委员数	下属支部（或小组）	盟员数	下设分工
第六届委员会	2006-01—2007-07	何福胜	王光谦　杨学昌 乐正友　史　琳 李国杰 （2007-07 增补） 郑丽君 （2007-07 增补）	22	15	283	宣传、政研、组织、保健、总务、秘书
	2007-07—2010-12	何福胜	王光谦　杨学昌 乐正友　史　琳 李国杰　郑丽君	22	15	298	宣传、政研、组织、老龄、总务、秘书

表 18-1-2　2010 年末民盟盟员性别、年龄、职称统计

项　目	盟员数	性　别		年龄（岁）					职　称		
		男	女	40 以下	41～50	51～60	61～70	71 以上	正高级	副高级	其他
人数	298	161	137	28	75	47	45	103	97	122	79
比例（%）	100	54	46	9.4	25.1	15.8	15.1	34.6	32.6	40.9	26.5

表 18-1-3　盟员在民盟中央、市委任职情况

姓　名	职　　务	任职时间	备　　注
罗隆基	中央执行委员	1941-03	1941-07 离开西南联大
潘光旦	中央常委 第一届中央委员会常委 北京市第三届支部委员	1944-09 1945-10 1951-09	1952 年离开清华
曾昭抡	中央执行委员	1944-09	1946 年西南联大结束回北京大学
吴　晗	中央执行委员 第一届中央委员 中央常委 北平市临时工作委员会主任 北平市临时支部主委 北平市第一至三届支部委员会主委	1944-09 1945-10 1949-11 1946-10 1949-01 1949-05—1952	1952 年离开清华
闻一多	第一届中央委员	1945-10	1946-07 牺牲
吴征镒	北平市临时工作委员会委员 北平市临时支部委员	1946-10 1949-01	1949 年离开清华
关世雄	北平地下盟组织负责人	1947	1947 年离开清华
费孝通	北京市第二届支部委员	1950-05	1952 年离开清华
张　维	北京市第四届支部候补委员 北京市第一届委员会委员	1953-04 1955-05	
陈士骅	北京市第四届支部委员 北京市第一届委员会委员 北京市第二届委员会常委 第三届中央委员会委员 北京市第三届委员会副主委	1953-04 1955-05 1958-09 1958-12 1962-02	1973-04 病逝

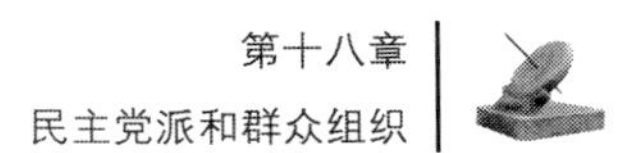

续表

姓　名	职　　务	任职时间	备　　注
雷圭元	北京市第一、二届委员会委员 北京市第三届委员会常委 北京市第五、六届委员会顾问 中央文化委员会委员	1955-05—1958-12 1962-02 1983-12—1992-06 1980、1987	
李　欧	北京市第一届委员会委员 北京市第四届委员会委员 北京市第五、六届委员会副主委 第五届中央委员会委员	1955-05 1980-02 1984-06—1991-12 1987-01—1991-12	1991-12 病逝
梁思成	第二届中央委员 第三届中央常委	1956-02 1958-12	1972-01 病逝
钱伟长	第二届中央委员 第四届中央常委	1956-02 1979-10	1982-10 离开清华
章名涛	北京市第二、三、四届委员会委员 北京市第五届委员会顾问	1958-09—1984-06 1984-06—1985-01	1985-01 病逝
李酉山	北京市第二、三届委员会委员	1958-09—1969	1969 年病逝
赵访熊	北京市第三届委员会委员 北京市第四届委员会副主委 北京市第五、六、七届委员会顾问 第四、五届中央常委 第一、二、三届中央参议委员会常委 北京市第七届委员会委员	1962-02 1980-02 1984-06 1979-10—1987-01 1987-01—1997-11 1992-02—1997-05	1996-11 病逝
张　任	北京市第四、五届委员会委员 第一、二、三届中央参议委员会委员	1980-02—1988-03 1987-01—1993-05	1993-05 病逝
常　迵	北京市第四、五届委员会委员 第五届中央常委 第二届中央参议委员会常委	1980-02—1988-03 1983-12—1988-10 1988-10—1991-08	1991-08 病逝
刘元鹤	北京市第五、六届委员会委员	1984-06—1992-06	
罗远祥	北京市第五届委员会委员	1984-06—1992-06	
高景德	第五、六、七届中央常委	1987-01—1996-12	1996-12-24 病逝
王维城	北京市第六届委员会委员 北京市第七届委员会副主委 第七届中央委员 第八届中央常委 北京市第八、九届委员会主委 第九届中央副主席	1988-03 1992-06—1997-05 1992-12—1997-12 1997-12—2002-12 1997-05—2007-12 2002-12—2007-12	
陆淑兰	北京市第六、七届委员会委员 第六、七届中央候补委员 第七届中央委员 北京市第八届委员会常委 北京市第八届委员会组织部长	1988-03—1997-05 1988-10—1997-11 1997-05—2002-06 1997-05—2002-06 1997-11—2002-06	
方　琰	北京市第七、八届委员会委员	1992-06—2002-06	
戚筱俊	北京市第七届委员会委员	1992-06—1997-05	
卢　强	第七届中央常委 第八、九届中央副主席	1992-12—1997-11 1997-11—2007-12	

续表

姓　名	职　　务	任职时间	备　　注
萧小月	第八届中央委员 北京市第八届委员会委员	1997-11—2002-12 1997-05—2002-06	
巩马理	北京市第八届委员会委员 北京市第九届委员会常委	1997-05—2002-06 2002-06—2003-12	
王光谦	第八、九、十届中央委员 第十届中央常委 北京市第十届委员会副主委	1997-11— 2007-12— 2007-06—	
何福胜	第九、十届中央委员 北京市第九、十届委员会常委	2002-12— 2004-01—	
欧阳明高	第九届中央委员 第十届中央副主席	2005-12—2007-12 2007-12—	
施天涛	第九届中央委员 北京市第九届委员会委员 第九、十届中央社会法制委员会副主任	2002-12—2007-12 2002-06—2007-06 2002-06—	
孙元章	北京市第九届委员会委员	2002-06—2007-06	
史　琳	北京市第十届委员会委员	2007-06—	
李国杰	北京市第十届委员会委员	2007-06—	

表 18-1-4　民盟盟员当选全国人大代表情况

起止时间	届　次	名　　单
1954-09—1959-04	第一届	梁思成　钱伟长
1959-04—1964-12	第二届	梁思成
1964-12—1975-01	第三届	梁思成（常委）　高景德　赵访熊　张　维　雷圭元
1975-01—1978-12	第四届	钱伟长
1998-03—2003-03	第九届	王维城
2003-03—2008-03	第十届	王维城（常委）

表 18-1-5　民盟盟员担任全国政协委员情况

起止时间	届　次	名　　单
1949—1954	第一届	吴　晗
1959—1964	第三届	梁思成（常委）
1964—1978	第四届	章名涛
1978—1983	第五届	钱伟长（常委）　赵访熊　章名涛　雷圭元
1983—1988	第六届	赵访熊　章名涛　陈仲颐　张　维　雷圭元
1988-03—1993-03	第七届	高景德　陈仲颐（常委）　张　维
1993-03—1998-03	第八届	高景德（常委）　陈仲颐（常委）　卢　强（常委）
1998-03—2003-03	第九届	卢　强（常委）　吴冠中（常委）　王光谦　陈仲颐
2003-03—2008-03	第十届	卢　强（常委）　吴冠中（常委）　欧阳明高（常委）　王光谦（常委）
2008-03—	第十一届	欧阳明高（常委）　王光谦（常委）　吴冠中（2010-06-25 去世）

表 18-1-6　民盟盟员当选北京市人大代表情况

起止时间	届　次	名　　单
1954-08—1957-01	第一届	李西山　施嘉炀　张　任　陈士骅　钱伟长　梁思成
1957-01—1958-08	第二届	庄前鼎　陈士骅　张　任　钱伟长　梁思成　李西山　雷圭元
1958-08—1962-06	第三届	张　任　李西山　梁思成　庄前鼎　雷圭元
1962-06—1964-09	第四届	张　任　梁思成　陈士骅　庄前鼎　李西山　雷圭元
1964-09—1966-05	第五届	张　任　陈士骅　李西山　雷圭元
1977-11—1983-03	第七届	赵访熊　张　维　吴佑寿
1983-03—1988-01	第八届	赵访熊　陈仲颐　李　欧
1988-01—1993-01	第九届	李　欧
1993-01—1998-01	第十届	王维城
1998-01—2003-01	第十一届	王维城（副主任）
2003-01—2008-01	第十二届	王维城（副主任）

表 18-1-7　民盟盟员担任北京市政协委员情况

起止时间	届　次	名　　单
1955-04—1959-09	第一届	梁思成（副主席）
1959-09—1962-12	第二届	梁思成（副主席）　施嘉炀
1962-12—1965-09	第三届	梁思成（副主席）　施嘉炀
1965-09—	第四届	陈士骅　施嘉炀
1977-11—1983-03	第五届	施嘉炀（常委）　张　任　雷圭元
1983-03—1988-01	第六届	施嘉炀（常委）　常　迵（常委）
1988-01—1993-01	第七届	陈仲颐（副主席）
1993-01—1998-01	第八届	陈仲颐（副主席）　陆淑兰
1998-01—2003-01	第九届	陆淑兰
2003-01—2008-01	第十届	施天涛（常委）　何福胜　卢　风
2008-01—	第十一届	何福胜（常委）　卢　风

二、重要活动和事项

1943 年 10 月，中共党员华岗和民主政团同盟盟员周新民倡导组织西南文化研究会，参加的有民主政团同盟的罗隆基、潘光旦、吴晗等和其他一些教授、文化界名人，共十余人。研究会每周聚会一次，每次都有一个讨论主题，前期偏重学术交流，后期着重政治活动，研究会持续了两年，参加活动的成员，后大都加入了民盟。

1944 年，民盟云南支部配合中共云南省工委，组织了一系列活动。如 5 月在西南联大举行“纪念五四青年节大会和文艺晚会”（3 000 多人）；10 月在昆华女中举行“纪念双十节，保卫大西南”群众大会（6 000 多人）；12 月 25 日在云南大学召开“护国起义 29 周年纪念大会”（6 000 多人）。

1944 年 12 月，民盟云南支部机关刊物《民主周刊》创刊，成为当时在昆明进步学生中有相当影响的刊物之一。

1945年初，吴晗在民盟云南支部负责青年工作，配合中共云南工委筹备组织“民主青年同盟”（简称“民青”）。

1945年5月，吴晗在西南联大“‘五四’以来青年运动总检讨”大会上作题为《论“五四”运动》的讲演。民盟参与组织昆明四大学（西南联大、云南大学、中法大学、英语专科）主办的7月7日全面抗战八周年纪念大会和9月4日在西南联大举行的庆祝抗战胜利集会。

在1945年爆发的“反对内战、争取民主”的“一二·一”运动中民盟和进步学生站在一起。除在《民主周刊》发表有关文章外，还参与组织11月25日四大学在西南联大新校舍举行的反内战时事演讲晚会（6 000多人）。“一二·一”惨案发生后，民盟支持进步学生坚持斗争。

1946年7月11日李公朴遭暗杀后，12日民盟云南支部为李公朴被暴徒暗杀向政府提出抗议。15日在云南大学礼堂举行的李公朴追悼会上，闻一多愤怒谴责国民党特务杀害李公朴是“历史上最卑劣、最无耻的事件”。会后闻一多又遭特务暗杀。16日民盟云南支部发表《为闻一多复遭杀害紧急声明》，声明中表示：“本同盟决不震惧于法西斯恐怖之下，而遽然弃置一贯的和平民主团结之努力于不顾。”

清华复员北平后，1946年10月，吴晗任北平民盟的主要负责人。12月29日，吴晗主持发表了民盟北平市临时工作委员会抗议美军强奸北大女学生沈崇罪行的宣言。

1947年2月，国民党当局在北平进行大逮捕，被捕者多数为青年学生，民盟参与发起抗议活动，得到北平各大学教师响应，发表了抗议书，社会上称之为“新人权运动”。

1947年5月29日，吴晗等清华、北大100多名教授联名发表《为反内战运动告学生及政府书》。

1947年7月闻一多殉难一周年，清华民盟与清华学生会联合举办“一多先生死难周年祭”。还出版了《血债要用血来还》纪念刊物。

1947年夏，清华学生会与吴晗商定举办暑期讲座，请民盟及与民盟有关的教师主讲，潘光旦讲优生学，费孝通讲乡土重建，朱自清讲“五四”文学，关世雄讲转换时期的哲学（内容为辩证唯物主义与历史唯物主义）。每人每周1～2讲。

1947年10月，以吴晗为首的北平市民盟支部发表声明，驳斥盟内个别人发表的“民盟华北一切地方组织一律解散，所有盟员一律停止活动”的公开声明，号召北平全体盟员继续不屈不挠地同国民党反动派进行斗争。

1948年6月，民盟参与发起清华朱自清等110位教职员发表的严正声明，为反对美国政府的扶日政策，为抗议司徒雷登对中国人民的侮辱，为表示中国人民的尊严和气节，拒绝美国的具有收买灵魂性质的一切施舍物资。

1946年至1948年间，旧西院12号吴晗住宅成了民盟、民青、中共地下组织讨论研究工作、起草宣言声明等活动的主要场所之一。吴晗、关世雄等还协助地下党帮助许多青年学生、进步人士、地下党员安全转移到解放区。吴晗还利用教授身份，使清华图书馆购进许多进步书籍，还把军调部中共办事处留下的一批解放区出版的书籍转移到清华图书馆。

1948年12月15日清华园解放。1949年以后，民盟在党的领导下，动员盟员以主人翁的态度参与国家与学校的建设，一些盟员担任了学校、系处以及工会等的领导职务。

1949年9月，吴晗作为全国青联代表，费孝通作为民盟代表，出席了第一届全国政协会议。12月，吴晗出任北京市副市长。

1950年，盟组织配合校党总支及校委会动员盟员积极参加各项政治运动，如参军、参干和抗美援朝、土地改革、镇压反革命三大运动，以及知识分子思想改造运动。1950 年 11 月 10 日，北京市盟员为抗美援朝发表宣言，清华盟员吴晗、潘光旦、余冠英、季镇淮等 30 余人签了名。1951 年 11 月 14 日，民盟清华区分部还主办了盟员参加土改的思想收获报告会。

1952 年 6 月 25 日，盟员陈士骅任“院系调整清华大学筹备委员会”副主任委员，张维任委员，7 月 22 日增聘侯祥麟以民盟代表身份为筹委会委员。一些盟员如陈士骅、张维等担任了院系调整后的清华大学的有关领导职务；钱伟长、李酉山、梁思成、章名涛等担任领导职务后不久加入了民盟。

1952 年 12 月 3 日，盟员大会交流教学经验，李欧、龙驭球、朱亚杰、赵访熊介绍备课、讲课、教材、教学法等方面的经验。

1953 年 12 月学校进行普选，邀请盟区分部派代表参加普选工作组。1954 年 1 月 20 日，盟员钟士模当选为海淀区人大代表。1954 年 9 月，盟员陈士骅当选为校工会第六届工会委员会主席，李欧、储钟瑞当选为副主席。9 月，盟员梁思成当选为第一届全国人大代表。1956 年，盟员钱伟长、陈士骅、张维被国务院任命为清华大学副校长。

1957 年三四月间，盟支部先后召集盟员系主任、教研组主任、教授开会讨论工业院校培养目标问题。四五月间配合中央统战部、民盟中央、九三学社中央关于清华大学党组织与民主党派关系的调查，在盟干部和盟员中召开了三次调查座谈会。盟支部还参加清华民主党派联席会议，学习《关于正确处理人民内部矛盾的问题》，讨论党与民主党派的关系、如何协助党整风。

1957 年 6 月 22 日，吴晗代表民盟北京市委向民盟支部委员、小组长布置整风工作，当日召开盟员大会并成立了临时整风小组。

在整风反右运动中，部分盟员被错划为“右派分子”，有的受到盟内处分（中共十一届三中全会后，对错划的“右派分子”和在民盟内受到的错误处分进行了改正）。

1958 年以后，民盟组织开会讨论过向党交心、红专规划、马列主义学习、民主党派的作用等问题。还组织民盟员参加“神仙会”，敞开思想，讨论国际国内形势和学校工作。

1960 年，陈士骅、章名涛、施嘉炀等还参加或列席民盟中央全会或学习会。

1964 年，部分盟员参加了中央统战部组织的参观开展四清运动的地区和大庆油田。

1966 年 6 月“文化大革命”开始后，民盟被迫停止活动。

中共十一届三中全会以后，民盟恢复活动。1979 年，组织学习中共十一届三中全会和民盟第四次全国代表大会精神，明确民盟的工作重点转移到为四化建设服务的轨道上来。1980 年，开始发展新盟员。同年，民盟支部进行了关于落实知识分子政策和被错划为“右派分子”的盟员改正后的情况调查。

1986 年 10 月，由民盟支部（1989 年 1 月改为民盟委员会）主办的，《清华盟讯》第一期出版，反映民盟组织的重要活动及结合形势的热门话题。

1987 年 12 月 19 日，由民盟支部、九三学社、民进支部联合召开教书育人经验交流会，盟员方琰、陆淑兰等发言。

1989 年 7 月 11 日，为贯彻民盟北京市委六届四次会议决议，号召全体盟员认真学习、坚决贯彻中共十三届四中全会精神，坚持党领导的多党合作，与共产党长期共存，互相监督，肝胆相照，荣辱与共，积极参政议政，为国家建设多作贡献。

1990 年 11 月 2 日，召开委员与支部负责人联席会，汇报盟员参加学生的政治学习小组会的情况，讨论关心学生德育教育问题，11 月 10 日在校党委统战部召开的学生思想政治工作座谈会上，盟员李欧、周汝潢等发了言。

1991 年五六月间，配合学校编制《清华大学“八五”事业发展规划纲要》，组织 40 多位盟员开了 4 个座谈会，分成 4 个小组，就教学、科研、学校管理、中学教育 4 个专题提出意见，写成纪要送交校领导。10 月，盟委配合校党委提出的把德育工作放在首位的精神，号召全体盟员在各自工作岗位上做好学生的思想政治工作。11 月，组织 10 位盟员参加了民盟北京市委为提高中学师资水平组织的数学、物理讲座。

1992 年 2 月 21 日，全体盟员大会，王维城代表第一届盟委作了题为《加强盟组织建设，积极发挥“参政议政”作用》的工作报告。9 月 9 日，民盟与九三学社、农工民主党等民主党派约请市内各医院名医来校进行教师节义诊。9 月 22 日，在北京市第二次统战先进集体先进个人表彰大会上，民盟清华大学委员会获先进集体奖，盟员周汝潢、承毓涵、关振铎获先进个人奖。王维城代表清华盟委作了《基层组织发挥参政党作用的体会》的书面发言。

1993 年 3 月 4 日和 4 月 1 日，民盟清华大学委员会组织召开了两次盟员教授座谈会，讨论清华大学学科建设问题。

1995 年 9 月 24 日，民盟中央主席费孝通为《清华盟讯》题写刊名。

1996 年 6 月 15 日，民盟市委召开北京市民盟组织成立五十周年庆祝大会，民盟清华委员会和民盟清华三支部受到表彰。

1997 年 2 月，民盟清华委员会召开座谈会，深切缅怀邓小平同志。3 月 31 日《清华盟讯》出专刊缅怀邓小平同志。

1997 年 7 月，民盟清华委员会在西山举办新盟员和暑期干部学习班，认真学习《江泽民在中央党校省部级干部进修班毕业典礼上的讲话》《中共中央关于坚持和完善中国共产党领导的多党合作和政治协商制度的意见》（即 14 号文件）、《邓小平关于人民政协的重要论述》等三个文件。清华统战部长虞石民应邀出席并讲话。

1998 年 3 月 5 日，为纪念周恩来总理诞辰一百周年，民盟清华委员会组织盟员撰写纪念、回忆文章，刊登在 3 月 31 日出版的《清华盟讯》上。

1998 年 7 月，民盟北京市委召开表彰大会，民盟清华委员会和民盟清华委员会三支部被评为民盟北京市委 1998 年度先进集体，杨学昌被评为民盟北京市委 1998 年度先进个人。

1999 年 3 月，民盟清华委员会召开老年盟员座谈会，就学校学科建设和创建世界一流大学征询意见。

2000 年 5 月 6 日，清华大学民盟组织成立 50 周年庆祝大会召开，民盟中央名誉主席费孝通，全国人大副委员长、民盟中央主席丁石孙，校党委书记贺美英到会祝贺。

2002 年 6 月 6 日至 9 日，民盟北京市委第九次代表大会召开，清华委员会出席的正式代表有谢大吉、巩马理、崔永东、王永等，孙元章、何福胜作为列席代表出席了会议。王维城、孙元章、巩马理、何福胜、施天涛当选为民盟北京市第九届委员会委员（王维城继续担任民盟北京市委主委），陆淑兰当选为民盟第九届全国代表大会代表。

2002 年 8 月 4 日，民盟清华委员会召开主副委会议，民盟北京市委常务副主委唐克美出席。巩马理教授由于工作原因提出辞去民盟清华委员会主委的申请，建议由何福胜接任主委。经报民盟北京市委批准，同意何福胜接任民盟清华委员会主委，巩马理担任民盟清华委员会副主委。

2002 年 8 月，由民盟牵头，组织清华大学各民主党派成员在能科楼会议室召开会议，邀请校党委常委孙道祥和统战部部长黄贺生介绍学校发展规划、现状，传达学校暑期干部会精神。

2003 年 12 月，民盟清华委员会召集盟内长期从事教学和科研的部分老、中、青盟员就学校的科研体制改革和一流大学的建设问题举行了研讨会，研讨会由主委何福胜主持。

2004 年 9 月，民盟北京市委授予民盟清华大学委员会“盟务工作先进集体”称号。

2005 年 5 月，民盟清华委员会围绕建设和谐校园这一主题，在本校学生中展开了调查问卷活动。此后，民盟清华委员会每年围绕一个主题进行政研工作，并将总结转交学校有关部门，关注的主题有：“青年教师的成长与配套机制”“清华大学学生素质教育”“改善教师生活质量，构建和谐工作环境”“敬老爱老”“强化教学服务能力，创新人才培养体系”等。

2005 年 9 月，在民盟中央委员会第九届十六次主席会上，民盟清华委员会被授予“全国先进基层组织”称号。

2006 年 9 月 20 日，民盟清华委员会被中共中央统战部和各民主党派中央、工商联评为“各民主党派工商联无党派人士为全面建设小康社会做贡献”先进集体，在人民大会堂受到国家领导人的接见和表彰。

2006 年 10 月 29 日，在“民盟北京市委纪念北京市民盟组织成立 60 周年大会”上，民盟清华委员会被授予“先进基层组织”称号，苏鹏声等人被授予“先进盟务工作者”称号，卢强等人被授予“有突出贡献盟员”称号，杨华中获“在本职工作中做出优异成绩的盟员”称号。

2007 年 6 月，民盟北京市委第十次代表大会召开。民盟清华委员会出席代表 11 人：王维城、何福胜、王光谦、史琳、申明、乐正友、苏鹏生、王耀玲、王武镝、李国杰、王永。何福胜、王光谦、史琳、李国杰当选为民盟北京市第十届委员会委员，何福胜、王光谦当选民盟第十届全国代表大会代表。

2007 年 10 月，在十七大刚刚胜利闭幕之际，民盟清华委员会召开了盟委会委员和支部主委学习十七大精神讨论会。

2007 年 12 月，民盟清华委员会办公室从强斋搬往静斋 204、205 室，面积由 18 平方米扩大到 30 平方米，各种条件大为改善。

2008 年 3 月，民盟清华委员会召开全国“两会”精神传达会议，邀请全国人大代表、九三学社清华委员会社员周建军，全国政协常委、盟员欧阳明高向盟员干部骨干等传达“两会”精神。

2008 年 5 月 12 日，汶川地震当天下午，民盟清华委员会向各支部发出倡议书，号召大家对灾区人民进行救援。截至 5 月 29 日，在民盟办公室捐款的有 93 人次（其中 9 人捐款两次），共捐款 32 630 元。

2008 年 5 月，民盟清华委员会在老年活动中心举办老年盟员座谈会，就汶川地震问题、学校体制和教学问题、教职工三代上小学问题展开了讨论。

2008 年 6 月，汶川地震引发的堰塞湖危险万分，王光谦任主任的“国家重点实验室”日夜奋战，为科学抢险、科学决策提供了准确的数据预报和不同情况下的应急预案，在我国第一次成功处理堰塞湖的泄流中发挥了不可替代的作用。

2008 年 10 月，北京统一战线参与奥运、服务奥运总结表彰大会在北京国际会议中心召开。会上，北京市委统战部对全市统一战线在参与奥运、服务奥运工作中作出突出贡献的 903 名先进个人予以表彰。清华大学共有 11 名同志获此殊荣。其中，民盟清华委员会有 4 人获表彰，他们是：罗锦文、史琳、欧阳明高和何茂春。

2009 年 4 月 24 日，“王雪莲基金”捐赠仪式暨民盟清华委员会与民盟中央主席蒋树声座谈会在工字厅举行。民盟盟员、北京佳莲伟业房地产（集团）公司董事长王雪莲女士向学校捐赠 2 100 万元人民币，设立“王雪莲基金”。捐赠仪式后举行座谈会，民盟中央主席蒋树声发表重要讲话。

2009 年 6 月，由民盟中央教育委员会、民盟北京市委、民盟安徽省委主办，民盟清华委员会承办，民盟北大委员会协办的“民盟教育论坛”，在清华大学主楼接待厅举行。来自全国各地的嘉宾以及清华盟员150余人参加了此次论坛。

2009年8月31日至9月1日，由清华大学“王雪莲基金”资助的“2009经济下的民生暨经济发展高级研讨会——民盟北大清华暑期干部学习班”在秦皇岛市北戴河举行。此次学习班由民盟中央、民盟中央参政议政部、民盟北京市委组织部、民盟北大委员会、民盟清华委员会、清华大学经济外交研究中心共同主办。

2009年10月，由民盟北大委员会和民盟清华委员会共同主办的“民盟高教论坛——大学体制”举行。

2009年11月，为了学习贯彻民盟中央基层组织建设工作会议精神，民盟清华委员会专门召开委员会扩大会议，传达民盟中央领导讲话精神，介绍了广西师范大学盟组织和南京大学盟组织的先进经验，重点研讨了民盟清华委员会基层组织工作的开展。

2010年4月，民盟清华委员会为青海玉树地震捐款5 000元，这是民盟市委社会服务部在地震后接收的第一笔团体善款。

2010年11月17日，清华大学当代国际关系研究院成立大会暨佳莲集团捐赠仪式隆重举行。清华盟员、佳莲集团董事长王雪莲此次向清华大学捐资9 800万元，其中2 200万元用于与清华大学共建国际关系研究院，7 000多万元用于建设清华大学人文社科综合楼。

2010年12月，由民盟清华委员会、民盟北大委员会和民盟北大医学部委员会共同主办的“第五届民盟高教论坛——大学创新”在清华大学近春园召开。

2010年12月，由民盟清华委员会支持举办的民盟中央首届“民生论坛——收入分配与民生”在中苑宾馆举行。

2010年12月，北京市委统战部在北京新闻大厦召开“2010年北京市民主党派‘凝心聚力’工程建设总结大会”。清华盟员王光谦被评为2010年度北京市民主党派优秀人物；民盟清华大学委员会被评为2010年北京市民主党派基层典型经验单位。

2010年12月13日，全国统战系统“树立和践行社会主义核心价值体系典型人物报告会”在人民大会堂隆重召开。清华盟员王光谦是9位报告人之一。

第二节　九三学社清华大学组织

一、组织沿革

地质系教授张席禔、物理系教授葛庭燧、土木系教授夏震寰和地质系教授杨遵仪是清华大学最早的一批九三学社社员。其中，葛庭燧由中国科协宣传处处长严济慈和涂长望介绍入社，夏震寰由北京大学工学院教授金涛介绍入社，杨遵仪由张席禔介绍入社。

1951 年 8 月 3 日，九三学社清华大学小组成立，张席禔任组长，葛庭燧负责组织发展。至当年底，有社员 8 人。

1952 年 6 月 29 日，九三学社清华大学支社在机械馆大教室举行成立大会。出席大会的代表有九三学社中央许德珩主席和校党委书记何东昌、九三学社北京市分社薛愚主任理事、社中央学习委员会叶丁易主委、九三学社北京市分社的工作人员、各支社代表与清华支社社员共 40 余人。清华大学党团、兄弟党派、行政工会、妇女会代表及校内社外来宾 60 余人参加，总计出席 100 余人。会议由大会主席张席禔致辞，许德珩主席和何东昌书记讲话，校务委员会叶企孙主任，清华工会代表张儆和民盟区分部代表侯祥麟先后发言，叶丁易主委作了形势报告，王丙戌同志代表支社筹委会汇报筹备工作，会上选出张席禔任支社总干事，葛庭燧、王丙戌、赵正之、曹传钧等分别担任宣传干事和组织干事。同年入社的有周培源、张光斗和孟昭英等 18 人。1952 年夏，在全国高校院系调整中，文、理、航空学院的社员周培源、张席禔、杨遵仪和葛庭燧等分别调至北京大学、北京地质学院、中国科学院等单位，原北京大学工学院的社员金涛和陶葆楷调入清华。院系调整后，支社改选，金涛为主委，委员共 3 人。至 1952 年底，社员为 29 人。

1957 年初，金涛退休。支社改选，孟昭英为主委，张守仪为副主委。1958 年初，支社改选，陶葆楷任主委，金希武、董树屏任副主委，委员共 8 人。至 1964 年，社员有 39 人。

“文化大革命”开始后，支社活动完全停止。

1979 年 5 月 18 日，召开全体社员大会，恢复组织活动，仍由陶葆楷任主委，金希武、董树屏任副主委，九三学社中央秘书长孙承佩、北京市分社领导小组成员王竹溪、校党委副书记林克到会祝贺。33 名社员分成 3 个小组。同年，金希武去世，增选王传志为副主委。

1989 年 9 月 15 日，成立九三学社清华大学第一届委员会，选出主委王传志，副主委沈静珠（常务）、姚祖涛，委员共 11 人，下设 5 个支社。

1995 年 6 月 14 日，为了促进年轻人的成长，全部由年轻人组成的第六支社（青年支社）成立，周建军任支社主委。

1996 年 1 月，沈静珠任第三届委员会主委。副主委为王树人、姚祖涛、吴元强、刘尚明。

2000 年 12 月 23 日，举行第四届委员会换届选举，选举出委员 11 人。主委沈静珠，副主委周建军、吴元强、刘尚明、章梅荣、邢文训。

2003 年 1 月 13 日，在迎新春会议上，原有的第六支社调整为第六、七支社，并选举了支社干部。

2003 年 5 月，委员会工作安排调整：主委沈静珠，副主委周建军、吴元强、章梅荣、刘尚明、邢文训、王钊。

2003 年 10 月，鉴于委员会成员的工作、岗位等情况有所变动，为了今后更好地开展委员会的日常工作，经过委员会全体会议讨论并报九三学社北京市委组织部批准，对委员会组成进行了调整。调整以后的工作分工为：主委沈静珠，常务副主委章梅荣，副主委周建军、吴元强、刘尚明、邢文训、王钊。

2005 年 5 月，对已有的 7 个支社进行了人员调整，并进行了支社领导的换届选举。同月，九三学社清华大学委员会举行会议，宣布了所属 7 个支社的换届选举结果。

2005 年 12 月，第五届委员会换届，主委周建军，副主委邢文训、沈静珠、王钊、刘尚明、高晋占。2006 年 12 月，进行了干部调整，邢文训接替周建军的主委工作，增加张学工和唐小翠为副主委。

2009 年 7 月，委员会经讨论决定，同意高晋占因身体原因辞去副主委职务，增补李景虹为代理副主委负责组织工作，调整唐小翠副主委负责老年工作；并讨论决定聘请本委员会退休社员严文典老师为委员会专职秘书。

组织及社员情况见表 18-2-1 至表 18-2-8。

表 18-2-1　九三学社清华大学组织情况

名称	成立时间	主委（或组长，总干事）	副主委	委员数	下属支社（或小组）数	社员数	下设分工
小组	1951-08	张席禔（组长）				8	
支社	1952-06	张席禔（总干事）					组织、宣传
支社	1952（院系调整后）	金　涛		3		29	
支社	1957（年初）	孟昭英	张守仪				
支社	1958（年初）	陶葆楷	金希武　董树屏	8		39（1964 年）	
支社	1979-05	陶葆楷	金希武　董树屏　王传志	9	3（小组）	33	
支社	1984-09	陶葆楷	董树屏　夏震寰　王传志				
支社	1986	王传志	李克群　沈静珠　池去病	9	4（小组）	58	
第一届委员会	1989-10	王传志	沈静珠　姚祖涛	11	5	83	组织、宣传、科技服务、离退休、秘书
第二届委员会	1992-10	沈静珠	姚祖涛　王树人　吴元强　刘尚明	14	5	103（1993 年）	组织、宣传、参政议政、离退休、青年、总务
第三届委员会	1996-01	沈静珠	周建军　王树人　姚祖涛　吴元强　刘尚明	13	6		组织、宣传、参政议政、离退休、青年、总务
第四届委员会	2000-12	沈静珠	周建军　吴元强　刘尚明　章梅荣　邢文训	11	7		参政议政、组织、宣传、秘书
第五届委员会	2005-12	周建军	邢文训　沈静珠　王　钊　刘尚明　高晋占	11	7	165（2005 年）	参政议政、组织、宣传、老年、秘书
第五届委员会（调整）	2006-12	邢文训	王　钊　沈静珠　张学工　高晋占（2009 年李景虹接任）唐小翠	13	7	185（2010 年）	参政议政、宣传、老年、组织

表 18-2-2　2010 年末九三学社社员性别、年龄、职称情况

项　目	社员数	性　别		年龄（岁）			职称	
		男	女	35 以下	男 36～60 女 36～55	男 61 以上 女 56 以上	高级	中级
人数	185	107	78	6	88	91	168	17
比例（%）	100	57.8	42.2	3.2	47.6	49.2	90.8	9.2

表 18-2-3　社员在九三学社中央任职情况

起止时间	届　次	常　委	委　　员	候补委员	注　　明
1950-12—1952-09	第二届			金　涛	时称理事
1952-09—1956-02	第三届			金　涛	
1956-02—1958-12	第四届		金　涛		
1958-12—1979-10	第五届		董树屏		
1979-10—1983-12	第六届	陶葆楷	张光斗　陶葆楷 董树屏		
1983-12—1988-12	第七届	陶葆楷	张光斗　陶葆楷 董树屏		
1988-12—1992-12	第八届	金国芬 梅祖彦	金国芬　梅祖彦	沈静珠	参议委员会常委：陶葆楷； 委员：张光斗　陶葆楷 董树屏
1992-12—1997-11	第九届	金国芬 梅祖彦	沈静珠　金国芬 梅祖彦		参议委员会常委：张光斗 孟昭英　董树屏
1997-11—2002-12	第十届		沈静珠　金国芬		
2002-12—2007-12	第十一届		王志新　周建军		
2007-12—	第十二届		王志新　周建军		

表 18-2-4　九三学社社员当选全国人大代表情况

起止时间	届　次	名　单	起止时间	届　次	名　单
1964-12—1975-01	第三届	张光斗	1998-03—2003-03	第九届	沈静珠
1975-01—1978-12	第四届	夏震寰	2003-03—2008-03	第十届	周建军
1988-03—1993-03	第七届	梅祖彦	2008-03—	第十一届	周建军
1993-03—1998-03	第八届	梅祖彦			

表 18-2-5　九三学社社员担任全国政协委员情况

起止时间	届　次	名　　单
1978-02—1983-06	第五届	张光斗
1983-06—1988-03	第六届	张光斗　陶葆楷　梅祖彦
1988-03—1993-03	第七届	张光斗
1993-03—2003-03	第九届	李　燕
2003-03—2008-03	第十届	章梅荣　王志新　李　燕
2008-03—	第十一届	王志新　孟安明

表 18-2-6　社员在九三学社北京市委任职情况

届次	副主委	委员	备注
第一届	金　涛	金　涛	时称北京市分社副主任理事
第六届	梅祖彦	梅祖彦　孟昭英　孙家忻　夏震寰　王传志　李克群	时为北京市分社
第七届	梅祖彦	梅祖彦　沈静珠　王传志　李克群	孙家忻、夏震寰为顾问
第八届	梅祖彦　沈静珠	梅祖彦　沈静珠　姚祖涛	
第九届	沈静珠	沈静珠　姚祖涛	
第十届	周建军	周建军　刘尚明　徐　云　邢文训	周建军为常务委员
第十一届	周建军	周建军　徐　云　邢文训　王　钊	周建军、邢文训为常务委员

表 18-2-7　九三学社社员当选北京市人大代表情况

起止时间	届次	名单	起止时间	届次	名单
1988—1993	第九届	金国芬	1998—2003	第十一届	沈静珠
1993—1998	第十届	沈静珠	2003—2007	第十二届	黄　霞

表 18-2-8　九三学社社员担任北京市政协委员情况

起止时间	届次	名单	起止时间	届次	名单
1955—1959	第一届	金　涛	1988—1993	第七届	沈静珠
1959—1962	第二届	金希武　金　涛	1993—1998	第八届	金国芬
1962—1965	第三届	金希武　金　涛	1998—2003	第九届	唐　昆　李　燕
1965-09—	第四届	金希武　金　涛	2003—2008	第十届	周建军（常委）　巨　勇
1977—1983	第五届	张光斗（副主席）　陶葆楷　金希武　栾汝书　孟昭英	2008—	第十一届	邢文训（常委）　巨　勇（常委）
1983—1988	第六届	张光斗（副主席）　孟昭英　金国芬　栾汝书　梅祖彦			

二、重要活动和事项

1951 年九三学社清华小组建立后，即组织社员积极参加抗美援朝、“三反”“五反”和教师思想改造运动，围绕政治学习，以社员自我改造为主，也参与学校的一些政治活动。在思想改造运动中，九三学社清华委员会经常召开社员及与社有联系的教师参加的座谈会、学习会，推心置腹地交谈，提高认识。

1952 年院系调整以前，社员担任学校和系的领导职务有：校务委员会副主任、教务长周培源，土木工程系主任夏震寰，水力发电工程系主任张光斗，地质系主任张席禔。在院系调整中，1952 年 7 月 22 日“院系调整清华大学筹备委员会”增聘金涛代表九三学社参加筹委会为委员。1952 年 9 月，本校社员金涛作为出席代表，张席禔、葛庭燧、曹国惠作为特邀代表参加了九三学社第二次全国工作会议。院系调整后，社员担任学校和系领导职务的还有：无线电工程系主任孟昭英、图书馆馆长金涛、土木工程系主任陶葆楷、精密仪器系主任金希武。院系调整后支社多次参加在校党委提议下召开的党与民主党派联席会，校党委与民盟区分部、九三学社支社一起开会，学习党和国家的方针政策及讨论学校工作。1953 年 12 月，学校普选工作组邀请九三学社支社派代表参加。支社推荐社员张守仪作为海淀区人民代表的候选人并当选。

20 世纪 50 年代支社的活动结合本单位的中心工作和活动为主进行安排。围绕学习并贯彻党和国家的方针政策，参加学校的教学改革和一些政治活动，教育社员做好本职工作。为配合全国高校学习苏联先进经验，社员卢谦创造了俄语速成教学法，被上级在一定范围内推广。60 年代初，支社组织社员参加“神仙会”学习，实行“三不”（不打棍子、不揪辫子、不扣帽子），对于社员提高认识、增强信心和克服困难有很大帮助。

“文化大革命”期间，支社停止活动。

中共十一届三中全会以后，支社于 1979 年 5 月恢复活动。支社组织社员积极学习并贯彻党和国家的各项改革政策，参加学校的教学和科学研究活动，并在宣传和落实知识分子政策及处理“文化大革命”一些遗留问题方面做了大量工作。组织生活正常开展，通过多种形式的活动，提高了社员的参政议政能力。每学期开始召开干部会，结合学校工作重点，做出本学期社务活动计划，期中根据需要研究工作 2～3 次，期末进行小结。

1989 年 10 月成立九三学社委员会后，至 1991 年底，组织全体社员大会（或活动）10 次，支社组织生活 77 次，社干部研究工作 19 次。活动内容主要有：每年在全国人大和政协开会前，收集社员意见，通过担任人大代表和政协委员的社员进行反映，会后组织担任人大代表和政协委员的社员传达会议精神；每年在学校召开教代会前各支社分项讨论教代会有关内容，汇总意见，向教代会提出；组织社员参观博物馆等单位，并召开联谊会，举办联欢活动。

1990 年 2 月，组织社员学习中共中央〔1989〕14 号文件《中共中央关于坚持和完善中国共产党领导的多党合作和政治协商制度的意见》，提高了社员参政议政的自觉性。组织社员对《教育法》和《教师法》的草案逐条讨论，书面意见上报九三学社市委。当时的清华社员中，有 3 位担任过全国人大代表和政协委员，有 9 位担任过北京市人大代表和政协委员。担任人大代表和政协委员的社员，积极反映意见，提出建议。20 世纪 90 年代末，张光斗就《中国水资源问题及其解决方案》上书江泽民和陈云，江泽民总书记批复“最有价值的科学家建议”，经批示后转国家计委等部门；梅祖彦在全国人大会上提出要求提高教师待遇、恢复“文革”前 13 级工资系列，要求减免高等学校建设中征收的税费等建议；沈静珠在北京市政协会上提出“关于加强北京火车站国际列车入口处的治理”等提案。社员中先后有 12 位担任过校系行政和工会的领导职务，张光斗于 1978 年至 1984 年任清华大学副校长。

1979 年至 1993 年，社员共获国家级奖和省部级奖约 100 人次。1991 年 1 月，从国外考察回来的社员孟昭英，向学校捐款 2 万美元，设立“孟昭英奖学金”，资助物理系、电子工程系的品学兼优而家境困难的学生，同时将从国外购置的 B 超探测仪捐赠给校医院。

1991 年 9 月 21 日，九三学社清华基层组织成立 40 周年纪念大会召开。九三学社中央副主席徐采栋、陈明绍，九三学社中央参议委员会副主任柯召，九三学社北京市委副主委王丙戌，校党委书记方惠坚、副书记黄圣伦，校党委统战部和有关系处的党委书记、统战委员，民盟、民建、民进等兄弟党派基层组织的代表到会祝贺。会上同时祝贺老社员张光斗、陶葆楷、孟昭英、董树屏、程式、宋泊的八十寿辰。

1995 年、1996 年暑期，接待九三学社市委组织的第一、二届中学生科技夏令营，营员参观了 CIMS、计算机中心等。九三学社清华委员会积极参与清华创建世界一流大学的活动，于 1997 年和 1998 年分别组织了两次教师座谈会，先后出版了两个文集。这两个包括了张光斗、董树屏、夏震寰等知名教授观点的文集受到学校党委的重视，校党委将文集作为中层干部在三堡会议的学习资料，并向九三学社委员会写信表示感谢。2001 年全国人大会议期间，沈静珠提出了有关“社会力量办学”等提案。2002 年，沈静珠又提出了“关于制定《社会捐助法》的议案”，中央电视台等十几家电视台、报纸、电台进行了报道。

2001 年 3 月，九三学社清华委员会及支社的部分负责宣传工作的同志开会讨论新一届委员会的宣传工作。会上，大家提议恢复出版《清华九三通讯》，原先的《九三通讯》在吴元强、章梅荣副主委的主持下，坚持出版了近 3 年 40 多期，在上下沟通信息、宣传九三学社清华委员会方面起到了很好的作用。6 月，委员会自办刊物《清华九三》首次与社员见面，发行 5 期。后于 2007 年 6 月起改彩印版，张学工副主委任主编，每年发行 2 期。

2001 年，九三学社北京市委成立 50 周年之际，九三学社清华委员会受到了九三学社北京市委的表彰。其中先进集体有清华大学第六支社；单项表彰有张光斗、吴元强、曾烈光；优秀社员有巨勇、张淑芳、顾夏声；优秀社务工作者有邢文训、余加莉、吴元强、单娟、周建军、周雪漪、徐云、高晋占、梁国珍、黄天麟、程荫芊。

2002 年 1 月，九三学社清华委员会在学校主楼举行新年座谈会。全国人大常务委员会副委员长、九三学社中央主席、清华大学医学院首任院长吴阶平，校党委书记贺美英，常务副书记陈希，党委常委叶宏开，九三学社北京市委主委洪绂曾等参加会议。九三学社清华委员会社员共 100 多人参加了座谈会。

九三学社清华委员会根据学校工作的特点，坚持学习会制度，在每年的寒、暑假定期组织委员会的干部学习会。2002 年的学习会分为两个部分。第一部分在校内进行，请统战部长黄贺生传达暑期干部会的主要精神。第二部分组织 20 余名九三学社清华委员会的干部到中央党校与政法部的部分教授、学者进行了座谈。

2002 年 10 月，在校党委统战部的支持下，九三学社北京市委、九三学社清华委员会、北京市古代钱币博物馆、北京石刻艺术博物馆和清华大学图书馆联合组织了《老北京城的故事》和《北京石刻》展览。

2003 年，在九三学社北京市委的号召下，社员周建军资助了两名中学生；委员会委员们共同资助了一名贫困中学生。此前，社员高晋占在家乡资助 2 名中学生，社员张乃国为家乡希望小学捐资创办图书室。

2003 年“非典”期间，周建军向中共北京市委提出的关于防范“非典”疫情扩大的建议，得到北京市委副书记龙新民的批示，并在后来的“非典”防治工作中发挥了作用。5 月，委员会向学校提出了“总结非典时期的经验、完善学校的管理体制”的书面建议报告，就“非典”后学校的管理工作提出 5 条具体建议。此报告得到了学校主要领导的肯定。校长顾秉林，校党委书记陈希，其他领导郑燕康、张再兴、庄丽君、杨振斌等在建议报告上做了批示。6 月，张学工提出了“浅谈从 SARS 中吸取的一些教训”的建议。社员唐小翠在抗击“非典”活动中表现突出，得到了委员会和学校的表彰。

2003 年 7 月，九三学社北京市委主委田麦久到清华大学与九三学社清华委员会的委员和部分支社干部举行了座谈。大家围绕九三学社基层委员会组织建设问题和民主党派的基层组织如何组织好参政议政活动等话题进行了讨论。

2004 年 2 月，由九三学社中央、九三学社北京市委与清华大学联合举办的《奥林匹克在中国》图片展在我校综合体育馆开幕。北京市人大副主任、九三学社北京市委主委田麦久，第 29 届奥林匹克运动会组织委员会副主席李炳华，校党委副书记杨振斌等出席展览开幕式。

2004 年 6 月，委员会针对校内教师、职工普遍关心的“朱房住宅小区”建设问题召开专门会议，并形成委员会建议报送校党委，得到陈希书记的答复。

2004 年 12 月，委员会组织社员前往中华慈善总会示范儿童村进行送温暖慰问活动。送去用社员捐款购买的 29 寸彩色电视机、近 200 册图书、500 多件衣服、8 桶色拉油、38 斤洗衣粉，还有鞋帽、书包、玩具、香皂、洗发液等生活用品。

2005 年，罗燕提出“关于加强救助社会不利境况下未成年人的建议”，在 2005 年九三学社北京市委调研工作研讨会上得到高度评价，并在《北京观察》发表。

2005 年 4 月，九三学社清华委员会召开了部分教学一线社员教学讨论会。

2006 年 8 月，针对学校校园暑期旅游的混乱状况，罗先武向校党委统战部提交“关于对学校假期接待外来旅游者就餐管理的建议”。在此基础上，邢文训向学校教代会提交“加强假期校园管理”的提案。该提案成为教代会议案，并转给总务处处理。

2006 年 9 月，九三学社清华委员会召开清华大学校河治理研讨会。参加会议的有水利系、环境系、化工系、医学院等院系关心校河治理的社员和干部，还邀请了多年参与清华校河治理的水利系老教授参会。

2006 年 10 月，为了解老年教师基本情况和生活状况，为学校解决相关问题和开展老龄工作提供依据和建议，九三学社清华委员会对老年社员进行了调查研究。社员高晋占和罗燕撰写了调研报告提交校党委统战部，并在《北京九三社讯》中发表《关注老年知识分子，构建和谐社会》一文，充分阐述了关注老年知识分子的重要性和解决的方法。

2006 年 11 月，在学校向全校中层干部通报了八家建设项目的困难和风险后，九三学社清华委员会及时召开座谈会，邀请房管处领导张海戈向委员会全体社员介绍建设情况和进行信息交流。委员会向学校领导提交“建议学校尽快启动八家建设项目”的报告。

2007 年 8 月，由九三学社清华委员会和北大委员会及北大第二委员会联合举行的“新时期统战理论与实践研修班暨社市委 2007 年社务工作调研座谈会”在学校医学院举行。中央统战部政策研究室主任、新闻发言人，北京社会主义学院兼职教授庄聪生作了关于《坚持中国特色社会主义发展道路》的报告。

2007 年 10 月，周建军和沈静珠关于校河治理的意见得到有关部门的重视，海淀区水务局负责人带领排水科等有关人员来清华大学现场办公，与学校主管部门、水利系、环境系和部分人大代表就万泉河治理的有关问题进行了座谈。学校有关部门领导参加会议。

2008 年 5 月 12 日，汶川地震激发了九三学社清华委员会社员强烈的爱国热情和同情心。社员们在各自单位已经捐款的情况下，又以九三学社的名义捐款 9 500 元。在此期间，委员会召开了两次紧急会议，商讨有效的捐助方案。抗震救灾的过程中，多位清华社员以各种方式支援灾区。

2008 年北京奥运会期间，王欣参加奥运服务，获“北京市统一战线参与奥运服务奥运先进个人”和九三学社市委“为北京奥运会残奥会做出突出贡献”表彰。

2009 年 7 月，在纪念九三学社建社 65 周年之际，九三学社中央对 5 年来在工作中取得优异成绩的 100 个基层组织、1001 名社员予以表彰。九三学社清华委员会被评为优秀基层组织，清华社员张学工、赵伟国被授予优秀社员称号。

2009 年 8 月，在九三学社北京市委组织的“祖国在我心中——庆祝新中国成立 60 周年文艺汇演”的演出中获得最佳团体奖。

2009 年 9 月，经社员赵伟国提议并带头捐款（835 900 元），九三学社清华委员会社员共捐款 100 万元设立“清华九三励学金”，励学金捐赠仪式在工字厅东厅举行。全国人大常委会副委员长、九三学社中央主席韩启德，校党委常务副书记、副校长陈旭出席仪式，清华大学教育基金会理事长、清华大学校友会副会长、原校党委书记贺美英和九三学社清华委员会主委邢文训在捐赠协议上签字。该励学金用于资助在校家庭经济困难的本科生。

2010 年 3 月，社员、全国政协委员孟安明向全国政协十一届三次会议提交了《关于改进博士生招生名额分配办法的提案》，针对目前博士生招生指标分配存在的问题提出了建设性的意见。

2010 年 11 月，九三学社清华委员会举行“河流上游地质灾害防治对策议政日”。九三学社中央人资环委主任、九三学社北京市委副主委周建军，九三学社北京市委常务副主委王琳，九三学社中央人资环委副主任王广州、校党委统战部的领导、九三学社清华委员会委员、社员共计 30 余人参加。

第三节　中国民主促进会清华大学组织

一、组织沿革

1982 年 6 月，清华附中史雯霞加入中国民主促进会（以下简称“民进”），成为清华第一位民进会员，暂时编入北京 19 中学民进支部。1985 年，附中王家椿、姜岁宁入会。1986 年，成立了民进清华大学附中支部，支部会员达到 5 名。民进清华大学附中支部由史雯霞任主委，姜岁宁任副主委。

1988 年 12 月 22 日，民进清华支部成立，罗棣菴任主委，史雯霞任副主委。民进中央副主席陈舜礼、校党委书记方惠坚参加了在工字厅召开的成立大会。民进清华支部成立后，每月过组织生活，年终作总结，注意提高会员的政治素质，组织会员积极参加校党委统战部和民进海淀区工委组织的各项政治活动。会员钱露蔓（清华附中教师）在校党委统战部组织的教书育人经验交流会上介绍了在班主任工作中教书育人的体会。支部还注重组织发展，会员发展工作由附中扩展到大学。

民进清华支部成立后，积极组织丰富多彩的活动，增加了支部成员之间的交流、增进了感情、丰富了组织生活。民进清华支部在经历了较长的缓慢发展时期后，从 2000 年进入了较快的发展阶段。

2006 年 12 月 17 日，中国民主促进会清华大学委员会成立大会在甲所召开。全国政协副主席、民进中央常务副主席张怀西，校党委副书记程建平出席会议并讲话。民盟清华大学委员会主委何福胜代表清华大学各民主党派致辞。委员会成立后，杨金龙任主委，刘慧霞、薛天慧任副主委，吴斌、卢先和任委员。会员人数发展至50余名，主要分布在清华大学本部，附中和附小，清华紫光、同方和出版社。委员会成立后，清华民进下设大学本部、附中附小、企业（清华紫光、同方和出版社）以及离退休四个支部，并创办了委员会会刊——《清华民进》，此会刊为半年刊。

截至2010年12月，委员会共有会员61人，其中大学支部22人、占总人数的36%，附中支部12人、占总人数的20%，企业支部15人、占总人数的24%，老年支部12人、占总人数的20%。组织情况和会员情况见表18-3-1至表18-3-6。

表18-3-1　民进清华大学组织情况

名　称	成立时间	主　委	副主委	委员数	下属支部小组数	成员数	下设分工
清华附中支部	1986-05	史雯霞	姜岁宁	2	1	5	
第一届支部	1988-12	罗棣菴	史雯霞	4	1	10	
第二、三、四届支部	1991-05	罗棣菴	岑幻霞 刘慧霞	5	1	17	
第五届支部	2000-12	蔡继明	杜建华 刘慧霞	5	1	26	
第六届支部	2003-12	蔡继明	杨金龙 刘慧霞	5	1	41	
第一届委员会	2006-12	杨金龙	刘慧霞 薛天慧	5	4	50	日常事务、会员发展、组织活动、参政议政、对外宣传等
第二届委员会	2010-11	杨金龙	苏　丹 罗永章 刘慧霞 薛天慧	7	4	61	

表18-3-2　2010年末民进会员性别、年龄、职称情况

项　目	会员数	性　别		年龄（岁）			职　称	
		男	女	35以下	男36～60 女36～55	男61以上 女56以上	高级	中级
人数	61	38	23	7	41	13	37	24
比例（%）	100	62.3	37.7	11.5	67.2	21.3	60.7	39.3

表18-3-3　会员在民进中央、北京市委以及统战系统任职情况

姓　名	担任职务名称	担任时间
罗棣菴	民进中央第九届委员会委员 国家监察部特约监察员	1992-12—1997-11 1993-03—1998-03
岑幻霞	民进北京市第十届委员会委员	1992-07—1997-05
	民进北京市第十一届委员会委员	1997-05—2002-05
陈难先	民进中央第八、九、十、十一届委员会副主席	1988-11—2007-12
	民进北京市第十二届委员会主委	2002-05—2007-06

续表

姓　名	担任职务名称	担任时间
蔡继明	民进第十届中央委员会委员	1997-12—2002-12
	民进第十一、十二届中央委员会常委	2002-12—
	民进北京市第十二届委员会副主委	2002-05—2007-06
	民进北京市第十三届委员会副主委	2007-06—
罗永章	民进第十二届中央委员会委员	2007-12—
杨金龙	民进北京市市委委员	2007-06—

表 18-3-4　民进会员当选全国人大代表情况

起止时间	届　次	名　单
1998-03—2003-03	第九届	罗棣菴
2003-03—2008-03	第十届	陈难先（常委）

表 18-3-5　民进会员担任全国政协委员情况

起止时间	届　次	名　单
2003-03—2008-03	第十届	蔡继明
2008-03—	第十一届	蔡继明 罗永章（2010-10 增补）

表 18-3-6　民进会员担任北京市政协委员情况

起止时间	届　次	名　单
2003-01—2008-01	第十届	陈难先（副主席）

二、重要活动和事项

1988 年民进清华大学支部成立后，在会员自身教育与参政议政中主动积极地开展了多方面活动。在支部组织生活中先后多次邀请民进中央副主席葛志诚、楚庄、梅向明（兼民进北京市委主委）参加座谈。会员童景山教授参加了国务院组织的各民主党派专家组前往贵州省进行扶贫工作，多次深入山区调研，积极提供咨询与建议。会员钱露曼被评为海淀区模范班主任。

1991 年 5 月，换届选举产生第二届支委会后，在中共中央关于加强共产党领导的多党合作和政治协商的精神推动下，更活跃地开展了参政议政工作，支部积极组织会员通过调查为政协与人大写提案与议案，有的议案被北京市政协作为优秀提案受到表扬。会员沈英鹏被评为 1992 年北京市统战系统先进个人。1993 年罗棣菴当选民进第九届中央委员、被聘为国家监察部特邀监察员，被推选为北京市第八届政协委员。岑幻霞当选民进北京市第九届委员会委员和民进市委高教科技委员会副主任。作为国家监察部特邀监察员的罗棣菴，在湖北省宜昌出差，目睹轮船领导唆使船员殴打刺伤旅客事件时，持监察员证先后找水上派出所和宜昌市公安局要求惩办肇事凶手及有关领导，并在返回北京后向监察部作了详细书面汇报。中共中央统战部和清华大学党委对罗棣菴进行了表扬。罗棣菴还参加了民进中央组织的中国民主促进会全国社会主义建设积极分子大会，并在会上做了交流发言。

2000 年，刘慧霞获“北京市优秀民进会员”称号。

2004 年，杨金龙、吴斌获“民进北京市委参政议政先进个人”称号。

2006 年 9 月，清华民进支部在清华大学老年活动中心为凌敬华举办了“凌敬华先生藏品展”。该展览共举办了两周，展出了凌敬华老师 30 多年来利用业余时间收集和收藏的古代瓷器、木雕和古典家具。

2006 年 9 月 8 日，《清华民进》第一期正式出版，陈难先院士为刊物题词。

2006 年 10 月，蔡继明受民进中央委托成立了清华大学假日制度改革课题组。2007 年 3 月，蔡继明向“两会”提交了关于改革我国“黄金周”制度的提案草案。提案建议取消长假期，缩短“五一”“十一”的法定休息日；增加端午、清明、中秋等传统节日为法定休息日；将国家法定假日与企业带薪休假相结合等。2007 年 11 月国家发改委公布的假日调整方案征求意见稿，除了保留十一黄金周、重阳节没有列入法定节假日以及春节法定假日数量未变，基本上采纳了清华大学假日制度改革课题组的意见。国务院于 2007 年 12 月 14 日，正式颁布了修订后的《全国年节及纪念日放假办法》和《职工带薪年休假条例》。

2007 年 2 月，民进清华委员会承办的民进北京市委首届基层委员会交流会在北京西郊宾馆举行，来自北大、清华、北师大、首师大、中科院 5 个基层委员会的主委、委员、会员代表 20 余人参加了会议。会上，高巧君、齐大卫、雷淳等老同志回顾了各自所在委员会发展的历史，总结了经验，张颐武、杨金龙、毛大威等现任委员会领导相继介绍了本委员会现阶段发展状况和工作特色。

2008 年 5 月，民进中央副主席王佐书考察了我校生物系罗永章教授所在的蛋白质化学实验室。

2008 年 6 月，民进中央副主席王佐书在清华大学生物系为民进清华委员会会员和生物系部分学生作学术报告。

2008 年 6 月，北京市委统战部召开北京统一战线参与奥运、服务奥运总结表彰大会，杨金龙被评为先进个人。

2008 年 8 月，应中国林科院中国荒漠化治理办公室主任、民进北京市委青年工作委员会副主委卢琦教授的邀请，民进清华委员会杨金龙、苏丹、薛天慧前往内蒙古锡林浩特多伦县考察沙漠综合治理情况。

2008 年 9 月，民进北京市委邀请名师指导团成员支持延庆二中工作见面会在清华附中举行。

2008 年 12 月，民进中央主席严隽琪出席清华大学基层组织年终总结会，之后参观了罗永章教授所在的蛋白质化学实验室并听取了罗永章教授科研进展汇报。

2009 年 3 月，为贯彻落实国家林业局“关于同意毕节地区为‘全国林业生态建设示范区’的通知”精神，支持贵州毕节地区金沙县林业生态建设示范区建设，也为了响应民进中央服务社会的号召，民进清华委员会组织会员为贵州省金沙县捐图书 1 209 册。

2009 年 11 月，应民进北京市青年委员会及民进清华委员会的邀请，民进天津市青年工作委员会部分委员及民进天津市委组织部的部分机关干部在天津青委会副主任沙红的带领下来京访问。

2010 年 3 月，民进清华委员会组织会员听取了由全国政协委员、民进北京市委副主委、清华大学人文学院政治经济学研究中心主任蔡继明教授所做的 2010 年“两会”热点解读报告。

2010 年 4 月，民进清华委员会获得民进北京市“优秀组织”称号，杨金龙、罗永章和苏丹获得“民进北京市委优秀会员”称号，蔡继明、刘慧霞、薛天慧和吴斌获得“民进北京市委优秀会务工作者”称号。

2010 年 5 月，民进清华委员会召开了“清华民进的昨天、今天、明天”研讨会。清华民进老年会员代表对清华民进的发展历史进行了回顾和总结，中青年会员代表讲述了自己在专业领域中取得的成绩，年轻会员代表也畅谈了对清华民进的期望和个人如何在组织中成长和发展。

2010 年 6 月，为了响应民进中央和民进北京市委关于创建优秀基层组织的号召，民进清华委员会举办了教育论坛，同时为天津举行的“京津沪冀苏”五省市民进青年教育论坛提供优秀论文和大会报告。

2010 年 7 月，为了庆祝民进北京市委成立 60 周年，民进清华委员会举办了“多彩的昨天、今天、明天”文艺会演。

2010 年 9 月，在“民进北京市委成立 60 周年纪念大会”上，民进附中附小支部荣获“民进北京市委优秀支部”称号；民进会员蔡继明、罗永章、杨金龙荣获“民进北京市优秀会员”称号。

2010 年 10 月，杨金龙、常晓光参加由民进天津市委青年工作委员会主办的“民进京、津、沪、冀、苏青年机构教育成就未来论坛”，并作大会发言。

第四节　中国民主建国会清华大学组织

一、组织沿革

1988 年 12 月 9 日，中国民主建国会（以下简称“民建”）清华大学支部成立。成立大会在清华大学工字厅东厅举行，会议由韦文林主持，民建北京市委常务副主委钱椿涛宣布民建清华大学支部成立。校党委书记方惠坚、副书记黄圣伦、民盟清华委员会主委李欧以及九三学社清华委员会等其他民主党派成员代表到会祝贺。黄圣伦、李欧分别代表校党委、清华大学各民主党派致辞。

民建清华支部成立后，由韦文林任支部主委，成员 6 人。其中，郑晏是清华最早的民建会员，于 1951 年 6 月在国家劳动部入会，1954 年调入清华教务处。

1990 年 3 月 5 日，民建清华大学支部选举产生第一届支部委员会，选举结果：韦文林任支部主委。支部成员 10 人。

第二至六届支部换届情况详见表 18-4-1。

2010 年 12 月 9 日，民建清华支部成立 22 周年之际，中国民主建国会清华大学委员会成立大会在清华 FIT 楼多功能厅举行。全国人大常委会副委员长、民建中央主席陈昌智，全国政协常委、民建中央副主席王少阶，北京市委统战部副部长李卫东，北京市政协副主席、民建北京市委主委王永庆，民建中央组织部长李世杰，民建北京市委常务副主委任学良，校党委书记胡和平、党委副书记韩景阳出席。民建北京市委副主委符国群主持仪式。海淀区民建支部代表、清华大学民主党派代表以及民建会员 80 余人出席会议。

第一届委员会由褚福磊任主委，柴跃廷、谢晓峰任副主委，秦宝波、孙荣玲任委员。委员会下设 3 个支部，共有会员 55 人。表 18-4-1 至表 18-4-7 为民建组织和会员情况。

表 18-4-1　民建清华大学组织情况

名　称	成立时间	支部主委	副　主　委	成员数
支部	1988-12-09	韦文林（负责人）		6
第一届支部	1990-03-05	韦文林	周一平、沈乐年	10
第二届支部	1992-07-17	沈乐年	赵立人	14
第三届支部	1995-07-14	沈乐年	赵立人、王学优	23
第四届支部	1998-05-29	沈乐年	王学优、武祥村	27
第五届支部	2001-06-23	沈乐年	许忠信、孟延春	32
第六届支部	2004-09-25	褚福磊	许忠信、柴跃廷	39
第一届委员会	2010-12-09	褚福磊	柴跃廷、谢晓峰	55

表 18-4-2　2010 年末民建会员性别、年龄、职称情况

项　目	会员数	性别		年龄（岁）				职　称			
		男	女	31～40	41～50	51～60	60 以上	正高	副高	中级	其他
人数	55	37	18	10	19	7	19	12	29	9	5
比例（%）	100	67.3	32.7	18.3	34.5	12.7	34.5	21.9	52.7	16.4	9.0

表 18-4-3　会员担任民建中央、北京市委职务情况

姓　名	职　务	任职时间	备　注
韦文林	民建北京市第五届委员会委员 民建中央第六届委员	1988-10—1992-07 1992-11—1997-11	1989-03 增补为常委，1990-10 被任命为副秘书长
沈乐年	民建北京市第六、七届副主委	1992-07—2002-05	1992-11 兼任民建北京市委机关工委主任
赵立人	民建北京市委机关工委院校总支主任	1993-04—1997-05	
许忠信	民建北京市第八届委员会委员	2002-05—2007-05	2010-04 去世
朴　英	民建北京市第八届委员会委员	2005-05—2007-05	
褚福磊	民建北京市第九届委员会委员	2007-05—	

表 18-4-4　民建会员当选全国人大代表情况

起止时间	届　次	名　单
1993-03—1998-03	第八届	韦文林
1998-03—2003-03	第九届	韦文林

表 18-4-5　民建会员担任全国政协委员情况

起止时间	届　次	名　单
2003-03—2008-03	第十届	王　名
2008-03—	第十一届	王　名　朴　英

表 18-4-6　民建会员当选北京市人大代表情况

起止时间	届　次	名　单
1993—1998	第十届	沈乐年（1995-02 增补为常委）

表 18-4-7　民建会员担任北京市政协委员情况

起止时间	届　次	名　单
1998-01—2003-01	第九届	沈乐年（常委）
2003-01—2008-01	第十届	朴　英（常委）

二、重要活动和事项

民建清华支部成立后，每年一般过组织生活 8～10 次，学习贯彻党和国家的路线方针政策，学习《邓小平文选》第三卷，听取国际国内形势报告，传达贯彻民建中央和民建北京市委会议精神。1990 年，组织会员学习中共中央〔1989〕14 号文件《中共中央关于坚持和完善中国共产党领导的多党合作和政治协商制度的意见》，提高了会员对参政党的地位和作用的认识。组织会员对社会和校内热点问题进行分析讨论，促进会员议政的积极性。围绕学校的中心工作，教育会员做好本职工作，积极参加学校建设及社会工作。

1991 年 11 月，韦文林被任命为直属民建中央的中国工商经济咨询公司总经理兼法定代表人。1991 年 12 月韦文林以公司总经理名义邀请港澳 30 多名民建会员在深圳召开联谊会，历时 7 天，民建中央常务副主席万国权等到会参加座谈。

1991 年，民建清华支部被评为民建中央、民建北京市委、民建北京市委机关工委先进支部，沈乐年被评为民建中央、民建北京市委、民建北京市委机关工委优秀会员。

1992 年 4 月，韦文林随民建中央主席、全国人大常委会副委员长孙起孟沿邓小平南方巡视路线进行视察，考察珠江三角洲改革开放的发展情况。

1993 年 3 月，韦文林参加了第八届全国人民代表大会第一次会议。参与了民建中央主席、全国人大常委会副委员长孙起孟领衔提出的修改宪法提案，将“中国共产党领导的多党合作和政治协商制度”条文写进宪法，并获大会投票通过。

1994 年 1 月，民建北京市第六届委员会第三次全会在民建北京市委礼堂举行，沈乐年参加了会议并就加强自身建设、提高参政议政能力作大会发言。

1995 年 7 月，北京市第十届人大第十九次常委会上通过五个委员会新任命 20 位委员，沈乐年被任命为教育科技委员会委员。

1995 年 12 月，民建北京市委在首都剧场举行中国民主建国会建会 50 周年纪念活动。民建清华支部被评为市先进支部，王学优、徐学雷被评为民建北京市优秀会员。

1997 年 11 月，海淀区各民主党派统战工作交流和表彰会召开。杨景田获民建海淀区优秀会员称号。

1997 年 12 月，海淀区工委宣布新一届区工委领导成员，王学优当选为区工委委员。

1998 年 3 月，在北京市政协第九届第二次常委会上，沈乐年被任命为提案委员会副主任。

1998 年 9 月，民建海淀区委成立大会在皇苑大饭店举行。王学优当选为委员。

2000 年 6 月，支部召开会议，传达校党委统战部工作要求，增补了支部委员。

2003 年 1 月，民建海淀区委举行表彰会，民建清华大学支部被评为先进支部，沈乐年、许忠信、孙凤萍、谢晓峰被评为优秀会员。

2003 年“非典”期间，支委会与支部生活以电信方式进行，电子邮件与电话（针对没有电子信箱的老同志）相结合。

2003 年 7 月，民建海淀区委第二次代表大会召开，孟延春当选为委员。

2003 年，支部被评为民建北京市委 2001—2003 年度先进支部，许忠信被评为民建北京市委 2001—2003 年度优秀会员。

2005 年 12 月，在中国民主建国会成立 60 周年大会上，朴英被评为民建“全国优秀会员”。

2005 年，许忠信、褚福磊被评为“2005 年度民建北京市优秀会员”。

2006 年 7 月，民建海淀区委第三次代表大会召开，许忠信当选为委员。

2006 年，支部被评为 2003—2005 年度民建海淀区先进支部；柴跃廷、袁兆平、谢晓峰、孙凤萍、赵博、褚福磊被评为 2003—2005 年度民建海淀区优秀会员，许忠信被评为 2003—2005 年度民建海淀区单项表彰会员。

2008 年 5 月，汶川地震后，会员们踊跃捐款。据不完全统计，支部会员通过各种不同渠道的捐款总计 14 300 多元。

2008 年 12 月 7 日，民建清华支部举办庆祝成立 20 周年座谈会，民建中央常务副主席马培华出席。

2009 年 8 月，纪念民建北京市委成立 60 周年大会在全国政协礼堂举行，柴跃廷、郑海涛被评为北京市优秀会员。

第五节　中国农工民主党清华大学组织

一、组织沿革

1928 年，中国农工民主党（以下简称“农工党”）的前身中华民族解放行动委员会创立人邓演达在北平进行创党活动期间，即有清华大学教师参加。

1948 年，季方（1949 年后任农工民主党中央主席）曾隐蔽在刘瑞苓家中进行地下革命活动，并发展当年16岁的刘瑞苓（女，1932年生，清华大学教务处离休干部）为农工党特别党员，从事地下交通等革命活动。

20世纪50年代初、中期，清华尚有少量农工党党员。

“文化大革命”期间，农工党的活动完全停止。

“文化大革命”后，学校部分农工党党员恢复参加组织活动。80年代初，李冀湘、石绸、孙粹征加入农工党。

1985年初，从英国归国的何豫生到清华大学物理系工作，随即参加农工党，并从1987年起任农工党中央委员会委员。1989年4月，机械工程系教师张人佶加入农工党。当时清华的农工党党员参加北京市委直属教育支部活动，何豫生为该支部负责人之一。

1990年5月15日，农工党清华支部成立大会在工字厅召开，农工党中央常务副主席方荣欣、校党委书记方惠坚和统战部负责人、农工党北京市委副主委闪克及多名市委领导人、农工党海淀区工委、北京市教育支部及多个高校支部的负责人与会。方惠坚、闪克等做了讲话，支部主委何豫生做了支部成立报告，支部副主委张人佶主持了大会。

建立支部以后，历届支部委员会委员及党员情况详见表18-5-1和表18-5-2。党员在支部以上任职情况见表18-5-3～表18-5-5。

表18-5-1　农工党清华大学组织情况

成立时间	名　称	主委	副主委	委员数	成员数	备　注
1990	第一届支部委员会	何豫生	张人佶 李冀湘	3	7	何豫生调离后，张人佶任主委，增补张令文为支部委员
1994	第二届支部委员会	张人佶	李冀湘 张令文	3	10	李冀湘病重后增补王义明为支部委员
1998	第三届支部委员会	张人佶	张令文 王义明	3	14	2000年增补吕振华为支部委员
2001	第四届支部委员会	吕振华	张令文 王义明	3	19	
2006	第五届支部委员会	吕振华	王　宇 冯晓安	3	19	另有美院教师党员6人

表18-5-2　2010年末农工党党员性别、年龄、职称情况

项　目	党员数	性别		年龄（岁）				职　称			
		男	女	31～40	41～50	51～60	60以上	正高	副高	中级	其他
人数	19	7	12	0	7	2	10	10	6	3	0
比例（%）	100	36.8	63.2	0	36.8	10.5	52.6	52.6	31.6	15.8	0

表18-5-3　党员在农工党中央、北京市委任职情况

姓　名	担任职务	担任时间	备　注
何豫生	农工党中央委员会委员	1986—	1991年调离清华
	农工党中央科技工作委员会副主任、主任	1986—2007	
	农工党北京市委员会委员	1986—1998	
张人佶	农工党北京市委员会委员	1991—2002	

续表

姓 名	担任职务	担任时间	备 注
罗国安	农工党北京市委员会常务委员	1997—2007	
吕振华	农工党中央委员会委员	2002—	
	农工党中央教育工作委员会副主任	1997—2002	
	农工党中央教育工作委员会主任	2002—	
	农工党北京市委员会委员	2005—2006	
	农工党北京市委员会常务委员	2007—	
曾成钢	农工党中央文化工作委员会副主任	2003—	

表 18-5-4 农工党党员担任全国政协委员情况

起止时间	届 次	名 单
2008-03—	第十一届	曾成钢

表 18-5-5 农工党党员担任北京市政协委员情况

起止时间	届 次	名 单
1993-01—1998-01	第八届	张人佶
1998-01—2003-01	第九届	张人佶 罗国安
2003-01—2008-01	第十届	罗国安
2008-01—	第十一届	吕振华

二、重要活动和事项

20 世纪 90 年代，农工党清华支部在农工党北京市委的支持下，共举办了四次“教师节”义诊活动，北京市委主委祝谌予等专家和名医共计 40 余人次参加，就诊的清华大学教师共计 500 余人次；1997 年，支部请专家来校在第二教学楼进行了 1 天的义诊，为 700 余人测定了骨密度、微循环。

1997 年，张人佶参加“第一次全国民主党派自身建设理论与实践座谈会”的论文《民主党派的政治追求与自身建设的社会系统论分析》获一等奖，1998 年被收入会议组委会主编的《民主党派自身建设的理论与实践》(统一战线论丛第二集）中。

1998 年 4 月，农工党北京市委科技工作委员会主任罗国安率该委员会委员在清华大学召开了“首都高校高新技术为首都经济服务”座谈会。

1998 年，张人佶、张令文的两篇文章《20 年蓦回首，阳光耀神州》和《建设有中国特色的社会主义必须搞好两个文明建设》参加校统战部征文，均被收入《纪念中共十一届三中全会召开 20 周年征文集——伟大转折的丰碑、辉煌胜利的历程》，并受到校统战部的表彰。

1998 年，张人佶被农工党北京市委评为参政议政工作先进个人一等奖，罗国安、吕振华、张令文获参政议政工作先进个人二等奖。

1999 年，在北京市政协九届二次全会上，张人佶代表农工党市委作了题为“全民动员、加强规划、改善交通，为北京申办奥运做贡献”的大会发言；罗国安在专题讨论会上作了题为“科技工作者的职务发明应享有个人股份”的发言。

1999 年，张人佶、张令文等参加了校党委组织的学习中共中央〔1989〕14 号文件座谈会，随后张人佶把发言写成了文章《十年心程》，收入了校统战部论文集。

1999 年 3 月，市政协陈广文主席、李获生副主席来清华大学召开交友漫谈会，罗国安、张人佶参加了会议；会后参观了罗国安教授工作的生命与健康分析化学实验室。

2000 年，张人佶在市政协会上发表题为“加强调查研究，加速建立有关‘网络营销’法规”的书面发言。张人佶提出的“加速解决外来人口子女的教育问题”提案受到市有关部门的重视，被评为年度优秀提案。

2001 年，农工党清华支部被农工党北京市委评为先进支部，罗国安、张人佶被评为北京市先进党务工作者，张人佶被评为北京市参政议政先进个人。

2002 年，吕振华在北京市海淀区政协第 6 届第 4 次会议上提交了“关于改进政协会议的几点建议”提案，得到海淀区政协的认真办理、答复，获得优秀提案奖。

2002 年，清华大学支部的文章“在新时期与时俱进　加强基层组织建设工作”发表在《北京农工》第 128 期。

2003 年，杨巍巍被农工党北京市委评为抗击“非典”先进党员。

2004 年，吕振华担任农工党北京市海淀区委员会副主委。

2005 年，张人佶撰写的《知屋漏与构建和谐社会》，获 2005 年全市统战系统理论研究优秀成果三等奖，后又获 2003 年至 2007 年北京市政协优秀论文奖。

2006 年，张人佶代表农工党北京市委负责的“中国特色社会主义政党制度与参政党自身建设”课题，通过了中共中央统战部组织的验收。

2006 年，张人佶提交的参事建议“关于本市将明年确定为‘体育文化年’的建议”，得到北京市长王岐山等批示。

2006 年，王宇撰写的文章《科学深化农村改水、逐步构建农村生态健康系统》作为农工党中央向全国政协会议的提案之一，得到好评。

2006 年，张人佶为“北京文化论坛”撰写了《浅谈文化创意产业》一文，被收入《人文奥运与文化北京——2006 北京文化论坛》文集，由吉林大学出版社于 2006 年 9 月出版。

2006 年，张人佶担任农工党海淀区委法制与社会专委会副主任。

2007 年，为配合民主党派政治交接，按照农工党北京市委征文要求，张人佶撰写了文章“饱含激情的回顾　发自肺腑的期望”，发表于《北京农工》2007 年第 7 期。

2008 年 1 月，吕振华在北京市政协第 11 届第 1 次会议上提交了“关于尽快取消示范学校并进行相关腐败问题专项调查的建议”提案，得到北京市教育委员会的认真办理、答复，获得优秀提案奖。

2008 年，张人佶参事提交了“关于建立和发展电子废弃物回收产业链的建议”，北京市长王岐山作出了批示，并受到北京市参事室的表扬。

2008 年 1 月、2 月，吕振华分别参加了刘延东国务委员和教育部周济部长等与农工党中央的专题交流会，分别做了对国家科技工作的一些重要问题的专题发言和对高等学校各层次人才培养中值得重视的若干新问题的主题发言，提出了《关于认真总结高等学校本科教学工作水平评估活动》等建议。

2008 年 4 月，张人佶参加农工党北京市委召开的“纪念‘五一口号’发表 60 周年座谈会”，提交了书面发言稿“风雨同舟六十载　新时盛世续共识”。

2008 年，北京市委统战部召开北京统一战线参与奥运、服务奥运总结表彰大会，张令文、张人佶被评为先进个人。

2009 年，吕振华应约为《北京农工》2009 年第 2 期撰写了刊首语“对国家政治体制改革进展的一些认识”文章。

2009 年，张令文被评为农工党海淀区委信息工作先进个人。从 2004 年开始，张令文向农工党组织提供社情民意信息约 60 条，成绩突出，连续 6 年被评为先进个人。

2010 年 2 月，吕振华参加了教育部与农工党中央关于《国家中长期教育改革与发展规划纲要》的专题交流讨论会，并提出建议。

2010 年 6 月，中央统战部举行“民主党派树立和践行社会主义核心价值体系理论研讨会”，北京市政府参事张人佶作了“学习和践行同一核心价值体系　负起参政党重要责任”的主题发言。

2010 年 11 月，农工党北京市委召开理论基地成立大会，张人佶被聘为顾问，并在大会上作了“民主党派应当树立社会主义核心价值体系”的发言。

第六节　中国致公党清华大学组织

一、组织沿革

1999 年 6 月 30 日，致公党清华大学支部成立，施祖麟为主委，叶金菊、徐柏庆为委员。致公党中央副主席、致公党北京市委主委杜宜瑾，致公党中央秘书长邱国义，中共海淀区委副书记申建军、区委统战部部长周来升，清华党委常委叶宏开，致公党海淀区工委主委陈维波、副主委谢丽馨等参加成立大会。

2005 年 7 月，致公党清华支部委员会换届，原班子不变，另增加安雪晖、谢续明为支部委员。

组织与党员情况见表 18-6-1 至表 18-6-6。

表 18-6-1　致公党清华大学组织情况

名　　称	成立时间	主　委	副　主　委	委员数	党员数
第一届支部委员会	1999-06	施祖麟	叶金菊（届中增补）	3	7
第二届支部委员会	2005-12	施祖麟	叶金菊	5	20

表 18-6-2　2010 年末致公党党员性别、年龄、职称情况

项　　目	党员数	性别		年龄（岁）				职　　称			
		男	女	31～40	41～50	51～60	60 以上	正高	副高	中级	其他
人数	30	17	13	10	12	3	5	12	10	4	4
比例（%）	100	56.7	43.3	33.3	40	10	16.7	40	33.3	13.3	13.3

表 18-6-3　党员在致公党中央、北京市委任职情况

姓　名	职　务	任职时间
施祖麟	致公党北京市副主委 致公党中央委员	2002-05—2007-05 2005-05
沈德忠	致公党中央委员	1999-11—2007-12
王小云	致公党中央委员	2007-05—
谢续明	致公党北京市委委员	2007-05—

表 18-6-4　致公党党员担任全国政协委员情况

起止时间	届　次	名　单
2003-03—2008-03	第十届	沈德忠
2008-03—	第十一届	沈德忠

表 18-6-5　致公党党员担任北京市政协委员情况

起止时间	届　数	名　单
2003-01—2008-01	第十届	施祖麟
2008-01—	第十一届	巫永平（常委）

表 18-6-6　致公党党员获奖情况（国家、省市级）

获奖人姓名	获奖名称	获奖时间
施祖麟	中共北京市委统战系统信息工作优秀领导者	2002、2003
叶金菊	中国致公党北京市委员会优秀干部	2005
巫永平	致公党北京市委优秀调研成果三等奖	2006-05
钟　周	北京市“三八”红旗奖章	2008-10
钟　周	首都统战系统参与奥运、服务奥运先进个人	2008-10
钟　周	北京奥运会残奥会清华大学先进个人	2008-10
钟　周	“5·12”抗震救灾先进个人	2008-12
安雪晖	“5·12”抗震救灾先进个人	2008-12
安雪晖	北京师德先进个人	2008
韦思健	“首都教育先锋”先进个人称号	2009

二、重要活动和事项

积极参政议政，建言献策，积极为学校建设献计出力：2007 年，致公党清华支部参加了“北京市高校硕士、博士研究生一般情况调查”活动，对本校研究生进行了问卷调查。该问卷为学校制定教书育人、科研实践、就业指导、思想教育、校园管理等方面的决策提供了第一手材料。支部将调研结果送交清华大学党委统战部，校长顾秉林、党委书记陈希等 6 位校领导对这项调研给予了批示。

积极参加各种调研活动：致公党清华支部参加致公党北京市委的“北京市归国留学人员工作和创业情况研究”（2006 年）、“关于北京市医护人员职业心态状况的调研”（2008 年）等调研。

2003 年，致公党清华支部被评为致公党海淀区委先进支部，2004 年、2005 年、2006 年被评为

致公党市委先进支部，2007 年底作为先进集体代表在海淀区委统战部组织的先进集体交流会上作汇报。

2008 年 5 月，致公党清华支部积极响应致公党北京市委关于为四川灾区建致公小学的号召，积极捐款 13 700 元，并捐赠冬被、冬衣、鞋帽、书刊等；安雪晖等和致公党海淀区委、北京市委同志一同前往灾区慰问探望。

服务社会：支部根据市委科教专委会的要求，为平谷杨桥中学“致公图书室”积极捐书，从 2003 年到 2010 年每年捐送三四千册书刊。

2010 年，在纪念中国致公党北京市委员会成立 30 周年之际，致公党清华支部获“优秀集体”荣誉称号。

第七节　中国国民党革命委员会清华大学组织

一、组织沿革

2005 年 10 月 12 日，中国国民党革命委员会（以下简称“民革”）清华大学支部成立。在此之前清华的民革党员参加民革北京大学支部活动。民革清华支部成立之初有成员 14 人，是民革北京市委直属支部。第一任支部主委王丽方，副主委王恩志、支部委员刘以农。

2008 年 12 月，民革清华大学支部基层组织换届，王丽方担任支部主委，王恩志担任支部副主委，刘以农担任支部委员。

2009 年，民革北京市委成立直属工委，支部成为直属工委下属支部。王丽方担任第一届直属工委主委，同时担任清华大学支部主委。

截至 2010 年底，清华支部有成员 22 人，其中在职人员 16 人。组织与党员情况见表 18-7-1 至表 18-7-5。

表 18-7-1　民革清华大学组织情况

名　　称	成立时间	主委	副主委	委员数	党员数
第一届支部委员会	2005-10	王丽方	王恩志	3	14
第二届支部委员会	2008-12	王丽方	王恩志	3	16

表 18-7-2　2010 年末民革党员性别、年龄、职称情况

项　目	党员数	性别		年龄（岁）				职称			
		男	女	31～40	41～50	51～60	60 以上	正高	副高	中级	其他
人数	22	16	6	3	10	3	6	10	8	1	3
比例（%）	100	72.7	27.3	13.6	45.5	13.6	27.3	45.5	36.4	4.5	13.6

表 18-7-3　党员在民革中央、北京市委任职职务

姓　名	职　　务	任职时间
王丽方	民革中央委员	2007—
	民革北京市委直属工委主委	2009—

表 18-7-4　民革党员当选北京市人大代表情况

起止时间	届　次	名　　单
2003-01—2008-01	第十二届	王丽方
2008-01—	第十三届	王丽方

表 18-7-5　民革党员担任北京市政协委员情况

起止时间	届　次	名　　单
2008-01—	第十一届	刘以农

二、重要活动和事项

2005 年支部成立以来，每年组织活动 4～5 次，活动特色比较鲜明，除了学习时事、传达中央和学校指示外，还组织了出访民革大兴区工委、大兴支部回访清华校园、与北大支部和朝阳区八支部等共同活动等。支部结合季节多次组织出游，祭拜抗日英烈陵墓，参观学习抗日英烈事迹。残奥会期间组织集体参观奥运中心区的活动。支部给每一位成员订阅民革主办的《团结报》，寓学习于日常生活。

2008 年 5 月 12 日汶川地震后，王恩志接到水利部邀请赴地震灾区，在艰险的情况下考察堰塞湖和水坝情况，策划排险。王恩志和清华水利系多位教授一起受到水利部表扬。王丽方作为监察部特邀监察员先后参加国务院抗震救灾资金物资检查小组四川组和中央组。在赴四川检查的半个月中，王丽方就灾后安置和重建问题迅速展开调研，撰写多篇报告，其中一篇报告得到了胡锦涛总书记和李克强副总理的批示，为抗震救灾节约巨额资金作出了贡献。民革党员、清华规划院副院长袁欣也多次赴地震灾区承担灾后重建任务。

支部成员、著名历史学教授刘桂生（2003 年至今担任北京市文史馆馆员）参加了民革中央组织的孙中山思想研究会，为民革的思想理论建设出力。

2005 年，杨小坛承担奥林匹克公园建设的组织和管理工作。

2005 年，王丽方受聘为国务院监察部特邀监察员。

2007 年，王丽方在校基建处挂职任副处长，服务校园规划建设。在全校中层以上干部学习十七大报告交流会上，王丽方作为 5 位发言人之一介绍了挂职体会。

2009 年，在民革北京市委成立 60 周年庆祝活动中，民革清华支部被评为先进支部，6 人被评为先进个人。

2010 年，民革清华支部被民革中央评为全国先进基层组织。

第八节　台湾民主自治同盟清华大学成员

校内先后有 3 位台盟盟员，没有设基层组织。他们在台盟中央、市委任职情况以及当选北京市人大代表、全国和北京市政协委员情况分别见表 18-8-1 至表 18-8-4。

表 18-8-1　盟员在台盟中央、北京市委任职职务情况

姓　名	职　　务	任职时间	备　　注
陈仲颐	第三届台盟总部常务理事	1983—1987	
	第四届台盟中央主席团委员	1987—1992	
	第五届台盟中央副主席	1992—1997	
	台盟中央名誉副主席	1997—2007	
	北京市委主任委员	1983-03—1997-05	
	北京市委名誉主任委员	1997-05—2007-06	
林文漪	北京市委副主委	1992-03—1997-05	1996 年调离清华
吴国祯	第三届台盟总部常务理事	1983—1987	
	第四届台盟中央主席团委员	1987—1992	
	第五届台盟中央常委	1982—1997	
	第六、七、八、九届台盟中央副主席	1997-11—	

表 18-8-2　台盟盟员当选北京市人大代表情况

起止时间	届　次	名　单
1983-03—1988-01	第八届	陈仲颐

表 18-8-3　台盟盟员担任全国政协委员情况

起止时间	届　次	名　单
1983—1988	第六届	陈仲颐
1988-03—1993-03	第七届	陈仲颐（常委）
1993-03—1998-03	第八届	陈仲颐（常委）
1998-03—2003-03	第九届	吴国祯（常委）　陈仲颐
2003-03—2008-03	第十届	吴国祯（常委）
2008-03—	第十一届	吴国祯（常委）

表 18-8-4 台盟盟员担任北京市政协委员情况

起止时间	届 次	名 单
1988-01—1993-01	第七届	陈仲颐（副主席）
1993-01—1998-01	第八届	陈仲颐（副主席） 林文漪

第九节 中国教育工会清华大学组织

一、历史概况

1949 年 12 月 16 日，清华大学教育工作者工会筹备委员会成立，费孝通任主席。其成员由教职员联合会的委员及工会（原工警联合会）代表组成。通过了《清华大学教育工作者工会章程》。

1950 年 2 月 13 日，清华大学教育工作者工会举行第一次会员代表大会，通过了《清华大学教育工作者工会章程》；选举产生了工会第一届总执行委员会，张子高任主席。

同年 10 月 12 日，根据中国教育工会章程，清华大学教育工作者工会总执行委员会改名为中国教育工会清华大学委员会。至 2010 年 12 月，已举行 19 次工会会员代表大会。

1952 年 10 月，院、系调整工作基本结束。经协商，成立了清华大学工会临时工作委员会。

1953 年 4 月 21 日，清华大学工会举行第五次会员代表大会。蒋南翔校长在会上作了关于工会工作的方针、任务、工作方式和加强党对工会领导的报告。他强调列宁关于工会的两个原则："工会是党联系群众的纽带"，"是共产主义的学校"；"搞好工会工作，是办好学校的一个重要关键"，"充分地、全面地发动群众，团结群众，提高群众的政治觉悟和组织程度"。

在 1956 年 8 月举行的清华大学工会第七次会员代表大会上，党委第一副书记刘冰当选为工会主席。

1966 年 6 月，"文化大革命"开始，工会活动被迫停止。

粉碎"四人帮"以后，1977 年 12 月，学校开始着手恢复工会组织。1978 年 6 月，成立了清华大学工会筹备委员会，校党委副书记胡启立任主任。

1979 年 4 月，清华大学工会举行第十次会员代表大会，贯彻党的十一届三中全会和中国工会第九次全国代表大会精神，批判了"四人帮"对工会的诬蔑和迫害知识分子的罪行；明确了工会工作的方针和任务，紧密配合学校中心任务，全面开展工会工作；决定会员代表实行常任制，确定了通过每年举行一次会员代表全体会议，不定期召开代表组长会，各系、各单位每学期召开一次部门工会会员代表会等制度，对学校工作实行民主管理与民主监督；党委副书记林克当选为工会主席。

1981 年 6 月，召开工会第十一次会员代表大会，通过了《清华大学工会工作暂行条例》；建立业务部（1983 年改为业务工作委员会）；成立提案处理小组（1986 年改为提案工作委员会，1987 年改为民主管理工作委员会）。

1983 年 4 月，召开第十二次会员代表大会。成立青年教职工工作部（1986 年改为青年教职工工作委员会)。同年12月，在工会十二届二次全体代表会议上，通过了《广泛、深入地开展“教书育人，优质服务，为人师表”活动给全校教职工的倡议书》。

1986年9月，在清华大学教职工第一次代表大会暨工会会员第十三次代表大会上，通过了《清华大学教职工代表大会暂行条例》，确定每学期举行一次全体代表会，听取、讨论校长工作报告等一系列民主管理、民主监督制度。

1990年5月，在第二次教代会暨第十四次工代会上，通过了《清华大学教职工代表大会条例》及《实施细则》和《清华大学工会工作条例》。

1997年11月，在第四届教代会暨第十六届工代会三次会议上，通过了《清华师德（试行）》：“敬业报国、育人爱岗、务实求真、进取自强、克己奉公、团结协作、为人师表、仪态端庄。”

2000年4月6日，召开清华大学工会成立50周年庆祝大会，表彰了110位对工会工作作出突出贡献的同志。

2008年10月，中国工会第十五次全国代表大会在北京召开。校工会及时召开常委会和全委会学习，并向全校各级工会组织和会员发出了《清华大学工会关于学习贯彻中国工会十五大精神的通知》，就学校工会系统学习宣传贯彻十五大精神进行统一部署，提出要以解放思想、实事求是、与时俱进、开拓创新的精神状态，围绕学校中心工作，激发教职工创造活力，加强工会维权机制建设，在发挥组织教职工、引导教职工、服务教职工、维护教职工合法权益作用中体现新作为、展现新风貌。

2010年12月，召开清华大学工会成立60周年庆祝大会，表彰了清华大学工会工作突出贡献奖获得者、优秀工会主席和优秀论文获奖者。

自改革开放以来，清华大学获全国、北京市工会先进单位表彰60多次。1983、2003年，清华大学工会两次被评为全国先进基层工会（即“全国模范职工之家”）。

二、会员代表大会

会员代表按工会小组由会员民主选举产生，按照工会的民主程序制定的选举办法进行。1959年以后，会员代表实行常任制，代表参加任届期间举行的会员代表会议。1979年开始实行的会员代表常任制，代表在任届期间不仅在参加代表大会时起作用，大会闭幕后仍要起作用。从1986年开始，工会会员代表大会和教职工代表大会合开，代表为双重身份（经审查确认），实行常任制。

清华大学工会历次会员代表大会情况见表18-9-1。

表18-9-1 清华大学工会历次会员代表大会情况

次　数	时　　间	代表人数	主 要 内 容
第一次	1950-02-13	1 561	1. 听取工会筹备委员会主席费孝通作关于工会筹备工作情况的报告 2. 听取解沛基作关于会章、提案和选举问题的报告 3. 选举张子高等21人为工会第一届总执行委员会委员，王永兴等5人为候补委员
第二次	1950-09-25		1. 审议并通过张子高作工会第一届委员会工作报告 2. 选举陈岱孙等21人为工会第二届委员会委员，刘静纯等4人为候补委员
第三次	1951-03-16	237	1. 审议并通过陈岱孙作工会第二届委员会工作报告 2. 选举陈岱孙等15人为工会第三届委员会委员，李继侗等3人为候补委员 3. 通过《反对美帝武装日本宣言》《拥护政府镇压反革命措施宣言》

续表

次　数	时　　间	代表人数	主 要 内 容
第四次	1951-09-07—1951-09-14	239	1. 审议并通过陈岱孙作工会第三届委员会工作报告 2. 审议并通过工会经费审查委员会工作报告 3. 听取讨论工会副主席屠守锷作关于爱国公约和增产捐献工作的报告 4. 选举陈岱孙等 18 人为工会第四届委员会委员，朱荫章等 3 人为工会经费审查委员会委员 5. 处理提案 130 件
第五次	1953-04-21	192	1. 审议并通过李欧代表工会临时工作委员会主席团作上学期工会工作总结报告 2. 听取讨论校长蒋南翔作关于工会工作的方针与任务的报告 3. 选举何礼等 19 人为工会第五届委员会委员，胡多闻等 3 人为工会经费审查委员会委员 4. 处理提案和意见 550 余件
第六次	1954-09-03—1954-09-06	250	1. 听取并讨论高等教育部副部长杨秀峰作关于高教部对清华大学工作的决定的讲话和校长蒋南翔的讲话 2. 审议并通过李欧作工会第五届委员会工作报告 3. 审议并通过胡多闻作工会经费审查委员会工作报告 4. 选举陈士骅等 23 人为工会第六届委员会委员，周汝潢等 5 人为工会经费审查委员会委员 5. 通过《拥护各民主党派、各人民团体为解放台湾联合宣言的决议》 6. 处理提案和意见 2 000 余件
第七次	1956-08-27—1956-08-29	294	1. 审议并通过陈士骅作工会第六届委员会工作报告 2. 审议并通过周汝潢作工会经费审查委员会工作报告 3. 听取、讨论校长蒋南翔的讲话 4. 选举刘冰等 41 人为工会第七届委员会委员，李丕济等 7 人为工会经费审查委员会委员 5. 处理提案和意见 1 000 多件
第八次	1959-03-07—1959-03-14	430	1. 审议并通过刘冰作工会第七届委员会工作报告 2. 审议并通过李丕济作工会经费委员会工作报告 3. 听取、讨论校长蒋南翔的讲话 4. 表扬五条战线积极分子 64 名、先进单位 21 个 5. 选举刘冰等 49 人为工会第八届委员会委员 6. 处理提案和意见 1 000 多件
第九次	1963-03-23—1963-04-06	573	1. 审议并通过李恩元作工会第八届委员会工作报告 2. 审议并通过董树屏作工会财务工作报告 3. 听取、讨论校长蒋南翔的讲话 4. 表扬红旗先进集体 3 个、先进工作者 11 名和先进集体 30 个、优良工作者 22 名 5. 选举刘冰等 40 人为工会第九届委员会委员，董树屏等人为工会经费审查委员会委员 6. 处理提案和意见 1 000 多件
第十次	1979-04-16—1979-04-27	525	1. 审议并通过刘泰作工会筹备委员会工作报告 2. 党委副书记林克代表党委讲话 3. 表彰先进集体 45 个，先进工作者 47 名 4. 选举林克等 46 人为工会第十届委员会委员，季立等 5 人为工会经费审查委员会委员 5. 讨论副校长何东昌 3 月 16 日在全校教职工大会上作的学校工作报告 6. 听取史国衡作关于提案审查处理情况的报告（提案和意见 818 条）

续表

次　数	时　　间	代表人数	主 要 内 容
第十一次	1981-06-12—1981-06-19	582	1. 听取、讨论副校长艾知生《学校的根本任务是培养人》的工作报告 2. 审议并通过刘泰作工会第十届委员会工作报告 3. 审议并通过工会财务工作报告（书面） 4. 选举林克等 43 人为工会第十一届委员会委员，季立等 5 人为工会经费审查委员会委员 5. 听取李思问作关于提案审查处理情况的报告 6. 通过《清华大学工会工作暂行条例》 7. 校长党委书记刘达在闭幕式上讲话
第十二次	1983-04-08—1983-04-15	651	1. 听取、讨论副校长艾知生《关于学校贯彻党的十二大精神的主要奋斗目标和积极进行改革》的工作报告 2. 审议并通过刘泰作工会第十一届委员会工作报告 3. 审议并通过工会财务工作报告（书面） 4. 选举张绪潭等 43 人为工会第十二届委员会委员，周汝璜等 5 人为工会经费审查委员会委员 5. 表彰 1982 年先进集体 43 个、先进工作者 81 名 6. 党委书记林克在闭幕式上讲话
第十三次（与首次教代会合开）	1986-09-04—1986-09-09	615	1. 审议并通过刘泰作工会第十二届委员会工作报告 2. 审议并通过工会财务工作报告（书面） 3. 选举张绪潭等 43 人为工会第十三届委员会委员，韩柏春等 7 人为工会经费审查委员会委员 4. 听取顾廉楚作关于提案审查处理情况的报告 5. 表彰在教书育人、管理育人、服务育人中作出显著成绩的教职工 70 名 6. 党委书记李传信在闭幕式上讲话
第十四次（与第二次教代会合开）	1990-05-11—1990-05-18	593	1. 审议并通过刘泰作工会第十三届委员会工作报告 2. 审议并通过工会财务工作报告（书面） 3. 选举黄圣伦等 43 人为工会第十四届委员会委员，韩柏春等 7 人为工会经费审查委员会委员 4. 听取沈乐年作关于提案审查处理情况的报告 5. 表彰 1989 年先进集体 14 个、先进工作者 99 名和工会先进小组 5 个、优秀工会积极分子 234 名 6. 党委书记方惠坚在闭幕式上讲话
第十五次（与第三次教代会合开）	1993-10-29—1993-11-05	562	1. 审议并通过刘敏文作工会第十四届委员会工作报告 2. 审议并通过工会财务工作报告 3. 选举贺美英等 39 人为工会第十五届委员会委员，韩柏春等 7 人为工会经费审查委员会委员 4. 党委副书记、副校长贺美英致闭幕词
第十六次（与第四次教代会合开）	1996-11-21—1996-11-28	518	1. 审议并通过韩景阳作工会第十五届委员会工作报告 2. 审议并通过工会财务工作报告 3. 选举陈希等 39 人为工会第十六届委员会委员，韩柏春等 7 人为工会经费审查委员会委员 4. 党委副书记陈希致闭幕词

续表

次　数	时　　间	代表人数	主要内容
第十七次（与第五次教代会合开）	2001-06-26—2001-07-02	521	1. 审议并通过杨晓延作工会第十六届委员会工作报告 2. 审议并通过工会财务工作报告 3. 选举陈希等 39 人为工会第十七届委员会委员，王守军等 7 人为工会经费审查委员会委员 4. 听取校工会《关于贯彻学校党委的决定，认真学习和落实江总书记题词和讲话的精神，团结全校教职工投身一流大学建设的决定》 5. 党委常务副书记陈希致闭幕词
第十八次（与第六次教代会合开）	2005-07-07—2005-07-08	489	1. 审议并通过杨晓延作工会第十七届委员会工作报告 2. 审议并通过工会财务工作报告 3. 选举庄丽君等 39 人为工会第十八届委员会委员，王守军等 7 人为工会经费审查委员会委员 4. 党委常务副书记庄丽君致闭幕词
第十九次（与第七次教代会合开）	2009-10-15—2009-10-17	462	1. 审议并通过李淑红作工会第十八届委员会工作报告 2. 审议并通过工会财务工作报告 3. 选举韩景阳等 39 人为工会第十九届委员会委员，王守军等 7 人为工会经费审查委员会委员 4. 党委副书记韩景阳致闭幕词

此外，工会第八次代表大会于 1959 年 10 月、1960 年 2 月、1962 年 1 月、1962 年 8 月分别举行第二至第五次全体代表会议，工会第九次代表大会于 1964 年 3 月举行第二次全体代表会议，工会第十次代表大会于 1980 年 3 月、1981 年 3 月分别举行第二至第三次全体代表会议，工会第十一次代表大会于 1982 年 2 月举行第二次全体代表会议，工会第十二次代表大会于 1983 年 12 月、1984 年 4 月、1985 年 4 月分别举行第二至第四次全体代表会议。主要内容为：校领导报告学校工作情况并向全体教职工提出要求，或听取、讨论校长工作报告；对学校工作提出意见和建议，评议学校领导干部；表彰先进，交流工作经验。

1986 年以来，工会第十三次代表大会共召开了 6 次全体代表会议，工会第十四次代表大会共召开了 7 次全体代表会议，工会第十五次代表大会共召开了 6 次全体代表会议，工会第十六次、十七次、十八次代表大会各召开了 9 次全体代表会议，工会第十九次代表大会于 2010 年 5 月、2010 年 11 月分别举行第二至第三次全体代表会议。与教代会合开的内容详见第一章第六节。

三、组织机构和组织建设

（一）组织机构设置

1993 年和 2010 年中国教育工会清华大学组织机构设置情况分别如图 18-9-1 和图 18-9-2 所示。

（二）工会委员会

从 1950 年建立工会组织起，历届校工会委员会委员及工会经费审查委员会委员由全校会员代表大会民主选举产生，主席、副主席由委员会全体会议选举。从 1956 年第六届工会委员会起，设常务委员会，其成员由委员会全体会议选举。常务委员在任期内因调出学校或不能履行其职责时，经工会委员会通过予以更换，以保证工会工作正常进行。学校历届工会委员会情况，见表18-9-2。

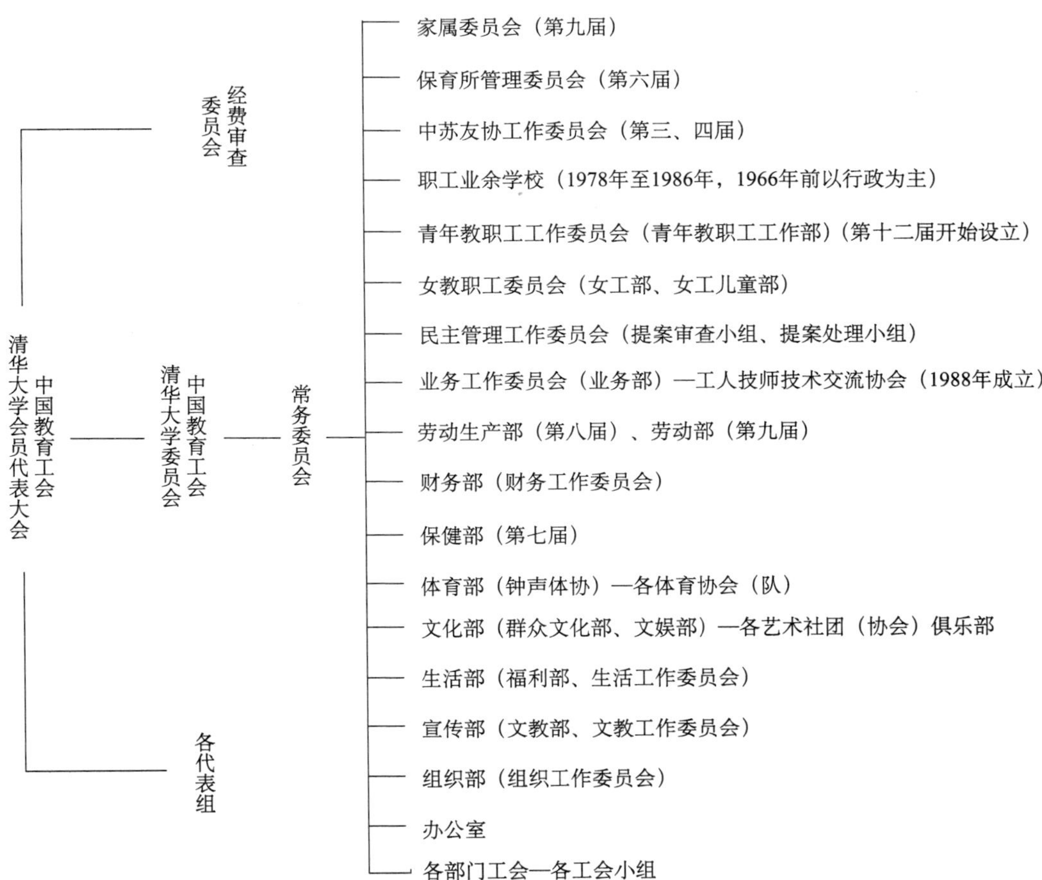

图 18-9-1　1993 年末中国教育工会清华大学组织机构设置

说明：未注明设立时间者，为第一届设立。

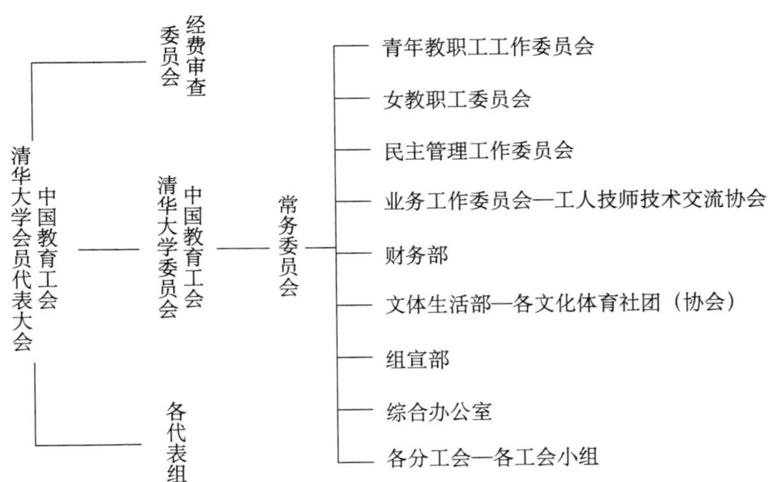

图 18-9-2　2010 年末中国教育工会清华大学组织机构设置

说明：2005 年，文化部、体育部、生活部合为文体生活部，宣传部、组织部合为组宣部。

表 18-9-2 学校历届工会委员会情况

届 次	主 席	副 主 席	委员人数	常委人数	经审会主任
第一届	张子高	王亚南 樊恭烋 吴达元（补选） 胡原凌 张文治	21		
第二届	陈岱孙	储钟瑞 张澜庆 陈竹隐（女） 张文治	21		
第三届	陈岱孙	屠守锷 袁 方 段多朋 张文治	15		
第四届	陈岱孙	屠守锷 张 儆 段多朋 张继先	18		
第五届	何 礼	李 欧 李恩元 俞时模 储钟瑞	19		
第六届	陈士骅	艾知生 李 欧 李恩元 朱荫章（补选） 俞时模 储钟瑞	23	9	周汝潢
第七届	刘 冰	朱荫章 李 欧 李恩元 张光斗 张守仪（女） 储钟瑞	41	17	李丕济
第八届	刘 冰	史国衡 朱荫章 李恩元 李麟模 汪 坦 董树屏 储钟瑞 张继先（补选）	49	19	
第九届	刘 冰	史国衡 李恩元 汪 坦 张继先 单计新 董树屏 储钟瑞 裴 全	40	19	董树屏
第十届	林 克	史国衡 刘 泰（常务） 汪 坦 李思问 单计新 季立屾	46	17	季立屾
第十一届	林 克	史国衡 刘泰（常务） 李思问 李振民 季立屾 梁凤岐 傅正泰	43	18	季立屾
第十二届	张绪潭	王维屏 刘 泰（常务） 李振民 郭 杰（女） 梁凤岐 傅正泰 惠宪钧	43	17	周汝潢
第十三届	张绪潭	刘 泰（常务） 刘敏文（女） 张 益 张启明 顾廉楚 董介平 惠宪钧	43	15	韩柏春
第十四届	黄圣伦	刘 泰 刘敏文（女，常务） 沈乐年 张 益 张启明 金葆桐 韩景阳（女）	43	15	韩柏春
第十五届	贺美英（女） 陈 希（补选）	刘敏文（女，常务） 沈乐年 张启明 金葆桐 赵 淳（女） 韩景阳（女，常务） 高 斌（补选）	39	16	韩柏春
第十六届	陈 希	卢春和（女） 杨晓延（女，常务） 张开存 张荣国 赵 淳（女） 郭大成 韩景阳（女）	39	15	韩柏春
第十七届	陈 希 庄丽君（女，补选）	王健华 张开存 杨晓延（女，常务） 赵 淳（女） 郭大成 高 斌 韩景阳（女）	39	17	王守军
第十八届	庄丽君（女） 韩景阳（女，补选）	向波涛（常务） 陈伟强 赵 淳（女） 瞿福平（补选） 李淑红（女，常务，补选）	40	17	王守军
第十九届	韩景阳（女）	李淑红（女，常务） 陈伟强 高 斌 瞿福平 寇可新（女，补选）	40	20	王守军

说明：① 第十五届：1994 年 10 月高斌补选为副主席，1995 年 10 月陈希补选为工会主席，1996 年 3 月起韩景阳任常务副主席。
② 第十七届：2002 年 3 月庄丽君补选为工会主席。
③ 第十八届：2006 年 10 月韩景阳补选为工会主席、瞿福平补选为副主席，2008 年 10 月李淑红补选为副主席，任常务副主席。
④ 第十九届：2010 年 7 月寇可新补选为副主席。

（三）分工会和工会会员

从1953年开始，以系（所、处、厂）为单位建立部门工会，此后根据党委（党总支）建制，以院（系）、部门等为单位组建基层工会，2005年起改称分工会，其委员由5～11人组成，在分工会全体会员大会上选举产生。它的任务是根据校工会部署，结合实际，组织各工会小组及全体会员开展各种活动，按照《中国工会章程》发展会员。1994年，根据国家法律法规的有关规定，制定并实施了《清华大学非事编工作人员加入工会组织的管理办法》，之后又根据新的规定和文件精神几次修订加以完善。2010年，校工会申报的“清华大学非事编教职工入会及权益维护的探索”获北京市教育工会工作成果奖。

1999年，中央工艺美术学院并入成为清华大学美术学院，其工会成为清华大学工会的一个部门工会。2003年，401医院和402医院并入清华大学成为附属医院，并分别成立部门工会。在校办企业建会方面，经清华大学工会和清华控股党委批准，于2005年成立了清华控股有限公司工会联合会（简称为工联会），企业直属分工会、紫光集团分工会和同方公司分工会并入工联会。到2008年底，清华控股党委所辖的15家控股企业，全部建立了工会。

部分年份学校工会会员人数及分工会数统计，见表18-9-3。

表18-9-3 学校工会会员人数及分工会数

年　份	工会会员人数	分工会数	年份	工会会员人数	分工会数
1950-09	1 136	8	1994	8 741	53
1951-09	1 200	18	1995	8 237	54
1953	1 712		1996	8 096	53
1954	2 362		1997	7 830	50
1956	2 861		1998	7 987	52
1957	3 200		1999	8 149	52
1959	4 300		2000	8 802	53
1963	5 361	28	2001	8 802	52
1965	5 600		2002	8 775	55
1979-06	8 233	28	2003	9 967	57
1983-06	8 530	38	2004	11 504	57
1986-01	8 830		2005	12 160	56
1988	9 834	53	2006	11 825	57
1989	9 780	53	2007	10 345	57
1990-11	9 694	53	2008	10 301	58
1991-11	9 410	55	2009	9 562	59
1992-06	9 300	55	2010	9 968	59
1993-11	9 102	54			

说明：① 会员人数含集体所有制、合同制职工。

② 2007年起未含清华控股工联会的非事编会员，2009年起未含第一、二附属医院工会会员。

（四）工会小组

在教研组（科、室）建立工会小组，设组长1～2人，由会员直接选举产生。

1954年2月，校工会召开教员工会小组长以上干部会议，总结交流工会小组工作经验。蒋南翔校长在会上作了讲话，他要求工会工作要深入到教研组，指出："做好教研组工作不仅是行政的责任，也是工会的责任。"

1991年6月和1993年6月，校工会两次召开工会小组工作会议，黄圣伦作了关于加强工会小组工作的报告，指出工会小组的主要职责与任务是：搞好教职工的思想建设；积极参与民主管理与民主监督；推动"教书育人，优质服务，为人师表"活动的开展；关心群众物质、文化生活。水力学教研组、工程图学与计算机辅助设计教研组、焊接教研组、金属材料教研组等工会小组在会上交流了工作经验。1992年5月、1993年5月校工会召开两次先进工会小组工作座谈会交流经验。

1979年至1993年，被评为校先进工会小组共计129个次；1994年至2010年，被评为校先进工会小组共计889个次。学校工会小组受到北京市总工会和教育工会表彰的情况见表18-9-4。

表18-9-4　学校工会小组受北京市总工会和教育工会表彰情况

<table>
<tr><th>荣誉称号</th><th>被授予单位及时间</th><th>授予荣誉称号单位</th></tr>
<tr><td>北京市先进工会集体</td><td>水利工程系泥沙研究室工会小组（1983年）</td><td>北京市总工会</td></tr>
<tr><td>北京市优秀工会小组</td><td>水利工程系水工教研组工会小组（1988年）</td><td>北京市总工会</td></tr>
<tr><td rowspan="2">北京市模范工会小组</td><td>机械工程系焊接教研组工会小组（1991年）</td><td rowspan="2">北京市总工会</td></tr>
<tr><td>精密仪器与机械学系工程图学与计算机辅助设计教研组工会小组（1991年）</td></tr>
<tr><td>北京市教育工会先进集体</td><td>水利工程系水工教研组工会小组（1986年）</td><td>北京市教育工会</td></tr>
<tr><td rowspan="7">北京市教育工会先进工会集体</td><td>水利工程系水工教研组工会小组（1986年）</td><td rowspan="7">北京市教育工会</td></tr>
<tr><td>水利工程系工会委员会（1988年）</td></tr>
<tr><td>精密仪器与机械学系工会宣传组（1988年）</td></tr>
<tr><td>机械工程系焊接教研组工会小组（1990年）</td></tr>
<tr><td>材料科学与工程系金属材料教研组工会小组（1993年）</td></tr>
<tr><td>现代应用物理系近代光学工会小组（1995年）</td></tr>
<tr><td>电机工程与应用电子技术系应用电子与电工学工会小组（1997年）</td></tr>
<tr><td>北京市高校师德建设优秀群体</td><td>计算机与信息管理中心教学室工会小组（1998年）</td><td>北京市教育工会</td></tr>
<tr><td>北京市先进工会小组</td><td>附中体育工会小组（2006年）</td><td>北京市教育工会</td></tr>
</table>

（五）工会干部和工会积极分子

校工会委员会委员和经费审查委员会委员由全校工会会员代表大会选举产生。校工会各部（委、办）干部由工会委员会聘任，各文体社团、协会负责人由本社团、协会成员选举。

1978年至1983年，学校对校工会各部部长、部门工会主席、工会小组长等给予一定的工作量（如部门工会主席给1/3工作量）。1984年学校规定：凡100人以上单位的工会工作，给一个编制的工作量。

为了提高工会工作的整体水平，充分发挥工会工作在学校的改革与发展中的作用，加强工会干部的学习、工作总结及研讨，1985年至1993年，召开了六次工会工作研讨会，主要内容是：学习中共中央有关文件、中央领导有关讲话精神和《工会法》，总结、研讨工会工作指导思想，教代会的性质、职权和作用，工会如何围绕学校中心任务开展工作，民主管理与思想政治工作，部门工会建设，深入开展建设"教职工之家"活动等。校工会每年对新当选的工会干部进行一次培训，帮助他们了解工会基本知识、工作职责及要求。组织工会干部学习中共中央关于工会工作的文件和中央领导同志关于工会工作的讲话及《中国工会章程》《工会法》等。学校规定，部门工会主席以上工会干部参加全校系处以上干部的报告会，听国内外形势及学校有关工作的报告。每年召开清华大学工会委员（扩大）会，总结经验研讨工作，校工会委员、分工会主席和教代会代表组长参加会议。

1956年首次进行评选、表彰工会积极分子。1978年以来，每年评选一次，分校、系两级，校级占会员人数的2%（各部50名左右），在全校工会会员代表大会或工会积极分子大会上进行表彰；系级占本部门会员人数的4%，在部门会员大会上进行表彰。1981年至2010年，获"北京市优秀工会积极分子"称号者13人次；1986年至2010年，获"北京市教育工会优秀工会干部"15人次，"北京市教育工会优秀工会积极分子"称号者79人次；1988年至2010年，获"北京市教育工会优秀（荣誉）教职工之友"称号者8人次；1995年至2010年，获"北京市教育工会优秀工会工作者"称号者31人次。1988年惠宪钧、1995年沈乐年获"全国优秀工会积极分子"称号。1993年，黄圣伦获"全国优秀工会干部"称号。1994年，刘敏文获"全国优秀教育工会工作者"称号。1995年，张启明获"全国优秀民主管理工作者"称号。1996年，张琳获"全国工会系统优秀图书馆工作者"称号。2008年，陈希获"全国优秀工会之友"称号。2005年，郭大成获"中国教科文卫体系统优秀工会工作者"称号。1983年，翁仁姝获"北京市先进工会干部"称号。1988年刘泰、1991年刘敏文获"北京市优秀工会干部"称号。1988年张绪潭和张慕葏、1991年黄圣伦、1994年胡显章、1997年贺美英获"北京市优秀职工之友"称号。1990年，贺美英获"北京市先进女职工之友"称号。1992年王美旭、1994年于在斌获"北京市先进女职工干部"称号。1992年王美旭和于在斌、1997年侯竹筠、2007年闫旭获"北京市教育工会优秀女教职工工作者"称号。1993年张启明获"北京市工会职工代表培训优秀组织者"称号。1997年刘敏文、2005年杨晓延和2010年韩景阳获"北京市模范工会主席"称号。2000年杨晓延、2009年向波涛获"北京市优秀工会工作者"称号。2003年，向采兰获"北京市教育工会先进女教职工工作者"称号等。

清华会员出席中国工会全国代表大会的代表有：李克群（1978年10月第九次）、刘泰（1983年10月第十次、2008年10月第十五次）、刘敏文（1993年12月第十二次）、杨晓延（1998年10月第十三次、2003年9月第十四次）。出席中国教育工会全国代表大会的代表有：张子高（1950年8月第一次）、陈士骅（1956年8月第二次）、刘泰（1987年4月第三次）、黄圣伦（1993年4月第四次）。出席中国教科文卫体工会全国代表大会的代表有：向波涛（2007年1月第二次）。清华会员担任上级工会职务的见表18-9-5。

表18-9-5 清华会员担任上级工会职务情况

姓　名	职　　务	任职时间
张澜庆	北京市教育工作者工会筹备委员会副主席	1949-11
温宏庚	北京市教育工作者工会筹备委员会委员	1949-11

续表

姓　名	职　　务	任职时间
赵凤山	北京市教育工作者工会筹备委员会委员	1949-11
解沛基	北京市教育工会第一届委员会委员 北京市教育工会党组干事会书记兼大学分党组书记	1950-07 1951-12
袁永熙	北京市教育工会第二届委员会副主席	1956-07
李　欧	北京市教育工会第二届委员会委员	1956-07
李恩元	北京市教育工会第三届委员会委员	1962-12
李国鼎	北京市教育工会第三届委员会委员	1962-12
周双喜	北京市工会第六届委员会委员	1973-04
刘　泰	北京市工会第七、八届委员会委员 北京市教育工会第四届委员会常务委员	1982-12 1983-12
刘敏文	北京市教育工会第五届委员会常务委员 北京市工会第九届委员会委员	1990-06 1994-06
黄圣伦	中国教育工会第四届委员会副主席	1993-04
韩景阳	北京市教育工会第六届委员会委员、常务委员、副主席 北京市教育工会第九届委员会委员、常务委员	1995-06 2010-06
杨晓延	北京市工会第九届委员会委员（增补） 北京市教育工会第六届委员会委员、常务委员 北京市教育工会第七届委员会委员、常务委员	1997-01 1997-11 2000-06
王健华	北京市工会第十届委员会委员	1999-06
庄　茁	北京市工会第十一届委员会委员	2004-06
向波涛	中国教科文卫体工会全国委员会第二届委员会委员 北京市教育工会第八届委员会委员、常务委员	2007-01 2005-01
李淑红	北京市教育工会第八届委员会委员（增补）、常务委员（增补）	2009-01

四、主要工作与活动

（一）教职工之家建设

1985 年 4 月，北京市教育工会主席孙军等 26 人来校检查验收，确认校工会为“合格教职工之家”。1988 年 10 月，北京市总工会表彰校工会为“模范职工之家”。1990 年，全国总工会确认校工会在 1983 年 10 月被评为全国先进基层工会，即为“全国模范职工之家”。同年校工会被全国教育工会评为“全国教育工会先进集体”。1993 年 12 月，北京市总工会召开会议，向受全国总工会表彰的先进集体和先进个人颁发证书，清华大学工会委员会荣获继续保持“全国模范职工之家”证书。1997 年 1 月，全国总工会、北京市总工会委托北京市教育工会对学校“全国模范职工之家”进行复验；1998 年 10 月，全国总工会向我校工会颁发继续保持“全国模范职工之家”荣誉称号证书。2001 年 6 月，学校工会“全国模范职工之家”通过北京市教育工会复验小组的复查验收。2003 年 4 月，全国总工会授予清华大学“全国五一劳动奖状”光荣称号。2003 年 9 月，清华大学工会再次被全国总工会评为“全国模范职工之家”。

清华大学获全国、北京市工会先进单位及称号情况见表 18-9-6。

表 18-9-6　清华大学获全国、北京市工会先进单位及称号情况

荣誉称号	被授予单位及时间	授予荣誉称号单位
全国先进基层工会（全国模范职工之家）荣获全国总工会颁发“职工之家”锦旗	清华大学工会（1983 年）	全国总工会
全国工人文化宫俱乐部先进集体	清华大学工会文化活动中心（1983 年）	全国总工会
全国职工体育先进单位	清华大学（1998 年）	全国总工会
全国五一劳动奖状	清华大学（2003 年）	全国总工会
全国模范职工之家	清华大学工会（2003 年）	全国总工会
全国工会职工文化工作先进集体	清华大学工会文化部（1989 年）	全国总工会宣教部
全国工会系统文明图书馆	清华大学工会图书室（1996 年）	全国总工会宣教部
全国高校工会教工活动阵地示范单位	清华大学工会（1998 年）	全国总工会宣教部
全国教育工会先进集体	清华大学工会（1990 年）	全国教育工会
全国学校民主管理先进单位	清华大学（1999 年）	全国教育工会
北京市职工体育先进单位	清华大学（1979 年—2000 年）	北京市总工会
北京市先进工会集体	清华大学工会（1983 年） 清华大学工会体育部（1983 年）	北京市总工会
北京“五讲四美”先进集体	清华大学工会俱乐部（1983 年）	北京市委、市政府
北京市职工文化宫俱乐部先进单位	清华大学教工文化活动中心（1987 年）	北京市总工会
北京市模范职工之家	清华大学工会（1988 年）	北京市总工会
北京市先进女职工委员会	清华大学工会女教职工委员会（1991 年、1992 年）	北京市总工会
北京市工会职工代表培训工作先进单位	清华大学工会（1993 年）	北京市总工会
北京市普及推广第八套广播操优秀单位	清华大学（1997 年）	北京市总工会
北京市校务公开先进单位	清华大学（2001 年）	北京市委教育工委
北京高校职工体育运动贡献奖	清华大学（2002 年）	北京市委教育工委等
北京市教育创新工程先进单位	清华大学（2003 年）	北京市总工会
北京市总工会工作综合先进单位	清华大学工会（2009 年）	北京市总工会
北京市总工会重点工作考核先进单位	清华大学工会（2010 年）	北京市总工会
北京市总工会重点工作考核工作创新先进单位	清华大学工会（2010 年）	北京市总工会
北京市教育工会女教职工工作先进集体	清华大学工会女教职工委员会（1992 年）	北京市教育工会
北京市教育工会先进女教职工委员会	清华大学工会女教职工委员会（1997 年、2003 年、2007 年）	北京市教育工会
北京市教育工会优秀女教职工委员会	清华大学工会女教职工委员会（2002 年）	北京市教育工会
北京市教育工会工会工作创新奖	清华大学工会（2004 年）	北京市教育工会
北京市高校教代会提案工作先进单位	清华大学（2006 年）	北京市教育工会
北京市师德建设先进集体	清华大学工会（2006 年）	北京市教育工会
北京市教育工会工会工作十大成果	清华大学工会（2007 年）	北京市教育工会
北京奥运会、残奥会文明观众、啦啦队工作优秀组织单位	清华大学工会（2008 年）	北京市教育工会

续表

荣誉称号	被授予单位及时间	授予荣誉称号单位
中国教科文卫体工会先进女职工组织	清华大学工会女教职工委员会（2008 年）	中国教科文卫体工会
北京市教育工会工会工作先进单位	清华大学工会（2009 年、2010 年）	北京市教育工会
北京市教育工会工会工作成果奖	清华大学工会（2008 年、2010 年）	北京市教育工会

从 1984 年开始，根据北京市教育工会部署，在校工会和部门工会（2005 年后改称分工会）开展建设“教职工之家”活动，制定了验收标准。1986 年 10 月，校工会验收组通过工程力学系工会为“合格教职工之家”。从 1994 年开始，校工会开展“建家升级”活动，先后修订完善了《清华大学分工会建家升级考评管理办法》和《分工会量化考核表》。

清华大学分工会获全国、北京市工会先进单位情况见表 18-9-7。

表 18-9-7　清华大学分工会获全国、北京市先进表彰情况

荣誉称号	被授予单位及时间	授予荣誉称号单位
全国模范职工小家	工程物理系工会（2010 年）	全国总工会
北京市先进工会集体	无线电电子学系工会（1983 年）	北京市总工会
北京市模范部门工会	水利水电工程系工会（1991 年）	北京市总工会
北京市模范职工小家	热能工程系工会（1994 年）　电子工程系工会（2002 年）	北京市总工会
北京市教育工会先进集体	化学系工会（2000 年）　饮食中心工会（2000 年）	北京市教育工会
北京市模范职工小家	工程物理系工会（2004 年）　土木水利学院工会（2006 年） 化学系工会（2008 年）	北京市教育工会
北京市教育工会先进工会集体	无线电电子学系工会（1986 年）　工程力学系工会（1986 年） 清华附中工会（1986 年）　水利工程系工会（1988 年） 热能工程系工会（1993 年） 精密仪器与机械学系工会（1993 年、1997 年） 电机工程与应用电子技术系工会（1995 年） 图书馆工会（2006 年）	北京市教育工会

校工会于 1957 年 2 月首次评选、表扬工会积极分子 400 名（其中教师、职工各 200 名），部门工会表扬了 935 名，共计 1 335 名。从 1979 年起，每年评选、表彰优秀工会积极分子。从 1982 年起，每年表彰先进工会小组。从 1992 年起，每年表彰先进分（部门）工会，并于 2002 年起增加优秀分（部门）工会评选表彰。校级表彰的在校工会召开工会积极分子表彰大会上进行表彰，颁发证书、奖状和奖品。从 1988 年起，改在教代会暨工代会上和校先进集体、先进工作者同时表彰。

1979 年以来历年校工会表彰先进情况，见表 18-9-8。

表 18-9-8　1979 年起历年校工会表彰先进情况

年度	先进工会委员会分（部门）工会（个）		先进工会小组（个）	优秀工会积极分子（人）	年度	先进工会委员会分（部门）工会（个）		先进工会小组（个）	优秀工会积极分子（人）
	优秀	先进				优秀	先进		
1979		8		211	1982			16	223
1980				209	1983			18	（未查到）
1981				202	1984		8	24	256

续表

年度	先进工会委员会分（部门）工会（个）		先进工会小组（个）	优秀工会积极分子（人）	年度	先进工会委员会分（部门）工会（个）		先进工会小组（个）	优秀工会积极分子（人）
	优秀	先进				优秀	先进		
1985				220	1998		19	34	212
1986				未查到	1999		20	44	190
1987				236	2000		20	42	207
1988			8	233	2001		20	49	207
1989			5	234	2002	3	17	49	206
1990			8	232	2003	1	19	46	207
1991			17	231	2004	2	18	42	208
1992		12	18	229	2005	2	18	45	212
1993		12	26	230	2006	3	19	59	244
1994		18	38	231	2007	3	18	67	289
1995		16	38	222	2008	3	19	72	294
1996		17	41	211	2009	6	17	89	290
1997		14	40	199	2010	6	15	94	280

2009 年 5 月，学校工会启动分工会特色活动支持计划，制定了《清华大学工会支持分工会特色活动项目实施办法》，每年分两次申报。截至 2010 年底，共支持 87 个项目共 23.72 万元。自 2009 年以来，每年的年度总结交流会上，校工会组织特色工作交流并开展特色工作成果奖评选，2009 年、2010 年分别评选出 15 名和 13 名一等奖。

（二）动员和组织教职工做好本职工作，搞好“三育人”

1950 年 9 月，校工会提出“工会工作的方针是面向教学”。1953 年，校工会主席团在《新清华》上发表文章指出：“保证学校各项工作计划的完成，特别是其中最主要的教学工作计划的完成，乃是清华工会的中心任务和经常工作。”要求会员“积极学习苏联，进行教学改革，钻研业务，做好岗位工作”。当年各教员工会小组三次召开组织生活会，检查个人工作计划执行情况，交流工作经验和思想收获。

从 1953 年开始，在生产职工、食堂职工中开展劳动竞赛活动。1963 年 9 月，校工会和行政联合召开实验员代表会议，开展争做五好（思想作风好、完成任务好、钻研业务好、勤俭节约好、团结互助好）实验技术人员和四好（先进的思想作风、先进的管理工作、先进的教育质量、先进的实验技术）实验室的活动。1964 年 5、6 月，校工会和行政联合分别召开生产职工代表会议、食堂职工代表会议，深入开展比学赶帮运动，争做五好（政治思想好、完成任务好、遵守纪律好、经常学习好、团结互助好）职工和五好（政治思想工作好、生产计划完成好、生产管理好、生活管理好、工作作风好）集体的活动。

1953 年至 1964 年，1978 年至 2010 年，全校先进集体和先进工作者的评选、表彰活动由工会经办，详见第九章第八节。从 2008 年起，每年组织校先进工作者、校爱岗敬业获得者赴山东、贵州、大连等地学习交流。1985 年 2 月，学校在大礼堂召开从事教育工作 30 年以上教职工表彰大会，并在此后作为制度确定下来，于每年教师节进行表彰，具体工作由工会经办，至2010年约有近6 000人获得表彰。2004年至2010年，每年举办教师节大会或者教师节座谈会，表彰先进、交流经验。

1953年以来，蒋南翔校长多次指出，教师是人类灵魂的工程师，全校教师、工作人员都有做思想工作的责任、权利和义务。1983年，校工会第十二届二次会议发出《广泛、深入地开展“教书育人，优质服务，为人师表”活动给全校教职工的倡议书》，发动全体教职工教书育人、管理育人、服务育人（简称“三育人”）。1984年暑期，学校召开了第一次教书育人研讨会，并作为一项制度一直坚持了下来，1984年至2010年，校工会和有关部门配合召开了27次教书育人研讨会（其中1989年没有举办，1990年举办了两次）。会议先后以“教书与育人的关系”“落实德育首位，加强学风建设”“如何继承和发扬我校教书育人的优良传统”“博士生导师如何教书育人”等作为主题，大约有5 430人次参加过定期召开的教书育人研讨会。1993年编印了《教书育人、管理育人、服务育人》文集4册共收53篇文章。1985年至1986年，有244名在“三育人”中作出显著成绩的教职工受到学校表彰。1986年至1988年，本校有7个集体被评为“北京市高教系统教书育人、服务育人先进集体”，61名教职工被评为“北京市高教系统教书育人、服务育人先进工作者”。1987年4月，北京市委教育工委、高教局、教育工会在本校召开北京市高校服务育人现场汇报会，交流了本校后勤部门职工开展“优质服务、服务育人”的情况和经验。2003年，教书育人研讨会20周年时召开全校教师大会，对20年来教书育人先进个人100多人进行了表彰。2003年设立“清华大学突出贡献奖”，每2年评选1次。1992年至1999年，86人被评为“北京市职工爱国立功竞赛标兵”；2000年至2001年，16人被评为“教学、科研、管理创新标兵”；2003年，清华大学被评为“北京市教育创新工程先进单位”；2002年至2007年，74人被评为“北京市教育创新标兵”；2004年建筑学院设计系列课程教研组获全国总工会“全国职工创新示范岗”荣誉称号；2005年，现代生命科学实验教学中心被评为“北京市教育创新优秀集体”；2008年，结构力学教研室被评为“首都教育先锋”先进集体，罗永章被评为“首都教育先锋”科技创新标兵，梁永明被评为“首都教育先锋”管理创新标兵，11人被评为“首都教育先锋”先进个人。

不定期举办师德先进报告会，交流师德先进事迹。1997年11月，在教职工第四届暨工会会员第十六届代表大会第三次会议上，通过了《清华师德（试行）》：“敬业报国，育人爱岗，务实求真，进取自强，克己奉公，团结协作，为人师表，仪态端庄。”2001年至2010年，吴文虎（2001年）、袁驷（2004年）被评为“全国师德先进个人”，刘文今（2006年）、阎学通（2008年）、史琳（2010年）被评为“北京市师德标兵”，16人被评为“北京市师德先进个人”。2006年校工会被评为“北京市师德建设先进集体”。

（三）民主管理工作

从1950年工会第一次会员代表大会开始，就通过征集提案，向学校领导反映教职工对办好学校的意见和建议。如1954年，第六次会员代表大会收到提案与意见2 000多条，副校长刘仙洲、教务长钱伟长、总务长史国衡、校工会副主席李恩元分别作了关于提案处理的发言。大会设提案审查委员会专门负责此项工作。第五至第九次会员代表大会，均听取、讨论了蒋南翔校长关于学校工作的讲话，对做好学校工作提出意见和建议。

1978年，贯彻中国工会第九次全国代表大会精神，决定加强民主管理，会员代表实行常任制，建立代表组，代表在本届期间都要起作用。从1979年工会第十次会员代表大会开始，每次大会都听取、讨论校长的工作报告，对学校工作献计献策，帮助干部改进工作风。1981年《清华大学工会工作条例》指出："会员代表大会是发扬民主、办好学校的重要形式。"每次大会和工会委员会均设提案审查委员会，负责大会期间与平时的征集提案和组织有关部门进行处理及答复工作。在每次大会期间，由大会主席团召开专题座谈会，各代表组均派代表参加，充分反映代表及教职工群众的意见和建议，校领导和有关部、处负责人直接听取意见，解答问题。

在代表大会闭幕期间，校工会根据需要不定期召开代表组长会，听取、讨论学校有关领导或部门负责人作关于学校中心工作及与广大教职工切身利益有关的重要问题的专题报告（1986 年后与教代会合并召开）。1979 年至 1985 年，共召开了 27 次代表组长会，主要内容是：学校改革与建设计划、教书育人、财经管理与廉政建设、校园环境与治安、住宅分配办法、工资调整、教职工管理办法与队伍建设、教职工子女教育、基建后勤工作等。代表组长的意见受到学校党政领导的重视，许多建议被采纳，如 1981 年 5 月提出长期办附中二部（后为第二附中）以解决教职工子女上初中的建议，1982 年暑期，第二附中新校舍建成并投入使用。

各代表组除参加学校民主管理外，还要听取、讨论本单位行政负责人的工作报告，对本单位工作提出意见和建议，评议本单位领导干部。1982 年 10 月，校工会召开了民主管理汇报会，对学校民主管理工作进行了总结，交流了无线电系和核能技术研究所的民主管理的经验。

根据中共中央《关于教育体制改革的决定》和教育部、中国教育工会全国委员会颁发的《高等学校教职工代表大会暂行条例》，学校实行党委领导下的教职工代表大会制度，并于 1986 年 9 月召开了本校教职工第一次暨工会会员第十三次代表大会。1986 年至 2010 年，工会围绕学校的中心工作和教职工的需要，积极开展调查研究，为学校的发展和决策提供参考意见。例如，1986 年对学校教书育人情况进行调查研究，并撰写《对我校教书育人工作现状的调查和分析》报告；1993 年对学校十年来开展"教书育人、优质服务、为人师表"活动进行调研并撰写调查报告；2005 年开展教职工作息时间调整调研，学校据此对作息时间调整；开展教职工子女附小入学调研，学校据此解决所有事业编制教职工二代子女都能进入附小就读。2010 年开展清华大学中青年教职工问卷调查和清华大学教师应用教育技术调查问卷。1986 年建立教代会制度以来，工会参与民主管理的情况详见第一章第六节。

（四）宣传教育

1950 年，发动会员参加抗美援朝运动。7 月 7 日，校工会发表《抗议美帝武装干涉朝鲜、台湾的声明》。举行"反对美帝侵略，保卫世界和平"晚会，演出活报剧，出版《支援朝鲜，保卫祖国》特辑。发起向朝鲜人民军和中国人民志愿军写慰问信 1 038 封，做慰问袋 1 120 个，捐献人民币 106 224 373 元（旧币，截至 1951 年 8 月）。1951 年春假有 85%的会员深入农村、工厂、街道进行抗美援朝的宣传，90%以上的会员参加了在和平公约上签名和反对美帝武装日本的投票。

1953 年至 1966 年，根据党委安排，各工会小组一般每周组织一次政治学习。教师先后学习了《社会发展史》《联共（布）党史》《政治经济学》《实践论》《矛盾论》《毛泽东选集》（1～4 卷）等，职工学习《社会发展史》《中国革命史》《毛泽东著作选读》等。配合形势学习，1954 年至 1956 年，组织会员参观工厂、农村 8 500 人次。60 年代初参观雷锋事迹展览、全国农业展览、中印边界自卫反击战展览8 000人次。

1962 年至 1964 年，根据党委决定，校工会和党委职工部具体负责举办职工政治学校，共 12 期，729 名职工参加学习。

1978 年至 1993 年，各工会小组配合党支部组织教职工政治学习，也有些单位由工会小组具体组织。学习邓小平建设有中国特色社会主义理论，学习党和国家重要会议的文件。配合形势学习，校工会组织会员参观工厂、农村及各种展览1万多人次。

校工会积极开展对青年教职工的教育。1983年至1984年，工会青年教职工工作部配合教职工团委组织青年职工学习中国近代史（450人）、社会发展史和哲学（200人）、社会主义讲座（300人）。1983年至2010年，组织青年教职工34批1 535人次到延安、西柏坡、大同、张家口、井冈山、中国工程物理研究院等地开展社会考察，进行革命传统和爱国主义教育。从2006年起社会实践活动得到进一步拓展，校工会与继续教育学院、校团委共同协作，与“中美大学生暑期教育互助社会实践活动”相结合，组织教师开展扶贫支教社会实践活动。2006年至2010年，共有196名教师与280名美国大学生和约1 000名清华学生共同组成扶贫支教队伍，奔赴贫困地区与中小学生、教师和干部群众进行面对面、心贴心的交流，为他们提供英语和计算机方面的教学与培训，同时也在当地开展课程辅导、文化讲座、社会调查等工作。2009年因为“甲流”的原因，美国学生没有参加。1992年至2010年，宣传了105名优秀青年教师事迹。2001年至2010年，每年组织新进校教职工赴延庆北平抗日纪念馆、燕京啤酒集团、焦庄户地道战遗址、白洋淀等爱国主义基地参观学习，累积共有约1 100名教职工参加。2004年开始，校工会每年在全校会员中开展“京华新貌”和“今日清华”活动。至2007年，“今日清华”活动每年组织约400名教职工参观核研院昌平校区、纳米中心、节能楼、美术学院、生物芯片北京国家工程研究中心和清华科技园等单位。至2010年，“京华新貌”活动每年组织约400名教职工到首都博物馆和北京市规划展览馆、国家大剧院等进行参观。此外，工会还结合形势举办“爱我中华”“知我清华，爱我清华”“新教工校史·师德知识”“新教工校史知识”“法律知识”《工会法》、迎奥运、学习宣传贯彻党的代表大会精神、学习实践科学发展观活动、迎清华百年华诞等知识竞赛和“党在我心中”以及师德演讲会，共有12 000多人次参加。

工会宣传阵地：1958年在员工食堂办过广播。1966年以前有《工会简报》《新清华》工会生活栏、黑板报和图书室，1978年图书室和《工会简报》恢复。1988年10月创办《清华教工》小报，至2010年出版395期，主要内容：报道工会、教代会活动，交流工会工作经验等。2010年10月创刊出版了《清华教工》期刊。从1989年开始，校工会每年组织部门工会黑板报评比活动。1989年编辑出版了反映教职工参加工会活动体会的《收获》《延安之行》文集，反映教职工美术、书法、摄影、音乐优秀作品的《百花园》作品集。1996年出版《清华大学工会活动简记》。2000年，为纪念我校工会成立50周年，出版《清华大学工会五十年》画册。2007年6月出版《清华大学工会志（1950—2000）》。2010年12月出版《凝聚力量 推动发展 共创和谐》清华大学工会成立60周年纪念文集和《清华大学工会风采（2001—2010）》画册。1998年创建工会主页，2000年进行主页改版，2004年建立工会电子会务平台，会员库、教代会提案和运动会实现信息化系统管理，随后又扩展了平安基金管理、问卷调查、场地预订等信息化平台。

（五）业务技能培训工作

1949年至1966年，校工会配合行政举办职工业余学校。1978年至1986年，校工会管理职工业余学校，为职工补习小学、初中、高中文化，详见第九章第四节。此外，1983年至1984年，组织机加工青年工人进行技术比赛，与有关部门配合将比赛与考核、培训结合起来，使56名青工达到四级工技术水平。

1988年，工会工人技师技术交流协会（以下简称：技协）成立，配合学校人事处参与由国家教委主持的工人技术培训与考核工作，多次举办技术交流，还组织职工技术骨干外出学习、考察，组织工人沙龙，慰问老师傅等活动。1988 年至 1993 年，参与学校主持的工人技术培训考核工作，共进行 3 次。协会多数成员参加技术理论课辅导、担任班主任、工艺课讲授、实际操作考核命题、考件的检验评分、操作技能辅导示范等工作。参加培训考核的职工近 4 000 人次。1992 年至 1993 年，技协协助机械厂举办“青工技能强化培训班”，经一年培训，在车、钳、铣、刨、磨五个工种的 15 名学员中，有 5 名达到四级工水平，1 名达到三级工水平。

1998 年至 2010 年，我校共组织推荐了 41 名教师参加了北京高校青年教师教学基本功比赛，共有 18 名教师获得一等奖，其中有 5 名教师获得一等奖第一名，有 16 名教师获得二等奖，7 名教师获得三等奖，7 名教师获得优秀指导教师奖。特别是 2009 年，我校一举获得北京市文理科比赛一等奖第一名。2005 至 2010 年，连续 4 届获得北京高校青年教师教学大赛组织优秀奖。从 2004 年开始，学校开始举办清华大学青年教师教学基本功比赛，截至 2010 年，我校已经举办了四届青年教师教学基本功比赛，总计参赛教师 145 人。从 2008 年开始，电机系、工物系、外语系、土水学院、附中、计算机系、航院等院系纷纷开展了各具特色的院系级教学基本功比赛。2010 年该项目获得清华大学教学成果一等奖。

（六）女教职工工作

每逢“三八”国际劳动妇女节召开纪念大会或座谈会，表彰女教职工先进集体和先进个人，交流工作经验。1961 年表彰女教职工先进集体 21 个，1962 年表彰“三八”红旗集体 12 个、“三八”红旗手 323 名。1979 年至 1993 年，林家桂等 6 人被评为“全国三八红旗手”，10 人被评为“北京市三八红旗手”。2010 年，李艳梅获得“北京市三八红旗手奖章”。校工会通过各种方式宣传她们的先进事迹。在 1990 年纪念“三八”妇女节座谈会上，有 16 位清华巾帼第一人与 150 位女教职工见面并讲了话。1993 年，在主楼大厅宣传橱窗介绍了 30 名女教职工的先进事迹。

校工会多次举办妇女卫生知识讲座。1983 年至 1985 年举办三期裁剪缝纫学习班，有 319 人参加。从 1984 年开始，在女教职工中推广健美操，有近 2 000 人参加练习，还多次组织参加了校内外的比赛和表演。1984 年至 1987 年举办了四届女教职工运动会，每次都有上千人参加。1992 年“三八”节，举行了全校女教职工文艺会演和书画、摄影、集邮、服装、编织等作品展览。1997 年至今每年为全校女教职工办理女工安康保险，每年“三八”节为女教职工放映电影、组织参观并召开女教职工座谈会，举办女教职工服饰搭配、美容健康、插花等讲座。2003 年以后，每学期均举办健美操班，到目前已经举办了 16 期，共有2 200多人次参加。

1978 年以来，校工会开展了教职工子女教育情况调查，并作了宣传报道。邀请心理学专家和附中、附小、幼儿园的老师，针对不同年龄少年儿童特点，为家长讲课。还协助幼儿园解决幼儿入托问题。每年“六一”儿童节，给少年儿童放映电影，慰问老师，协助学校为小学、幼儿园拨款增添教学设备等。1980 年至 1982 年，举办会员子女软件学习班，有 30 人参加。1982 年至 1984 年，举办少年游泳学习班，有 1 290 人次教职工子女参加。1983 年至 1990 年，举办少年文化学习班，共办 20 多期，参加学习的教职工子女有六七千人次。1978 年至 1992 年，举办高考复习班，共办 5 期 2 600 人次参加学习。从 1999 年起，每年“六一”儿童节，举办子女教育讲座、组织儿童参观、采摘等活动。

从 1984 年开始，组织 50 名女教职工“红娘”，先后为 300 名大龄未婚青年教职工牵线搭桥，举办联谊活动，还组织他们参加了北京市教育工会举办的集体婚礼。2000 年以来，多次与北京市教育工会和周边高校、其他单位工会联合组织单身联谊会。

（七）文化体育工作

1. 教职工体育活动

1950年2月工会成立，教职工的体育活动开始由校工会负责领导和组织。1951年，在全校教职工中开展“劳卫制”体育锻炼，分一、二两级，经测验确定。1953年，校工会建立文娱体育部，决定每天下午5—6时为教职工体育锻炼时间，继续开展“劳卫制”达标活动。还推广广播体操，开展跑步、球类、举重、器械、游泳、滑冰、太极拳等活动。1954年5月，工会组织教职工运动员首次参加北京市工人体育运动大会。1954年9月，工会分设文化部与体育部。1954年11月，工会首次举行单项体育运动比赛和跑步接力比赛。1955年4月，工会成立“体育锻炼指导委员会”，负责指导教职工的体育锻炼。1956年5月，首届教职工田径运动会在大操场举行，冬季举办首次长跑比赛。从1956年起，国防体育在教职工中开展起来，校工会举办摩托车驾驶训练班，还多次举行射击活动。1957年，蒋南翔校长提出“争取为祖国健康地工作五十年”的口号，并带头参加体育锻炼，影响深远。1958年2月，工会召开体育跃进大会，4月，全校教职工和学生一同开展“体育锻炼月”活动。1959年7月，举办首届教职工游泳比赛。

1978年恢复工会组织后，设立体育部，并配备一名专职体育干部，把全校教职工的体育活动列入工作计划。1979年11月，校工会召开会议，专题讨论如何进一步推动开展教职工体育锻炼问题。会议号召全校教职工每人参加一项适合自己情况的经常性的体育锻炼。1980年起，恢复一年一度的教职工运动会。1982年，校工会对中年教师健康状况作了调查，据此工会提出要改进中年教师健康状况，大力开展群众性体育锻炼。1983年，校工会号召教职工积极参加冬季三个月的体育锻炼，并制定达标考核标准。1984年11月，校工会召开体育活动积极分子大会，总结1978年以来的体育工作，进一步动员广大教职工主动参加一项适合自己情况的体育锻炼。1989年11月，校工会再次向全校教职工发出“积极行动起来，每人参加一项适合自己情况的体育锻炼”的倡议书，并在教职工中进一步推广广播体操、太极拳（剑）、健美操、长跑等群众性体育活动。1994年，贯彻落实《全民健身计划纲要》和《体育法》，并制订了相应的工作计划。1995年，校工会向教职工提出积极参加“一二一启动工程”的号召。1996年6月，校工会领导在北京市教育工会举办的“文体干部培训班”上就“当前工会文化体育工作的难点与对策”提出开展“五个一”活动。2002年8月，校工会组织召开部门工会体育委员会，讨论“科学健身百花园”活动方案，并介绍新开放教职工活动中心管理办法。2003年6月，为促进教职工积极开展体育锻炼，校工会为全校教职工发放运动器具。2004年，运动会网上系统正式投入使用。2006年4月，召开教职工体育工作讨论汇报交流会。2007年11月，学校举行纪念“为祖国健康工作五十年”口号提出50周年大会，会后3 000多名师生参加火炬传递活动。校工会于1986年至2006年举行七次太极拳比赛或表演赛；1995年至2005年举行四次木兰系列比赛或表演赛；于1986年、1991年举行两次健美操比赛。1999年至2004年，共举办4期“科学健身百花园”表演会，每次都有近200人参加。校工会于1999年至2010年召开4次文体协会工作研讨会，每次有工会文体委员100余人参加。2000年至2010年，共举办教职工保龄球比赛十一届，平均每届有30多个代表队的200余名教职工参加。2002年至2008年，校工会、研究生会联合举办“清华大学研究生师生班级轻体育运动会”六届，运动会设射箭、射击、飞镖、保龄球四个项目。2005年、2009年和2010年，分别举行三次师生羽毛球对抗赛，教工队两胜一负。自2008年起，校工会与北京市体育局联合举办“校体友谊杯”网球友谊赛。

1980 年以前，学校共举行 6 届教职工运动会，平均每届有 700 多人次参加；从 1980 年起，学校每年都举行教职工运动会，平均每年都有近 50 个分工会的 4 000 多人次参与，其中 1990 年和 1998 年达 7 000 多人次，成为参加人数最多的两届，比赛项目首届为 36 项，最多至 110 项，现为 76 项。

除以上活动外，从 80 年代初至今，工会开始每年举办教职工羽毛球、登山、游泳、网球、象棋、乒乓球比赛和冬季长跑活动等常规性活动，平均每年参加这些活动的总人次达 5 000 次之多，每一个单位都至少参加其中 2 项。

其间，教职工开展体育锻炼的场地不断增建。1954 年，在新林院修建了教职工运动场，同年，还修建了照澜院两个网球场，后来又修建了附小北网球场，1999 年 12 月，校工会气象台塑胶网球场开始投入使用。之后，陆续修建了羽毛球场及第一员工食堂、静斋和停车场附近的篮球场。2002 年 9 月 2 日，老二员工食堂经过整修改为教工活动中心并开始使用，该活动中心内设立了健身房、乒乓球、羽毛球、棋牌室等设施。

2. 教职工文化艺术活动

1950 年工会成立以后，根据广大教职工需求，在群众文化活动方面开展了多方面的工作，如经常组织教职工看电影，有时师生同场，仅 1957 年至 1959 年 3 月，共放映电影 247 场，观众达 404 000 人次。另外，校工会在每年暑期、春节、新年、国庆等节假日期间，邀请专业剧团和著名演员来校在大礼堂演出，如著名京剧大师梅兰芳、马连良，评剧表演艺术家新凤霞、李忆兰等均曾应邀来校演出。1957 年至 1959 年，专业剧团来校演出京剧、话剧、评剧及音乐、歌舞、曲艺、杂技等剧目共计 43 场，观众达 65 700 人次。据 50 年代暑期活动统计，仅专业剧团来校演出就有 51 场。

1956 年以后，校工会先后成立京剧社、评剧社、话剧团、曲艺社、手风琴社、民乐队、轻音乐队、手风琴队、歌咏队、文学社、摄影组、美工组和杂技队等文艺社团。这些文艺社团都选有负责人主持开展活动，除一般每周活动一次外，有的还在节假日有演出或比赛任务，需要举行多场演出，这是教职工群众性文艺活动的一个重要方面。此外，校工会还举办全校教职工文艺汇演、周末舞会，各系、各单位普遍举行节日联欢及假日郊游等活动。

1990 年 4 月校庆日，举办首届盆花（插花）展览。1994 年 9 月，举行首届教职工文化节。

1978 年以来，工会利用业余时间举办国画、素描、书法、摄影、电子琴、手风琴等学习班约 30 期，学员近 1 000 人；举办交谊舞学习班 40 多期，学员 2 000 多人；1989 年至 1998 年共举行 5 次教职工交谊舞大赛；分别于 1990 年、1991 年、1998 年举行三次教职工服装表演；1992 年、1993 年、1996 年工会举办三届教职工卡拉 OK 大赛；1996 年至 2002 年，每年 6 月左右校工会文化部先后举办"少年儿童器乐演奏会""宝贝摄影展""卡拉 OK 演唱会""钢琴演奏会""儿童绘画展"等儿童系列表演节目 7 次；1980 年至 2010 年，我校教职工共参加 40 多次市、区级的表演等活动；1978 年至 1992 年，每年都举办春节游艺晚会，内容有电子游艺等约 30 个项目，有 4 000 名左右教职工及家属参加。工会每年于元旦之前举办新年联欢会，邀请校领导和大家一起联欢，共度佳节，每次都有 200～400 名教职工参加，各部门工会每年也都举行新年或春节教职工联欢会；1979 年至 1993 年，每年举办一届教职工美术、摄影、书法展览；1996 年起，工会每年在工会俱乐部举行教职工作品展——校庆摄影展、插花展、集邮展和教师节摄影展，每年都有 100 多幅作品展出。

自 1982 年 11 月 5 日举行首届教职工文艺（歌咏）汇演起，至 2010 年底举行全校教职工文艺汇演 28 次，主题丰富多样，教职工广泛参与，从 2000 年起，平均每次有近 40 个单位 2 500 多人参加。2009 年举办了“庆祝新中国成立六十周年师生文艺会演”，共有 4 000 多名师生同台演出；2010 年“喜迎百年校庆”文艺会演，参加者多达 50 个单位近 3 000 人。

从 1953 年建立荷花池工会俱乐部、第二教室楼俱乐部起，至 1993 年校工会先后 10 次改建了俱乐部，供教职工举办各种文艺和纪念活动，并多次被评为“俱乐部先进集体”。

3. 协会及其活动

1978 年恢复工会组织开展活动以后，很快形成以校工会文体部和分工会体育委员为核心的一支文化体育活动积极分子队伍。从 1984 年起，根据教职工文化体育活动的发展需要，校工会陆续成立了各种文艺、体育协会，有太极拳协会、健美操协会、木兰拳协会、中国象棋协会、围棋协会、桥牌协会、乒乓球协会、羽毛球协会、网球协会、冬泳协会、钓鱼协会、足球协会、长跑协会、篮球协会、排球协会、气功协会等体育协会和摄影协会、集邮协会、交谊舞协会、京昆协会、插花协会、教师合唱团、美术协会、书法协会、荷塘诗社等文艺协会，并制定了文体协会（社团）管理办法。这些文体协会成立以来，除举办校内常规型活动外，还经常参加校外比赛、表演、联欢活动等。

校内主要活动：每周或每月一至两次的常规节目排练或比赛交流；每年年底举行年会或茶话交流会；每年举行相关讲座、培训；协助工会举行各种活动和比赛。此外，还举行相关重大纪念或演出活动，主要有：1994 年 10 月，举行“清华大学教师合唱团建团十周年音乐会”；11 月健美操协会召开成立十周年大会；1998 年 3 月木兰协会参加庆祝“三八”国际劳动妇女节“木兰剑”“木兰扇”的表演；2003 年 8 月，木兰协会举行“全民健身迎奥运，清华盛开木兰花”的会操；2004 年 9 月，太极拳协会举行“纪念清华大学工会太极拳协会成立 20 周年”会演活动；2004 年 12 月，太极拳协会、健美协会、合唱团和集邮协会成立 20 周年庆祝大会在大礼堂举行；2005 年 12 月，教工京剧队举办“歌颂伟大、光荣、正确的中国共产党现代京剧演唱会”；2005 年 12 月，太极拳协会首次举行“太极拳、剑知识竞赛暨 2005 年度总结大会”；2006 年 12 月，冬泳协会成立 20 周年，举行教职工冬泳段位考核活动；2008 年 5 月，太极拳协会在老年活动中心举行“教职工简化太极拳培训班结业式和各式太极拳表演活动”；2010 年 6 月，教工足球队参加“师生超级杯”足球友谊赛；2010 年 12 月，教职工荷塘诗社举行“颂百年校庆诗 和人文雅趣词”暨荷塘诗社新年茶话会。

代表学校参加校外活动主要有：1988 年 5 月，健美操协会参加北京市高校学生运动会健美操表演；1994 年 4 月，教师合唱团与台湾中原大学合唱团联欢；1997 年交谊舞协会参加北京市教育工会举办的“绅士杯交谊舞大赛”；2001 年 5 月，教师合唱团参加“首都部分高校喜迎中国共产党八十华诞教师歌咏节”的演出；2005 年 1 月，冬泳协会 20 名会员参加庆祝北京市第 27 届冬泳表演大会及延庆县第 10 届冰雪节的开幕式表演；2005 年 1 月，学校教授网球队与北京市体育局代表队举行友谊赛；2006 年 9 月，太极拳协会参加海淀区体育总会太极拳协会举行的“2006 年海淀区太极拳、器械比赛”，并多次代表学校参加市区级比赛；2008 年 8 月，健美操协会参加北京市“民族团结杯”群众健身操舞大赛优秀节目展示活动；2009 年 8 月，太极拳协会组织 165 人参加首都万人太极拳破吉尼斯世界纪录活动；2010 年 4 月，学校 50 名太极拳爱好者参加北京“第十五届圆明园踏青节”全民健身项目表演；2010 年 4 月，乒乓球协会举办第五届乒协杯比赛；2010 年 10 月，木兰协会参加北京市职工健康博览会。

除以上协会，校工会还曾组建民乐队、口琴队、魔术队、文学创作组、轻音乐队、曲艺社等。

4. 对外交流活动

1956年以后，校工会先后组织教职工体育代表队、各协会代表学校参加全国、市、区各项比赛或表演有百余次，取得了优异成绩。在1955年北京市高校工会足球赛、工会排球赛、1957年北京市教工举重比赛、1960年北京市教育工会游泳比赛、1975年北京市高校教工乒乓球团体对抗赛、1979年北京市男子篮球甲级队比赛、1980年北京高校教工桥牌比赛、1988年“陈毅杯”围棋比赛、1997年北京市第四届木兰拳比赛、1998年至2000年海淀区木兰拳系列比赛、2005年“北戴河杯”全国友好城市木兰拳风采展示邀请大赛、2006年首届北京市“民族团结杯”群众健身操舞大赛、2006上海国际木兰拳邀请赛、2009年北京市第四届民族健身操舞大赛、2010年北京市高校第十八届中老年网球比赛等市级以上赛事中取得金奖或第一名的佳绩。

(八) 生活福利工作

1. 家属医药互助

1950年4月10日，校工会第一届第六次委员全体会议通过家属医药互助办法，于当月底实施。每年1 000～3 000人参加，至1959年，从职工福利费拨款共补助3 650人次，计32 000余元。1978年以后，一年参加人数最多时达5 000人，学校每年补助3万～5万元。1986年，教代会通过了修订的家属医疗互助办法，家属医疗互助工作由工会具体负责管理，补助经费由学校教职工福利费开支。每位家属交互助费15元，最高可报销80元。2008年起，因街道已于2007年为教职工家属办理了《北京市城镇居民参加“一老一小”大病医疗保险》，家属医药互助停止办理。

2. 急用贷款、代购生活急需物品、互助储金会

1950年8月，校工会开始举办会员急用贷款，以解燃眉之急。当时有急贷基金17 000斤小米，每次借贷额一般为250斤小米，归还期为4个月。1966年以前，急贷基金有3万元。1979年至1982年，恢复办理急贷，用于会员购置急需用品，贷款额不超过100元，偿还期为10个月。此后，由于会员的收入的增加，急用贷款停止办理。1955年，为会员办理赊购家具，1980年至1985年，为教职工代购家用电器。20世纪50、60年代至80年代中期，以工会小组为单位举办互助储金会。

3. 困难补助与送温暖、澳柯玛助学金

工会配合行政对生活困难的教职工进行补助，分定期和临时两种，1952年至1959年2月，受补助的教职工有18 000人次，计27万元。1962年受补助的会员2 282人次，计32 402元。困难补助至今仍在进行。1979年至1981年，还对过冬有特殊困难的教职工补助了布票和棉花票。学校成立了教职工福利费管理委员会，校工会副主席任副主任。80年代以后，此项工作由人事处负责管理。1997年初，由校工会与人事处、离退休人员处和街道办事处一起联合开展了对特困教职工“送温暖”工作，每年春节均举办对特困教职工“送温暖”活动。1997年以来校工会每年送温暖活动情况见表18-9-9。2001年起，学校为家住育新小区教职工及家属开通班车，2004年起为回龙观龙腾二小区教职工开通班车。2004年、2005年，全国总工会与澳柯玛集团通过工会每年为50名家庭生活困难学

生资助助学金，每人 2 000 元。

表 18-9-9 1997 年起校工会送温暖情况（不含街道）

年度	人数（户）	金额（万元）	年度	人数（户）	金额（万元）
1997	84	3.24	2004	127	9.76
1998	118	4.40	2005	125＋2（追加）	16.70＋0.5（追加）
1999	116	4.26	2006	131	19.80
2000	127	4.82	2007	132	20.45
2001	137	5.23	2008	136	28.00
2002	124	9.18	2009	137	27.3
2003	127	9.52	2010	138	28.6

4. 体检、医疗保健、慰问

1978 年，校工会对教职工的健康状况进行了调查，向学校提出提高教职工健康水平的具体建议。如：加强体检与治疗；开展体育锻炼，增强体质。80 年代初校工会在调研中年教师的健康状况的基础上，写出题为《一个值得重视的问题》。

校工会配合校医院定期组织教职工进行体检，多次举办医疗知识讲座，分工会每年组织教职工进行体检。1990 年、1991 年，与农工民主党清华支部等配合，邀请祝谌予等 10 多位著名医生来校为教职工义诊，每次就诊者 200 多人。2003 年起每年教师节我校第一、二附属医院专家来校义诊。2003 年、2005 年为劳模办理医保大药房爱心卡。2010 年起每年组织劳模参加市总工会的体检。2010 年起举办健康讲堂，邀请校医院和第一、二附属医院专家来校作讲座报告。

校工会和学校党政一起，每逢国庆节和春节，均去医院或家中看望、慰问患病住院和病休在家的教职工，慰问离退休教职工、复员转业军人和军烈属、节日值班人员。还看望家中发生特殊情况的教职工，帮助他们解决困难。还开展了为老年教职工祝贺生日活动，1990 年校工会提议开展为老教职工祝贺生日的活动，60 岁、70 岁由各院系及单位祝贺，80 岁由学校统一举办祝贺会。

5. 教职工健康平安互助基金

1994 年至 2008 年，设立了“清华大学教职工健康平安互助基金”，制定《清华大学教职工健康平安互助基金管理办法》，每期五年，由校工会具体实施，在每年春季教代会上向全校教职工报告其运作和补偿情况。共执行了三期。其概况见表 18-9-10。

表 18-9-10 清华大学教职工健康平安互助基金概况

<table>
<tr><th colspan="3">项 目</th><th>第一期
（1994-01—1998-12）</th><th>第二期
（1999-01—2003-12）</th><th>第三期
（2004-01—2008-12）</th></tr>
<tr><td rowspan="5">人数</td><td rowspan="5">入会人数（出会人数）</td><td>事业编制人员</td><td></td><td></td><td rowspan="5">11 887</td></tr>
<tr><td>农转工人员</td><td></td><td></td></tr>
<tr><td>风光厂人员</td><td></td><td></td></tr>
<tr><td>街道人员</td><td></td><td></td></tr>
<tr><td>合计</td><td></td><td></td></tr>
</table>

续表

<table>
<tr><th colspan="5">项　目</th><th>第一期
（1994-01—
1998-12）</th><th>第二期
（1999-01—
2003-12）</th><th>第三期
（2004-01—
2008-12）</th></tr>
<tr><td rowspan="19">经费（元）</td><td rowspan="8">收入（元）</td><td rowspan="5">基金本金</td><td colspan="2">上期结转</td><td></td><td>98 000.00</td><td>2 420 420.11</td></tr>
<tr><td colspan="2">校投启动金</td><td></td><td>100 000.00</td><td>3 000 000.00</td></tr>
<tr><td colspan="2">街道投启动金</td><td></td><td></td><td>57 200.00</td></tr>
<tr><td colspan="2">个人入会</td><td></td><td>433 000.00</td><td>4 363 900.00</td></tr>
<tr><td colspan="2">小计</td><td></td><td>631 000.00</td><td></td></tr>
<tr><td colspan="3">利息收入</td><td></td><td>31 000.00</td><td>219 875.40</td></tr>
<tr><td colspan="3">补卡收入</td><td></td><td></td><td>1 030.00</td></tr>
<tr><td colspan="3">合计</td><td></td><td>662 000.00</td><td>10 062 425.51</td></tr>
<tr><td rowspan="10">支出（元）</td><td rowspan="7">基金补偿</td><td colspan="2">特殊疾病补偿</td><td>347 870.00
（109 人次）</td><td rowspan="2">517 000.00
（151 人次）</td><td>695 000.00
（192 人次）</td></tr>
<tr><td colspan="2">意外伤害补偿</td><td>1 000.00
（2 人次）</td><td>500.00
（1 人次）</td></tr>
<tr><td rowspan="4">超限额补偿（人次）</td><td>事业编制人员</td><td></td><td rowspan="4">501 000.00
（1.3 万人次）</td><td rowspan="4">13 887 935.94
（27 089 人次）</td></tr>
<tr><td>农转工人员</td><td></td></tr>
<tr><td>风光厂人员</td><td></td></tr>
<tr><td>街道人员</td><td></td></tr>
<tr><td colspan="2">小计</td><td></td><td></td><td></td></tr>
<tr><td colspan="3">基金退出</td><td></td><td>3 000.00</td><td>183 400.74</td></tr>
<tr><td colspan="3">管理费用</td><td></td><td></td><td>8 291.00</td></tr>
<tr><td colspan="3">合计</td><td></td><td>554 000.00</td><td>14 778 927.68</td></tr>
<tr><td colspan="4">结余（元）</td><td></td><td>108 000.00</td><td>—4 716 502.17</td></tr>
</table>

6. 中国职工保险互助会职工互助保障、京卡·互助服务卡

1997 年起为会员代办《中国职工保险互助会职工互助保障》，每年办理《职工安康互助保险计划》（2007 年结束）、《在职女职工特殊疾病互助保障计划》，多名会员获得出险互助金。2009 年起，为会员办理北京市总工会 的“京卡·互助服务卡”，至 2010 年 12 月共有 3 554 人办理。

7. 休养、旅游

1966 年以前，在暑假期间组织部分年老体弱患病教职工在三堡、颐和园、北戴河等地休养 7 000 人次。1978 年至 1986 年，组织患血吸虫病和其他慢性病的教职工在三堡、静斋、小汤山、北戴河等处休养 4 000 多人次，每期半个月至一个月。有 82 名教职工参加了市总工会举办的北戴河休养。组织骨干教师在假期赴外地休息休养。1978 年至 1993 年暑期，去三堡、密云水库等地休养 19 159 人次。2001 年至 2008 年，组织部分教职工在庐山休（疗）养 371 人次。

每年暑期，校工会都组织各种集体参观、教职工自费旅游等活动。1978 年至 1993 年暑期，去北戴河、大连、青岛、黄山、五台山等地旅游共计 14 523 人次，去潭柘寺、十三陵等地一日游

17 923人次。从1994年起，与旅行社合作开展赴外地名胜古迹、名山大川旅游活动，于“五一”“十一”“春节”和暑期进行。从1997年起，组织教职工赴国外旅游，包括美国、俄罗斯、欧洲、东南亚、南非等路线。每年参加工会旅游的教职工及家属人数在500人次左右。

（八）经费与财务工作

根据《工会法》规定，工会经费来源于：工会会员缴纳的会费（本人工资的0.5%）；学校按每月全部教职工工资总额的2%拨给工会；学校的补助。

校工会制定了财务、财产管理办法。每年预、决算均经工会常委会通过，上报北京市教育工会批准后执行。预、决算及执行情况均提交工会经费审查委员会审议通过。每年在部门工会财务委员会议上报告工会财务工作情况，公布账目，听取意见。每届工会会员代表大会审议、批准本届工会财务工作报告。工会财务、财产工作均有专人管理。1985年，校工会财务部被北京市教育工会评为财务整顿优秀单位。1989年以来，本校工会财务工作在北京市教育工会组织的高校工会财务工作评比中连续多年获一等奖。

（九）友好往来

校工会加强与国内外教育工会的交流，先后接待莫斯科教育工会（2002年）以及国内多所兄弟院校工会来访，如中国政法大学、北京师范大学、浙江大学、中山大学、内蒙古大学、吉林大学、青海大学、新疆师范大学、北京化工大学等高校工会，以及南京高校工会访问团。组织校工会常委和分工会主席赴上海交通大学、浙江大学、复旦大学、同济大学、中山大学、深圳大学、北京师范大学等高校进行学习交流。

第十节　中国共产主义青年团清华大学组织

一、组织沿革

1929年冬成立共青团清华大学支部，支部书记为陈志安。1930年春，发展了黄玉佳等人加入共青团。同时，由团北平市委转来了胡鼎新（胡乔木）的团关系。后又扩大成立“反帝大同盟”清华支部。

“一二·九”运动后，1936年1月2日，平津学联组成“平津学生南下扩大宣传团”，1月14日在高碑店遭军警阻挠、袭击并被监送回北平。1月16日，在燕京大学召开全体团员大会，成立“中国青年救亡先锋团”，2月1日，改名为“中华民族解放先锋队”（简称“民先队”）。

1936年4月，中共北方局决定，取消共青团北平市组织，代之以民先队，原有团员一律转为共产党员，团龄算做党龄，团支部转为党支部。5 月、6 月间，清华共青团员和民先队骨干相继转入或加入中国共产党。8 月，雷骏随（李昌）被选为北平民先总队队长，10 月又被选为全国民先总队队长。清华民先队由杨学诚等负责，民先队员约 180 多人。

全面抗战开始，学校南迁。西南联大初期，学校内没有团的组织。1945 年 2 月，为了适应革命形势发展的需要，在中国共产党云南省工委领导下，中共党员洪季凯（洪德铭）等发起在西南联大成立了党的秘密外围组织“民主青年同盟”（简称“民青”），其章程规定：“接受最先进政党的领导……以在中国实现新民主主义为奋斗宗旨”，成员有 30 多名。“民青”选出陈定侯、洪季凯、严振、萧松、何东昌为第一届执行委员，陈定侯、洪季凯先后任主委，党内由袁永熙联系。同年 5 月，中共党员马千禾（马识途）等人筹组另一支“民青”组织，成员有 60 多名，选举许寿谔（许师谦）、马千禾、李明、李晓、许乃炯等为执行委员，许寿谔为主委，党内由马千禾联系。1945 年 6 月，经两个“民青”组织商定，洪季凯筹组的称“民青”第一支部，马千禾筹组的称“民青”第二支部。10 月底，“民青”成员发展到 200 多人。为加强党对“民青”的领导，11 月，由西南联大第一党支部领导“民青”第一支部；由西南联大第二党支部领导“民青”第二支部。

清华大学复员北平时，北上的党组织仍由南方局领导，称“南系”。“南系”的“民青”组织复员北平后，其中清华大学的成员成立了清华“民青”，仍保持原来的一、二支。一支的负责人是徐裕荣，党内受王汉斌领导；二支的负责人是陈彰远，党内受袁永熙领导，一、二支之间不打通横的关系。之后，清华党的秘密外围组织有很大发展，“南系”党的秘密外围组织除了“民青”外，1947 年春建立了“炼社”（负责人方复等），1948 年春建立了“新民主主义青年联盟”（负责人彭珮云等）和“新民主主义文化建设协会”（负责人李建武等）。1947 年起地下党“北系”（1946 年 10、11 月间，从北平各大、中学转入清华的党员，受晋察冀中央局领导，称“北系”）的秘密外围组织有“中国进步青年联盟”（负责人张文玉等）、“中国民主青年联盟”（负责人庞文弟等）、“中华民主青年联盟”（负责人魏文烈等）。这些党的秘密外围组织的成员，累计有七八百人，成为地下党的强大助手和后备队伍，在学生运动和各项工作中发挥了骨干作用。

1948 年 12 月 15 日清华园解放。1949 年 2 月，清华大学党的各个外围组织合并为“新民主主义青年联盟”。根据中共中央 1949 年 1 月 1 日《关于建立中国新民主主义青年团的决议》，3 月 1 日，中国新民主主义青年团筹委会副主任蒋南翔来校，号召“新民主主义青年联盟”全体盟员参加“新民主主义青年团”。3 月 20 日，中国新民主主义青年团清华大学总支部正式成立，526 名团员宣誓入团，冯文彬代表中国新民主主义青年团全国代表大会筹备委员会向大会作了报告，大会选举了清华大学第一届青年团总支委员会，王浒为团总支书记。1949 年王浒调团市委工作，团总支书记由陶炳伦接任。

1949 年 10 月，中国新民主主义青年团清华大学总支改为中国新民主主义青年团清华大学委员会，陶炳伦任团委书记。

1950 年 3 月 14 日，召开中国新民主主义青年团清华大学第一次代表大会，选举青年团清华大学委员会，陶炳伦任团委书记。1950 年 6 月，因陶炳伦离校，经团北京市委组织部批复，由林寿屏任团委书记。1952 年由滕藤任团委书记。

1957 年 5 月，中国新民主主义青年团第三次全国代表大会通过决议，将中国新民主主义青年团改名为中国共产主义青年团（简称“共青团”）。

1966 年 6 月“文化大革命”开始后，团组织停止活动。1972 年 1 月 15 日召开共青团清华大学第八次代表大会，重新组建清华大学团委。

1976 年 10 月 5 日召开了共青团清华大学第十一次代表大会暨清华大学工农兵学员第二次代表大会，在会上通过了《将学生会改名为上管改委员会的决议》及《继承毛主席遗志，在全校工农兵学员、共青团员和青年中迅速掀起学习毛泽东思想新高潮的决议》。粉碎“四人帮”后，1978 年 12 月 19 日召开共青团清华大学第十二次代表大会，选举了以贾春旺为团委书记的新一届团委会。

1982 年至 2010 年，先后召开了共青团清华大学第十三次至第二十二次团员代表大会，分别选举了第十三至第二十二届清华大学团委，任彦申、林炎志、陈希、周良洛、宋军、杨岳、束为、郑浩峻、熊卓、过勇先后担任团委书记。

1949 年建团以来学校历年团员人数，见表 18-10-1。

表 18-10-1 清华大学历年团员人数

年月	人数	年月	人数	年月	人数	年月	人数	年月	人数
1949-03	526	1959-12	10 474	1981-09	7 845	1991-09	13 529	2001-10	18 482
1950-03	1 080	1960-12	13 311	1982-09	9 229	1992-09	13 671	2002-10	18 627
1951-12	1 247	1961-12	12 168	1983-09	10 655	1993-09	14 218	2003-10	19 966
1952-12	2 511	1962-12	10 580	1984-09	11 327	1994-11	15 309	2004-10	19 818
1953-12	2 899	1963-12	10 793	1985-09	11 933	1995-10	16 176	2005-10	18 219
1954-12	4 238	1964-12	9 989	1986-09	12 219	1996-11	16 969*	2006-10	17 880
1955-12	5 776	1965-12	10 199	1987-09	12 840	1997-10	17 762	2007-10	16 826
1956-12	8 369	1966-06	10 364	1988-09	13 380	1998-10	17 134	2008-10	21 192
1957-12	9 212	1979-09	5 156	1989-09	13 181	1999-10	17 289	2009-10	16 462
1958-12	9 870	1980-09	6 945	1990-09	13 229	2000-11	18 939	2010-10	15 992

注：* 为估算数据，缺失附中、研团委、教工团员数据。

二、历次代表大会

1950 年 3 月 14 日，召开了中国新民主主义青年团清华大学第一次代表大会，共有 163 名代表出席会议。会上陶炳伦作了团委工作报告，选举了 13 名委员和 4 名候补委员组成新一届团委，陶炳伦任团委书记。截至 2009 年，共召开了 22 次共青团清华大学代表大会（以下简称“团代会”），团代会的主要议程见表 18-10-2。1950 年以来历届团委书记、副书记名单见表 18-10-3。

表 18-10-2 共青团清华大学历次代表大会主要议程

次数	时 间	团员数	代表数	主 要 议 程
一	1950-03-14	1 080	163	1. 陶炳伦作团委工作报告 2. 组织工作报告 3. 选举第一届团委会
二	1954-09-04— 1954-09-08	2 902	318	1. 滕藤作团委工作报告 2. 选举第二届团委会 3. 通过《向毛主席致敬信》 4. 校长蒋南翔、党委书记袁永熙讲话
三	1956-02-16— 1956-02-17	5 775	366	1. 滕藤作团委工作报告 2. 选举第三届团委会 3. 党委书记袁永熙作总结报告

续表

次数	时　间	团员数	代表数	主 要 议 程
四	1958-04-17—1958-04-28	8 718	594	1. 党委副书记刘冰致辞 2. 阮铭作团委工作报告《努力改造思想，掌握科学技术，立志做一个共产主义劳动者》　3. 选举第四届团委会 4. 表扬先进（团员 74 名，集体 13 个）　5. 蒋南翔校长讲话
五	1960-05-04—1960-05-23	11 933	842	1. 党委副书记刘冰致辞 2. 张慕葏作团委工作报告《用毛泽东思想武装起来，做红透专深的共产主义劳动者》 3. 表扬先进　4. 新团员宣誓 5. 选举第五届团委会　6. 蒋南翔校长讲话
六	1962-07-07	12 168	765	1. 选举大会主席团和代表资格审查委员会 2. 选举出席北京市第五次团的代表大会代表 23 人，候补代表 5 人
七	1963-04-27	10 580	764	1. 党委第一副书记刘冰致辞 2. 张慕葏作团委工作报告《共青团清华大学委员会向共青团清华大学第七次代表大会的工作报告》 3. 表扬先进　4. 选举第七届团委会　5. 蒋南翔校长讲话
八	1972-01-15	约 2 000	481	1. 政工组于 1971 年 11 月 23 日发布《关于筹建共青团清华大学委员会的报告》 2. 选举第八届团委会　3. 党委第一副书记刘冰讲话
九	1973-03-02	缺	486	1. 选举出席北京市第六次团的代表大会代表 27 人 2. 补选团委委员 15 名
十	1975-03-12	5 266	597	1. 荣泳霖作团委工作报告《为巩固无产阶级专政，培养和造就无产阶级革命事业的接班人》 2. 选举第十届团委会　3. 党委领导讲话
十一	1976-10-05	缺	523	1. 戴德慈作工作报告《按毛主席的既定方针办，在同走资派的斗争中培养无产阶级革命事业接班人》 2. 选举第十一届团委会 3. 通过决议“学生会”改名为“上管改委员会” 4. 向党中央表决心　5. 党委领导讲话
十二	1978-12-19—1978-12-22	约 5 000	582	1. 贾春旺作团委工作报告《做新长征中的红色科技战士——在共青团清华大学第十二次代表大会上的工作报告》 2. 选举第十二届团委会　3. 表扬先进（“三好生”107 名，集体 9 个）　4. 党委书记刘达讲话
十三	1982-03-04—1982-03-12	9 229	582	1. 任彦申作团委工作报告《振奋精神，做建设社会主义精神文明的先锋》　2. 选举第十三届团委会 3. 表扬先进（集体 18 个）　4. 党委副书记林克讲话
十四	1984-09-21（第一次会议）	11 327	681	1. 陈希作团委工作报告《在共产主义旗帜下，造就继往开来的新一代》　2. 选举第十四届团委会　3. 副校长张慕葏讲话
	1984-10-18（第二次会议）		681	1. 介绍团的工作经验 2. 党委副书记王凤生讲话
十五	1988-03-27（第一次会议）	13 380	365	1. 陈希作团委工作报告《在党的社会主义初级阶段基本路线指引下，造就继往开来、艰苦创业的新一代》 2. 选举第十五届团委会　3. 党委书记李传信讲话
	1990-03-30（第二次会议）	13 229		1. 周良洛作《团委一年来的工作报告》2. 补选团委委员 3. 表扬先进（个人 8 名，集体 6 个）　4. 颁发团员证

续表

次数	时　间	团员数	代表数	主要议程
十六	1991-11-17（第一次会议）	13 529		1. 周良洛作团委工作报告《团结引导全校团员青年，做社会主义事业的建设者和接班人》 2. 选举第十六届团委会 3. 表扬先进（集体5个） 4. 党委书记方惠坚讲话
	1992-12-18（第二次会议）	13 671		补选21名团委委员
十七	1994-12-7	15 309	398	1. 宋军作团委工作报告《抓住机遇，明确目标，开拓进取，推动我校共青团工作迈上新台阶》 2. 选举第十七届团委会 3. 表扬先进
十八	1997-12-6	17 762	493	1. 杨岳作团委工作报告《高举邓小平理论伟大旗帜，团结带领广大团员青年，做跨世纪的有中国特色社会主义建设事业骨干人才》 2. 选举第十八届团委会 3. 表扬先进
十九	2000-12-16	18 939	579	1. 束为作团委工作报告《求真务实，开拓创新，团结带领团员青年在建设世界一流大学过程中奋发成才》 2. 选举第十九届团委会 3. 表扬先进 4. 党委副书记张再兴讲话
二十	2003-12-13	19 966	428	1. 郑浩峻作团委工作报告《把握时代发展方向，锻造青年骨干人才》 2. 选举第二十届团委会 3. 表扬先进
二十一	2006-11-26	17 880	355	1. 熊卓作团委工作报告《以科学发展观指导共青团工作，培养“拥护党、拥护社会主义，服务祖国、服务人民”的青年骨干人才》 2. 选举第二十一届团委会 3. 表扬先进
二十二	2009-11-29	21 192	408	1. 过勇作团委工作报告《科学发展 求实创新 团结带领广大团员青年，在建设世界一流大学的世纪征程中成长成才》 2. 选举第二十二届团委会 3. 表扬先进

表 18-10-3　共青团清华大学历届团委会委员、常委人数和书记、副书记名单

届次	时　间	委员数	常委数	书　记	副　书　记
一	1950-03-14—1954-09-04	13（4候补）	6	陶炳伦 林寿屏 滕　藤	黄庆华　林寿屏 黄庆华 蒋企英　阮　铭　刘乃泉
二	1954-09-04—1956-02-16	27（5候补）		滕　藤（第一书记） 阮　铭（第二书记）	刘乃泉　宋德蕃　黄志冲　张慕葏
三	1956-02-16—1958-04-17	35		阮　铭	张慕葏　黄志冲　林　泰　刘　泉
四	1958-04-17—1960-05-04	39	20	艾知生（第一书记） 张慕葏（第二书记）	林　泰　方惠坚　陈圣信　谭浩强　张孝文　李仙根
五	1960-05-04—1963-04-27	106	27	张慕葏	方惠坚　谭浩强　李仙根　罗征启　刁会光
六	1962-07-07			张慕葏	
七	1963-04-27—1966-06	75	23	张慕葏	方惠坚　谭浩强　李仙根　刁会光　承宪康　单德启　贺美英
八	1972-01-15—1973-03-02	37	15	艾知生	王金敖　方惠坚　顾鋆文　苏志英

续表

届次	时　　间	委员数	常委数	书　　记	副　书　记
九	1973-03-02—1975-03-12	47	15	荣泳霖	黄云祥　马二恩　关海明 戴德慈　马云香　苏志英 井建军
十	1975-03-12—1976-10-05	48	14	戴德慈（女）	向自治　戴桂兰　关海明 井建军　杨兰和
十一	1976-10-05—1978-12-19	50		贾春旺	向自治　井建军
十二	1978-12-19—1982-03-04	49	15	贾春旺	姜　毅　陈德才　向自治 井建军　张仲林　仰效友
十三	1982-03-04—1984-09-21	49	14	任彦申 （1982-03-04—1983-10-12） 林炎志 （1983-10-12—1984-03-27） 陈　希 （1984-03-27—1984-09-21）	陈德才　张仲林　仰效友（1983-03-30免） 彭顺生　林炎志　张祖英　刘川生 陈仲璀（1983-03-30任） 陈　希（1983-03-30任）
十四	1984-09-21—1988-03-27	49	14	陈　希	董　毅（1984-09-21—1986-09） 梅　萌（1984-09-21—1985-10-29） 彭　薇（1984-09-21—1985-10-29） 宋　军（1984-09-21—1987-01） 韩景阳（1985-03-13—1986-09） 赵庆刚（1985-03-13—1988-03） 解　滨（1985-10-29—1988-03） 赵宝终（1985-10-29—1988-03） 王建国（1986-09—1987-01） 张宇宙（1986-09—1988-03） 都兴武（1987-01—1988-03） 陈鸿波（1987-01—1988-03）
十五	1988-03-27—1991-11-17	45	11	陈　希 （1988-03-27—1989-10-05） 周良洛 （1989-10-05—1991-11-17）	韩景阳（1988-03-27—1989-08-15） 张宇宙（1988-03-27—1991-11-17） 周良洛（1988-03-27—1989-10-05） 杨振斌（1988-03-27—1991-11-17） 吉俊民（1989-03-14—1991-11-17） 徐井宏（1989-10—1990-12-20） 郑建伟（1990-12-20—1991-11-17） 龙大伟（1991-03-09—1991-11-17） 蒋耘中（1991-03-09—1991-11-17）
十六	1991-11-17—1994-11-26	45	11	周良洛 （1991-11-17—1993-12） 宋　军 （1994-02—1994-11-26）	杨振斌（1991-11-17—1992-01） 龙大伟（1991-11-17—1994-09-15） 蒋耘中（1991-11-17—1994-11-26） 邓　华（1991-11-17—1994-09-15） 郭　樑（1991-11-17—1993-03） 王　敏（1991-11-17—缺） 徐　东（缺） 宋　军（1993-09-06—1994-02） 刘全友（1993-09-06—1994-11-26） 束　为（1994-03—1994-11-26） 关兆东（1994-05-25—1994-11-26） 顾思海（1994-05-25—1994-11-26）

续表

届次	时　　间	委员数	常委数	书　　记	副　书　记
十七	1994-11-26—1997-12-06	45	13	宋　军（1994-11-26—1997-03-03） 杨　岳（1997-03-03—1997-12-06）	束　为（1994-11-26—1997-12-06） 关兆东（1994-11-26—1995-12） 顾思海（1994-11-26—1995-06-01） 刘全友（1994-11-26—1995-12） 王志华（1994-11-26—1997-12-06） 吴永红（1995-10-17—1997-12-06） 王　强（1995-10-22—1997-12-06）
十八	1997-12-06—2000-12-16	45	15	杨　岳（1997-12-06—2000-01-16） 束　为（2000-01-16—2000-12-16）	王进展（1997-12-06—1999-07） 邢　毅（1997-12-06—1999-01） 刘传文（1997-12-06—2000-12-16） 刘涛雄（1997-12-06—1999-08） 洪　波（1997-12-06—2000-12-16） 孙爱军（1998-05-26—2000-12-16） 管志远（1999-03—2000-12-16） 束　为（1999-08—2000-01-16） 刘　波（1999-09—2000-12-16） 许庆红（1999-12—2000-12-16） 朱　岩（2000-09—2000-12-16） 黄　晟（2000-09—2000-12-16） 聂风华（2000-10—2000-12-16）
十九	2000-12-06—2003-12-13	28（后补选为45人）	15	束　为（2000-12-16—2002-12-27） 郑浩峻（2002-12-27—2003-12-13）	刘　波（2000-12-16—2002-05） 许庆红（2000-12-16—2001-06） 朱　岩（2000-12-16—2002-04-01） 孙爱军（2000-12-16—2001-04-05） 洪　波（2000-12-16—2002-04-01） 聂风华（2000-12-16—2002-04-01） 张德强（2002-06—2003-06） 张春生（2002-06—2003-08） 郑浩峻（2002-04-01—2002-12-27） 向波涛（2002-04-01—2003-12-13） 匡　辉（2002-04-01—2003-12-13） 刘　桓 2002-04-01—2003-12-13） 赵莫辉（2002-04-01—2003-12-13） 申　跃（2002-12-04—2003-12-13） 马扬飙（2003-04-10—2003-12-13） 臧迎春（2003-04-10—2003-12-13） 韩　标（2003-04-10—2003-12-13）
二十	2003-12-13—2006-11-26	45	17	郑浩峻（2003-12-13—2006-05-11） 熊　卓（2006-05-11—2006-11-26）	马扬飙（2003-12-13—2006-11-26） 申　跃（2003-12-13—2006-08-24） 匡　辉（2003-12-13—2006-08-24） 孟　芊（2003-12-13—2006-08-24） 赵莫辉（2003-12-13—2003-09-01） 韩　标（2003-12-13—2004-07） 臧迎春（2003-12-13—2005-07） 张　瑜（2004-06—2006-11-26） 吴晓东（2004-07—2006-08-24） 熊　卓（2004-11-11—2005-08） 沈　悦（2005-02-19—2006-11-26） 陈　伟（2005-07-04—2006-11-26） 向　辉（2006-08-24—2006-11-26） 吴敏洁（2006-08-24—2006-11-26）

续表

届次	时　　间	委员数	常委数	书　　记	副　书　记
二十一	2006-11-26—2009-11-29	45	17	熊卓（2006-11-26—2008-12-25） 过勇（2008-12-25—2009-11-29）	向　辉（2006-11-26—2008-06-06） 于　涵（2007-05-23—2008-06-06） 沈　悦（2006-11-26—2009-11-29） 陈　伟（2006-11-26—2009-11-29） 吴敏洁（2006-11-26—2009-03-10） 崔　剑（2006-11-26—2009-11-29） 孔　磊（2006-11-26—2009-06-04） 孙　伟（2006-11-26—2009-11-29） 刘敏华（2007-09-24—2009-01-12） 张其光（2008-06-06—2009-11-29） 夏帕克提江·吾守尔（2008-06-06—2009-11-29） 欧阳沁（2008-09-23—2009-09-29） 王松涛（2009-01-12—2009-11-29） 阳　波（2009-03-10—2009-11-29） 孔钢城（2009-06-04—2009-11-29） 王三环（2009-09-29—2009-11-29）
二十二	2009-11-29—	45	17	过勇（2009-12-11—）	崔　剑（2009-12-11—） 张其光（2009-12-11—2010-03-26） 阳　波（2009-12-11—2010-06-03） 王松涛（2009-12-11—） 王三环（2009-12-11—2010-12-21） 赵　岑（2009-12-11—） 孔钢城（2009-12-11—） 夏帕克提江·吾守尔（2009-12-11—） 王　磊（2010-03-26—） 牛　犇（2010-06-03—2010-12-21） 孙睿君（2010-12-21—）

学校出席历次共青团全国代表大会的代表有：张慕葏（第九次）、贾春旺（第十次）、任彦申、李冬、林炎志（列席）（第十一次）、陈希（第十二次）、周良洛（第十三次）、杨岳（第十四次）、郑浩峻（第十五次）、熊卓（第十六次）。

1964 年 6 月，张慕葏当选为第九届团中央委员；1982 年 12 月，任彦申当选第十一届团中央委员；1985 年 11 月 28 日，在共青团全国代表会议上，陈希被增补为第十一届团中央委员，并于 1988 年 5 月 8 日又当选为第十二届团中央委员；1993 年 5 月周良洛当选为第十三届团中央委员；1998 年 6 月，杨岳当选为第十四届团中央委员；2003 年 7 月，郑浩峻当选为第十五届团中央委员；2008 年 6 月，熊卓当选为第十六届团中央委员。

三、共青团清华大学研究生委员会和教职工委员会

（一）共青团清华大学研究生委员会

1984 年清华大学在全国首批设立研究生院后的十多年间，清华研究生规模逐渐增加，研究生中团员人数也不断增加。为加强研究生共青团工作，学校团委 1988 年设立共青团清华大学研究生委员会（简称“校研究生团委”）。校研究生团委每两年召开一次团代会，选举产生委员会；再由

委员会选举产生常委会和书记 1 名、副书记 5～7 名。校研究生团委一届任期两年，中间一般还召开若干次团员代表会议，行使团代会的职权。校研究生团委负责全校研究生共青团组织的思想建设、组织建设和作风建设。其具体工作主要包括：制订全校研究生共青团工作计划并组织实施，指导各院（系、所）研究生团总支工作和研究生基层集体建设，组织全校性研究生主题教育活动，校园文化建设，研究生干部队伍建设，同时指导校研究生会开展工作。

研究生团委在组织上接受学校团委领导，在工作上主要接受党委研究生工作部的领导。研究生团委书记由青年教师担任，一般同时兼任校团委副书记，编制属于党委研究生工作部，其人选由党委研究生工作部提出并和校团委协商后报党委组织部批准。各院（系、所）相应设立研究生团总支，独立于各院系的本科生团委，直接隶属校研究生团委；基层各研究生班级成立团支部，隶属本单位的研究生团总支。1997 年学校批准在研究生团委设立若干德育工作助理岗位，将研团委、研会主要干部纳入辅导员队伍；1998 年起，学校规定各院系的研究生团总支书记原则上由助理担任。截至 2010 年底，共召开 12 次共青团清华大学研究生代表大会，主要议程见表 18-10-4。1988 年以来，历届研究生团委书记、副书记名单见表 18-10-5。

表 18-10-4　共青团清华大学研究生历次代表大会主要议程

次数	时　间	团员数	代表数	主要议程
四	1995-03-30			杜昭辉作研究生团委工作报告《为跨世纪高层次人才全面素质提高而开拓进取》
五	1997-03-28			冯文毅作研究生团委工作报告《弘扬传统，求实创新，为造就高层次的新世纪有中国特色社会主义事业建设者和接班人而努力奋斗》
六	1999-03-27			彭全刚作研究生团委工作报告《弘扬五四精神，迎接世纪挑战，为实现中华民族的伟大复兴而奋发成才》
七	2001-06-03			李志华作研究生团委工作报告《弘扬清华精神，迎接世纪挑战，为实现中华民族的伟大复兴而奋发成才》
八	2002-09-22（第一次会议）			赵莫辉作研究生团委工作报告《与时俱进，开拓创新，努力实践“三个代表”重要思想，为把我校建设成为世界一流大学而奋发成才》
	2003-09-21（第二次会议）			孟芊作研究生团委年度工作报告《学习“三个代表”，投身伟大实践，为研究生全面成长和建设世界一流大学服务》
九	2004-09-25（第一次会议）			1. 孟芊作研究生团委工作报告《锻造青年拔尖创新人才，伴随祖国共同走向辉煌》 2. 选举第九届研究生团委会
	2005-09-25（第二次会议）			1. 匡辉作研究生团委年度工作报告《服务研究生全面发展，服务世界一流大学建设，努力开创研究生共青团工作新局面》 2. 补选第九届研究生团委会
十	2006-09-23（第一次会议）			向辉作研究生团委工作报告《服务创新人才培养，促进青年成长成才，在建设世界一流大学征程中推动研究生共青团工作新发展》
	2007-10-14（第二次会议）	9 809		向辉作研究生团委年度工作报告《全面加强研究生综合素质培养，扎实推动研究生共青团工作又好又快发展》
十一	2008-11-02（第一次会议）	9 995	238	张其光作研究生团委工作报告《全面贯彻落实科学发展观，持续推动我校研究生共青团工作又好又快发展》
	2009-10-31（第二次会议）	10 863	153	1. 张其光作研究生团委年度工作报告《以改革创新精神推动我校研究生共青团工作科学发展》 2. 党委副书记史宗恺讲话

续表

次数	时　间	团员数	代表数	主要议程
十二	2010-11-14 （第一次会议）		255	1. 王磊作研究生团委工作报告《深耕细作，改革创新努力开辟新百年研究生共青团工作的新局面》 2. 党委副书记史宗恺讲话

说明：前三次共青团清华大学研究生代表大会资料缺失。

表 18-10-5　清华大学历届研究生团委书记、副书记名单

届次及时间	委员	常委	书　记	副　书　记
第一届 1988-04-01—1990-03			韩景阳（1988-04—1989-04） 陈汝强（1989-04—1990-03）	陈汝强（1988-04—1989-04） 田　力（1988-04—1989-04）
第二届 1990-03—1992-11-27			沐华平（1990-03—1992-03） 武晓峰（1992-04—1992-11）	赵国际（1990-03—1990-09） 孙春柳（1990-03—1992-03） 王　林（1990-03—1992-03） 倪岳峰（1990-03—1992-03） 武晓峰（1990-03—1992-11） 宋国良（1990-03—1992-11） 刘光辉（1990-03—1992-11） 余龙文（1990-03—1992-11）
第三届 1992-11-27—1995-04-03			武晓峰（1992-11—1994-03） 杜昭辉（1994-03—1995-04）	程景民（1992-11—1994-03） 徐　军（1992-11—1994-03） 何　青（1992-11—1994-03） 张　涛（1994-03—1995-04） 张　军（1994-03—1995-04） 何建立（1994-03—1995-04）
第四届 1995-04-03—1997-03-22			杜昭辉（1995-04—1996-07） 冯文毅（1996-07—1997-03）	陆浩峰（常务）（　—1996-06） 张　涛（1995-04—1996-03） 何建立（1995-04—1996-03） 陆浩峰（1995-09—　　） 冯文毅（1996-01—1996-07） 李东升（1996-01—1997-03） 郭景润（1996-01—1997-03） 张世红（1996-10—1997-03） 王　涛（1996-10—1997-03）
第五届 1997-03-22—1999-03-27			冯文毅（1997-03—1998-03） 孙爱军（1998-03—1999-02） 彭全刚（1999-02—1999-03）	王　涛（1997-03—1997-10） 张世红（1996-10—1997-03） 赵嘉敏（1997-07—1998-12） 吴胜武（1997-11—1998-12） 彭全刚（1997-01—1999-02） 刘汉彬（1998-01—1998-06） 成　砚（1998-03—1998-12） 赵　阳（1998-06—1999-03） 赵莫辉（1998-12—1999-03） 陈　成（1998-12—1999-03）

续表

届次及时间	委员	常委	书　记	副 书 记
第六届 1999-03-27—2001-06-03			彭全刚（1999-03—2000-06） 张林（代）（2000-06—2000-09） 李志华（2000-09—2001-06）	赵莫辉（常务） （1999-03—1999-12） 赵　阳（1999-03—1999-10） 陈　成（1999-03—1999-12） 于惠敏（1999-03—2000-06） 冯叶成（1999-09—2000-06） 陈怡然（1999-09—2000-06） 吴群刚（2000-01—2000-06） 王　昕（2000-04—2000-12） 田　野（2000-01—2000-12） 熊义志（2000-06—2001-06） 陈豪雅（2000-06—2001-06） 马宁宇（2000-10—2000-12） 崔　剑（2000-10—2001-06） 谢旭东（2001-01—2001-06）
第七届 2001-06-03—2002-09-22			李志华（2001-06—2001-11） 赵莫辉（2001-11—2002-09）	熊义志（常务） （2001-06—2001-12） 崔　剑（常务） （2001-11—2002-09） 陈豪雅（2001-06—2001-12） 崔　剑（2001-06—2001-11） 谢旭东（2001-06—2002-02） 马扬飙（2001-12—2002-09） 向　辉（2001-11—2002-09） 过　勇（2002-02—2002-09）
第八届 2002-09-22—2004-09-25	47	15	赵莫辉（2002-09—2003-07） 孟　芊（2003-07—2004-09）	马扬飙（2002-09—2003-04） 向　辉（2002-02—2002-09， 2004-06—2004-09） 陈千颂（2002-09—2003-04） 王　兵（2002-09—2003-04） 孙　伟（2002-09—2004-09） 徐凤英（2003-01—2003-07） 陈文斌（2003-01—2003-07） 欧阳沁（2003-02—2004-09） 吴　茜（2003-09—2004-09） 彭志国（2003-09—2004-09） 崔旭龙（2003-11—2004-09） 汝　鹏（2004-05—2004-09）
第九届 2004-09-25—2006-09-23	39	13	孟　芊（2004-09—2005-07） 匡　辉（2005-07—2006-06） 向　辉（2006-06—2006-09）	丛振涛（2004-09—2005-10） 向　辉（2004-09—2005-06） 彭志国（2004-09—2005-06） 汝　鹏（2004-09—2005-06） 潘　健（2004-09—2005-10） 刘　锋（2004-09—2005-10） 赵　岑（2005-04—2005-07， 2005-09—2006-09） 王　军（2005-06—2006-02） 陈瑞峰（2005-06—2006-09） 王焕钢（2005-10—2006-09） 黄吉欣（2005-11—2006-09） 王寒风（2006-02—2006-09） 吴姗姗（2006-06—2006-09）

续表

届次及时间	委员	常委	书　记	副　书　记
第十届 2006-09-23—2008-11-02	39	13	向　辉（2006-09—2008-06） 张其光（2008-06—2008-11）	赵　岑（2006-09—2008-11） 黄吉欣（2006-09—2006-12） 吴姗姗（2006-09—2007-08） 郑晓博（2006-09—2008-06） 陈宇航（2006-09—2008-01） 邢庆子（2006-11—2007-08） 蒋　佳（2006-12—2008-01） 王　珂（2006-12—2008-01） 杨亚俊（2007-06—2008-06） 葛　蒙（2007-09—2008-08） 王　磊（2007-09—2008-01） 李世超（2008-03—2008-11） 张　灏（2008-03—2008-08） 杨　帆（2008-03—2008-08） 王伟然（2008-06—2008-11） 马　瑞（2008-06—2008-11）
第十一届 2008-11-02—2010-11-14	45	19	张其光（2008-11—2010-02） 王　磊（2010-03—2010-11）	王　磊（2009-03—2010-02） 孙睿君（2008-11—2009-08） 王伟然（2008-11—2009-08） 李世超（2008-11—2009-01） 马　瑞（2008-11—2009-01） 方　楠（2008-11—2009-08） 梁苏会（2008-11—2009-08） 赵　岑（2008-11—2009-01） 霍　亮（2009-03—2009-08） 李　犁（2009-03—2009-08） 高　鑫（2009-03—2010-02） 荣　飞（2009-03—2010-02） 赵钟楠（2009-03—2010-08） 霍　亮（2009-03—2009-08） 李　犁（2009-03—2009-08） 耿晓婧（2009-09—2010-11） 熊　俊（2009-09—2010-02） 王文超（2009-09—2010-02） 贾　曦（2010-03—2010-11） 安　达（2010-03—2010-08） 刘勇声（2010-03—2010-08） 沈晓文（2010-03—2010-11） 孙　浩（2010-03—2010-11） 栾和新（2010-09—2010-11） 周政旭（2010-09—2010-11） 党　帅（2010-09—2010-11）

（二）共青团清华大学教职工委员会

1978 年起，为了加强教职工中团的工作，校团委决定成立清华大学教职工团委。1981 年 11 月 28 日，召开共青团清华大学教职工第一次代表大会，会议选举井建军为教职工团委书记。截至 2009 年底，历届教职工团委书记名单见表 18-10-6。

表 18-10-6　清华大学历届教职工团委书记名单

届次	时　间	书　记	届次	时　间	书　记
一	1981-11—1988-06	井建军	二	1988-06—1991-11	董　力

续表

届次	时　间	书　记	届次	时　间	书　记
三	1991-11—1995-10	史宗恺	六	2000-11—2006-11	郝　英
四	1995-10—1997-12	顾良飞	七	2006-11—2009-11	冯劲涛
五	1997-12—2000-11	张岩峰	八	2009-11—	徐　鹏

四、团的基层建设

1949 年至 1966 年，校团委在党委的领导下，全面负责学生的思想政治工作，组织形势学习，加强班级建设，50 年代初开展了争创先进集体的活动，60 年代又开展了争创“四好班”活动（详见第五章第一节），促进了广大团员和全体同学德智体全面发展。

“文化大革命”期间，在错误路线指导下，要求学生“上大学，管大学，用毛泽东思想改造大学”，（简称“上管改”），共青团组织的活动也受到严重影响。

粉碎“四人帮”后，经过拨乱反正，团的工作重新走上了健康发展的轨道。

（一）团的组织系统

建团初期，成立青年团清华大学总支委员会。1949 年 10 月改为青年团清华大学委员会，委员会下设 5 个总支委员会和 31 个团支部，团委的机构仅设组织部、宣传部。1950 年青年团清华大学委员会的组织系统，见图 18-10-1。

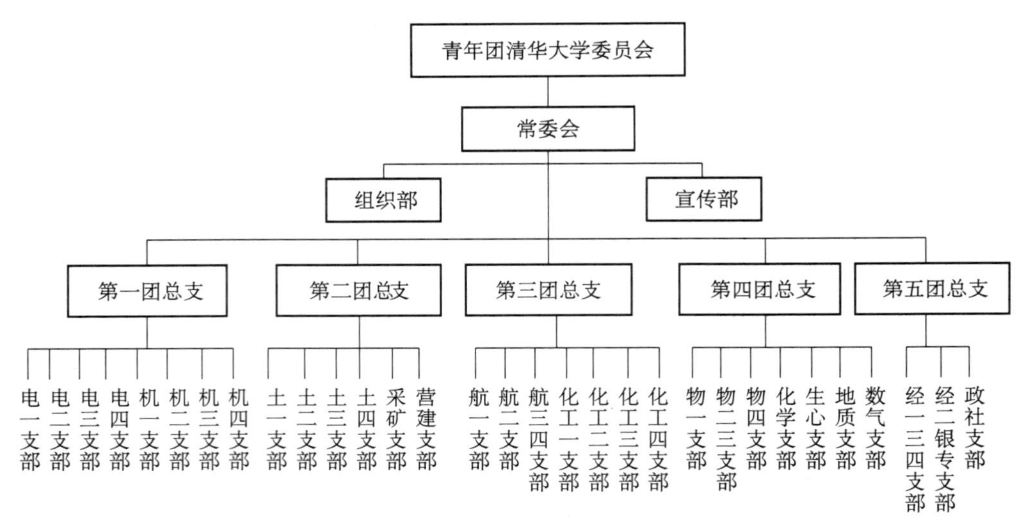

图 18-10-1　1950 年青年团清华大学委员会组织系统

1960 年起校团委下设分团委，当年全校共有 10 个分团委，78 个团总支、536 个团支部。以后也逐渐增设一些工作部门，1993 年，共青团清华大学第十六届委员会的组织系统，见图 18-10-2。校团委下设 24 个分团委和 2 个直属团总支。

截至 2010 年，全校有 28 个含本科生培养的院系，校团委在这 28 个院系中均设立了基层分团委，分团委下设立团支部，部分规模比较大的院系还以年级为单位设立了团总支。院系团委书记由高年级研究生辅导员担任，一般下设 3～4 名副书记，并将其他主要院系学生组织的负责人（如

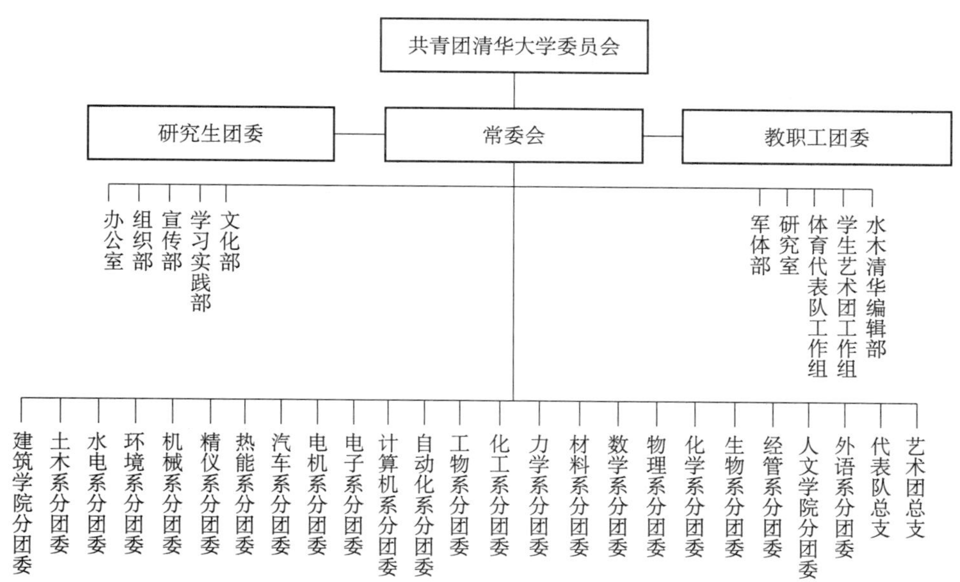

图 18-10-2　1993 年共青团清华大学委员会机构设置概况

学生会主席、科协主席等）纳入院系团委委员队伍，由校团委统筹协调院系学生工作的开展。

除本科生外，校团委的组织建设也涵盖了研究生、教工和中学生。例如，校团委下设研究生团委、教工团委、附中团委、第一附属医院团委、第二附属医院团委、后勤团工委、学生艺术团团工委和体育代表队团工委。2010 年底校团委的组织结构，见图 18-10-3。

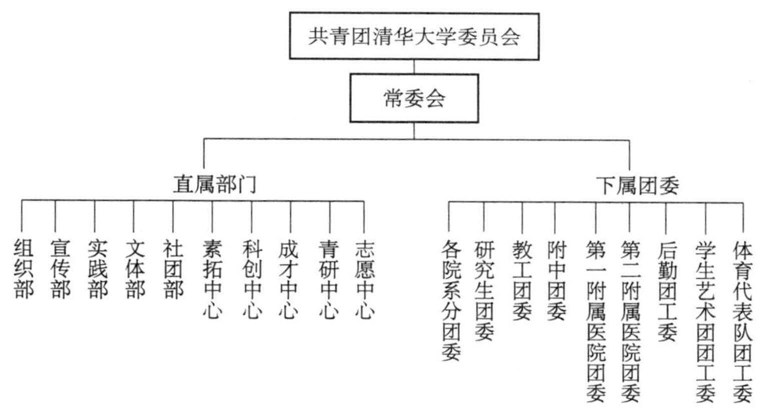

图 18-10-3　2010 年共青团清华大学委员会机构设置概况

截至 2010 年，全校有 34 个含研究生培养的院系（所），校研究生团委在 34 个院系（所）中均设立了院系（所）研究生团总支，研团总支下设立若干团支部。研团总支书记一般由研究生德育工作助理担任，一般下设 3～5 名副书记。校研究生团委统筹协调院系（所）研究生团总支工作的开展。2010 年底研究生团委的组织结构，见图 18-10-4。

（二）表彰先进团支部和优秀团员

为了促进基层团组织的思想建设和组织建设，校团委不定期在团代会、团员代表会议或“五四”纪念会上表彰先进团支部和优秀团员，并号召全校团支部和广大团员青年向他们学习。1954 年 5 月 4 日，校团委作出关于颁发光荣簿的决定，设团委、总支两级，记录团员的好人好事。1962 年 5 月 4 日，校团委首次表扬优秀团员 121 名。改革开放以来，表彰工作更趋经常化。如 1979 年 5 月，为纪念“五四”运动 60 周年，对全校青年进行爱国主义和革命传统教育，校团委

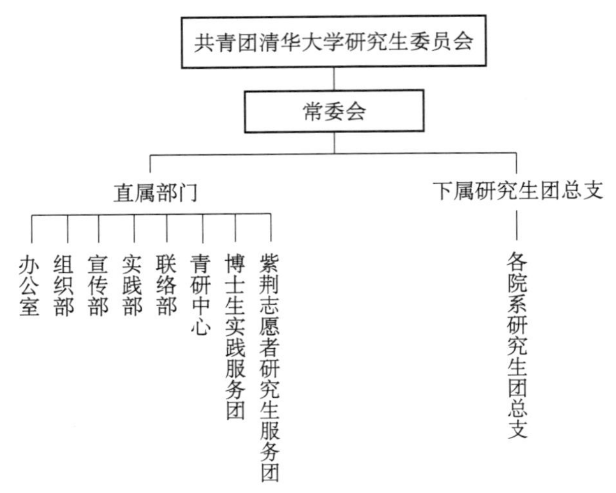

图 18-10-4　2010 年共青团清华大学研究生委员会机构设置概况

举行了各种纪念活动，召开纪念“五四”座谈会、报告会，举办火炬接力赛，并于 5 月 4 日下午召开表扬先进大会，会上表扬了 151 名“学雷锋、树新风”积极分子，颁发了奖状；又如 1981 年 2 月 15 日，团委扩大会议决定在全校团员中开展“学雷锋、树新风，做一名合格的共青团员”的教育活动，并在“五四”前后表彰表现突出的优秀团员。通过教育活动和认真评选，1981 年 6 月 12 日校团委召开表彰大会，表扬了 186 名优秀团员；1982 年 3 月第十三次团代会上，校团委表扬了 18 个先进团支部，他们向全校团员发出了“从我做起，落在实处，做建设社会主义精神文明的先锋”的倡议，在全校团员中引起积极的反响；1991 年 11 月 17 日召开的第十六次团代会上，表彰了 15 个优秀团支部。团委总结他们的共同特点是：具有坚定正确的政治方向，深入细致的思想工作，健全有效的组织制度，坚强团结的班级核心和健康向上的班风学风。号召全校团支部向他们学习。表彰先进的工作取得了良好的效果，促进了基层组织的建设，并在全团形成团结向上的好风气。1978 年至 2010 年校团委表彰先进的情况，见表 18-10-7 和表 18-10-8。

表 18-10-7　1978 年—1993 年校团委表彰先进情况

项　目		先进团支部	先进分团委	优秀团员	五四青年奖章	优秀分团委书记	优秀团干部	学雷锋先进集体	学雷锋先进个人
1978-05-04	五四表彰大会	13		55					
1978-12-22	第十二次团代会	9		107（三好学生）					
1979-05-03	五四表彰大会								151
1980-05-04	五四表彰大会							5	215
1981-06-12	表彰大会			186				51	
1982-03-31	第十三次团代会	18							
1983-01-07	团干部大会	28（18 个通报）		233					
1984-10-03	表彰大会	18		58					
1985-05-03	五四表彰大会	37		513			114（10 标兵）		

续表

项目		先进团支部	先进分团委	优秀团员	五四青年奖章	优秀分团委书记	优秀团干部	学雷锋先进集体	学雷锋先进个人
1988-05-30	五四表彰大会	25		267	20				
1990-03-30	第十五次团代会第二次会议							6	8
1991-03-28	表彰座谈会		4		20	9			
1991-11-17	第十六次团代会	5							
1993-03-05	表彰座谈会							8	14

表 18-10-8　1995 年—2009 年校团委表彰先进情况

项目		十佳团支部	优秀团干部	进步显著团支部	甲级团支部
1995-05-04	五四表彰大会	10	263（10 标兵）		50
1996-11-09	团员代表会议			9	46
1997-12-06	第十八次团代会			11	56
1998-11-08	团员代表会议			2	45
2000-12-16	第十九次团代会		417（10 标兵）		51
2003-12-13	第二十次团代会		219（10 标兵）		75
2004-12-16	团员代表会议		195（20 标兵）		90
2006-11-26	第二十一次团代会		226（20 标兵）		90
2008-05-04	团员代表会议				84（9 标兵）
2009-05-04	五四纪念表彰大会		225（10 标兵）		6 标兵
2009-11-29	第二十二次团代会				99（11 标兵）

说明：1994 年数据缺失。

由于校团委一贯重视基层的建设，多年来一批先进集体和优秀团员受到团中央、团市委的表彰。如 1958 年，水利系水 8 班结合密云水库等水利工程进行真刀真枪毕业设计，获得教学、生产、科研、教育革命、思想五丰收。同年 11 月，团中央授予水 8 班出席第二次全国青年社会主义建设积极分子大会的“先进集体”称号；1979 年，林炎志荣获“全国新长征突击手”称号，物 71 班荣获“全国新长征突击队”称号；80 年代初，校团委在广大团员中开展社会主义制度优越性的教育，化学工程系化 72 班团支部提出干四化要“从我做起，从现在做起”，体现了共青团员的革命责任感和主人翁精神，这口号很快传遍全校和全国。1980 年 3 月 20 日，《中国青年报》发表题为《为社会主义祖国前途而奋斗是当代青年最崇高的使命和荣誉——从我做起，从现在做起》的文章，介绍化 72 班胸怀四化，奋发学习，成为学校先进集体的事迹。1981 年 6 月，化 72 班团支部被共青团中央命名为“先进团支部”；1988 年，校团委被团中央授予全国社会实践活动先进单位；1988 年，校团委书记陈希获“中国共青团五四奖章”等。从 1988 年 9 月学校实施团支部工作等级评估制度至 2010 年，共涌现出 1 439 个“甲级团支部”，它们中的优秀代表 600 余个团支部荣获“北京市红旗团支部”及标兵、“首都高校先锋杯团支部”及标兵、“北京市先进集体”等称号。此外，机 93、结 33 班等荣获“全国先进班集体标兵”称号，这些优秀的集体和个人成为全校团员学习的榜样。学校中团员和团组织受上级有关部门表彰情况，见表 18-10-9。

表 18-10-9　团员和团组织受上级部门表彰情况

年　份	姓名、单位	称　　号	上 级 部 门
1955-09	何高毅 桂伟燮	全国青年社会主义建设积极分子大会代表	共青团中央
1958-11	水 8 班	全国青年社会主义建设先进集体	共青团中央
1978-09-10	林炎志等 14 人	北京市青年新长征突击手	共青团北京市委
1979-09-19	林炎志	全国新长征突击手	共青团中央
1979-09-19	物 71 班	全国新长征突击队	共青团中央
1981-06	化 72 班团支部	先进团支部	共青团中央
1982-02-05	顾立基	全国三好学生	
1987-05-04	陈吉宁	优秀学生干部	共青团中央
1987-05-04	陈　希	北京市五四青年奖章	共青团北京市委
1988-05-03	杨　卫	北京市五四青年奖章	共青团北京市委
1988-05-03	物化 4 班团支部	北京市红旗团支部	共青团北京市委
1988-10-18	陈　希	中国共青团五四奖章	共青团中央
1988	校团委	社会实践活动先进单位	共青团中央，全国学联
1989-05-04	余龙文	北京市五四青年奖章	共青团北京市委
1991-03-03	校团委	北京市思想政治工作优秀单位	中共北京市委，市人民政府
1991-05-03	贺美英	北京市关心青少年工作奖	共青团北京市委
1991-12-03	余龙文	优秀青年学生	共青团中央
1992-05-04	林　泰	北京市关心青少年工作奖	共青团北京市委
1992-05-04	周良洛	北京市五四青年奖章	共青团北京市委
1992-06	机械系分团委	北京市红旗团委	共青团北京市委
1992-06	物化 7 班团支部	北京市红旗团支部	共青团北京市委
1992-06	王俊峰	北京市优秀学生共青团	中共北京市委
1993-05-04	李建保	北京市五四青年奖章	共青团北京市委
1993-05	研究生团委	北京市红旗团委标兵（1992 年度）	共青团北京市委
1993	自 02 班团支部	首都高校“先锋杯”标兵团支部	共青团北京市委
1994	机 93 班团支部	首都高校“先锋杯”标兵团支部	共青团北京市委
1994	校团委	北京市大学生社会实践先进单位	共青团北京市委
1995	校团委	北京高校优秀团委	共青团北京市委
1995	自动化系分团委	北京市红旗团委（总支）	共青团北京市委
1995	机 14 班团支部	北京市红旗团支部标兵	共青团北京市委
1995	冯　旌	北京市优秀团员	共青团北京市委
1995	孙勤芳	全国三好学生标兵 胡楚南优秀大学生奖	国家教委 共青团中央
1995	机 14 班团支部	首都高校“先锋杯”标兵团支部	共青团北京市委

续表

年　份	姓名、单位	称　　号	上 级 部 门
1996	宋　军	北京市五四奖章	共青团北京市委
1996	电机系分团委	北京市红旗团委	共青团北京市委
1996	计 23 班团支部	北京市红旗团支部标兵	共青团北京市委
1997	汪劲松	北京市五四奖章	共青团北京市委
1997	吴永红	北京市优秀团干部	共青团北京市委
1997	电子工程系团委	北京市红旗团委	共青团北京市委
1997	结 33 班团支部	北京市红旗团支部	共青团北京市委
1997	结 33 班团支部	首都高校“先锋杯”标兵团支部	共青团北京市委
1998-04	精 41 班团支部	首都高校“先锋杯”标兵团支部	共青团北京市委
1998-05	魏　飞	北京市五四奖章	共青团北京市委
1998-05	机械系团委	北京市红旗团委	共青团北京市委
1998-05	精 41 班团支部	北京市红旗团支部	共青团北京市委
1998-05	王进展	北京市优秀团干部	共青团北京市委
1998-05	冯文毅	北京市优秀团员	共青团北京市委
1998-07	校团委	首都民族团结进步模范单位	中共北京市委等
1998-09	校团委	北京市教育系统德育先进单位	北京市教委等
1999-12	校团委	全国五四红旗团委标兵	共青团中央
2000-05	杨　岳	北京市五四奖章	共青团北京市委
2000-05	匡　辉	北京市优秀共青团员	共青团北京市委
2000-05	水利系团委	北京市红旗团委	共青团北京市委
2000-05	热能系空 7 班团支部	北京市红旗团支部	共青团北京市委
2001-01	马扬飙	中国大学生“五四奖学金”	共青团中央、全国学联
2001-05	洪　波	全国优秀学生干部标兵	教育部、共青团中央
2001-05	建筑学院空 7 班	全国先进班集体	教育部、共青团中央
2001-05	刘　波	北京市优秀团干部	共青团北京市委
2001-05	石　琦	北京市优秀团员	共青团北京市委
2001-05	热能系动力机械与工程所研究生团支部	北京市五四红旗团支部	共青团北京市委
2001-05	TMS 协会	首都高校优秀学生理论社团	中共北京市委教工委、共青团北京市委
2001-05	汽车系团委	北京市五四红旗团委	共青团北京市委
2001-12	雷　霖	中国大学生建昊奖学金	共青团中央、全国学联
2002-05	程　京	北京市五四奖章	共青团北京市委
2002-05	校研委	北京市红旗团委	共青团北京市委
2002-05	化学工程系 81 班团支部	北京市红旗团支部	共青团北京市委

续表

年　份	姓名、单位	称　　号	上级部门
2002-05	聂风华	北京市优秀团干部	共青团北京市委
2002-05	张　瑜	北京市优秀共青团员	共青团北京市委
2002	郑浩峻	首都高校社会实践先进工作者	中共北京市委宣传部、市委教工委、共青团市委
2002-12	于　涵	中国大学生建昊奖学金	共青团中央、全国学联
2003-09	王　赢	全国三好学生标兵	教育部、共青团中央
2003-09	计研 4 班	全国先进班集体	教育部、共青团中央
2003-12	物理系分团委	首都青少年绿化美化先进集体	共青团市委、市林业局、市教委等
2003	束　为	全国优秀共青团干部	共青团中央
2003	郑　力	北京市五四奖章	共青团北京市委
2003	校团委	北京市五四红旗团委	共青团北京市委
2003	法学院法 92 班团支部	北京市五四红旗团干部	共青团北京市委
2003	刘　桓	北京市优秀团干部	共青团北京市委
2003	贺　全	北京市优秀共青团员	共青团北京市委
2004-04	校研团委	北京市五四红旗团委	共青团北京市委
2004-04	电子系无 03 班团支部	北京市五四红旗团支部	共青团北京市委
2004-04	向波涛	北京市优秀共青团干部	共青团北京市委
2004-04	侯钟雷	北京市优秀共青团员	共青团北京市委
2004-10	赵莫辉	首都高校实践先进工作者	中共北京市委教工委、共青团市委、市教委、市学联
2004-10	刘湘军	北京市五四奖章	共青团北京市委
2004-12	校团委	北京市五四红旗团委	共青团北京市委
2004-12	经管学院经 52 班团支部	北京市五四红旗团支部	共青团北京市委
2004-12	黄李琴	北京市优秀共青团员	共青团北京市委
2004-12	校团委	学习型组织建设先进单位	共青团北京市委
2004	薛培杰	北京市五四奖章	共青团北京市委
2004	刘湘军	北京市五四奖章	共青团北京市委
2005-04	姚　为	全国优秀共青团员	共青团中央
2005	马扬飙	全国优秀学生干部	教育部、共青团中央
2005-12	经济管理学院	北京市红旗团委	共青团北京市委
2005-12	汽车工程系汽 21 班团支部	北京市红旗团支部	共青团北京市委
2005-12	孟　芊	北京市优秀团干部	共青团北京市委

续表

年　份	姓名、单位	称　　号	上级部门
2005-12	王　冠	北京市优秀共青团员	共青团北京市委
2005-12	郑浩峻	大中专学生志愿者暑假“三下乡”社会实践活动先进个人	中宣部、教育部、共青团中央、全国学联
2005	精仪系制 35 班团支部	全国五四红旗团支部	共青团中央
2005	郑浩峻	全国优秀共青团干部	共青团中央
2005	姚　为	全国优秀共青团员	共青团中央
2006-01	志愿服务队	“志愿服务奥运 文明交通伴我行”优秀志愿者团队	共青团北京市委
2006-01	TMS 协会	北京高校优秀学生社团	中共北京市委教工委、市教委、共青团市委等
2006-02	机械系分团委	北京市增强共青团员意识主题教育活动先进单位	共青团北京市委
2006-02	基科 53 班团支部	“青春迎奥运 团徽耀京城”主题团日活动银奖	共青团北京市委
2006-03	马扬飙	全国优秀学生干部	教育部、共青团中央
2006-03	环境系环 23 班	全国先进班集体	共青团中央
2006-12	精仪系制 25 班团支部	全国五四红旗团支部	共青团中央
2006	谷振丰	全国大学生年度人物	教育部
2006	清华大学绿色协会	全国高校优秀学生社团标兵	共青团中央、教育部、全国学联
2006-12	陈　伟	北京市优秀团干部	共青团北京市委
2006-12	袁　星	北京市优秀共青团员	共青团北京市委
2006-12-06	李　刚	北京市十佳辅导员	中共北京市委教工委、共青团市委、市教委
2006-12	张　瑜	大中专学生志愿者暑期“三下乡”社会实践活动先进个人	中宣部、中央文明办、教育部、共青团中央、全国学联
2006-12	电子工程与应用电子技术系团委	北京市五四红旗团委	共青团北京市委
2006-12	人文社会科学学院文科 32/33 班团支部	北京市五四红旗团支部	共青团北京市委
2006	校团委	“保护母亲河——青春奥运绿色行动”先进集体	共青团北京市委
2006-12	校团委	北京市共青团团务工作先进单位	共青团北京市委
2006-12	校团委	首都高校社会实践先进单位	中共北京市委宣传部、市委教工委、市教委、首都文明办、共青团市委、市学联

续表

年份	姓名、单位	称号	上级部门
2006-12	校团委	全国大中专学生志愿者暑期“三下乡”社会实践活动先进单位	中宣部、中央文明办、教育部、共青团中央、全国学联
2006	校团委	北京市共青团调研工作先进单位	共青团北京市委
2006	校团委	全国五四红旗团委标兵	共青团中央
2006	杜汇良	北京市五四奖章	共青团北京市委
2007	向辉	奥运先锋——北京市优秀团干部	共青团中央、奥组委等
2007	谷振峰	全国三好学生标兵	教育部、共青团中央
2007	土木工程与建筑管理系团委	奥运先锋——北京市五四红旗团委	共青团中央、奥组委等
2007	水利系水工 51 班团支部	奥运先锋——北京市五四红旗团支部	共青团中央、奥组委等
2007	校团委	首都高校社会实践先进单位	中共北京市委宣传部、市委教工委、市教委、首都文明办、共青团市委、市学联
2007-12	校团委	全国五四红旗团委标兵	共青团中央
2008	校团委	北京奥运会、残奥会先进集体	中共中央、国务院
2008	校团委	北京奥运会、残奥会先进集体	中共北京市委等
2008	校团委	首都高校社会实践先进单位	中共北京市委宣传部、市委教工委、市教委、首都文明办、共青团市委、市学联
2008	校团委	北京市五四红旗团委	共青团北京市委
2008	机械系机 62 班	北京市五四红旗团干部	共青团北京市委
2008	赵　岑	北京市优秀共青团员	共青团北京市委
2009	校团委	首都高校社会实践先进单位	中共北京市委宣传部、市委教工委、市教委、首都文明办、共青团市委、市学联
2009	刘馨心	全国三好学生	教育部、共青团中央
2009	彭凌、黄晟、马明星、钟周、贾珈	首都高校社会实践先进工作者	中共北京市委宣传部、市委教工委、市教委、首都文明办、共青团市委、市学联
2009	李犁、林正航、李搋、钟海旺、王文晖、刑义波、孙筱、吕无双、杜磊、陈之琰、梁志权、邴浩、张昭遂	首都高校社会实践先进个人	中共北京市委宣传部、市委教工委、市教委、首都文明办、共青团市委、市学联
2009	清华大学清华学子“祖国万里行”主题实践论文集等 5 项	首都高校社会实践优秀成果	中共北京市委宣传部、市委教工委、市教委、首都文明办、共青团市委、市学联
2009	清华大学“建国·历程”社会调研联合支队等 29 支支队	首都高校社会实践优秀团队	中共北京市委宣传部、市委教工委、市教委、首都文明办、共青团市委、市学联
2009	热能工程系团委	北京市五四红旗团委	共青团北京市委

续表

年　份	姓名、单位	称　号	上级部门
2009	张其光	北京市优秀团干部	共青团北京市委
2009	刘　宇	北京市优秀共青团员	共青团北京市委
2010	校团委	首都高校社会实践先进单位	中共北京市委宣传部、市委教工委、市教委、首都文明办、共青团市委、市学联
2010	梁君健、赵冬青、何平、邵磊、孔钢城	首都大学生社会实践先进工作者	中共北京市委宣传部、市委教工委、市教委、首都文明办、共青团市委、市学联
2010	王淑娟、胡蝶、王斯敏、申文昊、杨载涛、任萌、倪建佼、刘懿颉、翟彦芬、徐向明、迪力夏提·艾海提	首都大学生社会实践先进个人	中共北京市委宣传部、市委教工委、市教委、首都文明办、共青团市委、市学联
2010	《2010清华大学暑期社会实践成果集》及相关成果等20个项目	首都大学生社会实践优秀成果	中共北京市委宣传部、市委教工委、市教委、首都文明办、共青团市委、市学联
2010	“我国城镇养老观念调查与构建长者友好型城市”实践重点调研课题组等46支支队	首都大学生社会实践优秀团队	中共北京市委宣传部、市委教工委、市教委、首都文明办、共青团市委、市学联
2010	《甘肃省会宁县“会宁模式”调查报告》	北京市高校思想政治理论课学生社会实践优秀论文一等奖	中共北京市委教工委
2010	《黄河流域农村医疗卫生发展状况调研报告》	北京市高校思想政治理论课学生社会实践优秀论文二等奖	中共北京市委教工委
2010	周　勇	北京市高校思想政治理论课学生社会实践优秀论文指导教师奖	中共北京市委教工委
2010	校团委	北京市高校思想政治理论课学生社会实践优秀组织奖	中共北京市委教工委
2010	校团委	全国五四红旗团委	共青团中央
2010	杨　帆	北京市青年五四奖章	共青团北京市委、北京市人力资源和社会保障局
2010	尹首一	北京市青年五四奖章	共青团北京市委、北京市人力资源和社会保障局
2010	自动化系团委	北京市五四红旗团委	共青团北京市委
2010	航天航空学院航74团支部	北京市五四红旗团支部	共青团北京市委

(三）基层团的表彰与工作等级评估

1954年，先进集体评比活动已经在学校基层全面展开。争取成为先进集体在同学的学习生活和思想教育中发挥了十分重要的引导作用，“先进集体”已经成为各班（包括刚到清华的大一同学在内）的争取目标，有力地推动了学生工作。1958 年，清华大学召开第四次团代会，在大会上对全校先进集体进行了表彰，获表彰的有建 2 班（85 人）、力 204 班（24 人）、物 205 班（17 人）、光仪 2 班（30 人）四个先进集体。当时被评为先进的集体普遍有以下特点：在各项政治运动和群众运动中能起模范带头作用，学习成绩较好，社会工作和体育、文化活动开展较好。这些特点体现了当时学校“又红又专”育人理念。

1959 年，学校表彰机械系铸 9、制 0 班等 19 个单位为先进集体，旨在发扬这些集体的优秀建设经验，推动基层建设。这些集体的共同特点是：大部分学生在思想政治上都积极上进，关心政治思想改造；能出色地完成党交给的任务；班级同学能在工作中认真地贯彻党的方针政策；能做到在学习、生产、科研、政治思想、文体、军事等工作上都比较出色。

1963 年至 1964 年，校团委进一步加强了对班级团支部工作的指导。基层团支部涌现出了一批在思想、学习、劳动、身体方面表现较好的“四好”班级。为进一步做好学生中的班级工作，推动学生向“又红又专”的方向发展，校委会决定表扬金 3 班等八个班级为“思想好、学习好、劳动好、身体好”的四好班级，并在同学中宣传他们的经验，号召全校同学向他们学习，争取创造更多更好的“四好班”。

1979 年 5 月，校团委在全校范围内开始试行《班级团支部的任务和工作方法》。《班级团支部的任务和工作方法》要求各团支部要以“三好”为目标，以学习为中心，在党的领导下带好团的队伍，团结广大青年，协助学校实现新时期的总任务，即培养又红又专又健康的高质量人才。

1980 年，校团委作出了关于表扬“学雷锋，树新风”先进集体的决定。该决定旨在表彰他们在发扬共产主义精神，为大家服务，和不良倾向做斗争，刻苦学习努力工作等活动中起到的积极作用，此次共评出 5 个“学雷锋”先进集体。

1982 年 3 月 12 日，在共青团清华大学第十三次代表大会上，校团委表彰了 1981 年度先进团支部 18 个。

1983 年 1 月，在学校各级团组织大力加强团的基本建设，开展创先进团支部教育活动的背景下，校团委作出“关于表彰 1982 年先进团支部和优秀共青团员”的决定，对 28 个团支部授予先进团支部称号。

1986 年 5 月，校团委在大礼堂召开“纪念五四表彰先进”大会，公布了受到表彰的先进团支部名单。

1988 年，校党委根据《中共中央关于加强和改善党对工会、共青团、妇联的领导的通知》精神，要求共青团工作增强团的先进性，加强基层团支部建设，使团组织站到学生思想教育第一线。9 月，校团委颁布了《关于对基层团的工作进行等级评估的决定》，旨在通过建立团支部工作等级评估，充分调动和发挥基层团组织的创造性和积极性，要求全校基层团支部努力提高每一个支部成员的政治思想素质、道德意识、业务素质和文化素质。学校团支部工作等级评估制度自 1988 年建立以后，得到了不断的完善和发展。1989—1990 学年度，正式提出了详细的定量评估办法；1991—1992 学年度，对等级评估制度进行了阶段性总结，并提出等级评估工作的“六条渠道”和“五项标准”；1992—1993 学年度，大一支部参加评选，但不评定等级；1997—1998 学年度，引入“等级申报、动态评估”的评定方法；2000—2001 学年度，提出校级和院系分级评估体系；2001—2002 学年度，研究生支部中正式推行团支部工作等级评估制度。

1989 年 3 月，校团委进行了基层团的工作等级评估试点，共评出甲级分团委 3 个、甲级团支部 25 个。自 1989 年至 2010 年共进行了 20 次基层团的工作评估，共评出 1 439 个甲级团支部。其中，研究生支部从 2002 年开始进行团支部等级评估工作，2002 年至 2010 年共进行了九次工作等级评估，共评出 294 个甲级团支部。2006 年，校团委开始评选校甲级团支部标兵。2008 年，学校隆重纪念团支部工作等级评估制度实施 20 周年，通过优秀团支部风采展示、纪念征文、专题研讨会以及纪念大会等活动，系统回顾梳理这项制度诞生、发展的历史脉络，认真总结这项制度实施过程中的有益经验，分析探索优秀集体成长发展的普遍规律，进一步加强和推动团的基层组织建设和基层工作。历年校级甲级团支部评估情况，见表 18-10-10。

表 18-10-10　历年校级甲级团支部评估情况

学　年　度	甲级团支部数	学　年　度	甲级团支部数	学　年　度	甲级团支部数
1988—1989	25	1996—1997	56	2004—2005	95
1989—1990	29	1997—1998	44	2005—2006	89
1990—1991	56	1998—1999	42	2006—2007	93
1991—1992	70	1999—2000	51	2007—2008	93
1992—1993	64	2000—2001	49	2008—2009	99
1993—1994	51	2001—2002	65	2009—2010	106
1994—1995	50	2002—2003	76	总计	1 439
1995—1996	46	2003—2004	90		

1991 年，学校开始在全校研究生团支部中开展团支部工作等级评估，每年评选一定数量的“先进团支部”。1992 年，学校开始在全校开展各院系研究生团总支工作等级评估，每年评选一定数量的“先进研究生团总支”，此奖项于 2004 年更名为“优秀研究生团总支”。据统计，1991 年至 2002 年，全校从研究生团支部中累计共评选出研究生“先进团支部”106 个，2003 年后未再评选研究生先进团支部。历年评选研究生团总支和先进支部情况，见表 18-10-11。

表 18-10-11　历年研究生校级先进团总支、团支部评估情况

学　年　度	优秀（先进）研究生团总支	研究生先进团支部	学　年　度	优秀（先进）研究生团总支	研究生先进团支部
1990—1991		8	2001—2002	8	33
1991—1992	6	8	2002—2003	10	
1992—1993	6	8	2003—2004	10	
1993—1994			2004—2005	10	
1994—1995	6		2005—2006	10	
1995—1996	6	8	2006—2007	10	
1996—1997	6	7	2007—2008	10	
1997—1998	6	8	2008—2009	10	
1998—1999	8	8	2009—2010	10	
1999—2000	8	8	总计	158	106
2000—2001	8	10			

说明：因数据缺失，总计中未含 1993 年至 1994 年数据。

（四）清华团校

1956年2月22日，校团委出台了教师中团的工作规划草案，草案把配合行政提高教学及科研水平，提高青年教师的政治觉悟和组织工作能力作为教师中团的工作的目标。动员教师团员重视并积极参加全校教学改革总结工作，认真学习教学改革的方针政策以及教学经验，从而提高教学水平。

1974年，校团委组织团干部学员参加暑期活动培训，组织同学学习马列主义和毛泽东思想。通过开展一系列有意义的活动，使团干部得到全方面发展，以高昂的斗志，投入新学期的各项斗争任务。

为了提高基层团干部的思想水平和工作能力，校团委从1985年起，利用暑假举办清华团校，培训团干部。截至2010年，共举办了25期清华团校（1989年因政治风波停办），各期团校简况见表18-10-12。1997年起，团校的目的逐渐明确：对基层团干部进行思想培训、工作培训和作风培训，总结交流近期共青团工作经验，讨论各系（院）团的工作，使团干部把握形势，统一思想，提高能力，明确任务。为了在更大范围内加强对研究生团干部的培训，2004年第十九期暑期团校首次设立研究生班，在此基础上，研究生团委自2007年起举办清华大学首届研究生新生骨干培训班暨第二十二期暑期团校（研究生班），以专题报告、座谈讨论、案例演练、趣味运动会等多种形式向学员们介绍学校研究生工作的情况，同时为学员们提供良好的交流平台。截至2010年，暑期团校（研究生班）共举办7期，共计培训研究生新生骨干1 378人，见表18-10-13。

表18-10-12　清华团校各期简况

期　数	时　　间	地　　点	人数	主要内容
第一期	1985-08-24—08-30	怀柔一中	262	如何做好共青团基层工作
	1985-09-20—09-22	稻香湖	205	
第二期	1986-07-27—08-05	阳坊总参通讯二团	270	边学习，边军训
第三期	1987-08-05—08-12	防化学院	200	加强团的基层建设
第四期	1988-08-07—08-13	防化学院	200	围绕新时期团的工作、团干部素质等问题进行讨论
第五期	1990-08-05—08-11	延庆51341部队	300	对团干部进行思想、工作和作风培训
第六期	1991-08-04—08-10	昌平工程兵训练团	250	讨论如何发挥团的思想教育作用
第七期	1992-08-02—08-08	昌平工程兵训练团	240	提高团干部的工作能力，促进团的基层建设水平
第八期	1993-08-01—08-07	装甲兵工程学院	230	结合当前形势，讨论团的工作意义和方法
第九期	1994-07-31—08-06	装甲兵工程学院	232	
第十期	1995-08-06—08-11	防化学院	270	提高思想理论水平，明确基层团组织工作的意义和作用，树立为学校中心工作服务的自觉性
第十一期	1996-08-13—08-17	清华大学核能技术设计研究院	207	创建一流大学与共青团工作的关系；基层工作的要求和目标
第十二期	1997-08-05—08-08	昌平机械士官学校	245	加强思想理论素质建设，探讨学生干部如何更好地开展工作

续表

期　数	时　　间	地　　点	人数	主要内容
第十三期	1998-08-10—08-12	装甲兵工程学院	200	推动学生干部全面素质培养，为迈向新世纪做准备
第十四期	1999-08-12—08-15	某部队基地	250	
第十五期	2000-08-02—08-05	防化学院	170	强化学员的党团知识和形势政策学习，提高学员的政治理论素质；提升干部素质；增强学员集体意识、纪律观念和吃苦精神；提高学生干部的凝聚力
第十六期	2001-07-27—07-30	防化学院	200	探讨学校发展所面临的问题；强调基层组织建设的重要性；提升学生干部的素质
第十七期	2002-07-28—07-31	防化学院	240	对国家形势、清华形势的探讨；严谨为学，诚信为人
第十八期	2003-08-05—08-07	防化学院	357	探讨新时期高校共青团工作；传达共青团十五大精神
第十九期	2004-07-23—07-25	延庆军训学校	294	加强团的基层组织建设和干部队伍建设
第二十期	2005-07-18—07-20	固安一中	231	加强团的基层组织建设和干部队伍建设
第二十一期	2006-07-30—08-02	廊坊师范学院	200	全面推进社工岗位锻炼计划，培养学生全面素质发展
第二十二期	2007-08-15—08-18	廊坊师范学院	200	全面动员，做好迎接奥运的各项准备工作
第二十三期	2008-09-02—09-04	清华大学	240	新时期推动团的基层组织建设和基层工作；共青团为创建世界一流大学服务
第二十四期	2009-08-20—08-23	清华大学	220	新时期共青团工作的思考与定位；全面准备，做好迎接国庆60周年的各项工作
第二十五期	2010-08-19—08-22	廊坊市北华航天工业学院	254	紧密围绕如何进一步做好学校共青团的工作，并在学习、实践中培养一批青年马克思主义者的主题展开；为迎接百年校庆做准备

表 18-10-13　清华大学暑期团校（研究生班）各期简况

期　数	时　　间	地　　点	人数	主要内容
第一期	2004-08-29—09-01	清华大学	84	使清华研究生新生骨干更早地融入清华大学的文化氛围，更快地熟悉清华大学研究生工作的优良传统
	2004-09-02—09-04	华世隆山庄		针对研究生工作的深入学习与研讨
第二期	2005-08-15—08-18	清华大学	102	使清华研究生新生骨干更早地融入清华大学的文化氛围，更快地熟悉清华大学研究生工作的优良传统
	2005-08-19—08-21	廊坊师范学院		针对研究生工作的深入学习与研讨
第三期	2006-08-23—08-26	清华大学	150	使清华研究生新生骨干更早地融入清华大学的文化氛围，更快地熟悉清华大学研究生工作的优良传统
	2006-08-27—08-28		250	针对研究生工作的深入学习与研讨

续表

期　数	时　　间	地　　点	人数	主要内容
第四期	2007-08-22—08-26	清华大学	245	专题报告、座谈讨论、案例演练、趣味运动会、文艺晚会等
第五期	2008-08-27—08-31	清华大学	234	专题报告、座谈讨论、案例演练、趣味运动会、文艺晚会等
第六期	2009-08-27—08-31	清华大学	283	专题报告、座谈讨论、案例演练、趣味运动会、文艺晚会等
第七期	2010-08-23—08-28	清华大学	280	专题报告、座谈讨论、案例演练、趣味运动会、文艺晚会等

五、团的活动

（一）思想政治教育活动

学校团委始终围绕“又红又专，全面发展”的育人理念，充分发挥学生第二课堂活动的主阵地作用，不断加强和改进学生思想政治教育工作，以“拥护党、拥护社会主义，服务祖国、服务人民”为核心，引导学生树立坚定正确的政治方向，让理想信念的旗帜高高飘扬。

改革开放以来，团的思想政治教育主要通过主题教育的形式开展。主题教育以“爱国、成才、奉献”为主线，紧扣时代脉搏，引导学生树立坚定走中国特色社会主义道路、为中华民族伟大复兴而奋斗的共同理想。30 多年来，清华大学在每一个时期的主题教育活动都是以当时社会发展和学生思想领域中的基本问题为背景，重点突出各个历史阶段的时代特点，具有鲜明的时代感，及时反映社会主义现代化建设对学校德育的现实要求。

1953 年 6 月，校团委作了“我们怎样做党和行政的助手”的讨论和报告，指出院系调整后，学校教育的目的是培养有明确政治方向、掌握现代科学技术知识、能劳动的新型工业干部。要求各基层支部必须加强思想教育，将团的思想工作做到更加深入、细微，更加与教学任务相结合。

1954 年度第二学期团工作要点中指出：团组织要在青年团员中进行热爱专业热爱科学的教育，培养同学学习上的深入钻研、独立思考的精神，深入进行共产主义教育，注意发扬青年的创造精神，团结全体同学共同进步。

1959 年校团委加强了毕业生共产主义人生观的教育，深入贯彻党委提出的“学水八，赶水八，超水八”的口号，使政治和业务相结合，教学和生产、科研相结合，使“做共产主义播种者”的口号深入人心，力争为国家输送高质量干部。

1959 年至 1965 年，校团委在党的教导下，领导全校团员青年及团干部学习毛泽东同志指示精神，学习毛泽东同志的著作，从思想上树立又红又专的成才意识。学生反响强烈，学习积极性高，涌现出了王怀顺等一批优秀的学生典型。

1963 年，校团委在《关于团工作要点的报告》中提出：要加强思想教育工作，主要内容包括以下四点：①加强阶级、阶级斗争观念的教育；②加强劳动观念的教育；③发展艰苦奋斗的精神；④培养乐观主义观点。

1964 年，校团委书记张慕葏发表了“坚持四好为纲，贯彻全面发展方针”的讲话。校团委作出学生思想政治工作汇报提纲，提出以下四点建议：高举毛泽东思想的红旗，坚持兴无灭资的方针；正确处理人民内部矛盾，团结最大多数同学；深入学习劳动生活中进行思想政治工作，促进学生德智体全面发展；加强学生的基层工作，加强党委对学生工作的领导。

1964 年 9 月至 1965 年 3 月，校团委在学生中集中地进行了一次社会主义思想教育。此次学习分为三个阶段，第一阶段是学习社会主义时期阶级和阶级斗争的形势；第二阶段是引导学生联系思想，联系实际，明辨是非，划清社会主义与资本主义两条道路的界限；第三阶段是学习中央《关于农村社会主义教育运动中目前提出的一些问题》和彭真同志代表中央在全国学代会上的报告，深入进行了政策教育。

1977 年 2 月，为纪念毛泽东同志“向雷锋同志学习”题词发表 14 周年，校团委在全校青年中继续开展向雷锋同志学习的活动，由团干部带头，组织青年广泛学习雷锋同志的优秀品质。

1979 年 12 月 6 日，《中国青年报》报道了清华大学化学工程系 1977 级化 72 班团支部提出的口号：干社会主义，要“从我做起，从现在做起”。校团委在第一时间予以高度重视，并以此励志强音为口号，全面开展主题教育活动，点燃全校乃至全国青年学生心中建设祖国的理想。

1985 年至 1988 年，校团委在团员中开展“学英模、比奉献”“谈理想、献青春”主题团日活动，邀请张海迪、史光柱等先进人物来校作报告共 10 余场，邀请前线“猫耳洞乐团”等来校演出多场，使广大团员在“军营—祖国—学生—人民”间架起同龄人理解的桥梁。1987 年，校团委邀请 100 多名著名工程师、企业家分别与 15 个系的 500 多名团员举行大型讨论会，使同学对社会、对群众、对自我不断加深认识，自觉选择青年知识分子正确的成长道路。

1990 年 5 月 4 日，校团委组织“继承五四传统、共话人生之路”大型主题团组织生活。全校 300 多个团支部的 9 000 多名团员以支部为单位，与来自校内外的 400 多名领导、校友、专家、学者座谈，学习江泽民总书记的“五四”讲话，交流思想，谈人生、信仰和追求。5 月 11 日，500 余名团干部、优秀团员、三好学生在李大钊烈士陵园和八大处公园举行“擎起光辉的团旗，展开理想的翅膀”大型团日活动，纪念“五四”运动 71 周年。

1991 年寒假起，校团委组织广大团员参加“寻访校友足迹、探索人生之路”“寻访奉献者足迹、寻找共和国脊梁”大型主题活动。团员们走访了活跃在祖国各条战线上的清华校友，了解他们的工作成就和成长经历，探讨学长们在基层第一线奋斗的经验、体会。回校后一些班级召开团日活动，编写《清华校友名录》，举办“百名校友成长之路展览”，在全校交流收获。1991 年 4 月，结合 80 周年校庆，邀请 200 多名校友回校座谈，了解校友的奋斗经历，探讨知识分子成长道路，帮助同学树立正确的人生观、价值观。

1992 年 5 月 4 日是中国共产主义青年团建团 70 周年。为教育全体团员继承共青团的光荣传统，校团委在全校团员中开展“国情、道路、责任”主题教育活动。活动围绕理论学习、社会实践和学习竞赛三条主线展开。在理论学习的基础上，150 多个团支部参加了大型系列知识竞赛，环 92、化 12、化 03 班团支部分获“国情篇”“团旗篇”“理论篇”第一名。

1993 年，校团委组织以“国情、时代、成才”为主题的教育活动，很多团支部围绕建立社会主义市场经济的新体制过程中，同学们在人生观、价值观上的不同认识，抓住大家关心的热点，展开社会调查、参观座谈、学习讨论，不断提高认识，引导广大同学适应社会主义市场经济所带来的变化，全面把握时代与国情对大学生新的要求。

1996 年，在继承以往主题教育活动的基础上，校团委组织以“以中华富强为己任，为民族经济做贡献”为主题的教育活动。该活动重点将学校的学科特点、学生的专业特点与学生思想教育活动紧密联系，发动各院系根据不同专业特点，开展富有特色的活动，调动同学参与的积极性，使同学们的爱国思想在实际行动中得以提升。研究生团委开始团结带领各级研究生团组织和广大研究生团员青年，积极开展相同主题的教育活动，贯穿鲜明的、积极向上的思想道德主旨，引导广大研究生逐渐形成和确立健康向上的人生观、价值观和世界观。

1999 年，校团委组织以“我的事业在中国”为主题的教育活动。活动结合党中央隆重表彰“两弹一星”功勋，大力弘扬“两弹一星”精神，继续坚持爱国主义基调，弘扬集体主义的价值取向，鼓励广大青年学子投身事业。活动按照“让历史记住这些清华人”“寻找新世纪的舞台”“选择人生的坐标”三个基本阶段展开，经过三个阶段循序渐进的努力，通过“学习精神，树立榜样，选择事业”，引导学生从了解“两弹一星”的功臣人物和光辉事迹，提高到理解和认同“两弹一星”精神，最终思考和选择事业。校研究生团委响应学校党委的号召，在 1999 年 3 月召开的第六次团代会上作出了在全校研究生中开展“我的事业在中国”主题教育的决定。各级研究生团组织随后开展了形式丰富的各类活动，邀请老中青年系友或者是本专业中杰出成就者举办“我的事业在中国”系列报告会。本次活动中，全校师生有 2 万多人次参加校、系组织的学习“两弹一星”精神报告会、座谈会；各基层组织开展 2 000 多次主题党团日、班会，并重点走访了 400 余名在校外工作的校友；1 万多人次观看影视展览；600 多支队伍、1 万多人次参加了主题社会实践。

2003 年，校团委又在全面建设小康社会的宏伟目标鼓舞下，以学习贯彻十六大精神和“三个代表”重要思想为契机，以成才观和择业观教育为切入点，启动以“启航——我伴祖国共辉煌”为主题的教育活动。校团委通过开展思想教育、信息服务、职业素质拓展等一系列活动，在校内营造出良好的氛围，引导了同学们到基层、到西部、到祖国最需要的地方建功立业。校研团委也积极响应号召，2004 年，在全校 30 多个研究生团支部参加的集中主题团日中，千余名研究生就如何选择事业的舞台、西部的空间有多大等题目与嘉宾展开了深入讨论；2006 年 10 月 26 日，组织各院系团支部开展了“启航，到祖国需要的地方去”主题团日活动。活动得到了来自 26 个院系的 600 多名同学的热情参与，共有 49 位学校及院系领导和嘉宾应邀出席。

为响应党中央“创建节约型社会”的号召，加强节约意识，强化节约行为，养成节约习惯，形成节约风尚，校研究生团委于 2005—2006 学年度在广大研究生团员青年中开展了“节约型社会、节约型校园”主题教育活动。本次系列主题教育累计超过 1 万人次参加，开展各种类型的活动 150 多场，网上征集到节约建议 1 048 条，主题征文 180 多篇。全校绝大部分研究生都积极参与其中，节约风尚逐渐风行校园，在全校范围内营造了“人人思考，人人参与，人人行动，共建节约型校园”的浓厚氛围，积极引导广大研究生团员树立节约意识、养成节约习惯，切实提高全校学生建设节约型社会的责任感和使命感。

十六大以来，党中央从新世纪新阶段党和国家事业发展全局出发提出了以人为本、全面协调可持续发展的科学发展观的重大战略思想。在此背景下，从 2007 年起，校团委在全校集中开展以“科学发展，成才报国”为主题的教育活动，着力引导广大团员针对自身状况进行反省自查，从思想源头和实际行动上找出与科学发展不相适应的方面，并尝试定位个人发展目标、制定未来一个阶段的发展规划，以科学的精神思考大学之路，以科学的理论指导大学之路，以科学的规划引领大学之路，以科学的行为铺就大学之路。从 2006 年开始，校研究生团委结合我校研究生团员青年特点，在全校范围内全面开展以“我以创新兴中华”为口号的自主创新主题教育活动，活动持续时间从 2006 年 10 月中旬到 2008 年 1 月，该主题教育活动从校研究生团委、院系研究生团总支和基层团支部三个层面展开，层层推进。截至 2007 年 12 月，全校共举办各类创新主题活动 280

多场，参加人次超过 1 万。其中，“创新—财富论坛”举行了 10 场，“创新与奥运”征集创意 227 条，创新主题征文 176 篇。十七大精神理论创新学习活动举办 130 多场。

2008 年，校团委把握住我国改革开放 30 年这一重要契机，开展以“辉煌路 新征程——纪念改革开放 30 年”为主题的教育活动，通过在全校范围内开展主题团日、系列报告、主题征文及图片展等活动，引导学生深刻领会改革开放 30 年的伟大历史进程和宝贵经验，深入分析我国现阶段经济、社会发展的形势与任务，思考如何将自身的发展和国家、人民的需要结合起来。

2009 年是新中国成立 60 周年，团员们积极投身国庆群众游行、广场联欢、广场合唱和《复兴之路》大型舞蹈音乐史诗的排演当中。2009 年春季学期，校团委抓住“五四”运动 90 周年重要历史契机，在全校范围内开展以“弘扬五四精神，践行科学发展，立志成才报国”为主题的教育活动。通过团日活动、系列报告会、“五四”运动 90 周年纪念表彰大会、双休日社会实践等活动，号召青年团员秉承清华人爱国、奉献的光荣传统，在建设祖国的大舞台和民族复兴的大事业中建功立业。2009 年秋季学期校团委紧密围绕新中国成立 60 周年相关庆祝活动，通过在全校范围内开展以“我爱我的祖国”为主题的教育活动，进一步挖掘青年的爱国热情，将团员们在国庆系列活动中的所见所闻进行深入分析总结，体会时代赋予当代清华人的责任和使命。2008 年 11 月以来校研究生团委也在全校研究生团员青年中开展了“践行科学发展，立志成才报国”主题教育活动，先后以“清华学子见证改革开放”“科学发展引领民族复兴”“爱国传统薪火相传”“百年希冀继往开来”等为主题，分四个阶段具体实施。

2010 年是清华大学百年校庆前的最后一年，在青年学生中深入开展与校庆相结合的爱国主义教育活动，对于激发爱国热情，振奋民族精神，凝聚力量同心同德推动经济社会又好又快发展，具有十分重要的意义。3 月，全校启动了“传承百年精神，投身复兴伟业”的主题教育活动。结合百年校庆即将到来的重要历史契机，校团委开展了“百年清华，行健不息”主题团日活动。研究生团委也开展了校友论坛、校友访谈、专题报告、主题团日、名师讲座、演讲比赛、主题征文、知识竞赛等各类活动 300 余场次，参与人次近 2 万人。全校各个团支部经过精心策划，细致准备，使得本期的主题团日活动既具有时代特征又富有清华底蕴，既具有青年共性又饱含专业特色。

20 世纪 90 年代末，互联网的迅速发展给共青团工作带来了新的挑战和机遇。2000 年底，清华在全国高校中率先建立综合性学生门户网站“学生清华”，其后于 2004 年和 2007 年进行了两次改版，围绕“宣传教育的重要媒介，和谐校园的重要窗口，集体建设的重要载体，优化工作的重要途径”的定位，逐渐成为集网络宣传、思想教育、平台服务三位一体的中心门户，校团委利用这一平台积极开展了形式新颖的网络教育活动。基于 Web2.0 技术的日益发展和成熟，“学生清华”网站正在进行新的探索和改版，构建清华大学“学生第二课堂门户网站、学生工作信息化平台和沟通渠道、学生个性充分发展的网络空间”，以适应新时期青年学生对网络的需求，积极服务同学成长成才。2004 年底，清华大学博学网正式上线，是国内最早的研究生门户网站之一。在清华大学研究生团委的大力支持下，网站不断优化，依托清华大学丰富的学术资源，通过学术信息报道、人物访谈、视频播放、新闻报道等多项功能，为校内外研究生搭建了一个传播学术心得、展示学术成果、加强学术交流、促进学术创新的重要平台。在网络建设方面，我校还于 2001 年筹建“清华大学学生宿舍计算机信息网络管理委员会”（以下简称学生宿舍网管会），秘书处设在校团委。学生宿舍网管会在每个学生宿舍楼设立 1～2 名网络管理员，负责学生住宿区网络的信息安全、运行维护、用户服务等工作。与此同时，学校还于2002年开始专门设立了网络辅导员岗位，积极开展网络舆情调研、网络宣传教育及管理工作，开辟了新时期思想政治教育的新渠道。

团的思想教育活动，以其鲜明的时代特色、生动活泼的教育形式，深受广大团员的欢迎，取得良好的效果。

（二）学生骨干培养工作

学生在社会工作中全面锻炼素质，不仅仅是自身的发展需要，也是时代对优秀青年人才的必然要求。清华大学的学生骨干培养是以“学习一实践一思考”三个阶段为环节的体系，在引导同学树立坚定正确的理想信念的前提下，通过课程化培训传授理论知识、工作方法，锻炼分析问题与解决问题的能力；然后在工作岗位上实践锻炼，不断增长才干，并且在学习和实践过程中积极思考、深入研究，将理论与实践有机地结合起来，形成个人成长与发展的强大动力，从而实现提高政治思想觉悟，培养各项能力，全面提升素质的育人目的。

1961年3月15日至1961年4月13日，为了使学生干部认清当下形势，明确工作任务，提高工作水平，校团委对全校团支书以上干部进行了为期一个月的培训。培训分为作报告和交流讨论等形式，通过学习和交流，学生干部进一步了解了过去团的工作中存在的问题，训练后期，全体学员也深入讨论了关于团支部工作的三个文件——《班级团支部工作要点》《班级团支部干部工作方法和工作作风要点》以及《班级团支部工作中一些问题的界限》，在讨论的过程中，学生干部进行了更加深入的学习，也得到了进一步的教育和提高。

1961年4月，校团委向基层团干部下发了《把班级共青团的工作提高一步》的工作规定，其中包含了《班级团支部工作要点》《班级团支部干部工作方法和工作作风要点》以及《班级团支部工作中一些问题的界限》（五十条）三个文件，以此来提升学生干部的工作水平，使学生干部明确自己的任务，正确执行党的政策，肩负起培养教育青年的责任。在以后的几年里，校团委在对普通同学进行思想教育的同时，帮助干部改进工作作风和工作方法，此项做法很有成效。

1976年3月，校团委组织开展了对团委的学生干部的培训，每系有30～40人参加。此次培训主要是加强青年干部的理论学习，重点学习马克思主义关于阶级斗争和路线斗争的论述。

1994年，校团委面向全校学生干部开始开设《学生社会工作概论课》，在秋季学期和春季学期分别开设提高班和基础班课程，旨在向学生干部介绍共青团优良的工作作风，提高学生干部的综合素质。随着学生干部培训需求的不断增长，从2005年第21期《社会工作概论课》开始，每学期基础班和提高班各开设一期。截至2009年，共7 200余名学生完成课程。

2001年，“饮水思源·服务社会”（简称“思源”）优秀学生培养计划成立，至今共选拔233名具有高度社会责任感与奉献精神，同时成绩优异社会工作潜力突出的优秀本科生进行全过程资源匹配式培养。思源计划每个培养流程历时四年，每年在全校大一新生中选拔36名学生，利用三个暑假进行三次培养目标不同的精品社会实践项目。在每个学期中通过成员自身组织活动、互相学习，提供锻炼表达能力、组织能力、扩展眼界的学习机会，促进成员形成坚强执着、勇于承担的个性，成为具备独立主见和远见的人。2008年，开始实施思源计划的第二个子项目“思源学生骨干培养项目”。项目主要面向清华大学研究生和高年级本科生中的学生工作骨干，通过精品化的暑期项目拓展其国际视野、领导力和奉献精神。三年来，思源骨干本科生班已经为95名来自四届学生会大主席团成员提供高端暑假培训项目。思源骨干研究生班已经为56名来自两届校团委分团委书记成员提供赴境外暑期培训项目。2009年，思源骨干计划在暑期先后组织了有28名本科生参加的青海“国情之旅”项目，31 名本科生参加的台湾“国情之旅”项目，19 名研究生参加的美国耶鲁大学暑期学校项目。

2005 年，为响应党中央、国务院关于全面加强对学生社会工作锻炼指导的号召，校团委开展以“以行求知，奉献成长”为主题的学生社会工作岗位锻炼计划。通过《社会工作锻炼程度权重表》整合学校社会工作岗位资源，设定《社会工作岗位锻炼的量化指标体系》引导清华本科生在校期间均参与社会工作。

2006 年，校团委开展了面向全校新生的团队训练营工作，以新生团支部为基本单位，普遍开展各种形式的团队合作培训。团队训练营以促进支部建设为目标，引领新生感受清华精神，学会沟通表达，增强团队意识。截至 2009 年，新生团队训练营已经举办四届，逾 13 000 名同学参与其中。

2007 年，社工锻炼计划明确培养目标为“三项精神，三项能力”，即“奉献服务精神、追求卓越精神、求真务实精神，沟通表达能力、团队合作能力、组织协调能力”。

2008 年，“清华大学学生社会工作导师团”计划正式开始运行，旨在实现“高层次、高素质、多样化、创造性”的人才培养目标，贯彻“因材施教”理念，培养拔尖创新的骨干人才，同时给学生干部在社会工作和个人发展规划方面以系统的指导。截至 2010 年 12 月，导师团项目共运行三期，组织开展了座谈、郊游、企业参观、人物访谈、组队参加比赛等活动，受训学生 100 余名。

自 2005 年起开始探索实施的“学生社会工作岗位锻炼计划”开展至今，学生社会工作岗位培训体系形成多层次、全覆盖、有重点的格局。培训体系主要内容包括新生团队训练营、学生干部岗前培训、社会工作概论课、暑期团校以及思源学生培养计划、思源骨干培养计划和导师团计划。新生团队训练营主要培养新生团队合作意识。上岗培训主要针对新上岗的学生干部传授基本的工作方法。社会工作概论课基础班是对低年级学生干部一次全方位的系统培训。社会工作概论课提高班、暑期团校、社工导师团和思源计划是社工锻炼计划中的提高性培训环节，其中社工课提高班侧重于领导力、管理学和工作方法的讲授；暑期团校重点交流近期工作重点和工作思路；社工导师团和思源计划则主要强调师生互动交流，校友资源分享。同时，社工岗位锻炼计划通过干部培训案例资源库的建设、促进院系间的资源共享，以及加强对院系干部培训工作的指导和支持力度等方式，促使新上岗的学生干部尽快熟悉岗位职责，适应工作要求。社会工作管理信息系统（简称社工网）正式投入使用，初步实现学生干部信息汇总、培训项目申请、岗位管理等实用功能，学生干部选拔、培养的水平进一步提高。据不完全统计，截至 2008 年夏，学校 2004 级本科生的社会工作参与率已经超过了 90%，社会工作岗位锻炼计划实现预期目标。

（三）社会实践与志愿服务活动

社会实践是清华大学坚持多年的工作传统，是广大学生在社会大课堂中“受教育、长才干、作贡献”的有效形式，是促进理论与实践相结合、学校与社会相结合、青年学生与工农群众相结合的渠道，是开展实践教育的重要方面。

1958 年，学校动员全校青年积极参加“建立共产主义清华大学”运动，暑假全校大部分同学参加了建厂、实习、下乡等活动，参加此次实践活动的同学超过 5 000 人。在这一年时间里，在党委领导下，他们在教师和工人的指导下，参加了校内 63 个工厂车间的建设工作以及校内外 856 项生产任务，完成或者基本完成 902 项科学研究和新产品的调试工作。除参加结合专业的劳动外，学生也参加了全民炼钢、修建十三陵水库、秋收秋种、排涝抢种等公益劳动。

1959 年 10 月至 12 月，大一、大二的 2 928 名同学分先后四批参加了学校的基本建设和校园的绿化工作。同年 10 月，建筑、工程化学、物理三个班的 225 位大一同学组成八达岭绿化营，完成八达岭三堡车站三四千亩山地的造林任务。这一年学校建立了 6 个工厂，并且和全国上百个工厂取得了联系。

1960 年暑假，学校组织 6 000 多名同学参加了一星期左右的支援农业劳动，同时，学校还组织同学参加军事野营活动。

1964 年寒假，学校共有 127 人参加假期下乡实践活动。

1981 年 2 月，学校组织同学到京郊平谷县进行经济发展情况的调查；同年 10 月，秉着“用双手美化校园，劳动中锤炼思想”的精神，81 级新生先后参加了一周建校劳动。

1983 年暑假，校团委组织了数百名同学参加了社会调查和为人民服务活动，并于 9 月 20 日召开了社会调查报告会。以后，每年寒暑假校团委都采用不同方式，组织广大同学参加社会实践活动。

1984 年 6 月，校学生科学技术协会（简称学生科协）在校团委等单位的领导下，发起了参加社会实践、开展技术服务的招标活动，同学们自动组织投标小组，邀请指导教师，招标项目大都是技术性科研和社会教育的题目。

1985 年 5 月，学校成立学生科研服务部，为在校大学生、研究生参加社会实践活动、勤工俭学穿针引线，铺路搭桥。

为了使社会实践活动取得更好的效果，校团委于 1987 年 10 月召开首次社会实践交流表彰会，会上表扬了 32 个社会实践先进集体和 52 个先进个人。1990 年 9 月 25 日，再次召开社会实践总结交流座谈会，介绍同学参加社会实践活动的体会。10 月 30 日，召开暑期社会实践表彰、为亚运作贡献庆功大会，会上表扬了 54 个社会实践先进集体和 56 个先进个人。

1991 年暑期，全校有 14 000 多人次参加各种社会实践活动。同学们围绕“寻访奉献者足迹，寻找共和国脊梁”“寻访校友足迹、探索人生之路”等主题，开展一系列有教育意义的活动。结合参观调查国有大中型企业和社会主义新农村，有许多新的收获。1992 年校团委开展“国情、道路、责任”为主题的活动，寒假、暑假的社会实践活动也以此为主题。暑假共有 6 370 多人次参加社会实践活动，同学们深入了解国情，积极参与改革，发挥专业所长，为社会作贡献。返校后，又通过团日、班会、演讲、辩论、征文、展览等形式，总结交流社会实践的见闻和体会。11 月 14 日，校团委召开学生暑期社会实践表彰大会，8 名同学汇报了社会实践的收获，会上表扬了 5 个“社会实践先进分团委”、30 个班级、50 名个人、15 个基层社会实践小分队和 20 项科技服务成果。1993 年暑假，共有 970 余人参加社会实践，广大同学围绕“国情、时代、成才”的总主题，积极开展“用知识造福人民，用奉献开展人生”为主题的科技服务以及以“踏创业足迹、扬奋斗精神”为主题的参观考察、以“爱我中华、兴我事业”为主题的专业教育等。返校后进行了总结交流。

从 1995 年开始，本科生实践活动覆盖到全国各地。1995 年以“知我中华、爱我中华、兴我中华”为实践主题，140 余支队伍奔赴全国各地。1996 年至 1998 年，组织“以中华富强为己任，为民族经济做贡献”为主题的实践活动。从 2004 年开始，实践活动再创新形式，增添双休日实践，使得学生在寒暑假日以外的日常双休日也积极参加校友访谈、民工子弟学校支教等形式的实践活动，从而进一步在实践中报效祖国，增长才干。2005 年学校第 22 次教育工作研讨会以“加强实践教育，培养创新人才”为主题，指出“实践教育对培养学生形成正确的世界观、人生观、价值观，对提高学生综合素质与创新能力具有十分重要的意义”。

2009年暑期，为庆祝新中国成立60周年，全面启动“百年校庆祖国万里行”主题实践活动，并将本次活动作为社会实践工作的主导体系，与就业引导工作、校友访谈活动密切结合，以“培养爱国情怀，感悟清华精神”为宗旨，鼓励和组织同学走出校园，考察国情，走进厂矿，深入农村，赴祖国各地开展形式多样、内容丰富、主线突出的实践活动。通过主题教育和实践活动，对学生进行广泛、深入的爱国主义教育，加深对新中国成立60年特别是改革开放30年巨大变化的了解和认识。

从2009年起，全面开展“百年校庆千名校友访谈”活动，旨在创造清华学子与广大校友近距离接触的机会，并从诸多校友中学习和体会清华文化和精神，并建立清华学子与校友的长期联络机制。在百年校庆前两年时间，发动同学们组成小分队，利用寒暑假、双休日和校庆校友返校的时间，完成1 000位左右校友的访谈。2010年，根据校友访谈的文字资料等，以记录校友精彩的人生故事和学生自身的访谈感受为主，百年校庆“千名校友访谈”工作小组将其整理编纂成册，形成《千名校友访谈录精选》系列丛书。

2010年，在清华大学即将迎来百年校庆之际，学生社会实践工作继续深入贯彻落实科学发展观，以百年校庆为契机，结合“传承百年精神，投身复兴伟业”的主题教育活动，以“祖国万里行”主题社会实践为主体，结合学校百年校庆百场社会服务公益活动、“千名校友访谈”活动等契机，深入开展多种形式的社会实践活动。全年共有超过14 000人次参加第二课堂社会实践活动。

清华大学积极响应团中央号召，自1998年开始每年组织青年志愿者扶贫接力计划支教团。至2010年第十二届研究生支教团，共向祖国西部贫困地区选拔输送了160名支教志愿者。支教受援地覆盖青海、甘肃、西藏、河南、山西、陕西、湖北等省区的众多贫困县乡（其中，自2004年至今，学校坚持在青海和西藏支教）。志愿者们秉承“自强不息，厚德载物”的清华校训，将清华精神与志愿服务精神充分结合，用他们的实际行动践行“到祖国和人民最需要的地方去”的诺言。

1988年校团委被团中央授予“全国社会实践活动先进单位”称号。2003年至2006年，连续四年被中宣部、中央文明办、教育部、共青团中央、全国学联等单位授予“全国大中专学生志愿者暑期‘三下乡’社会实践活动先进单位”称号。至2010年底，清华大学连续多年获得“首都高校社会实践先进单位”称号，每年数十支学生实践队伍受到北京市团委表彰。同时，清华学生社会实践活动得到了社会各界的普遍认可，《人民日报》《中国青年报》《中国教育报》、中央电视台以及各省、市、县多家媒体多次宣传报道。

清华大学1985年至2010年学生社会实践开展概况，见表18-10-14。

表18-10-14 清华大学1985年—2010年学生社会实践开展概况

时间（年）	参加人数	主要地区	主要内容
1981	不详	京郊、校内	经济发展情况调查、建校劳动
1984	35	西北、东北	参观“兰化”“504”基地、白山电厂、第一汽车制造厂、哈尔滨汽轮机厂、哈尔滨锅炉厂、哈工大等，组织座谈

续表

时间（年）	参加人数	主 要 地 区	主 要 内 容
1985	100	东北、西北、华中、河南	学生考察团进行社会考察
1986	6 000（含研究生）	唐山、山西、陕西、新疆、河南、黑龙江	赴唐山学习劳动营、赴山西考察服务团、中小型企业技术服务等，开展经济体制改革专题调研和方案论证
1987	8 400（含研究生）	全国 29 个省、自治区、直辖市	军训、劳动、社会调查、科技服务
1988	145	京郊 9 个乡镇企业、大兴县、秦皇岛、芜湖、第一汽车制造厂、攀枝花、河北怀安	技术服务、社会调查，许多本科生还利用实习、回家探亲开展社会实践活动
1990	2 000	北京首都钢铁厂、大兴县红星乡、北京电视机厂等	参观、社会调查
1991	14 100（含研究生）	北京平谷县、延庆县、大庆	300 名师生赴平谷县 14 个乡镇进行科技服务和社会实践；68 个小分队赴延庆、大庆等地社会实践
1992	6 370（含研究生）	河北、北京、山东、四川等	600 余人赴河北、北京乡镇企业社会实践；100 余支小分队赴老少边穷地区、重点企业、乡镇企业技术服务
1993	970	河北灵寿，北京海淀，山东莱芜、青岛，鞍钢，大连，苏州，无锡等	140 支小分队分赴各地国营企业、乡镇企业参加社会实践活动
1995	2 000	全国各地 140 支队伍	以“知我中华、爱我中华、兴我中华”为主题，开展传统教育；了解国情，扫盲、职教、科技服务
1996	2 000	全国各地 130 支队伍	以“以中华富强为己任，为民族经济做贡献”为主题，开展各类三下乡服务、国情调研
1997	3 800	全国各地 140 支队伍	以“以中华富强为己任，为民族经济做贡献”为主题，重点开展科技文化卫生三下乡，了解、考察、服务民族经济，接受革命传统教育
1998	1 400	全国各地 160 支队伍	以“以中华富强为己任，为民族经济做贡献”为主题，重点开展国情考察、科技文化卫生三下乡、传统教育；博士生实践服务团齐鲁行
1999	4 200	全国各地 150 支队伍	以“我的事业在中国”为主题，重点开展科技文化卫生三下乡、国情考察、革命传统与爱国主义教育；博士生实践服务团浙江行
2000	3 000	全国各地 180 支队伍	以“我的事业在中国”为主题，重点开展西部开发、寻访校友足迹；博士生实践服务团西部行
2001	2 000	全国各地 208 支队伍	以“向人民学习，在实践中成长”为主题，重点开展国企调研、扶贫支教、校友访谈；“三个代表”实践服务团；博士生实践服务团军旅行

续表

时间（年）	参加人数	主要地区	主要内容
2002	4 000	全国各地 258 支队伍	以“党在我心中”为主题，开展“三个代表”学习实践、国情考察、西部开发、专业调研、扶贫支教；博士生实践服务团辽宁行、内蒙古行
2003	1 000 （受非典影响）	全国各地 33 支队伍	以“我与祖国共命运”为主题，开展国情调研、支教活动、专业调研、“三个代表”学习实践、“非典”调查；博士生实践服务团航空行
2004	6 200	全国各地	以“和祖国一起走向辉煌”为主题，开展清华学子心系国防、清华学子情系东北振兴；“三农”问题专题调研、产业工人现状调查、“三个代表”学习实践、扶贫支教；校友访谈、专业调研；博士生实践服务团“追随小平足迹，投身复兴伟业”
2005	9 242	全国各地	以“到祖国和人民最需要的地方去”为主题，开展科技服务、国情考察、企业调研、扶贫支教、校友访谈、专业调研、结合两课教学寒假实践、四进社区；博士生实践服务团“永葆党员先进，投身复兴伟业”
2006	10 395	全国各地	以“到祖国和人民最需要的地方去”为主题，开展六个重点方向的实践：践行社会主义荣辱观，从我做起从小事做起；聚焦“社会主义新农村”；投身“节约型社会”建设；关注“社会主义文化”，构建“和谐社会”；心系国防事业，关注国家安全；服务奥运，添砖加瓦；着手专业实习，放眼就业创业
2007	11 771	全国各地	以“科学发展，成才报国”为主题，开展八个重点方向的实践：践行科学发展，关注国计民生；走近西部开发，感受东北振兴；聚焦农业发展，了解农村建设；立足专业实践，投身重点行业；胸怀国防事业，心系国家安全；开展扶贫支教，关爱弱势群体；参与志愿活动，服务北京奥运；寻访楷模足迹，立志成才报国。
2008	12 886	全国各地	以“科学发展，成才报国”为主题，开展八个重点方向的实践：透视民生热点，促进社会和谐；关注资源环境，倡导节能减排；考察传统文化，弘扬民族精神；聚焦农业发展，了解农村建设；立足专业实践，投身重点行业；胸怀国防事业，心系国家安全；开展扶贫支教，关爱弱势群体；宣传奥运理念，参与志愿行动
2009	13 191	全国各地	以纪念新中国成立 60 周年、“五四运动”90 周年、巩固发展改革开放 30 年成果、迎接清华百年校庆为契机，以“科学发展，成才报国”为主题开展社会实践工作，重点有 6 个方向：践行科学发展，关注民生热点；回溯百年校史，寻访校友足迹；提升就业素质，投身重点行业；考察传统文化，弘扬时代精神；了解农业发展，参与农村建设；发扬志愿精神，开展公益服务
2010	14 157	全国各地	继续深入贯彻落实科学发展观，以百年校庆为契机，以“传承百年精神，投身复兴伟业”为主题，开展“祖国万里行”社会实践活动，重点方向包括两个：百年清华精神感悟与追寻；民生热点面面观

除了组织本科生参加社会实践活动以外，为了让研究生接触社会、了解国情，为国民经济建设服务，向工农学习，1985 年，学校开始进行研究生社会实践试点。当时由校研究生会和研究生团委负责组织，内容以社会调查为主，少量科技服务。当年参加人数为 120 人，完成课题

63 项。

1987 年，学校进一步决定将社会实践列为研究生的必修课。1987 年至 1993 年，全校参加大规模有组织的研究生社会实践总数达 3 900 人，完成课题 2 319 项，创造直接经济效益 996 万元，足迹遍及全国 29 个省市自治区。1993 年，清华大学“研究生社会实践制度的试验与改革”，获全国普通高校优秀教学成果二等奖，北京市优秀教学成果一等奖。

2004 年颁布的《中共中央国务院关于进一步加强和改进大学生思想政治教育的意见》指出，高校应该“积极探索和建立社会实践与择业就业相结合的管理体制，增强社会实践活动的效果”。根据这一精神，并配合“启航计划”就业引导工作，学校党委研究生工作部、就业指导中心、研究生团委参考国外大学采用的暑期实习的形式，并结合我校研究生的实际情况，建立了研究生就业实践这一新的社会实践形式，组织学生到重点地区、重点单位进行上岗实习、参观调研、校友访谈等，了解单位和行业的实际情况、发展前景，提前接触未来可能的工作生活状态，以此帮助学生在求职之前全面认知自我，理性规划职业生涯。

2003 年暑期，土木系和电机系两个院系组织了首批就业实践队伍，试点研究生就业实践的新模式。其中，在电机系参加中国电力科学研究院就业实践的 10 名研究生中，最终有 6 人到实践单位工作。研究生就业实践工作迈出了第一步。

2004 年，研究生就业实践工作正式在全校范围内推广，共有 34 支实践支队出行，就业引导作用明显，研究生同学普遍反映对就业岗位和就业地区有了更为深刻的认识，工作初步达到预期效果。

2006 年，校研究生团委以“启航，从祖国需要的地方开始”为主题，重点引导赴国家重点地区、重点行业的就业实践活动。当年实践支队中，约 60％的支队赴东北和中西部地区，超过 85％的支队赴国家重点单位实践。与此同时，就业实践内容和形式不断创新，效果更为显著。由软件学院、人文学院组成了海南实践支队，同学们在感受海口社会主义新农村建设成果的同时，还帮助当地政府建设了电子农务网站；软件学院大亚湾支队通过与用人单位交流，8 人中 6 人有就业意向并与用人单位开始接触；电子系无锡支队通过对我国芯片产业的实地考察，改变了以前对国企的一些错误认识，很多同学转而立志投身国企，振兴民族 IT 产业。

2009 年，校研究生团委提出了“建立基地，带岗实践”的新思路，在重点地区和重点行业大力推进基地建设。2009 年末，校研究生团委提出了“百千万工程”，即建设好上百个基地，每年组织上千名研究生出行，引导学校万余名研究生的择业就业，成为就业实践发展的重要目标。研究生就业实践网络平台“启航网”正式上线，为岗位征集、报名选拔、实践出行、实践反馈、效果调研、成果展示等提供了统一的网络服务平台，大大简化了立项、审批、招募、反馈等流程，同时也实现了学校、实践基地和同学个人之间的有效互动。

2010 年，校研究生团委启动研究生寒假就业实践工作，实现了研究生就业实践“暑期（就业实践）准备—出行—秋季就业—反馈总结—寒假（就业实践）准备—出行—春季就业—反馈总结—暑期（就业实践）准备”的全年化循环工作局面。

经过多年的探索和总结，在学校和院系的共同努力下，围绕治学、治业、治国的人才培养目标，基于分类引导的理念，基本形成了科研实习、带岗实践、短期挂职“三种载体”和组织基地化、实践项目化、培训系统化、管理信息化“四个支撑”的就业实践体系，有力推动了就业引导和人才培养工作的科学发展。

清华大学 2003 年至 2010 年研究生社会实践开展概况，见表 18-10-15。

表 18-10-15　清华大学 2003 年—2010 年研究生社会实践开展概况

时间（年）	参加人数	主要地区	主要内容
2003	（不详）	（不详）	以“胸怀民族复兴，投身伟大实践”为主题，由电机系和土木系开展研究生暑期就业实践试点工作
2004	380	全国各地	以“启航，我伴祖国共辉煌”为主题，研究生就业实践活动正式启动，共有 34 支队伍出行
2005	516	全国各地	以“启航，到祖国需要的地方去”为主题，继续推进“启航计划”，引导广大毕业生同学了解重点地区、重点行业的就业状况
2006	608	全国各地	以“启航，从祖国需要的地方开始”为主题，重点引导赴国家重点地区、重点行业的就业实践活动。当年实践支队中，约 60%的支队赴东北和中西部地区，超过 85%的支队赴国家重点单位实践
2007	770	全国各地	以“启航，承载希望，扬帆远航”为主题，围绕“实践育人”的宗旨展开以参观座谈、深入调研、科技服务与交流为三种主要内容实践。工作方式方面，在注重实践规模与质量基础上，着重建立以“健全制度、全面覆盖、巩固成果，深化影响”为要求的“集约型”运作模式
2008	799	全国各地	以“与改革同行、促民族复兴”为主题，全校 29 个院系的共 90 个支队参加。超过 76%的支队选择了去国有企业、事业单位、国家机关等国家重点行业和单位，赴中西部和东北地区的支队占总支队数的 53%
2009	1 080	全国各地	以“启航，我伴祖国共辉煌”为主题，全校 27 个院系的共 96 个支队参加。拓展了带岗实践、科技服务等的就业实践体系。有 39 支支队实践时间超过 15 天，深入企业一线、参加企业的实际课题，带来了较大的社会效益。校研究生团委提出“建设好上百个基地，每年组织上千名研究生出行，引导学校万余名研究生的择业就业”的百千万工程
2010	1 135	全国各地	以“传承百年精神，投身复兴伟业”为主题，全校 33 个院系的 116 支队伍参加。体现出精细化、联队化、实践时间长和院系参与度高等特点。首次启动寒假就业实践工作，实现了全年化循环工作局面

20 世纪 70 年代学校开设义务劳动课，1987 年学校红十字会学生分会成立，1988 年学生治安服务队成立。1991 年校团委筹建“学生紫荆义务服务总队”，1996 年 10 月 31 日，清华大学学生紫荆志愿者服务总队（以下简称紫荆总队）正式成立，开始在全校范围内大规模组织志愿服务活动。2002 年 12 月，清华大学紫荆志愿者服务总队研究生服务团成立。2003 年“非典”期间，紫荆总队组织志愿者在宿舍、食堂等区域开展人员流动控制、秩序维护等服务工作。2005 年 9 月，在校团委下增设了志愿服务指导中心，统筹指导全校志愿组织和志愿活动。2006 年清华在全国高校中率先开发了“志愿者注册认证系统”和“奥运志愿者报名信息系统”，同时，学校开始每年度评选“十佳紫荆志愿者”，在校内树立优秀紫荆志愿者的模范先锋。研究生支教团于 2008 年荣获“中国百个优秀志愿服务集体”称号。2008 年汶川地震发生的第一时间，学校便与市血液中心取得联系，积极组织本校师生开展无偿献血活动。仅 13 日一天，报名献血的师生就超过了 1 000 人，共有 654 人捐献全血 915 单位，103 人参加机采血浆的捐献，献血量占当天北京血库总量 1/6。整个献血活动从上午 11 时开始一直持续到 5 月 14 日凌晨 1 点才结束，当天深夜 12 点，校党委书记陈希、副书记史宗恺前往看望了参加无偿献血的师生。

2008 年，根据奥运工作的需要，学校形成了“党委统一领导、行政大力支持、相关部门密切配合、共青团组织实施”的奥运志愿者工作格局，组织了以“奥运论坛”和“奥运全接触”为主题的系列活动，最终报名北京奥运会志愿者人数达 10 600 多人，覆盖师生员工等各类群体，通过培训选拔机制遴选出 3 300 余名正式志愿者，完成了赛会、城市运行、奥运村住宿、非注册媒体服务等志愿服务工作。最终，清华大学奥运志愿者服务团队被党中央、国务院授予“北京奥运会残奥会先进集体”称号。奥运会后，校团委进一步完善了集紫荆志愿者注册、认证、信息发布等功能于一体的信息化平台；出台志愿者分级嘉许制度，完善保障激励体系；创办公益创业实践赛，将公益服务与创业、实践相结合，探索了增强青年学生公益意识的新途径。2010 年，全校累计已有 15 684 人在志愿服务平台上注册成为紫荆志愿者，总服务时间达到 354 515 多小时（不包含奥运会、残奥会）。开展了校园义务讲解，紫荆信箱，情系母校，校庆校友接待，与孤寡老人“朝夕相伴”，无偿献血，礼仪服务，支教服务，大型赛会服务等一大批影响广泛的志愿者活动。

（四）学生学术科技与创新创业活动

1958 年左右，蒋南翔校长提出了到北京几所中等学校进行科技辅导活动的意见。为了推动中学科技，增加中学生对我校的了解，学校组织了科技活动夏令营，夏令营秉持手脑并用的原则，以科技活动为主，军体活动为辅，将教学改革与生产相结合，将普及与提高相结合。1960 年科技活动夏令营达到高潮，这一年学校共派出 119 名辅导员，帮助 17 个中学建立了有 2 000 人参加的约 80 个科技小组。后来学校感到力量有限，进行了一些调整，到 1964 年共有机冶、土建、数力、工物、无线电、自控、工化等 7 个系联系清华附中、女三中、师大女附中、男八中、101 中、师大一附中等 6 个学校，学校派出辅导员 100 余人，参加活动的中学生 300～500 人。

1958 年至 1964 年，一批又一批清华学生参加了机械制造、动力机械、发电、水利、土建等方面的科学研究工作，以及原子能、无线电电子学、自动控制、化工等方面的最新科学技术研究工作，在教师的领导下，学生与校外的有关单位协作，研究设计试制了电子计算机控制的程序控制机床、电子模拟计算机、电子感应加速器、高标号黏土水泥等产品，并且进行了球墨铸铁的新应用、钣极电渣焊、堆焊和过水坝、天然铺盖等项目的研究工作。

1983 年校学生科协成立，本着“崇尚科学、追求真知、勇于创新、迎接挑战”的宗旨，通过课外科技活动，培养学生的科技创新意识和能力，引导学生理论与实践相结合。校学生科协下设办公室、项目部、基层部、信息部、科技部、宣传部，并在全校各系（院）设系级分会，拥有现代化的学生课外科技活动基地。每年校庆期间学生科协举办的清华大学“挑战杯”学生课外学术科技作品竞赛暨技术交流会，是学校历史最长、规模最大、水平最高的综合性学生学术科技赛事。“挑战杯”竞赛旨在培养学生创新精神和实践能力，1983 年至 2009 年，已成功举办 28 届，历届参赛项目累计逾万项。“挑战杯”参赛作品涉及信息技术、机械控制、基础建设、数理科学、生命科学、能源材化、人文社科以及实践调研等多个门类。

1989 年，共青团中央、中国科协、全国学联在清华大学“挑战杯”竞赛的基础上联合发起组织了首届“挑战杯”全国大学生课外学术科技作品竞赛，共有 21 个省、自治区、直辖市的 53 所高校参展，参赛展品 430 件，清华大学以总分第一荣获“挑战杯”和三个一等奖。“挑战杯”大学生课外科技活动成果展每两年举办一次，截至 2009 年共举办十一届，由各高校轮流筹备。学校于 1989 年、1997 年、2003 年和 2009 年 4 次捧得全国“挑战杯”，并获得“永久杯”，历届成绩见表 18-10-16。

表 18-10-16　历届“挑战杯”全国大学生课外学术科技竞赛清华大学总体成绩

届　次	决赛时间	承 办 学 校	奖　　项	总分	总分排名
第一届	1989-12	清华大学	一等奖 3 项、二等奖 4 项、三等奖 4 项、四等奖 4 项	640 分	1
第二届	1991-11	浙江大学		240 分	6

续表

届　次	决赛时间	承办学校	奖　　项	总分	总分排名
第三届	1993-11	上海交通大学	一等奖 1 项、二等奖 1 项、三等奖 2 项、鼓励奖 2 项	290 分	9（并列）
第四届	1995-11	武汉大学	一等奖 1 项、二等奖 2 项、三等奖 2 项、鼓励奖 1 项	340 分	2
第五届	1997-11	南京理工大学	一等奖 4 项、二等奖 2 项	540 分	1
第六届	1999-11	重庆大学	二等奖 2 项、鼓励奖 1 项	190 分	26（并列）
第七届	2001-09	西安交通大学	特等奖 1 项、二等奖 2 项、三等奖 2 项	220 分	11
第八届	2003-11	华南理工大学	特等奖 2 项、一等奖 1 项、二等奖 2 项	360 分	1
第九届	2005-11	复旦大学	一等奖 1 项、二等奖 1 项、三等奖 4 项	190 分	15（并列）
第十届	2007-11	南开大学	一等奖 1 项、二等奖 1 项、三等奖 3 项	180 分	17（并列）
第十一届	2009-10	北京航空航天大学	特等奖 2 项、一等奖 2 项、二等奖 2 项	420 分	1（并列）

以“挑战杯”为龙头，学生科协先后推出以机械设计、数学建模、结构设计、计算机知识技能等为主要内容 30 余项覆盖各学科群的系列赛事；组织以“星火论坛”为代表的各类科技创新创业、人文社科以及专业技术等方面的讲座论坛、主题沙龙、兴趣小组。从 2003 年秋创立发展至今，“星火论坛”已经成功举办过 60 多次高水平的大型论坛交流活动，邀请了近 30 名两院院士与同学们进行深入交流。在此基础上，校团委联合教务处建立起包括 SRT、“挑战杯”专项基金、累进支持基金在内的项目支持体系，并通过对学生科技创新基地的建设，培养和发掘一批科技骨干。2007 年，由清华大学学生处、教务处、校团委共同发起的“科技创新，星火燎原”清华大学学生创新人才培养计划（简称“星火班”）正式启动。该计划旨在提升我校学生的创新意识与创新能力，为国家培养和输送更多拔尖创新人才。截至 2010 年，项目共招收学员 144 名，学员自主研究项目 103 项，在国际国内高水平科技赛事获奖 34 人次，以第一作者身份发表学术论文 23 篇（其中 SCI 检索论文 3 篇），42 人在项目支持下赴海外一流大学进行科研和文化交流。

2010 年，为更好地培养学术科技人才，学校分别与爱立信公司、上汽—通用公司和波音公司合作，先后成立了“未来通信”“未来汽车”以及“未来航空”兴趣团队。该项目基于学生对特定领域的兴趣，选拔、组建某学术方向的兴趣团队。三个兴趣团队的建立，标志着清华大学结合校外资源培养学术科技人才的探索迈出了实质性的一步，为后期更长远的发展奠定了基础。

学校主要的课外科技赛事概况，见表 18-10-17。

表 18-10-17　清华大学主要的课外科技赛事概况

赛 事 名 称	举 办 院 系	面 向 对 象	举办届数
交通科技竞赛	土木建管系	全校本科生	3
结构设计大赛	土木建管系	全校本科生	15
水利创新大赛	水利系	全校本科生	3

续表

赛事名称	举办院系	面向对象	举办届数
水文化知识竞赛	水利系	全校新生	3
环境友好科技竞赛	环境系	各大高校学生	6
虚拟仪器设计大赛	精仪系	全校学生	7
机械创新设计大赛	精仪系	全校本科生	11
新生机械创意设计大赛	精仪系	全校新生	7
能源动力设计大赛	热能系	全校学生	4
汽车风采设计大赛	汽车系	全校学生	4
硬件设计大赛	电子系	系内新生	7
新生知识竞赛	电机系	系内新生	15
数字系统创新设计大赛	电机系	全校学生	1
“AD 杯”新生信息知识竞赛	电子系	全校新生	9
队式程序设计大赛	电子系	全校本科生	12
电子设计大赛	电子系，自动化系	全校学生	12
智能体大赛	计算机系	全校学生	14
新生 C 语言大赛	自动化系	系内新生	14
智能车对抗大赛	工物系	全校学生	4
航天航空知识竞赛	航天航空学院	院内学生	5
飞行器创意设计大赛	航天航空学院	全校学生	5
“华山论剑”知识竞赛	化工系	系内新生	10
材料科学知识竞赛	材料系	系内学生	13
数学基础大赛	数学系	全校学生	5
数学建模大赛	数学系	全校本科生	16
新生化学大赛	化学系	全校新生	9
实验室安全知识竞赛	化学系，实验室设备处	全校学生	2
“诺维信”生命科学文化节	生命科学院	清华等六校生命科学学院学生	4
英语风采演讲比赛	人文学院	全校学生	8
人文知识竞赛	人文学院	全校学生	11
公共演讲比赛	新闻学院	全校学生	2
医疗仪器创新设计大赛	医学院	全校学生	3
软件设计大赛	软件学院	全校学生	3

1997 年学生创业者协会成立，2009 年更名为“清华大学学生创业协会”，旨在开展学生创新创业教育活动，培育将来的兴业之士。1998 年，第一届清华创业计划大赛举行。1999 年共青团中央、中国科协与全国学联在清华大学创业计划大赛基础上联合发起组织首届“挑战杯”中国大学生创业计划大赛，并由清华大学承办首届比赛。1999 年，清华大学作为第一个亚洲成员受邀加入全球商业计划竞赛联盟（Global Start-up Workshop）。至 2010 年，“清华创业计划大赛”共举

办 12 届，培养出“视美乐”“慧点”“瑞福”“奇乐无限”等数十家学生创业企业。

2009 年 5 月，清华大学创业教育创新实验区成立，实验区致力于整合社会创业资源，加强创新创业人才培养，集校内多个部门和院系之力，从创业启蒙、专业知识训练、创业赛事、创业实践等多个环节入手，为清华学生提供体系更为完整、资源更为丰富、培养更具针对性的创业创新教育。2009 年，学校启动首届清华大学公益创业实践赛，旨在让参赛团队通过商业运作实现社会公益，并将项目计划付诸实践。2010 年，在举办第二届清华大学公益创业实践赛的同时，在共青团中央学校部的支持下，清华大学进一步将公益创业实践赛事经验推向全国，于 2010 年 11 月举办“北极光-清华”首届全国大学生公益创业实践赛，邀请来自北京大学等 9 所高校团队与清华大学团队一起交流分享，共同收获在公益创业实践中的成长，获得了社会的广泛关注。

2009 年起，学校开始举办全国大学生创新创业实践夏令营，每年邀请来自全国 40 余所高校的近百名学员，为同学提供创业课程教学、企业参观见习、创业计划设计等多内容的全方位创业教育。作为夏令营的优秀代表，学校“艾康医疗”团队在第五届“英特尔-伯克利全球技术创业挑战赛”中获得第一名，并获得“最佳人气奖”。

2009 年，清华大学团委分别与清华科技园、江苏省昆山市政府签订协议，建立“清华科技园大学生创业实践基地”和“清华大学学生创业昆山基地”，为学生创业团队提供创业服务。此外，为了在创业教育中给予学生经验性的指导，2010 年 5 月，清华大学成立“清华大学学生创业导师团”，集中资源对创业团队进行指导。导师团共聘任了 80 余位著名企业家、投资家，和教育界、公益界、新闻媒体等各个领域取得卓越成就的专家以及在创业路上有过不凡经历的初创企业领头人，其中约 65%为清华大学校友。学生创业导师团的建立，极大地提升了创业教育的专业化水平。

（五）学生素质拓展

1997 年 11 月，学校近 120 个本科生班级和 60 多个研究生班级集中举行了“世纪呼唤——全面素质大讨论”主题班会。学校 200 多位教师参加了班会，与学生共同讨论大学生的素质发展。讨论中，师生们普遍认为素质教育是适应国家和社会对未来人才的需求的教育改革方向，素质教育的思想在全校师生中成为普遍共识。基于此，共青团清华大学第十八次代表大会对制定和实施《清华大学学生素质拓展规划》（2001 年 7 月更名为“清华大学学生素质拓展计划”）作出了部署，并于 1998 年 3 月筹措经费 20 多万元，发布了《关于在全校学生中实施“素质拓展规划”的几点意见》《清华大学学生素质拓展计划实施细则》等指导性制度文件，学生素质拓展计划开始在全校学生中全面实施。

学生素质拓展计划从新时代青年学生的特点出发，广泛调动了学生的积极性，引导学生积极主动地参加有益于思想、文化、社交、身心和创新等各项素质提高的活动。在教育思想上，该计划充分重视了学生的自主性，实现了由“要我学”到“我要学”、由“要我做”到“我要做”的转变，通过项目化科学管理与平台化统筹运作，让学生根据自身需要自主申报项目，并从中增长知识、提高能力、拓展素质。

2001 年，校团委探索和改进学生素质拓展项目的管理和运行机制，提出“给你天空，助你飞翔”的学生素质拓展工作理念，设立了支部特色活动基金、重点项目基金，支持各级学生组织的素质拓展活动。同年，学生素质拓展项目开始采取网上申报方式。

2004 年 5 月，85 级物理系校友陈远学长以下属企业润物投资公司名义在母校设立“‘润物’

校友创新素质基金”，用于支持学生开展以培养创新能力、实践能力和创业精神，提高人文艺术素养为主旨的课外活动。校友基金的介入，使得“珍惜校友资源，日后回报母校”的理念融入学生素质拓展项目中。

2005 年 11 月，根据学校第 22 次教育工作讨论会的人才培养思想，学生素质拓展计划将项目类型分为六大类：高尚的健全人格、宽厚的业务基础、敏捷的创新思维、厚重的社会责任、广阔的国际视野和潜在的领导能力。同年，学生素质拓展项目开始设立“精品项目”，在扩大学生素质拓展项目申请面的同时，以“精品项目”为品牌加深学生素质拓展项目在全校师生中的影响力。

2008 年，校团委为进一步突出学生素质拓展计划的第二课堂职能，明确提出“强健的身心素质、深厚的人文素养、敏捷的创新思维、厚重的社会责任、广阔的国际视野、潜在的领导能力”六大类重点支持方向。学生素质拓展计划进一步加大对“支部特色活动基金”的支持力度，以重点支持班团支部学生素质拓展项目开展。同年开始实行分级报销制度，并开始对学生素质拓展活动申办学生组织进行项目培训。

2009 年，学生素质拓展计划对部分符合学校重点引导方向的项目采取招标形式，通过培育品牌项目来提升学生素质拓展计划的育人成效。同年，校团委深入总结了学生素质拓展计划实施 11 年来的经验。11 年来，学生对素质拓展的需求日益增长，学生素质拓展项目数量日益增多。为适应新的工作需要，校团委提出建设“新学生素质拓展项目资助体系”；较大程度地增加了对学生素质拓展项目的支持；在项目管理上确立了“横向分类、纵向分级”的管理模式，横纵交叉，全面覆盖，分类管理，分级验收，优化了学生素质拓展项目的管理体系；此外，还着力加强了对学生素质拓展项目的引导工作，在强化建设思想性强、影响力大、辐射面广的精品项目的同时，大力支持了一批促进基层班团集体建设的项目。

2010 年，在继续坚持“纵向分级、横向分类”管理体系的基础上，学生素质拓展工作统筹项目申报、运行、检查、验收、评优、宣传各个环节都着力加强导向作用，增大了支持力度。为了更有力地贯彻学校对第二课堂育人工作的相关要求，校团委不仅将部分院系科技赛事等项目纳入素质拓展项目平台中，进行统一管理，还在秋季学期开展了对于“回顾世纪清华，献礼百年校庆”“开展创先争优，加强集体建设”“提升人文素养，塑造高尚人格”三个重点主题的专项支持工作，紧扣学校团建工作重点，受到了基层院系的欢迎。

截至 2010 年 10 月，学生素质拓展计划实施已达 12 年，审批项目 5 000 余个，调拨支持资金 210 余万元，受益面达 30 余万人次，已经形成了校级、支部特色类、社团类、志愿公益类、调研类和紫荆社区类等六大类项目，成为支持学生第二课堂发展的重要平台。校团委宣传部形势政策报告会“时事大讲堂”、校学生会“男生节”系列活动、艺术团“全接触”系列活动、校团委文体部“文缘艺萃”演出、土木系科协结构设计大赛等一批精品项目脱颖而出，在校内产生了广泛的影响。2008 年秋季学期，学校针对学生素质拓展计划实施情况开展了一项调查，600 名受访者中，超过七成的学生都认为素质拓展活动重要而有意义，超过八成的学生表示参与过学生素质拓展项目，并认为在项目的组织或者参与过程中得到较大的锻炼和提高。学生们普遍认为，学生素质拓展计划的实施，很好地推动了各学生组织的集体建设。

学校开展学生素质拓展计划的成功经验受到了上级部门的高度重视和充分肯定。2002 年，团中央、教育部、全国学联联合发布《关于实施“大学生素质拓展计划”的意见》，在全国高校中推广素质拓展计划工作，同时对学生参与素质拓展情况进行认证。同年，学校开始进行学生素质拓展认证活动，对学生在思想政治与道德素养、社会实践与志愿服务、学术科技与创新创业、文化艺术与身心发展、社团活动与社会工作、技能培训等六个方面的成长历程进行认证。在素质拓展认证证书中，记载了学生参加第二课堂活动的相关情况，是对学生大学生活的真实记录，同时也是学生全面素质培养上的“毕业证”。因而，它兼具了纪念性和权威性。对青年学生而言，该证书既可以用于珍藏回忆，又可以为奖助学金评定、就业工作等提供重要的参考依据；因而有效地激发了学生提升自身素质的主动性。2007 年，学生素质拓展认证更名为学生素质认证，认证范围进一步扩大。截至 2010 年底，共有 11 000 多名同学上网参与学生素质认证，累计为毕业班同学发放纸版证书 5 000 多份。学校历年素质拓展项目数统计结果，见表 18-10-18。

表 18-10-18　历年素质拓展项目数统计结果

年度	学　　期	项目数量	年度	学　　期	项目数量
1998	秋季学期	42	2005	春季学期	209
1999	春季学期	33		秋季学期	207
	秋季学期	30	2006	春季学期	218
2000	春季学期	57		秋季学期	136
	秋季学期	67	2007	春季学期	282
2001	春季学期	50		秋季学期	508
	秋季学期	71	2008	春季学期	395
2002	春季学期	142		秋季学期	453
	秋季学期	187	2009	春季学期	306
2003	春季学期	109		秋季学期	388
	秋季学期	163	2010	春季学期	284
2004	春季学期	113		秋季学期	409
	秋季学期	172			

(六) 学生社团协会的发展

1. 解放前的学生社团协会（1912—1948）

1912 年成立清华基督教青年会、清华体育协会，同年成立的还有唱歌队。1913 年成立科学会。1914 年 10 月，由国学研究会、达德学会、英文文学会、法文学会、科学会合并成清华学会。1916 年 11 月时，有孔教会、文学会、文友会、仁友会、青年会、体育会、丽泽会、科学社、辞社、游艺社、摄影社、达辞社、物理研究社、演习辞令会、竞进会等。1920 年春，由施滉、冀朝鼎、徐永瑛等组织的唯真学会成立，宗旨是“本互助和奋斗的精神，研究学术，改良社会，以求人类的真幸福”；方来、闻一多等人发起成立了美术社；闻一多、潘光旦、吴泽霖等人发起成立了“上社”；梁实秋、顾毓琇、张中绂等人发起成立了小说研究社，1921 年改称文学社。1924 年 6 月在校主要会社见表 18-10-19。

表 18-10-19　1923 年—1924 学年度在校主要社团协会

名　称	宗　　旨	人数	成立年份	本学年度重要活动
孔教会	昌明孔教，救济社会	67	1916	每星期经科讲演，补习学校学生 97 人，开办乡村教育研究所

续表

名　称	宗　　旨	人数	成立年份	本学年度重要活动
教育学社	研究教育砥砺品格	16	1922	编《教育论文索引》一书
科学社	研究自然科学	20	1913	读书团
农社	共谋农业之发展	12	1920	读书报告
美术社	研究美术	21	1919	展览会
数学研究会	研究数学	13	1921	演讲会 2 次，谈话会 3 次
文学社	研究中西文艺	29	1921	每星期演讲
经济学研究会	研究经济学	12	1922	辩论会，演讲会
军乐队	练习各种乐器 养成合奏之能力	26	1916	成立预备队，植树节、军操团阅兵及游行均有演奏
孔教会补习学校	补习学校补助儿童课内学业及知识	116	1916	开运动会一次
菊社	研究本国戏曲，促进高等娱乐	10	1922	在欢迎泰戈尔俱乐会时奏技
清华校役夜学	予校役以普通知识及人格上修养	22		授课及伦理演讲
铎社	练习国语	11	1924	演说 3 次，辩论 2 次
英语研究社	练习英语辩论及演说	19	1923	每周常会
鹦语社	练习演说辩论	9	1924	每两星期练习一次
政治学会	研究政治学说及考察政治情形	12	1920	名人演讲，研究及讨论
唯真学会	政治救国，改良社会		1920	发表改良社会的文章，1924 年初晋见孙中山
仁友会	联络友谊，培养人格	61	1913	自由谈话，批评德行
友社	研究学术，增进友谊	8	1922	国情报告，读书报告
协会	联络感情，交换知识	9	1921	读书报告，每星期会友谈话
群声学会	交换知识，联络感情，完成人格	10	1923	读书报告，会员测验
竞社	研究学问，交换知识 联络感情，劝善规过	13	1923	中英文演说辩论及美术
竹社	练习作文及翻译	7	1924	暑期中从事翻译
平民图书室	购备图书，编著刊物	18		发行《通信》半月刊
戏剧社	研究艺术及高尚娱乐	43	1922	周年纪念表演《双双簧》及《一只马蜂》，在欢迎泰戈尔大会中演趣剧两出
青年会		106	1911	新立志信奉基督者 20 余人加入，佩带圣经会者 80 余人，捐款在蓝靛厂设一小学，创办校役夜学
一社	培养完全人格	13	1921	与往年同
军事学会	以养成高尚军人人格保全国土及研究军事知识联络感情		1922	会员个人报告
O. U. E	研究英文文学	11	1923	辩论，会员个人报告
清华技击部				每周练习两小时

学校改办大学以后，各系相继成立了有师生共同参加的学会，如中国文学会、生物学会、物理学会、土木工程学会、历史学会等。1929 年 9、10 月间，李兆瑞、陈志安、张钦益、徐子佩等人发起组织清华社会科学研究社，研究马克思主义基础理论，社员 29 人，每半个月讨论一次，历时约半年。1934 年 5 月，学生组织清华现代座谈会，举行了多次公开学术讲演和专题报告，如张凤阁的《1933 年的国际与中国》、牛佩琮的《中国农村经济之检讨》，社会科学家李达的演讲等，1935 年 3 月被国民党北平特别市党务委员会下令解散。1935 年 1 月，清华文艺社成立，下分理论组、小说组、散文组、戏剧组、诗歌组、情报组。1936 年 4 月海燕歌咏团成立，团长傅国虎，团员近 200 人，他们演唱过《毕业歌》《义勇军进行曲》《民族解放先锋队队歌》等 50 多首歌曲。

至 1936 年 9 月，学校设有师生共同参加的社团协会 15 个：中国语文学会、外国语文学会、历史学会、社会学会、经济学会、政治学会、理学会、物理学会、化学会、生物学会、算学会、心理学会、土木工程学会、机械工程学会、电机工程学会。学生自己成立的社团协会 20 个：求知学会、世界语学会、文学会、实用科学研究会、地理学研究会、民众教育研究会、海燕歌咏团（附设口琴队）、西乐会、军乐队、管弦乐队、歌咏团、钢琴班、女同学会、女生问题研讨会、非常时期生活实施委员会、中华民族解放先锋队、基督教学生青年会、被处分同学后援会、民众学校、消费合作社。

西南联大时期，1938 年底，由几个中共地下党员发起成立群社，其宗旨是：互相联络感情，增进友谊，开展学术交流和文化体育活动。选举 9 人组成干事会，邢福津（邢方群）为社长，干事会下设学术、时事、康乐、文艺、壁报、服务等股，先后聘请曾昭抡、余冠英为导师，社员逐渐发展到 200 多人。时事股举办时事座谈会，请张奚若等教授讲国际形势，请著名记者陆诒、范长江讲抗战形势和前途及八路军抗日情况，听众间或达千人。学术股举办学术讲座，请孙伏园介绍鲁迅生平和《阿 Q 正传》创作发表经过，请魏建功讲鲁迅的旧体诗，听讲者常达几百人。还举办哲学、政治经济学、俄语、世界语的讲习班。同年成立西南联大话剧团，聘请闻一多、孙毓棠等为导师。排演了《祖国》《夜光杯》等抗日救亡的戏剧。1940 年，成立了联大歌咏团、铁马体育会等。1942 年春，国文学会举办中国文学 12 讲，每隔两周讲演一次；同年秋，国文学会和历史学会合办文史讲座，每周举行两次。1944 年，新诗社和阳光美术社成立。联大学生出有数十种壁报，1944 年 5 月成立西南联大壁报协会，推举《文艺》《生活》《耕耘》三家壁报为常委，同年秋，以《冬春》《现实》两家壁报为主，另组联大壁报联合会。1945 年成立剧艺社和高声唱歌咏队。1945 年 5 月 5 日，西南联大国文学会、外文学会、冬青社、文艺社、云南大学文史学会、中法大学文史学会与昆明文协等 7 团体在联大图书馆前草坪举行规模盛大的文艺晚会。在“五四”周里，联大民主墙上的壁报有 30 多种，阳光美术社举办了美术展览。1945 年 12 月 31 日成立除夕社，出版《除夕》壁报，1946 年 5 月 4 日除夕副刊出版《联大生活特刊》，经补充为《联大八年》。西南联大主要学生社团协会情况，见表 18-10-20。

表 18-10-20　西南联大学生社团协会情况

类别	名称（年份）	组织及活动概况
综合	群社（1938）	负责人邢福津。设学术、时事、康乐、文艺、壁报、服务等股，200 多人。组织学术讲座、时事座谈会、球赛、文艺讲座，出壁报，办民众夜校等
戏剧	联大话剧团（1938）	1939 年演出《祖国》《原野》，1940 年演《雷雨》，1941 年演《傀儡家庭》

续表

类别	名称（年份）	组织及活动概况
戏剧	青年话剧社（1940）	1940年演《前夜》
戏剧	戏剧研究社（1940）	1940年演《阿Q正传》，1941年演《权与死》
戏剧	国民剧社（1942）	1941年演《野玫瑰》
戏剧	山海云剧社（1942）	1942年演《秋收》，1943年演《家》
戏剧	怒潮剧社（1942）	1942年组成宣传队演出一些小戏
戏剧	剧艺社（1945）	1945年演《风雪夜归人》《凯旋》《潘琰传》 1946年演《芳草天涯》
歌咏	联大歌咏团（1940）、 高声唱歌咏队（1945）	1940年唱《五月的鲜花》《中国不会亡》，1945年唱《黄河大合唱》
体育	铁马体育会（1940）、金刚体育会（1941）、悠悠体育会（1944）	组织球类活动，暑假到阳宗海、海埂举办夏令营。举办1945年“五四”火炬竞走
文艺	冬青文艺社（1940）、文艺社（1945）、新诗社（1944）、除夕社、蒙自分校南湖诗社（1938）	在贵阳《革命日报》办《冬青》副刊，出《冬青》壁报，1945年出文艺新报，1945年合办“五四”文艺晚会，举办作家作品讨论会，除夕社1946年出除夕副刊《联大生活特刊》（经补充为《联大八年》）
美术	阳光美术社（1945）	出《阳光》画刊
壁报	《群声》（1938），《腊月》（1940），《春秋》（1941），《熔炉》（1942），《耕耘》（1943），《文艺》（1943），《法学》（1943），《现实》（1944），《民主》（1944），《潮汐》（1944），《街头》（1945，以下同），《论坛》《科学》《南苑》《生活》《春雷》《政风》《大路》《论衡》《黎明》《人民》《学习》《联大半月刊》《尝试》《透视》《国风》《翻译》《社会》《新阵地》《希望》《新诗》《火炬》《乱弹》《青年》《学苑》	平时出壁报，尤其1944年、1945年“五四”在联大民主墙集中出壁报；联大壁报协会1944年7月与云南大学等校学生自治会联合举办纪念全面抗战七周年时事座谈会；1944年秋，“联大壁报联合会”与云南大学等学生自治会联合组织纪念双十节保卫大西南的群众大会
学会	国文学会、外文学会、历史学会、 社会科学研究会	举办中国文学十二讲“文史讲座”，1944年、1945年“五四”文艺晚会
其他	引擎社、神曲社、科学青年社、南院女同学会	

复员北平后，1946年12月，在“一二·一”周年纪念大会后，以原西南联大“高声唱歌咏队”和原北平合唱团的临大同学为基础，成立大家唱歌咏队，经常参加活动的100多人，1947年6月1日，在沙滩北大举行民主广场命名典礼时，清华的“大家唱歌咏队”的队伍，高唱着《东方的暴君》《民主进行曲》等歌曲进入会场，赢得满场欢呼。1946年还成立了剧艺社，演出过《升官图》《清明前后》《原野》等话剧，人多时为四五十人。1947年继承“联大阳光美术社”之名，成立“阳光美术社”，举办过美术展览，学运中绘制大幅宣传画，刻印木刻传单。同年秋后以一年级同学为主成立学谊社，有歌咏、读书、文艺等，成员100余人。1947年还成立了业余无线电会。在复员后，学生壁报有数十家，还成立了壁报联谊会。此外，还有管弦乐队、军乐队等。1947年、1948年学生主要社团协会，见表18-10-21。

表18-10-21　1947年、1948年学生主要社团协会一览

名　称	成立年份	负　责　人	人　数	主要活动
大家唱歌咏队	1946	胡积善、路宝时等	130多	练习和演唱学生运动歌曲及民歌
新生歌咏队	1947	林寿屏、严宝瑜等	60多	练习和演唱学生运动歌曲
剧艺社	1946	郭良夫、朱本仁、王松声等	40多	演过《升官图》《清明前后》《原野》《金銮宝殿》《爬起来再前进》

续表

名　　称	成立年份	负　责　人	人　数	主要活动
民间舞蹈社	1947	张泽石、张文玉等	60 多	演出过《年关》《新旧光景》《兄妹开荒》《王大娘补缸》
阳光美术社	1947（联大继承）	吴锡光、宋华沐等	30 多	绘制学运中大幅宣传画，刻印木刻传单，举办美术展览
新诗社	联大时期	何孝达、吴征镒等		组织新诗创作、研究和朗诵
文艺社	联大时期	郭良夫、张源等		研讨文学作品
铁马体育会	联大时期	杨新民等	70 多	篮球队等，举办露营
金刚体育会	联大时期			排球队、田径队等
黑桃体育会	1946			垒球队，滑翔模型队等，出体育壁报
学谊社	1947	彭珮云、徐家（山成）等	100	包括读书会，体育会，歌咏队
音乐联谊会	1947			出版乐艺刊物
业余无线电会	1947		30 余	研究无线电原理及应用，与各地业余无线电台通讯
管弦乐队	1947		27	学习演奏乐曲
军乐队			30	学习演奏军乐，每周 1～2 次
国剧社			80 多	学习演唱京剧及演奏京胡等乐器
学生公社		陶棨		组织贫寒同学自助活动
“一二·一”图书馆		尹宏、李太平等		备有 40 多种报刊和《联共（布）党史》《列宁传》《新民主主义论》等大量书籍
文林书店		宋振寰等		代销《马克思传》《资本论》《窃国大盗袁世凯》等
清华团契				有“橄榄山”“松明”“清光”“因真理得自由”4 个团契，进行修灵和服务，主办主日崇拜等
识字班		杨家福等	累计 400 多	到周围农村大石桥、西柳村、大钟寺等处教农民子弟识字
工友夜校		吴海泉等		教本校工友学文化
清华合唱团		张肖虎	60	由学生和教职员参加。演唱《长恨歌》（黄自）、《海韵》（赵元任）、《偶然》（李惟宁）、《木兰词》（张肖虎）等；有混声歌咏团和男声歌咏团
壁报联谊会	多数壁报在一起的联络组织。各种壁报名称如下：综合性的有《炼》《清华人》《静声》《火把》《原野》《拓》《莽原》《塞北》《华》；新闻性的有《新报》《蛰》《惊蛰》《体育新闻》；重分析的有《方生未死之间》《钢铁》；文艺性的有《新诗》《文艺》；艺术性的有《阳光》《清华乐坛》《大家唱》；自然科学性的有《科学时代》《工程介绍》；新书介绍性的有《一二·一》；研究性的有《鲁迅研究》《营养特刊》；反映生活的有《女同学半月刊》《耕友》；评论性的有《清华评论》；还有《奔流》《学习与生活》《钟声》《大江流》《大地》《流火》《过渡》《风沙》			

2. 解放后的学生社团协会（1949—2010）

清华园解放后，在清华学生“迎接解放服务大队”之下成立了“艺术工作队”，进城宣传。1951 年，在抗美援朝运动中，由原有的各学生艺术社团成立了统一的机构——清华学生文工团，开展宣传活动，1951 年底学生会成立军乐团、民舞社、聚娱社、合唱班等文艺团体，由文娱部统一管理。1953 年整顿和扩大了学生文体社团，组织了歌咏、舞蹈、民乐、管弦乐、男女篮球、男女体操等10多个文体社团，使参加社团的人数逐步增加。学校安排了社团活动时间，社团开始有计划地活动。1954年10月，学生会成立社团之家，社团的水平不断提高。

1954年在蒋南翔校长的倡导下，清华大学体育代表队正式成立，共有田径、技巧、足球、篮球和排球等5个项目、8个代表队，至1965年发展成有田径、球类、游泳、滑冰、举重等20余个代表队，600多名学生参加。

1958年再次成立学生文工团，以后改名学生文艺社团。文工团包括军乐、民乐、合唱、话剧、舞蹈、京剧、手风琴、曲艺等12个队，至1965年已有16个队、800多名学生参加。他们创作了大量反映学生生活的作品，深受同学欢迎。文工团曾受中央领导和上海市有关部门邀请，在政协礼堂和上海交通大学等处汇报演出。

学生会还成立了文艺社、摄影队、美工队等文艺社团，各系还成立了课余科技小组，促进了同学德智体全面发展。

改革开放以来，学生社团、协会发展较快。1981年，学生会在已有学生团体的基础上组建了吉他班、游泳队、射击队、围棋社、桥牌协会。1983年创建、改组了学生科学技术协会（简称“校学生科协”，后由学校团委负责指导）、文学社、书法社、摄影社、吉他班、口琴队、美术协会、集邮协会。1984年成立了大学生系统科学研究会。1986年学生会制定了《协会管理条例》，推动了协会工作的正规化管理。学生会下设俱乐部，后改为协会部，负责和各学生社团协会的联系。

学生社团协会利用课余时间开展了大量活动。如体育类协会在校园举行足球、篮球、排球、健美操、象棋、围棋、桥牌等各类比赛；艺术类协会举办文艺会演、书画比赛、露天电影等活动；人文社科类协会举办读书会、报告会、座谈会；科技类协会紧跟科学技术的发展，结合各系专业特点，帮助同学拓宽知识面；公益类协会立足服务，开展公益活动，学生红十字会在同学中义务普及卫生常识，并逐步承担每年学生义务献血的主要组织工作。

1992年4月，部分同学自发成立了“清华大学学生求是学会”。学会以学习马克思主义、追求革命真理、培养社会主义新人为宗旨，在带动全校同学学习马克思主义、毛泽东思想和邓小平理论，营造理论学习氛围方面作出了积极努力。

1995年4月，清华大学学生马克思主义学习研究协会（TMS协会）成立，并逐步发展成为全校最大的学生理论学习社团，2004年获“全国大学生优秀理论社团”称号，现有学生会员4 000余人。

为了促进学生社团的进一步发展，1994年学校成立了“清华大学学生社团协会俱乐部”（以下简称“协俱”），以引导各协会进行自我管理、自我服务与自我教育。此后，在有关部门的支持和配合下，清华大学团委不断加强对学生社团协会的支持、指导和管理，先后举办了学生社团协会活动周、学生社团协会活动月，组织评选表彰了“十佳”学生社团协会和优秀指导教师，编印了学生社团协会刊物，加强了对社团协会骨干的培养工作，建立了学生社团协会评估体系。2004年11月，校团委下设社团协会部，原协俱并入社团协会部，各社团协会接受社团协会部的管理和指导。2004年起设立社团协会类素质拓展项目，举办社团文化节系列活动，2006年起设立学生社团基金，不断推进学生社团组织的发展。

至2010年，学校已有学生社团协会122家，涵盖了人文社科、科技、体育、艺术、志愿公益等五大门类，拥有会员总数2万多人次，涌现出一批具有全国影响力的学生社团，学生马克思主义研究协会（TMS）、学生绿色协会分获第一、二届“全国优秀学生社团标兵”称号。

学生社团已形成了一批具有影响力的活动，如学生马克思主义学习研究协会主办的"'求索杯'理论知识竞赛"、学生求是协会的"求是园地"等活动，向全校同学提供了学习党的理论知识、讨论国内外重大事件的交流平台；学生职业发展协会的"职业辅导月"、学生心理协会的"'清心'心理热线"活动，在职业发展、心理健康等方面对同学进行专业引导；教育扶贫公益协会的"电脑传爱"活动、学生绿色协会的"废纸回收"、学生爱心公益协会的"助老助学捐衣捐书"等活动，以实际行动在同学中宣传环保及公益理念；学生国际文化交流协会的"外文角"系列活动、学生对外交流协会的"模拟联合国"活动，令学生在了解不同民族文化的同时增强了对外交流的能力；学生马拉松协会的"冬季长跑节"、学生山野协会的"户外技能大赛"等活动，鼓励学生在不断超越自我的过程中领悟体育精神；学生越剧协会的"清音越韵"专场演出、学生吉他协会的"弦舞之夜"露天演出，向全校师生展示了传统与现代不同风格的艺术魅力。

2010 年主要学生社团协会，见表 18-10-22。

表 18-10-22　2010 年主要学生社团协会一览

类别	协会名称
科技类	汽车爱好者协会、会计协会、金融协会、经济学会、科技创业者协会、航模协会、项目管理协会、保险推广协会、信息管理协会、电子技术爱好者协会、经济研究会、传媒协会、电脑协会、创新社、科技教育交流协会、国际区域经济分析交流协会、Java 技术协会、理财协会、信息技术协会、物流协会、网络技术协会、互联网产业研究协会、研究生学术创新促进协会、领导力发展协会、业余无线电协会、信息化服务与咨询爱好者协会、新能源发展研究会、生态协会、天文协会、合成生物学协会、多媒体产业研究会、Mathμ 研究协会
体育类	棒垒球协会、围棋协会、桥牌协会、乒乓球协会、网球协会、武术协会、篮球协会、绿茵协会、五子棋协会、定向越野协会、国际象棋协会、游泳爱好者协会、中国象棋协会、台球协会、太极拳协会、轮滑爱好者协会、山野协会、水上运动协会、击剑协会、排球协会、四国军棋协会、马拉松爱好者协会、手球协会、跆拳道协会、保龄球协会、健美协会、自行车爱好者协会、健美操协会、毽球协会、板球协会、柔道协会、空手道协会、吴氏太极拳协会
公益类	红十字会、治安服务队、国旗仪仗队、绿色协会、爱心公益协会、动物保护协会、职业发展协会、对外交流协会、手语社、心理协会、讲座聚集分享团、教育扶贫公益协会、公益学术促进会
艺术类	摄影协会、吉他协会、影视欣赏与评论协会、京剧昆曲爱好者协会、越剧协会、艺术设计协会、边缘景观学社、舞蹈爱好者协会、DV 爱好者协会、古琴社、古典爱乐社、街舞社、口琴社
人文社科类	文学社、求是学会、学生马克思主义学习研究协会、军事爱好者协会、次世代文化与娱乐协会、火石新诗社、外语协会、西麓学社、禅文化研究社、考古爱好者协会、国际法研究会、三晋文化交流协会、笃行社、国际关系研究会、海峡两岸交流协会、科幻协会、"三农"问题学习研究会、收藏协会、人际关系拓展协会、国际文化交流协会、记者团、说陶论艺协会、红楼梦研究会、中原发展研究会、炎黄文化社、关注女性发展研究会、演讲与口才协会、英语辩论协会、赣文化交流协会、好读书协会、书法协会、海外实习项目交流协会

（七）博士生实践服务团

1998 年 7 月，17 名博士生组成科技服务考察团，对山东省部分地市和企业进行了为期两周的实地考察和科技服务。这次出行为地方政府和企业提出了 22 个项目的初步解决方案，并协助学校开辟了 2 个研究生实践基地。在校党委的倡议下，校研究生团委于 2000 年 4 月正式组建清华大学博士生报告团，2005 年更名为清华大学博士生实践服务团。

博士生实践服务团每年定期选派一些从事社会科学和应用工程技术研究并有一定实践经验的

在校博士生，利用寒暑假及双休日，组团赴地方进行实地调研和科技服务，采用巡回报告、实地考察、座谈交流等形式，向机关、企业、学校、乡镇等传播当今最新的科技信息，为地方经济建设和社会发展提供科技智力支持，为地方各级政府制定政策、规划提供咨询，献计献策，推动人才与项目、企业与院校的对接，促进地方经济、社会发展。

博士生实践服务团自成立以来，先后组织683名博士研究生参与实践服务，行程数万里，足迹遍布全国31个省、自治区、直辖市，为地方政府和企业提供科技报告359场次。报告内容涵盖自然科学、工程技术、公共管理等领域，受到社会各界的热烈欢迎和广泛关注。博士生实践服务团假期出行的情况，见表18-10-23。

表 18-10-23　博士生实践服务团假期出行情况

时　　间	主　题	地　　点	实践队伍（队伍/人数）	报告情况（场次/听众）
1998-07-13—7-27	齐鲁行	济南、淄博、潍坊、烟台、青岛、威海	1 / 17	
1999-07-06—07-28	浙江行	杭州、温州、台州、宁波、舟山、绍兴	6 / 22	60 / 3 000
2000-07-02—08-02	西部行	重庆、云南、新疆、西藏、四川、陕西、青海、宁夏、贵州、甘肃	10 / 102	50 / 10 000
2001-07-02—07-16	军旅行	大连、锦州、葫芦岛、西安、武汉、长沙、南京、无锡	4 / 52	33 / 5 000
2002-07-01—07-11 2002-08-17—08-27	辽宁行 内蒙古行	沈阳、辽阳、鞍山、营口、大连、安盟、通辽、包头、鄂尔多斯、巴盟、呼和浩特	2 / 29	27 / 3 500
2003-07	航空行	四川成都、辽宁沈阳、陕西西安、河南洛阳、湖北襄樊	4 / 19	17 / 2 000
2004-08-06—08-24	追随小平足迹投身复兴伟业	上海、广西百色、江西南昌—新余—宜春—吉安、湖北黄冈、江苏徐州、广东深圳	6 / 72	27 / 5 800
2005-07-18—07-25	永葆党员先进投身复兴伟业	内蒙古包头、黑龙江哈尔滨、江苏常州—无锡、贵州贵阳—遵义、新疆阿克苏	5 / 43	17 / 3 400
2006-07-17—07-30	农村行	江苏无锡、广西百色、安徽滁州、浙江瑞安、湖北襄樊	5 / 61	32 / 2 700
2007-07-22—08-03	民生行	福建、广西北部湾地区、辽宁抚顺、江苏连云港	5 / 52	21 / 2700
2008-07-15—07-25	纪念改革开放三十年，深入落实科学发展观	河北唐山、山西大同、浙江湖州、重庆、广东深圳	5 / 62	15/1 700
2009-07-26—08-04	应对危机挑战践行科学发展	福建泉州、湖南长沙、内蒙古鄂尔多斯、青海西宁	4 / 57	7/850
2010-07-01—08-14	传承百年精神投身复兴伟业	黑龙江双鸭山、内蒙古通辽、甘肃凉州、青海西宁、河北张北、河北保定、山东枣庄、湖南长沙、福建厦门	9 / 95	53/3 000

第十一节　学生会与研究生会

一、解放前的学生组织（1919—1948）

（一）组织沿革

清华建校初期，学校没有全校性学生会组织。1919 年 5 月 4 日晚，北京城内 3 000 余名学生举行反帝爱国示威的消息传到清华园，学生们群情激愤。高等科二年级学生闻一多连夜工笔抄录了岳飞的《满江红》词，贴在高等科饭厅门口，表达了“从头收拾旧山河”的决心。第二天一早，有些同学在宿舍门口贴出红笔写的大字报，要求立即行动。当日（5 日）高等科和中等科科长立即召开全校各会社负责人联席会议，决定成立清华学生代表团，派代表与各学校互通声气，与北京学生取一致行动。清华学生代表团于 5 月 7 日正式成立，代表共 57 人，代表团团长为顾德民，拟定简章和组织大纲，分为秘书及外务二部，其后又增加纠察、会计、干事、推行、编辑五部。清华学生代表团随即领导清华学生投入反帝爱国运动。

同年 11 月福州事件后，27 日各级学生重选代表，每级 5 人。各代表即刻起草学生会章程。12 月 17 日全体学生大会通过学生会章程，23 日举行学生会成立大会，设评议部和干事部，评议部主席刘驭万，干事部主席时昭泽，干事部下设总务、交际、文牍、会计、新闻五科。举行学生会成立大会时，校长张煜全派巡警干涉，还把电灯关掉，引起学生公愤，宣布罢课抗议，形成学生驱赶校长风潮。以后学生会评议部的评议员每学期改选一次，评议部选举评议部主席、干事部主席。据 1922 年《清华周刊》特刊介绍，50 人以上的每级选评议员 7 人，50 人以下之级每 10 人选评议员 1 人，共有评议员 48 人。1922 年 3 月，学生会又成立了学生法庭，蔡公椿等 3 人当选审判员，张继忠等 3 人当选检察员，亦每学期改选一次，1925 年 12 月，经评议部讨论全体同学大会表决，停止学生法庭职务一年，以后没有恢复。1923 年 5 月，全体同学大会通过修改学生会章程，干事部下设总务、文书、会计、课外作业、体育五科。

1929 年 2 月，依据国民政府令全国学生会改为委员制的规定原则，重新制定了《国立清华大学学生会章程》，规定“本会最高权力机关为全体大会，立法机关为代表大会，执行机关为执行委员会”。每 10 人选代表 1 人。2 月 7 日举行代表大会，代表 36 人，选举彭光钦为代表大会主席，萧仁树为执行委员会主席，执行委员会委员 9 人，下设总务、秘书、交际、财务、出版、民众教育、卫生、课外作业、消费合作 9 个科（见图 18-11-1）。代表之任期为一学期，每学期终时选举。1931 年，执行委员会改名为干事会，后又增设监察委员会、交通委员会、选举委员会、抗日救国委员会（后改救国委员会）等由代表大会产生的特种委员会。1935 年，代表的选举由级代表制改为系院制。“一二·九”学生运动爆发后，救国会经全体学生大会议决直接隶属于全体大会，并有权召集临时全体大会，委员在全体大会中直接产生。黄诚任救国会主席，委员由9人增为15人。

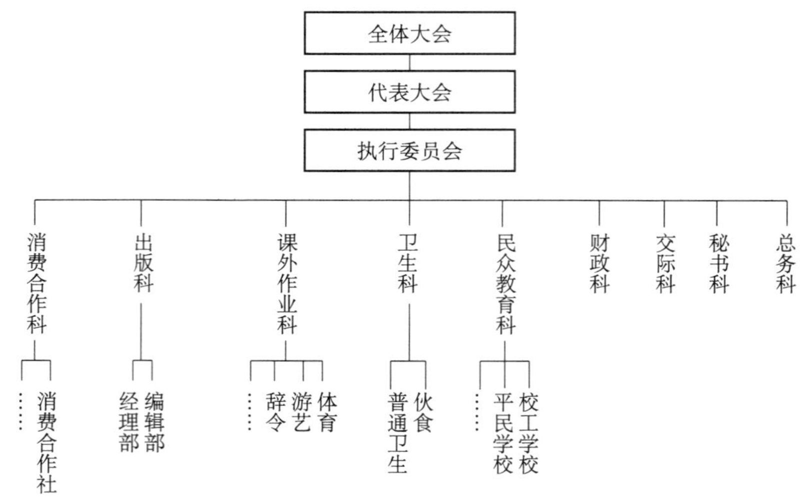

图 18-11-1　国立清华大学学生会组织系统（1930年8月）

西南联大时期，1939年春，清华、北大、南开三校原来的学生干部交换意见，并得到学校的支持，邀请国民党、三青团、群社、基督教青年会“团契”，以及某些省籍同乡会等几方面代表成立筹备小组，讨论制定《学生自治会章程（草案）》。由各系各年级推选代表，组成代表大会，选举代表大会主席、副主席，干事会主席、副主席及干事，监察委员会主席、副主席及委员。裴笑衡当选为代表大会主席，王錄当选为干事会主席。干事会设总务、文书、事务、学术、康乐、社会服务等股。学生自治会每学年改选一次，共三届。1941年秋，学生自治会将原有的干事会、监察委员会合并，称理事会，郝诒纯任理事会主席。1942年5月中旬，学生自治会办公室被三青团的一部分人砸抄，“大印”也被夺走，要重新改选，他们主持选举的学生自治会为少数人所把持。1944年10月，在许多级会、系会以及“报联”的倡议和推动下，仍按各系各年级每20人产生代表1人的方法，选举产生了学生代表大会，在代表大会上选出17名理事、3名监事。在理事中推选齐亮、程法伋、陈定侯3人为常务理事，对外代表学生自治会，对内主持日常工作，齐亮负责全面工作。理事任期半年（每学期改选一次）。理事会设学术、服务、风纪、康乐、总务五部。理事会共四届。

1946年复员后的清华大学学生自治会，继承了西南联大时期的组织形式，权力机构为学生代表会及其常驻会，一般由9人组成，第一届主席为严令武，执行机构为理事会，一般约为20人，其中设常务理事3人，第一届为方复、杨立、邓乃荣。共五届。理事会设有学艺、生活福利、康乐、总务、不管、联络等部及秘书处。

1919年至1948年学生会负责人，见表18-11-1。

表 18-11-1　1919年—1948年学生会负责人一览

时　间	学生代表团团长		
1919-05	顾德民		
学年度	学期	学生会评议部主席	学生会干事部主席
1919	上	刘驭万	时沼泽
	下	罗隆基	吴泽霖
1920	上	何浩若　蔡公椿	

续表

学年度	学期	学生会评议部主席	学生会干事部主席
1921	上	沈镇南	罗隆基
	下	罗隆基　沈镇南	
1922	上	王化成　王造时	徐宗涑
	下	顾毓琇　吴大钧	王化成
1923	上	胡敦元	施　滉
	下	章裕昌	王造时
1924	上	彭文应　王　棱	徐敦璋
	下	李道煊	李忍涛
1925	上	包华国	李惟果
	下	黄仕俊　温联忠	徐敦璋　张汇文　李述庚
1927	上	刘信芳	吴庆宣
	下	张汇文	戴先光
1928	上	高　琦	章　熊　刘旋天　张企泰
学年度	学期	学生代表大会主席	学生会执行委员会主席
1928	上	彭光钦　郭可泳	萧仁树　李述庚　刘汉文
1929	上	曹盛德　刘大白　汪　镳　陶　音	李景涛　霍世休　刘汉文
	下	李景涛	曹盛德
1930	上	刘汉文　徐文祥　谢志耘	张人杰　汪　镳
	下	田保生　刘文显　尚传道	郑康祺
1931	下	王冠章　尚传道	汪　镳　杨大士
1932	下	徐雄飞	魏继武
1933	上	向景云	李斯彦
	下	孙德和	钱伯辛
1934	上	薛兆棠	谢锡爵
	下	李斯彦　陈　元	高葆琦
1935	上	王世威　杨联升	黄　诚　唐宝鑫
	下	王达仁　李炳之	屠　双　艾维超
1936	上	高崇熙　王达仁	屠　双　高葆琦
学年度	学期	西南联大学生代表大会主席	西南联大学生会干事会主席
1938		裴笑衡	王　錄
1939		王　錄	许焕国
1940		郝诒纯	邢福津
学年度	学期		西南联大学生会理事会主席
1941			郝诒纯
1942			竹淑贞
学年度	学期		西南联大学生会理事会常务理事
1944	上		齐　亮　程法伋　陈定侯
	下		齐　亮　余春华　程法伋
1945	上		王瑞沅　李建武　杨邦祺（12 月 18 日集体辞职后，由钱介福等组成临时理事会）
	下		吴显钺　程　法　王松声
学年度	学期	学生代表会常驻会主席	学生会理事会常务理事
1946	上	严令武	方　复　杨　立　邓乃荣
	下	邓乃荣	李玉润　金德濂　叶瑑良
1947	上	吕乃强	杨鸣岗　贺文贞　黄宗英
	下	杨坤泉	马履康　郭德远　郑宝理
1948	上	张莹祥	陈永盛　曹荣江　朱懋德

说明：有若干学期缺乏记载，有的学期中负责人中途有更换。

（二）主要活动

1. 清华学校时期

1919年“五四”运动中成立清华学生代表团，5月9日，组织清华同学在体育馆举行国耻纪念会，决议通电巴黎，要求中国代表拒绝在和约上签字，并宣誓“清华学校学生，从今以后，愿牺牲生命以保护中华民国人民、土地、主权”。6月3、4日，清华学生救国十人团300余人进城作反帝爱国宣传，清华学生150余人被捕。5日，清华全体学生进城宣传，被阻于西直门，准备就地宿营，不进城誓不回校，后得知当局表示释放被捕学生才整队回校。1919年12月，学生会举行成立大会时，校长张煜全派巡警干涉，引起学生公愤，学生会宣布罢课抗议，迫使张煜全辞职，后又发动同学写信拒绝了罗忠诒任清华校长。1920年，学生会提出改良校务意见书。1921年，组织声援北京8校教职员索薪斗争，声讨当局制造的“六三”惨案（请愿索薪的师生被打伤10多人），反对校长金邦正无理对参加罢考声援教职员索薪斗争的学生留级一年的处罚。1925年，组织全体同学为孙中山送灵，声援上海五卅惨案受害者，还组织了三民主义、共产主义、国家主义三种观点的辩论。

1926年3月18日，清华全体学生参加北京各界5 000余人在天安门前召开的要求执政府拒绝日英美等8国提出的撤除大沽口国防设备的最后通牒、抗议日舰12日对大沽口炮击的国民大会，当游行队伍到铁狮子胡同向段祺瑞执政府请愿时，遭到执政府卫队枪击，打伤150多人，惨死47人，成为“三一八”惨案。清华学生有20多名受伤，大一学生韦杰三中弹牺牲。22日，全体同学进城迎韦杰三烈士灵柩回校，手持的旗帜上写着“烈士不死，英灵犹在，杀尽国贼”。

2. 国立清华大学初期

1928年8月，学生会评议部成立校务改进委员会，提出《改进清华意见书》（18项意见）。1929年，学生会组织学生参加了反对董事会和要求改隶教育部的“专辖废董”运动。1930年，学生会要求校长罗家伦辞职，后又拒绝阎锡山任命乔万选为清华大学校长。1931年，学生会发表驱逐校长吴南轩宣言，要求教育部撤换吴南轩。

1931年“九一八”事变后，学生会成立抗日救国会，通电政府主战，进行抗日救亡活动。12月，清华推选同学30余人参加北平学生南下请愿团，15日在南京举行了抗日请愿游行，遭到军警镇压。1933年1月，在日军继续向山海关、热河进攻的形势下，学生会组织“战时工作准备队”，400多同学参加了救护队、看护队、慰劳队，进行各种抗日工作，还有唐凤都等13位同学参加了热河等地的义勇军。1935年，在中共地下组织领导下，学生会救国会带领全体同学参加了“一二·九”爱国抗日运动。11月1日，清华、师大、燕京等10校学生自治会发表《为抗日救国争自由宣言》。18日，北平大中学校学生联合会在中国大学成立，女一中学生郭明秋（中共党员）任学联主席，清华学生姚克广（姚依林，中共党员）为秘书。12月3日，为反对日本策划的华北五省“自治”运动，北平学联代表大会通过“发通电表示否认任何假借民意之自治运动”和“联络北平市各大中学校发起大规模请愿”两议案。同日，清华全体学生大会通过“通电全国反对一切伪组织，伪自治”的决议，并接受北平学联决议，参加全市统一的请愿行动。12月9日，北平学生6 000余人举行游行示威，沿途高呼“打倒日本帝国主义”“反对华北防共自治”等口号，遭到军警镇压。清华学生游行队伍清晨由救国会主席黄诚、委员吴承明等带队，步行至西直门、阜成门、广安门（均关闭）等处，沿途高呼抗日口号，进行抗日演说，散发抗日传单。在当日的清华大学学生救国会《告全国民众书》（中共党员蒋南翔起草）中写道：“华北之大，已经安放不得一张平静的书桌了!”“起来吧，亡国奴前夕的全国同胞!”12月16日，清华学生又冲破西便门，参加了北平学生万余人为反对华北自治再度举行的示威游行，又遭军警镇压。1936年1月，平津学联组织平津学生南下扩大宣传团，第三团以清华、燕京学生为主，包括朝阳、辅仁等校学生，清华学生50余人参加，团长为黄华、蒋南翔，南下到农村去宣传抗日，在高碑店被军警阻拦监送返平。回校后成立民先队。1936年又组织学生进行了“二二九”反逮捕斗争，参加了“六一三”北平学联组织的“要求政府立即出师抗日”的示威游行，进行抵制日货的宣传活动，以及反对冀察当局取缔学生团体的斗争。

3. 国立西南联大时期

1938年12月学生社团“群社”成立后，组织了学术讲座、时事座谈会、球赛、文艺讲座、出壁报、办民众夜校等活动。1939年春西南联大学生自治会成立后，组织纪念“五四”活动。1940年学生会主办成立联大歌咏团。1944年10月齐亮（中共党员）当选联大学生自治会常务理事（负责全面）后，领导学生会开展各种集会和活动。联大学生会联合云南大学等校与云南各界人士共同发起，于12月25日在云大广场举行纪念云南护国起义29周年大会，数千人参加，闻一多、吴晗等讲话，会后举行游行，学生们高呼“废除一党专政”“组织民主联合政府”等口号。1945年4月4日，联大学生代表大会通过《国立西南联合大学全体学生对国是的意见》，提出“立即停止一党专政，举行国是会议，组织联合政府”等意见。5月4日，联大、云大等4校学生自治会联合举行“五四”纪念会，通过决议组织昆明学生联合会，会后万人游行，高呼“打倒日本帝国主义”“坚持民主团结，反对独裁专制”等口号。26日，齐亮当选首届昆明学联主席。

抗日胜利后，在内战阴云密布之际，1945年11月起，在中共地下组织领导下，学生会带领全体学生经历“一二·一”爱国民主运动的战斗洗礼。11月25日，联大、云大等4校学生自治会在联大新校舍大草坪举行反内战时事晚会，6 000余人到会，钱端升、伍启元、费孝通、潘大逵4教授演讲，主张迅速制止内战，成立联合政府。晚会进行中，军队在墙外鸣枪威胁，特务捣乱并切断电源。次日中央社发表“西郊匪警”消息，诬蔑晚会，激起学生公愤，联大学生代表大会通过罢课决议。27日，昆明学联召开各大中学校代表大会，决议全市总罢课，并成立昆明市中等以上学校罢课联合委员会（简称罢联）。28日罢联发表《昆明市大中学生为反对内战及抗议武装干涉集会告全国同胞书》，提出四项要求。12月1日，全市中等以上学校3万余学生罢课。同日上午，在国民党云南省党务主任李宗黄、云南警备总司令关麟征等部署下，军警特务暴徒数百人分头袭击联大等校，用手榴弹炸死南菁中学教员于再、联大师院学生潘琰、李鲁连、昆华工校学生张华昌等4人，师生受重伤29人，轻伤30人，造成“一二·一”惨案。6日，罢联发表《昆明大中学生为‘一二·一’惨案告全国同胞书》，提出惩凶、抚恤死者、治疗伤者、赔偿公私损失等要求。8日，昆明学生万余人在联大公祭四烈士。在万众声讨声中，李宗黄调离昆明，关麟征被“停职议处”。25日，罢联发表《昆明市中等以上学校罢课委员会复课宣言》，说明为顾全大局，在5项条件得到基本解决的情况下，忍痛抑悲，停灵复课，罢课斗争在教师及社会各界支持下取得胜利。

4. 1946年复员北平以后

在中共地下组织领导下，学生会组织全体学生参加了1946年12月的抗议美军暴行（美军强奸北大学生沈崇）运动和1947年5月的反饥饿反内战运动。1947年5月17日，自治会理事会决定罢课3天，发表罢课宣言，提出“改善人民生活，增加学生公费，依据政协原则，停止内战，成立举国一致拥护的联合政府”等要求，20日，清华同学步行进城参加了北平学生7 000余人的反饥饿反内战游行。1948 年 4 月，为保卫华北学联，反对迫害，进行罢课斗争。6 月，为反对美国扶植日本法西斯势力进行了“反美扶日”运动。6 月 6 日，清华等 11 所院校学生自治会联合发表声明，抗议美国驻华大使司徒雷登 4 日所发表的诬蔑中国学生反美扶日爱国行动的声明。9 日清华同学进城参加在北大民主广场举行的华北学生反美扶日挽救民族危机大会和示威游行。8 月 19 日，国民党当局在北平及全国进行大逮捕，学生会组织同学进行反逮捕反迫害的斗争，28 日清华、北大等校成立北平 5 院校反迫害、营救被捕同学联合会，次日发表《为拒绝特刑庭拘传，营救被捕同学告全国同胞书》。1948 年 12 月解放前夕，学生纠察队又进行了护校斗争。

此外，历年学生会还广泛开展了各种学术、文艺、体育、膳团、生活服务以及民众教育等方面的活动。

二、解放后的学生组织（1949—2010）

1948 年 12 月 15 日，清华园解放，1949 年 4 月 29 日召开清华大学第一次学生代表大会，清华大学学生自治会更名为清华大学学生会，至此，历史开始赋予清华大学学生会新的使命。学生会的主要任务转变为：在党和政府的领导下，团结全体同学，号召同学们努力学习，全面发展，成长为新中国合格的建设人才。新中国成立以来，学生会始终坚持全心全意为学生服务的宗旨，坚持“自我服务、自我教育、自我管理”的“三自”工作方针，建设“学生之家，师生之桥，干部之校”的“三之”工作原则经久不衰，一路传承。

（一）学生代表大会

从 1949 年 4 月至 1966 年 6 月共召开了 17 次学生代表大会。“文化大革命”期间曾召开两次清华大学工农兵学员代表大会，并在 1976 年 10 月 5 日召开的工农兵学员第二次代表大会上，决定将学生会改名为“上管改委员会”。

粉碎“四人帮”后，于 1978 年 6 月 15 日召开清华大学第 20 次学生代表大会，恢复了学生会的名称。历届学生会的主要干部名单，见表 18-11-2 和表 18-11-3。

表 18-11-2　1949—1980 年历届学生会主席名单

届　次	年　　份	学生会主席
一	1949-04—1949-10	吕应中
二	1949-10—1950-03	林寿屏
三	1950-03—1950-07	徐乃明
四	1950-07—1951-03	凌瑞骥
五	1951-03—1951-09	朱镕基
六	1951-09—1952 夏	邵　敏（女）
七	1952 夏—1953 春	方耀堂
八	1953 春—1953-09	张慕葏
九	1953-09—1954-03	张慕葏
十	1954-03—1955-03	林　泰
十一	1955-03—1956-03	潘霄鹏
十二	1956-03—1957-03	谭浩强
十三	1957-03—1959-03	谭浩强
十四	1959-03—1962-03	潘丽华（女）（1959-03—1960-03） 曾　点（女）

续表

届　次	年　　份	学生会主席
十五	1962-03—1964-03	俞纪美（俞晓松）
十六	1964-03—1965-09	张福森
十七	1965-09—1966-06	徐荣凯
十八	1974-02—1976-10	戴桂兰（女）
十九	1976-10—1978-06	（缺）
二十	1978-06—1980-12	彭顺生（1978-06—1979-04）　孙建京

表 18-11-3　1980 年—2010 年历届学生会主席、常代会主任名单

届　次	年　　份	学生会主席	常代会主任
二十一	1980-12—1982-09	林炎志	
二十二	1982-09—1983-09	宋　军	翟永平
二十三	1983-09—1984-10	赵　艰	
二十四	1984-10—1985-09	杨振斌	梅晓鹏
二十五	1985-09—1986-05	郭　谦	陈　旭（女）
二十六	1986-05—1987-05	潘福祥	
二十七	1987-05—1988-05	郭宏林	张　佐（女）
二十八	1988-05—1990-03	方　方（1988-05—1989-10） 杨红征	史丹兵 谭晓星
二十九	1990-03—1992-05	杨　岳（1990-03—1991-05） 苏　辉	张　军 郑成武
三十	1992-05—1994-04	吕运强（1992-05—1993-03） 尹　霞（女）	翟志强
三十一	1994-04—1996-04	蔡　涛（1994-04—1995-04） 孙勤芳（女）	蒋伟斌　冯　旌
三十二	1996-04—1998-05	石　磊（1996-04—1997-04） 杜汇良	蔡　剑　倪　江（女）
三十三	1998-05—2000-05	孟华东（1998-05—1999-05） 王　勇	赵　松
三十四	2000-05—2002-06	申　跃（女）（2000-05—2001-05） 孔　磊	胡　华 汤　筠
三十五	2002-06—2004-06	阳　波（2002-06—2003-06） 王松涛	（第三十五届学生代表大会后，校常代会主任取消）
三十六	2004-06—2006-06	郑晓博（2004-06—2005-06） 李冠华	
三十七	2006-06—2008-12	毛　捷（2006-06—2007-06） 郝　瀚（2007-06—2008-04） 药　宁	
三十八	2008-12—2010-12	张昭遂（2008-12—2009-12） 齐兴达	

（二）学生会机构设置

不同时期学生会的机构设置略有变化，几个典型时期情况如下：

1. 第一届（1949 年 4 月—1949 年 10 月）：执行委员会，设主席和副主席，下设秘书处、学艺部、女同学部、生活部、康乐部和社会服务部。

2. 第十六届（1964年3月—1965年9月）：执行委员会，设主席和副主席，下设秘书处、宣传部、体育部、文化部、生活部和女生部。

3. 第三十届（1992年5月—1994年4月）：学生会设主席团和常代会，主席团设主席、副主席和秘书长，常代会设主任和副主任，主席团下设办公室、宣传部、外联部、文艺部、生活部、体育部和女生部。

4. 第三十八届（2008年12月—　）：学生会设主席团和常代会，主席团设主席、副主席和秘书长（从三十五届起学生会不再设常代会主任和副主任）。主席团下设办公室、内联部、宣传部、外联部、文艺部、体育部、权益部、生活部、女生部、时代论坛、学习部、文化部、港澳台组、对外交流部。

（三）主要活动

自1949年4月清华大学学生会成立以来，历届学生会在校党委的领导和校团委的指导下，团结全校同学努力学习，积极开展文体活动，促进同学德智体全面发展；努力反映同学的意见，配合学校倡导文明校园建设和改善同学的学习生活环境，为把同学们培养成为合格的社会主义事业的建设者和接班人做了大量工作。学生会干部在努力为同学服务的过程中，培养了工作能力，得到了锻炼，毕业后许多学生会干部成为各条战线的骨干。

历届学生会积极组织学生参加庆祝国庆和五一劳动节的游行、游园活动；积极组织开展群众性文娱、体育活动，开展歌咏比赛、系际球类的比赛等，在普及的基础上，协助校团委搞好体育代表队和文艺社团的活动，促进同学德智体全面发展；学生会十分关心同学的学习、生活，广泛听取同学们的意见，向有关部门和校领导反映。特别是20世纪80年代以来，每届学生会的主要干部都与校领导座谈，汇报学生会的工作计划，提出需要学校帮助解决的困难，使学生会的工作得到学校领导和各部门的关心和支持。除日常工作外，历届学生会具有特色的主要活动见表18-11-4。

表18-11-4　历届学生会的主要活动

届　次	主要活动
第一届 1949-04—1949-10	1. 团结广大同学，宣传党的方针政策 2. 组织同学参加庆祝中华人民共和国成立的活动 3. 负责管理学生的治安工作，组织校卫队看管校门，并配合校保卫委员会开展工作
第二届 1949-10—1950-03	1. 结合学校的政治思想教育，请有关人士来校为广大同学讲述中国革命的历史，提高同学们的认识 2. 配合学校保卫部门做好学生的治安工作
第三届 1950-03—1950-07	组织同学学习党的方针、政策，并定时做思想小结
第四届 1950-07—1951-03	1. 组织同学向灾区捐款、捐物，共捐人民币1 174 960元（旧币）、衣服878件 2. 响应中央“抗美援朝，保家卫国”的号召，进行爱国主义的教育，学生会组织2 000余名同学，分32个中队深入工厂、农村进行爱国主义宣传 3. 学生会主席参加学校的“军事干部学校学生保送委员会”，发动学生参加军干校；1950年12月14日召开欢送参军参干同学大会
第五届 1951-03—1951-09	1. 学代会向全校同学发出公开信，号召同学“继续深入抗美援朝运动，加强反帝爱国的思想教育，积极重视健康，全面完成学习任务” 2. 组织同学参加“五一”游行，声援抗美援朝；并组织120余名同学徒步到长辛店、丰台等地作抗美援朝的宣传；8—9月，组织同学向抗美援朝前线捐款，以购买飞机、大炮
第六届 1951-09—1952夏	1. 成立军乐团、民舞社、聚娱社、合唱班等文艺团体；体育部号召同学积极参加体育锻炼，以“增强祖国的力量、锻炼强健的体魄” 2. 学生会和校团委联合，对同学进行土地改革的宣传，以端正和提高对土地改革的认识
第七届 1952夏—1953春	1. 根据学校要求，配合院系调整等中心任务开展工作 2. 1953年3月5日，斯大林逝世，组织全体学生赴天安门参加追悼会

续表

届　　次	主 要 活 动
第八届 1953 春—1953-09	1. 以培养学生全面发展作为学生会工作的基本方针 2. 学艺部指导成立了时事学习组、宣传通讯组和文学艺术社；文娱部组建了管弦乐队、军乐队、合唱队、舞蹈队、曲艺队和民间乐队，并组织巡回演出 3. 组织同学参加迎“五一”、整修荒岛的义务劳动
第九届 1953-09—1954-03	1. 从本届学生会起，各系开始成立系会（系学生会前身）；并在学生会领导下，成立了社会服务部 2. 文娱部与音乐室联合举办音乐舞蹈及社团活动展览 3. 1953 年 10 月首次举行系际篮球比赛，12 月首次举行系际越野比赛
第十届 1954-03—1955-03	1. 为纪念“五四”运动 35 周年，学生会、校团委和《新清华》联合发起“五四”征文 2. 1954 年 4 月举办体育比赛，10 月成立社团之家，1955 年 3 月举办诗歌音乐晚会主要活动
第十一届 1955-03—1956-03	1. 在校学生会的努力倡导下，北京市大学生合唱团宣告成立，清华大学有 46 名学生被录取为该团团员 2. 1955 年 4 月下旬，为贯彻德智体全面发展教育方针，学生会和校团委在“五四”青年节召开“三好”积极分子代表大会 3. 1955 年 12 月初，学生会和校团委联合举行“一二・九”运动 20 周年、“一二・一”运动 10 周年纪念活动
第十二届 1956-03—1957-03	1. 为加强学生会基层组织，在班级设立班主席，作为各班的学生代表；把系会改为“系学生会”，分管本系学生的生活、文体等工作 2. 在党委领导下，抓好舆论宣传工作，1956 年 11 月学生会成立宣传组，负责校广播台的编辑和播音工作，加强共产主义道德品德教育等
第十三届 1957-03—1959-03	1. 1957 年 3 月，学生会决定将原在水木清华后山北坡下纪念“三一八”烈士韦杰三的断碑移至图书馆前草坪 2. 1957 年 11 月 29 日，召开全校学生体育干部会议，蒋南翔校长和马约翰教授讲话，蒋南翔校长提出“我们每个同学要争取毕业后工作 50 年”，从此，锻炼身体，争取为祖国健康工作 50 年成为清华学生的奋斗目标 3. 1958 年春天，协助学校组织 5 800 余名学生参加十三陵水库义务劳动 4. 1958 年成立学生文工团，曾到政协礼堂向中央领导汇报演出
第十四届 1959-03—1962-03	1. 1959 年 4 月 29 日至 5 月 11 日，学生文工团、男女篮球队共 270 人在党委副书记李寿慈带领下，到上海交通大学等校进行联欢演出和友谊比赛 2. 1959 年 8 月，组织 300 余名同学到青龙桥参加排涝、抢种劳动 3. 1959 年 10 月 1 日，组织全校同学到天安门参加建国 10 周年游行和联欢活动，10 月 3 日晚，在学校举行焰火晚会，庆祝新中国成立 10 周年 4. 在三年困难时期，学生会注意团结同学，发扬艰苦奋斗的精神，并发动同学互相关心、互相照顾 5. 保护同学身体健康，普及卫生知识，适当组织体育活动（如打太极拳、举行系级游泳运动会等） 6. 接待来访的外国青年代表团，组织中外青年联欢
第十五届 1962-03—1964-03	1. 学生会生活部协助学校办好学生食堂，创办女生食堂 2. 开展创建“四好班”（思想好、学习好、身体好、劳动好）活动 3. 配合形势学习和革命传统教育，举办星期讲座；组织同学参观革命历史博物馆、军事博物馆、人民大会堂；举行革命电影月；话剧队演出《年轻的一代》《千万不要忘记》等优秀剧目
第十六届 1964-03—1965-09	1. 在全校各班级开展摆进步、摆成绩、争创“四好”班集体活动 2. 动员全校同学学习毛泽东著作 3. 邀请专家学者来校举办文学、艺术、历史、国际形势和革命传统等内容的讲座，如指挥家李德伦率中央乐团在大礼堂举办交响乐知识讲座 4. 组织 100 名同学参加大型歌舞《东方红》的伴唱

续表

届　次	主要活动
第十七届 1965-09—1966-06	1. 组织同学参加第一次中日青年友好大联欢 2. 1965 年 12 月 9 日学生文工团（300 人）在大礼堂演出大型歌舞《支援世界革命》 3. 因“文化大革命”，本届学生会于 1966 年 6 月停止活动
第十八届 1974-02—1976-10	1974 年初，清华大学成立了第 18 次学生代表大会筹备小组，负责大会的相关筹备工作，大会名称由“清华大学第 18 次学生代表大会”改为了“清华大学工农兵学员第一次代表大会”
第十九届 1976-10	（缺）
第二十届 1978-06—1980-12	1. 重新制定了《大学生守则》和《学生会章程》，完善和健全了学生会的各项规章制度 2. 恢复、整顿清华大学学生乐队，恢复体育代表队，并开展群众文体活动
第二十一届 1980-12—1982-09	1. 学生代表大会第一次通过竞选办法，学生直接选举产生学生会主席林炎志 2. 坚持正确的政治方向，发挥学生会的团结教育作用，70 周年校庆组织同学与校友座谈，组织学生向四川灾区捐款；成立学生通讯社 3. 注重学生的自我服务作用，组织同学帮厨，慰问炊事员；进行全校性灭鼠活动
第二十二届 1982-09—1983-09	1. 进行学生会的体制改革和机构调整，在学生会委员会下设执行（含 9 个部）、咨询（常代会）、基层三大系统并行工作；为关心学生会干部的全面成长，成立了学生会临时党小组；编辑出版了《清华学生会经验（第二十二届）》等 2. 发扬学生会自我教育、自我服务、自我管理的特点，举行“文明教室”“文明宿舍”“文明食堂”三个文明场所的建设和文明礼貌活动月活动 3. 促成有关部门在第一教室楼电教中心放映录像片和在大礼堂放映学生专场电影
第二十三届 1983-09—1984-10	1. 举办知识竞赛、《十月的收获》征文等活动 2. 成立大学生系统科学研究会，并恢复、改组、创建部分社团、协会；举办了首届学生节和首届清华“摇篮杯”足球赛 3. 举办“尊敬师傅、尊重劳动和遵守纪律”活动周，学生会为食堂师傅举办专场电影招待会，文艺社团为师傅举行专场慰问演出 4. 加强女生部的工作，在女生宿舍设立专门信箱，举办女生体育比赛，编辑出版《绿洲》女生报 5. 编辑出版《清华学生》《清华园》刊物
第二十四届 1984-10—1985-09	1. 举办各系学生会主席联席会，实行学生会主要干部在食堂巡回征求意见，成立“学生协助食堂管理委员会” 2. 学生会成立“协会指导小组”，制定《协会管理条例》，使协会工作正规化、条理化 3. 1985 年 5 月在第 24 次学生代表大会第二次全体会议上，向全校同学发出“关于继承和发扬清华优良学风的倡议”，要求全校同学发扬“严谨、勤奋、求实、创新”的学风 4. 提出学生会要成为“同学之家、师生之桥、干部之校” 5. 举行清华大学学生会成立 65 周年的纪念会，邀请历届学生会主要干部返校，共话当代青年学生的责任
第二十五届 1985-09—1986-05	1. 成立学生食堂管理委员会、学生宿舍楼管理委员会（简称楼委会），由同学直接参与食堂和宿舍的管理工作 2. 开展红十字会活动，举办《红十字会》壁报，培训卫生员、分发药箱，在“红十字会”活动日看望孤寡老人 3. 举办“紫荆杯”排球赛、纪念“一二·九”运动冬季越野赛、健美操表演赛；邀请上海音乐学院木管五重奏演出队、中央乐团等高水平艺术团体来校演出
第二十六届 1986-05—1987-05	1. 提出“沟通民主渠道、培养民主作风、加强民主监督、参与民主管理”，积极推进校园民主建设，如常代会调查学生学习负担情况，上送学校教务部门，引起学校注意 2. 1986 年底成立学生纠察队，维护教室秩序，在大型活动中协助做好安全保卫工作 3. 首倡举办了“金秋书会”“清华大学文化节”“清华大学校园戏剧节”“清华女子健美操比赛”

续表

届　次	主要活动
第二十七届 1987-05—1988-05	1. 修订《学生会章程》《清华大学学生会、常代会选举规则》，根据《规则》仅选举产生学生会主席、副主席，常代会执委会主任、副主任，不再选举学生会委员会 2. 举办第二届学生文化节，内容包括：邀请总政歌舞团来校演出、通俗歌曲大奖赛、女生综合艺术表演、体育比赛等 3. 恢复象棋、围棋、桥牌、电影、吉他等学生协会 4. 反映、解决学生宿舍床头书架问题，使 4 000 多名同学受益
第二十八届 1988-05—1990-03	1. 学生会任期由一年改为二年，学生会干部中期进行部分调整 2. 1988 年 12 月 9 日至 18 日，举办“清华人节”，向全校同学发出了“民族正重整雄风，清华须再铸精魂”的号召，举办了“清华精神与中国希望研讨会”“求索杯”辩论赛、“上下五千年”联合演出、“名人学者讲坛”“中华精魂”电影回顾展等活动，发扬清华大学“爱国、成才、奉献”的光荣传统 3. 1988 年 10 月举办首届清华大学体育活动月，1989 年 10 月举办第二届体育活动月，1989 年 12 月举办首届“水木清华杯”文化活动月 4. 1989 年 12 月 26 日清华大学学生会成立 70 周年，邀请在京的历届学生会主要干部艾知生、伍绍祖、林炎志等回校座谈等
二十九届 1990-03—1992-05	1. 组织“为亚运多做贡献”的活动，200 多名清华同学组成的“清华啦啦队”活跃在赛场；学生会祝贺清华大学化学系郑丽娟同学在第十一届亚运会上获女子 1 500 米金牌 2. 1990 年 10 月举办第三届体育活动月，举行“清华吉尼斯”体育比赛；1991 年 10 月举办“'91 清华奥运暨第四届体育活动月”，主题为“清华学子全力支持北京申办 2000 年奥运会”，学生会向中国奥申委赠送了万人签名的横幅，并转送至国际奥委会 3. 1990 年 11 月举办“'90 清华潮文化节暨第二届‘水木清华’杯文化活动月”（“清华潮”指清华学子踏“历史之潮”“未来之潮”“青春之潮”不断成长），组织了“清华人形象与清华精神”研讨会、五台大型演出和综合艺术展 4. 1991 年 11 月举行第三届文化活动月，举办了“校园歌手大赛”“语言的艺术”“校园文化知识竞赛”“演讲比赛”等 5. 在 80 周年校庆时，组建“树校园正气文明倡导队”，500 多名队员在宿舍、食堂、教室、运动场等处监督不文明行为，倡导文明正气
第三十届 1992-05—1994-04	1. 承担建设文明校园的部分宣传工作，做好学生区（包括公共设施、学生宿舍区、教学区）的卫生监督（清华大学获全国高校文明校园评比第一名） 2. 1992 年举办第五届体育活动月，组织系际球类、游泳比赛和清华—北大足球对抗赛；1993 年举办第六届体育活动月；在 1993 年北京市申办 2000 年奥运会投票年，组织同学参加春季长跑、“奥运一日”“致萨马兰奇一封信”等活动 3. 举办 1992 年、1993 年两届文化活动月，组织以“把时代脉搏，扬清华风采”为主题的清华大学学生风采大赛、“一二・九”歌咏比赛、校园知识大赛、古典吉他大赛、综合艺术展等 4. 与校团委配合，举办了“国际热点、文化、美学”系列讲座 5. 恢复设立学习部，将调研部并入常代会
第三十一届 1994-04—1996-04	1. 学生会与校团委合作，筹建了我校学生国旗仪仗队，国家教委等有关部门表扬了清华大学这一举动，并号召其他高等院校向我校学习 2. 在新生中组织了“高扬一面旗、同唱一首歌”的活动 3. 学生会提议建造新澡堂并获得了学校的批准，学校后勤拨款 16 万元增设太阳能设施，财务处与修缮处拨款 6 万元添置小型热水供应系统 4. 开展“水木清华杯”“挑战杯”“马约翰杯”三个活动月 5. 学生会将校园歌手大赛节余经费捐给希望工程，获得社会的肯定 6. 学生会成立了“学生自律委员会”，倡导“自强、自爱、自觉”的自律精神 7. 在“创造美好生活”主题下开展了“校园文化风景线”系列活动 8. 开展百家信活动，组建信鸽服务队，建立百万庄勤工俭学介绍中心

续表

届　次	主要活动
第三十二届 1996-04—1998-05	1. 开展最佳食堂、最佳服务员评比活动 2. 1996年9月组织了新生“爱我清华”定向越野比赛 4. 1996年10月份与校团委、研究生会共同组织“校园文明礼貌活动月”系列活动，组织各班同学签署了《清华大学学生文明公约》，组织全校本科生“十佳文明宿舍”评比，筹建清华大学学生紫荆志愿者服务总队 5. 1997年3月举办了清华女生节，受到了广大女生的欢迎。《清华女生》报与大家见面，反映女生生活，展示女生的风采 6. 开展了“我爱我家——共建文明宿舍楼”活动 7. 1996年12月负责接待了澳门大学学生会访问团，签订《交流和合作协议》 8. 1997年10月，组织了“世纪呼唤——全面素质大讨论”系列活动
第三十三届 1998-05—2000-05	1. 1998年8月，“关注98抗洪活动”，募集捐款七万余元，捐献给灾区的希望工程。9月19日晚，由学生会发起，清华大学、中国人民大学、北京师范大学三所高校学生会共同主办的“风雨不灭希望，学子共创明天”为灾区希望工程募捐义演晚会在海淀剧院举行 2. 组织参与清华“学风大讨论”，编写学生视角的“选修课手册” 3. 1999年3月组织“展望新世纪主题设计竞赛” 4. 联合京津十多所高校组织“京津两地学子喜迎澳门回归万人签名活动”。1999年12月19日，组织举办庆澳门回归大型文艺演出及观礼活动，收看政权交接仪式 5. 1999年9月创建《清华学生报》 6. 2000年2月正式启动“家园工程”，配合校长办公室做好“校长接待日”工作；组织后勤社会化改革新闻发布会；“清华饮食文化——饮食中心访谈”
第三十四届 2000-05—2002-06	1. 协助建立健全各类学生协管员队伍。成立饮食服务队和校医院院外学生监督员等，进行了食堂卫生突击检查等活动 2. 同研究生会共同出版《师生之桥》 3. 学生会推出“我心中的清华教师”系列活动，清华教师论坛——“清华卫星上天，清华人的骄傲”，“我心中的清华教师”问卷调查活动，“我心中的清华教师”征文大赛 4. 学生会推出了“自习教室借用表”，利用“学生清华”动态更新自习教室变更情况。先后开设十食堂、八食堂和十五食堂作为晚自习的教室 5. 协助体育教研组制定马约翰杯所有的比赛规程，推出《马约翰杯赛事指南》 6. 2000年组织同学到机场迎接奥运健儿，并开展“奥运金牌进清华”活动，协助组织全国大学生篮球联赛开幕式、“迎校庆国安—清华足球友谊赛”等 7. 2002年3月16日“清华大学学生消费投诉站”成立 8. 举办首届清华大学学生校园服饰风采大赛
第三十五届 2002-06—2004-06	1. 2002年11月12日，举办首届清华大学“男生节”，创办了“Boys' week”七天“衣、食、住、行”优惠活动 2. 成立权益部和内联部，2003年3月16日，开展第一次学生权益日 3. 2003年4月至5月，组织了“服饰文化节”系列活动，将“T-SHIRT设计大赛”中以抗“非典”为主题的获奖作品作为礼物送给来清华看望同学的温家宝总理 4. 2003年“非典”期间，积极开展“抗击‘非典’”工作，如举办了首届“风筝节”，鼓励同学们进行户外锻炼 5. 2002年9月下旬，发起“反占座”活动。2002年10月22日，定时清零制度开始实施 6. 2003年8月底，创建清华大学学生会“时代论坛”：举办“人生与事业”“溯源讲堂”“聆听时代之声”三个系列讲座 7. 2003年10月15日，发起“祝贺神舟五号发射成功——清华学子万人签名”活动，并在一周后将签名横幅赠送给航天英雄杨利伟 8. 2003年11月27日，召开了紫荆公寓学生楼委会成立大会，在紫荆社区开创了学生“自我管理、自我服务”的新渠道

续表

届　次	主 要 活 动
第三十六届 2004-06—2006-06	1. 发展壮大时代论坛，首创“迈上心灵的阶梯”系列讲座 2. 举办清华大学首届辩论文化节，共分为校内辩论赛、名家讲堂、学术沙龙三个部分 3. 2005 年 3 月 20 日至 5 月 24 日举行“水木湛清华——清华校园摄影大赛” 4. 权益工作全面深入开展，共举行 12 次权益副主席例会，举办了以“维护校外权益，你不是弱者”为主题的权益讲座，制作了 2 期《权益之声》，8 期《向同学汇报》，8 期《畅所欲言》版，20 期《信息简报》，协助学校解决同学们关心的如“紫荆热水”“校园公交车通紫荆”“紫荆手机信号”等问题 5. 建立清华大学学生会网站
第三十七届 2006-06—2008-12	1. 2007 年 3 月举办首届清华大学“体育之星”评选活动 2. 2008 年秋季学期举办“清韵烛光”第一届清华大学“我最喜爱的教师”评选活动，分为“生声不息”“红烛印象”“颁奖晚会”三大部分 3. 组织清华大学首届厨艺大赛 4. 2008 年举办“齐健身、迎奥运”主题活动 5. 2006 年 12 月，创办学生会会刊《行健》，每学期发行 1～2 期 6. 学生会相继成立香港组、澳门组、台湾组，2008 年 5 月，举办了港澳台学生晚会——“狂想日记” 7. 2008 年秋季学期建立文化部，举办端午游园会、中秋知识竞赛，“清韵书斋”书荐书评计划，举办《我爱我的祖国——辉煌三十年大型图片展》 8. 开展了第一次“与校长面对面”活动
第三十八届 2008-12—2010-12	1. 2009 年 12 月，举办学生会九十周年纪念系列活动。编写会史《风雨兼程九十载》；时代论坛九十周年特别专场；九十周年纪念大会与研讨会 2. 2008 年底创建了对外交流部，倡导国际化的视野，发起了“清怀天下，共迎百年”首届“清华大学学生国际文化节”，实现了赴澳大利亚、芬兰、美国三次出访交流活动。2010 年举办了第二届国际文化节 3. 2009 年底生活部与权益部合并，建立生活权益部；文化部与对外交流部合并，建立文化交流部 4. 2009 年 5 月发起了首届“5·21”清华情人节，包括露天派对、真情告白、手绘 T-Shirt等活动形式 5. 倡导群众体育锻炼，于 2009 年组织了“健行百年——群众体育系列活动” 6. 2009 年 10 月组织“一片清心献华诞”庆祝新中国成立六十周年系列活动，包括新中国成就展、“心心相印”签名活动、组织国庆观礼等活动 7. 2010 年 3 月 29 日、30 日举行抗旱救灾定点募捐活动 8. 2010 年 5 月 22 日下午在近春园荷塘举办“读清华”系列读书活动之“朱自清周”荷塘诗会 9. 2010 年 12 月 2 日举办“‘马约翰日’系列趣味体育活动” 10. 举办第 19、20 届校园歌手大赛 11. 举办第 5、6 届“清锋明辩”辩论文化节 12. 举办第 9 届服饰风采大赛

三、研究生会

清华大学研究生会是在清华大学党委领导下的全体在校研究生的群众组织。它接受中国共产党清华大学委员会研究生工作部和中国共产主义青年团清华大学委员会的指导，并在中国共产主义青年团清华大学研究生委员会的具体帮助和指导下开展工作。清华大学研究生会以团体会员的身份参加中华全国学生联合会和北京市学生联合会。

清华大学研究生会于 1979 年 10 月 24 日成立，电子系 78 级硕士生张大洋当选为第一届研究生会主席。以后每年召开研究生代表大会，选举新一届研究生会干部。1991 年 11 月 26 日召开的第十三次研究生代表大会，修改了《清华大学研究生会章程》，研究生代表大会改为每两年召开一次，两届之间，可根据工作需要，调整部分研究生会主要干部。

清华大学研究生会一直按照“拥护党、拥护社会主义，服务祖国、服务人民”的要求，全面贯彻“自我教育、自我管理、自我服务”的方针，充分发挥“学生之家、师生之桥、干部之校”的作用，与时俱进，开拓创新。清华大学的各级研究生会组织逐步建立了校—系—班三级互动体系，达到了合作交流、共同成长的目的。就结构而言，清华大学研究生会组织层次分明、职权明晰；就功能而言，清华大学研究生会根据全校研究生同学的需求不断地完善工作职能，切实做好各方面的引导和服务工作。组织机构的逐步成熟与完善，对研究生活动起到了积极的促进作用。现在，清华大学研究生会已经成为清华大学研究生教育必不可少的学生组织，它在营造一个良好的校园氛围与优良的教育环境的工作中，在引导广大研究生德、智、体全面发展中，在培养高素质、高层次、创造型、多样化人才的道路上，起到了日趋重要的作用。

（一）研究生代表大会

截至 2010 年底，清华大学共召开了 22 次研究生代表大会。各届研究生代表大会研究生会主席、常代会主任名单，见表 18-11-5 和表 18-11-6。

表 18-11-5　历届研究生会主席、常代会主任名单（1979—1991）

届　次	年　　份	研究生会主席	常代会主任
第一届	1979-10-24—1980	张大洋	
第二届	1980—1981	鹿大汉	
第三届	1981—1982	周　林	
第四届	1982—1983	陈小悦	
第五届	1983—1984-11-26	吴　锌	
第六届	1984-11-26—1985-12-13	壮　迁	
第七届	1985-12-13—1987-04-02	张　勤	
第八届	1987-04-02—1988-03-24	于　彤	高云龙
第九届	1988-03-24—1989	胡胜发	万　亨
第十届	1989—1989-12-15	琚诒光　梁岩峰	王永刚
第十一届	1989-12-15—1990-12	王云华	何　俊
第十二届	1990-12—1991-11-22	荣　强	艾红梅

表 18-11-6　历届研究生会主席名单（1991—2010）

届　次	年　　份	研究生会主席
第十三届	1991-11-22—1993-11-26	姚立新（1991-11-22—1992-10-16） 王　强（1992-10-16—1993-11-26）
第十四届	1993-11-26—1995-11-30	李建军（1993-11-26—1994-11-22） 杨瑞东（1994-11-22—1995-11-30）
第十五届	1995-11-30—1997-11-28	张　涛（1995-11-30—1996-11-28） 孙爱军（1996-11-28—1997-11-28）
第十六届	1997-11-28—1999-12-19	王　崧（1997-11-28—1998-11-26） 吴胜武（1998-11-26—1999-12-19）

续表

届　次	年　　份	研究生会主席
第十七届	1999-12-19—2002-11-26	张　林（1999-12-19—2000-06-04） 刘　桓（2000-06-04—2002-03-17）
第十八届	2002-03-17—2003-11-26	马扬飙（2002-03-17—2003-04） 陈　伟（2003-04—2003-11-26）
第十九届	2003-11-26—2005-12-18	过　勇（2003-11-26—2004-12-12） 孙　伟（2004-12-12—2005-12-18）
第二十届	2005-12-18—2007-12-26	汝　鹏（2005-12-18—2006-12-17） 王　磊（2006-12-17—2007-12-26）
第二十一届	2007-12-26—2009-12-13	赵　岑（2007-12-26—2008-12-14） 王伟然（2008-12-14—2009-12-13）
第二十二届	2009-12-13—2010-12-20 2010-12-20—	熊　俊（2009-12-13—2010-12-20） 林正航（2010-12-20—）

（二）研究生会主要机构设置

1984 年、1993 年、2009 年研究生会的机构设置，见表 18-11-7。

表 18-11-7　清华大学研究生会机构设置

	第五届（1984 年）研究生会常代会（主任、副主任）	第十四届（1993 年）研究生会常代会（主任、副主任）	第二十一届（2009 年）研究生会
机构设置	秘书处　学习部　科技交流部 生活部　宣传部　文化部 体育部　女生部　博士生工作部 刊物编辑部	办公室　学术部　文化部 生活部　宣传部　外联部 博士生部　文艺部　体育部 公关部　实践部 《研究生通讯》主编 《学报》主编	办公室　内联部　学术部 生活部　文化部　体育部 外联部　女生部　财富论坛 博工委　会庆办　港澳台部

为了紧密配合国家发展和学校建设，清华大学研究生会的工作重心不断调整，机构设置也随之完善。研究生会的工作划分更加清晰和科学，职能部门设置逐渐成熟，工作全面铺开。

（三）研究生会主要活动

自 1979 年 10 月 24 日成立以来，清华大学研究生会以“两个拥护，两个服务”的德育目标为指导，继承和发扬多年积累的工作传统，坚持以爱国成才引导同学，以切实行动代表同学，以全心全意服务同学，以丰富活动发展同学，扎实有效地推进我校研究生会的各项工作。为我校创建世界一流大学、培养拔尖创新人才的中心工作作贡献。

深入开展以学风建设与学术交流、沟通渠道建设、校园文化、身心健康为重点的各项工作，巩固组织基础，加强对外联络，在服务中融入引导，以引导促进服务，努力推进学校研究生会工作的进一步发展，研究生会的工作也得到学校领导和各部门的关心和支持。

1. 1979 年—1993 年研究生会开展的主要活动

（1）学术活动

1985 年 8 月 20 日举办首届学术夏令营，通过学术报告、无主题交流会、分组讨论等方式，就交叉科学、新技术革命、哲学在近代的发展、三论（系统论、信息论、控制论）及新科学方法、未来学、现代艺术、过程工程等问题进行探讨。1988 年暑假又举办“技术与我们的选择”’88 夏令研讨会，就能源与交通、环境与城市化、经济与社会、文化与技术、材料科学、计算机、通信技术等领域的学术问题进行讨论。

学术部举办了多次系列讲座。如 1987 年 11 月至 12 月举办高技术研究系列讲座，请校内外专家作题为《技术发展与我们的对策》《我国材料科学技术发展目标》《我国生物科学技术的发展》《航天技术》《信息技术的研究与发展》《智能机器人与 CIMS（计算机集成制造系统）技术》等 6 次讲座；1988 年 5 月至 11 月，又组织《经济体制改革的回顾与展望》等 4 次经济体制改革系列讲座。

为加强对外交流，从 1987 年起，清华大学、北京大学、复旦大学研究生会与“日中学生会议实行委员会”共同组织日中学生会议，每年召开一次，在中日两国轮流召开，截至 1993 年 8 月共召开 7 次会议。第七次中日学生会议于 1993 年 8 月 6 日至 11 日在清华大学举行，日本学生 24 名、中国研究生 30 名（来自清华、北大、复旦）参加了会议。会议讨论了 21 世纪中日关系与世界格局，中国改革开放政策，中日两国历史、经济现状大比较，两国老年问题和儒学在两国的不同影响等问题，促进了中日两国的民间交流和两国青年的友谊。

（2）科技服务活动

1984 年 11 月 23 日，研究生的科技协作组织“清华大学华实科技服务中心”（简称“华实”）成立，其宗旨是开发和利用学校的智力资源，特别是有一定科研能力的研究生资源，为全国科技界提供科技服务，为促进城市经济体制改革和社会主义现代化建设作贡献。同时，为学校研究生提供社会实践机会，促进研究生能力的提高。

“华实”成立后，业务不断扩展，陆续组建了软件开发公司（开发实用性软件）、技术培训部（举办对外贸易、计算机、财务会计、企业管理、建设项目经济评价、建筑工程等培训班）、高技术分公司（着重开发电子和计算机类新产品）、新产品分公司（着重开发市场需求量大、新颖、实用的短平快产品）、华实事业部（包括化工、电子、土建、环境、计算机、机械动力事业部）、华实服务实体（包括复印、打字、电器维修中心、华实书屋）等。

1984 年华实科技服务中心初建时仅有 2 000 元贷款，截至 1993 年底，“华实”已经拥有自己的技术队伍与所开发的产品，建立了自己的信息网络和协作关系，创建了自己的实验室和开发设备，年成交额由几万元上升到近百万元，服务的企业遍及大江南北，服务项目涉及各学科领域，与全国 28 个省、自治区、直辖市建立了业务联系，协作完成了近 600 个科技攻关项目，为上千家厂矿企业解决了生产实践难题，开发产品近 20 个，累计成交额达 200 万元，累计利润约 20 万元。在“华实”组织的勤工俭学活动中受益的研究生近 4 000 名。

（3）纪念及文体活动

1985 年 12 月 6 日，召开研究生代表纪念“一二·九”运动 50 周年、“一二·一”运动 40 周年座谈会。1992 年 9 月至 11 月，研究生会和研究生团委联合举办“紫荆杯”青春风采系列大奖赛，内容包括知识篇、生活篇、礼仪篇、情趣篇，广大研究生踊跃参赛。1993 年 12 月，研究生会和研究生团委组织纪念毛泽东诞辰 100 周年系列活动，12 月 7 日 2 000 多名研究生参加了以中国革命历史为线索的革命歌曲大合唱，毛泽东的亲属和 300 多名研究生导师观看了演出。

研究生会十分重视开展体育活动。1986 年 4 月 20 日，举行“清华大学第一届研究生田径运动会”，共有20个系的500多名研究生参加。以后每年举行一次，截至1993年共举办了8届研究生田径运动会。研究生会还经常组织足球等系际体育比赛，促进研究生积极参加体育锻炼。

2.1993年—2010年研究生会组织开展的主要活动

（1）研究生学术学风建设

学术第二课堂建设是提高研究生科研创新能力的重要途径，同时也是研究生思想政治教育促进拔尖创新人才培养的重要阵地。清华大学研究生会充分利用校内外各种资源，以科研理想教育和学术道德建设为立足点，以营造良好的学术氛围为目标，以学术交流为载体，以评优奖优为辅助，通过形式多样、内容丰富的学术活动，搭建了多层次、立体化的研究生学术第二课堂平台。

1996年，清华大学研究生会开展首届研究生“学术新秀”评选，评选旨在通过“榜样在身边”的力量鼓舞同学，促进朋辈间的激励。评选活动在充分展示清华大学研究生的学术风采的同时，积极营造尊重学术的良好氛围，有力推动了研究生学术科研水平的提高。至今，“学术新秀”评选共举办15届，累计600多人次参与评选，共表彰学术新秀149人，产生了一批高素质且在学校具有较大影响力的学术新人。1998年，清华大学研究生会开展首届“良师益友”评选，评选旨在增进师生感情、推动教师队伍发展、促进研究生教育质量提高。至今，“良师益友”评选已开展了12届，共评选出“良师益友”992人次，数名老师多次当选。

2002年，清华大学研究生会举办首届“清华大学博士生学术论坛”。博士生学术论坛坚持以营造良好学术氛围、鼓励博士生学术创新、服务学校拔尖创新人才培养为己任，在发展的过程中不断改革，为学校人才培养作出了重要贡献。至今，已形成以校内博士生论坛为主体、以专题博士生论坛为补充、以全国博士生论坛为辅助、以国际博士生论坛为拓展的纵横并进的四级博士生学术交流体系。2002年至2010年，清华大学研究生会共举办校内博士生学术论坛229期，21 000多人次参加，进行学术报告1万余场。除较为正式的论坛交流外，还组织了学术沙龙为研究生营造自由交流的环境。学术沙龙结合专业特点持续关注学科前沿，同时涉及学术道德、学风建设和就业引导等各个方面，进一步丰富了活动的形式内容，也在院系内部营造了学术道德建设的良好氛围。至今，学术沙龙活动共举办了200余期，累计参与人数1.2万余人次。

2006年，清华大学研究生会开始举办“学术人生”讲坛。讲坛旨在融思想性、学术性、教育性为一体，邀请两院院士、著名学者与青年学子面对面，再现大师们治学与人生的不凡经历，旨在引导青年学生树立远大的学术理想，为研究生的科研工作提供有益的指导和借鉴。至今，“学术人生”讲坛已举办23场，6位中国科学院院士，11位中国工程院院士，3位外籍院士出席了讲坛。2006年，清华大学研究生会开始举办“学术之路”科研技能讲座。讲座对于夯实科研基础、提升学术技能，尤其是跨学科可迁移技能的养成具有明显作用。至今，“学术之路”讲座已举办29场。同时，开设“研究生学术与职业素养课程”，采取系列讲座、开放式教学的形式，邀请校内外相关学科领域的著名教授和专家授课，授课内容包括职业修养、学术素养、领导团队和创业教育等，对研究生今后学术和职业发展均有较好的参考价值和借鉴意义。表18-11-8为1996年至2010年研究生历届“学术新秀”获奖者名单。

表 18-11-8　历届清华大学研究生"学术新秀"获奖名单（1996—2010）

届次	人数	获奖名单
一 （1996 年）	10	材料系　方　菲，计算机系　朱志刚，　电机系　张　彤，化工系　胡　华，　力学系　朱　刚，电子系　葛　宁，　计算机系　毕　军，材料系　金　瓯，微电子所　盖新伟，力学系　谭鸿来
二 （1997 年）	10	自动化系　王　松　毛宏志，　精仪系　刘大成，电机系　李　勇，　化学系　张南京，材料系　陈益钢，生物系　施　桦，机械系　郭海滨，　核研院　谢卫国，力学系　熊大曦
三 （1998 年）	10	材料系　王　雨，机械系　李玉宝，　化学系　张德强，精仪系　周惠兴，　电子系　张志军，　王　勇，林晓帆，物理系　吴　健，　力学系　朱　廷，材料系　杜　昶
四 （1999 年）	8	经管学院　盛仕斌，建筑学院　方　可，计算机系　徐　鹏，土木系　胡少伟，热能系　柴立和，化工系　殷　钢，　精仪系　谭峭峰，计算机系　杨欣欣
五 （2000 年）	10	机械系　马仁志，生物系　王宏伟，热能系　张金涛，微电子所　马玉涛，　力学系　范全林，材料系　张洪国，经管学院　吴群刚，精仪系　吴麟章，电子系　王际兵，化工系　于慧敏
六 （2001 年）	10	材料系　左如忠，材料系　林元华，化学系　魏俊梅，化工系　吴桂芳，　工物系　靳　晖，生物系　闫永彬，电子系　李智红，热能系　胡雪蛟，　精仪系　丁建宁，美术学院　乔　迁
七 （2002 年）	12	机械系　朱宏伟，微电子所　卢　纯，材料系　李正操，计算机系　刘　鹏，　材料系　张俊英，力学系　罗小兵，精仪系　林德教，计算机系　张胜誉，　材料系　刘剑波，计算机系　马昱春，公管学院　王亚华，电子系　代　琳
八 （2003 年）	10	化学系　王　训，机械系　李延辉，计算机系　冯　元，美术学院　丘　挺，　法学院　徐　昕，电子系　殷柳国，公管学院　过　勇，物理系　曾　蓓，　化工系　王铁峰，材料系　李　勃
九 （2004 年）	8	热能系　王　昊，力学系　王沫然，机械系　韦进全，精仪系　高士明，　微电子所　董　良，化学系　孙晓明，材料系　罗　俊，法学院　梁上上
十 （2005 年）	10	化工系　曾　重，精仪系　刘　刚，环境系　温宗国，电子系　张　超，　热能系　林　鸿，航院　曹炳阳，化学系　李晓林，医学院　杨海涛，　经管学院　郭迅华，人文学院　李　锐
十一 （2006 年）	10	建筑学院　范　路，精仪系　胡　恒，热能系　胥蕊娜，电子系　戴一堂，　计算机系　段润尧，化工系　徐建鸿，材料系　施　展，物理系　胡　剑，　化学系　葛建平，经管学院　涂　俊
十二 （2007 年）	10	建筑学院　刘晓华，热能系　张　颉，计算机系　季铮锋，自动化系　李　俊，　材料系　赵　飞，物理系　何联毅，化学系　石　峰，公管学院　张树伟，人文学院　臧峰宇，医学院　娄智勇
十三 （2008 年）	10	航　院　龚胜平，物理系　刘　锴，精仪系　倪　凯，电子系　潘时龙，　热能系　史翊翔，材料系　宋　成，经管学院　孙文凯，工物系　向　导，　微电子所　杨　晨，化工系　张　强
十四 （2009 年）	11	化工系　王　凯，工物系　黄永盛，人文学院　刘　超，经管学院　王正位，　化学系　王定胜，材料系　伍　晖，机械系　贾　怡，精仪系　解国新，　自动化系　吴雪兵，计算机系　李洪波，航　院　　杨　帆
十五 （2010 年）	10	环境系　蔡闻佳，机械系　桂许春，精仪系　闫兴鹏，电机系　罗海云，　电子系　辛　明，工物系　常　超，化工系　温　倩，材料系　杨玉超，　生命学院　高　翔，公管学院　欧训民

（2）其他主要活动

1993 年以来，历届研究生会开展了各具特色的精彩活动，详见表 18-11-9。

表 18-11-9 历届研究生会的主要活动（1993—2010）

届 次	主 要 活 动
第十四届 （1993-11—1995-11）	1. 1993 年 12 月，校研究生会与研团委共同组织纪念毛泽东诞辰 100 周年系列活动。 2. 1994 年 9 月，校研究生会与研团委联合举办首届研究生艺术活动节。 3. 1994 年 10 月底，华实科技服务中心成立十周年。 4. 1995 年 4 月 21 日，由《清华研究生》编辑部筹建的清华大学学生记者协会正式成立，会议通过了《清华大学学生记者协会章程》。 5. 1995 年 10 月 14 日，研究生会和研团委共同组织了研究生干部培训班
第十五届 （1995-11—1997-11）	1. 1996 年暑假，清华大学研究生会博士生部与民政部《乡镇论坛》杂志社、北京大学、中国人民大学、北京师范大学及中国社会科学院研究生院联合发起“百名博士百村行”活动，并在 7 月 5 日举行了出征仪式。 2. 1996 年 10 月上旬至 11 月上旬，由校研究生会、校学生会联合策划开展了“校园文明建设月”系列活动。 3. 1997 年 5 月，由校研究生会、学生会和校研究生团委主办“青春风采——97 清华文明礼仪大赛”
第十六届 （1997-11—1999-12）	1. 1998 年 3 月—5 月，研究生学术活动节首次推出了“良师益友”评选活动。 2. 1998 年秋季学期，校研究生团委、研究生会在已有的红丝带协会、MBA 协会、学生法律援助中心等研究生协会的基础上组建十家人文类协会，包括：心理学社、儒家文化研究会、历史研究会、民族产业协会、校园信息交流网、学生消费者协会和健康促进协会等。 3. 1998 年，研究生会、研究生团委联合进行机构改革，加强了研究生会的服务职能，陆续组建六个委员会、中心，包括：体育工作委员会、文艺工作委员会、协会联合会、科技服务中心、信息服务中心、生活服务中心。 4. 1999 年 3 月，研究生会设立清华大学华实研究生创新基金
第十七届 （1999-12—2002-03）	1. 2000 年 3 月举行了第七届清华研究生学术节。 2. 2000 年 4 月，“清华学子财富论坛”正式启动。 3. 2000 年 4 月，举办第十五届清华研究生运动会。 4. 2000 年 8 月起，研究生团委与研究生会一起承担“华为杯”第三届全国电子设计竞赛的各项组织工作。 5. 2001 年 11 月，举办第八届清华大学研究生文化艺术节
第十八届 （2002-03—2003-11）	1. 2002 年 3 月 30 日，博士生论坛正式启动，选取了机械系、计算机系、化工系、物理系和电机系作为博士生论坛的前期试点院系。2002 年 5 月，博士生论坛进入正式实施阶段，在全校范围内全面展开。 2. 2002 年 4 月 12 日，举办研究生文化论坛第一期，以“个性与人生发展”为主题。 3. 2002 年 10 月 12 日，由校工会、研究生会联合举办的“2002 年首届研究生师生班级轻体育运动会”在西区体育馆举行开幕式。 4. 2003 年 10 月 16 日，由校研究生会、学生会联合举办的第一次校长接待日活动顺利举行。 5. 2003 年 10 月 17 日—2003 年 10 月 19 日，首届全国博士生学术论坛在学校召开
第十九届 （2003-11—2005-12）	1. 2003 年 11 月，研究生会内联部成立。 2. 2004 年，“水木清韵”把原有的四部分整合为“高雅演出”“文化沙龙”“文新论坛”三部分。 3. 2004 年 12 月 11 日，举办了纪念清华大学研究生会成立 25 周年座谈会。同期，编印了《纪念清华大学研究生会成立 25 周年访谈录》，拍摄了 DV《我们一起走过——清华大学研究生会成长录》。 4. 2005 年 5 月，校研究生会向全体研究生同学推出以“青春”为主题的文化大餐“青春五月・研究生文化艺术节”。 5. 2005 年 7 月 26 日，举办首届“清华大学—香港大专院校研究生发展论坛”。 6. 2005 年 9 月，由清华大学研究生院和清华大学研究生会发起和主办的首届清华大学国际博士生学术论坛 TIFDC（The 1st Tsinghua International Forum for Doctoral Candidates）

续表

届　次	主 要 活 动
第二十届 （2005-12—2007-12）	1. 2006 年 5 月 19 日—2006 年 5 月 21 日，举办清华大学第一届博士生专题学术论坛，主题为“国家能源战略下的能源发展”。 2. 2006 年 11 月 26 日，“清华大学学生社区体育设施项目”揭牌。 3. 2006 年 12 月，研究生会第一部论坛集《财富清华》出版发行。 4. 2007 年 5 月 10 日，第一届清华大学研究生师生趣味运动会在紫荆操场举行。 5. 2007 年 7 月，组织“人生启航——2007 清华大学毕业纪念活动日”。 6. 2007 年 10 月 28 日，承办由北京市委教育工委、北京市教委主办的“青春奥运”第二届首都大学生创意文化节博士生系列学术论坛闭幕式暨“奥运与环境”分论坛。 7. 2007 年 12 月，论坛集《人文日新》正式出版
第二十一届 （2007-12—2009-12）	1. 2008 年 3 月，组织“感动清华”——第十届“良师益友”评选活动。 2. 2008 年 3 月，校研会成立港澳台部。 3. 2008 年 6 月，举办“改革开放三十年中的清华人”系列校友论坛。 4. 2008 年 9 月，注册中心与同学联系会核心组织成立。 5. 2008 年 11 月，完成研究生生活区文化建设试点项目：紫荆博士生公寓三角屋试点公共阅览室实施方案与报刊订阅方案。 6. 2008 年 11 月，举行“改革开放三十载·自强不息清华人”演讲比赛。 7. 2008 年 12 月，举行清华大学第 200 期博士生学术论坛。 8. 2009 年 4 月，举办研究生体育锻炼特色基金答辩会。 9. 2009 年 10 月，举办纪念清华大学研究生会成立三十周年纪念大会。 10. 2009 年 10 月，举行研究生运动会
第二十二届 （2009-12—2010-12）	1. 2010 年 4 月，举办清华大学“西阶论坛”开幕式及系列论坛活动。 2. 成立清华大学教育研究院研究生分会。 3. 2010 年 5 月，举办 2010 清华大学低碳经济专题博士生学术论坛。 4. 2010 年 9 月，举办“研究生学术与职业素养”讲座课程。 5. 2010 年 9 月，校研会成立新闻中心。 6. 2010 年 10 月—11 月，举办“水清木华，博学硕闻”清华大学研究生学术文化月系列活动。 7. 2010 年 11 月，举办两岸清华博士生论坛仪式暨第三届深港澳台博士生南山学术论坛。 8. 2010 年 12 月，举办 2010 年清华大学“羽阳”杯研究生羽毛球联赛

第十二节　清华大学归国华侨联合会

1958 年 9 月 6 日，清华陈立基、陈圣信、林敬煌、林爱梅等 24 位归国华侨参加了在北京市华侨中等补习学校召开的北京市归国华侨代表大会（首届）。大会修改了《北京市归国华侨联合会章程》，将个人会员制改为当然会员制，即凡在本市定居的归侨，都是侨联的当然会员，参加侨联组织活动。同时实行团体会员制，按归侨工作学习单位或居住地区建立归国华侨小组，申请加入成为团体会员。此后，学校由吴佑寿、纪辉玉、林爱梅等负责联系归侨工作。

“文化大革命”中，归侨活动停止。

1981 年 11 月 2 日，学校归侨小组成立，由陈立基、卢应昌、纪辉玉等负责。

1984 年 6 月，在全国归侨第三次代表大会之后，清华大学归国华侨联合会筹备小组成立，由 8 名归侨、侨眷组成，纪辉玉任组长。筹备组召开了三次会议，学习了《全国侨联章程》，调查了本校归侨和侨眷情况。全校有归侨 103 人（其中印度尼西亚 15 人，新加坡 3 人，马来西亚 3 人，缅甸 3 人，泰国 2 人，美国 49 人，英国 7 人，日本 6 人，德国 5 人，法国 3 人，菲律宾 3 人，朝鲜 2 人，加拿大 1 人，秘鲁 1 人），侨眷 99 人。

1985 年 7 月 5 日，清华大学归国华侨联合会成立大会在二教会议室召开，陈立基、纪辉玉报告了归侨小组、侨联筹备小组的工作，北京市侨联副主席李彦民、校党委书记李传信到会讲话。大会选出第一届委员会委员 13 人，孟昭英任主席，王钟惠、卢应昌、纪辉玉、谢志成任副主席。1986 年，纪辉玉调任北京市侨联副主席，补选林敬煌任常务副主席。

侨联团结归侨侨眷，立足国内做好本职工作，鼓励他们利用与海外亲友的联系，为“四化”建设和学校发展作出贡献。1989 年，经校侨联副主席谢志成联络，香港伟伦基金会捐资 400 万港币建立清华大学伟伦学术交流中心，每年为百余名香港学员来中心进行 5 周的“中国研究”实习课提供条件。1990 年，在我国和印尼、新加坡等国恢复、建立外交关系之际，侨联组织东南亚归侨进行座谈、联欢。侨联组织归侨、侨眷学习《归侨侨眷保护法》，关心他们的困难，积极向有关部门反映解决，同时宣传党和国家的侨务政策。

1990 年，全校共有归侨侨眷 230 人，其中，曾任、现任全国和北京市的人大代表、政协委员 15 人，被选聘为中国科学院学部委员的 8 人，获全国劳动模范称号和全国“五一”劳动奖章的 5 人，获北京市劳动模范称号的 12 人。

1991 年 6 月 15 日，清华侨联全体会议举行，选举产生第二届委员会，委员 13 人，谢志成任主席，林敬煌、陈圣信、刘文煌任副主席。

1994 年，侨务工作的主要内容是宣传贯彻落实《中华人民共和国归侨侨眷权益保护法》，调查和整理归侨侨眷的基本情况。校侨联在贯彻落实侨务政策、广泛听取意见的基础上，提出了“贯彻落实《权益保护法》的建议”，对进一步加强和改进对外联络、归侨侨眷出入境、归侨侨眷子女自费出国留学等问题提出了意见和建议。

1994 年 2 月，陈立基被推荐为第五次全国归侨侨眷代表大会代表。

1994 年 6 月，杨家庆副校长首次访问马来西亚和新加坡。校侨联成员马来西亚归侨查传元、新加坡归侨陈圣信积极协助，提出建议并联系接待事宜。

1997 年，校侨联副主席刘文煌任北京市侨联常委，岑章志为市侨联委员。

1998 年 5 月 26 日，市侨联副主席、清华侨联原主席陈立基因病逝世。市委统战部、市侨联及有关单位侨联领导参加遗体告别仪式。

2004 年 2 月，校侨联召开我校部分新归侨和留学归国人员座谈会。会议主题是：校侨联组织如何针对新归侨和中青年留学归国人员的特点开展活动，做好服务。

2004 年 7 月，第七次全国归侨侨眷代表大会开幕。校党委统战部被授予“中国侨联工作先进集体”荣誉称号，航天航空学院常务副院长杨卫院士、土木水利学院院长袁驷教授、生物系副主任陈国强教授荣获“全国归侨侨眷先进个人”奖励。校侨联主席刘文煌教授出席会议，并代表北京市获奖集体上台领奖。胡锦涛主席为刘文煌颁奖。由国务院侨办和中国侨联联合表彰的归侨侨眷先进个人共 890 名，中国侨联表彰的侨联工作先进集体共 80 个。刘文煌教授在会上被选为中华全国归国华侨联合会第七届委员会委员。

2004 年 9 月，校侨联举行“清华大学侨联迎中秋庆国庆联谊会”。校侨联主席刘文煌传达了中国侨联第七次代表大会的精神和出席大会的体会。会上还对新通过的《归侨侨眷保护法实施细则》的修改之处做了说明，并宣读了《关于捐助奥运场馆的倡议书》。

2004 年 9 月，北京市侨联召开首都侨界表彰大会，校党委统战部被授予“首都侨界先进集体”荣誉称号，归侨陈圣信、陈国强、景军以及侨眷杨卫、袁驷被授予“首都侨界先进个人”荣誉称号。

2005 年 9 月 30 日，庆祝清华侨联委员会成立 20 周年暨迎国庆联谊会在留学生餐厅举行。我校侨联委员会成立 20 年来，发挥自身优势，认真执行党的侨务政策，团结全校归侨侨眷，在维护归侨侨眷合法权益，调动归侨侨眷的积极性为国家和学校建设方面发挥了积极作用。广大归侨侨眷也在各自的岗位上作出了优异的成绩。会上表彰了东南亚归侨小组等 3 个先进集体和王洲等 24 名先进个人。北京市侨联副主席苏建敏，校领导岑章志、孙道祥出席了联谊会。

2007 年 4 月，第五届校侨联第二次委员会会议在荷声会议室举行。会上达成以下共识：校侨联要坚持统筹兼顾、老新并重的方针，努力把侨联建成归侨侨眷交流联谊的平台，通过组织侨联成员参与活动的形式，增强侨联成员之间的了解，搭建与学校之间的桥梁和纽带，集中侨智、凝聚侨心、发挥侨力、促进和谐。其后，召开老归侨座谈会，对建立信息库等老归侨工作进行了讨论。2007 年 6 月，清华大学第一附属医院侨联小组和团委共同组织归侨、侨眷医学专家和青年医护人员利用周末到平谷区东高村为部分村民进行义诊、体检。

2007 年 9 月，校侨联被评为“首都基层侨联工作先进集体”，吴秋峰、岑章志被评为 2007 首都侨界先进个人。

2008 年 5 月，为配合北京市侨联开展“纪念改革开放三十周年”“迎奥运、促和谐推进首都侨联事业新发展”系列活动，校侨联副主席、市侨联常委、全国政协委员邢新会为北京奥运提出了“以举办奥运为依托，促进文明、安全、和谐、开放社会的建设”的提案，受到北京市侨联的肯定。

2008 年，校侨联副主席邢新会任北京市侨联常委，副主席蒋耘中任市侨联委员。

2009 年 7 月 6 日，在第八届全国归侨侨眷代表大会上，清华侨联获得“全国侨联系统先进基层组织”荣誉称号，校侨联副主席邢新会作为第八届归侨代表大会代表，当选为中华全国归国华侨联合会第八届委员会委员。

2009 年 9 月 16 日，侨联“庆祝祖国 60 华诞暨迎中秋联谊会”在学校主楼报告厅召开。校党委副书记韩景阳介绍了学校近期工作，会上，国务院侨务专家咨询委员会委员、学校人文学院龙登高教授做了“侨务对台——岛内岛外的台湾人”的报告。

2010 年 11 月 30 日，日本归侨和归国留学人员座谈会召开。座谈会的目的是探讨学校侨联工作的新方式。校党委副书记韩景阳出席会议。校侨联副主席、全国政协委员、化工系副系主任邢新会教授等 10 余位日本归侨和归国留学人员代表围绕如何加强互动、促进多元文化交流、做好国际交流的区域平衡等问题展开了讨论，畅谈了参与清华与日本合作工作的体会。校侨联主席刘文煌、校党委统战部唐杰、校国际交流与合作处副处长李宇红参加座谈会。

清华大学归国华侨联合会组织情况，见表 18-12-1。

表 18-12-1　清华大学归国华侨联合会组织情况

年　份	名　　称	主　　席	副　主　席	委员数	归侨侨眷数
1981-11	归侨小组	陈立基（负责人）	卢应昌 纪辉玉（负责人）		110
1984-06	侨联筹备小组	纪辉玉（组长）			
1985-07	侨联第一届委员会	孟昭英	王钟惠　卢应昌　纪辉玉 谢志成　林敬煌（1986 年补选）	13	202
1991-06	侨联第二届委员会	谢志成	林敬煌　陈圣信　刘文煌	13	230
1997-01	侨联第三届委员会	谢志成	陈圣信　刘文煌　吴秋风 葛长华　陈浩凯　陈国强	17	
2002-06	侨联第四届委员会	刘文煌	吴秋风　陈浩凯　陈国强 刘小明　叶金菊　蒋耘中	19	334
2006-10—	侨联第五届委员会	刘文煌	刘小明（2008 年去世） 邢新会（2008 年增补） 陈国强　叶金菊　蒋耘中	19	1 017

第十三节　清华校友总会

清华校友总会前身是“清华学校留美同学会”和“清华同学会总会”。

一、清华学校留美同学会（1913—1933）

1912 年 6 月，清华学堂的首届毕业生毕业，称为 1912 级。因当时学校经费紧张，不能赴美留学，只能滞留学校和 1913 级共同学习，称为 1912 级继续班。到了 1913 年 6 月，1913 级毕业。1913 年 6 月 29 日，1912 级继续班和 1913 级两届毕业生共 59 人在母校发起成立清华同学会，以“振作校风、联络情谊”为宗旨，通过章程，选举杨永清为会长。

1914 年 8 月 15 日，清华留美学生由周诒春护送乘“中国号”轮船赴美。在赴美行程中，重修《清华同学会章程》，章程中确定的正式名称为“清华学校留美同学会”（但在学校仍多称“清华同学会”），选举周自齐、范源濂为名誉会长，周诒春为名誉会员，杨永清为会长。

1915 年夏在美国成立留美同学会总会执行部，同年 8 月 29 日在康涅狄格州米德尔敦之卫斯理大学成立东支会，9 月 11 日在伊利诺伊州艾文斯坦之西北大学成立西支会。此后，美国各地，如芝加哥、威斯康星、纽约、费城等地先后成立支会。到 1920 年，回国的同学逐渐增多，又在国内设立北京支会、上海支会。后来相继成立的有南华（港粤）、南京、武汉、奉天等支会。

1923 年 8 月 1 日，母校设同学会干事一人，由蔡竞平教授担任，任务是编制同学录，筹设新支会及全国总会，将校中情况时常告诸同学等。

1924 年，成立“同学干事会”，是校内行政机构之一。1927 年，由华北支会发起，募捐购房于北平骑河楼 39 号，创建清华同学会会所。同年，同学会干事移此办公。

1927 年，留美同学会总会诸同学鉴于旅美同学人数日少，国内同学人数日多，提议将总会移回国内，总会推定蔡竞平等 3 人修改会章，以便总会移回国内的计划早日实现。此项修正章程于 1928 年经多数同学投票通过，设在美国的总会随即改组为旅美支部，但在国内设立总会一事尚未完成。

二、清华同学会总会（1933—1950）

1933 年 4 月 29 日校庆返校同学开会讨论，推定章元善等 7 人为筹备恢复清华同学会总会委员会委员，负责筹备工作。委员会遂以 1928 年修正的会章为根据，重新草拟会章。6 月 1 日分函全体同学，投票通过会章并选举总会董事。9 月 17 日及 10 月 7 日开票，修正会章经投票同学全体通过并选出董事梅月涵（梅贻琦）等 15 人。

1933 年 10 月 29 日，在北平骑河楼清华同学会会所成立“清华同学会总会董事会”。总会设于母校，选出校长梅贻琦为会长兼总干事，周诒春为名誉会长，章元善为书记，戴志骞为会计。总会以“增进母校利益，联络会员友谊，提倡互助精神”为宗旨，开始工作。1934 年 1 月 1 日，清华同学会总会编辑出版的《校友通讯》创刊，1935 年更名为《清华校友通讯》。

总会成立后，即与各支会接洽，至 1934 年 4 月举行第二次董事会时，已与上海、北平、天津等 12 处支会取得联系。以后支会不断成立，至 1937 年国内已有 19 个支会，海外也有美国、英国、日本等地 7 个支会。

1941 年 5 月 3 日，在延安的 39 名清华同学正式成立“延安清华同学会分会”，并推选曹葆华为分会会长，蒋南翔为总干事，薛容、汪家宝、彭克瑾、武衡等 4 人为干事。1943 年 7 月 5 日，延安同学会致梅贻琦校长信，署名为会长曹葆华，总干事蒋南翔。信中说：“……生等在此几年来，工作、生活均甚愉快，各同学均能发挥所长，以贡献于神圣之抗战事业，此堪告慰于先生者也。现乘谢（保樵）校友回渝之便，特呈此函，敬祝先生健康，并冀先生继续以清华传统之科学与民主精神，作育青年，以应中国当前抗战事业之迫切需要；尤祈国内民主政治早日实现，使各地清华同学都能欢聚一堂，互相切磋，共为建设新中国而奋斗，此实生等所无任企盼者也。”

1950 年 4 月 29 日，《清华校友通讯》出版解放后第二期之后停刊，校友工作暂时中断。

三、清华校友总会（1981—　）

1979 年 3 月 27 日，校务会议决定恢复校庆，校庆日为 4 月底最后一个星期日，邀请部分知名老校友返校，并发函邀请台湾新竹清华大学派人来校参加校庆活动。1980 年 2 月 1 日学校成立校友联络处，何介人为校友联络处负责人，标志校友工作中断 30 年后恢复。1981 年 4 月 26 日清华大学校友总会正式成立。

恢复校友工作 30 多年来，清华校友工作蓬勃发展，校友总会的工作范围由小变大，队伍不断壮大，由最初的几个人发展到现在的 50 余人。海内外清华校友组织纷纷建立，至 2010 年底，国内已建清华校友会组织 140 个（覆盖 31 个省、自治区、直辖市以及香港、澳门特别行政区和台湾地区）；在海外有美国、加拿大、英国、法国、德国、荷兰、澳大利亚、新西兰、日本、韩国、新加坡、印度尼西亚等 12 个国家建立了 49 个清华校友组织。

为了更好地服务广大校友，清华校友总会决定在校友相对集中的地区设立清华校友总会校友联络部，清华校友总会上海联络部（2009 年 10 月 25 日）、深圳联络部（2010 年 2 月 9 日）、北美联络部（美国旧金山）（2010 年 4 月 8 日）、广州联络部（2010 年 5 月 9 日）相继成立。

（一）清华校友总会理事会

1981 年 4 月 26 日校庆 70 周年纪念日，按校庆筹委会通过的《清华校友总会首届（1981—1982）理事会组建方案》及《理事选举细则》的规定，经返校校友 106 位获得选票校友投票选出钱三强、赵访熊、夏翔等 25 人为清华校友总会理事会首届（1981—1982）理事。1981 年 7 月 6 日，在母校召开清华校友总会理事会首届（1981—1982）理事第一次全体会议，19 位理事出席，刘达校长主持会议。会议听取了校友联络处负责人何介人关于校友活动恢复以来的工作和目前与海内外校友联系情况的汇报；听取了《清华校友总会章程》起草和修改经过的汇报；一致通过了《清华校友总会章程》。总会章程确定本会宗旨是：加强校友之间、校友与母校之间的联系和团结，发扬清华的优良传统，共同为母校的发展与中华民族的富强与进步贡献力量。会址设于北京清华大学校内。根据总会章程“在任清华大学校长应任校友总会会长”，一致推举刘达校长担任首届理事会会长，并选举施嘉炀、陈岱孙、钱三强、钱伟长、何东昌为副会长。会议决定聘请在校工作的王乐铭等 10 位校友组成干事会，由何介人任总干事。

1987 年 4 月 26 日，清华校友总会第二届（1987—1991）理事会第一次全体会议讨论了《清华校友基金会章程（草案）》和《清华大学校友奖学金评奖办法（草案）》；决定成立校友基金管理委员会，选举赵访熊为主任。

1991 年 11 月 13 日，清华校友总会经中华人民共和国民政部核准进行社会团体登记。清华校友基金会也于 1991 年 11 月 2 日经中华人民共和国民政部核准进行社会团体登记。

1994 年 2 月 27 日第三届理事会第三次全体会议同意并经民政部批准将清华校友基金会更名为清华大学教育基金会，费孝通、钱伟长任名誉会长，王大中任理事长。原清华校友基金会将改为隶属于清华大学教育基金会的校友基金管理委员会，系独立的分支机构。

校友总会历届负责人名单，见表 18-13-1。

表 18-13-1　清华校友总会理事会会长、副会长、秘书长

届　次	会　长	副　会　长	秘书长（总干事）
第一届（1981—1987）	刘　达　高景德	施嘉炀　陈岱孙　钱三强　钱伟长　何东昌	何介人（总干事）
第二届（1987—1991）	高景德　张孝文	陈岱孙　施嘉炀　赵访熊　钱伟长　钱三强　梅祖彦　李传信	吕　森（总干事）
第三届（1991—1996）	张孝文　王大中	陈岱孙　施嘉炀　赵访熊　钱伟长　钱三强　梅祖彦　李传信	承宪康（总干事）
第四届（1996—2002）	王大中 名誉会长：陈岱孙　施嘉炀　赵访熊　钱伟长	梅祖彦　李传信　方惠坚　谢志诚　承宪康	刘敏文（总干事）
第五届（2002—2007）	王大中　顾秉林	贺美英（常务）　梅祖彦　方惠坚　承宪康　刘敏文　陈　希	郭　樑（秘书长）
第六届（2007—　）	顾秉林	贺美英　陈　希　陈吉宁　陈　旭　杨家庆　胡东成　荣泳霖　承宪康　白永毅　胡和平	郭　樑（秘书长）

（二）清华大学校友工作会议

清华大学校友工作会议起始于1988年，最初称“校友联络座谈会”，不定期召开。从2003年起更名为“清华大学校友工作会议”，每年召开一次，由校友总会主办。出席会议的有学校领导、校友总会负责人、各地校友会代表。会议内容主要有：介绍母校近况，汇报校友总会工作，交流校友工作经验，加强校友联络等。到2010年底共召开了14次校友工作会议。

1990年3月，第二届校友联络座谈会在母校举行。26个地区校友会代表出席。会议代表对上海同学会、天津校友会等26个校友会《关于赞助重建二校门的倡议》进行了热烈的讨论并一致通过了倡议书。

2010年10月，清华大学第十四次校友工作会议在海南三亚举行。举办“清华新百年展望”校友论坛。在校友座谈会上，大家畅谈清华校友文化，展望清华未来百年的发展，对母校百年华诞的庆祝活动建言献策，热烈非凡。

（三）联络校友，服务校友

校友联络是开展校友工作的基础。最初校友联系方式主要是通过校庆值年校友返校、以年级为联系基础。在“年级”和“值年”校友联络的基础上，重点加强了按地域（各地校友会）和按行业来整合校友资源，逐步形成按年级、按地域和按行业的校友“立体”联系网络。从2003年开始，陆续组建起了信息、金融、保险、房地产、石油石化、汽车、新能源、传媒、管理咨询、教育和文体等10多个校友联络部，得到广大校友的热烈响应和高度评价。至2010年底，校友联络率已经达到80%。

服务校友是校友工作的根本。2003年11月，校友总会章程中首次把“服务广大校友”作为校友总会宗旨的重要组成部分。近年来，校友工作不断创新，校友总会已经形成比较完整的服务校友工作体系。

1980年《清华校友通讯》复刊；2001年清华校友网、清华校友信箱开通；2002年《清华人》杂志创刊，行业校友联络部成立；2003年校友年度捐款设立；2004年大规模校友问卷调查开始，为学校不断提供人才培养质量数据；2005年毕业生专项服务开始；2006年校友励学金工程启动。校友信用卡“龙卡”的启动，既方便了校友消费，也为校友回母校参加活动、到母校图书馆阅览借阅书籍提供了便利条件。

2009年7月开始实行校友“年级理事”制度，使校友联络工作得到进一步落实。当年227名2009年毕业的本科生和研究生成为校友总会聘请的首届年级理事。

为了满足海外校友子女了解祖国文化和发展的辉煌成就的愿望，1983年7月，举办了“旅美校友子女暑期学习班”。2007年以来，校友会每年都开办海外校友子女夏令营，加深了与海外校友的联络和情感交流。

以上措施的实施大大促进了校友之间、校友和母校之间的联系，大大增强了校友的凝聚力。

（四）校友捐赠

校友年度捐款。校友捐款率是校友对母校认同程度的重要指标。2003年4月，清华校友总会发布校友年度捐款倡议书《寸草报春晖》，倡议每位校友每年捐款20元，支持母校建设。广大校友积极响应倡议，当年就有近千名校友捐款，捐款额近30万元。参加年度捐款人数逐年增加，捐款率（捐款校友人数与全校本科毕业生总数之比）从 2003 年 10%、2004 年 12%、2007 年 21%、2008 年 23%，到 2010 年底，捐款率已经升至 31%，达到世界一流大学的水平。

校友励学金工程。清华校友总会于 2006 年 1 月发起了以“助困励学，爱校育人”为宗旨的“校友励学金”工程。“校友励学金”的建立，使“家庭经济困难学生资助体系”更加完善，使特困学生得到的资助力度有较大提高，基本上解决了他们在学习、生活方面的经济负担和压力。为使每年的资助资金来源有稳定的保障，在 2007 年建立了“清华校友励学基金”。“清华校友励学金”工程于 2006 年 1 月创立并启动，截至 2010 年底，励学金筹款总额达到 6 297 万元，发放励学金 2 308 万元，资助人数达到5 018人次。“清华校友励学金”工程得到了海内外广大校友、校友会组织及社会各界的积极响应，校友励学金设立以来，共有海内外 28 个校友会（其中海外校友会 5 个）、23 000 多位校友参与了 325 项校友励学金的捐赠，体现了广大校友“爱校感恩”和对母校人才培养工作的大力支持。

学校每年还收到大量的校友捐款、捐赠建筑物、纪念物及其他。清华园中校友捐赠物随处可见，主要有：校友捐建的建筑物（如校友捐款重建二校门，蒙民伟学长捐建的艺术教育中心和音乐厅，池宇峰、徐航、宋歌、方方等 4 位校友共同捐赠 3 200 万美元建设“新清华学堂”等）；校友捐赠的花木；校友捐赠的文物、艺术品和纪念品（如“战国竹简典籍”，名人字画等）。这些捐赠将在学校人才培养、学科建设、师资队伍建设、校园文化建设等各方面发挥重要作用。

（五）校友杂志和校友网

1980 年 4 月，停刊 30 年的《清华校友通讯》复刊，刘达校长题写刊名，编号为“复刊号”。1991 年 8 月，为汇集校友撰写的史料文稿，清华校友通讯丛书《校友文稿资料选编》创刊出版，施嘉炀先生题写刊名。2001 年 4 月，《清华校友通讯》光盘出版。2008 年 11 月，《清华校友通讯》（网络版）上清华校友网，实现了网络化。

2000 年 12 月 19 日至 20 日，在清华大学第六次校友联络座谈会期间举行了“清华校友网”开通仪式，校友总会会长、校长王大中和副会长梅祖彦教授亲点鼠标，进行网上剪彩，随后进行了校友网和 90 周年校庆主页的现场演示。

2002 年，以“光大清华传统，服务母校发展，促进校友合作”为宗旨的《清华人》杂志创刊。2010 年 1 月，《清华人》更名为《水木清华》。

清华校友总会的“两刊一网”，即《清华校友通讯》《水木清华》和“清华校友网”，被誉为清华人的精神家园，深受广大校友的喜爱。